경영경제 통계학 4판

Excel과 R의 실전적 활용

BUSINESS STATISTICS
COMMUNICATING WITH NUMBERS

Business Statistics: Communicating with Numbers 4th Edition

1 2 3 4 5 6 7 8 9 10 HA 20 22

Original: Business Statistics: Communicating with Numbers 4th Edition © 2022
By Sanjiv Jaggia, Alison Kelly
ISBN 978-1-26-071630-6

This authorized Korean translation edition is jointly published by McGraw-Hill Education Korea, Ltd., and Hanbit Academy. This edition is authorized for sale in the Republic of Korea.

This book is exclusively distributed by Hanbit Academy.

When ordering this title, please use ISBN 979-11-5664-626-6 (93320)

Printed in Korea

BUSINESS STATISTICS

COMMUNICATING WITH NUMBERS

Sanjiv Jaggia
Alison Kelly

경영경제 통계학 4판

Excel과 R의 실전적 활용

| 장혜정 • 이상규 옮김 |

경영경제 통계학 Excel과 R의 실전적 활용 4판

초판발행 2022년 8월 31일

지은이 Sanjiv Jaggia, Alison Kelly / **역자** 장혜정, 이상규 / **펴낸이** 전태호
펴낸곳 한빛아카데미(주) / **주소** 서울시 서대문구 연희로2길 62 한빛아카데미(주) 2층
전화 02-336-7112 / **팩스** 02-336-7199
등록 2013년 1월 14일 제2017-000063호 / **ISBN** 979-11-5664-626-6 93320

책임편집 김현용 / **기획** 정서린 / **편집** 정서린
디자인 표지 • 내지 우일미디어 / **전산편집** 우일미디어 / **제작** 박성우, 김정우
영업 김태진, 김성삼, 이정훈, 임현기, 이성훈, 김주성 / **마케팅** 길진철, 김호철, 주희

이 책에 대한 의견이나 오탈자 및 잘못된 내용에 대한 수정 정보는 아래 이메일로 알려주십시오.
잘못된 책은 구입하신 서점에서 교환해 드립니다. 책값은 뒤표지에 표시되어 있습니다.
홈페이지 www.hanbit.co.kr / 이메일 question@hanbit.co.kr

Published by HANBIT Academy, Inc. Printed in Korea

저자 및 역자 소개
About the Authors

저자 Sanjiv Jaggia

Sanjiv Jaggia는 캘리포니아 폴리테크닉 주립대학(California Polytechnic State University in San Luis Obispo)의 경제학과 재무학 교수이다. Jaggia 박사는 인디애나대학(Indiana University)에서 박사학위(Ph.D)를 취득하였고 공인재무분석사(CFA)이다. 그는 다양한 경영학 분야에 적용되는 통계학과 계량경제학 연구를 즐긴다. Jaggia 박사는 선도적 학술저널에 다수의 논문들을 출간하였고 2권의 성공적인 경영통계학 교재를 공저했다. 강의실에서 그의 소통 능력은 수차례 우수강의상 수상으로 확인되었다. Jaggia 박사는 아내와 딸과 함께 San Luis Obispo에서 살고 있으며, 여가 시간에 요리, 하이킹, 다양한 음악 듣는 것을 즐긴다.

저자 Alison Kelly

Alison Kelly는 보스턴에 있는 서퍽대학(Suffolk University)의 경제학 교수이다. Kelly 박사는 보스턴칼리지(Boston College)에서 박사학위(Ph.D)를 취득하였고 공인재무분석사(CFA)이다. Kelly 박사는 매우 다양한 학술 논문들을 출간하였고 2권의 성공적인 경영통계학 교재를 공저했다. 그녀가 가르치는 응용통계학과 계량경제학 과목은 전문직 직장인뿐만 아니라 학생들로부터 좋은 평가를 받고 있다. Kelly 박사는 남편, 딸, 아들과 매사추세츠주 해밀턴(Hamilton)에서 살고 있으며, 여가 시간에 운동과 원예를 즐긴다.

역자 장혜정(hjchang@khu.ac.kr)

경희대학교 경영학과 교수로 재직하고 있으며 경영통계학과 통계기반 데이터분석을 강의하고 있다. 서울대학교에서 학사, University of Iowa에서 석사, University of Illinois at Urbana-Champaign에서 계량심리학(Quantitative Psychology) 박사학위를 취득했다. 주요 연구관심분야는 경영통계, 비즈니스 애널리틱스, 계량분석방법론, 경영커뮤니케이션, 의료경영정보 등이며, 국내외 학술지에 다수의 논문을 게재한 연구성과로 경희펠로우에 선정되었다. 현재 한국경영커뮤니케이션학회 학술지 BCRP(Business Communication Research and Practice)와 대한의료정보학회 학술지 HIR(Healthcare Informatics Research)의 편집위원장을 맡고 있다.

역자 이상규(sklee@khu.ac.kr)

경희대학교 경영학과 명예교수로 재직하고 있으며 경영통계학을 강의하고 비즈니스 애널리틱스에 관한 저술활동을 하고 있다. 서울대학교 경제학과를 졸업한 후 미국 University of Illinois at Urbana-Champaign에서 경제학 석사 및 경제학 박사(Financial Econometrics) 학위를 취득했다. 주요 연구관심분야는 통화와 금융, 금융경제, 금융리스크관리, 금융시계열분석, 계량경제, 경영통계, 비즈니스 애널리틱스 등이다. Review of Economic Studies, Journal of Business and Statistics, Indian Journal of Statistics 등 국제 학술지와 금융연구, 재무연구, 경제분석, 리스크관리연구 등 국내 학술지에 다수의 논문을 게재했다.

역자 서문
From the Interpreter

현대 사회의 거의 모든 분야에서 데이터의 축적이 빠르고 방대하게 이루어지고 있다. 실시간으로 축적되는 데이터의 유형도 수치형 데이터뿐만 아니라 비수치형 데이터로 확장되고 있다. 이러한 상황에서 실시간으로 축적되는 방대한 데이터 속에 포함되어 있는 정보를 효과적으로 추출하고 시의적절한 의사결정을 하기 위해 데이터를 효과적으로 활용하는 문제가 전면으로 부상되고 있다. 특히 4차 산업혁명으로 디지털화 진전에 따라 사업 영역뿐만 아니라 사업 방식이 급속하게 변화하는 환경에서 기업이 지속가능하게 성장하기 위해서는 데이터 기반 경영 추구가 필수적이 되고 있다. 이제 데이터 축적 자체를 넘어서서 데이터로 추출되는 정보가 다양한 경영경제 안건에 대한 의사결정을 효과적으로 지원해야 한다.

이러한 관점에서 데이터로부터 정보를 추출하는 통계기법에 대한 정확한 이해와 활용 능력이 점점 더 중요해지고 있다. 그러나 수학적 지식과 컴퓨터 활용능력이 부족하고 경영경제 분야에 대한 지식이 충분하지 않은 독자들에게 기본적인 통계기법을 이해시키고 경영경제의 응용분야에서 활용하는 능력을 함양시키는 일은 결코 쉬운 일이 아니다. 이러한 독자들에게 Jaggia와 Kelly가 저술한 《Business Statistics: Communicating with Numbers, 4th edition》(2022, McGraw Hill)은 기본적인 통계기법을 수학적 도출에 의존하지 않고 효과적으로 이해시키고 경영경제 분야의 문제에 대한 응용 능력을 함양시키는 탁월한 기초적인 통계학 교재로 여겨진다.

무엇보다도 이 교재는 기본적으로 응용 지향적이고 실용적인 특성이 강하다. 독자들의 흥미를 유발하기 위해 이 교재의 각 장은 경영경제와 관련된 현실 세계의 문제를 도입사례로 제시하면서 시작하고, 도입사례와 관련된 질문들을 해결하는 방식으로 각 장의 논의를 전개한다. 데이터 분석결과를 효과적으로 해석하고 정보를 효과적으로 전달하는 것이 중요하다. 이 교재의 각 장은 마지막 부분에 있는 데이터 분석을 통해 역시 현실 세계와 관련된 사례 연구를 실제 데이터를 사용하면서 진행하고 분석결과를 효과적으로 전달하기 위한 샘플보고서 작성으로 마무리된다.

또한 이 교재는 새롭게 부상하는 비즈니스 애널리틱스 분야에서 많이 활용되는 회귀분석의 중요성을 반영하기 위해 회귀분석 부분에서 대다수의 경영경제통계학에서 다루지 않는 비선형관계를 위한 회귀모형, 더미 변수를 포함한 회귀모형, 선형확률모형, 로지스틱 회귀모형을 논의하고 종속변수의 예측을 위해 이러한 회귀모형의 추정결과가 사용되는 방법을 상세하게 설명하고 있다. 이에 더하여 이 교재는 통계분석을 위해 널리 사용되고 있는 Excel과 강력한 오픈소스 프로그램인 R을 경영경제 분야의 예제를 풀기 위해 실전적으로 사용한다. 이에 따라 이 교재로 Excel과 R을 활용하면서 통계기법을 학습한 독자들은 경영경제 분야의 문제에 대한 응용 능력을 함양할 수 있을 뿐만 아니라 한 걸음 더 나아가 자연스럽게 비즈니스 애널리틱스 분야에 대한 기반을 다지게 될 것으로 기대된다.

마지막으로 이 교재의 번역서를 출간하기 위해 전폭적으로 지원해주신 ㈜한빛아카데미의 직원 여러분과 독자들이 읽기 쉽도록 세심하게 편집해주신 ㈜우일미디어 직원 여러분에게 진심으로 감사의 마음을 전한다.

2022년 8월

장혜정, 이상규

숫자와 소통하는 것에 대한 독특한 강조

이 교재를 저술한 이유는 학생들의 관심을 불러일으킬 뿐만 아니라 통계학을 배우는 방법과 실무자들이 통계학에 대해 생각하고 적용하는 방법 사이의 격차를 메꾸어주는 현대적이고 핵심적인 통계학 교재가 필요하다고 여겼기 때문이다. 이 교재 전반에 걸쳐, 숫자의 계산보다는 숫자와 소통하는 것을 강조한다. 모든 장에서 학생들은 서면의 형태로 전달되는 통계 정보를 접하게 된다. 우리의 목적은 실무자의 관점을 도입함으로써, 학생들이 주어진 주제를 실무에 보다 잘 적용하고 자료의 내용을 더 쉽게 제시하도록 하는 것이다. 이 교재는 응용 지향적이고 실용적이지만, 수학적으로 견고하고 다루는 주제에 대해 일반적으로 수용되는 표기방식을 사용한다.

오랜 기간의 강의 경험을 통해, 우리는 통계학을 흥미롭게 만드는 효과적인 방법은 시의 적절한 응용 예제를 사용하는 것이라는 것을 발견하였다. 이러한 이유 때문에, 교재에 포함되어 있는 예제들은 경영학, 경제학, 스포츠, 건강, 주택, 환경, 여론조사, 심리학을 포함하여 일상적인 생활과 관련된 것이다. 이러한 예제들을 통계 방법과 세심하게 연결시킴으로써, 학생들은 오늘날 세계에서 통계학의 관련성을 이해하게 되고, 아마도 그렇게 하고 있다는 것을 깨닫지 못한 채 통계학을 배우게 될 것이다.

핵심 특성의 계승

이 교재의 4판은 이전 판에서 호평을 받았던 5가지 핵심 특성을 강화하고 확장하였다.

통합된 도입사례 각 장은 흥미롭고 관련된 도입사례로 시작한다. 도입사례는 각 장 전체에 걸쳐 설명되며, 관련된 통계 분석이 이루어지며 도입사례 분석결과(분석결과에 대한 간략한 요약)가 제공된다. 도입사례는 다른 장에서 몇 가지 예제의 기초가 된다.

데이터 분석 분석결과를 효과적으로 해석하고 정보를 전달하는 것은 비즈니스 환경에서 매우 효과적인 의사결정을 하는 데 중요하다. 학생들은 데이터를 수집하고, 그것을 적용하며 의미 있는 방식으로 정보를 전달하는 방법을 배운다. 독창적인 회귀분석 내용. 반복 없이 제시되는 회귀분석과 관련된 내용은 이 교재의 중요한 특징이다.

수업시간에 배우는 방식으로 기술 주제들은 직관과 설명으로 시작해서 적용으로 마무리하면서 수업시간에 배우는 방식으로 제시된다.

독창적인 회귀분석 내용 반복 없이 제시되는 회귀분석과 관련된 내용은 이 교재의 중요한 특징이다.

Microsoft Excel과 R의 통합적 사용 학생들은 개념을 이해하고 계산하는 방법을 배우고 이어서 Excel과 R이 번거로운 계산을 수행하는 도구로 사용된다.

4판의 새로운 특징

이 교재의 4판에서 현재의 시장 수요를 다루기 위해 상당한 수정이 이루어졌다. 이러한 수정은 수많은 검토자와 이전 판 사용자들의 피드백에 기초하였다. 4판에서 강조하는 것은 기초 통계학과 데이터 분석 간 연계를 강화하는 것이다. 어느 때보다 미국 전역과 해외의 대학들은 교육과정에 비즈니스 애널리틱스를 도입하고 있고, 기업들은 통계 분석 성과를 개선하는 의사결정으로 전환시킬 수 있는 자격 있는 전문가들을 찾는 데 안간힘을 쓰고 있다. 우리는 이 교재가 학생들에게 데이터 애널리틱스를 소개할 뿐만 아니라 이 분야를 보다 더 탐구하도록 격려할 것이라고 믿는다.

기술(descriptive): 데이터 준비와 시각화에 대한 추가적인 강조

- 1장에서 데이터 준비에 대한 새로운 절들
- 2장에서 데이터 시각화 방법에 대한 새로운 절들
- 3장에서 부분집합 평균에 대한 논의
- 4장에서 경험적 확률을 분석하기 위한 피벗테이블에 대한 논의

예측(predictive): 회귀분석과 예측에 대한 상당한 재서술

- 14장에서 적합도 척도에 대한 간결한 논의
- 15장에서 모형 가정과 일반적 위반에 대한 수정
- 16, 17, 18장에서 비선형모형을 위한 시각화 개선
- 17장에서 이항선택모형의 정확도에 대한 새로운 절
- 18장에서 선형 예측모형과 비선형 예측모형에 대한 절 분리

기술(technology): 통계소프트웨어의 사용 강화

- 문제를 푸는 데 Excel과 R의 사용 강화
- 모든 회귀분석과 예측을 다루는 장에서 R을 사용하기 위한 지시사항 확장

스토리텔링(storytelling): 관련된 논의 강화

- 새로운 예제, 연습문제, 사례연구 추가
- 응용예제를 보다 현실성 있게 하기 위한 데이터의 업데이트
- 1, 2, 3, 15, 16, 17장에서 데이터 분석에서 빅데이터 사용
- 몇 개 장에서 사례연구 제안을 위한 빅데이터 사용

실제 사례와 비즈니스 예제를 통한 학습

통합된 도입사례

각 장은 챕터 내의 몇 가지 예제의 기초를 이루는 실제 사례 연구로 시작된다. 도입사례에 포함된 질문들은 각 장에서 가장 중요한 학습 결과를 완전히 이해하기 위한 로드맵을 제시해준다. 각 장의 도입사례 분석결과는 이러한 질문에 대한 논의가 마무리되었을 때 제시된다.

TZIDO SUN/Shutterstock

도입사례_*Introductory Case*

투자 결정

FILE ***Growth_Value.*** 도로시 브레넌(Dorothy Brennan)은 한 대형 투자회사에서 재정 고
녀는 뮤추얼펀드 투자에 대한 두 가지 접근방법, 즉 성장투자와 가치투자에 대해 여러 질문을
없는 투자자를 만난다. 투자자는 성장펀드가 전체 주식시장에 비해 주가가 더 빠른 속도로 성
업에 투자한다는 이야기를 들었다. 반면, 가치펀드는 주가가 실제 가치보다 낮은 기업에 투자
자수익률의 주요 구성요소가 성장펀드의 시세차익과 가치펀드의 배당수익이라는 점도 들었다.

투자자는 도로시에게 피델리티의 성장지수(Fidelity's Growth Index) 뮤추얼펀드(Growth)와 피델리티의 가치지수(Fidelity's Value Index) 뮤추얼펀드(Value)의 연간수익률(annual return) 데이터를 보여준다. 표 3.1은 1984년부터 2019년까지의 두 뮤추얼펀드의 연간수익률(%) 일부를 보여준다. 투자자가 현재 형태의 데이터로 어떤 결론을 내리기는 어렵다. 투자자는 성장투자 대 가치투자의 스타일 차이를 명확히 하기 위해 도로시에게 데이터를 요약할 것을 요청한다.

표 3.1 Growth와 Value의 연간수익률(%)

Year	Growth	Value
1984	−5.50	−8.59
1985	39.91	22.10
⋮	⋮	⋮
2019	38.42	31.62

도로시는 샘플 정보를 사용하여 다음을 수행하려고 한다.

1. 두 뮤추얼펀드의 전형적인 수익률을 계산하고 해석한다.
2. 두 뮤추얼펀드의 투자 위험을 계산하고 해석한다.
3. 어느 뮤추얼펀드가 위험 대비 더 큰 수익을 제공하는지 결정한다.

이 도입사례에 대한 분석결과는 3.4절의 마지막에 제시되어 있다.

도입사례 분석결과

Gladkikh/Getty Images

성장투자과 가치투자는 주식과 뮤추얼펀드 투자에서 두 가지 기본 스타일이다. 성장투자 지지자들은 동종 업체보다 빠르게 성장하고 있는 기업들이 트랜드를 선도하며, 우수한 성장세를 유지할 수 있을 것이라고 믿는다. 이들 기업의 주식에 투자함으로써 투자규모가 전체 주식시장보다 빠른 속도로 성장할 것으로 기대하고 있다. 이에 비해 가치투자자들은 전체 시장이나 특정 업종에 비해 할인된 가격으로 거래되고 있는 기업의 주식에 초점을 맞춘다. 가치투자자들은 이들 종목이 저평가되어 있고 다른 투자자들로부터 진가를 인정받으면 주가가 오를 것으로 믿는다. 성장투자와 가치투자 사이의 논쟁은 오래된 것이며, 어떤 스타일이 우월한지는 분석에 사용된 표본 기간에 따라 달라진다.

1984년부터 2019년까지의 피델리티 성장지수 뮤추얼펀드(Growth)와 피델리티 가치지수 뮤추얼펀드(Value)의 연간 수익률 데이터를 분석한 결과, 성장 뮤추얼펀드와 가치 뮤추얼펀드 또는 두 유형의 뮤추얼펀드에 모두 투자할 것인지 결정하려는 투자자에게 중요한 정보를 제공한다. 이 기간 동안 Growth에 대한 평균 수익률 15.755%는 Value에 대한 평균 수익률 12.005%보다 크다. 평균 수익률은 일반적으로 투자의 보상을 나타내지만, 투자의 위험은 포함하지 않는다.

재무 데이터와 함께 표준편차는 위험의 가장 일반적인 측도인 경향이 있다. Growth에 대한 표준편차(23.799%)가 Value에 대한 표준편차(17.979%)보다 크기 때문에 Growth는 평균보다 더 높거나 낮은 수익률을 가질 가능성이 더 높다. 마지막으로 무위험률 2%를 고려할 때 Growth에 대한 샤프지수는 0.58로 Value에 대한 샤프지수 0.56에 비해 Growth가 위험단위당 더 많은 보상을 제공한다는 것을 알 수 있다. 이러한 수익률의 행태가 계속된다고 가정하면 투자자는 Value보다 Growth에 투자하는 것을 선호할 것이다. 그러나 일반적으로 사용되는 고지사항은 과거의 성과가 미래의 결과를 보장하지 않는다는 것이다.

데이터 분석결과를 소통하는 능력 개발

데이터 분석

우리의 가장 중요한 혁신 중 하나는 모든 장의 데이터 분석에 샘플보고서를 포함시킨 것이다. 우리의 의도는 상세한 통계 방법을 알지 못할 수 있는 사람들에게 서면의 형태로 통계 정보를 전달하는 방법을 익히도록 하는 데 있다. 예를 들면, 이러한 보고서가 세일즈, 마케팅, 경영계획과 관련된 경영의사결정의 자료로 필요할 수 있다. 각 장의 데이터 분석이 마무리되면 몇 가지의 사례연구 제안을 통해 이와 유사한 보고서 작성문제가 제공된다. 각 장에는 도입사례에서 제기된 질문들을 다루는 도입사례 분석결과도 포함되어 있다. 이러한 도입사례 분석결과는 학생들에게 더 짧은 보고서 샘플 역할을 한다.

6.4 데이터 분석

사례연구

랭 교수는 살렘주립대학(Salem State University)의 경제학 교수이다. 그녀는 25년 이상 경제학원론 강좌를 가르쳐 왔다. 랭 교수는 상대평가가 비정상적으로 강한(또는 약한) 반에서 우수한(또는 미흡한) 학생들에게 부당하게 불이익(또는 혜택)을 줄 수 있다고 믿기에 곡선(정규분포)으로 평가한 적이 없다. 그녀는 항상 절대척도를 사용하여 학점을 결정하는데, 이는 표 6.4의 왼쪽 두 열에 나와 있다.

Jasper White/Image Source

표 6.4 절대평가 대 상대평가의 학점척도

Absolute Grading		Relative Grading	
Grade	Score	Grade	Probability
A	92 and above	A	0.10
B	78 up to 92	B	0.35
C	64 up to 78	C	0.40
D	58 up to 64	D	0.10
F	Below 58	F	0.05

랭 교수의 동료는 그녀가 상대평가로 변경하도록 설득해왔는데, 상대평가가 예상치 못한 문제에 대한 해결이 가능하기 때문이다. 랭 교수는 표 6.4의 오른쪽의 두 열에 제시된 것과 같은 상대척도를 기준으로 평가하는 실험을 하기로 결정했다. 이 상대평가 방식을 사용하면 상위 10%의 학생들이 A, 다음 35%는 B 등을 받게 된다. 랭 교수는 수년간의 교육경험을 토대로 강좌의 점수가 평균 78.6, 표준편차 12.4인 정규분포를 따른다고 믿는다.

랭 교수는 이 정보를 사용하여 절대척도를 기준으로 확률을 계산하고, 이 확률을 상대척도를 기준으로 한 확률과 비교하려고 한다. 그 다음 상대척도에 기초하여 성적의 점수 범위를 계산하고, 이들 범위를 절대척도

샘플보고서— 절대평가 대 상대평가

많은 교강사들은 평가가 직업에서 가장 어려운 업무 중 하나라고 한다. 고등교육에서 사용되는 두 가지 일반적인 평가시스템은 상대평가와 절대평가이다. 상대평가 시스템은 표준참조 또는 곡선기반으로 하며, 성적은 수업에서의 학생의 상대적인 위치를 기반으로 한다. 반면, 절대평가 시스템은 기준참조로, 성적이 수업에서의 학생의 절대적인 성취도와 관련이 있다. 간단히 말해서, 절대평가의 경우 학생의 점수는 미리 정해진 척도와 비교되는 반면, 상대평가의 경우 수업에 있는 다른 학생들의 점수와 비교된다.

X가 평균 78.6과 표준편차 12.4로 정규분포하는 랭 교수 수업의 성적을 나타낸다고 하자. 이 정보는 절대척도를 기반으로 성적 확률을 산출하는 데 사용된다. 예를 들어, A를 받을 확률은 $P(X \geq 92) = 0.14$로 산출된다. 유사하게 산출된 다른 확률은 표 6.5에 제시되어 있다.

표 6.5 절대평가와 상대평가에 따른 확률

Grade	Probability Based on Absolute Scale	Probability Based on Relative Scale
A	0.14	0.10
B	0.38	0.35
C	0.36	0.40
D	0.07	0.10
F	0.05	0.05

주제를 보다 효과적으로 만드는 독창적인 내용과 설명

독창적인 회귀분석 내용

이 교재에서 논의하는 회귀분석의 내용은 대다수의 교재보다 더 광범위하다. 이것은 새롭게 부상하는 데이터 애널리틱스 분야에서 회귀분석의 중요성을 반영한 것이다. 단순회귀분석과 다중회귀분석을 한 장으로 결합한 것은 우리가 이것이 자연스럽고 불필요한 반복적 논의를 제거한다고 믿기 때문이다. 상세한 Excel과 R의 지시사항은 지루한 직접 계산의 필요성을 없애준다. 회귀분석을 보다 깊이 있게 다루는 세 개의 장에서는 회귀분석과 관련된 통계적 추론, 비선형 관계, 더미 변수, 선형확률 및 로지스틱 회귀모형을 논의한다. 회귀분석을 다루는 모든 장에서는 핵심 개념, 모형 선택 및 전문적으로 작성된 그림과 표를 참조하여 이루어지는 분석결과의 해석을 강조한다.

14장 회귀분석
15장 회귀모형의 추론
16장 비선형관계를 위한 회귀모형
17장 더미변수가 포함된 회귀모형

중요한 주제 포함

이 교재에는 데이터 준비, 피벗 테이블, 기하평균 수익률, 샤프 비율, 정확도와 같은 전통적인 교재에서는 다루지 않는 몇 가지 중요한 주제가 포함되어 있다. 우리가 강의실 밖에서 일한 경험에 의하면, 전문가들은 이러한 주제들을 자주 사용한다.

수업시간에 배우는 방식으로 기술

수업시간에 배우는 방식으로 주제를 소개한다. 강의의 시작부분에 제시되는 응용예제에 이어서 관련된 분석방법이 논의된다.

1. 직관으로 시작한다.
2. Excel과 R을 이용하여 적정한 모형을 추정한다.
3. 분석결과를 가지고 소통한다.

교재 전반에 걸쳐 논의하는 예제들을 사용하여 실제 문제를 풀기 위해 개념을 적용하는 방법을 예시한다.

Microsoft Excel과 R의 통합적 사용

우리는 학생들이 컴퓨터로 분석결과를 복제하기 전에 먼저 통계 자료에 집중하고 깊이 있게 파악하기를 원한다. 각 응용 예제를 직접 계산하면서 푸는 것은 학생들이 관련 개념들을 더 깊이 있게 이해할 수 있게 해준다. 그러나 우리는 번거로운 계산이나 통계표를 사용하는 것을 피하기 위해 컴퓨터 출력물을 사용하는 것이 종종 필요함을 알고 있다. Excel과 R은 이 교재에서 사용되는 기본 소프트웨어 패키지다. 우리가 Excel과 R을 선택한 까닭은 다른 통계패키지보다 광범위하게 사용되고 있다는 검토자의 의견을 반영한 것이다.

Excel 이용

엑셀의 **BINOM.DIST** 함수를 사용하여 이항확률을 계산한다. =BINOM.DIST(x, n, p, TRUE or FALSE)를 입력한다. 여기서 x는 성공횟수, n은 시행횟수, p는 성공확률이다. 마지막 인수에, 누적확률함수 $P(X \leq x)$를 구하려면 TRUE를 입력하고, 확률질량함수 $P(X = x)$를 구하려면 FALSE를 입력한다.

a. 정확히 70명의 미국 성인이 페이스북 사용자일 확률 $P(X = 70)$을 찾기 위해, =BINOM.DIST(70, 100, 0.68, FALSE)를 입력하면 Excel은 0.0791을 산출한다.

b. 70명 이하의 미국 성인이 페이스북 사용자일 확률 $P(X \leq 70)$을 찾기 위해, =BINOM.DIST(70, 100, 0.68, TRUE)를 입력하고 Excel은 0.7007을 산출한다.

c. 적어도 70명의 미국 성인이 페이스북 사용자일 확률 $P(X \geq 70) = 1 - P(X \leq 69)$을 찾기 위해, =1−BINOM.DIST(69, 100, 0.68, TRUE)를 입력하면 Excel은 0.3784를 산출한다.

R 이용

R의 **dbinom** 함수와 **pbinom** 함수를 사용하여 이항확률을 계산한다. 확률질량함수 $P(X = x)$를 계산하기 위해 dbinom(x, n, p)을 입력한다. 여기서 x는 성공횟수, n은 시행횟수, p는 성공확률이다. 누적확률함수 $P(X \leq x)$를 계산하기 위해, pbinom(x, n, p)을 입력한다.

a. $P(X = 70)$을 찾기 위해, 다음과 같이 입력하라.

```
> dbinom(70, 100, 0.68)
```

그러면 R은 0.07907911을 산출한다.

b. $P(X \leq 70)$을 찾기 위해, 다음과 같이 입력하라.

```
> pbinom(70, 100, 0.68)
```

그러면 R은 0.7006736을 산출한다.

c. $P(X \geq 70) = 1 - P(X \leq 69)$을 찾기 위해, 다음과 같이 입력한다.

현실 세계를 반영한 연습문제와 사례연구

훈련용 연습문제와 응용 연습문제

연습문제는 기계적이고 계산적인 유형의 문제와 좀 더 어렵고 해석적인 유형의 문제를 균형 있게 혼합하여 구성했다. 우리는 간단한 훈련용 문제가 더 어려운 응용 문제를 다루기 전에 학생들에게 자신감을 갖게 해 준다는 것을 발견하였다. 교재의 다양한 장에서 주택가격, 매출액, 성격유형, 건강척도, 지출, 주식 수익률, 급여 및 부채를 포함한 많은 데이터셋이 반복적으로 사용된다. 예를 들어, 학생들은 먼저 이러한 실제 데이터를 사용하여 요약척도를 계산하고, 신뢰구간과 가설검정을 사용하여 통계적 추론을 수행한 다음, 마지막으로 회귀 분석을 수행한다.

16. 다음 정보를 고려하여 $t_{\alpha,df}$를 구하라.

a. $\alpha = 0.025$ 및 $df = 12$

b. $\alpha = 0.10$ 및 $df = 12$

c. $\alpha = 0.025$ 및 $df = 25$

d. $\alpha = 0.10$ 및 $df = 25$

17. 근본적인 모표준편차가 알려지지 않은 경우, t 분포를 사용하여 모평균에 대한 신뢰구간을 구한다. 모집단이 정규분포를 따른다는 가정하에, 다음 시나리오에 대한 $t_{\alpha/2,df}$를 구하라.

a. 90% 신뢰수준과 28개의 관측치 표본

b. 95% 신뢰수준과 28개의 관측치 표본

c. 90% 신뢰수준과 15개의 관측치 표본

d. 95% 신뢰수준과 15개의 관측치 표본

18. 24개 관측치의 임의표본을 사용하여 모평균을 추정한다. 표본평균과 표본표준편차는 104.6과 28.8로 각각 계산된다. 모집단이 정규분포를 따른다고 가정하자.

a. 모평균에 대한 90% 신뢰구간을 구하라.

b. 모평균에 대한 99% 신뢰구간을 구하라.

c. 답을 사용하여 신뢰수준이 구간의 폭에 미치는 영향에 대해 논의하라.

19. 모표준편차가 알려지지 않은 정규분포 모집단을 고려하자. 임의표본의 결과는 $\bar{x} = 48.68$이고 $s^2 = 33.64$이다.

a. 16개 관측치의 표본에서 $\bar{x}$와 s^2을 얻은 경우, μ에 대한 95% 신뢰구간을 계산하라.

b. 25개 관측치의 표본에서 $\bar{x}$와 s^2을 얻은 경우, μ에 대한 95% 신뢰구간을 계산하라.

c. 답을 사용하여 표본크기가 구간의 폭에 미치는 영향에 대해 논의하라.

20. 평균과 표준편차를 알 수 없는 정규분포 모집단에서 다음 8개 관측치 표본을 추출했다: 22, 18, 14, 25, 17, 28, 15, 21.

a. 표본평균과 표본표준편차를 계산하라.

b. 모평균에 대한 80% 신뢰구간을 구하라.

c. 모평균에 대한 90% 신뢰구간을 구하라.

d. 신뢰수준이 80%에서 90%로 증가함에 따라 오차한계는 어떻게 되는가?

21. **FILE** ***Drugstore.*** 8개 약국의 임의표본은 다음과 같이 인기 있는 진통제의 가격(달러)을 보여준다.

3.50	4.00	2.00	3.00	2.50	3.50	2.50	3.00

근원적인 모집단의 정규분포를 가정하여 모평균에 대한 90% 신뢰구간을 구하라.

22. 한 인기 있는 체중감소 프로그램은 권장되는 건강한 식이요법으로 고객들은 한 달 안에 상당한 체중을 감량한다고 주장한다. 모든 고객의 평균 체중 감량을 추정하기 위해 한 영양사가 18명의 고객을 표본으로 추출하여 이 프로그램에 참여한 지 한 달 후에 체중 감량을 기록한다. 그는 체중 감량의 표본 평균과 표준편차를 각각 12.5파운드와 9.2파운드로 계산한다. 그는 체중 감량이 정규분포할 가능성이 높다고 믿는다.

a. 95% 신뢰수준에서 오차한계를 계산하라.

b. 모평균에 대한 95% 신뢰구간을 계산하라.

23. **FILE** ***Customers.*** 보스턴에 있는 치즈케이크 팩토리(The Cheesecake Factory)의 매니저는 임의로 선택된 6일의 주중에 접대한 고객의 수가 120명, 130명, 100명, 205명, 185명, 그리고 220명이라고 보고했다. 그녀는 주중에 접대하는 고객의 수가 정규분포를 따른다고 믿는다. 주중에 접대하는 평균 고객 수에 대한 90% 신뢰구간을 구하라.

24. 한 조사에 따르면, 여고생들은 하루에 평균 100개의 문자메시지를 보낸다. 이 조사가 36명의 여고생으로 구성된 임의표본에 기초한 것이라고 가정하자. 표본표준편차는 10개의 일별 텍스트 메시지로 계산된다.

a. 99% 신뢰수준에서 오차한계를 계산하라.

b. 모든 여고생이 일별 보내는 문자메시지의 모평균에 대한 99% 신뢰구간은 얼마인가?

25. 공인재무분석사(CFA) 자격증은 진지한 투자전문가들에게 빠르게 요구되고 있다. 비록 3단계의 힘든 시험을 성공적으로 합격할 것을 요구하지만, CFA 자격증은 또한 높은 연봉을 받는 장래가 촉망되는 경력을 만들어준다. 재무를 전공하는 한 학생이 CFA 자격증 보유자의 평균 연봉에 대해 궁금해하고 있다. 그는 최근의 자격증 보유자 36명의 임의표본을 추출하여 평균 연봉 158,000달러와 표준편차 36,000달러를 계산한다. 이 표본정보를 사용하여 CFA 자격증 보유자의 평균 연봉에 대한 95% 신뢰구간을 구하라.

26. **FILE** ***Sudoku.*** 스도쿠 퍼즐(sudoku puzzle)은 전 세계적으로 매우 인기가 있다. 이 퍼즐은 9 × 9 격차판을 기반으로 하며 도전과제는 모든 행, 모든 열 및 모든 3 × 3 상자가 1에서 9까지의 숫자를 포함되도록 격자판을 채우는 것이다. 한 연구원은 한 대학생이 퍼즐을 풀기 위해 걸리는 평균 시간을 추정하는 데 관심이 있다. 그는 8명 대학생의 임의표본을 추출하여 그들이 퍼즐을 푸는 시간(분)을 14, 7, 17, 20, 18, 15, 19, 28과 같이 기록하였다.

a. 한 대학생이 스도쿠 퍼즐을 푸는 데 걸리는 평균 시간에 대한 99% 신뢰구간을 구하라.

b. 이 추론을 하기 위해 어떤 가정이 필요한가?

27. **FILE** ***Compensation.*** 임원 보수는 지난 수년간 평균 근로자 임금의 상승 수준에 비해 극적으로 상승했다. 사라는 통

핵심 개념

각 장의 마지막 부분에 논의한 내용을 복습하기 위한 핵심 개념이 제시된다. 핵심 개념은 학습한 결과를 다시 복습하고 가장 중요한 정의, 해석, 공식을 제공한다.

핵심 개념

LO 14.1 모상관계수에 대한 가설검정을 수행할 수 있어야 한다.

모상관계수 ρ_{xy}에 대한 검정을 수행할 때, 검정통계량의 값은 $t_{df} = \frac{r_{xy}\sqrt{n-2}}{\sqrt{1-r_{xy}^2}}$와 같이 계산된다. 여기서 r_{xy}는 표본상관계수이고 $df = n - 2$이다.

LO 14.2 단순선형회귀모형과 다중선형회귀모형을 추정하고 해석할 수 있어야 한다.

회귀분석은 반응변수라고 부르는 한 변수가 설명변수라고 부르는 다른 변수들에 의해 영향을 받는다고 가정한다. 단순선형회귀모형은 반응변수의 변화를 예측하고 설명하기 위해 하나의 설명변수만 사용한다. 이 모형은 $y = \beta_0 + \beta_1 x + \varepsilon$와 같이 설정된다. 여기서 y와 x는 각각 반응변수와 설명변수이고 ε은 임의오차항이다. 회귀계수 β_0와 β_1는 알려져 있지 않은 모수이고 추정되어야 한다. 표본회귀식 $\hat{y} = b_0 + b_1 x$를 구하기 위해 최소제곱법(OLS)이 적용된다. 여기서 $\hat{y}$은 반응변수의 예측값이고 b_0와 b_1는 각각 β_0와 β_1의 추정치이다. 추정된 기울기 계수 b_1은 x가 한 단위 변화할 때 $\hat{y}$의 변화를 나타낸다. b_1의 단위는 y의 단위와 같다.

다중선형회귀모형은 반응변수 y와 선형관계를 가지는 두 개 이상의 설명변수를 가지고 있다. 이 모형은 $y = \beta_0 + \beta_1 x_1 + \beta_2 x_2 + \cdots + \beta_k x_k + \varepsilon$와 같이 정형화된다. 여기서 y는 반응변수, $x_1, x_2, \ldots, x_k$는 k개 설명변수, ε은 임의오차항이다. 회귀계수 $\beta_0, \beta_1, \ldots, \beta_k$는 알려져 있지 않은 모수이고 추정되어야 한다. OLS를 사용하여 표본회귀식 $\hat{y} = b_0 + b_1 x_1 + b_2 x_2 + \cdots + b_k x_k$를 구한다. 여기서 $b_0, b_1, \ldots, b_k$는 각각 $\beta_0, \beta_1, \ldots, \beta_k$의 추정치이다.

각 설명변수 $x_j (j = 1, \ldots, k)$에 상응하는 기울기 계수 b_j는 추정된 회귀계수이다. b_j는 모든 다른 설명변수들이 일정한 경우, 관련된 설명변수 x_j의 한 단위 증가에 의한 반응변수 예측값 $\hat{y}$의 변화를 측정한다. 달리 말하면 b_j는 x_j가 $\hat{y}$에 미치는 부분효과를 나타낸다.

감사의 글
Acknowledgments

본 교재의 개발 과정에서 세심한 검토를 하고 개선을 위한 의견을 제시해주신 다음 교수님들께 감사드린다.

John Affisco *Hofstra University*
Mehdi Afiat *College of Southern Nevada*
Mohammad Ahmadi *University of Tennessee–Chattanooga*
Sung Ahn *Washington State University*
Mohammad Ahsanullah *Rider University*
Imam Alam *University of Northern Iowa*
Mostafa Aminzadeh *Towson University*
Ardavan Asef-Vaziri *California State University*
Antenah Ayanso *Brock University*
Scott Bailey *Troy University*
Jayanta Bandyopadhyay *Central Michigan University*
Samir Barman University of Oklahoma
Douglas Barrett *University of North Alabama*
John Beyers *University of Maryland*
Arnab Bisi *Purdue University–West Lafayette*
Gary Black *University of Southern Indiana*
Randy Boan *Aims Community College*
Matthew Bognar *University of Iowa*
Juan Cabrera *Ramapo College of New Jersey*
Scott Callan *Bentley University*
Gregory Cameron *Brigham Young University*
Kathleen Campbell *St. Joseph's University*
Alan Cannon *University of Texas–Arlington*
Michael Cervetti *University of Memphis*
Samathy Chandrashekar *Salisbury University*
Gary Huaite Chao *University of Pennsylvania–Kutztown*
Sangit Chatterjee *Northeastern University*
Leida Chen *California Polytechnic State University*
Anna Chernobai *Syracuse University*
Alan Chesen *Wright State University*
Juyan Cho *Colorado State University–Pueblo*
Alan Chow *University of South Alabama*
Bruce Christensen *Weber State University*
Howard Clayton *Auburn University*
Robert Collins *Marquette University*
M. Halim Dalgin *Kutztown University*
Tom Davis *University of Dayton*
Matthew Dean *University of Maine*
Jason Delaney *University of Arkansas–Little Rock*
Ferdinand DiFurio *Tennessee Tech University*
Matt Dobra *UMUC*
Luca Donno *University of Miami*
Joan Donohue *University of South Carolina*
David Doorn *University of Minnesota*
James Dunne *University of Dayton*
Mike Easley *University of New Orleans*
Erick Elder *University of Arkansas–Little Rock*
Ashraf ElHoubi *Lamar University*
Roman Erenshteyn *Goldey-Beacom College*
Kathryn Ernstberger *Indiana University*
Grace Esimai *University of Texas–Arlington*
Soheila Fardanesh *Towson University*
Carol Flannery *University of Texas–Dallas*
Sydney Fletcher *Mississippi Gulf Coast Community College*
Andrew Flight *Portland State University*
Samuel Frame *Cal Poly San Luis Obispo*
Priya Francisco *Purdue University*
Vickie Fry *Westmoreland County Community College*
Ed Gallo *Sinclair Community College*
Glenn Gilbreath *Virginia Commonwealth University*
Robert Gillette *University of Kentucky*
Xiaoning Gilliam *Texas Tech University*
Mark Gius *Quinnipiac University*
Malcolm Gold *Saint Mary's University of Minnesota*
Michael Gordinier *Washington University*
Deborah Gougeon *University of Scranton*
Don Gren *Salt Lake Community College*
Thomas G. Groleau *Carthage College*
Babita Gupta *CSU Monterey Bay*
Robert Hammond *North Carolina State University*
Sheila Diann Hammon *Athens*

State University
Jim Han *Florida Atlantic University*
Elizabeth Haran *Salem State University*
Jack Harshbarger *Montreat College*
Edward Hartono *University of Alabama–Huntsville*
Clifford Hawley *West Virginia University*
Santhi Heejebu *Cornell College*
Paul Hong *University of Toledo*
Ping-Hung Hsieh *Oregon State University*
Marc Isaacson *Augsburg College*
Mohammad Jamal *Northern Virginia Community College*
Robin James *Harper College*
Molly Jensen *University of Arkansas*
Craig Johnson *Brigham Young University–Idaho*
Janine Sanders Jones *University of St. Thomas*
Vivian Jones *Bethune–Cookman University*
Yogesh Joshi *Kingsborough Community College*
Jerzy Kamburowski *University of Toledo*
Howard Kaplon *Towson University*
Krishna Kasibhatla *North Carolina A&T State University*
Mohammad Kazemi *University of North Carolina–Charlotte*
Ken Kelley *University of Notre Dame*
Lara Khansa *Virginia Tech*
Esther C. Klein *St. Francis College*
Ronald Klimberg *St. Joseph's University*
Andrew Koch *James Madison University*
Subhash Kochar *Portland State University*
Brandon Koford *Weber University*
Randy Kolb *St. Cloud State University*
Vadim Kutsyy *San Jose State University*
Francis Laatsch *University of Southern Mississippi*
David Larson *University of South Alabama*
John Lawrence *California State University–Fullerton*
Shari Lawrence *Nicholls State University*
Radu Lazar *University of Maryland*
David Leupp *University of Colorado–Colorado Springs*
Carel Ligeon *Auburn University–Montgomery*
Carin Lightner *North Carolina A&T State University*
Constance Lightner *Fayetteville State University*
Scott Lindsey *Dixie State College of Utah*
Ken Linna *Auburn University–Montgomery*
Andy Litteral *University of Richmond*
Jun Liu *Georgia Southern University*
Chung-Ping Loh *University of North Florida*
Salvador Lopez *University of West Georgia*
John Loucks *St. Edward's University*
Cecilia Maldonado *Georgia Southwestern State University*
Farooq Malik *University of Southern Mississippi*
Brent Marinan *University of Arizona*
Ken Mayer *University of Nebraska–Omaha*
Bradley McDonald *Northern Illinois University*
Elaine McGivern *Duquesne University*
John McKenzie *Babson University*
Norbert Michel *Nicholls State University*
John Miller *Sam Houston State University*
Virginia Miori *St. Joseph's University*
Prakash Mirchandani *University of Pittsburgh*
Jason Molitierno *Sacred Heart University*
Elizabeth Moliski *University of Texas–Austin*
Joseph Mollick *Texas A&M University–Corpus Christi*
James Moran *Oregon State University*
Khosrow Moshirvaziri *California State University–Long Beach*
Tariq Mughal *University of Utah*
Patricia Mullins *University of Wisconsin–Madison*
Kusum Mundra *Rutgers University–Newark*
Anthony Narsing *Macon State College*
Robert Nauss *University of Missouri–St. Louis*
Satish Nayak *University of Missouri–St. Louis*
Thang Nguyen *California State University–Long Beach*
Mohammad Oskoorouchi *California State University–San Marcos*
Barb Osyk *University of Akron*
Bhavik Pathak *Indiana University South Bend*
Melissa Patterson *Chabot College*
Scott Paulsen *Illinois Central College*
James Payne *Calhoun Community College*
Norman Pence *Metropolitan State College of Denver*
Dane Peterson *Missouri State University*
Joseph Petry *University of Illinois–Urbana/Champaign*
Courtney Pham *Missouri State University*
Martha Pilcher *University of Washington*
Cathy Poliak *University of Wisconsin–Milwaukee*
Simcha Pollack *St. John's University*
Hamid Pourmohammadi *California State University–Dominguez Hills*
Tammy Prater *Alabama State University*
Zbigniew H. Przasnyski *Loyola Marymount University*
Manying Qiu *Virginia State University*
Troy Quast *Sam Houston State University*
Michael Racer *University of Memphis*
Srikant Raghavan *Lawrence Technological University*

Bharatendra Rai *University of Massachusetts–Dartmouth*
Michael Aaron Ratajczyk *Saint Mary's University of Minnesota*
Tony Ratcliffe *James Madison University*
David Ravetch *University of California*
Bruce Reinig *San Diego State University*
Darlene Riedemann *Eastern Illinois University*
David Roach *Arkansas Tech University*
Carolyn Rochelle *East Tennessee State University*
Alfredo Romero *North Carolina A&T State University*
Ann Rothermel *University of Akron*
Jeff Rummel *Emory University*
Deborah Rumsey *The Ohio State University*
Stephen Russell *Weber State University*
William Rybolt *Babson College*
Fati Salimian *Salisbury University*
Fatollah Salimian *Perdue School of Business*
Samuel Sarri *College of Southern Nevada*
Jim Schmidt *University of Nebraska–Lincoln*
Patrick Scholten *Bentley University*
Bonnie Schroeder *Ohio State University*
Sue Schou *Boise State University*
Pali Sen *University of North Florida*
Donald Sexton *Columbia University*
Vijay Shah *West Virginia University–Parkersburg*
Dmitriy Shaltayev *Christopher Newport University*
Soheil Sibdari *University of Massachusetts–Dartmouth*
Prodosh Simlai *University of North Dakota*
Harvey Singer *George Mason University*
Harry Sink *North Carolina A&T State University*
Don Skousen *Salt Lake Community College*
Robert Smidt *California Polytechnic State University*
Gary Smith *Florida State University*
Antoinette Somers *Wayne State University*
Ryan Songstad *Augustana College*
Erland Sorensen *Bentley University*
Arun Kumar Srinivasan *Indiana University–Southeast*
Anne-Louise Statt *University of Michigan–Dearborn*
Scott Stevens *James Madison University*
Alicia Strandberg *Temple University*
Linda Sturges *Suny Maritime College*
Wendi Sun *Rockland Trust*
Bedassa Tadesse *University of Minnesota*
Pandu Tadikamalta *University of Pittsburgh*
Roberto Duncan Tarabay *University of Wisconsin–Madison*
Faye Teer *James Madison University*
Deborah Tesch *Xavier University*
Patrick Thompson *University of Florida*
Satish Thosar *University of Redlands*
Ricardo Tovar-Silos *Lamar University*
Quoc Hung Tran *Bridgewater State University*
Elzbieta Trybus *California State University–Northridge*
Fan Tseng *University of Alabama–Huntsville*
Silvanus Udoka *North Carolina A&T State University*
Shawn Ulrick *Georgetown University*
Bulent Uyar *University of Northern Iowa*
Ahmad Vakil *Tobin College of Business*
Tim Vaughan *University of Wisconsin–Eau Claire*
Raja Velu *Syracuse University*
Holly Verhasselt *University of Houston–Victoria*
Zhaowei Wang *Citizens Bank*
Rachel Webb *Portland State University*
Kyle Wells *Dixie State College*
Alan Wheeler *University of Missouri–St. Louis*
Mary Whiteside *University of Texas–Arlington*
Blake Whitten *University of Iowa*
Rick Wing *San Francisco State University*
Jan Wolcott *Wichita State University*
Rongning Wu *Baruch College*
John Yarber *Northeast Mississippi Community College*
John C. Yi St. *Joseph's University*
Kanghyun Yoon *University of Central Oklahoma*
Mark Zaporowski *Canisius College*
Ali Zargar *San Jose State University*
Dewit Zerom *California State University*
Eugene Zhang *Midwestern State University*
Ye Zhang *Indiana University–Purdue University–Indianapolis*
Yi Zhang *California State University–Fullerton*
Yulin Zhang *San Jose State University*
Qiang Zhen *University of North Florida*
Wencang Zhou *Baruch College*
Zhen Zhu *University of Central Oklahoma*

차례요약
Brief contents

차례
Contents

CHAPTER 18

시계열 데이터를 이용한 예측 668

CHAPTER 19

비모수검정 710

부록

1 데이터 및 데이터 준비
Data and Data Preparation

학습목차_*Chapter Contents*

학습목표_*Learning Objectives*

이 장을 학습한 후에,

LO **1.1** 다양한 데이터 유형을 설명할 수 있어야 한다.
LO **1.2** 변수와 측정척도의 유형을 설명할 수 있어야 한다.
LO **1.3** 데이터를 점검할 수 있어야 한다.
LO **1.4** 데이터 부분집합화를 적용할 수 있어야 한다.

현대의 모든 인간 활동에서, 우리는 더 나은 결정을 내리기 위해 많은 양의 데이터를 분석하는 데 통계를 사용한다. 경영자, 소비자, 스포츠 애호가, 정치인 및 의료 전문가 들은 기업의 매출 증대, 고객 참여 심화, 소비자 제품에 대한 더 나은 옵션 탐색, 위협과 사기 방지, 스포츠와 선거에서의 승리, 질병에 대한 더 나은 진단과 치료 등을 위해 점점 더 많이 데이터에 주목하고 있다. 이 장에서는 통계에서 사용되는 다양한 데이터 유형과 변수의 측정척도에 대해 설명한다.

주의할 점은 관련 자료를 확보한 후 후속 분석을 위해 자료를 점검하고 준비하는 데 상당한 시간을 소요하는 경우가 많다는 점이다. 이 장에서는 몇 가지 중요한 데이터 준비 작업에 대해 설명한다. 우리는 관련 변수의 셈과 정렬을 사용하여 데이터를 점검하고 탐색할 것이다. 마지막으로 데이터의 일부(부분집합)만 분석에 사용하는 부분집합화(subsetting)라고 하는 일반적으로 사용되는 기법에 대해 논의한다.

도입사례_*Introductory Case*

소매점 고객 데이터에 대한 통찰력 확보

FILE ***Customers.*** 유기농 식품 슈퍼스토어(Organic Food Superstore)는 건강에 민감한 소비자들에게 유기농 식품 공급을 특화한 온라인 식료품점이다. 이 회사는 셰프가 고안한 다양한 음식에 대한 신선한 재료를 회원들의 가정으로 배송하는 멤버십기반 서비스를 제공한다. 캐서린 힐(Catherine Hill)은 유기농 식품 슈퍼스토어의 마케팅 매니저이다. 그녀는 회사의 새로운 아시아식 식사라인을 마케팅하는 임무를 맡았다. 연구에 따르면 건강한 에스닉 요리에 대해 가장 가능성이 높은 고객은 대학교육을 받은 밀레니얼 세대(1982~2000년 출생)라고 한다.

캐서린은 회사의 마케팅 비용을 효율적으로 사용하기 위해 마케팅 캠페인을 설계할 때 이 타깃 인구에 초점을 맞추고자 한다. 캐서린은 정보기술(IT) 그룹의 도움으로 대표성 있는 표본을 수집했는데, 표본은 각 고객의 식별번호(CustID), 성별(Sex), 인종(Race), 생년월일(BirthDate), 대학학위 보유 여부(College), 가구규모(HHSize), 연간소득(Income), 총지출액(Spending), 지난 24개월간의 주문건수(Orders)와 고객이 처음 가입한 채널(Channel)을 포함한다. 표 1.1은 데이터셋의 일부를 보여준다.

표 1.1 유기농 식품 슈퍼스토어 고객의 표본

CustID	Sex	Race	BirthDate	...	Channel
1530016	Female	Black	12/16/1986	...	SM
1531136	Male	White	5/9/1993	...	TV
⋮	⋮	⋮	⋮	⋮	⋮
1579979	Male	White	7/5/1999	...	SM

캐서린은 Customers 데이터셋을 사용하여 다음을 수행하려고 한다.

1. 유기농 식품 슈퍼스토어의 대학교육을 받은 밀레니얼 세대 고객을 식별한다.
2. 대학교육을 받은 밀레니얼 세대 고객의 여성과 남성 프로필을 비교한다.

이 도입사례에 대한 분석결과는 1.3절의 마지막에 제시되어 있다.

1.1 데이터 유형

일반적으로 데이터는 수치적 및 비수치적인 사실, 숫자 또는 기타 콘텐츠의 모음이다. 모든 유형과 형식의 데이터는 다중 출처로부터 생성된다. 이러한 모든 데이터로부터 도출된 통찰력을 통해 기업은 수익성을 향상시키고 소비자 경험을 강화한다. 핵심적으로 비즈니스 통계학(business statistics)은 더 나은 마케팅 전략을 개발하고, 고객 참여를 심화하며, 조달의 효율성을 높이고, 비용을 절감할 수 있는 방법을 찾아내고, 신흥 시장 동향을 파악하고, 위험과 사기를 경감함으로써 기업에 이익이 된다. 우리는 흔히 자유롭게 사용할 수 있는 많은 양의 데이터를 발견한다. 그러나 우리는 또한 소비자 포커스 그룹, 마케팅 조사 또는 정부기관의 보고서와 같이 비교적 작은 데이터셋에서도 통찰력을 도출한다.

일상적으로 소비자와 비즈니스는 의사결정을 돕기 위해 다양한 소스의 데이터를 사용한다. 불확실성으로 가득 찬 세상에서 현명한 결정을 내리기 위해서는 통계학, 즉 데이터의 언어를 이해해야 한다. 가장 넓은 의미에서 통계학은 데이터에서 유용한 정보를 추출하는 과학이다. 우수한 통계학을 수행하기 위해서는 다음 세 단계가 필수적이다. 의사결정을 위한 중요한 첫 단계는 완전하고 잘못된 정보가 적은 올바른 데이터를 찾아 분석을 위해 준비하는 것이다. 둘째, 수집한 데이터에 따라 적절한 통계 도구를 사용해야 한다. 마지막으로, 우수하게 실행된 통계분석의 중요한 요소는 정보를 구어와 문어로 명확하게 전달하는 것이다. 수치적인 결과는 명확하게 기술된 실행 가능한 비즈니스 통찰력이 수반되지 않는 한 그다지 유용하지 않다는 점에 유의해야 한다.

데이터와 통계학

데이터(data)는 수치형 및 비수치형인 사실, 숫자 또는 기타 콘텐츠의 모음이다. 통계학(statistics)은 데이터의 수집, 준비, 분석, 해석, 그리고 발표를 다루는 과학이다.

도입사례에서 캐서린은 마케팅 캠페인을 설계할 때 대학교육을 받은 밀레니얼 세대를 대상으로 하여 회사의 마케팅 비용을 효율적으로 사용하고자 한다. 캐서린이 수집한 정보를 분석하기 전에 데이터의 다양한 유형과 변수의 측정척도를 이해하는 것이 중요하다. 이 절에서는 데이터 유형에 초점을 맞춘다.

표본 및 모집단 데이터

일반적으로 통계학의 연구를 기술통계학과 추론통계학의 두 분야로 구분한다. **기술통계학(descriptive statistics)**은 데이터셋의 중요한 측면을 요약하는 것을 말한다. 여기에는 데이터를 수집하고, 데이터를 정리한 다음, 차트와 표의 형태로 데이터를 제시하는 것이 포함된다. 또한, 우리는 흔히 데이터를 요약하는 수치형 척도(예를 들어, 대표값과 변동성)를 계산한다. 오늘날 기술 통계학에서 접하는 기법은 통계학의 가장 가시적인 응용, 즉 매일 우리 사회에서 수집되고 출판되는 양적 정보의 풍부함을 설명한다. 실업률, 대통령 지지율, 다우존스 산업평균지수, 타율, 범죄율, 이혼율 등은 일간은 아니더라도 평판이 좋은 신문에서 자주 찾아볼 수 있는 수많은 '통계' 중 일부에 불과하다. 그러나 기술 통계가 익숙함에도 불구하고, 이러한 방법은 통계 애플리케이션 본문의 일부만을 나타낸다.

통계학의 경이적인 성장은 주로 추론통계학이라는 분야에 있다. 일반적으로 **추론통계학(inferential statistics)**은 더 작은 **표본(sample)** 데이터셋을 기반으로 **모집단(population)**이라고 하는 대규모 데이터셋에 대한 결론을 도출하는 것을 말한다. 모집단은 특정 그룹의 모든 구성원(반드시 사람일 필요는 없음)으로 정의되는 반면, 표본은 특정 모집단의 부분집합이다. 대부분의 통계적 응용에서, 우리는 모집단의 다양한 특성에 대한 추론을 하기 위해 표본 데이터에 의존해야 한다.

그림 1.1은 모집단과 표본 사이의 정보 흐름을 보여준다. 예를 들어 밀레니얼 세대 중 50%만이 1년 이상 현재 직장에 머물 계획이라는 2016년 갤럽 설문조사를 생각해보자. 연구자들은 **표본통계량(sample statistic)**이라고 하는 이 표본 결과를 사용하여 상관관계를 알 수 없는 **모집단 모수(population parameter)**를 추정한다. 이 경우 관심 매개변수는 전체 밀레니얼 세대 중 현재 일자리와 1년 이상 함께할 계획이 있는 비율이다.

그림 1.1 모집단 대 표본

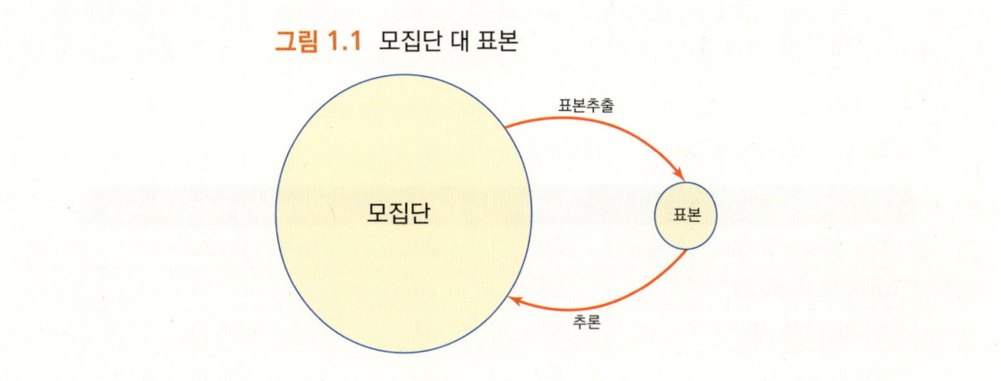

모집단 대 표본

모집단(population)은 분석에서 관심이 되는 모든 항목으로 구성된다. 표본(sample)은 모집단의 부분집합이다. 표본 데이터를 분석하고 표본 통계를 계산하여 알려지지 않은 모집단 모수에 대해 추론한다.

일반적으로 한정된 비용 및 실현 가능성으로 인해 모집단의 데이터를 구하는 것은 가능하지 않다. 따라서 다음 두 가지 주요 이유로 모집단 데이터를 사용할 수 없기 때문에 표본에 의존한다.

- **전체 모집단에 대한 정보를 구하는 데는 고비용이 든다.** 미국 노동통계국(Bureau of Labor Statistics, BLS)에서 미국의 월별 실업률을 계산하는 방법을 고려해보자. BLS가 노동인구 각 개인에게 연락하여 고용 여부를 묻는다고 가정하는 것이 합리적인가? 대답은 '아니오'이다. 그러기 위해서는 전국의 모든 가정에 연락을 해야 한다. 대략 1억 6천만 명의 개인이 노동력을 가지고 있다는 것을 고려하면, 이 과정은 비용이 너무 많이 들 뿐만 아니라 과도한 시간이 걸릴 것이다. 대신 BLS는 미국의 실업 정도를 측정하기 위해 약 6

만 가구를 대상으로 매월 표본조사를 실시한다.

- **모집단의 모든 구성원을 조사하는 것은 불가능하다.** 듀라셀(Duracell) AAA 배터리의 평균 수명에 관심이 있다고 가정해보자. 각 듀라셀(Duracell) AAA 배터리 지속시간을 테스트해보면 결국에는 모든 배터리가 소진되어 원래 질문에 대한 답은 쓸모없게 된다.

횡단면 및 시계열 데이터

표본 데이터는 일반적으로 두 방법 중 하나로 수집된다. **횡단면 데이터(cross-sectional data)**는 동일한 시점 또는 시간 차이에 관계없이 많은 대상의 특성을 기록함으로써 수집된 데이터를 의미한다. 대상에는 개인, 가구, 기업, 산업, 지역 및 국가가 포함될 수 있다.

표 1.2는 횡단면 데이터셋의 예이다. 미국농구협회(National Basketball Association, NBA) 데이터는 2018~2019 시즌이 끝나는 시점에서의 팀 순위를 표시한다. 8개 팀이 정확히 같은 날과 같은 시간에 시즌을 종료하지 않았을 수 있지만, 시간 차이는 이 예에서 무관하다. 횡단면 데이터의 다른 예로는 학급에서 기록된 학생 성적, 지난달 판매된 단독주택의 매매가, 미국 내 여러 도시의 현재 휘발유 가격, 최근 코네티컷 대학교를 졸업한 경영학 전공의 초임 연봉 등이 있다.

표 1.2 2018~2019 NBA 동부 컨퍼런스

Team name	Wins	Losses	Winning percentage
Milwaukee Bucks	60	22	0.732
Toronto Raptors*	58	24	0.707
Philadephia 76ers	51	31	0.622
Boston Celtics	49	33	0.598
Indiana Pacers	48	34	0.585
Brooklyn Nets	42	40	0.512
Orlando Magic	42	40	0.512
Detroit Pistons	41	41	0.500

*Toronto Raptors는 2018~2019 시즌 동안 첫 NBA 타이틀을 획득했다.

시계열 데이터(time series data)는 특정 그룹의 사람, 사건 또는 대상에 중점을 두고 여러 기간 동안 수집된 데이터를 의미한다. 시계열 데이터에는 시간별, 일별, 주별, 월별, 분기별 또는 연도별 관찰이 포함될 수 있다. 시계열 데이터의 예로는 병원의 집중치료실에 있는 환자의 시간별 체온, 제너럴 일렉트릭(General Electric) 주식의 2020년 1분기의 일별 가격, 미국 달러와 유로화 간의 지난 6개월간 주별 환율, 자동차 대리점의 2020년 월별 판매량, 인도의 지난 10년간 연도별 인구증가율 등이 있다. 이들 예에서 시간의 순서는 적절하고 의미가 있다.

그림 1.2는 2000년부터 2018년까지 미국 전체의 주택소유 비율을 보여준다. 미국 인구조사국(U.S. Census Bureau)에 따르면 2016년 1분기 주택소유 비율은 고점인 2004년 69.4%에서부터 63.6%로 급락했다. 주택소유율 하락에 대한 이유는 금융위기와 심각한 경제침체를 촉발한 2007년 주택시장 붕괴에 기인한 더 엄격한 대출관행으로 설명된다. 이러한 하락은 표본 기간 동안 주택가격이 임금을 앞지르는 데 기인할 수도 있다.

그림 1.2 2000년부터 2018년까지 미국의 주택소유 비율(%)

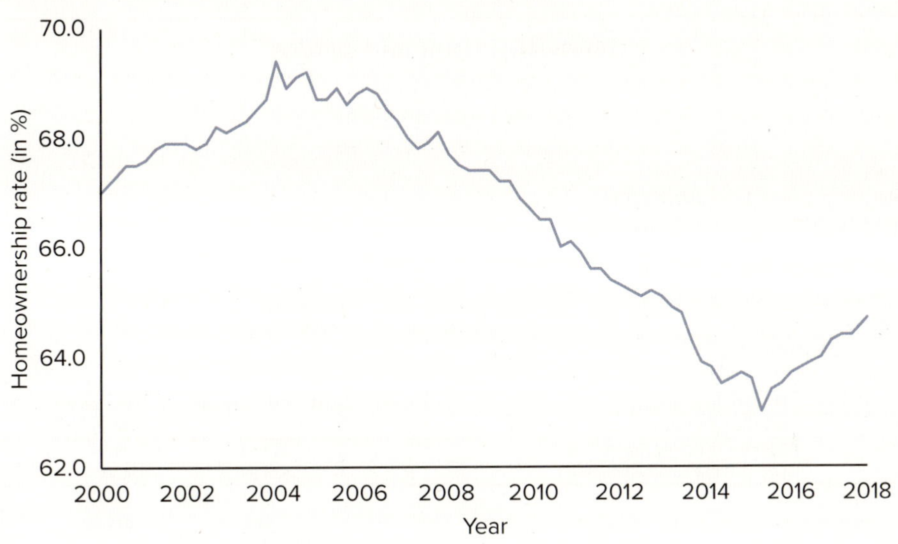

정형 및 비정형 데이터

데이터를 생각할 때 머리에 떠오르는 첫 이미지는 아마도 많은 숫자와 차트, 그래프일 것이다. 실제로 데이터는 여러 형태로 제공될 수 있다. 예를 들어, 페이스북(Facebook), 링크드인(LinkedIn), 트위터(Twitter)와 같은 소셜 네트워킹 웹사이트에서의 정보 교환도 데이터를 구성한다. 다양한 형태의 데이터를 더 잘 이해하기 위해 정형과 비정형 데이터를 구별한다.

일반적으로 **정형 데이터(structured data)**는 사전에 정의된 행-열 형식으로 구성된다. 정형 데이터를 입력, 저장, 쿼리 및 분석하기 위해 스프레드시트 또는 데이터베이스 애플리케이션을 사용한다. 정형 데이터의 예로는 일반적으로 표 형식으로 저장되는 숫자, 날짜, 단어와 숫자 그룹이 있다. 정형 데이터는 흔히 객관적이고 해석할 수 없는 숫자 정보로 구성된다.

판매 및 재무 데이터는 정형 데이터의 예이며, 일반적으로 비즈니스 프로세스와 거래 정보를 수집하도록 설계되었다. 예로는 소매 제품의 판매, 은행계좌 간 송금, 대학강좌의 학생 등록 등이 포함된다. 개인 소비자가 소매점에서 상품을 구매할 때, 각 거래는 정형 데이터의 기록으로 수집된다.

그림 1.3에 제시된 판매 송장을 고려해보자. 고객이 이와 같은 주문을 할 때마다 거래일, 배송주소, 구매하는 제품의 수량과 같은 미리 정의된 데이터셋이 수집된다. 영수증이나 송장이 항상 행과 열로 표시되는 것은 아니지만 사전 정의된 구조를 통해 기업과 조직은 문서의 데이터를 행-열 형식으로 변환할 수 있다.

수십 년 동안 기업과 조직은 이러한 유형의 데이터에 의존하여 비즈니스와 기업을 경영했다. 오늘날 디지털 시대의 도래와 함께 대부분의 전문가들은 비즈니스 의사결정에 사용되는 모든 데이터의 약 20%만이 정형 데이터라는 데 동의한다. 나머지 80%는 정형화되지 않았다.

정형 데이터와 달리 **비정형 데이터(unstructured data)**(또는 모델링되지 않은 데이터)는 사전에 정의된 행-열 형식을 따르지 않는다. 이들은 텍스트(예: 서면 보고서, 이메일 메시지, 의사의 메모 또는 개방형 설문응답)이거나 멀티미디어 콘텐츠(예: 사진, 비디오 및 오디오

그림 1.3 소매 거래의 청구서 샘플

Tranquility Home and Garden
8 Harmony Drive
San Francisco, CA 94126
Phone: (415) SOL-SAVE

Date: July, 20, 2017
Invoice number: A9239145-W

Customer Name: Kevin Lau
Street Address: 123 Solstice Circle
State/Province: California
Telephone: (415) 234-4550

Account Number: KL0927
City: San Francisco
Postal Code: 94126

Product code	Product description	Units ordered	Price per unit	Extended Price
421-L	8W LED light bulbs	27	$7.59	$204.93
389-P	Chlorine removing shower filter	6	$19.99	$119.94
682-K	Compostable cutlery (box sets)	5	$14.99	$74.95

Total amount: $399.82
Sales Tax: $31.99
Shipping fee: $6.99
Grand total: $438.80

데이터)인 경향이다. 이러한 데이터는 일부 내포된 구조(예: 보고서의 제목, 이메일 제목 라인 또는 사진의 타임스탬프)를 가질 수 있지만, 대부분의 데이터베이스 시스템에서 요구되는 행-열 모델을 따르지 않기 때문에 여전히 정형화되지 않은 것으로 간주된다. 트위터, 유투브, 페이스북 및 블로그와 같은 소셜 미디어 데이터는 비정형 데이터의 예이다.

빅데이터

오늘날 기업과 조직은 점점 더 많은 데이터를 생성하고 수집한다. 빅데이터(big data)라는 용어는 기존의 데이터 처리 도구를 사용하여 관리, 처리하고 분석하기가 극히 어려운 정형 및 비정형 데이터의 방대한 양을 의미하는 캐치프레이즈이다. 이러한 도전에도 불구하고 빅데이터는 기업의 수익, 경쟁 우위 및 조직의 효율성에 대해 잠재적으로 획기적인 영향을 미칠 수 있는 지식과 비즈니스 인텔리전스를 얻을 좋은 기회를 제공한다.

보다 공식적으로, 널리 통용되는 빅데이터의 정의는 '향상된 통찰력, 의사결정 및 프로세스 자동화를 가능하게 하는 비용효과적이고 혁신적인 정보처리 유형이 요구되는 대규모, 고속 및 다양한 정보 자산'이다(가트너닷컴, www.gartner.com). 빅데이터의 세 가지 특성(3V)은 다음과 같다.

- **규모(volume)**: 막대한 양의 데이터가 비즈니스 거래, 가구 및 개인 기기, 제조 장비, 소셜 미디어 및 기타 온라인 포털을 포함하는 단일 또는 광범위한 소스로부터 수집된다.
- **속도(velocity)**: 규모에 추가적으로 다양한 소스로부터의 데이터는 빠른 속도로 생성된다. 이러한 데이터 스트림을 관리하는 것은 많은 조직에서 심각한 문제가 될 수 있다.
- **다양성(variety)**: 또한 데이터는 정형 및 비정형의 모든 유형, 형식 및 단위로 제공된다. 이러한 데이터에는 숫자, 텍스트와 그림은 물론 오디오, 비디오, 이메일 및 기타 멀티미디어 요소가 포함될 수 있다.

빅데이터의 세 가지 특성 외에도 데이터의 진실성과 데이터가 생성할 수 있는 비즈니스 가치에 세심한 주의를 기울일 필요가 있다. **진실성(veracity)**은 데이터의 신뢰성과 품질을 의미한다. 데이터에 의존하여 의사결정을 내리기 전에 데이터 콘텐츠의 신뢰도와 정확성을 확인해야 한다. 이는 소셜 미디어와 자동적인 데이터 수집으로 인해 데이터 양이 빠르게 증가함에 따라 점점 더 어려워지고 있다. 빅데이터에서 산출된 **가치(value)**는 아마도 모든 분석 계획에서 가장 중요한 측면일 것이다. 대량의 데이터가 있다고 해서 유용한 통찰력이나 측정 가능한 개선사항이 생성된다는 보장은 없다. 조직은 비즈니스 질문을 만들고 올바른 데이터를 준비하며 빅데이터 안에 숨겨진 잠재력을 밝히기 위한 체계적인 계획을 개발해야 한다.

그러나 빅데이터가 반드시 완전한 (모집단) 데이터를 의미하는 것은 아니다. 예를 들어, 모든 페이스북 사용자의 분석을 살펴보자. 확실히 빅데이터가 포함되지만, 만약 우리가 전세계의 모든 인터넷 사용자를 고려한다면 페이스북 사용자는 단지 매우 큰 표본일 뿐이다. 페이스북을 사용하지 않는 인터넷 사용자가 많으므로 페이스북에 있는 데이터는 모집단을 나타내지 않는다. 모집단을 온라인 소셜 미디어를 사용하는 사람들과 관련하여 정의하더라도 페이스북은 여전히 소비자가 사용하는 많은 소셜 미디어 포털 중 하나이다. 그리고 서로 다른 소셜 미디어가 다른 목적으로 사용되기 때문에 이러한 사이트에서 수집된 데이터는 서로 다른 인터넷 사용자 집단을 반영할 수 있다. 이러한 차이는 특히 전략적 비즈니스 관점에서 중요하다. 그러므로 페이스북 데이터는 단순히 매우 큰 표본이다.

또한 사용 가능한 빅데이터라도 전부를 사용하지 않는 방식으로 선택할 수 있다. 때로는 너무 큰 데이터셋 분석이 불편할 수 있는데, 이는 현대의 고성능 컴퓨터 시스템에서도 정보처리에 부담이 되기 때문이다. 다른 경우에서는 빅데이터로 작업하는 추가적인 이점이 관련 비용을 정당화하지 못할 수 있다. 따라서 우리는 빅데이터에서 추출된 표본인 작은 데이터셋으로 작업하기로 선택한다.

정형, 비정형 데이터와 빅데이터

정형 데이터(structured data)는 사전에 정의된 행-열 형식으로 구성된 데이터이지만, 비정형 데이터(unstructured data)는 사전에 정의된 행-열 형식을 따르지 않는다. 빅데이터(big data)는 전통적인 데이터 처리 도구를 사용하여 관리, 처리 및 분석하기가 극히 어려운 방대한 양의 정형 및 비정형 데이터를 설명하는 데 사용되는 용어이다. 그러나 빅데이터가 반드시 완전한 (모집단) 데이터를 의미하는 것은 아니다.

이 교재에서는 정형 데이터에 적용되는 전통적인 통계 방법에 초점을 맞출 것이다. 비정형 데이터를 분석하기 위한 정교한 도구는 이 교재의 범위를 벗어난다.

웹상에서의 데이터

통계 및 데이터 분석 분야의 폭발적인 증가는 부분적으로 방대한 데이터의 가용성이 증가하고 계산 능력이 향상되었기 때문이다. 많은 전문가들은 오늘날 전 세계 데이터의 90%가 지난 2년 동안 생성되었다고 생각한다. 요즘은 구글(Google)과 같은 검색엔진을 사용하여 데이터에 접근하는 것이 쉬워졌다. 이러한 검색엔진은 우리를 데이터 제공 사이트로 안내한다. 예

Comstock Images/Jupiterimages

를 들어, 경제 데이터를 검색하면 경제분석국(Bureau of Economic Analysis, http://www.bea.gov), 노동통계국(Bureau of Labor Statistics, http://www.bls.gov), 연방준비은행 경제통계(Federal Reserve Economic Data, https://research.stlouisfed.org) 및 미국 인구조사국(U.S. Census Bureau, http://www.census.gov)으로 이끈다. 이들 웹사이트는 유용한 국제적인 데이터를 포함하여 인플레이션, 실업, 국내총생산(GDP) 등 많은 데이터를 제공한다.

국립 기후 데이터 센터(The National Climatic Data Center, https://www.ncei.noaa.gov/data-access)는 광범위한 생물, 기상 및 기후 데이터 수집을 제공한다. 마찬가지로, 교통 데이터는 https://www.its-rde.net에서 찾을 수 있다. 미시간 대학교(The University of Michigan)는 http://www.sca.isr.umich.edu에서 감정 자료를 수집했다. 미국의 여러 도시는 금융, 지역사회 및 경제 개발, 교육 및 범죄와 같은 범주에서 공개적으로 사용 가능한 데이터를 가지고 있다. 예를 들어, 시카고 데이터 포털(Chicago data portal, https://data.cityofchicago.org)은 대량의 도시별 데이터를 제공한다. 훌륭한 세계개발지표 데이터는 https://data.worldbank.org에서 자료로 제공된다. 대부분의 국가의 행복 지수 데이터는 http://happyplanetindex.org/data에서 확인할 수 있다.

사기업들은 또한 그들의 웹사이트에서 데이터를 이용할 수 있게 한다. 예를 들어, 야후 파이낸스(Yahoo Finance, https://www.finance.yahoo.com), 구글 파이낸스(Google Finance, https://www.google.com/finance)는 주가, 뮤추얼 펀드 실적, 국제 시장 데이터 등의 데이터를 나열한다. Zillow(https://www.zillow.com)는 주택 매매, 월세, 주택담보대출 금리 등에 대한 데이터를 제공한다. 마찬가지로, https://www.espn.go.com은 프로 팀과 대학 팀 모두에 대한 예측 가능한 스포츠 데이터를 제공한다. 마지막으로, *월스트리트 저널*(*Wall Street Journal*), *뉴욕타임즈*(*The New York Times*), *USA 투데이*(*USA Today*), *이코노미스트*(*The Economist*), *비즈니스위크*(*Business Week*), *포브스*(*Forbes*) 및 *포춘*(*Fortune*)은 다양한 종류의 데이터를 제공하는 유명한 출판물이다. 이러한 모든 데이터 소스는 공개적으로 사용 가능한 데이터의 일부에 불과하다.

연습문제 1.1

1. 수년 전 놀랍게도 애플(Apple)의 아이폰(iPhone) 4에 문제가 있는 것으로 밝혀졌다. 사용자들은 약한 수신을 불평했고, 가끔 특별한 방식으로 휴대전화를 손에 쥐었을 때 전화가 끊기기도 했다. 지역 상점에서 실시한 설문조사에 따르면 아이폰 4 사용자의 2%가 이러한 수신 문제를 경험했다.

a. 적절한 모집단을 설명하라.

b. 2%는 모집단과 관련이 있는가 아니면 표본과 관련이 있는가?

2. 많은 사람들이 비디오 게임을 젊은이들의 전유물로 여기지만, 사실 비디오 게임 플레이어의 평균 연령은 35세이다. 이 값 35가 모집단의 실제 평균연령과 같은가 또는 추정된 평균 연령과 같은가? 설명하라.

3. 회계학 교수가 자신의 강좌에 등록한 학생들의 평균 학점(GPA)을 알고 싶다. 그녀는 수업에 등록한 학생들에 대한 정보를 블랙보드(blackboard)에서 찾아서 평균 학점을 3.29로 계산했다. 적절한 모집단을 설명하라.

4. 최근 공학학위를 가진 대학 졸업생들이 계속 높은 급여를 받고 있다. 온라인 검색에 따르면 공학계열의 신입사원 평균 연봉은 65,000달러인 것으로 나타났다.

a. 적절한 모집단은 무엇인가?

b. 65,000달러의 평균 연봉이 모집단으로부터 계산되었다고 생각하는가? 설명하라.

5. 연구에 따르면 우울증은 나중에 치매에 걸릴 위험을 유의하게 증가시킨다고 한다. 949명의 노인을 대상으로 한 연구에서 우울증이 없는 사람은 단지 17%가 치매에 걸린 것에 비해, 우울증을 앓고 있는 사람의 22%가 치매에 걸린 것으로 나타났다.
   a. 적절한 모집단과 표본을 설명하라.
   b. 22%와 17%의 숫자는 모집단과 관련이 있는가 아니면 표본과 관련이 있는가?
6. 질로닷컴(www.zillow.com)에서 지난 30일 동안 네바다주 라스베이거스(Las Vegas, Nevada)에서 판매된 단독주택 20채의 판매가격을 찾아라. 데이터를 표 형식으로 구성하고 판매가격, 침실 수 면적(square footage) 및 주택연령을 포함하라. 이 데이터는 횡단면 데이터를 나타내는가 아니면 시계열 데이터를 나타내는가?
7. 야후 파이낸스(www.finance.yahoo.com)에서 홈디포(HomeDepot)의 현재 주가를 확인하라(ticker symbol=HD). 티커심볼을 사용하여 과거 주가를 검색하여 지난 12개월 동안 홈디포 주식의 월별 조정된 종가를 포함하는 표를 만들어라. 이 데이터는 횡단면 데이터를 나타내는가 아니면 시계열 데이터를 나타내는가?
8. *뉴욕타임즈*(*The New York Times*) 웹사이트 www.nytimes.com의 첫 화면을 검토하라. 첫 페이지의 데이터를 정형 데이터로 고려할 것인가 아니면 비정형 데이터로 고려할 것인가? 설명하라.
9. 온라인 검색을 수행하여 소형 하이브리드 차량(예: Toyota Prius, Ford Fusion, Chevrolet Volt)의 가격, 연비 및 기타 사양을 비교하라. 검색 결과를 정형 데이터로 고려할 것인가 아니면 비정형 데이터로 고려할 것인가? 설명하라.
10. 언더아머(Under Armour)의 지난 10년간 연도별 수익을 찾아라. 이 데이터를 정형 데이터로 고려할 것인가 아니면 비정형 데이터로 고려할 것인가? 설명하라. 이들은 횡단면 데이터인가 아니면 시계열 데이터인가?
11. 친구 20명에게 온라인 소셜 미디어(social media) 사용, 특히 페이스북(Facebook), 인스타그램(Instagram) 및 스냅챗(Sanpchat)의 사용 여부, 각 소셜 미디어 포털을 얼마나 자주 사용하는지, 그리고 이들 각 포털에 대한 전반적인 만족도를 질문하라. 이 정보를 나타내는 표를 만들어라. 이 데이터는 정형 데이터로 고려되는가 아니면 비정형 데이터로 고려되는가? 이들은 횡단면 데이터인가 아니면 시계열 데이터인가?

1.2 변수 및 측정척도

비즈니스 애널리틱스를 위해 우리는 항상 특별한 특성을 가진 사람, 기업 또는 사건에 초점을 둔다. 관심 있는 특성이 다양한 관찰(기록) 간에 종류나 정도가 다를 때, 특성은 **변수(variable)**라고 할 수 있다. 결혼 상태와 소득은 개인마다 다르기 때문에 변수의 예이다. 변수는 **범주형(categorical)** [질적(qualitative)] 또는 **수치형(numerical)** [양적(quantitative)]으로 더 분류된다. 범주형 변수의 관측치는 범주를 나타내는 반면, 수치형 변수의 관측치는 의미 있는 숫자를 나타낸다. 예를 들어, 결혼 상태는 범주형 변수인 반면, 소득은 수치형 변수이다.

범주형 변수의 경우, 각 관측치의 구별되는 특성을 식별하기 위해 레이블 또는 이름을 사용한다. 예를 들어, 대학은 학생들을 학부생 또는 대학원생 수준으로 구별할 수 있는데, 여기서 교육 수준은 두 가지 범주를 나타내는 범주형 변수이다. 범주형 변수는 세 개 이상의 범주로 정의할 수도 있다. 예를 들면 결혼상태(미혼, 기혼, 사별, 이혼, 별거), IT 기업(하드웨어, 소프트웨어, 클라우드) 및 교과목 학점(A, B, C, D, F)이 포함된다. 범주는 데이터 처리를 위해 보통 숫자 코드로 변환된다는 점에 유의해야 하며, 이에 대해서는 2장에서 설명할 것이다.

수치형 변수의 경우 각 관측치의 구별되는 특성을 식별하기 위해 숫자를 사용한다. 또한 수치형 변수는 이산형 또는 연속형이다. **이산형 변수(discrete variable)**는 셀 수 있는 값의 수를 가정한다. 가구의 자녀 수 또는 농구 경기에서 얻은 점수를 고려하자. 가구의 3명 자녀 또는 농구 경기에서 획득한 90점과 같은 값을 볼 수 있지만, 1.3127명의 자녀 또는 92.4724점과 같은 분수는 볼 수 없을 것이다. 이산형 변수가 가정하는 값이 정수일 필요는 없다. 예를 들어, 특정 기업의 주식 가격은 이산형 변수이다. 주가는 20.37달러 또는 20.38달러의 값을 가질 수 있지만, 두 포인트 사이의 값을 가질 수는 없다.

연속형 변수(continuous variable)는 구간 내에서 셀 수 없는 값을 특징으로 한다. 체중, 키, 시간, 투자수익 등은 모두 연속형 변수의 예이다. 예를 들어, 100.3, 100.625, 100.8342 등과 같이 100파운드와 110파운드 사이의 값은 무제한이다. 그러나 실제로 연속형 변수는 흔히 이산형 값으로 측정된다. 한 신생아의 체중(연속형 변수)을 이산형 용어로 6파운드 10온스로 보고하고, 다른 신생아의 체중도 6파운드 11온스와 같이 유사한 이산형 용어로 보고할 수 있다.

범주형 및 수치형 변수

변수(variable)는 사람, 개체 또는 사건의 집합에서 관찰되는 일반적인 특성으로, 각 관측치의 종류 또는 정도가 각각 다르다.

- 범주형(categorical) 변수의 관측치는 이름이나 레이블을 가정한다.
- 수치형(numerical) 변수의 관측치는 의미 있는 수치 값을 가정한다. 수치형 변수는 이산형 또는 연속형으로 더 분류될 수 있다. 이산형 변수는 셀 수 있는 값의 수를 가정하는 반면, 연속형 변수는 셀 수 없는 값으로 특징지어진다.

예제 1.1

도입사례에서 캐서린 힐은 유기농 식품 슈퍼스토어의 새로운 아시아식의 음식 라인의 마케팅을 돕기 위해 파견되었다. 그녀는 IT 그룹의 도움으로 그녀의 스토어에서 대표적인 고객 샘플을 얻었다. 표본의 변수 중 범주형 및 수치형 변수를 결정하고 수치형인 경우 이산형 또는 연속형 변수를 확인한다.

해답:

성별(Sex), 인종(Race), 대학학위 보유 여부(College), 채널(Channel) 변수는 범주형이며, 레이블 만을 나타낸다. 또한 생년월일(Birthdate)은 숫자를 포함하더라도 수많은 범주가 있는 범주형 변수로 취급한다. 현재 날짜에서 간단히 빼기만 하면 생년월일을 수치형 변수 나이로 쉽게 변환할 수 있다는 점에 유의하라. 반면, 가구규모(HHSize), 연간소득(Income), 총지출액(Spending), 주문건수(Orders)는 모두 의미 있는 숫자이기 때문에 숫자 변수이다. 이 예제의 모든 수치형 변수는 셀 수 있는 값의 수만을 가정할 수 있으므로 이산형이다. 즉, 구간 내에서 셀 수 없는 값으로 특징지어지지 않는다.

측정척도

변수를 요약하고 분석하기 위한 적절한 기법을 선택하기 위해서는 서로 다른 측정척도(measurement scale)를 구별해야 한다. 모든 변수에 대한 데이터는 명목, 서열, 등간 또는 비율의 4종의 주요 측정척도로 분류될 수 있다. 범주형 변수에는 명목 및 서열 척도가 사용되는 반면, 수치형 변수에는 등간 및 비율 척도가 사용된다. 우리는 이들 척도를 정교함의 오름차순으로 논의한다.

명목척도(nominal scale)는 가장 낮은 정교한 수준의 측정을 나타낸다. 명목 데이터가 제공되는 경우 우리가 할 수 있는 일은 데이터를 분류하거나 그룹화하는 것이다. 데이터셋의 값들은 단지 이름이나 레이블만 다를 뿐이다. 표 1.3은 다우존스 산업평균지수(Dow Jones Industrial Average, DJIA)를 구성하는 30개의 대형 상장기업을 나열한다. DJIA는 이러한 미국 기반 회사들이 주식시장의 표준거래시간 동안 어떻게 거래되었는지를 보여주는 주식시장 지수이다. 표 1.3은 또한 이러한 회사의 주식이 어디에서 거래되는지 나타낸다: 미국증권거래협회(National Association of Securities Dealers Automated Quotations, Nasdaq) 또는 뉴욕증권거래소(New York Stock Exchange, NYSE). 이러한 데이터는 단순히 그룹화하거나 범주화할 수 있기 때문에 명목척도로 분류된다. 특히 나스닥(Nasdaq)에서는 5개 주식만 거래되고, 나머지 25개 주식은 뉴욕증권거래소(NYSE)에서 거래된다.

표 1.3 다우지수(DJIA)의 기업 및 주식이 거래되는 거래소

Company	Exchange	Company	Exchange
3M (MMM)	NYSE	Johnson & Johnson (JNJ)	NYSE
American Express (AXP)	NYSE	JPMorgan Chase (JPM)	NYSE
Apple (AAPL)	Nasdaq	McDonald's (MCD)	NYSE
Boeing (BA)	NYSE	Merck (MRK)	NYSE
Caterpillar (CAT)	NYSE	Microsoft (MFST)	Nasdaq
Chevron (CVX)	NYSE	Nike (NKE)	NYSE
Cisco (CSCO)	Nasdaq	Pfizer (PFE)	NYSE
Coca-Cola (KO)	NYSE	Procter & Gamble (PG)	NYSE
Disney (DIS)	NYSE	Travelers (TRV)	NYSE
DowDupont (DWDP)	NYSE	United Health (UNH)	NYSE
ExxonMobil (XOM)	NYSE	United Technologies (UTX)	NYSE
Goldman Sachs (GS)	NYSE	Verizon (VZ)	NYSE
Home Depot (HD)	NYSE	Visa (V)	NYSE
IBM (IBM)	NYSE	Wal-Mart (WMT)	NYSE
Intel (INTC)	Nasdaq	Walgreen (WBA)	Nasdaq

일반적으로 그룹화하는 특정 범주의 특성이나 속성을 숫자로 대체한다. 예를 들어, 숫자 0을 사용하여 한 회사 주식이 나스닥(Nasdaq)에서 거래되고 있음을 표시하고, 숫자 1을 사용하여 뉴욕증권거래소(NYSE)에서 거래되고 있음을 표시할 수 있다. 이렇게 하는 한 가지 이유는 쉽게 설명할 수 있기 때문이다. 항상 미국증권거래소 또는 나스닥을 언급하는 것은 어색하고 처리하기 어려울 수 있다.

명목척도에 비해 **서열척도(ordinal scale)**는 더 강한 측정수준을 의미한다. 서열 데이터를 사용하면 어떤 특성 또는 속성에 따라 데이터를 분류하고 순위를 정할 수도 있다. 서열 데이터의 약점은 사용된 숫자가 임의적이기 때문에 순위 값 간의 차이를 해석할 수 없다는 점이다. 예를 들어, 고객들이 특정 호텔의 서비스를 탁월함(별 5개), 매우 좋음(별 4개), 좋음(별 3개), 보통(별 2개), 미흡함(별 1개)으로 분류한 호텔 리뷰를 살펴본다. 표 1.4에 범주와 해당되

는 각각의 평가점수가 요약되어 있다. 표 1.4에서는 탁월함(별 5개)에 부여된 값이 좋음(별 3개)에 부여된 값보다 높으며, 이는 탁월함의 응답이 좋음보다 선호됨을 나타낸다. 그러나 표 1.5 에서와 같이 평가점수는 쉽게 재정의할 수 있다.

표 1.4 호텔 리뷰 범주와 평가점수

범주	평가점수
탁월함	5
매우 좋음	4
좋음	3
보통	2
미흡함	1

표 1.5에서 탁월함은 여전히 좋음보다 더 높은 값을 받지만, 첫 번째 분류를 사용할 때의 2점(5 – 3) 차이에 비해 이제 두 범주의 차이는 30점(100 – 70)이다. 즉, 서열 데이터에서는 범주 간의 차이가 의미 없다. (예를 들어, 탁월함이 40이고 미흡함이 100이 되도록 순서를 역순으로 할 수도 있음을 주목해야 하며, 이러한 점수 부여는 데이터의 본질을 바꾸지 않는다.)

표 1.5 호텔 리뷰 범주와 재정의된 평가점수

범주	평가점수
탁월함	100
매우 좋음	80
좋음	70
보통	50
미흡함	40

앞서 언급했듯이 범주형 변수의 관측치는 전형적으로 단어로 표현되지만, 데이터 처리의 목적으로 숫자로 코딩된다. 범주형 변수의 결과를 요약할 때 일반적으로 각 범주에 속하는 관측치 수를 계산하거나 각 범주에 속하는 관측치의 백분율을 산출한다. 그러나 범주형 변수로 덧셈과 뺄셈과 같은 의미 있는 산술연산을 수행할 수 없다.

등간척도(interval scale)로 측정된 데이터를 사용하여 데이터를 분류하고 순위를 매길 수 있을 뿐만 아니라 관측치 간의 의미 있는 차이를 찾을 수 있다. 기온에 대한 화씨 척도는 등간척도 데이터의 예이다. 화씨 60도는 화씨 50도보다 더 더울 뿐만 아니라 동일한 10도 차이가 화씨 90도와 80도 사이에도 존재한다.

등간척도 데이터의 가장 큰 단점은 0의 값이 임의로 선택된다는 것이다. 화씨 0도는 화씨 10도보다 10도 더 춥다는 것 외에 특별한 의미가 없다. 임의의 0점을 사용하는 경우 의미 있는 비율을 계산할 수 없다. 예를 들어, 80도는 40도보다 두 배 더 덥다고 말하는 것은 무의미하다. 즉, 80/40 비율은 의미가 없다.

비율척도(ratio scale)는 가장 강력한 측정수준을 나타낸다. 비율척도는 등간척도의 모든 특성과 실제 0점을 가지고 있어 관측치 간의 비율을 해석할 수 있다. 비율척도는 많은 비즈니스 애플리케이션에서 사용된다. 매출, 수익 및 재고수준과 같은 변수들은 비율척도로 표현된다. 예를 들어, 의미 있는 0점은 회사 A의 수익이 회사 B의 두 배라는 것을 말할 수 있게 해준다. 무게, 시간, 거리와 같은 변수들도 0이 의미가 있기 때문에 비율척도로 측정되는 것이다.

명목 및 서열 척도 변수(범주형 변수)와 달리 산술연산은 등간 및 비율 척도 변수(수치형 변수)에서 유효하다. 이후 장에서는 평균, 중앙값, 분산과 같은 요약 측정값을 계산한다. 변수가 본질적으로 범주형인 경우에는 이러한 측정값을 계산할 수 없다.

측정척도

모든 변수에 대한 관측치는 명목, 서열, 등간 또는 비율의 네 가지 주요 측정척도로 분류할 수 있다.

- 명목(nominal): 관측치는 이름이나 레이블에 의해서만 다르다.
- 서열(ordinal): 관측치는 범주화되고 순위가 있다. 그러나 순위 관측치 간의 차이는 의미가 없다.
- 등간(interval): 관측치는 범주화되고 순위가 있으며, 관측치 간의 차이는 의미가 있다. 등간척도의 주요 약점은 0값이 임의로 선택된다는 것이다.
- 비율(ratio): 관측치는 등간척도 데이터의 모든 특성뿐만 아니라 실제 0점을 갖는다. 따라서 의미 있는 비율을 계산할 수 있다.

명목 및 서열척도는 범주형 변수로 사용되는 반면, 등간 및 비율척도는 수치형 변수로 사용된다.

예제 1.2

FILE ***Tween_Survey.*** 매사추세츠주 보스턴(Boston, Massachusetts) 외곽에서 2시간 거리에 있는 스키 리조트 소유주는 '트윈(Tween)' 인구(8~12세 어린이)의 니즈를 충족시키는 데 관심이 있다. 그는 트윈 소비력이 지난 수년 동안 성장했다고 믿고 있으며, 그들이 재방문하고 싶도록 스키 경험이 기억에 남기를 원한다. 지난해 스키 시즌이 끝날 무렵 그는 20명의 트윈에게 다음 네 가지 질문을 했다.

- Q1. 리조트로 가는 자동차 운전 중에 어떤 음악 스트리밍 서비스를 들었는가?
- Q2. 리조트의 음식 품질을 1~4등급으로 평가하라. (1은 미흡, 2는 보통, 3은 양호, 4는 우수)
- Q3. 현재 주요 식당은 오후 3시에 폐점한다. 몇 시에 문을 닫아야 한다고 생각하는가?
- Q4. 오늘 리조트에서 개인의 돈을 얼마나 사용했는가?

응답의 일부는 표 1.6과 같다. 조사에 사용된 각 변수에 대한 측정척도를 식별하라. 트윈 응답에 기초하여 소유자에게 개선안을 제공하라.

표 1.6 리조트 서비스에 대한 트윈(8~12세 어린이)의 응답

Tween	Music Streaming	Food Quality	Closing Time	Own Money Spent ($)
1	Apple Music	4	5:00 pm	20
2	Pandora	2	5:00 pm	10
⋮	⋮	⋮	⋮	⋮
20	Spotify	2	4:30 pm	10

해답:

- Q1. 음악 스트리밍 서비스에 대한 응답은 단순히 레이블만 다르기 때문에 명목이다. 20명의 트윈 중 12명(60%)이 스포티파이(Spotify)를 들었다. 만약 리조트가 이 수단을 사용하여 트윈에게 연락하기를 원한다면, 이 스트리밍 서비스에 광고비를 배정할 수도 있다.
- Q2. 식품품질 반응은 관측치를 범주화하고 순위를 매길 수 있기 때문에 서열척도이다. 20명의 트윈 중 11명(55%)은 음식의 질이 기껏해야 보통이라고 생각했다. 아마도 음식의 품질에만 초점을 맞춘 광범위한 설문조사가 그들의 명백한 불만의 이유를 밝힐 수 있을 것이다.
- Q3. 마감시간 응답은 등간척도이다. 오후 3시 30분은 오후 3시 30분보다 30분 늦고, 오후 6시는 오후 5시 30분보다 30분 늦다고 할 수 있다; 즉 관측치 간의 차이에 의미가 있다. 그러나 마감시간 응답에는 명백한 0점이 없다. 오전 12시에 0점을 임의로 정의할 수 있지만, 비율은 여전히 의미가 없다. 즉, 오후 6시/오후 3시의 비율을 만들어 오후 6시가 오후 3시보다 두 배 더 길다고 결론을 내리는 것은 이치에 맞지 않는다. 마감시간 응답을 검토한 결과, 압도적인 대다수(20명 중 19명)가 식사공간이 더 늦게까지 개방되기를 원하는 것으로 나타났다.
- Q4. 리조트에서 지출한 그들의 돈에 대한 트윈의 반응은 비율척도이다. 관측치를 범주화하고 순위를 매길 뿐만 아니라 의미 있는 차이를 계산할 수 있다. 또한 자연스러운 0점이 있기 때문에 유효한 비율도 계산할 수 있다. 20명의 트윈 중 17명이 리조트에서 개인의 돈을 지출했다. 이 연령층의 자유재량에 의한 지출이 상당히 큰 것으로 보인다. 리조트 소유자는 트윈의 선호도 중 일부를 충족시키는 것이 현명할 것이다.

연습문제 1.2

12. 다음 변수 중 어느 것이 범주형이고 어느 것이 수치형인가? 변수가 수치형이라면 이산형인지 연속형인지 지정하라.
   a. 축구경기에서 얻은 점수
   b. 고등학교 교실의 인종 구성
   c. 15세의 키

13. 다음 변수 중 어느 것이 범주형이고 어느 것이 수치형인가? 변수가 수치형이라면 이산형인지 연속형인지 지정하라.
   a. 쇼핑몰 주차장에 있는 자동차의 색상
   b. 각 학생이 학기말 시험을 완료하는 데 걸린 시간
   c. 식당을 자주 찾는 고객의 수

14. 다음 각 시나리오에서 측정척도의 유형을 정의하라.
   a. 유치원 교사는 각 학생이 남학생인지 여학생인지 표시한다.
   b. 스키 리조트는 1월 한 달 동안의 일별 기온을 기록한다.
   c. 한 레스토랑에서 고객에게 웨이터의 질에 대해 1~4점 척도로 조사한다. 여기서 1은 미흡이고 4는 우수함이다.

15. 다음 각 시나리오에서 측정척도의 유형을 정의하라.
   a. 투자자는 일년 내내 금의 주별 종가에 대한 데이터를 수집한다.
   b. 분석가는 채권발행 샘플에 신용품질의 내림차순(채무불이행의 증가하는 확률)에 따라 다음 신용등급 중 하나를 부여한다: AAA, AA, BBB, BB, CC, D.
   c. 지역대학의 경영대학장은 향후 강좌개설을 결정하는 데 도움을 받기 위해 학생들을 전공(예: 회계, 재무, 마케팅 등)별로 범주화한다.

16. 다음 각 시나리오에서 측정척도의 유형을 정의하라.
   a. 기상학자는 지난 1년 동안의 월별 강우량을 기록한다.
   b. 사회학자가 50명의 출생년도를 기록한다.
   c. 투자자가 멕시코만에서 발생한 2010년 석유재해 이후 BP의 일일 주가를 모니터링한다.

17. **FILE** ***Major.*** 한 교수가 30명 학생의 전공을 기록한다. 데이터의 일부가 첨부된 표에 나와 있다.

Student	Major
1	Accounting
2	Management
⋮	⋮
30	Economics

   a. 이 데이터의 측정척도는 무엇인가?
   b. 표 형식으로 결과를 요약하라.
   c. 데이터로부터 어떤 정보를 추출할 수 있는가?

18. **FILE** ***DOW.*** 첨부된 표는 다우존스 산업평균지수(Dow Jones Industrial Average, DJIA)를 구성하는 30개 기업의 일부를 보여준다. 각 기업에 대하여 데이터셋은 2019년 2월 15일 현재 DJIA에 가입한 연도, 해당 산업 및 주가($)를 나열한다.

Company	Year	Industry	Price
3M (MMM)	1976	Health Care	208.9
American Express (AXP)	1982	Finance	107.4
⋮	⋮	⋮	⋮
Walgreen (WBA)	2018	Health Care	73.43

   a. 산업(Industry) 변수의 측정척도는 무엇인가?
   b. 연도(Year) 변수의 측정척도는 무엇인가? 이 측정척도 유형의 강점은 무엇인가? 약점은 무엇인가?
   c. 가격(Price) 변수의 측정척도는 무엇인가? 이 측정척도 유형의 강점은 무엇인가?

1.3 데이터 준비

앞서 지적한 바와 같이 관련 자료를 입수한 후, 우리는 종종 후속 분석을 위해 자료를 점검하고 준비하는 데 상당한 시간을 할애한다. 이 절에서는 몇 가지 중요한 데이터 준비 기법에 대해 논의한다. 먼저 데이터를 검사하고 탐색하기 위해 관련 변수의 관측치를 셈(counting)하고 정렬(sorting)한다. 또한 통계 분석에 데이터의 일부(하위집합)만 사용되는 부분집합화(subsetting)라고 하는 일반적으로 사용되는 기법에 대해서도 논의한다.

셈과 정렬

데이터를 시각적으로 검토하는 것 외에도, 셈(counting)과 정렬(sorting)은 대부분의 데이터 분석가가 데이터에 대한 더 나은 이해와 통찰력을 얻기 위해 수행하는 가장 첫 번째 작업 중 하나이다. 데이터 셈 및 정렬은 특히 중요한 변수의 경우 데이터셋이 완전하거나 결측값이 있는지 확인하는 데 도움이 된다. 데이터를 정렬하면 각 변수의 값 범위를 검토할 수도 있다. 우리는 단일 변수 또는 다중 변수를 기준으로 데이터를 정렬할 수 있다.

예제 1.3에서는 Excel과 R을 사용하여 셈 및 정렬 기능을 사용하여 데이터를 검사하고 데이터에 대한 통찰력을 얻는 방법을 보여준다.

예제 1.3

FILE ***Gig.*** BalanceGig는 독립 근로자들을 건설, 자동차, 하이테크 산업의 기업들과 단기 계약을 위해 매칭하는 회사이다. 'Gig' 직원들은 보통 특별한 프로젝트나 특정 업무에 종사하며 단기간 동안만 일한다. BalanceGig의 한 매니저는 가장 최근의 참여 업무로부터 직원 데이터를 추출하는데, 임금(Wage), 고객의 산업(Industry), 직원의 직종 분류(Job)를 포함한다. Gig 데이터셋의 일부는 표 1.7에 나와 있다.

표 1.7 Gig 직원 데이터

EmployeeID	Wage	Industry	Job
1	32.81	Construction	Analyst
2	46	Automotive	Engineer
⋮	⋮	⋮	⋮
604	26.09	Construction	Other

매니저는 직원들의 짧은 참여와 일시적인 속성 때문인지, Gig 사원에 대한 데이터가 종종 불완전하다고 의심한다. Wage, Industry 및 Job 변수에 대한 결측 관측치의 수를 찾고자 한다. 또한 (1) 자동차 산업에서 일하는 직원의 수, (2) 시간당 30달러보다 많이 받는 직원의 수, (3) 자동차 산업에서 일하고 시간당 30달러보다 많이 받는 직원의 수에 대한 정보를 얻고자 한다. 마지막으로, 매니저는 회사 전체에서 임금이 가장 낮은 직원과 가장 높은 직원의 시간당 임금과 자동차와 기술 산업에서 근무한 최저와 최고 임금을 받는 회계사의 시간당 임금을 알고 싶어 한다.

매니저가 요청한 관련 정보를 찾기 위해 Excel과 R의 계산 및 정렬 함수를 사용하고, 결과를 요약하라.

중요: 글꼴 및 유형 설정이 다르기 때문에 이 교재에서 Excel과 R 함수를 복사하여 Excel 또는 R로 직접 붙여 넣으면 오류가 발생할 수 있다. 이러한 오류가 발생하면 따옴표, 괄호 등의 특수문자를 대체하거나 함수에서 추가 공백을 삭제해야 할 수 있다.

해답:

Excel 이용

a. *Gig* 데이터 파일을 연다. 직원 데이터는 현재 A열의 EmployeeID별로 정렬되어 있다. 데이터셋의 끝으로 스크롤하여 마지막 레코드가 605행에 있음을 확인한다. 1행에 열제목이 있고, 데이터셋에는 총 604개의 레코드가 있다.

b. 각 열의 관측치 수를 검사하기 위해, **COUNT** 및 **COUNTA**의 두 가지 Excel 함수를 사용한다. **COUNT** 함수는 수치형 값을 포함하는 셀의 수를 계산하므로 EmployeeID 및 Wage 변수에만 적용할 수 있다. **COUNTA** 함수는 비어 있지 않은 셀 수를 계산하며 4개의 변수 모두에 적용할 수 있다. Wage는 수치형 변수이므로

=COUNT(B2:B605) 또는 =COUNTA(B2:B605)를 입력하여 Wage의 값의 수를 계산할 수 있다. 우리는 604 값을 얻는데, 이는 결측값이 없음을 나타낸다. 마찬가지로 Industry (C열) 및 Job (D열) 변수의 값의 수를 계산하기 위해 빈 셀에 COUNTA(C2:C605) 및 =COUNTA(D2:D605)를 입력한다. 이 두 변수는 수치형이 아니므로 **COUNT** 대신 **COUNTA**를 사용한다. Industry 및 Job에 대한 레코드 수가 각각 594와 588임을 확인한다. 이 두 변수에는 각각 10개 및 16개의 공백 또는 결측값이 있음을 나타낸다.

c. 각 산업의 직원 수를 계산하기 위해 **COUNTIF** 함수를 사용한다. 빈 셀에 =COUNTIF(C2:C605,"=Automotive")를 입력하면 604명의 직원 중 190명이 자동차 산업에서 일했음을 보여줄 것이다. 마찬가지로, 빈 셀에 =COUNTIF(B2:B605,">30")를 입력하면 536명의 직원이 시간당 30달러보다 많이 받았음을 보여줄 것이다. COUNTIF 함수의 첫 번째 매개변수는 계산될 셀의 범위이며, 두 번째 매개변수는 선택기준을 지정한다. >=, <, <=, < > (같지 않음)과 같은 다른 논리 연산자도 COUNTIF 함수에서 사용될 수 있다.

d. 다중 선택기준을 가진 직원 수를 계산하기 위해, **COUNTIFS** 함수를 사용한다. 예를 들어, 빈 셀에 =COUNTIFS(C2:C605, "=Automotive", B2:B605,">30")를 입력하면 181명의 직원이 자동차 산업에서 일하고 시간당 30달러보다 많이 받았다는 것을 보여줄 것이다. 그 밖의 데이터 범위와 선택기준이 해당 쌍으로 추가될 수 있다. >=, <, <=, < > 연산자는 **COUNTIFS** 함수에서도 사용될 수 있다.

e. 모든 직원을 시간당 임금 순으로 정렬하기 위해 A1부터 D605까지 셀을 하이라이트 표시한다. 메뉴로부터 **데이터(Data)** > **정렬(Sort)** [정렬 및 필터(Sort & Filter) 그룹에 있는]을 클릭한다. *내 데이터에 머리글 표시(My data headers)* 체크박스가 선택되어 있는지 확인한다. 정렬기준(Sort by) 옵션에 대해 Wage를 선택하고 *오름차순(Smallest to Largest)* (또는 ascending) 순서를 선택한다. **확인(OK)**을 클릭하라.

   정렬된 목록의 맨 위에 최저 시급 24.28달러의 직원 3명이 있는지 확인한다. 데이터를 내림차순으로 정렬하려면 단계 e를 반복하되 *내림차순(Largest to Smallest)* (또는 descending) 순서를 선택한다. 가장 높은 임금이 51.00달러인지 확인한다.

f. 여러 변수를 기준으로 데이터를 정렬하려면 A1:D605 셀을 다시 하이라이트 표시하고 **데이터(Data)** > **정렬(Sort)**로 이동한다. *정렬기준(Sort by)* 옵션에서 Industry와 *오름차순*[*A to Z* (또는 ascending)] 순서를 선택한다. *기준추가(Add Level)* 버튼을 클릭하고 *다음기준(Then by)* 옵션에서 Job과 *오름차순(A to Z)* 순서를 선택한다. *기준추가(Add Level)* 버튼을 다시 클릭하고 두 번째 *다음기준(Then by)* 옵션에서 Wage와 *오름차순(Smallest to Largest)* 순서를 선택한다. **확인(OK)**을 클릭하라. 자동차 산업에서 일한 회계사의 최저와 최고 임금이 각각 시간당 28.74달러와 49.32달러였음을 알 수 있다.

   마찬가지로, 데이터를 산업별로 *내림차순(Z to A)*으로 정렬한 다음, 직종 및 시간당 임금으로 오름차순으로 정렬하면 기술(Tech) 산업에서 최저와 최고 임금을 받는 회계사는 각각 시간당 36.13달러와 49.49달러를 받았음이 나타났다.

g. 데이터셋을 원래 순서로 재정렬하려면 A1:D605 셀을 다시 하이라이트 표시하고 **데이터(Data)** > **정렬(Sort)**로 이동한다. 각 행별로 *다음기준(Then by)*을 선택하고 *기준삭제(Delete Level)* 버튼을 클릭한다. *정렬기준(Sort by)* 옵션에서 EmployeeID와 *오름차순(Smallest to Largest)* 순서를 선택한다.

R 이용

모든 R 지시사항을 따르기 전에, 부록 A(R 시작하기)를 읽어보자. R과 RStudio를 다운받았고, Excel 파일을 가져오는 방법을 알고 있다고 가정한다. 교재 전반에 걸쳐, 우리의 목표는 관련 출력을 얻을 수 있는 가장 간단한 방법을 제공하는 것이다. 함수명은 **굵은 글꼴(boldface)**로 표시하고 함수 내의 모든 옵션은 *기울임꼴(italics)*로 표시한다.

a. ***Gig*** 데이터 파일을 데이터프레임(테이블)으로 가져와서 myData라는 이름으로 지정한다. R 언어는 대소문자를 구분함을 명심하라.

b. R의 **dim** 함수를 사용하여 관측치와 변수의 수를 계산한다. R 출력에 604개의 관측치와 4개의 변수가 표시되는지 확인한다. 다음과 같이 입력하라.

```
> dim(myData)
```

c. 데이터의 일부를 표시하는 두 가지 일반적인 함수는 **head**와 **View**이다. **head** 함수는 데이터셋의 처음 몇 개의 관측치를 표시하고, **View** 함수(대소문자 구분)는 사용자가 행과 열을 스크롤할 수 있는 스프레드시트 스타일의 데이터 뷰어를 나타낸다. 데이터셋의 첫 번째 직원이 건설업에서 일하고 시간당 32.81달러를 벌었던 분석가임을 확인한다. 다음과 같이 입력하라.

```
> head(myData)
> View(myData)
```

d. R은 결측값을 NA로 저장하고, **is.na** 함수를 사용하여 결측값을 갖는 관측치를 식별한다. R에서는 결측값이 있는 관측치를 "True"로, 결측값이 없는 관측치를 "False"로 표시한다. Industry 변수에서 결측값이 있는지 검사하려면, 다음과 같이 입력하라.

```
> is.na(myData$Industry)
```

e. 대규모 데이터셋의 경우 모든 관측치를 살펴보는 것은 불편하다. 대안으로, **is.na** 함수와 함께 **which** 함수를 사용하여 '어느' 관측치에 결측값이 있는지 식별할 수 있다. 다음 명령문은 Industry 변수에 결측값을 가진 10개의 관측치를 행 번호별로 식별한다. Industry 값이 누락된 첫 번째 관측치가 24행에 있는지 확인한다. 다음과 같이 입력하라.

```
> which(is.na(myData$Industry))
```

f. 24번째 관측치를 점검하기 위해 myData 데이터프레임에 24행을 지정한다. 다음과 같이 입력하라.

```
> myData[24,]
```

대괄호 안에는 쉼표로 구분된 두 개의 요소가 있다. 첫 번째 요소는 행 번호(행 인덱스라고도 함)를 식별하고, 쉼표 뒤의 두 번째 요소는 열 번호(열 인덱스라고도 함)를 식별한다. 두 번째 요소를 공백으로 두면 모든 열이 표시된다. 24행과 3열에 관측치를 점검하기 위해 myData[24, 3]를 입력한다. 작은 데이터셋에서는 **View** 함수에서 생성된 데이터 뷰어의 특정 행과 열로 스크롤하여 결측값을 검토할 수도 있다.

g. 다중 선택기준으로 직원의 수를 파악하고 계산하기 위해, 우리는 **which**와 **length** 함수를 사용한다. 다음 명령문에서는 **which** 함수를 사용하여 어느 직원이 자동차 산업에서 일했는지 파악하고 **length** 함수를 사용하여 직원의 수를 계산한다. 등호 연산자라고도 하는 이중 등호(==)는 산업이 자동차인지 여부를 확인하는 데 사용된다. R에서 'Automotive'와 같은 텍스트 문자는 따옴표 안에 포함한다. 다음과 같이 입력하라.

```
> length(which(myData$Industry=='Automotive'))
```

또한 >, >=, <, <=, 그리고 != (같지 않음) 연산자를 선택기준에 사용할 수 있다. 예를 들어, 다음 명령문을 사용하여 시간당 30달러 이상 버는 직원의 수를 결정할 수 있다. 다음과 같이 입력하라.

```
> length(which(myData$Wage > 30))
```

자동차 산업에 종사하는 직원이 190명이고 시간당 30달러 이상을 받은 직원은 536명이라는 점을 주목하라.

h. 얼마나 많은 직원이 특정 산업에 종사하고 특정 임금 이상을 받는지 계산하기 위해 **and** 연산자(&)를 사용한다. 다음 명령문은 181명의 직원이 자동차 산업에 종사했으며 시간당 30달러 이상을 받았다는 것을 보여준다. 다음과 같이 입력하라.

```
> length(which(myData$Industry=='Automotive' & myData$Wage > 30))
```

i. **order** 함수를 사용하여 변수의 관측치를 정렬한다. Wage 변수를 정렬하고 정렬된 데이터프레임을 sortedData1이라는 새 데이터프레임에 저장하려면, 다음과 같이 입력하라.

```
> sortedData1 <- myData[order(myData$Wage),]
> View(sortedData1)
```

View 함수는 최저 시급과 최고 시간당 임금이 각각 24.28달러와 51.00달러임을 보여준다. 기본적으로, 정렬은 오름차순으로 수행된다. 내림차순으로 정렬하려면 다음과 같이 입력하라.

```
> sortedData1 <- myData[order(myData$Wage, decreasing = TRUE),]
```

j. 여러 변수를 기준으로 데이터를 정렬하기 위해 **order** 함수에 변수를 지정한다. 다음 명령문은 산업별, 작업 분류별, 시간당 임금별로 데이터를 모두 오름차순으로 정렬하고, 정렬된 데이터를 sortedData2라는 데이터프레임에 저장한다. 다음과 같이 입력하라.

```
> sortedData2 <- myData[order(myData$Industry, myData$Job,
myData$Wage),]
> View(sortedData2)
```

View 함수는 자동차 산업에 종사한 최저 임금의 회계사가 시간당 28.74달러를 받았음을 보여준다.

k. 업종별, 직종별로 데이터를 오름차순으로 정렬한 다음 내림차순으로 시간당 임금별로 마이너스 부호를 Wage 변수 앞에 삽입한다. 결과적으로 정렬된 데이터를 sorted-Data3라는 데이터프레임에 저장한다. 자동차 산업에서 최고 임금을 받는 회계사가 시간당 49.32달러를 받았는지 확인한다. 다음과 같이 입력하라.

```
> sortedData3 <- myData[order(myData$Industry, myData$Job,
-myData$Wage),]
> View(sortedData3)
```

l. Industry와 Job 변수는 수치형이 아니다. 그 결과, 데이터를 산업별로 내림차순으로 정렬한 다음, 직종과 시간당 임금별로 오름차순으로 정렬하려면 Industry 변수 앞에 마이너스 부호가 있는 **xtfrm** 함수를 사용한다. 다음과 같이 입력하라.

```
> sortedData4 <- myData[order(-xtfrm(myData$Industry), myData$Job,
myData$Wage),]
> View(sortedData4)
```

View 함수는 기술 산업에서 최저 임금을 받는 회계사와 최고 임금을 받는 회계사가 각각 시간당 36.13달러와 49.49달러를 받았음을 나타낸다.

m. 산업별, 직종별, 시간당 임금별로 데이터를 내림차순으로 정렬하기 위해 **order** 함수에서 decreasing 옵션을 사용한다. 기술 산업에서 가장 높은 급여를 받는 영업 담당자가 48.87달러를 받았음을 확인한다. 다음과 같이 입력하라.

```
> sortedData5 <- myData[order(myData$Industry, myData$Job,
myData$Wage, decreasing = TRUE),]
> View(sortedData5)
```

n. 단계 m에서 정렬된 데이터를 쉼표 구분자 파일로 내보내려면 **write.csv** 함수를 사용한다. 내보낸 파일이 기본 폴더[예: Microsoft Windows의 내 문서(My Document)]에 있는지 확인한다. **R**의 다른 데이터프레임들도 유사한 명령문을 사용하여 내보낼 수 있다. 다음과 같이 입력하라.

```
> write.csv(sortedData5,"sortedData5.csv")
```

요약

- 데이터셋에는 총 604개의 레코드가 있다. 임금(Wage) 변수는 결측값이 없다. 산업(Industry)과 직종(Job) 변수에는 결측값이 각각 10개와 16개가 있다.
- 자동차 산업에 종사하는 직원은 190명, 시간당 30달러 이상을 받는 직원은 536명, 자동차 산업에 종사하는 직원 181명이 시간당 30달러 이상을 받았다.
- 데이터셋에서 최저 및 최고 시간당 임금은 각각 24.28달러와 51.00달러이다. 최저 시간당 임금인 24.28달러를 받은 직원 3명은 모두 건설업에 종사하며 각각 엔지니어(Engineer), 영업사원(Sales Rep), 회계사(Accountant)로 고용되었다. 흥미롭게도, 시간당 임금이 51.00달러로 가장 높은 직원도 '기타(Other)'로 분류된 직종에서 건설업에 종사했다.
- 자동차 산업에 종사하는 최저 및 최고 급여를 받는 회계사들은 각각 시간당 28.74달러와 49.32달러를 벌었다. 기술 산업에서 최저와 최고 급여를 받는 회계사는 각각 시간당 36.13달러와 49.49달러를 받았다. 회계사의 최저 급여는 자동차 산업에 비해 기술 산업에서 상당히 높다(36.13달러 > 28.74달러).

결측값 처리에 관한 참고사항

결측값(missing values)을 처리하기 위한 두 가지 일반적인 전략이 있다. **제거(omission)**전략은 결측값을 가진 관측치를 후속 분석에서 제외하도록 권장한다. **대체(imputation)**전략은 결측값을 합리적으로 대체되는 값으로 변경할 것을 권장한다. 수치형 변수의 경우 평균 대체를 사용하는 것이 일반적이다. 범주형 변수의 경우 가장 빈도가 높은 범주를 대체하는 것이 일반적이다. 대체전략에 대한 추가 세부사항은 이 교재의 범위를 벗어난다.

부분집합화

분석과 관련된 데이터셋의 일부를 추출하는 프로세스를 **부분집합화(subsetting)**라고 한다. 예를 들어, 다국적 기업은 글로벌 운영에 대한 판매 데이터를 보유하고 있으며, 국가별로 판매 데이터의 부분집합을 생성하고 그에 따라 분석을 수행한다. 시간 순으로 색인된 시계열 데이터의 경우, 최근의 관측치와 먼 과거의 관측치의 부분집합을 만들어 별도로 분석할 수 있다. 또한 부분집합화는 결측값, 저품질 데이터 또는 이상치를 포함하는 관측치를 제거할 수도 있다. 부분집합을 생성하기 위해 중복 정보가 포함된 변수나 결측값이 너무 많은 변수를 제외하는 경우가 있다.

부분집합화

부분집합화(Subsetting)는 후속 통계 분석과 관련이 있는 데이터셋의 일부를 추출하는 프로세스 또는 분석의 목적이 데이터의 두 부분집합을 비교하는 경우이다.

예제 1.4에서는 Excel과 R에서 부분집합 함수를 사용하여 원래의 데이터셋으로부터 변수 및 관측치를 선택하거나 제외하는 방법을 보여준다.

예제 1.4

도입사례에서 캐서린 힐은 1982년에서 2000년 사이에 태어나 대학교육을 받은 밀레니얼 세대인 유기농 식품 슈퍼스토어의 고객들에 대해 더 잘 이해하고 싶다. 그녀는 성별, 가구규모, 연간소득, 총 지출, 총 주문수, 고객이 가입한 채널이 고객의 프로필을 만드는데 유용하다고 생각한다. 먼저 Excel과 R을 사용하여 ***Customers*** 데이터 파일에서 대학교육을 받은 밀레니얼 세대 고객을 식별한다. 그런 다음, 대학교육을 받은 여성과 남성 고객의 부분집합을 생성하여 요약한 분석결과를 제공한다.

해답:

Excel 이용

a. ***Customers*** 데이터 파일을 연다.

b. 먼저 대학교육을 받은 밀레니얼 세대만 포함하기 위해 데이터셋을 필터링한다. 데이터 범위 A1:J201를 선택한다. 메뉴에서 **홈(Home)** > **정렬 및 필터(Sort & Filter)** > **필터(Filter)**를 선택한다. 열제목(A1: J1)은 드롭다운 상자로 바뀐다.

c. E1 (College)의 드롭다운 상자를 클릭한다. 모두 선택(Select all)을 선택 취소한 다음, 예(Yes) 옆에 있는 상자를 선택한다. **확인(OK)**을 클릭하라. 이 단계에서는 대학학위가 없는 고객(No)을 숨김으로써 대학학위를 가진 고객(Yes)만을 표시한다.

d. D1 (BirthDate)의 드롭다운 상자를 클릭한다. **날짜 필터(Date filters)** > **해당범위(Between)**를 선택한다. 그림 1.4를 참조하라. *사용자 지정 자동 필터*(*Custom AutoFilter*) 대화상자에서, *이후 또는 같음*(*after or equal*) 상자 옆에 "1/1/1982"를 입력하거나 달력 개체에서 날짜를 선택한다. *그리고*(*And*)를 선택하고 *이전 또는 같음*(*before or equal*) 옆에 "12/31/1999"를 입력하거나 달력개체에서 날짜를 선택한다. **확인(OK)**을 클릭하라. 현재 데이터셋에는 1982년에서 2000년 사이에 태어난 대학교육을 받은 밀레니얼 세대만 표시된다.

그림 1.4 Excel의 자동필터(AutoFilter) 대화상자

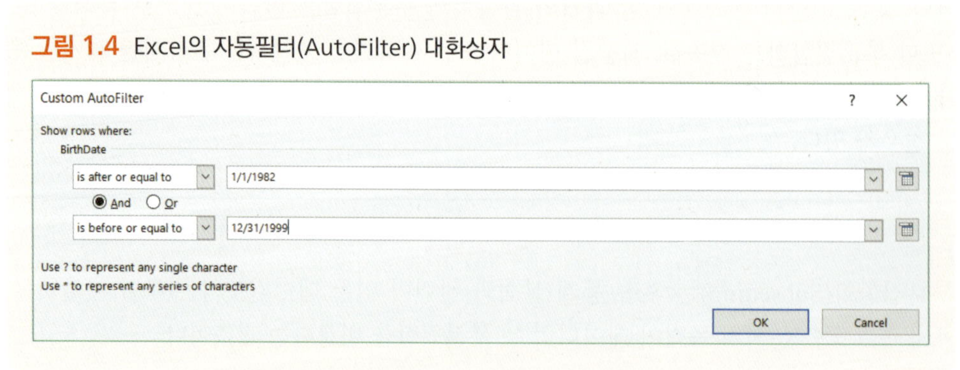

e. 워크시트에 남아 있는 필터링된 전체 데이터를 선택한다. 필터링된 데이터를 복사하여 새 워크시트에 붙여 넣는다. 새 워크시트에 대학교육을 받은 밀레니얼 세대의 59

개의 관측치가 포함되어 있는지 확인한다. 새 워크시트의 이름을 *College-Educated Millennials*로 바꾼다.

f. 우리는 현재 분석과 관련이 없는 변수들은 제외한다. *College-Educated Millennials* 워크시트에서 A1 (CustID)셀을 선택한다. 메뉴에서 **홈(Home)** > **삭제(Delete)** > **시트 열 삭제(Delete Sheet Columns)**를 선택하여 CustID 열을 제거한다. 데이터셋의 Race, BirthDate, College 열에 대해 이 단계를 반복한다.

g. 대학교육을 받은 밀레니얼 세대의 데이터를 성별로 부분집합화하려면 A열을 선택한다. 메뉴에서 **홈(Home)** > **정렬 및 필터(Sort & Filter)** > **텍스트 오름차순 정렬(Sort A to Z)**을 선택한다. 메시지가 나타나면 *정렬 경고(Sort Warning)* 대화상자에서 *선택 영역 확장(Expand the selection)*을 선택하고 *정렬(Sort)*을 선택한다. 이제 관측치는 성별에 따라 알파벳 순으로 정렬된다. 여성고객 기록 다음에 남성고객 기록이 있다.

h. 두 개의 새 워크시트를 만들고 워크시트 이름을 *Female*과 *Male*으로 지정한다. 열 제목을 포함한 여성과 남성 고객의 관측치를 각각 새로운 *Female*과 *Male* 워크시트에 복사하여 붙여 넣는다. 표 1.8은 결과의 일부를 보여준다.

표 1.8 대학교육을 받은 밀레니얼 세대 고객

a) 대학교육을 받은 여성 밀레니얼 세대

Sex	HHSize	Income	Spending	Orders	Channel
Female	5	53000	241	3	SM
Female	3	84000	153	2	Web
⋮	⋮	⋮	⋮	⋮	⋮
Female	1	52000	586	13	Referral

b) 대학교육을 받은 남성 밀레니얼 세대

Sex	HHSize	Income	Spending	Orders	Channel
Male	5	94000	843	12	TV
Male	1	97000	1028	17	Web
⋮	⋮	⋮	⋮	⋮	⋮
Male	5	102000	926	10	SM

R 이용

a. ***Customers*** 데이터를 데이터프레임(테이블)으로 가져와서 myData라는 이름으로 지정한다.

b. 대학교육을 받은 밀레니얼 세대를 선택하기 위해 먼저 대학학위를 가진 모든 고객을 선택한다. 이중 등호(==)를 사용하여 College 값이 "Yes"인지 확인한다는 점을 기억하자. 다음과 같이 입력하라.

```
> college <- myData[myData$College=='Yes', ]
```

c. 이제 Birthdate 변수를 사용하여 1982년과 2000년 사이에 태어난 밀레니얼 세대를

선택한다. R은 일반적으로 날짜 값을 텍스트 문자로 가져오므로 먼저 **as.Date** 함수를 사용하여 BirthDate 변수를 날짜 데이터 유형으로 변환해야 한다. 옵션 서식 = "%m/%d/%Y"는 BirthDate 변수가 mm/dd/yyyy 형식임을 나타낸다. 예를 들어, R이 01/13/1990과 같은 날짜를 입력하려면, 다음과 같이 입력하라.

```
> college$BirthDate <- as.Date(college$BirthDate, format =
"%m/%d/%Y")
```

기타 일반적인 날짜 서식으로는 1990-01-13, Jan 13, 1990 및 January 13, 1990으로 지정된 날짜를 읽는 "%Y-%m-%d", "%b %d, %Y"와 "%B %d, %Y"가 있다.

d. 또한 **as.Date** 함수를 사용하여, January 1, 1982와 December 31, 1999를 기준일자로 지정한 후 데이터에서 밀레니얼 세대를 선택하기 위한 선택기준으로 사용한다. 다음과 같이 입력하라.

```
> cutoffdate1 <- as.Date("01/01/1982", format = "%m/%d/%Y")
> cutoffdate2 <- as.Date("12/31/1999", format = "%m/%d/%Y")
> millenials <- college[college$BirthDate >= cutoffdate1 &
college$BirthDate <= cutoffdate2, ]
```

View 함수를 사용하여 millenials 데이터프레임에 59명의 대학교육을 받은 밀레니얼 세대가 포함되어 있는지 확인한다.

e. millenials 데이터프레임에 Sex, HHSize, Income, Spending, Orders 및 Channel 변수만 포함하려면, **c** 함수를 사용하여 이러한 변수의 열 인덱스를 지정한다. 다음과 같이 입력하라.

```
> subset1 <- millenials[ , c(2, 6, 7, 8, 9, 10)]
```

대안으로 포함할 변수의 이름을 지정하여 새 데이터프레임을 만들 수도 있다. 다음과 같이 입력하라.

```
> subset2 <- millenials[ , c("Sex", "HHSize", "Income",
"Spending", "Orders", "Channel")]
```

View 함수를 사용하여 subset1과 subset2 데이터가 동일한지 확인한다.

f. R은 Sex와 Channel과 같은 비수치형 변수를 텍스트 문자로 가져온다. 데이터를 추가로 부분집합화 및 점검하기 전에 **as.factor** 함수를 사용하여 Sex와 Channel를 범주형 변수(R에서는 factor라고 함)로 변환한다. 다음과 같이 입력하라.

```
> subset1$Sex <- as.factor(subset1$Sex)
> subset1$Channel <- as.factor(subset1$Channel)
```

Channel 변수가 factor 또는 범주형 변수로 변환되었는지 확인하려면, 다음과 같이 입력하라.

```
> is.factor(subset1$Channel)
```

이 명령문은 변수가 factor이면 TRUE를 반환하고, 그렇지 않으면 FALSE를 반환한다.

g. Sex를 기준으로 데이터의 두 부분집합을 생성하기 위해 **split** 함수를 사용한다. 다음과 같이 입력하라.

```
> sex <- split(subset1, subset1$Sex)
```

sex 데이터 프레임에는 Female과 Male이라는 두 개의 부분집합이 포함된다. 이제 Female과 Male 부분집합을 볼 수 있다. 다음과 같이 입력하라.

```
> View(sex$Female)
> View(sex$Male)
```

대학교육을 받은 밀레니얼 세대의 21명의 여성과 38명의 남성이 있는지 확인한다. 결과는 표 1.8과 유사해야 한다.

데이터 범위에 따른 부분집합에 관한 참고사항

경우에 따라서는 단순히 데이터 범위를 기준으로 데이터를 부분집합화할 수 있다. 예를 들어, 관측치 1에서 50까지와 관측치 101에서 200을 포함하는 데이터를 부분집합화하기 위해 다음 명령문을 사용한다. 다음과 같이 입력하라.

```
> dataRanges <- myData[c(1:50, 101:200),]
```

도입사례 분석결과

hbpictures/Shutterstock

캐서린 힐은 유기농 식품 슈퍼스토어의 새로운 아시아풍의 식사 제품군의 마케팅을 돕기 위해 파견되었다. 이 제품의 잠재적 목표 시장을 이해하기 위해 캐서린은 회사 고객의 대표성 있는 표본을 포함하는 데이터를 부분집합화하여 대학교육을 받은 밀레니얼 세대만 포함시켰다. 그녀는 또한 대학교육을 받은 밀레니얼 세대의 여성과 남성의 프로필을 비교하기 위해 성별에 따라 데이터셋을 두 개의 부분집합으로 분할하였다.

이 자료에 따르면 압도적으로 많은 남성 고객이 소셜 미디어 광고를 통해 들어온 반면, 여성 고객은 웹 광고나 추천에 의해 유인되는 경향이 있는 것으로 나타났다. 캐서린은 이 결과를 사용하여 남성 고객을 대상으로 한 콘텐츠로 새로운 제품군에 대한 일련의 소셜 미디어 광고를 디자인하고 운영할 계획이다. 여성 고객을 위해, 그녀는 웹 배너 광고와 회사의 추천 프로그램에 마케팅 활동을 집중하고자 한다.

더욱이 남성 고객들이 여성 고객들보다 더 빈번하지만 더 소량의 주문을 하는 것처럼 보이기 때문에, 캐서린은 남성 고객들을 대상으로 하는 교차판매와 상향판매 전략을 개발하기 위해 마케팅팀과 협력할 계획이다. 이 회사의 대학교육을 받은 밀레니얼 세대 남성 고객들은 고소득층인 경향이 있다는 사실을 감안할 때, 캐서린은 옳은 메시지와 제품 제안을 통해 마케팅팀이 이들 고객의 총 지출을 증가시키기 위한 전략을 개발할 수 있을 것이라고 확신한다.

연습문제 1.3

19. **FILE** ***Exercise_1.19.*** 첨부한 데이터셋에는 두 개의 변수인 x_1와 x_2가 포함되어 있다.
    a. x_2의 경우, 얼마나 많은 관측치가 2와 같은가?
    b. x_1과 x_2를 모두 오름차순으로 정렬한다. 변수가 정렬된 후 x_1와 x_2에 대한 첫 번째 관측치는 무엇인가?
    c. x_1과 x_2를 모두 내림차순으로 정렬한다. 변수가 정렬된 후 x_1와 x_2에 대한 첫 번째 관측치는 무엇인가?
    d. x_1은 오름차순으로, x_2는 내림차순으로 정렬한다. 변수가 정렬된 후 x_1와 x_2에 대한 첫 번째 관측치는 무엇인가?
    e. x_1과 x_2에 결측값이 몇 개인가?

20. **FILE** ***Exercise_1.20.*** 첨부한 데이터셋에는 3개의 변수 x_1, x_2, x_3가 포함되어 있다.
    a. x_1의 경우 30보다 큰 관측치는 몇 개인가?
    b. x_1, x_2, x_3 모두 오름차순으로 정렬한다. 변수가 정렬된 후 x_1, x_2, x_3에 대한 첫 번째 관측치는 무엇인가?
    c. x_1과 x_2를 내림차순으로, x_3을 오름차순으로 정렬한다. 변수가 정렬된 후 x_1, x_2, x_3에 대한 첫 번째 관측치는 무엇인가?
    d. x_1, x_2, x_3에 결측값이 몇 개인가?

21. **FILE** ***Exercise_1.21.*** 첨부한 데이터셋에는 3개의 수치형 변수 x_1, x_2, x_3과 범주형 변수인 x_4가 포함되어 있다.
    a. x_4의 경우, 얼마나 많은 관측치가 3 미만인가?
    b. x_1, x_2, x_3, x_4를 모두 오름차순으로 정렬한다. 변수가 정렬된 후 x_1, x_2, x_3, x_4에 대한 첫 번째 관측치는 무엇인가?
    c. x_1, x_2, x_3, x_4를 모두 내림차순으로 정렬한다. 변수가 정렬된 후 x_1, x_2, x_3, x_4에 대한 첫 번째 관측치는 무엇인가?
    d. x_1, x_2, x_3, x_4에 결측값이 몇 개인가?
    e. x_4의 각 범주에는 몇 개의 관측치가 있는가?

22. **FILE** ***Exercise_1.22.*** 첨부한 데이터셋에는 4개의 변수 x_1, x_2, x_3, x_4가 포함되어 있다.
    a. 날짜가 1975년 5월 1일 이후 x_3인 관측치만 포함하도록 데이터셋의 부분집합을 취한다. 부분집합 데이터에 관측치가 몇 개인가?
    b. x_4에 대한 이진수 1/0 값을 기준으로 원본 데이터셋을 부분집합으로 취한다. 두 부분집합 각각에 대한 관측치의 수는 얼마인가?

23. **FILE** ***Exercise_1.23.*** 첨부한 데이터셋에는 5개의 변수 x_1, x_2, x_3, x_4, x_5가 포함되어 있다.
    a. x_2, x_3, x_4만 포함하도록 데이터셋의 부분집합을 취한다. 3개의 변수에는 결측값이 몇 개인가?
    b. "Own" 값이 x_2인 모든 관측치를 제거한다. 그런 다음 x_3에 대한 값이 150보다 작은 모든 관측치를 제거한다. 데이터셋에 몇 개의 관측치가 남아 있는가?

24. **FILE** ***Exercise_1.24.*** 첨부한 데이터셋에는 5개의 변수 x_1, x_2, x_3, x_4, x_5가 포함되어 있다. 데이터셋에는 결측값이 있다.
    a. 결측값이 있는 변수는 무엇인가?
    b. 결측값이 있는 관측치는 무엇인가?
    c. 결측값이 있는 모든 관측치(행)은 생략하라. 데이터셋에 몇 개의 관측치가 남아 있는가?

25. **FILE** ***SAT.*** 다음 표는 대학입시위원회(College Board)가 보고한 대로 2017년 50개 주와 컬럼비아 특별구(District of Columbia), 푸에르토리코(Puerto Rico), 미국령 버진아일랜드(U.S. Virgin Islands)의 쓰기 및 수학 SAT 점수 평균의 일부를 나열한 것이다.

State	Writing	Math
Alabama	595	571
Alaska	562	544
⋮	⋮	⋮
Wyoming	633	635

    a. 데이터를 쓰기점수의 내림차순으로 정렬하라. 평균 쓰기점수가 가장 높은 주는 어디인가? 그 주의 평균 수학점수는 몇 점인가?
    b. 데이터를 수학점수의 오름차순으로 정렬하라. 평균 수학점수가 가장 낮은 주는 어디인가? 그 주의 평균 쓰기점수는 몇 점인가?
    c. 평균 수학점수에서 600점보다 높다고 보고한 주는 몇 개인가?
    d. 평균 쓰기점수에서 500점 미만이라고 보고한 주는 몇 개인가?

26. **FILE** ***Fitness.*** 한 사회과학 연구에서는 418명의 개인을 대상으로 얼마나 자주 운동하는지, 결혼상태, 연간소득에 대한 조사를 실시한다. 데이터의 일부가 첨부된 표에 나와있다.

ID	Exercise	Married	Income
1	Always	Yes	106299
2	Sometimes	Yes	86570
⋮	⋮	⋮	⋮
418	Often	No	92690

    a. 데이터를 연간소득별로 정렬하라. 소득이 가장 높은 10명 중, 결혼했고 항상 운동하는 사람은 몇 명인가?
    b. 데이터를 결혼상태와 운동을 기준으로 둘 다 내림차순으로 정렬하라. 결혼했고 때때로 운동하는 개인 중 몇 명이

연간 110,000달러보다 많이 벌고 있는가??

c. 각 변수에는 결측값이 몇 개 있는가?

d. 결혼한 사람과 미혼인 사람은 몇 명인가?

e. 항상 운동을 하는 결혼한 사람은 몇 명인가? 전혀 운동을 하지 않는 미혼인 사람은 몇 명인가?

27. FILE ***Demographics.*** 첨부한 표는 개인의 소득(Income: 1,000달러), 연령(age), 성별(sex: F = 여성, M = 남성), 결혼 상태(Married; Y = 예, N = 아니오) 데이터의 일부를 보여준다.

Individual	Income	Age	Sex	Married
1	87	46	F	Y
2	97	52	M	Y
⋮	⋮	⋮	⋮	⋮
890	69	44	F	N

a. 데이터에서 남성과 여성의 수를 계산하라.

b. 남성과 여성의 결혼한 비율은 몇 %인가?

c. 소득이 가장 높은 10명 중, 결혼한 남성은 몇 명인가?

d. 남성과 여성의 최고 소득과 최저 소득은 얼마인가?

e. 결혼한 남성과 미혼 남성의 최고 소득과 최저 소득은 얼마인가?

28. FILE ***Travel_Plan.*** 제리 스티븐슨(Jerry Stevenson)은 여행사의 매니저이다. 그는 고객이 내년 안에 여행할 것인지 아닌지를 예측할 수 있는 모델을 구축하고자 한다. 그는 다음과 같은 변수를 포함하는 데이터셋을 수집했다: 개인이 대학 학위를 가지고 있는지 여부(College), 연간 식비 지출(FoodSpend, 달러), 연간 소득(Income, 달러), 고객이 내년 안에 여행할 계획이 있는지(TravelPlan, 1 = 여행계획이 있음; 0 = 여행계획이 없음). 데이터의 일부를 첨부된 표에 보여준다.

College	FoodSpend	Income	TravelPlan
Yes	1706.89	49412	1
No	2892.9	55416	0
⋮	⋮	⋮	⋮
No	2617	50900	0

a. 결측값이 있는 변수는 무엇인가?

b. 결측값이 있는 모든 관측치(행)는 생략하라. 결측값으로 인해 제거된 관측치의 수는 몇 개인가?

c. 고소득 고객을 더 잘 이해하기 위해 제리(Jerry)는 연간 소득이 75,000달러보다 높고 내년 안에 여행을 계획하고 있는 고객만 포함하는 데이터의 부분집합을 만들고자 한다. 이러한 기준을 충족하는 고객 목록을 작성하기 위해 데이터를 부분집합으로 만들어라. 이 부분집합에는 관측치가 몇 개인가?

29. FILE ***Population.*** 미국 인구조사국(The US Census Bureau)은 매년 50개 주의 인구를 기록하고 있다. 첨부된 표는 2010년에서 2018년 기간의 데이터의 일부를 보여준다.

State	2010	2011	. . .	2018
Alabama	4,785,448	4,798,834	. . .	4,887,871
Alaska	713,906	722,038	. . .	737,438
⋮	⋮	⋮	⋮	⋮
Wyoming	564,483	567,224	. . .	577,737

a. 주 인구 데이터의 두 부분집합을 생성하라. 한 개는 2018년 인구가 500만 명 이상이고, 다른 한 개는 500만 명 미만이다. 각 부분집합에는 관측치가 몇 개인가?

b. 인구가 500만 명 이상의 인구가 있는 주의 부분집합에서 1,000만 명 이상의 인구를 가진 주를 제거하라. 몇 개의 주가 제거되었는가?

30. FILE ***Football_Players.*** 데니스 라우(Denise Lau)는 열렬한 축구팬이며, 내셔널 풋볼(National Football League)의 모든 경기를 본다. 2017년 시즌 동안, 그녀는 각 쿼터백이 어떻게 경기했는지 꼼꼼하게 기록하고 있다. 데니스는 지역 NFL 팬클럽에서 이 쿼터백들에 대해 발표하고 있다. 다음 표는 데니스가 기록한 데이터의 일부이며, 포함된 변수는 선수명(Player), 팀명(Team), 성공한 패스(Comp), 시도한 패스(Att), 성공률(Pct), 던진 총야드(Yds), 시도당 평균야드(Avg), 경기당 던진 야드(Yds/G), 터치다운 수(TD), 인터셉트 수(Int) 등의 변수를 포함한다.

Player	Team	Comp	. . .	Int
Aaron Rodgers	GB	154	. . .	6
Alex Smith	KC	341	. . .	5
⋮	⋮	⋮	⋮	⋮
Tyrod Taylor	BUF	263	. . .	4

a. 데이터셋에 결측값이 있는가? 있다면 결측값이 있는 변수는 무엇인가? 결측값이 있는 관측치는 무엇인가?

b. 결측값이 있는 모든 관측치(행)은 생략하라. 결측값으로 인해 제거된 관측치는 몇 개인가?

c. 데니스는 선수가 터치다운이 5회 미만이거나 인터셉트가 20회보다 많은 이상치를 제거하고자 한다. 데이터셋에서 이러한 관측치를 제거하라. 데이터에서 제거된 관측치는 몇 개인가?

31. FILE ***Salaries.*** 이언 스티븐스(Ian Stevens)는 시애틀시(city of Seattle)에서 일하는 인사분석가이다. 그는 시 직원들에 대한 보상(Compensation) 분석을 수행하고 있다. 첨부한 데이터셋에는 부서(Department), 직책(Job Title)과

시간당 임금(Hourly Rate, 달러)의 세 변수가 포함되어 있다. 데이터에는 시간당 임금이 몇 개 누락되어 있다.

Department	Job Title	Hourly Rate
Public Utilities	Res&Eval Asst	32.81
Sustainability & Environ Dept	StratAdvsr3,Exempt	62.27
⋮	⋮	⋮
Public Utilities	Capital Prjts Coord, Asst	42.71

a. 데이터셋을 부서에 따라 여러 부분집합으로 분할하라. 몇 개의 부분집합이 생성되는가?

b. 결측값을 포함하는 부분집합은 무엇인가? 해당 데이터셋에 결측값은 몇 개인가?

1.4 데이터 분석

사례연구

FILE ***TechSales_Reps.*** 카시우스 웨더비(Cassius Weatherby)는 소프트웨어와 하드웨어 제품을 생산하는 주요 기술 회사의 인사관리자이다. 그는 회사의 영업전문가의 순추천의향지수(net promoter score, NPS)를 분석하려고 한다. NPS는 0(가능성 없음)부터 10(매우 가능성 있음)의 척도로 고객에게 다른 사람에게 회사를 추천할 가능성을 질문하여 고객만족도와 충성도를 측정한다. 이 척도는 영업 기회의 많은 부분이 고객 추천에서 나오기 때문에 회사의 소프트웨어 비즈니스에 특히 중요한 지표이다. 카시우스는 영업전문가가 받은 NPS와 관련된 요인을 식별하려고 한다. 이러한 통찰력은 회사가 더 나은 채용 결정을 내리고 더 효과적인 교육 프로그램을 개발하는 데 도움이 될 수 있다.

회사 IT그룹의 도움으로 20,000명 이상의 영업전문가의 기록이 포함된 데이터셋을 엔터프라이즈 데이터 웨어하우스에서 추출한다. 관련 변수에는 영업전문가가 할당된 제품라인, 연령, 성별, 회사 근무연수, 대학학위를 가지고 있는지, 마이어스-브릭스(Myers-Briggs) 인성평가에 따른 성격유형, 취득한 전문자격증의 수, 360도 연간 평가의 평균점수, 기본 급여, 받은 NPS의 평균 점수가 포함된다. 카시우스는 데이터를 점검 및 검토하고 회사의 최고 경영진을 위한 보고서를 준비하는 임무를 맡고 있다.

샘플보고서—순추천의향지수 평가

순추천의향지수(NPS)는 고객만족도와 충성도의 핵심 지표이다. 이는 고객이 제품이나 회사를 다른 사람에게 추천할 가능성을 측정한다. 비즈니스용 소프트웨어 라인은 영업 기회를 창출하기 위해 고객 추천에 크게 의존하고 있기 때문에, 영업전문가가 받은 NPS는 향후 회사의 성공을 나타내는 핵심 지표이다.

dizain/Shutterstock

총 2만 건의 영업전문가 레코드 중에서 소프트웨어 제품 그룹의 영업전문가만을 선택하여 평균 NPS가 9 미만인 사람과 평균 NPS가 9 또는 10인 사람 두 가지 범주로 나눈다. 고객이 영업전문가에게 NPS를 9 또는 10을 줄 경우, 고객은 '열정적 충성도'로 간주되는데, 이는 고객이 당사로부터 구매를 계속하고 그들의 동료들을 우리 회사에 의뢰할 가능성이 매우 높다는 것을 의미한다. 그런 다음 전문자격증의 수에 따라 영업전문가를 두 가지 범주로 나눈다: 0~3개의 전문자격증을 보유한 사람과 4개 이상의 전문자격증을 보유한 사람이다. 표 1.9는 결과를 보여준다. 소프트웨어 제품 그룹에 속한 12,130명의 영업전문가 중 전문자격증을 4개 미만 취득한 사람은 65.57%인 반면, 4개 이상 취득한 사람은 34.43%인 것으로 나타났다. 그러나 4개 이상의 전문자격증과 NPS 값 사이에는 연관성이 있는 것으로 보인다. NPS 9 또는 10을 받은 경우, 62.60%가 최소 4개의 전문자격증을 취득한 것으로 나타났다. 마찬가지로, 9 미만인 경우 73.00%가 4개 미만의 전문자격증을 취득하였다.

이는 단순히 높은 성과를 내는 직원들이 전문자격증을 취득하기 위해 스스로 동기를 부여하는 경향이 있다는 것을 시사할 수 있지만, 우리는 또한 충분한 기술지식을 갖춘 영업전문가가 고객과 효과적으로 소통하고 기술 솔루션을 찾는 데 있어 도움을 주어 고객만족도와 충성도를 높일 수 있다고 생각한다. 교육 및 개발 프로그램은 직원들이 관련 자격증을 취득하고 필요한 기술지식을 습득할 수 있도록 돕는 데 더 큰 중점을 두어야 한다.

표 1.9 자격증 수 및 NPS 값별 영업전문가

Number of certificates	Full Sample (n = 12,130)	NPS < 9 (n = 9,598)	NPS ≥ 9 (n = 2,532)
0 to 3	65.57%	73.00%	37.40%
4 or more	34.43%	27.00%	62.60%

다음 NPS 분류에 따라 영업전문가를 성격유형에 기초한 범주로 분류한다. 표 1.10은 결과를 보여준다. 전문자격증 외에도 성격유형이 NPS 값과 연결되어 있음을 발견했다. 4개 성격유형 중, Diplomats과 Explorers가 소프트웨어 그룹은 모든 영업전문가 중 72.69%를 차지한다. 그러나 NPS 값을 기준으로 직원을 나눌 때, 이 두 성격유형은 평균 NPS가 9 또는 10인 그룹의 91.63%를 차지하는 반면, 9개 미만의 NPS 그룹은 67.69%에 불과하다.

표 1.10 성격유형 및 NPS 값별 영업전문가

Myers-Briggs Personality Type	Full Sample (n = 12,130)	NPS < 9 (n = 9,598)	NPS ≥ 9 (n = 2,532)
Analyst	12.13%	14.47%	3.24%
Diplomat	35.62%	33.07%	45.30%
Explorer	37.07%	34.62%	46.33%
Sentinel	15.19%	17.84%	5.13%

또한 연령, 성별, 학력, 판매량 및 수수료와 같은 다른 변수에 의한 NPS의 차이를 검사했지만 NPS 범주에서 상당한 차이를 찾지 못했다. 직원의 급여 및 재직기간과 같은 다른 변수는 초기 분석에 포함되지 않았다.

이 분석의 통찰력을 바탕으로 영업전문가에 대한 보다 포괄적인 분석을 수행하기 위해 회사가 분석 태스크포스(TF)를 임명할 것을 요청한다. 우리는 분석이 NPS 값을 결정하기 위한 관련 요소들 중에서 전문자격증과 성격에 초점을 맞출 것을 강력히 제안한다. 최소한으로 태스크포스의 두 가지 목표에는 (1) 직원들이 관련 전문자격증을 취득할 수 있도록 돕기 위한 교육 및 개발 프로그램을 재설계하고, (2) 채용 결정의 일부로 성격유형을 사용하는 것의 효과성에 대한 권장사항을 포함해야 한다.

사례연구 제안

이 장에서 논의한 바와 같이, 수많은 온라인 출처의 데이터는 우리가 탐색하고 조사할 수 있다. 다음은 이 교재와 함께 제공되는 데이터뿐만 아니라 온라인을 이용한 몇 가지 사례 연구이다.

보고서 1.1 유엔의 2018 행복지수 보고서(http://www.worldhappiness.report)에 따르면 핀란드가 세계에서 가장 행복한 국가라고 한다. 사실, 몇몇 스칸디나비아 국가들은 지난 몇 년 동안 연례 행복지수 보고서에 포함된 156개국 중 꾸준히 1위를 차지하고 있다. 행복지수 웹사이트를 방문하고, 온라인 데이터를 다운로드하고 탐색하고, 사회적 지원, 출생 시 건강한 기대수명, 삶의 선택 자유, 관용성과 같은 변수에 초점을 맞추어 선택한 국가들에 대한 보고서를 작성하라.

보고서 1.2 FILE ***House_Price.*** 두 개의 캠퍼스 타운을 선택하고 판매 가격, 침대, 욕실, 평방 피트, 부지 크기 및 주택 유형을 나타내는 변수에 초점을 맞춘다. 각 변수의 변수유형과 측정척도를 설명한다. 또한 두 캠퍼스 타운을 비교하라.

보고서 1.3 FILE ***College_Admissions.*** 어느 대학을 선택하든 부모의 교육, 성별(남성 또는 여성), 인종(백인, 아시아인 또는 기타), 고등학교 내신, SAT/Act 점수 및 입학 결정을 나타내는 변수에 집중한다. 각 변수의 변수유형과 측정척도를 설명한다. 또한 선택한 변수에 대해 관측된 패턴을 보고하기 위해 레이스별로 데이터의 부분집합을 취한다.

보고서 1.4 FILE ***TechSales_Reps.*** 소프트웨어 제품 그룹의 대졸 직원 데이터는 성별(여성 또는 남성), 성격 유형, 급여 및 순추천고객 점수를 나타내는 변수에 사용한다. 각 변수의 변수유형과 측정척도를 설명한다. 또한 이러한 선택한 변수에 대해 관찰된 패턴을 보고하기 위해 성격유형별로 부분집합을 취한다.

핵심 개념

LO 1.1 다양한 데이터 유형을 설명할 수 있어야 한다.

데이터(data)는 사실, 수치 또는 기타 내용의 모음이다.

모집단(population)은 통계 문제의 모든 관심 항목으로 구성되어 있으며, 표본은 해당 모집단의 부분집합이다.

횡단면 데이터(cross-sectional data)에는 동일 시점 또는 시간 차이에 대한 많은 대상의 특성 값이 포함된다. 시계열 데이터에는 시간 경과에 따른 대상의 특성 값이 포함된다.

정형 데이터(structured data)는 사전에 정의된 행-열 형식을 따르지만, 비정형 데이터(unstructured data)는 그렇지 않다.

빅데이터(big data)는 기존의 데이터 처리 도구를 사용하여 관리, 처리 및 분석이 매우 어려운 대량의 정형 및 비정형 데이터를 설명하는 데 사용되는 용어이다. 그러나 빅데이터가 완전한(모집단) 데이터를 의미하는 것은 아니다.

LO 1.2 변수 및 측정척도 유형을 설명할 수 있어야 한다.

변수(variable)는 범주형(categorical) 또는 수치형(numerical)으로 분류된다. 범주형 변수의 관측치는 범주를 나타내는 반면, 수치형 변수의 관측치는 의미 있는 숫자를 나타낸다.

수치형 변수는 이산형 또는 연속형으로 분류된다. 이산형 변수(discrete variable)는 셀 수 있는 수의 값을 가정하는 반면, 연속형 변수(continuous variable)는 구간 내에서 셀 수 없는 값을 특징으로 한다.

모든 변수에 대한 관측치는 명목, 서열, 등간 또는 비율의 네 가지 주요 측정척도로 분류할 수 있다.

- 명목척도(nominal scale)는 가장 낮은 정교한 수준의 측정을 나타낸다. 명목 데이터상의 이름이나 레이블에 의해서만 다르다. 그런 다음 이러한 관측치는 단순히 이름별로 범주화되거나 그룹화된다.
- 서열척도(ordinal scale)의 관측치는 범주화되고 순위가 매겨질 수 있지만, 순위 관측치 간의 차이는 의미가 없다.
- 등간척도(interval scale)는 명목척도와 서열척도에 비해 더 강한 측정척도이다. 등간척도의 관측치는 범주화 및 순위를 지정할 수 있으며 관측치 간의 차이가 유의하다. 등간척도의 주요 약점은 0의 값이 임의로 선택된다는 것이다.
- 비율척도(ratio scale)는 가장 강력한 측정수준을 나타낸다. 비율척도 변수는 실제 0점을 가질 뿐만 아니라 등간척도 변수의 모든 특성을 가지고 있으므로 의미 있는 비율을 계산할 수 있다.

명목 및 서열척도는 범주형 변수로 사용되는 반면, 구간 및 비율척도는 수치형 변수로 사용된다.

LO 1.3 **데이터를 점검하고 탐색할 수 있어야 한다.**

관련 자료를 입수한 후, 우리는 종종 후속 분석을 위해 자료를 점검하고 준비하는 데 상당한 시간을 할애한다.

데이터 셈(counting) 및 정렬(sorting)은 특히 중요한 변수의 경우 데이터셋이 완전하거나 결측값이 있는지 확인하는 데 도움이 된다. 데이터를 정렬하면 각 변수의 값 범위를 검토할 수도 있다. 우리는 단일 변수 또는 다중 변수를 기준으로 데이터를 정렬할 수 있다.

LO 1.4 **데이터 부분집합화를 적용할 수 있어야 한다.**

부분집합화(subsetting)는 후속 통계 분석과 관련이 있는 데이터셋의 일부를 추출하거나 분석의 목적이 데이터의 두 부분집합을 비교하는 과정이다. 결측값, 저품질 데이터 및 이상치가 포함된 관측치를 제거하는 데도 사용된다. 때로는 부분집합화가 중복 정보를 포함하는 변수를 제외하는 경우도 있다.

추가 연습문제

32. Statistica.com에 따르면, 미국에서 2019년에 태어난 사람들의 평균 수명은 남자 76세, 여자 81세이다.

a. 평균 수명 추정치에 대한 관련 모집단을 설명한다.

b. 평균 수명이 표본 또는 모집단 데이터로 계산되는가?

33. 친구 20명에게 그들이 기숙사, 임대용 주택 또는 다른 형태의 숙소에 살고 있는지 질문하라. 또한 대략적인 월 주거비용을 알아보라. 이 정보를 나타내는 표를 만들어라. 이 데이터는 정형 데이터로 고려되는가 또는 비정형 데이터로 고려되는가? 이들은 횡단면 데이터인가 또는 시계열 데이터인가?

34. 미국 인구조사국(U.S. Census Bureau) 웹사이트(www.census.gov)에 접속하여 앨라배마(Alabama), 애리조나(Arizona), 캘리포니아(California), 플로리다(Florida), 조지아(Georgia), 인디애나(Indiana), 아이오와(Iowa), 메인(Maine), 매사추세츠(Massachusetts), 미네소타(Minnesota), 미시시피(Mississippi), 뉴멕시코(New Mexico), 노스다코타(North Dakota) 및 워싱턴(Washington) 주의 가장 최근의 가구소득 중앙값을 찾아라. 이 데이터는 횡단면 데이터인가 또는 시계열 데이터인가? 소득의 지역별 차이에 대하여 설명하라.

35. FILE ***Retailer.*** 한 온라인 소매회사가 올해 첫 3개월 동안의 고객 지출을 예측하려고 한다. 이 회사의 마케팅 분석가인 Brian Duffy는 성별(Sex: Female/Male), 연간 소득(Income), 연령(Age, In years) 및 올해 첫 3개월 동안의 총지출액(Spending)을 포함하는 기존 고객 200명을 대상으로 데이터셋을 작성했다. 데이터의 일부가 첨부된 표에 나와 있다.

Sex	Income	Age	Spending
Male	87.50	52	156.88
Female	66.50	43	275.16
⋮	⋮	⋮	⋮
Male	51.90	61	159.51

a. 위의 변수들 중 어떤 것이 범주형이고 어떤 것이 수치형인가?

b. 위의 변수 각각은 측정척도가 어떻게 되는가?

36. FILE ***Vacation.*** 휴가지는 종종 그 지역의 주요 활동에 따라 계절별로 운영된다. 아만다 왕(Amanda Wang)은 오하이오(Ohio) 신시내티(Cincinnati)에 있는 여행사의 주인이다. 그녀는 지난 12년 동안 판매한 휴가 패키지(Vacation)의 수에 대한 데이터베이스를 구축했다. 데이터의 일부가 첨부된 표에 나와 있다.

Year	Quarter	Vacation
2008	1	500
2008	2	147
⋮	⋮	⋮
2019	4	923

a. Year 변수의 측정척도는 무엇인가? 이러한 유형의 측정척도의 강점은 무엇인가? 그것의 약점은 무엇인가?

b. Quarter 변수의 측정척도는 무엇인가? 이러한 유형의 측정척도의 약점은 무엇인가?

c. Vacation 변수의 측정척도는 무엇인가? 이러한 유형의 측정척도의 강점은 무엇인가?

37. FILE ***Spend.*** 한 회사에서 주택 소유(OwnHome: Yes/No), 자동차 소유(OwnCar: Yes/No), 음식에 대한 연간가계지출(Food), 여행에 대한 연간가계지출(Travel)에 대한 질문으로 소비자 설문조사를 수행한다. 데이터의 일부가 첨부된 표에 나와 있다.

ID	OwnHome	OwnCar	Food	Travel
1	Yes	Yes	5472.43	827.4
2	No	Yes	9130.73	863.55
⋮	⋮	⋮	⋮	⋮
500	No	No	6205.97	3667.5

a. 데이터를 주택 소유, 자동차 소유, 여행 지출을 기준으로 모두 내림차순으로 정렬하라. 정렬된 목록의 첫 번째 고객은 음식에 얼마나 지출했나?

b. 데이터를 여행 지출액만을 기준으로 내림차순으로 정렬하라. 여행에 가장 많이 지출하는 10명의 고객

중 주택 소유자는 몇 명인가? 그들 중 주택과 자동차를 둘 다 소유한 사람은 몇 명인가?

c. 각 변수에는 결측값이 몇 개 있는가?

d. 주택 소유자는 몇 명인가?

e. 주택 소유자이지만 자동차는 소유하지 않은 고객은 몇 명인가?

38. FILE ***Admission.*** 대학 입학은 무엇보다도 학생들의 SAT와 고등학교 GPA 점수를 평가하여 입학 결정을 내리는 경쟁적인 과정이다. 첨부한 데이터셋에는 1,230명의 학생에 대한 입학 결정(Decision: Admit/Deny), SAT 점수, 여성(Female: Yes/No), 고등학교 GPA(HSGPA)가 포함되어 있다. 데이터의 일부가 첨부된 표에 나와 있다.

Student	Decision	SAT	Female	HSGPA
1	Deny	873	No	2.57
2	Deny	861	Yes	2.65
⋮	⋮	⋮	⋮	⋮
1230	Admit	1410	No	4.28

a. 남학생과 여학생 수를 계산하라.

b. 남학생과 여학생의 몇 퍼센트가 입학허가를 받았는가?

c. HSGPA가 가장 높은 10명의 학생 중, 남학생은 몇 명인가?

d. SAT가 가장 낮은 10명의 학생 중, 여학생은 몇 명인가?

e. 입학한 남학생과 여학생의 최고와 최저 SAT 점수는 얼마인가?

39. FILE ***Longitudinal.*** 첨부한 표에는 미국 내 12,000명 이상의 개인들이 시간의 흐름에 따라 추적되는 National Longitudinal Survey(NLS)의 데이터 일부가 포함되어 있다. 이 분석 변수에는 개인에 대한 다음 정보가 포함된다. 도시지역 거주(Urban: 도시지역 거주 1, 그렇지 않으면 0), 형제자매수(Siblings), 백인(White: 백인 1, 그렇지 않으면 0), 기독교인(Christian: 기독교인 1, 그렇지 않으면 0), 가구규모(FamilySize), 키(Height), 체중(Weight, 파운드), 소득(Income, 달러)이다.

Urban	Siblings	White	. . .	Income
1	8	1	. . .	0
1	1	1	. . .	40000
⋮	⋮	⋮	⋮	⋮
1	2	1	. . .	43000

a. 데이터셋에 결측값이 있는가? 있다면 어느 변수에 결측값이 있는가? 데이터셋에 결측값은 몇 개인가?

b. 결측값을 처리하기 위해 제거전략을 사용하라. 결측값으로 인해 제거되는 관측치는 몇 개인가?

40. FILE ***Stocks.*** 투자자들은 일반적으로 투자 결정을 내리기 위해 다양한 정보를 고려한다. 다음 표는 대규모 상장기업과 그들의 재무정보 샘플을 보여준다. 관련 정보에는 주가(Price), 주가 대비 배당금(Dividend), 주가 대비 수익률(PE), 주당순이익(EPS), 장부가치(Book Value), 지난 52주간의 최저와 최고 주가(Lowest와 Highest) 등이 있다.

Name	Price	Dividend	. . .	High
3M	189.09	2.48	. . .	190.54
Abbott Lab	45.00	2.34	. . .	45.83
⋮	⋮	⋮	⋮	⋮
Zoetis	53.07	0.79	. . .	56.50

a. 데이터셋에 결측값이 있는가? 있다면 어느 변수에 결측값이 있는가? 데이터셋에 결측값은 몇 개인가?

b. 결측값을 처리하기 위해 제거전략을 사용하라. 결측값으로 인해 제거되는 관측치는 몇 개인가?

c. 재무분석가는 시장가치보다 장부가치가 높은 기업에 가장 관심이 있다. 시장가치보다 장부가치가 낮은 관측치를 모두 제거하라. 데이터셋에 몇 개의 관측치가 남아 있는가?

2 표와 그래프 방법
Tabular and Graphical Methods

학습목차_Chapter Contents

학습목표_Learning Objectives

이 장을 학습한 후에,

LO 2.1 범주형 변수의 빈도분포를 작성하고 해석할 수 있어야 한다.
LO 2.2 막대그래프와 파이그림을 작성하고 해석할 수 있어야 한다.
LO 2.3 두 범주형 변수에 대한 분할표 및 누적 막대그래프를 작성하고 해석할 수 있어야 한다.
LO 2.4 수치형 변수의 빈도분포를 작성하고 해석할 수 있어야 한다.
LO 2.5 히스토그램, 다각형 그래프, 누적빈도곡선을 작성하고 해석할 수 있어야 한다.
LO 2.6 산점도, 범주형 변수가 있는 산점도 및 선 그래프를 작성하고 해석할 수 있어야 한다.
LO 2.7 줄기-잎 그림을 작성하고 해석할 수 있어야 한다.

사람들은 흔히 원시 형태의 데이터에 의해 제공된 정보를 처리하는 데 어려움을 겪는다. 데이터를 효과적으로 해석하는 유용한 방법은 데이터 시각화(data visualization)를 통하는 것이다. 이 장에서는 데이터를 정리하여 제시하는 데 도움이 되는 몇 가지 표와 그래픽 도구를 학습한다.

먼저 범주형 변수에 대한 빈도분포를 작성한다. 빈도분포는 데이터를 축약하고 요약하는 표 형식의 방법이다. 범주형 변수의 시각적 표현을 위해 막대그래프, 파이그림을 작성한다. 그 다음 분할표와 누적수직막대그래프를 작성하여 두 범주형 변수 사이의 관계를 검토한다.

수치형 변수의 경우 빈도분포를 다시 작성한다. 수치형 변수의 빈도분포는 데이터가 집중되는 경향을 전체적으로 파악할 수 있을 뿐만 아니라 데이터가 가장 낮은 관측치에서 가장 높은 관측치로 어떻게 분산되는지를 보여준다. 수치형 변수의 시각적 표현을 위해 히스토그램, 다각형 그래프, 누적빈도곡선을 작성한다.

마지막으로, 두 수치형 변수 사이의 관계를 그래픽으로 설명하는 산점도를 작성하는 방법을 보여준다. 교재 뒷부분에서 심도 있게 논의하는 주제인 상관분석 및 회귀분석을 수행할 때 산점도가 매우 유용한 도구라는 것을 알게 될 것이다. 또한 범주형 변수가 있는 산점도, 선 그래프 및 줄기-잎 그림을 포함한 추가적인 데이터 시각화에 대해서도 설명한다.

Ilene MacDonald/Alamy Stock Photo

도입사례_Introductory Case

플로리다 푼타고다(Punta Gorda, Florida)의 주택가격

FILE *PG_Sales.* 일년 내내 따뜻한 날씨와 낮은 주 소득세는 사람들이 플로리다(Florida) 주택을 원하는 많은 이유들 중 두 가지이다. 이는 노년기를 위해 따뜻한 기후를 원하는 베이비붐 세대에게 특히 매력적이다.

매튜 에드워드(Matthew Edwards)는 플로리다 서부 해안의 작은 도시인 푼타고다(Punta Gorda)에 있는 부동산 회사의 이주전문가이다. 최근, 매튜는 푼타고다에서 살고 싶어하는 북동부 사람들의 수가 증가하는 것을 주목했다. 그는 미래의 고객들을 위해 주택가격 요약을 준비하려고 한다. 40건의 최근 부동산 거래에 대해 그는 주택가격(Price: 1,000달러), 주택의 면적(Sqft), 침실 수(Beds), 화장실 수(Baths), 주택의 설립 연도(Built), 주택유형(Type: Single 또는 Condo)에 대한 데이터를 수집한다. 표 2.1은 데이터의 일부를 보여준다.

표 2.1 플로리다 푼타고다의 최근 부동산 거래

Transaction	Price	Sqft	Beds	Baths	Built	Type
1	200	1684	3	2	2005	Single
2	435	2358	3	2.5	2017	Single
⋮	⋮	⋮	⋮	⋮	⋮	⋮
40	192	1154	2	2	2019	Condo

예비 분석에서 매튜는 표본 정보를 사용하여 다음을 수행하려고 한다.

1. 주택가격의 범위에 대한 요약문을 작성한다.
2. 주택가격이 집중되는 경향이 있는 곳에 대해 설명한다.
3. 주택가격과 주택의 크기 사이의 관계를 검토한다.

이 도입사례에 대한 분석결과는 2.4절에 제시되어 있다.

2.1 범주형 변수 시각화 방법

이 절에서는 단일 변수에 관한 데이터를 정리하여 제시하는 데 도움이 되는 몇 가지 표와 그래프 도구를 학습한다. 먼저 범주형 변수를 요약하는 일반적인 방법을 살펴본다.

1장에서 학습한 범주형 변수(categorical variable)는 레이블 또는 이름을 나타내는 관측치로 구성된다는 사실을 기억하자. 예를 들어, 설문조사 참가자는 흔히 성별이나 인종을 표시하거나 제품의 등급을 제공하도록 요청을 받는다. 범주형 변수로 제시된 경우 일반적으로 **빈도분포(frequency distribution)**를 사용하여 데이터를 요약하는 것이 유용하다.

> **범주형 변수에 대한 빈도분포**
>
> 범주형 변수(categorical variable)에 대한 빈도분포(frequency distribution)는 데이터를 범주로 그룹화하고 각 범주에 속하는 관측치 수를 기록한다. 각 범주의 상대빈도는 각 범주에 속한 관측치의 비율과 같다.

범주형 변수에 대한 빈도분포

대형 기술회사의 인사부서가 마이어스-브릭스(Myers-Briggs) 평가를 바탕으로 각 직원의 성격유형에 관한 인사정보를 유지한다고 가정하자. 마이어스-브릭스 평가는 성격유형을 네 가지 범주로 분류한다.

- 분석형(Analyst): 분석형은 개방적이고 의지가 강한 경향이 있다. 독립적으로 일하는 것을 좋아하고, 일반적으로 매우 실용적인 관점으로 문제를 접근한다.
- 외교형(Diplomat): 외교형은 사람들을 배려하고 다른 사람들에게 많은 공감을 하는 경향이 있다.
- 탐험가형(Explorer): 탐험가형은 어려운 상황에 빠르고 합리적인 결정을 내리는 경향이 있다.
- 관리자형(Sentinel): 관리자형은 안정, 질서를 좋아하고 근면하고 꼼꼼한 경향이 있다.

표 2.2는 직원 1,000명에 대한 마이어스-브릭스 평가 결과의 일부를 보여준다. Personality 변수는 관측치가 레이블만 나타내기 때문에 명목척도의 범주형 변수이다. 이러한 형식, 즉 원시 형식으로 제시되는 데이터는 해석하기가 매우 어렵다. 일반적으로 원시 데이터를 빈도분포(frequency distribution)로 전환하는 것이 데이터를 더 잘 관리하고 쉽게 평가하는 첫 단계이다.

표 2.2 성격유형

Employee	Personality
1	Diplomat
2	Diplomat
⋮	⋮
1000	Explorer

표 2.3에서 보이는 바와 같이, Personality 변수의 네 가지 범주는 빈도분포의 첫 번째 열을 구성한다. 그 다음 각 범주에 속하는 직원의 수를 기록한다. 표 2.3에서 Explorer 유형은 가장 빈번하게 발생하는 반면, Analyst 유형은 가장 적은 빈도로 발생한다는 것을 쉽게 알 수 있다.

일부 응용에서는, 특히 크기가 다른 데이터셋을 비교할 때, 빈도보다는 각 범주의 상대빈도에 초점을 맞춤으로써 우리의 니즈는 더 잘 충족될 수 있다. 각 범주의 상대빈도는 빈도를 표본크기로 나누어 산출한다. 예를 들어, Explorer 유형의 상대빈도는 404/1,000 = 0.404이다. 상대빈도에 100을 곱하면 상대빈도를 백분율로 쉽게 변환할 수 있다. 따라서 Explorer의 0.404인 상대빈도를 고려하면, 직원의 40.4%가 Explorer 유형이라고 할 수 있다. 표 2.3은 각 범주의 상대빈도와 백분율 빈도를 보여준다.

표 2.3 Personality 변수에 대한 빈도분포

Personality	Frequency	Relative Frequency	Percent Frequency
Analyst	116	0.116	11.6
Diplomat	324	0.324	32.4
Explorer	404	0.404	40.4
Sentinel	156	0.156	15.6

다양한 그래프를 작성하여 빈도분포에서 발견되는 정보를 시각화할 수 있다. 그래픽 표현은 종종 변수를 더 극적으로 묘사할 뿐만 아니라 해석을 단순화한다. 막대그래프와 파이그림은 범주형 변수에 대해 널리 사용되는 두 가지 그래픽 표현이다.

막대그래프

때로는 수직막대그래프(column chart)라고 불리는 수직의 막대그래프(bar chart)를 먼저 작성한다. 수직의 막대그래프에서 각 막대의 높이는 해당 범주의 빈도 또는 상대빈도와 같다. 그림 2.1은 Personality 변수에 대한 막대그래프를 보여준다.

그림 2.1 Personality 변수에 대한 막대그래프

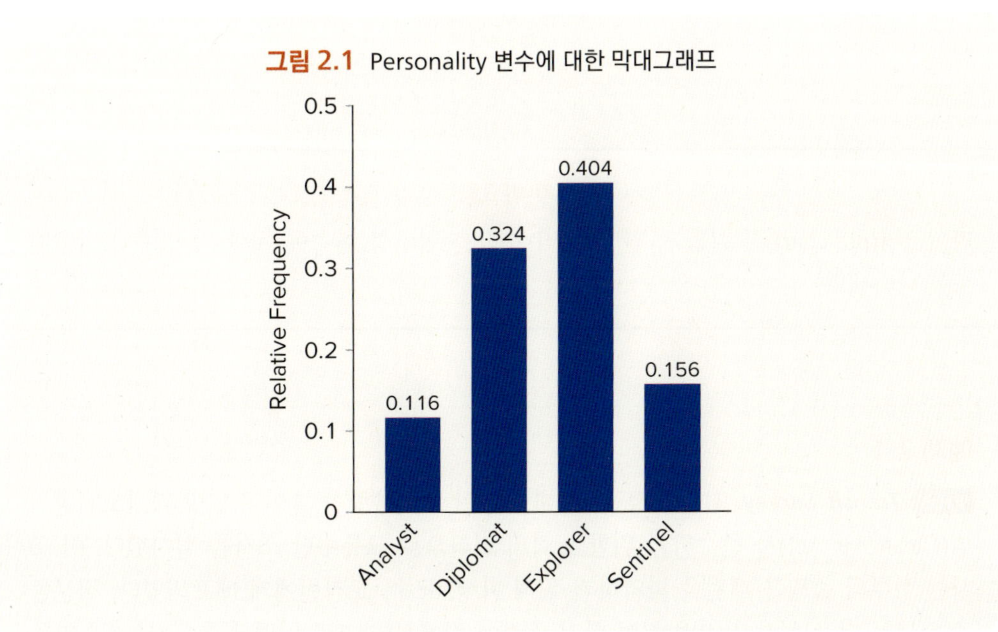

> **막대그래프**
>
> 막대그래프(bar chart)는 범주형 변수의 각 범주에 대한 빈도 또는 상대빈도를 일련의 수평 또는 수직 막대로 나타내며, 그 길이는 표시할 값에 비례한다.

파이그림

파이그림은 각 부문이 표시하려는 범주의 크기에 비례하도록 구성된 조각 또는 부문으로 절단된 원이다. 마이어스-브릭스 예제에서 Explorer의 상대빈도는 0.404이다. 원은 360도를 포함하므로 Explorer를 나타내는 부분은 $0.404 \times 360 = 145.44$도를 포함한다. 다른 세 범주에 대한 계산도 비슷한 방법으로 구할 수 있다.

그림 2.2는 마이어스-브릭스 예제의 파이그림을 보여준다. 그림 2.1과 그림 2.2는 서로 다른 방식으로 동일한 정보를 보여준다. 즉, 이 회사에서 가장 빈번한 성격유형은 Explorer 유형과 Diplomat 유형이다. 가장 적은 성격유형은 Sentinel 유형과 Analyst 유형이다.

그림 2.2 마이어스-브릭스 예제에 대한 파이그림

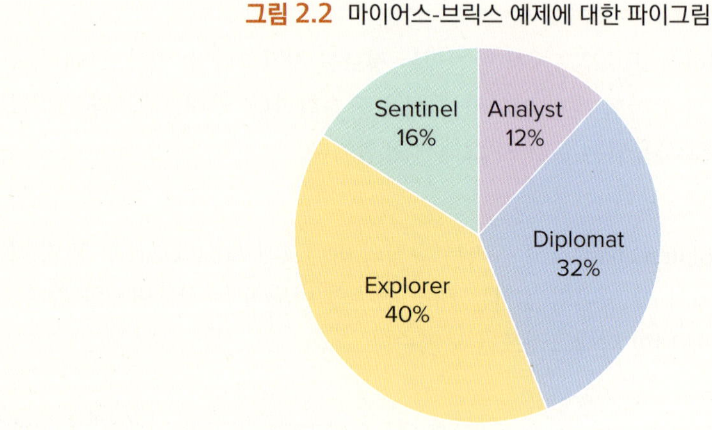

> **파이그림**
>
> 파이그림(pie chart)은 분할된 원인데, 각 분할은 범주형 변수에 대한 각 범주의 상대빈도를 나타낸다.

예제 2.1

FILE ***Transit_Survey.*** 최근 한 도시의 대학은 탄소 배출량을 줄이고 연방 대기오염방지법(Clean Air Act)을 준수하기 위한 노력의 일환으로 교통수단 조사를 실시했다. 이 조사는 하루의 출퇴근 패턴을 파악하기 위해 학생, 교수, 교직원에게 배포되었다. 질문들 중 하나는 다음과 같다: 일반적인 학기 주간에 집에서 학교로 어떻게 통근하는가? 가능

한 응답으로는 자가운전(Drive_Alone), 대중교통(Public_Transit), 자전거(Bicycle), 도보(Walk), 기타(Other)가 있다. 600명이 조사에 응답했고, 표 2.4는 설문조사 결과의 일부를 보여준다.

표 2.4 ***Transit_Survey*** **데이터**

Respondent	Mode of Transportation
1	Bicycle
2	Public_Transit
⋮	⋮
600	Walk

Excel과 R을 사용하여 빈도분포, 막대그래프 및 파이그림을 작성하고, 결과를 요약하라.

중요: 글꼴과 형식 설정이 다르기 때문에 이 교재에서 Excel 또는 R 함수를 복사하여 Excel 또는 R에 직접 붙여 넣을 경우 오류가 발생할 수 있다. 이러한 오류가 발생하면 따옴표, 괄호 등의 특수문자를 대체하거나 함수에서 추가 공백을 삭제해야 할 수 있다.

해답:

Excel 이용

a. ***Transit_Survey*** 데이터 파일을 연다.

b. 열(column) 제목인 교통수단(Mode of Transportation)과 응답자 수(Number of Respondents)를 D1셀과 E1셀에 각각 입력한다. D2셀에 행(row) 제목 자가운전(Drive_Alone)을 입력한다. E2셀에 수식 =COUNTIF(A2:A601, "Drive_Alone")을 입력하고, E3셀에 행 제목 대중교통(Public_Transit)을 입력한다. E3셀에 수식 =COUNTIF(A2:A601, "Public_Transit")을 입력하고, D4셀에 행 제목 자전거(Bicycle)를 입력한다. E4셀에 수식 =COUNTIF(A2:A601, "Bicycle")을 입력하고, D5셀에 행 제목 도보(Walk)를 입력한다. E5셀에 수식 =COUNTIF(A2:A601, "Walk")을 입력하고 D6셀에 행 제목 기타(Other)를 입력한다. E6셀에 수식 =COUNTIF(A2:A601, "Other")을 입력한다. 표 2.5는 빈도분포를 보여준다.

표 2.5 **교통수단 설문조사 예제에 대한 빈도분포**

Mode of Transportation	Number of Respondents
Drive_Alone	57
Public_Transit	273
Bicycle	111
Walk	141
Other	18

c. D2:E6셀을 선택한다. 메뉴에서 **삽입(Insert)** > **막대형 차트 삽입(Insert Bar Chart)**을 선택하고 왼쪽 상단에 있는 옵션을 선택한다. [**삽입(Insert)**을 선택한 후 이 옵션을 찾는 데 문제가 있는 경우, **차트(Charts)** 위의 수평 막대그래프를 찾는

다.] 그림 2.3은 막대그래프를 보여준다. 이 경우 수평 막대그래프를 작성한다. 만약 수직 막대그래프를 작성하려면 **삽입(Insert)** > **세로 막대형 차트(Column Chart)**를 선택한다.

그래프의 오른쪽 상단에는 '+' 기호를 선택하거나 메뉴에 **차트 요소 추가(Add Chart Elements)**를 선택하여 서식(축 제목, 눈금선 등) 정렬을 수행할 수 있다. 막대그래프(또는 세로 막대형 차트)의 빈도를 표시하려면 차트 요소 팝업 상자에 있는 데이터 레이블 옆에 있는 상자를 선택한다.

그림 2.3 교통수단 설문조사 예제에 대한 막대그래프

d. 파이그림의 경우 D2:E6셀을 선택한다. 메뉴에서 **삽입(Insert)** > **파이(Pie)** > **2D 파이(2-D Pie)**를 선택하고 왼쪽 상단에 있는 그래프를 선택한다. [**삽입(Insert)**을 선택한 후 이 옵션을 찾기 어렵다면 **차트(Charts)** 위의 원을 찾는다.] 그림 2.4는 파이그림을 보여준다. 포맷은 (c)단계를 참조하라.

그림 2.4 교통수단 설문조사 예제에 대한 파이그림

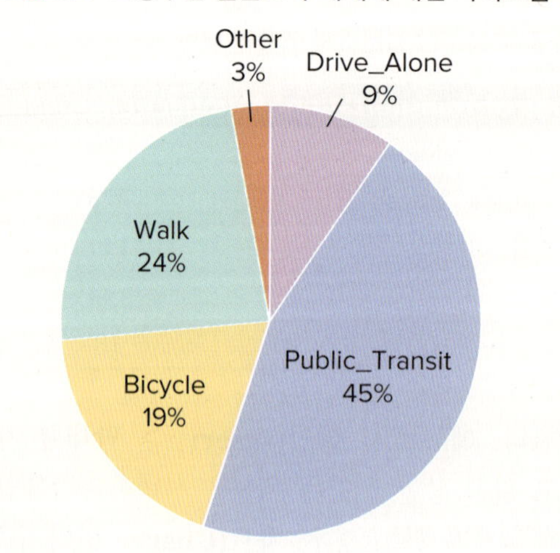

R 이용

1장에서 언급한 바와 같이, 모든 R 지침을 따르기 전에 부록 A (R 시작하기)를 읽었는지 확인하라. R과 RStudio를 다운받았고, Excel 파일을 가져오는 방법을 알고 있다고 가정한다. 교재 전반에 걸쳐, 목표는 관련 출력물을 얻을 수 있는 가장 간단한 방법을 제공하는 것이다. 모든 함수명은 **굵은 글꼴(boldface)**로 표시하고 함수 내의 모든 옵션은 *기울임꼴(italics)*로 표시한다. R은 대소문자를 구분한다는 점을 명심하는 것이 중요하다.

a. ***Transit_Survey*** 데이터 파일을 데이터프레임(테이블)으로 가져와서 myData라는 이름으로 지정한다.

b. **table** 함수를 사용하여 Frequency로 레이블된 빈도분포를 작성한다. 부록 A에 요약된 바와 같이, 우리는 일반적으로 $var 표현을 사용하여 데이터프레임 내에서 변수를 식별한다. 여기서 var는 변수명을 나타낸다. 변수명 Mode of Transportation은 둘 이상의 단어로 구성되어 있으므로 변수명을 작은 따옴표로 묶어야 한다. Frequency를 다시 입력하면 결과로 나타나는 빈도분포가 그다지 매력적이지 않다는 것을 알 수 있다. 이러한 이유로, 우리는 더 매력적인 빈도분포를 만들기 위해 **View** 함수를 사용한다. **View** 함수는 스프레드시트 스타일의 데이터 뷰어를 생성한다. 다음과 같이 입력하라.

```
> Frequency <- table(myData$'Mode of Transportation')
> Frequency
> View(Frequency)
```

표 2.5와 비교하여 R이 생성하는 빈도분포의 유일한 차이점은 범주명이 알파벳 순으로 정렬된다는 것이다.

c. **barplot** 함수를 사용하여 막대그래프를 작성한다. R은 서식을 위한 다양한 옵션을 제공한다. 여기서는 main을 사용하여 제목을 추가하고, *xlab*을 사용하여 x축 레이블을 제공하고, *horiz*를 사용하여 수평 막대그래프를 표시하고, *col*을 사용하여 색상을 정의하고, *xlim*을 사용하여 가로 축 단위를 0에서 300까지 확장하고, *las* = 1을 사용하여 범주명을 y축에 수직으로 표시하고, *cex.names*으로 범주명이 잘리지 않도록 글꼴크기를 줄인다. 마지막으로, **abline** 함수를 사용하여 y축을 삽입한다.

```
> barplot(Frequency,main="Bar Chart for Transit Survey",
xlab="Number of Respondents", horiz=TRUE, col="blue",
xlim=c(0,300), las=1, cex.names=0.5)
> abline(v=0)
```

그림 2.3과 비교하여 R이 생성하는 막대그래프에는 몇 가지 차이점이 있지만, 이러한 차이는 외관상의 차이이다.

d. **pie** 함수를 사용하여 파이그림을 작성한다. 함수 내 옵션의 경우 *main*을 사용하여 제목을 비활성화한다.

```
> pie(Frequency, main="Pie Chart for Transit Survey")
```

그림 2.4와 비교하여 R이 생성하는 파이그림에는 차이점이 있지만, 이들 차이점 역시 외관상의 차이이다.

요약

표 2.5와 그림 2.3, 그림 2.4는 이 도시 대학의 가장 일반적인 통근수단은 대중교통임을 보여준다. 도보와 자전거는 다음으로 가장 흔한 통근수단이다. 이러한 결과는 도시에 위치한 대학에서 놀라운 일이 아니다.

차트 또는 그래프를 작성하거나 해석할 때 주의사항

FILE ***Crude_Oil.*** 이 교재 전체에 걸쳐 검토하는 많은 분석방법과 마찬가지로, 의도적 및 비의도적인 그래픽 정보의 왜곡 가능성이 존재한다. 신중한 연구자로서, 다음과 같은 기본지침을 따라야 한다.

- 주어진 데이터셋에 대해 가장 단순한 그래프를 사용해야 한다. 명확성을 위해 노력하고 불필요한 장식은 피한다.
- 축에는 각 눈금 수치가 명확하게 표시되어야 하며, 각 축에는 레이블이 있어야 한다.
- 막대그래프 또는 히스토그램을 작성할 때(2.3절에서 설명) 각 막대/직사각형은 폭이 동일해야 한다. 폭이 다르면 왜곡이 발생한다.
- 수직축(vertical axis)의 상한으로 너무 높은 값을 부여해서는 안 된다. 이러한 경우 데이터의 증가(또는 감소)가 실제만큼 명백하지 않도록 데이터가 압축된 것처럼 보일 수 있다. 예를 들어, 그림 2.5(a)는 1분기 원유 배럴의 일일 가격을 나타낸다. 이 시기 중동 불안으로 원유가격은 배럴당 83.13달러에서 약 28% $\left(= \frac{106.19 - 83.13}{83.13}\right)$ 상승했다. 그러나 그림 2.5(a)는 수직축의 상한선으로 높은 값(325달러)을 사용하기 때문에, 가격상승은 위축된 것으로 보인다. 그림 2.5(b)는 110달러의 상한을 가진 수직축을 보여준다. 이 값은 이 기간 동안 관측된 상한을 더 잘 반영한다.

그림 2.5 오해의 소지가 있는 수직축: 과도하게 높은 상한

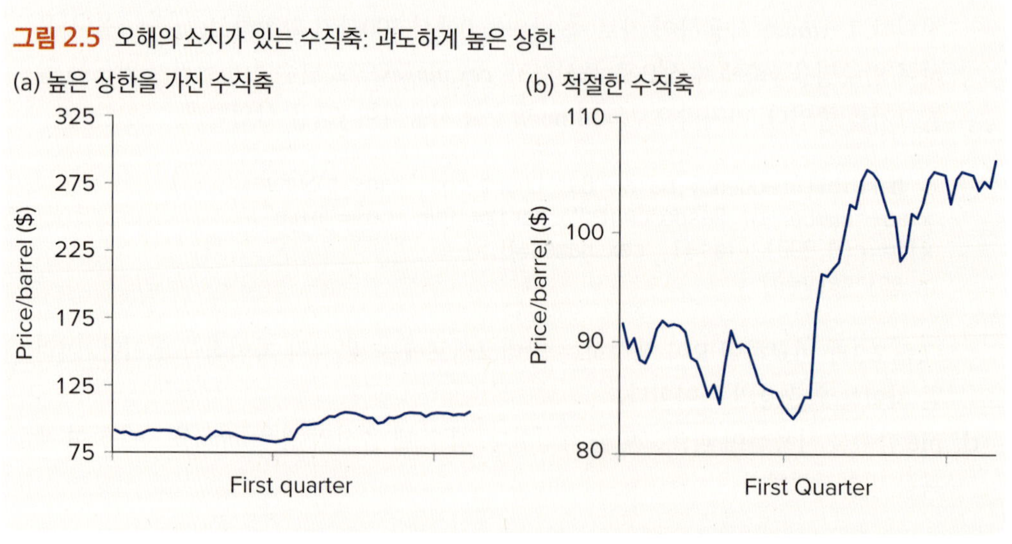

- 데이터의 증가(또는 감소)가 실제보다 더 뚜렷하게 나타나도록 수직축을 늘려서는 안 된다. 예를 들어, 그림 2.6(a)는 4월 4일 주(week)의 대형 유통업체의 일일 종가를 도표로 나

타낸 것이다. 주가가 일주일 동안 최고 60.15달러에서 최저 59.46달러로 하락한 것은 사실이다. 이는 0.69달러의 감소 또는 약 1% 하락에 해당한다. 그러나 수직축을 늘렸기 때문에 주가 하락이 더욱 극적으로 나타난다. 그림 2.6(b)는 늘어나지 않은 수직축을 나타낸다.

그림 2.6 수직축의 눈금 오류: 신축성 있는 눈금

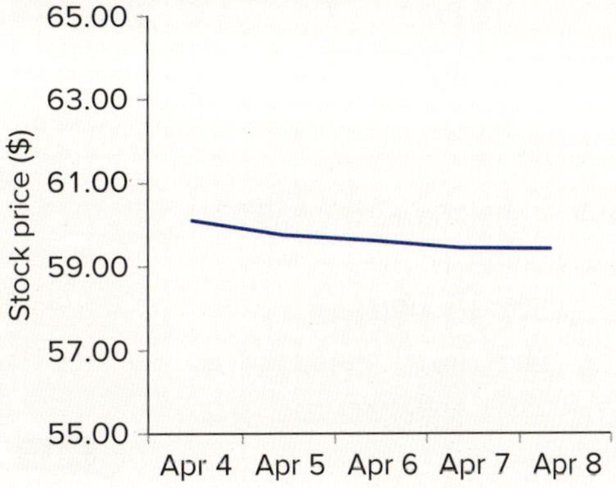

연습문제 2.1

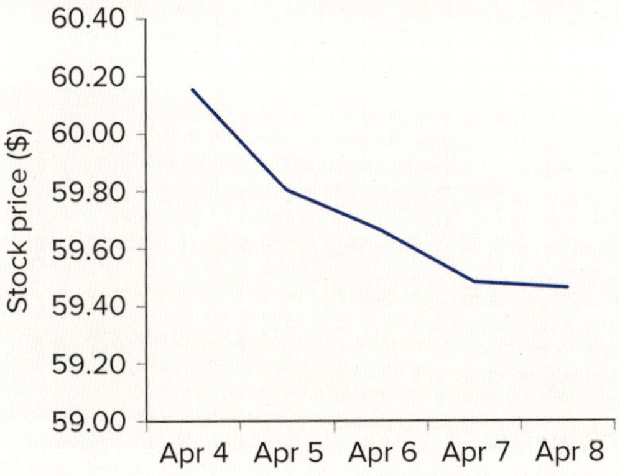

1. 50명의 신인 프로축구선수들은 과거 실적뿐만 아니라 전지훈련에서의 성적을 기준으로 1~5등급으로 평가되었다. 1등급은 전망이 좋지 않음을 나타내는 반면, 5등급은 전망이 우수함을 나타낸다. 다음 빈도분포가 작성되었다.

Rating	Frequency
1	4
2	10
3	14
4	18
5	4

a. 4등급 이상을 받은 신인선수는 몇 명인가? 2등급 이하를 받은 신인선수는 몇 명인가?

b. 상대빈도분포를 작성하라. 5등급을 받은 비율은 얼마인가?

c. 막대그래프를 작성하고, 결과에 대해 설명하라.

2. 다음 빈도분포는 주말동안 온라인 소매점에서 판매된 남성용 셔츠의 수량을 보여준다.

Size	Frequency
Small	80
Medium	175
Large	210
X-Large	115

a. 상대빈도분포를 작성하라. 중간(Medium) 사이즈 셔츠의 판매 비율은 얼마인가?

b. 막대그래프를 작성하고, 결과에 대해 설명하라.

3. 다음 빈도분포는 국내 주요 소매점의 요일별 구매횟수를 요약한 것이다.

Day	Frequency
Mon	2,504
Tue	2,880
Wed	3,402
Thur	3,566
Fri	4,576
Sat	5,550
Sun	5,022

a. 상대빈도분포를 작성하라. 수요일에 발생한 구매 비율은 얼마인가?

b. 상대빈도를 사용하여 막대그래프를 작성하고, 결과에 대

해 설명하라.

4. 2018년 미국 인구조사국(U.S. Census Bureau)은 지역별로 빈곤수준 이하로 사는 인구(1,000명)에 대해 다음과 같은 빈도분포를 제공했다.

Region	Number of People
Northeast	6,373
Midwest	7,647
South	16,609
West	9,069

a. 상대빈도분포를 작성하라. 중서부(Midwest)에 빈곤수준 이하로 사는 인구의 비율은 얼마인가?

b. 막대그래프를 작성하고, 결과에 대해 설명하라.

5. 최근 3,057명을 대상으로 한 여론조사에서 "이번 여름에 계획하고 있는 가장 긴 휴가기간은?"을 질문하였다. 다음 상대빈도분포는 결과를 요약한다.

Response	Relative Frequency
A few days	0.21
A few long weekends	0.18
One week	0.36
Two weeks	0.25

a. 빈도분포를 작성하라. 이번 여름에 1주일 휴가를 낼 사람은 몇 명인가?

b. 막대그래프를 작성하고, 결과에 대해 설명하라.

6. **FILE** ***Dining.*** 한 지역 레스토랑은 고객에게 최상의 식사 경험을 제공하기 위해 최선을 다하고 있다. 최근 설문조사에서 레스토랑은 고객에게 요리의 질을 평가하도록 요청했다. 응답의 범위는 1에서 5로, 1은 실망스러운 요리를 나타내고, 5는 매우 우수한 요리를 나타낸다. 200개의 응답 중 일부는 다음과 같다.

Response	Rating
1	3
2	5
⋮	⋮
200	4

a. 조사 결과를 요약한 빈도분포를 작성하라. 가장 빈도가 높은 등급 평가등급은 무엇인가?

b. 막대그래프를 작성하라. 고객들은 일반적으로 요리의 질에 만족하는가? 설명하라.

7. **FILE** ***Health.*** 노스쇼어 가정의학 의원(North Shore Family Practice)의 환자들은 각 환자의 건강에 대한 전반적인 생각을 의사에게 제공하는 설문지를 작성해야 한다. 첫 번째 질문은 "전반적으로 당신의 건강의 질은 어떠한가?"이다. 환자는 우수(Excellent), 좋음(Good), 보통(Fair) 또는 나쁨(Poor)을 선택한다. 150개의 응답 중 일부는 다음과 같다.

Response	Quality
1	Fair
2	Good
⋮	⋮
150	Good

a. 설문 결과를 요약하는 빈도분포를 작성하라. 설문에 대한 가장 일반적인 응답은 무엇인가?

b. 막대그래프를 작성하라. 이 의원에서 환자의 건강을 어떻게 특징지을 수 있는가? 설명하라.

8. **FILE** ***Millennials.*** 몇 년 전, 한 연구에서 밀레니얼 세대들 중 35%가 자신이 종교적이지 않다고 밝혔다. 한 연구원은 이 발견이 오늘날에도 일관성이 있는지 알고 싶다. 그녀는 600명의 밀레니얼 세대를 설문조사하여 그들의 믿음을 평가해달라고 요청한다. 가능한 응답은 '매우 종교적(Very Religious)', '다소 종교적(Somewhat Religious)', '약간 종교적(Slightly Religious)', '비종교적(Not Religious)'였다. 600개의 응답 중 일부는 다음과 같다.

Response	Faith
1	Slightly Religious
2	Slightly Religious
⋮	⋮
600	Somewhat Religious

a. 조사 결과를 요약한 빈도분포를 작성하라. 설문조사에 대한 가장 많은 응답은 무엇인가?

b. 파이그림을 작성하라. 이 연구원의 결과가 이전의 연구에서 발견된 결과와 일관성이 있는가? 설명하라.

9. **FILE** ***Status.*** 한 통계 강사는 강좌의 학생들의 학년, 즉 1학년(Freshman), 2학년(Sophomore), 3학년(Junior), 4학년(Senior)에 관심이 있다. 그녀는 수강명단을 다운로드하였는데, 그 일부는 다음과 같다.

Student	Status
1	Sophomore
2	Freshman
⋮	⋮
60	Senior

a. 빈도분포와 상대빈도분포를 작성하라. 그녀의 반에 1학년은 몇 명인가? 2학년의 비율은 얼마인가?

b. 파이그림을 작성하고, 결과를 요약하라.

10. 첨부된 그림은 2017년 7월부터 2019년 3월까지 한 대형 건설회사의 월별 주가를 나타낸 것이다. 이 기간 동안 주가는 거의 3배의 가격이 상승하는 엄청난 성장을 경험했다. 이 그래프는 이러한 성장을 반영하고 있는가? 그렇지 않다면, 왜 아닌가?

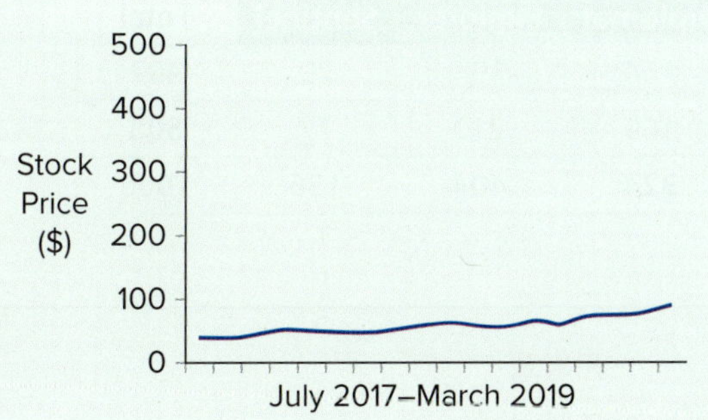

11. 최근 5년간 한 소규모 제약회사의 연간 매출은 다소 정체되어 이 기간 동안 1.2% 성장에 그쳤다. 한 연구 분석가가 판매 보고서에 포함시키기 위해 첨부 그림을 준비한다. 이 그래프는 지난 5년간 매출에 어떤 변화가 있었는지 정확하게 반영하고 있는가? 그렇지 않다면, 왜 아닌가?

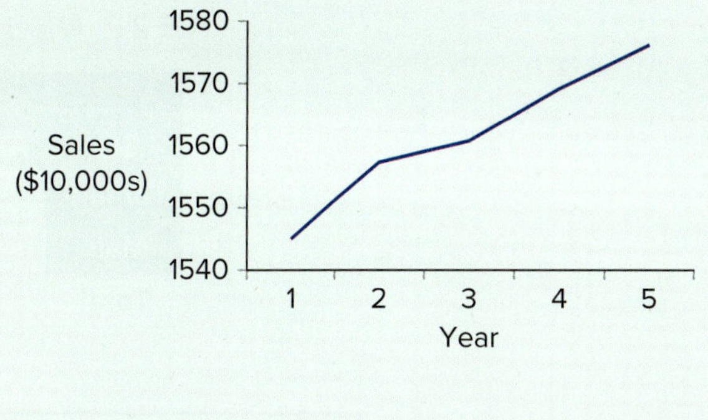

2.2 두 범주형 변수 간 관계 시각화 방법

이전 절에서는 하나의 범주형 변수를 설명하는 표와 그래프 방법을 제시하였다. 그러나 두 범주형 변수 간의 관계에 관심이 있을 수 있다. 즉, 한 범주형 변수가 다른 범주형 변수에 체계적으로 영향을 미치는지 여부를 검토할 수 있다.

여기서는 두 범주형 변수 간의 관계를 요약하는 데 도움이 되는 두 가지 일반적인 표와 그래프 방법인 분할표와 누적수직막대그래프를 소개한다. 이러한 요약 방법은 마케팅뿐만 아니라 다른 비즈니스 애플리케이션에서도 널리 사용된다. 다음의 예제를 고려하라.

분할표

FILE *Myers_Briggs2.* 2.1절에서 논의한 ***Myers_Briggs*** 데이터셋을 확장하여 직원의 성격유형과 성별(두 범주형 변수)에 대한 정보를 포함한다고 가정하자. 표 2.6은 확장된 데이터셋인 ***Myers_Briggs2***의 일부를 보여준다.

표 2.6 확장된 마이어스-브릭스 평가 결과

Employee	Personality	Sex
1	Diplomat	Female
2	Diplomat	Female
⋮	⋮	⋮
1000	Explorer	Male

아마도 특정 성격유형이 남성보다 여성 사이에서 더 많이 나타나는지에 관심이 있을 것이다. **분할표(contingency table)**를 사용하여 데이터를 요약할 수 있다. 표 2.7은 1,000명의 직

원을 성격유형 및 성별에 따라 교차 분류한 분할표를 보여준다. 분할표를 보면 여성 직원 492명과 남성 직원 508명이 있다. 2.1절에서 볼 수 있듯이, 외교형과 탐험가형은 가장 흔한 성격유형이다. 예를 들어, 여성 직원 55명이 분석형에 속하는 반면, 남성 직원 61명이 이 성격유형에 속한다. 여성 직원과 남성 직원은 각 범주 내에서 고르게 분산된 것으로 나타난다. 분할표를 사용하면 원시 데이터를 훨씬 더 관리하기 쉬운 형식으로 표시하고 해석할 수 있다.

표 2.7 확장된 마이어스-브릭스 예제에 대한 분할표

	Personality				
Sex	**Analyst**	**Diplomat**	**Explorer**	**Sentinel**	**Total**
Female	55	164	194	79	**492**
Male	61	160	210	77	**508**
Total	**116**	**324**	**404**	**156**	**1000**

분할표

분할표(contingency table)는 두 개의 범주형 변수 x와 y에 대한 빈도를 보여주며, 여기서 각 셀은 x와 y값 쌍의 상호배반적인 조합을 나타낸다.

누적수직막대그래프

분할표의 정보는 **누적수직막대그래프(stacked column chart)**를 사용하여 그래픽으로 표시할 수 있다. 누적수직막대그래프는 2.1절에서 논의한 막대그래프의 고급 버전이다. 두 개 이상의 범주형 변수를 시각화하도록 설계되었으며, 더 나아가서 각 범주 내의 구성을 비교할 수 있다.

그림 2.7은 성격유형과 성별에 대한 누적수직막대그래프를 보여준다. 그래프의 각 열은 특정 성격의 모든 직원을 나타내고, 각 막대의 두 부분은 여성 직원과 남성 직원을 나타낸다. 누적수직막대그래프는 외교형과 탐험가형이 가장 흔한 성격유형임을 보여주며, 또한 여성 직원들과 남성 직원들도 각 범주에 균등하게 분포되어 있는 것으로 나타난다.

그림 2.7 성격유형과 성별에 대한 누적수직막대그래프

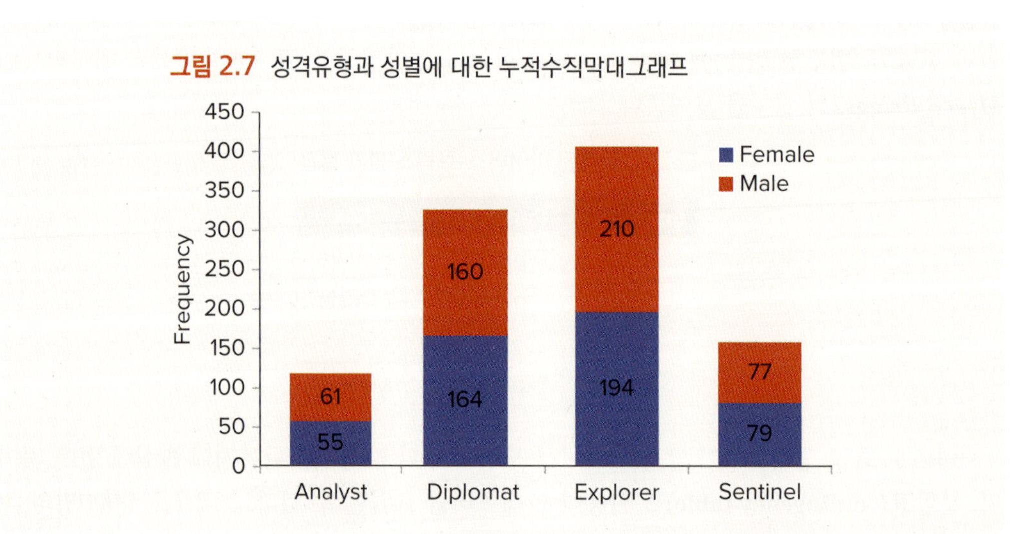

누적수직막대그래프

누적수직막대그래프(stacked column chart)는 분할표를 그래픽으로 나타낸다. 둘 이상의 범주형 변수를 시각화하도록 설계되었으며, 각 범주 내에서 구성을 비교할 수 있다.

분할표와 누적수직막대그래프의 작성을 설명하기 위해 다음 예제를 고려하라.

예제 2.2

FILE ***Promotion.*** 한 온라인 소매업체가 최근 고객들에게 프로모션 할인이 포함된 이메일을 보냈다. 소매업체는 고객의 미국 내 지역[중서부(Midwest), 북동부(Northeast), 남부(South), 서부(West)]과 고객이 프로모션을 통해 구매했는지[예(yes), 아니오(no)] 사이에 관계가 있는지 알고 싶다. 표 2.8은 600개 이메일 계정의 결과 중 일부를 보여준다.

표 2.8 프로모션 응답

Email	Location	Purchase
1	West	yes
2	Northeast	yes
⋮	⋮	⋮
600	South	no

Excel과 R을 사용하여 분할표와 누적수직막대그래프를 작성한 다음, 결과를 요약하라.

해답:

Excel 이용

a. ***Promotion*** 데이터 파일을 연다.
b. 데이터를 아무 곳이나 클릭한다(예컨대, A5셀을 선택한다). 메뉴에서 **삽입(Insert)** > **피벗테이블(Pivot Table)**을 선택한다. 그림 2.8은 *피벗테이블 작성(Create PivotTable)* 대화상자를 보여준다. 피벗테이블을 만들기 전에 데이터를 클릭했으므로 *테이블 또는 범위 선택(Select a table or range)*의 기본 옵션이 이미 채워져 있어야 한다. E1셀부터 시작하는 기존 워크시트에 피벗테이블을 배치하도록 선택한다. *데이터 모델에 이 데이터 추가(Add this data to the Data Model)* 옵션 옆에 있는 상자를 체크한 다음, **확인(OK)**을 클릭하라.

그림 2.8 Excel의 피벗테이블 만들기(Create PivotTable) 대화상자

Create PivotTable ? ×

Choose the data that you want to analyze

◉ Select a table or range

Table/Range: Promotion!$A$1:$C$601

○ Use an external data source

Choose Connection...

Connection name:

Choose where you want the PivotTable report to be placed

○ New Worksheet

◉ Existing Worksheet

Location: E1

Choose whether you want to analyze multiple tables

☑ Add this data to the Data Model

OK Cancel

c. 화면 오른쪽에 *피벗테이블 필드(PivotTable Fields)*라는 메뉴가 나타난다. 이 메뉴 상단에는 데이터셋의 모든 변수가 표시된다. 메뉴 하단에는 다음과 같은 4개의 필드가 있는 그리드가 있다: 필터(Filters), 행(Rows), 열(Columns), 값(Values). 그림 2.9를 참조하라. Location 변수를 행(Rows) 필드로 끌어낸다. Purchase 변수를 열(Columns) 필드로 끌어낸다. Email 변수를 값(Values) 필드로 끌어낸다. 값(Values) 필드의 Email 변수가 개수로 표시되지 않는 경우[예를 들어, 합계(Sum)로 표시될 수 있음], 변경해야 한다. 값(Values) 필드 아래의 화살표를 클릭하고 *값필드 설정(Value Field Settings)*을 선택한다. 대화상자에서 *값 요약 기준(Summarize value field)* 탭을 선택한 다음, 드롭다운 메뉴에서 개수(Count)를 선택한다. **확인(OK)**을 클릭하라.

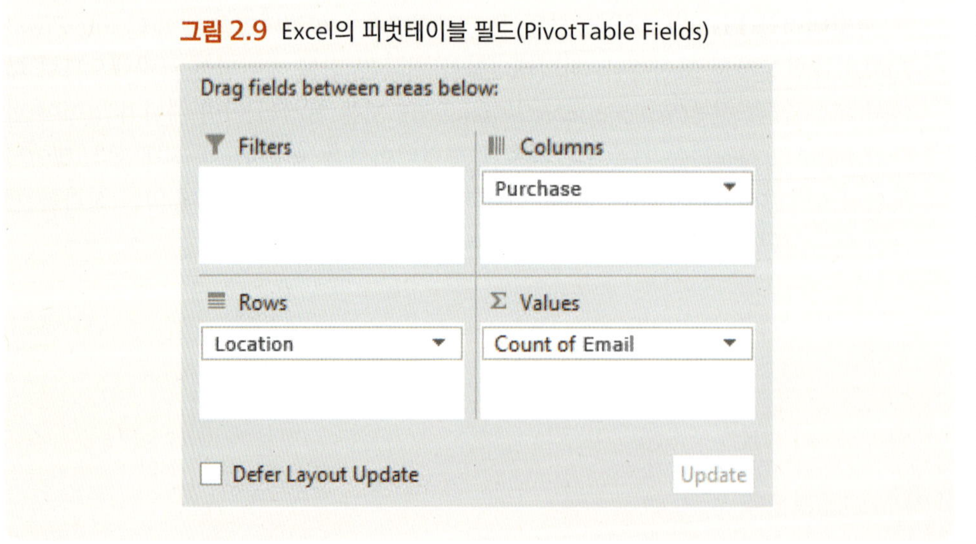

그림 2.9 Excel의 피벗테이블 필드(PivotTable Fields)

결과로 산출된 분할표는 표 2.9와 유사해야 한다.

표 2.9 프로모션 예제에 대한 분할표

	Purchase		
Location	**No**	**Yes**	**Total**
Midwest	107	77	**184**
Northeast	41	102	**143**
South	24	130	**154**
West	18	101	**119**
Total	**190**	**410**	**600**

때로는 표 2.10에 표시된 것처럼 개수를 백분율로 변환하는 것이 바람직하다. 변경하려면 *값필드 설정*(*Value Field Settings*) 대화상자로 돌아가서 *값 표시 형식*(*Show values as*) 탭을 선택한 다음, 드롭다운 메뉴에서 *총합계 비율*(*% of Grand Total*)을 선택한다.

표 2.10 프로모션 예제에 대한 백분율표

	Purchase		
Location	**No**	**Yes**	**Total**
Midwest	17.83%	12.83%	**30.67%**
Northeast	6.83%	17.00%	**23.83%**
South	4.00%	21.67%	**25.67%**
West	3.00%	16.83%	**19.83%**
Total	**31.67%**	**68.33%**	**100.00%**

d. 이제 분할표를 사용하여 누적수직막대그래프를 만드는 방법을 보여준다. 분할표에 표 2.9와 같이 개수가 표시되는지 확인한다. E2:G6 셀을 선택한다. **삽입(Insert)** > **세로 또는 가로 막대형 차트 삽입(Insert Column or Bar Chart)** > **누적 세로 막대형(Stacked Column)**을 선택한다.

서식(축 제목, 눈금선 등)은 그래프 오른쪽 상단에 있는 '+' 기호를 선택하거나 메뉴에서 **차트 요소 추가(Add Chart Elements)**를 선택하여 형식을 지정할 수 있다. 수직막대그래프에서 빈도를 표시하려면 *차트 요소*(*Chart Elements*) 팝업 상자의 *데이터 레이블*(*Data Labels*) 옆에 있는 상자를 선택한다. 결과로 산출된 누적수직막대그래프는 그림 2.10에 나와 있다.

그림 2.10 프로모션 예제에 대한 누적수직막대그래프

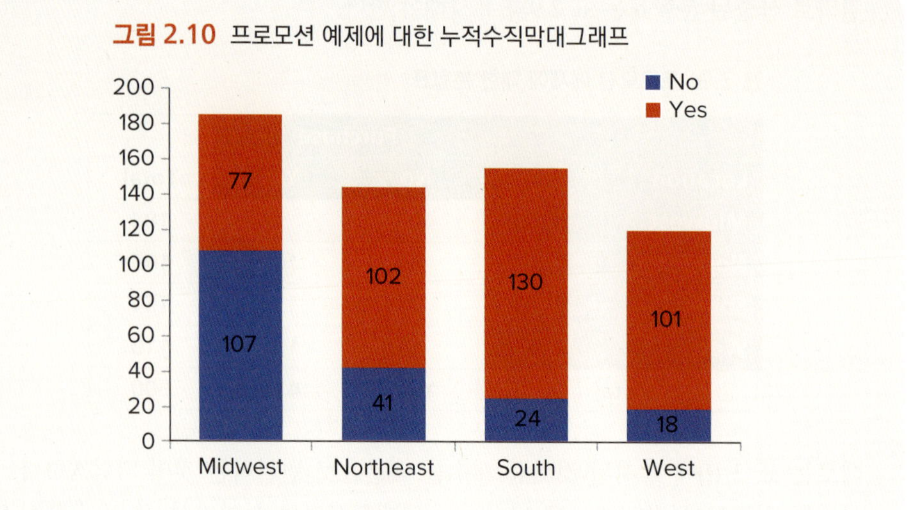

R 이용

a. ***Promotion*** 데이터를 데이터프레임(테이블)으로 가져와서 myData라는 이름으로 지정한다.

b. myTable이라는 이름으로 지정된 분할표를 작성하기 위해, **table** (*row, column*) 함수를 사용하고 *행*(*row*)과 *열*(*column*) 변수를 지정한다. myTable을 다시 입력하면 표 2.9와 유사한 분할표가 나타난다. **prop.table** 함수를 사용하면 R은 백분율로 변환할 때, 표 2.10에 나타난 것과 동일한 셀 비율을 산출한다. 다음과 같이 입력하라.

```
> myTable <- table(myData$Location, myData$Purchase)
> myTable
> prop.table(myTable)
```

c. 그림 2.10과 유사한 누적수직막대그래프를 작성하려면 우선 행에 Purchase 변수와 열에 Location 변수가 있는 분할표를 작성해야 한다. 다음과 같이 입력하라.

```
> myNewTable <- table(myData$Purchase, myData$Location)
```

d. **barplot** 함수를 사용하여 수직막대그래프를 작성한다. 막대그래프를 작성할 때 보았듯이 R은 서식 지정을 위한 여러 옵션을 제공한다. 여기서 우리는 제목을 추가하기 위에 *main*을, 열 세그먼트에 대한 색상을 정의하기 위해 col을, 범례를 만들기 위해 *legend*를, x축과 y축 각각에 대한 레이블을 제공하기 위해 *xlab*과 *ylab*을, 수직축 단위를 0에서 200으로 확장하기 위해 *ylim*을 사용한다. 다음과 같이 입력하라.

```
> barplot(myNewTable, main="Location and Purchase",
col=c('blue','red'), legend=rownames(myNewTable), xlab='Location',
ylab='Count', ylim = c(0,200))
```

결과로 산출된 누적수직막대그래프는 그림 2.10과 유사해야 한다.

요약

원시 데이터만 있는 표 2.8과 비교하면, 표 2.9, 표 2.10, 그림 2.10은 프로모션 예제의 결과를 훨씬 더 많은 정보를 제공하는 형식으로 표현한다. 600명의 이메일 수신자 중 410명이 프로모션 할인을 이용하여 구매했음을 쉽게 알 수 있다. 68.33%의 긍정적인 응답률로 이번 마케팅 전략은 성공적이었던 것으로 보인다. 남부(South)와 서부(West)에 거주하는 수신자(각각 154명 중 130명, 119명 중 101명)는 중서부(Midwest)에 거주자(184명 중 77명)에 비해 구매가능성이 훨씬 높았다. 소매업체는 남부(South)와 서부(West)의 고객이 공유하는 다른 특성(연령, 성별 등)이 있는지 살펴보는 것이 현명할 것이다. 그렇게 하면 다음 마케팅 캠페인에서 이메일은 더욱 더 목표를 달성할 수 있을 것이다.

연습문제 2.2

12. 다음 분할표는 대기업이 받은 선적물을 보여준다. 해당 화물은 공급업체(I, II, III)와 품질(불량과 양호)에 따라 교차 분류되었다.

	Quality	
Vendor	**Defective**	**Acceptable**
I	14	112
II	10	0
III	22	150

a. 이 회사는 얼마나 많은 선적을 받았는가?

b. 선적물 중 몇 개가 불량이었는가?

c. 공급업체 II에서 발송한 물량은 몇 개인가?

d. 공급업체 I에서 발송한 제품 중 불량품(defective)은 몇 개인가?

13. 다음 분할표는 한 특정 제품 630 유닛에 대한 검사 기록을 나타낸다. 기록은 검사관의 결정(합격과 불합격)과 검사관의 경력(낮음, 중간, 높음)에 따라 교차 분류되었다.

	Experience		
Decision	**Low**	**Medium**	**High**
Pass	152	287	103
Fail	6	6	6

a. 검사에서 합격된 유닛은 몇 개인가? 검사에서 불합격된 유닛은 몇 개인가?

b. 경력이 높은 검사관이 검사한 유닛은 몇 개인가?

c. 경험이 낮은 검사관이 검사한 유닛의 비율은 얼마인가?

d. 중간 정도 경력의 검사관이 불합격으로 판단한 유닛의 비율은 얼마인가?

14. FILE ***Bar.*** 중서부 지역의 작은 마을에 있는 현지 바에는 맥주와 와인 두 가지 술밖에 없다. 매니저는 지난 주말 동안 바의 고객에게 설문조사를 실시했다. 고객은 성별(남성 또는 여성)과 선택음료(맥주, 와인 또는 청량음료)를 확인하도록 요청받았다. 응답의 일부는 첨부된 표에 나와 있다.

Customer	Sex	Drink Choice
1	male	beer
2	male	beer
⋮	⋮	⋮
270	female	soft drink

a. 데이터를 성별(Sex)과 선택음료(Drink Choice)에 따라 교차 분류하는 분할표를 작성하라. 남성 고객은 몇 명인가? 고객들 중 몇 명이 와인을 마셨는가?

b. 고객이 남성인 경우, 맥주를 마실 확률은 얼마인가? 고객이 여성인 경우, 맥주를 마실 확률은 얼마인가?

c. 누적수직막대그래프를 작성하고, 결과에 대해 설명하라.

15. FILE ***Friends.*** 많은 사람들은 남성과 여성이 단지 친구로 지내는 것이 가능하지 않다고 믿는 반면, 어떤 사람들은 남성들이 일하고 여성들이 집에 머물던 시대는 지나갔고 그들이 함께 할 수 있는 유일한 방법은 로맨스였기 때문에 이러한 믿음이 더 이상 사실이 아닐 수도 있다고 주장한다. 한 연구원이 186명의 학생을 대상으로 설문조사를 실시한다. 학생들은 성별(남성 또는 여성)과 남성과 여성이 단지 친구로 지내는 것이 가능한지(예 또는 아니오)를 질문받았다. 응답의 일부는 첨부된 표에 나와 있다.

Student	Sex	Feasible
1	female	yes
2	female	yes
⋮	⋮	⋮
186	male	no

a. 데이터를 성별(Sex)과 실현가능성(Feasible)별로 교차 분류하는 분할표를 작성하라. 여학생은 몇 명인가? 남성과 여성이 단지 친구가 되는 것이 가능하다고 느낀 학생은 몇 명인가?

b. 남학생이 남성과 여성이 단지 친구가 될 수 있다고 느낄 확률은 얼마인가? 여학생이 남성과 여성이 단지 친구가 될 수 있다고 느낄 확률은 얼마인가?

c. 누적수직막대그래프를 작성하라. 남학생과 여학생이 이 주제에 대해 동일하다고 느끼는가? 아니면 다르게 느끼는가? 설명하라.

16. **FILE** ***Shift.*** 조립 산업용 부품 공급업체인 Metalworks는 부품이 제작된 시점(Shift: 1, 2, 3)과 결함 여부(Defective: 부품이 불량이면 Yes, 아니면 No) 사이에 연관성이 있는지 알고 싶다. 공급업체는 제작된 300개의 부품에 대한 데이터를 수집한다. 데이터의 일부가 첨부된 표에 나와 있다.

Component	Shift	Defective
1	1	No
2	1	Yes
⋮	⋮	⋮
300	3	No

a. 데이터를 제작시점(Shift)과 부품의 결함 여부(Defective)에 따라 교차 분류하는 분할표를 작성하라. Shift 1 동안 제작된 결함이 있는 부품은 몇 개인가? Shift 2 동안 제작된 결함이 있는 부품은 몇 개인가?

b. 부품에 결함이 있는 경우, Shift 2 동안 제작되었을 확률은 얼마인가? 부품에 결함이 있는 경우, Shift 3 동안 제작되었을 확률은 얼마인가? 부품이 제작된 시점과 결함 여부 사이에 어떤 연관성이 있는 것 같은가? 설명하라.

c. 누적수직막대그래프를 작성하라. 모든 제작시점에 걸쳐 결함률이 일관적인가? 설명하라.

17. **FILE** ***Athletic.*** 마케팅 회사의 한 연구원이 운동복을 구입할 때 소비자의 연령이 중요한지 조사한다. 그녀의 처음 느낌은 A가 젊은 고객에게 매력적인 반면, 기존 기업(브랜드 B와 C)은 더 높은 연령의 고객을 끌어들인다는 것이다. 최근 운동복을 구입한 600건에 대해 고객의 연령(Age: 35세 미만인 경우 1, 그렇지 않으면 0)과 운동복의 브랜드명(Brand: A, B, C)에 대한 데이터를 수집한다. 데이터의 일부가 첨부된 표에 나와 있다.

Purchase	Age	Brand
1	1	A
2	1	A
⋮	⋮	⋮
600	0	C

a. 데이터를 연령(Age)과 브랜드(Brand)에 따라 교차 분류하는 분할표를 작성하라. 브랜드 A의 구매건수는 몇 개인가? 35세 미만의 고객의 구매건수는 몇 개인가?

b. 35세 미만의 고객이 구매한 경우, 고객이 브랜드 A를 구매할 확률은 얼마인가? 브랜드 B는? 브랜드 C는? 데이터가 연구원의 믿음을 지지하는 것 같은가? 설명하라.

c. 누적수직막대그래프를 작성하라. 고객의 연령과 구매한 브랜드 사이에 관계가 있는 것 같은가?

18. **FILE** ***Study.*** 경영학 전공자들이 다른 모든 대학생들에 비해 교과활동에 가장 적은 시간을 보내는 것으로 나타났다. 한 대학의 학장이 270명의 학생을 대상으로 설문조사를 실시한다. 학생들에게 전공(Major: 경영 또는 비경영)과 열심히 공부하는지(Study Hard: 예 또는 아니오)를 질문하는데, 여기서 열심히 공부하는 것은 교과활동에 주당 최소 20시간을 사용하는 것으로 정의된다. 응답의 일부는 첨부된 표에 나와 있다.

Student	Major	Study Hard
1	business	yes
2	business	yes
⋮	⋮	⋮
270	nonbusiness	no

a. 데이터를 전공(Major)과 열심히 공부하는지(Study Hard)에 따라 교차 분류하는 분할표를 작성하라. 경영 전공인 학생들이 몇 명인가? 열심히 공부하는 학생은 몇 명인가?

b. 학생이 경영 전공인 경우, 그 학생이 열심히 공부할 확률은 얼마인가? 학생이 비경영 전공인 경우, 열심히 공부할 확률은 얼마인가? 데이터가 보고서의 결과를 지지하는 것 같은가? 설명하라.

c. 누적수직막대그래프를 작성하고, 결과에 대해 설명하라.

2.3 수치형 변수 시각화 방법

2.1절에서는 빈도분포, 막대그래프 및 파이그림을 사용하여 범주형 변수를 요약했다. 여기서는 수치형 변수에 주목한다.

수치형 변수의 경우, 각 관측치는 의미 있는 양 또는 개수를 나타낸다. 수치형 변수의 예로는 제약회사가 보유한 특허 수(개수)와 가구소득(금액)이 있다. 범주형 변수와는 성격이 다르지만 여전히 빈도분포를 사용하여 수치형 변수를 요약한다.

수치형 변수에 대한 빈도분포

원시 데이터는 범주형 변수에 대한 빈도분포를 작성할 때 잘 정의된 방식으로 범주화될 수 있다. 각 범주의 관측치 수를 계산하면 된다. 수치형 변수의 경우 범주 대신 일련의 구간(클래스라고도 함)을 구성한다. 구간의 개수뿐만 아니라 구간의 폭에 대한 확실한 결정을 내려야 한다. 이러한 결정을 내릴 때 다음 지침을 고려한다.

- *구간(Intervals)은 상호배반적(mutually exclusive)*이다. 예를 들어, 빈도분포의 처음 두 구간이 $300 < x \leq 400$과 $400 < x \leq 500$으로 정의된다고 가정하자. 여기서 x는 관측치의 값이다. $x = 400$이면, 첫 번째 구간에 속한다. 즉, 구간이 겹치지 않으며 각 관측치는 하나의 구간에만 속한다.
- *빈도분포의 총 구간 수는 일반적으로 5~20이다.* 작은 데이터셋은 큰 데이터셋보다 간격이 적은 경향이 있다. 빈도분포를 작성하는 목적은 그룹 전체를 정확하게 묘사하는 형태로 데이터를 요약하는 것임을 기억하자. 구간이 너무 많으면 빈도분포의 이점이 사라진다. 마찬가지로 빈도분포에 구간이 너무 적으면 상당한 정확도와 세부정보가 손실된다.
- *구간은 전체포괄적(collectively exhaustive)이다.* 총 구간 수는 전체 표본(또는 모집단)을 포함한다.
- *구간한계(interval limits)는 쉽게 인식하고 해석할 수 있다.* 예를 들어, $-8 < x \leq 2$, $2 < x \leq 12$ 등 구간보다 $-10 < x \leq 0$, $0 < x \leq 10$ 등이 선호된다. 또한, 각 구간의 폭을 근사하기 위한 시작점으로서 보통 다음 공식을 사용한다.

$$\frac{\text{최대값} - \text{최소값}}{\text{구간 수}}$$

여기서 최대값(Maximum)과 최소값(Minimum)은 관심변수에 대한 각각 최대 관측치와 최소 관측치를 나타낸다. 일반적으로 각 구간의 너비는 각 구간에 대해 동일하다. 구간마다 폭이 다를 경우, 구간 간 비교는 오해를 불러일으킬 수 있다.

> **수치형 변수의 빈도분포**
>
> 수치형 변수의 경우 빈도분포는 데이터를 겹치지 않는 구간으로 나누고, 각 구간에 포함되는 관측치의 수를 기록한다.

도입사례의 Price 변수는 수치형 변수이다. 이 변수에 대한 각 관측치는 플로리다 푼타고

다에 있는 40채의 표본에 대한 주택가격(1,000달러)을 반영한다는 것을 기억하라. 여기서 6개의 구간으로 빈도분포를 만들 것이다. Price 변수에 대한 최소 관측치와 최대 관측치는 각각 125와 649이다. (요약척도를 구하는 방법은 3장에서 논의된다.) 근사식을 사용하여 각 구간의 폭을 계산하면 다음과 같다.

$$\frac{\text{최대값} - \text{최소값}}{\text{구간 수}} = \frac{649 - 125}{6} = 87.33$$

그러나 폭이 87.33인 구간은 쉽게 알아볼 수 있는 한계를 갖지 않는다. 따라서 첫 번째 구간의 하한은 (125가 아닌) 100으로 정의하고, 각 구간의 너비는 (87.33이 아닌) 100이 되도록 할 것이다. 간격은 $100 < x \leq 200$, $200 < x \leq 300$ 등이며, 여기서 x는 주택의 가격(1,000달러)이다. 표 2.11의 첫 번째 열은 6개의 구간을 보여준다.

표 2.11 Price에 대한 빈도분포

Interval (in $1,000s)	Frequency
$100 < x \leq 200$	9
$200 < x \leq 300$	16
$300 < x \leq 400$	8
$400 < x \leq 500$	4
$500 < x \leq 600$	2
$600 < x \leq 700$	1

Price 변수에 대한 구간을 명확히 정의했으면, 다음 단계에서는 각 구간에 포함되는 관측치의 수를 계산하고 기록한다. 표 2.11의 두 번째 열은 결과 빈도를 보여준다. Excel과 R을 통해 빈도분포를 작성하도록 하자. 빈도의 합은 $40(= n)$이며, 이 빈도분포에 각 관측치를 포함했음을 확인한다. 원자료를 더 이상 볼 수 없기 때문에 일부 세부정보가 손실되는 것은 사실이지만, 더 유용한 정보를 얻을 수 있다. 예제 2.3을 고려하자.

예제 2.3

표 2.11을 사용하여 다음 질문에 응답하라.

a. 이 기간 동안의 주택가격의 범위는 얼마인가?
b. 어느 구간이 가장 빈도가 높은가?
c. 60만 달러를 초과하여 매매된 주택은 몇 채인가?

해답:

a. 이 기간 동안 주택가격은 10만 달러에서 70만 달러까지 다양했다.
b. 20만 달러에서 30만 달러 구간은 16개의 관측치로 가장 높은 빈도를 나타낸다.
c. 단 한 채의 주택만이 60만 달러를 초과하여 매매되었다.

상대빈도분포, 누적빈도분포, 누적상대빈도분포를 작성하여 표 2.11의 빈도분포를 확장할 수 있다. 다음에서 각각에 대해 논의한다.

범주형 변수에 대해 계산한 상대빈도분포와 유사하게 각 구간의 빈도를 표본크기로 나누어 수치형 변수의 상대빈도를 찾는다. 예를 들어, $100 < x \leq 200$의 구간에서 9채의 주택이 매매되었다는 것을 확인한다. 9/40 = 0.225를 계산하고 판매된 주택의 22.5%가 이 가격 범위에 있다고 결론을 내린다. 각 구간마다 유사한 계산을 한다. 표 2.12의 세 번째 열은 Price 변수의 상대빈도분포를 보여준다. 상대빈도를 합하면 1이 되거나 반올림으로 인해 1에 매우 가까운 숫자가 산출된다는 것을 주목한다.

표 2.12 Price에 대한 확장된 빈도분포

Interval (in $1,000s)	Frequency	Relative Frequency	Cumulative Frequency	Cumulative Relative Frequency
$100 < x \leq 200$	9	0.225	9	0.225
$200 < x \leq 300$	16	0.400	9 + 16 = 25	0.225 + 0.400 = 0.625
$300 < x \leq 400$	8	0.200	9 + 16 + 8 = 33	0.225 + 0.400 + 0.200 = 0.825
$400 < x \leq 500$	4	0.100	9 + 16 + · · · + 4 = 37	0.225 + 0.400 + · · · + 0.100 = 0.925
$500 < x \leq 600$	2	0.050	9 + 16 + · · · + 2 = 39	0.225 + 0.400 + · · · + 0.050 = 0.975
$600 < x \leq 700$	1	0.025	9 + 16 + · · · + 1 = 40	0.225 + 0.400 + · · · + 0.025 = 1.000

수치형 변수의 경우 누적빈도분포를 작성할 수 있다. 누적빈도분포는 특정 구간 값의 상한 아래에 있는 관측치의 수를 나타낸다. 표 2.12의 네 번째 열은 누적빈도에 대한 값을 보여준다. 첫 번째 구간의 누적빈도는 첫 번째 구간의 빈도와 동일하다(여기서 이 값은 9이다). 그러나 그 해석은 다르다. 빈도 열의 관점에서는, 9채의 주택이 10만 달러에서 20만 달러 범위에서 매매되었다. 누적빈도 열의 측면에서는, 9채의 주택이 20만 달러 이하에 매매되었다. 두 번째 구간에 대한 누적빈도를 얻기 위해, 해당 빈도 16을 앞의 빈도 9에 더하고 25를 얻는다. 따라서 25채의 주택이 30만 달러 이하에 매매되었다. 나머지 구간의 누적빈도를 유사한 방식으로 찾는다. 마지막 구간의 누적빈도는 표본크기 40과 같다. 주택 40채가 모두 70만 달러 이하에 매매되었다는 의미이다.

특정 구간에 대한 누적상대빈도는 해당 구간의 상한 아래에 속하는 관측치의 비율(분율)을 나타낸다. 두 방법 중 하나로 각 구간의 누적상대빈도를 계산할 수 있다. 표 2.12의 마지막 열에 첫 번째 방법이 나와 있다. 첫 번째 구간의 값은 상대빈도의 값과 동일하다. 여기서 이 값은 0.225이다. 두 번째 구간의 경우 0.400에 0.225를 더하여 0.625를 얻는다. 이 값은 주택의 62.5%가 30만 달러 이하에 매매되었다는 것을 나타낸다. 마지막 계급에 도달할 때까지 이러한 방식으로 누적상대빈도를 계속 계산한다. 여기서 값 1을 얻는데, 이는 주택의 100%가 70만 달러 이하에 매매되었음을 의미한다.

상대빈도분포, 누적빈도분포, 누적상대빈도분포

수치형 변수의 경우:

- 상대빈도분포(relative frequency distribution)는 각 구간에 속하는 관측치의 비율(또는 분율)을 기록한다.

- 누적빈도분포(cumulative frequency distribution)는 특정 구간의 상한 아래에 속하는 관측치의 수를 기록한다.
- 누적상대빈도분포(cumulative relative frequency distribution)는 특정 구간의 상한 아래에 속하는 관측치의 비율(또는 분율)을 기록한다.

예제 2.4

표 2.12를 사용하여 다음 질문에 응답하라.

a. 30만 달러에서 40만 달러 범위에서 팔린 주택의 비율은 얼마인가?

b. 50만 달러 이하에 팔린 주택은 몇 채인가?

c. 40만 달러 이하에 팔린 주택의 비율은 얼마인가? 40만 달러를 초과하여 매매된 주택의 비율은 얼마인가?

해답:

a. 상대빈도분포를 보면, 30만 달러에서 40만 달러 범위에서 매매된 주택의 비율은 0.20(20%)이다.

b. 누적빈도분포를 보면, 50만 달러 이하에 매매된 주택은 37채이다.

c. 누적상대빈도분포를 보면, 40만 달러 이하에 매매된 주택의 비율은 0.825(82.5%), 40만 달러를 초과하여 매매된 주택의 비율은 0.175(17.5%)이다.

히스토그램

다음은 수치형 변수의 빈도분포를 그래픽으로 나타내는 여러 가지 방법을 보여준다. 기본적으로 범주형 변수에 사용하는 수직막대그래프에 상응하는 **히스토그램**으로 시작한다.

히스토그램(histogram)을 작성할 때, 일반적으로 수평 축을 따라 구간한계를 표시한다. 각 막대의 높이는 각 구간의 빈도 또는 상대빈도를 나타낸다. 구간 한계 사이에는 간격이 없다.

히스토그램

히스토그램(histogram)은 각 직사각형의 너비와 높이가 각 구간의 간격 폭과 빈도(또는 상대빈도)를 나타내는 일련의 직사각형이다.

히스토그램의 장점은 대부분의 관측치가 집중되는 경향이 있는 위치뿐만 아니라 변수의 분포 및 모양을 빠르게 확인할 수 있다는 것이다. 일반적으로 대부분의 분포의 모양은 대칭 또는 비대칭으로 범주화될 수 있다. 대칭 분포는 중심의 양쪽이 거울에 비친 이미지이다. 즉, 중심 아래의 값들의 위치는 중심 위의 값들의 위치와 대응한다. 3장에서 볼 수 있듯이, 많은 변수에 대한 매끄럽게 만든 히스토그램은 잘 알려진 정규분포를 나타내는 종 모양의 곡선에 근사한다. 그림 2.11(a)는 대칭 분포를 갖는 히스토그램을 보여준다. 가장자리를 매끄럽게 한 경우 이 히스토그램은 다소 종 모양으로 보일 것이다.

분포가 대칭이 아니면 양의 비대칭 또는 음의 비대칭으로 치우쳐 있다. 그림 2.11(b)는 양적 왜도 또는 오른쪽으로 방향으로 비대칭인 분포의 히스토그램을 보여준다. 오른쪽으로 확장되는 긴 꼬리는 상대적으로 큰 값이 적은 수로 존재함을 반영한다. 그림 2.11(c)는 긴 꼬리가 왼쪽 방향으로 뻗어 있기 때문에 음의 왜도 또는 왼쪽 방향으로 비대칭인 분포의 히스토그램을 보여준다. 음의 왜도 분포는 상대적으로 작은 값의 관측치가 적을 수 있다.

그림 2.11 다른 형태의 히스토그램

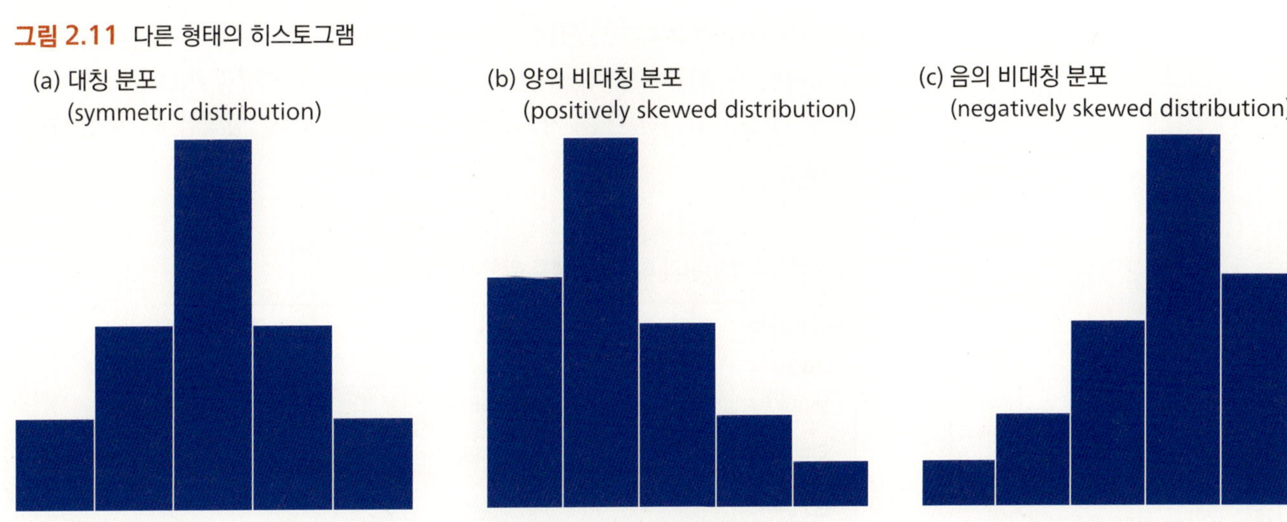

예제 2.5

FILE *PG_Sales.* 표 2.11의 Price 변수에 대한 빈도분포를 재작성하려면 Excel과 R을 사용한다. 변수의 히스토그램을 작성하자. 분포가 대칭인가? 아니면, 양의 비대칭 또는 음의 비대칭인가?

해답:

앞서 언급했듯이, 수치형 변수에 대한 빈도분포를 작성할 때 구간의 수와 각 구간의 폭에 대한 몇 가지 결정이 필요하다. 확실한 규칙은 없지만 따라야 할 몇 가지 지침을 정리했다. 이 지침을 사용하여 Price 변수에 대한 각각 너비 100인 6개의 구간을 설정하기로 결정했다. 여기서 첫 번째 구간의 하한은 100이다.

Excel 이용

a. ***PG_Sales*** 데이터 파일을 연다.
b. H1 셀에 Interval Limits이라는 제목을 입력하고, H2셀부터 H7까지 각 구간의 상한을 입력한다. 즉, 200, 300, 400, 500, 600, 700을 입력한다. 이러한 입력에 대한 이유는 곧 설명할 것이다.
c. 메뉴에서 **데이터(Data)** > **데이터분석(Data Analysis)** > **히스토그램(Histogram)** > **확인(OK)**을 선택한다. [참고: 만약 **데이터(Data)** 아래에 **데이터분석(Data Anal-**

ysis) 옵션이 표시되지 않는 경우 Excel의 **분석도구(Analysis Toolpak)** 옵션을 추가해야 한다.]

d. 그림 2.12를 참조하라. *히스토그램*(*Histogram*) 대화상자의 *입력 범위*(*Input Range*) 옆에 있는 Price 관측치를 선택한다. Excel에서는 구간한계로 '빈(bins)'이라는 용어를 사용한다. *빈 범위*(*Bin Range*) 상자를 비워 두면, Excel은 데이터의 최소값과 최대값을 끝점으로 사용하여 균등하게 분포된 구간을 만든다. 이러한 접근 방식은 거의 만족스럽지 않다. 보다 유용한 히스토그램을 작성하기 위해 각 구간의 상한을 빈 값으로 사용한다. *빈 범위*(*Bin Range*)에서, 셀 H1:H7(구간한계 관측치)을 선택한다. 선택의 일부로 변수명 Price와 구간한계(Interval Limits)를 포함했기 때문에 *레이블*(*Labels*) 상자를 선택한다. *출력옵션*(*Output Options*)에서 *출력범위*(*Output Range*)를 선택하고 J1셀을 입력한 다음, **차트출력(Chart Output)**을 선택한 후, **확인(OK)**을 클릭하라.

그림 2.12 Excel의 히스토그램을 위한 대화상자

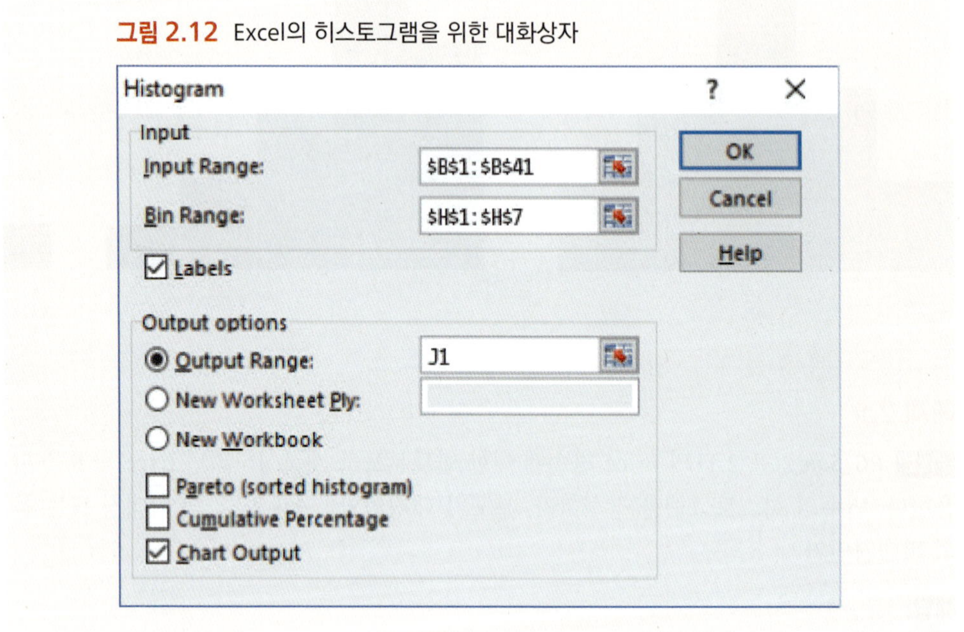

Excel은 Price 변수에 대한 빈도분포와 히스토그램을 둘 다 보여주지만, 발표의 목적을 위해서는 정리할 필요가 있다. 빈도분포부터 시작하자. 빈도분포의 첫 번째 열에는 각 구간의 상한만 표시된다. 일반적으로 각 구간의 하한과 상한은 명시되어야 한다. (Excel에서는 각 구간에 대한 상한값을 포함하여 구간을 정의한다는 점에 유의해야 한다. 예를 들어, 값 200이 Price 변수에 대한 관측치로 나타나면, Excel은 이 관측치를 첫 번째 구간에 포함한다.) 표 2.13의 첫 번째 열에서 새로운 제목과 잘 정의된 구간한계를 보여준다.

또한 지정된 구간한계에 모든 관측치를 포함하지 않는 경우 Excel은 결과 빈도분포 및 히스토그램에 '기타(More)'라는 레이블이 지정된 다른 구간을 자동으로 추가한다. 이 구간에서 0개의 관측치를 관찰하기 때문에, 시각적 목적으로 이 구간을 삭제한다.

일단 빈도분포를 구하면, 상대빈도, 누적빈도, 누적상대빈도를 쉽게 찾을 수 있다.

예를 들어, 각 구간의 상대빈도를 계산하기 위해, K1셀을 상대빈도로 표기한다. 그런 다음 K2셀로 이동하고 =J2/40을 입력한다. 그런 다음 J2셀을 선택하고 J7셀로 끌어 내린 다음 메뉴에서 **홈(Home)** > **채우기(Fill)** > **아래(Down)**를 선택한다. 표 2.13의 세 번째 열은 각 구간의 상대빈도를 보여준다.

표 2.13 Excel에서 빈도분포 서식 변경

Interval (in $1,000s)	Frequency	Relative Frequency
$100 < x \leq 200$	9	0.225
$200 < x \leq 300$	16	0.400
$300 < x \leq 400$	8	0.200
$400 < x \leq 500$	4	0.100
$500 < x \leq 600$	2	0.050
$600 < x \leq 700$	1	0.025

이제 히스토그램으로 돌아가자. Excel에서는 상대빈도 히스토그램이 아닌 빈도 히스토그램을 그래프로 작성한다. 두 히스토그램은 모두 같아 보이며, 수직 축의 측정 단위만 다르다. 빈도 히스토그램의 경우 각 구간의 빈도가 높이를 나타내는 데 사용되는 반면, 상대빈도 히스토그램의 경우 각 구간의 비율(또는 분율)이 높이를 나타내는 데 사용된다.

Excel은 히스토그램의 직사각형 사이에 공백을 남기기 때문에 직사각형 중 하나를 마우스 오른쪽 버튼으로 클릭하고 **데이터 계열 서식(Format Data Series)**을 선택한 다음 *구간폭(Gap Width)*을 0으로 변경하고 **닫기(close)**를 선택한다. 메뉴에서 **서식(Format)** > **차트 요소 추가(Add Chart Element)**를 선택하여 서식(축 제목, 눈금선 등)을 지정할 수 있다. 그림 2.13은 Price 변수에 대한 히스토그램을 보여준다.

그림 2.13 Price에 대한 히스토그램

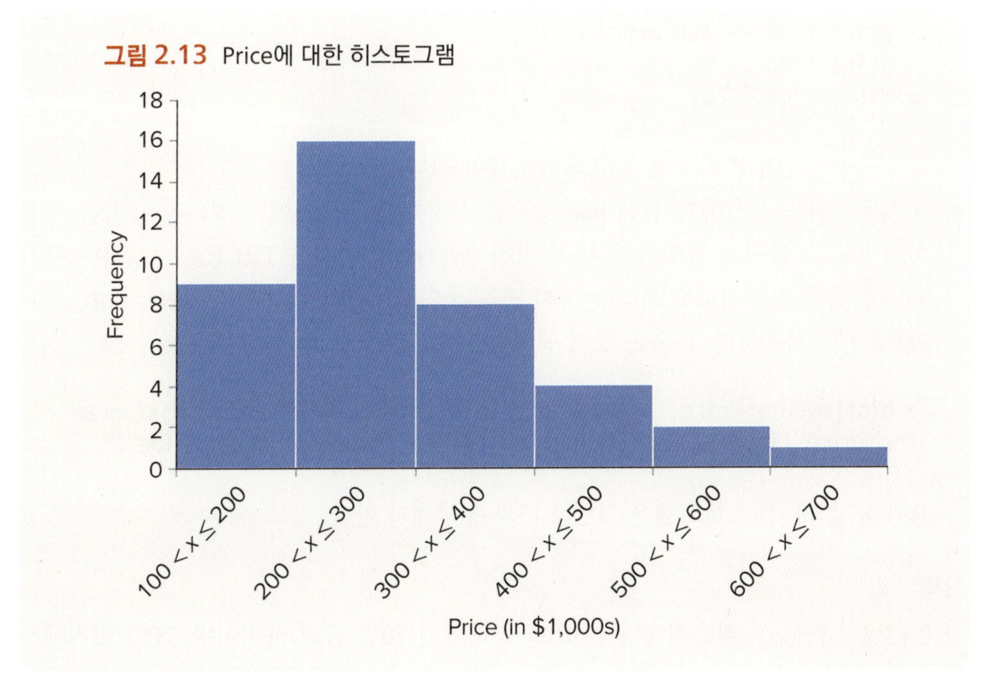

2.1절에서 사용한 COUNTIF 함수를 사용하여 빈도분포를 작성할 수 있다. 그 다음, 빈도분포 결과를 사용하여 히스토그램을 작성할 수 있다. 또한, Excel의 분석도구(Analysis Toolpak)에 있는 히스토그램(Histogram) 옵션을 사용하면 하나의 명령으로 빈도분포와 히스토그램을 모두 작성할 수 있다. 더욱이 Excel의 분석도구(Analysis Toolpak)는 교재의 후반 장들에서 편리하게 사용된다.

R 이용

a. ***PG_Sales*** 데이터를 데이터프레임(테이블)으로 가져와서 myData라는 이름으로 지정한다.

b. 먼저 **seq** 함수를 사용하여 구간을 정의한다. 함수의 첫 번째 인수는 첫 번째 구간의 하한이고, 다음 인수는 마지막 구간의 상한이며, 마지막 인수는 각 구간의 폭을 정의한다. 다음과 같이 입력하라.

```
> intervals <- seq(100, 700, by=100)
```

c. 그런 다음 *left*와 *right* 옵션에서 **cut** 함수를 사용하여 구간이 왼쪽에서 열리고 오른쪽에서 닫히도록 한다. 즉, $100 < x \leq 200$, $200 < x \leq 300$ 등이다. 다음과 같이 입력하라.

```
> price.cut <- cut(myData$Price, intervals, left=FALSE, right=TRUE)
```

d. **table** 함수를 사용하여 price.freq라고 레이블된 빈도분포를 작성한다. 만약 price.freq를 다시 입력하면 결과 빈도분포가 그다지 매력적이지 않음을 알 수 있다. 이러한 이유로, **View** 함수를 사용하여 보다 더 매력적인 빈도분포를 작성한다. 다음과 같이 입력하라.

```
> price.freq <- table(price.cut)
> price.freq
> View(price.freq)
```

R이 작성한 빈도분포는 표 2.13과 유사해야 한다.

e. 히스토그램을 작성하기 위해 **hist** 함수를 사용한다. b단계에서 정의한 구간을 사용하여 *breaks* 옵션을 정의한다. 다시 말하지만, *right* 옵션을 TRUE로 설정하여 구간이 오른쪽으로 닫히도록 한다(왼쪽이 열리는 의미). 앞의 예와 같이 *main*, *xlab*, *ylab*, *col* 옵션도 사용한다. 다음과 같이 입력하라.

```
> hist(myData$Price, breaks=intervals, right=TRUE, main="Histogram
for Price (in $1,000s)", xlab="Price (in $1,000s)", col="blue")
```

R이 작성하는 히스토그램은 그림 2.13과 유사해야 한다.

요약

표 2.13에서 Price의 관측치 범위는 10만 달러에서 70만 달러 사이이다. 20만 달러에서 30만 달러 사이의 구간이 16개의 관측치로 가장 높은 빈도를 가진다. 그림 2.13은 가격

분포가 대칭이 아니라 오른쪽으로 꼬리가 뻗어나간 양의 비대칭임을 보여준다. 높은 가격 구간에서 매매한 주택이 몇 채 있지만, 대다수는 낮은 구간에서 매매되었다. 이는 주택가격 분포에서 흔히 볼 수 있는 현상이다.

다각형 그래프

다각형 그래프(polygon)는 빈도분포를 표현하는 또 다른 편리한 방법을 제공한다. 또한 분포의 형태에 대한 일반적인 양상을 제공한다. 히스토그램과 마찬가지로 빈도 또는 상대빈도 분포를 y축에 배치하고 각 구간의 상한과 하한을 x축에 배치한다. 각 구간의 중간점과 그에 상응하는 빈도 또는 상대빈도를 그린다. 그런 다음 이웃한 점을 직선으로 연결한다.

다각형 그래프

다각형 그래프(polygon)는 일련의 이웃 점들을 연결하는데, 여기서 각 점은 특정 구간의 중간점과 관련된 빈도 또는 상대빈도를 나타낸다.

Price 변수에 대한 다각형 그래프를 작성하는 경우, 먼저 각 구간의 중간점을 계산한다. 따라서 첫 번째 구간의 중간점은 $\frac{100+200}{2} = 150$이며, 마찬가지로 나머지 구간의 중간점도 250, 350, 450, 550, 650이다. 각 중간점을 x 좌표로, 각각의 빈도 또는 상대빈도를 y 좌표로 취한다. 점들을 작성한 후, 이웃하는 점들을 연결한다. 각 끝에서 그래프를 닫기 위해 가장 낮은 구간 아래(즉, $0 < x \leq 100$, 중간점이 50일 때)와 가장 높은 구간 위에 한 구간(즉, $700 < x \leq 800$ 중간점이 750일 때)을 추가하고 이러한 구간 각각에 빈도 0을 할당한다. 표 2.14는 Price 변수의 다각형 그래프를 작성하기 위한 관련 좌표를 보여준다. 상대빈도를 사용하여 y 좌표를 나타낸다.

표 2.14 상대빈도 다각형 그래프를 위한 좌표

Interval	x-coordinate (midpoint)	y-coordinate (relative frequency)
$0 < x \leq 100$	50	0
$100 < x \leq 200$	150	0.225
$200 < x \leq 300$	250	0.400
$300 < x \leq 400$	350	0.200
$400 < x \leq 500$	450	0.100
$500 < x \leq 600$	550	0.050
$600 < x \leq 700$	650	0.25
$700 < x \leq 800$	750	0

그림 2.14는 Price 변수의 상대빈도 다각형 그래프를 나타낸다. 예상한 대로, 다각형 그래프는 그림 2.13의 히스토그램처럼 대칭이 아니며 양의 비대칭이다.

그림 2.14 Price 변수에 대한 다각형 그래프

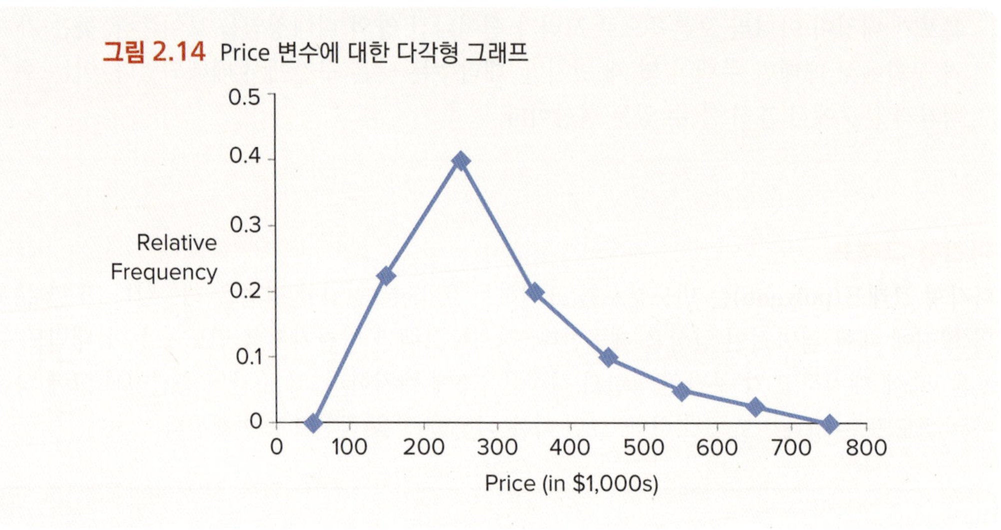

누적빈도곡선

많은 경우, 누적빈도곡선(**ogive**, '오자이브'라 발음)을 작성하여 정보를 전달하고자 할 수 있다.

> **누적빈도곡선**
>
> 누적빈도곡선(ogive)은 일련의 이웃하는 점들을 연결하는데, 각 점은 특정 구간의 상한과 이와 관련된 누적빈도 또는 누적상대빈도를 나타낸다.

누적빈도곡선은 각 구간의 상한을 x 좌표로 사용하고 해당 구간의 누적빈도 또는 누적상대 빈도를 y 좌표로 사용한다는 점에서 다각형 그래프(polygon)와 다르다. 점들을 작성한 후, 이웃하는 점들을 연결한다. 마지막으로, 첫 번째 구간의 하한에서 x축을 교차시켜 하한에서만 누적빈도곡선을 닫는다. 표 2.15는 Price 변수에 대한 누적빈도곡선을 표시하기 위한 관련 좌표를 보여준다. 결과 그래프가 더 해석적인 매력을 갖는 경향이 있기 때문에 누적상대빈도를 y 좌표로 사용하기로 선택했다. 누적빈도를 사용해도 y축의 측정단위만 변경될 뿐이고 누적빈도곡선의 형태는 변하지 않을 것이다. 표 2.12의 Price 변수에 대한 누적빈도와 누적상대빈도를 계산한 것을 기억하라.

표 2.15 Price 변수의 누적빈도곡선을 위한 좌표

Interval	x-coordinate (upper limit)	y-coordinate (cumulative relative frequency)
Lower limit of first class	100	0
$100 < x \leq 200$	200	0.225
$200 < x \leq 300$	300	0.625
$300 < x \leq 400$	400	0.825
$400 < x \leq 500$	500	0.925
$500 < x \leq 600$	600	0.975
$600 < x \leq 700$	700	1

그림 2.15는 Price 변수의 누적빈도곡선을 나타낸다. 일반적으로, 수평 축에서 지정된 값보다 작은 관측치의 비율을 근사하기 위해 누적빈도곡선을 사용할 수 있다. 예제 2.6의 Price 변수에 대한 응용 예제를 고려하자.

그림 2.15 Price 변수에 대한 누적빈도곡선

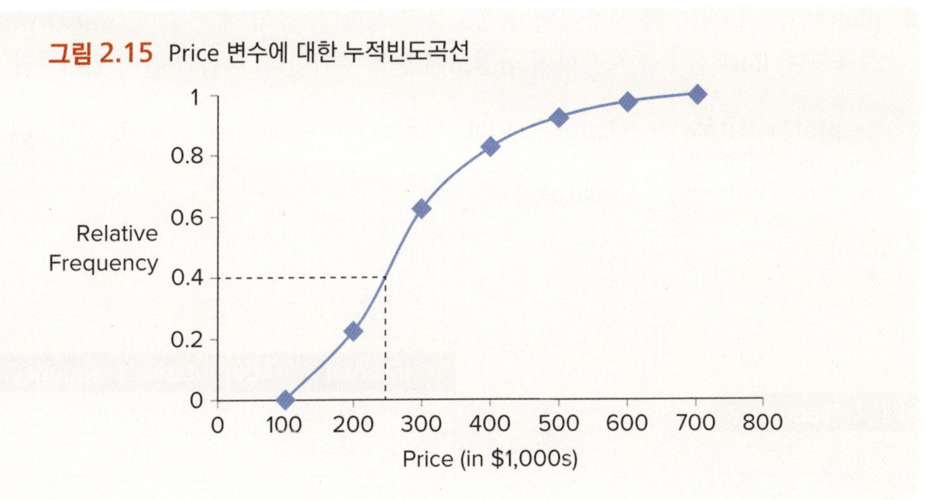

예제 2.6

그림 2.15를 사용하면 25만 달러 미만으로 매매된 주택의 비율을 대략적으로 알 수 있다.

해답:

먼저 250에서 시작하여 누적빈도곡선과 교차하는 수직선을 그린다. 그 다음, 선을 따라 수직 축까지 가서 상대빈도를 읽는다. 대략 40%의 주택이 25만 달러 미만의 가격에 팔렸다고 결론을 내린다.

Excel과 R을 사용하여 다각형 그래프 및 누적빈도곡선 작성하기

FILE ***Polygon, Ogive.*** 그림 2.14의 다각형 그래프를 Excel과 R을 사용하여 재작성한다. 두 소프트웨어 모두에서 누적빈도곡선에 대한 방향은 동일하지만 Ogive 데이터 파일을 사용할 것이다.

Excel 이용

A. ***Polygon*** 데이터 파일을 연다. (표 2.14의 단순화된 데이터 버전이다.)

B. x와 y 열의 값을 선택하고 **삽입(Insert)** > **분산형(Scatter)**을 선택한다. 오른쪽 가운데에 있는 상자를 선택한다. [**삽입(Insert)**을 선택한 후, 이 옵션을 찾는 데 문제가 있으면 **차트(Charts)** 위에 데이터 점을 가진 그래프를 찾아라.]

C. 메뉴에서 **서식(Format)** > **차트 요소 추가(Add Chart Element)**를 선택하여 서식(관련 축 제목, 격자선 등)을 지정할 수 있다.

R 이용

A. ***Polygon*** 데이터 파일을 데이터프레임(테이블)으로 가져와서 myData라는 이름으로 지정한다. (표 2.14에 있는 데이터의 단순화된 버전이다.)

B. **plot**(y~x, . . .) 함수를 사용하여 산점도를 작성한다. 앞의 예와 같이, *xlab*과 *ylab* 옵션도 사용한다. **lines** 함수를 사용하여 산점도에 선을 추가한다. 다음과 같이 입력하라.

```
> plot(myData$y ~ myData$x, ylab="Relative Frequency", xlab="Prices
  (in $1,000s)")
> lines(myData$y ~ myData$x)
```

연습문제 2.3

19. 다음 빈도분포를 고려하라.

Interval	Frequency
$10 < x \le 20$	12
$20 < x \le 30$	15
$30 < x \le 40$	25
$40 < x \le 50$	4

a. 상대빈도분포를 작성하라. $20 < x \le 30$ 구간에서 관측치의 비율은 얼마인가?

b. 누적빈도분포를 작성하라. 관측치 중 40보다 작은 것은 몇 개인가?

c. 누적상대빈도분포를 작성하라. 관측치가 30보다 작은 비율은 얼마인가?

20. 다음 빈도분포를 고려하라.

Interval	Frequency
$1,000 < x \le 1,100$	22
$1,100 < x \le 1,200$	38
$1,200 < x \le 1,300$	44
$1,300 < x \le 1,400$	16

a. 상대빈도분포를 작성하라. 관측치가 1,100보다 크면서 1,200 이하인 비율은 얼마인가?

b. 누적빈도분포를 작성하라. 관측치가 1,300 이하는 몇 개인가?

c. 누적상대빈도분포를 작성하라. 관측치가 1,300 이하인 비율은 얼마인가? 1,300보다 큰 비율은 얼마인가?

21. 다음 누적빈도분포를 고려하라.

Interval	Cumulative Frequency
$15 < x \le 25$	30
$25 < x \le 35$	50
$35 < x \le 45$	120
$45 < x \le 55$	130

a. 빈도분포를 작성하라. 35보다 크고 45 이하인 관측치의 수는 몇 개인가?

b. 누적상대빈도분포를 작성하라. 45 이하인 관측치의 비율은 얼마인가?

c. 히스토그램을 작성하라. 분포가 대칭인가?

22. 다음 상대빈도분포를 고려하라.

Interval	Relative Frequency
$-20 < x \le -10$	0.04
$-10 < x \le 0$	0.28
$0 < x \le 10$	0.26
$10 < x \le 20$	0.22
$20 < x \le 30$	0.20

a. 이 상대빈도분포가 50개의 관측치 표본을 기반으로 한다고 가정하자. 빈도분포를 작성하라. −10보다 크지만 0 이하인 관측치 수는 몇 개인가?

b. 누적빈도분포를 작성하라. 20 이하의 관측치 수는 몇 개인가?

c. 다각형 그래프를 작성하라. 분포가 대칭인가?

23. 다음 누적상대빈도분포를 고려하라.

Interval	Cumulative Relative Frequency
$150 < x \le 200$	0.10
$200 < x \le 250$	0.35
$250 < x \le 300$	0.70
$300 < x \le 350$	1

a. 상대빈도분포를 작성하라. 250보다 크고 300 이하의 관측치 비율은 얼마인가?

b. 누적빈도곡선을 작성하라. 누적빈도곡선을 사용하여 300 이하인 관측치의 비율을 찾아라.

24. 다음 히스토그램은 5,000개의 관측치를 사용하여 변수 X를 요약한다.

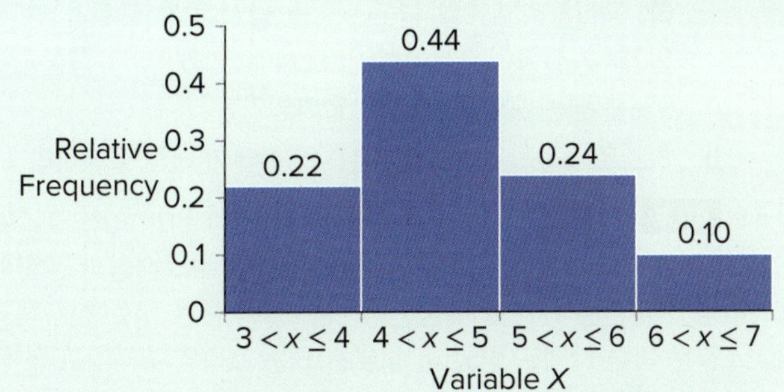

a. 분포가 대칭인가? 그렇지 않다면, 양의 비대칭인가, 아니면 음의 비대칭인가?

b. 5보다 큰 관측치의 비율은 얼마인가?

c. 5보다 작거나 같은 관측치는 몇 개인가?

25. 다음 히스토그램은 3,000개의 관측치를 사용하여 변수 X를 요약한다.

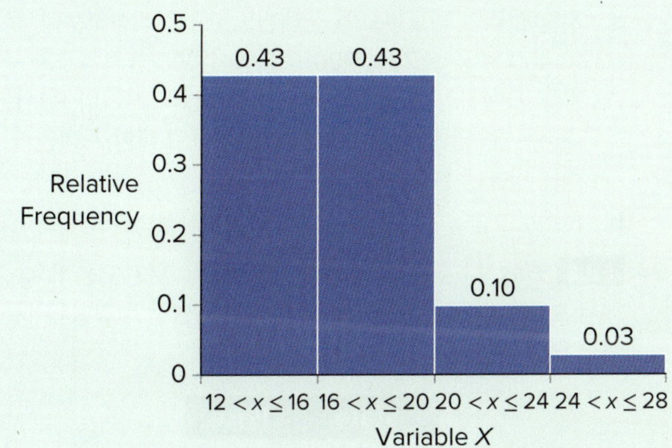

a. 분포가 대칭인가? 그렇지 않다면, 양의 비대칭인가, 아니면 음의 비대칭인가?

b. 20보다 작거나 같은 관측치의 비율은 얼마인가?

c. 20보다 큰 관측치는 몇 개인가?

26. 다음 누적빈도곡선은 1,000개의 관측치를 사용하여 변수 X를 요약한다.

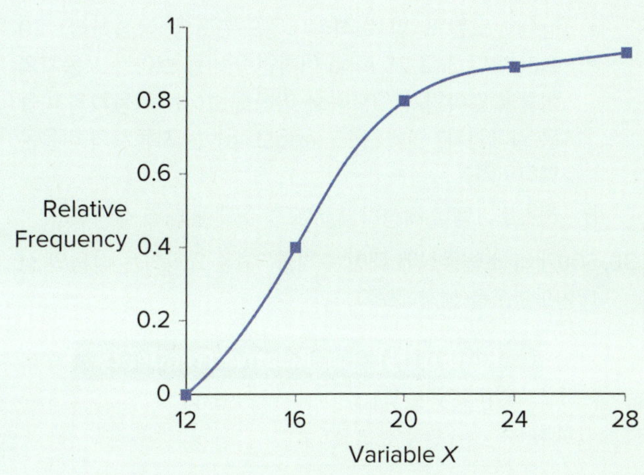

a. 16보다 작은 관측치의 비율을 근사하라.

b. 20보다 큰 관측치의 수를 근사하라.

27. FILE ***Exercise_2.27.*** 첨부된 데이터 파일에는 변수 X에 대한 관측치 100개가 있다.

a. $3 < x \leq 5$, $5 < x \leq 7$ 등의 6개의 구간을 사용하여 빈도분포를 작성하라. 7보다 크지만 9보다 작거나 같은 관측치는 몇 개인가?

b. 상대빈도분포를 작성하라. 5보다 크지만 7보다 작거나 같은 관측치의 비율은 얼마인가?

c. 히스토그램을 작성하라. 분포가 대칭인가?

28. FILE ***Exercise_2.28.*** 첨부된 데이터 파일에는 변수 X에 대한 관측치 100개가 있다.

a. $-10 < x \leq 0$, $0 < x \leq 10$ 등의 5개의 구간을 사용하여 빈도분포를 작성하라. 0보다 크지만 10보다 작거나 같은 관측치는 몇 개인가?

b. 상대빈도 및 누적상대빈도분포를 작성하라. 10보다 크지만 20보다 작거나 같은 관측치의 비율은 얼마인가? 20보다 큰 관측치의 비율은 얼마인가?

c. 누적빈도곡선을 작성하라. 15보다 작은 관측치의 비율을 근사하기 위해 누적빈도곡선을 사용하라.

29. 한 연구원이 80대의 자동차에 대한 연비 테스트(mileage economy test)를 실시한다. 다음 표에는 갤런당 평균 마일(mpg)을 나타내는 빈도분포가 나와 있다.

Average mpg	Frequency
$15 < x \leq 20$	15
$20 < x \leq 25$	30
$25 < x \leq 30$	15
$30 < x \leq 35$	10
$35 < x \leq 40$	7
$40 < x \leq 45$	3

a. 상대빈도분포 및 누적상대빈도분포를 작성하라. 20 mpg보다 크고 25 mpg 이하인 연비를 보이는 자동차의 비율을 얼마인가? 35 mpg 이하를 보이는 자동차의 비율은 얼마인가? 연비가 35 mpg보다 높은 자동차의 비율은 얼마인가?

b. 히스토그램을 작성하고, 분포의 형태에 대해 설명하라.

30. 500개의 소형주식에 대한 수익률(%)을 요약하는 다음의 상대빈도분포를 생각해보자.

Return (%)	Relative Frequency
$-20 < x \leq -10$	0.04
$-10 < x \leq 0$	0.25
$0 < x \leq 10$	0.42
$10 < x \leq 20$	0.25
$20 < x \leq 30$	0.04

a. 빈도분포와 누적상대빈도분포를 작성하라. 수익률이 10%를 넘었지만 20% 이하인 주식은 몇 개인가? 수익률이 10% 이하인 주식의 비율은 얼마인가?

b. 다각형 그래프를 작성하고, 분포의 형태에 대해 설명하라.

c. 누적빈도곡선을 작성하라. 수익률이 15% 이하인 소형주식의 비율을 대략적으로 계산하라.

31. 워터파크 관리자는 7월과 8월 방문자 수를 요약하기 위해 다음과 같은 빈도분포를 작성하였다.

Attendance	Frequency
$1{,}000 < x \leq 1{,}250$	5
$1{,}250 < x \leq 1{,}500$	6
$1{,}500 < x \leq 1{,}750$	10
$1{,}750 < x \leq 2{,}000$	20
$2{,}000 < x \leq 2{,}250$	15
$2{,}250 < x \leq 2{,}500$	4

a. 상대빈도분포와 누적상대빈도분포를 작성하라. 당시 방문자 수가 1,750명이 넘었지만 2,000명 이하인 비율은 얼마인가? 방문자 수가 1,750명 이하인 비율은 얼마인가? 방문자 수가 1,750명보다 큰 비율 얼마인가?

b. 히스토그램을 작성하고, 분포의 형태에 대해 설명하라.

32. 50개 도시가 제공한 지역 아파트의 공실률(%)에 대한 정보를 다음과 같은 빈도분포로 작성하였다.

Vacancy Rate (%)	Relative Frequency
$0 < x \leq 3$	0.10
$3 < x \leq 6$	0.20
$6 < x \leq 9$	0.40
$9 < x \leq 12$	0.20
$12 < x \leq 15$	0.10

a. 빈도분포, 누적빈도분포 및 누적상대빈도분포를 작성하라. 공실률이 6%를 넘고 9%를 넘지 않은 도시가 몇 개인가? 공실률이 9% 이하인 도시는 몇 개인가? 공실률이 9%를 넘는 도시의 비율은 얼마인가?

b. 히스토그램을 작성하고, 분포의 형태에 대해 설명하라.

33. FILE ***Prime.*** 아마존 프라임(Amazon Prime)은 1년에 119달러짜리 서비스로, 고객들에게 2일 무료배송과 당일배송시 할인된 요금을 제공한다. 주요 고객들은 무료 전자책과 같은 다른 혜택도 받았다. 첨부된 표는 프라임 고객 200명 의 연간 지출액(달러)을 나타낸 것이다.

Customer	Expenditure
1	1272
2	1089
⋮	⋮
200	1390

a. 지출에 대한 빈도분포와 상대빈도분포를 작성하는데, 폭이 $400 < x \leq 700$, $700 < x \leq 1{,}000$ 등의 6개의 구간을 사용하라. 701달러에서 1,000달러 사이의 Prime 고객은 몇 명인가? 1,300달러 이상을 소비한 프라임 고객의 비율은 얼마인가?

b. 히스토그램을 작성하고, 분포의 형태를 설명하라.

34. FILE ***Gas.*** 다음 표는 2020년 1월 28일 AAA Gas Prices에서 보고한 미국 50개 주와 콜롬비아 특별구의 휘발유 1갤런당 평균 가격(달러)의 일부를 나타낸다.

State	Price
Alabama	2.27
Alaska	2.98
⋮	⋮
Wyoming	2.57

a. 휘발유의 평균 가격에 대한 빈도분포를 작성하는데, 폭이 $2.00 < x \leq 2.30$, $2.30 < x \leq 2.60$인 6개의 간격을 사용하라. 빈도수가 가장 높은 구간은 어느 것인가? 평균 휘발유 가격이 2.90달러보다 큰 주는 몇 개인가?

b. 히스토그램을 작성하라. 분포가 대칭인가? 그렇지 않다면, 양의 비대칭인가, 아니면 음의 비대칭인가?

35. **FILE** ***Texts.*** 다음 표는 150명의 청소년이 일주일간 보낸 문자 메시지 수의 일부이다.

Teen	Texts
1	630
2	516
⋮	⋮
150	535

a. 문자 메시지 수에 대한 빈도분포 및 상대빈도분포를 작성하는데, 폭이 $500 < x \leq 600$, $600 < x \leq 700$ 등의 구간을 사용하라. 얼마나 많은 청소년들이 700보다 많지만 800개 이하의 문자메시지를 보냈는가? 800개보다 많이 문자메시지를 보낸 청소년의 비율은 얼마인가?

b. 다각형 그래프를 작성하라. 분포가 대칭인가? 그렇지 않다면, 양의 비대칭인가, 아니면 음의 비대칭인가?

36. **FILE** ***Admission.*** 첨부된 자료 파일에는 선택한 대학에 지원한 1,230명 학생들의 SAT 점수가 포함되어 있다.

a. SAT 점수에 대한 빈도분포와 상대빈도분포를 작성하는데, 폭이 $800 < x \leq 900$, $900 < x \leq 1000$ 등의 8개의 구간을 사용하라. 빈도가 가장 높은 구간은 어느 것인가? 최상의 구간 점수를 받은 학생은 몇 명인가? $900 < x \leq 1000$의 구간의 점수를 받은 학생의 비율은 얼마인가?

b. 다각형 그래프를 작성하라. 분포가 대칭인가?

c. 누적빈도곡선을 작성하라. 1200점 이하의 점수를 받은 학생의 비율을 누적빈도곡선을 사용하여 근사치로 구하시오.

2.4 기타 데이터 시각화 방법

이 절에서는 추가적으로 세 가지 시각화 방법을 학습하는데, 산점도, 범주형 변수를 포함한 산점도, 그리고 선그래프이다. 각 그래프는 비교적 작성하기 쉽고 매우 유용한 정보를 전달한다.

산점도

많은 경우 두 수치형 변수 간의 관계에 관심이 있다. 사실상 모든 분야의 사람들은 하나의 수치형 변수가 다른 수치형 변수에 어떻게 체계적으로 영향을 미치는지 탐색한다. 예를 들어, 다음을 고려해보자.

- 소득이 교육에 따라 다른지
- 매출액이 광고 지출에 따라 다른지
- 기업의 이익에 따라 주가가 달라지는지
- 농작물 수확량이 비료의 사용에 따라 달라지는지
- 콜레스테롤 수치가 식이 섭취에 따라 달라지는지
- 주택가격이 면적(평방피트)에 따라 다른지

두 수치형 변수 간의 관계를 조사할 때 산점도는 일반적으로 모든 분석에서 사용되는 강력한 첫 번째 단계임이 입증된다.

산점도

산점도(scatterplot)는 두 수치형 변수가 체계적인 방식으로 연관되는지를 확인하는 데 도움이 되는 그래픽 도구이다. 그래프의 각 점은 두 변수의 관측치 쌍을 나타낸다.

산점도를 작성할 때 일반적으로 변수 중 하나는 x이고 다른 변수는 y이다. 그런 다음, (x_1, y_1), (x_2, y_2) 등으로 각 쌍을 표시한다. 일단 데이터가 표시되면 그래프는 다음을 나타낼 수 있다.

- 두 변수 간에는 선형 관계가 존재한다.
- 두 변수 간에 비선형 관계가 존재한다. 또는
- 두 변수 간에 관계가 없다.

예를 들어, 그림 2.16(a)는 음의 기울기를 가진 선을 따라 모여 있는 산점도의 점들을 보여준다. 두 변수가 음의 선형 관계를 가지고 있다고 추론한다. 그림 2.16(b)는 양의 비선형 관계를 나타내며, x가 증가할수록 y는 증가하는 경향이 있다. 그림 2.16(c)의 점들은 뚜렷한 패턴 없이 흩어져 있기 때문에 두 변수 사이에는 아무런 관계가 없다.

그림 2.16 두 변수 간의 관계를 설명하는 산점도

산점도를 설명하기 위해 다음 예제를 고려하라.

예제 2.7

FILE ***PG_Sales.*** 도입사례의 ***PG_Sales*** 데이터 파일에 40채의 표본에 대한 매매가격(Price, 1,000달러 단위)과 면적(Sqft)이 나열되어 있음을 기억하라. Excel과 R을 사용하여 Sqft 대비 Price의 산점도를 작성하라. 그런 다음 결과를 요약하라.

해답:

Excel 이용

a. ***PG_Sales*** 데이터 파일을 연다.

b. Excel에서 산점도를 작성할 때, 관심 있는 변수를 다른 변수 옆의 열에 배치한다. 또한, x축에 표시할 변수(Sqft)를 첫 번째 열에 배치하고, y축에 표시할 변수(price)를 두 번째 열에 배치하면 단계가 단순화된다. Sqft와 Price에 대한 관측치를 동시에 선택하고 **삽입(Insert)** > **분산형 또는 거품형 차트 삽입(Insert Scatter or Bubble Chart)** > **분산형(Scatter)**을 선택한다. [이 옵션을 찾는 데 문제가 있는 경우, **차트(Charts)** 위에 데이터 점이 있는 그래프를 찾아보라.] 결과로 산출된 산점도는 그림 2.17과 유사해야 한다.

그림 2.17 Sqft에 대한 Price의 산점도

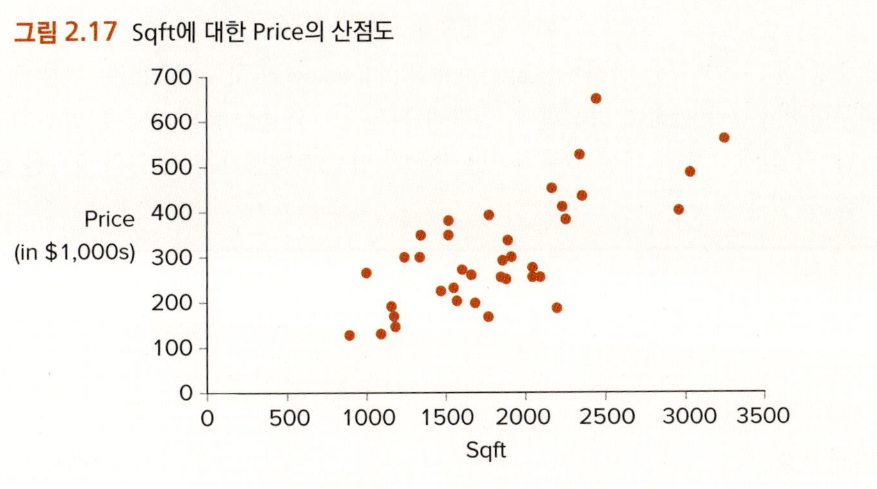

c. 메뉴에서 **서식(Format)** > **차트 요소 추가(Add Chart Element)**를 선택하여 서식(축 제목, 눈금선 등)을 지정할 수 있다.

R 이용

a. ***PG_Sales*** 데이터를 데이터프레임(테이블)으로 가져와서 myData라는 이름으로 지정한다.

b. 산점도를 작성하기 위해, **plot**(*y*~*x*, . . .) 함수를 사용한다. *pch* 옵션을 사용하여 데이터 포인트에 대한 표식을 선택한다. 특히, *pch* = 16은 채워진 원을 데이터 점으로 표시한다. 앞의 예와 같이, *main*, *xlab*, *ylab*, *col* 옵션도 사용한다. 다음과 같이 입력하라.

```
> plot(myData$Price~myData$Sqft, main="A scatterplot of Price
against Sqft", xlab="Sqft", ylab="Price (in $1,000s)",
col="chocolate", pch=16)
```

결과로 산출된 산점도는 그림 2.17과 유사해야 한다.

요약

그림 2.17에서, 주택의 매매가격과 면적 사이에 양의 관계가 있다는 것을 추론할 수 있다. 즉 주택이 클수록 더 가치가 있다.

범주형 변수를 포함한 산점도

지난 예제에서는 산점도를 사용하여 두 수치형 변수 사이의 관계를 보여주었다. 면적에 대한 가격을 도식화하여 두 변수 간의 양적 관계를 발견했다. 데이터셋에 주택유형(단독주택, 콘도 등)과 같은 세 번째 변수가 있는 경우, 다른 색상이나 기호를 사용하여 이 범주형 변수를 산점도 에 통합할 수 있다. 이를 통해 주택가격과 면적 간의 관계가 주택유형에 따라 다른지 확인할 수 있다. 이 그림을 **범주형 변수를 포함한 산점도(scatterplot with a categorical variable)**라고 한다.

범주형 변수를 포함한 산점도

범주형 변수를 포함한 산점도(scatterplot with a categorical variable)는 기본 산점도에 범주형 변수를 통합하여 작성한다. 일반적으로 점의 색상을 통해 범주형 변수를 부호화한다. 각 점에 뚜렷한 색상을 부여하면 각각의 범주에 해당하는 각 점의 소속을 쉽게 보여줄 수 있다.

다음 예제에서는 범주형 변수를 포함한 산점도의 사용을 보여준다.

예제 2.8

FILE ***PG_Sales.*** 도입사례의 ***PG_Sales*** 데이터 파일에는 40채의 표본에 대한 판매가격(price)과 면적(Sqft), 그리고 주택유형(Type)이 레이블된 범주형 변수가 나열되어 있다. Type 변수에는 두 범주가 있는데, 단독주택을 나타내는 Single과 콘도미니엄을 나타내는 Condo이다. Excel과 R을 사용하여 Type 변수도 포함한 면적에 대한 가격 산점도를 작성할 수 있다. 결과를 요약하라.

해답:

Excel 이용

a. ***PG_Sales*** 데이터 파일을 연다.

b. 범주형 변수를 포함한 산점도를 작성하려면 범주형 변수를 범주별로 정렬해야 한다. 여기에서 Type 변수는 이미 정렬되어 있다. 즉, 처음 30개의 주택은 Single이고 나머지 10개의 주택은 Condo이다. **삽입(Insert)** > **분산형 또는 거품형 차트 삽입(Insert Scatter or Bubble Chart)** > **분산형(Scatter)**을 선택한다. 이렇게 하면 워크시트에 산점도에 대한 자리 표시자가 생성된다.

c. **디자인(Design)** > **데이터 선택(Select Data)**을 선택한다. *데이터 원본 선택(Select Data Source)* 대화상자에서 *추가(Add)* 버튼을 클릭한다. 그러면 산점도의 x축과 y축에 대한 데이터를 선택할 수 있는 *계열 편집(Edit Series)* 대화상자가 열린다. *계열 이름(Series name)*으로 "Single"을 입력하고 *계열 x값(Series X values)*으로 C2에서 C31셀까지 선택한 다음 *계열 Y값(Series Y values)*으로 B2~B31셀을 선택한다. *계열 편집(Edit Series)* 대화 상자에서 **확인(OK)**을 클릭하라. 이것은 30채의 Single에 대한 면적 대비 가격을 나타낸다.

d. *추가(Add)*를 클릭하여 *계열 편집(Edit Series)* 대화상자를 연다. *계열 이름(Series name)*으로 "Condo"를 입력하고, *계열 x값(Series X values)*으로 C31에서 C41셀까지 선택한 다음, *계열 Y값(Series Y values)*으로 B31에서 B41셀까지 선택한다. *계열 편집(Edit Series)* 대화상자에서 **확인(OK)**을 클릭하라. 이는 10개의 Condo에 대한 면적 대비 가격을 나타낸다. *데이터 원본 선택(Select Data Source)* 대화상자에서 **확인(OK)**을 클릭하라.

e. 서식(축 제목, 눈금선 등)은 메뉴에서 **서식(Format)** > **차트 요소 추가(Add Chart Element)**를 선택하여 지정할 수 있다. 결과로 산출된 산점도는 그림 2.18과 유사해야 한다.

그림 2.18 주택유형을 포함한 Sqft에 대한 Price의 산점도

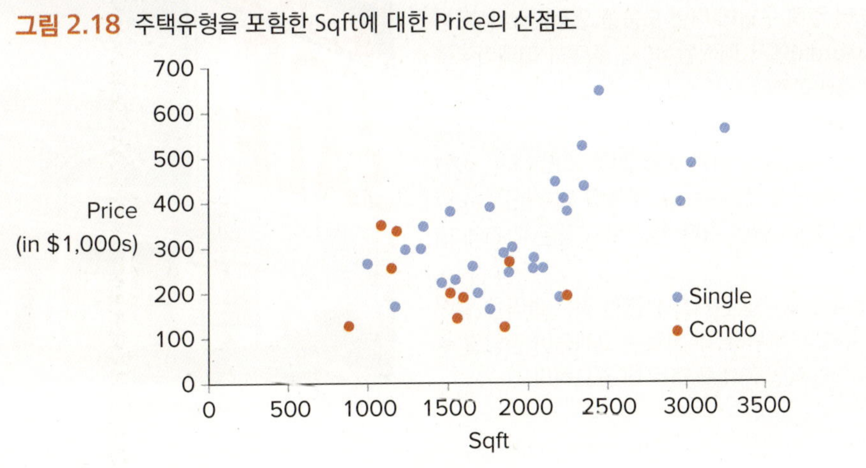

R 이용

a. ***PG_Sales*** 데이터를 데이터프레임(테이블)으로 가져와서 myData라는 이름으로 지정한다.

b. Type 변수를 통합하는 산점도를 작성하기 위해, **plot** 함수를 사용한다. 앞의 예와 같이 *main*, *xlab*, *ylab*, *pch*, *col* 옵션을 사용한다. 점의 모양과 색상은 Type 변수의 범주를 기반으로 한다. 다음과 같이 입력하라.

```
> plot(myData$Price~myData$Sqft, main="A scatterplot of
Price against Sqft incorporating type of house", xlab = "Sqft",
ylab = "Price (in $1,000s)", pch=16,
col=ifelse(myData$Type == "Condo", 20, 26))
```

c. **legend** 함수를 사용하여 산점도의 오른쪽 아래에 범례를 추가한다. 다음과 같이 입력하라.

```
> legend("bottomright", legend=c("Condo", "Single"), pch=16,
col=c(20, 26))
```

결과로 산출된 산점도는 그림 2.18과 유사해야 한다.

요약

그림 2.18에서, 면적과 판매가격 사이에 양의 선형 관계를 볼 수 있다. 즉, 더 큰 주택일수록 더 높은 가격에 매매되는 경향이 있다. 이러한 관계는 단독주택과 콘도 모두 적용된다. 또한 일반적으로 콘도가 단독주택에 비해 작으며 낮은 가격에 매매된다는 것을 알 수 있다.

도입사례 분석결과

플로리다는 항상 은퇴자들에게 매력적인 지역이었다. 플로리다는 매우 온화한 겨울과 전반적으로 따뜻한 여름뿐만 아니라, 미국에서 세금에 가장 우호적인 주 중 하나로 고려된다. 이주전문가인 매튜 애드워드는 최근 많은 고객들로부터 주택 구입에 대한 도움을 요청받았다. 그는 최근 푼다 고다(Punta Gorda)에서 매매된 40채 주택의 매매가격을 검토하여 요약 보고서를 준비하였다.

매튜는 다양한 빈도분포를 작성한 후 이 기간 동안 매매가격이 10만 달러에서 70만 달러 사이라는 것을 발견했다. 20만에서 30만 달러 구간의 주택이 가장 많이 팔렸으며(16), 주택의 대부분은 40만 달러 이하에 팔렸고, 오직 17.5%만이 40만 달러보다 높은 가격에 매매되었다.

매튜가 면적과 가격 사이의 강한 관계를 발견한 것은 놀라운 일이 아니었다. 즉, 주택이 클수록 더 비싸다. 이 정보는 고객들이 감당할 수 있는 종류의 주택에 대해 현실적인 기대를 하는 데 중요하다.

Brand X Pictures/Getty Images

선그래프

선그래프(line chart)는 수치형 변수를 선으로 연결된 일련의 연속적인 관측치로 표시한다. 선그래프는 시간의 변화나 추세를 추적하는 데 유용하다. 예를 들어, 선그래프를 사용하여 시간 경과에 따른 회사의 매출을 표시하면 매출이 상승 추세인지 하락 추세인지 또는 꾸준한 추세인지 쉽게 알 수 있다. 또한 선그래프에서 과거에 발생한 주요 변화를 쉽게 확인할 수 있다.

여러 선이 동일한 차트에 표시된 경우, 이러한 관측치들을 하나 이상의 차원에서 비교할 수 있다. 예를 들어, A사와 경쟁사인 B사의 과거 매출을 동시에 표시한다면, 두 회사의 동향과 변화율을 비교할 수 있다. 심지어 A사의 매출 감소가 B사의 매출 급증과 일치하는지와 같은 흥미로운 패턴을 발견할 수 있다.

> **선그래프**
>
> 선그래프(line chart)는 수치형 변수의 연속적인 관측치를 선으로 연결한다. 시간의 경과에 따른 변수의 변화를 추정하는 데 사용되는 경향이 있다.

선그래프의 사용을 설명하기 위해 다음 예제를 고려하자.

예제 2.9

FILE ***Apple_Merck. Apple_Merck*** 데이터 파일에는 2016년부터 2019년까지의 애플(Apple, Inc.)과 머크(Merck & Co.)의 월별 주가가 포함되어 있다. Excel과 R을 사용하여 애플과 머크의 주가에 대한 선그래프를 작성하라. 그런 다음, 결과를 요약하라.

표 2.16 Apple과 Merck의 월별 주가, 2016~2019

Date	Apple	Merck
1/1/2016	90.96	44.98
2/1/2016	90.35	44.57
⋮	⋮	⋮
12/1/2019	293.65	90.33

해답:

Excel 이용

a. ***Apple_Merck*** 데이터 파일을 연다.

b. B1에서 C49셀까지 선택한 다음, 메뉴에서 **삽입(Insert)** > **꺾은선형 또는 영역형 차트 삽입(Insert Line or Area Chart)** > **꺾은선형(Line)**을 선택한다. 왼쪽 상단에 있는 옵션을 선택한다.

c. **디자인(Design)** > **데이터 선택(Select Data)**을 선택한 다음, *가로(항목)축 레이블* [*Horizontal (Categorical) Axis Lables*] 아래의 *편집(Edit)* 버튼을 클릭한다. 축 *레이블(Axis Labels)* 대화상자의 축 *레이블 범위(Axis Labels range)* 상자에서 A2에서 A49셀까지 선택한다. **확인(OK)**을 클릭하라. 날짜는 가로축을 따라 나타난다. Excel은 공간제약으로 인해 모든 날짜를 표시하지 않는다.

d. 서식(축 제목, 눈금선 등)은 **서식(Format)** > **차트 요소 추가(Add Chart Element)**를 선택하여 지정할 수 있다. 결과로 산출된 선그래프는 그림 2.19와 유사해야 한다.

그림 2.19 Apple과 Merck에 대한 월별 주가

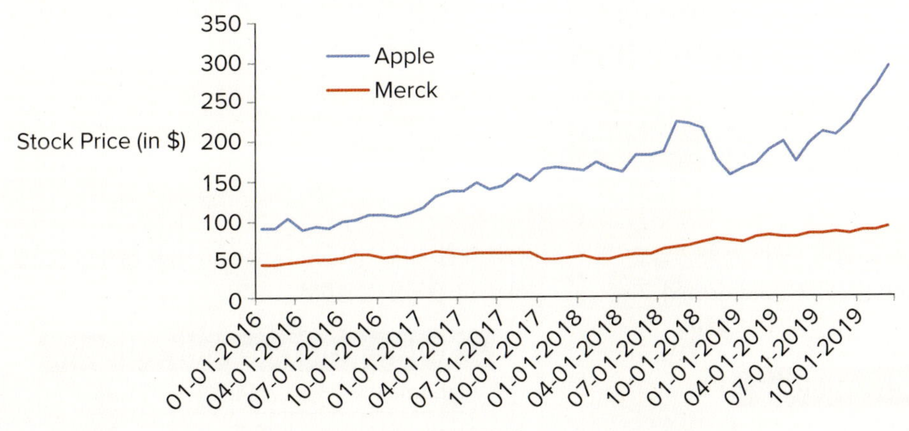

R 이용

a. ***Apple_Merck*** 데이터를 데이터프레임(테이블)으로 가져와서 myData라는 이름으로 지정한다.

b. 먼저 **plot** 함수를 사용하여 Apple의 선그래프를 생성한다. 여기서 옵션 유형을 사용하여 'l'는 선을 의미하고, y축에 한계를 제공하기 위해 *ylim*을 사용한다. 앞의 예와

같이 *main*, *xlab*, *ylab*,*col* 옵션도 사용한다. 다음과 같이 입력하라.

```
> plot(myData$Apple~myData$Date, main="Monthly stock prices for
Apple and Merck", xlab="Date", ylab="Monthly Stock Price (in $)",
col = "blue", type = "l", ylim=c(0,300))
```

c. 이제 **lines** 함수를 사용하여 Merck의 주가에 대한 빨간색 선을 추가한다. 다음과 같이 입력하라.

```
> lines(myData$Merck~myData$Date, col="red", type = "l")
```

d. **legend** 함수를 사용하여 차트의 왼쪽 상단에 범례를 추가한다. *lty* =1 옵션은 범례가 2개의 실선에 기초함을 명시한다. 다음과 같이 입력하라.

```
> legend("topleft", legend=c("Apple", "Merck"), col=c("blue",
"red"), lty=1)
```

결과로 산출된 선그래프는 그림 2.19와 유사해야 한다.

요약

그림 2.19의 선그래프는 2016년부터 2019년까지 Apple과 Merck의 월별 주가를 보여준다. 두 종목 모두 이 기간 동안 상승했는데, 이는 같은 기간에 걸친 미국 경제 성장세를 감안하면 놀라운 일이 아니다. 다만 Apple의 주가 상승은 Merck의 주가에 비하면 훨씬 극적이다. 또한 Apple 주가는 변동성이 훨씬 크다. 특히, 2018년 말 Apple 주가의 급격한 하락을 볼 수 있다. 이 하락은 회사가 자사 제품에 대해 더 이상 판매 데이터를 제공하지 않을 것이라는 뉴스와 일치한다. 당시 일각에서는 투명성 부족이 향후 아이폰 판매 부진을 예고하는 것 아니냐는 의문을 제기하기도 했다. Apple 입장에서는 다행스럽게도 이런 예측이 현실화되지는 않았다.

연습문제 2.4

37. FILE ***Test_Scores.*** 다음 표는 32명의 중간고사와 기말고사 성적의 일부를 나타낸 것이다. 중간고사(Midterm)와 기말고사(Final)의 산점도를 작성하고, 그 관계를 설명하라.

Student	Final	Midterm
1	86	78
2	94	97
⋮	⋮	⋮
32	91	47

38. FILE ***Life_Obesity.*** 다음 표는 미국 50개 주와 컬럼비아 특별구의 기대수명(년)과 비만율(%)을 보여준다. 비만(Obesity)에 대한 기대수명(Life Expectancy)에 대한 산점도를 작성하고, 그 관계를 설명하라.

State	Life Expectancy	Obesity
Alabama	75.4	36.3
Alaska	78.3	34.2
⋮	⋮	⋮
Wyoming	78.3	28.8

39. FILE ***Consumption.*** 다음 표는 2000~2019년의 실질 개인소비(Consumption, 달러) 및 실제 개인 가처분 소득(Income, 달러)에 대한 분기별 데이터의 일부를 보여준다.

소득 대비 소비의 산점도를 작성하고, 그 관계를 설명하라.

Date	Consumption	Income
Q1, 2000	8520.71	9338.68
Q2, 2000	8603.01	9441.95
⋮	⋮	⋮
Q4, 2019	13411.94	15100.13

40. FILE ***Return.*** 위험 분산을 위해 수익률이 음의 관계이거나 관계가 없는 자산에 투자하도록 권유하는 경우가 많다. 다음 표는 지난 20년간 두 자산의 연간수익률(annual return, %) 중 일부를 보여준다. Return A에 대한 Return B의 산점도를 작성하라. 위험을 분산시키기 위해, 투자자는 자신의 포트폴리오에 이 두 자산을 포함하는 것이 현명한가? 설명하라.

Year	Return A	Return B
1	−20	2
2	−5	0
⋮	⋮	⋮
20	10	2

41. FILE ***HighSchool_SAT.*** 다음 표는 수도권의 주요 25개 고등학교별 SAT 수학점수(Math), SAT 쓰기점수(Writing), 수험생 수(Test Taker), 학교가 사립인지 공립인지(Type)의 일부를 보여준다.

School	Math	Writing	Test Taker	Type
1	456	423	228	Public
2	437	393	475	Public
⋮	⋮	⋮	⋮	⋮
25	592	592	127	Private

x축에 수학점수, y축에 쓰기점수를 표시하는 산점도를 작성하라. 고등학교가 사립인지 공립인지를 보여주기 위해 다른 색깔이나 기호를 사용하라. 수학점수, 쓰기점수, 학교유형 간의 관계를 설명하라. 수학점수와 쓰기점수의 관계가 사립학교와 공립학교 모두에서 사실인가?

42. FILE ***Car_Price.*** 다음 표는 중고차 20대의 판매가격(Price), 연령(Age), 주행거리(Mileage) 등으로 구성된 데이터의 일부를 보여준다.

Price	Age	Mileage
13590	6	61485
13775	6	54344
⋮	⋮	⋮
11988	8	42408

a. 연령 대비 가격의 산점도를 작성하고, 그 관계를 설명하라.

b. 마일리지 대비 가격의 산점도를 작성하고, 그 관계를 설명하라.

c. 5만 마일 미만의 모든 차량을 "Low_Mileage" 범주에 지정하고 나머지는 "High_Mileage" 범주에 할당하여 마일리지를 범주형 변수 Mileage_Category로 변환한다. "High_Mileage" 범주에 포함되는 차량은 몇 대인가?

d. 가격, 연령, 주행거리 범주를 사용하여 산점도를 작성하라. 다양한 색상 또는 기호를 사용하여 서로 다른 마일리지 범주에 속하는 자동차를 표시한다. 이들 중고 세단의 가격, 연령 및 주행거리 사이의 관계를 설명하라. 두 마일리지 카테고리에서 가격과 연령의 관계가 모두 사실인가?

43. FILE ***InternetStocks.*** 한 재무분석가가 두 인터넷 회사인 Amazon(AMZN)과 Google(GOOG)의 주식 실적을 비교하려고 한다. 그녀는 2010년부터 2016년까지 두 주식의 매월 평균 종가를 기록한다. 데이터의 일부가 다음 표에 나와 있다. 두 주식의 시간 경과에 따른 움직임을 보여주는 선그래프를 작성하라. 두 종목의 전반적인 가격 동향에 대해 설명하라. 주가 상승의 궤도가 더 큰 종목은 무엇인가?

Date	AMZN	GOOG
1/1/2016	587.00	742.95
2/1/2016	552.52	697.77
⋮	⋮	⋮
12/1/2019	1847.84	1337.02

44. FILE ***India_China.*** 인도가 중국을 제치고 세계에서 가장 인구가 많은 국가가 될 것으로 예측된다(CNN, 2019년 6월 19일). 첨부된 데이터 파일에는 1960년부터 2017년까지 인도와 중국의 인구 데이터(백만 단위)가 포함되어 있다. 각각 고유한 색상의 두 개의 선을 사용하여 시간에 걸친 두 국가의 인구 변화를 보여주는 선그래프를 작성하라. 두 국가의 전반적인 인구 증가 추세를 설명하라. 지난 40년 동안 인구 증가가 더 빠른 국가는 어디인가?

Year	India	China
1960	449.48	667.07
1961	458.49	660.33
⋮	⋮	⋮
2017	1339.18	1386.40

2.5 줄기-잎 그림

유명한 통계학자 존 튜키(John Tukey, 1915~2000)는 수치형 변수를 표시하는 또 다른 시각적 방법을 제공하였다. 줄기-잎 그림은 관측치의 중심 위치와 중심에서 분산되어 있는 양상에 대한 전반적인 그림을 제공한다.

줄기-잎 그림

줄기-잎 그림(stem-and-leaf diagram)은 수치형 변수의 각 관측치를 가장 왼쪽의 숫자로 구성된 줄기(stem)와 마지막 숫자로 구성된 잎(leaf)의 두 부분으로 분리함으로써 작성된다.

줄기-잎 그림의 작성을 설명하기 위해 다음 예제를 고려하라.

예제 2.10

FILE ***Wealth_World.*** 표 2.17은 2019년 세계에서 가장 부유한 25명의 연령을 보여준다. 연령변수에 대한 줄기-잎 그림을 작성하고 해석하라.

표 2.17 세계에서 가장 부유한 인물, 2019

Rank	Name	Age	Rank	Name	Age
1	Jeff Bezos	56	14	Francoise Bettencourt Meyers	66
2	Bill Gates	64			
3	Warren Buffet	89	15	Jim Walton	71
4	Bernard Arnault	70	16	Alice Walton	70
5	Carlos Slim Hellu	80	17	Rob Walton	75
6	Amancio Ortega	83	18	Steve Ballmer	63
7	Larry Ellison	75	19	Ma Huateng	48
8	Mark Zuckerberg	35	20	Jack Ma	55
9	Michael Bloomberg	77	21	Hui Ka Yan	61
10	Larry Page	46	22	Sheldon Adelson	86
11	Charles Koch	84	23	Michael Dell	54
12	Mukesh Ambani	62	24	Phil Knight	81
13	Sergey Brin	46	25	David Thomson	62

해답:

각각의 연령 관측치에서, 10단위 위치의 숫자는 줄기(stem)를 나타내고, 1단위 위치의 숫자는 잎(leaf)을 나타낸다. 그런 다음 연령에 대한 가장 낮은 관측치와 가장 높은 관측치를 식별한다. 마크 저커버그(Mark Zuckerberg)는 35세로 이 그룹에서 가장 연령이 낮고(줄기: 3, 잎: 5), 워렌 버핏(Warren Buffet)은 89세로 가장 연령이 높다(줄기: 8, 잎: 9). 표 2.18의 패널 A에 나타난 것처럼, 줄기의 값이 3에서 8까지라고 추론할 수 있다.

표 2.18 연령(Age)에 대한 줄기-잎 그림의 작성

Panel A		Panel B		Panel C	
Stem	Leaf	Stem	Leaf	Stem	Leaf
3		3	5	3	5
4		4	6 6 8	4	6 6 8
5	6	5	6 5 4	5	4 5 6
6		6	4 2 6 3 1 2	6	1 2 2 3 4 6
7		7	0 5 7 1 0 5	7	0 0 1 5 5 7
8		8	9 0 3 4 6 1	8	0 1 3 4 6 9

이제 세계에서 가장 부유한 제프 베이조스(Jeff Bezos)로 시작한다. 그의 56세는 줄기가 5이고 잎이 6이다. 표 2.18의 패널 A에 표시된 것처럼 5의 줄기에 해당하는 행에 6을 배치한다. 이 과정을 다른 모든 연령으로 계속하여 패널 B의 값을 구한다. 마지막으로, 패널 C에서 각 개별 잎 행을 오름차순으로 정렬하면, 이것이 최종 형태의 줄기-잎 그림이다.

줄기-잎 그림(패널 C)은 원래 관측치 25개를 보다 체계적인 형태로 나타낸다. 도표에서 연령이 35세에서 89세 사이라는 것을 쉽게 알 수 있다. 이 그룹의 대다수는 60세 이상이다. 실제로 60대가 6명, 70대가 6명, 80대가 6명이다.

줄기-잎 그림은 원래의 관측치를 보존하는 강점이 추가된 히스토그램과 유사하다. 마지막으로 이 줄기-잎 그림으로부터 분포가 대칭이 아니라 음의 비대칭임을 알 수 있다.

연습문제 2.5

45. **FILE** ***Exercise_2.45.*** 첨부된 데이터 파일에는 변수 X에 대한 관측치 20개가 포함되어 있다.
    a. 줄기-잎 그림을 작성하라. 가장 낮은 관측치와 가장 높은 관측치는 무엇인가?
    b. 분포가 대칭인가? 설명하라.

46. **FILE** ***Exercise_2.46.*** 첨부된 데이터 파일에는 변수 X에 대한 관측치 20개가 포함되어 있다.
    a. 줄기-잎 그림을 작성하라. 가장 낮은 관측치와 가장 높은 관측치는 무엇인가?
    b. 분포가 대칭인가? 설명하라.

47. **FILE** ***Body_Temp.*** 첨부된 데이터 파일에는 지난 주말 오버브룩 병원 응급실에 도착한 환자 20명의 체온 수치가 담겨 있다.
    a. 줄기-잎 그림을 작성하라. 최저 온도와 최고 온도는 몇 도인가?
    b. 분포가 대칭인가? 설명하라.

48. **FILE** ***City_Temp.*** 첨부된 데이터 파일에는 7월 하루 동안 미국 40개 도시의 최고 기온이 포함되어 있다.
    a. 줄기-잎 그림을 작성하라. 가장 낮은 기온과 가장 높은 기온은 몇 도인가?
    b. 분포가 대칭인가? 설명하라.

49. **FILE** ***Speed.*** 한 경찰관이 시속 65마일로 제한되는 90번 주 고속도로의 일부 구간에서 과속을 우려하고 있다. 첨부된 데이터 파일에는 25대의 자동차와 트럭에 대해 기록한 속도가 포함되어 있다. 줄기-잎 그림을 작성하라. 경찰관의 우려가 나타나는가?

50. **FILE** ***Age.*** 프랑스는 크로아티아를 4대 2로 꺾고 FIFA 2018 월드컵의 우승국이 되었다. 첨부된 데이터 파일에는 양 팀 선수들의 연령을 보여준다. 각 국가별로 연령에 대한 줄기-잎 그림을 작성하라. 유사점과 차이점에 대해 설명하라.

2.6 데이터 분석

사례연구

FILE ***College_Admissions.*** 카밀라 존스(Camilla Jones)는 북미의 유명 4년제 대학의 입학처에서 데이터 분석가로 일하고 있다. 매년 중요한 입학 결정을 내리기 전에 대학은 지원자 풀에 대한 정보를 검토한다. 오늘 카밀라는 경영경제대학에 초점을 맞추고 있다. 카밀라는 다양한 인구통계학적 및 학업 변수를 요약하기 위해 표와 그래프 방법을 사용할 것이다.

샘플보고서—대학입학 지원자 풀 요약

예년과 마찬가지로 입학처는 기관의 기대와 전략적 우선순위를 충족시키면서 다양하고 재능 있는 예비학생들을 지원하고 봉사하기 위해 노력하고 있다. 예비학생들이 입학허가서를 받는 것에 대해 불안해하는 것처럼, 입학처 사무실도 등록 목표 달성에 대해 관심을 가지고 있다. 합격 과정의 첫 단계 중 하나는 지원자 풀을 요약하는 것이다. 다음 보고서는 경영경제대학 지원자들에게 초점을 맞추고 있다.

Photographs in the Carol M. Highsmith Archive, Library of Congress, Prints & Photographs Division

올해 경영경제대학은 학교 역사상 가장 많은 4,103명이 지원했다. 우선 몇 가지 인구통계학적 요약을 제공한다. 그림 2.20(a)는 지원자의 59%가 남성이고 41%가 여성임을 보여준다. 그림 2.20(b)는 대부분의 지원자가 백인(54%)임을 보여준다. 아시아인이 지원자 풀의 20%를 차지하고, 기타(흑인, 라틴계 등)가 나머지 26%를 차지한다.

그림 2.20 지원자 풀의 인구통계

(a) 성별 분포

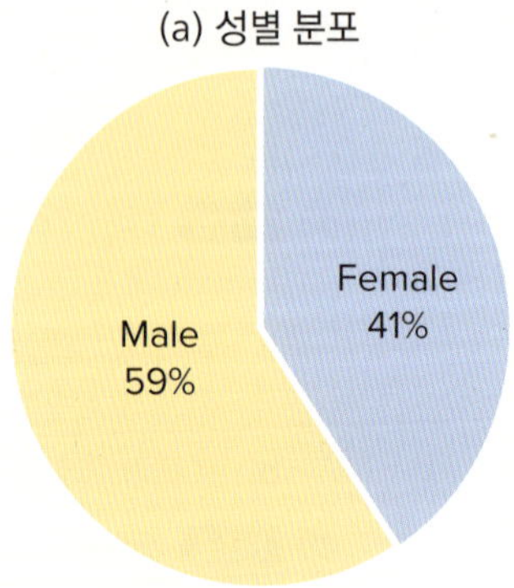

(b) 인종 분포

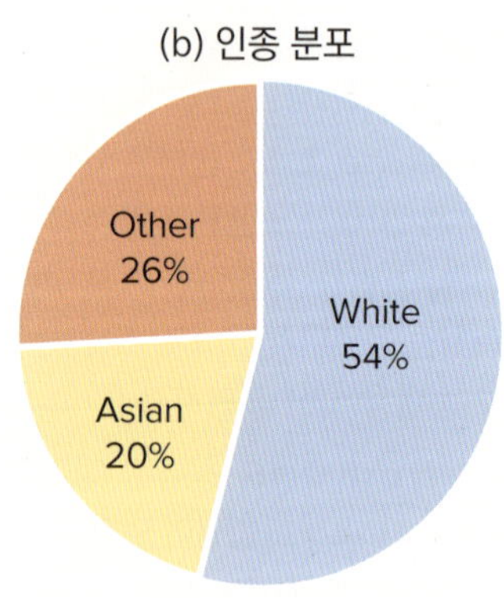

입학을 위해 고려되는 두 가지 중요한 요소는 학생의 고등학교 내신성적과 표준화 시험점수이다. 여기에서는 지원자 풀의 평균평점(GPA)과 SAT 점수를 요약한다. 표 2.19의 왼쪽 세 열은 GPA의 빈도와 상대빈도분포를 보여준다. 특히, GPA의 55%가 3.5보다 높고, 14%만이 3.0 미만이다. 지원자 풀의 내신성적이 매우 좋아 보인다.

표 2.19의 오른쪽 세 열은 SAT 점수에 대한 빈도분포를 보여준다. SAT 점수의 전국 평균은 약 1060점이다. 지원자 풀에서는 85%가 1000점 이상의 SAT 점수를 가지고 있으며, 44%가 1200점

이상의 SAT 점수를 가지고 있다. 이러한 결과는 GPA에 대해 발견된 결과와 유사하다. 다만 고교내신 대비 SAT 고득점 비중이 낮고 저득점 비중이 약간 높다. 중등과 고등교육 모두에서의 성적 인플레이션의 상승을 고려할 때 이는 완전히 놀라운 것은 아니다.

표 2.19 GPA와 SAT 점수의 빈도분포

GPA	Frequency	Relative Frequency	SAT	Frequency	Relative Frequency
$x \leq 2.5$	83	0.02	$x \leq 800$	74	0.02
$2.5 < x \leq 3.0$	490	0.12	$800 < x \leq 1000$	569	0.14
$3.0 < x \leq 3.5$	1258	0.31	$1000 < x \leq 1200$	1650	0.40
$3.5 < x \leq 4.0$	1693	0.41	$1200 < x \leq 1400$	1457	0.36
$4.0 < x \leq 4.5$	579	0.14	$1400 < x \leq 1600$	353	0.09

그림 2.21은 GPA와 SAT 점수에 대한 히스토그램을 보여준다. 두 분포 모두 음의 비대칭을 보여 빈도분포의 결과를 재확인한다. 즉, GPA와 SAT 점수 대다수가 두 분포의 상단에 집중되어 있다.

그림 2.21 GPA와 SAT 점수의 히스토그램

(a) GPA에 대한 히스토그램

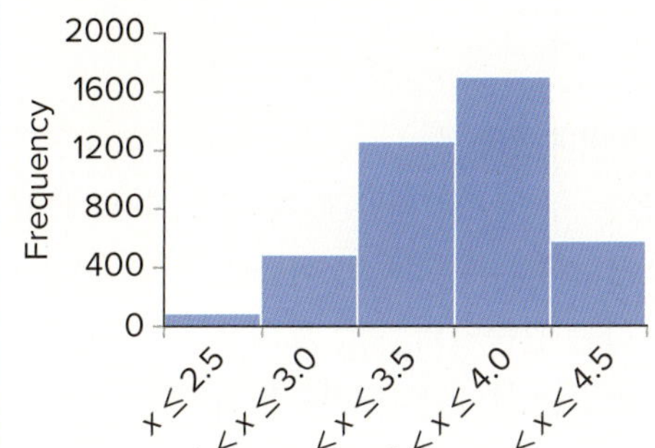

(b) SAT 점수에 대한 히스토그램

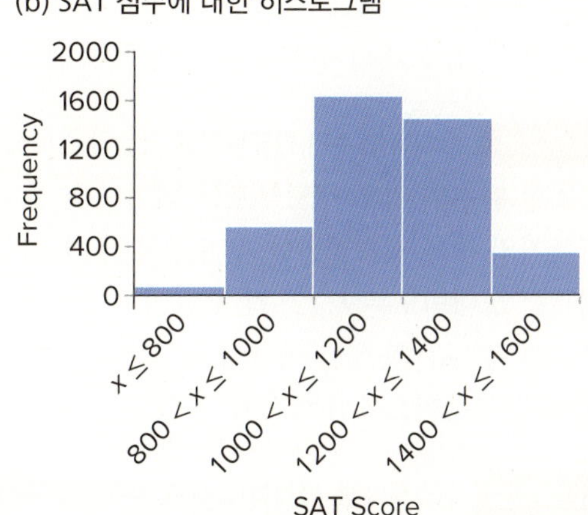

경영경제대학 지원자가 역대 최대 규모일 뿐만 아니라 상대적으로 다양하고 경쟁이 치열해 보인다. 학교는 가까운 미래에 어려운 결정에 직면할 것이다.

사례연구 제안

분석을 위한 다음의 사례연구가 제안된다.

보고서 2.1 **FILE** ***College_Admissions.*** 다른 학교를 선택하여 이 절에서 수행한 분석과 유사한 분석을 수행하라.

보고서 2.2 **FILE** ***House_Price.*** 대학 도시를 선택하고 관심 있는 다른 변수와 함께 주택가격을 분석하기 위해 표와 그래프 방법을 사용하라.

보고서 2.3 **FILE** ***TechSales_Reps.*** 관심 있는 다른 변수와 함께 영업담당자의 급여를 분석하기 위해 표와 그래프 방법을 사용하라.

핵심 개념

LO 2.1 범주형 변수의 빈도분포를 작성하고 해석할 수 있어야 한다.

범주형 변수의 경우 빈도분포는 관측치를 범주로 그룹화하고 각 범주에 속하는 관측치의 수를 기록한다. 상대빈도분포는 각 범주의 관측치 비율(또는 분율)을 보여준다.

LO 2.2 막대그래프 및 파이그림을 작성하고 해석할 수 있어야 한다.

막대그래프와 파이그림는 범주형 변수에 대한 빈도분포를 그래픽으로 표현한 것이다. 막대그래프는 범주형 변수의 각 범주에 대한 빈도 또는 상대빈도를 일련의 수평 또는 수직 막대로 나타낸다. 파이그림은 범주형 변수의 범주를 명확하게 나타내는 분할된 원이다.

LO 2.3 두 범주형 변수에 대한 분할표 및 누적수직막대그래프를 작성하고 해석할 수 있어야 한다.

분할표는 두 범주형 변수인 x와 y에 대한 빈도를 보여주며, 표의 각 셀은 x와 y 관측치 쌍의 상호배반적 조합을 나타낸다. 분할표는 누적수직막대그래프를 사용하여 그래픽으로 표시할 수 있다. 누적수직막대그래프는 막대그래프의 고급 버전이다. 두 개 이상의 범주형 변수를 시각화하고 각 범주 내의 구성을 비교할 수 있도록 설계되었다.

LO 2.4 수치형 변수의 빈도분포를 작성하고 해석할 수 있어야 한다.

수치형 변수의 경우 빈도분포는 데이터를 겹치지 않는 구간으로 나누고 각 구간에 포함되는 관측치의 수를 재지정한다. 빈도분포는 (1) 각 구간에 속하는 관측치의 비율(또는 분율)을 보여주는 상대빈도분포, (2) 각 구간의 상한 이하에 속하는 관측치의 수를 보여주는 누적빈도분포, (3) 각 구간의 상한 이하에 속하는 관측치의 비율(또는 분율)을 보여주는 누적상대빈도분포 등을 작성함으로써 확장될 수 있다.

LO 2.5 히스토그램, 다각형 그래프, 누적빈도곡선을 작성하고 해석할 수 있어야 한다.

히스토그램과 다각형 그래프는 수치형 변수의 빈도분포 또는 상대빈도분포를 그래픽으로 표현한 것이다. 이러한 그래프를 대략적으로 살펴보면 관측치가 집중되는 경향이 있는 위치와 변수의 일반적인 형태와 산포를 알 수 있다. 누적빈도곡선은 누적빈도분포 또는 누적상대빈도분포의 그래픽 표현이다.

LO 2.6 산점도, 범주형 변수를 포함하는 산점도, 선그래프를 작성하고 해석할 수 있어야 한다.

산점도는 두 개의 수치형 변수가 체계적인 방식으로 관련이 있는지 확인하는 데 도움이 되는 그래픽 도구이다. 그래프의 각 점은 두 변수의 관측치 쌍을 나타낸다. 범주형 변수를 포함하는 산점도는 기본 산점도에 범주형 변수를 통합하여 수정한다. 포인트 색상을 통해 범주형 변수를 부호화하는 것이 일반적이다. 각 점에 뚜렷한 색상을 부여하면 각각의 범주에 해당하는 각 점의 소속을 쉽게 표시할 수 있다. 마지막으로, 선그래프는 수치형 변수의 연속된 관측치를 선으로 연결하며, 시간에 따른 변수의 변화를 추적하는 데 사용되는 경향이 있다.

LO 2.7 **줄기-잎 그림을 작성하고 해석할 수 있어야 한다.**

줄기-잎 그림은 수치형 변수를 표시하는 또 다른 시각적 방법으로, 변수의 각 관측치를 가장 왼쪽 숫자로 구성된 줄기와 마지막 숫자로 구성된 잎으로 분리함으로써 작성된다. 히스토그램 및 다각형 그래프와 마찬가지로 줄기-잎 그림은 관측치의 중심위치 및 관측치가 중심으로부터 분산되는 형태를 전체적으로 보여준다.

추가 연습문제

51. FILE ***CEO.*** 첨부된 표는 미국 최고 경영자(CEO) 200명의 표본이 취득한 최고 학위 중 일부를 보여준다.

CEO	Degree
1	Bachelor's
2	Master's
⋮	⋮
200	Master's

a. 빈도분포와 상대빈도분포를 작성하라. 미국의 CEO 대부분은 석사나 박사와 같은 고등 학위를 가지고 있는가? 적어도 학사학위를 가지고 있지 않은 CEO의 비율은 몇 %인가?

b. 막대그래프를 작성하고, 결과를 요약하라.

52. FILE ***AdultChild.*** 400명의 미국인들을 대상으로 한 최근의 설문조사는 부모들이 성인 자녀들에게 너무 많은 것을 해주는지 아닌지를 물었다. 결과의 일부가 다음 표에 나와 있다.

Respondent	Response
1	Too much
2	Too much
⋮	⋮
400	Just right

a. 빈도분포와 상대빈도분포를 작성하라. 얼마나 많은 응답자들이 부모가 성인 자녀들에게 너무 많은 것을 해준다고 느끼는가? 응답자 중 부모가 성인 자녀에게 너무 적게 해준다고 느끼는 비율은 몇 %인가?

b. 파이그림을 작성하고, 결과를 요약하라.

53. FILE ***Bookstores.*** 한 전국적 체인 서점이 다양한 점포에서 고객의 선호도를 파악하기 위해 노력하고 있다. 마케팅 부서는 4개의 점포로부터 가장 최근에 거래된 500건의 목록을 입수했다. 데이터셋에는 기록번호(Record), 4개 점포 중 판매된 서점(BookStore)과 판매된 책의 종류(BookType)가 담겨 있다. 데이터의 일부가 첨부된 표에 나와 있다.

Record	BookStore	BookType
1	Store2	Biography
2	Store2	Children book
⋮	⋮	⋮
500	Store4	Romance

a. 분할표를 작성하라. 거래가 가장 많은 점포는 어디인가? 어떤 종류의 책이 가장 많이 판매되었는가?

b. 누적수직막대그래프를 작성하라. 로맨스(Romance) 서적 거래가 가장 많은 점포는 어디인가? 공상과학(Sci-fi) 서적 거래가 가장 많은 점포는 어디인가?

54. FILE ***TShirts.*** 남녀공용 티셔츠를 판매하는 한 회사는 자사의 베스트셀러 티셔츠의 색상과 사이즈를 알아내는 데 관심이 있다. 첨부된 데이터 파일에는 최근 1,000건의 거래 중에 주문한 티셔츠의 크기(Size), 색상(Color), 수량(Quantity)이 포함되어 있다. 데이터의 일부가 다음 표에 나와 있다.

Transaction	Quantity	Size	Color
1	1	XL	White
2	3	M	Gray
⋮	⋮	⋮	⋮
1000	1	S	Red

a. 각 색상 및 크기 조합에 대해 판매된 총 수량을 보여주는 분할표를 작성하라. 사이즈 M인 빨간색 티셔

츠는 몇 개 판매되었는가? 사이즈 XL인 화이트 티셔츠는 몇 개 판매되었는가?

b. 누적수직막대그래프를 작성하라. 가장 인기 있는 색상과 사이즈 조합 두 가지는 무엇인가? 가장 인기가 없는 두 가지는 무엇인가?

55. FILE ***StockPrice.*** 다음 표는 지난 5년(60개월) 동안 A사의 월별 주가(달러) 중 일부를 보여준다.

Observation	Price
1	51.78
2	50.29
⋮	⋮
60	89.33

a. 월별 주가에 대한 빈도분포를 작성하는데, 폭이 $40 < x \leq 50$, $50 < x \leq 60$ 등의 5개의 구간을 사용하라. 빈도가 가장 높은 구간은 어느 것인가? 주가가 40달러에서 50달러 사이인 빈도는 몇 회였는가?

b. 상대빈도분포, 누적빈도분포, 누적상대빈도분포를 작성하라. 주가가 50달러에서 60달러 사이인 비율을 얼마인가? 주가가 70달러 이하인 빈도는 몇 회인가? 주가가 70달러를 초과하는 비율은 얼마인가?

c. 히스토그램을 작성하라. 분포가 대칭인가? 그렇지 않다면, 양의 비대칭인가, 음의 비대칭인가?

56. FILE ***Wages.*** 한 대형 제조회사의 인사부서 관리자가 80명의 직원에 대한 시간당 임금(Wage, 달러), 교육기간(Education) 및 연령(Age)에 대한 데이터를 수집한다. 다음 표에는 데이터의 일부가 나와 있다.

Observation	Wage	Education	Age
1	17.54	12	76
2	20.93	10	61
⋮	⋮	⋮	⋮
80	23.66	12	49

a. 시간당 임금에 대한 빈도분포, 상대빈도분포, 누적상대빈도분포를 작성하는데, 폭이 $10 < x \leq 15$, $15 < x \leq 20$ 등의 7개의 구간을 사용하라. 시간당 임금이 15달러에서 35달러 사이인 비율은 얼마인가? 시간당 임금이 35달러보다 높은 비율은 얼마인가?

b. 다각형 그래프를 작성하라. 분포가 대략적으로 대칭인가?

c. 누적빈도곡선을 작성하라. 25달러 미만의 시간당 임금 비율을 근사치로 계산하기 위해 누적빈도곡선을 사용하라.

57. FILE ***Wages.*** 데이터에 대한 설명은 이전 연습문제를 참조하라.

a. 교육기간에 대한 임금 산점도를 작성하고, 그 관계를 설명하라.

b. 연령에 대한 임금 산점도를 작성하고, 그 관계를 설명하라.

58. FILE ***Healthy_Living.*** 건강한 생활은 어느 사회에서나 항상 중요한 목표였다. 대부분의 사람들은 과일과 야채가 풍부한 식단(FV)과 규칙적인 운동(Exercise)이 건강(Health)에 긍정적인 영향을 미치는 반면, 흡연(Smoking)은 건강에 부정적인 영향을 미친다는 것에 동의할 것이다. 다음 표는 미국의 다양한 주에서 관측된 이러한 변수 중 일부분을 보여준다.

State	Health	FV	Exercise	Smoking
AK	88.7	23.3	60.6	14.6
AL	78.3	20.3	41.0	16.4
⋮	⋮	⋮	⋮	⋮
WY	87.5	23.3	57.2	15.2

a. 운동에 대한 건강의 산점도를 작성하고, 그 관계를 설명하라.

b. 흡연에 대한 건강의 산점도를 작성하고, 그 관계를 설명하라.

59. FILE ***Pick_Errors.*** 온라인 소매업체 물류센터에서는 상당히 많은 'pick errors' (즉, 잘못된 상품을 선택하는 오류)가 발생하고 있다. 비록 창고 관리자는 대부분의 오류들이 경력 낮은 직원들 때문이라고 생각하지만, 교육 프로그램 또한 오류를 줄이는 데 도움이 될 수 있다고 믿는다. 모든 직원을 교육에 보내기 전에 30명의 직원을 대상으로 한 시범 연구의 데이터를 검토한다. 직원의 연간 선택오류(Errors), 경력(Exper: 년) 및 교육참석 여부(Train: 교육 참석 시 1, 그렇지 않으면 0)에 대한 정보가 수집된다. 데이터의 일부가 다음 표에 나와 있다.

Employee	Errors	Exper	Train
1	13	9	0
2	3	27	0
⋮	⋮	⋮	⋮
30	4	24	1

a. 경력에 대한 선택오류의 산점도를 작성하고, 그 결과를 해석하라.

b. Train 변수(범주형)를 포함하는 경력에 대한 선택오류의 산점도를 작성하고, 그 결과를 해석하라.

60. **FILE** ***Birth_Life.*** 첨부된 데이터 파일에는 10개 국가의 기대수명(Life_Exp: 년), 출산율(Birth_Rate: %), 발전수준(Development)에 대한 정보가 포함되어 있다. 데이터의 일부가 다음 표에 나와 있다.

Country Name	Life_Exp	Birth_Rate	Development
Congo, Dem. Rep.	50.00	45.96	Developing
India	62.59	26.46	Developing
⋮	⋮	⋮	⋮
Japan	81.08	9.40	Developed

a. 기대수명에 대한 출생률의 산점도를 작성하고, 그 결과를 해석하라.

b. Development 변수(범주형)도 포함하는 평균수명에 대한 출생률의 산점도를 작성하고, 그 결과를 해석하라.

61. **FILE** ***Exchange_Rate.*** 달러(USD: $)와 유로(Euro: €), 달러(USD: $)와 파운드(Pound: £)의 환율을 고려하라. 다음 표는 2018년 1월부터 2020년 1월까지의 환율의 일부를 보여준다.

Date	Euro	Pound
2018-01-01	1.2197	1.3824
2018-02-01	1.2340	1.3961
⋮	⋮	⋮
2020-01-01	1.1098	1.3076

각각 고유한 색상을 가진 두 개의 선을 사용하여 시간 경과에 따른 환율의 움직임을 보여주는 선그래프를 작성하라. 미국 달러 대비 각 통화의 전반적인 추세를 설명하고 해석하라.

62. **FILE** ***Growth.*** 첨부된 표는 2010년부터 2019년까지 스타벅스(Starbucks)와 맥도날드(McDonald)의 매출 성장률(%)의 일부를 보여준다.

Year	Starbucks	McDonald's
2010	9.53	5.85
2011	9.27	12.17
⋮	⋮	⋮
2019	7.24	0.25

각각 고유한 색상을 가진 두 개의 선을 사용하여 시간 경과에 따른 성장률의 움직임을 보여주는 선그래프를 작성하라. 각 회사의 전반적인 동향을 설명하고 해석하라.

63. **FILE** ***Wealth_USA.*** 첨부된 표에는 2019년 미국에서 가장 부유한 25명의 연령과 순자산이 나열되어 있다.

Rank	Name	Age	Net_Worth
1	Jeff Bezos	56	131.0
2	Bill Gates	64	96.5
⋮	⋮	⋮	⋮
25	Thomas Peterffy	75	17.1

a. 줄기-잎 그림을 작성하라. 이 그룹의 가장 낮은 연령과 가장 높은 연령은 어떻게 되는가?

b. 분포가 대칭인가? 설명하라.

64. **FILE** ***PEG.*** 주가수익성장률(price-to-earnings growth ratio), 즉 PEG 비율은 기업의 수익 전망에 대한 시장의 가치평가이다. PEG 비율이 1이면 주가가 성장 기대치에 부합한다는 의미이다. PEG 비율이 1 미만이면 해당 기업의 주식이 저평가된 상태(가치주 전형)이고, PEG 비율이 1보다 크면 해당 주식이 고평가된 상태(성장주 전형)라는 의미이다. 첨부된 표는 30개 대기업의 PEG 비율의 일부를 보여준다.

Company	PEG
1	1.4
2	0.9
⋮	⋮
30	1.2

a. 줄기-잎 그림을 작성하라. 최저 PEG 비율과 최고

PEG 비율이 어떻게 되는가? 빈도가 가장 높은 PEG 비율의 범위는 무엇인가?

b. 분포가 대칭인가? 설명하라.

3 수치적 기술측도
Numerical Descriptive Measures

학습목차_Chapter Contents

학습목표_Learning Objectives

이 장을 학습한 후에,

LO 3.1 중심위치 측도를 계산하고 해석할 수 있어야 한다.
LO 3.2 백분위수 및 상자그림을 해석할 수 있어야 한다.
LO 3.3 기하평균 수익률과 평균 성장률을 계산하고 해석할 수 있어야 한다.
LO 3.4 산포측도를 계산하고 해석할 수 있어야 한다.
LO 3.5 평균-분산 분석과 샤프지수를 설명할 수 있어야 한다.
LO 3.6 체비셰프 정리, 경험법칙, z-점수를 적용할 수 있어야 한다.
LO 3.7 연관성 측도를 계산하고 해석할 수 있어야 한다.

이전 장에서는 데이터에서 의미 있는 정보를 추출하기 위해 표와 그래프를 사용했다. 이 장에서는 수치적 기술측도(numerical descriptive measures)에 초점을 맞춘다. 이들 측도는 계산, 해석 및 서로 비교하기 쉬운 정확하고 객관적으로 결정된 값을 제공한다.

먼저 데이터에 대한 대표적인 또는 중심적인 값을 찾으려는 중심위치 측도를 산출한다. 그런 다음 중심 분석에 추가적으로 데이터가 중심 주변에서 어떻게 변동하는지 점검한다. 산포측도는 데이터에 내재된 변동성을 측정한다.

샤프지수(Sharpe ratio), 체비셰프 정리(Chebyshev's theorem), 경험법칙(empirical rule), z-점수(z-score)를 포함한 몇 가지 유용한 응용방법을 소개하기 위해 중심위치와 산포의 측도를 사용한다.

마지막으로 두 변수 사이의 선형관계를 검사하는 연관성 측도에 대해 논의한다. 이들 측도는 두 변수가 양의 선형관계를 갖는지, 음의 선형관계를 갖는지, 또는 선형관계가 없는지를 평가한다.

도입사례_*Introductory Case*

투자 결정

FILE ***Growth_Value.*** 도로시 브레넌(Dorothy Brennan)은 한 대형 투자회사에서 재정 고문으로 일하고 있다. 그녀는 뮤추얼펀드 투자에 대한 두 가지 접근방법, 즉 성장투자와 가치투자에 대해 여러 질문을 가지고 있는 투자경험이 없는 투자자를 만난다. 투자자는 성장펀드가 전체 주식시장에 비해 주가가 더 빠른 속도로 성장할 것으로 예상되는 기업에 투자한다는 이야기를 들었다. 반면, 가치펀드는 주가가 실제 가치보다 낮은 기업에 투자한다. 또한, 투자자는 투자수익률의 주요 구성요소가 성장펀드의 시세차익과 가치펀드의 배당수익이라는 점도 들었다.

투자자는 도로시에게 피델리티의 성장지수(Fidelity's Growth Index) 뮤추얼펀드(Growth)와 피델리티의 가치지수(Fidelity's Value Index) 뮤추얼펀드(Value)의 연간수익률(annual return) 데이터를 보여준다. 표 3.1은 1984년부터 2019년까지의 두 뮤추얼펀드의 연간수익률(%) 일부를 보여준다. 투자자가 현재 형태의 데이터로 어떤 결론을 내리기는 어렵다. 투자자는 성장투자 대 가치투자의 스타일 차이를 명확히 하기 위해 도로시에게 데이터를 요약할 것을 요청한다.

표 3.1 Growth와 Value의 연간수익률(%)

Year	Growth	Value
1984	−5.50	−8.59
1985	39.91	22.10
⋮	⋮	⋮
2019	38.42	31.62

도로시는 샘플 정보를 사용하여 다음을 수행하려고 한다.

1. 두 뮤추얼펀드의 전형적인 수익률을 계산하고 해석한다.

2. 두 뮤추얼펀드의 투자 위험을 계산하고 해석한다.

3. 어느 뮤추얼펀드가 위험 대비 더 큰 수익을 제공하는지 결정한다.

이 도입사례에 대한 분석결과는 3.4절의 마지막에 제시되어 있다.

3.1 중심위치 측도

중심위치(*central location*)라는 용어는 데이터가 중간 또는 중심의 값 주위로 군집화되는 경향이 있는 방식과 관련이 있다. 중심위치 측도는 데이터를 설명하는 대표적인 또는 중심이 되는 값을 찾으려고 시도한다. 실례는 투자수익률, 생산공정의 결함 수, 경영대 졸업생의 급여, 지역 임대료, 구독서비스의 주문 수 등을 설명하는 대표적인 값을 찾는 것이다.

평균

산술평균(arithmetic mean)은 중심위치의 주요 측도이다. 일반적으로 산술평균을 단순히 **평균**(**mean** 또는 **average**)이라고 한다. 변수의 평균을 계산하기 위해, 모든 관측치를 더하고 모집단 또는 표본의 관측치 수로 나누면 된다. 다음 예를 고려하라.

예제 3.1

FILE ***Growth_Value.*** 도입사례의 ***Growth_Value*** 데이터 파일을 사용하여 Growth에 대한 평균 수익률과 Value에 대한 평균 수익률을 계산하고 해석하라.

해답:

Growth에 대한 평균 수익률부터 살펴보자. 먼저 모든 수익률을 더한 뒤, 다음과 같이 수익률의 개수로 나눈다.

$$\text{Growth: } \frac{(-5.50) + 39.91 + \cdots + 38.42}{36} = 15.755$$

마찬가지로 Value의 평균 수익률도 다음과 같이 계산한다.

$$\text{Value: } \frac{(-8.59) + 22.10 + \cdots + 31.62}{36} = 12.005$$

따라서 1984년부터 2019년까지 36년 동안 Growth 평균 수익률은 Value 평균 수익률보다 높았고, 이는 15.75% > 12.005%였다. 이러한 평균은 1년 투자로 인한 전형적인 연간 수익률을 나타낸다.

그러나 이 장을 통해 단지 뮤추얼펀드의 평균 수익률에 기초하여 투자하는 것은 잘못된 것이라는 것을 알게 될 것이다.

모두 이미 평균을 계산해 본 적이 있다. 그러나 일부는 평균을 공식으로 표현하기 위해 사용되는 표기법이 새로울 수 있다. 예를 들어, Growth에 대한 평균수익률을 계산할 때, $x_1 = -5.50$, $x_2 = 39.91$ 등으로 설정하고, 표본의 관측치 수를 n으로 표현한다. 그러면 평균에 대한 계산식은 다음과 같이 쓸 수 있다.

$$\text{Mean} = \frac{x_1 + x_2 + \cdots + x_n}{n}$$

표본평균을 $\bar{x}$ ('x-bar'로 발음)라고 한다. 또한, 이 공식의 분자에 합계(summation) 표기법을 사용하여 **표본평균(sample mean)**에 대한 다음과 같은 축약형 공식을 산출할 수 있다: $\bar{x} = \frac{\Sigma x_i}{n}$. 또한, 지난 36년 동안의 관측치만이 아닌 Growth에 대한 모든 관측치를 가지고 있다면, **모평균(population mean)**은 μ라고 하며 $\mu = \frac{\Sigma x_i}{N}$로 계산할 수 있을 것이다. 여기서 μ는 그리스 문자 mu ('mew'로 발음)이고 N은 모집단 내 관측치의 수이다.

중심위치 측도: 평균

표본 관측치 $x_1, x_2, \ldots, x_n$에 대하여, 표본평균 $\bar{x}$는 다음과 같이 계산된다.

$$\bar{x} = \frac{\Sigma x_i}{n}$$

모집단 관측치 $x_1, x_2, \ldots, x_N$에 대하여, 모평균 μ는 다음과 같이 계산된다.

$$\mu = \frac{\Sigma x_i}{N}$$

표본평균과 모평균에 대한 계산방법은 표본평균이 n개의 관측치를 사용하고 모평균이 N개의 관측치를 사용한다는 점을 제외하고는 동일하다. 여기서 N은 n보다 크다($n < N$). 모평균을 **모수(parameter)**, 표본평균을 **통계량(statistic)**이라고 한다. 1장에서 언급한 바와 같이 모수는 모집단을 설명하는 반면, 통계량은 표본을 설명한다. 모평균은 일반적으로 알려져 있지 않기 때문에 표본평균을 사용하여 모평균에 대한 추론을 수행하는데, 이는 8장과 9장에서 논의한다.

평균은 통계학에서 광범위하게 사용된다. 그러나 **이상치(outlier)**라고도 하는 매우 작거나 큰 관측치가 있는 경우, 분포의 중심에 대한 잘못된 설명을 제공할 수 있다.

평균은 가장 일반적으로 사용되는 중심 위치의 측도이다. 이 측도의 한 가지 약점은 이상치에 의해 과도하게 영향을 받는다는 것이다.

예제 3.2는 평균의 주요 약점을 보여준다.

예제 3.2

시애틀에 있는 작은 기술회사인 아세텍(Acetech)에서 8명의 직원이 일한다. 이들의 작년 한 해 동안의 급여(달러)가 표 3.2에 나와 있다. 이 회사의 평균 급여를 계산하고, 이 값이 대표적인 값을 정확하게 나타내는지에 대해 논의하시오.

표 3.2 아세텍 직원의 급여

Title	Salary
Administrative Assistant	40,000
Research Assistant	40,000
Data Analyst	65,000
Senior Research Associate	90,000
Senior Data Analyst	100,000
Senior Sales Associate	145,000
Chief Financial Officer	150,000
President (and owner)	550,000

해답:

아세텍의 모든 직원의 급여가 표 3.2에 포함되어 있으므로 모평균 급여는 다음과 같이 계산한다.

$$\mu = \frac{\Sigma x_i}{N} = \frac{40{,}000 + 40{,}000 + \cdots + 550{,}000}{8} = 147{,}500$$

이 회사의 평균 급여가 147,500달러인 것은 사실이지만, 이는 이 회사의 일반적인 급여를 반영하지 못한다. 사실, 8명의 직원 중 6명은 147,500달러 미만을 받고 있다. 이 예제에서는 평균의 주요 약점을 보여준다. 즉, 극단적으로 크거나 작은 관측치 또는 이상치에 매우 민감하다.

중앙값

평균은 이상치의 영향을 받을 수 있기 때문에, 중심위치 측도로 **중앙값(median)**을 계산한다. 중앙값은 변수의 중간 값이다. 데이터를 반으로 나누고 같은 수의 관측치가 중앙값의 위와 아래에 있다. 많은 정부 간행물 및 기타 데이터 출처는 변수의 대표적인 값을 정확하게 나타내기 위해 평균과 중앙값을 모두 발표한다. 예를 들어, 2017년 미국 인구조사국은 가구의 중간 소득이 61,372달러인 것을 발견했다. 그러나 평균소득은 86,220달러였다. 미국의 소수 가구가 전형적인 미국의 가구소득보다 상당히 높은 소득을 가지고 있다는 것은 잘 알려져 있다. 결과적으로, 이러한 최상위 소득 가구는 중앙값보다 상당히 높은 값을 적용하여 평균에 영향을 미친다.

중심위치 측도: 중앙값

중앙값(median)은 표본 또는 모집단의 중간 관측치이다. 관측치는 오름차순(작은 것부터 큰 것)으로 배열되고 중앙값은 다음과 같이 계산된다.

- n(또는 N)이 홀수인 경우 중간 관측치, 또는
- n(또는 N)이 짝수인 경우 두 중간 관측치의 평균

중앙값은 이상치가 있을 때 특히 유용하다.

예제 3.3

표 3.2의 데이터를 사용하여 아세텍 직원 급여의 중앙값을 산출할 수 있다.

해답:

표 3.2에서 데이터는 이미 오름차순으로 정렬되어 있다. 상대위치와 함께 급여를 재작성한다.

Position:	1	2	3	4	5	6	7	8
Value:	40,000	40,000	65,000	90,000	100,000	145,000	150,000	550,000

8개의 급여($N = 8$)가 주어지면, 중앙값은 네 번째와 다섯 번째에 위치하는 관측치의 평균이다. 따라서 중앙값은 95,000이다. 4명의 급여는 95,000달러 미만이고 4명의 급여는 95,000달러 이상이다. 이 경우 평균 소득 147,500달러에 비해 중앙값은 대표적인 급여를 더 잘 반영한다.

최빈값

변수의 **최빈값(mode)**은 가장 빈번하게 발생하는 관측치이다. 변수는 둘 이상의 최빈값을 가질 수 있으며 최빈값이 없을 수도 있다. 변수가 하나의 최빈값을 가지면 단봉(unimodal)이라고 한다. 만약 두 개 이상의 최빈값이 존재하면, 변수는 다봉(multimodal)이며, 흔히 두 개의 최빈값이 있는 경우에는 이봉(bimodal)이라고 부른다. 일반적으로 세 개 이상의 최빈값을 갖는 변수에서는 중심위치의 측도로서의 최빈값의 유용성은 감소하는 경향이 있다.

중심위치 측도: 최빈값

최빈값(mode)은 표본 또는 모집단에서 가장 빈번하게 발생하는 관측치이다. 변수는 최빈값이 없거나 둘 이상의 최빈값을 가질 수 있다.

예제 3.4

표 3.2의 데이터를 사용하여 아세텍 직원 급여의 최빈값을 계산하라.

해답:

급여 4만 달러는 두 명의 직원이 받는다. 다른 모든 급여는 단지 한 번씩 발생한다. 따라서 4만 달러가 최빈값 급여이다. 단지 관측치가 가장 빈번하게 발생한다고 해서 변수의 중심을 가장 잘 반영하지는 않는다. 아세텍의 최빈값 월급이 4만 달러인 것은 사실이지만, 대부분의 직원들은 이 금액보다 상당히 높은 급여를 받는다.

앞의 예에서, 수치형 변수를 설명하기 위해 중심위치의 측도를 사용했다. 그러나 범주형 변수를 요약하려고 하는 많은 상황에서는 최빈값이 유일한 의미 있는 중심위치의 측도이다.

예제 3.5

케네스 포브스(Kenneth Forbes)는 위스콘신 대학교 캠퍼스 서점의 매니저이다. 최근 스몰(S), 미디엄(M), 라지(L)의 세 가지 사이즈로 출시되는 여성용 스웨트셔츠 판매가 급증하고 있다. 케네스는 캠퍼스 서점이 지난 주말에 10개의 스웨트셔츠를 다음 사이즈로 판매했다고 기록했다.

Sebastian Pfeutze/Getty Images

S	L	L	M	S	L	M	L	L	M

스웨트셔츠의 대표적인 사이즈를 찾기 위해 가장 적절한 중심위치 측도를 사용하라.

해답:

스웨트셔츠의 크기는 S, M, L의 값을 갖는 범주형 변수이다. 여기에서는 최빈값이 유일하고 적절한 중심위치의 측도이다. S와 M이 각각 2회, 3회 나오는 것과 비교하여 L은 5회 나오므로 최빈값 사이즈는 L이다. 흔히 재고 보충과 같은 제품의 수요와 관련된 이슈를 조사할 때, 최빈값은 가장 관련성이 높은 중심위치의 측도인 경향이 있다.

Excel과 R을 사용하여 중심위치 측도 계산하기

일반적으로 Excel과 R은 기술측도를 계산하는 여러 가지 방법을 제공한다. 표 3.3에는 이들 소프트웨어의 기술측도에 대한 함수명이 요약되어 있다. 이 장과 교재 전반에 걸쳐 이들 함수를 참조할 것이다. 다음 예제에서는 Excel과 R을 사용하여 중심위치 측도를 계산하는 방법을 보여준다.

표 3.3 Excel과 R의 기술측도와 해당 함수명

Descriptive Measure	Excel	R
Location		
Mean	=AVERAGE(array)	mean(DF$var)[a]
Median	=MEDIAN(array)	median(DF$var)
Mode	=MODE(array)	*NA*[b]
Minimum	=MIN(array)	min(DF$var)
Maximum	=MAX(array)	max(DF$var)
Percentile	=PERCENTILE.INC(array, p)[c]	quantile(DF$var, p)[c]
Multiple measures	*NA*	summary(DF)

(*계속*)

표 3.3 Excel과 R의 기술측도와 해당 함수명(*계속*)

Descriptive Measure	Excel	R
Dispersion		
Range	=MAX(array)-MIN(array)	range(DF$var)[d]
Mean Absolute Deviation	=AVEDEV(array)	mad(DF$var)[e]
Sample Variance	=VAR.S(array)	var(DF$var)
Sample Standard Deviation	=STDEV.S(array)	sd(DF$var)
Shape		
Skewness	=SKEW(array)	NA
Kurtosis	=KURT(array)	NA
Association		
Sample Covariance	=COVARIANCE.S(array1,array2)	cov(DF)
Correlation	=CORREL(array1,array2)	cor(DF)

[a]*DF*는 데이터프레임(테이블)을 나타내고 *var*는 변수명을 나타낸다. 변수명이 둘 이상의 단어로 구성되거나 숫자인 경우 작은따옴표로 지정해야 한다.
[b]*NA*는 쉽게 사용할 간단한 함수가 없음을 나타낸다.
[c]매개변수 p는 0과 1 사이의 값을 갖는다.
[d]R의 **range** 함수는 최소값과 최대값을 산출하므로 두 값의 차이를 사용하여 범위를 계산할 수 있다
[e]**mad** 함수는 평균 절대편차가 아니라 중앙값 절대편차를 산출한다. 대신 'lsr' 패키지를 R에 설치하고 평균 절대편차를 계산하는 **aad** 함수를 사용할 수 있다.

예제 3.6

FILE ***Growth_Value.*** Excel과 R을 사용하여 도입사례의 Growth와 Value 변수에 대한 중심위치 측도를 계산하고, 그 결과를 요약하라.

해답:

Excel 이용

I. Excel의 공식 옵션

예를 들어, Growth에 대한 중심위치 측도를 찾기 위해 다음 단계를 따른다.

a. ***Growth_Value*** 데이터 파일을 연다.
b. 평균을 찾기 위해, 빈 셀을 찾아 =AVERAGE(B2:B37)를 입력한다. 출력이 15.755인지 확인한다.
c. 중앙값을 찾기 위해, 빈 셀을 찾아 =MEDIAN(B2:B37)를 입력한다. 출력이 15.245인지 확인한다.
d. 최빈값을 찾기 위해, 빈 셀을 찾아 =MODE(B2:B37)를 입력한다. 출력에서 두 번 이상 나타나는 관측치가 없음을 의미하는 #N/A를 확인한다.

Value에 대한 중심위치 측도를 계산하려면, Value에 대한 관측치가 C2에서 C37까지의 셀을 차지하기 때문에 B2:B37을 C2:C37로 바꾸면 된다.

II. Excel의 데이터 분석도구 옵션

요약측도를 구하는 또 다른 방법은 Excel의 데이터 분석도구(Data Analysis Toolpak) 옵션을 사용하는 것이다. 이 옵션의 한 가지 장점은 단일 명령을 사용하여 많은 요약측도를 제공하는 것이다.

a. ***Growth_Value*** 데이터 파일을 연다.
b. 메뉴에서 **데이터(Data)** > **데이터분석(Data Analysis)** > **기술 통계법(Descriptive Statistics)** > **확인(OK)**을 선택한다. [참고: 2.3절에서 설명한 바와 같이, **데이터(Data)** 아래에 **데이터 분석(Data Analysis)**이 표시되지 않는 경우 **분석도구(Analysis Toolpak)** 옵션을 추가기능으로 설치해야 한다.]
c. 그림 3.1을 참조하라. *기술 통계법*(*Descriptive Statistics*) 대화상자에서 *입력 범위*(*Input Range*) 옆에 있는 상자를 클릭한 다음, Growth과 Value 변수에 대한 데이터와 변수명을 선택한다 *첫째 행 이름표 사용*(*Labels in First Row*)과 *요약통계량*(*Summary Statistics*) 옵션을 선택한다. *출력범위*(*Output Range*)를 선택하고 E1셀을 입력한다. 그런 다음 **확인(OK)**을 클릭하라.

그림 3.1 Excel의 기술 통계법(Descriptive Statistics) 대화상자

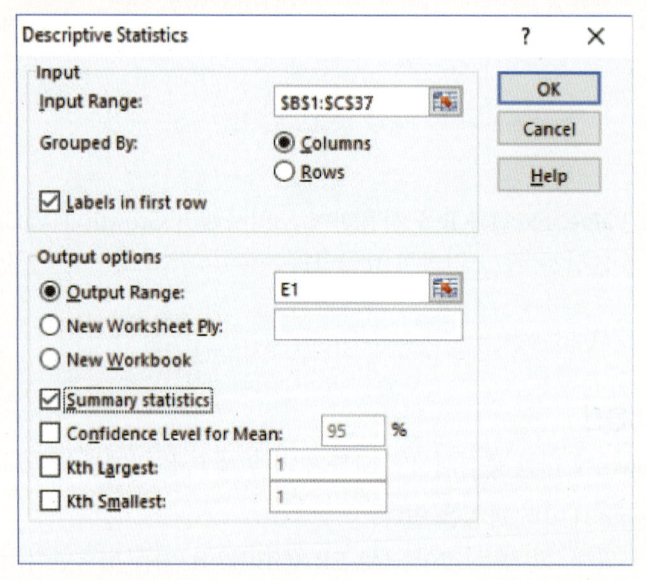

d. 표 3.4는 Excel 출력을 보여준다. 출력을 읽기 어려운 경우 출력을 강조 표시하고 **홈(Home)** > **서식(Format)** > **열 너비(Column)** > **자동맞춤(Autofit Selection)**을 선택한다. 앞서 주목한 바와 같이, Excel은 많은 요약측도를 제공하며, 중심위치 측도는 굵은 글꼴로 표시했다.

표 3.4 Excel의 데이터 분석도구(Data Analysis Toolpak)를 사용한 출력

Growth		Value	
Mean	**15.755**	**Mean**	**12.005**
Standard Error	3.966547567	Standard Error	2.996531209
Median	**15.245**	**Median**	**15.38**
Mode	**#N/A**	**Mode**	**#N/A**
Standard Deviation	23.7992854	Standard Deviation	17.97918725
Sample Variance	566.4059857	Sample Variance	323.2511743
Kurtosis	0.973702537	Kurtosis	1.853350762
Skewness	−0.028949752	Skewness	−1.023591081
Range	120.38	Range	90.6
Minimum	−40.9	Minimum	−46.52
Maximum	79.48	Maximum	44.08
Sum	567.18	Sum	432.18
Count	36	Count	36

R 이용

1장과 2장에서 언급한 바와 같이, 모든 함수명은 **굵은 글꼴(boldface)**로 표시하고 함수 내의 모든 옵션은 *기울임꼴(italics)*로 표시한다. 또한, R은 대소문자를 구분한다.

a. ***Growth_Value*** 데이터 파일을 데이터프레임(테이블)으로 가져와서 myData라는 이름으로 지정한다.

b. **mean**과 **median** 함수는 데이터프레임에서 지정된 변수에 대한 평균과 중앙값을 각각 산출한다. Growth에 대한 평균을 찾기 위해 다음과 같이 입력하라.

```
> mean(myData$Growth)
> median(myData$Growth)
```

R은 평균은 15.755, 중앙값은 15.245를 산출한다. Value에 대한 중심위치 측도를 찾기 위해서는 코드에서 Growth를 Value로 단순히 대체하면 된다.

c. **summary** 함수는 데이터프레임의 각 변수에 대한 최소값, 1사분위수, 중앙값, 평균, 3사분위수, 최대값을 산출한다. 다음과 같이 입력하라.

```
> summary(myData)
```

표 3.5는 summary 함수를 사용한 R 출력을 보여준다.

표 3.5 summary 함수를 사용한 R 출력

Year*		Growth		Value	
Min.	:1984	Min.	:−40.90	Min.	:−46.520
1st Qu.	:1993	1st Qu.	: 2.86	1st Qu.	: 1.702
Median	:2002	Median	: 15.24	Median	: 15.380
Mean	:2002	Mean	: 15.76	Mean	: 12.005
3rd Qu.	:2011	3rd Qu.	: 36.97	3rd Qu.	: 22.348
Max.	:2019	Max.	: 79.48	Max.	: 44.080

*이 예제에서 Year 변수에 대한 요약통계량은 유용하지 않음을 주목하자.

요약

표 3.4와 표 3.5에서 Growth에 대한 평균 수익률이 Value에 대한 평균 수익률보다 크다(15.76% > 12.01%)는 것을 볼 수 있다. 그러나 흥미롭게도, Value 수익률의 중앙값은 Growth 수익률의 중앙값보다 크다(15.38% > 15.25%). 이 예제에서는 특히 이상치가 있을 수 있는 경우 중심위치를 요약할 때 평균과 중앙값을 모두 검토하는 것이 유용한 이유를 보여준다. 두 변수 모두 최빈값은 없다.

대칭에 대한 참고사항

2장에서는 **대칭(symmetry)**과 **왜도(skewness)**를 설명하기 위해 히스토그램을 사용했다. 히스토그램의 한 쪽이 다른 쪽의 거울 이미지인 경우 분포가 대칭임을 기억하자. 대칭(symmetry)이고 단봉(unimodal)인 분포의 경우 평균, 중앙값, 최빈값이 모두 같다. 그러나 비즈니스 응용에서는 흔히 비대칭인 데이터에 직면한다. 일반적으로 평균은 데이터가 양의 비대칭이면 중앙값보다 크고, 음의 비대칭이면 중앙값보다 작다.

또한 Excel이 표 3.4에 보고한 왜도(skewness)의 수치적 측도에 대해서도 언급하고자 한다. 그러나 왜도의 계산은 논의하지 않는다. 왜도계수(skewness coefficient)가 0이면 관측치가 평균의 양쪽에 균형 있게 분포되어 있음을 나타낸다. 양의 왜도계수는 극단적인 관측치가 분포의 오른쪽 꼬리에 집중되어 중앙값에 비해 평균을 위로 끌어올리고 관측치의 대부분은 평균의 왼쪽에 있음을 의미한다. 마찬가지로 음의 왜도계수는 극단적인 관측치가 분포의 왼쪽 꼬리에 집중되어 평균이 중앙값에 비해 아래로 당겨지고 관측치의 대부분이 평균의 오른쪽에 있음을 의미한다. Growth와 Value 둘 다 왜도계수는 음수이다. 그러나 Growth의 경우 −0.0289의 계수 값은 매우 약한 음의 비대칭을 의미한다.

부분집합 평균

1장에서 논의한 바와 같이, 때로는 표본이나 모집단에서 관측치를 부분집합화 하면 유용한 경우가 있다. 흔히 이 과정은 전체 데이터셋에 대해 변수를 분석할 경우 발견할 수 없는 중요한 정보를 나타낸다. 예를 들어, 다국적 기업은 지난 한 해 동안의 총 매출액을 보고하는 것 외에 지역별 매출액도 보고한다. 이 회사는 이 방법을 통해 매출액이 가장 높거나 낮은 지역을 쉽게 파악할 수 있다. 다음 예제를 고려해보자.

예제 3.7

FILE ***Online.*** 한 온라인 소매회사의 마케팅 분석가가 휴가철 동안 고객의 소비 행동을 이해하려고 한다. 그녀는 130명의 기존 고객에 대한 정보를 수집했는데, 고객의 성별(Sex)과 의류(Clothing), 건강과 미용(Health), 기술(Tech), 잡화(Misc) 카테고리에서 소비한 지출(달러)을 포함한다. 데이터의 일부가 표 3.6에 나와 있다.

표 3.6 130명 고객의 온라인 지출

Customer	Sex	Clothing	Health	Tech	Misc
1	Female	246	185	64	75
2	Male	171	78	345	10
⋮	⋮	⋮	⋮	⋮	⋮
130	Male	52	73	542	58

Excel과 R을 사용하여 데이터를 성별로 부분집합으로 나누고, 여성과 남성 고객별로 제품 범주 각각에 대한 해당 평균 지출을 계산한다. 그런 다음 관리지가 서로 다른 제품 범주에 대해 여성 또는 남성을 목표로 하는 것이 적절한지 결정할 수 있도록 돕는다.

해답:

Excel 이용

a. ***Online*** 데이터 파일을 연다.

b. AVERAGEIF 함수를 사용한다. 함수에 대한 입력은 (1) 특정 기준을 충족하게 되는 셀의 범위, (2) 기준, (3) 평균화할 셀의 범위이다. 예를 들어, 여성이 의류에 소비하는 평균 금액을 찾기 위해 =AVERAGEIF(B2:B131, "Female", C2:C131)을 입력하고, Excel은 225.67을 산출한다. 남성이 의류에 소비하는 평균 금액을 찾기 위해 =AVERAGEIF(B2:B131, "Male", C2:C131)을 입력하면 Excel은 97.93을 산출한다. 다른 범주의 평균도 유사한 방법으로 찾을 수 있다. 표 3.7에 결과가 요약되어 있다.

표 3.7 여성과 남성의 평균 지출(달러)

Sex	Clothing	Health	Tech	Misc
Female	225.67	100.25	47.10	159.88
Male	97.93	100.64	310.97	85.84

R 이용

a. ***Online*** 데이터 파일을 데이터프레임(테이블)으로 가져와서 myData라는 이름으로 지정한다.

b. **tapply** 함수는 하위그룹의 평균(또는 표준편차, 3.4절에서 논의함)을 찾는 데 유용하다. 함수에 대한 입력은 (1) 결과 변수, (2) 범주형 변수, (3) 수행할 함수(mean 또는 sd)이다. 여성과 남성이 의류에 소비한 평균 금액을 찾기 위해 다음과 같이 입력하라.

```
> tapply(myData$Clothing, myData$Sex, mean)
```

R은 다음을 산출한다.

```
Female      Male
225.66667   97.93103
```

다른 범주에 대한 평균도 유사한 방법으로 찾을 수 있다.

요약:

두 그룹에 대한 평균에 기초하여, 매니저는 의류와 잡화는 여성을, 기술 제품은 남성을 목표로 해야 한다. 여성과 남성이 건강 제품에 거의 동일한 소비를 하기 때문에, 매니저는 이 시장을 차별화할 필요가 없다.

가중평균

지금까지는 변수의 각 관측치가 평균에 동일하게 기여하는 응용에 초점을 맞췄다. **가중평균(weighted mean)**은 일부 관측치가 다른 관측치보다 기여도가 높을 때 적합하다. 예를 들어, 학기말고사 점수는 일반적으로 중간고사 점수보다 더 가치가 있기 때문에, 학생들은 흔히 가중평균에 근거하여 평가된다.

또한 빈도분포로부터 평균을 계산할 수도 있다. 빈도분포는 관측치를 겹치지 않는 구간으로 그룹화하고 각 구간에서 관측치의 수를 기록한다는 2장의 내용을 기억하라. 빈도는 각 구간마다 다를 가능성이 높기 때문에 이 차이를 평균에 반영할 필요가 있을 것이다.

중심위치 측도: 가중평균

$w_1, w_2, \ldots, w_n$이 표본 관측치 $x_1, x_2, \ldots, x_n$의 가중치를 나타낸다고 하면, $w_1 + w_2 + \cdots + w_n = 1$이다. 표본에 대한 가중평균은 다음과 같이 계산된다.

$$\bar{x} = \Sigma\, w_i x_i, \text{ for } i = 1, \ldots, n$$

빈도분포의 경우 w_i는 i번째 구간의 상대빈도를, x_i는 i번째 구간의 중간점으로 대체한다. 모집단에 대한 가중평균도 유사하게 계산된다.

예제 3.8

한 학생이 Exam 1에서 60점, Exam 2에서 70점, Exam 3에서 80점을 받았다. 만약 Exam 1, 2, 3 각각이 성적의 25%, 25%, 50%의 가치가 있다면, 이 과목에서 학생의 평균 점수는 몇 점인가?

해답:

가중치를 $w_1 = 0.25$, $w_2 = 0.25$, $w_3 = 0.50$으로 정의한다. 평균점수는 $\bar{x} = \Sigma\, w_i x_i = 0.25(60) + 0.25(70) + 0.50(80) = 72.50$으로 계산한다. 가중되지 않은 평균은 Exam 3의 점수에 주어진 더 높은 가중치를 포함하지 않기 때문에 단지 70에 불과하다는 점에 주목하자.

예제 3.9

2장에서는 플로리다 푼타고다의 주택가격(단위: 1,000달러)을 요약하기 위한 빈도분포를 작성했다. 표 3.8은 이 빈도분포를 보여준다. 평균 주택가격을 계산하라.

표 3.8 주택가격에 대한 빈도분포

Interval (in $1,000s)	Frequency	Relative Frequency
$100 < x \leq 200$	9	0.225
$200 < x \leq 300$	16	0.400
$300 < x \leq 400$	8	0.200
$400 < x \leq 500$	4	0.100
$500 < x \leq 600$	2	0.050
$600 < x \leq 700$	1	0.025

해답:

빈도분포에서 평균을 계산하기 위해, 먼저 각 구간의 중간점 m_i을 계산한다. 첫 번째 구간은 $100 < x \leq 200$이므로, 중간점 m_1은 $\frac{100 + 200}{2} = 150$이다. 다른 구간의 중간점도 유사한 방식으로 찾는다.

그 다음 각 구간에 대한 상대빈도를 각각의 가중치로 사용한다. 따라서 첫 번째 구간의 가중치는 $w_1 = 0.225$로 정의된다. 다른 구간의 가중치도 유사한 방식으로 정의된다. 평균 주택가격을 다음과 같이 계산한다.

$$\bar{x} = \Sigma w_i m_i = 0.225(150) + 0.400(250) + \cdots + 0.025(650) = 292.5$$

40가구의 빈도분포에 기초해서, 플로리다주 푼타고다의 평균 주택가격은 29만 2,500달러이다.

연습문제 3.1

1. 다음 표본 관측치에 기초하여 평균, 중앙값, 최빈값을 계산하라.

8	10	9	12	12

2. 다음 표본 관측치에 기초하여 평균, 중앙값, 최빈값을 계산하라.

−4	0	−6	1	−3	−4

3. 다음 모집단 관측치에 기초하여 평균, 중앙값, 최빈값을 계산하라.

150	257	55	110	110	43	201	125	55

4. 다음 모집단 관측치에 기초하여 평균, 중앙값, 최빈값을 계산하라.

20	15	25	20	10	15	25	20	15

5. **FILE** ***Houses.*** 다음 표는 일리노이주 시카고 외곽지역에서 판매된 주택 36채의 매매가격(단위: 1,000달러) 중 일부를 보여준다. 매매가격의 평균과 중앙값을 계산하라.

Number	Price
1	430
2	520
⋮	⋮

Number	Price
36	430

6. **FILE** ***Gas_Prices.*** 다음 표는 미국 50개 주의 평균 휘발유 가격(갤런당 달러)의 일부를 보여준다. 가격의 평균과 중앙값을 계산하라.

State	Price
Alaska	3.09
Alabama	1.94
⋮	⋮
Wyoming	2.59

7. **FILE** ***Life_Expectancy.*** 다음 표는 50개 주의 기대수명(년)의 일부를 보여준다. 기대수명의 평균과 중앙값을 계산하라.

Rank	State	Life Expectancy
1	Hawaii	81.5
2	Alaska	80.9
⋮	⋮	⋮
50	Mississippi	74.8

8. **FILE** ***Prime.*** 아마존 프라임(Amazon Prime)은 고객들에게 무료 2일배송과 할인된 당일배송을 제공하는 서비스이다. 주요 고객들은 무료 전자책과 같은 다른 특혜도 받는다. 첨부된 표는 Prime 고객 100명의 연간 지출액(달러) 중 일부를 보여준다. 연간 지출액의 평균과 중앙값을 계산하라.

Customer	Expenditures
1	1272
2	1089
⋮	⋮
100	1389

9. **FILE** ***Fitness.*** 417명 대상의 한 설문조사는 운동빈도(Exercise), 결혼 여부(Married), 연간소득(Income)에 대해 질문하였다. 다음 표는 응답의 일부를 보여준다.

ID	Exercise	Married	Income
1	Always	Yes	106299
2	Sometimes	Yes	86570
⋮	⋮	⋮	⋮
417	Often	No	92690

a. 소득의 평균과 중앙값을 계산하라.

b. 기혼자의 평균 소득과 미혼자의 평균 소득을 계산하라. 어느 그룹이 더 많이 벌었는가?

c. 항상 운동하는 개인의 평균 소득과 운동을 하지 않는 개인의 평균 소득을 계산하라. 어느 그룹이 더 많이 벌었는가?

10. **FILE** ***Spend.*** 500명 대상의 한 설문조사는 주택 소유(OwnHome: 예/아니오), 자동차 소유(OwnCar: 예/아니오), 연간 가계 식비 지출(Food) 및 연간 가계 여행비용(Travel)을 질문하였다. 응답 중 일부는 다음 표에 나와 있다.

ID	OwnHome	OwnCar	Food	Travel
1	Yes	Yes	5472.43	827.40
2	No	Yes	9130.73	863.55
⋮	⋮	⋮	⋮	⋮
500	No	No	6205.97	3667.50

a. 식비와 여행비용의 평균을 찾아라.

b. 주택 소유자와 무주택자의 식비에 사용된 평균 금액을 계산하라. 어느 그룹이 더 많이 지출했는가?

c. 주택 소유자와 무주택자의 평균 여행비용을 계산하라. 어느 그룹이 더 많이 지출했는가?

11. 중간고사에서 90점, 기말고사에서 60점, 수업 과제에서 80점을 받았다. 만약 중간고사가 30%, 기말고사가 50%, 수업 과제가 20%의 가치가 있다면, 평균 점수가 어떻게 되는가?

12. 지난 1년간 한 투자자는 A사의 보통주를 세 차례에 걸쳐 다음 가격에 매수했다.

Date	Price Per Share	Number of Shares
January	19.58	70
July	24.06	80
December	29.54	50

이 투자자가 주식을 매수한 주당 평균 가격을 계산하라.

13. 지난 1년간 한 투자자는 A사의 보통주를 세 차례에 걸쳐 다음 가격에 매수했다.

Date	Price Per Share
January	94.81
July	102.67
December	115.32

a. 만약 투자자가 1월에 100주, 7월에 60주, 12월에 40주를 샀다면 주당 평균 가격은 얼마인가?

b. 만약 투자자가 1월에 40주, 7월에 60주, 12월에 100주를 샀다면 주당 평균 가격은 얼마인가?

14. 한 지역 병원은 1월 한 달 동안 출산된 아기의 체중(파운드)을 요약한 다음과 같은 상대빈도분포를 제공했다. 평균 체중을 계산하라.

Weight (in pounds)	Relative Frequency
$2 < x \leq 4$	0.04
$4 < x \leq 6$	0.11
$6 < x \leq 8$	0.36
$8 < x \leq 10$	0.43
$10 < x \leq 12$	0.06

15. 50개 도시는 지역 아파트의 공실률(%)에 대한 정보를 다음과 같은 상대빈도분포로 제공했다. 평균 공실률을 계산하라.

Vacancy Rate (in %)	Relative Frequency
$0 < x \leq 3$	0.10
$3 < x \leq 6$	0.10
$6 < x \leq 9$	0.20
$9 < x \leq 12$	0.40
$12 < x \leq 15$	0.20

3.2 백분위수 및 상자그림

3.1절에서 논의한 바와 같이, 중앙값은 변수에 대한 관측치를 반으로 나누는 중심위치의 측도이다. 즉, 관측치의 절반은 중앙값보다 아래에 있고, 절반은 중앙값보다 위에 있다. 중앙값은 50번째 백분위수라고도 한다. 많은 경우에, 50번째 백분위수가 아닌 다른 백분위수에 관심이 있다. 여기서는 백분위수를 계산하고 해석하는 방법에 대해 설명한다. 추가적으로 특정 백분위수를 시각적으로 표현하는 상자그림을 작성한다. 이는 또한 변수의 분포에서 이상치와 왜도를 식별하는 데 도움이 된다.

백분위수

일반적으로 p번째 **백분위수(percentile)**는 변수를 두 부분으로 나눈다. (1) 관측치의 약 p%가 p번째 백분위수보다 작고, (2) 관측치의 약 $(100 - p)$%가 p번째 백분위수보다 크다. 기술적으로, 백분위수는 위치의 측도이지만 해석하기가 쉽기 때문에 상대위치의 측도로도 사용된다.

예를 들어, SAT의 수학부분에서 원점수 650점을 받았다고 가정하자. 동일한 시험을 본 다른 학생들과 비교하여 상대적으로 어떻게 했는지는 쉽게 명백하지 않을 수 있다. 그러나 만약 원점수가 75번째 백분위수에 해당한다는 것을 알고 있다면, 약 75%의 학생이 이 점수보다 낮은 점수를 받았고 25%의 학생이 이 점수보다 높은 점수를 받은 것을 알 수 있다.

백분위수

일반적으로 p번째 백분위수(percentile)는 데이터셋을 두 부분으로 나눈다.

- 관측치의 약 p%가 p번째 백분위수보다 작다.
- 관측치의 약 $(100 - p)$%가 p번째 백분위수보다 크다.

변수에 대한 25번째, 50번째, 75번째 백분위수를 계산할 때, 4개의 동일한 부분 또는 1/4(quarter)로 효과적으로 나누게 된다. 따라서 25번째 백분위수는 1사분위수(Q1), 50번째 백분위수는 2사분위수(Q2), 75번째 백분위수는 3사분위수(Q3)라고도 한다. 이들 사분위수는 가장 흔하게 사용되는 백분위수이다.

사실 백분위수를 계산하는 것은 큰 데이터셋에서만 의미가 있다. 이러한 이유로, 계산을 위해 Excel이나 R과 같은 소프트웨어 패키지에 의존하는 경향이 있다. 소프트웨어 패키지들은 보통 백분위수를 계산하기 위해 서로 다른 알고리즘을 사용하지만, 표본크기가 클수록 차이는 미미하다.

변수에 대한 기술측도를 보고하는 일반적인 방법은 5수치 요약(five-number summary)을 사용하는 것이다. 5수치 요약은 변수의 최소값, 사분위수, 그리고 최대값을 보여준다. 다음 예제를 고려해보자.

예제 3.10

FILE ***Growth_Value.*** 도입사례의 Growth와 Value 변수에 대한 5수치 요약을 찾기 위해 Excel과 R을 사용하라.

해답:

Excel 이용

a. ***Growth_Value*** 데이터 파일을 연다.

b. MIN과 MAX 함수를 사용하여 변수의 최소값과 최대값을 찾는다. Growth의 경우 최소값으로 =MIN(B2:B37)을 입력하고, 최대값으로 =MAX(B2:B37)을 입력한다. Value에도 B2:B37을 C2:C37로 대체하여 유사하게 입력한다. 표 3.9에 결과가 나와 있다.

c. PERCENTILE.INC 함수를 사용하여 p번째 백분위수를 찾는다. 첫 번째 입력은 관측치의 범위이고, 두 번째 입력은 비율로 입력된 백분위수이다. Growth에 대한 25번째 백분위수의 경우 =PERCENTILE.INC(B2:B37, 0.25)를 입력한다. 50번째와 75번째 백분위수는 0.50과 0.75를 각각 입력하여 찾을 수 있다. Value에도 B2:B37을 C2:C37로 대체하여 유사하게 입력한다. 표 3.9에 결과가 나와 있다.

표 3.9 Growth와 Value에 대한 5수치 요약

	Min	Q1	Q2	Q3	Max
Growth	−40.90	2.86	15.25	36.97	79.48
Value	−46.52	1.70	15.38	22.44	44.08

R 이용

a. ***Growth_Value*** 데이터 파일을 데이터프레임(테이블)으로 가져와서 myData라는 이름으로 지정한다.

b. 변수에 대한 5수치 요약을 찾는 가장 쉬운 방법은 3.1절에서 논의한 R의 **summary** 함수를 사용하는 것이다. 다음과 같이 입력하라.

```
> summary(myData)
```

R은 표 3.9에 있는 값을 산출한다.

c. 사분위수가 아닌 다른 백분위수를 찾기 위해 R의 **quantile** 함수를 사용할 수 있다. 예를 들어, Growth에 대한 30번째 백분위수를 찾기 위해 다음과 같이 입력하라.

```
> quantile(myData$Growth,0.30)
```

R은 6.92를 산출한다.

상자그림

상자수염그림(box-and-whisker plot)이라고도 하는 상자그림(boxplot)은 변수의 5수치 요약을 그래픽으로 표시하는 편리한 방법이다. 일반적으로 상자그림은 다음과 같이 구성된다.

a. 수평축에 5수치 요약 값을 오름차순으로 표시한다.

b. 1사분위수와 3사분위수를 둘러싸는 상자를 그린다.

c. 상자 안 중앙값 위치에 점선 수직선을 그린다.

d. 주어진 관측치가 이상치인지 판단하기 위해 먼저 Q3과 Q1의 차이를 계산한다. 이 차이를 **사분위간 범위(interquartile range)** 또는 IQR이라고 한다. 따라서 상자의 길이는 IQR과 같고 상자의 구간에 관측치의 중간이 포함된다. Q1에서 Q1로부터 1.5 × IQR보다 멀지 않은 최소값까지 이어지는 선('수염')을 그린다. 마찬가지로, Q3에서 Q3로부터 1.5 × IQR보다 멀지 않은 최대값까지 연장하는 선을 그린다.

e. 별표(또는 다른 기호)를 사용하여 상자에서 1.5 × IQR보다 멀리 떨어진 점을 나타낸다. 이들 관측치는 이상치로 간주된다.

안타깝게도 Excel은 상자그림을 작성하는 간단하고 직접적인 방법을 제공하지 않는다. 그러나 R과 대부분의 다른 통계 소프트웨어 패키지는 이 옵션을 제공한다. R에서 상자그림을 간단히 작성하는 방법을 보자.

그림 3.2의 상자그림을 고려하자. 최소값(Min)이 Q1에서 1.5 × IQR보다 멀지 않기 때문에 왼쪽 수염은 Q1에서 최소값까지 이어진다. 반면에 오른쪽 수염은 Q3에서 1.5 × IQR보다 멀리 떨어진 관측치가 있기 때문에 Q3에서 최대값(Max)까지 연장되지 않는다. 별표는 이 관측치가 이상치로 간주됨을 나타낸다.

그림 3.2 상자그림의 예시

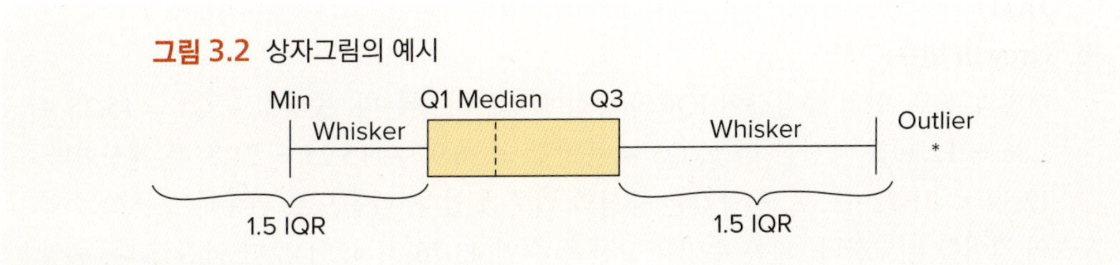

상자그림은 분포의 모양을 비공식적으로 측정하는 데도 사용된다. 중앙값이 상자의 중심에 있고 왼쪽과 오른쪽 수염이 각 사분위수로부터 등거리에 있는 경우 대칭이 암시된다. 중앙값이 중심의 왼쪽에 있고 오른쪽 수염이 왼쪽 수염보다 길면 분포가 양의 비대칭이다.

마찬가지로 중앙값이 중심의 오른쪽에 있고 왼쪽 수염이 오른쪽 수염보다 길면 분포가 음의 비대칭이다. 이상치가 존재하는 경우, 왼쪽 수염과 오른쪽 수염의 길이를 비교할 때 이상치를 포함시켜야 한다.

그림 3.2에서 중앙값은 중심의 왼쪽에 위치하며 이상치는 오른쪽에 있다. 여기서 오른쪽 수염은 왼쪽 수염보다 길며, 이상치를 포함하면 오른쪽 수염은 더 길어진다. 이는 분포가 양의 비대칭임을 나타낸다.

예제 3.11

FILE ***Growth_Value.*** 표 3.9에 보고된 Growth와 Value에 대한 5수치 요약을 사용하여 a와 b에 답하라.

a. Growth에 대한 사분위간 범위(IQR)를 찾아라. 이상치가 있는지 여부를 확인하라. Value에 대해 반복하라.
b. Growth의 분포가 대칭인가? 그렇지 않다면, 비대칭에 대해 설명하라. Value에 대해 반복하라.
c. R을 사용하여 Growth와 Value에 대한 상자그림을 작성하라. 결과가 (a)와 (b)에서 확인된 내용과 일관성이 있는가? 설명하라.

해답:

a. **Growth 변수:**
우선 IQR = Q3 − Q1 = 36.97 − 2.86 = 34.11을 계산한 다음, 한계를 1.5 × IQR = 1.5 × 34.11 = 51.17로 계산한다. Q1 − Min = 2.86 − (−40.90) = 43.76 (왼쪽 수염)과 Max − Q3 = 79.48 − 36.97 = 42.51 (오른쪽 수염)의 거리를 계산한다. 두 거리 모두 51.17보다 작기 때문에 분포에 이상치가 없다.
Value 변수:
먼저 IQR = Q3 − Q1 = 22.44 − 1.70 = 20.74를 계산한 다음, 한계를 1.5 × IQR = 1.5 × 20.74 = 31.11로 계산한다. Q1 − Min = 1.70 − (−46.52) = 48.22 (왼쪽 수염)와 Max − Q3 = 44.08 − 22.44 = 21.64 (오른쪽 수염)의 거리를 계산한다. Q1과 Min 사이의 거리가 한계를 초과하기 때문에 분포의 왼쪽에 이상치가 있다(48.22 > 31.11).

b. **Growth 변수:**
대칭의 경우, 먼저 중앙값이 IQR의 중심에 있는지 찾는다. 중앙값 − Q1 = 15.25 − 2.86 = 12.39를 계산한 다음, Q3 − 중앙값 = 36.97 − 15.25 = 21.72를 계산한다. 12.39 < 21.72이므로, 중앙값은 중심의 왼쪽에 있다. 다음으로 왼쪽과 오른쪽 수염의 길이를 비교한다. 왼쪽 수염은 오른쪽 수염(43.76 > 4251)보다 약간 길다. 중앙값은 중심의 왼쪽에 있고 왼쪽 수염이 오른쪽 수염보다 약간 길기 때문에 이 방법을 사용하면 분포의 비대칭이 명확하지 않다. 왜도계수(표 3.4에 제시)로부터 분포가 매우 약한 음의 비대칭임을 알 수 있다.

Value 변수:

음의 비대칭이다. (1) 중앙값이 사분위간 범위에서 중심의 오른쪽에 있고(중앙값 − Q1 = 13.68 > 7.06 = Q3 − 중앙값), (2) 왼쪽 수염이 오른쪽 수염보다 길기 때문이다(48.22 >21.64).

c. R에서 다음 단계에 따라 상자그림을 작성한다.

i. ***Growth_Value*** 데이터 파일을 데이터프레임(테이블)으로 가져와서 myData라는 이름으로 지정한다.

ii. **boxplot** 함수를 사용한다. 함수 내 옵션의 경우, *main*을 사용하여 제목을 지정하고, *xlab*을 사용하여 x축에 레이블을 지정하고, *names*을 사용하여 각 변수에 레이블을 지정하고, *horizontal*을 사용하여 (수직상자그림이 아닌) 수평상자그림을 작성하고, *col*을 사용하여 IQR 부분에 색상을 제공한다. 다음과 같이 입력하라.

```
> boxplot(myData$Growth, myData$Value, main= "Boxplots for Growth
and Value", xlab="Annual Returns, 1984-2019 (in percent)", names
=c("Growth","Value"), horizontal = TRUE, col="gold")
```

그림 3.3은 R이 산출하는 출력을 보여준다.

그림 3.3 Growth와 Value에 대한 상자그림

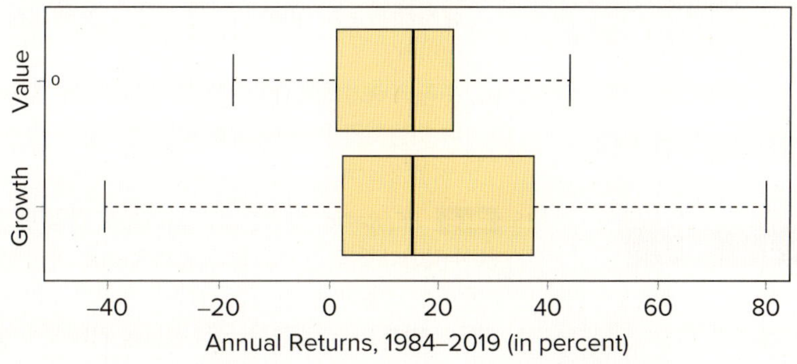

Growth와 Value에 대한 상자그림은 파트 (a)와 (b)의 결과와 일관성이 있다. Growth에는 이상치가 없다. 굵고 넓은 수직선으로 표시된 Growth의 중앙값은 중심의 왼쪽에 있다. 왼쪽 수염과 오른쪽 수염의 길이가 비슷하므로 상자그림에서 비대칭을 확인할 수 없다. Value의 경우 분포의 왼쪽에 있는 이상치와 IQR 상자에서 중심의 오른쪽에 있는 중앙값이 결합되어 분포가 음의 비대칭임을 나타낸다.

연습문제 3.2

16. FILE ***Exercise_3.16.*** 함께 제공되는 데이터 파일에는 x_1, x_2, x_3의 세 변수가 있다. x_1에 대한 25번째, 50번째, 75번째 백분위수를 계산하라. (참고: Excel을 사용하여 백분위수를 계산하는 경우 PERCENTILE.INC 함수 사용)

17. FILE ***Exercise_3.17.*** 함께 제공되는 데이터 파일에는 x_1, x_2, x_3의 세 변수가 있다.
    a. x_2에 대한 25번째, 50번째, 75번째 백분위수를 계산하라. (참고: Excel을 사용하여 백분위수를 계산하는 경우 PERCENTILE.INC 함수 사용)
    b. x_3에 대한 20번째, 80번째 백분위수를 계산하라. (참고: Excel을 사용하여 백분위수를 계산하는 경우 PERCENTILE.INC 함수 사용)

18. 다음 상자그림을 고려하라.

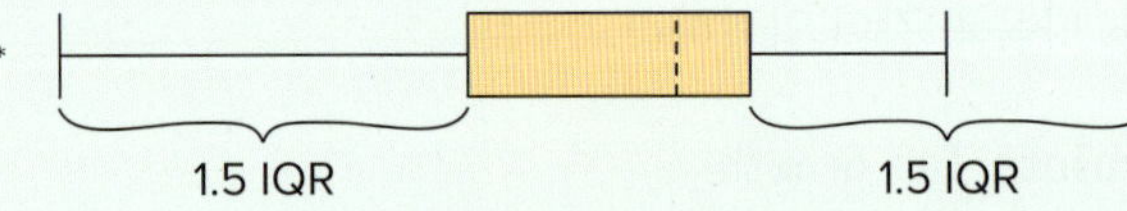

    a. 상자그림이 데이터에서 가능한 이상치를 나타내는가?
    b. 원래 분포의 비대칭에 대해 설명하라.

19. 다음 상자그림을 고려하라.

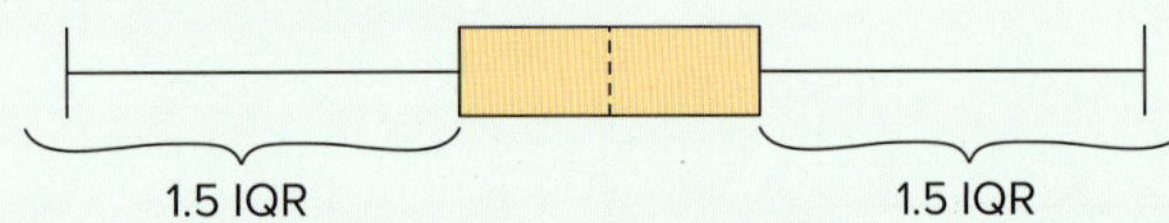

    a. 상자그림이 데이터에서 가능한 이상치를 나타내는가?
    b. 원래 분포의 비대칭에 대해 설명하라.

20. 500개의 관측치를 사용하여 한 변수에 대해 다음과 같은 5수치 요약을 구했다.

Min	Q1	Median	Q3	Max
125	200	300	550	1300

    a. Q1과 Q3을 해석하라.
    b. 사분위간 범위를 계산하라. 이상치가 있는지를 판단하라.
    c. 분포가 대칭인가? 아니면, 비대칭에 대해 설명하라.

21. 200개의 관측치를 사용하여 변수에 대해 다음과 같은 5수치 요약을 얻었다.

Min	Q1	Median	Q3	Max
34	54	66	78	98

    a. Q1과 Q3을 해석하라.
    b. 사분위간 범위를 계산하라. 이상치가 있는지를 판단하라.
    c. 분포가 대칭인가? 아니면 비대칭인지 설명하라.

22. FILE ***MPG.*** 이 연습문제에 수반되는 데이터는 50대의 자동차 표본에 대한 갤런당 마일(MPG)을 보여준다.
    a. 25번째, 50번째, 75번째 백분위수를 계산하고 해석하라. (참고: Excel을 사용하여 백분위수를 계산하는 경우 PERCENTILE.INC 함수 사용)
    b. 사분위간 범위를 계산하라. 이상치가 있는가?

23. FILE ***Scores.*** 이 연습문제에 수반되는 데이터는 40명 학생의 통계학 수업에서 학기말고사 점수를 보여준다.
    a. 25번째, 50번째, 75번째 백분위수를 계산하고 해석하라. (참고: Excel을 사용하여 백분위수를 계산하는 경우 PERCENTILE.INC 함수 사용)
    b. 사분위간 범위를 계산하라. 이상치가 있는가?
    c. 분포가 대칭인가? 아니면, 비대칭에 대해 설명하라.

24. FILE ***Census.*** 다음 표는 50개 주의 중위 가구소득(Income, 달러)과 중위 주택가격(House Value, 달러)의 일부를 보여준다.

State	Income	House Value
Alabama	42081	117600
Alaska	66521	229100
⋮	⋮	⋮
Wyoming	53802	174000

    a. 가구소득에 대한 상자그림을 작성하고, 이를 이용하여 이상치가 있는지 식별하라. 만약 있다면, 비대칭에 대해 설명하라.
    b. 중위 주택가격에 대한 상자그림을 작성하고, 이를 이용하여 이상치가 있는지 식별하라. 만약 있다면, 비대칭에 대해 설명하라.

25. FILE ***PE_Ratio.*** 주가수익비율(P/E)은 기업이 주당 벌어들인 수익이나 이익과 비교한 기업의 주가로 계산된다. 일반적으로 P/E 비율이 높다는 것은 투자자들이 P/E 비율이 낮은 기업들에 비해 향후 더 높은 실적 성장을 기대하고 있음을 시사한다. 첨부된 표는 30개 회사의 P/E 비율의 일부를 보여준다.

Firm	P/E Ratio
1	14
2	24
⋮	⋮
30	16

    a. 25번째, 50번째, 75번째 백분위수를 계산하고 해석하라. (참고: Excel을 사용하여 백분위수를 계산하는 경우 PERCENTILE.INC 함수 사용)
    b. 상자그림을 작성하라. 이상치가 있는가? 분포가 대칭인가? 아니면, 비대칭에 대해 설명하라.

3.3 기하평균

기하평균(geometric mean)은 덧셈의 평균인 산술평균과 반대로 곱셈의 평균이다. 일반적으로 기하평균은 산술평균보다 작고 이상치에 덜 민감하다. 또한, 평균 성장률을 계산할 때뿐만 아니라 수년 동안에 걸친 투자수익률을 평가할 때도 적절한 측도이다.

기하평균 수익

1차년도에 10%의 수익률을 기록하고 2차년도에 −10%의 수익률을 기록한 주식에 1,000달러를 투자했다고 가정하자. 산술평균에 따르면 2차년도 말에 1,000달러 가치의 주식을 가지고 시작했던 상태로 바로 돌아갈 수 있다. 2년 동안의 산술평균 수익률이 0% ($\bar{x} = \frac{0.10 + (-0.10)}{2} = 0$)인 것은 사실이지만, 산술평균은 복리의 효과를 무시한다. 표 3.10에서 보이는 바와 같이, 2년 후의 투자 가치는 990달러로 10달러의 손실이 있다. 기하평균 수익률은 2년의 투자기간에 대한 마이너스 연간 수익률을 정확히 파악한다.

표 3.10 1,000달러의 초기 투자에 대한 연말 주식가치

Year	Return %	Value at the End of Year
1	10	1,000 + 1,000×0.10 = 1,100
2	−10	1,100 + 1,100×(−0.10) = 990

기하평균 수익률

다구간 수익률 $R_1, R_2, \ldots, R_n$에 대한 기하평균 수익률 G_R은 다음과 같이 계산된다.

$$G_R = \sqrt[n]{(1 + R_1)\times(1 + R_2)\times \cdots \times(1 + R_n)} - 1$$

여기서 n은 다구간 수익률의 수이다.

1년차에 10%의 수익률을 기록했고 2년차에 −10%의 수익률을 기록한 주식에 1,000달러를 투자했던 위의 사례를 다시 살펴보도록 하자. 기하평균은 다음과 같이 계산된다.

$$G_R = \sqrt[2]{(1 + 0.10)\times(1 + (-0.10))} - 1 = (1.10\times0.90)^{1/2} - 1 = -0.005, \text{ or } -0.5\%$$

기하평균 수익률은 2년의 투자기간으로부터 얻게 될 연환산(annualized) 수익률로 해석된다. 표 3.11은 계산된 연환산 수익률이 −0.5%이며, 최종 투자 가치는 표 3.10과 동일하다는 것을 보여준다.

표 3.11 1,000달러의 초기 투자에 대한 연말 주식가치

Year	Annualized Return	Value at the End of Year
1	−0.5	1,000 + 1,000×(−0.005) = 995
2	−0.5	995 + 995×(−0.005) = 990

예제 3.12

FILE ***Growth_Value.*** 도입사례의 Growth와 Value에 대한 기하평균 수익률을 계산하라.

해답:

$$\text{Growth: } G_R = \sqrt[36]{(1-0.0550)\times(1+0.3991)\times\cdots\times(1+0.3842)} - 1$$
$$= (86.5350)^{1/36} - 1 = 0.1319, \text{ or } 13.19\%.$$
$$\text{Value: } G_R = \sqrt[36]{(1-0.0859)\times(1+0.2210)\times\cdots\times(1+0.3162)} - 1$$
$$= (34.6264)^{1/36} - 1 = 0.1035, \text{ or } 10.35\%$$

따라서 36년 동안 Growth에 대한 연환산 수익률은 Value에 비해 높다(3.19% > 10.35%).

산술평균 대 기하평균

설명이 필요한 쟁점은 산술평균과 기하평균의 재무적 수익에 대한 요약측도로서의 적절성이다. 두 평균 모두 연간 수익률에 대한 적절한 기술측도이지만, 각 해석은 다르다. 산술평균은 1년 투자에 대한 분석에 적절한 반면, 기하평균은 다년 투자 분석에 적절하다. Growh의 경우 산술평균 수익률 15.755%는 1년의 투자기간을 가진 수익률을 요약한 연평균 수익률이다. 기하평균 수익률 13.19%는 투자기간이 36년일 때의 연평균 수익률이다. 예를 들어 산술평균 수익률은 약 1년 후 주택을 구매하기 위해 저축/투자를 하는 투자자에게 적절한 지표라고 생각할 수 있다. 반면, 기하평균 수익률은 은퇴를 위해 저축하고 있는 투자자에게 적절한 지표이다.

평균 성장률

평균 성장률(average growth rate)을 계산할 때에도 기하평균을 사용한다.

평균 성장률

성장률 $g_1, g_2, \ldots, g_n$에 대하여 평균 성장률(average growth rate) G_g는 다음과 같이 계산된다.

$$G_g = \sqrt[n]{(1+g_1)\times(1+g_2)\times\cdots\times(1+g_n)} - 1$$

여기서 n은 다구간 성장률의 수이다.

예제 3.13

표 3.12는 한 다국적 기업의 지난 5년간 매출액(단위: 백만 €)을 보여준다.

표 3.12 한 다국적 기업의 매출액(단위: 백만 €)

Year	1	2	3	4	5
Sales	13,322	14,883	14,203	14,534	16,915

연도 1–연도 2, 연도 2–연도 3, 연도 3–연도 4, 연도 4–연도 5에 대한 성장률을 계산하여 평균 성장률을 계산하는 데 사용한다.

해답:

4개의 연차에 대한 성장률은 다음과 같이 계산된다.

- 연도 1–연도 2: $\frac{14,883 - 13,322}{13,322} = 0.1172$
- 연도 2–연도 3: $\frac{14,203 - 14,883}{14,883} = -0.0457$
- 연도 3–연도 4: $\frac{14,534 - 14,203}{14,203} = 0.0233$
- 연도 4–연도 5: $\frac{16,915 - 14,534}{14,534} = 0.1638$

따라서

$$G_g = \sqrt[n]{(1 + 0.1172)\times(1 - 0.0457)\times(1 + 0.0233)\times(1 + 0.1638)} - 1$$
$$= 1.2697^{1/4} - 1 = 0.0615 \text{ 또는 } 6.15\%$$

지난 5년간 매출액은 6.15%의 연평균 성장률을 보였다.

기초가 되는 일련의 값이 주어졌을 때 평균 성장률을 계산하는 더 간단한 방법이 있다. 위의 예제에서는 먼저 적절한 성장률을 계산한 다음, 이를 사용하여 평균 성장률을 계산해야 하는 번거로움이 있다.

평균 성장률에 대한 대안공식

관측치 $x_1, x_2, \ldots, x_n$에 대하여 평균 성장률 G_g는 다음과 같이 계산된다.

$$G_g = \sqrt[n-1]{\frac{x_n}{x_{n-1}}\times\frac{x_{n-1}}{x_{n-2}}\times\frac{x_{n-2}}{x_{n-3}}\times\cdots\times\frac{x_2}{x_1}} - 1 = \sqrt[n-1]{\frac{x_n}{x_1}} - 1$$

여기서 $n - 1$은 명백히 구분되는 성장률의 개수이다. 공식에서 상쇄로 인해 시계열에서는 단지 첫 번째와 마지막 관측치만 필요함을 주목하라.

예제 3.14

표 3.12에 있는 매출액 데이터에서 한 다국적 기업의 평균 성장률을 직접 계산하라.

해답:

5개의 관측치로 구성된 시계열의 첫 번째와 마지막 관측치를 사용하여, 다음과 같이 계산한다.

$$G_g = \sqrt[n-1]{\frac{x_n}{x_1}} - 1 = \sqrt[5-1]{\frac{16,915}{13,322}} - 1 = 1.2697^{1/4} - 1 = 0.0615 \text{ 또는 } 6.15\%$$

이는 예제 3.13과 동일하다.

연습문제 3.3

26. 다음 투자수익률을 고려하여 기하평균 수익률을 계산하라.

4%	8%	−5%	6%

27. 다음 투자수익률을 고려하여 기하평균 수익률을 계산하라.

−3%	2%	−5%	2.7%	3.1%

28. 한 제약회사의 수익률은 1년차에 10%, 2년차에 5%, 3년차에 −15%이다. 해당 기간의 연환산 수익률은 얼마인가?

29. 한 투자수익률은 1차년도에 2%, 2차년도에 5%, 3차년도에 1.8%이다. 전체 기간의 연환산 수익률을 계산하라.

30. 자동차 회사의 수익은 1차년도에 5%, 2차년도에 3%이다. 해당 기간의 연환산 수익률을 계산하라.

31. 다음 시계열 관측치를 고려하라.

Year 1	Year 2	Year 3	Year 4
90	110	150	160

a. 연도 1 − 연도 2, 연도 2 − 연도 3, 연도 3 − 연도 4에 대한 성장률을 계산하라.

b. 평균 성장률을 계산하라.

32. 다음 시계열 관측치를 고려하라.

Year 1	Year 2	Year 3	Year 4
1,200	1,280	1,380	1,520

a. 연도 1 − 연도 2, 연도 2 − 연도 3, 연도 3 − 연도 4에 대한 성장률을 계산하라.

b. 평균 성장률을 계산하라.

33. 다음의 성장률로부터 평균 성장률을 계산하라.

2.5%	3.6%	1.8%	2.2%	5.2%

34. 1차년도 초에 뮤추얼펀드에 1,000달러를 투자하기로 결정했다고 가정하자. 다음 표는 지난 4년간의 수익률(%)을 보여준다.

Year	Annual Return
1	17.3
2	19.6
3	6.8
4	8.2

a. 산술평균 수익률을 계산하고 해석하라.

b. 기하평균 수익률을 계산하고 해석하라.

c. 4년차 말에 적립된 금액은 얼마인가?

35. 다음 표는 지난 3년간 두 소매업체의 총 매출액(단위: 억 달러)을 보여준다.

Year	Retailer 1	Retailer 2
1	77.35	48.28
2	71.29	48.23
3	66.18	47.22

a. 각 소매업체의 연도 1 − 연도 2, 연도 2 − 연도 3에 대한 성장률을 계산하라.

b. 각 소매업체별 평균 성장률을 계산하라.

36. 1차년도 초에 뮤추얼펀드에 20,000달러를 투자하기로 결정했다고 가정하자. 다음 표는 지난 5년간의 수익률(%)을 보여준다.

Year	Annual Return
1	19.5
2	8.9
3	−6.0
4	−10.5
5	5.9

a. 산술평균 수익률을 계산하고 해석하라.

b. 기하평균 수익률을 계산하고 해석하라.

c. 5년차 말에 적립된 금액은 얼마인가?

37. 다음 표는 지난 3년간 두 소매업체의 총 매출액(단위: 억 달

러)을 보여준다.

Year	1	2	3
Retailer 1	379.8	404.3	408.2
Retailer 2	63.4	65.0	65.3

a. 각 업체의 평균 성장률을 계산하라.

b. 3년 동안 성장률이 더 높았던 업체는 어디인가?

38. 다음 표는 지난 5년간 한 다국적 기업의 매출액(단위: 백만 달러)을 보여준다.

Year	1	2	3	4	5
Sales	20,117	23,331	25,313	27,799	30,601

a. 연도 1－연도 2, 연도 2－연도 3, 연도 3－연도 4, 연도 4－연도 5에 대한 성장률을 사용하여 평균 성장률을 계산하라.

b. 매출액으로부터 직접 평균 성장률을 계산하라.

3.4 산포측도

3.1절에서는 변수를 설명하는 대표적인 또는 중심적인 값을 찾기 위한 시도로 중심위치 측도에 초점을 맞췄다. 관측치가 중심 주위에서 어떻게 변동하는지 분석하는 것 또한 중요하다. 도입사례에서 Growth와 Value 뮤추얼펀드에 대한 평균 수익률이 각각 15.755%와 12.005%였음을 기억하자. 투자자는 평균적으로 Value 펀드의 수익률이 낮은데 왜 이 펀드에 자금을 투자하느냐고 질문할 수 있다. 변수를 요약할 때 평균이 충분하지 않은 것으로 나타났다. 평균은 변수에 내재된 변동성(variability)을 설명하지 못한다.

이제 변수의 변동성을 측정하는 몇 가지 산포측도에 대해 논의한다. 각 측도는 모든 관측치가 동일한 경우 0과 같은 수치형 값을 가지며, 관측치가 다양해질수록 증가한다. 이러한 산포측도가 어떻게 손으로 계산되는지 간략히 설명하는 것에 추가적으로, Excel과 R에서 이러한 결과를 얻기 위한 지침도 제공한다. 이 장에서 논의되는 모든 요약측도에 대한 함수명은 3.1절의 표 3.3에 제공됨을 기억하자.

범위

범위(range)는 가장 단순한 산포측도로서 표본 또는 모집단의 최대값과 최소값 사이의 차이이다.

산포측도: 범위

범위(range)는 표본 또는 모집단에서 최대값(Max)과 최소값(Min) 사이의 차이를 구하여 계산한다.

$$\text{Range} = \text{Max} - \text{Min}$$

예제 3.15

FILE ***Growth_Value.*** Excel과 R을 사용하여 Growth와 Value의 범위를 계산하라. 답은 무엇을 의미하는가?

해답:

Excel 이용

a. ***Growth_Value*** 데이터 파일을 연다.

b. MIN 함수와 MAX 함수를 사용하여 변수의 범위를 찾는다. Growth의 경우 `=MAX(B2:B37)-MIN(B2:B37)`을 입력하면 Excel은 120.38을 산출한다. Value의 경우 `=MAX(C2:C37)-MIN(C2:C37)`을 입력하면 Excel은 90.6을 산출한다.

Excel의 분석도구(Analysis Toolpak)에 있는 기술 통계법(Descriptive Statistics) 옵션도 변수의 범위를 보고함을 주목하라.

R 이용

a. ***Growth_Value*** 데이터 파일을 데이터프레임(테이블)으로 가져와서 myData라는 이름으로 지정한다.

b. **range** 함수를 사용하여 다음과 같이 입력하라.

```
> range(myData$Growth)
> range(myData$Value)
```

Growth에 대한 범위가 120.38이고, Value에 대한 범위가 90.6인지 확인하라.

요약:

Growth의 범위는 Value의 범위보다 크므로(120.38 > 90.6), Growth에 대한 최소값과 최대값 사이의 거리가 더 멀다는 것을 의미한다.

범위는 단지 극단값에만 초점을 맞추고 표본 또는 모집단에 있는 다른 모든 관측치들을 무시하기 때문에 좋은 산포측도로 간주되지 않는다. 3.2절에서 논의한 사분위간 범위(IQR = Q3 – Q1)는 극단값에 의존하지 않지만, 이 측도 또한 여전히 모든 관측치를 고려하지 않는다.

평균절대편차

좋은 산포측도는 모든 관측치의 평균으로부터의 차이를 고려해야 한다. 그러나 평균과의 모든 차이를 단순히 평균화하면, 비록 양수들과 음수들 모두 산포에 기여하지만 상쇄되어 결과적으로 평균은 0이 될 것이다. **평균절대편차(mean absolute deviation, MAD)**는 관측치와 평균 사이의 차이 절대값의 평균이다.

산포측도: 평균절대편차

표본 관측치 $x_1, x_2, \ldots, x_n$에 대하여 표본 평균절대편차(MAD)는 다음과 같이 계산된다.

$$\text{Sample MAD} = \frac{\Sigma|x_i - \bar{x}|}{n}$$

모집단 관측치 $x_1, x_2, \ldots, x_N$에 대하여 모집단 MAD는 다음과 같이 계산된다.

$$\text{Population MAD} = \frac{\Sigma|x_i - \mu|}{N}$$

예제 3.16

FILE ***Growth_Value.*** Excel과 R을 사용하여 Growth와 Value에 대한 평균절대편차(MAD)를 계산하라. 답은 무엇을 의미하는가?

해답:

먼저 수계산으로 MAD를 계산하는 방법을 간략히 설명한다. 예제 3.1에서 Growth에 대한 표본평균은 $\bar{x} = 15.755$이고, Value에 대한 표본평균은 $\bar{x} = 12.005$임을 기억하자. 각 변수에 대해 다음과 같이 MAD를 계산한다.

Growth 변수:

$$\text{MAD} = \frac{\Sigma|x_i - \bar{x}|}{n} = \frac{|-5.50 - 15.755| + |39.91 - 15.755| + \cdots + |38.42 - 15.755|}{36}$$
$$= \frac{629.66}{36} = 17.491$$

Value 변수:

$$\text{MAD} = \frac{\Sigma|x_i - \bar{x}|}{n} = \frac{|-8.59 - 12.005| + |22.10 - 12.005| + \cdots + |31.62 - 12.005|}{36}$$
$$= \frac{492}{36} = 13.667$$

Excel 이용

a. ***Growth_Value*** 데이터 파일을 연다.

b. 변수의 MAD를 찾기 위해 AVEDEV 함수를 사용한다 Growth에 대해서는 `=AVEDEV(B2:B37)`을 입력하고, Value에 대해서는 `=AVEDEV(C2:C37)`을 입력한다. 수계산으로 얻은 값과 동일한 값이 산출되었는지 확인하라.

R 이용

a. ***Growth_Value*** 데이터 파일을 데이터프레임(테이블)으로 가져와서 myData라는 이름으로 지정한다.

b. R에서의 **mad** 함수는 평균절대편차가 아니라 중앙값 절대편차(median absolute deviation)를 찾는다. MAD 공식에서 중앙값 대신 평균을 사용하는 결과를 얻으려면 다음과 같이 입력하라.

```
> mean(abs(myData$Growth-mean(myData$Growth)))
> mean(abs(myData$Value-mean(myData$Value)))
```

수계산으로 얻은 값과 동일한 값이 산출되었는지 확인하라.

요약:

Growth의 MAD는 Value의 MAD보다 크며(17.491 > 13.667), 이는 Growth에 대한 관측치가 더 분산되어 있음을 의미한다.

분산 및 표준편차

분산(variance)과 **표준편차(standard deviation)**는 산포의 가장 널리 사용되는 두 가지 측도이다. MAD에서처럼 평균으로부터의 차이 절대값의 평균을 계산하는 대신, 평균으로부터의 차이 제곱의 평균을 계산한다. 평균과의 차이 제곱은 작은 차이보다 큰 차이를 더 강조하며, MAD는 크고 작은 차이를 동일하게 가중한다.

분산은 관측치와 평균 사이의 차이 제곱의 평균으로 정의된다. 표본인지 모집단인지에 따라 분산에 대한 공식이 달라진다. 또한 원래 변수의 단위가 무엇이든 분산은 제곱 단위를 갖는다. 원래의 측정단위로 돌아가기 위해 분산의 양의 제곱근을 취해 표준편차를 구한다.

산포측도: 분산 및 표준편차

표본 관측치 $x_1, x_2, \ldots, x_n$에 대하여 표본분산(sample variance) s^2와 표본표준편차(sample standard deviation) s는 다음과 같이 계산된다.

$$s^2 = \frac{\Sigma(x_i - \bar{x})^2}{n-1} \quad \text{및} \quad s = \sqrt{s^2}$$

모집단 관측치 $x_1, x_2, \ldots, x_N$에 대하여 모분산(population variance) σ^2 (그리스 문자 sigma, squared)와 모표준편차(population standard deviation) σ는 다음과 같이 계산된다.

$$\sigma^2 = \frac{\Sigma(x_i - \mu)^2}{N} \quad \text{및} \quad \sigma = \sqrt{\sigma^2}$$

참고: 표본분산은 분모에 n이 아닌 $n - 1$을 사용하여 표본분산이 모분산에 대한 편향되지 않은 추정량임을 보장한다. 편향되지 않은 추정량의 개념은 부록 7.2에서 설명한다.

예제 3.17

FILE ***Growth_Value.*** Excel과 R을 사용하여 Growth와 Value에 대한 분산과 표준편차를 계산하라. 올바른 측정단위로 답을 표현하라. 답은 무엇을 의미하는가?

해답:

먼저 분산과 표준편차를 수계산으로 계산하는 방법을 개략적으로 설명한다. 예제 3.1에서 Growth에 대한 표본평균은 $\bar{x}$ = 15.755이고 Value에 대한 표본평균은 $\bar{x}$ = 12.005임을 기억하자. 각 변수에 대한 분산과 표준편차를 다음과 같이 계산한다.

Growth 변수:

$$s^2 = \frac{\Sigma(x_i - \bar{x})^2}{n-1} = \frac{(-5.50 - 15.755)^2 + (39.91 - 15.755)^2 + \cdots + (38.42 - 15.755)^2}{36-1}$$

$$= \frac{19{,}824.21}{35} = 566.406(\%^2)$$

$$s = \sqrt{s^2} = \sqrt{566.406} = 23.799(\%)$$

Value 변수:

$$s^2 = \frac{\Sigma(x_i - \bar{x})^2}{n-1} = \frac{(-8.59 - 12.005)^2 + (22.10 - 12.005)^2 + \cdots + (31.62 - 12.005)^2}{36-1}$$

$$= \frac{11{,}313.79}{35} = 323.251(\%^2)$$

$$s = \sqrt{s^2} = \sqrt{323.251} = 17.979(\%)$$

Excel 이용

a. ***Growth_Value*** 데이터 파일을 연다.

b. VAR.S 함수와 STDEV.S 함수를 사용하여 변수의 표본분산과 표본표준편차를 각각 구한다. (VAR.P 함수와 STDEV.P 함수는 변수의 모분산과 모표준편차를 구하는 함수이다.) Growth의 경우 `=VAR.S(B2:B37)`과 `=STDEV.S(B2:B37)`을 입력하고, Value의 경우 `=VAR.S(C2:C37)`과 `=STDEV.S(C2:C37)`을 입력한다. 수계산으로 얻은 값과 동일한 값이 산출되었는지 확인하라.

R 이용

a. ***Growth_Value*** 데이터 파일을 데이터프레임(테이블)으로 가져와서 myData라는 이름으로 지정한다.

b. **var** 함수와 **sd** 함수를 사용하여 변수의 표본분산과 표본표준편차를 각각 계산한다. 다음과 같이 입력하라.

```
> var(myData$Growth)
> sd(myData$Growth)
> var(myData$Value)
> sd(myData$Value)
```

수계산으로 얻은 값과 동일한 값이 산출되었는지 확인하라.

요약:

Growth의 분산과 표준편차가 Value의 분산과 표준편차보다 크므로, Growth에 대한 관측치가 더 분산되어 있음을 의미한다. 재무 데이터의 경우 표준편차는 가장 일반적인 위험측도인 경향이 있다. 따라서 이 기간 동안 Growth의 투자위험은 Value의 투자위험보다 더 높다.

변동계수

어떤 경우에는 평균이나 측정단위가 다른 둘 이상의 변수에 대한 변동성을 비교하는 분석을 하기도 한다. **변동계수(coefficient of variation, CV)**는 상대적인 산포측도로서 평균의 크기 차이를 조정한다. 변수의 표준편차를 평균으로 나누어 계산되는 CV는 서로 다른 데이터셋에 대한 평균 조정 산포도를 직접 비교할 수 있게 하는 단위 없는(unitless) 측도이다.

산포측도: 변동계수(CV)

변수에 대한 변동계수(coefficient of variation, CV)는 표준편차를 평균으로 나누어 계산한다.

표본의 경우, $\text{CV} = s/\bar{x}$

모집단의 경우, $\text{CV} = \sigma/\mu$

예제 3.18

예제 3.17의 정보를 사용하여 Growth와 Value에 대한 변동계수를 계산하고 해석하라.

해답:

두 변수에 대한 CV를 계산하기 위해 표본평균과 표본표준편차를 다음과 같이 사용한다.

Growth: $\text{CV} = s/\bar{x} = 23.799/15.755 = 1.511$

Value: $\text{CV} = s/\bar{x} = 17.979/12.005 = 1.498$

변동계수는 두 변수의 상대적인 산포도가 거의 같음을 나타낸다.

연습문제 3.4

39. 다음 모집단 데이터를 고려하라.

34	42	12	10	22

a. 범위를 계산하라.
b. MAD를 계산하라.
c. 모분산을 계산하라.
d. 모표준편차를 계산하라.

40. 다음 모집단 데이터를 고려하라.

0	−4	2	−8	10

a. 범위를 계산하라.
b. MAD를 계산하라.
c. 모분산을 계산하라.
d. 모표준편차를 계산하라.

41. 다음 표본 데이터를 고려하라.

40	48	32	52	38	42

a. 범위를 계산하라.
b. MAD를 계산하라.
c. 표본분산을 계산하라.
d. 표본표준편차를 계산하라.

42. 다음 표본 데이터를 고려하라.

−10	12	−8	−2	−6	8

a. 범위를 계산하라.
b. MAD를 계산하라.

c. 표본분산과 표본표준편차를 계산하라.

43. **FILE** ***Prime.*** 첨부된 표는 프라임(Prime) 고객 100명의 연간 지출액(달러) 중 일부를 보여준다.

Customer	Expenditures
1	1272
2	1089
⋮	⋮
100	1389

a. 최소 지출액은 얼마인가? 최대 지출액은 얼마인가?

b. 지출액의 평균과 중앙값을 계산하라.

c. 분산과 표준편차를 계산하라.

44. **FILE** ***StockPrices.*** 지난 5년간 회사 A와 회사 B의 월 종가가 수집되었다. 데이터의 일부가 다음 표에 나와 있다.

Observation	Firm A	Firm B
1	39.91	42.04
2	42.63	41.64
⋮	⋮	⋮
60	87.51	75.09

a. 각 회사의 주가에 대한 표본분산과 표본표준편차를 계산하라.

b. 표준편차를 측정했을 때 변동성이 더 큰 회사는 어디인가?

c. 어느 회사의 주가가 더 큰 상대적 산포도를 나타내는가?

45. **FILE** ***Rental.*** 부동산 분석가가 대학 도시의 임대시장을 조사한다. 그녀는 40채의 아파트에 대한 월세와 면적(평방 피트) 데이터를 수집한다. 데이터의 일부가 다음 표에 나와 있다.

Monthly Rent	Square Footage
645	500
675	648
⋮	⋮
2,400	2,700

a. 월세의 평균과 표준편차를 계산하라.

b. 면적의 평균과 표준편차를 계산하라.

c. 어떤 표본 데이터가 더 큰 상대적 산포도를 나타내는가?

46. **FILE** ***Revenues.*** 첨부된 데이터 파일은 지난 13년간 기업 A와 기업 B의 연간 매출액(백만 달러)을 보여준다.

a. 기업 A의 변동계수를 계산하라.

b. 기업 B의 변동계수를 계산하라.

c. 어느 기업이 더 큰 상대적 산포도를 나타내는가?

47. **FILE** ***Census.*** 첨부된 데이터 파일은 다른 변수들 중에서 50개 주에 대한 중위 가구소득과 중위 주택가격을 보여준다.

a. 가구소득 및 주택가격의 범위를 계산하고 설명하라.

b. 가구소득 및 주택가격의 표본 MAD와 표본표준편차를 계산하라.

c. 표본 MAD와 두 변수의 표준편차를 직접 비교할 수 없는 이유에 대해 설명하라.

3.5 평균-분산 분석 및 샤프지수

3.4절의 도입부에서 어떤 합리적인 투자자가 Growth에 대한 평균 수익률이 15.755%인 반면, Value에 대한 평균 수익률은 12.005%인데, 왜 Growth가 아닌 Value에 투자하는지를 질문했다. 일반적으로 수익률이 높은 투자는 높은 위험 또한 동반한다. 평균 수익률은 투자자의 보상을 나타내는 반면, 분산(또는 동등하게 표준편차)은 위험에 대응된다.

평균-분산 분석에 따르면, 수익률의 평균과 분산에 단지 기초해서 위험한 자산의 성과를 측정할 수 있다.

평균-분산 분석

평균-분산 분석(mean-variance analysis)은 자산의 성과가 수익률로 측정되고, 이 수익률은 보상(평균)과 위험(분산)으로 평가된다고 가정한다. 일반적으로 평균 수익률이 높은 투자는 위험 또한 높다.

Growth와 Value에 대한 수익률을 요약한 표 3.13을 고려하자. 평균 수익률로 측정했을 때 이 기간에 Value보다는 Growth에 대한 투자가 투자자에게 더 높은 보상을 제공한 것은 사실이다. 그러나 변동이나 표준편차로 측정했을 때 이 같은 투자자는 더 높은 위험에 직면했다.

표 3.13 Growth와 Value에 대한 평균-분산 분석

Mutual Fund	Mean Return %	Variance $\%^2$	Standard Deviation %
Growth	15.755	566.406	23.799
Value	12.005	323.251	17.979

평균-분산 분석에 대한 논의는 **샤프지수(Sharpe ratio)**에 대한 언급 없이 거의 완성되지 않는 것으로 보인다. 본래 노벨상 수상자인 윌리엄 샤프(William Sharpe)가 '변동성 대비 보상' 비율을 개발했다. 그러나 학계와 금융 전문가들은 이 비율을 샤프지수(Sharpe Ratio)라고 부르는 것을 선호한다. 샤프지수는 자산의 수익이 투자자가 감수하는 위험을 얼마나 잘 보상하는지 특징짓기 위해 사용된다. 투자자들은 샤프지수가 높은 투자를 선택하는 것이 좋다.

샤프지수는 모평균의 관점에서 지정된 보상과 모표준편차의 관점에서 지정된 변동성으로 정의된다. 그러나 흔히 샤프지수를 표본평균과 표본표준편차의 관점에서 계산하는데, 여기서 수익률은 보통 소수점이 아닌 백분율로 표현된다.

샤프지수

샤프지수(Sharpe ratio)는 위험 단위당 추가 보상을 측정한다. 투자 I에 대한 샤프지수는 다음과 같이 계산한다.

$$\frac{\bar{x}_I - \bar{R}_f}{s_I}$$

여기서 $\bar{x}_I$는 투자에 대한 평균 수익률, $\bar{R}_f$는 단기국채(T-bill)와 같은 무위험 자산의 평균 수익률, s_I는 투자에 대한 표준편차이다.

샤프지수의 분자는 투자자가 부담한 추가 위험에 대해 투자자가 받는 추가 보상을 측정하며, 이 차이를 흔히 초과 수익이라고 한다. 샤프지수가 높을수록 투자는 투자자에게 위험에 대해 더 잘 보상한다.

예제 3.19

표 3.13의 정보를 사용하여 1년 만기 단기국채(T-bill)의 수익률이 2%인 경우 Growth와 Value에 대한 샤프지수를 계산하고 해석하라.

해답:

1년만기 T-bill의 수익률이 2%이므로 $\bar{R}_f = 2$이다. 적절한 평균과 표준편차의 값을 샤프지수에 대입하면 다음과 같이 산출된다.

Growth에 대한 샤프지수: $\dfrac{\bar{x}_I - \bar{R}_f}{s_I} = \dfrac{15.755 - 2}{23.799} = 0.58$

Value에 대한 샤프지수: $\dfrac{\bar{x}_I - \bar{R}_f}{s_I} = \dfrac{12.005 - 2}{17.979} = 0.56$

앞에서 우리는 Growth가 더 높은 수익률(좋음)과 함께 더 높은 분산(나쁨)을 가짐을 보였다. 뮤추얼펀드 간의 유효한 비교를 위해 샤프지수를 사용할 수 있다. Growth는 Value보다 더 높은 샤프지수를 제공하므로(0.58 > 0.56), Growth는 Value에 비해 위험 단위당 더 많은 보상을 제공했다.

도입사례 분석결과

Gladkikh/Getty Images

성장투자과 가치투자는 주식과 뮤추얼펀드 투자에서 두 가지 기본 스타일이다. 성장투자 지지자들은 동종 업체보다 빠르게 성장하고 있는 기업들이 트랜드를 선도하며, 우수한 성장세를 유지할 수 있을 것이라고 믿는다. 이들 기업의 주식에 투자함으로써 투자규모가 전체 주식시장보다 빠른 속도로 성장할 것으로 기대하고 있다. 이에 비해 가치투자자들은 전체 시장이나 특정 업종에 비해 할인된 가격으로 거래되고 있는 기업의 주식에 초점을 맞춘다. 가치투자자들은 이들 종목이 저평가되어 있고 다른 투자자들로부터 진가를 인정받으면 주가가 오를 것으로 믿는다. 성장투자와 가치투자 사이의 논쟁은 오래된 것이며, 어떤 스타일이 우월한지는 분석에 사용된 표본 기간에 따라 달라진다.

1984년부터 2019년까지의 피델리티 성장지수 뮤추얼펀드(Growth)와 피델리티 가치지수 뮤추얼펀드(Value)의 연간 수익률 데이터를 분석한 결과, 성장 뮤추얼펀드와 가치 뮤추얼펀드 또는 두 유형의 뮤추얼펀드에 모두 투자할 것인지 결정하려는 투자자에게 중요한 정보를 제공한다. 이 기간 동안 Growth에 대한 평균 수익률 15.755%는 Value에 대한 평균 수익률 12.005%보다 크다. 평균 수익률은 일반적으로 투자의 보상을 나타내지만, 투자의 위험은 포함하지 않는다.

재무 데이터와 함께 표준편차는 위험의 가장 일반적인 측도인 경향이 있다. Growth에 대한 표준편차(23.799%)가 Value에 대한 표준편차(17.979%)보다 크기 때문에 Growth는 평균보다 더 높거나 낮은 수익률을 가질 가능성이 더 높다. 마지막으로 무위험률 2%를 고려할 때 Growth에 대한 샤프지수는 0.58로 Value에 대한 샤프지수 0.56에 비해 Growth가 위험단위당 더 많은 보상을 제공한다는 것을 알 수 있다. 이러한 수익률의 행태가 계속된다고 가정하면 투자자는 Value보다 Growth에 투자하는 것을 선호할 것이다. 그러나 일반적으로 사용되는 고지사항은 과거의 성과가 미래의 결과를 보장하지 않는다는 것이다.

연습문제 3.5

48. A와 B의 두 가지 투자에 대해 다음 데이터를 고려하라.

투자 A:	$x = 10\%, s = 5\%$
투자 B:	$x = 15\%, s = 10\%$

a. 어느 투자가 더 높은 수익을 제공하는가? 어느 투자가 더 낮은 위험을 제공하는가? 설명하라.

b. 무위험 비율이 1.4%라고 가정하고, 각 투자에 대한 샤프지수를 계산하라. 어느 투자가 위험단위당 더 높은 보상을 제공하는가? 설명하라.

49. A와 B의 두 가지 투자에 대해 다음 데이터를 고려하라.

투자 A:	$x = 8\%, s = 5\%$
투자 B:	$x = 10\%, s = 7\%$

a. 어느 투자가 더 높은 수익을 제공하는가? 어느 투자가 더 낮은 위험을 제공하는가? 설명하라.
b. 무위험 비율이 2%라고 가정하고, 각 투자에 대한 샤프지수를 계산하라. 어느 투자가 위험단위당 더 높은 보상을 제공하는가? 설명하라.

50. 지난 4년간 A와 B의 두 가지 투자에 대해 다음과 같은 수익률이 발생했다고 가정하자.

투자 A:	2%	8%	−4%	6%
투자 B:	6%	12%	−8%	10%

a. 어느 투자가 더 높은 수익을 제공하는가?
b. 어느 투자가 더 낮은 위험을 제공하는가?
c. 무위험 비율이 1.2%라고 가정하고, 각 투자에 대한 샤프지수를 계산하라. 어느 투자가 위험단위당 더 높은 보상을 제공하는가? 설명하라.

51. 지난 13년간 주식 1과 주식 2의 연간 수익률에 대한 다음 요약측도를 고려하라.

주식 1: $\bar{x} = 9.62\%, s = 23.58\%$
주식 2: $\bar{x} = 12.38\%, s = 15.45\%$

a. 어느 주식이 평균 수익률이 더 높은가?
b. 이 기간 동안 어느 주식이 더 위험한가? (a)의 답변을 고려할 때, 이 결과가 놀라운가? 설명하라.
c. 무위험률이 3%일 때 샤프지수가 더 높은 주식은 어느 것인가? 이 비율은 무엇을 의미하는가?

52. **FILE** ***Mutual Funds 1.*** 첨부된 표는 지난 18년간 뮤추얼펀드 1과 뮤추얼펀드 2의 연간 수익률(%)의 일부를 보여준다.

Year	Mutual Fund 1	Mutual Fund 2
1	−17.46	12.28
2	−6.04	−9.61
⋮	⋮	⋮
18	30.48	14.43

a. 어느 펀드가 평균 수익률이 더 높은가?
b. 이 기간 동안 어느 펀드가 더 위험한가?
c. 무위험률이 3%일 때 샤프지수가 더 높은 펀드는 어느 것인가? 이 비율은 무엇을 의미하는가?

53. **FILE** ***Mutual Funds 2.*** 첨부된 표는 지난 17년간 뮤추얼펀드 1과 뮤추얼펀드 2의 연간 수익률(%)의 일부를 보여준다.

Year	Mutual Fund 1	Mutual Fund 2
1	−32.30	31.77
2	−31.70	−11.97
⋮	⋮	⋮
17	11.94	33.84

a. 두 펀드의 표본평균과 표본표준편차를 비교하라.
b. 무위험 이자율 2%를 사용하여 두 펀드의 샤프지수를 비교하라.

3.6 상대위치 분석

평균과 표준편차는 각각 중심위치와 산포에 대해 가장 광범위하게 사용되는 측도이다. 평균과 달리 표준편차는 직관적으로 해석하기가 쉽지 않다. 표준편차의 값이 작으면 관측치들이 평균에 가깝고, 표준편차의 값이 크면 관측치가 분산되어 있다고 할 수 있다. 이 절에서는 체비셰프 정리(Chebyshev's theorem)와 경험법칙(empirical rule)을 사용하여 평균으로부터 특정한 수의 표준편차 내에 있는 관측치의 비율에 대해 정확히 설명할 수 있다. 또한 평균과 표준편차를 사용하여 특정 관측치의 상대위치를 측정하는 z-점수를 계산할 것이다. z-점수는 이상치를 탐지하는 데도 사용된다.

체비셰프 정리

이후 장에서 더 자세히 알아보겠지만, 특정 구간에 속하는 관측치의 비율에 대해 설명하기 위해 표준편차를 사용하는 것이 중요하다. 다행히, 파브로티 체비셰프(Pavroty Chebyshev, 1821~1894)라는 러시아 수학자가 평균으로부터 특정한 수의 표준편차 내에 있는 관측치의 비율에 대한 한계를 발견했다.

체비셰프 정리

모든 변수에서 평균으로부터 k 표준편차 내에 있는 관측치의 비율은 적어도 $1 - 1/k^2$이다. 여기서 k는 1보다 큰 숫자이다.

예제 3.20

대규모 강의에 280명의 학생이 있다. 교수는 시험의 평균 점수가 74이고 표준편차가 8이라고 발표했다. 58점과 90점 범위의 점수를 받은 학생들은 적어도 몇 명인가?

해답:

58점은 평균보다 2 표준편차($\bar{x} - 2s = 74 - (2 \times 8) = 58$) 아래이고, 90점은 평균보다 2 표준편차($\bar{x} + 2s = 74 + (2 \times 8) = 90$) 위에 있다. 체비셰프 정리와 $k = 2$를 이용하여, $1 - 1/2^2 = 0.75$를 구한다. 체비셰프 정리는 최소 75%가 58점과 90점 범위의 점수를 받을 것이라고 주장한다. 따라서 280명의 학생 중 75%, 즉 0.75(280) = 210명이 58점과 90점 범위의 점수를 받을 것이다.

이 정리는 표본과 모집단 모두에 적용된다. 예를 들어, 관측치의 최소 0.75 또는 75%가 평균으로부터 $k = 2$ 표준편차 내에 있음을 의미한다. 마찬가지로 관측치의 최소 0.89 또는 89%가 평균으로부터 $k = 3$ 표준편차 내에 있다. 체비셰프 정리의 주요 장점은 분포의 형태에 관계없이 모든 변수에 적용된다는 것이다. 그러나 이 정리는 특정 구간 내에 포함되는 관측치의 백분율에 대한 보수적인 한계를 산출한다. 사실상 구간 내에 놓여 있는 관측치의 실제 백분율은 훨씬 클 수 있다.

경험법칙

만약 관측치가 비교적 대칭이고 종 모양의 분포(bell-shaped distribution)에서 추출된다는 것을 알고 있다면(아마도 변수의 히스토그램에 대한 시각적 검사에 의해), 특정 구간에 속하는 관측치의 백분율에 대해 더 정확한 설명을 할 수 있다. 대칭과 종 모양은 6장에서 논의되는 주제인 정규분포의 특징이다. 정규분포는 많은 실생활의 응용에서 근사치로 사용된다. **경험법칙(empirical rule)**은 그림 3.4에 설명되어 있으며, 평균으로부터 표준편차 1, 2 또는 3에 속하는 관측치들의 대략적인 백분율을 제공한다.

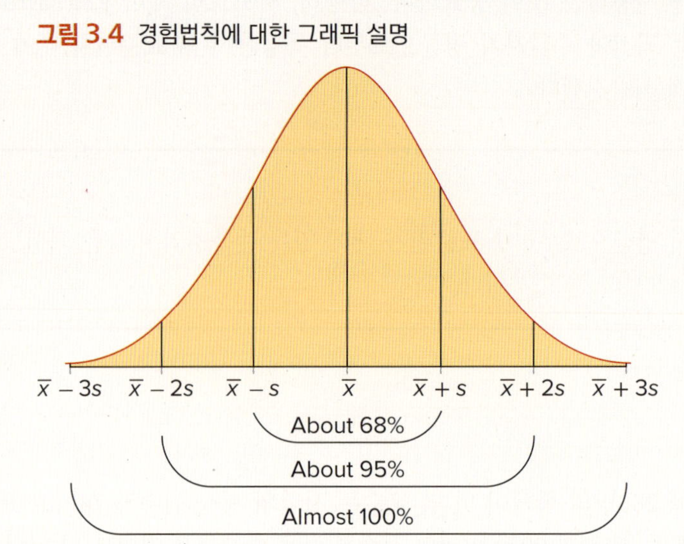

그림 3.4 경험법칙에 대한 그래픽 설명

경험법칙

표본평균 $\bar{x}$, 표본표준편차 s, 상대적으로 대칭이고 종 모양인 분포가 주어지면 다음과 같이 규정한다.

- 모든 관측치의 약 68%가 $\bar{x} \pm s$ 구간에 속한다.
- 모든 관측치의 약 95%가 $\bar{x} \pm 2s$ 구간에 속한다.
- 거의 모든 관측치가 $\bar{x} \pm 3s$ 구간에 속한다.

예제 3.21

평균 74점, 표준편차 8점인 280명의 대규모 강좌에 대한 예제 3.20을 다시 살펴보자. 분포가 대칭이고 종 모양이라고 가정한다.

a. 58점과 90점 범위의 학생 수가 대략적으로 몇 명인가?

b. 90점보다 높은 점수를 받은 학생 수가 대략적으로 몇 명인가?

해답:

a. 예제 3.20에서 본 바와 같이, 58점은 평균보다 낮은 2 표준편차이고 90점은 평균보다 높은 2 표준편차이다. 경험법칙에 따르면 관측치의 약 95%가 평균의 2 표준편차 안에 포함된다. 따라서 280명의 학생 중 약 95%인 $0.95 \times 280 = 266$명이 58점과 90점 이내 점수를 받는다.

b. 90점이 평균보다 2 표준편차 위에 있음을 알고 있다. 관측치의 약 95%가 평균의 2 표준편차 내에 있으므로 관측치의 5%가 구간 밖에 있음을 추론할 수 있다. 따라서 분포의 대칭성을 고려할 때 학생 280명 중 5%의 약 반인 2.5%가 90점보다 높은 점

수를 받는다. 동등하게, 약 7명의 학생(0.025 × 280)이 90점보다 높은 점수를 받는다. 만약 교수가 A에 대해 90점 초과의 컷오프 점수를 사용한다면, 그 반에서 7명의 학생만 A를 받을 것으로 예상된다.

체비셰프 정리와 경험법칙의 주요 차이점은 체비셰프 정리가 모든 변수에 적용되는 반면, 경험법칙은 변수의 분포가 대칭이고 종 모양일 때만 적절하다는 것이다. 앞의 두 예제에서 체비셰프 정리는 학생들의 75%가 58에서 90 범위의 점수를 받았다고 주장하는 반면, 경험법칙은 학생들의 약 95%가 58에서 90 범위의 점수를 받았다고 제안하는 더 정확한 설명을 할 수 있다. 히스토그램이나 다른 시각적 및 수치적 측도가 대칭 및 종 모양의 분포를 나타내는 경우 경험법칙을 사용하는 것이 좋다.

z-점수

평균과 표준편차를 사용하여 분포 내에서 관측치의 상대위치를 찾는 것이 유용한 경우가 많다. 한 학생이 회계학 시험에서 90점을 받고 마케팅 시험에서 90점을 받는다고 가정하자. 학생의 점수는 두 수업에서 동일하지만, 이 수업에서 그녀의 상대위치는 상당히 다를 수 있다. 만약 수업에서 평균 점수가 달랐다면 어떨까? 같은 평균점수라도 수업에서 표준편차가 달랐다면 어떨까? 평균과 표준편차 모두 이 학생의 상대위치를 찾기 위해 필요하다.

분포 내에서 관측치의 상대위치를 찾기 위해 평균으로부터의 관측치의 편차를 표준편차를 이용하여 나누어 ***z*-점수(*z*-score)**를 사용한다.

z-점수

z-점수는 다음과 같이 계산된다.

$$z = \frac{x - \bar{x}}{s}$$

여기서 x는 변수의 관측치이고, $\bar{x}$와 s는 각 변수의 표본평균과 표본표준편차이다.

z-점수는 분자와 분모의 단위가 같기 때문에 서로 상쇄되어 단위가 없는 측도이다. 이는 표준편차의 측면에서 평균으로부터 주어진 관측치의 거리를 측정한다. 예를 들어, *z*-점수가 2이면 주어진 관측치가 평균보다 2 표준편차 위에 있다는 것을 의미한다. 마찬가지로 *z*-점수 -1.5는 주어진 관측치가 평균보다 1.5 표준편차 아래에 있음을 의미한다. 관측치를 *z*-점수로 변환하는 것을 **표준화(standardizing)**라고도 한다.

예제 3.22

회계학 시험점수의 평균과 표준편차는 각각 74와 8이다. 마케팅 시험점수의 평균과 표준편차는 각각 78과 10이다. 두 수업 모두에서 90점을 받은 학생의 *z*-점수를 구하라.

해답:

회계학 수업의 z-점수는 $z = \frac{90-74}{8} = 2$이다. 마찬가지로, 마케팅 수업의 z-점수는 $z = \frac{90-78}{10} = 1.2$이다. 따라서 이 학생은 평균보다 단지 1.2 표준편차 높은 마케팅에 비해, 평균보다 2 표준편차 높은 회계학에서 상대적으로 더 나은 결과를 얻었다.

3.2절에서는 이상치를 식별하기 위한 효과적인 도구로 상자그림을 사용했다. 만약 변수의 분포가 상대적으로 대칭이고 종 모양인 경우 z-점수를 사용하여 이상치를 탐지할 수도 있다. 거의 모든 관측치가 평균의 3 표준편차 내에 있으므로 z-점수가 3보다 크거나 −3보다 작으면 관측치를 이상치로 처리하는 것이 일반적이다. 이러한 관측치를 검토하여 데이터셋에 남겨 두어야 하는지 여부를 결정해야 한다.

예제 3.23

FILE ***Growth_Value.*** 이 장의 도입사례에 제시된 정보를 고려하자. z-점수를 사용하여 Growth에 대한 이상치가 있는지 확인하라. 이 결과는 그림 3.3에서 작성한 상자그림과 일관성이 있는가?

해답:

Growth에 대한 가장 작은 관측치와 가장 큰 관측치는 각각 −40.90과 79.48이다. 가장 작은 관측치에 대한 z-점수는 $z = \frac{-40.90 - 15.775}{23.799} = -2.38$이고, 가장 큰 관측치에 대한 z-점수는 $z = \frac{79.48 - 15.775}{23.799} = 2.68$이다. 두 z-점수의 절대값이 모두 3보다 작으므로 Growth에 대한 이상치가 없음을 나타낸다. 이 결과는 그림 3.3의 Growth 상자그림과 일관성이 있다.

연습문제 3.6

54. 변수의 평균은 80이고 표준편차는 5이다.

- **a.** 체비셰프 정리를 이용하여 관측치의 몇 %가 70과 90 범위에 있는가?
- **b.** 체비셰프 정리를 이용하여 관측치의 몇 %가 65와 95 범위에 있는가?

55. 변수의 평균은 1,500이고 표준편차는 100이다.

- **a.** 체비셰프 정리를 이용하여 관측치의 몇 %가 1,300과 1,700 범위에 있는가?
- **b.** 체비셰프 정리를 이용하여 관측치의 몇 %가 1,100과 1,900 범위에 있는가?

56. 변수의 평균은 500이고 표준편차는 25이다.

- **a.** 체비셰프 정리를 이용하여 데이터의 최소 75%를 포함하는 구간을 구하라.
- **b.** 체비셰프 정리를 이용하여 데이터의 최소 89%를 포함하는 구간을 구하라.

57. 평균이 20이고 표준편차가 2인 종 모양의 분포에서 관측치가 추출되었다.

- **a.** 관측치의 몇 %가 18과 22 범위에 있는가?
- **b.** 관측치의 몇 %가 16과 24 범위에 있는가?
- **c.** 관측치의 몇 %가 16보다 작은가?

58. 평균이 750이고 표준편차가 50인 종 모양의 분포를 가정해 보자. 데이터셋에는 500개의 관측치가 있다.

- **a.** 관측치의 약 몇 %가 700보다 작은가?
- **b.** 700보다 작은 관측치의 수는 대략 몇 개인가?

59. 평균이 25이고 표준편차가 4인 종 모양의 분포에서 관측치가 추출되었다. 데이터셋에는 1,000개의 관측치가 있다.

a. 관측치의 약 몇 %가 33보다 작은가?

b. 33보다 작은 관측치의 수는 대략 몇 개인가?

60. 평균이 5이고 표준편차가 2.5인 종 모양의 분포에서 관측치가 추출되었다.

a. 관측치의 대략 몇 %가 양인가?

b. 관측치의 대략 몇 %가 양이 아닌가?

61. 평균이 50이고 표준편차가 12인 종 모양의 분포에서 데이터가 추출되었다. 데이터셋에는 250개의 관측치가 있다. 74보다 큰 관측치는 대략 몇 개인가?

62. 6개의 관측치가 6, 9, 12, 10, 9, 8인 표본을 고려하여 각 관측치에 대한 z-점수를 계산하라.

63. 10개의 관측치가 −3, 8, 4, 2, −4, 15, 6, 0, −4, 5인 표본을 고려하자. z-점수를 이용하여 데이터에 이상치가 있는지 확인하라. 종 모양의 분포를 가정한다.

64. 지역 대학 경영대학의 조교수 급여 표본은 평균 소득 7만 2천 달러, 표준편차 3천 달러를 보였다.

a. 체비셰프 정리를 이용하면, 교수들 중 몇 %가 적어도 66,000달러에서 78,000달러 이하를 버는가?

b. 체비셰프 정리를 이용하면, 교수들 중 몇 %가 최소 63,000달러에서 81,000달러 이하를 버는가?

65. 포트폴리오의 과거 수익률은 평균 8%이고 표준편차는 12%이다. 이 포트폴리오의 수익률이 종 모양의 분포를 따른다고 가정하자.

a. 20%보다 높은 수익률은 대략 몇 %인가?

b. 수익률의 약 몇 %가 −16% 미만이었는가?

66. 평균이 100이고 표준편차가 16인 종 모양의 분포를 따른다고 가정하자.

a. 84에서 116 범위의 점수는 대략 몇 %인가?

b. 68점 미만 점수는 대략 몇 %인가?

c. 116점보다 높은 점수는 대략 몇 %인가?

67. 투자전략의 기대수익률은 8%, 표준편차는 6%이다. 투자수익률이 종 모양이라고 가정하자.

a. 2%에서 14% 범위의 수익률을 얻을 가능성은 얼마나 되는가?

b. 14%보다 높은 수익률을 얻을 가능성은 얼마나 되는가?

c. −4% 미만의 수익률을 얻을 가능성은 얼마나 되는가?

68. 평균적으로 미국 프로축구 게임은 공이 실제로는 11분 동안만 경기를 하더라도 약 3시간 동안 지속된다. 표준편차는 0.4시간이라 하자.

a. 체비셰프 정리를 이용하여 2.2시간과 3.8시간 범위에 지속되는 게임의 비율을 근사하라.

b. 종 모양의 분포를 가정하여 2.2시간과 3.8시간 범위에 지속되는 게임의 비율을 근사하라.

69. **FILE** ***Census.*** 첨부된 데이터 파일은 다른 변수들 중에서 50개 주의 중위 가구소득과 중위 주택가격을 보여준다. 가구소득 및 주택가격 데이터에 대한 분포가 종 모양이라고 가정하자.

a. z-점수를 이용하여 가구소득에 이상치가 있는지 확인하라.

b. z-점수를 이용하여 주택가격에 이상치가 있는지 확인하라.

70. **FILE** ***Mutual Funds 2.*** 첨부된 데이터 파일은 지난 17년간 뮤추얼펀드 1과 뮤추얼펀드 2의 연간 수익률(%)을 보여준다. 두 변수의 수익률이 종 모양이라고 가정하자.

a. z-점수를 이용하여 뮤추얼펀드 1 분포에 이상치가 있는지 확인하라.

b. z-점수를 이용하여 뮤추얼펀드 2 분포에 이상치가 있는지 확인하라.

3.7 연관성 측도

2장에서 두 변수가 어떤 유형의 선형관계를 가지는지 시각적으로 평가하기 위해 산점도를 사용했다. 이 절에서는 두 변수 x와 y 사이의 선형관계의 방향과 강도를 정량화하는 두 가지 연관성 측도(measures of association)를 제시한다. 변수 간의 근본적인 관계가 비선형적일 경우 이들 측도가 적절하지 않을 수 있다는 점에 유의하는 것이 중요하다.

두 변수 사이의 선형관계의 방향을 나타내는 수치적 측도를 **공분산(covariance)**이라고 한다. 표본공분산을 나타낼 때는 s_{xy}를 사용하고, 모공분산을 나타낼 때는 σ_{xy}를 사용한다.

연관성 측도: 공분산

공분산(covariance)은 두 변수 사이의 선형관계의 방향을 보여준다.

관측치 $(x_1, y_1), (x_2, y_2), \ldots, (x_n, y_n)$에 대하여, 표본공분산은 다음과 같이 계산된다.

$$s_{xy} = \frac{\Sigma(x_i - \bar{x})(y_i - \bar{y})}{n - 1}$$

관측치 $(x_1, y_1), (x_2, y_2), \ldots, (x_N, y_N)$에 대하여, 모공분산은 다음과 같이 계산된다.

$$\sigma_{xy} = \frac{\Sigma(x_i - \mu_x)(y_i - \mu_y)}{N}$$

참고: 표본분산의 경우와 마찬가지로, 표본공분산은 분모에 n 대신 $n - 1$을 사용한다.

공분산 값은 음수, 양수 또는 0을 가정할 수 있다.

- 공분산 값이 음수이면 두 변수 사이의 음의 선형관계를 나타낸다. 평균적으로 x가 평균보다 크면 y는 평균보다 작은 경향이 있고, 그 반대의 경우도 마찬가지이다.
- 공분산 값이 양수이면 두 변수 사이의 양의 선형관계를 나타낸다. 평균적으로 x가 평균보다 크면 y는 평균보다 높은 경향이 있고, 그 반대의 경우도 마찬가지이다.
- y와 x의 선형관계가 없는 경우 공분산은 0이다.

공분산은 측정단위에 민감하기 때문에 해석하기 어렵다. 즉, 두 변수 사이의 공분산이 100이고 다른 두 변수 사이의 공분산은 100,000일 수 있지만, 두 변수 세트 모두가 양의 관계가 있다는 결론만 내릴 수 있다. 그 관계의 강도에 대해 언급할 수 없다. 보다 쉽게 해석할 수 있는 측도는 **상관계수(correlation coefficient)**이며, x와 y 사이의 선형관계의 방향과 강도를 모두 설명한다. 표본상관계수를 나타내기 위해 r_{xy}를 사용하고, 모상관계수를 나타내기 위해 ρ_{xy}(그리스 문자 rho)를 사용한다.

연관성 측도: 상관계수

상관계수(correlation coefficient)는 두 변수 사이의 선형관계의 방향과 강도를 나타낸다.

표본상관계수는 $r_{xy} = \frac{s_{xy}}{s_x s_y}$로 계산되고, 모상관계수는 ${}_y\rho_{xy} = \frac{\sigma_{xy}}{\sigma_x \sigma_y}$로 계산된다.

분자의 단위가 분모의 단위와 함께 상쇄되기 때문에 상관계수는 단위가 없다. 상관계수 값은 −1과 1 사이에 있다. 상관계수가 1이면 x와 y 사이에 완전한 양의 선형관계가 있는 것이고 −1이면 x와 y 사이에 완전한 음의 선형관계가 있는 것이다. 상관계수에 대한 다른 값은 −1, 0 또는 1을 참조하여 해석해야 한다. 예를 들어, 상관계수가 −0.80이면 강한 음의 관계를 나타내고, 0.12이면 약한 양의 관계를 나타낸다.

예제 3.24

FILE ***Growth_Value.*** Excel과 R을 사용하여 Growth와 Value에 대한 공분산과 상관계수를 구하라.

해답:

첫 단계로 두 변수에 대한 산점도를 작성하는 것이 유용하다. 그림 3.5는 Growth (x)에 대한 Value (y)의 산점도이며, 두 변수 사이에 양의 선형관계가 있는 것으로 보인다.

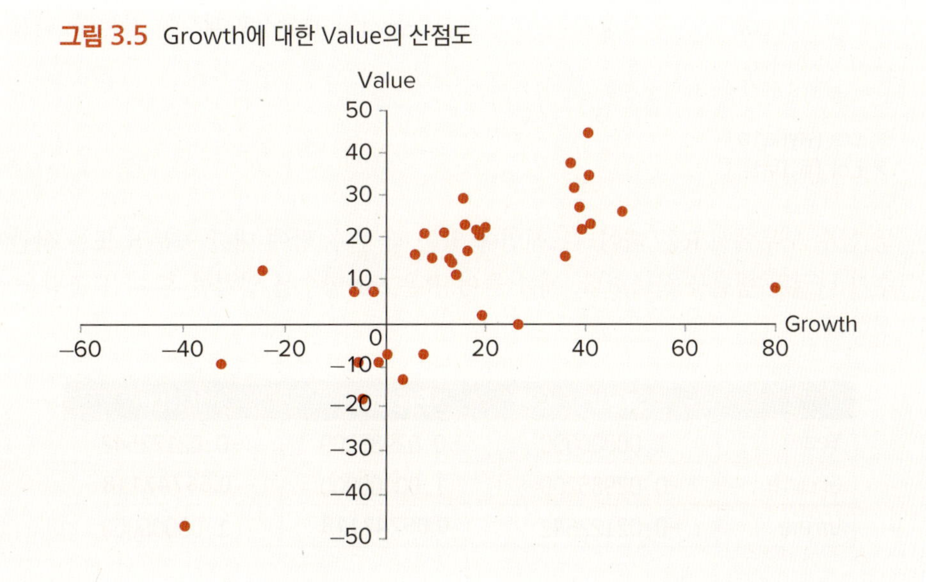

그림 3.5 Growth에 대한 Value의 산점도

먼저 표본공분산과 표본상관계수를 수계산으로 계산하는 방법을 개략적으로 설명한다. 예제 3.1에서 Growth에 대한 표본평균은 $\bar{x}$ = 15.755이고 Value에 대한 표본평균은 $\bar{y}$ = 12.005임을 상기하자. 표본공분산을 다음과 같이 계산한다.

$$s_{xy} = \frac{\Sigma(x_i - \bar{x})(y_i - \bar{y})}{n-1}$$
$$= \frac{(-5.50 - 15.755)(-8.59 - 12.055) + \cdots + (38.42 - 15.755)(31.62 - 12.005)}{36 - 1}$$
$$= \frac{9{,}996.19}{35} = 285.605$$

예제 3.17에서 Growth에 대한 표본표준편차는 s_x = 23.799이고 Value에 대한 표본표준편차는 s_y = 17.979라는 점을 기억하자. 표본상관계수를 다음과 같이 계산한다.

$$r_{xy} = \frac{s_{xy}}{s_x s_y} = \frac{285.605}{(23.799)(17.979)} = 0.667$$

Excel 이용

a. ***Growth_Value*** 데이터 파일을 연다.
b. COVARIANCE.S 함수와 CORREL 함수를 사용하여 각각 표본공분산과 표본상관

계수를 찾는다. (COVARIANCE.P 함수와 CORREL 함수를 사용하여 각각 모공분산과 모상관계수를 찾는다.) 표본공분산의 경우 =COVARIANCE.S(B2:B37, C2:C37)을 입력하고 표본상관계수의 경우 =CORREL(B2:B37, C2:C37)을 입력한다. 수계산으로 얻은 값과 동일한 값이 산출되었는지 확인하라.

R 이용

a. ***Growth_Value*** 데이터 파일을 데이터프레임(테이블)으로 가져와서 myData라는 이름으로 지정한다.

b. **cov** 함수와 **cor** 함수를 사용하여 각각 표본공분산과 표본상관계수를 찾는다. 다음과 같이 입력하라.

```
> cov(myData)
> cor(myData)
```

두 함수 모두에서 R은 데이터프레임에 있는 각 변수 쌍에 대한 공분산 또는 상관계수가 나열된 행렬을 산출한다. 예를 들어, R은 **cor** 함수를 입력한 후 다음 출력을 생성한다.

	Year	Growth	Value
Year	1.00000000	-0.02985209	-0.02122542
Growth	-0.02985209	1.00000000	**0.66747118**
Value	-0.02122542	**0.66747118**	1.00000000

이 행렬에 두 번 나타나는 Growth과 Value 사이의 상관계수에 관심이 있다(굵은 글꼴 값 참조). 행렬의 하향 대각선에 있는 값 1도 각 변수와 자기 자신 사이의 상관관계를 계산한다. 마지막으로 Year과 Growth, Year과 Value 사이의 상관계수는 이 응용예제에서는 의미가 없다.

요약:

공분산 285.605는 변수들이 양의 선형관계를 가지고 있음을 나타낸다. 즉, 평균적으로 한 변수의 수익률이 평균보다 높을 때 다른 변수의 수익률도 평균보다 높으며, 그 반대의 경우도 마찬가지이다. 상관계수 0.667은 두 변수 사이의 중간에서 강한 정도의 양의 선형관계를 나타낸다. 투자자 포트폴리오의 위험도를 다양화하기 위해 수익률이 크게 상관되지 않는 자산(주식, 채권, 뮤추얼펀드 등)에 투자하라는 권고를 받는 경우가 많다. 자산 수익률이 강한 양의 상관관계를 갖지 않는다면, 한 투자가 저조한 실적을 거두더라도 다른 투자가 여전히 잘 될 수 있다.

연습문제 3.7

71. 다음 표본 데이터를 고려하라.

x	12	18	20	22	25
y	15	20	25	22	27

a. 공분산을 계산하라.
b. 상관계수를 계산하고 해석하라.

72. 다음 표본 데이터를 고려하라.

x	−2	0	3	4	7
y	−2	−3	−8	−9	−10

a. 공분산을 계산하라.
b. 상관계수를 계산하고 해석하라.

73. **FILE** ***MutualFunds1.*** 첨부된 데이터 파일은 지난 17년간 뮤추일펀드 1과 뮤추얼펀드 2의 연간 수익률(%)을 보여준다.
a. 수익률 사이의 표본공분산을 계산하고 해석하라.
b. 상관계수를 계산하고 해석하라.

74. **FILE** ***PriceDays.*** 첨부된 데이터 파일은 최근 8건의 주택거래 표본에 대한 주택가격(단위: 1,000달러)과 주택 매매에 소요된 일수(Days)를 보여준다.
a. 표본공분산을 계산하라. 어떤 선형관계가 존재하는가?
b. 상관계수를 계산하고 해석하라.

75. **FILE** ***GPA.*** 지역 한 대학의 대학원 입학처장이 학생의 GRE 수학점수와 학점(GPA)으로 측정한 대학원 성과 사이의 관계를 분석하고 있다. 그녀는 지난 5년 이내에 졸업한 24명의 학생들의 표본을 사용한다. 데이터의 일부가 다음 표에 나와 있다.

GPA	GRE
3.0	700
3.5	720
⋮	⋮
3.5	760

a. 표본공분산을 계산하고 해석하라.
b. 상관계수를 계산하고 해석하라. 지원자의 GRE 점수가 대학원에서의 성과를 보여주는 좋은 지표로 보이는가?

76. **FILE** ***Education.*** 한 사회과학자가 교육성취도(고등교육년수)와 급여(1,000달러) 사이의 관계를 분석하려고 한다. 그는 20명의 개인에 대한 데이터를 수집한다. 데이터의 일부가 다음 표에 나와 있다.

Salary	Education
40	3
53	4
⋮	⋮
38	0

a. 표본공분산을 계산하고 해석하라.
b. 상관계수를 계산하고 해석하라.

77. **FILE** ***Happiness_Age.*** 행복과 다양한 요인들을 연관짓기 위한 많은 시도들이 있어왔다. 그러한 연구 중 하나는 행복과 연령을 연관지었는데, 다른 모든 요인을 일정하게 유지한 경우 사람들이 40대 중반일 때 가장 행복하지 않다는 것을 발견했다. 데이터는 응답자의 연령과 0부터 100까지 척도로 측정된 웰빙에 대한 인식이다. 데이터의 일부는 첨부 표에 나와 있다.

Age	Happiness
49	62
51	66
⋮	⋮
69	72

a. 연령과 행복 사이의 상관계수를 계산하고 해석하라.
b. 위의 상관분석에 대한 결함을 지적하는 산점도를 작성하라.

78. **FILE** ***Census.*** 첨부된 데이터 파일은 50개 주에 대한 인구통계학적 정보를 보여준다.
a. 가구소득과 주택가격에 대한 상관계수를 계산하고 해석하라.
b. 가구소득과 외국 출생 거주자의 비율에 대한 상관계수를 계산하고 해석하라.
c. 가구소득과 고등학교 졸업장이 없는 거주자의 비율에 대한 상관계수를 계산하고 해석하라.

3.8 데이터 분석

매우 큰 데이터셋에 직면했을 때, 분석에 필요한 첫 단계는 원시 데이터를 더 의미 있는 형태로 변환하는 것이며, 요약측도가 매우 유용하다. 다음 빅데이터 사례를 고려해보자.

사례연구

FILE ***House_Price.*** 한 투자자는 현재 버지니아 공대 호키스(Hokies)의 홈인 버지니아주 블랙스버그(Blacksburg, Virginia)에 부동산을 소유하고 있다. 그는 조지아주 아테네(Athens, Georgia) 또는 노스캐롤라이나주 채플힐(Chapel Hill, North Carolina)에 있는 유사한 임대 부동산을 매입하여 자신의 자산을 확장하고자 한다. 사전 단계로 그는 이 두 지역의 주택가격에 대한 정보를 원한다. 그는 적어도 두 개의 침실이 있고 백만 달러 미만의 가격에 나온 부동산에 관심이 있다. 다음 보고서는 이러한 기준을 충족하는 이전의 매매를 요약한다.

샘플보고서— 대학가 부동산 투자

대학 근처의 임대 부동산에 투자하는 것을 고려하는 많은 이유가 있다. 첫째, 학생, 교수, 교직원을 포함한 많은 임차인들이 있다. 둘째, 많은 대학들이 신입생들 이외의 학생들을 수용할 수 없기 때문에, 학생들은 꾸준한 임대 수요를 제공한다. 마지막으로, 대학가에는 식당, 쇼핑, 밤문화로 가득 차는 경향이 있다. 이 모든 요인들은 부동산 마케팅을 더 쉽게 한다.

kali9/Getty Images

다음 보고서는 조지아 대학교 불독스(Bulldogs)의 홈인 조지아주 아테네(Athens, George)와 노스캐롤라이나 대학교 타르힐스(Tar Heels)의 홈인 노스캐롤라이나주 채플힐(Chapel Hill, North Carolina)의 주택가격을 조사한다. 표본은 아테네의 판매 293건, 채플힐의 판매 351건을 포함한다. 게다가 표본에 있는 모든 주택들은 최소한 두 개의 침실을 가지고 있고, 백만 달러 미만으로 판매되었다. 표 3.14는 분석에 가장 적절한 요약측도를 제공한다.

표 3.14 아테네와 채플힐의 주택가격(달러)에 대한 요약측도

Summary Measure	Athens, GA	Chapel Hill, NC
Mean	219,671	429,152
Median	177,500	395,000
Minimum	41,125	105,000
Maximum	910,000	950,000
Standard deviation	147,648	186,762
Coefficient of variation	0.67	0.44
Number of houses	293	351

아테네의 평균 주택가격은 219,671달러로 채플힐의 429,152달러에 비해 거의 210,000달러 차이가 난다. 아테네의 경우 주택가격의 중앙값은 177,500달러로 주택가격의 절반은 이 가격보다 낮고 절반은 이 가격보다 높다는 것을 의미한다. 두 도시 사이의 중앙값 차이는 거의 395,000달러이다. 두 도시 모두에서 중앙값은 평균보다 다소 작으며, 이는 이상치, 즉 극히 높은 주택가격이 존재할 가능성

이 있음을 의미한다.

평균과 중앙값은 주택가격이 집중되는 경향을 나타내지만 주택가격 변동성에 대한 정보는 나타내지 않는다. 일반적으로 표준편차가 변동성의 측도로 사용된다. 채플힐의 주택가격 표준편차는 아테네의 주택가격 표준편차보다 크며(186,762달러 > 147,648달러), 채플힐의 주택가격이 평균으로부터 더 분산되어 있음을 시사한다.

마지막으로 그림 3.6은 각 도시의 주택가격에 대한 상자그림을 보여준다. 상자그림은 이 두 도시의 주택가격과 관련하여 두 가지 주요 요점을 더 나타내고 있다.

- 각 상자그림에서 중앙값은 상자 내 중심에서 벗어나 중심의 왼쪽에 위치한다.
- 각 상자그림에서 오른쪽에는 이상치가 있다. 그러나 채플힐 분포에서는 아테네 분포에 비해 이상치가 훨씬 적다.

그림 3.6 조지아주 아테네와 노스캐롤라이나 채플힐의 주택가격에 대한 상자그림

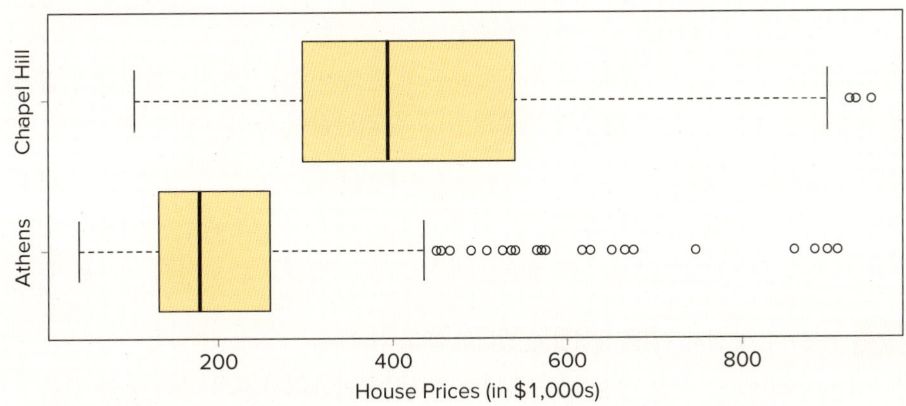

이 두 관측치는 두 분포가 모두 양의 비대칭임을 나타낸다. 이는 주택가격의 상당 부분이 분포의 하단에 속하고 고가주택은 상대적으로 적음을 의미한다.

이 보고서는 조지아주 아테네와 노스캐롤라이나주 채플힐의 주택가격을 요약한 것이다. 평균적으로 채플힐의 주택은 아테네의 주택보다 거의 2배나 비싸다. 게다가 분석에서 이상치를 제외하면, 아테네의 주택가격은 채플힐 주택가격보다 변동성이 적다. 그러나 어느 도시에서든지 투자자가 부동산을 구매하기 전에는 주택의 크기, 캠퍼스로부터의 거리 등 많은 다른 요소들을 고려해야 한다.

사례연구 제안

요약측도는 이 교재와 함께 제공되는 빅데이터를 분석할 때 매우 유용하다. 다음과 같은 사례연구들이 제안된다.

보고서 3.1 **FILE** ***House_Price.*** 이 절에서 수행하는 것과 유사한 분석을 수행하되, 다른 두 대학도시를 선택한다.

보고서 3.2 **FILE** ***College_Admissions.*** 요약측도를 이용하여 경영경제대학에 입학한 학생과 예술문학대학에 입학한 학생들의 고등학교 학점(GPA)과 SAT 점수를 점검한다.

보고서 3.3 **FILE** ***TechSales_Reps.*** 요약측도를 이용하여 소프트웨어 그룹 내 판매 담당자의 성격유형 및 성별에 따라 급여 및 순추천고객 점수(NPS)를 점검한다.

핵심 개념

LO 3.1 **중심위치 측도를 계산하고 해석할 수 있어야 한다.**

평균(mean 또는 average)은 가장 널리 사용되는 중심위치 측도이다. 표본평균과 모평균은 각각 $\bar{x} = \frac{\Sigma x_i}{n}$과 $\mu = \frac{\Sigma x_i}{N}$으로 계산된다. 평균의 한 가지 약점은 극단적으로 작거나 큰 값의 이상치에 의해 과도하게 영향을 받는다는 것이다.

중앙값(median)은 분포의 중간 관측치이다. 관측치를 오름차순(가장 작은 것부터 큰 것까지)으로 배열하고, n (또는 N)이 홀수인 경우 중간 관측치가 중앙값이다. n (또는 N)이 짝수인 경우 중앙값은 두 중간 관측치의 평균이다. 중앙값은 이상치가 있을 때, 특히 중심위치에 대한 유용한 측도이다.

최빈값(mode)은 가장 높은 빈도로 발생하는 분포의 관측치이다. 변수는 최빈값이 없거나 둘 이상의 최빈값을 가질 수 있다. 변수가 범주형인 경우 최빈값이 중심위치의 유일한 측도이다.

가중평균(weighted mean)은 일부 관측치가 다른 관측치보다 기여도가 높을 때 적합하다. 이 경우 표본평균은 $\bar{x} = \Sigma w_i x_i$으로 계산된다. 여기서 w_i는 관측치 x_i와 관련된 가중치이다. 또한 가중평균을 이용하여 빈도분포로부터 평균을 계산한다. 모평균도 비슷하게 계산된다.

LO 3.2 **백분위수 및 상자그림을 해석할 수 있어야 한다.**

백순위수(Percentiles)는 가장 작은 관측치에서 가장 큰 관측치까지의 구간 동안 관측치가 어떻게 분포되어 있는지에 대한 상세한 정보를 제공한다. 일반적으로 p번째 백분위수는 관측치를 두 부분으로 나누는데, 관측치의 약 p%는 p번째 백분위수보다 작고 나머지는 p번째 백분위수보다 크다. 25번째 백분위수는 1사분위수(Q1), 50번째 백분위수는 2사분위수(Q2), 75번째 백분위수는 3사분위수(Q3)라고도 한다.

상자그림(boxplot)에는 변수의 5수치 요약(최소값, Q1, Q2, Q3, 최대값)이 표시된다. 상자그림은 다른 장소나 시간에 수집된 유사한 정보를 비교할 때 특히 유용하다. 또한 이상치와 비대칭도를 식별하는 데 효과적인 도구로 사용된다.

LO 3.3 **기하평균 수익률과 평균 성장률을 계산하고 해석할 수 있어야 한다.**

기하평균(geometric mean)은 변수의 곱셈 평균이다. 일반적으로 기하평균은 산술평균보다 작고 이상치에 덜 민감하다.

기하평균은 수년에 걸친 재무 수익률을 요약할 때와 관련이 있다. 다구간 수익률 $R_1, R_2, \ldots, R_n$에 대해 기하평균 수익률은 다음과 같이 계산된다.
$G_R = \sqrt[n]{(1 + R_1)\times(1 + R_2)\times\cdots\times(1 + R_n)} - 1$, 여기서 n은 다구간 수익률의 수이다.

기하평균은 평균 성장률을 요약할 때도 사용된다. 성장률 $g_1, g_2, \ldots, g_n$에 대하여, 평균 성장률은 다음과 같이 계산된다: $G_g = \sqrt[n]{(1 + g_1)\times(1 + g_2)\times\cdots\times(1 + g_n)} - 1$, 여기서 n은 다구간 성장률의 수이다. 일련의 기본 관측치가 주어지면, 평균 성장률을 계산하는 더 간단한 방법이 있다. 관측치 $x_1, x_2, \ldots, x_n$에 대하여, 평균 성장률은 $G_g = \sqrt[n-1]{\frac{x_n}{x_1}} - 1$로 계산되는데, 여기서 $n - 1$은 뚜렷이 구분되는 성장률의 수이다.

LO 3.4 산포측도를 계산하고 해석할 수 있어야 한다.

범위(range)는 변수의 최대 관측치와 최소 관측치 간의 차이이다.

평균절대편차(mean absolute deviation, MAD)는 데이터셋의 평균과 관측치의 절대 차이에 대한 평균이다. 표본 MAD와 모집단 MAD는 각각 $\text{MAD} = \frac{\Sigma|x_i - \bar{x}|}{n}$와 $\text{MAD} = \frac{\Sigma|x_i - \mu|}{N}$으로 계산된다.

평균과의 차이 제곱에 기초한 분산(variance)과 표준편차(standard deviation)는 가장 널리 사용되는 두 가지 산포측도이다. 표본분산(sample variance) s^2과 표본표준편차(sample standard deviation) s는 $s^2 = \frac{(x_i - \bar{x})^2}{1}$과 $s = \sqrt{s^2}$로 각각 계산된다. 모분산(population variance) σ^2과 모표준편차(population standard deviation) σ는 $\sigma^2 = \frac{\Sigma(x_i - \mu)^2}{N}$와 $\sigma = \sqrt{\sigma^2}$로 각각 계산된다. 원래 변수의 단위가 무엇이든 분산은 제곱단위이며, 표준편차를 계산하여 원래 측정단위로 되돌린다.

변동계수(coefficient of variation, CV)는 산포의 상대적인 측도이다. CV를 사용하면 평균이 다르거나 측정단위가 다른 변수 간의 변동성을 비교할 수 있다. 표본 CV와 모집단 CV는 $\text{CV} = \frac{s}{\bar{x}}$와 $\text{CV} = \frac{\sigma}{\mu}$로 각각 계산된다.

LO 3.5 평균-분산 분석과 샤프지수를 설명할 수 있어야 한다.

평균-분산 분석(mean-variance analysis)은 자산의 수익률로 성과를 측정하고 보상(평균)과 위험(분산)의 관점에서 이 수익률을 평가한다고 가정한다. 일반적으로 평균 수익률이 높은 투자는 위험성이 높다.

샤프지수(Sharpe ratio)는 위험 단위당 추가 보상을 측정한다. 투자자산 I에 대한 샤프지수는 $\frac{\bar{x}_I - \bar{R}_f}{s_I}$로 계산되며, 여기서 $\bar{R}_f$는 무위험자산의 평균수익을 나타낸다. 샤프지수가 높을수록 투자는 위험에 대해 투자자들에게 더 나은 보상을 한다.

LO 3.6 체비셰프 정리, 경험법칙, *z*-점수를 적용할 수 있어야 한다.

체비셰프 정리(Chebyshev's theorem)는 어떤 변수에 대해서도 평균으로부터 k 표준편차 내에 있는 관측치의 비율이 적어도 $1 - 1/k^2$가 된다는 것을 설명한다. 여기서 k는 1보다 큰 숫자이다.

표본평균 $\bar{x}$, 표본표준편차 s, 그리고 상대적으로 대칭이고 종 모양의 분포가 주어졌을 때, 경험법칙(empirical rule)은 다음을 제시한다.

- 모든 관측치의 약 68%가 $\bar{x} \pm s$ 구간에 속한다.
- 모든 관측치의 약 95%가 $\bar{x} \pm 2s$ 구간에 속한다.
- 거의 모든 관측치가 $\bar{x} \pm 3s$ 구간에 속한다.

$(x - \bar{x}) / s$로 계산되는 z-점수(z-score)는 표본의 관측치 x에 대한 상대위치를 측정한다. 상대

적인 대칭 및 종 모양의 분포의 경우 이상치를 탐지하는 데도 사용된다.

LO 3.7 **연관성 측도를 계산하고 해석할 수 있어야 한다.**

공분산(covariance)과 상관계수(correlation coefficient)는 두 변수, x와 y 사이의 선형관계의 방향과 강도를 평가하는 연관성 측도이다.

표본공분산(sample covariance) s_{xy}와 모공분산(population covariance) σ_{xy}는 $s_{xy} = \frac{\Sigma(x_i - \bar{x})(y_i - \bar{y})}{n-1}$와 $\sigma_{xy} = \frac{\Sigma(x_i - \mu_x)(y_i - \mu_y)}{N}$로 각각 계산된다. 표본상관계수(sample correlation coefficient) r_{xy}와 모상관계수(population correlation coefficient) ρ_{xy}는 $r_{xy} = \frac{s_{xy}}{s_x s_y}$와 $\rho_{xy} = \frac{\sigma_{xy}}{\sigma_x \sigma_y}$로 각각 계산된다.

추가 연습문제

79. FILE ***Highway.*** 많은 환경단체와 정치인들은 미국 고속도로에서 시속 55마일(mph)의 속도 제한을 다시 적용하자고 제안하고 있다. 그들은 국가의 제한속도가 낮아지면 온실가스 배출을 감소시킬 뿐만 아니라 교통안전을 증가시킬 것이라고 주장한다. 한 연구원은 교통안전이 평균속도가 아닌 사람들이 운전하는 속도의 변동성을 기준으로 한다고 느끼기 때문에, 제한속도가 낮아진다고 교통안전이 높아지지는 않을 것으로 보고 있다. 이 연구원은 제한속도가 55mph인 고속도로(Highway 1)에서 차량 40대의 속도를, 제한속도가 65mph인 고속도로(Highway 2)에서 차량 40대의 속도를 수집한다. 데이터의 일부가 다음 표에 나와 있다.

Car	Highway 1	Highway 2
1	60	70
2	55	65
⋮	⋮	⋮
40	52	65

a. 각 고속도로의 평균과 중앙값을 계산하라.

b. 고속도로별 표준편차를 계산하라.

c. 데이터가 연구원의 믿음을 지지하는가? 설명하라.

80. FILE ***Firms.*** 5년 동안 회사 A와 회사 B의 월별 주가(달러)가 수집되었다. 데이터의 일부가 다음 표에 나와 있다.

Month	Firm A	Firm B
1	63.85	75.56
2	66.04	78.68
⋮	⋮	⋮
60	89.98	126.38

a. 각 회사의 주가에 대한 평균, 분산, 표준편차를 계산하라.

b. 이 기간 동안 평균 주가가 더 높은 회사는 어디인가?

c. 표준편차로 측정한 결과 어느 회사의 주가가 높은 분산을 보이는가?

81. FILE ***MutualFunds3.*** 다음 표는 지난 25년간 Mutual Fund 1과 Mutual Fund 2의 연간 수익률(%)의 일부를 보여준다.

Year	Mutual Fund 1	Mutual Fund 2
1	−23.17	−11.98
2	−16.46	19.39
⋮	⋮	⋮
25	−10.37	−14.29

a. 이 기간 동안 어느 펀드가 더 높은 보상을 받았는가? 설명하라.

b. 이 기간 동안 어느 펀드가 더 위험했는가? 설명하라.

c. 무위험비율이 2%일 때 샤프지수가 더 높은 펀드는 어느 것인가? 이 지수는 무엇을 의미하는가?

82. 워터파크의 관리자는 7월과 8월 60일 간의 방문객 수를 요약하기 위해 다음과 같은 상대빈도분포를 작성했다. 평균 방문객 수를 계산하라.

Attendance	Relative Frequency
$1,000 < x \le 1,250$	0.08
$1,250 < x \le 1,500$	0.10
$1,500 < x \le 1,750$	0.17
$1,750 < x \le 2,000$	0.33
$2,000 < x \le 2,250$	0.25
$2,250 < x \le 2,500$	0.07

83. 장난감 산업 내 개별 회사의 연간 성장률은 소비자의 취향과 현재의 유행에 따라 크게 변동하는 경향이 있다. 이 산업의 두 회사에 대한 지난 5년간 다음의 성장률(%)을 고려해보자.

Year	Firm 1	Firm 2
1	3.0	1.5
2	2.1	9.1
3	21.8	5.7
4	4.8	−0.1
5	1.2	−8.2

a. 각 회사의 기하평균 성장률을 계산하라.

b. 표준편차를 이용하여 각 회사의 변동성을 평가하라.

c. 어느 회사가 더 높은 기하평균 성장률을 가졌는가? 어느 회사의 성장률 변동성이 더 큰가?

84. 다음 표는 지난 3년간 회사 1과 회사 2의 수익(달러)을 보여준다.

Year	Firm 1	Firm 2
1	15.73	3.06
2	14.53	2.99
3	14.20	2.99

a. 각 회사의 평균 성장률을 계산하라.

b. 이 기간 동안 성장률이 더 높았던 회사는 어디인가?

85. FILE ***Life_Obesity.*** 첨부된 데이터 파일은 50개 주와 컬럼비아 특별구의 기대수명(년)과 비만율(%)을 보여준다. 상관계수를 계산하고 해석하라.

86. FILE ***Test_Scores.*** 첨부된 데이터 파일은 32명 학생들의 중간고사와 기말고사 성적을 보여준다. 상관계수를 계산하고 해석하라.

87. FILE ***MutualFunds4.*** 첨부된 표는 지난 37년간 Mutual Fund 1과 Mutual Fund 2의 연간 수익률(%)의 일부를 보여준다.

Year	Mutual Fund 1	Mutual Fund 2
1	56.32	−12.16
2	52.47	20.27
⋮	⋮	⋮
37	−8.79	−24.92

a. 이 기간 동안 어느 펀드가 더 높은 보상을 받았는가? 설명하라.

b. 이 기간 동안 어느 펀드가 더 위험했는가? 설명하라.

c. 무위험 비율이 2%일 때 샤프지수가 더 높은 펀드는 어느 것인가? 이 지수는 무엇을 의미하는가?

88. 데이터에 대한 설명은 앞의 연습문제를 참조하자.

a. Mutual Fund 1의 상자그림을 작성하라. 상자그림을 통해 이상치가 존재함을 알 수 있는가?

b. z-점수를 이용하여 Mutual Fund 1에 이상치가 있는지 확인하라. 결과는 (a)와 일관성이 있는가? 왜 그런지 이유를 설명하라.

c. Mutual Fund 2에 대한 상자그림을 작성하라. 상자그림을 통해 이상치가 존재함을 알 수 있는가?

d. z-점수를 이용하여 Mutual Fund 2에 이상치가 있는지 확인하라. 결과는 (c)와 일관성이 있는가? 왜 그런지 이유를 설명하라.

89. FILE ***Prime.*** 첨부된 데이터 파일은 아마존 프라임 고객 100명의 연간지출(달러)을 보여준다.

a. 지출에 대한 상자그림을 작성하라. 상자그림을 통해 이상치가 존재함을 알 수 있는가?

b. z-점수를 이용하여 지출에 대한 이상치가 있는지 확인하라. 결과는 (a)와 일관성이 있는가? 왜 그런지 이유를 설명하라.

90. FILE ***Gas_Prices.*** 첨부된 데이터 파일은 50개 주와

컬럼비아 특별구의 평균 휘발유 가격(갤런당 달러)을 보여준다.

a. 휘발유 가격의 평균과 중앙값을 계산하라.

b. 휘발유 가격에 대한 1사분위수와 3사분위수를 계산하고 해석하라. (참고: Excel을 사용하는 경우, 백분위수를 계산하는 PERCENTILE. INC 함수 사용)

c. 표본분산과 표본표준편차를 계산하라.

d. 가격에 대한 상자그림을 작성하라. 상자그림을 통해 이상치가 존재함을 알 수 있는가?

e. z-점수를 이용하여 가격에 이상치가 있는지 확인하라. 결과는 (d)와 일관성이 있는가? 왜 그런지 이유를 설명하라.

91. FILE ***Car_Prices.*** 첨부된 데이터 파일은 중고차 20대의 가격, 연령, 주행거리가 나와 있다.

a. 평균 가격, 평균 연령, 평균 주행거리를 계산하라.

b. 가격에 대한 표준편차, 연령에 대한 표준편차, 주행거리에 대한 표준편차를 계산하라.

c. 가격과 연령 사이의 상관계수를 계산하고 해석하라.

d. 가격과 주행거리 사이의 상관계수를 계산하고 해석하라.

92. FILE ***GPA_College.*** 첨부된 데이터 파일은 180명 학생의 대학 학점(College GPA), SAT 점수(SAT), 가중치가 없는 고등학교 학점(HS GPA), 인종(White: 백인이면 1, 그렇지 않으면 0)을 보여준다.

a. 평균 대학 학점과 평균 SAT를 계산하라.

b. 백인 학생의 평균 대학 학점과 백인이 아닌 학생의 평균 대학 학점을 계산하라. 어느 그룹의 대학 학점이 더 높은가?

c. 백인 학생의 평균 SAT와 백인이 아닌 학생의 평균 SAT를 계산하라. 어느 그룹의 SAT가 더 높은가?

93. FILE ***IceCream.*** 첨부된 데이터 파일에는 아이스크림 트럭 운전자의 하루 소득(Income: 달러), 도로 주행시간(Hours), 더운 날인지(Hot: 화씨 85도 이상이면 1, 그렇지 않으면 0), 그리고 휴일인지(Holiday: 휴일이면 1, 아니면 0)에 대한 35개의 관측치가 나와 있다.

a. 평균 소득 및 평균 주행시간을 계산하라.

b. 더운 날의 평균 소득과 아닌 날의 평균 소득을 계산하라. 어느 그룹의 소득이 더 높은가?

c. 휴일의 평균 소득과 휴일이 아닌 날의 평균 소득을 계산하라. 어느 그룹의 소득이 더 높은가?

4 확률 기초
Introduction to Probability

학습목차_*Chapter Contents*

학습목표_*Learning Objectives*

이 장을 학습한 후에,

LO **4.1** 기본적인 확률개념을 설명할 수 있어야 한다.
LO **4.2** 확률법칙을 적용할 수 있어야 한다.
LO **4.3** 분할표에서 확률을 계산하고 해석할 수 있어야 한다.
LO **4.4** 전확률 법칙과 베이즈 정리를 적용할 수 있어야 한다.
LO **4.5** 셈 규칙을 사용하여 사건의 확률을 계산할 수 있어야 한다.

매일 우리는 불확실성이 존재하는 문제에 대해 선택을 한다. 다양한 사건의 가능성을 파악함으로써 더 바람직한 선택을 할 수 있도록 더 잘 준비한다. 예를 들어, 일기예보에 근거해서 재킷을 입어야 할지 또는 우산을 가져가야 할지 여부를 결정한다. 마찬가지로 소매업체는 쇼핑객의 증가 또는 감소를 예상하여 판매인력을 조정하고, 연방준비제도(Federal Reserve)는 경제성장과 인플레이션에 대한 기대에 기초하여 금리를 조정한다. 확률은 단순히 불확실성 하에서 어떤 일이 일어날 가능성이다.

이 장에서는 불확실성을 포함하는 많은 실제 문제를 구성하고 해결하는 데 필요한 필수적인 확률도구를 논의한다. 확률 이론은 통계적 추론의 가장 기초가 되고, 이 장에서 소개된 수많은 개념들은 이후의 장을 이해하는 데 필수적이다.

Halfpoint/Shutterstock

도입사례_*Introductory Case*

24/7 피트니스센터 연간 회원

FILE ***Gym.*** 24/7 피트니스센터는 고급 풀서비스를 완비한 체육관으로 광고와 월간 오픈하우스 행사를 통해 회원을 모집한다. 각 오픈하우스 참석자에게는 관람권과 1일 이용권이 제공된다. 잠재적 회원들은 개인정보와 이전 운동 루틴에 대한 몇 가지 질문에 응답함으로써 오픈하우스 이벤트에 등록한다. 피트니스센터 직원들은 잠재적인 회원들이 연간회원권에 등록할 기대로 잠재 회원들에게 확인 전화를 하고, 오픈하우스 참석자들에게 우편으로 정보를 보낸다.

24/7 피트니스센터의 매니저인 자넷 윌리엄스는 새로운 오픈하우스 참석자를 선정하기 위한 데이터 기반 전략을 개발하려고 한다. 그녀는 400명의 과거 오픈하우스 참석자에 대한 클럽 회원권 관련 후속 전화의 성과(등록 여부)를 알고 있다. 추가적으로, 그녀는 참석자들의 연령에 대한 정보를 가지고 있는데, 여기서 연령은 30세 미만, 30~50세, 50세 초과로 분류된다. 표 4.1은 데이터의 일부를 보여준다.

표 4.1 24/7 피트니스센터 등록 및 연령 데이터(n = 400)

Attendee	Age Group	Outcome
1	Between 30 and 50	Not Enroll
2	Over 50	Enroll
⋮	⋮	⋮
400	Between 30 and 50	Enroll

자넷은 표본 정보를 사용하여 다음을 수행하려고 한다.

a. 연령 및 등록 관련 적절한 경험적 확률을 계산하고 해석하기 위해 분할표를 작성하여 사용한다.
b. 경험적 확률을 사용하여 오픈하우스 참석자를 선택하기 위한 데이터 중심 전략을 개발한다.

이 도입사례에 대한 분석결과는 4.3절의 마지막에 제시되어 있다.

4.1 기본적인 확률 개념

만약 어떤 사건이 발생할 것 같은지와 발생하지 않을 것 같은지를 설명하는 확률을 알고 있다면 불확실성을 다룰 준비가 더 잘 되어 있는 것이다. **확률(probability)**은 다음과 같이 정의된다.

> 확률은 사건이 발생할 가능성을 측정한 수치 값이다. 이 값은 0과 1 사이에 있으며, 0은 불가능한(impossible) 사건을 나타내고, 1은 확정적인(definite) 사건을 나타낸다.

사건을 정의하고 그 사건에 적절한 확률을 부여하기 위해서는 우선 용어를 설정하고 상황에 따라 어떤 구조를 부여하는 것이 유용하다.

실험(experiment)은 여러 개의 가능한 결과 중 한 개가 산출되는 프로세스이다. 실험 결과의 다양성은 현실 세계의 불확실성 때문이다. 새 컴퓨터를 구입할 때 수리 작업이 필요할 때까지 얼마나 오래 사용할 수 있을지 보장이 없다. 1차년도, 2차년도, 또는 그 이후에 수리가 필요할 수 있다. 실제 결과는 시간이 지나야만 결정될 것이기 때문에 이것을 실험이라고 생각할 수 있다. 실험의 다른 예는 공정한 주사위 던지기 값이 1, 2, 3, 4, 5, 6인지, 동전을 던지면 앞면이 나오는지 뒷면이 나오는지, 프로젝트가 일찍, 제 시간에, 혹은 늦게 끝나는지, 경제가 개선되는지, 그대로 유지되는지, 또는 악화되는지, 공 게임이 이기는지, 패하는지, 또는 동점으로 끝나는지 등이 있다.

S로 표시되는 **표본공간(sample space)**에는 실험의 모든 가능한 결과가 포함된다. 예를 들어, 강좌에서 문자 학점을 나타내는 표본공간이 $S = \{A, B, C, D, F\}$로 주어졌다고 가정하자. 실험을 위한 표본공간이 유일할 필요는 없다. 예를 들어, 위의 실험에서 표본공간을 합격(pass, P)과 불합격(fail, F) 결과로 정의할 수도 있다. 즉, $S = \{P, F\}$이다. 만약 교수가 불완전(incomplete, I) 성적도 부여한다면, 실험의 가능한 모든 결과를 포함하지 않기 때문에 위에서 정의된 표본공간 중 어느 것도 유효하지 않다.

예제 4.1

동계 올림픽에 참가하는 스노보더가 그녀의 종목인 여자 하프파이프에서 메달을 획득할 확률을 평가하려고 하고 있다. 적절한 표본공간을 구성하라.

해답:

동계 올림픽이 열리기 전까지는 결과를 알 수 없기 때문에, 그 선수의 메달 획득 가능성을 예측하는 시도는 실험이다. 표본공간을 구성하여 실험을 공식화한다. 선수의 경기는 금메달, 은메달, 동메달, 그리고 무메달의 네 가지 결과를 가질 수 있다. 공식적으로 표본공간을 $S = \{\text{gold, silver, bronze, no medal}\}$로 작성한다.

사건

사건(event)은 표본공간의 부분집합이다. 단순사건은 실험의 가능한 결과 중 한 개로 구성된다. 강좌에서 A를 받는 것은 단순사건의 예이다. 사건은 또한 실험의 여러 결과를 포함할 수도 있다. 예를 들어, 사건을 강좌에서 합격 성적을 받는 것으로 정의할 수 있다. 이 사건은 결과 A, B, C, D를 포함하는 부분집합에 의해 형성된다.

예제 4.1의 두 가지 사건을 정의해보자. 한 사건은 "메달 획득"을 나타내고, 다른 사건은 "메달 획득 실패"를 나타낸다. 이 사건들은 표본공간에 있는 모든 결과를 포함하기 때문에 **전체포괄적(exhaustive)**이다. 이전의 성적 분포 예에서 A와 B 학점을 받은 사건들은 표본공간에 있는 가능한 모든 학점을 포함하지 않기 때문에 전체포괄적인 사건들이 아니다. 그러나 "합격"과 "불합격"으로 각각 정의되는 사건들 P와 F는 전체포괄적이다.

또 다른 중요한 확률 개념은 **상호배반적(mutually exclusive)** 사건에 관한 것이다. 상호배반적인 두 사건의 경우, 한 사건이 발생하면 다른 사건의 발생은 불가능하다. 두 사건을 "최소한 은메달 획득(결과는 금메달 획득과 은메달 획득)"과 "최대 은메달 획득(결과는 은메달, 동메달, 노메달)"으로 정의한다고 가정하자. 이 두 사건은 실험의 결과가 누락되지 않기 때문에 전체포괄적이다. 그러나 이 경우, "은메달"이라는 결과가 두 사건에 모두 나타나기 때문에 이 사건들은 상호배반적이지 않다. 다시 학점 분포 예로 돌아가면, A와 B를 받는 사건들이 전체포괄적이지는 않지만, 동일 강좌에서 A와 B를 동시에 받을 수 없기 때문에 상호배반적이다. 한편, P와 F로 받는 학점은 상호배반적이고 전체포괄적이다. 마찬가지로, "최소 은메달 획득"과 "최대 동메달 획득"으로 정의되는 사건들은 상호배반적이고 전체포괄적이다.

실험 및 사건

- 실험(experiment)은 여러 가능한 결과 중 한 개로 연결되는 프로세스이다. S로 표시되는 실험의 표본공간에는 가능한 실험 결과가 모두 포함된다.
- 사건(event)은 실험 결과의 부분집합이다. 단일 결과를 포함하는 경우 단순사건(simple event)이라고 한다.
- 실험의 모든 가능한 결과가 사건들에 속한다면 사건들은 전체포괄적(exhaustive)이다.
- 실험의 어떤 공통적인 결과도 공유하지 않는다면 사건들은 상호배반적(mutually exclusive)이다.

모든 실험에 대해 실험결과의 한 개 또는 여러 개를 기반으로 사건을 정의하고, 또한 사건을 결합하여 새로운 사건을 구성할 수도 있다. $A \cup B$로 표시되는 두 사건의 합사건(union)은 A 또는 B의 모든 결과로 구성된 사건이다. 이러한 개념을 설명하기 위한 유용한 방법은 영국의 수학자 존 벤(John Venn, 1834~1923)의 이름을 딴 벤 다이어그램(Venn diagram)을 사용하는 것이다. 그림 4.1은 직사각형이 표본공간 S를 나타내고 두 개의 원이 사건 A와 B를 나타내는 벤 다이어그램이다. 합사건 $A \cup B$는 벤 다이어그램에서 A 또는 B에 포함되는 부분이다.

그림 4.1 두 사건의 합사건, $A \cup B$

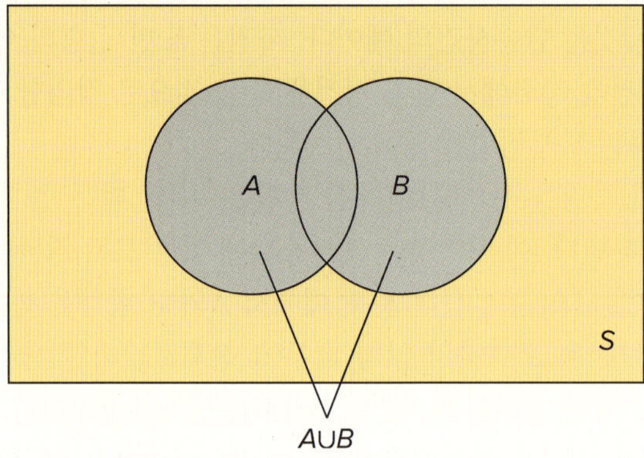

$A \cap B$로 표시되는 두 사건의 **교사건(intersection)**은 A와 B 모두에 있는 결과로 구성된 사건이다. 그림 4.2는 두 A와 B의 교사건을 보여준다. 교사건 $A \cap B$는 벤 다이어그램에서 A와 B에 모두에 포함되는 부분이다.

그림 4.2 두 사건의 교사건, $A \cap B$

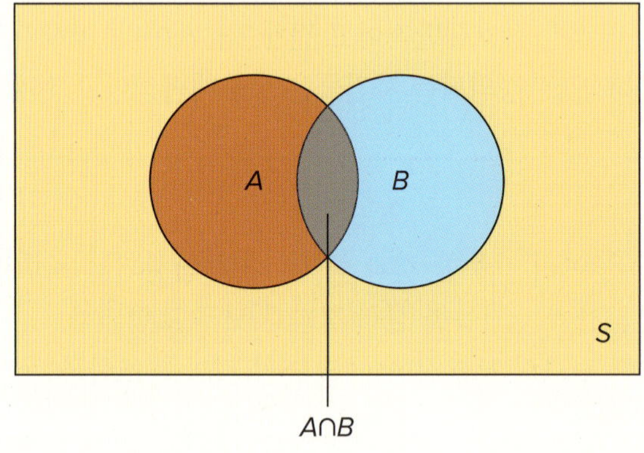

A^c로 표시되는 사건 A의 **여사건(complement)**은 표본공간 S에서 A에 포함되지 않는 모든 결과로 구성된 사건이다. 그림 4.3에서 A^c는 A에 포함되지 않는 표본공간 S에 있는 모든 결과이다.

그림 4.3 사건의 여사건, A^c

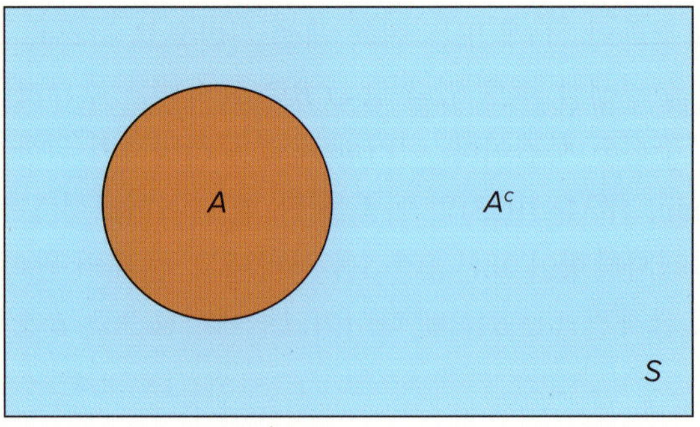

복합사건

- $A \cup B$라고 표시되는 두 사건의 합사건(union)은 A 또는 B에 있는 모든 결과로 구성된 사건이다.
- $A \cap B$라고 표시되는 두 사건의 교사건(intersection)은 A와 B 모두에 있는 결과로 구성된 사건이다.
- A^c라고 표시되는 사건 A의 여사건(complement)은 A에 없는 표본공간 S의 모든 결과로 구성된 사건이다.

예제 4.2

예제 4.1로부터 스노보더의 표본공간은 $S = \{\text{gold, silver, bronze, no medal}\}$로 정의됨을 기억하자. 이제 스노보더가 다음과 같은 세 가지 사건을 정의한다고 가정해보자.

- $A = \{\text{gold, silver, bronze}\}$; 즉, 사건 A는 메달을 획득한 것을 의미한다.
- $B = \{\text{silver, bronze, no medal}\}$; 즉, 사건 B는 최대 은메달을 획득함을 의미한다.
- $C = \{\text{no medal}\}$; 즉, 사건 C는 메달을 획득하지 못함을 의미한다.

a. $A \cup B$와 $B \cup C$를 찾아라.

b. $A \cap B$와 $A \cap C$를 찾아라.

c. B^c를 찾아라.

해답:

a. A와 B의 합사건은 A 또는 B에 속한 모든 결과를 나타낸다. 여기서 $A \cup B = \{\text{gold, silver, bronze, no medal}\}$이다. 사건 $A \cup B$에서 "silver"와 "bronze"의 결과는 이중 계산되지 않는다. 마찬가지로, 사건 $B \cup C = \{\text{silver, bronze, no medal}\}$이다.

b. A와 B의 교집합은 A와 B 둘 다에 속한 모든 결과를 나타낸다. 여기서 $A \cap B = \{\text{silver, bronze}\}$이다. 사건 $A \cap C = \emptyset$, 여기서 $\emptyset$는 공(empty)집합을 나타낸다. A와 C 모두에 공통적인 결과가 나타나지 않는다.

c. B의 여사건은 B에 없는 S의 모든 결과를 나타낸다. 여기서 $B^c = \{\text{gold}\}$이다.

확률 부여

유효한 표본공간과 그 표본공간으로부터 사건을 정의할 수 있는 다양한 방법에 대해 설명했으므로 이제 확률을 부여할 준비가 되었다. 확률을 설명할 때는 일반적으로 주관적 확률, 경험적 확률, 고전적 확률로 분류할 수 있는데, 사용된 방법과 관계없이 확률을 정의하는 두 가지 속성이 있다.

확률의 두 가지 정의 속성

1. 사건 A의 확률은 0과 1 사이의 값이며, 즉 $0 \leq P(A) \leq 1$이다.
2. 상호배반적이고 전체포괄적인 사건들의 확률의 합은 1이다.

예제 4.1의 스노보더가 금메달을 획득할 확률 10%, 은메달을 획득할 확률 15%, 동메달을 획득할 확률 20%, 메달 획득에 실패할 확률을 55%라고 가정하자. 그녀는 단순한 사건들에 **주관적 확률(subjective probability)**을 각각 부여했다. 어떠한 데이터도 참조하지 않고 이러한 확률들을 개인적으로 평가했다. 주관적 확률은 사람마다 다르며, 높은 수준의 개인적 편견을 포함할 수 있다.

스노보더는 발생할 확률이 55%로 가장 높기 때문에 가장 발생할 것 같은 결과는 메달 획득에 실패하는 것이라고 믿는다. 사건이 발생할 확률을 공식적으로 작성할 때, 일반적으로 확률 진술문을 작성한다. 여기서 확률 진술문은 $P(\{\text{no medal}\}) = 0.55$의 형태를 취할 수 있으며, 여기서 P(“사건”) 주어진 사건이 발생할 확률을 나타낸다. 표 4.2는 이들 사건과 각각의 주관적 확률을 요약한 것이다. 여기서 사건들이 상호배반적이고 전체포괄적임에 주목하자.

표 4.2 스노보더의 주관적 확률

Event	Probability
Gold	0.10
Silver	0.15
Bronze	0.20
No medal	0.55

예를 들어, 그녀가 은메달을 획득할 확률을 15%[또는 $P(\{\text{silver}\}) = 0.15$]로 평가했음을 표에서 쉽게 알 수 있다. 모든 확률이 0과 1의 값 사이에 있고, 합계가 1이 되어 확률의 정의 속성을 충족시킴을 주목해야 한다.

스노보더가 메달을 획득할 확률을 계산하려고 한다고 가정하자. 예제 4.2에서 “메달 획득”을 사건 A로 정의했고, 확률 진술문(probability statement)은 $P(A)$의 형태를 취한다. A에 속한 결과의 확률을 합산하여 이 확률을 계산한다. 또는 동등하게 다음과 같이 계산한다.

$$P(A) = P(\{\text{gold}\}) + P(\{\text{silver}\}) + P(\{\text{bronze}\}) = 0.10 + 0.15 + 0.20 = 0.45$$

예제 4.3

예제 4.2의 사건과 표 4.2의 확률을 고려하여, 다음 확률을 계산하라.

a. $P(B \cup C)$

b. $P(A \cap C)$

c. $P(B^c)$

해답:

a. 사건 B 또는 사건 C가 발생할 확률은 다음과 같다.

$$P(B \cup C) = P(\{\text{silver}\}) + P(\{\text{bronze}\}) + P(\{\text{no medal}\})$$
$$= 0.15 + 0.20 + 0.55 = 0.90$$

b. 사건 A와 사건 C 둘 다 발생할 확률은 $P(A \cap C) = 0$이며, A와 C에 공통적인 결과가 없음을 기억하자.

c. 사건 B의 여사건이 발생할 확률은 다음과 같다.

$$P(B^c) = P(\{\text{gold}\}) = 0.10$$

많은 경우 실험의 관측된 결과에 기초한 데이터를 참조하여 확률을 계산한다. 사건의 **경험적 확률(empirical probability)**은 사건의 발생을 관측한 상대빈도이다. 경험적 확률이 정확하기 위해서는 실험이 많은 횟수로 반복되어야 한다. 예를 들어 신규 대출 5건 중 2건에서 납입이 연체된 경우 연체율을 0.40으로 보고하는 것은 오해의 소지가 있다. 채무불이행이 훨씬 더 많은 수의 신규 대출에 기초한다면 그 확률은 신뢰할 수 있을 것이다.

예제 4.4

표 4.3의 빈도분포는 미국인 부자들 400명의 연령을 요약한 것이다. 이들 개인 중 한 명을 무작위로 선택한다고 가정해보자.

a. 개인이 최소 50세에서 60세 미만일 확률은 얼마인가?

b. 개인이 60세 미만일 확률은 얼마인가?

c. 개인이 적어도 80세 이상일 확률은 얼마인가?

표 4.3 미국인 부자 400명 연령의 빈도분포

Ages	Frequency
< 40	13
40 up to 50	24
50 up to 60	67
60 up to 70	113
70 up to 80	117
80 up to 90	55
≥ 90	11

해답:

표 4.3a에서는 우선 각 결과를 문자 부호로 지정한다. 예를 들어, 결과 "< 40"는 사건 A로 표시된다. 다음으로 각 사건의 상대빈도를 계산하고, 상대빈도를 사용하여 사건의 확률을 나타낸다.

표 4.3a 미국인 부자 400명 연령의 상대빈도분포

Ages	Event	Frequency	Relative Frequency
< 40	*A*	13	13/400 = 0.0325
40 up to 50	*B*	24	0.0600
50 up to 60	*C*	67	0.1675
60 up to 70	*D*	113	0.2825
70 up to 80	*E*	117	0.2925
80 up to 90	*F*	55	0.1375
≥ 90	*G*	11	0.0275

a. 개인이 50세 이상 60세 미만일 확률은 다음과 같다.

$$P(C) = \frac{67}{400} = 0.1675$$

b. 개인이 60세 미만일 확률은 다음과 같다.

$$P(A \cup B \cup C) = \frac{13 + 24 + 67}{400} = 0.260$$

c. 개인이 80세 이상일 확률은 다음과 같다.

$$P(F \cup G) = \frac{55 + 11}{400} = 0.165$$

협의의 범위에서 잘 정의된 문제에서는 때때로 문제에 대한 추정을 통해 확률을 추정할 수 있으며, 그 결과로 나타난 확률은 **고전적 확률(classical probability)**이다. 고전적 확률은 흔히 우연(chance)의 게임에서 사용되며, 실험의 모든 결과가 동등하게 발생할 가능성이 있다는 가정에 기초한다. 따라서 사건의 고전적 확률은 사건에 속하는 결과의 수를 전체 결과의 수로 나눈 값으로 계산된다.

예제 4.5

공정한 6면 주사위를 굴리는 실험을 가정하자. 그 다음 적절한 표본공간을 $S = \{1, 2, 3, 4, 5, 6\}$으로 정의할 수 있다.

a. 2가 나올 확률은 얼마인가?

b. 2 또는 5가 나올 확률은 얼마인가?

c. 짝수가 나올 확률은 얼마인가?

해답:

여기서 각 결과가 동등하게 나타날 수 있음을 인식한다. 따라서 6개의 가능한 결과를 가

지고 있고, 각 결과는 1/6의 발생할 확률을 갖는다.

a. 2가 나올 확률은 $P(\{2\})$이며, 1/6 또는 0.1667이다.

b. 2 또는 5가 나올 확률은 $P(\{2\}) + P(\{5\})$이며, $1/6 + 1/6 = 1/3$ 또는 0.3333이다.

c. 짝수가 나올 확률 $P(\{2\}) + P(\{4\}) + P(\{6\})$은 $1/6 + 1/6 + 1/6 = 1/2$ 또는 0.50이다.

확률의 분류

- 주관적 확률(subjective probability)은 개인적이고 주관적인 판단에 근거하여 계산된다.
- 경험적 확률(empirical probability)은 발생의 상대빈도로 계산된다.
- 고전적 확률(classical probability)은 관찰이나 개인적인 판단보다는 논리적 분석을 기반으로 한다.

경험적 확률과 고전적 확률은 일반적으로 개인마다 다르지 않기 때문에 흔히 객관적 확률(objective probability)로 분류된다.

유명한 **대수의 법칙(law of large numbers)**에 따르면, 실험을 매우 큰 수로 반복할 경우 경험적 확률은 고전적 확률에 근접한다. 예를 들어, 동전을 10번 던지는 것을 생각해보자. 앞면이 정확히 5번 나타나지 않을 수 있으므로 상대빈도가 0.50이 아닐 수 있다. 그러나 만약 동전을 많은 횟수로 던지면 앞면이 거의 절반 정도 나타날 것이다. 이는 경험적 확률을 0.50의 고전적 확률과 동일하게 만들 것이다.

연습문제 4.1

1. 다음 확률이 주관적, 경험적, 고전적 확률 중 어느 확률로 가장 잘 분류되는지 결정하라.

- **a.** 선일은 공정한 동전을 던지기 전에, 뒷면이 나올 확률이 50%라고 평가한다.
- **b.** 학기 초에 존은 그가 전 과목 A를 받을 확률이 90%라고 믿는다.
- **c.** 회의장에 60명의 공화당원과 90명의 민주당원이 있기 때문에 회의장에서 나올 다음 사람이 공화당원일 확률은 40%라고 정치기자가 발표한다.

2. 표본공간 S는 동등한 발생 가능성을 가진 5개의 사건 A, B, C, D, E를 포함한다.

- **a.** $P(D)$를 찾아라.
- **b.** $P(B^c)$를 찾아라.
- **c.** $P(A \cup C \cup E)$를 찾아라.

3. 표본공간 $S = \{1, 2, 3, 4, 5, 6\}$를 갖는 주사위를 굴린다. A를 $\{1, 2, 3\}$, B를 $\{1, 2, 3, 5, 6\}$, C를 $\{4, 6\}$, D를 $\{4, 5, 6\}$으로 정의한다. 다음 사건들 중 전체포괄적인 또는 상호배반적인 사건들을 결정하라.

- **a.** A and B
- **b.** A and C
- **c.** A and D
- **d.** B and C

4. 표본공간 S는 $P(A) = 0.35$, $P(B) = 0.10$, $P(C) = 0.25$인 4개의 단순사건 A, B, C, D를 포함한다.

- **a.** $P(D)$를 찾아라.
- **b.** $P(C^c)$를 찾아라.
- **c.** $P(A \cup B)$를 찾아라.

5. 제인 피터슨은 암트랙을 타고 뉴욕에서 워싱턴 DC까지 여섯 번을 여행했는데, 그중 기차가 세 번 연착했다. 그래서 제인은 그녀의 친구들에게 기차가 제시간에 도착할 확률은 0.50이

라고 말한다. 이는 경험적 확률 또는 고전적 확률 중 어떤 것인가? 왜 이 확률이 정확하지 않은가?

6. 다음 시나리오를 고려하여 언급된 속성의 조합이 합사건인지 교사건인지를 결정하라.
   a. 흥미가 있는 두 강좌가 있는데, 그중 적어도 한 개라도 수강할 수 있다면 행복할 것이다.
   b. 흥미가 있는 두 강좌가 있는데, 두 과목 모두 수강할 수 있다면 행복할 것이다.

7. 다음 시나리오를 고려하여 언급된 속성의 조합이 합사건인지 교사건인지를 결정하라.
   a. 한 마케팅 회사에서 경영학 학위와 최소 5년 이상의 근무 경력이 있는 지원자를 찾고 있다.
   b. 한 가족이 토요타 미니밴 또는 혼다 미니밴을 구매하기로 결정했다.

8. 두 회사에 입사 지원을 하는데, 사건 A는 첫 번째 회사로부터 입사 제의를 받은 결과를 나타내고, 사건 B는 두 번째 회사로부터 입사 제의를 받은 결과를 나타낸다고 하자.
   a. 사건 A와 B가 전체포괄적이지 않은 이유를 설명하라.
   b. 사건 A와 B가 상호배반적이지 않은 이유를 설명하라.

9. 놀라운 수의 미국 성인들이 과체중 또는 비만이다. 과체중과 비만의 구분은 weight/height^{2}으로 표현되는 체질량지수(BMI)에 기초하여 이루어진다. 과체중으로 간주되는 성인은 BMI가 25 이상 30 미만이고, 비만 성인은 30 이상의 BMI를 가질 것이다. 최근 연구에 따르면 미국 성인 인구의 33.1%가 과체중이고, 35.7%가 비만이다. 이 정보를 이용하여 다음에 답하라.
   a. 무작위로 선택된 한 성인이 과체중이거나 비만일 확률은 얼마인가?
   b. 무작위로 선택된 한 성인이 과체중이거나 비만이 아닐 확률은 얼마인가?
   c. "과체중"과 "비만" 사건이 전체포괄적인가?
   d. "과체중"과 "비만" 사건이 상호배반적인가?

10. 매사추세츠주 케이프 코드에 있는 건강센터 4개소에서는 15,164명의 환자들이 우울증을 감지하기 위해 고안된 질문에 응답하도록 요청받았다. 조사결과는 다음과 같이 산출되었다.

Diagnosis	Number
Mild	3,257
Moderate	1,546
Moderately Severe	975
Severe	773
No Depression	8,613

   a. 무작위로 선택된 한 환자가 가벼운(mild) 우울증을 겪을 확률은 얼마인가?
   b. 무작위로 선택된 한 환자가 우울증을 겪지 않을 확률은 얼마인가?
   c. 무작위로 선택된 한 환자가 약간 심한(moderately severe)에서 심각한(severe) 우울증을 겪을 확률은 얼마인가?
   d. 약간 심한(moderately severe)에서 심각한(severe) 우울증의 전국 수치가 약 6.7%라고 주어졌을 때, 이 하계 리조트 커뮤니티에서의 우울증 비율은 더 높은 것으로 나타나는가? 설명하라.

4.2 확률법칙

이전 절에서는 사건의 확률이 어떻게 부여되는지 논의했다. 여기서는 사건들의 확률을 결합하는 데 사용되는 다양한 법칙을 제시한다.

여사건 법칙(complement rule)은 확률의 정의 속성 중 하나에서 비롯된다. 표본공간에서 단순사건에 부여된 확률의 합은 1이어야 한다. 따라서 사건 A와 여사건 A^c에 대해 $P(A) + P(A^c) = 1$을 구한다. 이 수식을 재배열하면 여사건 법칙을 얻는다.

여사건 법칙

사건 A의 여사건의 확률은 다음과 같이 산출된다.

$$P(A^c) = 1 - P(A)$$

여사건 법칙은 매우 간단하지만 널리 사용되고 강력하다.

예제 4.6

목샤 요가센터의 매니저는 오픈하우스 참석 여성의 37%, 남성의 30%가 회원권을 구매할 것으로 보고 있다.

a. 무작위로 선택한 한 여성 오픈하우스 참석자가 회원권을 구매하지 않을 확률은 얼마인가?

b. 무작위로 선택한 한 남성 오픈하우스 참석자가 회원권을 구매하지 않을 확률은 얼마인가?

해답:

a. 매니저가 무작위로 선택한 오픈하우스 참석 여성이 회원권을 구매하는 사건을 A로 정의하면, $P(A) = 0.37$이다. 이 문제에서는 A의 여사건에 관심이 있다. 따라서 $P(A^c) = 1 - P(A) = 1 - 0.37 = 0.63$이다.

b. 마찬가지로, 매니저가 무작위로 선택한 오픈하우스 참석 남성이 회원권을 구매하는 사건를 B로 정의하면, $P(B) = 0.30$이다. 따라서 $P(B^c) = 1 - P(B) = 1 - 0.30 = 0.70$이다.

덧셈법칙(addition rule)으로 두 사건의 합사건(union)의 확률을 찾을 수 있다. 사건 A가 발생하거나 사건 B가 발생할 확률, 즉 확률용어로 $P(A \cup B)$를 찾으려고 한다고 가정하자. 그림 4.1과 그림 4.2에서 합사건 $A \cup B$는 벤 다이어그램에서 A 또는 B에 포함된 부분이고, 교사건 $A \cap B$는 A와 B 모두에 포함된 부분임을 기억하자.

만약 $P(A)$와 $P(B)$를 단순히 합산하여 $P(A \cup B)$를 얻으려고 한다면, A와 B의 교사건 확률인 $P(A \cap B)$가 두 번 계산되기 때문에 그 확률을 과대평가한다. 일반적으로 $P(A \cap B)$를 사건 A와 B의 **결합확률(joint probability)**이라고 부른다. 덧셈법칙을 실행할 때 $P(A)$와 $P(B)$를 합산한 다음, 이 합에서 $P(A \cap B)$를 뺀다.

덧셈 법칙

사건 A 또는 사건 B가 발생할 확률은 다음과 같이 산출된다.

$$P(A \cup B) = P(A) + P(B) - P(A \cap B)$$

예제 4.7

앤서니는 통계학에서 A를 받을 확률이 75%이고, 경영경제학에서 A를 받을 확률이 55%라고 생각한다. 그는 또한 두 수업 모두에서 A를 받을 확률이 40%라고 믿고 있다.

a. 이들 강좌 중 적어도 하나에서 A를 받을 확률은 얼마인가?

b. 이들 강좌 중 어느 것에서도 A를 받지 못할 확률은 얼마인가?

해답:

a. $P(A_S)$는 통계학에서 A를 받을 확률에 해당하고, $P(A_M)$는 경영경제학에서 A를 받을 확률에 해당한다고 하자. 따라서 $P(A_S) = 0.75$와 $P(A_M) = 0.55$이다. 또한, 앤서니가 두 수업 모두에서 A를 받을 결합확률은 $P(A_S \cap A_M) = 0.40$이다. 이들 강좌 중 적어도 하나에서 A를 받을 확률을 찾기 위해 다음을 계산한다.

$$P(A_S \cup A_M) = P(A_S) + P(A_M) - P(A_S \cap A_M) = 0.75 + 0.55 - 0.40 = 0.90$$

b. 두 강좌 어느 것에서도 A를 받지 못할 확률은 실제로 두 사건의 합사건의 여사건이다. 즉, $P((A_S \cup A_M)^c)$이다. (a)로부터의 정보와 여사건 법칙을 사용하여 다음을 계산한다.

$$P((A_S \cup A_M)^c) = 1 - P(A_S \cup A_M) = 1 - 0.90 = 0.10$$

요구되는 확률을 정확하게 설명하는 또 다른 방법은 $P(A_S^c \cap A_M^c)$이며, 이는 통계학에서도 A를 받지 못하고 경영경제학에서도 A를 받지 못할 확률이다. 일반적인 실수는 확률을 $1 - P(A_S \cap A_M) = 1 - 0.40 = 0.60$으로 계산하는 것인데, 이는 앤서니가 두 수업에서 A를 모두 받지 못한 확률이 60%임을 단순히 나타낸다. 이것은 앤서니가 두 수업 중 어느 수업에서든 A를 받지 못하는 데 요구되는 확률은 분명히 아니다.

상호배반적인 사건 A와 B의 경우, 결합확률은 0, 즉 $P(A \cap B) = 0$이다. 이중 계산에 대해 걱정할 필요가 없으며, 따라서 합사건의 확률은 단순히 두 확률의 합이다.

비즈니스 응용에서, 관심확률은 흔히 **조건부 확률(conditional probability)**이다. 예를 들어, 고객이 할인 혜택이 포함된 이메일을 받는 조건에서 온라인 구매를 할 확률, MBA를 취득한 조건에서 억대연봉을 받을 확률, 기업이 새로운 마케팅 캠페인을 시작하는 조건에서 매출이 증가할 확률 등이다.

한 예를 사용하여 조건부 확률의 개념을 설명하자. 최근 경영대학 졸업생이 적합한 직업을 찾을 확률이 0.80이라고 가정해보자. 만약 최근 경영대학 졸업생이 취업경험이 있다면 적합한 직업을 찾을 확률은 0.90이다. 여기서 사건의 확률은 다른 사건이 발생하는 조건부이다. A가 "구직"을 나타내고 B가 "취업 경험"을 나타내는 경우, $P(A) = 0.80$이고 조건부 확률은 $P(A|B) = 0.90$으로 표시된다. 이 예에서 이전 취업경험을 조건으로 했을 때 적합한 직업을 찾을 확률은 0.80에서 0.90으로 증가한다. 일반적으로 B가 A에 긍정적인 영향을 미친다면 조건부 확률 $P(A|B)$는 **비조건부 확률(unconditional probability)** $P(A)$보다 크다. 마찬가지로 B가 A에 부정적인 영향을 미친다면 $P(A|B)$는 $P(A)$보다 작다. 마지막으로 B가 A에 영향을 미치지 않는다면 $P(A|B)$는 $P(A)$와 같다. 일반적으로 '비조건부 확률'을 단순히 '확률(probability)'로 지칭한다.

조건부 확률을 설명하기 위해 그림 4.2의 벤 다이어그램을 이용한다. $P(A|B)$는 B(B의 발생)에 대한 조건부의 A 확률을 나타내기 때문에, 원래의 표본공간 S는 B로 축소한다. 조건부

확률 $P(A|B)$는 B에 포함되는 A의 부분에 기초한다. 따라서 $P(A|B)$는 B의 확률에 대한 A와 B의 교사건 확률의 비로 산출된다.

조건부 확률

사건 B가 발생한 전제에서 사건 A가 발생할 확률은 다음과 같이 산출된다.

$$P(A|B) = \frac{P(A \cap B)}{P(B)}$$

예제 4.8

경제 세계화는 국가 경제가 무역, 외국인 직접 투자, 자본 흐름, 이주 및 기술 확산을 통해 국제 경제에 통합되는 것으로 정의된다. 세계화는 일반적으로 호의적으로 여겨지지만, 다른 나라의 경제 상황에 대한 국가의 취약성도 증가시킨다. 한 경제학자는 국가 A가 저조한 성과를 낼 확률이 60%, 국가 B가 저조한 성과를 낼 확률이 25%라고 예측한다. 또한 양 국가 모두 저조한 성과를 낼 확률은 16%이다.

a. 국가 B가 저조한 성과를 보였다는 전제하에 국가 A가 저조한 성과를 낼 확률은 얼마인가?

b. 국가 A가 저조한 성과를 보였다는 전제하에 국가 B가 저조한 성과를 낼 확률은 얼마인가?

c. 결과를 해석하라.

해답:

우선 이용 가능한 정보를 확률용어로 적는다. 사건 A를 "국가 A가 저조한 성과", 사건 B를 "국가 B가 저조한 성과"로 정의하면, 다음과 같은 정보를 갖는다: $P(A) = 0.60$, $P(B) = 0.25$, $P(A \cap B) = 0.16$.

a. $P(A|B) = \dfrac{P(A \cap B)}{P(B)} = \dfrac{0.16}{0.25} = 0.64$

b. $P(B|A) = \dfrac{P(A \cap B)}{P(A)} = \dfrac{0.16}{0.60} = 0.27$

c. 세계화로 인해 이들 국가는 다른 국가의 경제적 불황에 취약해진 것으로 보인다. 국가 A가 저조한 성과를 낼 확률은 국가 B가 저조한 성과를 보일 때 60%에서 64%로 증가한다. 마찬가지로, 국가 B가 저조한 성과를 낼 확률은 국가 A의 성과가 저조한 경우 25%에서 27%로 증가한다.

어떤 상황에서는 결합확률 $P(A \cap B)$를 찾는 데 관심이 있다. 조건부 확률 공식 $P(A|B) = \frac{P(A \cap B)}{P(B)}$를 사용하면, $P(A \cap B) = P(A|B)P(B)$를 쉽게 유도할 수 있다. $P(A \cap B)$을 찾기 위해 두

확률의 곱으로 계산하기 때문에 이 공식을 확률에 대한 **곱셈법칙(multiplication rule)**이라고 한다.

곱셈 법칙

사건 A와 B의 결합확률은 다음과 같이 산출된다.

$$P(A \cap B) = P(A|B)P(B)$$

예제 4.9

한 매니저는 소비자의 14%가 회사의 소셜 미디어 캠페인에 긍정적으로 반응할 것이라고 믿는다. 또한 긍정적으로 반응하는 소비자의 24%가 충성도 높은 고객이 될 것이다. 소셜 미디어 캠페인의 다음 수신자가 긍정적인 반응을 보이고 충성도 높은 고객이 될 확률을 찾아라.

해답:

사건 R은 소셜 미디어 캠페인에 긍정적으로 반응하는 소비자를 나타내고, 사건 L은 충성도 높은 고객을 나타낸다. 따라서 $P(R) = 0.14$이고, $P(L|R) = 0.24$이다. 소셜 미디어 캠페인의 다음 수신자가 긍정적인 반응을 보이고 충성도 높은 고객이 될 확률을 $P(R \cap L) = P(L|R)P(R) = 0.24 \times 0.14 = 0.0336$으로 계산한다.

연구자들에게 특별한 관심은 두 사건이 서로 영향을 미치는지 여부이다. 한 사건의 발생이 다른 사건의 발생 확률에 영향을 미치지 않는 경우 두사건은 **독립(independent)**이다. 마찬가지로, 한 사건의 발생이 다른 사건의 발생 확률과 관련이 있는 경우 사건들은 **종속(dependent)**이라고 간주된다. 일반적으로 사건의 조건부 확률 $P(A|B)$를 확률 $P(A)$와 비교하여 두 사건의 독립성을 결정한다. 이 두 확률이 같으면 두 사건 A와 B가 독립이라고 하고, 확률이 다르면 두 사건은 종속이라고 한다.

독립사건 대 종속사건

두 사건 A와 B는 $P(A|B) = P(A)$ 또는 동등하게 $P(A \cap B) = P(A|B)P(B) = P(A)P(B)$이면 독립(independent)이다. 그렇지 않으면 두 사건은 종속(dependent)이다.

예제 4.10

특정 연도에 데스크톱 컴퓨터가 고장이 날 확률은 2%이고, 노트북 컴퓨터가 고장이 날 확률은 6%라고 가정해보자. 또한 두 컴퓨터가 모두 고장 날 확률은 0.12%이다. 두 컴퓨터의 신뢰도가 서로 독립인가?

해답:

사건 D는 데스크톱 고장의 결과를 나타내고, 사건 L은 노트북 고장의 결과를 나타낸다. 따라서 $P(D) = 0.02$, $P(L) = 0.06$, $P(D \cap L) = 0.0012$이다.

$$P(D|L) = \frac{P(D \cap L)}{P(L)} = \frac{0.0012}{0.06} = 0.02 = P(D)$$

이므로 두 컴퓨터의 신뢰도는 독립이다. 즉, 노트북이 고장 나더라도 데스크톱이 고장 날 확률은 변경되지 않는다. 마찬가지로, $P(D \cap L) = P(D)P(L) = 0.0012$이므로 사건들이 독립임을 보여준다.

연습문제 4.2

11. $P(A) = 0.65$, $P(B) = 0.30$, $P(A|B) = 0.45$이다.

a. $P(A \cap B)$를 계산하라.

b. $P(A \cup B)$를 계산하라.

c. $P(B|A)$를 계산하라.

12. $P(A) = 0.55$, $P(B) = 0.30$, $P(A \cap B) = 0.10$이다.

a. $P(A|B)$를 계산하라.

b. $P(A \cup B)$를 계산하라.

c. $P((A \cup B)^c)$를 계산하라.

13. A와 B를 $P(A) = 0.25$, $P(B) = 0.30$인 상호배반적인 사건으로 가정하자.

a. $P(A \cap B)$를 계산하라.

b. $P(A \cup B)$를 계산하라.

c. $P(A|B)$를 계산하라.

14. A와 B를 $P(A) = 0.40$, $P(B) = 0.50$인 독립인 사건으로 가정하자.

a. $P(A \cap B)$를 계산하라.

b. $P((A \cup B)^c)$를 계산하라.

c. $P(A|B)$를 계산하라.

15. $P(A) = 0.15$, $P(B) = 0.10$, $P(A \cap B) = 0.05$이다.

a. A와 B는 독립인 사건인가? 설명하라.

b. A와 B는 상호배반적인 사건인가? 설명하라.

c. A도 B도 일어나지 않을 확률은 얼마인가?

16. $P(A) = 0.40$, $P(B) = 0.50$, $P(A^c \cap B^c) = 0.24$의 확률을 고려하여 다음을 찾아라.

a. $P(A^c|B^c)$

b. $P(A^c \cup B^c)$

c. $P(A \cup B)$

17. $P(A^c) = 0.30$, $P(B) = 0.60$, $P(A \cap B^c) = 0.24$의 확률을 고려하여 다음을 찾아라.

a. $P(A|B^c)$

b. $P(B^c|A)$

c. A와 B는 독립인 사건인가? 설명하라.

18. 대학의 학생 중 20%만이 오피스 아워에 교수를 방문한다. 방문한 학생들 중 30%는 사소한 설명을 구하고, 70%는 주요한 설명을 구한다.

a. 학생이 사소한 설명을 구하기 위해 오피스 아워에 교수를 방문할 확률은 얼마인가?

b. 학생이 주요한 설명을 구하기 위해 오피스 아워에 교수를 방문할 확률은 얼마인가?

19. 주가 A가 상승할 확률은 0.40이고, 주가 B가 상승할 확률은 0.60이다. 주가 B의 가격이 오르면 주가 A의 가격도 오를 확률은 0.50이다.

a. 적어도 하나의 종목이 가격이 상승할 확률은 얼마인가?

b. 사건 A와 B는 상호배반적인가? 설명하라.

c. 사건 A와 B는 독립인가? 설명하라.

20. 사기감지(Fraud detection)는 은행과 신용카드 회사가 사기성 신용카드 거래를 방지하는 데 필수적인 도구가 되었다. 사기감지 회사는 모든 거래의 5%와 사기 거래의 80%에 대해 경보를 울린다. 회사가 경보를 울리지 않은 경우 거래가 사기일 확률이 얼마인가? 모든 거래의 1%가 사기라고 가정하자.

21. 미리암 존슨 박사는 20년 넘게 회계학을 가르쳐 왔다. 경험을 통해, 그녀는 60%의 학생들이 규칙적으로 과제를 수행한다고 알고 있다. 더욱이 정기적으로 과제를 수행하는 학생들의 95%가 이 강좌를 통과한다. 그녀는 또한 그녀의 학생들의 85%가 이 강좌를 통과한다고 알고 있다.

a. 학생이 과제를 규칙적으로 하고 강좌를 통과할 확률은 얼마인가?

b. 학생이 과제를 규칙적으로 하지도 않고 강좌도 통과하지 못할 확률은 얼마인가?

c. "강좌 통과"와 "과제를 규칙적으로 수행" 사건은 상호배반적인가? 설명하라.

d. "강좌 통과"와 "과제를 규칙적으로 수행" 사건은 독립인가? 설명하라.

22. 기록에 따르면 전체 대학생의 5%가 흡연하는 외국인 학생이다. 또한 전체 외국인 대학생의 50%가 흡연하는 것으로 알려져 있다. 이 대학의 학생 중 몇 %가 외국인인가?

23. 분석가는 7년 만기 AA등급 채권의 채무불이행 확률은 0.06인 반면, 7년 만기 A등급 채권의 채무불이행 확률은 0.13이라고 추정한다. 둘 다 채무불이행일 확률은 0.04이다.

a. 채권 중 적어도 하나가 채무불이행일 확률은 얼마인가?

b. 7년 만기 AA 등급 채권과 7년 만기 A 등급 채권 모두 채무불이행이 아닐 확률은 얼마인가?

c. 7년 만기 AA 등급 채권의 채무불이행이 있을 때, 7년 만기 A 등급 채권도 채무불이행일 확률은 얼마인가?

24. 마이크 데인즈는 좋아하는 의류매장 중 한 곳에서 열리는 연간 할인판매 행사에 늦었다. 그의 친구는 그에게 셔츠가 20장밖에 남지 않았는데, 그중 8장은 M사이즈, 10장은 L사이즈, 2장은 XL사이즈라고 문자를 보냈다. 또한 셔츠 중 9장은 흰색, 5장은 파란색, 나머지는 혼합 색상이다. 마이크는 L사이즈의 흰색이나 파란색 셔츠를 사는 것에 관심이 있다. 사건 A를 흰색 또는 파란색 셔츠 구입, 사건 B를 L 사이즈 셔츠 구입으로 정의한다.

a. $P(A)$, $P(A^c)$, $P(B)$를 구하라.

b. 사건 A와 B는 상호배반적인가? 설명하라.

c. 마이크의 선호도를 $A \cup B$ 또는 $A \cap B$ 사건으로 설명할 수 있는가?

25. 일반적으로 온라인 쇼핑이 상점에 가는 것보다 더 편리하다. 그러나 여론조사에 따르면, 87%의 사람들이 온라인 거래에서 문제를 경험했다고 한다. 문제를 경험한 사람들 중 42%는 거래를 포기하거나 경쟁사의 웹사이트로 전환했다. 문제를 경험한 사람들 중 53%가 고객 서비스 담당자에게 연락했다.

a. 온라인 거래에서 문제를 경험하지 않은 사람의 비율은 몇 %인가?

b. 온라인 거래에서 문제를 경험하고 거래를 포기하거나 경쟁사 웹사이트로 전환한 사람의 비율은 얼마인가?

c. 온라인 거래에서 문제를 경험하고 고객 서비스 담당자에게 연락한 사람의 비율은 얼마인가?

26. 한 제조업체는 공급업체로부터 크기가 약간 다른 20개의 조립 부품을 배송받았다. 매니저는 배송된 부품 중 적합한 부품이 15개밖에 없다는 것을 알고 있다. 그는 이 부품들을 한 번에 한 개씩 검사한다.

a. 첫 번째 부품이 적합할 확률을 계산하라.

b. 첫 번째 부품이 적합한 경우 두 번째 부품도 적합할 확률을 계산하라.

c. 첫 번째 부품이 적합한 경우 두 번째 부품이 적합하지 않을 확률을 계산하라.

27. 미국에서 애플(Apple) 제품은 유명한 이름이 되었다. 애플 제품을 소유할 가능성은 자녀가 있는 가정의 경우 61%, 자녀가 없는 가정의 경우 48%라고 가정하자. 대표적인 커뮤니티에는 1,200가구가 있으며, 그중 820가구는 자녀가 있고 나머지는 자녀가 없다고 가정하자.

a. "자녀가 있는 가정"과 "자녀가 없는 가정" 사건이 상호배반적이고 전체포괄적인가? 설명하라.

b. 자녀가 없는 가구일 확률은 얼마인가?

c. 자녀가 있고 애플 제품을 소유하는 가구일 확률은 얼마인가?

d. 자녀가 없고 애플 제품도 소유하지 않은 가구일 확률은 얼마인가?

28. 은행규제기관은 월가의 임원들에게 상여금 삭감을 요구하는 노력을 재개하고 있다. 그럼에도 불구하고 한 기업의 이사회 구성원 15명 중 10명이 성과급에 찬성하는 것으로 파악된다. 미디어에서 두 구성원을 임의로 선택했다고 가정하자.

a. 두 사람 모두 성과급에 찬성할 확률은 얼마인가?

b. 두 사람 모두 성과급에 찬성하지 않을 확률은 얼마인가?

29. 크리스틴은 데이브와 마이크에게 일요일 아침에 새 아파트로 이사하는 것을 도와달라고 부탁했다. 그녀는 그들 중 한 명이 나타나지 않을 경우를 대비해서 그들 모두에게 요청한 것이다. 크리스틴은 데이브가 나타나지 않을 확률이 40%, 마이크가 나타나지 않을 확률이 30%라는 것을 알고 있다. 데이브와 마이크는 서로 모르기 때문에 그들의 결정은 독립적이라고 가정할 수 있다.

a. 데이브와 마이크 둘 다 나타날 확률은 얼마인가?

b. 그들 중 적어도 한 명은 나타날 확률이 얼마인가?

c. 데이브와 마이크 모두 나타나지 않을 확률은 얼마인가?

30. 인구조사에 따르면 부모가 두 명인 어린이의 비율은 아시아인이 가장 높고, 흑인이 가장 낮다. 아시아인의 85%, 백인의 78%, 히스패닉의 70%, 흑인 어린이의 38%가 가정에 두 명의 부모가 있는 것으로 보고되었다. 한 대표성 있는 학교에 500명의 학생이 있다고 가정해보자. 이 중 백인 280명, 아시아인 50명, 히스패닉 100명, 흑인 70명이 있다.

a. "아시아인"과 "흑인" 사건은 상호배반적이고 전체포괄적인가? 설명하라.

b. 어린이가 백인이 아닐 확률이 얼마인가?

c. 어린이가 백인이고 집에 부모가 둘 다 있을 확률은 얼마인가?

d. 어린이가 아시아인이고 집에 부모가 둘 다 있지 않을 확률은 얼마인가?

31. 척추환자결과연구시험(SPORT)의 결과에 따르면, 통증 있는 흔한 허리 상태에 대한 수술은 약물이나 물리 치료보다 요통을 현저히 감소시키고 신체기능을 향상시킨다. SPORT는 803명의 환자를 추적했고, 이 중 398명이 수술을 받았다. 2년 후, 수술을 받은 사람 중 63%가 상태가 크게 호전됐다고 답한 반면, 비수술적 치료를 받은 사람은 29%만이 그렇다고 답하였다.

a. 환자가 수술을 받았을 확률은 얼마인가? 환자가 수술을 받지 않았을 확률은 얼마인가?

b. 환자가 수술을 받고 상태가 크게 호전된 경험을 한 확률은 얼마인가?

c. 환자가 비수술적 치료를 받고 상태가 크게 호전된 경험을 한 확률은 얼마인가?

32. 유엔기구 2개소와 한 비정부기구의 조사에 따르면, 인도 수도 뉴델리의 여성 3명 중 2명은 1년 안에 어떤 형태로든 성희롱에 직면할 가능성이 있다. 이 연구는 또한 대중교통을 이용하는 여성들이 특히 취약하다고 보고한다. 대중교통을 이용하는 여성이 성희롱을 당할 확률이 0.82라고 가정하자. 여성의 28%가 대중교통을 이용하는 것으로도 알려져 있다.

a. 여성이 대중교통을 이용하고 또 성희롱에 직면할 확률은 얼마인가?

b. 여성이 성희롱을 당했다면, 대중교통을 이용했을 확률은 얼마인가?

4.3 분할표와 확률

2장에서 논의한 바와 같이, **분할표(contingency table)**는 두 범주형 변수 간의 관계를 조사할 때 매우 유용한 것으로 입증되었다. 분할표는 두 범주형 변수 x와 y에 대한 빈도를 보여주며, 여기서 각 셀은 x와 y 관측치 쌍의 상호배반적인 조합을 나타낸다. 분할표는 마케팅뿐만 아니라 다른 비즈니스 응용에서도 널리 사용된다. 이 장에서는 관련 사건의 경험적 확률을 계산하기 위해 분할표를 사용할 것이다.

도입사례에서 자넷은 연락할 새로운 오픈하우스 참석자를 선택하기 위해 연령그룹과 등록결과에 대한 정보를 사용하여 데이터 기반 전략을 개발하려고 한다. 표 4.4는 24/7 피트니스센터 과거 참석자의 연령그룹 및 등록결과에 대한 빈도를 보여주는 분할표를 보여준다.

표 4.4 참석자의 등록과 연령 빈도

	Age Group			
Outcome	**Under 30 (*U*)**	**Between 30 and 50 (*B*)**	**Over 50 (*O*)**	**Total**
Enroll (*E*)	24	72	44	140
Not Enroll (*N*)	84	88	88	260
Total	108	160	132	400

보이는 바와 같이, 클럽 회원권에 대한 두 결과(등록과 미등록)와 오픈하우스 참석자의 3개 연령그룹(30세 미만, 30~50세, 50세 초과)이 있다. 오픈하우스 참석자 400명은 30세 미만 108명, 30~50세 160명, 50세 초과 132명이다. 또한 오픈하우스 참석자 140명이 피트니스센터에 등록했고, 260명은 등록하지 않았다.

사건 발생의 상대빈도를 계산하여 경험적 확률을 추정할 수 있음을 기억하자. 이러한 확률 계산을 덜 번거롭게 하기 위해서는 문자 표기법으로 각 사건을 나타내는 것이 유용하다. 표 4.4에서 문자 E와 N은 각각 "등록(Enroll)"과 "미등록(Not enroll)"을 나타낸다. 마찬가지로, 문자 U, B, O는 "30세 이하(Under 30)", "30~50세(Between 30 and 50)", 그리고 "50세 초과(Over 50)"를 나타낼 때 각각 사용한다.

다음 예제는 데이터가 분할표의 형태로 표시될 때 경험적 확률을 계산하는 방법을 보여준다.

예제 4.11

표 4.4의 분할표를 사용하여 다음 질문에 답하라.

a. 무작위로 선택된 참석자가 피트니스센터에 등록할 확률은 얼마인가?
b. 무작위로 선택된 참석자가 50세 초과일 확률은 얼마인가?
c. 무작위로 선택된 참석자가 피트니스센터에 등록하고 50세 초과일 확률은 얼마인가?
d. 무작위로 선택된 참석자가 피트니스센터에 등록하거나 또는 50세 초과일 확률은 얼마인가?
e. 한 참석자가 50세 초과인 경우, 피트니스 센터에 등록할 확률은 얼마인가?

해답:

a. $P(E) = \frac{140}{400} = 0.35$. 무작위하게 선택된 참석자가 피트니스센터에 등록할 확률은 35%이다.
b. $P(O) = \frac{132}{400} = 0.33$. 무작위하게 선택된 참석자가 50세 초과일 확률은 33%이다.
c. $P(E \cap O) = \frac{44}{400} = 0.11$. 무작위로 선택된 참석자가 피트니스센터에 등록하고 50세 초과일 확률은 11%이다.
d. $P(E \cup O) = \frac{24 + 72 + 44 + 88}{400} = 0.57$. 무작위로 선택된 참석자가 피트니센터에 등록하거나 50세 초과일 확률은 57%이다. 또는 덧셈법칙을 사용하여 이 확률을 $P(E \cup O) = P(E) + P(O) - P(E \cap O) = 0.35 + 0.33 - 0.11 = 0.57$로 계산할 수 있다.
e. 조건부 확률 $P(E|O)$를 계산하려고 한다. 정보가 분할표의 형태로 있는 경우 조건부 확률을 계산하는 것은 꽤 간단하다. 참석자가 50세 초과라는 정보가 주어졌으므로 관련 표본크기는 400명에서 132명으로 감소한다. 30세 미만 또는 30세에서 50세 사이의 모든 참석자를 무시할 수 있다. 그리하여 50세 초과의 참석자 132명 중 44명이 피트니스센터에 등록한다. 따라서 50세 초과일 때 참석자가 피트니스센터에 등록할 확률은 $P(E|O) = \frac{44}{132} = 0.33$으로 계산된다. 또는 조건부 확률 공식을 사용하여 이 확률을 $P(E|O) = \frac{P(E \cap O)}{P(O)} = \frac{0.11}{0.33} = 0.33$으로 계산할 수 있다.

확실히 관련 확률을 표현하는 더 편리한 방법은 분할표를 결합확률표로 변환하는 것이다. 각 셀의 빈도는 표본공간의 결과의 수(이 예제에서는 400)로 나눈다. 표 4.5가 그 결과를 보여준다.

표 4.5 분할표를 결합확률표로 변환

Outcome	Age Group			Total
	Under 30 (*U*)	Between 30 and 50 (*B*)	Over 50 (*O*)	
Enroll (*E*)	0.06	0.18	0.11	0.35
Not Enroll (*N*)	0.21	0.22	0.22	0.65
Total	0.27	0.40	0.33	1.00

표 안의 값은 두 사건의 교집합 확률을 나타내며, 앞에서 언급한 바와 같이 **결합확률(joint probabilities)**로도 불린다. 예를 들어, 참석자가 피트니스센터에 등록하고 50세 초과인 확률 $P(E \cap O)$는 0.11이다. 마찬가지로, 이 표를 보면 피트니스센터에 등록하지 않고 30세에서 50세 사이의 참석자일 확률이 22% 또는 $P(N \cap B) = 0.22$임을 쉽게 알 수 있다.

표 4.5의 가장자리에 있는 값은 비조건부 확률을 나타내며, **주변확률(marginal probabilities)**이라고도 한다. 예를 들어, 무작위로 선택된 참석자가 50세 초과일 확률은 $P(O) = 0.33$이다. 마찬가지로, 참석자가 피트니스센터에 등록할 확률은 $P(E) = 0.35$이다.

조건부 확률은 기본적으로 주변확률에 대한 결합확률의 비이다. 예를 들어, 조건부 확률 $P(E|O) = \frac{P(E \cap O)}{P(O)}$을 보자. 여기서 분자는 결합확률 $P(E \cap O)$이고, 분모는 주변확률 $P(O)$이다. 결합확률과 주변확률을 사용하여 예를 들어 $P(E|O) = \frac{0.11}{0.33} = 0.33$을 계산할 수 있다.

예제 4.12

표 4.5의 결합확률표를 사용하여 다음 질문에 답하라.

a. 다른 연령그룹에 대한 피트니스센터 등록의 조건부 확률을 계산하라.

b. 연령은 등록과 관련이 있는가? 확률을 사용하여 설명하라.

해답:

a. "30세 미만" 사건에 대한 등록의 조건부 확률은 $P(E|U) = \frac{P(E \cap U)}{P(U)} = \frac{0.06}{0.27} = 0.22$로 계산한다. 마찬가지로, 다른 연령그룹에 대해서는 $P(E|B) = \frac{P(E \cap B)}{P(B)} = \frac{0.18}{0.40} = 0.45$, $P(E|O) = \frac{P(E \cap O)}{P(O)} = \frac{0.11}{0.33} = 0.33$으로 계산한다.

b. 만약 연령과 등록이 독립이라면, $P(E|U) = P(E|B) = P(E|O) = P(E)$이다. 다시 말해, 등록 확률이 참석자의 연령에 의해 영향을 받지 않을 것이다. 앞에서 등록의 비조건부 확률이 $P(E) = 0.35$임을 알았다. (a)에서 계산된 등록의 조건부 확률이 $P(E)$와 다르기 때문에, 연령과 등록이 독립적이지 않다고 결론을 내릴 수 있다. 매니저는 "30~50대" 연령그룹이 회원권을 구매할 확률이 가장 높기 때문에 이 연령그룹 참석자들에게 초점을 맞춰야 한다.

경험적 확률에 의한 독립성에 관한 주의사항

예제 4.12처럼 독립성에 대한 결론은 주어진 표본 정보에서 계산된 경험적 확률에 기초하기 때문에 비공식적이라는 점에 주목함이 중요하다. 예제 4.12에서 400명의 참석자의 다른 표본을 사용하는 경우 이들 경험적 확률은 변경될 가능성이 높다. 독립성에 대한 공식적인 검정은 12장에서 논의한다.

도입사례 분석결과

Erik Isakson/Getty Images

체육관과 운동시설은 보통 회원 간 전환율이 높다. 다른 체육관과 마찬가지로 24/7 피트니스센터도 비즈니스와 재정적 웰빙 유지를 위해 상시적으로 신규회원 모집에 의존하고 있다. 24/7 피트니스센터의 매니저인 자넷 윌리엄스가 체육관의 과거 오픈하우스에서 얻은 데이터를 분석한다. 그녀는 어떤 참석자들이 오픈하우스에 참석한 후 체육관 회원권을 구매할 것 같은지에 대한 더 나은 통찰력을 얻기를 원한다.

연령그룹별 빈도와 참석자들의 등록결과를 나타내는 분할표를 꼼꼼히 분석한 후, 몇 가지 흥미로운 관찰이 이루어진다. 과거 참석자 400명의 표본 중 27%가 30세 미만, 40%가 30~50세, 33%가 50세 초과이다. 또한 전체 참석자의 35%가 24/7 피트니스센터에 등록한다. 분할표를 추가로 조사하면 참석자의 연령에 따라 등록 확률이 달라진다는 것을 알 수 있다. 특히 30세에서 50세 사이의 참석자 중 피트니스센터 가입 확률은 45%로 전 연령그룹 중 가장 높다. 30세 미만은 22%, 50세 초과는 33%이다.

전반적으로 분할표의 간단한 분석을 통해 자넷은 체육관 회원권을 구입할 가능성이 있는 오픈하우스 참석자들을 식별할 수 있다. 그녀는 이러한 통찰력으로 24/7 피트니스센터의 회원 기반을 넓힐 수 있도록 직원들이 정기적으로 월별 오픈하우스 데이터를 분석하도록 교육할 수 있다.

연습문제 4.3

33. 다음 분할표를 고려하자.

	B	B^c
A	26	34
A^c	14	26

a. 분할표를 결합확률표로 변환하라.
b. A가 발생할 확률은 얼마인가?
c. A와 B가 발생할 확률은 얼마인가?
d. B가 발생한 경우, A가 발생할 확률은 얼마인가?
e. A^c가 발생한 경우, B가 발생할 확률은 얼마인가?
f. A와 B는 상호배반적인 사건인가? 설명하라.
g. A와 B는 독립인 사건인가? 설명하라.

34. 다음 결합확률표를 고려하자.

	B_1	B_2	B_3	B_4
A	0.09	0.22	0.15	0.20
A^c	0.03	0.10	0.09	0.12

a. A가 발생할 확률은 얼마인가?
b. B_2가 발생할 확률은 얼마인가?
c. A^c와 B_4가 발생할 확률은 얼마인가?
d. A 또는 B_3가 발생할 확률은 얼마인가?
e. B_2가 발생한 경우, A가 발생할 확률은 얼마인가?
f. A가 발생한 경우, B_4가 발생할 확률은 얼마인가?

35. 한 여론조사는 16세에서 21세 청소년 3,228명에게 미군 복무 여부에 대해 질문하였다. 성별과 인종에 따라 교차분류된 다음 결합확률표는 현역 군 복무를 할 가능성이 있거나 매우 높다고 응답한 비율을 보고한다.

	Race		
Sex	Hispanic	Black	White
Male	0.335	0.205	0.165
Female	0.145	0.105	0.045

a. 무작위로 선택된 응답자가 여성일 확률은 얼마인가?
b. 무작위로 선택된 응답자가 히스패닉일 확률은 얼마인가?
c. 응답자가 여성인 경우, 그녀가 히스패닉일 확률은 얼마인가?
d. 응답자가 백인일 경우, 응답자가 남성일 확률은 얼마인가?
e. "남성" 및 "백인" 사건은 독립인가? 확률을 사용하여 설명하라.

36. 한 보고서가 경영학 전공자가 다른 대학생보다 교과수업에 적은 시간을 소요한다고 제시하였다. 한 대학의 학장이 학생들이 열심히 공부하는지(일주일에 최소 20시간을 교과수업에 소요하는 것으로 정의) 질문하는 설문조사를 실시하기로 했다. 설문조사에 포함된 경영학 전공자 120명 중 20명이 열심히 공부했다고 응답한 반면, 비경영학 전공자 150명 중 48명이 열심히 공부했다고 응답했다.

a. Major 변수(경영 또는 비경영)와 Study Hard 변수(예 또는 아니오)의 빈도를 보여주는 분할표를 작성하라.

b. 경영학 전공자가 교과수업에 주당 20시간 미만을 소요할 확률을 계산하라.

c. 학생이 열심히 공부할 확률은 얼마인가?

d. 어떤 학생이 최소 20시간을 교과수업에 할애한다면, 경영학 전공일 확률은 얼마인가? 비경영학 전공일 확률은 얼마인가?

37. 연구에 따르면 미국인들은 환경과 관련된 이슈에 대해 점점 더 양극화되고 있다. 지구 온난화의 징후를 보는 민주당원이 70%인 반면, 공화당은 30%에 불과한 것으로 나타났다. 이 조사가 400명의 민주당원과 400명의 공화당원을 기반으로 했다고 가정해보자.

a. 정치적 소속(민주당 또는 공화당) 및 지구온난화(예 또는 아니오) 변수의 빈도를 보여주는 분할표를 작성하라.

b. 공화당원이 지구 온난화의 징후를 볼 확률을 찾아라.

c. 지구 온난화의 징후를 보지 못할 확률을 찾아라.

d. 만약 지구 온난화의 징후를 본다면, 민주당원일 확률은 얼마인가?

38. **FILE** ***Happiness.*** 행복을 소득과 관련짓는 수많은 시도가 있었다. 최근 조사에서 290명의 개인에게 행복(예 또는 아니오)과 소득(낮음, 중간, 높음)을 평가하도록 요청했다. 다음 표에는 데이터의 일부가 나와 있다

Individual	Income	Happy?
1	Low	No
2	Low	Yes
⋮	⋮	⋮
290	High	Yes

a. 데이터를 사용하여 분할표를 작성하라.

b. 무작위로 선택된 개인이 행복을 느낄 확률을 계산하라.

c. 저소득자가 행복하다고 느낄 확률을 찾아라. 중간 소득자와 고소득자의 해당 확률을 계산하라.

d. 수입이 행복과 관련이 있는가? 확률을 사용하여 설명하라.

39. **FILE** ***Crash.*** 캘리포니아 고속도로 순찰대는 정기적으로 캘리포니아의 자동차 충돌 데이터를 수집한다. 첨부된 표는 산타클라라 카운티에 대한 데이터의 일부를 보여준다. 차량 충돌 유형(Head-On 또는 Not Head-On)과 빛(Daylight 또는 Not Daylight)에 대한 정보가 표시된다.

ID	Crash	Light
1	Not Head-On	Not Daylight
2	Not Head-On	Daylight
⋮	⋮	⋮
4858	Not Head-On	Not Daylight

a. 데이터를 사용하여 분할표를 작성하라.

b. 무작위로 선택된 자동차 충돌이 정면(Head-On) 충돌일 확률을 계산하라.

c. 무작위로 선택된 자동차 충돌이 대낮(Daylight)에 발생할 확률을 계산하라.

d. 자동차 충돌이 대낮(Daylight)에 발생한 경우, 정면(Head-On) 충돌일 확률을 구하라. 대낮이 아닌(Not Daylight) 경우, 해당 확률을 계산하라.

e. 차량충돌은 빛과 관련이 있는가? 확률을 사용하여 설명하라.

40. 선도적인 향수회사의 연구팀은 새로 출시된 향수의 시장을 시험하기 위해 노력하고 있다. 특히 연구팀은 이 향수에 대한 선호도에 있어 성별과 국제적 차이를 찾고자 한다. 그들은 국제적으로 2,500명을 표본추출하였고, 표본에 있는 각 사람들은 새로운 향수를 사용해보고 그/그녀의 선호도를 나열하도록 요청받는다. 다음 표가 결과를 보고한다.

Preference	Sex	America	Europe	Asia
Like it	Men	210	150	120
	Women	370	310	180
Don't like it	Men	290	150	80
	Women	330	190	120

a. 무작위로 선택된 남성이 이 향수를 좋아할 확률은 얼마인가?

b. 무작위로 선택된 아시아인이 이 향수를 좋아할 확률은 얼마인가?

c. 무작위로 선택된 유럽 여성이 이 향수를 좋아하지 않을 확률은 얼마인가?

d. 무작위로 선택된 미국 남성이 이 향수를 좋아하지 않을 확률은 얼마인가?

e. (i) 미국, (ii) 유럽, (iii) 아시아에서 "남성"과 "향수선호" 사건은 독립인가? 확률을 사용하여 설명하라.

f. 국제적으로 "남성"과 "향수선호" 사건은 독립인가? 확률을 사용하여 설명하라.

41. 높은 난방비로 점점 더 많은 가구가 공과금을 지불하는 데 어려움을 겪고 있다. 특히 큰 타격은 프로판(propane) 또는 난방유(heating oil)로 난방하는 집을 가진 가구들이다. 이들 가구 중 다수는 올겨울 따뜻하게 지내기 위해 천연가스(natural gas)나 전기(electricity)로 난방하는 가구들에 비해 두 배나 많은 돈을 쓰고 있다. 난방유형이 공과금 체납 여부에 영향을 미치는지 조사하기 위해 500가구를 대상으로 대표성 있는 표본을 추출했다. 다음 표는 그 결과를 보고한다.

Delinquent in Payment?	Type of Heating			
	Natural Gas	Electricity	Heating Oil	Propane
Yes	50	20	15	10
No	240	130	20	15

a. 무작위로 선택된 가구가 난방유를 사용할 확률은 얼마인가?

b. 무작위로 선택된 가구가 공과금을 체납할 확률은 얼마인가?

c. 무작위로 선정된 가구가 난방유를 사용하고 공과금을 체납할 확률은 얼마인가?

d. 가구가 난방유를 사용하는 경우, 공과금을 체납할 확률은 얼마인가?

e. 공과금을 체납하는 경우, 그 가구가 전기를 사용할 확률은 얼마인가?

f. "난방유"와 "공과금 체납" 사건은 독립인가? 확률을 사용하여 설명하라.

4.4 전확률 법칙 및 베이즈 정리

이 절에서는 확률이론에서 두 가지 중요한 규칙인 전확률 법칙과 베이즈 정리를 제시한다. **전확률 법칙(total probability rule)**은 확률의 계산을 서로 다른 사례들로 구분하는 데 유용한 도구이며, **베이즈 정리(Bayes' theorem)**는 새로운 증거에 의해 영향을 받게 되는 사건의 확률을 업데이트하기 위해 이 법칙을 사용한다.

전확률 법칙과 베이즈 정리

비즈니스에서는 주어진 정보로부터 사건의 확률을 쉽게 구할 수 없는 경우가 많다. 전확률 법칙은 사건의 확률을 결합 또는 조건부 확률의 측면에서 표현한다. $P(A)$를 관심 있는 사건의 확률을 나타낸다고 하자. $P(A)$를 실험에 해당하는 어떤 상호배반적이고 전체포괄적인 사건들과 A의 교집합의 확률의 합으로 표현할 수 있다. 그림 4.4는 상호배반적이고 전체포괄적인 두 사건으로 분할된 표본공간을 보여준다. 사건 A를 나타내는 원은 B와 B^c와의 교집합 전체를 구성한다. 전확률 법칙에 따르면, $P(A)$는 $P(A \cap B)$와 $P(A \cap B^c)$의 합이다.

그림 4.4 전확률 법칙: $P(A) = P(A \cap B) + P(A \cap B^c)$

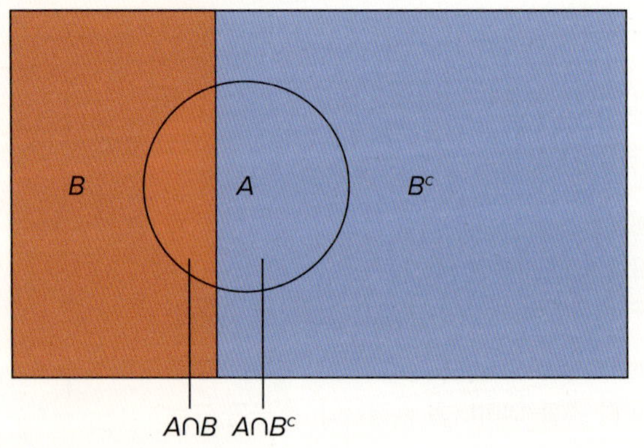

때로는 전확률을 계산하는 데 필요한 결합확률이 명시적으로 지정되지 않는다. 따라서 $P(A \cap B) = P(A|B)P(B)$와 $P(A \cap B^c) = P(A|B^c)P(B^c)$와 같은 조건부 확률로부터 이러한 확률을 유도하기 위해 곱셈법칙을 사용한다.

전확률 법칙은 베이즈 정리를 유도하기 위해서도 필요하다. 베이즈 정리는 새로운 정보를 바탕으로 확률을 업데이트하는 절차이다. 원래 확률은 **사전확률(prior probability)**이라고 불리는 비조건부 확률로, 새로운 정보가 나오기 전 현재 알고 있는 것만 반영한다는 의미이다. 새로운 정보에 기초하여 사전확률을 업데이트하여 **사후확률(posterior probability)**이라는 조건부 확률에 도달할 수 있다.

거짓말 탐지기 검사를 받는 사람의 99%가 진실을 말한다고 알고 있다고 가정하자. 따라서 진실을 말할 사전확률은 0.99이다. 한 사람이 거짓말 탐지기 테스트를 받았는데, 그 결과가 거짓말을 한다고 나왔다고 가정하자. 베이즈 정리는 사후확률을 계산하기 위해 사전확률을 업데이트하는데, 이 예에서 사후확률은 거짓말 탐지기가 거짓말을 탐지했다는 정보에 기초한 본질적인 조건부 확률이다.

$P(B)$는 사전확률, $P(B|A)$는 사후확률을 나타내며, 사후확률은 새로운 정보를 나타내는 사건 A에 따라 좌우된다는 점에 주목하자. 4.2절의 조건부 확률 공식을 기억하자.

$$P(B|A) = \frac{P(A \cap B)}{P(A)}$$

어떤 경우에는 $P(B|A)$를 평가해야 하지만 $P(A \cap B)$ 또는 $P(A)$에 대한 명확한 정보가 없을 수 있다. 그러나 $P(B)$, $P(A|B)$, $P(A|B^c)$에 대한 정보가 주어지면, 다음 정의 상자에서와 같이 $P(B|A)$를 찾기 위해 전확률 법칙을 사용할 수 있다.

전확률 법칙 및 베이즈 정리

전확률 법칙(total probability)은 사건 A의 확률을 결합확률 또는 조건부 확률로 표현한다. 사건 B와 B^c가 주어졌을 때, 사건 A의 확률은 다음과 같이 구할 수 있다.

$$P(A) = P(A \cap B) + P(A \cap B^C) = P(A \mid B)P(B) + P(A \mid B^C)P(B^C)$$

베이즈 정리(Bayes' Theorem)는 사전확률(prior probability) $P(B)$를 사후확률(posterior probability) $P(B|A)$로 업데이트하는 방법이다. 사후확률은 다음과 같이 구할 수 있다.

$$P(B|A) = \frac{P(A \cap B)}{P(A \cap B) + P(A \cap B^c)} = \frac{P(A|B)P(B)}{P(A|B)P(B) + P(A|B^c)P(B^c)}$$

위의 공식에서 사전확률 $P(B)$를 사후확률 $P(B \mid A)$로 업데이트하기 위해 베이즈 정리를 사용했다. 마찬가지로, 위의 공식에서 사건 A와 B를 교환하여 사후확률 $P(A \mid B)$를 산출하기 위해 사전확률 $P(A)$를 업데이트하는 데 베이즈 정리를 사용할 수 있다.

예제 4.13

거짓말 탐지기 테스트에서, 한 개인은 거짓말 탐지기에 연결된 상태에서 일련의 질문에 답하도록 요청받았다. 이 도구는 오답이 구별되는 측정값을 생성한다는 근거에 기초하여 개인의 여러 생리적 반응을 측정하고 기록한다. 거짓말 탐지기 테스트를 받은 사람들의 99%가 진실을 말하고 있다고 가정해보자. 이러한 테스트는 95% 신뢰할 수 있는 것으로 간주된다. 즉, 개인이 실제로 거짓말을 하는 경우 테스트에서 거짓말을 탐지할 확률이 95%이다. 또한 개인이 진실을 말하고 있는 경우에도 테스트가 거짓말로 잘못 탐지할 확률이 0.5%라고 한다. 한 개인이 방금 거짓말 탐지기 테스트를 수행했으며 그 테스트에서 거짓말이 발견되었다. 이 개인이 실제로 진실을 말하고 있었을 확률은 얼마인가?

해답:

우선 사건과 관련된 확률을 정의한다. D와 T는 각각 거짓말 탐지기가 거짓을 감지하고 개인이 진실을 말하는 사건에 해당한다고 가정하자. $P(T) = 0.99$가 주어지며, 이는 $P(T^c) = 1 - 0.99 = 0.01$임을 의미한다. 또한, $P(D \mid T^c) = 0.95$와 $P(D \mid T) = 0.005$를 작성한다. $P(D \cap T)$와 $P(D)$가 명시적으로 주어지지 않을 때 $P(T \mid D)$를 찾아야 한다. 베이즈 정리를 사용하여 구할 수 있다.

$$P(T|D) = \frac{P(D \cap T)}{P(D)} = \frac{P(D \cap T)}{P(D \cap T) + P(D \cap T^c)} = \frac{P(D|T)P(T)}{P(D|T)P(T) + P(D|T^c)P(T^c)}$$

이 공식을 사용하여 문제를 직접 풀이할 수 있지만, 체계적으로 문제해결을 돕기 위해 표 4.6을 사용한다.

표 4.6 예제 4.13에 대한 사후확률 계산

Prior Probability	Conditional Probability	Joint Probability	Posterior Probability
$P(T) = 0.99$	$P(D \mid T) = 0.005$	$P(D \cap T) = 0.00495$	$P(T \mid D) = 0.3426$
$P(T^c) = 0.01$	$P(D \mid T^c) = 0.95$	$P(D \cap T^c) = 0.00950$	$P(T^c \mid D) = 0.6574$
$P(T) + P(T^c) = 1$		$P(D) = 0.01445$	$P(T \mid D) + P(T^c \mid D) = 1$

첫 번째 열은 사전확률을 나타내고, 두 번째 열은 관련된 조건부 확률을 나타낸다. 우선 전확률 법칙, $P(D) = P(D \cap T) + P(D \cap T^c)$를 사용하여 베이즈 정리의 분모를 계산한다. 결합확률은 조건부 확률과 그에 대응하는 사전확률의 곱으로 계산된다. 예를 들어, 표 4.6에서 $P(D \cap T)$를 얻기 위해 $P(D \mid T)$에 $P(T)$를 곱하여 $P(D \cap T) = 0.005 \times 0.99 = 0.00495$를 구한다. 마찬가지로, $P(D \cap T^c) = 0.95 \times 0.01 = 0.00950$을 구한다. 따라서 전확률 법칙에 따르면, $P(D) = 0.00495 + 0.00950 = 0.01445$이다. 마지막으로, $P(T \mid D) = \frac{P(D \cap T)}{P(D \cap T) + P(D \cap T^c)} = \frac{0.00495}{0.01445} = 0.3426$이다.

개인이 진실을 말하는 사전확률은 0.99이다. 그러나 거짓말 탐지기가 개인이 거짓말을 한다고 감지했다는 새로운 정보를 고려할 때, 개인이 진실을 말하는 사후확률은 이제 0.3426으로 하향 조정된다.

전확률 법칙 및 베이즈 정리의 확장

지금까지 상호배반적이고 전체포괄적인 두 사건, 즉, B와 B^c에 기초한 전확률 법칙과 베이즈 정리를 사용했다. 이제 쉽게 n개의 상호배반적이고 전체포괄적인 사건 $B_1, B_2, \ldots, B_n$으로 분석을 확장할 수 있다.

전확률 법칙과 베이즈 정리의 확장

$B_1, B_2, \ldots, B_n$이 모든 $i = 1, 2, \ldots, n$에 대한 n개의 상호배반적이고 전체포괄적인 사건을 나타낸다고 하자. 전확률 법칙은 다음과 같이 확장된다.

$$P(A) = P(A \cap B_1) + P(A \cap B_2) + \ldots + P(A \cap B_n) = P(A \mid B_1)P(B_1) + P(A \mid B_2)P(B_2) + \ldots + P(A \mid B_n)P(B_n).$$

베이즈 정리를 사용하여 다음과 같이 사후확률을 구할 수 있다.

$$P(B_i|A) = \frac{P(A \cap B_i)}{P(A \cap B_1) + P(A \cap B_2) + \cdots + P(A \cap B_n)} = \frac{P(A|B_i)P(B_i)}{P(A|B_1)P(B_1) + P(A|B_2)P(B_2) + \cdots + P(A|B_n)P(B_n)}$$

예제 4.14

스콧 마이어스는 웹토크(Webtalk)라고 불리는 통신회사의 보안분석가이다. 그는 회사의 미래에 대해 낙관적이지만, 경제의 신용흐름 상태에 따라 주가가 상당한 영향을 받을 것을 우려하고 있다. 그는 신용흐름이 현저히 개선될 확률은 0.20, 단지 미미한 정도만 개선될 확률은 0.50, 전혀 개선되지 않을 확률은 0.30이라고 믿는다. 그는 또한 웹토크 주가가 오를 확률은 경제의 신용흐름이 현저히 개선되면 0.90, 미미한 개선이면 0.40, 전혀 개선되지 않으면 0.10으로 추정한다.

a. 스콧의 추정에 따르면 웹토크의 주가가 오를 확률은 얼마인가?

b. 만약 웹토크의 주가가 올랐다는 것을 안다면, 경제의 신용흐름이 현저히 개선되었을 확률은 얼마인가?

해답:

언제나 그렇듯이, 우선 적절한 사건 및 관련 확률을 정의한다. S, M, N이 각각 신용흐름의 현저한 개선, 미미한 개선, 개선이 없음을 나타낸다고 하자. 따라서 $P(S) = 0.20$, $P(M) = 0.50$, $P(N) = 0.30$이다. 또한 G가 주가 상승을 나타낸다고 하면, $P(G \mid S) = 0.90$, $P(G \mid M) = 0.40$, $P(G \mid N) = 0.10$으로 공식화한다. (a)에서 $P(G)$를, (b)에서는 $P(S \mid G)$를 계산해야 한다. 표 4.7이 확률 부여에 도움이 된다.

표 4.7 예제 4.14에 대한 사후확률 계산

Prior Probability	Conditional Probability	Joint Probability	Posterior Probability
$P(S) = 0.20$	$P(G \mid S) = 0.90$	$P(G \cap S) = 0.18$	$P(S \mid G) = 0.4390$
$P(M) = 0.50$	$P(G \mid M) = 0.40$	$P(G \cap M) = 0.20$	$P(M \mid G) = 0.4878$
$P(N) = 0.30$	$P(G \mid N) = 0.10$	$P(G \cap N) = 0.03$	$P(N \mid G) = 0.0732$
$P(S) + P(M) + P(N) = 1$		$P(G) = 0.41$	$P(S \mid G) + P(M \mid G) + P(N \mid G) = 1$

a. $P(G)$를 계산하기 위해, 전확률 법칙 $P(G) = P(G \cap S) + P(G \cap M) + P(G \cap N)$을 사용한다. 결합확률은 조건부 확률과 그에 대응하는 사전확률의 곱으로 계산된다. 예를 들어, 표 4.7에서 $P(G \cap S) = P(G \mid S)P(S) = 0.90 \times 0.20 = 0.18$이다. 따라서 웹토크의 주가가 상승할 확률은 $P(G) = 0.18 + 0.20 + 0.03 = 0.41$과 같다.

b. 베이즈 정리에 따르면, $P(S|G) = \frac{P(G \cap S)}{P(G)} = \frac{P(G \cap S)}{P(G \cap S)+P(G \cap M)+P(G \cap N)}$이다. 분모에서 전확률 법칙을 사용하여 $P(G) = 0.18 + 0.20 + 0.03 = 0.41$을 찾는다. 따라서 $P(S|G) = \frac{P(G \cap S)}{P(G)} = \frac{0.18}{0.41} = 0.4390$이다. 신용흐름이 현저히 개선될 사전확률 0.20에서 사후확률 0.4390으로 상향 조정한다는 점에 주목하자.

연습문제 4.4

42. $P(A) = 0.70$, $P(B \mid A) = 0.55$, $P(B \mid A^c) = 0.10$이라 하고, 다음 확률을 구하라.

a. $P(A^c)$

b. $P(A \cap B)$ 및 $P(A^c \cap B)$

c. $P(B)$

d. $P(A \mid B)$

43. 다음 확률표를 완성하라.

Prior Probability	Conditional Probability	Joint Probability	Posterior Probability
$P(B) = 0.85$	$P(A \mid B) = 0.05$	$P(A \cap B) =$	$P(B \mid A) =$
$P(B^c) =$	$P(A \mid B^c) = 0.80$	$P(A \cap B^c) =$	$P(B^c \mid A) =$
Total =		$P(A) =$	Total =

44. 표본공간을 B_1, B_2, B_3의 상호배반적이고 전체포괄적인 세 사건으로 분할한다. 다음 확률표를 완성하라.

Prior Probabilities	Conditional Probabilities	Joint Probabilities	Posterior Probabilities
$P(B_1) = 0.10$	$P(A \mid B_1) = 0.40$	$P(A \cap B_1) =$	$P(B_1 \mid A) =$
$P(B_2) =$	$P(A \mid B_2) = 0.60$	$P(A \cap B_2) =$	$P(B_2 \mid A) =$
$P(B_3) = 0.30$	$P(A \mid B_3) = 0.80$	$P(A \cap B_3) =$	$P(B_3 \mid A) =$
Total =		$P(A) =$	Total =

45. 크리스틴은 항상 수학에 약했다. 미적분학 기말고사 이전 성적을 바탕으로 튜터가 없는 경우, 실패할 확률이 40%이다. 튜터를 고용한 경우, 그녀의 실패 확률은 10%로 감소한다. 그녀가 급작스럽게 튜터를 구할 가능성은 50%에 불과하다.

a. 크리스틴이 과목을 실패할 확률은 얼마인가?

b. 크리스틴은 결국 과목을 실패했다. 그녀가 튜터를 구했을 확률을 얼마인가?

46. 한 분석가는 내년 전체 상장기업의 20%가 수익 감소를 경험할 것으로 예상한다. 이 분석가는 이러한 감소를 예측하는 데 도움이 되는 비율을 개발했다. 만약 기업이 하락세를 보이면, 이 비율은 마이너스일 확률이 70%이다. 만약 기업이 하락을 향하지 않는다면, 이 비율은 마이너스일 가능성이 15%이다. 분석가가 무작위로 한 기업을 선택했는데 이 비율은 음수이다. 그 기업이 하락세를 경험할 사후확률은 얼마인가?

47. 주경찰은 매사추세츠 턴파이크(Massachusetts Turnpike) 일부 구간에서 과속단속을 하고 있다. 이 활동을 돕기 위해, 그들은 더 높은 일관성과 신뢰도를 보장하는 새로운 레이더 총을 구입했다. 특히, 총은 시간의 시속 ±1마일 정확도가 98%라고 광고한다. 즉, 운전자가 실제로 과속을 하고 있는 경우 총이 과속 차를 감지할 확률은 0.98이다. 운전자가 제한속도 아래에 있을 때도 총이 과속 차로 잘못 감지할 확률이 1%라고 추정한다. 매사추세츠 턴파이크의 이 구간에서 95%의 운전자가 제한속도 아래로 주행한다고 가정하자.

a. 총이 과속을 감지하고 운전자가 과속을 했을 확률은 얼마인가?

b. 총이 과속을 감지하고 운전자가 과속을 하지 않았을 확률은 얼마인가?

c. 총이 과속을 감지했기 때문에 경찰이 운전자를 멈춘다고 가정하자. 운전자가 실제로 제한속도 아래로 주행했을 확률은 얼마인가?

48. 국민건강영양조사 서베이의 데이터에 따르면 백인 여성의 33%, 흑인 여성의 49.6%, 히스패닉 여성의 43%, 그리고 아시아 여성의 8.9%가 비만이다. 대표적인 타운에서는 여성의 48%가 백인, 19%가 흑인, 26%가 히스패닉, 나머지 7%는 아시아인이다.

a. 이 타운에서 무작위로 선택된 여성이 비만일 확률을 찾아라.

b. 여성이 비만인 경우, 그녀가 백인일 확률은 얼마인가?

c. 여성이 비만인 경우, 그녀가 흑인일 확률은 얼마인가?

d. 여성이 비만인 경우, 그녀가 아시아인일 확률은 얼마인가?

49. 한 분석가는 내년에 세계 경제가 좋을 확률은 20%, 보통일 확률은 50%, 나쁠 확률은 30%라고 생각한다. 또한 세계 경제의 각 경제수준에 대해 스타트업 기업인 크리에이티브 아이디어스(Creative Ideas)의 성과가 좋거나, 보통이거나, 나쁠 확률을 예측한다. 다음 표는 세계 경제의 세 단계 상태에 대한 확률과 크리에이티브 아이디어스에 해당되는 조건부 확률을 나타낸다.

State of the World Economy	Probability of Economic State	Performance of Creative Ideas	Conditional Probability of Creative Ideas
Good	0.20	Good Neutral Poor	0.60 0.30 0.10
Neutral	0.50	Good Neutral Poor	0.40 0.30 0.30
Poor	0.30	Good Neutral Poor	0.20 0.30 0.50

a. 세계 경제의 성과가 보통이고 크리에이티브 아이디어스의 실적이 나쁠 확률은 얼마인가?

b. 크리에이티브 아이디어스의 성과가 나쁠 확률은 얼마인가?

c. 크리에이티브 아이디어스의 성과가 나빴다. 세계 경제의 성과 또한 나빴을 확률은 얼마인가?

50. LA 레이커스(Los Angeles Lakers) 농구팀의 중요한 경기는 주전선수의 건강에 달렸다. 주치의의 소견에 따르면 그가 경기하기에 완전한 체력일 확률은 40%, 중간 정도 체력일 확률은 30%, 전혀 경기할 수 없을 확률은 30%라고 한다. 감독은 이길 확률이 이 선수가 완전한 체력이면 80%, 중간 정도 체력이면 60%, 전혀 경기할 수 없으면 40%로 추정했다.

a. 레이커스가 경기에서 이길 확률은 얼마인가?

b. 방금 레이커스가 경기에서 이겼다고 들었다. 주전선수가 경기하기에 완전한 체력이었을 확률은 얼마인가?

4.5 셈 규칙

다음 장에서 논의될 이항분포를 포함한 통계학의 여러 영역에서 확률계산은 결과를 정의하고 셈하는 것을 포함한다. 여기에서는 셈하는 원리와 지름길에 대해 논의한다. 특히 팩토리얼, 조합, 순열 표기법을 탐색한다. 어떤 상황에서는 셈 규칙이 사건의 확률을 계산하는 데 도움이 될 수 있다는 것을 발견한다.

주어진 n개 항목 집합의 배열을 세는 데 관심이 있을 때는 $n!$로 표기하는 **팩토리얼 공식 (factorial formula)**을 사용한다. 다시 말해, n개의 항목이 주어지면 항목을 정렬하는 $n!$개의 방법이 있다. 그룹이 없을 때 팩토리얼을 적용한다, 즉 주어진 n개 항목의 집합을 단지 배열하고 있다.

팩토리얼 공식

크기가 n인 그룹의 모든 구성원을 n개의 슬롯에 할당하는 방법의 수는 다음과 같은 팩토리얼 공식(factorial formula)을 사용하여 계산된다.

$$n! = n \times (n-1) \times (n-2) \times (n-3) \times \cdots \times 1$$

정의에 의하여, $0! = 1$이다.

예제 4.15

리틀-리그 코치는 그의 팀에 있는 9명의 선수를 9개 위치(투수, 포수, 1루 등) 중 하나에 각각 배정해야 한다. 배정할 수 있는 방법은 몇 가지인가?

해답:

첫 번째 선수는 9개의 다른 포지션에 배정될 수 있다. 그러면 8개의 자리가 남는다. 두 번째 선수는 8개의 다른 포지션에 배정될 수 있다. 세 번째 선수는 7개의 다른 포지션에 배정될 수 있으며, 계속 배정하면 아홉 번째 선수인 마지막 선수는 단지 한 가지 방식으로만 배정될 수 있다. 서로 다른 배정의 총 수는 $9! = 9 \times 8 \times \cdots \times 1 = 362{,}880$과 같다.

사전에 결정된 크기의 두 그룹에 조합공식과 순열공식을 적용한다. 배열의 순서가 중요하지 않을 때는 **조합공식(combination formula)**을 사용한다.

조합공식

총 n개의 객체에서 객체의 나열된 순서가 *중요하지 않은(does not matter)* x개의 객체를 선택하는 방법의 수는 조합공식(combination formula)을 사용하여 계산된다.

$$_nC_x = \binom{n}{x} = \frac{n!}{(n-x)!x!}$$

예제 4.16

예제 4.15의 리틀-리그 코치는 부상 시 그의 팀이 백업을 가질 수 있도록 3명의 선수를 추가로 영입한다. 이제 그의 팀은 총 12명이다.

a. 코치가 12명의 선수 명단에서 9명의 선수를 선발할 수 있는 방법은 몇 가지인가?

b. (a)의 각 라인업이 동등한 확률을 가진다면, 코치가 한 특정 라인업을 선택할 확률은 얼마인가?

해답:

a. 단지 필드에 9명의 선수를 선발하는 것에 관심이 있기 때문에 이것은 조합 문제이다. 예를 들어, 한 선수가 투수를 하든, 포수를 하든, 1루수를 하든 상관이 없다. 다시 말해, 선수가 선발되는 순서가 중요하지 않다. 다음과 같은 조합공식을 사용한다.

$$_{12}C_9 = \binom{12}{9} = \frac{12!}{(12-9)! \times 9!} = \frac{12 \times 11 \times \cdots \times 1}{(3 \times 2 \times 1) \times (9 \times 8 \times \cdots \times 1)} = 220$$

b. (a)의 각 라인업이 동등한 확률인 경우, 한 라인업이 발생할 확률은 $1/220 = 0.0045$이다.

배열 순서가 중요할 때에는 **순열공식(permutation formula)**을 사용한다. 일반적으로 순열공식을 적용할 때 중요한 순서에 대한 구체적인 기준을 찾는다.

순열공식

x개의 객체가 나열된 순서가 중요한(*does matter*) 경우, 총 n개의 객체에서 x개의 객체를 선택하는 방법의 수는 순열공식(permutation formula)을 사용하여 계산된다.

$$_{n}P_{x} = \frac{n!}{(n-x)!}$$

예제 4.17

예제 4.16의 리틀-리그 코치가 야구의 9가지 포지션이 상당히 다르다고 인식한다고 가정해보자. 한 선수가 투수를 하느냐, 동일한 선수가 외야에 있느냐가 중요하다.

a. 코치가 12명의 선수 명단을 9가지 다른 포지션에 배정할 수 방법은 몇 가지인가?

b. (a)의 각 라인업이 동등한 확률을 가진다면, 코치가 한 특정 라인업을 선택할 확률은 얼마인가?

해답:

a. 코치가 포지션을 배정하는 순서가 중요하기 때문에 이것은 순열 문제이다. 예를 들어, 한 명의 선수가 외야수로 뛰는 라인업은 같은 선수가 투구하는 라인업과 다르다. 다음과 같이 답을 계산한다.

$$_{12}P_{9} = \frac{12!}{(12-9)!} = \frac{12 \times 11 \times \cdots \times 1}{3 \times 2 \times 1} = 79{,}833{,}600$$

예제 4.16와 예제 4.17에서 얻은 답을 비교해보면, 선수의 포지션이 중요하지 않을 때의 배열 수와 포지션이 중요할 때의 배열 수에 큰 차이가 있음을 알 수 있다.

b. (a)의 각 라인업이 동등한 확률을 갖는다고 가정할 때, 한 라인업이 발생할 확률은 $1/79{,}833{,}600 \approx 0.0000$이다.

연습문제 4.5

51. 다음 값을 구하라.

a. 8!과 6!

b. $_{8}C_{6}$

c. $_{8}P_{6}$

52. 다음 값을 구하라.

a. 7!과 3!

b. $_{7}C_{3}$

c. $_{7}P_{3}$

53. 20명의 암 환자가 임상시험에 자원한다. 환자들 중 10명은 위약을 받을 것이고, 10명은 시험약을 받을 것이다. 연구진이 총 20명의 환자 중 시험약을 받는 10명의 환자를 선택할 수 있는 방법은 몇 가지인가?

54. 지역 초등학교에서 교장 선생님이 8명의 선생님들을 위해 무작위로 반 배정을 하고 있다. 각 교사는 정확히 한 반에 배정

되어야 한다. 배정할 수 있는 방법은 몇 가지인가?

55. 지역 농구팀에는 10명의 선수가 있다. 코치는 무작위로 5명의 선수를 선발하여 경기를 시작하기로 결정한다.

a. 순서가 중요하지 않다면, 코치가 게임을 시작할 5명의 선수를 선택할 수 있는 방법은 몇 가지인가?

b. 순서(포인트 가드, 센터 등 포지션 유형)가 중요하다면, 코치가 게임을 시작할 5명의 선수를 선택할 수 있는 방법은 몇 가지인가?

56. 한 경마팬이 8마 경주에서 많은 서로 다른 결과를 숙고하고 있다.

a. 첫 3순위만 고려되고 순위(1위, 2위, 3위)가 중요하다면, 얼마나 많은 서로 다른 결과가 가능한가?

b. (a)의 각 결과가 동등한 확률을 가진다면, 승리의 결과를 선택할 확률은 얼마인가?

c. 첫 3순위만 고려되고 순위(1위, 2위, 3위)가 중요하지 않다면, 얼마나 많은 서로 다른 결과가 가능한가?

d. (c)의 각 결과가 동등한 확률을 가진다면, 승리의 결과를 선택할 확률은 얼마인가?

57. 데이비드 반스와 그의 약혼녀 발레리 샤가 하와이를 방문하고 있다. 호놀룰루에 있는 하와이 문화센터에서 8명의 그룹 중 2명이 무작위로 뽑혀 타히티 춤 무료 강습을 받게 될 것이라고 들었다.

a. 데이비드과 발레리 둘 다 타히티 춤 레슨에 뽑힐 확률은 얼마인가?

b. 발레리가 데이비드보다 먼저 타히티 춤 레슨에 뽑힐 확률은 얼마인가?

58. 재클린 피브는 매사추세츠 주 비벌리 팜스(Beverly Farms, MA)에 있는 작은 아이스크림 가게에서 10명의 직원을 관리한다. 그녀는 각 8시간 교대조에 3명의 직원을 배정한다.

a. 순서가 중요하지 않다면, 각 8시간 교대조를 위해 총 10명의 직원 중 3명의 직원을 선택할 수 있는 방법은 몇 가지인가?

b. 메건은 10명의 직원 중 한 명이다. 직원들의 배정이 무작위로 이루어진다면, (a)의 교대조 중 메건을 포함하는 교대조는 몇 개인가?

4.6 데이터 분석

사례연구

SEASTOCK/Shutterstock

미국에서 마리화나의 합법화에 대한 지지는 지난 수십 년 동안 현저하게 증가했다. 1969년 이 문제가 처음 제기되었을 때, 미국인의 12%만이 합법화에 찬성했지만, 이 지지는 1970년대 후반에 25% 이상으로 증가했다. 1981년부터 1997년까지 지지율이 정체되었지만, 세기의 전환이 합법화에 대한 새로운 관심을 일으켜 2000년에 30%, 2009년에 40%를 넘는 미국인들의 지지율을 보였다.

알렉시스 루이스는 과학, 건강, 인권에 초점을 둔 약물정책연구소에서 일하고 있으며, 마리화나 지지자들의 인구통계학적 분석을 수행하고 있다. 2016년 조사 결과를 이용하여, 그녀는 마리화나 합법화에 대한 지지가 응답자의 연령그룹에 따라 상당히 다르다는 것을 발견했다. 알렉시스는 표 4.8과 같이 연령그룹을 기준으로 지지율에 대한 정보를 정리한다.

표 4.8 연령그룹별 마리화나 합법화 지지율

Age Group	Support
Millennial (18 – 35)	71%
Generation X (36 – 51)	57%
Baby Boomer (52 – 70)	56%
Silent (71 and older)	33%

알렉시스는 마리화나 합법화의 운명을 결정하는 또 다른 중요한 요소가 각 연령그룹의 투표를 좌우하

는 역량과 관련이 있다는 것을 발견한다. 2016년 기준으로 투표할 수 있는 성인에 대하여, 그녀는 각 연령그룹의 투표권을 세분화한다. 밀레니얼 세대, X세대, 베이비붐 세대, 사일런트 세대는 투표인구의 31%, 25%, 31%, 13%를 각각 차지한다.

알렉시스는 미국의 마리화나의 합법화에 대한 지지를 더 잘 이해하기 위해 관련 확률을 계산하고 해석하는 데 이 정보를 사용하려고 한다.

샘플보고서—연령그룹과 마리화나 합법화 지지 연계

증가하는 대중의 지지에 힘입어, 미국에서 마리화나의 합법화는 최근 몇 년 동안 놀라운 속도로 진행되고 있다. 2016년 현재, 마리화나는 28개 주와 워싱턴 DC에서 어떤 형태로든 합법화되었다. 심지어 레크리에이션용 마리화나는 알래스카, 캘리포니아, 콜로라도, 메인, 매사추세츠, 네바다, 오레곤, 워싱턴 주와 워싱턴 DC에서 합법화되면서 지지를 얻고 있다. 특히 밀레니얼 세대(18~35세 연령)가 국가의 최대 생존세대가 되기 직전이기 때문에, 인구통계학적 변화는 어떻게 대세가 마리화나를 선호하게 되었는지 설명하는 데 도움이 될 수 있다.

2016년 조사는 마리화나 합법화 지지와 관련된 흥미로운 자료를 제공한다. 두 요인이 이 문제에 대한 지시를 유도하는 것으로 보이는데, 이는 세대(또는 연령그룹)와 세대별 투표권의 상대적 규모이다. 해석하기 쉽도록 M, G, B, S는 각각 “Millennial”, “X세대”, “Baby Boomer”, “Silent” 세대로 표기한다. 설문조사의 데이터를 바탕으로 각 세대의 투표권의 상대적 크기에 관한 확률 진술문을 공식화할 수 있다: $P(M) = 0.31$, $P(G) = 0.25$, $P(B) = 0.31$, $P(S) = 0.13$. 다시 말해, 밀레니얼 세대와 베이비붐 세대가 투표 인구의 31%를 차지하며, X세대와 사일런트 세대는 투표 인구의 25%와 13%를 각각 차지한다.

이제 L이 “마리화나 합법화에 대한 지지”를 나타내도록 하자. 다시, 조사의 데이터를 기반으로 조건부 확률을 $P(L \mid M) = 0.71$, $P(L \mid G) = 0.57$, $P(L \mid B) = 0.56$, $P(L \mid S) = 0.33$으로 지정할 수 있다. 따라서 무작위로 선택된 성인이 마리화나 합법화를 지지하고 밀레니얼 세대일 확률은 $P(L \cap M) = 0.71 \times 0.31 = 0.2201$로 결정된다. 마찬가지로 $P(L \cap G) = 0.1425$, $P(L \cap B) = 0.1736$, $P(L \cap S) = 0.0429$이다. 모든 세대를 결합하여, 마리화나 합법화를 지지하는 총 확률을 $P(L) = 0.2201 + 0.1425 + 0.1736 + 0.0429 = 0.5791$로 추정한다. 2016년에 미국인의 엄청난 58%가 마리화나 합법화를 지지한다. 표 4.9는 비조건부 확률과 결합확률을 요약한 결합확률표이다.

표 4.9 연령그룹별 마리화나 합법화 지원을 위한 결합확률표

Age Group	Legalizing Marijuana		Total
	Support	Do not Support	
Millennial (18 – 35)	0.2201	0.0899	0.31
Generation X (36 – 51)	0.1425	0.1075	0.25
Baby Boomer (52 – 70)	0.1736	0.1364	0.31
Silent (71 and older)	0.0429	0.0871	0.13
Total	0.5791	0.4209	1.00

다르게 생각해보면, 한 컨퍼런스에서 무작위로 선택된 성인 참석자 1,000명이 있다고 가정해보자. 결과는 밀레니얼 세대 약 310명, X세대 250명, 베이비부머 310명, 사일런트 세대 참석자 130명이 있음을 암시한다. 더욱이, 마리화나 합법화 지지자에는 약 220명의 밀레니얼 세대, 143명의 X세대, 174명의 베이비붐 세대, 그리고 43명의 사일런트 세대가 포함될 것이다.

전체 유권자의 약 31%를 차지하는 밀레니얼 세대는 이제 베이비붐 세대만큼 큰 정치적 세력이다. 일반적으로 밀레니얼 세대는 동성애자 권리, 이민, 마리화나와 같은 사회적 이슈에 대해 자유로운 경향이 있다. 이러한 인구 이동을 정당들이 간과하지 않고 있으며, 모든 정당들은 7천 5백만 명이 넘는 젊은 유권자들의 환심을 사기를 희망한다.

사례연구 제안

보고서 4.1 임신 중 여성의 갑상선을 무시하는 일이 드물지 않다. 이 분비선은 체중, 심박수, 그리고 많은 다른 요인들을 조절하는 데 도움을 주는 대사작용을 관장하는 호르몬을 만든다. 갑상선이 오작동하면 호르몬이 너무 적거나 너무 많이 생성될 수 있다. 갑상선 기능저하증은 임신부의 치료되지 않은 저활동 갑상선에 의해 발생하며, 아이의 지능저하 위험을 수반한다. 한 연구에 따르면, 임신부 25,216명 중 62명이 갑상선 기능저하증을 가지고 있는 것으로 확인되었다. 치료받지 않은 저활동 갑상선을 가진 여성에게서 태어난 아이의 19%는 IQ가 85 이하인 반면, 건강한 갑상선을 가진 산모의 아이에서는 5%에 불과했다. 엄마가 갑상선 기능저하증 치료를 받으면 자녀의 지능이 저하되지 않을 것이라는 보고도 있었다. 보고서에서 (a) 임신 중 갑상선 기능저하증을 앓고 나중에 IQ 85 이하인 아이를 낳을 가능성, (b) 10만 명 표본에서 임신부의 갑상선이 무시될 경우 IQ가 85 이하일 가능성이 있는 아이의 수를 계산하고 논의하라. 모든 임신부가 갑상선 기능저하증 검사를 받고 치료를 받는다면, (b)에 대한 답과 대응되는 수를 비교하고 설명하라.

보고서 4.2 일반적으로 남성과 여성이 단지 친구로 지내는 것이 가능하지 않다고 믿어왔다. 그러나 어떤 사람들은 남성들이 일하고 여성들은 집에 머물러 남녀가 로맨스만을 위해 함께 할 수 있던 시대가 지나갔기 때문에 이러한 믿음이 더 이상 사실이 아닐 수 있다고 주장한다. 한 조사에서 600명의 이성애 대학생들에게 남녀가 단지 친구로 지내는 것이 가능한지 물었고, 282명은 그렇지 않다고 보고했다. 이 조사에서 남학생은 240명으로 이 중 57.5%가 남녀가 단순히 친구로 지내는 것이 실현 불가능하다고 답했다. 이 결과를 이용하여 남성과 여성이 단지 친구가 될 수 있는지, 그리고 이 믿음이 성별에 따라 어떻게 다른지 검정하기 위해 관련 확률을 계산하라.

보고서 4.3 휘발유 가격 상승으로 캘리포니아 주민들의 해양굴착에 대한 저항감이 낮아진 것으로 보고되었다. 현장 여론조사에 따르면 10년 전보다 더 많은 비율의 캘리포니아 주민들이 주 해안을 따라 석유나 천연가스를 시추하는 의견에 지지하는 것으로 나타났다. 석유의 무작위 시추는 횟수의 5%만 성공한다고 가정하자. 한 석유 회사가 석유를 탐지하는 새로운 기술을 발견했다고 막 발표했다. 이 기술은 80% 신뢰할 수 있다. 즉, 석유가 있는 경우 이 기술은 시추횟수의 80%에서 "석유" 신호를 보낸다. 또한 실제로 오일이 존재하지 않는 상황에서 기술이 오일을 잘못 감지할 가능성이 1%라고 하자. 보고서에서, 이 정보를 이용하여 최근의 탐사에서 석유가 존재했지만 기술이 그 지역에 "석유가 없다"고 탐지할 확률을 계산하고 해석하라.

보고서 4.4 FILE ***College_Admissions.*** 입학 결정을 나타내는 변수(Admitted)와 학생이 지원하는 대학(College)의 두 범주형 변수에 대한 데이터를 살펴보자. 세 대학의 상대적인 독립성을 조사하기 위해 분할표를 작성하고 관련 확률을 계산하고 해석하라.

핵심 개념

LO 4.1 기본적인 확률 개념을 설명할 수 있어야 한다.

- 실험(experiment)은 여러 개의 가능한 결과 중 한 개로 산출되는 프로세스이다.
- S로 표시되는 표본공간(sample space)에는 실험의 모든 가능한 결과가 포함된다.
- 사건(event)은 실험 결과의 부분집합이며, 단일 결과를 포함하는 경우 단순사건(simple event)이라고 한다.
- 실험의 모든 가능한 결과가 사건들에 속한다면 사건들은 전체포괄적(exhaustive)이다.
- 실험의 어떤 공통적인 결과도 공유하지 않는다면 사건들은 상호배반적(mutually exclu-

sive)이다.

- 확률은 사건이 발생할 가능성을 측정하는 수치 값이다. 이것은 0과 1 사이의 값을 가정하는데, 여기서 0은 불가능한 사건을 나타내고, 1은 확정적인 사건을 나타낸다.
- 확률의 두 가지 정의 속성은 (1) 사건 A의 확률은 0과 1 사이의 값[$0 \leq P(A) \leq 1$]이고, (2) 상호배반적이고 전체포괄적인 사건들의 확률의 합은 모두 1이다.
- 주관적 확률(subjective probability)은 개인적이고 주관적인 판단에 의해 산출된다. 경험적 확률(empirical probability)은 상대적인 발생 빈도로 계산된다. 고전적 확률(classical probability)은 관찰이나 개인적 판단보다는 논리적 분석에 기초한다.

LO 4.2 확률법칙을 적용할 수 있어야 한다.

- 여사건 법칙(complement rule)은 사건 A의 여사건 확률을 계산하는 데 사용된다: $P(A^c) = 1 - P(A)$.
- 덧셈법칙(addition rule)은 사건 A 또는 사건 B가 발생할 확률을 계산하는 데 사용된다: $P(A \cup B) = P(A) + P(B) - P(A \cap B)$.
- 사건 B가 일어났을 때 사건 A가 발생할 조건부 확률(conditional probability)은 다음과 같다: $P(A|B) = \frac{P(A \cap B)}{P(B)}$.
- 곱셈법칙(multiplication rule)은 사건 A 그리고 사건 B가 발생할 확률을 계산하는 데 사용된다: $P(A \cap B) = P(A \mid B)P(B)$.
- $P(A \mid B) = P(A)$ 또는 $P(A \cap B) = P(A)P(B)$인 경우, 사건 A와 B는 독립(independent)이고, 그렇지 않으면 사건은 종속(dependent)이다.

LO 4.3 분할표에서 확률을 계산하고 해석할 수 있어야 한다.

분할표(contingency table)는 일반적으로 두 범주형 변수인 x와 y에 대한 빈도를 표시하며, 여기서 각 셀은 x-y 관측치의 상호배반적 조합을 나타낸다. 경험적 확률이 사건 발생의 상대적 빈도로 쉽게 계산된다.

LO 4.4 전확률 법칙과 베이즈 정리를 적용할 수 있어야 한다.

전확률 법칙(total probability rule)은 사건 A의 확률을 결합 또는 조건부 확률로 표현한다. 사건 B와 B^C가 주어졌을 때, 사건 A의 확률은 $P(A) = P(A \cap B) + P(A \cap B^C) = P(A \mid B)P(B) + P(A \mid B^C)P(B^C)$로 구할 수 있다.

베이즈 정리(Bayes' Theorem)는 사전확률(prior probability) $P(B)$를, 사후확률(posterior probability) $P(B \mid A)$로 업데이트하는 방법이다. 사건 B의 사후확률은 $P(B \mid A) = \frac{P(A \cap B)}{P(A)} = \frac{P(A \cap B)}{P(A \cap B) + P(A \cap B^c)} = \frac{P(A|B)P(B)}{P(A|B)P(B) + P(A|B^c)P(B^c)}$로 구할 수 있다.

전확률 법칙과 베이즈 정리는 상호배반적이고 전체포괄적인 n개의 사건 $B_1, B_2, \ldots, B_n$을 포함하도록 쉽게 확장될 수 있다.

LO 4.5 셈 규칙을 사용하여 사건의 확률을 계산할 수 있어야 한다.

- 크기가 n인 집합의 모든 구성원을 n개의 슬롯에 배정하는 방법의 수는 팩토리얼 공식

(factorial formula)을 사용하여 $n! = n \times (n-1) \times (n-2) \times \cdots \times 1$로 계산한다.

- 총 n개의 개체에서 x개의 개체를 선택하는 방법의 수는 x개의 개체가 나열되는 순서가 중요하지 않은 경우 ${}_nC_x = \binom{n}{x}$와 같은 조합공식(combination formula)을 사용하여 계산한다: $\frac{n!}{n-x)!x!}$.
- 총 n개의 개체에서 x개의 개체를 선택하는 방법의 수는 x개의 개체가 나열되는 순서가 중요한 경우 ${}_nP_x = \frac{n!}{(n-x)!}$와 같은 순열공식(permutation formula)을 사용하여 계산한다.
- 어떠한 상황에서는 이 셈 규칙들이 관련 확률을 계산하는 데 도움이 될 수 있다.

추가 연습문제

59. 전 세계 14~17세 아동의 부모 4,400명을 대상으로 한 설문조사에 따르면 부모 중 44%가 10대의 페이스북 계정을 모니터링하는 것으로 나타났다. 페이스북 계정을 가진 전체 10대 부모들 중 미국인 부모들이 10%를 차지하고, 그중 60%가 10대의 페이스북 계정을 모니터링한다고 가정하자. 한 부모가 무작위로 선택되고, 사건들이 다음과 같은 정의된다고 가정하자: A = 미국인 부모 선택, B = 모니터링하는 부모 선택.

a. 위의 정보에 기초하여, 설정될 수 있는 확률들은 무엇인가?

b. 사건 A와 B는 상호배반적 또는 전체포괄적인가? 설명하라.

c. 사건 A와 B는 독립인가? 설명하라.

d. 모니터링하는 부모인 경우, 미국인 부모를 선택할 확률은 얼마인가? 설명하라.

60. 구독 전자상거래 시장은 틈새 상품을 반복적으로 제공하는 구독상자를 포함하여 상당히 성장했다. 전자상거래 회사들은 구독을 중단되는 가입자의 비율로 정의되는 해지율에 주목한다. 구독상자의 월별 해지율은 여성 고객이 12%, 남성 고객이 9%로 추정된다. 전체 구독상자 고객 중 62%가 여성인 것으로 나타났다. 무작위로 선택된 한 고객이 한 달 안에 해지하는 남성일 확률을 계산하라.

61. 헨리 차우는 메릴린치(Merrill Lynch)에서 일하는 주식중개인이다. 그는 과거 경험을 통해 새로운 고객이 포트폴리오에 미국 주식을 포함하기를 원할 가능성이 70%이고 해외 주식을 포함하기를 원할 가능성이 50%라는 것을 알고 있다. 또한 포트폴리오에 미국 주식과 외국 주식을 모두 포함하기를 원할 가능성이 40%이다.

a. 만약 고객이 이미 해외 주식을 포트폴리오에 가지고 있다면, 이 고객이 미국 주식을 포함하기를 원할 확률은 얼마인가?

b. 이 고객이 포트폴리오에 미국 주식과 외국 주식을 모두 포함하지 않기로 결정할 확률은 얼마인가?

62. 이지 크레딧 컴퍼니(Easy Credit Company)는 고객의 대출 금액과 현금 서비스 이용 여부에 따라 고객을 세분화하여 표현한 다음 표를 보고한다. 감사가 계정 중 하나를 임의로 선택한다.

Amounts owed by customers	Cash Advance?	
	Yes	No
$0 – 199.99	245	2,890
$200 – 399.99	380	1,700
$400 – 599.99	500	1,425
$600 – 799.99	415	940
$800 – 999.99	260	480
$1,000 or more	290	475
Total Customers	2,090	7,910

a. 고객이 현금 서비스를 받을 확률은 얼마인가?

b. 고객의 대출금이 200달러 미만이고 현금 서비스를 받을 확률은 얼마인가?

c. 고객의 대출금이 200달러 미만이거나 현금 서비스를 받을 확률은 얼마인가?

d. 고객이 현금 서비스를 받았다면, 고객의 대출금이 1,000달러 이상일 확률은 얼마인가?

e. 고객의 대출금이 1,000달러 이상이라면, 고객이 현금 서비스를 받았을 확률은 얼마인가?

f. "현금 서비스 이용"과 "대출금 1,000달러 이상" 사건은 상호배반적인가? 확률을 사용하여 설명하라.

g. "현금 서비스 이용"과 "대출금 1,000달러 이상" 사건은 독립인가? 확률을 사용하여 설명하라.

63. 다음 빈도분포는 인도에서 가장 부유한 40명의 연령을 보여준다. 이들 중 한 명이 무작위로 선택된다.

Ages	Frequency
30 up to 40	3
40 up to 50	8
50 up to 60	15
60 up to 70	9
70 up to 80	5

a. 선택된 개인이 50세에서 60세 사이일 확률은 얼마인가?

b. 선택된 개인이 50세 미만일 확률은 얼마인가?

c. 선택된 개인이 적어도 60세일 확률은 얼마인가?

64. 어린 시절에 얼마나 많이 웃느냐가 나중에 결혼에서의 성공을 예측할 수 있다. 분석은 65세 이상 고령자의 결혼 성공률과 단지 10세였을 때의 미소에 기초한다. 연구자들은 가장 많이 웃는 사람 중 단지 11%만이 이혼한 반면, 가장 많이 찌푸린 사람 중 31%가 파혼을 경험했음을 발견했다.

a. 10세에 가장 많이 웃고 나중에 이혼한 사람이 인구의 2%라고 가정하자. 몇 %의 사람들이 가장 많이 웃는 사람인가?

b. 가장 많이 찌푸린 사람들이 25%라고 간주하여 10살에 가장 많이 찌푸리고 나중에 이혼하는 사람의 확률을 계산하라.

65. 나우셋 건설(Nauset Construction)의 소유주인 앤서니 파판토니스가 두 프로젝트 A와 B에 입찰한다. 프로젝트 A를 이길 확률은 0.40이고, 프로젝트 B를 이길 확률은 0.25이다. 프로젝트 A 승리와 프로젝트 B 승리는 독립인 사건이다.

a. 그가 프로젝트 A 또는 프로젝트 B를 이길 확률은 얼마인가?

b. 그가 어느 프로젝트도 이기지 못할 확률은 얼마인가?

66. 망고의 포장과 운송에 나무상자가 흔히 사용된다. 뉴저지주 모건빌에 있는 한 편의점은 도매상으로부터 정기적으로 망고를 구입한다. 배송할 때마다 매니저는 20개의 망고가 들어 있는 상자에서 무작위로 2개의 망고를 검사하여 운송으로 인한 손상을 확인한다. 선택된 상자에 정확히 3개의 손상된 망고가 들어 있다고 가정하자.

a. 첫 번째 망고가 손상되지 않았을 확률을 계산하라.

b. 망고가 둘 다 손상되지 않았을 확률을 계산하라.

c. 두 망고가 모두 손상되었을 확률을 계산하라.

67. 한 연구는 실업이 남성과 여성에게 같은 방식으로 영향을 미치지 않는다는 것을 보여준다. 노동통계국 보고서에 따르면, 일할 자격이 있는 사람들 중 8.5%가 실업자이다. 실업률은 적격 남성의 8.8%, 적격 여성의 7.0%이다. 미국 내 적격 노동력의 52%가 남성이라고 가정하자.

a. 방금 대기업의 다른 근로자가 해고되었다는 소식을 들었다. 이 근로자가 남성일 확률이 얼마인가?

b. 방금 대기업의 다른 근로자가 해고되었다는 소식을 들었다. 이 근로자가 여성일 확률이 얼마인가?

68. 전 세계의 경영 전망을 측정하는 CGMA 경제지수에 따르면, 전체 응답자의 18%가 세계 경제에 대해 낙관적인 입장을 보였다. 또한 미국 응답자의 22%, 아시아 응답자의 9%가 세계 경제에 대해 낙관적으로 느꼈다.

a. 아시아 응답자가 세계 경제에 대해 낙관적이지 않을 확률은 얼마인가?

b. 전체 응답자의 28%가 미국인이라면, 응답자가 미국인이고 세계 경제를 낙관할 확률은 얼마인가?

c. 전체 응답자의 22%가 아시아인이라고 가정하자. 만약 응답자가 세계 경제에 대해 낙관적으로 느낀다면, 그 응답자가 아시아인일 확률은 얼마인가?

69. 한 경영학 교수가 그의 강좌를 수강하는 학생 40명 중 8명이 여름 인턴십에 합격했다는 소식을 들었다. 복도에서 학생 2명을 만났다고 가정하자.

a. 이 학생들 둘 다 인턴십에 합격하지 못했을 확률을

계산하라.

b. 이 두 학생 모두 인턴십에 합격했을 확률을 계산하라.

70. FILE ***Machine.*** 기계 고장이 발생하기 전에 예측할 수 있다면 제조업체들은 수백만 달러를 절약할 수 있다. 제조업체는 기계가동 중단을 최소화하기 위해 사전에 예방정비 또는 수리를 수행할 수 있기를 원하고 있으며, 기계와 주변 환경을 모니터링하기 위해 전자 센서를 설치하는 경우가 많다. 한 회사의 관리자가 기계 고장(Failure: 예 또는 아니오)에 대한 습도(Humidity: 낮음, 중간 또는 높음)의 영향을 조사하려고 한다. 다음 표에는 데이터의 일부가 나와 있다.

Machine	Humidity	Failure
1	Medium	No
2	Medium	No
⋮	⋮	⋮
480	High	Yes

a. 데이터를 사용하여 분할표를 작성하라.

b. 무작위로 선택된 기계가 고장일 확률을 구하라.

c. 무작위로 선택된 기계가 높은 습도에서 작동할 확률을 구하라.

d. 높은 습도인 경우 기계가 고장일 확률을 구하라. 낮은 습도와 중간 습도인 경우에도 대응하는 확률을 구하라.

e. 기계 고장은 습도와 관련이 있는가? 확률을 사용하여 설명하라.

71. 작은 중서부 타운의 한 바에서는 맥주와 와인만이 단지 알코올 옵션이다. 매니저는 주말 동안 방문한 전체 남성 고객 중 150명이 맥주를 주문했고 40명이 와인을 주문했으며 20명이 청량음료를 주문했음을 정리했다. 또한 여성 고객 중에는 38명이 맥주를 주문했고 20명은 와인을 주문했으며 12명이 청량음료를 주문했다.

a. 범주형 변수 성별(남성 또는 여성)과 선택음료(맥주, 와인, 청량음료)의 빈도를 보여주는 분할표를 작성하라.

b. 고객이 와인을 주문할 확률을 구하라.

c. 남성 고객이 와인을 주문할 확률은 얼마인가?

d. "와인"과 "남성" 사건은 독립인가? 확률을 사용하여 설명하라.

72. JAMA의 한 연구는 입원 중 심정지를 겪는 환자는 밤 11시 이후에 발생하는 경우 사망할 가능성이 높다는 연구결과를 발견했다. 이 연구는 낮 또는 저녁에 발생한 58,593건의 심장마비를 조사했는데, 이들 중 11,604명이 생존해서 퇴원했다. 보통 야간근무조라고 불리는 오후 11시에 시작된 교대근무 동안에는 28,155명의 심장마비가 있었는데, 이 중 4,139명이 생존해서 퇴원했다. 다음 분할표에는 연구의 결과가 요약되어 있다.

	Survived for Discharge	Did not Survive for Discharge	Total
Day or Evening Shift	11,604	46,989	58,593
Graveyard Shift	4,139	24,016	28,155
Total	15,743	71,005	86,748

a. 무작위로 선택된 환자가 야간근무조 중에 심정지를 경험할 확률은 얼마인가?

b. 무작위로 선택된 환자가 생존해서 퇴원할 확률은 얼마인가?

c. 무작위로 선택된 환자가 야간근무조 중 심정지를 경험했다고 하면, 환자가 생존해서 퇴원할 확률은 얼마인가?

d. 무작위로 선택된 환자가 생존해서 퇴원했다고 하면, 야간근무조 중 심정지를 경험했을 확률은 얼마인가?

e. "생존해서 퇴원"과 "야간근무조" 사건은 독립인가? 확률을 사용하여 설명하라. 답을 고려해 볼 때, 병원에 어떤 형태의 추천을 할 수 있는가?

73. 여성들은 인생에서 남성들보다 더 행복하게 시작하지만, 나중에는 더 불행하게 끝난다고 보고되었다. 젊은 시절 여성들은 가정생활과 재정적 욕구를 충족시켜 전반적인 행복감을 더 크게 이끌어낼 가능성이 높다. 그러나 남성들은 후반 생활에서 경제적 상황과 가정생활에 대한 만족도가 높아 여성들보다 더 행복하다고 보고한다. 남성 300명과 여성 300명을 대상으로 한 조사 결과가 다음 표에 나와 있다.

"당신의 재정과 가정생활에 만족합니까?"라는 질문에 대한 응답

	Age		
Response by Women	20 to 35	35 to 50	Over 50
Yes	73	36	32
No	67	54	38

	Age		
Response by Men	20 to 35	35 to 50	Over 50
Yes	58	34	38
No	92	46	32

a. 무작위로 선택된 여성이 그녀의 재정과 가정생활에 만족할 확률은 얼마인가?

b. 무작위로 선택된 남성이 그의 재정과 가정생활에 만족할 확률은 얼마인가?

c. 여성의 경우, "예(Yes)"와 "20에서 35세(20 to 35)" 사건은 독립인가? 확률을 사용하여 설명하라.

d. 남성의 경우, "예(Yes)"와 "20에서 35세(20 to 35)" 사건은 독립인가? 확률을 사용하여 설명하라.

74. 한 분석가는 미국 경제가 좋은 실적일 가능성이 40%라고 예측한다. 미국 경제가 좋은 실적이면 아시아 국가들의 성과도 좋을 가능성이 80%다. 반면, 미국 경제가 부진할 경우 아시아 국가들이 좋은 성과를 거둘 확률은 0.30으로 낮아진다.

a. 미국 경제와 아시아 국가들 모두 좋은 실적일 확률은 얼마인가?

b. 아시아 국가들이 좋은 성과를 거둘 확률은 얼마인가?

c. 아시아 국가들이 좋은 성과를 거둔다면, 미국 경제가 좋은 실적일 확률은 얼마인가?

75. 명백히 우울증은 나중에 치매에 걸릴 위험을 유의하게 증가시킨다. 한 연구에서 우울증을 가진 사람의 22%가 치매로 발전된 반면, 우울증이 없는 사람은 17%에 불과한 것으로 나타났다. 모든 사람들의 10%가 우울증을 경험한다고 가정해보자.

a. 치매에 걸릴 확률은 얼마인가?

b. 치매에 걸렸다면, 그 사람이 이전에 우울증을 앓았을 확률은 얼마인가?

76. 국민건강영양조사 자료에 따르면 성인 여성의 36.5%, 성인 남성의 26.6%가 건강한 체중을 가지고 있다. 성인 인구의 50.52%가 여성이라고 가정해보자.

a. 건강한 체중을 가진 성인의 비율은 얼마인가?

b. 만약 한 성인이 건강한 체중이라면, 그 성인이 여성일 확률은 얼마인가?

c. 만약 한 성인이 건강한 체중이라면, 그 성인이 남성일 확률은 얼마인가?

77. 60%의 학생들이 규칙적으로 과제를 한다고 가정하자. 평소 과제를 꾸준히 해오던 학생 중 80%가 이 과목에서 좋은 성적(A등급 또는 B등급)을 받은 것으로 알려져 있다. 과제를 규칙적으로 하지 않았던 학생들 중에는 20%만이 이 과목에서 좋은 성적을 받았다.

a. 학생이 이 과목에서 좋은 성적을 받을 확률은 얼마인가?

b. 학생이 이 과목에서 좋은 성적을 받았다면, 그 학생이 규칙적으로 과제를 했을 확률은 얼마인가?

78. 마리화나 법률 개혁에 대한 대중의 지지가 높아져서 여론조사 결과 전국 절반 이상이 마리화나 합법화에 찬성하는 것으로 나타났다. 그러나 마리화나에 대한 의견은 정당 라인에 따라 극명하게 구분된다. 설문조사 결과는 다음 표와 같다. 또한 미국인의 27%가 공화당원(Republican), 30%가 민주당원(Democrat), 43%가 무소속(Independent)이라고 가정한다.

Political Party	Support
Republican	41%
Democrat	66%
Independent	63%

a. 무작위로 선택된 미국인 성인이 마리화나 합법화를 지지하고 공화당원일 확률을 계산하라.

b. 무작위로 선택된 미국인 성인이 마리화나 합법화를 지지하고 민주당원일 확률을 계산하라.

c. 무작위로 선택된 미국인 성인이 마리화나 합법화를 지지하고 무소속일 확률을 계산하라.

d. 미국인 성인의 몇 %가 마리화나 합법화를 지지하는가?

e. 무작위로 선택된 미국인 성인이 마리화나 합법화를 지지한다면, 이 성인이 공화당원일 확률은 얼마인가?

79. 전국적 설문조사는 페미니스트 또는 강한 페미니스트로 확인될 때 미국인 사이에 큰 성별 차이가 있음을 발견했다. 조사결과는 다음 표와 같다. 또한 미국 인구의 50.8%가 여성이고, 49.2%가 남성이라고 가정해보자.

Gender	Feminist or Strong Feminist
Female	66%
Male	41%

a. 무작위로 선택된 미국인 성인이 페미니스트 또는 강한 페미니스트로 확인되는 여성일 확률을 계산하라.

b. 무작위로 선택된 미국인 성인이 페미니스트 또는 강한 페미니스트로 확인되는 남성일 확률을 계산하라.

c. 미국인 성인의 몇 %가 페미니스트 또는 강한 페미니스트로 확인되는가?

d. 무작위로 선택된 미국인 성인이 페미니스트 또는 강한 페미니스트로 확인된다면, 이 성인이 여성일 확률은 얼마인가?

80. 인구센서스 설문조사에 따르면 가정에 2명의 부모가 있는 아동의 비율은 아시아인이 가장 높고, 흑인이 가장 낮다. 아시아 아동의 85%가 집에 부모가 2명인 반면, 백인은 78%, 히스패닉은 70%, 흑인은 38%로 나타났다. 대표성 있는 학교의 500명 학생은 백인 280명, 아시아인 50명, 히스패닉 100명, 흑인 70명으로 구성된다.

a. 가정에 부모가 둘 다 있을 확률은 얼마인가?

b. 부모가 모두 있다면, 아동이 아시아인일 확률은 얼마인가?

c. 부모가 모두 있다면, 아동이 흑인일 확률은 얼마인가?

81. 시즌 시작에 앞서 한 스포츠 분석가가 콘퍼런스에서 10개 팀의 시즌종료 순위를 예측하려고 하고 있다.

a. 만약 동점이 고려되지 않는다면, 팀들에 순위를 매길 수 있는 얼마나 많은 서로 다른 방식이 있는가?

b. 첫 3순위만 고려되고 순위(1위, 2위, 3위)가 중요하다면, 얼마나 많은 서로 다른 결과가 가능한가?

c. (b)의 각 결과가 동등한 확률을 가진다면, 스포츠 분석가가 옳은 시즌종료 결과를 선택할 확률은 얼마인가?

d. 첫 3순위만 고려되고 순위(1위, 2위, 3위)가 중요하다면, 얼마나 많은 서로 다른 결과가 가능한가?

e. (d)의 각 결과가 동등한 확률을 가진다면, 스포츠 분석가가 옳은 시즌종료 결과를 선택할 확률은 얼마인가?

82. 고등학교 코치 에밀리 윌리엄스에게 4인 계주 팀을 위한 수영선수 7명이 있다고 가정해보자.

a. 만약 자유형의 계주 순서가 중요하지 않다면, 얼마나 많은 서로 다른 계주 팀이 가능한가?

b. 순서가 중요한 메들리 계주 팀을 가정하자. 몇 개의 서로 다른 팀이 가능한가?

c. 수영선수 마이클은 7명의 수영선수 중 한 명이다. 만약 수영선수들이 무작위로 배정된다면, (a)의 팀 중에 마이클을 포함하는 팀은 몇 개인가?

5 이산확률분포
Discrete Probability Distributions

학습목차_*Chapter Contents*

학습목표_*Learning Objectives*

이 장을 학습한 후에,

LO 5.1 이산확률변수와 확률분포를 설명할 수 있어야 한다.
LO 5.2 이산확률변수에 대한 요약측도를 계산하고 해석할 수 있어야 한다.
LO 5.3 포트폴리오 수익을 평가하기 위한 요약측도를 계산하고 해석할 수 있어야 한다.
LO 5.4 이항확률변수의 확률을 계산하고 해석할 수 있어야 한다.
LO 5.5 포아송 확률변수의 확률을 계산하고 해석할 수 있어야 한다.
LO 5.6 초기하 확률변수의 확률을 계산하고 해석할 수 있어야 한다.

이 장에서는 확률변수의 개념을 도입함으로써 확률에 대한 논의를 확장한다. 확률변수는 수치형 값의 관점에서 실험결과를 요약하며, 가정하는 값의 범위에 따라 이산형 또는 연속형으로 분류될 수 있다. 이산확률변수는 셀 수 있는 구별된 값의 수를 가정하는 반면, 연속확률변수는 구간 내에서 셀 수 없는 값을 특징으로 한다.

이 장에서는 이산확률변수와 관련된 확률분포에 초점을 맞춘다. 이산확률변수의 예로는 분기별 목표를 달성한 영업사원의 수, 주택소유주 100명의 표본에서 재융자 신청건수, 요금소에 줄지어 있는 차량의 수 등이 있다. 우리는 이산확률변수에 대한 요약측도를 계산하는데, 평균, 분산, 표준편차를 포함한다. 포트폴리오 수익률을 설명하기 위해 확률변수의 속성을 이용하여 이들 요약측도를 적용할 수 있다. 마지막으로 널리 사용되는 세 가지 이산확률분포인 이항분포, 포아송 분포, 초기하분포에 대해 논의한다.

Jewel Samad/AFP/Getty Images

도입사례_Introductory Case

잠재고객을 위한 가용 직원

스타벅스(Starbucks)는 치열한 경쟁에 직면해 있는데, 이는 다른 커피 체인점으로부터 오는 것이 아니다. 전국적으로 부상하고 있는 트렌디 커피숍들이 이제 스타벅스 고객들과 경쟁하고 있다. 고급 커피의 일상 소비의 증가는 낮은 자본 투자에 힘입어 기업가들이 젊고 부유한 인구를 목표로 하는 그들만의 전문 커피숍을 시작하도록 자극했다.

지역 스타벅스의 매니저인 앤 존스는 트렌디 커피숍과의 치열한 경쟁이 그녀의 스토어 비즈니스에 어떤 영향을 미칠지 걱정한다. 앤은 전형적인 스타벅스 고객이 한 달에 15번에서 18번 사이로 체인을 방문한다는 것을 알고 있으며, 이는 스타벅스를 미국에서 가장 많이 방문하는 영업장 중 하나로 만든다. 그녀는 충성스러운 스타벅스 고객들은 30일 동안 평균 18번 매장을 방문할 것으로 믿는다. 직원 니즈를 결정하기 위해, 앤은 고객 도착 확률분포에 대한 확실한 이해가 필요하다는 것을 알고 있다. 만약 너무 많은 직원들이 고객을 응대할 준비가 되어 있다면, 일부 직원들은 게으름을 피울 것이고, 이는 매장에 비용부담이 될 것이다. 그러나 만약 충분한 직원이 수요를 충족시킬 수 없다면, 이는 서비스를 기다리지 않기로 선택한 화난 고객을 잃는 결과를 초래할 수 있다.

앤은 위의 정보를 이용하여 다음을 수행하려고 한다.

1. 특정 기간 동안 전형적인 스타벅스 고객의 예상 방문횟수를 계산한다.
2. 전형적인 스타벅스 고객이 특정 기간 동안 특정 횟수만큼 체인점을 방문할 확률을 계산한다.

이 사례의 분석결과는 5.5절에 제시되어 있다.

5.1 확률변수 및 이산확률분포

흔히 불확실성에 직면하여 중요한 의사결정을 내려야 한다. 예를 들어, 자동차 대리점은 자동차에 대한 실제 수요가 알려져 있지 않을 때 보유할 자동차의 수를 결정해야 한다. 마찬가지로 투자자는 투자수익의 실제 결과가 알려져 있지 않을 때 포트폴리오를 선택해야 한다. 이 불확실성은 **확률변수(random variable)**라고 부르는 것에 의해 설명되며, 확률변수는 실험결과를 수치형 값으로 요약한다.

일반적으로 확률변수를 나타낼 때 대문자 X를, X가 가정할 수 있는 값을 나타내기 위해 소문자 x를 사용한다. **이산확률변수(discrete random variable)**는 x_1, x_2, x_3 등과 같이 구별되는 값의 셀 수 있는 수를 가정하는 반면, **연속확률변수(continuous random variable)**는 구간 내에서 셀 수 없는 값을 특징으로 한다. 이산확률변수의 경우와 달리, 연속확률변수 X의 가능한 값을 $x_1, x_2, \ldots$로 나열하여 설명할 수 없다. 나열되지 않은 값 $(x_1 + x_2)/2$도 가능할 수 있기 때문이다.

> **이산형 대 연속형 확률변수**
>
> - 확률변수(random variable)는 실험결과에 수치값을 부여하는 함수이다.
> - 이산확률변수(discrete random variable)는 셀 수 있는 수의 구별되는 값을 가정한다.
> - 연속확률변수(continuous random variable)는 구간의 셀 수 없는 값을 특징으로 한다.

이산형 확률변수의 예로는 분기별 목표를 달성한 영업사원의 수, 한 해 동안 이직하는 직원의 수, 한 달 동안 은행파산을 신청한 기업의 수 등이 있다. 마찬가지로, 연속확률변수의 예는 뮤추얼 펀드의 수익률, 작업의 완료시간, 16온스로 판매되는 맥주의 양 등이다. 이 장에서는 이산확률변수에 초점을 맞추고, 연속확률변수의 세부내용은 6장에서 제시될 것이다.

이산확률분포

모든 이산확률변수는 **확률질량함수(probability mass function)**라고도 불리는 **확률분포(probability distribution)**와 연관되어 있으며, 확률변수 X가 특정 값 x를 가정하는 확률, 또는 동등하게 $P(X = x)$를 제공한다. 또한 **누적분포함수(cumulative distribution function)** 또는 동등하게 $P(X \leq x)$의 관점에서도 확률변수를 정의할 수 있다. 모든 이산확률분포는 두 가지 정의 속성이 있다.

> **이산확률분포의 두 가지 주요 속성**
>
> - 각 값 x의 확률은 0과 1 사이의 값, 또는 동등하게 $0 \leq P(X = x) \leq 1$이다.
> - 확률의 합은 1이다. 즉, $\Sigma P(X = x_i) = 1$이며, 여기서 합은 X의 모든 값 x에 걸쳐 확장된다.

이산확률분포를 표, 수식, 그래픽 형태를 포함한 여러 방법으로 살펴볼 수 있다.

예제 5.1

6면의 주사위를 굴려서 나온 수를 확률변수로 정의한다고 가정하여, 확률분포를 표 형식으로 제시하라.

해답:

6면의 주사위를 굴릴 때, X가 가정하는 가능한 값들은 $x = 1, 2, 3, 4, 5, 6$이다. 각 결과가 발생할 가능성이 동등하기 때문에, X가 가능한 6개의 값 중 어느 한 개를 가정할 확률은 $1/6 = 0.1667$이다. 표 5.1은 6면의 주사위를 굴리는 확률분포를 보여준다. 확률분포를 확률질량함수로 나타낼 때 우리는 쉽게 추론할 수 있다. 예를 들어 $P(X=5)=0.1667$이다.

표 5.1 주사위 굴리기에 대한 확률분포

x	1	2	3	4	5	6
$P(X = x)$	0.1667	0.1667	0.1667	0.1667	0.1667	0.1667

이산확률분포를 나타내는 두 가지 표 형식의 방법이 있다. 확률변수가 특정 값을 가정할 확률을 표 5.1과 같이 지정할 수 있다. 대안으로, 누적확률분포로 나타낼 수 있다. 누적확률분포는 확률변수가 특정 값이 아닌 값의 범위를 가정할 확률을 찾는 데 관심이 있을 때 편리하다. 예제 5.1에서 정의된 확률변수에 대한 누적확률분포는 표 5.2에 나와 있다.

표 5.2 주사위 굴리기에 대한 누적 확률분포

x	1	2	3	4	5	6
$P(X \leq x)$	0.1667	0.3333	0.5000	0.6667	0.8333	1

만약 4 이하가 나올 확률 $P(X \leq 4)$을 찾는 데 관심이 있다면, 누적확률분포를 통해 이 확률이 4/6임을 알 수 있다. 동시에 확률변수가 특정 값을 가정할 확률을 찾기 위해 누적확률분포를 이용할 수 있다. 예를 들어, $P(X = 3)$는 $P(X \leq 3) - P(X \leq 2) = 0.5000 - 0.3333 = 0.1667$로 구할 수 있다.

많은 경우, 대수 공식을 적용하여 확률분포를 표현할 수 있다. 6면의 주사위 굴리기에 대한 확률분포의 공식 표현은 다음과 같다.

$$P(X = x) = \begin{cases} 0.1667 & \text{if } x = 1, 2, 3, 4, 5, 6 \\ 0 & \end{cases}$$

따라서 공식을 통해 $P(X = 5) = 0.1667$ and $P(X = 7) = 0$임을 확인할 수 있다.

확률분포를 그래픽으로 표현하기 위해 X의 모든 값 x를 수평축에, 관련 확률 $P(X = x)$를 수직축에 배치한다. 그 다음 각 x로부터 높이가 $P(X = x)$에서 끝나는 선 세그먼트를 그린다. 그림 5.1은 6면의 주사위 굴리기에 대한 확률분포를 그래픽으로 보여준다.

그림 5.1 6면의 주사위 굴리기에 대한 확률분포

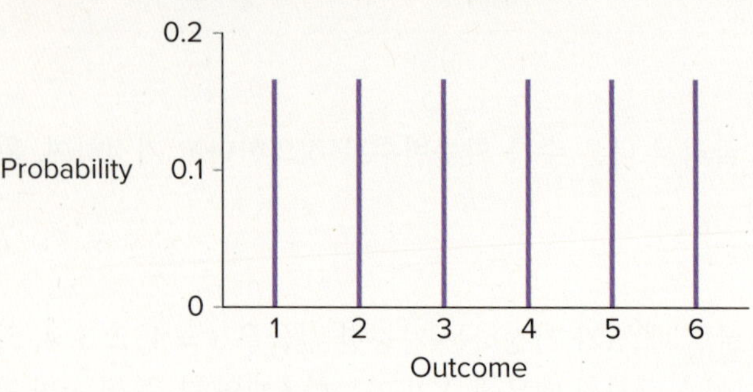

예제 5.1의 주사위 굴리기에 대한 확률분포가 다음 특성을 갖는 **이산균등분포(discrete uniform distribution)**를 나타냄을 주목하고자 한다.

- 분포는 한정된 수의 지정된 값을 갖는다.
- 각 값은 동등한 발생 가능성을 갖는다.
- 분포가 대칭이다.

예제 5.2

한 부동산 중개인이 한 달 동안 매매하는 주택의 수는 표 5.3과 같은 확률분포를 보인다.

표 5.3 매매한 주택의 수에 대한 확률분포

Number of Houses Sold	Probability
0	0.30
1	0.50
2	0.15
3	0.05

a. 유효한 확률분포인가?
b. 부동산 중개인이 한 달 동안 주택을 매매하지 못할 확률은 얼마인가?
c. 부동산 중개인이 한 달 동안 최대 1채의 주택을 매매 확률은 얼마인가?
d. 부동산 중개인이 한 달 동안 적어도 2채의 주택을 매매 확률은 얼마인가?
e. 확률분포를 그래픽으로 표현하고 대칭/비대칭에 대한 의견을 제시하라.

해답:

a. 우선 확률변수 X가 부동산 중개인이 한 달 동안 매매하는 주택의 수를 나타내며, 가능한 X의 값은 0, 1, 2, 3이라는 것에 주목한다. 확률분포는 (1) 모든 확률이 0과 1 사이에 속하고, (2) 확률의 합이 1(즉, $0.30 + 0.50 + 0.15 + 0.05 = 1$)이 되기 때문에 유효하다.

b. 부동산 중개인이 한 달 동안 주택을 매매하지 못할 확률을 구하기 위해 $P(X = 0) =$

0.30을 찾는다.

c. 부동산 중개인이 최대 1채의 주택을 매매할 확률은 $P(X \leq 1) = P(X = 0) + P(X = 1) = 0.30 + 0.50 = 0.80$으로 구한다.

d. 부동산 중개인이 적어도 2채의 주택을 매매할 확률은 $P(X \geq 2) = P(X = 2) + P(X = 3) = 0.15 + 0.05 = 0.20$으로 구한다. X의 모든 값에 대한 확률의 합은 1이므로 $P(X \geq 2) = 1 - P(X \leq 1) = 1 - 0.80 = 0.20$으로 위 확률을 구할 수도 있다.

e. 그림 5.2의 그래프는 분포가 대칭이 아니라 양의 비대칭임을 보여준다. 한 달 동안 2채 또는 3채를 매매할 가능성은 적다. 가장 가능성이 높은 결과는 단연코 한 달 동안 주택을 한 채 매매하는 것으로, 확률은 0.50이다.

그림 5.2 매매한 주택의 수에 대한 확률분포

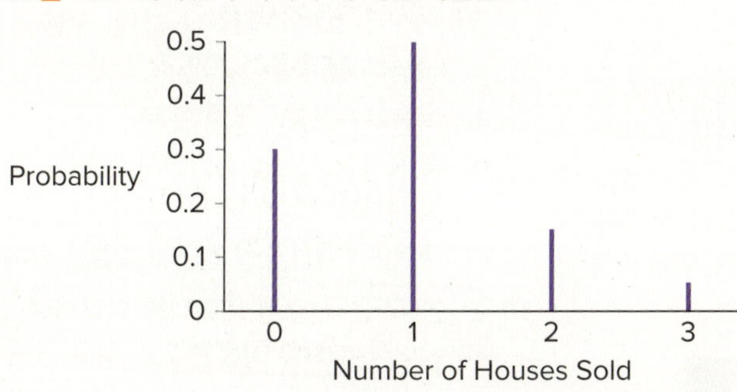

연습문제 5.1

1. 다음 이산확률분포를 고려하자.

x	15	22	34	40
$P(X = x)$	0.14	0.40	0.26	0.20

a. 유효한 확률분포인가? 설명하라.
b. 확률분포를 그래픽으로 표현하라.
c. 확률변수 X가 40보다 작을 확률은 얼마인가?
d. 확률변수 X가 10에서 30 사이일 확률은 얼마인가?
e. 확률변수 X가 20보다 클 확률은 얼마인가?

2. 다음 이산확률분포를 고려하자.

x	−25	−15	10	20
$P(X = x)$	0.35	0.10		0.10

a. 확률분포를 완성하라.
b. 확률분포를 그래픽으로 표현하고, 분포의 대칭성에 대해 논의하라.
c. 확률변수 X가 음수일 확률은 얼마인가?
d. 확률변수 X가 −20보다 클 확률은 얼마인가?
e. 확률변수 X가 20보다 작을 확률은 얼마인가?

3. 다음 누적확률분포를 고려하자.

x	0	1	2	3	4	5
$P(X \leq x)$	0.15	0.35	0.52	0.78	0.84	1

a. $P(X \leq 3)$을 계산하라
b. $P(X = 3)$을 계산하라.
c. $P(2 \leq X \leq 4)$을 계산하라.

4. 다음 누적확률분포를 고려하자.

x	−25	0	25	50
$P(X \leq x)$	0.25	0.50	0.75	1

a. $P(X \leq 0)$을 계산하라.
b. $P(X = 50)$을 계산하라.

c. 이것은 이산균등분포인가? 설명하라.

5. 다음 확률변수의 가능한 값을 확인하라. 어느 확률변수가 이산형인가?

a. 한 학생이 한 과목에서 받는 수치형 성적

b. 한 학생의 학점(GPA)

c. 수치(네 자리, 다섯 자리 등)로 정의된 직원의 급여

d. 달러로 정의된 직원의 급여

6. 다음 확률변수의 가능한 값을 확인하라. 어느 확률변수가 이산형인가?

a. 원형 도미노피자의 광고된 크기

b. 원형 도미노피자의 실제 크기

c. 요세미티 국립공원의 일일 방문자 수

d. 요세미티 국립공원의 한 방문자의 연령

7. 10억 명이 넘는 인구를 가진 인도는 세계에서 두 번째로 인구가 많은 국가이다. 비록 정부가 인구 조절을 위해 다양한 인센티브를 제공했지만, 어떤 사람들은 출산율이, 특히 인도 시골 지역의 출산율이 여전히 너무 높아 지속가능하지 않다고 주장한다. 인구통계학자는 인도의 가구규모에 대해 다음과 같은 확률분포를 가정한다.

Household Size	Probability
1	0.05
2	0.09
3	0.12
4	0.24
5	0.25
6	0.12
7	0.07
8	0.06

a. 인도에서 한 가구에 5명 미만의 구성원이 있을 확률은 얼마인가?

b. 인도에서 한 가구에 5명 이상의 구성원이 있을 확률은 얼마인가?

c. 인도에서 한 가구의 구성원 수가 3에서 6 사이일 확률은 얼마인가?

d. 확률분포를 그래픽으로 표현하고, 대칭에 대해 논의하라.

8. 한 재무분석가는 주식수익 뮤추얼펀드의 성과에 대하여 다음과 같은 확률분포를 작성한다.

Performance	Numerical Score	Probability
Very poor	1	0.14
Poor	2	0.43
Neutral	3	0.22
Good	4	0.16
Very good	5	0.05

a. 분석가의 추정치에 나타난 낙관론과 비관론에 대해 논의하라.

b. 위의 확률분포를 누적확률분포로 변환하라.

c. 이 뮤추얼펀드가 적어도 좋은(Good) 성과를 거둘 확률은 얼마인가?

9. 농구선수가 볼을 넣으려고 시도하다가 파울을 당해 자유투 2개를 받는다. 상대 코치는 선수가 2회의 슛을 모두 실패할 확률이 55%, 1회의 슛을 성공시킬 확률이 25%, 2회의 슛을 모두 성공시킬 확률이 20%라고 믿는다.

a. 적절한 확률분포를 작성하라.

b. 슛 중 1회 이상을 성공하지 못할(즉, 한 번도 성공하지 못할) 확률은 얼마인가?

c. 적어도 1회의 슛을 성공할 확률은 얼마인가?

10. 한 분석가는 신경제 데이터를 이용하여 소비자 신뢰지수가 10% 이상 하락할 확률은 75%이고, 5% 이상 상승할 확률은 5%에 불과하다고 믿는다. 그녀는 신뢰지수가 10% 이상 하락하면 1로, 변화가 −10%와 5% 사이이면 2로, 5% 이상 상승하면 3으로 점수화한다.

a. 분석가에 따르면, 신뢰점수가 2일 확률은 얼마인가?

b. 분석가에 따르면, 신뢰점수가 1이 아닐 확률은 얼마인가?

11. 산체스 교수는 25년 넘게 경제학원론을 가르쳐 왔다. 그는 학점을 위해 다음 척도를 사용한다.

Grade	Numerical Score	Probability
A	4	0.10
B	3	0.30
C	2	0.40
D	1	0.10
F	0	0.10

a. 확률분포를 그래프로 표현하라. 확률분포가 대칭인지 아닌지 논의하라.

b. 확률분포를 누적확률분포로 변환하라.

c. 산체스 교수의 수업에서 적어도 B를 받을 확률은 얼마인가?

d. 산체스 교수의 수업을 통과(pass)할 확률은 얼마인가?

12. 제인 웜리는 한 대학의 경영학 교수이다. 그녀는 연구보조를 위해 최대 2명의 학생들에게 그녀의 연구비를 사용할 수 있

을 것으로 기대하고 있다. 그녀가 어떤 학생에게도 지원할 수 없을 가능성이 5%인 반면, 두 명의 학생에게 지원할 가능성은 80%이다.

a. 제인이 학생 한 명을 지원할 확률은 얼마인가?

b. 제인이 지원할 수 있는 학생 수에 대한 누적확률분포를 작성하라.

13. 오토센터에 타이어를 사러 가는 고객의 50%는 타이어 4개를 사고, 30%는 타이어 2개를 산다. 또한 18%는 2개 미만의 타이어를 구매했고, 5%는 구매하지 않았다.

a. 고객이 타이어 3개를 구매할 확률은 얼마인가?

b. 구입한 타이어 수에 대한 누적확률분포를 작성하라.

5.2 기대값, 분산, 표준편차

확률분포의 분석은 확률변수가 가정하는 서로 다른 값과 관련된 다양한 확률을 계산할 수 있기 때문에 유용하다. 또한 확률변수에 대한 요약측도를 계산하는 데 도움이 된다. 이러한 요약측도에는 평균, 분산, 표준편차가 포함된다.

요약측도

통계학에서 가장 중요한 확률개념 중 하나는 모평균(population mean)이라고도 불리는 **기대값(expected value)**의 개념이다. $E(X)$ 또는 단순히 μ로 표시되는 이산확률변수 X의 기대값은 가능한 모든 X 값의 가중평균이다. 확률변수 X의 평균 μ는 X 분포의 중심위치에 대한 측도를 제공하지만, 다양한 값이 μ에서 어떻게 분산되는지에 대한 정보를 제공하지 않는다. X의 값이 μ에 집중되는지 또는 μ로부터 넓게 흩어져 있는지를 나타내기 위해 다시 분산 및 표준편차의 측도를 사용한다.

이산확률변수에 대한 요약측도

$P(X = x_i)$의 확률로 발생하는 $x_1, x_2, x_3, \ldots$의 값을 가지는 이산확률변수 X를 고려하자. X의 기대값은 다음과 같이 계산된다.

$$E(X) = \mu = \Sigma x_i P(X = x_i)$$

$Var(X)$ 또는 σ^2으로 표시되는 X의 분산은 다음과 같이 계산된다.

$$Var(X) = \sigma^2 = \Sigma(x_i - \mu)^2\, P(X = x_i)$$

$SD(X)$ 또는 σ로 표시된 X의 표준편차는 다음과 같이 계산된다.

$$SD(X) = \sigma = \sqrt{\sigma^2}$$

예제 5.3

브래드 윌리엄스는 시카고에 있는 대형 자동차 대리점의 소유주이다. 브래드는 성과에 따라 공평하고 일관되게 보상하는 인센티브 보상 프로그램을 구축하기로 결정했다. 그는 탁월한(Superior) 성과는 10,000달러, 양호한(Good) 성과는 6,000달러, 보통(Fair)

성과는 3,000달러, 그리고 미흡한(Poor) 성과에 대해 0달러의 연간 보너스를 제공한다. 그는 이전 기록을 바탕으로 직원이 각각 0.15, 0.25, 0.40, 0.20의 확률로 탁월, 양호, 보통, 미흡한 성과를 낼 것으로 기대한다. 표 5.4는 보너스 금액, 성과유형, 그리고 그에 대응하는 확률을 보여준다.

표 5.4 보상 프로그램에 대한 확률분포

Bonus (in \$1,000s)	Performance Type	Probability
10	Superior	0.15
6	Good	0.25
3	Fair	0.40
0	Poor	0.20

a. 연간 보너스 금액의 기대값을 계산하라.

b. 연간 보너스 금액의 분산과 표준편차를 계산하라.

c. 25명의 직원이 있다면, 브래드가 보너스로 지불을 기대할 수 있는 연간 총액은 얼마인가?

해답:

a. 확률변수 X가 직원의 보너스 금액(단위: 1,000달러)을 나타낸다고 한다. 표 5.5의 첫 번째 열과 두 번째 열은 X의 확률분포를 나타낸다. 평균에 대한 계산은 세 번째 열에서 제공된다. 각 결과에 각각의 확률로 가중치를 부여하여, $x_iP(X = x_i)$, 이들 가중화된 값을 합산한다. 그러면 세 번째 열의 하단에 보이는 바와 같이, $E(X) = \mu = \Sigma x_iP(X = x_i) = 4.2$ 또는 4,200달러이다. 기대값은 X의 가능한 값 중 하나가 아님을 주목하자. 즉, 어떤 직원도 4,200달러의 보너스를 받지 못할 것이다. 일반적으로 기대값을 장기간의 평균으로 해석한다.

표 5.5 예제 5.3에 대한 계산

X_i	$P(X = x)$	$x_iP(X = x)$	$(x_i - \mu)^2P(X = x_i)$
10	0.15	$10 \times 0.15 = 1.5$	$(10 - 4.2)^2 \times 0.15 = 5.05$
6	0.25	$6 \times 0.25 = 1.5$	$(6 - 4.2)^2 \times 0.25 = 0.81$
3	0.40	$3 \times 0.40 = 1.2$	$(3 - 4.2)^2 \times 0.40 = 0.58$
0	0.20	$0 \times 0.20 = 0$	$(0 - 4.2)^2 \times 0.20 = 3.53$
		Total = 4.2	Total = 9.97

b. 표 5.5의 마지막 열은 분산에 대한 계산을 보여준다. 우선 평균으로부터 x_i의 차이 제곱 $(x_i - \mu)^2$를 계산하고, 각 값을 적절한 확률로 가중치를 부여한 다음, $(x_i - \mu)^2P(X = x_i)$, 가중화된 차이제곱을 합산한다. 따라서 마지막 열의 하단에 보이는 바와 같이, $Var(X) = \sigma^2 = \Sigma(x_i - \mu)^2P(X = x_i) = 9.97$ 또는 9.97(1,000²달러)이다. 표준편차는 분산의 양의 제곱근으로, $SD(X) = \sigma = \sqrt{9.97} = 3.158$ 또는 3,158달러이다.

c. a에서 직원의 기대되는 보너스가 4,200달러임을 알았다. 브래드는 직원이 25명이므로 4,200달러 × 25 = 105,000달러를 지불할 것으로 예상된다.

위험중립 및 위험회피

경제학, 금융학, 심리학에서 중요한 개념은 불확실성하에서의 소비자 행동과 관련이 있다. 소비자가 위험에 무관심하고 기대되는 이익에만 신경을 쓰면 **위험중립형(risk neutral)**이라고 한다. 위험에 대해 신경을 쓰고 기대이익이 같은 두 선택에 직면했을 때 위험이 낮은 것을 선호한다면 **위험회피형(risk-averse)**이라고 한다. 다시 말해, 위험회피형 소비자는 단지 적절한 보상이 수반되어야만 위험을 감수할 것이다. 반면, **위험선호형(risk-loving)** 소비자는 기대이익이 마이너스일지라도 기꺼이 위험을 감수할 수 있다.

동전을 던져 앞면일 경우 10달러를 얻고 뒷면일 경우 10달러를 잃어 기대되는 이익이 0($10 \times 0.5 - 10 \times 0.5 = 0$)이 되는 공정한 도박을 고려해보자. 위험중립형 소비자는 10달러를 잃는 것과 관련된 고통이 10달러를 얻는 기쁨보다 크다. 그러므로 이 소비자는 위험을 배상할 보상이 없기 때문에 공정해 보이는 이 도박에 참여하고 싶어하지 않을 것이다. 예제 5.4는 이러한 유형의 소비자 행동을 확장한다.

소비자의 위험 선호도

- 위험중립형 소비자(risk-neutral consumer)는 위험을 완전히 무시하고 단지 기대이익에 기초하여 결정을 내린다.
- 위험회피형 소비자(risk-averse consumer)는 위험을 감수하는 것에 대한 보상으로 양적인 기대이익을 요구한다.
- 위험선호형 소비자(risk-loving consumer)는 기대이익이 마이너스일지라도 기꺼이 위험을 감수할 수 있다.

예제 5.4

할머니로부터 현금으로 1,000달러를 받거나 아름다운 그림을 받는 선택을 해야 한다. 이 그림의 실제 가치는 불확실하다. 그림이 2,000달러의 가치가 있을 확률이 20%, 1,000달러의 가치가 있을 확률이 50%, 500달러의 가치가 있을 확률이 30%라고 들었다. 어떻게 해야 하는가?

해답:

확률변수 X가 그림의 가치를 나타낸다고 하자. 표 5.6은 X에 대한 확률분포를 보여준다.

표 5.6 그림의 가치에 대한 확률분포

x	$P(X = x)$
2,000	0.20
1,000	0.50
500	0.30

기대값은 다음과 같이 계산한다.

$$E(X) = \Sigma x_i P(X = x_i) = 2{,}000 \times 0.20 + 1{,}000 \times 0.50 + 500 \times 0.30 = \$1{,}050$$

그림의 기대값이 1,000달러보다 크기 때문에, 현금 1,000달러에 비해 그림을 선택하는 것이 옳은 선택으로 보일 수 있다. 그러나 이러한 선택은 위험에 전혀 관심을 기울이지 않고 전적으로 그림의 기대값에 기초한다. 1,050달러의 기대값은 1,000달러 이상이지만, 이 그림은 약간의 위험을 수반한다. 예를 들어, 그림이 단지 500달러의 가치일 수 있는 30%의 가능성이 있다. 따라서 위험중립형 소비자는 기대가치가 무위험 현금가치인 1,000달러를 초과하기 때문에 그림을 선택할 것이다. 이 소비자는 위험을 염려하지 않는다. 위험을 선호하는 사람은 감격해서 그림을 선택할 것이다. 그러나 위험회피형 소비자에게는 이 결정이 명확하지 않다. 그것은 그림을 선택하는 데 수반되는 위험과 그/그녀가 그 위험을 얼마나 보상받기를 원하느냐에 달려 있다. 이 문제를 해결하는 한 가지 방법은 소비자의 효용함수를 정의하는 것인데, 이는 본질적으로 위험회피의 정도를 나타낸다. 위험회피형 소비자는 위험한 전망의 기대효용(기대금액이 아닌)이 무위험 대안의 효용을 초과한다면 위험한 전망을 선택할 것이다. 더 상세한 내용은 이 교재의 범위를 벗어난다.

연습문제 5.2

14. 다음 이산확률분포의 평균, 분산, 표준편차를 계산하라.

x	5	10	15	20
$P(X = x)$	0.35	0.30	0.20	0.15

15. 다음 이산확률분포의 평균, 분산, 표준편차를 계산하라.

x	−23	−17	−9	−3
$P(X = x)$	0.50	0.25	0.15	0.10

16. 부동산 중개인이 한 달 동안 매매하는 주택의 수는 다음 확률분포를 보인다.

Number of Houses Sold	Probability
0	0.30
1	0.50
2	0.15
3	0.05

a. 평균적으로, 부동산 중개인은 한 달 동안 몇 채의 주택을 매매할 것으로 예상되는가?

b. 이 확률분포의 표준편차는 얼마인가?

17. 한 마케팅 회사에서 신규 채용을 최대 3명까지 고려하고 있다. 구체적인 니즈를 고려할 때, 경영진은 적어도 2명의 지원자를 채용할 가능성이 60%라고 느낀다. 1명도 채용하지 않을 확률은 단지 5%, 3명 모두 채용할 확률은 10%이다.

a. 회사가 적어도 1명을 채용할 확률은 얼마인가?

b. 채용인원의 기대값과 표준편차를 구하라.

18. 한 분석가가 보통주의 수익률에 대해 다음 확률분포를 작성했다.

Scenario	Probability	Rate of Return (in %)
1	0.30	−5
2	0.45	0
3	0.25	10

a. 기대되는 수익률을 계산하라.

b. 이 확률분포의 분산과 표준편차를 계산하라.

19. 토론토(Toronto)에서 열리는 야외 여름 콘서트 주최측은 공연 당일 날씨 상황을 걱정하고 있다. 그들은 맑은 날에는 25,000달러, 흐린 날에는 10,000달러의 이익을 얻을 것이고, 만약 비가 온다면 5,000달러의 손해를 볼 것이다. 일기예보 채널은 콘서트 당일 비가 올 확률이 60%라고 예측했다. 날씨가 맑을 확률이 10%, 흐릴 확률이 30%라면, 콘서트의 예상수익을 계산하라.

20. 마크 언더우드는 인디애나 대학(Indiana University)의 경제학 교수이다. 그는 25년 이상 경제학원론을 가르쳐왔다. 언더우드 교수는 학점에 다음 척도를 사용한다.

Grade	Probability
A	0.10

Grade	Probability
B	0.30
C	0.40
D	0.10
F	0.10

A는 4.0, B는 3.0 등을 이용하여 언더우드 교수의 수업에서 기대되는 학점을 계산하라.

21. 출판사 매니저는 영업사원의 상위 15%에게는 2만 달러의 보너스를, 다음 30%에게는 1만 달러, 그 다음 10%에게는 5천 달러를 지급할 계획이다. 만약 출판사의 영업사원이 총 200명이라면, 회사가 지불할 보너스 기대값은 얼마인가?

22. 가전제품 매장은 냉장고에 대한 추가 보증을 판매한다. 구매자의 20%는 100달러에 한정보증을 구매하고, 5%는 200달러에 연장보증을 구매한다. 냉장고 120대가 판매된다면, 매장에 보증으로 기대되는 수익은 얼마인가?

23. 최근에 1,500달러에 구입한 새 노트북 컴퓨터에 대한 보험 가입을 고려하고 있다. 3년간의 보험료는 80달러이다. 3년 동안 노트북 컴퓨터에 400달러 상당의 작업이 필요할 확률은 8%, 800달러 상당의 작업이 필요할 확률은 3%, 100달러 고철 가치로 완전히 고장날 확률은 2%이다. 보험에 가입해야 하는가? (위험중립형 가정)

24. 빅터는 4년 전에 매우 신뢰도 높은 자동차를 구입했다. 그의 품질보증이 방금 만료되었는데, 제조업체가 그에게 5년 품질보증 연장을 제안했다. 보증 비용은 3,400달러이다. 빅터는 연장보증을 구매하지 않기로 선택하는 경우 예상되는 비용에 대해 다음의 확률분포를 작성한다.

Cost (in $)	Probability
1,000	0.25
2,000	0.45
5,000	0.20
10,000	0.10

a. 빅터의 기대되는 비용을 계산하라.

b. (a)의 답에 기초해서, 빅터는 연장보증을 구매해야 하는가? (위험중립형을 가정하라.) 설명하라.

25. 한 투자자가 주식시장에 10,000달러를 투자하는 것을 고려한다. 그는 경제가 좋아질 확률은 0.30, 그대로 유지될 확률은 0.40, 나빠질 확률은 0.30으로 생각한다. 또한, 경제가 좋아지면 투자를 1만 5,000달러까지 올릴 것으로 예상하지만, 경제가 나빠지면 8,000달러까지 내릴 수도 있다. 경제가 그대로 유지된다면 그의 투자는 1만 달러를 유지할 것이다.

a. 그의 투자에 대한 기대값은 얼마인가?

b. 그가 위험중립형이라면, 주식시장에 10,000달러를 투자해야 하는가?

c. 그가 위험회피형이라면, 결정이 명확한가? 설명하라.

26. 뮤추얼펀드 두 개를 투자대상으로 고려하고 있다. 펀드의 가능한 수익률은 경제상태에 따라 달라지며 아래 표에 제시되어 있다.

State of the Economy	Fund 1 (in %)	Fund 2 (in %)
Good	20	40
Fair	10	20
Poor	–10	–40

경제가 좋을(good) 가능성은 20%, 보통일(fair) 가능성은 50%, 그리고 나쁠(poor) 가능성은 30%라고 믿는다.

a. 펀드 1에 대한 수익률의 기대값과 표준편차를 구하라.

b. 펀드 2에 대한 수익률의 기대값과 표준편차를 구하라.

c. 만약 위험회피형이라면, 어느 펀드를 선택할 것인가? 설명하라.

27. 투자자문사들은 국제적 다각화를 통해 위험감소를 추천한다. 국제적인 투자는 외국 경제, 특히 신흥 시장에서의 성장의 잠재력을 활용할 수 있게 한다. 재니스 웡은 유럽이나 아시아에 대한 투자를 고려하고 있다. 그녀는 이들 시장을 연구해왔고, 두 시장 모두 미국 경제에 의해 영향받을 것이라고 믿는다. 미국 경제가 좋을(good) 확률은 20%, 보통(fair)일 확률은 50%, 그리고 나쁠(poor) 확률은 30%이다. 이들 시장의 수익률에 대한 확률분포는 첨부된 표에 제시되어 있다.

State of the U.S. Economy	Returns in Europe (in %)	Returns in Asia (in %)
Good	10	18
Fair	6	10
Poor	–6	–12

a. 유럽과 아시아에서의 수익률에 대한 기대값과 표준편차를 구하라.

b. 재니스가 위험중립형이라면, 어느 투자를 선택할 것인가?

c. 재니스가 위험회피형인 경우, 재니스의 결정에 대해 논의하라.

5.3 포트폴리오 수익률

3장에서 논의한 바와 같이, 흔히 기대수익을 보상의 측도로, 분산 또는 표준편차를 위험의 측도로 사용하여 투자기회를 평가한다. 자산 A의 연간 수익률이 12%로 기대되고 자산 B의 연간 수익률이 8%로 기대되는 두 자산을 고려해보자. 자산 A가 보상 측면에서 매력적이지만, 자산 A와 관련된 위험이 너무 높다면 투자자는 여전히 자산 A보다 자산 B를 선택할 수 있다. 다시 말해, 보상뿐만 아니라 위험도 투자를 평가하는 데 관련이 있다.

지금까지는 자산을 개별적으로 고려해왔다. 그러나 대부분의 투자자들은 자산의 **포트폴리오(portfolio)**를 가지고 있으며, 포트폴리오는 주식과 채권과 같은 자산의 집합으로 정의된다. 개별 자산의 경우와 마찬가지로, 투자자는 포트폴리오의 보상뿐만 아니라 위험에도 관심을 가진다. 포트폴리오의 기대수익과 분산의 산출은 확률변수들의 결합분포에 관한 중요한 결과에 의존한다.

X와 Y가 관심 있는 두 확률변수, 예를 들어 두 자산의 수익률을 나타낸다고 하자. 투자자가 두 자산에 투자했을 수 있기 때문에, X와 Y의 선형 조합에 의해 형성된 포트폴리오 수익률을 평가하고 싶다. 확률변수에 대한 다음 속성은 포트폴리오 수익률을 평가하는 데 유용하다.

확률변수의 속성

두 확률변수 X와 Y가 주어졌을 때, 이들의 합의 기대값 $E(X + Y)$는 개별적인 기대값 $E(X)$와 $E(Y)$의 합과 같다.

$$E(X + Y) = E(X) + E(Y)$$

두 확률 변수에 대한 합의 분산 $Var(X + Y)$이 다음과 같이 산출됨을 대수를 사용하여 보여줄 수 있다.

$$Var(X + Y) = Var(X) + Var(Y) + 2Cov(X, Y)$$

여기서 Cov는 확률변수 X와 Y 사이의 공분산이다.

주어진 상수 a와 b에 대해, 기대값과 분산 결과는 다음과 같이 확장된다.

$$E(aX + b\mathrm{Y}) = aE(X) + bE(Y)$$

$$Var(aX + bY) = a^2 Var(X) + b^2 Var(Y) + 2abCov(X, Y)$$

포트폴리오에 대한 요약측도

이제 이러한 속성을 바탕으로 포트폴리오의 기대 수익과 분산을 도출할 수 있는 위치에 있다. 단순화를 위해 단지 자산 A와 자산 B 두 개로만 구성된 포트폴리오를 고려하자. 예를 들어 이러한 자산은 주식과 채권을 나타낼 수 있다. 재무에서 널리 사용되는 표기법에 따라, R_A와 R_B를 자산 A와 B의 수익률을 각각 나타내는 관심 있는 확률변수라 한다. 포트폴리오가 자산뿐만 아니라 포트폴리오 가중치에 의해서도 설명된다는 것은 중요하다. 자산 A에 1,000달러, 자산 B에 4,000달러를 투자하는 총 5,000달러의 가치를 가진 포트폴리오를 고려하자. 포트폴리오 가중치는 다음과 같이 도출된다.

$$w_\mathrm{A} = \frac{1{,}000}{5{,}000} = 0.20 \quad \text{및} \quad w_\mathrm{B} = \frac{4{,}000}{5{,}000} = 0.80$$

포트폴리오 가중치의 합계는 1임을 주목하자. 즉, $w_A + w_B = 0.20 + 0.80 = 1$이다. 그 다음 포트폴리오 수익률 R_p를 개별 수익률의 선형조합으로 정의한다.

$$R_p = w_A R_A + w_B R_B$$

포트폴리오 기대수익

자산 A와 자산 B의 두 포트폴리오가 주어지면, 포트폴리오의 기대수익률 $E(R_p)$는 다음과 같이 계산된다.

$$E(R_p) = w_A E(R_A) + w_B E(R_B)$$

여기서 w_A와 w_B는 포트폴리오 가중치이고($w_A + w_B = 1$), $E(R_A)$와 $E(R_B)$는 자산 A와 자산 B에 대한 각각의 기대수익률이다.

예제 5.5

주식 A에 40,000달러, 주식 B에 60,000달러를 투자하는 포트폴리오를 고려하자. 표 5.7의 정보를 바탕으로 이 포트폴리오의 기대수익률을 계산하라.

표 5.7 주식 A와 주식 B에 대한 요약측도

Stock A	Stock B
$E(R_A) = \mu_A = 9.5$	$E(R_B) = \mu_B = 7.6$
$SD(R_A) = \sigma_A = 12.93$	$SD(R_B) = \sigma_B = 8.20$
$Cov(R_A, R_B) = \sigma_{AB} = 18.60$	

해답:

우선 포트폴리오의 가중치를 계산한다. 40,000달러를 주식 A에 투자하고, 60,000달러를 주식 B에 투자하기 때문에 다음과 같이 계산한다.

$$w_A = \frac{40,000}{100,000} = 0.40 \quad \text{및} \quad w_B = \frac{60,000}{100,000} = 0.60$$

따라서 포트폴리오 기대수익률 공식을 사용하여, 다음과 같이 계산한다.

$$E(R_p) = (0.40 \times 9.5) + (0.60 \times 7.6) = 3.80 + 4.56 = 8.36$$

포트폴리오의 기대수익률 8.36%는 주식 A에만 전적으로 투자하는 기대수익률 9.5%보다는 낮지만, 주식 B에만 투자하는 기대수익률인 7.6%보다는 높다.

포트폴리오의 위험은 자산들의 개별 위험뿐만 아니라 자산수익 간의 상호작용에 따라서도 달라진다. 예를 들어, 한 자산이 부실하게 운용된다면, 두 번째 자산은 포트폴리오 전체의 위험을 안정화시키는 상쇄요소로 작용할 수 있다. 이 결과는 두 번째 자산의 수익률이 첫 번째 자산의 수익률과 완전한 상관관계가 있는 않는 한 효과가 있을 것이다. 3장에서 소개한 공분산

$Cov(x, y) = \sigma_{xy}$와 마찬가지로, 공분산 $Cov(R_A, R_B) = \sigma_{AB}$는 자산 수익률 사이의 선형관계가 양수인지 음수인지 또는 0인지를 결정하는 데 도움이 된다. 보다 쉽게 해석할 수 있는 측도는 두 확률변수 사이의 선형관계의 방향과 강도를 모두 설명하는 상관계수 ρ이다. 상관계수의 값은 −1과 1 사이에 있다. 값이 1에 가까울수록 변수 간의 양의 선형관계가 강해지고, 마찬가지로 값이 −1에 가까울수록 변수 간의 음의 선형관계가 강해진다. $\rho_{AB} = \frac{\sigma_{AB}}{\sigma_A \sigma_B}$를 수익률 R_A와 R_B 사이의 상관계수를 나타낸다고 하자.

이제 두 수익률에 대한 공분산 또는 상관계수에 대한 정보를 가지고 포트폴리오 분산을 결정할 수 있다.

포트폴리오 분산

포트폴리오 분산 $Var(R_p) = Var(w_A R_A + w_B R_B)$는 다음과 같이 계산된다.

$$Var(R_p) = w_A^2 \sigma_A^2 + w_B^2 \sigma_B^2 + 2w_A w_B \sigma_{AB}$$

또는 동등하게 다음과 같이 계산된다.

$$Var(R_p) = w_A^2 \sigma_A^2 + w_B^2 \sigma_B^2 + 2w_A w_B \rho_{AB} \sigma_A \sigma_B$$

여기서 σ_A^2와 σ_B^2 각각 자산 A와 자산 B의 분산이고, σ_{AB}는 자산 A와 자산 B의 공분산, ρ_{AB}는 자산 A와 자산 B의 상관계수이다.

그 다음 포트폴리오 표준편차 $SD(R_p)$는 포트폴리오 분산의 양의 제곱근으로 계산된다.

예제 5.6

예제 5.5의 정보를 이용하여 다음을 풀어라.

a. 주식 A와 주식 B의 수익률 사이의 상관계수를 계산하고 해석하라.

b. 두 공식을 사용하여 포트폴리오 분산을 계산하라.

c. 포트폴리오 표준편차를 계산하라.

d. 결과에 대해 논의하라.

해답:

a. 상관계수를 $\rho_{AB} = \frac{\sigma_{AB}}{\sigma_A \sigma_B} = \frac{18.60}{12.93 \times 8.20} = 0.1754$와 같이 계산한다. 이 값은 비록 관계의 강도가 약하지만(ρ_{AB}가 1보다 훨씬 작음), 수익률이 양의 선형관계를 가지고 있음을 암시한다.

b. 포트폴리오 분산에 대한 첫 번째 공식을 사용하여 다음과 같이 계산한다.

$$\begin{aligned} Var(R_p) &= w_A^2 \sigma_A^2 + w_B^2 \sigma_B^2 + 2w_A w_B \sigma_{AB} \\ &= (0.40)^2(12.93)^2 + (0.60)^2(8.20)^2 + 2(0.40)(0.60)(18.60) \\ &= 26.75 + 24.21 + 8.93 \\ &= 59.89 \end{aligned}$$

포트폴리오 분산에 대한 대체 공식을 사용하여 다음과 같이 계산한다.

$$\begin{aligned} Var(R_p) &= w_A^2\sigma_A^2 + w_B^2\sigma_B^2 + 2w_A w_B \rho_{AB}\sigma_A\sigma_B \\ &= (0.40)^2(12.93)^2 + (0.60)^2(8.20)^2 \\ &\quad + 2(0.40)(0.60)(0.1754)(12.93)(8.20) \\ &= 26.75 + 24.21 + 8.93 \\ &= 59.89 \end{aligned}$$

두 공식 모두 포트폴리오의 분산은 $59.89(\%)^2$이다.

c. 포트폴리오 표준편차는 $SD(R_p) = \sqrt{59.89} = 7.74$ 또는 7.74%이다.

d. 포트폴리오 표준편차(위험) 7.74%는 주식 A에만 전적으로 투자하는 위험 12.93%뿐만 아니라 주식 B에만 전적으로 투자하는 위험 8.20%보다 어떻게 낮은지 주목하자. 이는 주식 A와 주식 B의 수익률이 0.1754에 불과한 상관관계를 가지고 있기 때문에 나타난다. 이 예는 위험을 감소하기 위해 포트폴리오를 적절하게 다양화하는 편익을 강조한다. 일반적으로 다양화의 편익은 자산 간의 상관관계에 따라 달라진다. 즉, 상관관계가 낮을수록 편익이 커진다.

연습문제 5.3

28. 주당 20달러에 판매되는 주식 X 100주와 주당 12달러에 판매되는 주식 Y 200주로 구성된 포트폴리오 가중치는 얼마인가?

29. 주식에 4,400달러, 채권에 5,600달러가 투자된 포트폴리오를 소유하고 있다. 주식과 채권의 수익률이 각각 9%와 5%로 예상된다면 포트폴리오의 기대수익률은 얼마인가?

30. 포트폴리오에는 자산 X에 20만 달러, 자산 Y에 30만 달러가 투자된다. 다음 표의 요약측도를 고려하자.

Measures	Asset X	Asset Y
Expected return (%)	8	12
Standard deviation (%)	12	20
Correlation coefficient	0.40	

a. 자산 X와 자산 Y에 대한 포트폴리오 가중치를 계산하라.

b. 포트폴리오의 기대수익률을 계산하라.

c. 포트폴리오의 표준편차를 계산하라.

31. 한 분석가가 경제의 세 가지 가능한 상태에서 주식 A와 주식 B의 다음과 같은 수익률을 예측했다.

State	Probability	A	B
Boom	0.3	0.15	0.25
Normal	0.5	0.10	0.20
Recession	?	0.02	0.01

a. 불경기(recession)일 확률은 얼마인가?

b. 주식 A와 주식 B의 예상수익률을 계산하라.

c. A에 55%, B에 45% 투자하는 포트폴리오의 예상수익률을 계산하라.

32. 한 연금 매니저가 투자 대상으로 뮤추얼펀드 3개를 검토하고 있다. 첫 번째는 주식형 펀드, 두 번째는 채권형 펀드, 세 번째는 단기투자신탁 펀드이다. 단기투자신탁 펀드는 4%의 무위험수익률을 낸다. 위험한 펀드에 대한 투입은 다음 표에 제시되어 있다.

Fund	Expected Return (in %)	Standard Deviation (in %)
Stock fund	14	26
Bond fund	8	14

주식형 펀드와 채권형 펀드의 상관계수는 0.20이다.

a. 주식형 펀드에 60%, 채권형 펀드에 40% 투자하는 포트폴리오의 예상수익률과 분산은 얼마인가?

b. 주식형 펀드에 60%, 단기투자신탁 펀드에 40% 투자하는 포트폴리오의 예상수익률과 분산은 얼마인가? (*힌트*: 포트

폴리오와 단기투자신탁 펀드 간의 상관계수는 0이다.)

c. (a)와 (b)의 포트폴리오를 채권형 펀드에 전적으로 투자하는 포트폴리오와 비교하라.

33. 적절히 다양화된 포트폴리오에 40만 달러를 투자했고, 현재 20만 달러의 가치가 있는 주택을 상속받았다. 다음 표의 요약 측도를 고려하자.

Investment	Expected Return (in %)	Standard Deviation (in %)
Old portfolio	6	16
House	8	20

포트폴리오와 주택의 상관계수는 0.38이다.

a. 예전 포트폴리오(old portfolio)와 주택(house)을 구성하는 포트폴리오의 예상수익률과 표준편차는 얼마인가?

b. 주택을 매도하기로 결정하고 수익금 20만 달러를 3%의 수익률을 약속하는 무위험 국채(T-Bills)를 사는 데 사용한다고 가정하자. 결과 포트폴리오의 기대수익률과 표준편차를 계산하라. (*힌트*: 모든 자산과 무위험 국채 간의 상관계수는 0이다.)

5.4 이항분포

다양한 실험 유형에 따라 서로 다른 확률분포가 생성된다. 다음 세 절에서는 세 가지 특수한 경우인 이항분포, 포아송 분포, 초기하분포에 대해 설명한다. 이 절에서는 이항분포에 초점을 맞춘다. 이항분포를 논하기 전에, 먼저 **베르누이 과정(Bernoulli process)**의 조건을 충족시키는지 확인해야 한다. 베르누이 과정은 이를 처음 설명한 학자인 스위스 수학자 제임스 베르누이(James Bernoulli, 1654~1705)의 이름을 딴 실험의 특별한 유형이다.

베르누이 과정

베르누이 과정(Bernoulli process)은 일련의 n번의 독립적이고 동일한 실험으로 구성되며, 각 시행은

- 단지 두 가지 가능한 결과만 있고, 관습적으로 성공과 실패로 표시한다.
- 성공과 실패의 확률은 매 시행마다 동일하게 유지된다.

p를 사용하여 성공확률을 나타내므로, $1 - p$는 실패확률이다.

이항확률변수(binomial random variable)는 베르누이 과정의 n번 시행에서 성공한 횟수로 정의된다. 이항확률변수의 가능한 값은 0, 1, . . . , n이다. 많은 실험들이 베르누이 과정의 조건에 부합한다. 예를 들면,

- 고객이 대출을 불이행하거나 불이행하지 않는다.
- 소비자가 소셜 미디어 캠페인에 긍정적 또는 부정적으로 반응한다.
- 약물이 효과적 또는 비효과적이다.
- 대학 졸업생은 대학원에 지원하거나 지원하지 않는다.

목표는 베르누이 과정의 다양한 결과에 확률을 부여하는 것이며, 그 결과는 **이항확률분포(binomial probability distribution)** 또는 단순히 **이항분포(binomial distribution)**이다.

이항확률변수 X는 베르누이 과정의 n번 시행에서 성취한 성공횟수로 정의된다. X에 대한 이항분포는 X의 가능한 값과 관련된 확률을 나타낸다.

우리는 결국 이항분포를 산출하는 데 도움이 되는 일반적인 공식에 도달할 것이다. 그러나 우선 가능한 결과와 이와 관련한 확률을 설명하기 위해 특정 예를 사용하여 **확률나무(probability tree)**를 작성할 것이다.

예제 5.7

과거 경험으로 볼 때, 고급 구두가게의 매니저는 고객의 85%가 구매할 때 신용카드를 사용할 것이라는 것을 알고 있다. 3명의 고객이 구매하기 위해 줄을 서 있다고 가정하자.

a. 이 예제가 베르누이 과정의 조건을 충족하는가?
b. 확률나무를 작성하라.
c. 확률나무를 이용하여 이항확률변수와 관련된 확률을 산출하라.

해답:

a. 이 예제는 고객이 85%의 확률로 신용카드를 사용하거나(성공이라고 표시), 15%의 확률로 신용카드를 사용하지 않기(실패라고 표시) 때문에 베르누이 과정의 조건을 충족한다. 더욱이, 다수의 고객을 고려할 때, 이 성공과 실패 확률은 고객마다 변하지 않는다.
b. 실험이 단계별로 세분화될 수 있을 때마다 확률나무를 사용할 수 있다. 여기서는 시행으로 각 단계를 볼 수 있다. S는 고객이 신용카드를 사용한 결과이고, F는 고객이 신용카드를 사용하지 않은 결과라고 하자. 그림 5.3은 이 예제에 대한 확률나무를 보여준다. 왼쪽의 라벨 없는 노드부터 시작해서 고객 1이 신용카드를 사용할 확률이 85%이고, 사용하지 않을 확률은 15%이다. 고객 1에서 나오는 지점들은 고객 1이 신용카드를 사용했는지 여부에 따라 고객 2가 신용카드를 사용하는 조건부 확률을 나타낸다. 그러나 베르누이 과정의 시행이 독립적임을 가정하기 때문에 고객 2는 고객 1의 신용카드 사용 여부에 상관없이 신용카드를 사용할 확률은 85%이고, 사용하지 않을 확률은 15%이다. 고객 3의 확률도 마찬가지이다. 네 번째 열은 확률나무의 끝에 8개의 가능한 사건이 있음을 보여준다. 독립사건에 대한 곱셈법칙을 이용하여 관련 확률을 얻을 수 있다. 예를 들어, 확률나무 전체에서 가장 위쪽 가지를 따라 세 고객 모두 신용카드를 사용할 확률을 $(0.85)(0.85)(0.85) = 0.6141$로 계산한다. 나머지 사건들의 확률도 비슷한 방식으로 구한다.

그림 5.3 예제 5.7에 대한 확률나무

Customer 1	Customer 2	Customer 3	Events	Customers using credit card, x	Probabilities
S	S	S	SSS	3	(0.85)(0.85)(0.85) = 0.6141
S	S	F	SSF	2	(0.85)(0.85)(0.15) = 0.1084
S	F	S	SFS	2	(0.85)(0.15)(0.85) = 0.1084
S	F	F	SFF	1	(0.85)(0.15)(0.15) = 0.0191
F	S	S	FSS	2	(0.15)(0.85)(0.85) = 0.1084
F	S	F	FSF	1	(0.15)(0.85)(0.15) = 0.0191
F	F	S	FFS	1	(0.15)(0.15)(0.85) = 0.0191
F	F	F	FFF	0	(0.15)(0.15)(0.15) = 0.0034

c. 신용카드를 사용하는 특정 고객을 식별하는 데 관심이 있지 않고 신용카드를 사용하는 고객의 수를 식별하는 데 관심이 있으므로 상호배반적인 사건에 대한 덧셈법칙을 이용하여 동일한 성공횟수를 가진 사건을 결합할 수 있다. 예를 들어, 한 고객이 신용카드를 사용할 확률을 찾기 위해 결과 $x = 1$에 해당하는 확률을 더한다(그림 5.3의 음영부분 참조): $0.0191 + 0.0191 = 0.0573$. 마찬가지로, X의 다른 값에 해당하는 남은 확률을 계산하여 표 5.8에 보이는 확률분포를 작성한다.

표 5.8 예제 5.7에 대한 이항확률

x	$P(X = x)$
0	0.0034
1	0.0573
2	0.3252
3	0.6141

확률을 합하면 1.0이 된다는 점에 주목하자.

다행히도 이항분포를 찾기를 원할 때마다 확률나무를 작성할 필요가 없다. 다음 공식을 사용하여 이항확률변수와 관련된 확률을 계산할 수 있다.

이항분포

이항확률변수 X에 대하여, n번의 베르누이 시행에서 x번 성공할 확률은 $x = 0, 1, 2, \ldots,$ n에 대해 다음과 같다.

$$P(X = x) = \binom{n}{x} p^x (1-p)^{n-x} = \frac{n!}{x!(n-x)!} p^x (1-p)^{n-x}$$

정의에 의해 $0! = 1$이다.

이 공식은 두 부분으로 구성된다.

- 첫 번째 항 $\binom{n}{x} = \frac{n!}{x!(n-x)!}$은 n번의 시행에서 x 성공과 $n - x$ 실패의 가능한 배열의 수를 나타낸다. 첫 번째 항을 이항계수라고 하는데, 이는 실제로 총 n개의 개체에서 x개를 선택하는 방법의 수를 찾는 데 사용되는 친숙한 조합공식이다. 여기서 x개의 개체가 나열되는 순서는 *중요하지 않다*(*does not matter*). 예를 들어, 3회의 시행에서 정확히 1명의 신용카드 사용자를 포함하는 배열의 수를 구하기 위해서는 공식에 $x = 1$과 $n = 3$을 대체하여 $\binom{n}{x} = \frac{n!}{x!(n-x)!} = \frac{3!}{1!(3-1)!} = \frac{3 \times 2 \times 1}{(1) \times (2 \times 1)} = 3$을 계산한다. 따라서 정확히 1회 성공하는 배열은 3개이다. 이 결과는 그림 5.3에서 확인할 수 있다.
- 공식의 두 번째 부분인 $p^x(1-p)^{n-x}$는 x 성공과 $n - x$ 실패하는 특정 배열의 확률을 나타낸다. 예를 들어, 3회의 시행에서 1회의 성공확률을 그림 5.3의 마지막 열에 있는 4행, 6행, 7행(음영부분 참조)으로부터 구할 수 있다.

$$\left.\begin{array}{l} \text{row 4: } 0.85 \times 0.15 \times 0.15 \\ \text{row 6: } 0.15 \times 0.85 \times 0.15 \\ \text{row 7: } 0.15 \times 0.15 \times 0.85 \end{array}\right\} \text{ 또는 } (0.85)^1 \times (0.15)^2 = 0.019$$

즉, 3회의 시행에서 1회의 성공을 구성하는 각 배열은 1.91%의 발생할 확률을 갖는다.

3회의 시행에서 1회의 성공을 하는 전체적인 확률을 구하기 위해, 이항계수에 특정 수열을 얻을 확률을 곱한다. 또는 여기에서는 $3 \times 0.0191 = 0.0573$이다. 이것은 정확히 확률나무를 사용하여 $P(X = 1)$에 대해 찾은 확률이다.

또한 5.2절의 공식을 사용하여 어떤 이항확률변수에 대해서도 기대값, 분산, 표준편차를 계산할 수 있다. 다행히 이항분포의 경우 이들 공식은 $E(X) = np$, $Var(X) = np(1-p)$, 그리고 $SD(X) = \sqrt{np(1-p)}$로 단순화된다. 기대값의 단순화된 공식은 실험의 성공확률 p를 알고 실험을 n번 반복하면 평균적으로 np 성공이 기대된다는 점에서 다소 직관적이다.

이항확률변수에 대한 요약측도

X가 이항확률변수이면, 다음과 같다.

$$E(X) = \mu = np$$
$$Var(X) = \sigma^2 = np(1-p)$$
$$SD(X) = \sigma = \sqrt{np(1-p)}$$

예를 들어, 예제 5.7에서 가정한 이항확률분포에 대하여, 이전의 일반 공식을 사용하여 다음과 같이 기대값을 산출할 수 있다.

$$E(X) = \Sigma x_i P(X = x_i) = (0 \times 0.0034) + (1 \times 0.0573) + (2 \times 0.3252) + (3 \times 0.6141) = 2.55$$

그러나 더 쉬운 방법은 $E(X) = np$를 사용하여 $3 \times 0.85 = 2.55$로 기대값을 계산하는 것이다. 비슷하게 분산과 표준편차도 다음과 같이 쉽게 계산할 수 있다.

$$Var(X) = \sigma^2 = np(1 - p) = 3 \times 0.85 \times 0.15 = 0.38$$
$$SD(X) = \sigma = \sqrt{np(1 - p)} = \sqrt{0.38} = 0.62$$

예제 5.8

미국에서는 성인의 약 30%가 4년제 대학학위를 가지고 있다(*U.S. Census Bureau*, 2018년 7월 31일). 성인 5명을 임의로 선택한다고 가정하자.

a. 성인 중 어느 누구도 대학학위를 가지고 있지 않을 확률은 얼마인가?
b. 성인 중 2명 이하가 대학학위를 가지고 있을 확률은 얼마인가?
c. 성인 중 적어도 2명이 대학학위를 가지고 있을 확률은 얼마인가?
d. 이 이항분포의 기대값, 분산, 표준편차를 계산하라.
e. 확률분포를 그래프로 표현하고 대칭/비대칭에 대해 논의하라.

해답:

첫째, 이 문제는 5명의 성인($n = 5$)을 임의로 선택하여 베르누이 과정에 대한 조건을 충족시킨다. 여기서 성인은 $p = 0.30$의 확률로 대학학위를 가지고 있거나, $1 - p = 1 - 0.30 = 0.70$의 확률로 대학학위를 가지고 있지 않는다. 다수의 성인을 고려할 때, 미국에서 성인이 대학학위를 가지는 확률은 성인마다 동일하게 유지된다고 가정하는 것이 타당하다.

a. 성인 중 어느 누구도 대학학위를 가지고 있지 않을 확률을 찾기 위해 $x = 0$으로 하고 다음을 구한다.

$$P(X = 0) = \frac{5!}{0!(5 - 0)!} \times (0.30)^0 \times (0.70)^{5-0}$$
$$= 1 \times 1 \times 0.1681 = 0.1681$$

즉, 성인 5명의 임의표본에서 대학학위를 가진 성인이 없을 확률은 16.81%이다.

b. 성인 2명 이하가 대학학위를 가지고 있을 확률은 다음과 같다.

$$P(X \leq 2) = P(X = 0) + P(X = 1) + P(X = 2)$$

이미 a에서 $P(X = 0)$를 발견했다. 이제 $P(X = 1)$과 $P(X = 2)$를 계산한다.

$$P(X = 1) = \frac{5!}{1!(5 - 1)!} \times (0.30)^1 \times (0.70)^{5-1} = 0.3602$$

$$P(X=2)=\frac{5!}{2!(5-2)!}\times(0.30)^2\times(0.70)^{5-2}=0.3087$$

다음으로 세 가지 관련 확률을 합하여 $P(X \le 2) = 0.1681 + 0.3602 + 0.3087 = 0.8370$을 구한다. 성인 5명의 임의표본에서 2명 이하가 대학학위를 소지할 확률은 83.70%이다.

c. 적어도 2명의 성인이 대학학위를 가지고 있을 확률은 다음과 같다.

$$P(X \ge 2) = P(X=2) + P(X=3) + P(X=4) + P(X=5)$$

$P(X = 2)$에서 $P(X = 5)$까지의 네 가지 확률을 각각 계산하고 합하여 이 문제를 풀 수 있다. 더 간단한 방법은 확률분포의 주요 속성 중 하나를 사용하는 것으로, 속성은 X의 모든 값에 대한 확률의 합이 1이라는 것이다. 따라서 $P(X \ge 2)$는 $1 - [P(X=0) + P(X=1)]$로 쓸 수 있다. (a)와 (b)로부터 이미 계산된 $P(X = 0)$와 $P(X = 1)$을 이용하여 계산하면 다음과 같다.

$$P(X \ge 2) = 1 - [P(X=0) + P(X=1)] = 1 - (0.1681 + 0.3602) = 0.4717$$

성인 5명의 임의표본에서 2명이 대학학위를 가질 확률은 47.17%이다.

d. 단순화된 공식을 사용하여 평균, 분산, 표준편차를 다음과 같이 계산한다.

$$E(X) = \mu = np = 5 \times 0.30 = 1.5 \text{ adults}$$
$$Var(X) = \sigma^2 = np(1-p) = 5 \times 0.30 \times 0.70 = 1.05\,(\text{adults})^2$$
$$SD(X) = \sigma = \sqrt{np(1-p)} = \sqrt{1.05} = 1.02 = 1.02 \text{ adults}$$

e. 이 분포를 그래프로 표현하기 전에 우선 예제 5.8에 대한 완전한 이항분포를 표 5.9에 보여준다.

표 5.9 $n = 5$와 $p = 0.30$인 이항분포

x	$P(X = x)$
0	0.1681
1	0.3602
2	0.3087
3	0.1323
4	0.0284
5	0.0024

이항분포는 그림 5.4에 그래픽으로 표시되어 있다. 임의로 성인 5명을 선택했을 때, 가장 가능성이 높은 결과는 정확히 성인 1명이 대학학위를 갖게 된다는 것이다. 분포가 대칭이 아니라 양의 방향으로 치우쳐 있다. 이후 장에서는 표본 크기 n이 클 때 이항분포가 대략 대칭이라는 것을 배울 것이다.

그림 5.4 $n = 5$와 $p = 0.30$인 이항분포

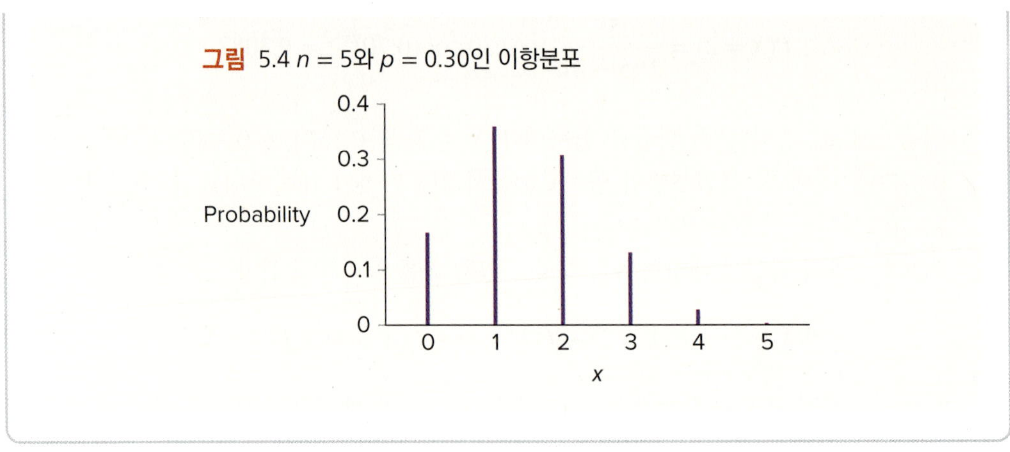

Excel과 R을 이용하여 이항확률 구하기

이미 확인한 바와 같이, 공식을 사용하여 이항분포 문제를 풀이하는 것은 다소 지루하고 번거롭다. 이 이슈는 n에 대해 큰 값을 만나고 X가 광범위한 값을 가정하는 확률을 결정하고자 할 때 더욱 뚜렷해진다. 표 5.10은 이산확률분포와 관련된 문제를 해결하기 위해 사용할 수 있는 Excel과 R 함수를 보여준다. 예제 5.9는 이항분포와 관련하여 이들 함수의 사용을 보여준다. 이 장의 뒷부분에서 포아송 분포와 초기하분포에 대해 논의할 때 표 5.10을 다시 참조할 것이다.

표 5.10 Excel과 R에서의 이산확률분포 및 함수명

Distribution	Excel	R
Binomial		
$P(X = x)$:	=BINOM.DIST (x, n, p, FALSE)	dbinom(x, n, p)
$P(X \leq x)$:	=BINOM.DIST(x, n, p, TRUE)	pbinom(x, n, p)
Poisson		
$P(X = x)$:	=POISSON.DIST(x, μ, FALSE)	dpois (x, μ)
$P(X \leq x)$:	=POISSON.DIST(x, μ, TRUE)	ppois (x, μ)
Hypergeometric		
$P(X = x)$:	=HYPGEOM.DIST(x, n, S, N, FALSE)	dhyper(x, S, $N - S$, n)
$P(X \leq x)$:	=HYPGEOM.DIST(x, n, S, N, TRUE)	phyper(x, S, $N - S$, n)

예제 5.9

사람들은 소셜 미디어를 통해 친구와 가족과 연락하고, 뉴스를 보고, 일자리를 찾고, 즐겁게 지낼 수 있다. 최근 설문조사에 따르면, 미국 성인의 68%가 페이스북 사용자이다. 임의로 선택된 미국 성인 100명의 표본을 고려해보자.

a. 정확히 70명의 미국 성인이 페이스북 사용자일 확률은 얼마인가?

b. 70명 이하의 미국 성인이 페이스북 사용자일 확률은 얼마인가?

c. 적어도 70명의 미국 성인이 페이스북 사용자일 확률은 얼마인가?

해답:

X가 페이스북 사용자인 미국 성인의 수를 나타낸다고 하자. 또한 $p = 0.68$과 $n = 100$을 알고 있다.

Excel 이용

엑셀의 **BINOM.DIST** 함수를 사용하여 이항확률을 계산한다. =BINOM.DIST(x, n, p, TRUE or FALSE)를 입력한다. 여기서 x는 성공횟수, n은 시행횟수, p는 성공확률이다. 마지막 인수에, 누적확률함수 $P(X \leq x)$를 구하려면 TRUE를 입력하고, 확률질량함수 $P(X = x)$를 구하려면 FALSE를 입력한다.

a. 정확히 70명의 미국 성인이 페이스북 사용자일 확률 $P(X = 70)$을 찾기 위해, =BINOM.DIST(70, 100, 0.68, FALSE)를 입력하면 Excel은 0.0791을 산출한다.
b. 70명 이하의 미국 성인이 페이스북 사용자일 확률 $P(X \leq 70)$을 찾기 위해, =BINOM.DIST(70, 100, 0.68, TRUE)를 입력하고 Excel은 0.7007을 산출한다.
c. 적어도 70명의 미국 성인이 페이스북 사용자일 확률 $P(X \geq 70) = 1 - P(X \leq 69)$을 찾기 위해, =1−BINOM.DIST(69, 100, 0.68, TRUE)를 입력하면 Excel은 0.3784를 산출한다.

R 이용

R의 **dbinom** 함수와 **pbinom** 함수를 사용하여 이항확률을 계산한다. 확률질량함수 $P(X = x)$를 계산하기 위해 dbinom(x, n, p)을 입력한다. 여기서 x는 성공횟수, n은 시행횟수, p는 성공확률이다. 누적확률함수 $P(X \leq x)$를 계산하기 위해, pbinom(x, n, p)을 입력한다.

a. $P(X = 70)$을 찾기 위해, 다음과 같이 입력하라.

```
> dbinom(70, 100, 0.68)
```

그러면 R은 0.07907911을 산출한다.

b. $P(X \leq 70)$을 찾기 위해, 다음과 같이 입력하라.

```
> pbinom(70, 100, 0.68)
```

그러면 R은 0.7006736을 산출한다.

c. $P(X \geq 70) = 1 - P(X \leq 69)$을 찾기 위해, 다음과 같이 입력한다.

```
> 1 – pbinom(69, 100, 0.68)
```

그러면 R은 0.3784055를 산출한다.

연습문제 5.4

34. $n = 5$이고 $p = 0.35$인 이항확률변수 X를 가정하자. 다음 확률을 계산하라.

a. $P(X = 0)$

b. $P(X = 1)$

c. $P(X \leq 1)$

35. $n = 6$이고 $p = 0.68$인 이항확률변수 X를 가정하자. 다음 확률을 계산하라.

a. $P(X = 5)$

b. $P(X = 4)$

c. $P(X \geq 4)$

36. $n = 8$이고 $p = 0.32$인 이항확률변수 X를 가정하자. 다음 확률을 계산하라.

a. $P(3 < X < 5)$

b. $P(3 < X \leq 5)$

c. $P(3 \leq X \leq 5)$

37. 베르누이 시행의 성공확률을 0.30으로 하자. 5번의 베르누이 시행에서 (a) 4번의 실패확률, 그리고 (b) 실패의 기대값보다 클 확률은 얼마인가?

38. X를 $n = 150$이고 $p = 0.36$인 이항확률변수를 나타낸다고 하자. 다음 확률을 구하라.

a. $P(X \leq 50)$

b. $P(X = 40)$

c. $P(X > 60)$

d. $P(X \geq 55)$

39. X를 $n = 200$이고 $p = 0.77$인 이항확률변수를 나타낸다고 하자. 다음 확률을 구하라.

a. $P(X \leq 150)$

b. $P(X > 160)$

c. $P(155 \leq X \leq 165)$

d. $P(X = 160)$

40. 트랜스아메리카 건강연구센터의 조사에 따르면, 미국인의 15%가 여전히 건강보험에 가입되어 있지 않다고 한다. 5명의 개인이 임의로 선택되었다고 가정하자.

a. 5명 모두가 건강보험에 가입한 확률은 얼마인가?

b. 2명 이하가 건강보험에 가입한 확률을 얼마인가?

c. 최소 4명이 건강보험에 가입한 확률은 얼마인가?

d. 건강보험에 가입한 개인의 수 기대값은 얼마인가?

e. 이 확률분포의 분산과 표준편차를 계산하라.

41. 한 지역 전문대학에서 신입생으로 대학에 입학한 학생 중 40%가 졸업을 한다. 10명의 신입생이 임의로 선택되었다.

a. 그들 중 아무도 지역 전문대학을 졸업하지 않을 확률은 얼마인가?

b. 최대 9명이 지역 전문대학을 졸업할 확률은 얼마인가?

c. 졸업할 학생수의 기대값은 얼마인가?

42. 미국 은행에 대한 미국인의 신뢰도는 단지 26%에 불과한 것으로 보고되었다. 이는 2007년 6월에 보고된 경기침체 이전 수준인 41%에 여전히 크게 못 미친다.

a. 미국인 4명 중 절반 미만이 미국 은행에 대해 신뢰를 가질 확률은 얼마인가?

b. 2007년에는 상응하는 확률이 얼마였는가?

43. 베이비붐 세대 중 약 45%가 여전히 일하고 있는 것으로 추정된다. 6명의 베이비붐 세대가 임의로 선택된다.

a. 베이비붐 세대 중 정확히 1명이 여전히 일하고 있을 확률은 얼마인가?

b. 베이비붐 세대 중 적어도 5명이 여전히 일하고 있을 확률은 얼마인가?

c. 베이비붐 세대 중 2명 미만이 여전히 일하고 있을 확률은 얼마인가?

d. 베이비붐 세대의 기대되는 수보다 많은 사람들이 여전히 일하고 있을 확률은 얼마인가?

44. 한 연구에 따르면 밀레니얼 세대의 약 43%가 주식, 채권, 부동산 등에 투자하고 있지 않다. 이는 커리어를 시작할 때 투자를 시작하는 사람들이 그들의 재무목표를 달성하는 데 도움이 될 수익을 창출할 수 있는 더 많은 시간을 갖기 때문에 문제이다. 6명의 밀레니얼 세대가 임의로 선택된다.

a. 투자를 하지 않는 밀레니얼 세대의 기대 인원은 몇 명인가? 해당하는 표준편차는 얼마인가?

b. 2명 미만의 밀레니얼 세대가 투자를 하지 않을 확률은 얼마인가?

c. 모든 밀레니얼 세대가 투자할 확률은 얼마인가?

45. 15세기 인도에서 창건된 종교인 시크교가 터번을 쓰는 시크교 청년들의 급격한 감소로 혼란을 겪고 있다. 긴 머리를 빗고 묶는 고된 작업과 동화되고 싶은 마음 때문에 약 25%의 시크교 청년들이 터번을 포기했다.

a. 5명의 시크교 청년 임의표본 중 정확히 2명이 터번을 착용할 확률은 얼마인가?

b. 5명의 시크교 청년 임의표본 중 2명 이상이 터번을 착용할 확률은 얼마인가?

c. 5명의 시크교 청년 임의표본 중 시크교 청년의 기대되는 수보다 많은 수가 터번을 착용할 확률은 얼마인가?

d. 10명의 시크교 청년 임의표본 중 시크교 청년의 기대되는 수보다 많은 수가 터번을 착용할 확률은 얼마인가?

46. 미국인구조사에 따르면, 미국 모든 결혼의 약 절반이 이혼으

로 끝난다. 한 일류 대학의 연구원들은 한 사람의 이혼으로 인한 감정이 바이러스처럼 전염되어 이혼을 전염시킬 수 있음을 보여준다. 가까운 친구 사이에 헤어지면 이혼할 확률이 36%에서 63%로 75%가 증가한다.

a. 임의로 선택된 4건의 결혼 중 절반보다 많은 수가 이혼으로 끝날 확률을 계산하라.

b. 부부의 가까운 친구가 헤어진 것으로 알려진 경우, (a)를 다시 실행하라.

c. 부부의 가까운 친구 중 헤어진 사람이 없는 것으로 알려진 경우, (a)를 다시 실행하라.

47. 회사 직원의 60%가 남성이다. 회사의 직원 중 4명이 임의로 선택되었다고 가정하자.

a. 3명의 남성과 1명의 여성 또는 2명의 남성과 2명의 여성 중 어느 확률이 더 높은가?

b. 회사 직원의 70%가 남성이라면, (a)와 동일한 답을 얻는가?

48. 한 건축회사의 대표는 고객에게 이번 주말까지 수용 가능한 설계를 받을 가능성이 적어도 50%라고 말한다. 그녀는 1명의 디자이너가 이번 주말까지 그렇게 할 수 있는 가능성은 25%에 불과하다는 것을 알고 있다.

a. 2명의 디자이너에게 독립적으로 설계작업을 요청한다면, 고객에게 한 진술이 옳은가?

b. 만약 그렇지 않다면, 3명의 디자이너에게 독립적으로 설계작업을 요청한다면 어떠한가?

49. 최근 대학 졸업생의 40%가 대학원에 진학할 계획이라고 가정하자. 최근 대학 졸업생 15명이 임의로 선택된다.

a. 4명 이하의 대학 졸업생이 대학원에 진학할 확률은 얼마인가?

b. 정확히 7명의 대학 졸업생이 대학원에 진학할 확률은 얼마인가?

c. 최소 6명에서 최대 9명의 대학 졸업생이 대학원에 진학할 확률은 얼마인가?

50. 24/7 피트니스센터의 매니저는 오픈하우스 참석자들과 접촉하는 것에 전략적이다. 그녀의 전략으로, 그녀는 연락하는 참석자의 40%가 클럽 회원권을 구매할 것이라고 믿는다. 그녀가 20명의 오픈하우스 참석자들에게 연락한다고 가정해 보자.

a. 참석자 중 정확히 10명이 클럽 회원권을 구매할 확률은 얼마인가?

b. 참석자 중 10명 이하가 클럽 회원권을 구매할 확률은 얼마인가?

c. 참석자 중 적어도 15명이 클럽 회원권을 구매할 확률은 얼마인가?

51. 사기탐지는 은행과 신용카드 회사가 부정한 신용카드 거래를 퇴치하는 데 없어서는 안 될 도구가 되었다. 한 사기탐지업체는 거래의 1.31%에서 경미한 사기행위를, 0.87%에서 심각한 사기행위를 적발했다. 사기성 거래는 안정적으로 유지된다고 가정한다.

a. 100건의 거래 중 2건 미만에서 경미한 사기행위가 있을 확률은 얼마인가?

b. 100건의 거래 중 2건 미만에서 심각한 사기행위가 있을 확률은 얼마인가?

5.5 포아송 분포

또 다른 중요한 이산확률분포는 프랑스의 수학자인 시메옹 포아송(Simeon Poisson, 1781~1849)의 이름을 딴 포아송 분포(Poisson distribution)이다. 이 분포는 시간이나 공간에 걸쳐 특정 사건의 발생횟수를 찾는 문제에서 특히 유용하다. 단순화를 위해 이러한 발생을 "성공"이라고 한다. 포아송 분포에 대해 논의하기 전에 우선 실험이 **포아송 과정(Poisson process)**의 조건을 충족하는지 확인해야 한다.

포아송 과정

실험이 다음과 같다면 포아송 과정(Poisson process)을 충족시킨다.

- 지정된 시간 또는 공간 구간 내의 성공횟수는 0과 무한대 사이의 정수이다.
- 중복되지 않는 구간에서 계산되는 성공횟수는 독립적이다.

- 어떤 구간에서의 성공확률은 동일한 크기의 모든 구간에 대해 동일하며 구간의 크기에 비례한다.

포아송 과정의 경우, 지정된 시간 또는 공간에서 달성한 성공횟수를 **포아송 확률변수(Poisson random variable)**로 정의한다. 베르누이 과정과 마찬가지로 많은 실험이 포아송 과정의 조건에 적합하다. 예를 들면,

- 하루에 새로운 은행 앱을 사용하는 고객의 수
- 한 달 동안 수신된 스팸 이메일의 수
- 50야드 원단 롤의 결점 수
- 특정 배양에 포함된 박테리아의 수

포아송 확률변수와 관련된 확률을 계산하기 위해 다음 공식을 사용한다.

포아송 분포

포아송 확률변수 X에 대하여, 주어진 시간 또는 공간 구간에서 x번 성공할 확률은 $x = 0, 1, 2, \ldots$ 에 대해 다음과 같다.

$$P(X = x) = \frac{e^{-\mu}\mu^{x}}{x!}$$

여기서 μ는 평균 성공횟수이고, $e \approx 2.718$은 자연로그의 밑이다.

이항확률변수와 마찬가지로 포아송 확률변수의 분산과 표준편차를 계산하는 단순화된 공식이 있다. 흥미로운 사실은 포아송 확률변수의 평균이 분산과 같다는 것이다.

포아송 확률변수에 대한 요약측도

X가 포아송 확률변수이면, 다음과 같다.

$$E(X) = \mu$$
$$Var(X) = \sigma^2 = \mu$$
$$SD(X) = \sigma = \sqrt{\mu}$$

예제 5.10

이제 이 장의 도입사례에서 앤 존스가 처음 제기한 질문들을 다룰 수 있다. 앤이 자신이 관리하는 스타벅스의 인력 수요에 대해 걱정하고 있다는 것을 기억하라. 그녀는 고객의 매장 방문에 대한 확률분포에 대해 구체적인 질문을 가지고 있다. 앤은 전형적인 스타벅스 고객이 30일 동안 평균 18회 매장을 방문한다고 믿는다. 그녀가 가진 질문은 다음과 같다.

a. 앤은 전형적인 스타벅스 고객으로부터 5일 동안 얼마나 많은 방문을 기대해야 하는가?
b. 고객이 5일 동안 매장을 5회 방문할 확률은 얼마인가?
c. 고객이 5일 동안 매장을 2회 이하 방문할 확률은 얼마인가?
d. 고객이 5일 동안 매장을 적어도 3회 방문할 확률은 얼마인가?

해답:

포아송 분포의 적용에서는 우선 관련 시간 또는 공간 구간의 평균 성공횟수를 결정한다. 어떤 구간에서든 성공확률은 같은 크기의 모든 구간에서 동일하고 구간의 크기에 비례한다는 포아송 과정의 조건을 사용한다. 여기서 관련 평균은 30일 동안 18회 방문한 비율을 기준으로 한다.

a. 30일 동안 18회의 방문 비율을 고려할 때 30일 기간의 평균을 $\mu_{30} = 18$로 나타낼 수 있다. 이 문제의 경우, $\frac{18 \text{ visits}}{30 \text{ days}} = \frac{3 \text{ visits}}{5 \text{ days}}$이기 때문에 5일 구간에 대한 비례적인 평균 $\mu_5 = 3$을 계산한다. 다시 말해, 전형적인 스타벅스 고객은 평균적으로 5일 구간 동안 매장을 3회 방문한다.
b. 고객이 5일 동안 매장을 5회 방문할 확률을 찾기 위해, 다음과 같이 계산한다.

$$P(X = 5) = \frac{e^{-3}3^5}{5!} = \frac{(0.0498)(243)}{120} = 0.1008$$

c. 고객이 5일 동안 매장을 2회 이하로 방문할 확률의 경우, $P(X \leq 2) = P(X = 0) + P(X = 1) + P(X = 2)$를 구한다. 개별확률을 계산한 다음, 합계를 산출한다.

$$P(X = 0) = \frac{e^{-3}3^0}{0!} = \frac{(0.0498)(1)}{1} = 0.0498$$

$$P(X = 1) = \frac{e^{-3}3^1}{1!} = \frac{(0.0498)(3)}{1} = 0.1494$$

$$P(X = 2) = \frac{e^{-3}3^2}{2!} = \frac{(0.0498)(9)}{2} = 0.2240$$

따라서 $P(X \leq 2) = 0.0498 + 0.1494 + 0.2240 = 0.4232$이다. 고객이 5일 동안 매장을 2회 이하 방문할 확률은 약 42%이다.
d. 고객이 5일 동안 적어도 3회 매장을 방문할 확률은 $P(X \geq 3)$로 표기한다. 처음에는 $P(X \geq 3) = P(X = 3) + P(X = 4) + P(X = 5) + \cdots$를 평가하여 이 문제를 풀 수 있다. 그러나 어떤 구간에서든 성공횟수의 무한한 수가 가능하므로 이 방법으로 포아송 문제를 해결할 수 없다. 여기서 $P(X \geq 3)$는 $1 - [P(X = 0) + P(X = 1) + P(X = 2)]$로 구한다. (c)의 확률에 근거해서 $P(X \geq 3) = 1 - [0.0498 + 0.1494 + 0.2240] = 1 - 0.4232 = 0.5768$이다. 따라서 고객이 5일 동안 매장을 적어도 3회 방문할 가능성은 약 58%이다.

그림 5.5는 0에서 8 사이의 x에 대해 $\mu = 3$인 포아송 분포 $P(X = x)$를 그래프로 나타낸다. 가장 가능성이 높은 결과는 x가 2와 3일 때이고, 분포는 양의 비대칭을 보인다. 이론적으로는 포아송 확률변수가 가정하는 값들은 무한히 셀 수 있지만, 여기에 보여진 값을 넘어서는 확률은 거의 0에 가깝다는 것을 기억하자.

그림 5.5 $\mu = 3$인 포아송 분포

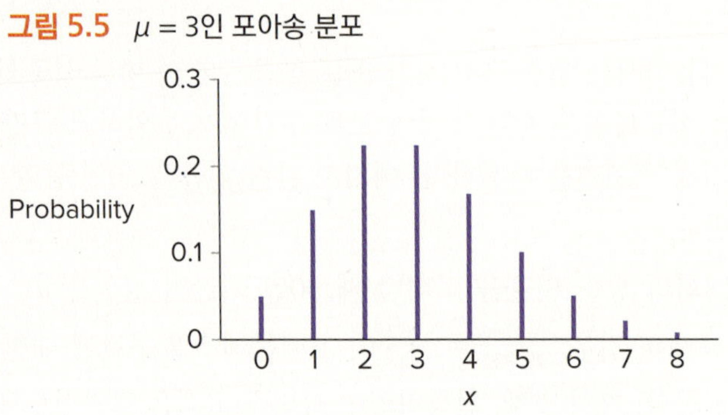

도입사례 분석결과

스타벅스 매장의 매니저인 앤 존스는 트렌디한 커피숍의 등장이 매장의 방문고객 수에 어떤 영향을 미칠지 걱정한다. 그녀가 추가적인 통계적 추론을 하기 전에 고객 방문의 확률에 대한 확실한 이해가 필요하다. 과거 자료에 따르면 전형적인 스타벅스 고객은 30일 동안 스타벅스 매장에 평균 18회 방문했을 것으로 추정된다. 이 정보와 포아송 분포를 이용하여 고객 방문을 모형화할 수 있다는 지식을 바탕으로 전형적인 고객이 5일 동안 평균 3회 방문한다는 것을 추론한다. 전형적인 고객이 5일 동안 5회 매장을 방문할 확률은 약 10%이다. 또한 전형적인 고객이 5일 동안 스타벅스를 2회 이하 방문할 확률은 약 42%인 반면, 고객이 최소 3회 이상 매장을 방문할 확률은 약 58%이다. 이러한 예비 확률들은 앤이 미래의 인력 수요를 계획할 때 매우 중요하다.

Shutterstock

Excel과 R을 이용하여 포아송 확률 구하기

이항공식과 마찬가지로 포아송 공식의 수작업 사용은 특히 x와 μ의 값이 클 때 상당히 번거롭다. 다시 Excel과 R은 포아송 확률을 계산할 때도 유용하다. 표 5.10은 포아송 확률을 찾는 데 사용할 수 있는 Excel과 R 함수를 보여준다. 예제 5.11은 이들 함수의 사용을 보여준다.

예제 5.11

수제맥주 판매량이 지속적으로 성장하여 미국 전체 맥주시장의 24%에 달하고 있다(*USA Today*, April 2, 2019). 매일 1.5개의 수제 양조장이 문을 여는 것으로 추산된다. 이 수치는 시간의 흐름에 따라서도 일정하게 유지되는 평균을 나타낸다고 가정한다.

a. 매주 10개 이하의 수제 양조장이 문을 열 확률은 얼마인가?

b. 매주 정확히 10개의 수제 양조장이 문을 열 확률은 얼마인가?

해답:

X를 매주 문을 여는 수제 양조장의 수를 나타낸다고 하면, 주간 평균은 $\mu = 1.5 \times 7 = 10.5$로 계산한다.

Excel 이용

Excel의 **POISSON.DIST** 함수를 사용하여 포아송 확률을 계산한다. =POISSON.DIST(x, μ, TRUE or FALSE)를 입력한다. 여기서 x는 특정 구간의 성공횟수, μ는 이 구간의 평균이다. 함수의 마지막 인수의 경우, 누적확률함수 $P(X \leq x)$를 구하려면 TRUE를 입력하고 확률질량함수 $P(X = x)$를 구하려면 FALSE를 입력한다.

a. 매주 수제 양조장이 10개 이하로 문을 여는 확률 $P(X \leq 10)$을 찾기 위해, =POISSON.DIST(10, 10.5, TRUE)를 입력하면 Excel은 0.5207을 산출한다. 매주 수제 양조장이 10개 이하로 문을 열 확률은 52.07%이다.

b. 매주 정확히 10개의 수제 양조장이 문을 열 확률 $P(X = 10)$을 찾기 위해, =POISSON.DIST(10, 10.5, FALSE)를 입력하면 Excel은 0.1236을 산출한다. 매주 10개의 수제 양조장이 문을 열 확률은 12.36%이다.

R 이용

R의 **dpois** 함수와 **ppois** 함수를 사용하여 포아송 확률을 계산한다. 확률질량함수 $P(X = x)$를 계산하기 위해, dpois(x, μ)를 입력한다. 여기서 x는 특정 구간 동안의 성공횟수, μ는 이 구간 동안의 평균이다. 누적확률함수 $P(X \leq x)$를 계산하기 위해, ppois(x, μ)를 입력한다.

a. $P(X \leq 10)$을 찾기 위해 다음을 입력하라.

```
> ppois(10, 10.5)
```

그러면 R은 0.5207381을 산출한다.

b. $P(X = 10)$을 찾기 위해, 다음을 입력하라.

```
> dpois(10, 10.5)
```

그러면 R은 0.1236055를 산출한다.

연습문제 5.5

52. X가 $\mu = 1.5$인 포아송 확률변수라고 가정하자. 다음 확률을 계산하라.
   a. $P(X = 1)$
   b. $P(X = 2)$
   c. $P(X \geq 2)$

53. X가 $\mu = 4$인 포아송 확률변수라고 가정하자. 다음 확률을 계산하라.
   a. $P(X = 4)$

b. $P(X = 2)$

c. $P(X \leq 1)$

54. 포아송 과정의 평균 성공률을 시간당 8회라고 가정하자.

a. 30분 구간에 기대되는 성공횟수를 구하라.

b. 주어진 30분 동안 적어도 2회 성공할 확률을 계산하라.

c. 2시간 동안 예상되는 성공횟수를 구하라.

d. 주어진 2시간 동안 10회 성공할 확률을 계산하라.

55. X가 $\mu = 15$인 포아송 확률변수라고 가정하자. 다음 확률을 계산하라.

a. $P(X \leq 10)$

b. $P(X = 13)$

c. $P(X > 15)$

d. $P(12 \leq X \leq 18)$

56. X가 $\mu = 20$인 포아송 확률변수라고 가정하자. 다음 확률을 계산하라.

a. $P(X < 14)$

b. $P(X \geq 20)$

c. $P(X = 25)$

d. $P(18 \leq X \leq 23)$

57. 다음 중 포아송 분포를 이용하여 구할 수 있는 확률은 어느 것인가?

a. 파이프라인의 특정 구간에서 6개의 누출이 발생할 확률

b. 40명 학급에서 최소 10명의 학생이 졸업 후 바로 취업할 확률

c. 주말에 최소 50가족이 아카디아 국립공원을 방문할 확률

d. 향후 5분 동안 고객이 나타나지 않을 확률

58. 다음 중 포아송 확률변수를 나타낼 가능성이 높은 시나리오는 어느 것인가?

a. 6주 동안 뉴욕에서 발생한 강력 범죄의 수

b. 은행 대출 100건 중 채무불이행 건수

c. 큰 나무 테이블의 2×1 피트 부분에 있는 긁힌 상처의 수

d. 50명의 약물 시험에서 약물의 효과가 있을 환자의 수

59. 평균적으로 주 고속도로의 특정 구간에는 마일당 12개의 웅덩이가 있다. 고속도로에 웅덩이가 고르게 분포되어 있다고 가정해보자.

a. 고속도로의 0.25마일 구간에서 2개 미만의 웅덩이를 발견할 확률을 구하라.

b. 고속도로의 0.25마일 구간에서 2개 이상의 웅덩이를 발견할 확률을 구하라.

60. 도로요금소 운영자는 시간당 평균 360대의 차량이 임의로 도착하는 것을 관찰했다.

a. 특정 1분 동안 2대의 자동차가 도착할 확률을 구하라.

b. 특정 1분 동안 적어도 2대의 자동차가 도착할 확률을 구하라.

c. 오전 10시에서 10시 10분 사이에 40대의 차량이 도착할 확률을 구하라.

61. 섬유제조 공정에서 생산되는 원단의 50야드당 평균적으로 2개의 결함이 발생하는 것으로 나타났다.

a. 50야드 원단에 정확히 2개의 결함이 발생할 확률은 얼마인가?

b. 50야드 원단에 2개 이하의 결함이 발생할 확률은 얼마인가?

c. 25야드 원단에 결함이 없을 확률은 얼마인가?

62. 운전자들은 오전시간 동안 분당 2대의 비율로 걸프주유소에 도착한다.

a. 오전 1분 구간에 3명 이상의 운전자가 걸프주유소에 도착할 확률은 얼마인가?

b. 오전 5분 구간에 정확히 6명의 운전자가 걸프주유소에 도착할 확률은 얼마인가?

c. 직원이 3시간의 오전 근무시간에 얼마나 많은 수의 운전자를 기대할 수 있는가?

63. 항공사 여행객들은 항공사가 올 여름 다시 한 번 수천 편의 항공편을 취소함에 따라 좀 더 유연하게 대처할 준비가 되어 있어야 한다. 항공사 승객 권리, 건강 및 안전 연합은 발이 묶인 여행객들이 항공사를 상대하는 것을 돕기 위해 하루에 평균 400통의 전화를 받는다. 핫라인에 하루에 16시간 동안 직원이 있다고 가정해 보자.

a. 1시간 구간, 30분 구간, 15분 구간의 평균 통화 수를 계산하라.

b. 15분 구간에 정확히 6회의 통화가 발생할 확률은 얼마인가?

c. 15분 구간에 통화가 없을 확률은 얼마인가?

d. 15분 구간에 적어도 2회의 통화가 발생할 확률은 얼마인가?

64. 뉴에이지 솔라는 주거용 주택에 태양광 패널을 설치하는데, 회사의 개인화된 접근방식으로 하루 평균 3가정에 설치한다.

a. 뉴에이지 솔라가 하루에 많아야 4가정에 태양광 패널을 설치할 확률은 얼마인가?

b. 뉴에이지 솔라가 하루에 적어도 3가정에 태양광 패널을 설치할 확률은 얼마인가?

65. 정부 보고서에 따르면, 미국 인구의 고령화로 더 많은 의원과 병원을 방문하는 것으로 해석되고 있다. 평균적인 사람은 의원과 병원을 1년에 4회 방문하는 것으로 추정된다.

a. 평균적인 사람의 월별 의원과 병원 방문횟수의 평균과 표준편차는 얼마인가?

b. 평균적인 사람이 1개월간 의원과 병원을 방문하지 않을 확률은 얼마인가?

c. 평균적인 사람이 적어도 월1회 의원과 병원을 방문할 확률은 얼마인가?

66. 한 지역 약국에서 주당 평균 84회의 Covid-19 백신을 투여한다. 백신주사는 매일 고르게 투여된다.

a. 수요일에 접종된 백신 접종횟수가 8회 이상 12회 미만일 확률을 계산하라.

b. 평일(월~금요일) 백신 접종횟수가 60회 이상일 확률을 계산하라.

67. 지난해 고용평등위원회에 접수된 연령 차별 클레임은 24,584건이었다. 회계연도에 근로자가 클레임을 제기할 수 있는 근무일이 260일이라고 가정한다.

a. 근무일에 접수된 평균 클레임 건수를 계산하라.

b. 근무일에 정확히 100건의 클레임이 접수될 확률은 얼마인가?

c. 근무일에 100개 이하의 클레임이 접수될 확률은 얼마인가?

5.6 초기하분포

5.4절에서 이항확률변수 X를 베르누이 과정의 n번 시행에서 성공한 횟수로 정의했다. 베르누이 과정에 따르면 시행은 독립적이며 성공할 확률은 시행마다 달라지지 않는다. **초기하분포(hypergeometric distribution)**는 시행이 독립적이라고 가정할 수 없는 경우에 적절하다.

10%가 결함이 있다고 알려진 생산 제품으로 가득 찬 상자를 고려하고, 결함이 있는 제품의 추출을 성공으로 정의하자. 성공확률은 시행마다 동일하지 않을 수 있다; 이는 모집단의 크기와 표본추출이 복원되었는지 여부에 따라 달라질 것이다. 10% 또는 2개의 불량품이 있는 20개 제품으로 구성된 상자를 가정하자. 첫 번째 추출에서 성공할 확률은 0.10(= 2/20)이다. 그러나 후속 추출의 성공확률은 1차 추출 결과에 따라 달라진다. 예를 들어, 첫 번째 품목이 불량품인 경우 두 번째 추출에서 성공할 확률은 0.0526(= 1/19)이고, 첫 번째 품목이 불량품이 아닌 경우 두 번째 추출에서 성공할 확률은 0.1053(= 2/19)이다.

앞의 예에서는 비복원 표본추출을 가정했다. 즉, 제품을 추출한 후에는 후속 추출을 위해 상자에 다시 넣지 않는다. 따라서 시행이 독립적이지 않고 시행마다 성공확률이 달라지기 때문에 이항분포가 적절하지 않다. 이항분포는 복원 표본추출하는 경우 적절할 것이다. 이 경우에는 각 추출에 대해 20개의 제품이 있고 그중 2개는 불량품이어서 변하지 않는 성공확률이 있기 때문이다. 또한 모집단의 크기가 표본크기에 비해 매우 큰 경우라면, 시행의 의존성을 무시할 수 있다. 예를 들어, 상자가 10,000개로 구성되어 있고 그중 10% 또는 1,000개가 불량품이라면, 두 번째 추출에서 성공할 확률은 999/9,999 또는 1,000/9,999으로 둘 다 거의 0.10과 같다.

크기 N이 표본크기 n보다 유의하게 크지 않은 모집단으로부터 복원하지 않고 표본을 추출할 때 이항분포 대신 초기하분포를 이용한다. **초기하 확률변수(hypergeometric random variable)**는 시행이 독립적이라고 가정되지 않은 두 결과를 갖는 실험의 n번 시행에서 달성된 성공횟수이다.

초기하분포

초기하 확률변수 X의 경우, n개 항목의 임의 선택에서 x개 성공할 확률은 $x = 0, 1, 2, \ldots, n$ ($n \leq S$의 경우) 또는 $x = 0, 1, 2, \ldots, S$ ($n > S$의 경우)에 대하여 다음과 같다.

$$P(X = x) = \frac{\binom{S}{x}\binom{N-S}{n-x}}{\binom{N}{n}}$$

여기서 N은 모집단의 항목 수를, S는 모집단 안의 성공의 수를 나타낸다.

이 공식은 세 부분으로 구성된다.

- 분자의 첫 번째 항 $\binom{S}{x} = \frac{S!}{x!(S-x)!}$은 모집단의 S 성공에서 x 성공을 선택할 수 있는 방법의 수를 나타낸다.
- 분자의 두 번째 항 $\binom{N-S}{n-x} = \frac{(N-S)!}{(n-x)!(N-S-n+x)!}$는 모집단의 $(N-S)$ 실패 중에서 $(n-x)$ 실패를 선택할 수 있는 방법의 수를 나타낸다.
- 분모 $\binom{N}{n} = \frac{N!}{n!(N-n)!}$는 크기가 N인 모집단에서 n인 표본을 선택할 수 있는 방법의 수를 나타낸다.

이항분포와 포아송 분포와 마찬가지로 단순화된 공식을 사용하여 초기하 확률변수의 평균, 분산, 표준편차를 계산할 수 있다.

초기하 확률변수에 대한 요약측도

X가 초기하 확률변수이면, 다음과 같다.

$$E(X) = \mu = n\left(\frac{S}{N}\right)$$

$$Var(X) = \sigma^2 = n\left(\frac{S}{N}\right)\left(1-\frac{S}{N}\right)\left(\frac{N-n}{N-1}\right)$$

$$SD(X) = \sigma = \sqrt{n\left(\frac{S}{N}\right)\left(1-\frac{S}{N}\right)\left(\frac{N-n}{N-1}\right)}$$

예제 5.12

망고의 포장과 운송에 나무상자가 흔히 사용된다. 뉴저지주 모건빌(Morganville, New Jersey)에 있는 한 편의점은 도매상으로부터 정기적으로 망고를 구입한다. 매니저는 배송할 때마다 20개의 망고가 들어 있는 상자에서 5개의 망고를 임의로 검사하여 운송으로 인한 손상을 확인한다. 선택된 상자에 정확히 두 개의 손상된 망고가 들어 있다고 가정해보자.

a. 검사에 사용되는 망고 5개 중 1개가 손상되었을 확률은 얼마인가?

b. 한 개 이상의 망고가 손상된 경우 매니저가 배송을 거부하기로 결정하면 배송이 거부될 확률은 얼마인가?

c. 손상된 망고 개수에 대한 기대값, 분산, 표준편차를 계산하라.

해답:

손상된 망고를 발견할 확률이 추출할 때마다 변하기 때문에 초기하분포가 적절하다(표본추출은 복원되지 않으며, 모집단의 크기 N은 표본크기 n보다 유의하게 크지 않다). $N = 20$, $n = 5$, $S = 2$의 값을 이용하여 문제를 풀이한다.

a. 망고 5개 중 1개가 손상될 확률은 $P(X = 1)$이며, 다음과 같이 계산한다.

$$P(X = 1) = \frac{\binom{2}{1}\binom{20-2}{5-1}}{\binom{20}{5}} = \frac{\left(\frac{2!}{1!1!}\right)\left(\frac{18!}{4!14!}\right)}{\left(\frac{20!}{5!15!}\right)} = \frac{(2)(3,060)}{15,504} = 0.3947$$

따라서 망고 5개 중 1개가 정확히 손상될 가능성은 39.47%이다.

b. 한 개 이상의 망고가 손상될 확률을 구하기 위해 $P(X \geq 1)$를 계산할 필요가 있다. $P(X \geq 1) = 1 - P(X = 0)$이며, 다음을 주목하자.

$$P(X = 0) = \frac{\binom{2}{0}\binom{20-2}{5-0}}{\binom{20}{5}} = \frac{\left(\frac{2!}{0!2!}\right)\left(\frac{18!}{5!13!}\right)}{\left(\frac{20!}{5!15!}\right)} = \frac{(1)(8,568)}{15,504} = 0.5526$$

따라서 배송이 기각될 확률은 $P(X \geq 1) = 1 - P(X = 0) = 1 - 0.5526 = 0.4474$와 같다.

c. 단순화된 공식을 사용하여 평균, 분산, 표준편차를 다음과 같이 계산한다.

$$E(X) = n\left(\frac{S}{N}\right) = 5\left(\frac{2}{20}\right) = 0.50$$

$$Var(X) = n\left(\frac{S}{N}\right)\left(1 - \frac{S}{N}\right)\left(\frac{N-n}{N-1}\right) = 5\left(\frac{2}{20}\right)\left(1 - \frac{2}{20}\right)\left(\frac{20-5}{20-1}\right) = 0.3553$$

$$SD(X) = \sqrt{0.3553} = 0.5960$$

Excel과 R을 이용하여 초기하 확률 구하기

초기하 확률을 손으로 푸는 것은 번거롭기 때문에, 일반적으로 계산을 돕기 위해 컴퓨터를 사용한다. 표 5.10은 초기하 확률을 찾는 데 사용할 수 있는 Excel과 R 함수를 보여준다. 예제 5.13은 이러한 함수의 사용을 예시한다.

예제 5.13

경영분석가의 고용은 2018년부터 2028년까지 14% 성장할 것으로 전망되며, 이는 전 직종에 대한 평균보다 훨씬 빠른 것이다(*Bureau of Labor Statistics*, 2020년 5월). 경영분석가 직종에 지원한 25명 중 15명이 경영학 학위를 가지고 있다. 면접을 위해 4명의 지원자가 임의로 선택된다고 가정하자.

a. 지원자 중 경영학 학위를 가진 사람이 없을 확률은 얼마인가?

b. 지원자 중 경영학 학위를 가진 사람이 2명 이하일 확률은 얼마인가?

해답:

X가 경영학 학위를 가진 지원자의 수를 나타내도록 한다. $n = 4$, $S = 15$, $N = 25$라는 것을 알고 있다.

Excel 이용

Excel의 **HYPGEOM.DIST** 함수를 사용하여 초기하 확률을 계산한다. =HYPGEOM.DIST(x, n, S, N, TRUE or FALSE)를 입력한다. 여기서 x는 표본의 성공횟수, n은 표본크기, S는 모집단의 성공횟수, N은 모집단의 크기이다. 마지막 인수의 경우, 누적확률함수 $P(X \leq x)$를 구하려면 TRUE를 입력하고, 확률질량함수 $P(X = x)$를 구하려면 FALSE를 입력한다.

a. 지원자 중 경영학 학위를 가진 사람이 없을 확률 $P(X = 0)$을 구하기 위해, =HYPGEOM.DIST(0, 4, 15, 25, FALSE)를 입력하면 Excel은 0.0166을 산출한다.

b. 지원자 중 경영학 학위를 가진 사람이 2명 이하일 확률 $P(X \leq 2)$을 구하기 위해, =HYPGEOM.DIST(2, 4, 15, 25, TRUE)를 입력하면 Excel은 0.5324를 산출한다.

R 이용

초기하 확률을 계산하기 위해 R의 **dhyper** 함수와 **phyper** 함수를 사용한다. 확률질량함수 $P(X = x)$를 계산하기 위해 dhyper(x, S, $N - S$, n)를 입력한다. 여기서 x는 표본의 성공횟수, S는 모집단에서의 성공횟수, $N - S$는 모집단에서의 실패횟수, n은 표본크기이다. 누적확률함수 $P(X \leq x)$를 계산하기 위해 phyper(x, S, $N - S$, n)를 입력한다.

a. $P(X = 0)$를 찾기 위해, 다음과 같이 입력하라.

```
> dhyper(0, 15, 10, 4)
```

그러면 R은 0.01660079를 산출한다.

b. $P(X \leq 2)$를 찾기 위해, 다음과 같이 입력하라.

```
> phyper(2, 15, 10, 4)
```

그러면 R은 0.5324111을 산출한다.

연습문제 5.6

68. X가 $N = 25$, $S = 3$, $n = 4$인 초기하 확률변수라고 가정하자. 다음 확률을 계산하라.

a. $P(X = 0)$

b. $P(X = 1)$

c. $P(X \leq 1)$

69. X가 $N = 15$, $S = 4$, $n = 3$인 초기하 확률변수라고 가정하자. 다음 확률을 계산하라.

a. $P(X = 1)$

b. $P(X = 2)$

c. $P(X \geq 2)$

70. 2개의 성공을 포함하는 12개 품목의 모집단으로부터 얻은 3개 품목의 임의표본에서 성공이 없을 확률을 계산하라. 표본에서 예상되는 성공횟수의 기대값과 표준편차는 얼마인가?

71. X가 $N = 50$, $S = 20$, $n = 5$인 초기하 확률변수라고 가정하자. 다음 확률을 계산하라.

a. $P(X = 2)$

b. $P(X \geq 2)$

c. $P(X \leq 3)$

72. 25개의 성공을 포함하는 100개 품목의 모집단으로부터 얻은 20개 품목의 임의표본에서 최소 8개의 성공이 있을 확률을 계산하라. 성공횟수의 기대값과 표준편차는 얼마인가?

73. 10개의 구슬이 담긴 항아리를 가지고 있다고 가정하자. 그 중 5개는 빨간색이고 5개는 초록색이다. 이 항아리에서 구슬 두 개를 뽑는다면, 두 구슬이 모두 빨간색일 확률은 얼마인가? 구슬 중 적어도 한 개가 빨간색일 확률은 얼마인가?

74. 한 경영학과 교수는 40명의 학급에서 8명의 학생이 여름 인턴십에 들어간다고 들었다. 복도에서 3명의 학생과 만났다고 가정해보자.

a. 이 학생들 중 아무도 인턴십을 하지 못할 확률을 구하라.

b. 이 학생들 중 적어도 한 명이 인턴십을 할 확률을 구하라.

75. 한 기업의 이사회 구성원 15명 중 10명이 임원들에게 성과급을 지급하는 것에 찬성하는 것으로 알려졌다. 미디어에서 임의로 3명의 구성원을 선택했다고 가정해보자.

a. 그들 모두가 보너스에 찬성할 확률은 얼마인가?

b. 최소 2명의 구성원이 보너스에 찬성할 확률은 얼마인가?

76. 대형 소프트웨어 회사에서 많은 프로그래밍 팀이 독립적으로 작업한다. 경영진은 이 팀들에게 프로젝트를 제시간에 끝내라고 압력을 가해왔다. 이 회사는 현재 18개의 대형 프로그래밍 프로젝트를 가지고 있는데, 그중 12개만이 제 시간에 끝날 것 같다. 관리자가 3개의 프로젝트를 임의로 감독하기로 결정했다고 가정해보자.

a. 3개의 프로젝트 모두 제시간에 끝날 확률은 얼마인가?

b. 적어도 2개의 프로젝트가 제시간에 끝날 확률은 얼마인가?

77. 데이비드 반스와 그의 약혼녀 발레리 샤는 하와이를 방문하고 있다. 오리엔테이션에 등록한 게스트는 20명이다. 임의로 선택된 등록 게스트 12명에게 타히티 춤 무료 강습을 제공한다고 공지했다.

a. 데이빗과 발레리 둘 다 타히티 춤 레슨에 뽑힐 확률은 얼마인가?

b. 데이빗과 발레리 둘 다 타히티 춤 레슨에 뽑히지 않을 확률은 얼마인가?

78. 국립과학재단은 기후변화 연구를 위한 연구비 신청을 받고 있다. 20개 대학이 지원금을 신청한 가운데, 4개 대학만 지원받을 수 있다. 시러큐스대학(Syracuse University)과 오번대학(Auburn University)이 신청 대학 20개소 중에 있는 경우 이들 두 대학이 연구비를 받을 확률은 얼마인가? 임의로 선택된다고 가정한다.

79. 40명의 위원으로 구성된 한 위원회는 남성 24명, 여성 16명으로 구성되어 있다. 임의로 선택된 10명으로 소위원회가 구성된다.

a. 소위원회의 남성과 여성 인원수의 기대값은 몇 명인가?

b. 소위원회 위원 중 적어도 절반이 여성이 될 확률을 얼마인가?

80. 파워볼은 2천만 달러부터 시작해서 종종 수억 달러까지 넘어가는 우승 상금이 있는 대박 게임이다. 당첨자는 29년에 걸쳐 또는 일시불로 지급되는 상금을 받을 수 있다. 플레이어는 파워볼의 기본 게임에서 1달러로 6개의 숫자를 선택하는데, 이 게임에는 두 개의 독립적인 단계가 있다. 59개 연속된 번호의 흰색 공에서 5개의 공을 임의로 뽑는다. 그 다음 파워볼이라고 불리는 하나의 공은 39개 연속된 번호의 빨간색 공에서 임의로 뽑는다. 당첨자가 되기 위해서는 플레이어가 선택한 숫자가 파워볼뿐만 아니라 임의로 뽑은 흰 공에 적힌 숫자와 일치해야 한다.

a. 플레이어가 임의로 뽑은 5개의 흰색 공 중 2개의 숫자를 맞출 수 있는 확률은 얼마인가?

b. 플레이어가 임의로 뽑은 5개의 흰색 공의 숫자를 모두 맞출 수 있는 확률은 얼마인가?

c. 플레이어가 임의로 뽑은 빨간색 공에 파워볼을 맞출 확률은 얼마인가?

d. 당첨될 확률은 얼마인가? (*힌트*: 흰색 공과 빨간색 공을 뽑는 두 단계는 독립적이라는 것을 기억하자.)

5.7 데이터 분석

사례연구

Image Source/Getty Images

스카이하이 건설 주식회사의 고위 임원들은 급여선택계획에 참여하고 있다. 그들은 125,000달러에서 150,000달러 사이의 범위에서 급여를 선택한다. 임원이 더 낮은 급여를 선택하면, 더 많은 보너스를 받을 기회를 가진다. 스카이하이가 한 해 동안 영업이익을 창출하지 않으면 보너스가 지급되지 않는다. 스카이하이는 방금 두 명의 고위 임원, 앨런 그로스먼과 펠리시아 아로요를 새로 고용했다. 각 임원은 두 옵션 중 하나를 선택해야 하는데, *옵션* 1은 기본급 125,000달러와 높은 보너스의 가능성이고, *옵션* 2는 기본급 150,000달러와 보너스인데, 여기서의 보너스는 옵션 1에서의 보너스의 1/2이다.

44세인 그로스만은 결혼해 두 명의 어린 자녀를 두고 있다. 그는 시장이 한창일 때 집을 구입해서 매달 큰 액수의 주택담보대출을 갚고 있다. 32세인 아로요는 명문 아이비리그 대학에서 MBA를 막 마쳤다. 그녀는 미혼이고 대학원 입학할 적시에 상속을 받아 학자금 대출이 없다. 아로요는 이제 지역으로 이사 와서 적어도 1년간은 아파트를 임대하기로 결정했다. 그로스만과 아로요는 개인적인 프로필, 위험에 대한 내재된 인식 및 경제에 대한 주관적인 견해를 고려하여 표 5.11에 표시된 보너스 결과와 관련한 개별적인 확률분포를 작성한다.

표 5.11 그로스만과 아로요의 확률분포

	Probability	
Bonus (in $)	**Grossman**	**Arroyo**
0	0.35	0.20
50,000	0.45	0.25
100,000	0.10	0.35
150,000	0.10	0.20

독립형 인사전문가인 조던 레이크는 위의 확률분포를 이용해 그로스만과 아로요가 급여패키지로 옵션 1 또는 옵션 2 중 어느 쪽을 선택할지 결정하도록 도와 달라는 요청을 받는다.

샘플보고서— 급여계획 비교

스카이하이 건설 주식회사는 계획된 사업 확장을 감독하기 위해 앨런 그로스만과 펠리시아 아로요라는 두 명의 고위 임원을 새로 고용했다. 고위 임원으로서 그들은 급여선택계획에 참여한다. 각 임원에게는 다음과 같은 두 가지 보상 옵션이 제공된다.

옵션 1: 기본급 125,000달러에 높은 보너스가 지급될 가능성이 있다.
옵션 2: 기본급 150,000달러에 보너스를 받을 수 있지만 옵션 1에서의 보너스의 1/2이 된다.

그로스만과 아로요는 회사가 회계연도에 영업이익을 창출하지 못하면 보너스가 지급되지 않는다는 것을 알고 있다. 각 임원은 자신의 개인적 배경과 근본적인 리스크 선호도, 경제에 대한 주관적인 시각을 고려해 확률분포를 작성했다.

확률분포와 기대값의 도움을 받아 다음 분석은 각 임원에게 가장 적합한 옵션을 선택하도록 시도할 것이다. 두 명의 어린 자녀를 둔 기혼 아버지인 그로스먼은 표 5.12가 그의 보너스 지급 기대치를 가장 잘 반영한다고 믿는다.

표 5.12 그로스만의 보너스 기대값 계산

Bonus (in \$), x_i	Probability, $P(x_i)$	Weighted Value, $x_iP(x_i)$
0	0.35	0 × 0.35 = 0
50,000	0.45	50,000 × 0.45 = 22,500
100,000	0.10	100,000 × 0.10 = 10,000
150,000	0.10	150,000 × 0.10 = 15,000
		Total = 47,500

보너스 기대값 $E(X)$는 가능한 모든 보너스 값의 가중평균으로 계산되며, 표 5.12의 세 번째 열 하단에 표시된다. 그로스만의 예상 보너스는 47,500달러이다. 이 값을 보너스로 이용하여 그의 급여 옵션을 다음과 같이 계산한다.

옵션 1: 125,000달러 + 47,500달러 = 172,500달러
옵션 2: 150,000달러 + (1/2 × 47,500달러) = 173,750달러

그로스만은 급여계획으로 옵션 2를 선택해야 한다.

아로요는 경제적 제약이 거의 없는 싱글이다. 표 5.13은 그녀의 확률분포에 따른 보너스의 기대값을 보여준다.

표 5.13 아로요의 보너스 기대값 계산

Bonus (in \$), x*i*	Probability, P(x*i*)	Weighted Value, x*i* P(x*i*)
0	0.20	0 × 0.20 = 0
50,000	0.25	50,000 × 0.25 = 12,500
100,000	0.35	100,000 × 0.35 = 35,000
150,000	0.20	150,000 × 0.20 = 30,000
		Total = 77,500

아로요의 예상 보너스는 77,500달러에 달한다. 따라서 그녀의 급여 옵션은 다음과 같다.

옵션 1: 125,000달러 + 77,500달러 = 202,500달러
옵션 2: 150,000달러 + (1/2 × 77,500달러) = 188,750달러

아로요는 연봉으로 *옵션 1*을 선택해야 한다.

사례연구 제안

보고서 5.1 연장보증은 보증관리자, 판매자 또는 제조업체가 소비자에게 제공하는 장기적인 보증이다. 노트북에 대한 연장보증이 80달러에 제공되고 있다. 그것은 앞으로 3년 동안 새로 구입한 노트북에 필요할 수 있는 모든 수리작업을 포함할 것이다. 연구에 따르면 향후 3년간 수리작업이 진행될 확률은 경미한 수리가 13%, 중대한 수리가 8%, 대재앙적 수리가 3%인 것으로 나타났다. 연장된 보증은 경미한 수리에 70달러, 중대한 수리에 340달러, 그리고 대재앙적 수리에 800달러를 절약할 수 있다. 보고서에서 이 정보를 이용하여 보증기간을 연장한 제품을 구매하는 소비자에게 예상되는 손익을 평가할 수 있다. 어떤 소비자 유형(위험

중립형, 위험회피형, 또는 둘 다)이 이 연장보증을 구매할지 결정하라.

보고서 5.2 콜센터는 전화로 대량의 문의를 받거나 전송하는 데 사용된다. 인도에 있는 한 콜센터에서 직원들은 하루 평균 60통의 전화를 걸어 미국회사 제품을 홍보하고 있다. 각 통화의 전환(구매) 확률은 4%로 추정된다. 그 회사의 평균 수익은 각 전환시마다 20달러이다. 보고서에서 이를 이용하여 한 직원에 대한 회사의 일일 기대수익을 계산하라. 또한 한 직원의 0, 1, 2, 3, 4, 5, 6 전환에 대한 확률과 그에 따른 수익을 분석하라.

보고서 5.3 이나 왕은 캘리포니아 서니빌 은행의 매니저이다. 이 은행은 최근 새로운 모바일 뱅킹 앱을 개발했다. 모바일 수표 예금, 원활한 송금, 그리고 고지서와 같은 기능 외에도, 이 새로운 앱은 또한 고객들이 다른 금융기관의 계좌를 추적하고 그들의 모바일 기기를 디지털 지갑으로 바꿀 수 있게 해준다. 이나는 고객에게 새로운 앱에 대한 정보를 제공하고 고객의 문제와 우려를 해결하는 역할을 하는 고객서비스 직원의 인력 수요를 탐색하고 있다. 직원채용의 니즈를 결정하기 위해 그녀는 고객 콜의 확률분포를 이해하는 것이 중요함을 안다. 고객서비스 직원이 너무 많으면 비용이 추가되지만 서비스를 기다리지 않는 화난 고객을 잃는 결과가 거의 없다. 일반적인 주중 오전에는 평균 68건, 오후에는 84건의 고객 전화가 걸려온다. 보고서에서 이 정보를 이용하여 0과 10, 10과 20, ..., 90과 100 사이에 있는 오전 및 오후 전화의 확률을 계산하라. 이 분포를 그래프로 표시하고 결과를 요약하라.

핵심 개념

LO 5.1 이산확률변수와 확률분포를 설명할 수 있어야 한다.

확률변수는 수치형 값을 사용하여 실험결과를 요약한다. 이산확률변수는 셀 수 있는 개수의 구별된 값을 가정하는 반면, 연속확률변수는 구간에서 셀 수 없는 값에 의해 특징지어진다.

확률분포 또는 확률질량함수는 이산확률변수 X가 특정 값 x를 가정할 확률, 또는 동등하게 $P(X = x)$을 제공한다. 누적확률함수는 $P(X \leq x)$로 정의된다.

LO 5.2 이산확률변수에 대한 요약측도를 계산하고 해석할 수 있어야 한다.

이산확률변수 X가 $x_1, x_2, x_3, \ldots$의 값을 가지고 $P(X = x_i)$로 발생하는 경우, X의 기대값은 $E(X) = \mu = \Sigma x_i P(X = x_i)$로 계산된다. X의 분산은 $Var(X) = \sigma^2 = \Sigma(x_i - \mu)^2 P(X = x_i)$로 계산되며, X의 표준편차는 $SD(X) = \sigma = \sqrt{\sigma^2}$로 계산된다.

LO 5.3 포트폴리오 수익을 평가하기 위한 요약측도를 계산하고 해석할 수 있어야 한다.

포트폴리오 수익률 R_p는 개별 수익률의 선형조합으로 표현된다.

두 자산을 가진 포트폴리오의 기대수익은 $E(R_p) = w_A E(R_A) + w_B E(R_B)$이며, 여기서 R_A와 R_B는 자산수익률을 나타내고 w_A와 w_B는 상응하는 포트폴리오 가중치이다.

포트폴리오의 분산은 $Var(R_p) = w_A^2\sigma_A^2 + w_B^2\sigma_B^2 + 2w_A w_B \sigma_{AB}$, 또는 동등하게 $Var(R_p) = w_A^2\sigma_A^2 + w_B^2\sigma_B^2 + 2w_A w_B \rho_{AB}\sigma_A\sigma_B$이다. 여기서 σ_A^2와 σ_B^2는 각각 자산 A와 자산 B의 분산이고, σ_{AB}와 ρ_{AB}는 자산 간의 공분산과 상관계수를 각각 나타낸다.

LO 5.4 이항확률변수의 확률을 계산하고 해석할 수 있어야 한다.

베르누이 과정은 독립적이고 동일한 실험을 n회 연속 시행하며, 각 실험에는 관습적으로 "성공"과 "실패"라고 부르는 두 가지 가능한 결과만 있다. 성공과 실패의 확률은 p와 $1-p$로 표시하고 시행마다 동일하다.

이항확률변수 X의 경우, n개의 베르누이 시행에서 x가 성공할 확률은 $x = 0, 1, 2, \ldots, n$에 대하여 $P(X = x) = \binom{n}{x} p^x (1-p)^{n-x} = \frac{n!}{x!(n-x)!} p^x (1-p)^{n-x}$이다.

이항확률변수의 기대값, 분산, 표준편차는 각각 $E(X) = \mu = np$, $Var(X) = \sigma^2 = np(1-p)$, $SD(X) = \sigma = \sqrt{np(1-p)}$이다.

LO 5.5 포아송 확률변수의 확률을 계산하고 해석할 수 있어야 한다.

포아송 확률변수는 주어진 시간 또는 공간의 구간 동안 특정 사건의 발생횟수를 센다. 단순화를 위해 이러한 발생을 "성공"이라고 한다. 구간의 성공확률이 크기가 동일한 모든 구간에 대해 동일하고 구간의 크기에 비례할 때 적절하다.

포아송 확률변수 X의 경우, 주어진 시간 또는 공간 구간 동안 x가 성공할 확률은 $x = 0, 1, 2, \ldots$에 대하여 $P(X = x) = \frac{e^{-\mu}\mu^x}{x!}$이며, 여기서 μ는 평균 성공횟수이고, $e \approx 2.718$은 자연로그의 밑이다.

포아송 분포의 기대값, 분산, 표준편차는 각각 $E(X) = \mu$, $Var(X) = \sigma^2 = \mu$, $SD(X) = \sigma = \sqrt{\mu}$이다.

LO 5.6 초기하 확률변수의 확률을 계산하고 해석할 수 있어야 한다.

초기하분포는 시행이 독립적이지 않고 시행마다 성공확률이 변하는 경우에 적절하다. 크기 N이 표본크기 n보다 유의하게 크지 않은 모집단으로부터 복원하지 않고 표본을 추출할 때 이항분포 대신 사용된다.

초기하 확률변수 X의 경우, n개 항목의 임의 선택에서 x개 성공할 확률은 $x = 0, 1, 2, \ldots, n$ ($n \leq S$의 경우) 또는 $n = 0, 1, 2, \ldots, S$ ($n > S$의 경우)에 대하여 $P(X = x) = \frac{\binom{S}{x}\binom{N-S}{n-x}}{\binom{N}{n}}$이다. 여기서 N은 모집단의 항목 수를, S는 모집단 안의 성공의 수를 나타낸다.

초기하분포의 기대값, 분산, 표준편차는 $E(X) = \mu = n\left(\frac{S}{N}\right)$, $Var(X) = \sigma^2 = n\left(\frac{S}{N}\right)\left(1 - \frac{S}{N}\right)\left(\frac{N-n}{N-1}\right)$, $SD(X) = \sigma = \sqrt{n\left(\frac{S}{N}\right)\left(1 - \frac{S}{N}\right)\left(\frac{N-n}{N-1}\right)}$이다.

추가 연습문제

81. 한 분석가가 보통주의 수익률에 대해 다음과 같은 확률분포를 작성했다.

Scenario	Probability	Rate of Return (in %)
1	0.25	−15
2	0.35	5
3	0.40	10

a. 기대수익률을 계산하라.

b. 이 확률분포의 분산과 표준편차를 계산하라.

82. 하이테크 회사의 투자팀이 혁신적인 창업 프로젝트를 고려하고 있다. 추정에 따르면, 회사는 프로젝트가 매우 성공적이면 500만 달러, 어느 정도 성공하면 200만 달러의 수익을 올릴 수 있다. 또한 프로젝트가 실패

하면 4백만 달러의 손실을 보게 된다. 프로젝트가 매우 성공적이고 어느 정도 성공할 확률이 각각 0.10과 0.40인 경우 회사의 예상 손익을 계산하라.

83. 회사 X와 회사 Y의 예상수익에 대한 다음 정보를 고려하자.

Economy	Probability	X (in %)	Y (in %)
Boom	0.20	30	10
Neutral	0.50	10	20
Poor	0.30	−30	5

a. 회사 X와 회사 Y 수익률의 기대값과 표준편차를 계산하라.

b. 회사 X와 회사 Y의 공분산이 88일 경우, 상관계수를 계산하라.

84. 한 교수는 학점에 상대평가 척도를 사용한다. 그녀는 60%의 학생들이 적어도 B를 받을 것이고, 15%는 A를 받을 것이라고 발표한다. 또한 5%는 D를 받고, 다른 5%는 F를 받을 것이다. 이 수업에서 불완전 이수자가 없다고 가정하고, 점수(Score)를 A의 경우 4, B의 경우 3, C의 경우 2, D의 경우 1, F의 경우 0으로 정의하자.

a. 학생이 B를 받을 확률을 구하라.

b. 학생이 적어도 C를 받을 확률을 구하라.

c. 점수(Score)의 기대값과 표준편차를 계산하라.

85. 한 투자자는 A와 B라는 두 개의 뮤추얼펀드로 구성된 포트폴리오를 소유하며, A에 35%를 투자했다. 다음 표에는 이들 펀드에 대한 정보가 나와 있다.

Measures	Fund A	Fund B
Expected Value	10	5
Variance	98	26
Covariance	22	

a. 포트폴리오 수익률에 대한 기대값을 계산하라.

b. 포트폴리오 수익률에 대한 표준편차를 계산하라.

86. 오토센터에 타이러를 사러가는 고객의 50%는 타이어 4개를 사고, 30%는 타이어 2개를 산다. 더욱이 18%는 2개 미만의 타이어를 사고, 5%는 구매하지 않는다.

a. 고객이 구매하는 타이어 수의 기대값과 표준편차를 계산하라.

b. 오토센터가 판매하는 매 타이어마다 15달러의 수익을 올린다면, 120명의 고객에게 서비스를 제공할 경우 예상되는 수익은 얼마인가?

87. 신용카드를 소지하고 있는 소비자의 44%가 매달 카드대금을 이월한다. 신용카드가 있는 소비자 4명을 임의로 선택한다.

a. 4명의 소비자 모두 신용카드 대금을 이월할 확률은 얼마인가?

b. 2명 미만의 소비자가 신용카드 대금을 이월할 확률은 얼마인가?

c. 이 분포에 대한 기대값, 분산, 표준편차를 계산하라.

88. 임대 투 소유(rent-to-own, RTO) 스토어는 소비자가 매주 또는 매월 일련의 대금을 지불하는 대가로 상품에 즉시 접근할 수 있다. 계약기간은 정해져 있으며, 동시에 고객이 상품을 반환함으로써 계약을 해지할 수 있는 유연성을 갖는다. 한 RTO 스토어에서 고객이 모든 대금을 지불함으로써 제품을 소유하게 되면 가전제품에서 200달러의 이익을 얻는다고 가정하자. 고객이 제품을 반환할 때에는 20달러의 이익, 계약불이행시 600달러의 손실이 발생한다. 반환과 계약불이행 확률을 각각 0.60과 0.05로 한다.

a. 가전제품당 이익에 대한 확률분포를 작성하라.

b. 200대의 RTO 계약을 판매한 스토어에 대한 기대이익은 얼마인가?

89. 교통부에 따르면, 국내 항공노선의 27%가 지연된다고 한다. 공항에서 5편의 항공편이 임의로 선택되었다고 가정하자.

a. 5편의 비행기가 모두 지연될 확률은 얼마인가?

b. 5편의 비행기가 모두 정시일 확률은 얼마인가?

90. 미국 전체 가구의 51%가 적어도 하나의 애플제품을 소유하고 있을 정도로 애플제품은 누구나 아는 이름이 되었다.

a. 4가구의 임의표본 중 2가구가 애플제품을 소유할 확률은 얼마인가?

b. 4가구의 임의표본 중 4가구 모두 애플제품을 소유할 확률은 얼마인가?

c. 100가구의 임의표본에서 애플제품을 소유한 가구

수에 대한 기대값과 표준편차를 계산하라.

91. 이메일 스팸은 대량으로 전송되는 원하지 않는 전자메일을 말한다. 최근 추정치에 따르면 스팸메시지가 전체 전자메일 트래픽의 55%를 차지한다고 한다. 서비스 부서에서 매일 100개의 이메일을 수신한다고 가정하자.

a. 정확히 50개가 스팸메시지일 확률은 얼마인가?

b. 스팸메시지가 50개보다 많을 확률은 얼마인가?

c. 적어도 50개가 스팸메시지일 확률은 얼마인가?

92. 한 설문조사에 따르면, 고용주 중 약 19%가 특전(perks) 폐지했거나 내년에 폐지할 계획이라고 한다. 30명의 고용주가 임의로 선택되었다고 가정하자.

a. 고용주 중 정확히 10명이 특전을 폐지했거나 폐지할 계획인 확률은 얼마인가?

b. 최소 10명이고 최대 20명의 고용주가 특전을 폐지했거나 폐지할 계획인 확률은 얼마인가?

c. 최대 8명의 고용주가 특전을 폐지했거나 폐지할 계획인 확률은 얼마인가?

93. 박쥐가 분당 평균 10마리의 모기를 잡아먹을 수 있다는 연구결과가 나왔다.

a. 30초 구간에 박쥐가 잡아먹을 수 있는 모기의 수 평균을 계산하라.

b. 30초 구간에 박쥐가 4마리의 모기를 잡아먹을 확률은 얼마인가?

c. 30초 구간에 박쥐가 모기를 잡아먹지 못할 확률은 얼마인가?

d. 30초 구간에 박쥐가 최소한 한 마리의 모기를 잡아먹을 확률은 얼마인가?

94. 경찰은 국도 특정 10마일 구간에서 하루 12건의 대형사고가 발생하는 것으로 추산했다. 이 고속도로의 10마일 구간에서 사고 발생이 고르게 분포한다고 가정하자.

a. 이 고속도로의 10마일 구간에서 하루에 8건 미만의 대형사고가 발생할 확률을 구하라.

b. 이 고속도로의 1마일 구간에서 하루에 2건보다 많은 대형사고가 발생할 확률을 구하라.

95. 한 교수가 20명의 수업에서 3명의 학생이 부정행위를 할 것이라고 알게 되었다. 그녀는 시험 동안 임의로 선택된 4명의 학생들에게 주의를 집중하기로 결정한다.

a. 부정행위를 하는 학생을 적어도 1명 발견할 확률은 얼마인가?

b. 만약 임의로 선택된 6명의 학생들에게 집중한다면, 부정행위를 하는 학생을 적어도 1명 발견할 확률은 얼마인가?

96. 잘 섞인 카드 세트에서 3장의 카드를 비복원으로 뽑았다고 가정하자. 각 카드 세트는 52장의 카드로 구성되며, 스페이드. 하트, 클로버, 다이아몬드가 각각 13개씩 구성됨을 기억하자.

a. 모두 스페이드일 확률은 얼마인가?

b. 2개 이하의 스페이드일 확률은 얼마인가?

c. 모두 스페이드 또는 모두 하트일 확률은 얼마인가?

97. 국세청(IRS) 감사관이 20건의 소득세 신고 중에서 5건의 신고서를 임의로 선택한 경우, 4건의 부정한 공제 신고를 적발할 확률을 구하라. 20건의 신고 중에 10건의 부정한 신고가 포함되어 있다.

98. 공화당 25명과 민주당 25명으로 구성된 50명 중에서 10명으로 구성된 위원회가 선출되는데, 위원회는 임의로 선택된다.

a. 위원회에 5명의 공화당원과 5명의 민주당원이 있을 확률은 얼마인가?

b. 위원회의 다수가 공화당원일 확률은 얼마인가?

6 연속확률분포

Continuous Probability Distributions

학습목차_Chapter Contents

학습목표_Learning Objectives

이 장을 학습한 후에,

LO 6.1 연속확률변수를 설명할 수 있어야 한다.
LO 6.2 연속균등분포를 따르는 확률변수에 대한 확률을 계산하고 해석할 수 있어야 한다.
LO 6.3 정규분포의 특성을 설명할 수 있어야 한다.
LO 6.4 정규분포를 따르는 확률변수에 대한 확률을 계산하고 해석할 수 있어야 한다.
LO 6.5 지수분포를 따르는 확률변수에 대한 확률을 계산하고 해석할 수 있어야 한다.
LO 6.6 로그정규분포를 따르는 확률변수에 대한 확률을 계산하고 해석할 수 있어야 한다.

이전 장에서 확률변수를 이산형과 연속형으로 분류했다. 이산확률변수는 공인중개사가 한 달에 매매하는 주택 수, 20개의 기계 부품 표본에서 불량 부품 수, 도로요금소에 줄지어 있는 자동차 수 등 셀 수 있는 구별되는 값을 가정한다. 반면에 연속확률변수는 구간 내에서 셀 수 없는 값을 특징으로 한다. 연속확률변수의 예로는 뮤추얼펀드의 투자수익률, 도로요금소 대기시간, 컵에 담긴 탄산음료의 양 등이 있다. 이들 모든 예제에서는 확률변수의 가능한 값을 모두 나열하는 것은 불가능하다.

이 장에서는 연속확률변수에 초점을 맞춘다. 이 장의 대부분은 가장 널리 사용되는 연속확률분포이자 통계적 추론의 초석인 정규분포에 할애한다. 논의되는 다른 중요한 연속확률변수는 연속균등분포, 지수분포, 그리고 로그정규분포이다.

Vision SRL/Getty Images

도입사례_Introductory Case

연어 수요

아키코 하마구치는 아리조나주 피닉스(Phoenix, Arizona)에 있는 리틀긴자라는 작은 스시 레스토랑의 매니저이다. 아키코는 업무의 일환으로 식당을 위해 매일 연어를 구입해야 한다. 신선도를 위해 매일 적정량의 연어를 구입하는 것이 중요하다. 너무 많이 구입하면 남을 수 있고, 너무 적게 구입하면 수요가 많은 날에는 일부 고객을 실망시킬 수 있다.

아키코는 연어의 하루 소비량이 평균 12파운드, 표준편차 3.2파운드로 정규분포하고 있다고 추정했다. 그녀는 항상 매일 20파운드의 연어를 구입했는데, 이 정도 양의 연어는 자주 남는 결과를 초래했다. 비용절감의 일환으로 아키코는 새로운 전략을 고려하고 있다. 그녀는 그날의 고객 수요를 90% 충족하기에 충분한 연어를 구입할 것이다.

아키코는 이 정보를 이용하여 다음을 수행하려고 한다.

1. 리틀긴자의 연어 수요가 20파운드보다 높을 확률을 계산한다.
2. 리틀긴자의 연어 수요가 15파운드 미만일 확률을 계산한다.
3. 식당이 그날의 고객 수요를 90% 충족시키도록 매일 사야 할 연어의 양을 결정한다.

이 사례의 분석결과는 6.2절에 제시되어 있다.

6.1 연속확률변수 및 균등분포

5장에서 논의한 바와 같이, 이산확률변수 X는 x_1, x_2, x_3 등과 같은 구별되는 값의 셀 수 있는 숫자를 가정한다. 반면에 연속확률변수는 구간 내에서 셀 수 없는 값을 특징으로 한다. 이산확률변수의 경우와 달리, 연속확률변수 X의 가능한 값은 리스트 $x_1, x_2, \ldots$로 설명할 수 없다. 리스트에 없는 값 $(x_1 + x_2)/2$도 가능할 수 있기 때문이다. 연속확률변수의 예로는 뮤추얼펀드의 수익률, 작업 완성시간, 16온스로 판매되는 맥주의 양이 있다.

이산확률변수에서는 특정 값 x를 가정하거나, 확률문 $P(X = x)$으로 작성된 확률을 계산할 수 있다. 예를 들어, 주어진 성공확률 p를 가진 이항확률변수에 대해 n번의 시행에서 정확히 한 번의 성공확률, 즉 $P(X = 1)$을 계산할 수 있다.

연속확률변수가 특정값 x를 가정할 확률은 0이다. 즉 $P(X = x) = 0$이다. 이는 셀 수 없는 각 값에 0이 아닌 확률을 부여하여 확률의 합이 1이 될 수 없기 때문이다. 연속확률변수에서는 지정된 구간 내에서 확률을 계산하는 것이 의미가 있다. 따라서 연속확률변수의 경우, $P(X = a)$와 $P(X = b)$는 모두 0이기 때문에 $P(a \leq X \leq b) = P(a < X < b) = P(a \leq X < b) = P(a < X \leq b)$이다.

5장에서 논의한 바와 같이, 모든 이산확률변수는 확률분포(확률질량함수라고도 함)와 연관되며, 이 확률분포는 확률변수 X가 특정 값 x를 가정할 확률, 또는 동등하게 $P(X = x)$를 제공한다. 연속확률변수의 경우, 확률질량함수에 대응하는 함수를 확률밀도함수(probability density function)라고 하며, $f(x)$로 표시된다. $f(x)$의 그래프는 모집단에 대한 상대빈도 다각형에 근사한다. 연속확률변수가 $P(a \leq X \leq b)$와 같이 구간 내 값을 가정할 확률은 점 a와 b 사이의 $f(x)$ 아래 면적으로 정의된다. 더욱이 x의 모든 값에 대한 $f(x)$ 아래의 전체 면적은 1과 같아야 한다. 이것은 이산확률변수의 경우 확률의 합이 1이 된다는 사실과 마찬가지이다.

확률밀도함수

연속확률변수 X에 대한 확률밀도함수 $f(x)$는 다음의 속성을 갖는다.

- X의 모든 가능한 값 x에 대해 $f(x) \geq 0$이다.
- X의 모든 값 x에 대한 $f(x)$ 아래의 면적은 1이다.

이산확률변수의 경우처럼 연속확률변수에 대한 확률을 계산하기 위해 $F(x)$로 표시된 누적분포함수를 사용할 수 있다. 확률변수 X의 값 x에 대해, $F(x) = P(X \leq x)$는 단순히 값 x까지의 확률밀도함수 아래 면적이다.

만약 미적분학에 익숙하다면, 이 누적분포함수 $F(x)$는 x보다 작거나 같은 값에 대한 $f(u)$의 적분임을 알 것이다. 마찬가지로, $P(a \leq X \leq b) = F(b) - F(a)$는 점 a와 b 사이의 $f(u)$의 적분이다. 다행히 이 교재에서 논의된 연속확률변수에 대한 확률을 계산하기 위해 적분에 대한 지식이 반드시 필요한 것은 아니다.

연속균등분포

가장 단순한 연속확률분포 중 하나는 **연속균등분포(continuous uniform distribution)**이다.

이 분포는 근본적인 확률변수가 지정된 범위 내의 값을 가정할 가능성이 동등한 경우에 적절하다. 균등하게 분포된 확률변수는 가전제품의 배송시간, 도시 간 예정된 비행시간, 캠퍼스 버스의 대기시간을 근사하는 데 흔히 사용된다. 위의 확률변수 각각에 대해 지정된 범위는 동등하게 일어날 것으로 가정할 수 있다.

새 냉장고가 오후 2시에서 3시 사이에 배송된다는 통보를 받았다고 가정해보자. 확률변수 X가 냉장고의 배송시간을 나타낸다. 이 변수는 총 60분의 범위에 대한 오후 2시의 하한, 오후 3시의 상한으로 한정된다. 오후 2시에서 2시 30분 사이에 배송될 확률은 0.50(=30/60)과 같다고 추론하는 것이 타당하다. 오후 2시 30분에서 3시 사이의 배송 확률도 마찬가지이다. 유사하게, 15분 구간의 배송 확률은 0.25(=15/60)와 같다.

그림 6.1은 연속균등확률변수에 대한 확률밀도함수를 보여준다. 수평축의 값 a와 b는 하한과 상한을 각각 나타낸다. 연속균등분포는 $\frac{a+b}{2}$로 계산되는 평균 μ 주위에 대칭이다. 냉장고 배송 예제에서 평균은 $\mu = \frac{2+3}{2} = 2.5$이며, 이는 오후 2시 30분에 배송을 기대하는 것을 의미한다. 연속균등확률변수의 표준편차 σ는 $\sqrt{(b-a)^2/12}$와 같다.

그림 6.1 연속균등확률밀도함수

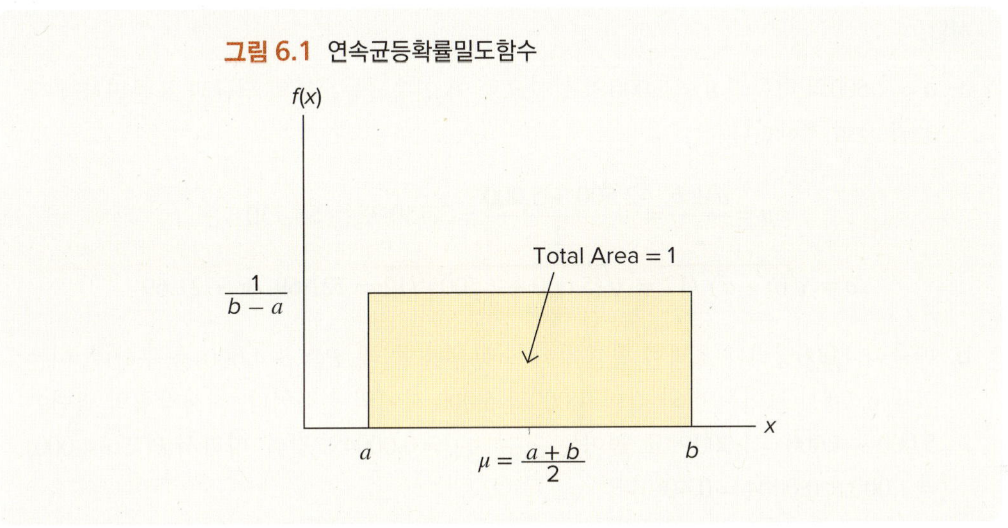

확률밀도함수의 높이가 확률을 직접 나타내는 것은 아니라는 점이 중요하다. 앞에서 언급했듯이, 모든 연속확률변수에 대해 $f(x)$ 아래의 면적이 확률에 해당한다. 연속균등분포의 경우 확률은 근본적으로 직사각형의 면적이며, 이는 밑변 곱하기 높이이다. 따라서 확률은 지정된 구간(밑변)의 길이에 $f(x) = \frac{1}{b-a}$ (높이)를 곱하여 쉽게 계산된다.

연속균등분포

만약 확률밀도함수가 다음과 같으면, 확률변수 X는 연속균등분포(continuous uniform distribution)를 따른다.

$$f(x) = \begin{cases} \dfrac{1}{b-a} & \text{for } a \le x \le b \\ 0 & \text{for } x < a \text{ 또는 } x > b \end{cases}$$

여기서 a와 b는 확률변수가 가정하는 하한과 상한을 각각 나타낸다.

X의 기대값과 표준편차는 다음과 같이 계산된다.

$$E(X) = \mu = \frac{a+b}{2} \quad \text{및} \quad SD(X) = \sigma = \sqrt{(b-a)^2/12}$$

예제 6.1

한 지역 약국에서 매니저가 특정 화장품 제품군의 다음 달 매출을 예측하고 있다. 그녀는 과거 데이터로부터 매출이 하한 2,500달러와 상한 5,000달러로 연속균등분포를 따른다고 알고 있다.

a. 이 분포의 평균과 표준편차는 얼마인가?

b. 매출이 4,000달러를 초과할 확률은 얼마인가?

c. 매출이 3,200달러에서 3,800달러 사이일 확률은 얼마인가?

해답:

a. $a = 2{,}500$의 하한과 $b = 5{,}000$의 상한으로 이 연속균등분포의 평균과 표준편차를 다음과 같이 계산한다.

$$\mu = \frac{a+b}{2} = \frac{2{,}500 + 5{,}000}{2} = 3{,}750 \text{ 또는 } \$3{,}750$$

$$\sigma = \sqrt{(b-a)^2/12} = \sqrt{(5{,}000 - 2{,}500)^2/12} = 721.69, \text{ or } \$721.69$$

b. 매출이 4,000달러를 초과할 확률에 대한 문제를 풀 때, $P(X > 4{,}000)$를 구하며, 이는 그림 6.2에서 보이는 바와 같이 4,000과 5,000 사이의 면적이다. 직사각형의 밑변은 $5{,}000 - 4{,}000 = 1{,}000$이고, 높이는 $\frac{1}{5{,}000 - 2{,}500} = 0.0004$와 같다. 따라서 $P(X > 4{,}000) = 1{,}000 \times 0.0004 = 0.40$이다.

그림 6.2 4,000의 우측 면적

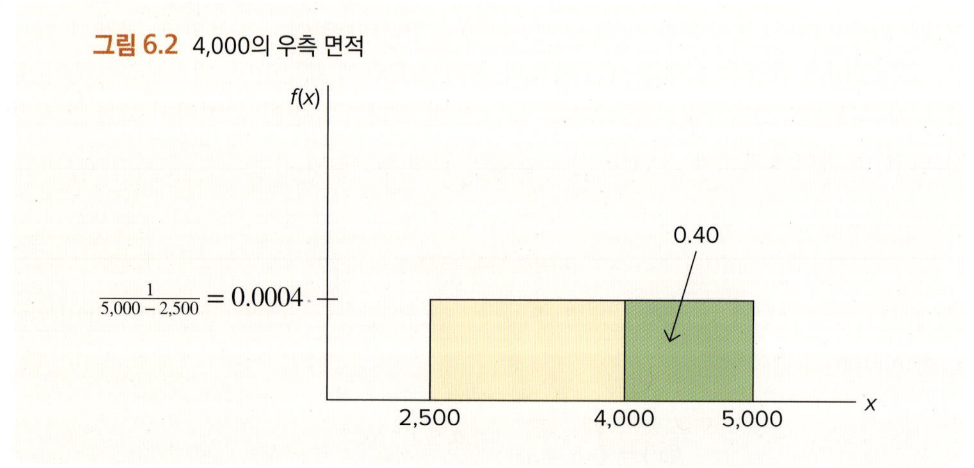

c. 매출이 3,200달러에서 3,800달러 사이일 확률에 대한 문제를 풀 때, $P(3{,}200 \le X \le$

3,800)를 구한다. (b)에서와 같은 방법론을 사용하여, 그림 6.3에서 보이는 바 같이 직사각형의 밑변과 높이를 곱한다. 그러므로 $(3{,}800 - 3{,}200) \times 0.0004 = 0.24$의 확률을 얻는다.

그림 6.3 3,200과 3,800 사이의 면적

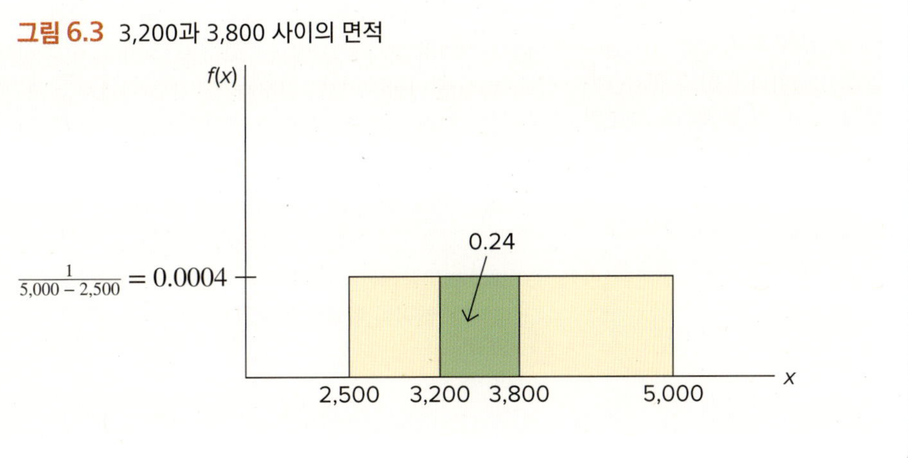

연습문제 6.1

1. 연속확률변수 X에 대한 누적확률은 $P(X \leq 10) = 0.42$ 및 $P(X \leq 20) = 0.66$이다. 다음 확률을 계산하라.
   a. $P(X > 10)$
   b. $P(X > 20)$
   c. $P(10 < X < 20)$
2. 상한 값이 4인 연속확률변수 X의 경우, $P(0 \leq X \leq 2.5) = 0.54$ 및 $P(2.5 \leq X \leq 4) = 0.16$이다. 다음 확률을 계산하라.
   a. $P(X < 0)$
   b. $P(X > 2.5)$
   c. $P(0 \leq X \leq 4)$
3. 연속확률변수 X의 경우, $P(20 \leq X \leq 40) = 0.15$ 및 $P(X > 40) = 0.16$이다. 다음 확률을 계산하라.
   a. $P(X < 40)$
   b. $P(X < 20)$
   c. $P(X = 40)$
4. 확률변수 X는 하한 5와 상한 35의 연속균등분포를 따른다.
   a. 밀도함수 $f(x)$의 높이는 얼마인가?
   b. 분포의 평균과 표준편차는 얼마인가?
   c. $P(X > 10)$를 계산하라.
5. 확률변수 X는 하한 −2와 상한 4의 연속균등분포를 따른다.
   a. 밀도함수 $f(x)$의 높이는 얼마인가?
   b. 분포의 평균과 표준편차는 얼마인가?
   c. $P(X \leq -1)$를 계산하라.
6. 확률변수 X는 하한 10과 상한 30의 연속균등분포를 따른다.
   a. 분포의 평균과 표준편차를 계산하라.
   b. X가 22보다 클 확률은 얼마인가?
   c. X가 15와 23 사이일 확률은 얼마인가?
7. 확률변수 X는 하한 750과 상한 800의 연속균등분포를 따른다.
   a. 분포의 평균과 표준편차를 계산하라.
   b. X가 770보다 작을 확률은 얼마인가?
8. 전기 가격은 킬로와트-시간당 12센트의 하한과 킬로와트-시간당 20센트의 상한을 갖는 연속균등분포를 따른다고 가정하자.
   a. 전기의 평균 가격을 계산하라.
   b. 전기 가격이 킬로와트-시간당 15.5센트 미만일 확률은 얼마인가?
   c. 지역 축제는 전기 가격이 킬로와트-시간당 14센트 이상이면 놀이기구를 운영할 수 없다. 축제를 취소할 확률은 얼마인가?
9. 12층 기숙사에서 엘리베이터의 도착시간은 다음 4분 동안 언제나 동일하다.
   a. 기대도착시간을 계산하라.
   b. 엘리베이터가 1½분 이내에 도착할 확률은 얼마인가?
   c. 엘리베이터 대기시간이 1½분 이상일 확률은 얼마인가?

10. 네덜란드는 튤립 생산과 판매의 세계적인 선두주자 중 하나이다. 로테르담의 환상 플로라라는 온실에 있는 튤립의 높이가 하한 7인치와 상한 16인치의 연속균등분포를 따른다고 가정하자. 튤립 꽃다발을 선택하기 위해 온실에 왔는데, 높이가 10인치 이상인 튤립만 선택할 수 있다. 임의로 선택된 튤립이 따기에 충분한 높이일 확률이 얼마인가?

11. 보스턴에서 뉴욕으로 가는 일일 비행기의 도착 예정시간은 오전 9시 25분이다. 과거 자료에 의하면 도착 시간은 빠르면 오전 9시 15분, 늦으면 오전 9시 55분의 연속균등분포를 따른다.

    a. 분포의 평균과 표준편차를 계산하라.

    b. 비행기가 늦게(오전 9시 25분 이후에) 도착할 확률은 얼마인가?

12. 유치원에서 3월 18일부터 3월 30일 사이 언젠가 복숭아 나무에 꽃이 핀다고 들었다. 개화시간이 이들 지정된 날짜 사이에 연속균등분포를 따른다고 가정하자.

    a. 나무가 3월 25일까지 꽃을 피우지 않을 확률은 얼마인가?

    b. 나무가 3월 20일까지 꽃을 피울 확률은 얼마인가?

13. 사정관이 오전 10시에서 오후 12시 사이에 집을 방문한다는 통보를 받았다. 그의 방문시간은 지정된 2시간 구간에 걸쳐 균등하게 분포되어 있다고 가정하는 것이 타당하다. 오전 10시에 간단한 심부름을 해야 한다고 가정해보자.

    a. 심부름하는 데 15분이 걸린다면, 사정관이 방문하기 전에 돌아올 확률은 얼마인가?

    b. 심부름하는 데 30분이 걸린다면, 사정관이 방문하기 전에 돌아올 확률은 얼마인가?

6.2 정규분포

정규확률분포(normal probability distribution) 또는 단순하게 **정규분포(normal distribution)**는 익숙한 종 모양의 분포이다. 이는 또한 가우스 분포(Gaussian distribution)라고도 한다.[1] 정규분포는 통계적인 작업에서 가장 광범위하게 사용되는 확률분포이다. 이러한 일반적인 사용의 한 가지 이유는 관심 있는 광범위한 확률변수에 대한 확률분포에 정규분포가 가깝게 근사하기 때문이다. 거의 정규분포를 따르는 확률변수의 예는 다음과 같다.

- 기술회사 직원의 급여
- SAT 시험의 점수
- 대학 졸업생의 누적 채무
- 기업의 광고비 지출
- 투자에서의 수익률

가능하다면 주어진 응용에서 정규분포가 적합한지 결정하기 위해 데이터를 분석하는 것이 교육적이다. 이를 위해 히스토그램(2장)과 상자그림(3장)에서 대칭과 종 모양을 검사하는 등 다양한 방법이 있다. 이 장에서는 문제의 확률변수가 정규분포를 따른다고 단순히 가정하고 이러한 유형의 확률변수와 관련된 확률을 찾는 데 초점을 맞춘다. 이들 확률의 계산은 쉽고 직접적이다.

정규분포의 또 다른 중요한 기능은 통계적 추론의 초석이 된다는 것이다. 통계학은 기술통계학과 추론통계학의 두 분야로 구분된다고 설명한 1장을 기억하자. 통계적 추론은 일반적으로 정규분포의 가정에 기초하며 이 교재의 나머지 부분에서 주요 주제로 사용된다.

[1] 정규(가우스) 분포의 발견은 흔히 칼 프리드리히 가우스(Carl Friedrich Gauss, 1777~1855)의 공으로 인정되지만, 일부는 이항분포의 계산을 단순화하는 맥락에서 이를 먼저 발견한 드무아브르(De Moivre, 1667~1754)의 공으로 돌린다.

정규분포의 특성

- 정규분포는 **종 모양(bell-shaped)**이며, 평균을 중심으로 **대칭(symmetric)**이다. 즉, 평균의 한쪽은 바로 다른 쪽의 거울상이다. 정규분포를 하는 확률변수에 대해 평균, 중앙값, 최빈값은 모두 같다.
- 정규분포는 **두 매개변수로 설명(described by two parameters)**되며, 이들은 모평균 μ와 모분산 σ^2이다. 모평균은 분포의 중심위치를 설명하고, 모분산은 산포를 설명한다.
- 정규분포는 꼬리가 수평축에 점점 더 가까워지지만 절대 닿지 않는다는 점에서 **점근적(asymptotic)**이다. 따라서 이론적으로 정규확률변수는 음의 무한대와 양의 무한대 사이의 값을 가정할 수 있다.

정규확률밀도함수를 나타내는 그래프는 흔히 정규곡선(normal curve) 또는 종 곡선(bell curve)이라고 한다. 다음 예제는 정규곡선을 정규분포를 하는 확률변수의 위치 및 산포와 연계시킨다.

예제 6.2

산업 A, B, C 직원들의 연령이 정규분포를 따른다고 가정하자. 관련 매개변수에 대한 정보가 다음과 같이 제공된다.

Industry A	Industry B	Industry C
μ = 42 years	μ = 36 years	μ = 42 years
σ = 5 years	σ = 5 years	σ = 8 years

산업 A의 직원 연령을 산업 B와 그래픽으로 비교하라. 산업 A와 산업 C의 비교를 반복하라.

해답:

산업 A 직원의 평균 연령이 산업 B 직원의 평균 연령보다 높기 때문에, 산업 A 직원의 정규곡선은 그림 6.4에서와 같이 산업 B 직원의 우측에 위치한다. 표준편차가 동일하므로 두 곡선은 평균으로부터 동일한 산포를 보여준다.

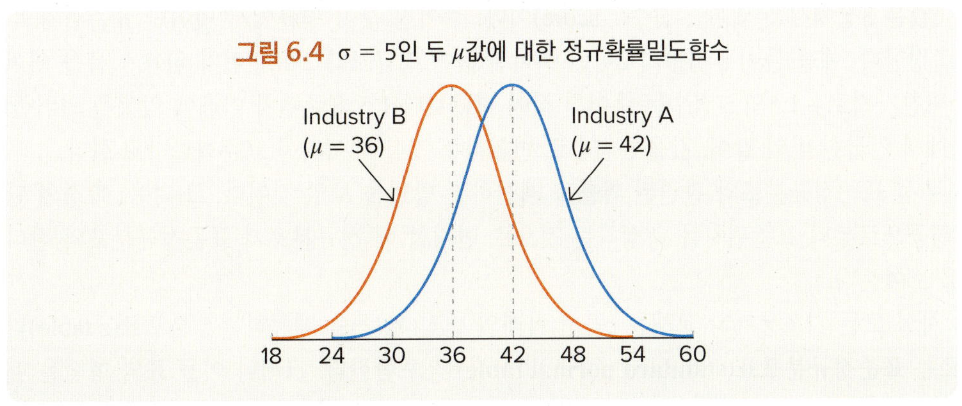

그림 6.4 σ = 5인 두 μ값에 대한 정규확률밀도함수

산업 A와 산업 C 직원의 평균 연령이 동일하기 때문에 각 산업에 대한 정규곡선은 그

림 6.5와 같이 동일한 중심을 갖는다. 그러나 산업 A의 표준편차가 산업 C의 표준편차보다 작기 때문에 산업 A의 정규곡선은 덜 산포되어 있다. 산업 A의 정상은 산업 C보다 더 높다. 이는 산업 A에서 직원들의 연령이 평균 연령에 더 가까울 가능성이 높다는 점을 반영한다. 그림 6.4와 6.5는 평균과 분산(또는 표준편차)을 기반으로 정규분포를 하는 확률변수의 전체적인 분포를 확인할 수 있음을 보여준다.

그림 6.5 $\mu = 42$인 두 σ값에 대한 정규확률밀도함수

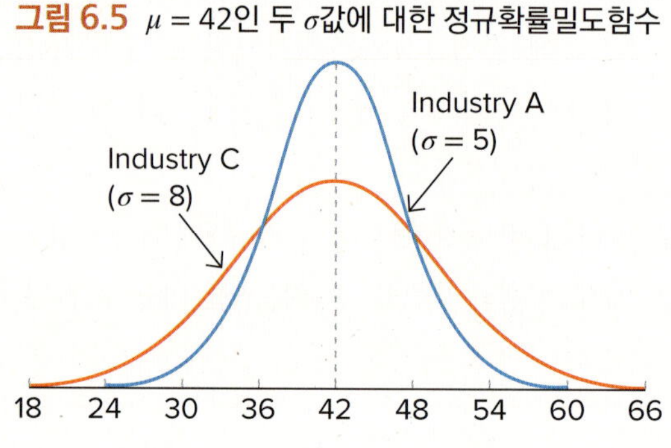

일반적으로 누적분포함수 $F(x)$를 사용하여 정규분포하는 확률변수에 대한 확률을 계산한다. 여기서 $F(x) = P(X \leq x)$는 단순히 값 x까지의 $f(x)$ 아래 면적이다. 앞서 언급했듯이 정규분포에 대한 확률을 계산하기 위해 적분학에 대한 지식이 반드시 필요한 것은 아니다. 대신에, 확률을 구하기 위한 표에 의존한다. 또한 특정 계산기, Excel, R, 그리고 다른 통계패키지를 가지고 확률을 계산할 수 있다. 표를 사용하는 방법에 대한 자세한 내용이 다음에 설명된다.

표준정규분포

표준정규분포(standard normal distribution)는 평균이 0이고 표준편차(또는 분산)가 1인 정규분포의 특수한 경우이다. 문자 Z를 사용하여 표준정규분포를 하는 확률변수를 나타내면, $\mu = E(Z) = 0$ 및 $\sigma = SD(Z) = 1$이 된다. 평소처럼 소문자 z를 사용하여 표준정규확률변수 Z가 가정할 수 있는 값을 나타낸다.

z값은 3장에서 논의한 z-점수(z-score)이다. 주어진 값이 평균에서 벗어난 표준편차의 수를 측정한다. 예를 들어 z-점수가 2이면 주어진 값이 평균보다 2 표준편차 위에 있음을 의미한다. 마찬가지로 −1.5의 z-점수는 주어진 값이 평균보다 1.5 표준편차 아래에 있음을 의미한다. 3장에서 언급한 바와 같이, 값을 z-점수로 변환하는 것을 데이터를 표준화한다고 한다.

우선 표준정규분포와 관련된 확률을 계산하는 방법을 보일 것이다. 그 다음, 측정의 단위를 평균으로부터 표준편차를 측정하는 것으로 변경할 때 정규분포가 표준정규분포와 같다는 것을 보여준다.

사실 모든 기초통계학 교재는 z곡선 아래의 면적(확률)을 제공하는 z 분포표(z table)라고 부르는 **표준정규분포표(standard normal table)**를 포함한다. 그러나 이들 표의 형식은 때때로 다르다. 이 교재에서 z 분포표는 누적확률 $P(Z \leq z)$을 제공하며, 이 표는 부록 B의 두 페이지에 표 1로 나와 있다. 좌측 페이지는 0보다 작거나 같은 z값에 대한 누적확률을 보여주고,

우측 페이지는 0보다 크거나 같은 z값에 대한 누적확률을 보여준다. 정규분포의 대칭성과 전체 곡선 아래의 면적이 1이라는 사실을 고려하면, 다른 확률들을 쉽게 계산할 수 있다.

표준정규분포

표준정규확률변수(standard normal random variable) Z는 $E(Z) = 0$, $SD(Z) = 1$인 정규확률변수이다. z 분포표는 양수 및 음수의 z값에 대한 누적확률 $P(Z \leq z)$를 제공한다.

그림 6.6은 표준정규확률밀도함수(z 분포)를 나타낸다. 확률변수 Z는 평균 0을 중심으로 대칭이므로, $P(Z < 0) = P(Z > 0) = 0.5$이다. 모든 연속확률변수에서와 마찬가지로, $P(Z \leq 0) = P(Z \geq 0) = 0.5$로도 확률을 표현할 수 있다.

그림 6.6 표준정규확률밀도함수

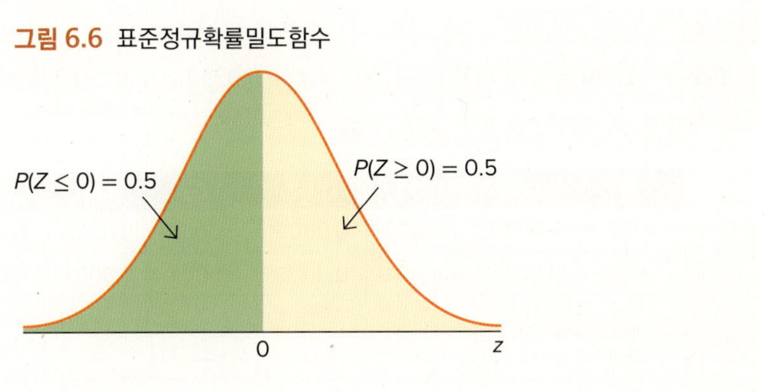

주어진 z값에 대한 확률 찾기

앞에서 언급한 바와 같이, z 분포표는 주어진 z에 대한 누적확률 $P(Z \leq z)$를 제공한다. 예를 들어 누적확률 $P(Z \leq 1.52)$를 고려하자. $z = 1.52$는 양수이므로, 부록 B에 있는 z 분포표의 우측 페이지에서 이 확률을 찾을 수 있다. 표 6.1은 표의 일부를 보여준다.

표 6.1 z 분포표의 우측 페이지 일부

z	0.00	0.01	0.02
0.0	0.5000	0.5040	↓
0.1	0.5398	0.5438	↓
⋮	⋮	⋮	⋮
1.5	→	→	0.9357

표의 첫 번째 열(z열로 표시)은 0.1 소수점까지의 z값을 보여주고, 표의 첫 번째 행(z행으로 표시)은 0.01 값을 보여준다. 따라서 $z = 1.52$의 경우 z열의 1.5와 z행의 0.02를 맞추어 해당 확률 0.9357을 찾는다. 표 6.1의 화살표는 $P(Z \leq 1.52) = 0.9357$임을 나타낸다.

그림 6.7은 $z = 1.52$에 해당하는 누적확률을 보여준다. $P(Z \leq 1.52) = 0.9357$은 1.52 왼쪽의 z곡선 아래 면적을 나타낸다. 따라서 1.52의 우측 면적은 $P(Z > 1.52) = 1 - P(Z \leq 1.52) = 1 - 0.9357 = 0.0643$으로 계산할 수 있다.

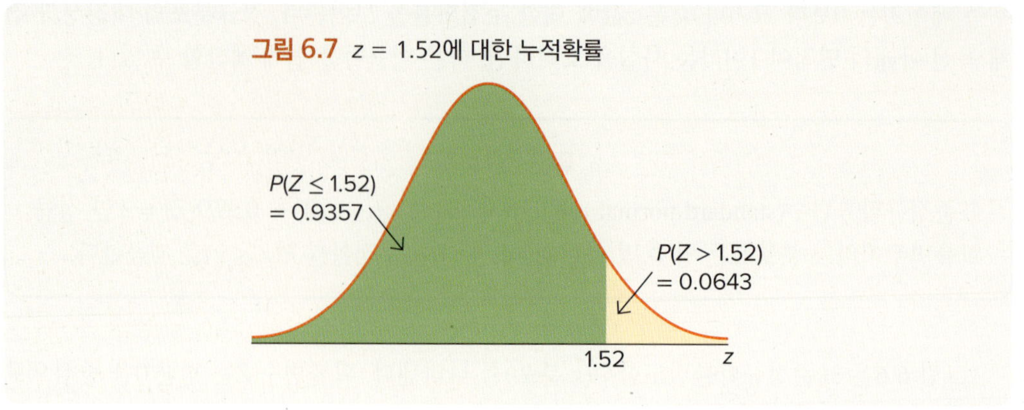

그림 6.7 z = 1.52에 대한 누적확률

$P(Z \leq -1.96)$를 구한다고 가정하자. z는 음수 값이므로 z 분포표의 좌측 페이지에서 이 확률을 확인할 수 있다. 표 6.2는 $P(Z \leq -1.96) = 0.0250$임을 나타내는 화살표가 있는 표의 일부를 보여준다. 그림 6.8은 그에 대응하는 확률을 보여준다. 이전과 같이, −1.96의 오른쪽 면적은 $P(Z > -1.96) = 1 - P(Z \leq -1.96) = 1 - 0.0250 = 0.9750$으로 계산할 수 있다.

표 6.2 z 분포표의 좌측 페이지 일부

z	0.00	0.01	0.02	0.03	0.04	0.05	0.06
−3.9	0.0000	0.0000	0.0000	0.0000	0.0000	0.0000	↓
−3.8	0.0001	0.0001	0.0001	0.0001	0.0001	0.0001	↓
⋮	⋮	⋮	⋮	⋮	⋮	⋮	⋮
−1.9	→	→	→	→	→	→	0.0250

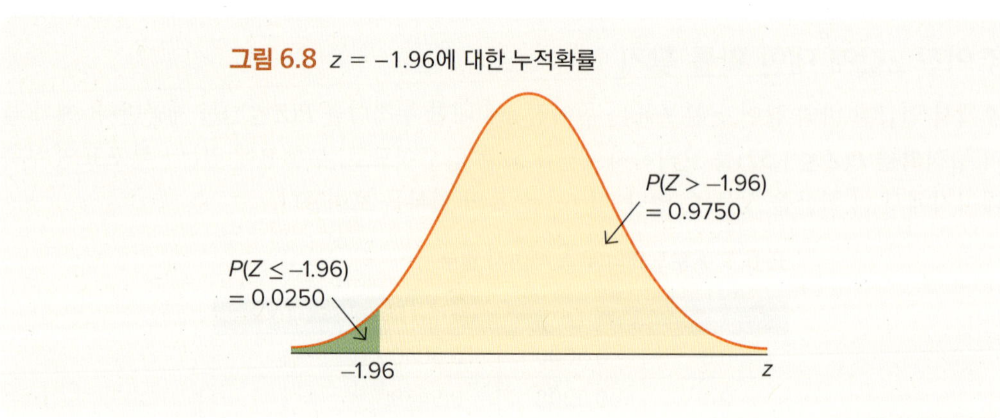

그림 6.8 z = −1.96에 대한 누적확률

예제 6.3

표준정규확률변수 Z에 대한 다음 확률을 구하라.

a. $P(0 \leq Z \leq 1.96)$

b. $P(1.52 \leq Z \leq 1.96)$

c. $P(-1.52 \leq Z \leq 1.96)$

d. $P(Z > 4)$

해답:

항상 z그래프에서 관련 확률을 표시하는 것으로 시작하는 것이 도움이 된다.

a. 그림 6.9와 같이, 0과 1.96 사이의 면적은 1.96의 왼쪽 면적에서 0의 왼쪽 면적을 뺀 것과 같다. 따라서 $P(0 \leq Z \leq 1.96) = P(Z \leq 1.96) - P(Z < 0) = 0.9750 - 0.50 = 0.4750$이다.

그림 6.9 0과 1.96 사이의 확률 찾기

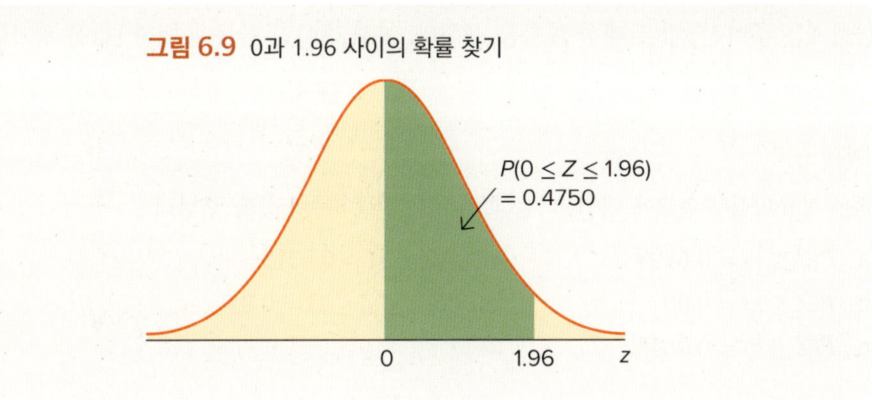

b. 그림 6.10과 같이, $P(1.52 \leq Z \leq 1.96) = P(Z \leq 1.96) - P(Z < 1.52) = 0.9750 - 0.9357 = 0.0393$이다.

그림 6.10 1.52와 1.96 사이의 확률 찾기

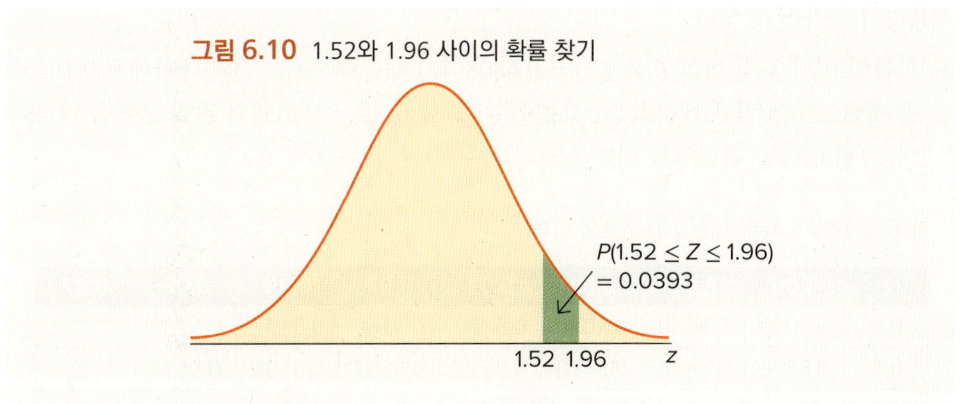

c. 그림 6.11로부터 $P(-1.52 \leq Z \leq 1.96) = P(Z \leq 1.96) - P(Z < -1.52) = 0.9750 - 0.0643 = 0.9107$이다.

그림 6.11 −1.52와 1.96 사이의 확률 찾기

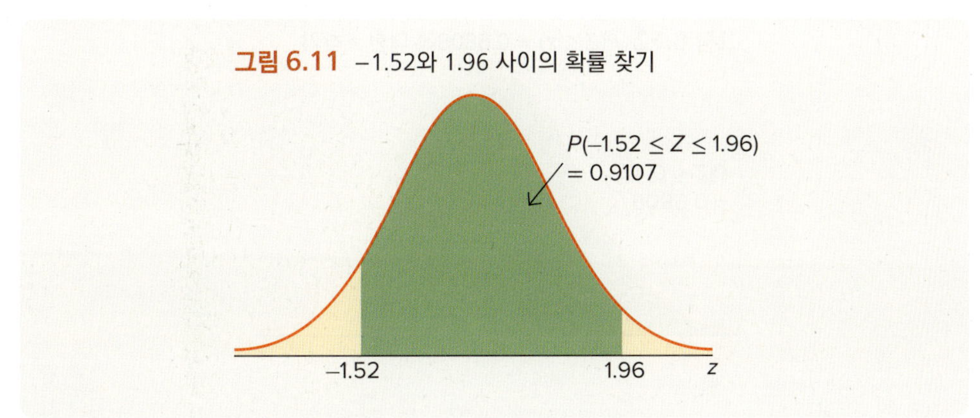

d. $P(Z > 4) = 1 - P(Z \leq 4)$이다. 그러나 z 분포표는 3.99까지 나와 있으며, $P(Z \leq 3.99) = 1.0$ (거의)이다. 사실 3.99보다 큰 z값에 대해서는 $P(Z \leq z) = 1.0$로 처리하는 것이 허용된다. 따라서 $P(Z > 4) = 1 - P(Z \leq 4) = 0$이다.

주어진 확률에 대한 *z*값 찾기

지금까지는 주어진 z값에 대한 확률을 구했다. 이제 주어진 확률에 대한 z값을 평가할 것이다.

예제 6.4

표준정규확률변수 Z에 대한, 다음 확률문을 만족하는 z값을 구하라.

a. $P(Z \leq z) = 0.6808$

b. $P(Z \leq z) = 0.90$

c. $P(Z \leq z) = 0.0643$

d. $P(Z > z) = 0.0212$

e. $P(-z \leq Z \leq z) = 0.95$

해답:

앞에서 언급했듯이, 우선 z그래프에 관련 확률을 표시하는 것이 도움이 된다. z 분포표에는 z값과 대응하는 누적확률이 나열되어 있음도 기억하자. 누적이 아닌 확률은 대칭을 사용하여 평가할 수 있다.

a. 확률이 이미 누적 형식 $P(Z \leq z) = 0.6808$이기 때문에 표(우측)의 내부에서 0.16258을 찾아 z의 행/열에 대응하는 z값을 찾는다. 표 6.3은 z 분포표의 관련 부분을 나타내며, 그림 6.12는 대응하는 면적을 나타낸다. 따라서 $z = 0.47$이다.

표 6.3 예제 6.4a에 대한 *z* 분포표의 일부

z	0.00	0.01	0.02	0.03	0.04	0.05	0.06	0.07
0.0	0.5000	0.5040	0.5080	0.5120	0.5160	0.5199	0.5239	↑
0.1	0.5398	0.5438	0.5478	0.5517	0.5557	0.5596	0.5636	↑
⋮	⋮	⋮	⋮	⋮	⋮	⋮	⋮	⋮
0.4	←	←	←	←	←	←	←	0.6808

그림 6.12 $P(Z \leq z) = 0.6808$에 대한 *z* 찾기

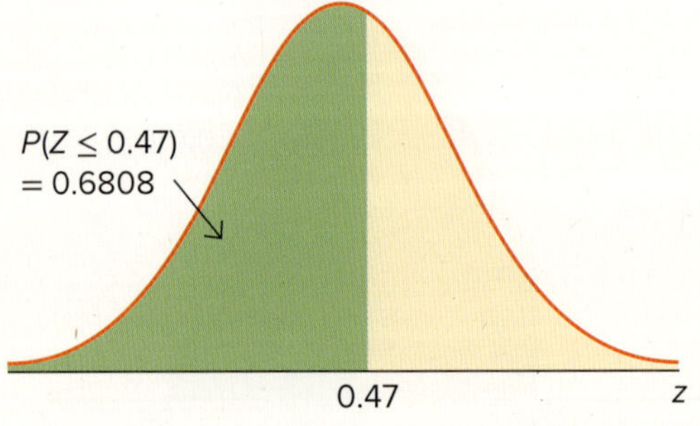

b. $P(Z \leq z) = 0.90$에 대한 z를 찾을 때, z 분포표(우측)가 누적확률 0.90을 포함하지 않는다는 것을 확인한다. 이러한 경우, 문제를 풀기 위해 가장 가까운 누적확률을 이용한다. 따라서 z는 누적확률 0.8997에 대응하는 1.28과 거의 같다. 그림 6.13은 이 결과를 그래픽으로 보여준다.

그림 6.13 $P(Z \leq z) = 0.90$에 대한 z 찾기

$P(Z \leq 1.28)$
$= 0.8997$
1.28
z

c. 그림 6.14에서와 같이, $P(Z \leq z) = 0.0643$을 찾는 z값은 왼쪽의 확률이 0.5보다 작기 때문에 음수여야 한다. 표(좌측)에서 누적확률 0.0643을 찾아 $z = -1.52$를 구한다.

그림 6.14 $P(Z \leq z) = 0.0643$에 대한 z 찾기

$P(Z \leq -1.52)$
$= 0.0643$
–1.52
z

d. $P(Z > z) = 0.0212$에 대한 z를 찾을 때, 이 값의 오른쪽 확률이 0.0212가 되는 z값을 구해야 한다. 표는 누적확률을 나타내므로, 표(우측)에서 $P(Z \leq z) = 1 - 0.0212 = 0.9788$을 찾아 $z = 2.03$을 구한다. 그림 6.15는 그 결과를 보여준다.

그림 6.15 $P(Z > z) = 0.0212$에 대한 z 찾기

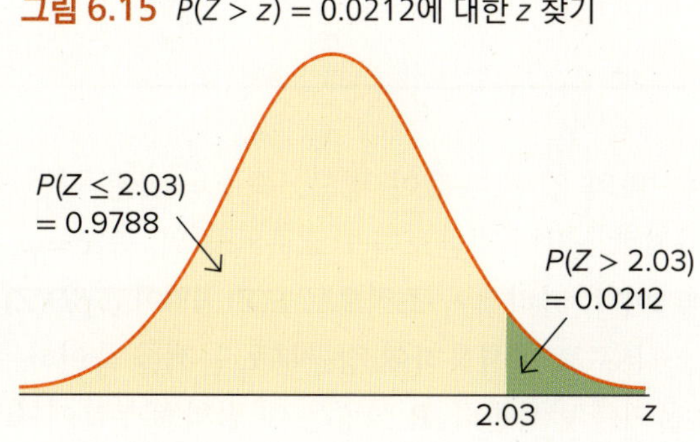

e. 곡선 아래의 총 면적이 1이라는 것을 알고 두 값 사이의 면적이 0.95가 되는 $-z$와 z를 구하려고 하기 때문에, 양쪽 꼬리의 면적이 0.025. 즉 $P(Z < -z) = 0.025$, $P(Z > z) = 0.025$라고 결론 내릴 수 있다. 그림 6.16은 이 결과를 보여준다. 그 다음 누적확률 $P(Z \le z) = 0.95 + 0.025 = 0.975$를 사용하여 $z = 1.96$을 구한다.

그림 6.16 $P(-z \le Z \le z) = 0.95$에 대한 z 찾기

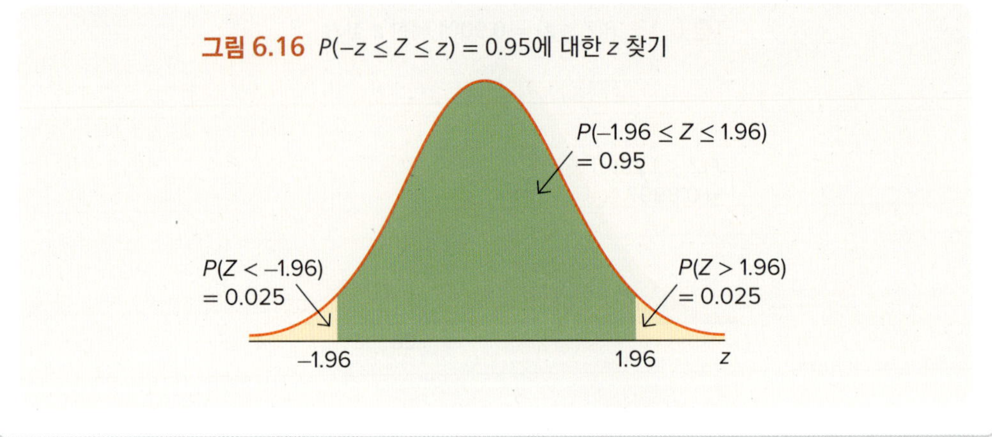

정규확률변수의 변환

표준정규분포의 중요성은 모든 정규확률변수를 표준정규확률변수로 변환하여 관련 확률을 산출할 수 있다는 사실에서 비롯된다. 즉, 평균 μ와 표준편차 σ의 정규분포를 하는 확률변수 X는 평균 0과 표준편차 1인 표준정규확률변수 Z로 변환(표준화)될 수 있다. X에서 평균을 빼고 표준편차로 나눔으로써 X를 Z로 변환한다. 이것을 **표준변환(standard transformation)**이라고 한다.

표준변환: X를 Z로 변환

평균 μ와 표준편차 σ인 정규분포를 하는 확률변수 X는 다음과 같이 표준정규확률변수 Z로 변환될 수 있다.

$$Z = \frac{X - \mu}{\sigma}$$

따라서 모든 x값은 다음에 의해 대응되는 값 z를 갖는다.

$$z = \frac{x - \mu}{\sigma}$$

그림 6.17에 보이는 바와 같이, x값이 평균, 즉 $x = \mu$에 있는 경우 대응하는 z값은 $z = \frac{\mu - \mu}{\sigma} = 0$이다. 마찬가지로, x값이 평균보다 1 표준편차 위, 즉 $x = \mu + \sigma$에 있는 경우 대응하는 z값은 $z = \frac{\mu + \sigma - \mu}{\sigma} = 1$이다. 따라서 구조적으로 $E(Z) = 0$이고 $SD(Z) = 1$이다.

다음 두 예제에서는 z 분포표를 사용하여 정규분포 문제를 풀이하는 방법을 보여준다. 그 다음 Excel을 사용하여 풀이를 반복한다. R 설명은 이 절의 뒷부분에 소개될 것이다.

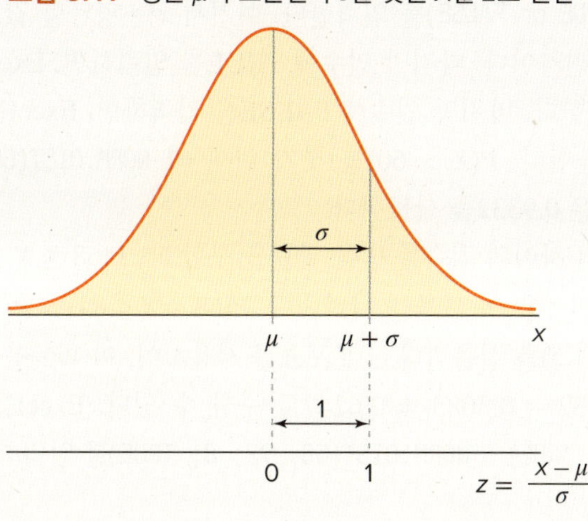

그림 6.17 평균 μ와 표준편차 σ를 갖는 X를 Z로 변환

예제 6.5

경영적성검사의 점수는 평균 72점과 표준편차 8점으로 정규분포한다.

a. 임의로 선택된 한 매니저가 60점보다 높은 점수를 받을 확률은 얼마인가?

b. 임의로 선택된 한 매니저가 68점과 84점 사이의 점수를 받을 확률은 얼마인가?

해답:

X가 $\mu = 72$와 $\sigma = 8$을 갖는 점수를 나타낸다고 하자.

a. 매니저가 60점보다 높은 점수를 받을 확률은 $P(X > 60)$이다. 그림 6.18은 60의 오른쪽에 음영 처리된 면적으로 확률을 보여준다. $P(X > 60) = P\left(Z > \frac{60-72}{8}\right) = P(Z > -1.5)$를 산출한다. z 분포표를 이용하여 $P(Z > -1.5) = 0.9332$를 구한다.

그림 6.18 $P(X > 60)$ 찾기

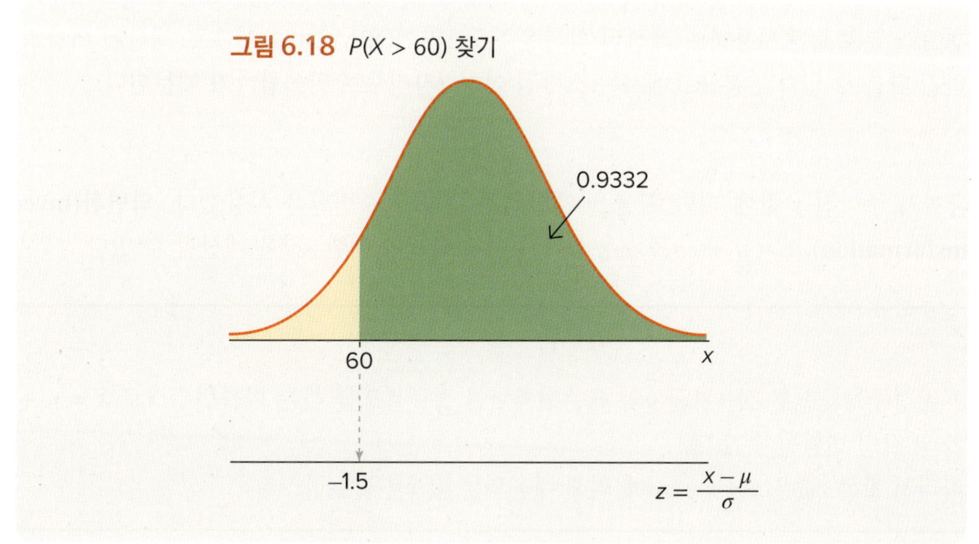

이제 확률을 구하기 위해 Excel의 **NORM.DIST**를 사용할 것이다. 여기서 `=NORM.DIST(x, μ, σ, TRUE or FALSE)`를 입력한다. 여기서 x는 평가할 값, μ는 분포의 평균, σ는 분포의 표준편차이다. 마지막 인수에 TRUE를 입력하면, Excel은 누적확률함수 $P(X \leq x)$를 산출한다. 마지막 인수에 FALSE를 입력하면, Excel은 점 x에서 정규분포의 높이를 산출한다. $P(X > 60)$를 찾기 위해 `=1-NORM.DIST(60, 72, 8, TRUE)`를 입력하고, Excel은 0.9332를 산출한다.

b. 매니저가 68과 84 사이의 점수를 받을 확률을 구할 때, $P(68 \leq X \leq 84)$를 찾는다. 그림 6.19의 음영 면적은 이 확률을 나타낸다. $P(68 \leq X \leq 84) = P\left(\frac{68-72}{8} \leq Z \leq \frac{84-72}{8}\right) = P(-0.5 \leq Z \leq 1.5)$를 산출한다. z 분포표를 사용하여, 이 확률을 $P(Z \leq 1.5) - P(Z < -0.5) = 0.9332 - 0.3085 = 0.6247$로 구할 수 있다. Excel을 사용하여 `=NORM.DIST(84, 72, 8, TRUE) - NORM.DIST(68, 72, 8, TRUE)`를 입력하고, Excel은 0.6247을 산출한다.

그림 6.19 $P(68 \leq X \leq 84)$ 찾기

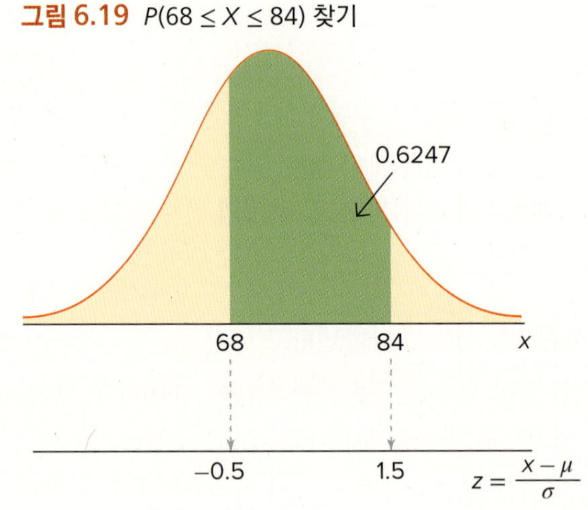

참고: z 분포표를 사용하여 계산된 확률은 Excel의 NORM.DIST 함수로 계산된 확률과 약간 다를 수 있다. z 분포표에서는 소수점 이하 2자리수로 반올림하기 때문이다.

지금까지 주어진 x 값에 대한 확률을 계산하기 위해 표준변환을 사용했다. **역변환(inverse transformation)**, $x = \mu + z\sigma$을 사용하여 주어진 확률에 대한 x값을 계산할 수 있다.

역변환: Z를 X로 변환

표준정규확률변수 Z는 평균 μ와 표준편차 σ인 정규분포를 하는 확률변수 X로 $X = \mu + Z\sigma$와 같이 변환될 수 있다.

따라서 모든 z값은 $x = \mu + z\sigma$에 의해 대응되는 값 x를 갖는다.

예제 6.6

경영적성검사의 점수는 평균 72점과 표준편차 8점으로 정규분포한다.

a. 한 매니저가 분포의 상위 10%(90번째 백분위수)에 위치할 가장 낮은 점수는 얼마인가?

b. 한 매니저가 분포의 하위 25%(25번째 백분위수)에 위치할 가장 높은 점수는 얼마인가?

해답:

X가 $\mu = 72$와 $\sigma = 8$을 갖는 경영적성검사의 점수를 나타낸다고 하자.

a. 90번째 백분위수는 $P(X < x) = 0.90$인 수치형 값 x이다. z 분포표(우측)를 사용하여 $P(Z < z) = 0.90$을 만족시키는 해당 z값, $z = 1.28$를 찾는다. 그 다음 $x = \mu + z\sigma = 72 + 1.28 \times 8 = 82.24$를 구한다. 따라서 82.24점 이상이면 매니저가 분포의 상위 10%에 속하게 된다(그림 6.20 참조).

그림 6.20 $P(X < x) = 0.90$ 에 대한 x 찾기

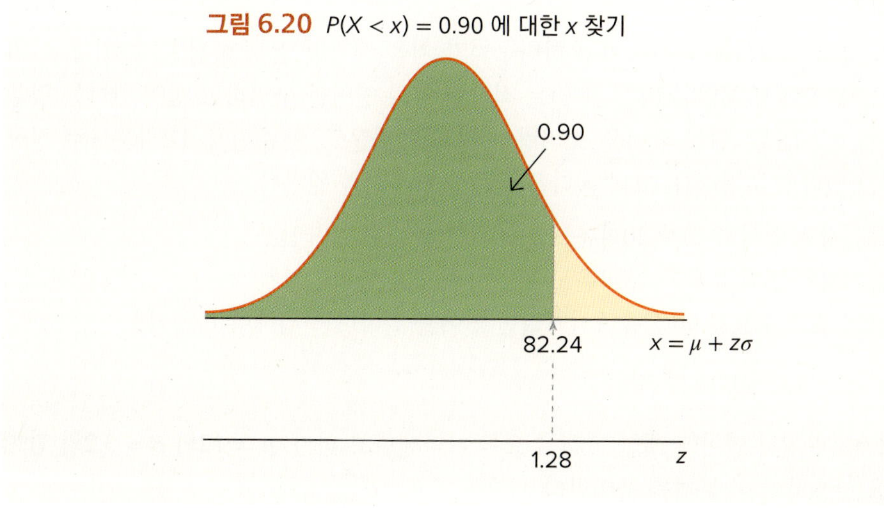

또한 Excel의 NORM.INV를 사용하여 특정 x값을 찾을 수 있다. `=NORM.INV(cumulprob, μ, σ)`를 입력한다. 여기서 cumulprob은 값 x와 관련된 누적확률, μ는 분포의 평균, σ는 분포의 표준편차이다. $P(X < x) = 0.90$을 만족시키는 x값을 찾기 위해 `=NORM.INV(0.90, 72, 8)`을 입력하면 Excel은 82.25를 산출한다. z 분포표의 반올림 때문에 이 값은 수작업 계산과 약간 다름에 유의하자.

b. 25번째 백분위수는 $P(X < x) = 0.25$인 수치형 값 x이다. z 분포표(좌측)를 사용하여 $P(Z < z) = 0.25$를 만족시키는 해당 z값, $z = -0.67$을 찾는다. 그 다음 $x = 72 - 0.67(8) = 66.64$를 구한다. 따라서 66.64점 이하이면 매니저가 분포의 하위 25%에 속하게 된다(그림 6.21 참조). Excel을 사용하여 `=NORM.INV(0.25, 72, 8)`을 입력하고, Excel은 66.60을 산출한다. 이 값은 반올림으로 인해 약간 다를 수 있다.

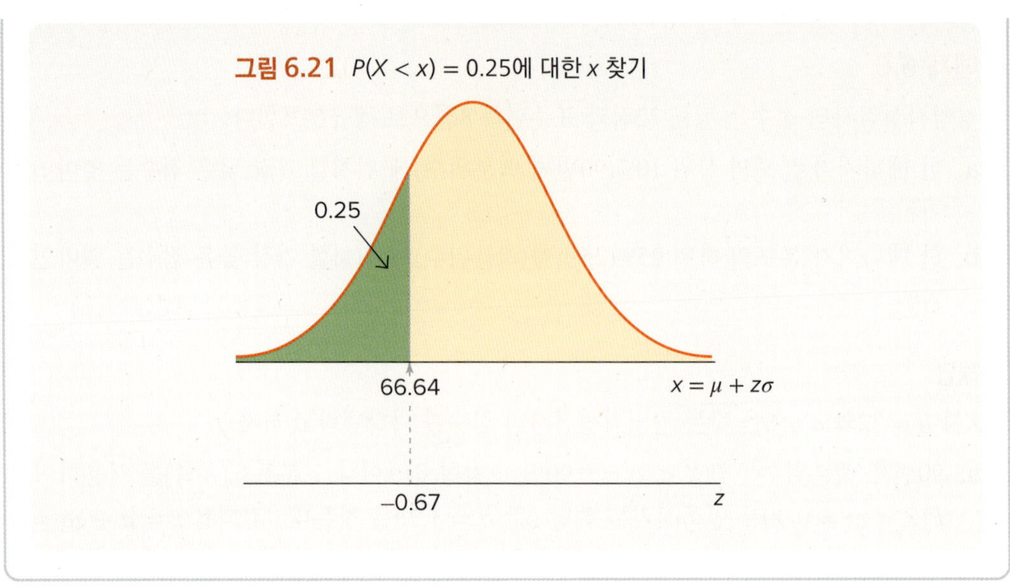

그림 6.21 $P(X < x) = 0.25$에 대한 x 찾기

예제 6.7

이제 이 장의 도입사례에서 아키코 하마구치가 처음 제기한 질문에 답할 수 있다. 아키코가 리틀긴자에서 매일 소비할 수 있는 적당한 양의 연어를 구입하고 싶어 한다는 것을 기억하자. 아키코는 연어의 하루 소비량이 평균 12파운드, 표준편차 3.2파운드로 정규분포하고 있다고 추정했다. 그녀는 다음 질문에 답하기를 원한다.

a. 리틀긴자의 연어 수요가 20파운드를 초과할 확률은 얼마인가?
b. 리틀긴자의 연어 수요가 15파운드 미만일 확률은 얼마인가?
c. 그날의 고객 수요를 90% 충족시키려면 연어를 얼마나 구입해야 하는가?

해답:

X가 레스토랑에서 연어에 대한 고객 수요를 나타낸다고 하자. $\mu = 12$와 $\sigma = 3.2$와 함께 Excel을 사용하여 이 문제를 풀이한다.

a. 연어의 수요가 20파운드를 초과할 또는 $P(X > 20)$일 확률을 찾기 위해 `=1 - NORM.DIST(20, 12, 3.2, TRUE)`를 입력하고, Excel은 0.0062를 산출한다.
b. 연어의 수요가 15파운드 미만 또는 $P(X < 15)$일 확률을 찾기 위해 `=NORM.DIST(15, 12, 3.2, TRUE)`를 입력하고, Excel은 0.8257을 산출한다.
c. 그날의 고객 수요를 90% 충족시키기 위해 구입해야 하는 연어의 필요한 양을 계산하기 위해, $P(X \leq x) = 0.90$인 x를 구한다. `=NORM.INV(0.9,12,3.2)`를 입력하고, Excel은 16.10을 산출한다. 따라서 아키코는 그날의 고객 수요를 90% 충족시키기 위해 매일 16.10 파운드의 연어를 구입해야 한다.

정규분포에 R 이용하기

정규분포와 관련된 확률을 찾기 위해 R의 **pnorm** 함수를 사용한다. $P(X \leq x)$를 찾기 위해

pnorm(x, μ, σ, lower.tail=TRUE)를 입력한다. 여기서 x는 평가할 값이고, μ는 분포의 평균, σ는 분포의 표준편차이다. 만약 lower.tail=FALSE를 입력하면, R은 $P(X > x)$를 산출한다. 예제 6.7의 (a)를 다시 참조하여, $\mu = 12$와 $\sigma = 3.2$인 $P(X > 20)$을 찾으려면 다음과 같이 입력하라.

```
> pnorm(20,12,3.2, lower.tail=FALSE)
```

그러면 R은 0.006209665를 산출한다.

예제 6.7의 (b)를 다시 참조하여, $\mu = 12$와 $\sigma = 3.2$인 $P(X < 15)$을 찾으려면 다음과 같이 입력하라.

```
> pnorm(15,12,3.2, lower.tail=TRUE)
```

그러면 R은 0.8257493을 산출한다.

특정 x값을 찾기 위해 R의 **qnorm** 함수를 사용한다. qnorm(*cumulprob*, μ, σ)를 입력하는데, 여기서 cumulprob는 x값과 관련된 누적확률이고, μ는 분포의 평균이고, σ는 분포의 표준편차이다. 예제 6.7의 (c)를 다시 참조하여, $\mu = 12$와 $\sigma = 3.2$인 $P(X < x) = 0.90$을 만족하는 x의 값을 찾으려면 다음과 같이 입력하라.

```
> qnorm(0.90,12,3.2)
```

그러면 R은 16.10097을 산출한다.

이항분포의 정규근사에 관한 노트

5장에서 이항확률을 공식으로 계산하는 것은 n에 큰 값을 만나면 지루한 일임을 기억하자. 이제 곧 밝혀지겠지만, n의 값이 크면 이항분포는 정규분포에 근사할 수 있다. 평균 $\mu = np$ 및 표준편차 $\sigma = \sqrt{np(1-p)}$인 정규분포 근사를 바탕으로, 적절한 이항확률을 계산하기 위해 z 분포표를 사용할 수 있다. 일부 연구자들은 18세기 정규분포의 발견이 이항확률 계산을 단순화할 필요성 때문이었다고 믿는다. 그러나 이 방법의 인기는 컴퓨터의 등장으로 크게 줄어들었다. 5장에서 배운 것처럼, Excel과 R을 사용하여 정확한 이항확률을 계산하기가 쉬우므로 근사할 필요가 적다. 그러나 정규분포 근사는 이항분포의 핵심 매개변수인 모비율 p를 추론할 때 매우 중요하다. 이후 장에서는 이 근사에 대한 자세한 내용과 추론을 위해 어떻게 사용되는지 학습할 것이다.

도입사례 분석결과

아키코 하마구치는 애리조나주 피닉스에 있는 리틀긴자라는 작은 스시 레스토랑의 매니저이다. 그녀는 매일 적정량의 연어를 구입하는 것이 중요하다는 것을 알고 있다. 연어를 너무 많이 구입하면 남을 수 있고, 너무 적게 구입하면 미래에 식당을 자주 방문하지 않을 수 있는 고객들을 실망시킬 수 있다. 과거에 그녀는 매일 20파운드의 연어를 구입했다. 그녀의 구매 습관과 고객 수요를 세심하게 분석해 보면 아키코가 연어를 너무 많이 구입한다는 것이 드러난다. 연어의 수요가 20파운드를 초과할 확률은 0.0062로 매우 낮다. 심지어 15파운드를 구매해도 하루 중 82.57%의 고객 수요를 충족시킨다. 아키코는 그날의 90%의 고객 수요를 충족시키는 새로운 전략을 실행하기 위해 매일 약 16파운드의 연어를 구입해야 한다.

gkrphoto/Getty Images

연습문제 6.2

14. 표준정규확률변수 Z에 근거해서 다음의 확률을 구하라.

a. $P(Z > 1.32)$

b. $P(Z \leq -1.32)$

c. $P(1.32 \leq Z \leq 2.37)$

d. $P(-1.32 \leq Z \leq 2.37)$

15. 표준정규확률변수 Z에 근거해서 다음의 확률을 구하라.

a. $P(Z > 0.74)$

b. $P(Z \leq -1.92)$

c. $P(0 \leq Z \leq 1.62)$

d. $P(-0.90 \leq Z \leq 2.94)$

16. 표준정규확률변수 Z에 근거해서 다음의 확률을 구하라.

a. $P(-0.67 \leq Z \leq -0.23)$

b. $P(0 \leq Z \leq 1.96)$

c. $P(-1.28 \leq Z \leq 0)$

d. $P(Z > 4.2)$

17. 표준정규확률변수 Z에 대한 다음 z값을 구하라.

a. $P(Z \leq z) = 0.9744$

b. $P(Z > z) = 0.8389$

c. $P(-z \leq Z \leq z) = 0.95$

d. $P(0 \leq Z \leq z) = 0.3315$

18. 표준정규확률변수 Z에 대한 다음 z값을 구하라.

a. $P(Z \leq z) = 0.1020$

b. $P(z \leq Z \leq 0) = 0.1772$

c. $P(Z > z) = 0.9929$

d. $P(0.40 \leq Z \leq z) = 0.3368$

19. X가 평균 $\mu = 10$, 표준편차 $\sigma = 6$으로 정규분포한다고 하자.

a. $P(X \leq 0)$를 구하라.

b. $P(X > 2)$를 구하라.

c. $P(4 \leq X \leq 10)$를 구하라.

d. $P(6 \leq X \leq 14)$를 구하라.

20. X가 평균 $\mu = 10$, 표준편차 $\sigma = 4$로 정규분포한다고 하자.

a. $P(X \leq 0)$를 구하라.

b. $P(X > 2)$를 구하라.

c. $P(4 \leq X \leq 10)$를 구하라.

d. $P(6 \leq X \leq 14)$를 구하라.

21. X가 평균 $\mu = 120$, 표준편차 $\sigma = 20$으로 정규분포한다고 하자.

a. $P(X \leq 86)$를 구하라.

b. $P(80 \leq X \leq 100)$를 구하라.

c. $P(X \leq x) = 0.40$이 되는 x를 구하라.

d. $P(X > x) = 0.90$이 되는 x를 구하라.

22. X가 평균 $\mu = 2.5$, 표준편차 $\sigma = 2$로 정규분포한다고 하자.

a. $P(X > 7.6)$를 구하라.

b. $P(7.4 \leq X \leq 10.6)$를 구하라.

c. $P(X > x) = 0.025$가 되는 x를 구하라.

d. $P(x \leq X \leq 2.5) = 0.4943$이 되는 x를 구하라.

23. X가 평균 $\mu = 2{,}500$, 표준편차 $\sigma = 800$으로 정규분포한다고 하자.

a. $P(X \leq x) = 0.9382$가 되는 x를 구하라.

b. $P(X > x) = 0.025$가 되는 x를 구하라.

c. $P(2500 \leq X \leq x) = 0.1217$이 되는 x를 구하라.

d. $P(X \leq x) = 0.4840$이 되는 x를 구하라.

24. 확률변수 X는 정규분포를 따른다. 또한 $P(X > 150) = 0.10$으로 알려져 있다.

a. 모표준편차 $\sigma = 15$일 때, 모평균 μ를 구하라.

b. 모표준편차 $\sigma = 25$일 때, 모평균 μ를 구하라.

c. 모평균 $\mu = 136$일 때, 모표준편차 σ를 구하라.

d. 모평균 $\mu = 128$일 때, 모표준편차 σ를 구하라.

25. X가 $\mu = 254$와 $\sigma = 11$로 정규분포한다고 하자.

a. $P(X \leq 266)$를 구하라.

b. $P(250 < X < 270)$를 구하라.

c. $P(X \leq x) = 0.33$이 되는 x를 구하라.

d. $P(X > x) = 0.33$이 되는 x를 구하라.

26. X가 $\mu = -15$와 $\sigma = 9$로 정규분포한다고 하자.

a. $P(X > -12)$를 구하라.

b. $P(0 \leq X \leq 5)$를 구하라.

c. $P(X \leq x) = 0.25$가 되는 x를 구하라.

d. $P(X > x) = 0.25$가 되는 x를 구하라.

27. 균형 잡힌 포트폴리오의 과거 수익률은 평균이 8%이고 표준편차가 12%이다. 이 포트폴리오의 수익률이 정규분포를 따른다고 가정하자.

a. 20%보다 큰 수익률은 몇 %인가?

b. −16%보다 낮은 수익률은 몇 %인가?

28. IQ 점수가 평균이 100이고 표준편차가 16인 정규분포를 따른다고 가정하자.

a. 한 개인이 84에서 116 사이의 점수를 받을 확률은 얼마인가?

b. 한 개인이 68점 미만의 점수일 확률은 얼마인가?

c. 한 개인이 IQ 점수의 상위 1%에 속하는 가장 낮은 점수는 몇 점인가?

29. 한 도시의 평균 임대료는 월 1,500달러이고 표준편차는 250

달러이다. 임대료가 정규분포를 따른다고 가정하자.

a. 임대료의 몇 %가 1,250달러에서 1,750달러 사이인가?

b. 임대료의 몇 %가 1,250달러 미만인가?

c. 임대료의 몇 %가 2,000달러를 초과하는가?

30. 프로 농구팀은 경기당 평균이 80점이고, 표준편차가 10점이다. 경기당 점수가 정규분포를 따른다고 가정하자.

a. 한 게임의 점수가 60점과 100점 사이일 확률은 얼마인가?

b. 한 게임의 점수가 100점을 넘을 확률은 얼마인가? 정규시즌에 82경기가 있다면 100점 이상을 득점할 수 있는 게임의 수는 몇 개인가?

31. 시골 마을에서 고등학교 교사들의 평균 연봉은 43,000달러이다. 연봉이 18,000달러의 표준편차로 정규분포를 한다고 하자.

a. 고등학교 교사의 몇 %가 4만 달러에서 5만 달러 사이를 버는가?

b. 고등학교 교사의 몇 %가 8만 달러보다 많이 버는가?

32. 미국인들은 점점 더 수면을 줄이고 있다. 한 건강전문가는 미국 성인들은 평일에 평균 6.2시간을 자고, 표준편차는 1.2시간이라고 믿는다. 평일의 수면시간이 정규분포한다고 가정하자.

a. 미국 성인의 몇 %가 평일에 8시간보다 많이 잠을 자는가?

b. 미국 성인의 몇 %가 평일에 6시간보다 적게 잠을 자는가?

c. 미국 성인의 몇 %가 평일에 6시간에서 8시간 사이 잠을 자는가?

33. 칠면조의 무게는 평균 22파운드, 표준편차 5파운드인 정규분포를 한다.

a. 임의로 선택된 칠면조의 무게가 20에서 26파운드 사이일 확률을 구하라.

b. 임의로 선택된 칠면조의 무게가 12파운드 미만일 확률을 구하라.

34. 승용차의 갤런당 마일(mpg) 평점이 평균과 표준편차가 각각 33.8 mpg와 3.5 mpg인 정규분포를 하는 확률변수라고 가정하자.

a. 임의로 선택된 승용차가 적어도 40 mpg을 얻을 확률은 얼마인가?

b. 임의로 선택된 승용차가 30에서 35 mpg 사이를 얻을 확률은 얼마인가?

c. 한 자동차 제조업체에서 기존 자동차의 99% 수준으로 개선된 mpg 평점을 가진 새 승용차를 제작하려고 한다. 이 목표를 달성할 수 있는 최저 mpg는 얼마인가?

35. 회사 홈페이지에 따르면, 입사시험을 치른 지원자의 상위 25%가 면접을 보게 될 것이다. 시험점수의 보고된 평균과 표준편차는 각각 68점과 8점이다. 만약 시험점수가 정규분포한다고 가정하면, 면접에 필요한 최저 점수는 얼마인가?

36. 재정고문은 고객에게 포트폴리오의 기대수익률이 8%이고, 표준편차는 12%임을 알린다. 수익률이 16%를 넘을 확률은 15%이다. 그녀의 평가에 대해 고문이 옳다면, 근원적인 수익률이 정규분포한다고 가정하는 것이 타당한가?

37. 포장시스템은 평균 무게 18온스, 표준편차 0.2온스로 상자를 채운다. 무게가 정규분포를 한다고 가정하는 것이 타당하다. 상자 무게의 1, 2, 3 사분위수를 계산하라.

38. 노동통계국에 따르면, 55세 이상의 근로자가 새 직장을 구하는 데 평균 22주가 걸리는 데 비해, 젊은 근로자는 16주가 걸린다. 확률분포가 정규분포이고 두 분포 모두에 대해 표준편차가 2주라고 가정하자.

a. 55세 이상의 근로자가 직장을 찾는 데 19주보다 더 걸릴 확률은 얼마인가?

b. 젊은 근로자가 일자리를 찾는 데 19주보다 더 걸릴 확률은 얼마인가?

c. 55세 이상의 근로자가 직장을 찾는 데 23에서 25주 사이로 걸릴 확률은 얼마인가?

d. 젊은 근로자가 직장을 찾는 데 23에서 25주 사이로 걸릴 확률은 얼마인가?

39. 연체일수가 60일 이상인 대출은 심각한 불이행으로 간주된다. 심각한 채무 불이행의 비율이 평균 9.1%인 것으로 알려졌다. 심각한 불이행 비율은 표준편차가 0.80%인 정규분포를 따른다고 하자.

a. 심각한 채무 불이행이 8%를 넘을 확률은 얼마인가?

b. 심각한 채무 불이행이 9.5%에서 10.5% 사이일 확률은 얼마인가?

40. 전자부품을 조립하는 데 소요되는 시간은 평균 16분과 표준편차 4분인 정규분포를 한다.

a. 임의로 선택된 조립이 10분에서 20분 사이의 시간이 걸릴 확률을 구하라.

b. 조립시간이 24분을 넘거나 6분 미만인 경우는 드물다. 이러한 비정상적인 범주에 속하는 조립시간의 비율은 얼마인가?

41. 연구에 따르면, 미국인들은 하루에 평균 10건의 통화를 한다. 통화 수는 보통 3건의 표준편차로 정규분포를 한다고 하자.

a. 미국인이 하루에 4에서 12건 사이의 통화를 할 확률은 얼마인가?

b. 미국인이 하루에 6건보다 많은 통화를 할 확률은 얼마인가?

c. 미국인이 하루에 16건보다 많은 통화를 할 확률은 얼마인가?

42. 보스턴의 한 나이트클럽 매니저는 고객의 95%가 22세에서

28세 사이의 연령이라고 밝혔다. 고객의 연령이 평균 25세인 정규분포를 하는 경우, 표준편차를 계산하라.

43. 최근 대학 졸업생들의 평균 누적부채는 약 22,500달러인 것으로 알려졌다. 최근 대학 졸업생들의 누적부채가 표준편차가 7,000달러인 정규분포를 한다고 하자. 최근 대학 졸업생 약 180만 명이 부채를 가지고 있다면, 그중 약 몇 명이 3만 달러보다 많은 누적부채를 가지고 있는가?

44. 마케팅시험의 점수는 평균과 표준편차 각각 60점과 20점인 정규분포를 따르는 것으로 알려져 있다.

a. 임의로 선택된 학생이 50점에서 80점 사이의 점수를 받을 확률을 구하라.

b. 임의로 선택된 학생이 20점에서 40점 사이의 점수를 받을 확률을 구하라.

c. 강의계획서에 따르면 상위 15%의 학생들이 과목에서 A를 받을 것이다. A를 받기 위해 필요한 최저 점수는 몇 점인가?

d. 10%의 학생이 과목에서 낙제한다면, 과목을 통과할 수 있는 점수는 몇 점인가?

45. 평균적으로, 미국 프로 미식축구 경기에서 공은 실제로 11분 동안만 움직이지만 경기는 약 3시간 동안 진행된다. 경기시간은 표준편차가 0.4시간인 정규분포를 따른다고 가정하자.

a. 경기가 2.5시간 미만으로 진행될 확률을 구하라.

b. 경기가 2.5시간 미만 또는 3.5시간을 넘어 진행될 확률을 구하라.

c. 분포의 하위 1%에 위치할 경기시간의 최대값을 구하라.

46. 한 젊은 투자관리자는 고객에게 제안한 포트폴리오가 긍정적인 수익을 올릴 확률이 90%라고 말한다. 만약 수익률이 평균 5.6%로 정규분포를 따른다고 알려져 있다면, 이 투자관리자가 계산에서 가정한 표준편차에 의해 측정된 위험은 얼마인가?

47. 플로리다의 한 건설회사가 콘도를 팔기 위해 애쓰고 있다. 회사는 평균 판매가격으로 21만 달러를 받을 수 있을 것으로 보고 있다. 다음 분기의 콘도 가격은 15,000달러의 표준편차인 정규분포를 따른다고 가정하자.

a. (i) 콘도가 20만 달러보다 아래 가격에, (ii) 24만 달러보다 높은 가격에 팔릴 확률은 얼마인가?

b. 회사는 또한 한 예술가의 콘도를 팔려고 노력하고 있다. 잠재적인 구매자들은 이 콘도의 특이한 특징들을 좋아하거나 거부감을 느낄 것이다. 매니저는 이 콘도의 평균 판매가격이 21만 달러로 다른 콘도와 동일하지만 표준편차는 2만 달러로 더 높을 것으로 예상하고 있다. (i) 이 콘도가 20만 달러보다 아래 가격에, (ii) 24만 달러보다 높은 가격에 팔릴 확률은 얼마인가?

48. 투자를 위해 뮤추얼펀드 2종의 위험-수익 프로필을 고려하고 있다. 상대적으로 위험한 펀드는 8%의 기대수익률과 14%의 표준편차를 약속한다. 상대적으로 덜 위험한 펀드는 기대수익률과 표준편차 각각 4%와 5%를 약속한다. 수익률이 근사적으로 정규분포를 따른다고 가정하자.

a. 목표가 마이너스 수익률을 얻을 확률을 최소화하는 것이라면 어느 뮤추얼펀드를 선택할 것인가?

b. 목표가 8%보다 높은 수익률을 얻을 확률을 최대화하는 것이라면 어느 뮤추얼펀드를 선택할 것인가?

49. LA에서 처음 선보인 케이터링 트럭에서 판매되는 한국식 타코의 개념이 전국적으로 인기를 끌고 있다. 이 타코는 옥수수 토르티야에 한국식 소고기, 양파, 고수, 그리고 고추장 소스와 양상추 고명이 흥미롭게 혼합되어 있다. 한 타코 트럭이 디트로이트 지역에서 운영된다고 가정해보자. 소유주들은 소고기의 하루 소비량이 평균 24파운드, 표준편차 6파운드인 정규분포를 한다고 추정했다. 소고기를 너무 많이 구입하면 남는 결과를 초래하지만, 너무 적게 구입하면 소비자들을 실망시킬 수 있다.

a. 그날의 80%의 수요를 충족시키기 위해 소유주가 구입해야 하는 소고기의 양을 결정하라.

b. 만약 소유주가 그날의 95%의 수요를 충족시키기를 원한다면, 얼마를 구입해야 하는가?

50. 매사추세츠는 태양과 관련하여 캘리포니아가 아니지만, 태양에너지 산업은 이 주에서 번창하고 있다. 이 주의 주도인 보스턴은 1년에 평균 211.7일이 맑은 날이다. 맑은 날의 수는 표준편차가 20일인 정규분포를 따른다고 가정하자.

a. 보스턴이 특정 해에 200일 미만의 맑은 날을 가질 확률은 얼마인가?

b. 로스엔젤레스는 1년에 평균 266.5일이 맑은 날이다. 보스턴이 적어도 로스앤젤레스만큼 맑은 날일 확률은 얼마인가?

c. 보스턴의 음울한 해를 그 해의 맑은 날의 수가 하위 10%인 경우로 가정하자. 보스턴에서 음울한 해가 되려면 일년에 며칠 정도의 맑은 날이 있어야 하는가?

d. 작년에 보스턴은 비정상적으로 따뜻하고 건조하고 화창한 날씨를 경험했다. 이러한 현상은 단지 1%만 발생한다고 가정하자. 보스턴에서 비정상적으로 따뜻하고, 건조하고, 화창한 해라는 기준을 만족시키는 맑은 날은 최소 며칠인가?

51. 새 자동차 배터리는 2년 보증이 적용되어 판매되며, 보증기간 동안 고장 난 경우 무상 교환이 가능하다. 자동차 매장은 보증기간 동안 문제가 없는 배터리에 20달러의 순이익을 얻고, 고장난 배터리에는 10달러의 순손실을 낸다고 가정해보자. 배터리의 수명은 평균과 표준편차가 각각 40개월과 16개월인 정규분포를 한다고 알려져 있다.

a. 보증기간 동안 배터리가 고장 날 확률은 얼마인가?

b. 한 배터리에 대한 자동차 매장의 기대이익은 얼마인가?

c. 자동차 매장이 한 달에 평균 500개의 배터리를 판매한다면, 배터리에서 기대되는 월별 이익은 얼마인가?

52. 특정 브랜드의 냉장고 수명은 평균과 표준편차가 각각 15년과 2년인 정규분포를 한다.

a. 냉장고가 6.5년 미만 유지될 확률은 얼마인가?

b. 냉장고가 23년 이상 유지될 확률은 얼마인가?

c. 이들 냉장고가 단지 3%의 냉장고만이 광고된 수명 이전에 고장 날 수 있도록 판매자가 광고해야 하는 수명은 얼마인가?

6.3 기타 연속확률분포

앞서 논의한 바와 같이 정규분포는 통계업무에서 가장 광범위하게 사용되는 확률분포이다. 이러한 현상이 발생하는 한 가지 이유는 관심 있는 수많은 확률변수를 정규분포가 정확하게 설명하기 때문이다. 그러나 다른 연속분포가 더 적합한 상황이 있다.

지수분포

유용한 비대칭 연속확률분포는 **지수분포(exponential distribution)**이다. 포아송 분포는 이산확률변수를 다루지만, 지수분포는 포아송 분포와 관련이 있다. 5장에서 포아송 확률변수가 주어진 시간 또는 공간 구간에서 사건의 발생횟수를 센한다는 것을 기억하자. 예를 들어, 포아송 분포는 특정 시간 동안 맥도날드 드라이브스루에 도착하는 지정된 자동차 수의 가능성 또는 50야드 직물 롤에서 발생한 지정된 수의 결점이 발생할 가능성을 계산하는 데 사용된다. 때로는 주어진 시간이나 공간의 구간에서의 발생횟수에 덜 관심이 있고, 오히려 그러한 발생 사이의 경과 시간이나 접하는 공간에 관심이 있다. 예를 들어, 맥도날드 드라이브스루에 도착한 차량 사이의 경과 시간 또는 50야드 길이의 천에서 결함 사이의 거리에 관심이 있을 수 있다. 이러한 시간 또는 거리를 설명하기 위해 지수분포를 사용한다. 지수확률변수는 음수가 아니다. 즉, 기본 변수 X는 $x \geq 0$에 대해 정의된다.

포아송 분포와 지수분포 사이의 연결성을 더 잘 이해하기 위해, 앤이 관리하는 스타벅스에서 인력충원 니즈에 대해 걱정하는 5장의 도입사례를 고려해보자. 앤이 전형적인 스타벅스 고객이 30일 동안 평균 18회 방문했다고 믿었다는 것을 기억하자. 포아송 확률변수는 30일 기간 동안 방문횟수를 기대값(평균)을 사용하여 다음과 같이 적절하게 산출한다.

$$\mu_{\text{Poisson}} = 18$$

방문횟수가 포아송 분포를 따르므로 방문 사이의 시간은 지수분포를 한다. 또한 30일 1개월간 18회의 기대방문횟수를 고려할 때, 방문 사이의 기대시간은 다음과 같이 산출된다.

$$\mu_{\text{Exponential}} = \frac{30}{18} = 1.67$$

지수확률분포를 *비율모수(rate parameter)* λ (그리스 문자 lambda)의 견지에서 정의하는 것이 일반적이며, 이는 평균의 역수이다. 위의 예제에서는 다음과 같이 표현한다.

$$\lambda = \frac{1}{\mu} = \frac{1}{1.67} = 0.60$$

지수분포의 평균은 도착 사이의 평균시간으로 생각할 수 있는 반면, 비율모수는 시간단위당 평균 도착횟수를 측정한다. 비율모수가 시간단위별로 정의된 경우, 비율모수는 포아송 분포의 평균과 같음을 주목하자. 포아송 과정의 경우 30일 기간 동안의 평균 18회 방문은 하루 평균 $18/30 = 0.60$과 동등하며, 이는 비율모수 λ와 같다.

지수분포의 확률밀도함수는 다음과 같이 정의된다.

지수분포

확률밀도함수가 다음과 같은 경우, 확률변수 X는 지수분포를 따른다.

$$f(x) = \lambda e^{-\lambda x}, \text{ for } x \geq 0$$

여기서 λ는 비율모수이고, $e \approx 2.718$은 자연로그의 밑이다. X의 평균과 표준편차는 동일하다: $E(X) = SD(X) = \frac{1}{\lambda}$.

$x \geq 0$에 대하여, X의 누적분포함수는 다음과 같다.

$$P(X \leq x) = 1 - e^{-\lambda x}$$

따라서 $P(X > x) = 1 - P(X \leq x) = e^{-\lambda x}$이다.

그림 6.22의 그래프는 비율모수 λ의 다양한 값에 기초한 지수확률밀도함수의 형태를 보여준다.

그림 6.22 λ의 다양한 값에 대한 지수확률밀도함수

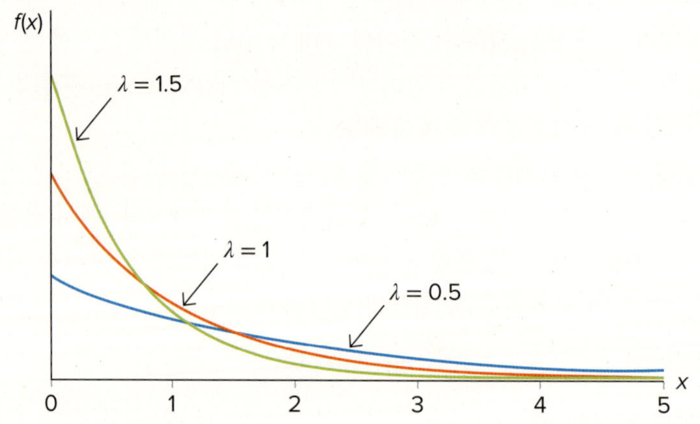

예제 6.8

업무시간 동안 이메일 메시지 사이의 시간은 평균 25분인 지수분포를 한다고 가정하자.

a. 비율모수 λ를 계산하라.

b. 1시간 넘게 이메일을 받지 못할 확률은 얼마인가?

c. 10분 이내에 이메일을 받을 확률은 얼마인가?

해답:

a. 평균 $E(X)$는 $\frac{1}{\lambda}$과 같으므로, $\lambda = \frac{1}{E(X)} = \frac{1}{25} = 0.04$를 계산한다.

b. 한 시간 넘게 이메일을 받지 못할 확률은 $P(X > 60)$이다. $P(X > x) = e^{-\lambda x}$를 사용하여 $P(X > 60) = e^{-0.04(60)} = 0.0907$을 계산한다. 그림 6.23은 이 확률을 나타낸다.

그림 6.23 $P(X > 60)$ 찾기

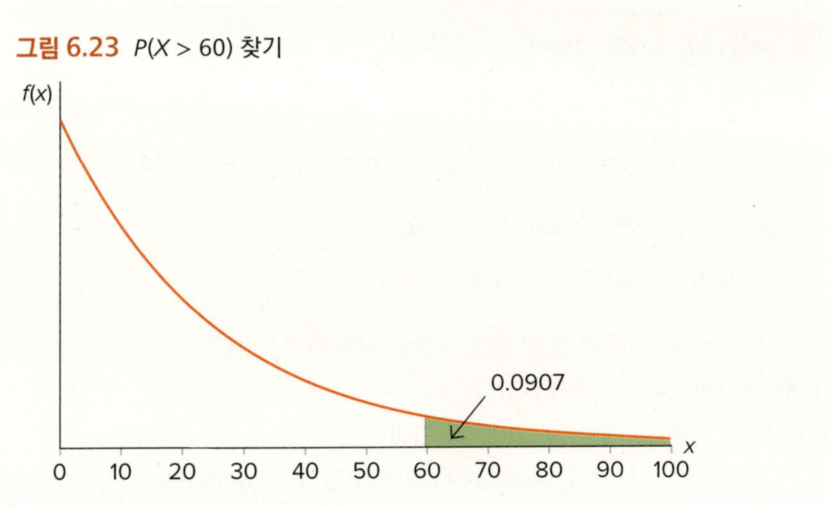

Excel의 **EXPON.DIST**를 사용하여 지수분포와 관련된 확률을 계산할 수 있다. `=EXPON.DIST(x, λ, TRUE or FALSE)`를 입력한다. 여기서 x는 평가할 값이고, λ는 비율모수이다. 마지막 인수에 TRUE를 입력하면 Excel은 누적확률함수 $P(X \leq x)$를 산출한다. 마지막 인수에 FALSE를 입력하면 Excel은 점 x에서 지수분포의 높이를 산출한다. $\lambda = 1/25$인 $P(X > 60)$를 구하기 위해 `=1-EXPON.DIST(60, 1/25, TRUE)`를 입력하면, Excel은 0.0907을 산출한다.

c. 10분 이내에 이메일이 수신될 확률은 $P(X \leq 10) = 1 - e^{-0.04(10)} = 1 - 0.6703 = 0.3297$이다. 그림 6.24는 이 확률을 나타낸다. Excel을 사용하여 `=EXPON.DIST(10, 1/25, TRUE)`를 입력하면, Excel은 0.3297을 산출한다.

그림 6.24 $P(X \leq 10)$ 찾기

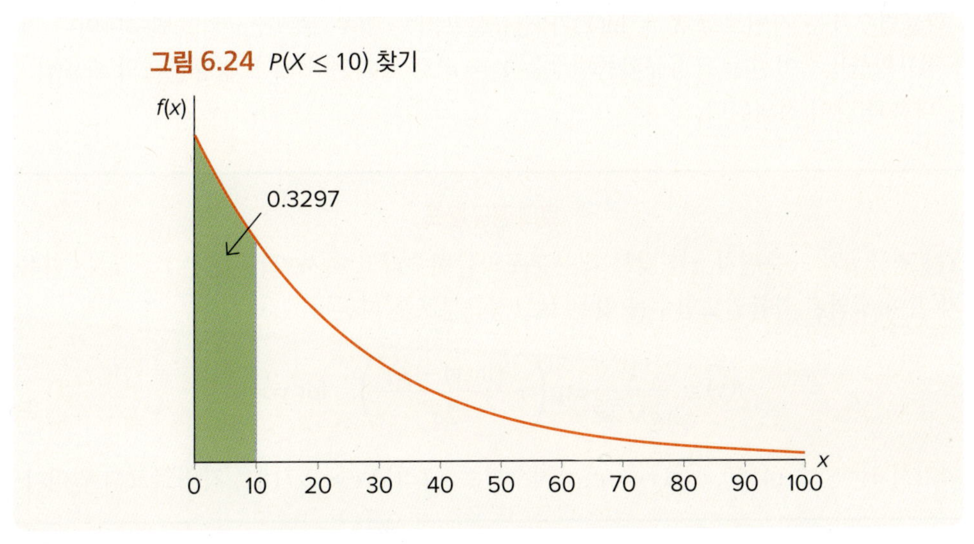

지수분포에 R 이용하기

지수분포와 관련된 확률을 찾기 위해 R의 **pexp** 함수를 사용한다. $P(X \le x)$를 찾기 위해 pexp(x, λ, lower.tail = TRUE)를 입력한다. 여기서 x는 평가될 값이고, λ는 비율모수이다. lower.tail = FALSE를 입력하면 R은 $P(X > x)$를 산출한다. 예제 6.8의 b를 다시 참조하여, $\lambda = 1/25$인 $P(X > 60)$를 찾으려면 다음과 같이 입력하라.

```
> pexp(60, 1/25, lower.tail=FALSE)
```

그러면 R은 0.09071795를 산출한다.

예제 6.8의 (c)를 다시 참조하여, $\lambda = 0.04$인 $P(X \le 10)$를 찾으려면 다음과 같이 입력하라.

```
> pexp(10, 1/25, lower.tail=TRUE)
```

그러면 R은 0.32968을 산출한다.

지수분포는 또한 수명 또는 고장시간을 모형화하는 데도 사용된다. 예를 들어, 정격수명이 1,000시간인 전구는 약 1,000시간의 사용 후에는 나갈 것으로 예상된다. 그러나 전구는 1,000시간 전 또는 후에 나갈 수 있다. 따라서 전구의 수명은 기대값 1,000을 갖는 확률변수이다. 지수분포의 주목할 만한 특징은 "기억이 없다(memoryless)"는 것이므로, 이는 일정한 고장률을 의미한다. 전구의 예에서 주어진 날에 전구가 나갈 확률은 전구가 10시간, 100시간 또는 1,000시간 동안 이미 사용되었는 지와 관계없음을 의미한다.

로그정규분포

로그정규분포(lognormal distribution)는 정규분포를 참조하여 정의된다. 이는 양의 비대칭이며, 양의 확률변수에 적절한다. 따라서 소득, 부동산 가치, 자산가격과 같은 변수를 설명하는 데 유용하다. 고장률이 일정한 지수분포와 달리, 로그정규분포의 고장률은 시간에 따라 증가하거나 감소할 수 있다. 이러한 유연성으로 인해 로그정규분포는 신규 장비의 고장시간부터 암 환자의 수명 모델링까지 광범위하게 적용된다. 예를 들어, 신규 장비의 시운전 기간에는 고장률이 높다. 그러나 이 초기 기간을 지나가면 후속 고장률은 크게 감소한다. 암 생존자들도 마찬가지다.

확률변수 Y는 자연로그 $X = \ln(Y)$가 정규분포하는 경우 로그정규확률변수다이다. 또는 X가 정규확률변수이면 로그정규확률변수는 $Y = e^X$로 정의된다. 로그정규분포의 확률밀도함수는 다음과 같이 정의된다.

로그정규분포

X를 평균 μ와 표준편차 σ를 갖는 정규분포확률변수라고 하자. 확률변수 $Y = e^X$는 다음과 같이 정의된 확률밀도함수를 갖는 로그정규분포를 따른다.

$$f(y) = \frac{1}{y\sigma\sqrt{2\pi}} \exp\left(-\frac{(\ln(y) - \mu)^2}{2\sigma^2}\right), \quad \text{for } y > 0$$

여기서 π는 약 3.14159, $\exp(x) = e^x$는 지수함수, 그리고 $e \approx 2.718$은 자연로그의 밑이다.

그림 6.25의 그래프는 σ의 다양한 값에 기초한 로그정규밀도함수의 형태를 보여준다. σ가 작아질수록 로그정규분포는 정규분포와 비슷해지기 시작한다.

그림 6.25 다양한 σ값에 대한 μ = 0인 로그정규확률밀도함수

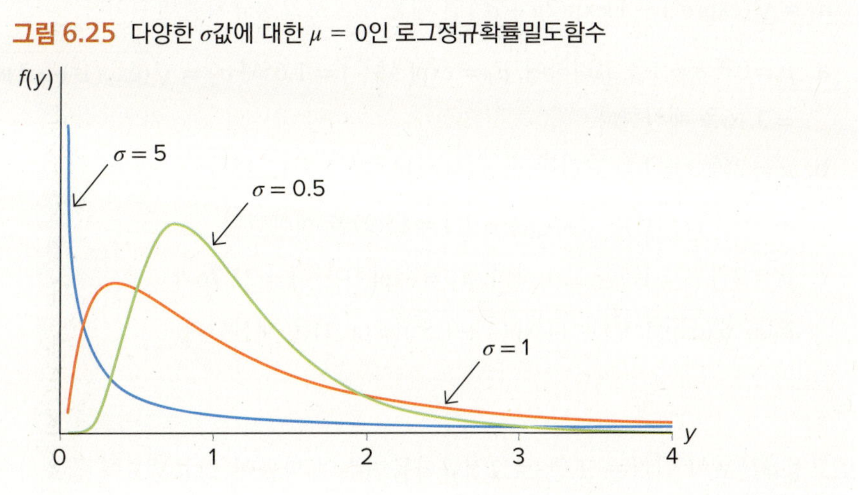

로그정규확률변수 Y의 평균과 분산은 대응하는 정규확률변수 X의 평균과 표준편차와 관련이 있다.

로그정규분포 및 정규분포에 대한 요약측도

X를 평균 μ와 표준편차 σ인 정규확률변수라고 하고, $Y = e^X$를 대응하는 로그정규확률변수라고 하자. Y의 평균 μ_Y와 표준편차 σ_Y는 다음과 같이 산출된다.

$$\mu_Y = \exp\left(\frac{2\mu + \sigma^2}{2}\right) \quad \text{및} \quad \sigma_Y = \sqrt{(\exp(\sigma^2) - 1)\exp(2\mu + \sigma^2)}$$

마찬가지로 정규확률변수 $X = \ln(Y)$의 평균과 표준편차는 다음과 같이 산출된다.

$$\mu = \ln\left(\frac{\mu_Y^2}{\sqrt{\mu_Y^2 + \sigma_Y^2}}\right) \quad \text{및} \quad \sigma = \sqrt{\ln\left(1 + \frac{\sigma_Y^2}{\mu_Y^2}\right)}$$

예제 6.9

기본 정규확률변수의 평균과 표준편차가 다음과 같은 경우, 로그정규확률변수의 평균 및 표준편차를 계산하라.

a. $\mu = 0, \sigma = 1$

b. $\mu = 2, \sigma = 1$

c. $\mu = 2, \sigma = 1.5$

해답:

X가 정규확률변수이기 때문에, $Y = e^X$는 평균 $\mu_Y = \exp\left(\frac{2\mu+\sigma^2}{2}\right)$이고 표준편차 $\sigma_Y = \sqrt{(\exp(\sigma^2) - 1)\exp(2\mu + \sigma^2)}$인 대응되는 로그정규확률변수이다.

a. $\mu = 0$와 $\sigma = 1$을 고려하여, $\mu_Y = \exp\left(\frac{0+1^2}{2}\right) = 1.65$와 $\sigma_Y = \sqrt{(\exp(1^2) - 1)\exp(0 + 1^2)}$ $= 2.16$을 계산한다.

b. $\mu = 2$와 $\sigma = 1$을 고려하여, $\mu_Y = \exp\left(\frac{4+1^2}{2}\right) = 12.18$과 $\sigma_Y = \sqrt{(\exp(1^2) - 1)\exp(4 + 1^2)} = 15.97$을 계산한다.

c. $\mu = 2$와 $\sigma = 1.5$를 고려하여, $\mu_Y = \exp\left(\frac{4+1.5^2}{2}\right) = 22.76$과 $\sigma_Y = \sqrt{(\exp(1.5^2) - 1)\exp(4 + 1.5^2)} = 66.31$을 계산한다.

로그정규분포의 인기는 또한 로그정규확률변수의 확률이 정규분포를 참조하여 쉽게 평가되기 때문이다. 이는 다음 예제에서 보여준다.

예제 6.10

$Y = e^X$라고 하자. 여기서 X는 평균 $\mu = 5$이고 표준편차 $\sigma = 1.2$인 정규분포를 따른다.

a. $P(Y \leq 200)$를 구하라.

b. Y의 90번째 백분위수를 구하라.

해답:

우선 이 문제를 대응하는 정규분포 문제로 전환하여 풀이한다.

a. $P(Y \leq 200) = P(\ln(Y) \leq \ln(200)) = P(X \leq 5.30)$임에 주목하자. 통상적인 방법으로 $x = 5.30$을 변환하여 $z = \frac{5.30 - 5}{1.2} = 0.25$를 구한다. z 분포표에서 $P(Z \leq 0.25) = 0.5987$을 찾는다. 그러면 $P(Y \leq 200) = P(X \leq 5.30) = P(Z \leq 0.25) = 0.5987$이다.

Excel과 R로 로그정규분포와 관련된 문제를 풀이하는 것은 쉽다. Excel의 LOGNORM.DIST 함수를 사용하여 로그정규확률을 찾는다. =LOGNORM.DIST(y, μ, σ, TRUE or FALSE)를 입력한다. 여기서 y는 음이 아닌 값이고, μ와 σ는 기본 정규분포의 평균과 표준편차이다. 마지막 인수에 TRUE를 입력하면 Excel은 누적확률함수 $P(Y \leq y)$를 산출한다. 마지막 인수에 FALSE를 입력하면 Excel은 y 지점에 있는 로그정규분포의 높이를 산출한다. $P(Y \leq 200)$를 찾기 위해 `=LOGNORM.DIST(200, 5, 1.2, TRUE)`를 입력하면 Excel은 0.5982를 산출한다. 이는 z 분포표의 반올림 때문에 수작업 계산과 약간 다름에 유의하자.

b. 90번째 백분위수는 $P(Y < y) = 0.90$인 값 y이다. 우선 $P(Y < y) = 0.90$은 $P(\ln(Y) < \ln(y)) = P(X < x) = 0.90$과 동등하며, 여기서 $x = \ln(y)$이다. z 분포표에서 0.90의 누적확률을 찾아 $z = 1.28$을 얻는다. 역변환을 사용하여 $x = \mu + z\sigma = 5 + 1.28(1.2) = 6.536$을 산출한다. 마지막으로 $y = e^x = e^{6.536} = 689.52$를 계산한다. 따라서 분포의

90번째 백분위수는 689.52이다.

Excel의 **LOGNORM.INV**를 사용하여 특정 y값을 찾을 수 있다. =LOGNORM.INV(*cumulprob*, μ, σ)를 입력한다. 여기서 cumulprob은 y값과 관련된 누적확률이고, μ는 기본 정규분포의 평균, σ는 표준편차이다. $P(Y < y) = 0.90$을 만족하는 y값을 찾기 위해 =LOGNORM.INV(0.90, 5, 1.2)을 입력하면 Excel은 690.808을 산출하는데, 이는 반올림으로 인해 약간 다르다.

로그정규분포에 R 이용하기

로그정규확률을 찾기 위해 R의 **plnorm** 함수를 사용한다. $P(Y \leq y)$를 찾기 위해 plnorm(y, μ, σ, lower.tail = TRUE)를 입력한다. 여기서 y는 평가할 음이 아닌 값이고, μ와 σ는 각각 기본 정규분포의 평균과 표준편차이다. lower.tail=FALSE를 입력하면 R은 $P(Y > y)$를 산출한다. 예제 6.10의 (a)를 다시 참조하여, $\sigma = 1.2$인 $P(Y \leq 200)$를 찾으려면 다음과 같이 입력하라.

```
> plnorm(200, 5, 1.2, lower.tail=TRUE)
```

그러면 R은 0.598164를 산출한다.

R의 **qlnorm** 함수를 사용하여 주어진 누적확률에 대한 특정 y값을 찾는다. qlnorm(*cumulprob*, μ, σ)를 입력한다. 여기서 cumulprob는 y값과 관련된 누적확률이고, μ와 σ는 정규분포의 평균과 표준편차이다. 예제 6.10의 b를 다시 참조하여, $\mu = 5$와 $\sigma = 1.2$일 때 $P(Y < y) = 0.90$을 충족하는 y값을 찾으려면 다음과 같이 입력하라.

```
> qlnorm(0.90, 5, 1.2)
```

그러면 R은 690.808을 산출한다.

연습문제 6.3

53. 포아송 확률변수가 120분 동안 평균 6번의 성공을 한다고 가정하자.

a. 성공 사이의 시간으로 정의되는 확률변수의 평균을 구하라.

b. 적절한 지수분포의 비율모수는 얼마인가?

c. 성공까지의 시간이 60분보다 길 확률을 구하라.

54. 포아송 확률변수가 10분 구간 동안 도착 수 평균이 4라고 가정하자.

a. 도착 사이의 시간에 의해 정의되는 확률변수의 평균은 얼마인가?

b. 다음 도착이 평균시간 내에 있을 확률을 구하라.

c. 다음 도착이 1분에서 2분 사이에 있을 확률을 구하라.

55. 확률변수 X는 평균 0.1의 지수분포를 한다.

a. 비율모수 λ는 얼마인가? X의 표준편차는 얼마인가?

b. $P(X > 0.20)$를 계산하라.

c. $P(0.10 \leq X \leq 0.20)$를 계산하라.

56. 확률변수 X는 확률밀도함수가 $f(x) = 5e^{-5x}$인 지수분포를 한다. X의 평균과 표준편차를 계산하라.

57. 확률변수 X는 기대값 25인 지수분포를 한다.

a. 비율모수 λ는 얼마인가? X의 표준편차는 얼마인가?

b. $P(20 \leq X \leq 30)$를 계산하라.

c. $P(15 \leq X \leq 35)$를 계산하라.

58. X가 $\lambda = 0.5$인 지수분포를 한다고 하자. 다음 값을 계산하라.

a. $P(X \leq 1)$

b. $P(2 < X < 4)$

c. $P(X > 10)$

59. X가 $\mu = 1.25$인 지수분포를 한다고 하자. 다음 값을 계산하라.

a. $P(X < 2.3)$

b. $P(1.5 \leq X \leq 5.5)$

c. $P(X > 7)$

60. X가 다음의 평균과 분산으로 정규분포하는 경우, 로그정규확률변수 $Y = e^X$의 평균 및 분산을 계산하라.

a. $\mu = 3, \sigma^2 = 2$

b. $\mu = 5, \sigma^2 = 2$

c. $\mu = 5, \sigma^2 = 3$

61. $Y = e^X$라고 하자. 여기서 X는 $\mu = 1.8$과 $\sigma = 0.80$인 정규분포를 한다. 다음 값을 계산하라.

a. $P(Y \leq 7.5)$

b. $P(8 < Y < 9)$

c. Y의 90번째 백분위수를 구하라.

62. $Y = e^X$라고 하자. 여기서 X는 정규분포를 한다. 다음 정보를 고려하여 X의 평균과 분산을 계산하라.

a. $\mu_Y = 14, \sigma_Y^2 = 22$

b. $\mu_Y = 20, \sigma_Y^2 = 22$

c. $\mu_Y = 20, \sigma_Y^2 = 120$

63. Y가 평균이 82.8이고 분산이 156.25인 로그정규분포를 한다고 하자. 다음 확률을 계산하라.

a. $P(Y > 100)$

b. $P(80 < Y < 100)$

64. 박쥐가 분당 평균 10마리의 모기를 먹을 수 있다는 연구결과가 나왔다. 분당 먹는 모기의 수가 포아송 분포를 따른다고 가정하자.

a. 모기를 먹는 사이의 평균 시간은 얼마인가?

b. 모기를 먹는 사이의 시간이 15초를 넘을 확률을 구하라.

c. 모기를 먹는 사이의 시간이 15초에서 20초 사이일 확률을 구하라.

65. 지난해 한 연구는 대기업에 대한 민원이 12초당 평균 1건꼴이라는 것을 발견했다. 민원 간 시간이 지수분포한다고 보는 게 타당하다.

a. 민원 사이의 평균 시간은 얼마인가?

b. 다음 민원이 평균 시간보다 일찍 발생할 확률은 얼마인가?

c. 다음 민원이 5초에서 10초 사이에 발생할 확률은 얼마인가?

66. 도로요금소 운영자는 시간당 평균 360대의 차량이 임의로 도착하는 것을 관찰했다.

a. 이 요금소에 도착하는 차량 사이의 평균 시간은 얼마인가?

b. 다음 차량이 10초 이내에 도착할 확률은 얼마인가?

67. 고객은 편의점에서 평균적으로 6분마다 구매한다. 고객구매 간 시간이 지수분포한다고 보는 게 타당하다. 잭은 이 스토어 계산대를 운영하고 있다.

a. 비율모수 λ는 얼마인가? 이 분포의 표준편차는 얼마인가?

b. 잭은 5분간 휴식을 취하길 원한다. 그는 고객을 응대하고 바로 간다면 5분 휴식시간에 누군가 나타날 확률을 낮출 수 있다고 믿는다. 그의 이 믿음이 옳은가?

c. 5분 이내에 고객이 나타날 확률은 얼마인가?

d. 30분 이상 아무도 나타나지 않을 확률은 얼마인가?

68. 한 병원 관리자는 정전으로 인한 전력손실 가능성에 대해 걱정하고 있다. 물론 병원에는 비상발전기가 있지만, 이 발전기 역시 고장 날 수 있고 평균 고장간격이 500시간이다. 고장 사이의 시간이 지수분포한다고 가정하는 것이 합리적이다.

a. 다음 24시간 정전 동안 비상발전기가 고장 날 확률은 얼마인가?

b. 병원이 서로 독립적으로 작동하는 두 대의 비상발전기를 소유하고 있다고 가정하자. 다음 24시간 정전 기간 동안 두 발전기가 모두 고장 날 확률은 얼마인가?

69. 스타벅스 드라이브스루에서 운전자가 주문하기 전에 줄을 서서 기다리는 시간(분)은 확률밀도함수가 $f(x) = 0.2e^{-0.2x}$인 지수분포를 따른다.

a. 운전자가 주문하기 전에 직면한 평균 대기시간은 얼마인가?

b. 운전자가 주문하기 전에 평균 시간보다 더 많이 소비할 확률은 얼마인가?

c. 운전자가 주문하기 전에 10분 이상 소비할 확률은 얼마인가?

d. 운전자가 주문하기 전에 4분에서 6분 사이의 시간을 소비할 확률은 얼마인가?

70. 평균적으로 주 경찰은 90번 주고속도로 위의 특정 장소에서 시간당 8명의 과속자를 붙잡는다. 시간당 과속자의 수가 포아송 분포를 따른다고 가정하자.

a. 주 경찰이 다음 과속자를 10분 미만 기다릴 확률은 얼마인가?

b. 주 경찰이 15분에서 20분 사이로 다음 과속자를 기다릴 확률은 얼마인가?

c. 주 경찰이 다음 과속자를 25분 이상 기다릴 확률은 얼마인가?

71. 바하마는 대서양 10만 평방 마일에 걸쳐 700개의 섬으로 이루어진 열대 낙원이다. 바하마 정부가 발표한 수치에 따르면, 바하마의 평균 가구소득은 39,626달러이고 중간 소득은 33,600달러이다. 한 인구학자가 로그정규확률변수를 사용하여 비대칭 소득분포를 모형화하기로 결정했다. Y는 가구소득을 나타내며, 여기서 정규분포하는 X에 대하여, $Y = e^X$이다. 또한 가구소득의 표준편차가 10,000달러라고 가정하자.

a. X의 평균과 표준편차를 계산하라.

b. 가구소득이 평균보다 높은 바하마 사람들의 비율은 얼마인가?

c. 가구소득이 2만 달러 아래인 바하마 사람들의 비율은 얼마인가??

d. 바하마 소득분포의 75번째 백분위수를 계산하라.

72. 운전자들은 오전시간 동안 분당 2건의 비율로 걸프주유소에 도착한다. 운전자들의 주유소 도착이 포아송 분포를 따른다고 가정하자.

a. 다음 차가 1분 이내에 도착할 확률은 얼마인가?

b. 다음 차가 5분 이후에 도착할 확률은 얼마인가?

73. 일반적인 세탁기는 5년에서 12년 사이로 사용될 수 있다고 잘 알려져 있다. 세탁기의 수명을 로그정규확률변수 $Y = e^X$로 나타내도록 하자. 여기서 X는 정규분포를 한다. 또한 세탁기의 평균수명과 표준편차가 각각 8년, 4년이라고 하자.

a. X의 평균과 표준편차를 계산하라.

b. 10년 이상 사용될 세탁기의 비율은 얼마인가?

c. 6년 미만 사용될 세탁기의 비율은 얼마인가?

d. 세탁기 수명의 90번째 백분위수를 계산하라.

6.4 데이터 분석

사례연구

랭 교수는 살렘주립대학(Salem State University)의 경제학 교수이다. 그녀는 25년 이상 경제학원론 강좌를 가르쳐 왔다. 랭 교수는 상대평가가 비정상적으로 강한(또는 약한) 반에서 우수한(또는 미흡한) 학생들에게 부당하게 불이익(또는 혜택)을 줄 수 있다고 믿기에 곡선(정규분포)으로 평가한 적이 없다. 그녀는 항상 절대척도를 사용하여 학점을 결정하는데, 이는 표 6.4의 왼쪽 두 열에 나와 있다.

Jasper White/Image Source

표 6.4 절대평가 대 상대평가의 학점척도

Absolute Grading		Relative Grading	
Grade	Score	Grade	Probability
A	92 and above	A	0.10
B	78 up to 92	B	0.35
C	64 up to 78	C	0.40
D	58 up to 64	D	0.10
F	Below 58	F	0.05

랭 교수의 동료는 그녀가 상대평가로 변경하도록 설득해왔는데, 상대평가가 예상치 못한 문제에 대한 해결이 가능하기 때문이다. 랭 교수는 표 6.4의 오른쪽의 두 열에 제시된 것과 같은 상대척도를 기준으로 평가하는 실험을 하기로 결정했다. 이 상대평가 방식을 사용하면 상위 10%의 학생들이 A, 다음 35%는 B 등을 받게 된다. 랭 교수는 수년간의 교육경험을 토대로 강좌의 점수가 평균 78.6, 표준편차 12.4인 정규분포를 따른다고 믿는다.

랭 교수는 이 정보를 사용하여 절대척도를 기준으로 확률을 계산하고, 이 확률을 상대척도를 기준으로 한 확률과 비교하려고 한다. 그 다음 상대척도에 기초하여 성적의 점수 범위를 계산하고, 이들 범위를 절대척도와 비교하려고 한다. 마지막으로, 그녀는 어느 평가척도가 더 높은 학점을 받기 어렵게 만드는지 결정하기를 원한다.

샘플보고서—절대평가 대 상대평가

많은 교강사들은 평가가 직업에서 가장 어려운 업무 중 하나라고 한다. 고등교육에서 사용되는 두 가지 일반적인 평가시스템은 상대평가와 절대평가이다. 상대평가 시스템은 표준참조 또는 곡선기반으로 하며, 성적은 수업에서의 학생의 상대적인 위치를 기반으로 한다. 반면, 절대평가 시스템은 기준참조로, 성적이 수업에서의 학생의 절대적인 성취도와 관련이 있다. 간단히 말해서, 절대평가의 경우 학생의 점수는 미리 정해진 척도와 비교되는 반면, 상대평가의 경우 수업에 있는 다른 학생들의 점수와 비교된다.

X가 평균 78.6과 표준편차 12.4로 정규분포하는 랭 교수 수업의 성적을 나타낸다고 하자. 이 정보는 절대척도를 기반으로 성적 확률을 산출하는 데 사용된다. 예를 들어, A를 받을 확률은 $P(X \geq 92) = 0.14$로 산출된다. 유사하게 산출된 다른 확률은 표 6.5에 제시되어 있다.

표 6.5 절대평가와 상대평가에 따른 확률

Grade	Probability Based on Absolute Scale	Probability Based on Relative Scale
A	0.14	0.10
B	0.38	0.35
C	0.36	0.40
D	0.07	0.10
F	0.05	0.05

표 6.5의 두 번째 열은 학생들의 14%가 A, 38%가 B를 받을 것으로 예상됨을 보여준다. 이 수치들은 표 6.5의 세 번째 열에 다시 제시된 상대척도와 전반적으로 일관성이 있지만, 상대척도가 학생들이 더 높은 점수를 받기 어렵게 만드는 것으로 나타난다. 예를 들어, 절대척도의 경우 14%가 A를 받는 반면, 상대척도로는 단지 10%만 받는다.

대안으로, 다양한 학점에 대한 점수범위를 기준으로 두 평가방법을 비교할 수 있다. 표 6.6의 두 번째 열은 절대평가를 기준으로 점수범위를 다시 지정한다. 상대평가를 기준으로 점수범위를 얻기 위해서는 다시 한번 정규분포의 개념을 적용할 필요가 있다. 예를 들어, 상대평가로 A를 받기 위해 필요한 최저 점수는 $P(X \geq x) = 0.10$에서 x를 구하여 산출된다. $P(X \geq x) = 0.10$은 $P(Z \geq z) = 0.10$과 같으므로, $z = 1.28$이 산출된다. 적절한 평균과 표준편차, 그리고 z를 $x = \mu + z\sigma$에 대입하여, 94.47의 x값을 산출한다. 비슷하게 산출된 다른 성적에 대한 범위는 표 6.6의 세 번째 열에 제시되어 있다.

표 6.6 절대평가와 상대평가에 따른 점수의 범위

Grade	Range of Scores Based on Absolute Grading	Range of Scores Based on Relative Grading
A	92 and above	94.49 and above
B	78 up to 92	80.16 up to 94.49
C	64 up to 78	65.75 up to 80.16
D	58 up to 64	58.20 up to 65.75
F	Below 58	Below 58.20

표 6.6의 결과를 다시 한번 비교해보면, 상대척도의 사용은 학생들이 랭 교수의 수업에서 더 높은 성적을 받기 어렵게 한다. 예를 들어, A를 받기 위해 학생들은 상대평가로 적어도 94.47점, 절대평가로 적어도 92점을 받아야 한다. 절대평가와 상대평가 방법 모두 장점이 있으며, 교강사들은 보통 본인의 교육철학에 따라 결정을 내린다. 다만 랭 교수가 학점을 이전의 절대척도와 일관되게 유지하려면 표 6.5의 두 번째 열에 계산된 확률을 기준으로 상대척도를 정해야 한다.

사례연구 제안

보고서 6.1 체질량지수(BMI)는 대부분의 어린이와 청소년들에게 신뢰할 수 있는 체지방 지표이다. 질병통제예방센터(CDC)는 남아뿐만 아니라 여아의 백분위 순위를 구할 수 있는 연령별 BMI 성장률 차트를 보고하였다. 백분위수는 미국 아이들의 키와 성장패턴을 평가하는 데 가장 일반적으로 사용되는 지표이다. 다음 표는 미국의 10세 남아에 대한 체중상태 범주와 해당 백분위 및 BMI 범위를 제공한다.

Weight Status Category	Percentile Range	BMI Range
Underweight	Less than 5th	Less than 14.2
Healthy Weight	Between 5th and 85th	Between 14.2 and 19.4
Overweight	Between 85th and 95th	Between 19.4 and 22.2
Obese	More than 95th	More than 22.2

한 중서부 도시의 보건공무원들은 그들 도시의 아이들의 체중에 대해 우려하고 있다. 그들은 10세 남아의 BMI가 평균 19.2와 표준편차 2.6인 정규분포를 따른다고 믿는다. 보고서에서 이 정보를 사용하여 BMI 범위에 따라 다양한 체중상태 범주에 속하는 이 도시 10세 남아의 비율을 계산하라. 보건공무원들의 우려가 타당한지 논의하라.

보고서 6.2 뮤추얼펀드 투자에 대한 두 가지 일반적인 접근법은 성장투자와 가치투자이다. 성장펀드는 전체 증시에 비해 주가가 더 빠른 비율로 성장할 것으로 예상되는 기업에 투자하는 반면, 가치펀드는 주가가 실제 가치보다 저평가된 기업에 투자한다.

도로시 브레넌는 대형 투자회사에서 재정고문으로 일하고 있어서 1984년부터 2019년 기간의 피델리티 성장지수 뮤추얼펀드(Growth)와 피델리티 밸류지수 뮤추얼펀드(Value)의 연간수익률 데이터에 접근할 수 있다. 그녀는 Growth 펀드의 평균과 표준편차를 각각 15.75%와 23.80%로 계산한다. 대응하는 Value 펀드의 평균과 표준편차는 각각 12.00%와 17.98%이다. 그녀는 펀드의 수익률이 안정적이고 정규분포를 따른다고 믿는다.

보고서에서 표본 정보를 이용하여 다음과 같은 고객 목표에 대한 Growth와 Value 펀드를 비교하고 대조하라. 목표는 (a) 마이너스 수익을 얻을 확률의 최소화, (b) 10%를 초과하는 수익을 얻을 확률의 최대화이다.

보고서 6.3 특정 온도 범위 내에서 보관해야 하는 제품을 위한 다양한 포장 솔루션이 있다. 콜드체인 유통은 온도가 통제된 공급망이다. 중단없는 콜드체인은 특정 온도범위를 유지하는 연속된 일련의 저장 및 유통 활동이다. 콜드체인은 식품과 제약 산업에서 특히 유용하다. 제약산업에서의 콜드체인 유통에 대한 흔히 제안되는 온도범위는 섭씨 2도에서 8도 사이이다.

고팔 바수데바는 머크앤코(Merck & Co)의 포장부서에서 근무하고 있다. 그는 회사가 개발한 새로운 패키지를 분석하는 일을 맡고 있다. 고팔은 반복된 실험으로 이 패키지가 사용되는 동안 유지할 수 있는 평균 온도가 5.6°C이고 표준편차가 1.2°C임을 확인했다. 그는 온도의 분포가 대칭인지 양의 비대칭인지 확신하지 못한다.

보고서에서 표본 정보를 이용하여 온도가 (a) 2°C보다 낮을 확률, (b) 8°C보다 높을 확률을 정규분포와 로그정규분포 근사를 사용하여 계산하고 해석하라. 분석에서 사용된 두 분포로부터의 결과를 비교하라.

핵심 개념

LO 6.1 연속확률변수를 설명할 수 있어야 한다.

연속확률변수는 구간 내에서 셀 수 없는 값으로 특징지어진다. 연속확률변수 X가 특정 값 x를 가정할 확률은 0이다. 즉, $P(X = x) = 0$이다. 따라서 연속확률변수의 경우 지정된 구간 내에서 확률을 계산한다. 더욱이 다음 등식이 성립한다: $P(a \leq X \leq b) = P(a < X < b) = P(a \leq X < b) = P(a < X \leq b)$.

연속확률변수 X의 확률밀도함수 $f(x)$는 음이 아니고 이 함수 아래의 전체 면적은 1이다. 확률 $P(a \leq X \leq b)$는 점 a와 b 사이의 $f(x)$의 아래 면적이다.

확률변수 X의 값 x에 대해 누적분포함수 $F(x)$는 $F(x) = P(X \leq x)$로 정의된다.

LO 6.2 연속균등분포를 따르는 확률변수에 대한 확률을 계산하고 해석할 수 있어야 한다.

연속균등분포는 지정된 범위 내의 값을 가정할 가능성이 동등한 확률변수를 설명한다. 확률은 기본적으로 직사각형의 면적으로 밑변에 높이를 곱한 값이다. 즉, 지정된 구간의 길이에 확률밀도함수 $f(x) = \frac{1}{b-a}$를 곱한 값이다. 여기서 a와 b는 각각 구간의 하한과 상한이다.

LO 6.3 정규분포의 특성을 설명할 수 있어야 한다.

정규분포는 가장 광범위하게 사용되는 연속확률분포이며 통계적 추론의 초석이다. 평균을 중심으로 대칭인 익숙한 종 모양의 분포이다. 정규분포는 모평균 μ와 모분산 σ^2의 두 매개변수로 설명된다.

z 분포라고도 하는 표준정규분포는 평균이 0이고 표준편차(또는 분산)가 1인 정규분포의 특수한 경우이다.

LO 6.4 정규분포를 따르는 확률변수에 대한 확률을 계산하고 해석할 수 있어야 한다.

평균 μ와 표준편차 σ를 갖는 정규분포확률변수 X는 $Z = \frac{X-\mu}{\sigma}$로 표준정규확률변수 Z로 변환될 수 있다. 이 표준변환은 모든 값 x가 $z = \frac{x-\mu}{\sigma}$에 의해 대응되는 값 z를 가짐을 의미한다.

표준정규확률변수 Z는 $X = \mu + Z\sigma$로 평균 μ와 표준편차 σ를 갖는 정규분포확률변수 X로 변환될 수 있다. 이 역변환은 모든 값 z가 $x = \mu + z\sigma$에 의해 대응되는 값 x를 가짐을 의미한다.

LO 6.5 지수분포를 따르는 확률변수에 대한 확률을 계산하고 해석할 수 있어야 한다.

유용한 비대칭 연속확률분포는 지수분포이다. 확률밀도함수가 $x \geq 0$일 때, $f(x) = \lambda e^{-\lambda x}$이면 확률변수 X는 지수분포를 따른다. 여기서 λ는 비율모수이고, $e \approx 2.718$은 자연로그의 밑이다. 분포의 평균과 표준편차는 모두 $1/\lambda$과 같다. $x \geq 0$의 경우, 누적확률은 $P(X \leq x) = 1 - e^{-\lambda x}$로 계산된다.

LO 6.6 로그정규분포를 따르는 확률변수에 대한 확률을 계산하고 해석할 수 있어야 한다.

로그정규분포는 양의 비대칭인 또 다른 유용한 분포이다. X를 평균 μ와 분산 σ^2인 정규확률변수, $Y = e^X$를 대응하는 로그정규확률변수라고 하자. Y의 평균 μ_Y와 표준편차 σ_Y는

$\mu_Y = \exp\left(\frac{2\mu + \sigma^2}{2}\right)$와 $\sigma_Y = \sqrt{(\exp(\sigma^2) - 1)\exp(2\mu + \sigma^2)}$로 각각 산출된다. 동등하게, 정규확률변수 $X = \ln(Y)$의 평균 및 표준편차는 $\mu = \ln\left(\frac{\mu_Y^2}{\sqrt{\mu_Y^2 + \sigma_Y^2}}\right)$와 $\sigma = \sqrt{\ln\left(1 + \frac{\sigma_Y^2}{\mu_Y^2}\right)}$로 각각 산출된다. 로그정규확률변수에 대한 확률은 정규분포를 참조하여 쉽게 평가된다.

추가 연습문제

74. 플로리스트는 매일 오후 1시에서 5시 사이에 배송을 한다. 배송시간이 연속균등분포를 따른다고 가정하자.

a. 이 분포의 평균과 분산을 계산하라.

b. 오후 4시 이후에 배송할 백분율을 결정하라.

c. 오후 2시 30분 이전에 배송할 백분율을 결정하라.

75. 조경디자인센터의 직원이 화분용 흙으로 봉지를 채우는 기계를 사용한다. 각 봉지에 넣은 양이 적게는 10파운드와 많게는 12파운드의 무게로 연속균등분포를 따른다고 가정하자.

a. 이 분포의 기대값과 표준편차를 계산하라.

b. 임의로 선택된 봉지의 무게가 11파운드 이하일 확률을 구하라.

c. 임의로 선택된 봉지의 무게가 최소 10.5파운드일 확률을 구하라.

76. 일반적으로 정상적인 혈압수치는 120/80 수은주 밀리미터 미만이다(www.mayoclinic.org, 2019년 1월 9일). 혈압의 위 수치(수축기)가 120에서 139 사이이거나 또는 아래 수치(확장기)가 80에서 90사이일 때 고혈압 전단계가 의심된다. 최근 한 조사에서는 캐나다인의 수축기 수치가 평균 125와 표준편차가 17, 확장기 수치가 평균 79와 표준편차가 10으로 나타났다. 수축기 및 확장기 수치가 정규분포를 따른다고 가정하자.

a. 높은 확장기 수치로 인한 고혈압 전단계로 고통받고 있는 캐나다인의 비율은 얼마인가?

b. 높은 수축기 수치로 인한 고혈압 전단계로 고통 받고 있는 캐나다인의 비율은 얼마인가?

77. 미국 소비자들은 현금과 수표의 편리한 대체품으로 체크카드를 점점 더 많이 사용하고 있다. 체크카드로 지출되는 평균 연간 금액은 7,790달러이다. 체크카드로 지출된 평균 금액이 표준편차 500달러인 정규분포를 한다고 가정하자.

a. 소비자단체는 대다수의 소비자들이 체크카드에 8,000달러 이상을 지출한다고 말한다. 이 진술에서의 결점을 찾아라.

b. 체크카드로 사용된 금액의 25번째 백분위수를 계산하라.

c. 체크카드로 사용된 금액의 75번째 백분위수를 계산하라.

d. 이 분포의 사분위간 범위는 얼마인가?

78. 한 연구는 성 패트릭의 날(St. Patrick's Day)에 남성들은 평균 43.87달러를 지출하는 반면, 여성들은 평균 29.54달러를 지출한다고 발견했다. 남성과 여성의 지출 표준편차가 각각 3달러와 11달러이고, 두 분포는 정규분포한다고 가정하자.

a. 성 패트릭의 날에 남성이 50달러를 초과해서 지출할 확률은 얼마인가?

b. 성 패트릭의 날에 여성이 50달러를 초과해서 지출할 확률은 얼마인가?

c. 성 패트릭의 날에 남성 또는 여성 어느 쪽이 50달러를 초과해서 지출할 가능성이 더 높은가?

79. 리사 멘더스와 브래드 리는 AT&T 휴대폰매장의 영업부에서 일하고 있다. 매월 리사는 평균 48명의 신규 휴대폰 고객을 22명의 표준편차로 등록하고 있으며, 브래드는 평균 56명의 신규 고객을 17명의 표준편차로 등록하고 있다. 매장 매니저는 리사와 브래드 모두에게 한 달에 100명 이상의 신규 고객을 등록하는 경우 100달러의 인센티브 보너스를 제공한다. 다음 질문에 답하기 위해 정규분포를 가정하자.

a. 리사가 100달러의 인센티브 보너스를 받을 확률은 얼마인가?

b. 브래드가 100달러의 인센티브 보너스를 받을 확률은 얼마인가?

c. 결과에 놀랐는가? 설명하라.

80. 주고속도로 I-95의 특정 구간에서의 차량 속도는 평균 72와 표준편차 15로 정규분포하는 것으로 알려져 있다. 방금 한 경찰이 운전자의 약 3%가 극히 위험한 속도로 운전한다고 말했다. 경찰이 극히 위험하다고 생각하는 최저 속도는 얼마인가?

81. 한 지역의 평균 가구소득은 8만 달러로 알려져 있다. 또한 가구의 20%는 소득이 6만 달러 미만이고 다른 20%는 9만 달러 이상이다. 이 지역에서 가구소득을 모형화하기 위해 정규분포를 사용하는 것이 타당한가?

82. 한 회사에서 생산하는 부품의 길이는 평균 6 cm, 표준편차 0.02 cm로 정규분포하고 있다. 부품 길이의 1, 2, 3 사분위수를 계산하라.

83. 인도에서 명문 MBA 프로그램의 입시는 수험생 상위 10%만 입학하는 국가시험으로 결정된다. 이 시험의 점수는 평균 420점과 표준편차 80점인 정규분포를 따른다고 알려져 있다. 파룰 몽가는 이 프로그램에 참여하기 위해 필사적으로 노력하고 있다. 그녀가 입학하기 위해 받아야하는 최저 점수는 얼마인가?

84. 새로운 정수시스템이 모든 부품과 수리를 포함하는 10년 보증과 함께 판매된다. 이 정수시스템의 수명이 평균 16년, 표준편차 5년인 정규분포를 따른다고 가정하자.

a. 보증기간 동안 정수시스템이 수리를 필요로 할 확률은 얼마인가?

b. 이 정수회사는 새로운 시스템을 설치할 때마다 300달러의 수익을 올린다고 가정하자. 그러나 보증기간 동안 시스템을 수리해야 할 경우 이 수익은 50달러로 감소한다. 1,000개의 새로운 정수시스템을 설치할 경우 회사의 기대수익을 구하라.

85. IQ 점수는 평균 100이고 표준편차 16인 정규분포를 한다고 가정하자.

a. 임의로 선택된 사람이 80 미만의 IQ 점수를 가질 확률은 얼마인가?

b. 임의로 선택된 사람이 125보다 높은 IQ 점수를 가질 확률은 얼마인가?

c. 상위 2.5%의 IQ 점수를 갖기 위한 최저 점수는 얼마인가?

86. 작은 중서부 지역의 연간 가구소득이 평균 55,000달러, 표준편차 4,500달러인 정규분포를 한다고 가정하자.

a. 임의로 선택된 가구가 50,000달러와 65,000달러 사이의 소득을 가질 확률은 얼마인가?

b. 임의로 선택된 가구가 70,000달러보다 많은 소득을 가질 확률은 얼마인가?

c. 상위 5%의 소득이 되기 위해 가구가 벌어야 하는 최저 소득은 얼마인가?

d. 하위 40%의 소득이 되기 위해 가구가 벌어야 하는 최고 소득은 얼마인가?

87. 뉴저지에 있는 가든 스테이트 파크웨이의 특히 혼잡한 구역에서, 경찰은 레이더 총을 사용하여 과속자들을 적발한다. 연속된 과속자 사이에 경과한 시간이 평균 15분인 지수분포를 한다고 가정하자.

a. 비율모수 λ를 계산하라.

b. 연속된 과속자 사이의 경과시간이 10분 미만일 확률은 얼마인가?

c. 연속된 과속자 사이의 경과시간이 25분을 초과할 확률은 얼마인가?

88. 지역 법률사무소에서 프린터 작업이 시간당 8건의 속도로 전송된다. 프린터로 전송되는 작업의 수가 포아송 분포를 따른다고 가정하자.

a. 연속된 작업 사이의 기대시간은 얼마인가?

b. 다음 작업이 5분 이내에 전송될 확률은 얼마인가?

89. 미국 연방수사국에 따르면 22초마다 강력범죄가 발생하고 있다. 연속적인 강력범죄 사이의 시간이 지수분포한다고 가정하자.

a. 다음 1분 안에 미국에서 강력범죄가 발생할 확률은 얼마인가?

b. 이전 1분 동안 강력범죄가 발생하지 않은 경우, 다음 1분 동안 강력범죄가 발생할 확률은 얼마인가?

90. 스코틀랜드 경찰과 관련된 충격적인 뉴스는 근무 중 차량 충돌의 수에 관한 것이다. 통계에 따르면 스코틀랜드 경찰의 차량은 연간 1,000건의 교통사고가 있었다. 근무 중인 차량과 관련된 충돌횟수가 포아송 분포를 따른다고 가정하자.

a. 연속된 충돌 사이의 평균 일수는 얼마인가?
b. 적절한 지수분포의 비율모수는 얼마인가?
c. 다음 차량이 1일 이내에 충돌할 확률은 얼마인가?

91. 자동차 소유자가 특정 종류의 레디알 타이어로 가는 주행거리(1,000마일 단위)는 평균 50의 지수분포를 하는 확률변수이다.

a. 타이어가 최대 40,000마일을 갈 확률은 얼마인가?
b. 타이어가 적어도 65,000마일을 갈 확률은 얼마인가?
c. 타이어의 수명이 70,000마일에서 80,000마일 사이일 확률은 얼마인가?

92. 한 대형 기술회사는 광고도 하지 않은 직종에 대해 10일마다 평균 12개의 신규 입사지원서를 받는다. 수신된 입사지원서의 수가 포아송 분포를 따른다고 가정하자.

a. 연속적인 입사지원 사이의 평균일수는 얼마인가?
b. 다음 입사지원이 1일 내에 접수될 확률은 얼마인가?
c. 다음 입사지원이 다음 1일에서 2일 사이에 접수될 확률은 얼마인가?

93. 한 인기 있는 어린이 알레르기 치료제의 표준 복용량에 의한 증상완화시간의 평균은 6시간이고, 표준편차는 2시간이다.

a. 완화시간이 정규분포를 따르는 경우 4시간 미만 동안 완화를 경험하는 어린이의 백분율을 결정하라.
b. 완화시간이 로그정규분포를 따르는 경우 4시간 미만 동안 완화를 경험하는 어린이의 백분율을 결정하라.
c. 이 두 분포에 기초한 결과를 비교하라.

94. 평균적으로 어떤 종류의 주방가전제품은 4년에 한 번씩 수리가 요구된다. 수리 사이의 시간이 지수분포한다고 가정하자.

a. 가전제품이 수리 없이 3년 이하 작동할 확률은 얼마인가?
b. 가전제품이 수리 없이 적어도 6년을 작동할 확률은 얼마인가?

95. 자동차 소유자가 특정 종류의 레디알 타이어로 가는 주행거리(1,000마일 단위)는 $Y = e^X$의 로그정규분포를 하는 확률변수 Y이다. 여기서 X는 정규분포를 한다. 레디알 타이어 수명의 평균과 표준편차를 각각 40,000마일과 5,000마일이라고 하자.

a. X의 평균 및 표준편차를 계산하라.
b. 50,000마일 이상 갈 수 있는 타이어의 비율은 얼마인가?
c. 수명이 35,000마일을 넘지 않는 타이어의 비율은 얼마인가?
d. 타이어 기대수명의 95번째 백분위수를 계산하라.

96. 미국 인구조사국은 미국 가구의 평균소득이 71,932달러인 반면, 중위소득은 52,353달러라고 보고했다. 소득을 로그정규확률변수 $\mathrm{Y} = \mathrm{e}^{\mathrm{X}}$로 나타낼 수 있다고 하자. 여기서 X는 정규분포를 하며, X의 평균과 표준편차는 각각 11.1과 0.4이다.

a. 가구소득이 50,000달러 미만일 확률은 얼마인가?
b. 가구소득이 60,000달러보다 클 확률은 얼마인가?
c. 99번째 백분위수에 위치하는 가구의 최저소득은 얼마인가?
d. 10번째 백분위수에 위치하는 가구의 최고소득은 얼마인가?

7 표본추출과 표집분포

Sampling and Sampling Distributions

학습목차_Chapter Contents

학습목표_Learning Objectives

이 장을 학습한 후에,

LO 7.1 일반적인 표본편향을 설명할 수 있어야 한다.
LO 7.2 다양한 표집방법을 설명할 수 있어야 한다.
LO 7.3 표본평균의 표집분포를 설명할 수 있어야 한다.
LO 7.4 중심극한정리의 중요성을 설명할 수 있어야 한다.
LO 7.5 표본비율의 표집분포를 설명할 수 있어야 한다.
LO 7.6 유한모집단수정항을 사용할 수 있어야 한다.
LO 7.7 수치형 변수와 범주형 변수에 대한 관리도를 작성하고 해석할 수 있어야 한다.

지난 몇 장에서는 이산형 및 연속형 확률변수를 분석하기 위한 모비율(population proportion)과 모평균(population mean)과 같은 모수에 대한 정보를 다루었다. 많은 경우 모수에 대한 정보가 없기 때문에 표본통계량을 바탕으로 통계적 추론을 한다. 통계적 추론의 신뢰성은 그 기초가 되는 표본의 품질에 달려 있다.

이 장에서는 먼저 좋은 표본을 추출하는 다양한 방법에 대해 논의하고, 또한 표본이 모집단을 잘못 대표하는 사례를 강조한다. 주어진 통계적 문제는 단지 한 개의 모집단에 관여하지만, 통계량이 산출될 수 있는 많은 가능한 표본이 있음을 유의해야 한다. 따라서 모수는 상수인 반면, 표본통계량은 임의표본의 선택에 따라 값이 달라지는 확률변수이다.

그 다음 표본통계량의 속성을 평가하는 방법에 대해 논의한다. 특히 단순임의표집을 기반으로 표본평균과 표본비율의 확률분포를 학습한다. 마지막으로, 이들 분포를 사용하여 품질을 모니터링하고 개선하기 위해 널리 사용되는 통계적 도구인 관리도를 작성한다.

KPG_Payless/Shutterstock

도입사례_*Introductory Case*

아이스커피 마케팅

카밀라 푸엔테스는 고급 커피숍의 주인이다. 그녀는 한산한 시간대의 고객층을 늘리고 싶은데, 주로 월요일부터 목요일까지 오후 1시에서 4시 사이이다. 이 시간 구간 한 달 동안, 그녀는 고객들이 반값 아이스커피 음료를 즐길 수 있는 해피아워를 시행하기로 결심한다. 카밀라가 기록을 검토한 결과, 프로모션 전에는 고객들이 평균 4.18달러와 표준편차 0.84달러로 아이스커피를 소비한 것으로 나타났다. 또한 아이스커피 고객 중 43%가 여성, 21%가 10대 소녀였다.

프로모션이 끝난 후, 카밀라가 아이스커피 고객 50명을 대상으로 설문조사를 한 결과, 평균 4.26달러를 소비한 것으로 나타났다. 또한 고객 중 23명(46%)이 여성이었고, 17명(34%)이 10대 소녀였다. 카밀라는 이 프로모션이 효과적이었는지 확인하고 싶다. 즉, 만약 그녀가 해피아워를 선택하지 않았었다면, 그러한 성과를 가질 수 있었을까? 카밀라는 설문조사 정보를 이용하여 다음을 하고자 한다.

1. 고객들이 아이스커피에 평균 4.26달러 이상을 소비할 확률을 계산한다.
2. 아이스커피 고객 중 46% 이상이 여성일 확률을 계산한다.
3. 아이스커피 고객 중 34% 이상이 10대 소녀일 확률을 계산한다.

이 사례의 분석결과는 7.3절의 마지막에 제공된다.

7.1 표본추출

통계학의 주요 부분은 통계적 추론과 관련되며, 여기서 모수에 대한 추정 또는 그러한 모수에 대한 가설을 검정하는 문제를 검토한다. 모집단이 통계적 문제에서 관심 있는 모든 항목으로 구성됨을 기억하자. 만약 전체 모집단을 포함하는 데이터에 접근한다면, 모수의 값이 알려질 것이므로 통계적 추론이 필요하지 않을 것이다. 일반적으로 전체 모집단에 대한 데이터를 수집하는 것은 가능하지 않기 때문에, 모집단의 하위집합 또는 표본을 사용하고 이 정보를 이용하여 통계적 추론을 한다. 인구 센서스와 설문조사 데이터를 모집단과 표본 데이터의 대표로 각각 생각할 수 있다. 인구 센서스는 전국의 거의 모든 사람을 포함하는 반면, 설문조사는 특정 범주에 맞는 소수의 사람들을 대상으로 한다. 정기적으로 설문조사 데이터를 사용하여 정부와 기업 활동을 분석한다.

모집단 대 표본

모집단(population)은 통계적 문제에서 관심 있는 모든 항목으로 구성되는 반면, 표본(sample)은 모집단의 부분집합이다. 표본통계량 또는 단순히 통계량을 사용하여 알려지지 않은 모수에 대해 추론한다.

이후 장에서는 표본 정보를 기반으로 하는 추정(estimation)과 가설검정(hypothesis testing)을 탐색한다. 통계적 방법이 아무리 정교하더라도 통계적 추론의 신뢰성은 그 기반이 되는 표본의 품질에 달려 있다는 점에 유의해야 한다. '좋은(good)' 표본에 대한 기본적인 요구사항은 표본이 설명하려는 모집단을 대표한다는 것이다. 표본으로부터의 정보가 모집단에서의 전형적인 정보와 체계적인 방식으로 다른 경우 **편향(bias)**이 발생했다고 한다.

편향(bias)은 표본통계량이 모수를 체계적으로 과대평가하거나 과소평가하는 경향을 말한다. 이는 흔히 모집단을 대표하지 않는 표본으로 인해 발생한다.

'나쁜' 표본의 고전적인 사례: *Literary Digest*의 1936년 대실패

이론적으로 좋은 표본에 기초하여 모집단에 대한 결론을 도출하는 것은 논리적으로 들린다. 그러나 실제로 무엇이 '좋은' 표본을 구성하는가? 유감스럽게도 '나쁜(bad)' 표본을 수집하는 많은 방법이 있다. *Literary Digest*의 1936년 대선을 예측하려는 시도는 당혹스러울 정도를 부정확한 여론조사의 고전적인 예이다.

1932년 대공황 속에서 후버(Herbert Hoover)는 백안관에서 퇴출되었고, 루즈벨트(Franklin Delano Roosevelt)가 미국의 32대 대통령으로 선출되었다. 4년 안에 대공황을 끝내려는 루즈벨트의 시도는 대부분 실패했지만, 그는 일반 대중의 믿음을 유지했다. 1936년 루즈벨트는 공화당 후보이자 캔자스 주지사인 랜던(Alf Landon)에 대항하여 재선에 출마했다. 영향력 있고 일반적 관심사 주간지인 *Literary Digest*는 이전에도 5차례 성공했던 것처럼 차기 미국 대통령을 예측하길 원했다.

역사상 가장 큰 규모의 여론조사를 실시한 후, *Literary Digest*는 랜던이 57%의 득표율로 43%의 루즈벨트에 압승할 것으로 예측했다. 게다가 *Literary Digest*는 이 예측이 실제 투표의 1% 분율 이내일 것이라고 주장했다. 그러나 결과적으로 루즈벨트가 62%의 득표율로 랜던의 38%를 압도적으로 이겼다. 그러면 무엇이 잘못되었는가?

*Literary Digest*는 1,000만 명(당시 투표인구의 4분의 1)에게 엽서를 보냈고, 240만 명으로부터 응답을 받았다. 일부에게는 24%(=2.4/10)의 응답률이 낮아 보일 수 있지만, 실제로 이런 유형의 여론조사에서는 합리적인 응답률이다. 이 여론조사에서 이례적인 점은 *Literary Digest*가 응답자의 명단을 구한 방식에 있다. *Literary Digest*는 자신의 구독자 명단, 클럽회원권 명부, 전화번호부, 그리고 자동차 등록번호를 임의로 추출했다. 이 표본은 주로 중산층과 상류층을 반영했다. 즉, 추출된 대다수가 공화당 후보에게 투표하려는 경향이 있는 더 부유한 사람들이었다. 예를 들어 1930년대를 돌이켜보면, 전화기를 소유하는 것은 전혀 보편적이지 않았다. 1936년에는 1,100만 대의 가정용 전화만이 사용되었으며, 이 가정들은 불균형적으로 부유하고 랜던에 호의적이었다. *Literary Digest*가 도입한 표본추출 방법론은 **선택편향(selection bias)**으로 어려움에 처했다. 모집단의 부분이 표본에서 제대로 표현되지 않을 때 선택편향이 발생한다. 루즈벨트의 지지는 여론조사에서 의견이 반영되지 않은 저소득층에서 나왔다. 불행하게도 그 표본은 일반적인 유권자들을 잘못 반영했다.

> 선택편향(selection bias)은 표본에 대한 고려에서 특정 집단을 체계적으로 충분히 대표하지 못하는 것을 말한다.

*Literary Digest*는 어떻게 다르게 했어야 했는가? 최소한, 전화번호부와 자동차 등록보다는 유권자 등록 명단에서 표본을 얻었어야 했다는 것에 대부분 동의할 것이다.

선택편향 외에도 *Literary Digest*의 조사는 또한 많은 **무응답편향(nonresponse bias)**이 있었다. 이는 설문이나 여론조사에 응답한 사람이 비응답자와 체계적으로 다를 때 발생한다. 설문조사에서는 교육받은 사람 중 설문지를 회신하는 비율이 높았다. 이 기간 동안, 더 많은 교육을 받은 사람들은 공화당 후보를 선호하는 부유한 가정 출신인 경향이 있었다.

> 무응답편향(nonresponse bias)은 응답자와 비응답자 사이에 설문조사나 여론조사에 대한 선호도가 체계적으로 차이가 있는 것을 말한다.

무응답편향에 대처하는 가장 효과적인 방법은 무응답률을 줄이는 것이다. 설문조사 설계, 문구, 질문 순서에 주의를 기울이면 응답률이 높아질 수 있다. 때로는 매우 많은 수의 설문조사표를 발송하기보다는 응답률이 높을 가능성이 높은 더 작은 대표성 있는 표본을 사용하는 것이 더 선호될 수 있다.

1936년 대선을 누군가 정확히 예측한 것으로 드러났다. 갤럽(George Gallup)이라는 이름의 젊은 여론조사자는 응답률 10%(5,000명)의 5만 명 표본에서 루즈벨트가 56%의 득표율로 랜던의 44%를 이길 것으로 예측했다. 낮은 응답률의 훨씬 작은 표본을 사용했음에도 불구하고, 실제 투표인구를 훨씬 더 잘 대표한다. 갤럽은 이후 갤럽기구(Gallup Organization)를 설립했는데, 역대 최고의 여론조사 회사 중 하나이다.

2016년 트럼프의 놀라운 승리

2016년 미국 대선 결과는 클린턴(Hillary Clinton)이 트럼프(Donald Trump)를 이길 것으로 일관되게 예측한 전국 및 주 선거여론조사를 따르던 거의 모든 사람들을 놀라게 했다(www.pewresearch.org, 2016년 11월 9일). 선택편향과 무응답편향의 문제는 오늘날에도 지속되고 있는 것으로 나타난다. 많은 여론조사기관들과 전략가들은 선거일에 트럼프를 지지하는 핵심 인구였던 교외의 백인 유권자들이 여론조사를 완전히 피했다고 믿는다. 또한 선거운동을 이끈 좌절감과 반헌법적 감정이 이들 같은 유권자들이 여론조사에 응답하지 않으려는 의향을 갖도록 한 것으로 생각되었다(www.politico.com, 2017년 3월 27일).

2016년 선거에서 여론조사의 실책을 설명하는 데 있어 어느 정도 설득력을 얻은 또 다른 이론은 **사회적 요망성 편향(social-desirability bias)**이 존재한다는 것이었다. 이 편향은 유권자들이 다른 사람들이 그들의 궁극적인 선택에 대해 좋지 않게 볼 것이라고 생각하기 때문에 설문조사나 여론조사에 부정확한 응답을 제공할 때 발생한다.

> 사회적 요망성 편향(social-desirability bias)은 설문조사나 여론조사에 대한 한 집단의 '사회적으로 받아들일 수 있는' 응답과 이 집단의 궁극적인 선택 사이의 체계적인 차이를 의미한다.

트럼프의 선동적인 발언 때문에, 많은 유권자들은 그들의 동료들에 의해 그와 연관되기를 원하지 않았다. 이는 트럼프가 온라인 여론조사에서 꾸준히 더 좋은 성과을 거뒀다는 사실로 완벽하게 입증됐다. 예를 들어 전화 여론조사에서 클린턴이 트럼프를 9% 포인트 앞섰지만, 온라인 여론조사에서는 클린턴이 단지 4% 포인트 앞섰다(*The New York Times*, 2016년 5월 11일). 이는 사회적 요망성 편향에 대응하는 한 가지 방법이 온라인 설문조사를 사용하는 것임을 시사하는 것으로 보인다. 그들의 결점에도 불구하고, 온라인 설문조사는 익명의 투표소와 비슷하고 여론조사자들의 인적 요소를 제거한다.

표집방법

앞서 언급했듯이, "좋은" 표본의 일차적인 요건은 묘사하려는 모집단을 대표해야 한다는 것이다. 모집단에 대해 통계적으로 타당한 결론을 도출하는 데 사용할 수 있는 표본의 기본유형은 **단순임의표본(simple random sample)**이다.

> **단순임의표본**
>
> 단순임의표본(simple random sample)은 모집단으로부터 선택될 확률이 다른 n개의 관측치 표본과 동일한 n개의 관측치 표본이다. 대부분의 통계적 방법은 단순임의표본을 가정한다.

단순임의표본이 가장 일반적으로 사용되는 표집(sampling) 방법이지만, 일부 상황에서는 다른 표집방법이 단순임의표본보다 더 장점을 갖는다. 표본을 추출하는 두 가지 대안적 방법은 층화임의표집과 군집표집이다.

정치여론조사자들은 국가의 각 영역, 즉, 인종, 종교집단 등이 표본에 적절하게 표현되는지 확인하기 위한 시도로서 흔히 **층화임의표집(stratified random sampling)**을 사용한다. 층화임의표집을 통해 모집단은 한 개 이상의 분류기준에 따라 그룹(층)으로 나뉜다. 그 다음 모집단의 각 층의 상대적 크기에 비례하는 크기로 각 층에서 단순임의표본을 추출한 다음, 이 표본들을 합친다.

층화임의표집

층화임의표집(stratified random sampling)에서 모집단은 우선 층(*strata*)이라고 불리는 상호배반적(mutually exclusive)이고 전체포괄적(collectively exhaustive)인 집단으로 나뉜다. 층화표본에는 각 층에서 임의로 선택된 관측치가 포함된다. 층별 관측치의 수는 모집단에서의 층의 크기에 비례한다. 각 층에 대한 데이터를 결국 합친다.

층화임의표집은 두 가지 장점이 있다. 첫째, 관심 있는 세분화된 모집단이 표본에 나타나도록 보장한다. 둘째, 층화임의표집으로 생성된 모수의 추정치는 단순임의표집에서 얻은 추정치보다 정밀도가 높다.

특정 도시에서 마리화나 판매점의 개점을 대다수의 가구가 선호하는지를 결정하기 위해 대중 여론조사를 실시한다고 가정해보자. 이전 조사로부터 취학연령의 자녀가 있는 가구는 개점에 반대하는 경향이 있다고 알려져 있다고 가정하자. 이 도시의 가구 중 70%에 취학연령의 자녀가 있다. 시가 비례층화 표집계획을 추진할 경우, 표본의 70%는 취학연령 자녀가 있는 가구로, 나머지 30%는 취학연령 자녀가 없는 가구로 구성될 것이다.

군집표집(cluster sampling)은 대표성 있는 표본을 추출하는 또 다른 방법이다. 모집단을 지리적 영역과 같은 그룹(군집)으로 분리한 다음, 분석을 위해 그룹을 표본추출함으로써 군집표본은 구성된다. 이 기법은 모집단에서의 변동 대부분이 그룹 간에 있지 않고 그룹 내에 있을 때 가장 효과가 좋다. 이러한 경우, 군집은 모집단의 축소판이다.

군집표집

군집표집(cluster sampling)에서 모집단은 먼저 *군집*(*clusters*)이라고 하는 상호배반적(mutually exclusive)이고 전체포괄적(collectively exhaustive)인 집단으로 분리된다. 군집표본에는 임의로 선택된 군집의 관측치가 포함된다.

일반적으로 군집표집은 다른 표집방법에 비해 저렴하다. 그러나 같은 표본크기의 경우 단순임의표집 또는 층화표집보다 정밀도가 낮다. 군집표집은 모집단이 도시 블록, 학교 및 기타 지리적 지역과 같은 자연적인 군집에 집중되어 있는 경우에 유용하다. 모집단 구성원의 전체 목록을 작성하는 것이 어렵거나 비용이 많이 드는 경우 특히 매력적이다. 예를 들어 월마트에 가는 고객들의 전체 리스트를 작성하는 것이 가능하지 않을 수 있기 때문에, 선택된 마트만의 고객을 포함하는 표본을 구성할 수 있다.

층화표집 대 군집표집

층화표집(stratified sampling)에서는 표본이 각 그룹으로부터 관측치를 구성하지만, 군집표집(cluster sampling)에서는 표본이 선택된 그룹의 관측치로 구성된다. 정밀도를 높이는 것이 목적인 경우 층화표집이 선호되고, 비용절감이 목적인 경우 군집표집이 선호된다.

실제로 근본적인 모집단의 대표성 있는 진정한 임의표본을 얻는 것은 매우 어렵다. 연구자로서, 표본이 선택된 모집단을 알고, 결론을 그 모집단으로 제한할 필요가 있다. 교재의 나머지 부분에서, 표본 데이터에 '인간의 오류'가 없다고 가정한다. 즉, 옳은 모집단에서 표본을 추출했고(선택편향 없음), 무응답 또는 사회적 요망성 편향이 없으며, 데이터를 적절하게 수집, 분석 및 보고했다.

Excel 및 R을 이용하여 단순임의표본 생성하기

Excel과 R은 단순임의표본을 추출하는 데 사용할 수 있는 함수를 제공한다. 예제 7.1은 이러한 함수 중 일부를 사용하는 것을 보여준다.

예제 7.1

증가하는 등록금 비용을 절충하기 위해 일하면서 대학을 다니는 학생의 수가 증가했다. 올필리아 경영대학(OCOB)의 학장이 재학 중에 일하는 학생들의 성적을 분석하려고 한다. 분석을 위해 Excel 또는 R을 이용하여 2,750명의 OCOB 학생으로부터 추출한 100명의 임의표본을 생성하라.

해답:

학생마다 고유 학생번호가 있기 때문에 가장 작고 가장 큰 학생번호로 1과 2,750을 사용하여 순서대로 정렬한 목록을 만드는 것부터 시작한다. 그 다음 이들 값 사이에서 100개의 임의 정수(숫자)를 생성하고, 이 숫자들을 이용하여 순서를 기반으로 목록에 있는 학생을 식별한다.

Excel 이용

Excel의 **RANDBETWEEN** 함수를 사용하여 일정한 구간 내의 임의의 정수를 생성한다. =RANDBETWEEN(lower, upper)을 입력한다. 여기서 하한과 상한은 각각 구간에서 가장 작은 정수와 가장 큰 정수를 나타낸다. 이 예제에서는 `=RANDBETWEEN(1, 2750)`을 입력한다. Excel이 983을 산출한다고 가정해보자. 리스트의 순서가 983인 학생이 표본으로 선택된다. 나머지 99개의 숫자를 생성하려면 값이 983인 셀을 선택하고 99개의 추가적인 셀을 끌어내린 다음, 메뉴로부터 **홈(Home)** > **채우기(Fill)** > **아래(Down)**를 선택한다.

R 이용

R의 **sample** 함수를 사용하여 일정한 구간 내에 임의의 정수를 생성한다. sample(lower:upper, *n*)을 입력한다. 여기서 하한과 상한은 각각 구간에서 가장 작은 정수와 가장 큰 정수를 나타내며, *n*은 표본크기를 나타낸다. 임의표본을 Sample_draw라고 지정한다. 다음과 같이 입력하라.

```
> Sample_draw <- sample(1:2750, 100)
> Sample_draw
```

연습문제 7.1

1. 에어팟(AirPods)은 애플의 가장 인기 있는 액세서리 제품으로 2018년 한 해에만 3,500만 대가 판매되었다(*AppleInsider*, 2019년 3월 15일). 미국에서 에어팟을 구매한 사람들의 연령 프로필을 확인하는 책임을 맡고 있다고 가정해보자. 대표성 있는 표본을 선택하기 위해 사용할 수 있는 다음 표집 전략을 상세히 설명하라.
   a. 단순임의표집
   b. 층화임의표집
   c. 군집표집
2. 한 마케팅 회사가 주말에 지역 쇼핑몰에 작은 부스를 열어 쇼핑객들에게 푸드코트에서 지출한 금액을 질문한다. 목적은 쇼핑하는 사람들의 월 평균 푸드코트 지출을 확인하는 것이다. 마케팅 회사가 표집 편향을 범하였는가? 논의하라.
3. 나탈리 민은 버클리 하스 경영대학원(Haas School of Business at Berkeley)의 학부생이다. 그녀는 버클리 MBA 과정에 들어가길 소망하기에, 버클리 MBA 프로그램에 지원할 가능성이 있는 다른 학생들의 프로필을 알고 싶어한다. 특히, 그녀는 함께 경쟁할 수 있는 학생들의 학점(GPA)을 알고 싶어한다. 분석을 위해 그녀는 회계 수업의 학생 40명을 임의로 설문조사한다. 나탈리의 분석이 대표성 있는 표본을 바탕으로 한 것인지 아닌지 자세히 논의하라.
4. 캘리포니아주 그로버비치에 있는 대형 슈퍼마켓인 본스(Vons)는 매장의 영업시간을 주7일 오전 7시부터 자정까지에서 오전 6시부터 자정까지로 연장하는 것을 고려하고 있다. 다음 표집전략에서 표집편향을 논의하라.
   a. 그로버비치 지역의 임의로 선택된 거주자에게 매장시간에 대한 선호도를 질문하는 선불봉투를 우편으로 보낸다.
   b. 오전에 자주 매장을 방문하는 고객에게 더 이른 영업시간을 선호하는지 질문한다.
   c. 매장시간에 대한 선호도를 매장의 웹사이트에 제출하도록 요청하는 지역신문 광고를 낸다.
5. 본스의 매장시간과 관련된 이전 질문에서 다음의 표집전략에 따라 대표성 있는 표본을 얻을 수 있는 방법을 설명하라.
   a. 단순임의표집
   b. 층화임의표집
   c. 군집표집

7.2 표본평균의 표집분포

앞에서 언급했듯이, 우리는 일반적으로 모집단의 특성에 관심이 있다. 예를 들어 한 차량공유 회사는 한 대도시의 평균소득(모평균)에 관심이 있다. 유사하게 한 은행원은 모기지 보유자들의 채무불이행 확률(모비율)에 관심이 있다. 모평균은 수치형 변수를 설명하고, 모비율은 범주형 변수를 설명함을 기억하자. 전체 모집단을 분석하는 것은 불가능하거나 번거롭기 때문에, 일반적으로 모집단에서 추출한 임의표본을 바탕으로 모집단의 특성에 대한 추론을 한다.

모집단은 하나뿐이지만, 모집단으로부터 주어진 크기의 수많은 표본이 추출될 수 있음을 아는 것이 중요하다. 따라서 모수는 값이 알려져 있지 않더라도 상수이다. 반면에 표본평균 또는 표본비율(sample proportion)과 같은 통계량은 모집단에서 임의로 추출한 특정 표본에 따라 값이 달라지는 확률변수이다.

> **모수 대 통계량**
>
> 모수(parameter)는 상수이지만, 그 값이 알려져 있지 않을 수 있다. 통계량(statistic)은 선택된 임의표본에 따라 값이 달라지는 확률변수이다.

한 대도시의 평균소득이 관심 있는 변수라고 가정해보자. 주민 38명 주민의 임의표본에 기초하여 모평균 소득에 관한 추론을 하기로 결정한다면, 표본평균 $\overline{X}$가 관련 통계량이다. 주민 38명의 다른 임의표본을 선택하면 $\overline{X}$의 값이 달라짐에 주목하자. 즉, $\overline{X}$는 선택한 임의표본에 따라 값이 달라지는 확률변수이다. 표본평균은 일반적으로 모평균의 **추정량(estimator)** 또는 **점추정량(point estimator)**이라고 한다.

소득에 관한 예에서 표본평균 $\overline{X}$는 그 대도시에 사는 주민들의 평균소득에 대한 추정량이다. 만일 특정한 표본으로부터 산출된 평균이 54,000달러이면, $\bar{x} = 54{,}000$은 모평균의 **추정치(estimate)**이다. 마찬가지로, 관심 변수가 모기지 보유자의 채무불이행 확률이면, 80명의 모기지 보유자로 구성된 임의표본으로부터 산출된 채무불이행 표본비율 $\overline{P}$가 모비율의 추정량이다. 만약 주어진 표본에서 모기지 보유자 80명 중 10명이 채무불이행하면 $\overline{P} = 10/80 = 0.125$가 모비율의 추정치이다.

> **추정량과 추정치**
>
> 통계량이 모수를 추정하기 위해 사용되는 경우 추정량(estimator)이라고 한다. 추정량의 특정한 값을 추정치(estimate)라고 한다.

이 절에서는 먼저 $\overline{X}$의 표집분포(sampling distribution)라고도 하는 표본평균 $\overline{X}$의 확률분포에 초점을 맞출 것이다. $\overline{X}$는 확률변수이기 때문에 $\overline{X}$의 표집분포는 단지 모집단으로부터 추출된 같은 표본크기를 가진 모든 가능한 표본들로부터 산출되는 확률분포이다. 예를 들어 n개의 관측치로 구성된 한 표본으로부터 산출된 평균을 고려해보자. 또 다른 평균도 n개의 관측치로 구성된 다른 표본으로부터 비슷하게 산출될 수 있다. 이 과정을 매우 많은 횟수로 반복하면, 표본평균들의 빈도분포를 이의 표집분포라고 생각할 수 있다. 특히 표본평균의 기대값과 표준편차에 대해 논의할 것이며, 또한 표본평균의 표집분포가 정규분포를 따르는 조건도 검토할 것이다.

표본평균의 기대값 및 표준오차

기대값이 $E(X) = \mu$이고 분산이 $Var(X) = \sigma^2$인 확률변수 X가 관심대상 모집단의 특정한 특성을 나타낸다고 하자. 예를 들어 X는 대도시 거주자의 소득 또는 투자수익률을 나타낼 수 있다. μ와 σ^2는 관심 모집단으로부터 임의로 추출된 개별 관측치의 평균과 분산, 또는 단순히 모평균과 모분산이라고 생각할 수 있다. 표본평균 $\bar{X}$는 이 모집단으로부터 임의로 추출된 n개의 관측치로 구성된 표본에 기초한다고 하자. $\bar{X}$의 기대값과 분산을 계산하는 것은 쉽다. 계산을 위해 부록 7.1을 참조하자.

$\bar{X}$의 기대값은 개별 관측치의 기대값과 같다. 즉, $E(\bar{X}) = E(X) = \mu$이다. 다시 말해서, 주어진 모집단으로부터 반복적으로 표본추출을 하면, 표본평균의 평균값은 모집단에 있는 모든 개별 관측치의 평균값, 또는 단순히 모평균과 같다. 이는 표본평균이 소표본에 기초하는지 대표본에 기초하는지에 상관없이 성립하는 불편성(unbiasedness)이라고 불리는 추정량의 중요한 속성이다. 추정량의 기대값이 모수와 같으면, 그 추정량은 **불편추정량(unbiased estimator)**이다. 추정량의 다른 바람직한 속성은 부록 7.2에 설명되어 있다.

$\bar{X}$의 분산은 $Var(\bar{X}) = \frac{\sigma^2}{n}$이다. 달리 말하면, 주어진 모집단으로부터 반복적으로 표본을 추출하면, 표본평균의 분산은 모집단에 있는 모든 개별 관측치의 분산을 표본크기 n으로 나눈 값과 같다. $Var(\bar{X})$는 X의 분산인 $Var(X) = \sigma^2$보다 작음에 주목하자. 이는 표본평균들 간의 변동성이 관측치들 간의 변동성보다 작다는 것을 의미하는 직관적인 결과이다. 각 표본은 크고 작은 관측치들을 포함할 가능성이 있기 때문에 크고 작은 관측치들이 서로 상쇄시켜 $\bar{X}$의 분산을 X의 분산보다 작게 만든다. 예전처럼, $\bar{X}$의 표준편차는 분산의 양의 제곱근으로 계산된다. 그러나 표본들 간의 변동성과 개별 관측치들 간의 변동성을 구별하기 위해 $\bar{X}$의 표준편차를 표본평균의 **표준오차(standard error)**라고 하며, $se(\bar{X}) = \frac{\sigma}{\sqrt{n}}$와 같이 계산된다.

표본평균의 기대값 및 표준오차

표본평균 $\bar{X}$의 기대값은 모평균과 같다. 또는 $E(\bar{X}) = \mu$이다. 달리 말하면, 표본평균은 모평균의 불편추정량(unbiased estimator)이다. 표본평균 $\bar{X}$의 표준편차를 표본평균의 표준오차(standard error of the sample mean)라고 한다. 이는 모표준편차를 표본크기의 제곱근으로 나눈 것과 같다. 즉, $se(\bar{X}) = \frac{\sigma}{\sqrt{n}}$이다.

8장에서는, 일반적으로 추정량의 정확한 표준오차를 알 수 없으므로 주어진 표본 데이터로부터 추정해야 한다는 것을 논의할 것이다. 편의상, "*se*"를 사용하여 추정량의 정확한 표준오차 및 추정된 표준오차 모두를 나타낸다.

예제 7.2

캘리포니아주 캄브리아(Cambria)에 있는 한 지역 피자 체인점의 셰프들은 16인치 피자 사이즈를 유지하려고 노력한다. 그들의 최선의 노력에도 불구하고, 모든 피자를 정확히 지름 16인치로 만들 수는 없다. 매니저는 피자의 크기가 평균 16인치, 표준편차 0.8인치인 정규분포를 따른다고 결정했다.

a. 2개 피자로 구성된 임의표본으로부터 산출된 표본평균의 기대값과 표준오차는 얼마인가?

b. 4개 피자로 구성된 임의표본으로부터 산출된 표본평균의 기대값과 표준오차는 얼마인가?

c. 표본평균의 기대값과 표준오차를 개별 피자의 기대값과 표준오차와 비교하라.

해답:

모평균 $\mu = 16$이고 모표준편차 $\sigma = 0.8$임을 알고 있다. 다음 결과를 계산하기 위해 $E(\bar{X}) = \mu$ 와 $se(\bar{X}) = \frac{\sigma}{\sqrt{n}}$를 사용한다.

a. 표본크기 $n = 2$이므로, $E(\bar{X}) = 16$이고, $se(\bar{X}) = \frac{0.8}{\sqrt{2}} = 0.57$이다.

b. 표본크기 $n = 4$이므로, $E(\bar{X}) = 16$이고 $se(\bar{X}) = \frac{0.8}{\sqrt{4}} = 0.40$이다.

c. 두 표본크기에 대한 표본평균의 기대값은 개별 피자의 기대값과 같다. 그러나 $n = 4$인 표본평균의 표준오차는 $n = 2$인 표본평균의 표준오차보다 작다. 두 표본크기 모두에서 표본평균의 표준오차는 개별 피자의 표준편차보다 작다. 이 결과는 평균을 구하는 것이 변동성을 감소시킨다는 것을 확인시켜준다.

정규분포하는 모집단으로부터 표본추출

표본평균 $\bar{X}$의 표집분포의 한 가지 중요한 특성은 표본크기 n과 관계없이 표본이 추출되는 모집단 X가 정규분포를 따른다면 $\bar{X}$는 정규분포를 따른다는 것이다. 달리 말하면, X가 기대값 μ와 표준편차 σ인 정규분포를 따른다면, $\bar{X}$도 기대값 μ와 표준오차 $\sigma/\sqrt{n}$인 정규분포를 따른다.

정규분포하는 모집단으로부터 표본추출

표본이 추출되는 모집단 X가 정규분포를 따르면, 표본크기 n에 관계없이 $\bar{X}$의 표집분포는 정규분포를 따른다.

만약 $\bar{X}$가 정규분포를 따르면, $\bar{x}$의 모든 값은 $z = \frac{\bar{x}-\mu}{\sigma/\sqrt{n}}$에 의해 대응하는 값 z로 변환될 수 있다.

예제 7.3

예제 7.2의 정보를 이용하여 다음 질문에 답하라.

a. 임의로 선택된 피자 1개가 15.5인치보다 작을 확률은 얼마인가?

b. 임의로 선택된 피자 2개의 평균이 15.5인치보다 작을 확률은 얼마인가?

c. 임의로 선택된 피자 4개의 평균이 15.5인치보다 작을 확률은 얼마인가?

d. 계산된 확률에 대해 논의하라.

해답:

모집단이 정규분포를 따르기 때문에, 표본평균의 표집분포도 정규분포를 따른다. 그림 7.1은 모평균 $\mu = 16$과 모표준편차 $\sigma = 0.8$에 기초한 3개의 분포 형태를 나타낸다.

그림 7.1 표본평균의 정규분포

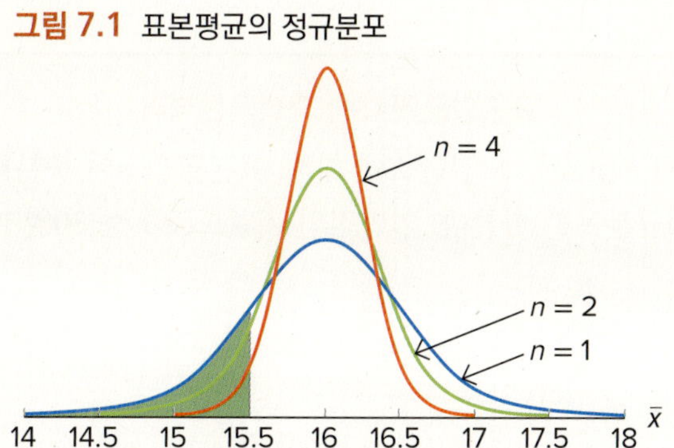

표본크기 $n = 1$일 때, 표본평균 $\bar{x}$는 개별 관측치 x와 같다는 것에 주목하자.

a. 표준변환을 사용하여 $P(X < 15.5) = P\left(Z < \frac{15.5 - 16}{0.8}\right) = P(Z < -0.625) = 0.2660$을 산출한다. 개별 피자가 15.5인치보다 작을 확률은 26.60%이다.
Excel에서 이 확률을 다시 찾으려면, `=NORM.DIST(15.5, 16, 0.8, TRUE)`를 입력하고, R에서는 `pnorm(15.5, 16, 0.8, lower.tail=TRUE)`를 입력한다.

b. 여기서 표준변환을 사용하여 $P(\bar{X} < 15.5) = P\left(Z < \frac{15.5 - 16}{0.8/\sqrt{2}}\right) = P(Z < -0.8839) = 0.1884$를 산출한다. 2개 피자의 임의표본에서 평균 크기가 15.5인치보다 작을 확률은 18.84%이다.
Excel과 R에서 이 확률을 구하기 위해, 표준오차를 간단하게 조정한다. Excel에서는 `=NORM.DIST(15.5, 16, 0.8/SQRT(2), TRUE)`를 입력하고, R에는 `pnorm(15.5, 16, 0.8/sqrt(2), lower.tail=TRUE)`를 입력한다.

c. 다시 $P(\bar{X} < 15.5)$를 구하지만, 이제는 $n = 4$이다. 따라서 $P(\bar{X} < 15.5) = P\left(Z < \frac{15.5 - 16}{0.8/\sqrt{4}}\right) = P(Z < -1.25) = 0.1056$이다. 4개 피자의 임의표본에서 평균 크기가 15.5인치보다 작을 확률은 10.56%이다.
Excel에는 `=NORM.DIST(15.5, 16, 0.8/SQRT(4), TRUE)`를 입력하고, R에는 `pnorm(15.5, 16, 0.8/sqrt(4), lower.tail=TRUE)`를 입력한다.

d. 임의로 선택된 4개 피자의 평균 크기가 15.5인치보다 작을 확률은 개별 피자에 대한 확률의 절반보다 작다. 이는 X와 $\bar{X}$가 동일한 기대값을 가지는 반면, $\bar{X}$의 분산은 X의 분산보다 작기 때문이다.

중심극한정리

통계적 추론을 하기 위해서는 $\bar{X}$의 표집분포가 정규분포를 따르는 것이 필수적이다. 지금까지는 표본을 추출한 모집단 X가 정규분포를 하기 때문에 $\bar{X}$가 정규분포를 따르는 경우만을 고려했다. 만약 모집단이 정규분포를 따르지 않는다면 어떻게 될까? 여기서 확률이론의 가장 놀라운 결과인 **중심극한정리(central limit theorem, CLT)**를 제시한다. CLT는 동일한 모집단으로부터 추출된 많은 수의 독립적 관측치들의 합이나 평균은 근사적으로 정규분포를 따른다고 말한다. 관측치 수가 증가함에 따라 근사는 계속해서 개선된다. 달리 말하면, 모집단 X가 정규분포를 따르는지 아닌지에 관계없이 크기가 n인 임의표본에서 계산된 표본평균 $\bar{X}$는 n이 충분히 크면 근사적으로 정규분포를 따른다.

표본평균에 대한 중심극한정리

기대값 μ와 표준편차 σ를 갖는 모집단 X에 대해, 표본크기 n이 충분히 크면 $\overline{X}$의 표집분포는 근사적으로 정규분포를 따른다. 일반적인 기준으로 $n \geq 30$일 때 정규분포 근사가 정당화된다.

이전처럼 $\overline{X}$가 근사적으로 정규분포를 따른다면, $\bar{x}$의 모든 값은 $z = \frac{\bar{x}-\mu}{\sigma/\sqrt{n}}$에 의해 대응하는 값 z로 변환될 수 있다.

예제 7.3에서 논의된 그림 7.1은 정규분포하는 모집단의 경우 표본크기와 관계없이 $\overline{X}$의 표집분포가 정규분포를 따르므로 CLT 원칙을 나타내지 않는다. 그러나 그림 7.2와 그림 7.3은 정규분포가 아닌 모집단에서 추출한 다양한 크기의 임의표본을 사용함으로써 CLT를 보여준다. 근본적으로 $\overline{X}$의 분포를 나타내는 $\overline{X}$의 상대빈도 다각형은 연속균등분포(그림 7.2)와 지수분포(그림 7.3)로부터 반복적인 추출(컴퓨터 시뮬레이션)로 생성된다. 이 두 비정규분포는 모두 6장에서 논의되었다.

그림 7.2 모집단이 균등분포를 따를 때 $\overline{X}$의 표집분포

그림 7.3 모집단이 지수분포를 따를 때 $\overline{X}$의 표집분포

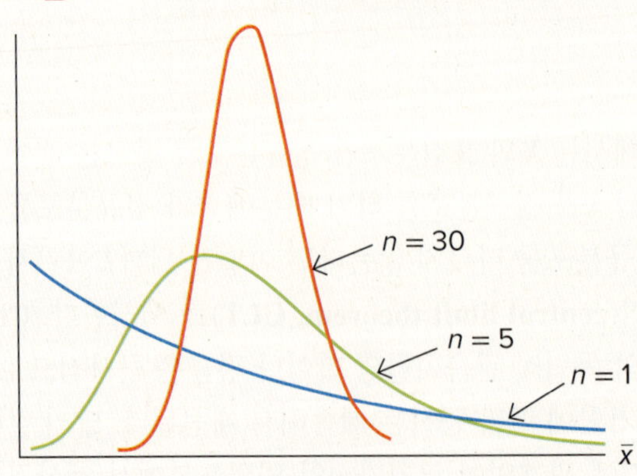

표본크기 $n = 1$일 때, 표본평균은 익숙한 균등 및 지수 형태를 가진 개별 관측치(모집단)와 동일함을 주목하자. $n = 5$인 경우, 모집단이 균등분포일 때 $\bar{X}$의 표집분포는 이미 거의 정규분포를 따른다. $n = 30$인 경우, 모집단이 지수분포일 때 $\bar{X}$의 표집분포의 모양이 거의 정규분포를 따른다. CLT는 다른 모집단 분포에서도 비슷하게 설명될 수 있다. 정규분포 수렴에 필요한 표본의 크기는 모집단이 정규성(normality)에서 벗어나는 정도에 따라 다르다. 앞서 언급했듯이 실무자들은 $n \geq 30$일 때 정규분포 근사를 자주 사용한다.

예제 7.4

이 장의 도입사례에서 제시된 정보를 고려하라. 카밀라가 해피아워 프로모션이 고객들이 아이스커피에 지출하는 금액에 영향을 미쳤는지 확인하고 싶어한다는 것을 기억하자. 프로모션 전 고객들은 0.84달러의 표준편차로 평균 4.18달러를 아이스커피에 지출했다. 카밀라는 캠페인 후 표본으로 추출된 50명의 고객을 기반으로 평균 금액이 4.26달러라고 보고했다. 만약 카밀라가 마케팅 캠페인을 진행하지 않기로 선택했다면, 고객들이 아이스커피에 평균 4.26달러 이상을 지출할 확률은 얼마인가?

해답:

만약 카밀라가 해피아워를 시행하지 않았다면, 아이스커피에 대한 지출은 여전히 평균 $\mu = 4.18$, 표준편차 $\sigma = 0.84$일 것이다. 카밀라는 표본평균이 적어도 4.26일 확률, 즉 $P(\bar{X} \geq 4.26)$를 계산해야 한다. 표본이 추출되는 모집단이 정규분포를 따른다고 알려져 있지 않다. 그러나 $n \geq 30$이기 때문에 중심극한정리로부터 $\bar{X}$가 근사적으로 정규분포를 따른다는 것을 안다. 따라서 그림 7.4와 같이, $P(\bar{X} \geq 4.26) = P\left(Z \geq \frac{4.26 - 4.18}{0.84/\sqrt{50}}\right) = P(Z \geq 0.6734) = 0.2503$이다. Excel에는 `=1-NORM.DIST(4.26, 4.18, 0.84/SQRT(50), TRUE)`를 입력한다. R에서는 `pnorm(4.26, 4.18, 0.84/sqrt(50), lower.tail =FALSE)`를 입력한다. 카밀라가 해피아워를 실행하지 않은 경우에도 50명의 고객 표본에서 표본평균이 4.26달러 이상이 될 가능성은 상당히 크다(확률 = 0.2503).

그림 7.4 $P(\bar{X} \geq 4.26)$ 찾기

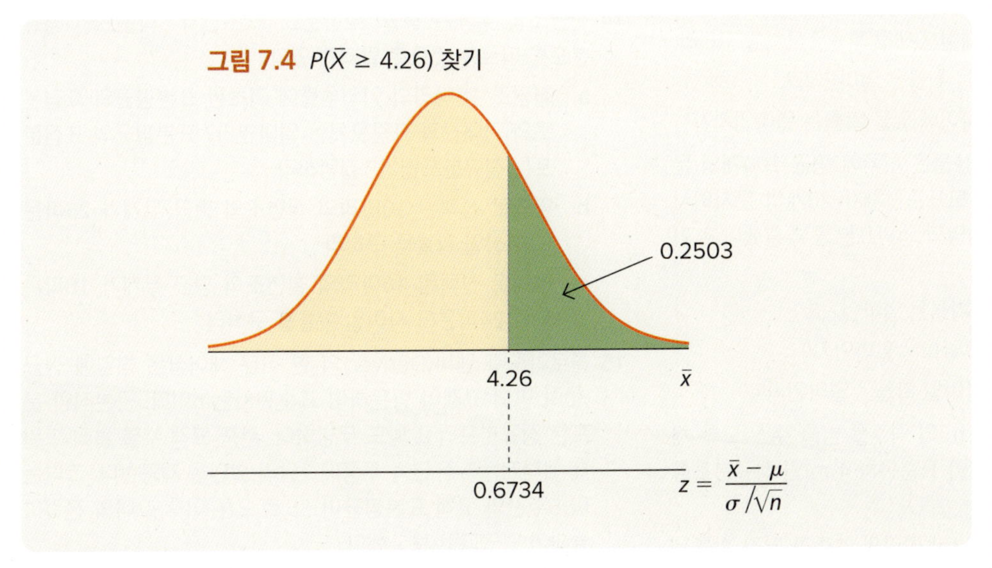

연습문제 7.2

6. 평균 $\mu = 12$와 표준편차 $\sigma = 1.5$인 정규분포 모집단에서 임의표본을 추출한다.
   a. $n = 20$ 및 $n = 40$인 표본평균의 표집분포에 대한 기대값과 표준오차는 얼마인가?
   b. 표본평균의 표집분포가 두 표본크기 모두에 대해 정규분포를 따른다는 결론을 내릴 수 있는가? 설명하라.
   c. 표본평균의 표집분포가 $n = 20$으로 정규분포를 따르는 경우, 표본평균이 12.5보다 작을 확률을 계산하라.
   d. 표본평균의 표집분포가 $n = 40$으로 정규분포를 따르는 경우, 표본평균이 12.5보다 작을 확률을 계산하라.
7. 평균 $\mu = 66$, 표준편차 $\sigma = 5.5$인 모집단에서 임의표본을 추출한다.
   a. $n = 16$ 및 $n = 36$인 표본평균의 표집분포에 대한 기대값과 표준오차는 얼마인가?
   b. 표본평균의 표집분포가 두 표본크기 모두에 대해 정규분포를 따른다는 결론을 내릴 수 있는가? 설명하라.
   c. 표본평균의 표집분포가 $n = 16$으로 정규분포를 따르는 경우, 표본평균이 66과 68 사이에 있을 확률을 계산하라.
   d. 표본평균의 표집분포가 $n = 36$으로 정규분포를 따르는 경우, 표본평균이 66과 68 사이에 있을 확률을 계산하라.
8. $n = 100$ 크기의 임의표본을 평균 $\mu = 80$, 표준편차 $\sigma = 14$인 모집단에서 추출한다.
   a. 표본평균의 표집분포에 대한 기대값과 표준오차를 구하라.
   b. 표본평균이 77과 85 사이에 있을 확률은 얼마인가?
   c. 표본평균이 84보다 클 확률은 얼마인가?
9. $n = 50$ 크기의 임의표본을 평균 $\mu = -9.5$, 표준편차 $\sigma = 2$인 모집단에서 추출한다.
   a. 표본평균의 표집분포에 대한 기대값과 표준오차를 구하라.
   b. 표본평균이 −10보다 작을 확률은 얼마인가?
   c. 표본평균이 −10과 −9 사이에 있을 확률은 얼마인가?
10. 한 설문조사에 따르면, 여고생들은 하루에 평균 100개의 문자메시지를 보낸다고 한다. 모표준편차가 20개의 문자메시지라고 가정한다. 여고생 50명의 임의표본을 추출했다고 가정해보자.
    a. 표본평균이 105보다 클 확률은 얼마인가?
    b. 표본평균이 95보다 작을 확률은 얼마인가?
    c. 표본평균이 95와 105 사이일 확률은 얼마인가?
11. 맥주병은 각 병에 평균 330 ml의 맥주를 담을 수 있도록 채워진다. 병에 담긴 맥주의 양이 표준편차 4 ml인 정규분포를 따른다고 가정하자.
    a. 임의로 선택된 병에 325 ml 미만의 맥주가 담길 확률은 얼마인가?
    b. 임의로 선택된 6팩 맥주의 평균 양이 325 ml 미만일 확률은 얼마인가?
    c. 임의로 선택된 12팩 맥주의 평균 양이 325 ml 미만일 확률은 얼마인가?
    d. 표본크기와 대응하는 확률에 대해 논의하라.
12. 영양적인 가치에도 불구하고, 해산물은 미국 식단에서 단지 아주 작은 부분이고, 평균적인 미국인들은 일년에 16파운드의 해산물을 먹는다. 자니스와 니나는 둘 다 해산물 산업에 종사하고 있으며, 그들은 자신의 임의표본을 생성하고 표본에 대한 평균적인 해산물 섭취를 기록하기로 결정했다. 미국인 해산물 섭취의 표준편차를 5파운드라고 하자.
    a. 자니스는 30명의 미국인들을 표본으로 추출했고 평균 18파운드의 해산물을 섭취한다는 것을 발견했다. 만약 그녀가 대표성 있는 표본을 가지고 있다면 평균 18파운드 이상을 섭취할 확률은 얼마인가?
    b. 니나는 90명의 미국인들을 표본으로 추출하여 평균 17.5파운드의 해산물을 섭취한다는 것을 발견했다. 그녀가 대표성 있는 표본을 가지고 있다면 평균 17.5파운드 이상을 섭취할 확률은 얼마인가?
    c. 두 여성 중 누가 더 대표성 있는 표본을 사용했을 것 같은가? 설명하라.
13. 미주리주의 작은 마을에 사는 사람들의 체중은 평균 180파운드, 표준편차는 28파운드로 정규분포하고 있는 것으로 알려져 있다. 강을 건너는 사람들을 태우는 뗏목에는 "최대 수용인원 3,200파운드 또는 16명"이라고 쓰여 있다. 16명의 임의표본이 3,200파운드의 중량 제한을 초과할 확률은 얼마인가?
14. 칠면조의 무게는 평균 22파운드, 표준편차 5파운드인 정규분포를 따르는 것으로 알려져 있다.
    a. 칠면조 16마리의 임의추출에 기초한 표본평균의 표집분포의 기대값과 표준오차는 얼마인가? 표본평균의 표집분포는 정규분포인가? 설명하라.
    b. 임의로 선택된 16마리의 칠면조의 평균 무게가 25파운드 이상일 확률을 구하라.
    c. 임의로 선택된 16마리의 칠면조의 평균 무게가 18파운드와 24파운드 사이일 확률을 구하라.
15. 콜로라도주 덴버(Denver)의 한 작은 해어샵은 평일에 평균 30여 명의 고객이 방문하며 표준편차는 6이다. 근본적인 분포는 정규분포라고 봐도 무방하다. 주중 고객 수를 늘리기 위해 매니저는 5주 연속 주중에 2달러 할인을 제공한다. 그녀는 이 5주간의 고객 표본평균이 35로 오른 이후 그녀의 전략이 효과가 있었다고 보고했다.

a. 매니저가 할인을 제공하지 않았다면 35명 이상의 표본평균을 얻는 것이 얼마나 이례적인 일인가?

b. 매니저의 할인 전략이 효과가 있었다고 확신하는가? 설명하라.

16. 건강 전문가가 성인의 수면 패턴을 평가한다. 매주 그녀는 임의로 성인 40명을 선정하고, 그들의 평균 수면시간을 계산한다. 여러 주에 걸쳐, 그녀는 평균 수면시간의 5%가 6시간 미만이고, 평균 수면시간의 5%가 6.4시간 이상이라는 것을 발견했다. 모집단의 평균 수면시간 및 표준편차(시간)는 얼마인가?

17. 모금 행사를 위해 40가구가 모였다. 각 가구에 대한 개별 기부금이 평균과 표준편차가 각각 115달러와 35달러인 정규분포를 따른다고 가정하자. 주최 측은 총 기부금이 5,000달러를 넘으면 이 행사가 성공이라고 할 것이다. 이 모금 행사가 성공할 확률이 얼마인가?

18. 한 의사가 이전 환자 4명으로부터 의료과실로 고소당했다. 각 환자가 그녀를 고소할 금액은 평균 80만 달러와 표준편차 25만 달러로 분포한다고 여겨진다.

a. 한 환자가 백만 달러 이상을 위해 의사를 고소할 확률은 얼마인가?

b. 4명의 환자가 의사를 독립적으로 고소한다면, 그들이 그녀를 고소하는 총 금액이 400만 달러가 넘을 확률은 얼마인가?

19. 승용차의 갤런당 마일(mpg) 등급이 각각 33.8 mpg와 3.5 mpg의 평균과 표준편차로 정규분포하고 있다고 가정하자.

a. 임의로 선택된 승용차가 35 mpg를 초과할 확률은 얼마인가?

b. 임의로 선택된 4대 승용차의 평균 mpg가 35 mpg를 초과할 확률은 얼마인가?

c. 4대의 승용차를 임의로 선택했을 때, 모든 승용차가 35 mpg를 초과할 확률은 얼마인가?

20. IQ 점수가 평균이 100이고 표준편차가 16인 정규분포를 따른다고 가정하자.

a. 임의로 선택된 한 사람의 IQ 점수가 90 미만일 확률은 얼마인가?

b. 임의로 선택된 4명의 평균 IQ 점수가 90 미만일 확률은 얼마인가?

c. 만약 4명이 임의로 선택된다면, 그들 모두의 IQ 점수가 90 미만일 확률은 얼마인가?

7.3 표본비율의 표집분포

지금까지 모평균에 초점을 맞추어 논의하였으나, 많은 비즈니스, 사회경제, 정치 문제들은 모비율과 관련이 있다. 예를 들어 한 은행원은 모기지 보유자들의 채무불이행 확률에 관심이 있고, 학교장은 등교를 계속 유지할지 결정할 때 독감에 걸린 학생들의 비율에 주목해야 하며, 재선을 원하는 현직 의원은 궁극적으로 자신에게 투표할 유권자의 비율에 관심을 갖는다. 이 모든 예에서 관심 있는 모수는 모비율 p이다. 모평균의 경우와 마찬가지로, 거의 항상 표본 데이터에 기초해서 모비율에 대한 추론을 한다. 여기서 관련되는 통계량(추정량)은 표본비율 $\overline{P}$이며, 특정한 표본비율의 값(추정치)은 $\overline{p}$로 표시된다. $\overline{P}$는 확률변수이므로 이의 표집분포에 대해 논의해야 한다.

표본비율의 기대값 및 표준오차

모비율 p는 이항분포에 대해 논의한 5장에서 처음 소개되었다. $\overline{P}$의 표집분포는 이항분포와 밀접하게 관련이 있다. 이항분포가 베르누이 과정의 n번 시행에서 성공횟수 X를 설명한다는 것을 기억하자. 여기서 p는 성공확률이고, $\overline{P} = \frac{X}{n}$는 성공횟수 X를 표본크기 n으로 나눈 값이다. $\overline{P}$의 표집분포의 기대값과 분산을 $E(\overline{P}) = p$와 $Var(\overline{P}) = \frac{p(1-p)}{n}$로 각각 산출할 수 있다(부록 7.1 참조). $E(\overline{P}) = p$이므로, 이는 $\overline{P}$가 p의 불편추정량임을 의미한다.

지난 절에서 논의한 것과 유사하게, 표본비율의 표준편차는 표본비율의 표준편차(standard error of the sample proportion)라고 부른다. 즉, $se(\overline{P}) = \sqrt{\frac{p(1-p)}{n}}$이다.

표본비율의 기대값 및 표준오차

표본비율 $\bar{P}$의 기대값은 모비율과 같거나, 또는 $E(\bar{P}) = p$이다. 즉, 표본비율은 모비율의 불편추정량이다.

표본비율 $\bar{P}$의 표준편차를 표본비율의 표준오차라고 한다. 이는 $se(\bar{P}) = \sqrt{\frac{p(1-p)}{n}}$와 같다.

예제 7.5

한 연구는 영국 기업들의 55%가 지난해에 사이버 공격을 당했다는 것을 발견했다(*BBC*, 2019년 4월 23일).

a. 100개 기업으로 구성된 임의표본에서 산출된 표본비율의 기대값과 표준오차는 얼마인가?

b. 200개 기업으로 구성된 임의표본에서 산출된 표본비율의 기대값과 표준오차는 얼마인가?

c. 표본크기의 증가에 따른 표준오차의 값에 대해 논의하라.

해답:

$p = 0.55$일 때, 다음과 같이 $\bar{P}$의 기대값과 표준오차를 산출할 수 있다.

a. $n = 100$일 때, $E(\bar{P}) = 0.55$이고 $se(\bar{P}) = \sqrt{\frac{0.55(1-0.55)}{100}} = 0.0497$이다.

b. $n = 200$일 때, $E(\bar{P}) = 0.55$이고 $se(\bar{P}) = \sqrt{\frac{0.55(1-0.55)}{200}} = 0.0352$이다.

c. 표본평균의 경우와 마찬가지로 표본비율의 기대값은 표본크기에 영향을 받지 않지만, 표본비율의 표준오차는 표본크기가 증가함에 따라 감소한다.

이 교재에서는 $\bar{P}$의 표집분포가 근사적으로 정규분포를 따를 때만 모비율에 대한 통계적 추론을 한다. 7.2절에서 논의한 중심극한정리(CLT)로부터, 표본크기가 충분히 크면 $\bar{P}$가 근사적으로 정규분포를 따른다고 결론지을 수 있다.

표본비율에 대한 중심극한정리

모든 모비율 p에 대해, $\bar{P}$의 표집분포는 표본크기 n이 충분히 크면 근사적으로 정규분포를 따른다. 일반적인 지침으로, 정규분포 근사는 $np \geq 5$와 $n(1-p) \geq 5$일 때 정당화된다.

$\bar{P}$가 정규분포를 따른다면, 모든 값 $\bar{p}$는 $z = \frac{\bar{p}-p}{\sqrt{\frac{p(1-p)}{n}}}$에 의해 대응하는 값 z로 변환될 수 있다.

CLT에 따르면, $\bar{P}$의 표집분포는 표본크기가 증가함에 따라 정규분포에 근사한다. 그러나 모비율이 $p = 0.50$에서 벗어날수록, 근사를 위해 더 큰 표본크기가 필요하다. 다양한 값의 모비율을 가진 모집단으로부터 다양한 표본크기로 반복적으로 추출된 $\bar{P}$의 표집분포를 생성하여 결과를 설명한다. $\bar{X}$의 경우처럼 상대빈도 다각형을 사용하여 $\bar{P}$의 분포를 나타낸다. $\bar{P}$의 시뮬레이션 표집분포는 모비율 $p = 0.10$ (그림 7.5)과 $p = 0.30$ (그림 7.6)에 기초한다.

그림 7.5 모비율이 $p = 0.10$일 때 $\bar{P}$의 표집분포

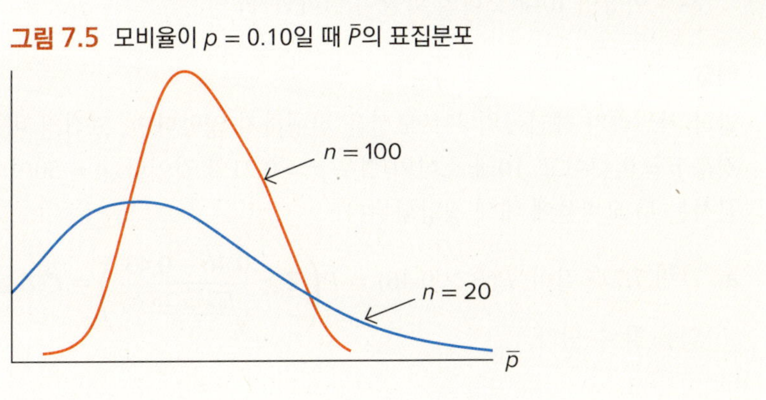

그림 7.6 모비율이 $p = 0.30$일 때 $\bar{P}$의 표집분포

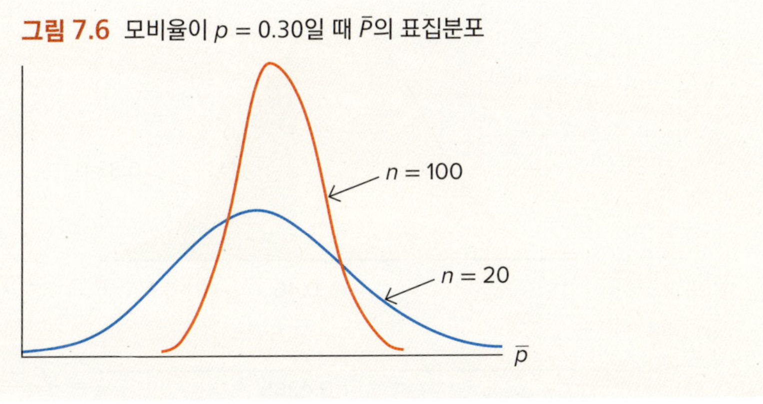

$p = 0.10$일 때, $n = 20$인 $\bar{P}$의 표집분포는 정규분포의 종 모양과 비슷하지 않다. 이는 근사조건 $np \geq 5$와 $n(1 - p) \geq 5$가 만족되지 않기 때문이다. 그러나 $n = 100$이면 분포가 어느 정도 종 모양이 된다. $p = 0.30$일 때, 근사조건이 두 표본크기 모두에서 만족되기 때문에 $\bar{P}$의 표집분포의 형태는 거의 정규분포를 따른다. 경험적 연구에서는 대규모 설문조사 데이터로 작업하는 것이 일반적이며, 그 결과로서 정규분포 근사가 정당화된다.

예제 7.6

이 장의 도입사례에서 제시된 정보를 고려하라. 카밀라가 해피아워 프로모션이 여성과 10대 소녀의 고객 비율에 영향을 미쳤는지 확인하고 싶어한다는 것을 기억하자. 해피아워 프로모션 이전에는 43%의 고객이 여성이었고 21%가 10대 소녀였다. 해피아워 프로

모션 후 고객 50명을 임의로 추출한 결과 여성은 46%, 10대 소녀는 34%로 비율이 증가한다. 카밀라는 다음과 같은 질문을 가지고 있다.

a. 카밀라가 해피아워 프로모션을 진행하지 않기로 선택했다면, 아이스커피 고객 중 46% 이상이 여성일 확률이 얼마인가?

b. 카밀라가 해피아워 프로모션을 진행하지 않기로 선택했다면, 아이스커피 고객 중 34% 이상이 10대 소녀일 확률이 얼마인가?

해답:

만약 카밀라가 해피아워 프로모션을 진행하지 않았다면, 고객의 비율은 여전히 여성의 경우 $p = 0.43$이고, 10대 소녀의 경우 $p = 0.21$일 것이다. $n = 50$이면, 표본비율의 정규근사는 두 모비율에 대해 정당화된다.

a. 그림 7.7과 같이, $P(\bar{P} \geq 0.46) = P\left(Z \geq \frac{0.46 - 0.43}{\sqrt{\frac{0.43(1-0.43)}{50}}}\right) = P(Z \geq 0.4285) = 0.3341$ 임을 알 수 있다.

그림 7.7 $P(\bar{P} \geq 0.46)$ 찾기

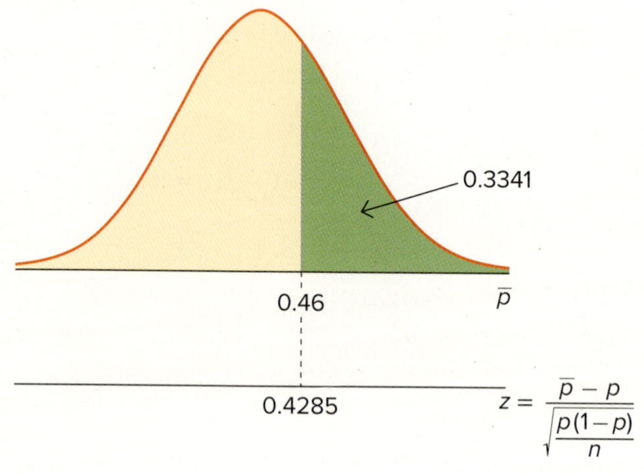

33.41%의 확률로, 카밀라가 해피아워 프로모션을 추진하지 않았더라도 아이스커피를 구매하는 여성 비율이 적어도 0.46일 가능성은 높은 편이다.

Excel에서 이 확률을 찾으려면 `=1-NORM.DIST(0.46, 0.43, SQRT(0.43*(1-0.43)/50), TRUE)`를 입력하고, R에서는 `pnorm(0.46, 0.43, sqrt(0.43*(1-0.43)/50), lower.tail=FALSE)`를 입력한다.

b. 그림 7.8과 같이, $P(\bar{P} \geq 0.34) = P\left(Z \geq \frac{0.34 - 0.21}{\sqrt{\frac{0.21(1-0.21)}{50}}}\right) = P(Z \geq 2.2569) = 0.0120$을 찾는다.

그림 7.8 $P(\bar{P} \geq 0.34)$ 찾기

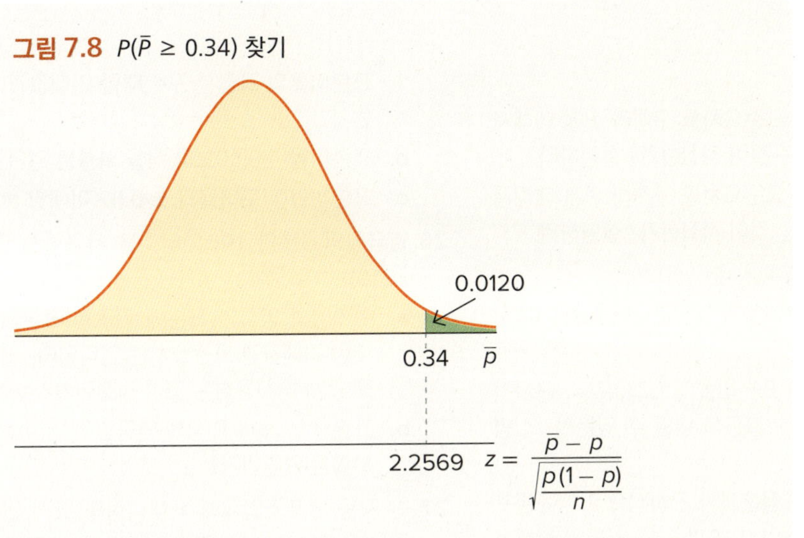

단지 1.20%의 확률로, 카밀라가 해피아워 프로모션을 추진하지 않았다면 아이스커피를 구매하는 10대 소녀 비율이 적어도 0.34일 가능성은 낮다.

Excel에서 이 확률을 찾으려면 `=1-NORM.DIST(0.34, 0.21, SQRT(0.21*(1-0.21)/50), TRUE)`를 입력하고, R에서는 `pnorm(0.34, 0.21, sqrt(0.21*(1-0.21)/50), lower.tail=FALSE)`를 입력한다.

도입사례 분석결과

고급 커피숍의 주인인 카밀라 푸엔테스는 주로 월요일에서 목요일까지 오후 1시에서 4시 사이인 한산한 시간대의 고객층을 늘리고자 한다. 1개월간 이 시간 동안 반값 아이스커피 음료를 즐길 수 있는 해피아워를 시행한다. 해피아워 프로모션이 끝난 후, 카밀라는 50명의 고객을 대상으로 설문조사를 한다. 그녀는 표본에서 지출이 증가했을 뿐만 아니라, 여성과 10대 소녀 고객의 비율도 증가했다고 보고했다. 카밀라는 증가 요인이 우연인지 해피아워 프로모션 때문인지 확인하려고 한다. 카밀라는 확률분석을 토대로 해피아워 프로모션을 추진하지 않았더라도 50명의 고객 표본에서 더 높은 지출이 타당하다는 사실을 알아냈다. 유사한 비율분석을 통해 해피아워 프로모션이 여성 고객의 비율을 반드시 높인 것은 아니지만, 10대 소녀들은 더 많이 끌어들인 것 같다고 추론한다. 이 발견은 10대 소녀들이 소비할 상당한 수입이 있고 사치성으로 인식되는 물품들을 자주 구매한다는 사실을 보여준 현재의 시장연구와 일관성이 있다.

M. Unal Ozmen/Shutterstock

연습문제 7.3

21. 모비율 $p = 0.68$을 고려하자.

a. $n = 20$인 $\bar{P}$의 기대값과 표준오차를 구하라. $\bar{P}$에 대해서 정규분포 근사를 사용하는 것이 적절한가? 설명하라.

b. $n = 50$인 $\bar{P}$의 기대값과 표준오차를 구하라. $\bar{P}$에 대해서 정규분포 근사를 사용하는 것이 적절한가? 설명하라.

22. 모비율 $p = 0.12$를 고려하자.

a. $n = 20$과 $n = 50$인 표본비율의 표집분포에 대한 기대값과 표준오차는 얼마인가?

b. 두 표본크기 모두에 대해 표본비율의 표집분포가 근사적으로 정규분포를 따른다는 결론을 내릴 수 있는가? 설명하라.

c. $n = 20$인 표본비율의 표집분포가 근사적으로 정규분포를 따르는 경우, 표본비율이 0.10과 0.12 사이일 확률을 계산하라.

d. $n = 50$인 표본비율의 표집분포가 근사적으로 정규분포를 따르는 경우, 표본비율이 0.10과 0.12 사이일 확률을 계산하라.

23. 모비율 $p = 0.75$인 모집단으로부터 크기가 $n = 200$인 임의표본을 추출한다.

a. 표본비율의 표집분포에 대한 기대값과 표준오차를 계산하라.

b. 표본비율이 0.70과 0.80 사이일 확률은 얼마인가?

c. 표본비율이 0.70보다 작을 확률은 얼마인가?

24. 새로운 연구에 따르면, 미국인의 26%가 (거의)항상 온라인에 접속해 있다(bigthink.com, 2018년 3월 20일).

a. 200명의 미국인 중 60명 미만이 항상 온라인에 접속할 확률은 얼마인가?

b. 200명의 미국인 중 150명 이상이 항상 온라인에 *있지 않을* 확률이 얼마인가?

25. 최근 조사에 따르면 대학 졸업자의 82%가 자신의 학위가 좋은 투자였다고 믿는 것으로 나타났다(cnbc.com, 2020년 2월 27일). 대학 졸업자 100명의 임의표본을 추출한다고 가정하자.

a. 표본비율의 표집분포에 대한 기대값과 표준오차는 얼마인가?

b. 표본비율이 0.80보다 작을 확률은 얼마인가?

c. 표본비율이 모비율의 ± 0.02 이내일 확률은 얼마인가?

26. 영국인의 5분의 1이 인터넷을 사용하지 않는다(bbc.com, 2019년 9월 9일).

a. 200명의 영국인 표본에 기초한 표본비율의 표집분포에 대한 기대값과 표준오차는 얼마인가? 표본비율에 정규분포 근사를 사용하는 것이 적절한가? 설명하라.

b. 표본에서 25% 이상의 영국인이 인터넷을 사용하지 않을 확률은 얼마인가?

27. 한 자동차 제조업체에서 대리점의 고객 만족도가 저하되는 것을 우려하고 있다. 경영진은 다음 40명의 고객을 대상으로 만족도 조사를 평가하기로 결정했다. 우호적으로 보고한 고객이 22명에서 26명 사이인 경우, 대리점에 벌금이 부과된다. 우호적으로 보고한 고객이 22명 미만인 경우, 대리점은 해체된다. 만족도 조사에서 대리점 고객의 70%가 우호적으로 보고하는 것으로 알려졌다.

a. 대리점에서 벌금이 부과될 확률은 얼마인가?

b. 대리점이 해체될 확률은 얼마인가?

28. 과학박물관의 한 전시회에서 사람들은 한 기계에서 50개 또는 100개의 임의추출을 선택하도록 요청받는다. 이 기계는 60개의 녹색 공과 40개의 빨간색 공을 가지고 있는 것으로 알려져 있다. 각 추출 후에 공의 색을 기록하고 다음 추출을 위해 공을 다시 돌려놓는다. 추출한 공의 70% 이상이 녹색 공이면 상을 받는다. 이 게임을 위해 50개 또는 100개 추첨 중 어느 쪽을 선택할 것인가? 설명하라.

29. 직원들의 평균적인 근무일에는 이메일이 23%를 차지한다(hbr.org, 2016년 6월 8일).

a. 직원 50명의 표본에서 이메일이 하루의 20% 이상을 차지할 확률은 얼마인가?

b. 직원 200명의 표본에서 이메일이 하루의 20% 이상을 차지할 확률은 얼마인가?

c. (a)와 (b)에서 계산된 확률의 차이에 대한 이유를 설명하라.

7.4 유한모집단수정항

지금까지 암묵적인 가정 중 하나는 표본크기 n이 모집단의 크기 N보다 훨씬 작다는 것이다. 많은 응용에서는 모집단의 크기가 심지어 알려져 있지 않다. 예를 들어 캄브리아의 한 지역 피자 체인점에서 만든 총 피자 수(예제 7.2와 예제 7.3)나 현지 고급 커피숍을 자주 이용하는 총 고객 수(예제 7.4와 예제 7.6)에 대한 정보가 없다. 만약 표본크기가 모집단 크기에 비해 상대적으로 크면, 추정량의 표준오차는 수정항(correction factor)을 곱해야 한다. **유한모집단수정항(finite population correction factor)**이라고 불리는 이 수정항은 모집단의 더 큰 비율을 표본추출하여 얻게 되는 추가적인 정밀도를 설명한다. 일반적인 지침으로 표본이 모집단의 적어도 5%를 구성하는 경우(즉, $n \geq 0.05N$) 유한모집단수정항 $\sqrt{\frac{N-n}{N-1}}$을 사용한다.

표본평균에 대한 유한모집단수정항

표본크기가 모집단의 크기에 비해 크면($n \geq 0.05N$), 유한모집단수정항(finite population correction factor)은 표본평균 $\bar{X}$의 표집 변동성을 줄이기 위해 사용된다. 결과적으로 $\bar{X}$의 표준오차는 $se(\bar{X}) = \frac{\sigma}{\sqrt{n}}\sqrt{\frac{N-n}{N-1}}$이다. 따라서 모든 값 $\bar{x}$에 대해 대응하는 z값으로 변환이 이루어진다.

수정항은 항상 1보다 작음에 주목하자. N이 n에 비해 상대적으로 크면 수정항은 1에 가깝고, 수정이 있고 없는 공식 간의 차이는 무시할 정도이다.

예제 7.7

대규모 마케팅원론 수업에 340명의 학생이 있다. 이 수업은 학기말 프로젝트를 위해 그룹으로 갈라진다. 코니는 34명의 학생들로 구성된 한 그룹에 속해 있다. 이 학생들은 중간고사에서 평균 72점을 받았는데, 이때 학급 전체의 평균 점수는 73점이고 표준편차는 10점이었다.

a. 학생 34명의 임의표본에 기초하여 표본평균의 기대값과 표준오차를 계산하라.

b. 34명 학생의 임의표본 평균 점수가 72점 이하일 확률이 얼마인가?

해답:

모평균은 $\mu = 73$이고 모표준편차는 $\sigma = 10$이다.

a. 표본평균의 기대값은 $E(\bar{X}) = \mu = 73$이다. 표본크기 $n = 34$가 모집단 크기 $N = 340$의 5% 이상이기 때문에 유한모집단수정항을 사용한다. 따라서 표본평균의 표준오차는 $se(\bar{X}) = \frac{\sigma}{\sqrt{n}}\sqrt{\frac{N-n}{N-1}} = \frac{10}{\sqrt{34}}\sqrt{\frac{340-34}{340-1}} = 1.6294$이다. 수정항이 없다면 표준오차는 $se(\bar{X}) = \frac{\sigma}{\sqrt{n}} = \frac{10}{\sqrt{34}} = 1.7150$로 더 클 것임에 주목하자.

b. $P(\bar{X} \leq 72) = P\left(Z \leq \frac{72-73}{1.6294}\right) = P(Z \leq -0.6137) = 0.2697$을 구한다. 즉, 34명의 학생이 평균 72점 이하일 확률은 26.97%이다.

앞서 논의한 바와 같이, 이 확률을 찾기 위해 Excel의 NORM.DIST 함수 또는 R의 pnorm 함수를 사용할 수 있다.

표본크기가 모집단 크기의 적어도 5%일 때 표본비율에 대해 유사한 유한모집단수정항을 사용한다.

표본비율에 대한 유한모집단수정항

표본크기가 모집단 크기에 비해 클 때($n \geq 0.05\ N$), 유한모집단수정항은 표본비율 $\overline{P}$의 표집 변동성을 줄이기 위해 사용된다. 결과적으로 $\overline{P}$의 표준오차는 $se(\overline{P}) = \sqrt{\frac{p(1-p)}{n}}\sqrt{\frac{N-n}{N-1}}$이다. 따라서 모든 값 $\overline{p}$에 대해 대응하는 z값으로 변환이 이루어진다.

예제 7.8

미국의 주택소유율은 약 65%이다(fred.stlouisfed.org, 2020년 3월 28일). 1,000가구가 있는 작은 섬 지역에서 80가구의 임의표본이 추출되었다. 섬의 주택소유율은 전국 주택소유율 65%와 같다.

a. 표본비율의 표집분포에 대한 기대값과 표준오차를 계산하라. 유한모집단수정항을 적용할 필요가 있는가? 설명하라.

b. 표본비율이 모비율의 0.02 이내일 확률은 얼마인가?

해답:

a. 표본크기 $n = 80$이 모집단의 크기 $N = 1{,}000$의 적어도 5%이기 때문에 유한모집단수정항을 적용해야 한다. 따라서 기대값은 $E(\overline{P}) = p = 0.65$이고, 표준오차는 다음과 같다.

$$se(\overline{P}) = \sqrt{\frac{p(1-p)}{n}}\sqrt{\frac{N-n}{N-1}} = \sqrt{\frac{0.65(1-0.65)}{80}}\sqrt{\frac{1{,}000-80}{1{,}000-1}} = 0.0512$$

b. 표본비율이 모비율의 0.02 이내에 있을 확률은 $P(0.63 \leq \overline{P} \leq 0.67)$이다. $P(0.63 \leq \overline{P} \leq 0.67) = P\left(\frac{0.63-0.65}{0.0512} \leq Z \leq \frac{0.67-0.65}{0.0512}\right) = P(-0.3908 \leq Z \leq 0.3908) = 0.3041$을 구한다. 주택소유율이 모비율의 0.02 이내일 가능성은 30.41%이다.

다시, 이 확률을 찾기 위해 Excel의 NORM.DIST 함수 또는 R의 pnorm 함수를 사용할 수 있다.

연습문제 7.4

30. 크기 $n = 100$인 임의표본을 평균 $\mu = -45$, 분산 $\sigma^2 = 81$인 $N = 2{,}500$의 모집단으로부터 추출한다.

a. 유한모집단수정항을 적용할 필요가 있는가? 설명하라. 표본평균의 기대값과 표준오차를 계산하라.

b. 표본평균이 −47과 −43 사이일 확률은 얼마인가?

c. 표본평균이 −44보다 클 확률은 얼마인가?

31. 크기 $n = 70$인 임의표본을 평균 $\mu = 220$, 분산 $\sigma^2 = 324$인 $N = 500$의 유한모집단으로부터 추출한다.

a. 유한모집단수정항을 적용할 필요가 있는가? 설명하라. 표본평균의 기대값과 표준오차를 계산하라.

b. 표본평균이 210보다 작을 확률은 얼마인가?

c. 표본평균이 215와 230 사이에 있을 확률은 얼마인가?

32. 크기 $n = 100$인 임의표본을 모비율 $p = 0.34$이고 $N = 3{,}000$인 모집단으로부터 추출한다.

a. 유한모집단수정항을 적용할 필요가 있는가? 설명하라. 표본비율의 기대값과 표준오차를 계산하라.

b. 표본비율이 0.37보다 클 확률은 얼마인가?

33. 크기 $n = 80$인 임의표본을 모비율 $p = 0.46$이고 $N = 600$인 모집단으로부터 추출한다.

a. 유한모집단수정항을 적용할 필요가 있는가? 설명하라. 표본비율의 기대값과 표준오차를 계산하라.

b. 표본평균이 0.40보다 작을 확률은 얼마인가?

34. 사이버 공격을 예방하는 것이 피해가 발생한 후 복구하는 것보다 비용이 적게 든다는 것을 업계 전반의 기업과 기관들은 이해하고 있다. 한 연구원은 대기업 3개 중 2개가 IT 예산의 최소 5%를 사이버 보안에 할애하고 있다는 사실을 발견했다. 그의 설문조사는 1,000개의 대기업을 기반으로 한다. 120개 대기업 중 75개 이상이 IT 예산의 최소 5%를 사이버 보안에 사용할 확률은 얼마인가?

35. 미국 상장기업에서 가장 높은 연봉을 받는 CEO 500명에 대한 임원 보수의 평균과 표준편차가 각각 1,032만 달러와 978만 달러인 것으로 나타났다. 32명 CEO 보수의 임의표본이 선택된다.

a. 유한모집단수정항을 적용할 필요가 있는가? 설명하라.

b. 표본평균의 표집분포가 근사적으로 정규분포인가? 설명하라.

c. 표본평균의 기대값과 표준오차를 계산하라.

d. 표본평균이 1,200만 달러 이상일 확률은 얼마인가?

36. 이전 질문에서 12명 CEO 보수의 임의표본이 선택된다고 가정하자.

a. 유한모집단수정항을 적용할 필요가 있는가? 설명하라.

b. 표본평균의 기대값과 표준오차를 계산하라.

c. 정규근사를 사용하여 표본평균이 1,200만 달러 이상일 확률을 계산할 수 있는가? 설명하라.

37. 250명 졸업반 중 1차 구직에서 60%만이 취업할 것으로 예상된다. 최근 졸업한 20명의 친구가 있다.

a. 1차 구직에서 취업할 친구들의 표본비율에 대한 표집분포에 대해 논의하라.

b. 1차 구직에서 친구의 50% 미만이 취업할 확률은 얼마인가?

7.5 통계적 품질관리

성공적인 기업은 제공하는 제품과 서비스의 품질에 이제 그 어느 때보다도 집중해야 한다. 글로벌 경쟁, 기술 발전, 그리고 소비자의 기대는 모두 품질 추구에 기여하는 요인들이다. 고품질 제품과 서비스의 생산을 보장하기 위해, 성공적인 회사는 어떤 형태의 품질관리를 시행한다. 이 절에서는 **통계적 품질관리(statistical quality control)** 분야에 대한 간략한 설명이 제공된다.

통계적 품질관리(statistical quality control)는 고품질의 제품과 서비스를 생산하는 기업의 역량을 개발하고 유지하기 위해 사용되는 통계기법을 포함한다.

일반적으로 통계적 품질관리를 위해 두 가지 접근방식이 사용된다. 기업이 제품을 생산(또는 서비스를 제공)하고 생산공정이 완료되면 제품의 일부를 검사하는 경우 **합격표집(acceptance sampling)**을 사용한다. 특정 제품이 기준 사양에 부합하지 않는다면, 폐기 또는 수리된다. 품질관리에 대한 이 접근법에는 몇 가지 문제점이 있다. 첫째, 제품을 폐기하거나 수리하는 데 고비용이 든다. 둘째, 모든 불량품의 탐지가 보장되지 않는다. 결함이 있는 제품이 고객에게 전달되어 회사의 평판을 손상시킬 수 있다.

품질관리에 선호되는 접근법은 **탐지접근법(detection approach)**이다. 탐지접근법을 사용하는 기업은 생산과정을 검사하여 생산공정이 규격에 부합하지 않는 시점을 결정한다. 목표는 많은 수의 결점이 생산되기 전에 생산공정을 계속해야 하는지, 아니면 조정해야 하는지 결정하는 것이다. 이 절에서는 품질관리에 대한 탐지접근법에 초점을 맞춘다.

일반적으로 두 제품이나 서비스는 동일하지 않다. 어떤 생산과정에서든 최종 제품의 품질 변이는 불가피하다. 두 가지 유형의 변동이 발생한다. **우연변동(chance variation)**은 생산과정의 일부인 임의로 발생하는 많은 사건에 기인한다. 이러한 유형의 변동은 일반적으로 개별 근로자 또는 기계의 관리하에 있는 것으로 간주되지 않는다. 예를 들어 기계가 1갤런 우유병을 채운다고 가정해보자. 각 병에 채운 양이 정확히 128온스가 될 것 같지는 않다. 생산과정에서의 아주 약간의 차이가 한 병에서 다음 병 충전량의 근소한 차이로 이어진다. 우연변동이 예상되며, 그 크기가 적당하고 최종 산물이 허용 가능한 규격을 충족하는 한 생산과정에서 경보의 원인이 되지 않는다.

다른 변동 원인을 **이상변동(assignable variation)**이라고 한다. 생산과정에서 이러한 유형의 변동은 보통 식별되고 제거될 수 있는 특정 사건 또는 요인에 기인한다. 우유의 예에서 기계가 정렬에서 '이탈(drifting)'한다고 가정해보자. 이로 인해 기계가 각 병에 과도하게 채우는 결과를 초래하여 기업에는 고비용이 부담된다. 마찬가지로, 기계가 각 병을 적게 채우기 시작하면 기업의 평판 측면에서 좋지 않다. 이 기업은 생산공정에서 이러한 유형의 변동을 식별하고 수정하려고 한다.

관리도

1920년대에 벨전화연구소(Bell Telephone Laboratories)의 연구원 슈하트(Walter A. Shewhart)는 출력의 품질을 향상시키기 위해 통계를 적용한 최초의 사람으로 인정받는다. 그는 생산공정의 행태를 모니터링하는 데 사용되는 도구인 **관리도(control chart)**를 개발했다.

관리도

품질관리에서 가장 일반적으로 사용되는 통계적 도구는 시간 경과에 따른 생산공정의 표본 추정치를 그림으로 표시한 관리도(control chart)이다. 표본 추정치가 예상된 범위에 있으면 생산공정이 관리상태에 있는 것이며, 표본 추정치에서 바람직하지 않은 추세가 나타난다면 생산공정의 조정이 필요할 것 같다.

관심변수와 (또는) 사용 가능한 데이터 유형에 따라 각기 다른 여러 관리도를 작성할 수 있다. 수치형 변수의 경우, 관리도의 예는 다음과 같다.

- 생산공정의 *중심경향(central tendency)*을 모니터링하는 **$\bar{x}$ 관리도($\bar{x}$ chart)**
- 생산공정의 *변동성(variablity)*을 모니터링하는 ***R* 관리도(*R* chart)**와 ***s* 관리도(*s* chart)**

범주형 변수의 경우, 관리도의 예는 다음과 같다.

- 생선공정에서 불량품(또는 일부 다른 특성)의 *비율(proportion)*을 모니터링하는 ***p* 관리도(*p* chart)**
- 표본추출된 가구의 흠집 수와 같은 제품별 결함 *수(count)*를 모니터링하는 ***c* 관리도(*c* chart)**

일반적으로 이러한 모든 관리도(그리고 언급하지 않은 다른 관리도)에는 다음과 같은 특성이 있다.

1. 관리도는 $\bar{x}$ 또는 $\bar{p}$와 같은 표본 추정치를 표시한다. 따라서 점점 더 많은 표본이 추출됨에 따라, 산출되는 관리도는 생산공정이 사전에 정해진 지침 내에서 작동하는지 평가할 때 한 유형의 안전장치를 제공한다.
2. 모든 표본 추정치는 **중심선(centerline)**을 기준으로 표시된다. 중심선은 생산공정이 관리 상태에 있을 때의 변수의 기대값을 나타낸다.
3. 중심선 외에도 모든 관리도에는 **관리상한(upper control limit, UCL)**과 **관리하한(lower control limit, LCL)**이 포함된다. 이러한 한계는 관심변수의 기대값 위와 아래의 과도한 편차를 나타낸다. 관리도는 관련 추정량의 표집분포가 (근사적으로) 정규분포인 경우에만 유효하다. 이 가정하에서 관리한계는 일반적으로 중심선으로부터 3 표준편차에서 설정된다. 기대값에서 ±3 표준편차에 해당하는 정규곡선 아래의 면적은 0.9973이다. 따라서 표본 추정치가 한계 경계를 벗어날 확률은 1 − 0.9973 = 0.0027뿐이다. 일반적으로 관리상한과 관리하한을 다음과 같이 정의한다.

$$\text{UCL: 기대값} + (3 \times \text{표준오차})$$
$$\text{LCL: 기대값} - (3 \times \text{표준오차})$$

표본 추정치가 관리상한과 관리하한 내에 임의로 위치하면, 생산공정이 관리상태에 있는 것으로 간주된다. 관리상한보다 위에 있거나 관리하한보다 아래에 있는 표본 추정치는 생산공정이 이상상태여서 조정되어야 하는 증거로 간주된다. 더욱이 관리한계 내에 있는 모든 유형의 패턴은 과정에서 발생할 수 있는 문제를 나타낼 수 있다. 잠재적으로 이상상태로 향하는 공정의 한 가지 징후는 중심선의 위나 아래에 비정상적으로 긴 런(run)이 있다는 것이다. 또 다른 가능한 문제는 관리한계 내에 어떤 추세의 증거가 있는 경우이다.

다음 예제에서는 수치형 변수에 초점을 맞추어 $\bar{x}$ 관리도를 보여준다. 그 다음 범주형 변수로 전환하여 p 관리도를 작성할 것이다.

예제 7.9

1갤런 우유병을 생산하는 한 회사에서 기계가 제대로 작동하는지 확인하려고 한다. 2시간마다 25개의 우유병을 표본추출하고 다음의 표본평균 충전량(온스)을 계산한다.

$\bar{x}_1 = 128.7$	$\bar{x}_2 = 128.4$	$\bar{x}_3 = 128.0$	$\bar{x}_4 = 127.8$	$\bar{x}_5 = 127.5$	$\bar{x}_6 = 126.9$

기계가 제대로 작동할 때, 충전량은 $\mu = 128$이고 $\sigma = 2$인 정규분포를 따른다고 가정해 보자. 이 회사는 기계가 정상적으로 작동한다고 결론내릴 수 있는가? 회사가 이 기계와 관련하여 우려해야 할 사항이 있는가?

해답:

여기서 회사는 모평균을 모니터링하는 데 관심이 있다. 이러한 질문에 답하기 위해 $\bar{x}$ 관리도를 작성한다. 앞에서 언급한 바와 같이, 이 관리도는 추정량 $\bar{x}$의 표집분포에 대한 정규분포에 의존한다. 정규분포를 하는 모집단으로부터 표본을 추출하는 경우 $\bar{x}$는 작은 표본크기에도 정규분포를 따르는 것을 기억하자. 이 예제에서는 충전량이 품질관리에 관한 문헌의 일반적인 가정인 정규분포를 따른다는 것이 알려져 있다.

$\bar{x}$ 관리도에서 중심선은 공정이 관리상태에 있을 때의 평균이다. 여기서 $\mu = 128$이 주어진다. 그 다음 UCL은 평균 위의 3 표준편차, LCL은 평균 아래의 3 표준편차로 계산한다.

$$\text{UCL:}\ \mu + 3\frac{\sigma}{\sqrt{n}} = 128 + 3\frac{2}{\sqrt{25}} = 129.2$$

$$\text{LCL:}\ \mu - 3\frac{\sigma}{\sqrt{n}} = 128 - 3\frac{2}{\sqrt{25}} = 126.8$$

그림 7.9는 중심선과 관리한계뿐만 아니라 표본평균을 보여준다.

그림 7.9 우유공정과정에 대한 $\bar{x}$ 관리도

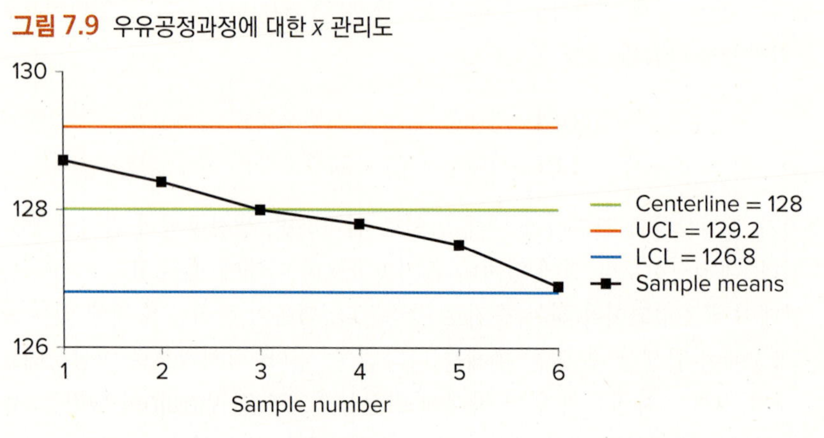

모든 표본평균은 UCL과 LCL 안에 속하며, 이는 적어도 처음에는 생산공정이 관리상태에 있음을 나타낸다. 그러나 표본평균은 이들 한계 사이에 임의로 퍼져 있어야 하며 패턴이 없어야 한다. 이 예제에서는 표본평균에 하향 추세가 분명히 있다. 기계가 1갤런 우유병을 채우지 못하기 시작한 것으로 나타난다. 따라서 표본평균 중 어느 것도 관리한계를 벗어나 있지 않더라도 생산공정이 이상상태에 있을 가능성이 높으며, 회사는 빠른 시간 내에 기계를 검사하는 것이 현명할 것이다.

기업은 제품 또는 서비스의 특정 속성이나 특성을 가진 비율의 안정성에 관심이 있을 수 있다. 예를 들어 대부분의 기업은 고품질의 제품(또는 서비스)을 생산하기 위해 노력하므로 결함의 비율을 최소한으로 유지하기를 희망한다. 생산과정이 표본비율(여기서는 결함의 비율)에 기초하여 평가될 때, p 관리도가 매우 유용하다. p 관리도의 주요 목적은 생산공정에서 결함의 비율을 추적하는 것이므로, p 관리도는 불량률 관리도(fraction defective chart 또는 percent defective chart)라고도 한다. 다음 예제를 고려해보자.

예제 7.10

생산공정의 불량률은 5%이다. 한 품질 검사자가 $n = 500$인 표본 6개를 추출한다. 다음 표본비율이 산출되었다.

$\bar{p}_1 = 0.065$	$\bar{p}_2 = 0.075$	$\bar{p}_3 = 0.082$	$\bar{p}_4 = 0.086$	$\bar{p}_5 = 0.090$	$\bar{p}_6 = 0.092$

a. p 관리도를 작성하라. p 관리도에 표본비율을 표시하라.
b. 생산공정이 관리상태에 있는가? 설명하라.

해답:

a. p 관리도는 추정량 $\bar{P}$의 표집분포에 대한 정규근사를 위해 중심극한정리에 의존한다. np와 $n(1-p)$이 5보다 크거나 같으면, $\bar{P}$의 표집분포는 근사적으로 정규분포를 따른다. 이 예제에서는 이 조건이 충족된다. 결함의 기대비율이 0.05와 같으므로, $p = 0.05$에 중심선을 설정한다. 그 다음 UCL과 LCL을 다음과 같이 계산한다.

$$\text{UCL: } p + 3\sqrt{\frac{p(1-p)}{n}} = 0.05 + 3\sqrt{\frac{0.05(1-0.05)}{500}} = 0.079$$

$$\text{LCL: } p - 3\sqrt{\frac{p(1-p)}{n}} = 0.05 - 3\sqrt{\frac{0.05(1-0.05)}{500}} = 0.021$$

UCL이 1보다 큰 값이면 관리도에서 UCL을 1로 재설정한다. 마찬가지로 LCL이 음수 값이면 관리도에서 LCL을 0으로 재설정한다.

중심선, UCL, LCL 및 표본비율에 대한 값을 표시하면 그림 7.10이 산출된다.

그림 7.10 불량품의 비율

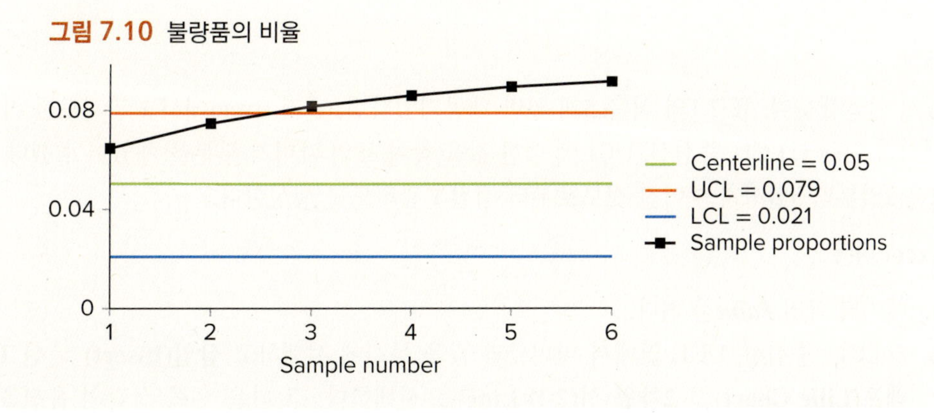

b. 가장 최근의 표본비율 중 4개가 UCL보다 높다. 이는 공정이 이상상태에 있으며 조정이 필요하다는 증거를 제공한다.

Excel과 R을 이용하여 관리도 작성하기

Excel에는 관리도를 만들 수 있는 함수가 내장되어 있지 않지만, 비교적 쉽게 작성할 수 있다. 중심선, UCL, LCL, 표본평균에 대한 값이 주어지지 않으면, 먼저 Excel 스프레드시트에서 이들 값을 산출해야 한다. R을 포함한 다른 소프트웨어 패키지는 이러한 계산을 한다. 예제 7.11을 이용하여 $\bar{x}$ 관리도의 작성을 설명할 것이다.

예제 7.11

FILE ***Paint.*** JK페인트는 4리터 캔에 담긴 다양한 종류의 페인트를 제조한다. 캔은 페인트 양을 조절하는 자동 밸브를 가진 조립라인에서 채워진다. 각 캔에 정확한 양의 페인트가 들어가는지 확인하기 위해, 품질관리 매니저는 시간당 4개의 캔을 임의로 추출하여 페인트 양을 측정한다. 과거 경험상 표준편차가 $\sigma = 0.25$이므로, 품질관리 매니저는 LCL과 UCL을 3.625 $(= 4 - 3 \times 0.25/\sqrt{4})$와 4.375 $(= 4 + 3 \times 0.25/\sqrt{4})$로 각각 계산할 수 있다. 표 7.1은 지난 25시간 동안의 결과 중 일부를 보여준다. 표에는 임의로 선택된 캔 4개의 표본평균, LCL, 중심선, UCL도 포함된다. $\bar{x}$ 관리도를 작성하여 캔이 제대로 채워지고 있는지 확인하라.

표 7.1 예제 7.11에 대한 데이터

Sample	Obs. 1	Obs. 2	Obs. 3	Obs. 4	$\bar{x}$	LCL	Centerline	UCL
1	4.175	3.574	3.795	4.211	3.939	3.625	4	4.375
2	4.254	4.012	4.119	3.866	4.063	3.625	4	4.375
⋮	⋮	⋮	⋮	⋮	⋮	⋮	⋮	⋮
25	4.104	4.107	4.236	3.505	3.988	3.625	4	4.375

해답:

앞서 언급했듯이, 표 7.1의 처음 5개 열만 제공되었다면, 먼저 Excel에서 $\bar{x}$ 관리도를 작성하기 위해 $\bar{x}$, LCL, 중심선, UCL에 대한 값을 찾아 표의 나머지 부분을 채웠어야 했다. R은 2열부터 5열까지 주어진 정보로부터 직접 $\bar{x}$ 관리도를 생성한다.

Excel 이용

a. 데이터 파일 ***Paint***를 연다.
b. $\bar{x}$, LCL, 중심선, UCL 열에서 머리글과 값을 동시에 선택하고 **삽입(Insert)** > **선그래프(Line Chart)** > **2차원 선(2-D Line)**을 선택한다. 그 다음 왼쪽 상단의 옵션을 선택한다.
c. 서식지정(축 제목, 색상 등)은 메뉴에서 **서식(Format)** > **차트 요소 추가(Add Chart Element)**를 선택하여 수행할 수 있다.

그림 7.11은 Excel이 생성한 관리도를 보여준다. 모든 표본평균은 UCL과 LCL 사이에

속하며, 또한 중심선 위와 아래에 임의로 퍼져 있다. 이는 캔이 제대로 채워지고 있음을 나타낸다.

그림 7.11 Excel을 이용하여 생성한 관리도

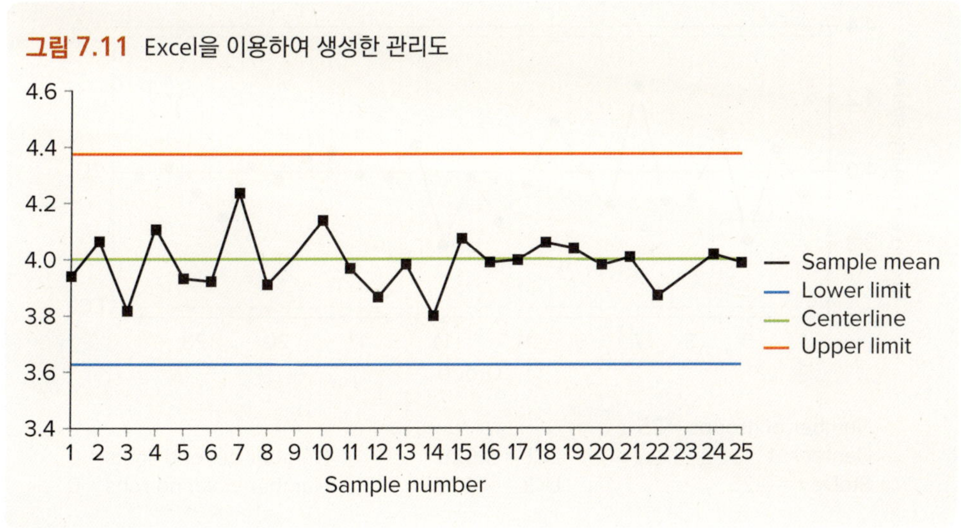

R 이용

a. ***Paint*** 데이터 파일을 데이터프레임(테이블)으로 가져와서 myData라는 이름으로 지정한다.

b. *qcc* 패키지를 설치하고 로드한다(여기서 *qcc*는 Quality Control Chart를 나타냄). 다음과 같이 입력하라.

```
> install.packages("qcc")
> library(qcc)
```

c. 그 다음 *qcc* 패키지의 **qcc** 함수를 사용하여 $\bar{x}$ 관리도를 작성한다. 함수 내에서, 먼저 myData 데이터프레임에서 2~5열의 데이터를 추출해야 한다. 이것은 대괄호를 사용하여 쉽게 수행된다. 그 다음 옵션의 경우 *type*을 사용하여 관리도의 유형을 지정하고, *center*를 사용하여 중심선을 나타내고, 표준편차를 나타내기 위해 *std.dev*를 사용한다. 중심선에서 표준편차의 수를 나타내는 *nsigmas*를 사용한다. 차트의 주요 제목을 지정하기 위해 *title*을 사용한다. 다음과 같이 입력하라.

```
> qcc(myData[, 2:5], type="xbar", center=4,
  std.dev.=0.25, nsigmas=3, title="Control Chart
  for Paint")
```

그림 7.12는 R이 생성한 관리도를 보여주며, 우리는 같은 결론에 도달했다. 즉, 캔이 제대로 채워지고 있다.

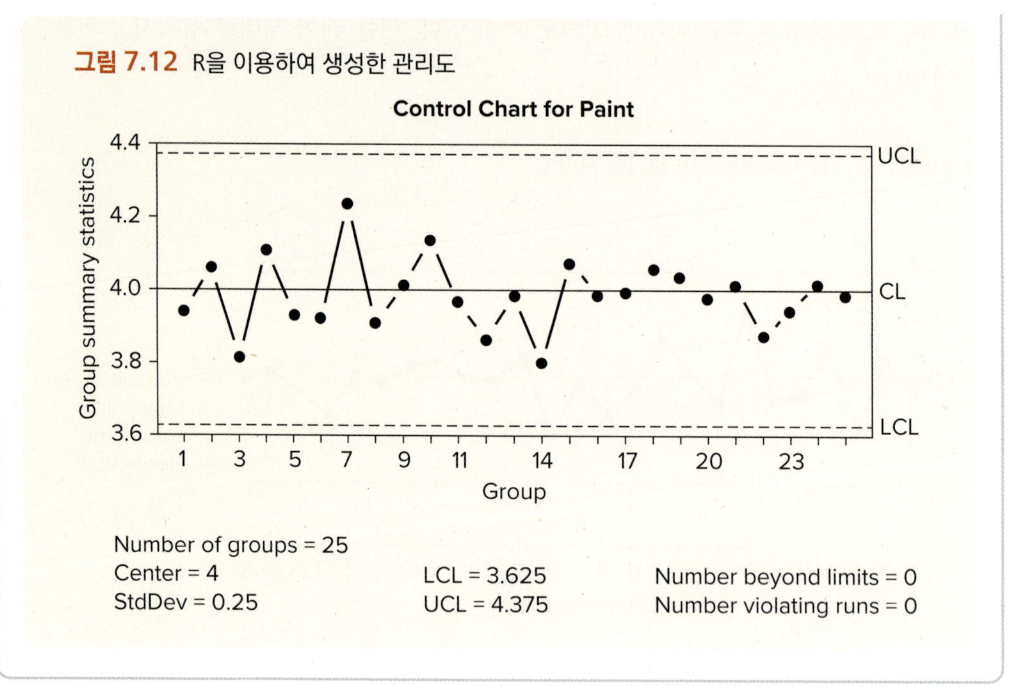

그림 7.12 R을 이용하여 생성한 관리도

연습문제 7.5

38. 평균 $\mu = 80$, 표준편차 $\sigma = 14$인 정규분포를 따르는 모집단을 고려하자.

a. 크기가 5인 표본를 사용하는 경우, $\bar{x}$ 관리도에 대한 중심선과 관리상한 및 관리하한을 작성하라.

b. 크키가 10인 표본으로 분석을 반복하라.

c. 표본크기가 관리한계에 미치는 영향에 대해 논의하라.

39. 크기 $n = 250$인 임의표본을 $p = 0.04$인 모집단에서 추출한다.

a. p 관리도에 대한 중심선과 관리상한 및 관리하한을 작성하라.

b. $n = 150$으로 분석을 반복하라.

c. 표본크기가 관리한계에 미치는 영향에 대해 논의하라.

40. 크기 $n = 25$인 임의표본을 평균 $\mu = 20$, 표준편차 $\sigma = 10$인 정규분포를 따르는 모집단에서 추출한다.

a. $\bar{x}$ 관리도에 대한 중심선과 관리상한 및 관리하한을 작성하라.

b. 크기가 25인 표본 6개가 18, 16, 19, 24, 28, 30의 표본평균을 생성했다고 가정하자. 이들 값을 $\bar{x}$ 관리도에 표시하라.

c. 관리한계를 벗어나는 점이 있는가? 공정이 관리상태에 있다고 보이는가? 설명하라.

41. 크기 $n = 36$인 임의표본을 평균 $\mu = 150$, 표준편차 $\sigma = 42$인 모집단에서 추출한다.

a. $\bar{x}$ 관리도에 대한 중심선과 관리상한 및 관리하한을 작성하라.

b. 크기 36의 표본 5개가 133, 142, 150, 165, 169의 표본평균을 생성했다고 가정하자. 이들 값을 $\bar{x}$ 관리도에 표시하라.

c. 관리한계를 벗어나는 점이 있는가? 공정이 관리상태에 있다고 보이는가? 설명하라.

42. 크기 $n = 500$인 임의표본을 $p = 0.34$인 모집단에서 추출한다.

a. p 관리도에 대한 중심선과 관리상한 및 관리하한을 작성하라.

b. 크기가 500인 표본 6개가 0.28, 0.30, 0.33, 0.34, 0.37, 0.39의 표본비율을 생성했다고 가정하자. 이들 값을 p 관리도에 표시하라.

c. 관리한계를 벗어나는 점이 있는가? 공정이 관리상태에 있다고 보이는가? 설명하라.

43. 크기 $n = 400$인 임의표본을 $p = 0.10$인 모집단에서 추출한다.

a. p 관리도에 대한 중심선과 관리상한 및 관리하한을 작성하라.

b. 크기가 400인 표본 6개가 0.06, 0.11, 0.09, 0.08, 0.14, 0.16의 표본비율을 생성했다고 가정하자. 이들 값을 p 관

리도에 표시하라.

c. 생산공정이 관리상태에 있는가? 설명하라.

44. 메이저리그 야구 규칙 1.09에 따르면 "야구공의 무게는 5온스 이상, 5¼온스 미만이어야 한다"(www.mlb.com). 이들 값을 관리하한과 관리상한으로 각각 사용한다. 중심선은 5.125온스와 같다고 가정하자. 50개 야구공의 주기적 표본은 다음 표본평균을 생성한다.

$\bar{x}_1 = 5.05$	$\bar{x}_2 = 5.10$	$\bar{x}_3 = 5.15$	$\bar{x}_4 = 5.20$	$\bar{x}_5 = 5.22$	$\bar{x}_6 = 5.24$

a. $\bar{x}$ 관리도를 작성하라. 표본평균을 $\bar{x}$ 관리도에 표시하라.

b. 관리한계를 벗어나는 점이 있는가? 공정이 관리상태에 있다고 보이는가? 설명하라.

45. 생산공정은 상자에 평균 14온스의 시리얼을 채우도록 설계되어 있다. 충전량의 모집단은 표준편차가 2온스인 정규분포를 따른다. 검사자는 상자 10개를 주기적으로 표본추출하여, 다음의 표본평균을 구했다.

$\bar{x}_1 = 13.7$	$\bar{x}_2 = 14.2$	$\bar{x}_3 = 13.9$	$\bar{x}_4 = 14.1$	$\bar{x}_5 = 14.3$	$\bar{x}_6 = 13.9$

a. $\bar{x}$ 관리도를 작성하라. 표본평균을 $\bar{x}$ 관리도에 표시하라.

b. 회사는 생산공정이 제대로 작동되고 있다고 결론내릴 수 있는가? 설명하라.

46. FILE ***Cricket.*** 페이스 볼링(pace bowling)이라고도 알려진 패스트 볼링(fast bowling)은 크로켓 스포츠에서 볼링 공격의 중요한 요소이다. 목적은 빠른 속도로 볼링해 지면을 떠나 공중에서 돌게 해서 타자가 깔끔하게 치기 어렵게 만드는 것이다. 칼완트 싱은 특별한 볼링 캠프의 신인 인도 크리켓 선수이다. 그의 코치는 칼완트의 평균 볼링 속도에 만족하지만, 일관성이 부족하다고 느낀다. 그는 다음 4오버(over)에서 볼링 속도를 기록했는데, 각 오버는 6개의 공으로 구성된다. 다음 표는 결과의 일부를 보여준다.

Sample	Obs. 1	Obs. 2	⋯	Obs. 6
Over 1	96.8	99.5	⋯	96.8
Over 2	99.2	100.2	⋯	98.8
Over 3	88.4	97.8	⋯	89.8
Over 4	98.4	91.4	⋯	85.9

칼완트의 볼링 스피드는 평균과 표준편차가 각각 시속 94마일, 2.8마일인 정규분포를 따른다고 가정하는 것이 타당하다.

a. $\bar{x}$ 관리도에 대한 중심선과 관리상한 및 관리하한을 작성하라. 칼완트의 4오버의 평균 속도를 $\bar{x}$ 관리도에 표시하라.

b. 칼완트가 볼링에 일관성이 없다는 코치의 우려를 정당화하는 볼링 패턴이 있는가? 설명하라.

47. 제조공정에서 1,000개의 강철 막대를 생산한다. 이 공정에서 생산되는 불량품의 비율은 5%라고 회사에서는 믿고 있다.

a. p 관리도에 대한 중심선과 관리상한 및 관리하한을 작성하라.

b. 한 엔지니어가 다음 그룹 1,000개의 강철 막대를 검사하여 6.2%의 불량률을 발견했다. 제조공정이 관리상태에 있는가? 설명하라.

48. 한 회사가 컴퓨터 칩을 생산한다. 과거의 경험을 통해 업체는 칩의 4%가 불량이라는 것을 알고 있다. 이 회사는 지난 2주 동안 오후 1시에 제조된 첫 번째 500개의 칩 표본을 수집하여, 다음 표본비율이 산출되었다.

$\bar{p}_1 = 0.044$	$\bar{p}_2 = 0.052$	$\bar{p}_3 = 0.060$	$\bar{p}_4 = 0.036$	$\bar{p}_5 = 0.028$
$\bar{p}_6 = 0.042$	$\bar{p}_7 = 0.034$	$\bar{p}_8 = 0.054$	$\bar{p}_9 = 0.048$	$\bar{p}_{10} = 0.025$

a. p 관리도를 작성하라. p 관리도에 표본비율을 표시하라.

b. 회사가 공정이 제대로 작동되고 있다고 결론내릴 수 있는가?

49. 한 지역 대학의 입학처는 보통 750명을 모집하는데, 과거 경험으로부터 이 중 25%가 등록하지 않는 것으로 알고 있다.

a. p 관리도에 대한 중심선과 관리상한 및 관리하한을 작성하라.

b. 올해 대학이 750명의 학생을 입학시키고 240명이 등록하지 않기로 결정했다고 가정하자. 대학이 우려해야 하는가? 설명하라.

50. 서비스 품질에 대한 고객 불만이 있은 후, 한 미국 대기업은 Country X에 있는 기술지원 콜센터로 고객들을 보내는 것을 중단했다. Country X 이외의 콜센터로 고객을 안내하기로 한 기업의 결정은 지난 6개월 동안의 고객 불만사항을 기반으로 했다고 가정해보자. 임의로 선택된 고객 80명에 대한 월별 불만건수가 다음 표에 나와 있다.

Month	Number of Complaints
1	20
2	12
3	24
4	14
5	25
6	22

a. 기업이 15%의 불만율을 허용하는 경우 p 관리도에 대한 중심선과 관리상한 및 관리하한을 작성하라.

b. Country X 이외의 콜센터로 고객들을 안내하는 기업의 결정을 정당화할 수 있는가?

7.6 데이터 분석

다음 몇 장의 데이터 분석 절에서는 표본크기가 상대적으로 작은 사례연구에 초점을 맞춘다. 왜 그런가? 만약 표본크기가 충분히 크면, 다른 임의표본으로부터 생성된 $\bar{X}$의 추정치 또는 $\bar{P}$의 추정치에 차이가 거의 없는 것으로 나타난다.

$se(\bar{X}) = \frac{\sigma}{\sqrt{n}}$를 사용하여 $\bar{X}$의 변동성을 측정하고 $se(\bar{P}) = \sqrt{\frac{p(1-p)}{n}}$를 사용하여 $\bar{P}$의 변동성을 측정함을 기억하자. 두 경우 모두, 변동성은 추정치의 기초가 되는 표본크기에 따라 달라진다. 표본크기가 충분히 크면 변동성은 사실상 사라지거나, 동등하게 $se(\bar{X})$와 $se(\bar{P})$가 0에 근접한다. 따라서 빅데이터의 경우 표본평균 또는 표본비율의 표집분포를 조사하거나 품질관리도를 작성하는 것은 큰 의미가 없다.

사례연구

FILE ***Lux_Hotel.*** 럭스호텔의 매니저인 바바라 드와이어는 전화예약을 시도하는 고객이 예약전문가와의 상담을 위해 평균 60초만 기다릴 수 있도록 모든 노력을 기울이고 있다. 그녀는 이것이 호텔에 대한 고객의 첫인상이 될 수 있다는 것을 알고 있으며, 첫 상호작용이 긍정적인 것이기를 원한다. 이 호텔은 24시간 전화예약을 받기 때문에 바바라는 서비스의 질이 하루 종일 지속적으로 유지되고 있는지 궁금해한다. 24시간 동안 4교대 근무시간 각각 $n = 4$인 통화표본 6개 추출하고, 각 통화의 대기시간을 기록한다. 데이터(초)의 일부는 표 7.2에 제시되어 있다.

Ryan McVay/Getty Images

바바라는 대기시간이 평균 60초와 표준편차 30초인 정규분포를 따른다고 가정한다. 그녀는 표본 정보를 이용하여 대기시간에 대한 관리도를 작성하려고 한다. 그 다음 관리도를 사용하여 서비스 품질이 하루 종일 일관성 있게 유지되는지 여부를 확인하려고 한다.

표 7.2 전화예약 대기시간

Shift	Sample	Wait Time (in seconds)				Sample Mean, $\bar{x}$
Shift 1: 12:00 am–6:00 am	1	67	48	52	71	60
	2	57	68	60	66	63
	3	37	41	60	41	45
	4	83	59	49	66	64
	5	82	63	64	83	73
	6	87	53	66	69	69
⋮	⋮	⋮	⋮	⋮	⋮	⋮
Shift 4: 6:00 pm–12:00 am	19	6	11	8	9	9
	20	10	8	10	9	9
	21	11	7	14	7	10
	22	8	9	9	12	10
	23	9	12	9	14	11
	24	5	8	15	11	10

샘플보고서—고객 대기시간

잠재고객이 럭스호텔에 전화를 걸 때, 럭스에서의 숙박을 선택하는 경우 고객이 받게 될 높은 수준의 서비스를 연계하는 예약전문가의 어조 설정이 중요하다. 이러한 이유로 럭스 경영진은 잠재고객이 예약전문가와 대화하기 전에 경과하는 시간을 최소화하기 위해 노력하고 있지만, 경영진은 또한 자원을 현명하게 사용해야 할 필요성을 인식하고 있다. 너무 많은 예약전문가가 근무한다면 유휴시간으로 인해 자원이 낭비된다. 그러나 너무 적은 예약전문가들이 근무한다면, 그 결과는 고객을 불만족스럽게 하거나 더 악화될 수 있다.

고객만족도는 물론 자원의 효율적 활용을 위해 일반 고객이 예약전문가와 통화하기 위해 평균 60초를 대기하는지 파악하는 연구가 수행된다. 데이터를 수집하기 전에 관리도가 작성된다. 관리상한(UCL)과 관리하한(LCL)은 원하는 평균 60초에서 3 표준편차로 설정한다. 그림 7.13은 중심선이 60초, UCL과 LCL이 각각 105초, 15초인 관리도를 보여준다. 표본평균이 관리한계 내에 임의로 포함되는 경우, 예약과정이 관리상태에 있는 것으로 간주되고, 그렇지 않은 경우 과정이 이상상태에 있으므로 조정해야 한다.

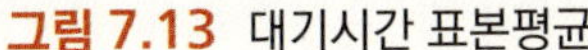

그림 7.13 대기시간 표본평균

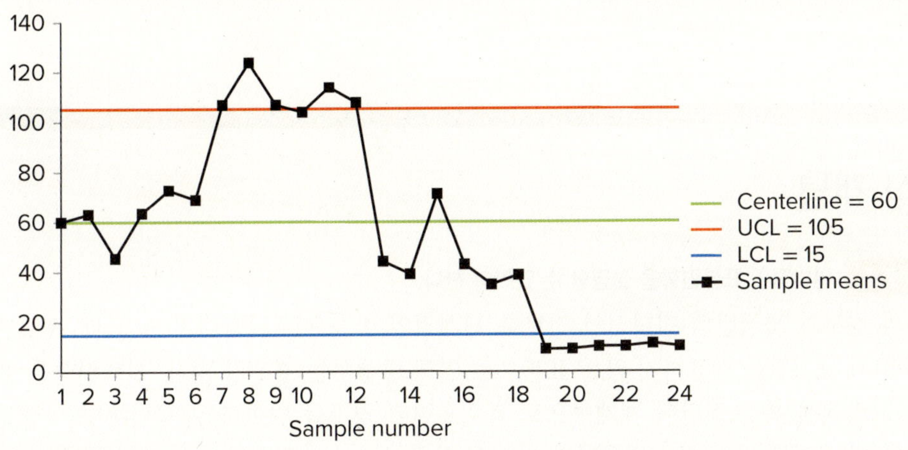

4교대 동안 각각 $n = 4$ 통화의 표본 6개가 한 24시간 기간에 임의로 선택되고, 각 표본의 평균 대기시간이 기록된다. 1교대조(오전 12시~6시, 표본번호 1~6)의 6개 표본평균 모두 관리한계 내에 있으므로 예약과정이 관리상태에 있음을 나타낸다. 그러나 2교대조(오전 6시~12시, 표본번호 7~12)의 5개 표본평균이 UCL 위에 있다. 2교대조 근무시간에 전화를 거는 고객은 전문가와 상담하기 전에 너무 오래 기다리고 있다. 품질기준의 견지에서 이는 호텔 입장에서 받아들일 수 없는 일이다. 3교대조(오후 12시~6시, 표본번호 13~18)의 6개 표본평균은 모두 관리한계 내에 있지만, 4교대조(오전 6시~12시, 표본번호 19~24)의 모든 표본평균은 LCL 아래에 있다. 고객들은 예약전문가와 통화하기 위해 매우 짧은 시간을 기다리고 있지만, 예약전문가는 유휴시간이 너무 많을 수 있다. 아마도 한 가지 해결책은 일부 예약전문가들을 4교대조에서 2교대조로 이동하는 것이다.

사례연구 제안

보고서 7.1 경제분석국에 따르면, 2019년 미국 가구의 가처분소득의 비율로 정의되는 저축률은 7.90%였다. 보고된 저축률은 전국적으로 균등하지 않다. 한 공공정책 연구소가 중서부의 저축률을 계산하기 위해 자체 조사를 두 번 실시한다. 1차 조사에서 160가구를 표본으로 추출한 결과, 평균 저축률이 8.18%로 나타났다. 또 다른 표본인 40가구는 평균 저축률이 8.30%인 것으로 나타났다. 모표준편차가 1.4%라고 가정해보자.

보고서에서 이 정보를 이용하여 적어도 두 조사 각각에서 계산된 표본평균 이상의 표본평균을 구할 확률을 계산하라. 그 다음 이 확률을 사용하여 두 표본 중 어느 표본이 전체적으로 미국을 더 잘 나타내는지 결정하라.

보고서 7.2 2019년 미국 노동통계국은 25세 이하 대졸자의 실업률이 4%라고 발표했다. 대학에 등록하지 않은 25세 미만의 고등학교 졸업생의 실업률은 9.1%였다. 신디 챈은 트렌디한 의류회사의 영업부에서 일하며 최근 아이오와주의 작은 마을로 이사했다. 그녀는 이 마을에 25세 이하의 대학 졸업자 220명과 고등학교 졸업자 140명이 살고 있다는 것을 알게 되었다. 신디는 이 마을의 고용된 젊은이 수로 그녀의 제품에 대한 수요를 측정하려고 한다.
보고서에서 이 정보를 이용하여 대학 및 고등학교 졸업자의 기대되는 취업자 수를 계산하라. 그 다음 대졸자 200명, 25세 미만 고졸자 100명 이상이 취업할 확률을 보고하라.

보고서 7.3 FILE ***Hockey_Puck.*** 내셔널 하키 리그(National Hockey League, NHL)와 다른 프로리그에서 사용되는 하키 퍽(pucks)의 무게는 평균 163그램(5.75온스)이다. 품질검사관이 하키 퍽의 제조공정을 모니터링한다. 그녀는 8개의 $n = 10$인 표본을 추출한다. 퍽의 무게는 정규분포를 따르며, 생산공정이 관리상태에 있을 때 $\mu = 163$, $\sigma = 7.5$이라고 알려져 있다.

보고서에서 이 정보를 이용하여 하키 퍽의 무게에 대한 관리도를 작성하라. 그 다음 관리도를 이용하여 생산공정이 관리상태에 있는지 결정하라.

핵심 개념

LO 7.1 일반적인 표본편향을 설명할 수 있어야 한다.

표본의 정보가 모집단의 전형적인 정보를 체계적인 방식으로 나타내지 않을 때 표집편향이 발생한다. 모집단을 대표하지 않는 표본으로 인해 발생하는 경우가 많다. 선택편향은 표본에 대한 고려에서 특정 집단이 체계적으로 과소표현된 경우를 말한다. 무응답편향은 설문이나 여론 조사에 대한 응답자와 비응답자 사이의 선호도에서의 체계적인 차이를 말한다. 사회적 요망성 편향은 설문이나 여론 조사에 대한 한 집단의 '사회적으로 받아들일 수 있는' 반응과 이 집단의 궁극적인 선택 사이의 체계적인 차이를 의미한다.

LO 7.2 다양한 표집방법을 설명할 수 있어야 한다.

단순임의표본은 모집단으로부터 선택될 확률이 다른 n개 관측치 표본과 동일한 n개 관측치 표본이다. 대부분의 통계적 방법은 단순임의표본을 가정한다.

층화임의표본은 모집단이 하나 이상의 분류기준에 따라 그룹(층)으로 분할될 때 형성된다. 층화임의표본에는 각 층에서 임의로 선택된 관측치가 포함되며, 층당 관측치의 수는 모집단 내 층의 크기에 비례한다. 각 층에 대한 데이터를 최종적으로 합친다.

모집단을 지리적 영역에 따라 그룹(군집)으로 나눌 때 군집표본이 형성된다. 층화임의표본은 각 그룹의 원소로 구성되지만, 군집표본에는 임의로 선택된 군집의 관측치가 포함된다. 정밀도를 높이는 것이 목적인 경우 층화임의표집이 선호되고, 비용 절감이 목적인 경우 군집표집이 선호된다.

LO 7.3 **표본평균의 표집분포를 설명할 수 있어야 한다.**

표본평균 $\bar{X}$의 기대값은 $E(\bar{X}) = \mu$이고, 일반적으로 표본평균의 표준오차라고 부르는 표준편차는 $se(\bar{X}) = \frac{\sigma}{\sqrt{n}}$과 같다. 표본크기에 관계없이 모집단이 정규분포를 따르는 경우, $\bar{X}$의 표집분포는 정규분포이다. $\bar{X}$가 정규분포를 따르는 경우, 모든 값 $\bar{X}$는 $z = \frac{\bar{x}-\mu}{\sigma/\sqrt{n}}$와 같이 대응하는 z값으로 변환될 수 있다.

LO 7.4 **중심극한정리의 중요성을 설명할 수 있어야 한다.**

중심극한정리(CLT)는 임의표본을 알 수 없는 모집단이나 비정규 모집단으로부터 추출할 때 사용된다. 기대값 μ와 표준편차 σ를 갖는 모집단 X에 대해 표본크기 n이 충분히 클 경우, $\bar{X}$의 표집분포는 근사적으로 정규분포를 따른다고 명시한다. 일반적인 지침으로 $n \geq 30$일 때 정규분포 근사가 정당화된다.

LO 7.5 **표본비율의 표집분포를 설명할 수 있어야 한다.**

표본비율 $\bar{P}$의 기대값은 $E(\bar{P}) = p$이고 표준오차는 $se(\bar{P}) = \sqrt{\frac{p(1-p)}{n}}$이다. CLT로부터, 모든 모비율 p에 대해 표본크기 n이 충분히 크면 $\bar{P}$의 표집분포는 근사적으로 정규분포를 따른다는 결론을 내릴 수 있다. 일반적인 지침으로, 정규분포 근사는 $np \geq 5$ 및 $n(1-p) \geq 5$일 때 정당화된다. $\bar{P}$가 정규분포를 따른다면, 모든 값 $\bar{P}$는 $z = \frac{\bar{p}-p}{\sqrt{\frac{p(1-p)}{n}}}$로 대응하는 z값으로 변환될 수 있다.

LO 7.6 **유한모집단수정항을 사용할 수 있어야 한다.**

표본크기 n이 모집단의 크기 N에 비해 상대적으로 크다면 추정량의 표준오차는 수정항을 곱해야 한다. 유한모집단수정항이라고 불리는 이 수정항은 표본이 모집단의 최소 5%를 구성하는 경우($n \geq 0.05N$) 사용된다. 수정항을 사용하여 $se(\bar{X}) = \frac{\sigma}{\sqrt{n}} \frac{N-n}{N-1}$이고 $se(\bar{P}) = \sqrt{\frac{p(1-p)}{n}} \sqrt{\frac{N-n}{N-1}}$이다. 그에 따라 대응하는 z 값으로 변환된다.

LO 7.7 **수치형 변수와 범주형 변수에 대한 관리도를 작성하고 해석할 수 있어야 한다.**

관리도는 중심선뿐만 아니라 관리상한(UCL)과 관리하한(LCL)을 지정한다. 일반적으로 UCL과 LCL은 중심선의 3 표준편차 내에서 설정된다. $\bar{x}$ 관리도에 대한 UCL과 LCL은 각각 $\mu + 3\frac{\sigma}{\sqrt{n}}$와 $\mu - 3\frac{\sigma}{\sqrt{n}}$로 정의된다. p 관리도의 경우, 이들 한계는 $p + 3\sqrt{\frac{p(1-p)}{n}}$와 $p - 3\sqrt{\frac{p(1-p)}{n}}$로 각각 정의된다.

일반적으로 표본 추정치가 관리한계 내에 있으면 공정이 관리상태에 있는 것이고, 그렇지 않으면 이상상태에 있으므로 조정이 필요하다. 그러나 표본 추정치가 관리한계 내에 있더라도 한계 사이에 임의로 퍼져 있어야 한다. 중심선의 위나 아래에 추세 또는 비정상적으로 긴 런(run)이 있으면 생산공정이 이상상태로 향할 수 있다.

추가 연습문제

51. 한 연구가 신체운동이 뇌 연령 증가와 관련된 결핍의 시작을 지연시키는 데 효과적이라고 보여주었다 (magneticmemorymethod.com, 2019년 11월 12일). 신체적인 운동을 위해, 성인들은 주 3회 40분씩 힘차게 걷기와 같은 걷기요법을 따르도록 자주 권장된다. 플로리다에 기반을 둔 공중보건기관에서 일하는 보조 매니저로서, 마이애미에서 이러한 걷기요법을 따르는 성인의 비율을 추정하려고 한다. 사람들이 규칙적으로 걷는지 질문하는 다음 전략에서 표집편향에 대해 논의하라.

a. 마이애미에서 임의로 선정된 성인 해수욕객들

b. 선불 봉투에 정보를 공개하도록 요청받은 임의로 선택된 마이애미 거주자들

c. 회사 웹사이트에 정보를 공개하도록 요청받은 임의로 선택된 마이애미 거주자들

d. 마이애미의 모든 병원에서 임의로 선택된 성인 환자

52. 마이애미 거주민들의 걷기요법에 관한 이전 질문에서, 다음 표집전략에 기초하여 대표성 있는 표본을 얻을 수 있는 방법을 설명하라.

a. 단순임의표집

b. 층화임의표집

c. 군집표집

53. 품질관리 검사관은 생산공정을 주기적으로 확인한다. 검사 때마다 완제품 40개의 표본을 선택하고 평균 무게를 계산한다. 오랜 기간 동안 그는 평균 무게의 5%가 9.7파운드 미만이고, 평균 무게의 5%가 10.3파운드 이상이라는 것을 발견했다. 이 공정에서 생산된 제품 모집단의 평균와 표준편차(파운드)는 각각 얼마인가?

54. 90번 주고속도로를 따라 달리는 차량의 평균 속도는 68 mph이며, 표준편차는 5 mph이다.

a. 차량 36대의 표본에 대한 표본평균의 표집분포에 대한 기대값과 표준오차는 얼마인가?

b. 표본평균의 표집분포가 정규분포를 따른다는 결론을 내릴 수 있는가? 설명하라.

c. 이 표본의 평균 속도가 66 mph 미만일 확률은 얼마인가?

55. 한 제약회사는 특정 약품의 전체 사용자 중 5%가 심각한 부작용을 경험한다는 것을 알고 있다. 한 연구원이 그 약품의 사용자 200명의 표본을 검사한다.

a. 8~12사례에서 부작용이 발견될 확률은 얼마인가?

b. 16 이상의 사례에서 부작용이 발견될 확률은 얼마인가?

56. 중요한 부품의 길이가 평균 $\mu = 80$ cm, 표준편차 $\sigma = 2$ cm로 정규분포하는 경우 제조공정에서 자동기계는 정상적으로 작동한다.

a. 임의로 선택된 한 단위의 길이가 79 cm 미만일 확률을 구하라.

b. 임의로 선택된 10개 단위의 평균 길이가 79 cm 미만일 확률을 구하라.

c. 임의로 선택된 30개 단위의 평균 길이가 79 cm 미만일 확률을 구하라.

57. 트레이더 조스는 미국의 식품전문 체인점이다. 이곳은 고급 음식, 맥주와 와인, 빵, 견과류, 시리얼, 커피와 같은 상품을 판매하는 독특한 식료품점으로 명성을 떨쳤다. 가장 잘 팔리는 견과류 중 하나는 16온스 캘리포니아 생아몬드이다. 각 포장에 정확히 16온스를 담는 것은 불가능하기 때문에, 한 연구원은 각 포장에 들어 있는 아몬드의 양이 각각 16.01온스와 0.08온스의 평균과 표준편차로 정규분포를 따른다는 것을 알아냈다.

a. 어떤 크기라도 표본크기에 기초하여 표본평균의 표집분포에 대해 논의하자.

b. 20봉지의 아몬드가 평균 16온스 미만일 확률을 구하라.

c. 시리얼 조리법에 48온스 이상의 아몬드가 필요하다고 가정해보자. 아몬드 3봉지가 요구사항을 충족시킬 확률은 얼마인가?

58. 조지아주의 거주민들은 복권에 평균 470.73달러를 소비하며, 이는 개인소득의 1%를 지출한다(investopedia.com, 2019년 6월 25일). 복권에 지출된 금액이 표

준편차가 50달러인 정규분포를 따른다고 가정하자.

a. 임의로 선택된 조지아인이 복권에 500달러 이상을 지출했을 확률은 얼마인가?

b. 만약 4명의 조지아인이 임의로 선택된다면, 복권에 사용된 평균 금액이 500달러 이상일 확률은 얼마인가?

c. 만약 4명의 조지아인이 임의로 선택된다면, 그들 모두가 복권에 500달러 이상씩 지출했을 확률은 얼마인가?

59. 한 작은 바이오테크 회사에 250명의 직원이 있다. 직원의 평균 연령은 42세이고 표준편차는 8.5세이다. 인사담당자가 40명의 직원을 임의로 선발한다.

a. 표본에서 평균 연령의 기대값과 표준오차는 얼마인가? 유한수정항을 사용할 필요가 있는가? 설명하라.

b. 표본평균의 표집분포가 근사적으로 정규분포인가? 설명하라.

c. 표본평균이 40년 미만일 확률은 얼마인가?

60. 한 보고서에 따르면, 과학자들은 77%의 정확도로 극단적 장수를 예측하는 일련의 유전자 변이를 밝혀냈다(medicalnewstoday.com, 2018년 10월 22일). 150명의 환자가 그들의 유전자의 염기서열을 분석하기로 결정했다고 가정하자.

a. 만약 과학자들의 주장이 정확하다면, 120명 이상의 환자들이 극단적 장수에 대한 정확한 진단을 받을 확률은 얼마인가?

b. 만약 과학자들의 주장이 정확하다면, 70% 미만의 환자들이 극단적 장수에 대한 정확한 진단을 받을 확률은 얼마인가?

61. 미국 근로자들은 점점 더 은퇴를 연기할 계획을 세우고 있다(cnbc.com, 2019년 8월 25일). 한 연구자는 62세 이상 고용된 성인의 35%가 은퇴일을 연기했다고 답한 것으로 조사했다.

a. 62세 이상의 고용된 성인 100명의 표본에서 40% 이상이 은퇴일을 연기할 확률은 얼마인가?

b. 62세 이상의 고용된 성인 200명의 표본에서 40% 이상이 은퇴일을 연기할 확률은 얼마인가?

c. 두 추정 확률의 차이에 대해 설명하라.

62. **FILE** ***Packaging.*** 특정 온도 범위 내에서 보관해야 하는 제품을 위한 다양한 포장 솔루션이 존재한다. 콜드체인 유통은 식품과 제약 산업에서 특히 유용하다. 한 포장회사에서 포장의 온도를 일정하게 유지하기 위해 노력하고 있다. 포장의 온도는 평균 섭씨 5도, 표준편차 섭씨 0.3도의 정규분포를 따르는 것으로 알려져 있다. 검사관이 5주 동안 매주 임의로 선택된 8개의 상자 표본을 추출하여 온도를 섭씨 단위로 보고한다. 데이터의 일부가 아래에 나와 있다.

Sample	Obs. 1	Obs. 2	⋯	Obs. 8
Week 1	3.98	4.99	⋯	4.95
Week 2	5.52	5.52	⋯	4.95
⋮	⋮	⋮	⋮	⋮
Week 5	5.14	6.25	⋯	4.28

a. 온도에 대한 $\bar{x}$ 관리도를 작성하라. $\bar{x}$ 관리도에 5개의 주별 표본평균을 표시하라.

b. 관리한계를 벗어나는 점이 있는가? 공정이 관리상태인 것 같은가? 설명하라.

63. 한 특정 브랜드의 스프 제조업체는 나트륨 함량이 경쟁업체보다 50% 적다고 주장한다. 식품 라벨에는 나트륨 함량이 1인분당 410 mg이라고 적혀 있다. 나트륨 함량의 모집단이 25 mg의 표준편차로 정규분포를 따른다고 가정해보자. 검사관은 주기적인 표본 25개를 추출하여 나트륨 함량을 측정하여, 다음과 같은 표본평균을 구했다.

$\bar{x}_1 = 405$	$\bar{x}_2 = 412$	$\bar{x}_3 = 399$
$\bar{x}_4 = 420$	$\bar{x}_5 = 430$	$\bar{x}_6 = 428$

a. 나트륨 함량에 대한 $\bar{x}$ 관리도를 작성하라. 표본평균을 $\bar{x}$ 관리도에 표시하라.

b. 검사관은 생산자가 나트륨 함량을 정확하게 광고하고 있다고 결론내릴 수 있는가? 설명하라.

64. 합격표집은 특정 속성을 가진 단위의 비율이 주어진 백분율을 초과하는지 결정하기 위해 데이터 배치를 검사하는 중요한 품질관리 기술이다. 생산된 품목의 10%가 부적합품으로 알려져 있다고 가정해보자. 매주 품목의 배치를 평가하고 부적합 품목의 비율이 15%를 초과하면 생산 기계를 조정한다.

a. 배치가 50개의 항목으로 구성될 경우 생산 기계가

조정될 확률은 얼마인가?

b. 100개의 품목으로 구성된 경우 생산 기계가 조정될 확률은 얼마인가?

65. 앞의 질문에서 경영진이 분석에 p 관리도를 사용하기로 결정했다고 가정해보자. 앞서 언급했듯이 생산된 제품 중 10%가 부적합으로 알려져 있다. 이 회사는 6주 동안 생산품 그룹을 분석하여 다음의 불량품 비율을 계산했다.

Week	Nonconforming Percentage
1	5.5
2	13.1
3	16.8
4	13.6
5	19.8
6	2.0

a. 주별 그룹이 50개의 제품으로 구성된다고 가정해보자. 불량품 비율에 대한 p 관리도를 작성하고, 어느 주에서 기계를 조정할 필요가 있는지 확인하라.

b. 주별 그룹이 100개의 제품으로 구성된다고 가정해보자. 불량품 비율에 대한 p 관리도를 작성하고, 어느 주에서 기계를 조정할 필요가 있는지 확인하라.

부록 7.1 $\bar{X}$와 $\bar{P}$에 대한 평균 및 분산 산출

표본평균, $\bar{X}$

모집단 X의 기대값과 분산을 $E(X) = \mu$ 및 $Var(X) = \sigma^2$으로 각각 표시하도록 한다. 모집단으로부터 n개의 관측치, $X_1, X_2, \ldots, X_n$의 임의추출에 기초한 표본평균 $\bar{X}$는 $\bar{X} = \frac{X_1 + X_2 + \ldots + X_n}{n}$으로 계산된다.

확률변수 합계의 속성을 이용하여 표본평균의 기대값은 다음과 같이 유도된다.

$$E(\bar{X}) = E\left(\frac{X_1 + X_2 + \cdots + X_n}{n}\right) = \frac{E(X_1) + E(X_2) + \cdots + E(X_n)}{n}$$

$$= \frac{\mu + \mu + \cdots + \mu}{n} = \frac{n\mu}{n} = \mu$$

표본평균은 모집단으로부터 n개의 독립적인 추출에 기초하므로, 공분산 항이 누락되어 표본평균의 분산은 다음과 같이 유도된다.

$$Var(\bar{X}) = Var\left(\frac{X_1 + X_2 + \cdots + X_n}{n}\right) = \frac{1}{n^2} Var(X_1 + X_2 + \cdots + X_n)$$

$$= \frac{1}{n^2}(Var(X_1) + Var(X_2) + \cdots + Var(X_n))$$

$$= \frac{\sigma^2 + \sigma^2 + \cdots + \sigma^2}{n^2} = \frac{n\sigma^2}{n^2} = \frac{\sigma^2}{n}$$

표본비율, $\bar{P}$

X를 n번의 시행에서 성공횟수를 나타내는 이항확률변수라고 가정한다. 5장에서 $E(X) = np$ 및 $Var(X) = np(1 - p)$를 기억하자. 여기서 p는 성공확률이다. 표본비율 $\bar{P} = \frac{X}{n}$에 대해, 표본비율의 기대값과 분산은 다음과 같이 나타낸다.

$$E(\bar{P}) = E\left(\frac{X}{n}\right) = \frac{E(X)}{n} = \frac{np}{n} = p, \text{ 및}$$

$$Var(\bar{P}) = Var\left(\frac{X}{n}\right) = \frac{Var(X)}{n^2} = \frac{np(1-p)}{n^2} = \frac{p(1-p)}{n}$$

부록 7.2 점추정량의 특성

일반적으로 추정량의 성능은 통계적 속성의 관점에서 논의한다. 점추정량의 바람직한 속성에는 불편성(unbiasedness), 일치성(consistency) 및 효율성(efficiency)이 포함된다. 모집단으로부터의 반복적인 표본추출에 기초하여 추정량의 평균값이 모수와 같다면 추정량은 **비편향(unbiased)**된다. 달리 말해, 불편추정량에 대해 점추정량의 기대값은 모수와 같다.

그림 A7.1은 정규분포를 가정한 두 추정량 U_1과 U_2에 대한 표집분포를 보여준다. θ(그리스 문자, theta)를 모집단의 참모수 값으로 하자. 추정량 U_1은 기대값 $E(U_1)$가 θ와 같기 때문에 비편향된다. 추정량 U_2는 $E(U_2) \neq \theta$이기 때문에 편향된다. 편향의 정도는 $E(U_2)$와 θ 사이의 차이에 의해 주어진다.

그림 A7.1 불편추정량(U_1)과 편향된 추정량(U_2)의 분포

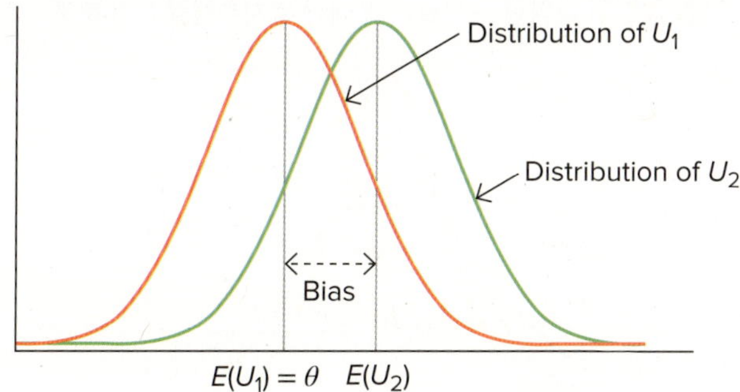

$E(\bar{X}) = \mu$ 및 $E(\bar{P}) = p$이므로, $\bar{X}$와 $\bar{P}$는 각각 μ와 p의 불편추정량이다. 이 속성은 표본크기와 독립적이다.

불편추정량의 성능을 상대적인 **효율성(efficiency)** 측면에서 비교한다. 추정량은 표본 간의 변동성이 다른 불편추정량보다 작으면 효율적인 것으로 간주된다. 변동성은 추정량의 표준오차에 의해 측정된다는 것을 기억하자. 불편추정량이 효율적이려면 표준오차가 다른 불편추정량보다 작아야 한다. 추정량 $\bar{X}$와 $\bar{P}$는 편향이 없을 뿐만 아니라 효율적이라는 것이 잘 입증되어 있다.

그림 A7.2는 실제 모수 θ에 대한 두 개의 불편추정량 V_1과 V_2에 대한 표집분포를 보여준다. 예시를 위해, V_1과 V_2가 정규분포를 따른다고 하자. V_1과 V_2는 모두 편향이 없지만 $(E(V_1) = E(V_2) = \theta)$, V_1은 변동성이 적기 때문에 더 효율적이다.

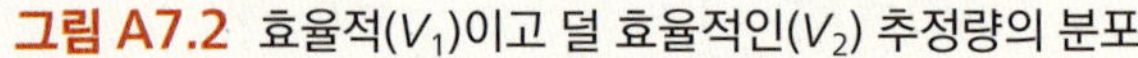
그림 A7.2 효율적(V_1)이고 덜 효율적인(V_2) 추정량의 분포

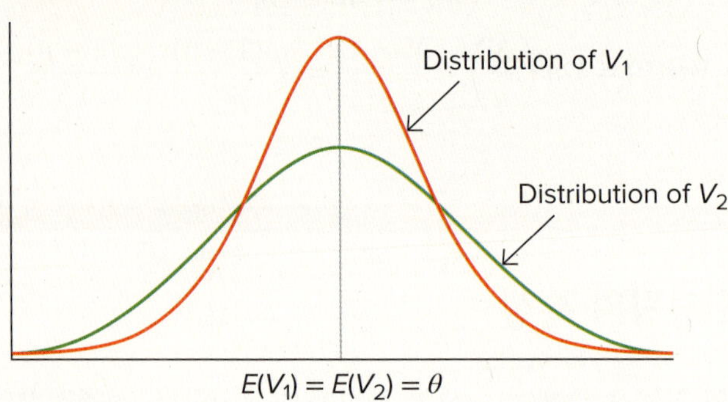

추정량의 최소요건으로 흔히 고려되는 또 다른 바람직한 속성은 **일치성(consistency)**이다. 표본크기가 증가함에 따라 추정량이 관심 있는 모수에 접근하는 경우 일치추정량이다. 일치성은 충분한 양의 표본을 추출하면 추론이 정확하다는 것을 의미한다. 추정량 $\bar{X}$와 $\bar{P}$는 편향이 없을 뿐만 아니라 일치추정량이다. 예를 들어 표본크기가 무한대($n \to \infty$)에 가까워지면 표본평균이 모평균($\bar{X} \to \mu$)으로 수렴한다. 불편추정량은 표본크기가 증가함에 따라 표준오차가 0으로 축소되는 경우 일치한다.

$\bar{X}$의 일치성은 그림 A7.3에 설명되어 있다.

그림 A7.3 다양한 표본크기에 대한 일치추정량 $\bar{X}$의 분포

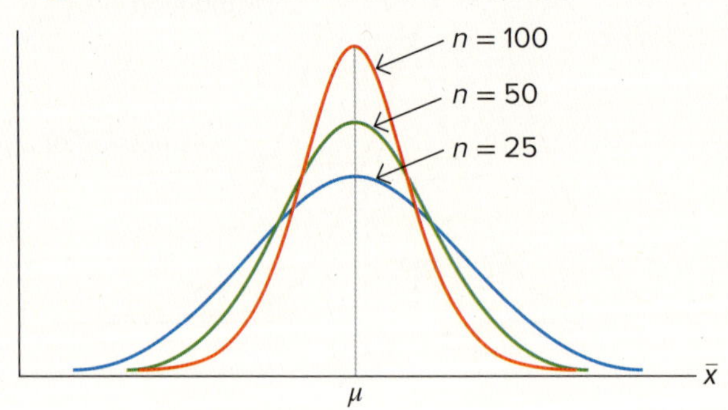

표본크기 n이 증가하면 $\bar{X}$의 변동성은 감소한다. 특히 $n \to \infty$에 따라, $se(\bar{X}) = \sigma / \sqrt{n} \to 0$가 된다. 따라서 $\bar{X}$는 μ의 일치추정량임을 의미한다.

8 구간추정

Interval Estimation

학습목차_Chapter Contents

학습목표_Learning Objectives

이 장을 학습한 후에,

LO 8.1 신뢰구간을 설명할 수 있어야 한다.
LO 8.2 모표준편차가 알려진 경우 모평균에 대한 신뢰구간을 계산할 수 있어야 한다.
LO 8.3 신뢰구간의 폭에 영향을 미치는 요인을 설명할 수 있어야 한다.
LO 8.4 t 분포의 특징에 대해 논의할 수 있어야 한다.
LO 8.5 모표준편차가 알려지지 않은 경우 모평균에 대한 신뢰구간을 계산할 수 있어야 한다.
LO 8.6 모비율에 대한 신뢰구간을 계산할 수 있어야 한다.
LO 8.7 모평균과 모비율을 추정할 표본크기를 선택할 수 있어야 한다.

앞장들에서는 모평균과 같은 모수와 그에 대응하는 표본평균인 표본통계량을 구별했다. 표본통계량은 모수의 알 수 없는 값에 대한 통계적 추론을 하는 데 사용된다. 일반적으로 두 기본적인 방법론이 통계학의 추론적 분야에서 나오는데, 이는 추정(estimation)과 가설검정(hypothesis testing)이다. 이 장에서는 알려지지 않은 모수의 값을 근사하는 추정에 초점을 맞추고, 다음 장에서는 가설검정에 대해 논의할 것이다.

7장에서 알려지지 않은 모수를 추정하는 한 가지 방법이 점 추정치를 사용하는 것임을 배웠다. 점 추정치는 모수에 대한 추정치로 단일 값을 생성한다. 한편, 구간추정은 모수에 대한 추정치로 값의 범위를 생성한다. 이 장에서는 모평균과 모비율에 대한 신뢰구간을 산출하고 해석한다. 적절한 표본을 구하는 것은 통계적 추론에 있어서 첫 단계 중 하나이기 때문에, 추정치에서 일정 수준의 정밀도를 달성하기 위해 적절한 표본크기를 결정하는 방법도 배운다.

1000 Words/Shutterstock

도입사례_*Introductory Case*

'초그린카'의 효율성

FILE ***MPG.*** 한 자동차 제조업체는 자사의 새로운 '초그린(untra-green)'카가 평균 갤런당 100마일(mpg)을 달성하며, 연료 배출량 기준으로 환경보호청으로부터 A+등급을 받은 몇 안 되는 자동차 중 하나라고 광고한다. 피너클 리서치(Pinnacle Research)의 분석가인 제러드 빈은 동일한 조건에서 동일한 거리를 주행한 후 25대의 '초그린카' 표본에 대한 연비(mpg)를 기록했다. 표 8.1은 데이터의 일부를 보여준다.

표 8.1 초그린카 25대 표본에 대한 연비(MPG)

MPG
97
117
⋮
98

제러드는 주요 모수에 대한 통계적 추론을 하려고 한다. 특히, 표본정보를 사용하여 다음을 수행하려고 한다.

1. 모든 초그린카의 평균 연비(mpg)를 90% 신뢰수준에서 추정한다.
2. 모든 초그린카의 연비가 100 mpg 이상인 비율을 90% 신뢰수준에서 추정한다.
3. 평균 및 비율 추정치에서 지정된 수준의 정밀도를 달성할 수 있는 표본크기를 결정한다.

이 사례의 분석결과는 8.4절의 마지막에 제공된다.

8.1 σ가 알려진 경우 모평균에 대한 신뢰구간

모집단이 통계적 문제의 모든 관심항목으로 구성된 반면, 표본은 모집단의 부분집합임을 기억하자. 표본 데이터가 주어지면 표본 통계를 사용하여 모평균 및 모비율과 같은 알려지지 않은 모수에 대해 추론한다. 통계학의 추론적 분야에는 두 기본적인 방법론이 나오는데, 이는 추정과 가설검정이다. 표본통계량은 모집단의 부분에 기초하지만, 모수를 추정하고 모수에 대해 검정을 수행하는 데 유용한 정보가 포함되어 있다. 이 장에서는 추정에 초점을 맞춘다.

7장에서 논의한 바와 같이, 통계량이 모수를 추정하기 위해 사용될 때, 그것은 점추정량 또는 간단히 추정량이라고 부른다. 추정량의 특정한 값은 점추정치 또는 추정치라고 한다. 표본평균 $\bar{X}$는 모평균 μ의 추정량이고, 표본비율 $\bar{P}$는 모비율 p의 추정량임을 기억하자.

제러드 빈이 25대의 초그린카 표본에 대한 연비를 기록하는 도입사례를 생각해보자. ***MPG*** 데이터 파일의 표본정보를 이용하여 자동차의 평균 연비를 $\bar{x} = 96.52$ mpg로 계산한다. 마찬가지로, 제러드는 또한 100보다 큰 연비를 가진 자동차의 비율에도 관심이 있고, 표본에 있는 자동차 중 7대가 이 기준을 충족하므로 관련 표본비율을 $\bar{p} = 7/25 = 0.28$로 계산한다. 따라서 모든 초그린카의 평균 연비에 대한 추정치는 96.52 mpg이고, 100 mpg보다 높은 연비를 가진 모든 초그린카의 비율에 대한 추정치는 0.28이다.

위의 추정치는 자동차 25대의 한 표본에 기초하므로 표본마다 다를 수 있다는 점을 유의함이 중요하다. 예를 들어, 25대의 다른 표본을 사용하면 값이 변경될 것이다. 제러드가 정말로 추정하고자 하는 것은 표본을 구성하는 자동차뿐만 아니라 모든 초그린카(모집단)의 평균과 비율(모수)이다. 이제 이러한 모수에 대해 추론하기 위해 단일표본에서 유용한 정보를 추출할 수 있는 방법을 검토한다.

지금까지는 단지 점추정량에 대해서만 논의하였다. 흔히 알려지지 않은 모수에 대한 단일 점추정치보다 값의 범위(구간)를 제공하는 것이 더 유익하다. 이 값의 범위를 모수에 대한 **신뢰구간(confidence interval)** 또는 **구간추정치(interval estimate)**라고 부른다.

신뢰구간

신뢰구간(confidence Interval) 또는 구간추정치(interval estimate)는 특정 신뢰수준에서 관심 있는 모수를 포함하는 값의 범위를 제공한다.

모평균 μ 또는 모비율 p에 대한 신뢰구간을 구하기 위해서는, $\bar{X}$와 $\bar{P}$의 표집분포가 정규분포를 따르거나 근사적으로 따르는 것이 필수적이다. 정규성 조건이 필요하지 않는 다른 방법들은 이 교재에서 논의하지 않는다. 7장에서 모집단이 정규분포를 따르면, $\bar{X}$가 정규분포를 따른다는 것을 기억하자. 이 결과는 표본크기 n과 무관하게 성립한다. 만약 모집단이 정규분포를 따르지 않는다면, 중심극한정리에 의해 표본크기가 충분히 크면, 즉 $n \geq 30$이면 $\bar{X}$의 표집분포는 근사적으로 정규분포를 따를 것이다. 마찬가지로, $\bar{P}$의 표집분포도 표본크기가 충분히 크면, 즉 $np \geq 5$ 이고 $n(1 - p) \geq 5$이면 근사적으로 정규분포를 따른다.

신뢰구간을 구하는 데 중요한 요소는 근원적인 통계량의 표집분포이다. 예를 들어, $\bar{X}$의 표집분포는 표본평균들이 표본들 간에 어떻게 변화하는지를 설명한다. 표본들 간 표본평균의 변동성은 $\bar{X}$의 표준오차로 측정된다는 점을 기억하자. 만일 표준오차가 작으면, 표본평균들이 서로 가까울 뿐만 아니라 알려지지 않은 모평균 μ에도 가깝다는 것을 의미한다.

신뢰구간은 일반적으로 추정량의 표준오차와 바람직한 구간의 신뢰수준을 설명하는 **오차한계(margin of error)**와 관련되어 있다. 모평균과 모비율에 대한 추정량의 표집분포는 근사적으로 정규분포를 따라야 한다. 정규분포가 가진 대칭성은 점추정치에 동일한 오차한계를 더하거나 빼서 신뢰구간을 구할 수 있게 해준다.

μ와 p에 대한 신뢰구간의 일반 구조

모평균과 모비율에 대한 신뢰구간은 다음과 같이 구성된다.

$$\text{점추정치} \pm \text{오차한계}$$

간단한 날씨의 예를 비유하면 유익하다. 만약 외부 온도가 약 20도라고 느끼면, 특정 신뢰수준을 가지고 실제 온도는 15도에서 25도 사이라고 제시할 수 있다. 이 예에서 20도는 실제 온도의 점추정치와 유사하고, 5도는 이러한 점추정치에서 더하거나 뺀 오차한계이다.

도입사례 연구를 통해 모든 초그린카의 모평균 연비에 대한 점추정치가 96.52 mpg, 즉 $\bar{x} = 96.52$라는 것을 알고 있다. 점추정치를 기반으로 오차한계를 더하거나 빼서 신뢰구간을 구할 수 있다.

σ가 알려진 경우 μ에 대한 신뢰구간 작성

$\bar{X}$의 표집분포가 정규분포일 때, μ에 대한 95% 신뢰구간을 구하자. 표준정규확률변수 Z를 고려해보자. Z의 대칭성을 이용하여 $P(Z > 1.96) = P(Z < -1.96) = 0.025$를 계산할 수 있다. 그림 8.1을 참조하자. 분포의 위쪽 꼬리에 0.025의 확률이 주어지면 z 분포표에서 $z = 1.96$을 쉽게 확인할 수 있다는 점을 기억하자. 따라서 확률 진술문 $P(-1.96 \le Z \le 1.96) = 0.95$를 공식화한다.

그림 8.1 $P(Z < -1.96) = 0.025$ 및 $P(Z > 1.96) = 0.025$에 대한 그래픽 설명

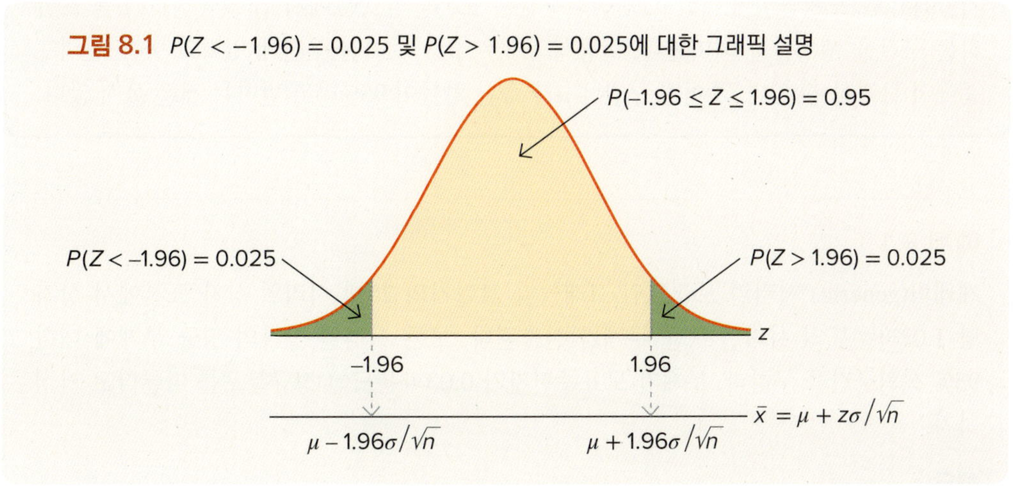

$Z = \frac{\bar{X}-\mu}{\sigma/\sqrt{n}}$이기 때문에, 평균 μ와 표준오차 $\sigma/\sqrt{n}$인 정규분포를 따르는 $\bar{X}$에 대해 다음을 구한다.

$$P\left(-1.96 \le \frac{\overline{X}-\mu}{\sigma/\sqrt{n}} \le 1.96\right) = 0.95$$

확률 진술문 내에서 $\overline{X}$를 분리하여 다음을 구한다.

$$P(\mu - 1.96\sigma/\sqrt{n} \le \overline{X} \le \mu + 1.96\sigma/\sqrt{n}) = 0.95$$

이 방정식(그림 8.1의 하단 참조)은 표본평균 $\overline{X}$가 $\mu - 1.96\sigma/\sqrt{n}$와 $\mu + 1.96\sigma/\sqrt{n}$ 사이, 즉 $\mu \pm 1.96\sigma/\sqrt{n}$ 구간 내에 속할 확률이 0.95임을 의미한다. 크기가 n인 표본을 주어진 모집단에서 반복적으로 추출하면, 계산된 표본평균 $\bar{x}$의 95%는 구간 내에 속하고 나머지 5%는 구간 밖에 위치한다.

모평균 μ를 알 수 없기 때문에 특정 $\bar{x}$가 구간 내에 속하는지 아닌지를 결정할 수 없다. 그러나 μ가 $\bar{x} \pm 1.96\sigma/\sqrt{n}$ 구간 내에 포함되는 경우에만 $\bar{x}$가 $\mu \pm 1.96\sigma/\sqrt{n}$ 구간 내에 포함될 것임을 안다. 이는 구간이 작성되는 횟수의 95%에서 발생할 것이다. 따라서 구간 $\bar{x} \pm 1.96\sigma/\sqrt{n}$을 모평균에 대한 95% 신뢰구간(95% confidence interval)이라고 하며, 여기서 $1.96\sigma/\sqrt{n}$은 오차한계이다.

신뢰구간은 흔히 잘못 해석되므로, 그들을 특징짓는 데 신경을 써야 할 필요가 있다. 예를 들어, 위의 95% 신뢰구간이 μ가 신뢰구간에 속하는 확률이 0.95라고 의미하는 것은 아니다. μ는 값을 알 수는 없지만 상수라는 것을 기억하자. μ는 구간에 속하거나(확률은 1이다), 구간에 속하지 않는다(확률은 0이다). 많은 가능한 표본평균이 모집단으로부터 산출될 수 있기 때문에, 임의성(randomness)은 μ가 아니라 $\overline{X}$에서 나온다. 따라서 μ가 $\bar{x} \pm 1.96\sigma/\sqrt{n}$ 구간에 속하는 확률이 0.95라고 말하는 것은 옳지 않다. 95% 신뢰구간은 단순히 주어진 모집단에서 크기가 n인 수많은 표본을 추출할 경우, 이전 절차(공식)에 의해 생성된 구간들의 95%가 μ를 포함한다는 것을 의미한다. 추정치를 산출하기 위해 단일 표본만 사용한다는 것을 명심해보자. 많은 가능한 표본이 있으므로 그들 중 95%가 옳을 것이며, 따라서 95%의 신뢰도를 준다.

95% 신뢰구간 해석

기술적으로, 모평균 μ에 대한 95% 신뢰구간은 표본들의 95%에서 절차(공식)가 μ를 포함하는 구간을 생성함을 의미한다. 비공식적으로, μ가 주어진 구간에 있다고 95% 신뢰수준에서 보고할 수 있다. 주어진 구간에 μ가 속한 확률이 95%라고 말하는 것은 옳지 않다.

예제 8.1

제네릭(generic) 시리얼 브랜드인 그래놀라 크런치의 25개 시리얼 상자 표본에서 상자당 1.02파운드의 시리얼 평균 무게가 산출된다. 모든 시리얼 상자의 평균 무게에 대한 95% 신뢰구간을 구하라. 무게가 모표준편차가 0.03파운드인 정규분포를 따른다고 가정하자.

해답:

근원적인 모집단이 정규분포를 따르므로 $\bar{x}$의 정규성 조건이 충족된다는 점을 주목하자. 모평균에 대한 95% 신뢰구간은 다음과 같이 계산된다.

$$\bar{x} \pm 1.96\frac{\sigma}{\sqrt{n}} = 1.02 \pm 1.96\frac{0.03}{\sqrt{25}} = 1.02 \pm 0.012$$

95% 신뢰수준에서 모든 시리얼 상자의 평균 무게가 1.008에서 1.032파운드 사이에 속한다고 보고할 수 있다.

95% 신뢰구간을 보고하는 것이 일반적이지만, 이론적으로 0~100% 범위의 어느 신뢰수준에서도 구간을 작성할 수 있다. 이제 모든 신뢰수준에 대한 구간을 포함하는 분석으로 확장하자. 그리스 문자 α (알파)를 오차의 확률을 나타내도록 하자. 9장에서는 이것을 유의수준(significance level)이라고 부른다. 이것은 추정절차가 μ를 포함하지 않는 구간을 생성할 확률이다. **신뢰계수(confidence coefficient**, 1 − α)는 추정절차가 μ를 포함하는 구간을 생성할 확률로 해석된다. 따라서 오차의 확률 α는 신뢰계수 및 신뢰수준과 다음과 같이 관련이 있다.

- 신뢰계수 = $1 - \alpha$
- 신뢰수준 = $100(1 - \alpha)\%$

예를 들어, 신뢰계수 0.95는 오차의 확률 α가 $1 - 0.95 = 0.05$와 같고 신뢰수준은 $100(1 - 0.05)\% = 95\%$라는 것을 의미한다. 유사하게 90%의 신뢰구간의 경우, 신뢰계수는 0.90이고 $\alpha = 1 - 0.90 = 0.10$이다. 다음은 σ가 알려진 경우에 대한 μ의 신뢰구간 작성을 일반화한다.

σ가 알려진 경우 μ에 대한 신뢰구간

모표준편차 σ를 알고 있을 때 모평균 μ에 대한 $100(1 - \alpha)\%$ 신뢰구간은 다음과 같이 계산된다.

$$\bar{x} \pm z_{\alpha/2}\frac{\sigma}{\sqrt{n}} \quad \text{또는} \quad \left[\bar{x} - z_{\alpha/2}\frac{\sigma}{\sqrt{n}}, \bar{x} + z_{\alpha/2}\frac{\sigma}{\sqrt{n}}\right]$$

이 공식은 $\bar{X}$가 (근사적으로) 정규분포를 따르는 경우에만 타당하다.

기호 $z_{\alpha/2}$는 표준정규확률분포의 위쪽 꼬리에 있는 $\alpha/2$의 확률과 관련된 z값이다. 즉, Z가 표준정규확률변수이고 α가 임의의 확률이면 $z_{\alpha/2}$는 z값을 나타내며, z 곡선 아래의 $z_{\alpha/2}$의 오른쪽에 있는 영역이 $\alpha/2$가 된다. 즉, $P(Z \geq z_{\alpha/2}) = \alpha/2$이다. 그림 8.2는 기호 $z_{\alpha/2}$를 설명한다.

그림 8.2 기호 $z_{\alpha/2}$의 그래픽 설명

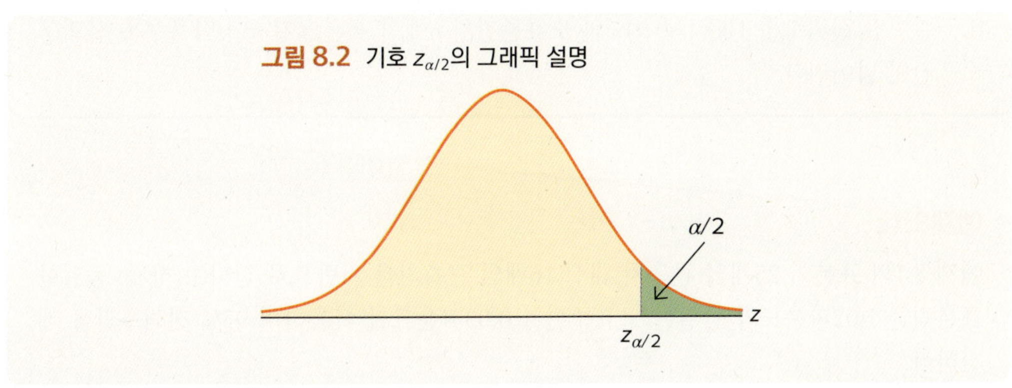

앞에서 논의한 바와 같이, 95% 신뢰구간의 경우 $\alpha = 0.05$ 및 $\alpha/2 = 0.025$이다. 따라서 $z_{\alpha/2} = z_{0.025} = 1.96$이다. 비슷하게, z 분포표를 사용하여 다음을 산출할 수 있다.

- 90% 신뢰구간의 경우, $\alpha = 0.10$, $\alpha/2 = 0.05$, 그리고 $z_{\alpha/2} = z_{0.05} = 1.645$
- 99% 신뢰구간의 경우, $\alpha = 0.01$, $\alpha/2 = 0.005$, 그리고 $z_{\alpha/2} = z_{0.005} = 2.576$

이 값들은 또한 Excel의 **norm.inv** 함수 또는 $\mu = 0$와 $\sigma = 1$인 R의 **qnorm** 함수를 사용하여 얻을 수 있다. 이 함수들은 모두 6장에서 논의되었다.

신뢰구간의 폭

모표준편차를 알 때 모평균에 대한 신뢰구간의 계산에 사용되는 오차한계는 $z_{\alpha/2}\frac{\sigma}{\sqrt{n}}$이다. 기본적으로 $\bar{x}$에서 이 양을 더하고 빼기 때문에 신뢰구간의 폭은 오차한계의 2배가 된다. 예제 8.1에서 95% 신뢰구간에 대한 오차한계는 0.012이고, 구간의 폭은 $1.032 - 1.008 = 0.024$이다. 또는 동등하게 구간의 폭은 $2(0.012) = 0.024$이다. 이제 신뢰구간의 폭이 어떻게 다양한 요인에 의해 영향을 받는지 알아보자.

I. 주어진 신뢰수준 $100(1 - \alpha)\%$ 및 표본크기 n에서 모표준편차 σ가 클수록 신뢰구간은 넓어진다.

예제 8.1b

예제 8.1의 모표준편차가 0.03파운드 대신 0.05파운드라고 하자. 동일한 표본평균 1.02파운드와 동일한 표본크기 25를 사용하여 95% 신뢰구간을 계산하라.

해답:

이전과 동일한 공식을 사용하지만, σ에 대해 0.03 대신 0.05를 사용한다.

$$1.02 \pm 1.96\frac{0.05}{\sqrt{25}} = 1.02 \pm 0.020$$

폭이 0.024에서 $2(0.020) = 0.040$으로 증가했다.

II. 주어진 신뢰수준 $100(1 - \alpha)\%$와 모표준편차 σ에서 표본크기 n이 작을수록 신뢰구간이 넓어진다.

예제8.1c

예제 8.1의 표본이 25개의 관측치 대신 16개의 관측치를 기반으로 한다고 하자. 동일한 표본평균 1.02파운드와 동일한 모표준편차 0.03파운드를 사용하여 95% 신뢰구간을 계산하라.

해답:

다시 이전과 동일한 공식을 사용하지만, 이번에는 n에 대해 25 대신 16을 사용한다.

$$1.02 \pm 1.96\frac{0.03}{\sqrt{16}} = 1.02 \pm 0.015$$

폭이 0.024에서 2(0.015) = 0.030으로 증가했다.

III. 주어진 표본크기 n 및 모표준편차 σ에서 신뢰수준 $100(1-\alpha)\%$이 클수록 신뢰구간이 넓어진다.

예제 8.1d

동일한 표본평균 1.02파운드, 동일한 모표준편차 0.03파운드, 동일한 표본크기 25를 사용하여 예제 8.1에 대해 95% 신뢰구간 대신 99% 신뢰구간을 계산하라.

해답:

다시 이전과 동일한 공식을 사용하지만, 이번에는 $z_{\alpha/2}$에 대해 1.96 대신 2.576 값을 사용한다.

$$1.02 \pm 2.576\frac{0.03}{\sqrt{25}} = 1.02 \pm 0.015$$

폭이 0.024에서 2(0.015) = 0.030으로 증가했다.

정밀도는 신뢰구간의 폭과 직접적으로 연결된다. 구간이 넓을수록 정밀도는 낮아진다. 날씨에 대한 비유를 계속해보면, 20도에서 30도의 온도 추정치는 그 구간이 너무 넓어서 가치가 없기 때문에 정확하지 않다. 표본이 모집단에 대해 많은 정보를 나타내지 않으면 정밀도가 떨어져 신뢰구간은 넓어진다. 예제 8.1b와 8.1c는 근원적인 모집단의 변동성이 높거나(σ가 높음) 또는 모집단의 작은 부분을 표본추출하는 경우(n이 작음) 추정치가 덜 정밀함을 시사한다. 예제 8.1d는 폭을 신뢰수준과 관련시킨다. 주어진 표본정보에 대해 신뢰도를 얻을 수 있는 유일한 방법은 구간을 넓히는 것이다. 외부 온도가 20도에서 30도 사이라고 95% 확신한다면, 15도에서 35도 사이 등 더 넓은 범위를 사용해야만 신뢰수준을 99%로 높일 수 있다. 또한 이 결과는 정밀도(구간의 폭)와 신뢰수준 간의 차이를 이해하는 데 도움이 된다. 구간내 신뢰도의 양과 구간의 폭 사이에는 상충관계(trade-off)가 있다.

예제 8.2

IQ 테스트는 근사적으로 정규분포를 따르는 점수를 산출하도록 설계되었다. 한 기자가 캘리포니아의 한 대형 하이테크 기업 직원들의 평균 IQ를 추정하는 데 관심이 있다. 그녀는 이 회사의 직원 22명으로부터 IQ 점수를 수집하고 표본평균 IQ를 106으로 기록한다. 그녀는 모표준편차가 15라고 가정한다.

a. 이 회사의 평균 IQ에 대한 90% 및 99% 신뢰구간을 계산하라.

b. 이 결과를 사용하여 이 회사의 평균 IQ가 전국 평균 100과 유의하게 다른지 추론하라.

해답:

a. 90% 신뢰구간의 경우 $z_{\alpha/2} = z_{0.05} = 1.645$이다. 마찬가지로, 99% 신뢰구간의 경우 $z_{\alpha/2} = z_{0.005} = 2.576$이다.

90% 신뢰구간은 $106 \pm 1.645\frac{15}{\sqrt{22}} = 106 \pm 5.26$ 또는 [100.74, 111.26]이다.

99% 신뢰구간은 $106 \pm 2.576\frac{15}{\sqrt{22}} = 106 \pm 8.24$ 또는 [97.76, 114.24]이다.

99% 구간이 90% 구간보다 넓음을 주목하자.

b. 90% 신뢰수준에서, 100은 90% 신뢰구간인 [100.74, 111.26]의 밖에 있으므로, 기자는 이 회사 직원의 평균 IQ가 전국 평균과 다르다고 추론할 수 있다. 그러나 구간의 더 넓은 범위인 [97.76, 114.24]는 값 100을 포함하므로 99%의 신뢰수준으로 동일한 결과를 추론할 수 없다. 추정과 검정의 연계에 대해서는 다음 장에서 자세히 학습할 것이다.

Excel과 R을 사용하여 σ가 알려진 경우 μ에 대한 신뢰구간 작성

Excel과 R의 함수를 사용하여 신뢰구간을 구할 수 있다. 이들 함수는 대규모 데이터셋에 특히 유용하다. 다음 예제를 고려하자.

예제 8.3

FILE ***Hockey_Pucks.*** 표 8.2는 80개의 하키 퍽 표본에 대한 무게(그램)의 일부를 보여준다. 모표준편차가 7.5그램이라고 가정하여 모평균 무게에 대한 90% 신뢰구간을 구하라.

표 8.2 하키 퍽 무게, $n = 80$

Weight
162.2
159.8
⋮
171.3

해답:

$\bar{x} \pm z_{\alpha/2}\frac{\sigma}{\sqrt{n}}$를 계산하거나, 동등하게 신뢰구간의 하한과 상한을 $[\bar{x} - z_{\alpha/2}\frac{\sigma}{\sqrt{n}}, \bar{x} + z_{\alpha/2}\frac{\sigma}{\sqrt{n}}]$로 구한다. $\sigma = 7.5$와 $n = 80$이 주어져 있다.

Excel 이용:

a. ***Hockey_Pucks*** 데이터 파일을 연다. 무게에 대한 값은 A2셀부터 A81셀에 있다.

b. 6장에서 Excel의 **NORM.INV** 함수가 주어진 누적확률에 대한 특정 z 값을 찾는다는 것을 기억하자. 90% 신뢰구간의 경우 $\alpha = 0.10$ 및 $z_{\alpha/2} = z_{0.05}$이다. $z_{0.05}$ 오른쪽의 z 곡선 아래 영역이 0.05($z_{0.05}$ 왼쪽 영역이 0.95)가 되도록 z 값을 찾으려면, `=NORM.INV(0.95, 0, 1)`을 사용한다. 신뢰구간의 하한을 찾기 위해, `=AVERAGE(A2:A81)–NORM.INV(0.95, 0, 1) * 7.5/SQRT(80)`을 입력하면 Excel은 165.33을 산출한다. 신뢰구간의 상한의 경우, `=AVERAGE(A2:A81) + NORM.INV(0.95, 0, 1) * 7.5/SQRT(80)`을 입력하면 Excel은 168.09를 산출한다. 90% 신뢰수준에서 모든 하키 퍽의 평균 무게가 165.33그램과 168.09그램 사이에 있다는 결론을 내린다.

R 이용

a. ***Hockey_Pucks*** 데이터를 데이터프레임(테이블)으로 가져와서 myData라는 이름으로 지정한다.

b. 6장에서 R의 **qnorm** 함수가 주어진 누적확률에 대한 특정 z 값을 찾는다는 것을 기억하자. 90% 신뢰구간의 경우, $\alpha = 0.10$ 및 $z_{\alpha/2} = z_{0.05}$이다. $z_{0.05}$의 오른쪽에 있는 z 곡선 아래의 면적이 0.05($z_{0.05}$ 왼쪽에 있는 면적이 0.95)가 되도록 z 값을 찾으려면, qnorm(0.95, 0, 1)을 사용한다. 신뢰구간의 하한을 찾기 위해 다음과 같이 입력하라.

```
> Lower <- mean(myData$Weight) - qnorm(0.95, 0, 1)*7.5/sqrt(80)
> Lower
```

그러면 R은 165.332를 산출한다
신뢰구간의 상한을 찾기 위해서는 다음과 같이 입력하라.

```
> Upper <- mean(myData$Weight) + qnorm(0.95, 0, 1)*7.5/sqrt(80)
> Upper
```

그러면 R은 168.0905를 산출한다.

연습문제 8.1

1. 모평균을 추정하는 데 사용되는 다음 각 신뢰수준에 대한 $z_{\alpha/2}$를 구하라.
   a. 90%
   b. 98%
   c. 88%
2. 모평균을 추정하는 데 사용되는 다음 각 신뢰수준에 대한 $z_{\alpha/2}$를 구하라.
   a. 89%
   b. 92%
   c. 96%
3. 25개 관측치의 단순임의표본이 모표준편차가 8.2인 정규분포를 하는 모집단에서 추출된다.
   a. $\bar{X}$가 정규분포하는 조건이 충족되었는가? 설명하라.
   b. 80% 신뢰수준에서 오차한계를 계산하라.
   c. 90% 신뢰수준에서 오차한계를 계산하라.
   d. 두 오차한계 중 어느 것이 더 넓은 구간을 산출하는가?
4. 모표준편차가 26.8인 모집단을 고려하자. 모평균에 대한 구간추정치를 계산하기 위해 64개 관측치의 표본이 추출된다.
   a. $\bar{X}$가 정규분포하는 조건이 충족되었는가? 설명하라.
   b. 95% 신뢰수준에서 오차한계를 계산하라.

c. 225개의 큰 표본에 기초하여 95% 신뢰수준에서 오차한계를 계산하라.

d. 두 오차한계 중 어느 것이 더 넓은 신뢰구간을 산출하는가?

5. 모평균의 신뢰구간에 대한 오차한계에 영향을 미치는 요인에 대해 논의하라. 실무자가 오차한계를 줄이기 위해 무엇을 할 수 있는가?

6. 한 연구자가 보스턴 사람들의 평균 기대수명이 78.1세라는 것을 발견했다. 그는 50명의 보스턴 사람들 표본을 사용하고 모표준편차가 4.5년이라고 가정한다.

a. 모평균의 점추정치는 얼마인가?

b. 90% 신뢰수준에서 오차한계는 얼마인가?

c. 보스턴 사람들의 모평균 기대수명에 대한 90% 신뢰구간을 구하라.

7. 미국 주택융자의 30년 고정 담보대출 금리의 평균을 추정하기 위해 최근 대출 28건의 임의표본을 추출한다. 이 표본으로부터 계산된 평균은 5.25%이다. 30년 고정 담보대출 금리가 모표준편차 0.50%로 정규분포하고 있다고 가정할 수 있다. 모평균 30년 고정 담보대출 금리에 대한 90% 및 99% 신뢰구간을 계산하라.

8. 한 작은 중서부 마을의 연구원이 성인 거주민의 평일 평균 수면시간을 추정하려고 한다. 그는 80명 성인 거주민의 임의표본을 추출하여, 그들의 평일 평균 수면시간을 6.4시간으로 기록한다. 모표준편차가 1.8시간에서 상당히 안정적이라고 가정하자.

a. 이 중서부 마을의 모든 성인 거주민의 평일 평균 수면시간에 대한 95% 신뢰구간을 계산하라.

b. 중서부 마을의 모든 성인 거주자의 평균 수면시간이 7시간이 아니라고 95%의 신뢰수준으로 결론 내릴 수 있는가?

9. 한 가족이 미주리주 세인트루이스에서 캘리포니아주로 이주하고 있다. 세인트루이스의 증가하는 주택의 재고로 인해 주택을 매도하는 데 이전보다 더 오랜 시간이 걸린다. 부인은 그들의 집을 언제 시장에 내놓는 것이 최적인지 걱정하며 알고 싶어 한다. 그녀의 공인중개사 친구는 이웃에서 매매된 지난 26채의 집을 파는 데 평균 218일이 걸렸다고 그들에게 말한다. 공인중개사는 또한 그들에게 이전 경험에 근거했을 때, 모표준편차는 72일이라고 말한다.

a. 모평균에 대한 구간추정을 위해 모집단에 관한 어떤 가정이 필요한가?

b. 이웃의 모든 주택에 대한 평균 매도시간에 대한 90% 신뢰구간을 구하라.

10. 많은 미국 소비자들이 부채 발생을 피하기 위해 체크카드를 사용하고 있다(creditkarma.com, 2019년 7월 27일). 미국 소비자 100명의 표본에 기초하여 한 연구원은 체크카드에 연간 평균 지출되는 금액이 7,790달러라는 것을 발견했다. 모표준편차가 500달러라고 가정하자.

a. 99% 신뢰수준에서 오차한계는 얼마인가?

b. 체크카드에 연간 소비되는 모평균 금액에 대한 99% 신뢰구간을 구하라.

11. 미시시피의 한 마을에서 대학 졸업생들의 평균 급여에 대한 95% 신뢰구간이 [36,080, 43,920]달러로 주어졌다고 가정하자. 이 분석에 사용된 모표준편차는 12,000달러로 알려져 있다.

a. 이 마을에 있는 모든 대학 졸업생들의 평균 급여의 점추정치는 얼마인가?

b. 분석에 사용된 표본크기를 결정하라.

12. 한 매니저가 작업을 완료하는 데 필요한 평균 시간(분)을 추정하려고 한다. 그의 보조원은 100개 관측치의 표본을 사용하여 신뢰구간을 [14.355, 17.645]로 보고한다. 모표준편차는 10분과 같다고 알려져 있다.

a. 신뢰구간을 계산하는 데 사용된 표본평균 시간을 구하라.

b. 분석에 사용된 신뢰수준을 결정하라.

13. **FILE** ***PA_Debt.*** 한 연구에 따르면 코네티컷의 최근 대학 졸업생들은 38,510달러로 가장 높은 평균 부채에 직면해 있다(forbes.com, 2019년 9월 18일). 펜실베니아에서 온 한 연구원이 그 주의 최근 학부생들은 어떤지 결정하기를 원한다. 첨부된 파일은 40명의 최근 학부생들의 부채에 대한 데이터를 담고 있다. 모표준편차가 5,000달러라고 가정하자.

a. 펜실베니아 모든 학부생의 평균 부채에 대한 95% 신뢰구간을 구하라.

b. 95% 신뢰구간을 사용하여 펜실베니아 대학생의 부채가 코네티컷 대학생의 부채와 다른지 확인하라.

14. **FILE** ***Hourly_Wage.*** 한 경제학자가 모든 근로자의 평균 시간당 임금을 추정하려고 한다. 첨부된 파일에는 50명 근로자의 시간당 임금에 대한 데이터가 포함되어 있다. 모표준편차가 6달러라고 가정하자. 모든 근로자의 평균 시간당 임금에 대한 90% 및 99% 신뢰구간을 구하고 해석하라.

15. **FILE** ***Highway_Speeds.*** 한 안전관리자가 뉴저지 턴파이크의 특정 구간에서의 속도에 대해 우려하고 있다. 첨부된 파일에는 토요일 오후 40대의 차량 속도가 포함되어 있다. 모표준편차가 5 mph라고 가정하자. 턴파이크의 해당 구간에서 모든 차량의 평균 속도에 대한 95% 신뢰구간을 구하라. 제한속도가 시속 55마일인 경우 안전관리자의 우려가 타당한가? 설명하라.

8.2 σ가 알려지지 않은 경우 모평균에 대한 신뢰구간

지금까지 모표준편차 σ를 알고 있을 때 모평균에 대한 신뢰구간을 고려했다. 실제로 σ는 거의 알려져 있지 않다. 3장에서 모분산과 모표준편차가 각각 $\sigma^2 = \frac{\Sigma(x_i - \mu)^2}{N}$와 $\sigma = \sqrt{\sigma^2}$로 계산된다는 것을 기억하자. μ가 알려져 있지 않을 때 σ가 알려져 있을 가능성은 매우 낮다. 그러나 모표준편차가 상당히 안정적인 것으로 간주되는 경우가 있으므로, 이전 경험으로 판단할 수 있다. 이러한 경우 모표준편차는 알려진 것으로 취급한다.

신뢰구간의 오차한계는 추정량의 표준오차와 원하는 신뢰수준에 따라 달라짐을 기억하자. σ가 알려지지 않은 경우 $\sigma/\sqrt{n}$으로 주어진 $\bar{X}$의 표준오차는 $s/\sqrt{n}$으로 편리하게 추정될 수 있다. 여기서 s는 표본표준편차를 나타낸다. 편의를 위해, $\bar{X}$의 표준오차의 추정치를 $se(\bar{X}) = s/\sqrt{n}$로 표시한다.

t 분포

앞에서 논의한 바와 같이, μ에 대한 신뢰구간을 산출하기 위해서는 $\bar{X}$가 정규분포를 따른다는 것이 필수적이다. 정규분포하는 $\bar{X}$는 $Z = \frac{\bar{X} - \mu}{\sigma/\sqrt{n}}$으로 표준화되며, 여기서 Z는 z 분포를 따른다. σ 대신 추정량 S를 사용하는 또 다른 표준화된 통계량은 $T = \frac{\bar{X} - \mu}{s/\sqrt{n}}$와 같이 계산된다. 확률변수 T는 일반적으로 ***t* 분포(*t* distribution)**로 알려져 있는 **스튜던트 *t* 분포(Student's *t* distribution)**를 따른다.[1]

> **t 분포**
>
> 표본크기가 n인 임의표본이 유한한 분산을 가진 정규분포의 모집단으로부터 추출된다면, 통계량 $T = \frac{\bar{X} - \mu}{s/\sqrt{n}}$는 $(n - 1)$의 자유도(degrees of freedom, *df*)를 갖는 t 분포를 따른다.

t 분포는 실제로 모두 종 모양이고 0 주위에서 대칭이라는 점에서 z 분포(z distribution)와 유사한 분포계열이다. 그러나 모든 t 분포는 z 분포보다 약간 더 넓은 꼬리를 가진다. 각 t 분포는 **자유도(degrees of freedom)**, 또는 간단하게 *df*에 의해 구별된다. 자유도는 분포 꼬리의 넓은 정도를 결정한다. 자유도가 작을수록 꼬리는 더 넓어진다. t 분포는 자유도에 의해 정의되기 때문에 통상 t_{df} 분포라고 부른다.

특히 자유도는 주어진 통계의 계산에 들어가는, 이러한 의미에서 '자유롭게 선택(freely chosen)'될 수 있는 독립적인 정보의 수를 의미한다. 표본평균을 계산에 들어갈 수 있는 독립적인 관측치의 수를 고려하자. $\bar{x} = 20$, $n = 4$, 그리고 관측치 중 3개의 값이 $x_1 = 16$, $x_2 = 24$, $x_3 = 18$로 알려져 있으면, 네 번째 관측치의 값이 22가 될 수밖에 없다. 다시 말해, $n = 4$인 경우 3개의 자유도가 $\bar{x} = 20$의 계산에 포함되며, 사실상 1개의 자유도는 손실된다.

[1] William S. Gossett (1876~1937)은 그의 고용주 Guinness Brewery가 연구결과를 발표하는 것을 허락하지 않았기 때문에 "Student"라는 필명으로 t 분포와 관련된 연구를 출판했다.

t_{df} 분포 요약

- z 분포와 마찬가지로, t_{df} 분포는 종모양이고 0 주위에 대칭이며 점근적인 꼬리를 가진다(꼬리가 수평축에 점점 더 가까워지지만 절대 닿지 않는다).
- t_{df} 분포는 z 분포보다 약간 더 넓은 꼬리를 가지고 있다.
- t_{df} 분포는 각 분포의 실제 모양이 자유도 df에 따라 달라지는 분포군으로 구성된다. df가 증가함에 따라 t_{df} 분포는 z 분포와 유사해진다. df가 무한대에 접근할 때 z 분포와 일치한다.

그림 8.3에서 t_2와 t_5 분포의 꼬리가 t_{50} 분포의 꼬리보다 넓다는 것을 알 수 있다. 예를 들어 t_2 및 t_5의 경우 값 3을 초과하는 영역, 또는 $P(T_{df} > 3)$은 t_{50}에 대한 영역보다 크다. 또한 t_{50}은 z 분포와 유사하다.

그림 8.3 다양한 자유도의 t_{df} 분포

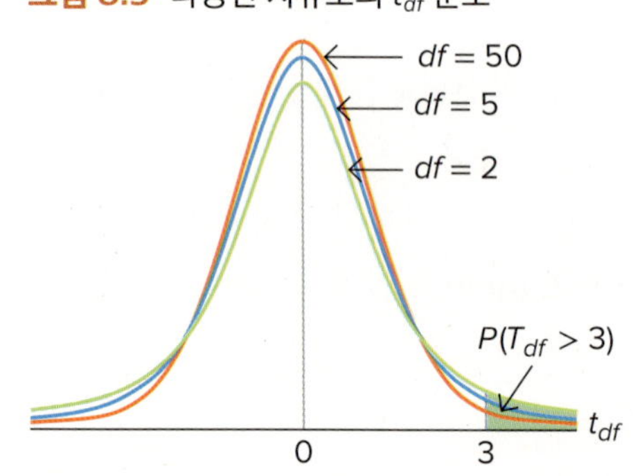

t_{df} 값과 확률 찾기

표 8.3은 일부 위쪽 꼬리 확률과 자유도 df에 대한 t_{df} 값을 나타낸다. 부록 B의 표 2는 보다 더 완전한 표를 제공한다. t_{df} 분포는 df 매개변수에 의해 구별되는 분포 계열이기 때문에, t 분포표는 z 분포표보다 포괄적이지 않다. t 분포표는 제한된 수의 자유도 값에 해당되는 확률만 제시한다. 또한 z 분포표의 누적확률과 달리 t 분포표는 분포의 위쪽 꼬리 확률을 제공한다.

표 8.3 t 분포표의 일부

	위쪽 꼬리의 면적, α					
df	0.20	0.10	0.05	0.025	0.01	0.005
1	1.376	3.078	6.314	12.706	31.821	63.657
⋮	⋮	⋮	⋮	⋮	⋮	⋮
10	0.879	1.372	**1.812**	2.228	2.764	3.169
⋮	⋮	⋮	⋮	⋮	⋮	⋮
∞	0.842	1.282	1.645	1.960	2.326	2.576

주어진 df에서 위쪽 꼬리의 면적이 α인 값을 나타내기 기호 $t_{\alpha,df}$를 사용한다. 달리 말해, 확률 변수 T_{df}에 대해 기호 $t_{\alpha,df}$는 $P(T_{df} \geq t_{\alpha,df}) = \alpha$가 성립하는 값을 나타낸다. 이와 비슷하게, $t_{\alpha/2,df}$

는 $P(T_{df} \geq t_{\alpha/2,df}) = \alpha/2$가 되는 값을 나타낸다. 그림 8.4는 이 기호를 그림으로 보여준다.

그림 8.4 $P(T_{df} \geq t_{\alpha,df}) = \alpha$의 그래픽 표현(위쪽 꼬리의 면적)

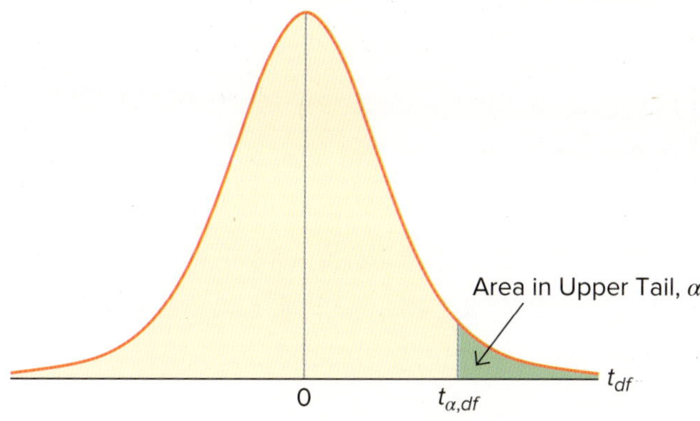

$t_{\alpha,df}$의 값을 결정할 때, 두 가지 정보 α와 df가 필요하다. 예를 들어, $\alpha = 0.05$와 $df = 10$인 값 $t_{\alpha,df}$, 즉 $t_{0.05,10}$을 구하려고 한다고 가정해보자. 표 8.3을 사용하여, df라고 표시된 첫 번째 열에서 10행을 찾는다. 이어서 10행을 따라 열 $\alpha = 0.05$에 도달할 때까지 계속 진행한다. 값 1.812가 $P(T_{10} \geq 1.812) = 0.05$임을 나타낸다. t 분포의 대칭성으로 인해 $P(T_{10} \leq -1.812) = 0.05$도 구한다. 그림 8.5는 이러한 결과를 그래픽으로 보여준다. 또한 t_{df} 분포 아래의 전체 면적은 합이 1이므로 $P(T_{10} < 1.812) = 1 - 0.05 = 0.95$이며, 또한 $P(T_{10} > -1.812)$와 같다.

그림 8.5 T_{10} 양측의 확률 $\alpha = 0.05$인 그래프

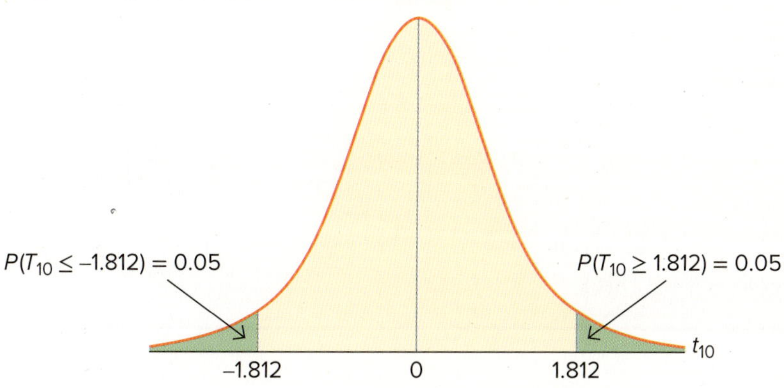

때때로 t 분포표에서 정확한 확률을 결정할 수 없다. 예를 들어, $df = 10$인 경우 $P(T_{10} \geq 1.562)$의 정확한 확률은 표에 포함되어 있지 않다. 그러나 값 1.562가 1.372와 1.812 사이에 있기 때문에 이 확률은 0.05와 0.10 사이의 값을 가진다. 이와 비슷하게, $P(T_{10} < 1.562)$도 0.90과 0.95 사이의 값을 가진다. 정확한 확률을 찾기 위해 Excel, R, 그리고 다른 통계패키지를 사용할 수 있다.

예제 8.4

자유도 2, 5, 50을 사용하여 $\alpha = 0.025$에 대해 $t_{\alpha,df}$를 계산하라.

해답:

- $df = 2$인 경우, $t_{0.025,2} = 4.303$
- $df = 5$인 경우, $t_{0.025,5} = 2.571$
- $df = 50$인 경우, $t_{0.025,50} = 2.009$

t_{df} 값은 자유도에 따라 변한다는 점에 주목하자. 더욱이 df가 증가함에 따라, t_{df} 분포는 z 분포와 비슷해지기 시작한다. 실제로 $df = \infty$일 때, $t_{0.025,\infty} = 1.96$이며, 이는 대응하는 z 값과 동일하다. $P(Z \geq 1.96) = 0.025$임을 기억하자.

σ가 알려지지 않은 경우 μ에 대한 신뢰구간 작성

모평균을 추정할 때 $\bar{X}$가 정규분포를 따라야 한다는 요구사항의 중요성은 아무리 강조해도 지나치지 않는다. 근원적인 모집단이 정규분포를 따르거나 표본크기가 충분히 큰 경우($n \geq 30$), $\bar{X}$는 정규분포를 따른다는 점을 기억하자. 여전히 μ에 대한 신뢰구간은 점추정치 ± 오차한계로 작성한다. 그러나 모표준편차가 알려지지 않은 경우, 이제 t_{df} 분포를 사용하여 오차한계를 계산한다.

σ가 알려지지 않은 경우 μ에 대한 신뢰구간

모표준편차 σ가 알려지지 않은 경우 모평균 μ에 대한 $100(1-\alpha)\%$ 신뢰구간은 다음과 같이 계산된다.

$$\bar{x} \pm t_{\alpha/2,df}\frac{s}{\sqrt{n}} \quad \text{또는} \quad \left[\bar{x} - t_{\alpha/2,df}\frac{s}{\sqrt{n}}, \bar{x} + t_{\alpha/2,df}\frac{s}{\sqrt{n}}\right]$$

여기서 $df = n - 1$ 및 s는 표본표준편차이다. 이 공식은 $\bar{X}$가 (근사적으로) 정규분포를 따르는 경우에만 타당하다.

이전과 마찬가지로, $100(1-\alpha)\%$는 신뢰수준이고, $t_{\alpha/2,df}$는 $df = n - 1$인 분포의 위쪽 꼬리에서 확률 $\alpha/2$와 관련된 t_{df} 값이다. 즉, $P(T_{df} > t_{\alpha/2,df}) = \alpha/2$이다. 표본표준편차로 모표준편차를 추정할 때 불확실성이 증가하여 특히 더 작은 표본의 경우 신뢰구간이 넓어진다는 점에 유의함이 중요하다. 이것은 t_{df} 분포의 더 넓은 꼬리에 의해 적절히 설명된다.

예제 8.5

FILE ***MPG.*** 이 장의 도입사례에서 재러드 빈은 모든 초그린카의 평균 연비를 추정하려고 한다. 첨부된 데이터 파일에는 25대의 자동차 표본에 대한 연비(mpg)가 나열되어 있다. 이 정보를 사용하여 모평균에 대한 90% 신뢰구간을 구하라. 연비가 정규분포를 따른다고 가정하자.

해답:

연비가 정규분포한다고 가정하였기 때문에 $\bar{x}$가 정규분포를 따르는 조건은 충족된다. 따라서 신뢰구간을 $\bar{x} \pm t_{\alpha/2,df}\frac{s}{\sqrt{n}}$으로 작성한다. 이 경우는 통계학자가 표본 데이터에만 접근할 수 있는 전형적인 예이다. 모표준편차를 알 수 없으므로 표본표준편차는 표본으로부터 계산해야 한다. 표본 데이터에서 $\bar{x} = 96.52$ 및 $s = 10.697$을 구한다. 90% 신뢰구간의 경우, $\alpha = 0.10$, $\alpha/2 = 0.05$이고, $n = 25$이면 $df = 25 - 1 = 24$이다. 따라서 $t_{0.05,24} = 1.711$이다.

μ에 대한 90% 신뢰구간은 다음과 같이 계산된다.

$$\bar{x} \pm t_{\alpha/2,df}\frac{s}{\sqrt{n}} = 96.52 \pm 1.711\frac{10.697}{\sqrt{25}} = 96.52 \pm 3.66 \text{ 또는 } [92.86, 100.18]$$

따라서 재러드는 90%의 신뢰수준에서 모든 초그린카의 평균 연비가 92.86 mpg에서 100.18 mpg 사이라고 결론 내린다. 초그린카의 평균이 100 mpg일 것이라는 제조사의 주장은 값 100이 90% 신뢰구간 내에 속하기 때문에 이 표본 데이터로 기각될 수 없다는 점에 주목하자.

σ가 알려지지 않은 경우 Excel과 R을 사용하여 μ에 대한 신뢰구간 작성

다시 Excel과 R의 함수는 신뢰구간을 구할 때 매우 유용하다. 다음 예제를 생각해보자.

예제 8.6

FILE ***Prime.*** 아마존 프라임(Amazon Prime)은 연회비 119달러로 이 회사의 고객들에게 2일 무료배송과 익일배송 할인을 제공하는 서비스이다. 프라임 고객들은 무료 e-book과 같은 다른 비금전적 혜택도 받는다. 표 8.4는 프라임 고객 100명의 연간 지출액(달러) 일부를 보여준다. Excel과 R을 이용하여 모든 프라임 고객들의 연간 평균 연간 지출액에 대한 95% 신뢰구간을 구하라. 결과를 요약하라.

표 8.4 아마존 프라임 고객의 연간 지출액(달러)

Customer	Expenditures
1	1272
2	1089
⋮	⋮
100	1389

해답:

$\bar{x} \pm t_{\alpha/2,df}\frac{s}{\sqrt{n}}$를 계산하거나, 또는 동등하게, 신뢰구간의 하한과 상한 $[\bar{x} - t_{\alpha/2,df}\frac{s}{\sqrt{n}}, \bar{x} + t_{\alpha/2,df}\frac{s}{\sqrt{n}}]$을 구한다.

Excel 이용

a. ***Prime*** 데이터 파일을 연다. Expenditures 변수에 대한 관측치는 B2부터 B101셀에 있다는 것을 주목하자.

b. Excel의 **T.INV**를 사용하여 특정 $t_{\alpha,df}$ 값을 찾는다. `=T.INV(cumulprob, df)`를 입력한다. 여기서 *cumulprob*는 $t_{\alpha,df}$와 관련된 누적확률이고, *df*는 자유도이다. $n = 100$인 95% 신뢰구간의 경우, `=T.INV(0.975,99)`를 사용하여 $t_{0.025,99}$를 찾는다. 따라서 하한을 얻기 위해 `=AVERAGE(B2:B101) - T.INV(0.975,99)*STDEV.S(B2:101)/SQRT(100)`를 입력한다. 상한의 경우, `=AVERAGE(B2:B101) + T.INV(0.975,99)*STDEV.S(B2:101)/SQRT(100)`를 입력한다.

   참고: Excel에서 신뢰구간을 구하기 위한 원스텝 접근방식의 경우, 3장에서 설명한 분석도구(Analysis Toolpak)의 *기술 통계법*(*Descriptive Statistics*) 옵션을 사용할 수 있다. 기술 통계법 대화상자에서 *요약통계량*(*Summary statistics*)과 평균에 대한 *신뢰구간*(*Confidence Interval for Mean*)을 선택한다. (기본적으로 신뢰수준은 95%로 설정되어 있지만, 다른 수준을 쉽게 입력할 수 있다.) Excel이 산출하는 결과표에서 평균과 신뢰수준(95.0%)이라고 표시된 오차한계를 구한다.

R 이용

a. ***Prime*** 데이터 파일을 데이터프레임(테이블)으로 가져와서 myData라는 이름으로 지정한다.

b. R의 qt 함수를 사용하여 특정 $t_{\alpha,df}$ 값을 찾는다. `qt(cumulprob, df, lower.tail =TRUE)`를 입력한다. 여기서 *cumulprob*는 $t_{\alpha,df}$ 와 관련된 누적확률이고, *df*는 자유도이다. $n = 100$인 95% 신뢰구간의 경우, `qt(0.975, 99, lower.tail=TRUE)`를 사용하여 $t_{0.025,99}$를 찾는다. 따라서 하한과 상한을 구하기 위해 다음과 같이 입력하라.

```
>lower <- mean(myData$Expenditures) - qt(0.975, 99, lower.tail
=TRUE)*sd(myData$Expenditures)/sqrt(100)
>lower
>upper <- mean(myData$Expenditures) + qt(0.975, 99, lower.tail
=TRUE)*sd(myData$Expenditures)/sqrt(100)
>upper
```

   참고: R에서 신뢰구간을 구하는 원스텝 접근방식의 경우, **t.test** 함수를 사용하여 `t.test(myData$Expenditures)`를 입력할 수 있다. R은 기본으로 Expenditures에 대한 95% 신뢰구간을 산출한다. 다른 신뢰구간에 대해서는 *conf.level*= 옵션을 사용할 수 있으며, 등호 뒤에 원하는 비율을 입력한다. 이 함수는 9장에서 더 상세히 다룰 것이다.

요약:

95% 신뢰수준에서 모든 프라임 고객의 연간 평균 지출액은 1,240.24달러와 1,373.64달러 사이에 있다고 결론 내린다.

연습문제 8.2

16. 다음 정보를 고려하여 $t_{\alpha,df}$를 구하라.

a. $\alpha = 0.025$ 및 $df = 12$

b. $\alpha = 0.10$ 및 $df = 12$

c. $\alpha = 0.025$ 및 $df = 25$

d. $\alpha = 0.10$ 및 $df = 25$

17. 근본적인 모표준편차가 알려지지 않은 경우, t 분포를 사용하여 모평균에 대한 신뢰구간을 구한다. 모집단이 정규분포를 따른다는 가정하에, 다음 시나리오에 대한 $t_{\alpha/2,df}$를 구하라.

a. 90% 신뢰수준과 28개의 관측치 표본

b. 95% 신뢰수준과 28개의 관측치 표본

c. 90% 신뢰수준과 15개의 관측치 표본

d. 95% 신뢰수준과 15개의 관측치 표본

18. 24개 관측치의 임의표본을 사용하여 모평균을 추정한다. 표본평균과 표본표준편차는 104.6과 28.8로 각각 계산된다. 모집단이 정규분포를 따른다고 가정하자.

a. 모평균에 대한 90% 신뢰구간을 구하라.

b. 모평균에 대한 99% 신뢰구간을 구하라.

c. 답을 사용하여 신뢰수준이 구간의 폭에 미치는 영향에 대해 논의하라.

19. 모표준편차가 알려지지 않은 정규분포 모집단을 고려하자. 임의표본의 결과는 $\bar{x} = 48.68$이고 $s^2 = 33.64$이다.

a. 16개 관측치의 표본에서 $\bar{x}$와 s^2을 얻은 경우, μ에 대한 95% 신뢰구간을 계산하라.

b. 25개 관측치의 표본에서 $\bar{x}$와 s^2을 얻은 경우, μ에 대한 95% 신뢰구간을 계산하라.

c. 답을 사용하여 표본크기가 구간의 폭에 미치는 영향에 대해 논의하라.

20. 평균과 표준편차를 알 수 없는 정규분포 모집단에서 다음 8개 관측치 표본을 추출했다: 22, 18, 14, 25, 17, 28, 15, 21.

a. 표본평균과 표본표준편차를 계산하라.

b. 모평균에 대한 80% 신뢰구간을 구하라.

c. 모평균에 대한 90% 신뢰구간을 구하라.

d. 신뢰수준이 80%에서 90%로 증가함에 따라 오차한계는 어떻게 되는가?

21. **FILE** ***Drugstore.*** 8개 약국의 임의표본은 다음과 같이 인기 있는 진통제의 가격(달러)을 보여준다.

3.50	4.00	2.00	3.00	2.50	3.50	2.50	3.00

근원적인 모집단의 정규분포를 가정하여 모평균에 대한 90% 신뢰구간을 구하라.

22. 한 인기 있는 체중감소 프로그램은 권장되는 건강한 식이요법으로 고객들은 한 달 안에 상당한 체중을 감량한다고 주장한다. 모든 고객의 평균 체중 감량을 추정하기 위해 한 영양사가 18명의 고객을 표본으로 추출하여 이 프로그램에 참여한 지 한 달 후에 체중 감량을 기록한다. 그는 체중 감량의 표본 평균과 표준편차를 각각 12.5파운드와 9.2파운드로 계산한다. 그는 체중 감량이 정규분포할 가능성이 높다고 믿는다.

a. 95% 신뢰수준에서 오차한계를 계산하라.

b. 모평균에 대한 95% 신뢰구간을 계산하라.

23. **FILE** ***Customers.*** 보스턴에 있는 치즈케이크 팩토리(The Cheescake Factory)의 매니저는 임의로 선택된 6일의 주중에 접대한 고객의 수가 120명, 130명, 100명, 205명, 185명, 그리고 220명이라고 보고했다. 그녀는 주중에 접대하는 고객의 수가 정규분포를 따른다고 믿는다. 주중에 접대하는 평균 고객 수에 대한 90% 신뢰구간을 구하라.

24. 한 조사에 따르면, 여고생들은 하루에 평균 100개의 문자메시지를 보낸다. 이 조사가 36명의 여고생으로 구성된 임의표본에 기초한 것이라고 가정하자. 표본표준편차는 10개의 일별 텍스트 메시지로 계산된다.

a. 99% 신뢰수준에서 오차한계를 계산하라.

b. 모든 여고생이 일별 보내는 문자메시지의 모평균에 대한 99% 신뢰구간은 얼마인가?

25. 공인재무분석사(CFA) 자격증은 진지한 투자전문가들에게 빠르게 요구되고 있다. 비록 3단계의 힘든 시험을 성공적으로 합격할 것을 요구하지만, CFA 자격증은 또한 높은 연봉을 받는 장래가 촉망되는 경력을 만들어준다. 재무를 전공하는 한 학생이 CFA 자격증 보유자의 평균 연봉에 대해 궁금해하고 있다. 그는 최근의 자격증 보유자 36명의 임의표본을 추출하여 평균 연봉 158,000달러와 표준편차 36,000달러를 계산한다. 이 표본정보를 사용하여 CFA 자격증 보유자의 평균 연봉에 대한 95% 신뢰구간을 구하라.

26. **FILE** ***Sudoku.*** 스도쿠 퍼즐(sudoku puzzle)은 전 세계적으로 매우 인기가 있다. 이 퍼즐은 9 × 9 격자판을 기반으로 하며 도전과제는 모든 행, 모든 열 및 모든 3 × 3 상자가 1에서 9까지의 숫자를 포함되도록 격자판을 채우는 것이다. 한 연구원은 한 대학생이 퍼즐을 풀기 위해 걸리는 평균 시간을 추정하는 데 관심이 있다. 그는 8명 대학생의 임의표본을 추출하여 그들이 퍼즐을 푸는 시간(분)을 14, 7, 17, 20, 18, 15, 19, 28과 같이 기록하였다.

a. 한 대학생이 스도쿠 퍼즐을 푸는 데 걸리는 평균 시간에 대한 99% 신뢰구간을 구하라.

b. 이 추론을 하기 위해 어떤 가정이 필요한가?

27. **FILE** ***Compensation.*** 임원 보수는 지난 수년간 평균 근로자 임금의 상승 수준에 비해 극적으로 상승했다. 사라는 통

계적인 기술을 이용하여 미국의 모든 대기업의 평균 CEO 보수를 추정하기로 결심한 MBA 학생이다. 그녀는 6명 CEO의 보수(백만달러)를 임의로 추출하여 값 8.20, 2.76, 6.57, 3.88, 6.56 및 4.10을 얻었다.

a. 사라가 이 정보를 사용하여 미국의 모든 대기업에 대한 평균 CEO 보수에 대한 90% 신뢰구간을 구할 수 있도록 도와라.

b. 구간추정치를 산출하기 위해 어떤 가정이 필요한가?

c. (a)에 보고된 오차한계를 어떻게 줄일 수 있는가?

28. FILE ***Unemployment.*** 전 세계 7대 경제국의 실업률(%)은 5.2, 4.1, 10.0, 6.8, 3.8, 8.0, 8.3이었다.

a. 모평균 실업률에 대한 95% 신뢰수준에서 사용된 오차한계를 계산하라. 분석에 대한 가정을 설명하라.

b. 95% 신뢰구간에 대한 오차한계를 어떻게 줄일 수 있는가?

c. 평균 실업률에 대한 95% 신뢰구간은 얼마인가?

29. FILE ***Footwear.*** 주가수익비율(P/E ratio)은 기업이 주당 벌어들인 수입이나 이익과 비교한 기업의 주가로 계산된다. 일반적으로 P/E 비율이 높다는 것은 투자자가 P/E 비율이 낮은 기업에 비해 향후 더 높은 실적 성장을 기대하고 있음을 시사한다. 한 분석가가 신발 산업에 있는 5개 회사의 표본을 추출하여 P/E 비율을 26, 13, 21, 16, 21로 기록한다. 이들 비율이 정규분포 모집단에서 추출한 임의표본을 나타낸다고 하자. 전체 신발 산업에 대한 평균 P/E 비율의 90% 신뢰구간을 구하라.

30. 다음 표는 지난 5년간 기업 A와 기업 B의 연간수익률(%)을 보여준다.

Year	Firm A	Firm B
1	17	11
2	−8	13
3	4	7
4	39	21
5	38	22

a. 기업 A의 평균 수익률에 대한 99% 신뢰구간과 기업 B의 평균 수익률에 대한 99% 신뢰구간을 구하라.

b. 위의 추론을 하기 위해 무엇을 가정해야 하는가?

c. 어느 신뢰구간이 더 넓은가? 설명하라.

31. FILE ***Stock_Price.*** 연도의 처음 6개월 동안 한 분석가는 회사의 월별 종가($)를 71, 73, 76, 78, 81, 75로 기록한다.

a. 표본평균과 표본표준편차를 계산하라.

b. 주가가 정규분포하고 있다고 가정하고 회사의 평균 주가에 대한 90% 신뢰구간을 계산하라.

c. 구간추정치에 더 높은 신뢰수준이 사용된다면 오차한계는 어떻게 되는가?

32. 한 경영대학에서 지원자의 평균 SAT 점수의 90% 신뢰구간이 [1690, 1810]으로 주어졌다고 가정하자. 이 신뢰구간은 25개의 관측치에 기초한 표본평균과 표본표준편차를 사용한다. 구간을 계산할 때 표본평균과 표본표준편차는 얼마인가?

33. 한 교사가 학생들이 한 교실에서 다음 교실로 이동하는 데 걸리는 평균 시간(분)을 추정하려고 한다. 그의 연구보조원은 학생 36명의 표본 시간을 사용하여 신뢰구간을 [8.20, 9.80]으로 보고한다.

a. 신뢰구간을 계산하는 데 사용된 표본평균 시간을 찾아라.

b. 구간에 사용된 표본표준편차가 2.365인 경우 신뢰수준을 결정하라.

34. 더 많은 밀레니얼 세대들을 끌어들이기 위해, 한 새로운 옷 가게가 고객들에게 고급 커피와 페이스트리를 무료로 제공한다. 지난 5주간 하루 평균 수익은 1,080달러이고 표준편차는 260달러이다. 이 표본정보를 사용하여 일별 평균 수익에 대한 95% 신뢰구간을 구하라. 매장 매니저는 커피와 페이스트리 전략이 하루 평균 1,200달러의 수익을 가져올 것이라고 믿고 있다. 95% 신뢰구간을 사용하여 매니저가 틀렸는지 결정하라.

35. FILE ***Debt_Payments.*** 첨부된 데이터 파일에는 26개 대도시 지역에 대한 월평균 부채 상환액(Debt, 달러)이 나열되어 있다. 모평균에 대한 90%와 95% 신뢰구간을 구하라. 구간의 폭을 비교하라.

36. FILE ***Economics.*** 한 대학의 부학장이 미시경제학과 거시경제학의 표준화된 기말고사에서의 평균을 비교하려고 한다. 그는 이 두 과목에서 각각 40개 점수의 임의표본에 접근할 수 있다. 데이터의 일부가 다음 표에 나와 있다.

Micro	Macro
85	48
78	79
⋮	⋮
75	74

a. 미시경제학의 평균 점수와 거시경제학의 평균 점수에 대한 95% 신뢰구간을 구하라.

b. 왜 두 구간의 폭이 다른지 설명하라.

37. FILE ***Math_Scores.*** 최근의 연구는 남학생과 여학생의 평균 수학점수는 같을 수 있지만 여학생보다 남학생의 수학 능력의 변동성이 더 커서, 일부 남학생에서 수학 능력 급상승이 일어난다는 것을 보여준다. 남학생과 여학생의 수학점수에 대한 데이터의 일부가 첨부된 표에 나와 있다.

Boys	Girls
74	83
89	76
⋮	⋮
66	74

a. 남학생의 평균 점수와 여학생의 평균 점수에 대한 95% 신뢰구간을 구하라. 가정을 설명하라.

b. 왜 두 구간의 폭이 다른지 설명하라.

38. **FILE** ***Startups.*** 구글, 마이크로소프트, 페이스북을 포함한 오늘날의 많은 선도기업들은 대학 내에서 개발된 기술에 기반을 두고 있다. 리사 피셔는 대학의 연구비(Research, 백만 달러)와 기술이전부서의 지속기간(Duration, 년)이 혁신을 강화하는 주요 요인이라고 믿는 경영대학원 교수이다. 그녀는 Research와 Duration 변수들에 대한 평균 값을 알기 원한다. 그녀는 143개 대학으로부터 이들 변수에 대한 데이터를 수집하였다. 데이터의 일부가 다음 표에 나와 있다.

Research	Duration
145.52	23
237.52	23
⋮	⋮
154.38	9

a. 모든 대학의 평균 연구비에 대한 95% 신뢰구간을 구하고 해석하라.

b. 모든 대학의 평균 지속기간에 대한 95% 신뢰구간을 구하고 해석하라.

8.3 모비율에 대한 신뢰구간

모평균 μ는 수치형 변수를 설명하는 반면, 모비율 p는 범주형 변수에 대한 필수적인 기술 측도이다. 모수 p는 모집단에서 성공의 비율을 나타내며, 여기서 성공은 특정한 결과에 의해 정의된다. 모비율의 예로는 여자 대학생의 비율, 제조공정에서 불량품의 비율, 주택담보대출의 채무불이행 확률이 있다.

모평균의 경우와 마찬가지로 모비율은 표본통계량인 표본비율에 기초하여 추정된다. 특히 표본비율 $\bar{P}$를 모비율 p의 점추정량으로 사용한다. 또한 $\bar{P}$의 표집분포는 이항분포에 기초하지만, 큰 표본의 경우 중심극한정리에 따라 정규분포에 의해 근사할 수 있다. 이러한 근사는 표본크기 n이 $np \geq 5$ 이고 $n(1-p) \geq 5$일 때 타당하다.

$E(\bar{P}) = p$와 $se(\bar{P}) = \sqrt{p(1-p)/n}$로 $\bar{P}$에 대한 정규근사를 사용하여, 모평균에 대한 신뢰구간의 산출과 유사하게 모비율에 대한 $100(1-\alpha)\%$ 신뢰구간은 다음과 같다.

$$\bar{p} \pm z_{\alpha/2}\sqrt{\frac{p(1-p)}{n}} \quad \text{또는} \quad \left[\bar{p} - z_{\alpha/2}\sqrt{\frac{p(1-p)}{n}}, \bar{p} + z_{\alpha/2}\sqrt{\frac{p(1-p)}{n}}\right]$$

이 신뢰구간은 이론적으로는 타당하지만, 알려져 있지 않은 p를 사용하기 때문에 실행될 수 없다. 정규분포 근사를 위해 항상 큰 표본을 사용하기 때문에 신뢰구간을 구할 때 p를 추정치 $\bar{P}$로 편리하게 대체할 수 있다. 따라서 $\sqrt{\frac{p(1-p)}{n}}$를 $\sqrt{\frac{\bar{p}(1-\bar{p})}{n}}$로 대체한다. 이 대체는 모비율에 대한 실행 가능한 신뢰구간을 제공해준다.

p에 대한 신뢰구간

모비율 p에 대한 $100(1-\alpha)\%$ 신뢰구간은 다음과 같이 계산된다.

$$\bar{p} \pm z_{\alpha/2}\sqrt{\frac{\bar{p}(1-\bar{p})}{n}} \text{ 또는 } \left[\bar{p} - z_{\alpha/2}\sqrt{\frac{\bar{p}(1-\bar{p})}{n}}, \bar{p} + z_{\alpha/2}\sqrt{\frac{\bar{p}(1-\bar{p})}{n}}\right]$$

이 공식은 $\bar{P}$가 (근사적으로) 정규분포를 따르는 경우에만 타당하다.

정규성 조건은 $\bar{P}$에서 평가된다. 달리 말해, 모비율 p에 대한 신뢰구간을 구하기 위해서는 $n\bar{p} \geq 5$와 $n(1-\bar{p}) \geq 5$가 요구된다.

예제 8.7

FILE ***MPG.*** 이 장의 도입사례에서 재러드 빈은 모든 초그린카에서 100 mpg보다 높은 연비를 갖는 비율을 추정하려고 한다. ***MPG*** 데이터 파일에는 25대의 자동차 표본에 대한 연비가 제시되어 있다. 이 정보를 사용하여 모비율에 대한 90% 및 99% 신뢰구간을 구하라.

해답:

MPG 데이터 파일에서, 25대의 자동차 중 7대가 100 mpg보다 높은 연비를 갖는 것을 확인할 수 있다. 따라서 모비율의 점추정치는 $\bar{p} = 7/25 = 0.28$이다. p를 $\bar{p} = 0.28$에서 평가하여 $np \geq 5$ 및 $n(1-p) \geq 5$이기 때문에, 정규성 조건이 충족된다는 점을 주목하자. 90% 신뢰수준에서 $\alpha/2 = 0.10/2 = 0.05$이므로 $z_{\alpha/2} = z_{0.05} = 1.645$를 찾는다. 적정한 값들을 $\bar{p} \pm z_{\alpha/2}\sqrt{\frac{\bar{p}(1-\bar{p}}{n}}$에 대입하면 다음과 같이 산출된다.

$$0.28 \pm 1.645\sqrt{\frac{0.28(1-0.28)}{25}} = 0.28 \pm 0.148$$

90%의 신뢰수준에서 재러드는 100 mpg보다 높은 자동차의 비율이 13.2%에서 42.8% 사이에 있다고 보고한다.

99% 신뢰수준의 경우, $\alpha/2 = 0.01/2 = 0.005$ 및 $z_{\alpha/2} = z_{0.005} = 2.576$을 사용하여 다음을 구한다.

$$0.28 \pm 2.576\sqrt{\frac{0.28(1-0.28)}{25}} = 0.28 \pm 0.231$$

더 높은 99%의 신뢰수준에서 연비가 100 mpg를 초과하는 자동차의 비율에 대한 구간은 4.9%에서 51.1%가 된다. 차량 25대의 현재 표본크기를 고려할 때, 대응하는 오차한계가 0.148에서 0.231로 증가하기 때문에 재러드는 정밀도를 대가로 지불하고 신뢰수준을 90%에서 99%로 확보할 수 있다.

연습문제 8.3

39. 80개 관측치의 임의표본에 50개의 성공이 있다.

a. 성공의 모비율에 대한 95% 신뢰구간을 구하라.

b. 실패의 모비율에 대한 95% 신뢰구간을 구하라.

40. $n = 50$인 표본에서 $\bar{p} = 0.6$이라고 가정하자.

a. 모비율에 대한 95% 신뢰구간을 구하라.

b. 만약 표본비율이 $n = 50$ 대신 $n = 200$에 기초한다면,

오차한계는 어떻게 되는가?

41. 80개의 표본에 30개의 성공이 있다.
  - **a.** 성공의 모비율에 대한 점추정치를 계산하라.
  - **b.** 모비율에 대한 90% 및 99% 신뢰구간을 구하라.
  - **c.** 모비율이 0.5와 다르다고 90% 신뢰수준에서 결론을 내릴 수 있는가?
  - **d.** 모비율이 0.5와 다르다고 99% 신뢰수준에서 결론을 내릴 수 있는가?

42. 100개 관측치의 임의표본에 40개의 성공이 있다.
  - **a.** 성공의 모비율에 대한 점추정치는 얼마인가?
  - **b.** 모비율에 대한 90% 및 99% 신뢰구간을 구하라.
  - **c.** 모비율이 0.5와 다르다고 90% 신뢰수준에서 결론을 내릴 수 있는가?
  - **d.** 모비율이 0.5와 다르다고 99% 신뢰수준에서 결론을 내릴 수 있는가?

43. 30개 관측치의 표본에서 성공횟수는 18회이다.
  - **a.** 성공의 모비율에 대한 88% 신뢰구간을 구하라.
  - **b.** 성공의 모비율에 대한 98% 신뢰구간을 구하라.
  - **c.** 88% 신뢰구간에서 98% 신뢰구간으로 이동하면 오차한계는 어떻게 되는가?

44. 한 제약회사에서 400명 환자의 표본에서 환자 중 20명이 특정 약물로 인해 심각한 부작용을 경험했음을 발견했다. 표본정보를 사용하여 약물로 인해 심각한 부작용을 경험하는 모든 환자의 모비율에 대한 95% 신뢰구간을 구하라.

45. 1,026명 대상의 한 조사는 "예상치 않은 세금환급으로 무엇을 할 것인가?"라고 물었다. 47%가 빚을 갚겠다고 응답했다.
  - **a.** 95% 신뢰수준에서 오차한계는 얼마인가?
  - **b.** 예상치 않은 세금환급으로 빚을 갚을 인구 비율에 대한 95% 신뢰구간을 구하라.

46. 미국인 5,324명의 표본에게 거주지에서 무엇이 가장 중요한지에 대해 물었다. 응답자의 37%는 좋은 취업기회가 가장 중요하다고 느꼈다.
  - **a.** 거주지에서 좋은 취업기회가 가장 중요하다고 느끼는 미국인의 비율에 대한 90% 신뢰구간을 구하라.
  - **b.** 거주지에서 좋은 취업기회가 가장 중요하다고 느끼는 미국인의 비율에 대한 99% 신뢰구간을 구하라.
  - **c.** 위의 두 구간 중 더 높은 오차한계를 가진 구간은 어느 것인가? 이유를 설명하라.

47. 한 경제학자에 따르면 1,200명의 미국 중산층 가구 표본에서 560가구가 주식시장에 적극적으로 참여하고 있다.
  - **a.** 주식시장에 적극적으로 참여하는 중산층 미국인의 비율에 대한 90% 신뢰구간을 구하라.
  - **b.** 주식시장에 적극적으로 참여하는 중산층 미국인의 비율이 50%가 아니라고 결론 내릴 수 있는가?

48. 한 조사에 따르면, 성인의 44%가 파트너에게 돈을 비밀로 한다고 인정했다(cnbc.com, 2020년 2월 20일). 이 조사가 1,000명의 응답자를 바탕으로 이루어졌다고 가정하자.
  - **a.** 파트너에게 돈을 비밀로 하는 모든 성인의 비율에 대한 90% 신뢰구간을 계산하라.
  - **b.** 결과인 오차한계는 얼마인가?
  - **c.** 99% 신뢰수준과 관련된 오차한계를 계산하라.

49. 미국의 주택소유자 760명을 대상으로 한 최근 여론조사에서 주택소유자 5명 중 1명은 현재 상환하고 있는 주택담보대출이 있다고 응답했다. 신뢰계수 0.90을 사용하여 미국의 모든 주택소유자가 주택담보대출을 보유하고 있는 비율에 대한 구간추정치를 산출하라.

50. 비만은 일반적으로 정상 체중보다 30파운드 이상으로 정의된다. 비만에 대한 최근 연구는 미국 성인 400명의 임의표본 중 27.5%가 비만이라고 보고했다.
  - **a.** 이 표본정보를 이용하여 미국 성인들의 비만율에 대한 90% 신뢰구간을 계산하라.
  - **b.** 90% 신뢰수준에서 미국 성인들의 비만율이 30%와 다르다고 결론 내리는 것이 타당한가?

51. 한 회계학 교수는 좋은 학점을 주는 데 인색하기로 악명이 높다. 가을학기에 140명의 학생이 수강하는 대형강좌에서 그녀는 A 5%, B 23%, C 42%, D와 F 30%를 주었다. 이것이 대표적인 강좌라고 가정하고, 이 교수로부터 적어도 B를 받을 확률의 95% 신뢰구간을 계산하라.

52. 영국 기업의 55%가 지난해 사이버 공격을 경험한 것으로 나타났다(bbc.com, 2019년 4월 23일). 이 연구가 600개의 영국 기업들에 기초했다고 가정하자.
  - **a.** 95% 신뢰수준에서 오차한계는 얼마인가?
  - **b.** 지난 1년 동안 사이버 공격을 경험한 영국 기업의 모비율에 대한 95% 신뢰구간을 구하라
  - **c.** 95% 신뢰수준에서 오차한계를 줄이기 위해 무엇을 할 수 있는가?

53. 5,324명 대상의 조사에서 "거주지를 선택할 때 가장 중요한 것은 무엇인가?"를 물었다. 응답은 다음 빈도분포와 같다.

Response	Frequency
Good jobs	1,969
Affordable homes	799
Top schools	586
Low crime	1,225
Things to do	745

  - **a.** 낮은 범죄(low crime)가 가장 중요하다고 믿는 사람들의

모비율에 대한 95% 신뢰수준에서 사용되는 오차한계를 계산하라.

b. 좋은 일자리(good job) 또는 저렴한 집(affordable homes)이 가장 중요하다고 믿는 사람들의 모비율에 대한 95% 신뢰수준에서 사용되는 오차한계를 계산하라.

c. (a)와 (b)의 오차한계가 왜 다른지 설명하라.

54. 18세 미국인 다섯 명 중 한 명은 고등학교를 졸업하지 못했다. 북동부 한 도시의 시장은 그 지역 시민들의 졸업률이 전국의 다른 지역들과 같지 않다고 말한다. 교육부의 한 분석가가 시장의 주장을 검정해보기로 결정했다. 특히, 그녀는 그 도시에 사는 18세 80명을 임의표본으로 추출하여, 그들 중 20명이 고등학교를 졸업하지 않았다는 것을 알아냈다.

a. 이 도시에서 고등학교를 졸업하지 않은 18세의 비율에 대한 점추정치를 계산하라.

b. 이 점추정치를 사용하여 모비율에 대한 95% 신뢰구간을 구하라.

c. 시장의 발언이 95% 신뢰수준에서 정당화될 수 있는가?

8.4 필요한 표본크기의 선택

지금까지 우리는 알려지지 않은 모수에 대한 유용한 정보를 신뢰구간이 어떻게 제공하는지에 대해 논의하였다. 점추정치에서 오차한계를 더하거나 빼서 신뢰구간을 계산한다. 만약 오차한계가 매우 크면, 신뢰구간이 너무 넓어져 큰 가치가 없다. 예를 들어, 경영대학 졸업생의 평균 초봉이 16,000달러에서 64,000달러 사이라고 제시하는 신뢰구간에서는 유용한 정보를 거의 얻을 수 없다. 마찬가지로, 경영대학 학생 중 10~60%가 MBA에 진학하는 구간추정치는 그다지 유익하지 않다.

통계학자들은 구간추정치에서 정밀도를 좋아하는데, 이는 낮은 오차한계를 의미한다. 만일 표본의 크기를 늘릴 수 있다면, 더 큰 n은 구간추정치의 오차한계를 감소시킨다. 표본크기가 클수록 정밀도가 향상되지만, 시간과 예산 측면에서 추가되는 비용이 수반된다. 데이터 수집을 시작하기 전에 먼저 성취하고자 하는 바에 적합한 표본크기를 결정하는 것이 중요하다. 이 절에서는 모평균 μ 및 모비율 p에 대한 신뢰구간에서 원하는 오차한계에 대해 필요한 표본크기를 학습한다. 보수적인 입장에서, 필요한 표본크기에 대해 정수가 아닌 값은 항상 반올림한다.

μ 추정을 위한 n 선택

알려진 모표준편차가 σ인 μ에 대한 신뢰구간을 고려해보자. 또한, E가 원하는 오차한계를 나타낸다고 하자. 즉, 주어진 신뢰수준에 대해 표본평균이 모평균에서 E보다 크게 벗어나는 것을 원하지 않는다. $E = z_{\alpha/2}\frac{\sigma}{\sqrt{n}}$이므로, 이 방정식을 다시 정리하여 필요한 표본크기를 $n = \left(\frac{z_{\alpha/2}\sigma}{E}\right)^2$로 산출한다. 표본크기는 모표준편차 σ, 신뢰수준 $100(1-\alpha)\%$에 기초한 $z_{\alpha/2}$ 값, 원하는 오차한계 E를 지정하면 계산할 수 있다.

이 공식은 σ에 대한 지식을 바탕으로 한다. 그러나 대부분의 경우 σ는 알려져 있지 않으므로 추정해야 한다. 표본표준편차 s는 크기가 n인 표본을 선택한 후에만 계산될 수 있으므로 s는 σ에 대한 추정치로 사용될 수 없다. 이러한 경우, σ를 합리적인 추정치 $\hat{\sigma}$으로 대체한다.

모평균 추정에 필요한 표본크기

원하는 오차한계 E에 대해, 모평균 μ에 대한 $100(1-\alpha)\%$ 신뢰구간을 추정하는 데 필요한 최소 표본크기 n은 다음과 같다.

$$n = \left(\frac{z_{\alpha/2}\hat{\sigma}}{E}\right)^2$$

여기서 $\hat{\sigma}$는 계획단계에서의 σ의 합리적인 추정치이다.

만약 σ를 안다면, $\hat{\sigma}$을 σ로 대체한다. 때로는 계획단계에서 미리 선택된 표본으로부터 산출된 표본표준편차를 $\hat{\sigma}$으로 사용하기도 한다. $\hat{\sigma}$에 대한 또 다른 선택은 이전 연구들로부터 모표준편차의 추정치를 사용하는 것이다. 마지막으로, 만약 모집단의 최소값과 최대값이 가용하다면, 모표준편차에 대한 대략적인 근사값은 $\hat{\sigma}$ = 범위(range)/4로 주어진다.

예제 8.8

재러드 빈이 모든 초그린카의 평균 연비에 대한 90% 신뢰구간을 구하고자 하는 예제 8.5를 다시 논의한다. 재러드가 오차한계를 2 mpg 이내로 제한하려고 한다고 가정하자. 재러드는 모집단의 최소값과 최대값이 각각 76 mpg와 118 mpg임을 알고 있다. 재러드가 모평균에 대한 90% 신뢰구간을 계산하는 데 필요한 표본크기는 얼마인가?

해답:

90% 신뢰수준에 대해, 재러드는 $z_{\alpha/2} = z_{0.05} = 1.645$를 찾는다. 그는 모표준편차를 $\hat{\sigma}$ = 범위/4 = (118 − 76)/4 = 10.50으로 추정한다. $E = 2$를 고려하면, 필요한 표본크기는 다음과 같다.

$$n = \left(\frac{z_{\alpha/2}\hat{\sigma}}{E}\right)^2 = \left(\frac{1.645 \times 10.50}{2}\right)^2 = 74.58$$

이는 75로 반올림된다. 그러므로 재러드는 오차한계를 2 mpg 이내로 제한하기 위해 적어도 75대의 초그린카 임의표본이 필요하다.

p 추정을 위한 n 선택

모비율 p의 신뢰구간에 대한 오차한계 E는 $E = z_{\alpha/2}\sqrt{\frac{\bar{p}(1-\bar{p})}{n}}$이며, 여기서 $\bar{p}$는 표본비율을 나타낸다. 재배열함으로써 필요한 표본크기에 대한 공식은 $n = \left(\frac{z_{\alpha/2}}{E}\right)^2 \bar{p}(1-\bar{p})$로 도출된다. 모평균의 경우와 마찬가지로, 이 공식은 크기가 n인 표본이 이미 선택되지 않으면 계산할 수 없는 $\bar{p}$를 사용하기 때문에 실현 가능하지 않다. $\bar{p}$를 모비율 p의 합리적인 추정치 $\hat{p}$으로 대체한다.

모비율 추정에 필요한 표본크기

원하는 오차한계 E에 대해, 모비율 p에 대한 $100(1-\alpha)\%$ 신뢰구간을 추정하는 데 필요한 최소 표본크기 n은 다음과 같다.

$$n = \left(\frac{z_{\alpha/2}}{E}\right)^2 \hat{p}(1-\hat{p})$$

여기서 $\hat{p}$은 계획단계에서의 p의 합리적인 추정치이다.

때로는 계획단계에서 미리 선택된 표본으로부터의 표본비율을 $\hat{p}$으로 사용하기도 한다. $\hat{p}$에 대한 또 다른 선택은 이전 연구들에서 얻은 모비율의 추정치를 사용하는 것이다. 만약 모비율의 다른 합리적인 추정치가 없으면, $\hat{p} = 0.5$를 보수적인 추정치로 사용하여 최적의 표본크기를 산출할 수 있다. 필요한 표본은 $\hat{p} = 0.5$일 때 가장 크다는 것을 주목하자.

예제 8.9

재러드 빈이 연비가 100 mpg 이상을 가진 모든 초그린카의 비율에 대한 90% 신뢰구간을 구하고자 하는 예제 8.7을 다시 논의하자. 재러드는 오차한계가 0.10을 넘지 않기를 원한다. 재러드가 모비율의 분석을 위해 필요한 표본크기는 얼마인가?

해답:

90% 신뢰수준에서 재러드는 $z_{\alpha/2} = z_{0.05} = 1.645$를 찾는다. 모비율에 대한 추정치를 쉽게 구할 수 없으므로, 재러드는 $\hat{p} = 0.50$의 보수적인 추정치를 사용한다. $E = 0.10$을 고려하면, 필요한 표본크기는 다음과 같다.

$$n = \left(\frac{z_{\alpha/2}}{E}\right)^2 \hat{p}(1-\hat{p}) = \left(\frac{1.645}{0.10}\right)^2 0.50(1-0.50) = 67.65$$

이는 68로 반올림된다. 따라서 재러드는 오차한계를 0.10 이내로 제한하기 위해 적어도 68대의 초그린카의 임의표본을 찾아야 한다.

도입사례 분석결과

Mark Dierker/McGrawHill

한 리서치 회사의 분석가인 재러드 빈은 평균 100 mpg을 자랑하는 새로운 초그린카에 대한 보고서를 작성하기 위해 준비한다. 재러드는 자동차 25대의 표본에 기초하여 모든 초그린카의 평균연비는 90% 신뢰수준에서 92.86 mpg, 100.18 mpg라고 보고하였다. 재러드는 또한 100 mpg보다 높은 연비를 갖는 자동차의 비율에 대해 90% 신뢰구간을 구하여 0.132와 0.428 사이의 구간을 보고한다. 재러드는 오차한계를 줄임으로써 신뢰구간의 정밀도를 높이려고 한다. 원하는 오차한계가 모평균에 대해 2 mpg인 경우 분석에 최소한 75대의 자동차 표본을 사용해야 한다. 재러드는 또한 100 mpg보다 높은 연비를 갖는 자동차의 비율에 대해 오차한계를 0.10으로 줄이려고 한다. 그는 보수적인 추정치를 사용하여 이 목표를 달성하기 위해서는 최소한 68대의 자동차 표본이 필요하다고 계산한다. 따라서 90% 신뢰수준에서 평균과 비율 모두에 대한 구간추정치에서 정밀도를 얻으려면 재러드의 표본에 75대 이상의 자동차가 포함되어 있어야 한다.

연습문제 8.4

55. 모집단의 최소 및 최대 관측치는 각각 20과 80이다. 원하는 오차한계가 $E = 2.6$인 경우, 80% 신뢰수준에서 μ를 추정하는 데 필요한 최소 표본크기 n은 얼마인가? 95% 신뢰수준에서 μ를 추정하기로 결정하면 n은 어떻게 되는가?

56. 표본평균이 모평균의 10단위 이내에 있음을 95% 신뢰할 수 있도록 모평균을 추정하는 데 필요한 표본크기를 구하라. 모표준편차가 40이라고 가정하자.

57. 모평균에 대한 99% 신뢰구간을 계산해야 한다. 표본평균이 모평균에서 1.2 이상 벗어나지 않도록 하려면 표본크기는 얼마여야 하는가? (이전 연구의 모표준편차 추정치로 6.0 사용)

58. 원하는 오차한계가 $E = 1.2$인 경우 90% 신뢰수준에서 μ를 추정하는 데 필요한 최소 표본크기는 얼마인가? 모표준편차는 $\sigma = 3.5$로 추정된다. 원하는 오차한계가 $E = 0.7$로 감소하면 n은 어떻게 되는가?

59. 계획단계에서 표본비율은 $\hat{p} = 40/50 = 0.80$으로 추정된다. 이 정보를 이용하여 원하는 오차한계 $E = 0.12$인 경우 99% 신뢰수준에서 p를 추정하는 데 필요한 최소 표본크기 n을 계산하라. 90% 신뢰수준에서 p를 추정하기로 결정하면 n은 어떻게 되는가?

60. 원하는 오차한계 $E = 0.08$인 경우 95% 신뢰수준에서 p를 추정하는 데 필요한 최소 표본크기는 얼마인가? 이전 연구에서 모비율은 $\hat{p} = 0.36$으로 추정되었다. 원하는 오차한계가 $E = 0.12$로 증가하면 n은 어떻게 되는가?

61. 모비율에 대한 95% 신뢰구간을 계산하려고 한다. 표본비율이 모비율에서 0.06보다 크게 벗어나지 않도록 하려면 표본크기는 얼마여야 하는가? 모비율에 대한 이전 추정치가 가용하지 않다.

62. 주택담보대출업체들은 흔히 부동산 대출을 신청하는 소비자들의 신용도를 확인하기 위해 FICO 점수를 이용한다. 일반적으로 FICO 점수는 300점에서 850점 사이이며, 더 높은 점수는 더 나은 신용 프로필을 나타낸다. 중서부의 한 마을에 있는 대출업체에서 그 지역 거주자의 평균 신용점수를 추정하려고 한다. 대출업체가 95% 신뢰수준에서 오차한계가 20을 초과하지 않기를 바란다면 필요한 FICO 점수 표본의 수는 얼마인가?

63. 캘리포니아주의 에너지 연구소의 한 분석가가 그 주의 무연 휘발유 평균 가격에 대한 신뢰구간을 99%로 추정하려고 한다. 특히 표본평균이 모평균에서 0.06달러 이상 벗어나는 것을 원하지 않는다. 만약 그녀가 표준편차 추정치인 0.32달러를 사용한다면, 그녀의 표본에 포함해야 할 주유소의 최소 수는 얼마인가?

64. 한 분석가가 두 산업의 평균 주식 수익률에 대한 95% 신뢰구간을 구하려고 한다. 산업 A는 알려진 모표준편차가 20.6%인 고위험 산업인 반면, 산업 B는 알려진 모표준편차가 12.8%인 저위험 산업이다

a. 산업 A에 대해 오차한계를 4%로 제한한다면 분석가에게 필요한 최소 표본크기는 얼마인가?

b. 산업 B에 대해 오차한계를 4%로 제한한다면 분석가에게 필요한 최소 표본크기는 얼마인가?

c. 동일한 오차한계를 사용함에도 결과가 다른 이유는 무엇인가?

65. 뉴멕시코주 앨버커키의 한 피자 체인점 매니저가 그들의 광고된 16인치 피자의 평균 크기를 결정하려고 한다. 25개의 피자를 임의로 추출하여 평균과 표준편차를 16.10인치와 1.8인치로 각각 기록한다. 그 다음 모든 피자의 평균 크기에 대한 95% 신뢰구간을 [15.36, 16.84]로 계산한다. 그러나 이 구간이 너무 넓어 품질관리를 수행할 수 없다는 것을 발견하고 더 큰 표본을 기초로 평균을 다시 추정하기로 결정했다. 이전 분석에서 얻은 표준편차 추정치 1.8을 사용하여 오차한계를 0.5인치 미만으로 유지하려면 표본크기를 얼마로 해야 하는가?

66. 새로 개점하는 타겟(Target) 스토어의 매니저가 고객의 평균 지출을 추정하려고 한다. 미리 선택된 표본에서 표준편차는 18달러로 결정되었다. 매니저는 평균 고객 지출에 대한 95% 신뢰구간을 구하려고 한다.

a. 5달러의 오차한계를 달성하는 데 필요한 적절한 표본크기를 찾아라.

b. 3달러의 오차한계를 달성하는 데 필요한 적절한 표본크기를 찾아라.

67. 한 저가 항공사에서 기내 무선 액세스에 대해 12달러를 지불하는 것을 고려하는 고객의 비율을 추정하려고 한다. 항공사가 비율에 대한 사전 지식이 없다고 가정할 때, 90% 신뢰구간에 대해 0.05 이하의 오차한계를 보장하기 위해 얼마나 많은 고객을 표본추출해야 하는가?

68. 한 뉴스 진행자는 시장선거에서 현직 후보를 지지하는 등록 유권자의 비율을 추정하고자 한다. 앞서 240명의 등록된 유권자를 대상으로 한 여론조사에서 110명이 현직 후보를 지지했다. 뉴스 진행자가 90% 신뢰구간을 구하는 데 오차한계가 0.02를 초과하지 않는 경우 필요한 표본크기를 구하라.

69. 한 조사는 50~64세 연령층의 약 70%가 대체요법(예를 들면, 침술, 영양제 사용)을 시도한 적이 있다고 보고하였다. 이 조사가 400명의 표본에 기초했다고 가정하자.

a. 이 범주형 변수에 대해 관심 있는 관련 모수를 식별하고, 점추정치와 90% 신뢰수준에서 오차한계를 계산하라.

b. 오차한계를 2%로 줄이고 분석을 다시 수행한다. 표본을 얼마나 많이 추출해야 하는가? 필요한 표본크기를 산출할 때 가정을 진술하라.

70. 미국에서 서브프라임 모기지 5곳 중 2곳이 채무불이행 가능성

이 높다는 결과가 보고되었다. 한 연구 경제학자는 95%의 신뢰수준에서 일리노이주의 채무불이행률을 추정하는 데 관심이 있다. 보고된 국가 채무불이행 비율을 사용하여, 오차한계를 0.06 이내로 제한하기 위해 필요한 표본크기는 얼마인가?

71. 한 경영대학 학생이 캠퍼스에 노트북을 가져오는 학생의 비율에 대한 99% 신뢰구간을 추정하려고 한다. 그는 정확한 추정치를 원하며, 표본비율을 모비율의 5% 포인트 이내로 유지할 큰 표본을 추출할 의향이 있다. 모비율에 대한 이전 추정치가 없는 경우 이 학생에게 필요한 최소 표본크기는 얼마인가?

8.5 데이터 분석

Andrew Resek/McGraw-Hill Education

Todd A. Merport/Shutterstock

FILE ***Weekly_Returns.*** 투자회사의 러서치 분석가인 캘리 피츠패트릭은 홈디포(Home Depot)와 로우스(Lowe's)의 주간 주식실적을 요약한 보고서를 작성하라는 요청을 받았다. 그녀의 매니저는 이들 주식 중 하나를 고객의 포트폴리오에 포함시킬지 결정하려고 하고 있으며, 평균적인 주식실적이 이 결정에 영향을 미치는 요인 중 하나이다. 캘리는 보고서에 주식 수익률을 요약하기 위해 기술측도를 사용하고 홈디포와 로우스의 평균 수익률에 대한 신뢰구간을 제공하기로 결정했다. 그녀는 2019년 1월부터 12월까지 각 회사의 주간 수익률을 수집한다. 데이터의 일부는 표 8.5에 나와 있다.

표 8.5 홈디포(Home Depot)와 로우스(Lowe's)의 주간 수익률(%)

Date	Home Depot	Lowe's
1/7/2019	3.33	3.65
1/14/2019	0.09	−2.38
⋮	⋮	⋮
12/30/2019	−1.21	−0.15

샘플보고서— 주간 재고 실적: 홈디포와 로우스

홈디포와 로우스는 미국에서 가장 큰 주택수리용품 소매업체 두 곳이다. 최근의 주식실적에 대한 분석은, 특히 고객의 포트폴리오에서 어느 한 주식을 보유할지 결정할 때, 각 회사의 재무 안정성을 이해하는 데 유용하다는 것이 입증되었다.

2019년 1월부터 12월까지 기업별 주간 주식수익률 데이터가 수집되었다. 표 8.6은 몇 가지 중요한 기술통계량을 요약한다.

표 8.6 홈디포(Home Depot)와 로우스(Lowe's)의 주간 수익률에 대한 기술통계량 ($n = 52$)

	Home Depot (in %)	Lowe's (in %)
Mean	0.52	0.58
Median	0.55	0.88
Minimum	−8.12	−12.52
Maximum	6.79	13.28
Standard deviation	2.78	3.77
Margin of error with 95% confidence	0.77	1.05

홈디포와 비교했을 때, 로우스는 이 기간 동안 더 높은 평균 수익률(0.58% > 0.52%)과 더 높은 중앙값 수익률(0.88% > 0.55%)을 기록했다. 다만 로우스의 주간 수익률에 대한 표준편차는 홈디포보다 높아(3.77% > 2.78%), 로우스 주식에 대한 투자가 홈디포 주식에 대한 투자보다 더 위험함을 시사했다.

표 8.6은 또한 평균 수익률의 95% 신뢰구간에 대한 오차한계를 보여준다. 95% 신뢰수준에서 홈디포의 평균 수익률은 [−0.25%, 1.29%] 범위에서 하락한 반면, 로우스는 [−0.47%, 1.63%] 범위에서 하락했다. 이 두 구간이 겹친다는 것을 고려하면, 로우스가 이 기간 동안 더 높은 보상을 받았다고 결론 내릴 수 없다. 결론에 도달할 수 있는 것은 단지 평가된 점추정치뿐이다. 고객의 포트폴리오에 포함시키기 위해 평균 수익률만을 근거로 둘 중 한 종목을 추천하는 것은 불가능하다. 주식과 기존 포트폴리오의 상관관계 등 다른 요인들도 분석해야 결정을 내릴 수 있다.

사례연구 제안

보고서 8.1 **FILE** ***Wages.*** 첨부된 데이터 파일은 학사학위 이상 근로자 30명, 고등학교 졸업장만 소지한 근로자 30명, 고등학교를 마치지 않은 근로자 30명의 시간당 임금(달러)을 보여준다. 보고서에서 요약측도를 사용하여 세 교육수준의 시간당 임금을 비교하라. 또한 각 교육수준에서 평균 시간당 임금에 대한 신뢰구간을 구하고 해석하라.

보고서 8.2 **FILE** ***Fidelity Returns.*** 첨부된 데이터 파일은 투자 대기업 피델리티(Fidelity)가 제공하는 두 뮤추얼펀드의 연간 수익률을 보여준다. 피델리티 셀렉트 오토모티브 펀드(Fidelity Select Automotive Fund)는 주로 자동차, 트럭, 특수 차량, 부품, 타이어 및 관련 서비스의 제조, 마케팅 또는 판매에 종사하는 기업에 투자한다. 피델리티 셀렉트 골드 펀드(Fidelity Select Gold Fund)는 주로 금을 탐사, 채굴, 가공 또는 유통하는 기업에 투자하며, 그 정도는 덜하지만 다른 귀금속과 광물에도 투자한다. 보고서에서 요약측도를 사용하여 뮤추얼펀드의 수익률을 비교하라. 또한 평균 수익률에 대한 신뢰구간을 구하고 해석하여 보상을 평가하라. 구간추정치에 대한 가정을 설명하라.

보고서 8.3 https://www.realclearpolitics.com/에 가서 RCP 평균을 사용하여 미국 대통령에 대한 최신 지지율을 찾아보자. 표본크기가 600이라고 가정하고 지지율에 대한 신뢰구간을 구하라. 다음은 대통령이 처음 취임했을 때의 지지율을 알아보자. 600의 표본크기를 사용하여 지지율에 대한 또 다른 신뢰구간을 구하라. 구간들 간의 유사점과 차이점에 대해 논의하라. 다른 선출된 공직자로 이 과정을 반복하라.

핵심 개념

LO 8.1 **신뢰구간을 설명할 수 있어야 한다.**

표본평균 $\bar{X}$는 모평균 μ에 대한 점추정량이고, 표본비율 $\bar{P}$는 모비율 p에 대한 점추정량이다. 점추정량의 표본 값은 관심 모수에 대한 점추정치를 나타내며, $\bar{x}$와 $\bar{p}$는 각각 μ와 p에 대한 점추정치이다. 점추정량은 알려지지 않은 모수에 근사하는 단일 값을 제공하지만, 신뢰구간 또는 구간추정치는 특정 수준의 신뢰도로 관심 있는 모수를 포함할 값의 범위를 제공한다.

흔히 신뢰구간을 점추정치 ± 오차한계로 구성한다. 오차한계는 추정량의 변동성과 구간의 원하는 신뢰수준을 설명한다.

LO 8.2 **모표준편차가 알려진 경우 모평균에 대한 신뢰구간을 계산할 수 있어야 한다.**

모표준편차 σ가 알려진 경우 모평균 μ에 대한 $100(1-\alpha)\%$ 신뢰구간은 $\bar{x} \pm z_{\alpha/2}\frac{\sigma}{\sqrt{n}}$로 계산되며, 여기서 $z_{\alpha/2}\frac{\sigma}{\sqrt{n}}$는 오차한계이다. 이 공식은 $\bar{X}$가 (근사적으로) 정규분포를 따르는 경우에만 타당하다.

LO 8.3 **신뢰구간의 폭에 영향을 미치는 요인을 설명할 수 있어야 한다.**

신뢰구간의 정밀도는 구간의 폭과 직접적으로 연결된다. 구간이 넓을수록 정밀도는 낮아진다. 모표준편차 σ가 클수록, 표본크기 n이 작을수록, 그리고/또는 신뢰수준이 클수록 신뢰구간은 넓어진다.

LO 8.4 ***t* 분포의 특징에 대해 논의할 수 있어야 한다.**

t 분포는 z 분포와 유사한 분포군으로, 모두 0 중심으로 대칭이고 점근적 꼬리를 가진 종 모양이다. 그러나 t 분포는 z 분포보다 꼬리가 더 넓다. 각 t 분포는 자유도 df로 알려진 매개변수에 의해 구별된다. df는 넓이의 범위를 결정한다. df가 작을수록 꼬리는 넓어진다. t 분포는 자유도에 의해 정의되기 때문에 t_{df} 분포라고 부르는 것이 일반적이다.

LO 8.5 **모표준편차가 알려지지 않은 경우 모평균에 대한 신뢰구간을 계산할 수 있어야 한다.**

모표준편차 σ를 알 수 없을 때, 모평균 μ에 대한 $100(1-\alpha)\%$ 신뢰구간은 $\bar{x} \pm t_{\alpha/2,df}\frac{s}{\sqrt{n}}$으로 계산되며, 여기서 $df = n-1$이고 s는 표본표준편차이다. 이 공식은 $\bar{X}$가 (근사적으로) 정규분포를 따르는 경우에만 타당하다.

LO 8.6 **모비율에 대한 신뢰구간을 계산할 수 있어야 한다.**

모비율 p에 대한 $100(1-\alpha)\%$ 신뢰구간은 $\bar{p} \pm z_{\alpha/2}\sqrt{\frac{\bar{p}(1-\bar{p})}{n}}$으로 계산되며, 여기서 $\bar{p}$는 표본비율이다. 이 공식은 $\bar{P}$가 (근사적으로) 정규분포를 따르는 경우에만 타당하다.

LO 8.7 **모평균과 모비율을 추정할 표본크기를 선택할 수 있어야 한다.**

원하는 오차한계 E에 대해, $100(1-\alpha)\%$ 신뢰수준에서 μ를 추정하는 데 필요한 최소 n은 $n = \left(\frac{z_{\alpha/2}\hat{\sigma}}{E}\right)^2$이다. 여기서 $\hat{\sigma}$은 계획단계에서의 σ의 합리적인 추정치이다. σ를 안다면, σ를 $\hat{\sigma}$으로 대체한다. $\hat{\sigma}$에 대한 다른 선택으로 사전에 선택된 표본, 이전 연구, 또는 $\hat{\sigma}$ = 범위/4로부터의 추정치가 있다.

원하는 오차한계 E의 경우, $100(1-\alpha)\%$ 신뢰수준에서 p를 추정하는 데 필요한 최소 n은 $n = \left(\frac{z_{\alpha/2}}{E}\right)^2 \hat{p}(1-\hat{p})$이며, 여기서 $\hat{p}$는 계획단계에서의 p의 합리적인 추정치이다. $\hat{p}$에 대한 선택에는 사전에 선택된 표본 또는 이전 연구의 추정치가 포함된다. 다른 합리적인 추정치가 없을 때에는 $\hat{p} = 0.5$의 보수적인 추정치가 사용된다.

추가 연습문제

72. 10년의 표본기간 동안 분석 중인 포트폴리오의 연간 수익률 평균과 표준편차는 각각 10%, 15%였다. 수익률은 정규분포를 따른다고 가정한다. 모평균에 대한 95% 신뢰구간을 구하라.

73. FILE ***Salon.*** 매사추세츠주 캠브리지의 한 미용실은 주중 임의로 선택된 7일의 방문 고객수를 40명, 30명, 28명, 22명, 36명, 16명, 50명으로 보고했다. 주중 방문 고객수가 정규분포를 따른다고 가정할 수 있다.

- **a.** 주중에 미용실을 방문하는 평균 고객수에 대한 90% 신뢰구간을 구하라.
- **b.** 주중에 미용실을 방문하는 평균 고객수에 대한 99% 신뢰구간을 구하라.
- **c.** 신뢰수준이 증가함에 따라 구간의 폭은 어떻게 되는가?

74. 한 연구에 따르면 미국 근로자들은 평균적으로 매년 16일의 휴가일을 갖는다고 한다. 이 데이터가 근로자 225명의 표본에 기초하고 표본표준편차가 12일이라고 가정하자.

- **a.** 모평균에 대한 95% 신뢰구간을 구하라.
- **b.** 95% 신뢰수준에서, 평균적인 미국 근로자들이 매년 14일의 휴가일 쓰지 않는다고 결론지을 수 있는가?

75. FILE ***SLO.*** 최근 캘리포니아주 산루이스 오비스포 카운티에 있는 6채의 단독주택이 549, 449, 705, 529, 639, 609(단위: 1,000달러)에 매매되었다고 한다.

- **a.** 산루이스 오비스포 카운티의 평균 매매 가격에 대한 95% 신뢰구간을 구하라.
- **b.** 이 신뢰구간을 구할 때 어떤 가정을 했는가?

76. 2015년 대학을 졸업한 학생들이 평균 25,250달러의 학자금 대출을 받고 있다는 연구 결과가 나왔다. 한 경제학자가 평균 부채가 변했는지 확인하려고 한다. 그녀는 최근 졸업생 40명의 표본을 추출하여 그들의 평균 부채가 27,500달러이고, 표준편차는 9,120달러라는 것을 알아냈다. 90% 신뢰구간을 사용하여 평균 부채가 변했는지 확인하라.

77. 1.20파운드의 시리얼을 포장하도록 프로그램된 기계의 정확성을 시험하고 있다. 36개의 시리얼 상자 표본에서 표본평균 중량은 1.22파운드로 계산된다. 모표준편차는 0.06파운드로 알려져 있다.

- **a.** 이 수치형 변수에 대한 관련 모수를 식별하고, 점추정치와 95% 신뢰수준에서 오차한계를 계산하라.
- **b.** 포장 기계가 부적절하게 작동한다고 결론을 내릴 수 있는가?
- **c.** 95% 신뢰수준에서 오차한계가 최대 0.01파운드이길 원한다면, 표본크기는 얼마여야 하는가?

78. SAT의 수학부분 점수는 정규분포를 따르고 범위는 200에서 800점 사이이다. 뉴햄프셔대학 입학처 소속한 연구원은 90% 신뢰수준에서 입학생들의 평균 수학 SAT 점수를 추정하는 데 관심이 있다. 오차한계가 15 이내가 되도록 하기 위해 그녀는 얼마나 큰 표본을 추출해야 하는가?

79. 한 연구에 따르면 82%의 직원이 승진 지연으로 인해 퇴사할 것이라고 한다(msn.com, 2020년 1월 14일). 이 연구가 직원 50명의 임의표본에 기초한다고 가정하자.

- **a.** 승진 지연으로 퇴사할 가능성이 있는 모든 직원의 비율에 대한 99% 신뢰구간을 구하라.
- **b.** 99% 신뢰수준에서 오차한계는 얼마인가?

80. FILE ***FundReturn.*** 지난 5년간 뮤추얼펀드의 연간수익률(%)을 13, −2, 3, 18 및 −14로 기록했다.

- **a.** μ에 대한 점추정치를 계산하라.
- **b.** μ에 대한 95% 신뢰구간을 구하라.
- **c.** 구간을 구할 때 어떤 가정을 했는가?

81. FILE ***MV_Houses.*** 한 부동산 중개인이 캘리포니아주의 미션비에호에 있는 주택의 평균 가격을 추정하려고 한다. 그녀는 최근 판매된 36채의 표본(1,000달러)을 수집했으며, 그중 일부는 첨부된 표에 나와 있다. 모표준편차가 100(1,000달러)이라고 가정하자. 미션비에호의 모든 주택의 평균 가격에 대한 95% 및 98% 신뢰구간을 구하고 해석하라.

Prices
430
520
⋮
430

82. **FILE** ***MI_Life_Expectancy.*** 하와이 주민들의 기대수명은 평균 81.3세로 가장 길다(travelandleisure.com, 2018년 7월 16일). 한 사회학자가 최근 사망한 미시건 주민 50명에 대한 사망 연령 데이터를 수집한다. 데이터의 일부가 다음 표에 나와 있다. 모표준편차가 5년이라고 가정하자.

Age at Death
76.4
76.0
⋮
73.6

   a. 미시간주 모든 주민의 평균 기대수명에 대한 95% 신뢰구간을 구하라.

   b. 95% 신뢰구간을 사용하여 미시간 주민의 평균 기대수명이 하와이 주민의 평균 기대수명과 다른지 확인하라.

83. **FILE** ***Fastballs.*** 마이너 리그 야구팀의 감독이 두 투수의 평균 속구 속도를 추정하길 원한다. 그는 투수 한 명당 50개의 직구를 시속 마일로 기록한다. 데이터의 일부가 다음 표에 나와 있다.

Pitcher 1	Pitcher 2
87	82
86	92
⋮	⋮
86	93

   a. 각 투수의 평균 속도에 대한 95% 신뢰구간을 구하라.

   b. 두 구간의 폭이 다른 이유를 설명하라.

84. **FILE** ***Theater.*** 한 극장의 새 매니저는 월요일과 화요일 저녁의 공연티켓 판매수를 늘리기 위해 할인을 제공하려고 한다. 그녀는 이 2일 동안 판매된 티켓의 수를 기록한 30주의 표본을 사용한다. 데이터의 일부가 다음 표에 나와 있다.

Monday	Tuesday
221	208
187	199
⋮	⋮
194	180

   a. 월요일과 화요일 저녁 쇼를 위해 판매된 평균 티켓 수에 대한 95% 신뢰구간에 대한 오차한계를 비교하라.

   b. 월요일과 화요일 저녁 쇼를 위해 판매된 평균 티켓 수에 대한 95% 신뢰구간을 구하라.

   c. 월요일과 화요일 저녁 쇼에 대해 모평균이 200과 다른지 확인하라.

85. **FILE** ***Rental.*** 부동산 분석가가 대학가 임대주택을 조사한다. 그녀는 40가구의 월세와 면적(평방피트)에 대한 데이터를 수집한다. 데이터의 일부가 다음 표에 나와 있다.

Monthly Rent	Square Footage
645	500
675	648
⋮	⋮
2400	2700

   a. 이 대학 도시의 모든 임대주택에 대한 평균 임대료에 대한 90% 및 95% 신뢰구간을 구하라.

   b. 이 대학 도시의 모든 임대주택에 대한 평균 면적(평방피트)에 대한 90% 및 95% 신뢰구간을 구하라.

86. 한 연구는 다섯 명 중 한 명의 영국인이 인터넷을 사용하지 않는다는 것을 발견했다(bbc.com, 2019년 9월 9일). 이 연구가 600명의 영국인을 기반으로 했다고 가정하자.

   a. 95% 신뢰수준에서 인터넷을 사용하지 않는 모든 영국인의 비율을 추정할 때 오차한계는 얼마인가?

   b. 모비율에 대한 95% 신뢰구간을 구하라.

87. 3,057명 대상의 한 최근 조사에서 "이번 여름 가장 긴 휴가기간은 어느 것인가요?"를 질문하였다. 다음의 상대빈도분포는 결과를 요약한다.

Response	Relative Frequency
A few days	0.21
A few long weekends	0.18
One week	0.36
Two weeks	0.22

a. 이번 여름 1주일(one week) 휴가를 계획하는 사람들의 비율에 대한 95% 신뢰구간을 구하라.

b. 이번 여름 1주일(one week) 휴가를 계획하는 사람들의 비율에 대한 99% 신뢰구간을 구하라.

c. 두 신뢰구간 중 어느 것이 더 넓은가?

88. 린다 반스는 선행연구를 통해 지원자 5명 중 1명이 미국 최고의 MBA 프로그램에 합격한다는 것을 알게 되었다. 그녀는 상위 MBA 프로그램의 합격률에 대한 90% 신뢰구간을 구하고 싶다. 표본의 합격률이 모집단에서 5% 포인트 이상 차이가 나지 않도록 하려면 표본크기를 어느 정도로 해야 하는가? 필요한 표본크기를 계산함에 있어서 가정을 진술하라.

89. FILE ***Field_Choice.*** 오리건주 포틀랜드에 있는 30명의 대학생들에게 대학에서 전공하고 싶은 분야에 대해 질문한 설문지에서 제공되는 선택 항목은 과학, 비즈니스 및 기타이다. 학생이 남성인지 여성인지도 설문지에 포함된다.

Field Choice	Sex
Business	Male
Other	Female
⋮	⋮
Science	Female

a. 과학을 전공하고자 하는 학생의 비율과 비즈니스를 전공하고자 하는 학생의 비율에 대한 95% 신뢰구간을 비교하라.

b. 대학생의 여학생 비율에 대한 90% 신뢰구간을 구하고 해석하라.

90. FILE ***Pedestrians.*** 한 연구는 분노의 기원에 대한 통찰력을 찾고 분노조절 치료에 대해 제안하기 위한 시도로 '보도 분노(sidewalk rage)'를 조사했다(menshealth.com, 2019년 3월 1일). '보도 분노'는 보행자들이 특정한 방식으로 행동한다고 믿는 경향이 있다. 보도 분노자에 대한 가능한 전략 중 하나는 흡연과 관광과 같은 다른 활동에 의해 주의가 산만해진 보행자들을 피하는 것이다. 로어맨해튼(Lower Manhattan)의 50명의 보행자로부터 표본 데이터를 수집했다. 보행자가 흡연 중인지(흡연 시 1, 그렇지 않은 경우 0) 또는 관광객인지(관광객인 경우 1, 그렇지 않은 경우 0)에 주목했다. 다음 표에 데이터의 일부가 나와 있다.

Smoking	Tourist
0	1
0	1
⋮	⋮
0	0

a. 로어맨해튼에서 보행 중에 흡연하는 보행자의 비율에 대한 95% 신뢰구간을 구하고 해석하라.

b. 로어맨해튼에서 관광객인 보행자의 비율에 대한 95% 신뢰구간을 구하고 해석하라.

91. 한 경제학자가 캘리포니아의 한 작은 마을에서 징수하는 평균 부동산 세금에 대한 95% 신뢰구간을 추정하려고 한다. 이전 분석에서 부동산세의 표준편차가 1,580달러로 보고되었다. 경제학자가 오차한계를 500달러로 제한하기를 원할 때 필요한 최소 표본크기는 얼마인가?

92. 교통통계국의 한 직원은 저가 항공사의 정시 도착 비율을 추정하는 임무를 맡게 되었다. 이전 연구는 이 정시 도착률을 78.5%로 추정했었다. 95% 신뢰구간에 대한 오차한계가 0.05 이하가 되도록 하기 위해 이 직원이 표본에 포함해야 하는 최소 도착 수는 얼마인가?

93. 한 연구가 30세 미만 성인의 85%가 경제를 낙관적으로 느끼고 있지만, 이 낙관론은 50세 이상 성인의 45%에서만 공유된다고 발견했다. 한 연구 분석가가 전국의 다양한 지역의 비율에 대한 95% 신뢰구간을 구하려고 한다. 그녀는 오차한계를 0.05 이내로 제한하는 표본크기를 결정하기 위해 보고된 비율을 사용한다.

a. 경제에 대해 낙관적으로 느끼는 30세 미만 성인의 비율을 추정하기 위해 필요한 표본의 크기가 얼마인가?

b. 경제에 대해 낙관적으로 느끼는 50세 이상 성인의 비율을 추정하기 위해 필요한 표본의 크기가 얼마인가?

9 가설검정
Hypothesis Testing

학습목차_*Chapter Contents*

학습목표_*Learning Objectives*

이 장을 학습한 후에,

LO **9.1** 귀무가설과 대립가설을 정의할 수 있어야 한다.
LO **9.2** 1종 오류와 2종 오류를 구별할 수 있어야 한다.
LO **9.3** σ가 알려진 경우 모평균에 대한 가설검정을 수행할 수 있어야 한다.
LO **9.4** σ가 알려지지 않은 경우 모평균에 대한 가설검정을 수행할 수 있어야 한다.
LO **9.5** 모비율에 대한 가설검정을 수행할 수 있어야 한다.

이전 장에서는 관심 있는 알려지지 않은 모수를 추정하기 위해 신뢰구간을 사용했다. 이제 통계적 추론의 두 번째 주요 영역인 가설검정에 초점을 맞춘다. 현재 상태 또는 기본 모수에 대한 어떤 믿음에 도전하기 위해서 표본데이터를 기반으로 가설검정을 사용한다.

이 장에서는 모평균과 모비율에 대한 가설검정을 설명한다. 예를 들어, 미국 MBA 학생들의 평균 연령이 30세 미만인지 또는 생산공정에서 불량품의 비율이 5%와 다른지 검정하려고 할 수 있다. 어느 경우이든 전체 모집단에 접근할 수 없기 때문에 제한된 표본정보에 기초하여 통계적 추론을 수행해야 한다. 만약 표본정보가 현상과 일치하지 않은 경우, 불일치가 실제인지(즉, 현 상태와 모순됨) 또는 우연에 의한 것인지(즉, 현 상태와 모순되지 않음)를 밝히기 위해 가설검정 프레임워크를 사용한다.

Ken Seet/Corbis Images/SuperStock

도입사례_*Introductory Case*

대학생의 학습습관

FILE ***Study_Hours.*** 오늘날의 대학생들은 공부를 열심히 하는가, 아니면 거의 하지 않는가? 한 연구는 과거 60년 동안 대학생들의 주당 평균 학습시간이 꾸준히 감소하고 있다고 주장한다(*The Wall Street Journal*, 2019년 4월 10일). 1961년에 대학생들은 주당 평균 24시간을 학습에 사용한 반면, 오늘날의 대학생들은 주당 평균 14시간을 학습한다.

수잔 나이트는 캘리포니아주에 있는 한 큰 대학의 부학장이다. 그녀는 이러한 학습 추세가 이 대학 학생들의 상황을 반영하는지 알기를 원한다. 그녀는 임의로 35명의 학생을 선택하고 그들의 주당 평균 학습시간(Hours)을 물었다. 응답의 일부는 다음과 같다.

표 9.1 학습시간

Hours
25
19
⋮
16

수잔은 표본정보를 이용하여 다음을 수행하려고 한다.

1. 이 대학 학생들의 주당 평균 학습시간이 1961년의 전국 대학생 평균 학습시간인 24시간보다 적은지 결정한다.

2. 이 대학 학생들의 주당 평균 학습시간이 오늘날의 전국 대학생 평균 학습시간인 14시간과 다른지 결정한다.

이 도입사례에 대한 분석결과는 9.3절의 마지막에 제공되어 있다.

9.1 가설검정 소개

매일 사람들은 세상의 진정한 상황에 관한 그들의 믿음에 기초하여 의사결정을 한다. 그들은 어떤 것들은 옳다고 생각하고 다른 것들은 틀리다고 생각하면서 그에 따라 행동한다. 예를 들어, 한 엔지니어는 특정한 강철 케이블이 5,000파운드 이상의 파괴강도를 가지고 있다고 믿고, 건설현장에서 그 케이블을 사용하도록 허용한다. 한 제조업자는 특정한 과정이 약 100밀리그램의 약품을 정확하게 담아내는 캡슐을 생산한다고 믿고, 그 캡슐을 약국으로 배송한다. 한 매니저는 입고되는 물품이 2%, 또는 미만의 불량품을 포함한다고 믿고, 그 물품의 선적을 수락한다. 이러한 경우들과 더 많은 경우에서 이와 같은 믿음의 형성은 단순한 추측, 정보에 근거한 추측 또는 잠정적으로 옳은 것으로 인정되고 있는 명제로 시작되었을 수 있다. 사람들이 이러한 방식으로 믿음을 형성할 때 그 믿음을 가설이라고 부른다. 그러나 조만간에 모든 가설은 궁극적으로 이를 입증하거나 기각하는 증거에 직면하게 된다. 이러한 본질의 가정에 대한 타당성을 결정하는 것을 가설검정이라고 한다.

관심 있는 특정한 모수에 관한 두 경쟁가설 사이의 상충을 해결하기 위해 가설검정 프레임워크를 사용한다. 한 가설은 **귀무가설(null hypothesis)**이라고 부르며 H_0으로 표기하고, 다른 가설은 **대립가설(alternative hypothesis)**이라고 부르며 H_A로 표기한다. 귀무가설은 당연하게 여겨지는 자연상태 또는 현재 상황에 해당한다고 생각할 수 있다. 반면, 대립가설은 당연한 상태나 현재 상황에 모순된다.

귀무가설 대 대립가설

가설검정을 수행할 때, H_0로 표시되는 귀무가설과 H_A로 표시되는 대립가설을 정의한다. 표본의 증거가 H_0와 모순되는지 아닌지를 결정하기 위해 가설검정을 수행한다.

통계학에서 표본정보를 이용하여 관심 있는 알려지지 않은 모수에 대해 추론한다. 여기서 목표는 귀무가설이 기각되어 대립가설을 지지할 수 있는지 결정하는 것이다. 의료와 법률 분야의 응용 사례로 비유할 수 있다. 귀무가설을 "개인이 특정 질병을 가지고 있지 않다" 또는 "피고인은 무죄이다"라고 정의할 수 있다. 두 사례에서 판단은 제한된 증거에 기초하며, 통계학에서는 제한된 표본정보에 기초하여 의사결정을 내리는 것으로 직역된다.

귀무가설을 "기각한다" 또는 "기각하지 않는다"로 결정

가설검정 과정은 두 가지 의사결정 중 하나를 할 수 있게 해준다. 만약 표본증거가 귀무가설과 모순되면, 귀무가설을 기각한다. 이와 반대로 만약 표본증거가 귀무가설과 모순되지 않으면, 귀무가설이 기각되지 않는다. 표본정보는 귀무가설과 모순되지 않을 수 있지만 그것이 반드시 귀무가설이 옳다는 것을 증명하는 것은 아니기 때문에 "귀무가설을 수용한다"라고 결론 내리는 것은 옳지 않다.

표본정보를 기반으로 "귀무가설을 기각(reject the null hypothesis)"하거나 "귀무가설을 기각하지 않는다(do not reject the null hypothesis)".

귀무가설이 "개인이 특정 질병을 가지고 있지 않다"로 정의된 방금 언급한 예를 고려해보자. 진료과정이 그 질병을 발견하지 못한다고 가정하자. 제한된 정보를 바탕으로 그 질병을 발견할 수 없다(귀무가설을 기각하지 않는다)는 결론만 내릴 수 있다. 이것은 반드시 그 사람이 질병을 가지고 있지 않다(귀무가설을 수용한다)고 증명하는 것은 아니다. 마찬가지로, 귀무가설이 "피고인은 무죄이다"로 정의되는 법정 사례에서 그 사람이 유죄이거나(귀무가설을 기각한다) 유죄를 입증할 증거가 충분하지 않다(귀무가설을 기각하지 않는다)고 결론을 내릴 수 있다.

귀무가설과 대립가설의 정의

앞에서 언급했듯이, 표본데이터에 기초해서 기본 모수에 대한 현재 상황 또는 어떤 믿음에 이의를 제기하기 위해 가설검정을 사용한다. 매우 중요한 단계는 두 경쟁 가설을 명확하게 표현하는 것인데, 그 이유는 검정의 결론이 두 경쟁가설이 어떻게 진술되느냐에 의존하기 때문이다. 일반적인 지침으로 귀무가설은 현재 상황을 나타내는 반면, 우리가 밝히고자 하는 무엇이든 대립가설에 배치한다. 만약 귀무가설을 기각할 수 없다면, 현재의 상황 또는 '평소와 같은 상황'을 유지한다. 그러나 만약 귀무가설을 기각한다면, 증거가 대립가설을 지지한다는 것이 성립되고, 이것은 어떤 종류의 행동을 취하기를 요구할 수 있다. 예를 들어, 한 개인이 특정 질병을 가지고 있지 않다는 귀무가설이 기각되면, 그 사람이 아프다고 할 수 있고, 따라서 치료가 처방되어야 한다고 결론내린다. 마찬가지로, 피고인이 무죄라는 귀무가설이 기각되면, 그 사람이 유죄라는 결론을 내리게 되고, 따라서 적절히 처벌받아야 한다.

대부분의 응용의 경우 귀무가설에 등호 부호가 포함되어야 한다(등호 부호에 대한 정당성은 뒤에서 제시될 것이다). 일반적으로 귀무가설은 세 가지 부호 =, ≤ 또는 ≥ 중 하나를 전형적으로 포함한다. 대립가설은 귀무가설을 반대하는 진술이기 때문에 대응하는 반대 부호인 ≠, > 또는 <를 사용하여 지정된다.

일반적인 지침으로 새로운 것을 밝히기 위한, 즉 현재 상태에 이의를 제기하기 위한 수단으로 대립가설을 사용한다. 대부분의 응용에서, 관심 있는 특정 모수에 대한 귀무가설은 세 부호 =, ≤ 또는 ≥ 중 하나로 지정되며, 대립가설은 대응하는 반대 부호인 ≠, > 또는 <로 지정된다.

가설검정은 **단측검정(한쪽꼬리 검정, one-tailed hypothesis test)** 또는 **양측검정(양쪽꼬리 검정, two-tailed hypothesis test)**의 형태를 가진다. 양측검정은 대립가설에 ≠ 기호가 포함되어 있을 때 정의된다. 예를 들어, H_0: $\mu = \mu_0$ vs H_A: $\mu \neq \mu_0$와 H_0: $p = p_0$ vs H_A: $p \neq p_0$은 양측검정의 예이며, 여기서 μ_0과 p_0은 각각 모평균과 모비율의 가설로 설정된 값을 나타낸다. 만약 귀무가설이 기각되면, 이것은 모수가 가설로 설정된 값이 아님을 의미한다.

다른 한편, 단측검정은 가설로 설정된 값의 한쪽에서만 기각될 수 있는 귀무가설이 사용된다. 예를 들어, H_0: $\mu \leq \mu_0$ vs H_A: $\mu > \mu_0$을 고려해보자. 여기서 모평균이 μ_0보다 크다는 상당한 증거가 있을 때 귀무가설을 기각한다. 이는 또한 귀무가설의 기각이 가설로 설정된 평균의 오른쪽에서 발생하기 때문에 오른쪽꼬리 검정(right-tailed hypothesis test)이라고도 한다. 또 다른 예는 H_0: $\mu \geq \mu_0$ vs H_A: $\mu < \mu_0$으로 귀무가설의 기각이 가설로 설정된 평균의 왼쪽에서 발생한다. 모비율에 대한 단측검정도 이와 유사하게 정의된다.

단측검정 대 양측검정

가설검정은 단측검정 또는 양측검정일 수 있다. 단측검정에서는 가설로 설정된 모수 값의 한쪽에서만 귀무가설을 기각할 수 있는 반면, 양측검정에서는 가설로 설정된 모수 값의 양쪽에서 귀무가설을 기각할 수 있다.

일반적으로 경쟁가설을 표현할 때 다음과 같은 3단계를 따른다.

1. 관심 있는 모수를 식별한다.
2. 단측검정인지 양측검정인지 결정한다.
3. 귀무가설에 등호 부호를 포함시키고, 대립가설을 사용하여 주장을 나타낸다.

다음 예제들은 모평균과 모비율에 대한 단측검정과 양측검정을 보여준다. 각 예에서 적절한 경쟁가설을 설정하고자 한다.

예제 9.1

한 무역회사는 올해 신학기 지출액이 가구당 평균 606.40달러가 될 것으로 전망하고 있다. 예측이 틀리면 다른 경제모형이 필요하다. 다른 경제모형이 필요한지를 결정하기 위한 귀무가설과 대립가설을 설정하라.

해답:

신학기 평균 지출액을 조사하고 있음을 고려하면, 관심 있는 모수는 모평균 μ이다. 모평균이 606.40달러와 다른지($\mu \neq 606.40$) 결정할 수 있기를 원하기 때문에, 양측검정에 대한 귀무가설과 대립가설은 다음과 같이 설정된다.

$$H_0: \mu = 606.40$$
$$H_A: \mu \neq 606.40$$

귀무가설이 기각되면 이 무역회사는 다른 경제모형을 사용하도록 권고된다.

예제 9.2

인기 있는 체중감량 클리닉의 한 광고는 새로운 다이어트 프로그램의 참가자들이 평균 10파운드보다 많은 체중감량을 경험한다고 제시한다. 한 소비자 운동가가 광고의 주장이 타당한지 밝히려고 한다. 광고의 주장을 입증하기 위해 귀무가설과 대립가설을 설정하라.

해답:

이 광고의 주장은 평균 체중감량에 관한 것이므로, 관심 있는 모수는 다시 모평균 μ이다. 평균 체중감량이 10파운드보다 많은지($\mu > 10$) 밝히고자 하기 때문에 이것은 단측검정의 예이다. 경쟁가설들을 다음과 같이 설정한다.

$$H_0: \mu \leq 10\text{파운드}$$
$$H_A: \mu > 10\text{파운드}$$

결정이 귀무가설을 기각한다면 평균 체중감량이 10파운드보다 많다는 기본 주장은 타당하다. 반대로, 귀무가설을 기각하지 않으면, 그 주장을 지지할 수 없다.

예제 9.3

한 텔레비전 조사분석가가 50%보다 많은 가구가 TV episode를 시청할 것이라는 주장을 검정하려고 한다. 주장을 검정할 귀무가설과 대립가설을 설정하라.

해답:

모비율 p에 관한 단측검정의 예이다. 이 분석가가 $p > 0.50$인지 결정하기 원하므로, 이 주장은 대립가설로 설정되고 귀무가설은 그 반대이다.

$$H_0: p \leq 0.50$$
$$H_A: p > 0.50$$

TV episode에 50%보다 많은 가구가 채널을 맞출 것이라는 주장은 귀무가설이 기각될 경우에만 타당하다.

예제 9.4

일반적으로 텍사스의 작은 마을에서는 주민들 중 적어도 60%가 그들의 삶에 행복하다고 믿어왔다. 한 사회학자가 최근의 경제난이 이 마을의 행복수준에 악영향을 미쳤는지 궁금해한다. 사회학자의 우려가 타당한지 밝히기 위해 귀무가설과 대립가설을 설정하라.

해답:

모비율 p에 관한 단측검정이다. 모비율이 적어도 0.60이므로($p \geq 0.60$), 사회학자는 현재 모비율이 0.60미만임($p < 0.60$)을 확인하려고 한다. 따라서 가설은 다음과 같이 설정된다.

$$H_0: p \geq 0.60$$
$$H_A: p < 0.60$$

이 경우 귀무가설이 기각되면 사회학자의 우려가 타당하다. 귀무가설이 기각되지 않으면 새로운 아무것도 성립되지 않는다.

1종 오류와 2종 오류

가설검정의 의사결정은 제한된 표본정보에 기초하기 때문에 오류를 범할 수밖에 없다. 이상적으로는 귀무가설이 거짓일 때 귀무가설을 기각할 수 있고, 귀무가설이 참일 때 귀무가설을 기각하지 않을 수 있기를 바란다. 그러나 결과적으로 귀무가설을 잘못 기각하거나 기각하지 않을 수 있다. 달리 말해, 때로 귀무가설을 기각해서는 안 될 때 기각하고, 귀무가설을 기각해야 할 때 기각하지 않는다.

가설검정의 맥락에서 두 가지 유형의 오류, 즉 **1종 오류(Type I error)**와 **2종 오류(Type II error)**를 고려하자. 1종 오류는 귀무가설이 참일 때 귀무가설을 기각하는 경우에 발생한다. 다른 한편, 2종 오류는 귀무가설이 거짓일 때 귀무가설을 기각하지 않는 경우에 발생한다.

표 9.2는 1종 오류와 2종 오류와 관련된 상황을 요약하고 있다. 두 가지 옳은 결정이 가능하다: 귀무가설이 참일 때 귀무가설을 기각하지 않는 것과 귀무가설이 거짓일 때 귀무가설을 기각하는 것이다. 반대로 두 가지 틀린 결정(오류) 또한 가능하다: 귀무가설이 참일 때 귀무가설을 기각하고(1종 오류), 귀무가설이 거짓일 때 귀무가설을 기각하지 않는(2종 오류) 것이다.

표 9.2 1종 오류 및 2종 오류

의사결정	귀무가설이 참이다	귀무가설이 거짓이다
귀무가설을 기각한다	1종 오류	옳은 결정
귀무가설을 기각하지 않는다	옳은 결정	2종 오류

예제 9.5

앞에서 언급한 의학적 예제와 관련한 다음 가설을 고려해보자.

H_0: 한 개인이 특정 질병을 가지고 있지 않다.
H_A: 한 개인이 특정 질병을 가지고 있다.

그 개인이 이 질병을 발견하려고 시도하는 의학적 검사를 받는다고 가정해보자. 1종 오류와 2종 오류의 결과를 논의하라.

해답:

1종 오류는 의학적 검사에서 그 사람이 질병을 가지고 있다고 나타나지만(H_0을 기각), 실제로는 질병이 없는 경우에 발생한다. 흔히 이러한 유형의 결과를 거짓긍정(false positive)이라고 한다. 만약 의학적 검사가 그 사람이 질병이 없는 것으로 나타나지만(H_0을 기각하지 않음), 질병이 있는 경우 2종 오류가 발생한다. 흔히 이런 유형의 결과를 거짓 부정(false negative)이라고 한다. 논란의 여지없이, 이 예제에서 2종 오류의 결과는 1종 오류의 결과보다 더 심각하다.

예제 9.6

법원과 관련된 다음의 경쟁가설을 고려해보자.

H_0: 한 피고인은 무죄이다.

H_A: 한 피고인은 유죄이다.

그 피고인이 배심원단에 의해 판단된다고 가정해보자. 1종 오류와 2종 오류의 결과를 논의하라.

해답:

1종 오류는 피고인이 무죄일 때 유죄라고 평결(H_0을 기각)하는 것이다. 2종 오류는 피고인이 유죄일 때 무죄라고 평결함(H_0을 기각하지 않음)을 말한다. 이 예제에서, 두 가지 오류 중 어느 쪽이 사회에 더 큰 비용이 드는지는 명확하지 않다.

예제 9.6에서 언급한 바와 같이, 두 오류 중 어느 오류가 더 심각한 결과를 초래하는지 결정하는 것은 항상 쉬운 일이 아니다. 주어진 증거에 대하여 발생되는 두 오류 사이에는 교환관계(trade-off)가 존재한다: 1종 오류의 가능성을 감소시키면 2종 오류의 가능성이 증가되고, 그 반대의 경우도 마찬가지이다. 두 오류를 모두 감소시킬 수 있는 유일한 방법은 더 많은 증거를 수집하는 것이다. 1종 오류의 확률을 α로, 2종 오류의 확률을 β로, 증거의 강도를 표본크기 n으로 나타내도록 하자. 그러면 α와 β 모두를 감소시킬 수 있는 유일한 방법은 n을 증가시키는 것이다. 그러나 n이 주어진 경우, β의 증가를 대가로 α를 감소시킬 수 있고, α의 증가를 대가로 β를 감소시킬 수 있다.

α와 β의 최적의 선택은 두 유형의 오류에 대한 상대적 비용에 달려 있으며, 이들 비용을 결정하는 것은 항상 쉽지 않다. 일반적으로 1종 오류와 2종 오류의 최적 수준에 관한 의사결정은 기업의 경영진에 의해 이루어진다. 통계학자의 임무는 선택된 값 α에 대한 가설검정을 수행하는 것이다.

연습문제 9.1

1. 다음 가설들이 왜 옳게 작성되지 않았는지 설명하라.

- **a.** H_0: $\mu \le 10$; H_A: $\mu \ge 10$
- **b.** H_0: $\mu \ne 500$; H_A: $\mu = 500$
- **c.** H_0: $p \le 0.40$; H_A: $p > 0.42$
- **d.** H_0: $\bar{X} \le 128$; H_A: $\bar{X} > 128$

2. 다음 중 타당한 귀무가설과 대립가설은 무엇인가? 만약 타당하지 않은 가설이라면, 그 이유를 설명하라.

- **a.** H_0: $\bar{X} \le 210$; H_A: $\bar{X} > 210$
- **b.** H_0: $\mu = 120$; H_A: $\mu \ne 120$
- **c.** H_0: $p \le 0.24$; H_A: $p > 0.24$

d. H_0: $\mu < 252$; H_A: $\mu > 252$

3. 다음 진술이 올바르지 않은 이유를 설명하라.
   a. "나의 방법론적 접근법으로, 나는 2종 오류를 변경하지 않고 주어진 표본정보로 1종 오류를 줄일 수 있다."
   b. "1종 오류를 어느 정도 허용할지는 이미 결정했다. 더 큰 표본이 1종 또는 2종 오류를 변경하지 않을 것이다."
   c. "귀무가설을 기각하는 것을 어렵게 함으로써 2종 오류를 줄일 수 있다."
   d. "귀무가설을 기각하는 것을 쉽게 함으로써, 1종 오류를 줄이고 있다."
4. 다음 중 옳은 설명은 어느 것인가? 잘못된 경우 설명하라.
   a. "표본증거가 귀무가설과 모순되지 않기 때문에 귀무가설을 수용한다."
   b. "표본증거가 귀무가설에 의해 지지될 수 없기 때문에, 귀무가설을 기각한다."
   c. "표본증거가 귀무가설과 일관된다면 주어진 주장을 입증할 수 있다."
   d. "귀무가설이 기각되지 않으면 주어진 주장을 입증할 수 없다."
5. 다음 검정에 대한 귀무가설과 대립가설을 설정하라.
   a. 시리얼 상자에 들어 있는 시리얼의 평균 무게가 18온스와 다른지 검정하라.
   b. 거래일의 60%보다 많은 일자에서 주가가 상승하는지 검정하라.
   c. 미국인들이 평균 수면시간이 7시간 미만인지 검정하라.
6. 이전 문제에서 고려된 각 검정에 대해 1종 오류 및 2종 오류의 결과를 정의하라.
7. 다음 주장에 대한 귀무가설과 대립가설을 설정하라.
   a. "나는 이번 선거에서 과반수 득표를 얻어 승리할 것이다."
   b. "당신의 10인치 피자는 평균적으로 크기가 10인치 미만일 것으로 의심된다."
   c. "회사의 알약에 광고한 대로 평균 250 mg의 이부프로펜이 포함되어 있지 않기 때문에 회사에 벌금을 부과해야 할 것이다."
8. 이전 질문에서 고려된 각 주장에 대해 1종 오류 및 2종 오류의 결과를 논의하라.
9. 거짓말 탐지기는 개인이 진실을 말하고 있는지를 알아내기 위해 사용되는 도구이다. 이러한 테스트는 95% 신뢰할 수 있는 것으로 간주된다. 달리 말해, 개인이 거짓말을 하면 테스트가 거짓말을 탐지할 확률이 0.95이다. 개인이 실제로 진실을 말하고 있을 때에도 테스트가 거짓말을 한다고 잘못 탐지할 확률도 0.005라고 하자. 다음 질문에 답하기 위해 "개인이 진실을 말하고 있다"라는 귀무가설을 고려하라.
   a. 1종 오류의 확률은 얼마인가?
   b. 2종 오류의 확률은 얼마인가?
   c. 1종 오류 및 2종 오류의 결과는 무엇인가?
   d. "나는 거짓말 탐지기 결과에 기초하여 개인이 진실을 말하고 있는지 증명할 수 있다"라는 문장에서 잘못된 것은 무엇인가?
10. 한 대형 제조기업의 매니저가 조립비용 절감을 약속하는 값비싼 새 소프트웨어로 교체할 것을 고려하고 있다. 소프트웨어를 구매하기 전에 매니저는 새 소프트웨어가 조립비용을 절감하는지 밝히기 위한 가설검정을 수행하려고 한다.
    a. 제조업체 매니저가 1종 오류 또는 2종 오류에 대해 어느 오류를 더 우려하는가? 설명하라.
    b. 소프트웨어 회사는 1종 오류 또는 2종 오류에 대해 어느 오류를 더 우려하는가? 설명하라.
11. 희귀질환을 발견하기 위한 검사과정이 완벽하지 않다. 연구원들이 상당히 신뢰할 수 있는 혈액검사를 개발했다. 그것은 질병을 가진 사람들의 98%에서 양성 반응을 보인다. 그러나 질병을 가지고 있지 않은 사람들의 3%에서도 거짓양성 반응을 보인다. 다음의 질문에 답하기 위해 "개인은 질병을 가지고 있지 않다"라는 귀무가설을 고려해보자.
    a. 1종 오류의 확률은 얼마인가?
    b. 2종 오류의 확률은 얼마인가?
    c. 1종 오류 및 2종 오류의 결과는 무엇인가?
    d. "혈액검사 결과가 그 개인이 질병을 가지고 있지 않다는 것을 입증했다"라는 간호사의 분석에서 잘못된 것은 무엇인가?
12. 한 소비자 단체는 한 음식점이 메뉴에 보고된 것보다 더 높은 지방 함량을 사용한다고 비난했다. 단체는 자신들의 주장을 입증하기 위해 가설검정을 수행하라는 요청을 받았다.
    a. 식당의 매니저는 1종 오류 또는 2종 오류에 대해 어느 오류를 더 우려하는가? 설명하라.
    b. 소비자 단체는 1종 오류 또는 2종 오류에 대해 어느 오류를 더 우려하는가? 설명하라.

9.2 σ가 알려진 경우 모평균에 대한 가설검정

가설검정을 위한 기본적인 방법론을 소개하기 위해, 우선 모표준편차 σ를 알고 있다는 가정 하에 모평균 μ에 관한 가설검정을 수행한다. σ가 거의 알려져 있지 않은 것이 사실이지만, σ가 상당히 안정적이라고 여겨지기 때문에 이전의 경험으로부터 알아낼 수 있는 경우가 있다. 이러한 사례에서 σ는 알려진 경우로 처리된다. 다행히도 이 가정은 교재의 나머지 부분에서 사용하는 절차인 가설검정을 수행하는 전반적인 과정과는 관련이 없다.

모평균 μ에 관한 가설검정은 표본평균 $\bar{X}$의 표집분포에 기초한다. 특히, $E(\bar{X}) = \mu$와 $se(\bar{X}) = \sigma/\sqrt{n}$이라는 사실이 사용된다. 또한 검정을 수행하기 위해서는 $\bar{X}$가 정규분포를 따르는 것이 필수적이다. 기본 모집단이 정규분포를 따를 때 $\bar{X}$가 정규분포를 따른다는 것을 기억하자. 만약 기본 모집단이 정규분포를 따르지 않는다면, 중심극한정리에 의해 표본크기가 충분히 크면($n \geq 30$) $\bar{X}$는 근사적으로 정규분포를 따른다.

가설검정의 기본원칙은 먼저 귀무가설이 참이라고 가정하고, 그 다음 표본증거가 이 가정에 모순되는지를 밝히는 것이다. 이 원칙은 귀무가설이 "개인은 무죄이다"로 정의되고 결정규칙은 "유죄가 입증될 때까지 무죄이다"에 의해 가장 잘 설명되는 법정의 시나리오와 유사하다.

가설검정을 수행하는 두 가지 방법, 즉 p-값(p-value) 방법과 임계값(critical value) 방법이 있다. 임계값 방법은 컴퓨터를 사용할 수 없고, 모든 계산을 수작업으로 수행해야 할 때 매력적이다. 이 방법에 대해서는 이 장의 부록에서 설명한다. 그러나 거의 모든 통계 소프트웨어 패키지가 p-값을 보고하기 때문에 대부분의 연구자와 실무자는 p-값 방법을 선호한다. 이 교재에서도 p-값 방법에 초점을 맞춘다. 모평균, 모비율 또는 기타 관심 있는 모수에 대한 단측검정 및 양측검정을 위해 타당한 4단계 절차를 수행한다.

p-값 방법

한 사회학자가 평균 은퇴연령이 67세보다 높다($\mu > 67$)는 것을 확인하려고 한다. 은퇴연령은 알려진 모표준편차가 9세($\sigma = 9$)인 정규분포를 따른다고 가정된다. 경쟁가설을 다음과 같이 설정하여 사회학자의 믿음을 확인할 수 있다.

$$H_0: \mu \leq 67$$
$$H_A: \mu > 67$$

은퇴자의 25명 임의표본에서 평균 은퇴연령이 71세(즉, $\bar{x} = 71$)로 산출되었다고 하자. 표본평균이 가설로 설정된 값인 $\mu_0 = 67$보다 크기 때문에 이 표본증거는 귀무가설의 타당성에 의문을 제기한다. 그러나 $\bar{x}$와 μ_0 사이의 차이가 반드시 귀무가설이 거짓임을 의미하지는 않는다. 아마도 그 차이는 전적으로 우연에 의한 것일 수 있다. 이 차이는 적절한 검정통계량(test statistic)의 측면에서 평가하는 것이 일반적이다.

σ가 알려진 경우 μ에 대한 검정통계량

모표준편차 σ를 알고 있을 때 모평균 μ에 대한 가설검정을 위해 사용되는 검정통계량의 값은 다음과 같이 계산된다.

$$z = \frac{\bar{x} - \mu_0}{\sigma / \sqrt{n}}$$

여기서 μ_0은 가설로 설정된 모평균의 값이다. 이 공식은 $\bar{X}$가 (근사적으로) 정규분포를 따르는 경우에만 타당하다.

검정통계량의 값 z는 $\mu = \mu_0$에서 평가되며, 이는 귀무가설에 어떠한 형태든 등호 부호가 필요한 이유를 설명함에 주목하자. 모집단이 알려진 표준편차 $\sigma = 9$로 정규분포를 따른다고 하면, 검정통계량의 값은 $z = \frac{\bar{x} - \mu_0}{\sigma / \sqrt{n}} = \frac{71 - 67}{9 / \sqrt{25}} = 2.2222$로 계산된다. 따라서 $\bar{x} = 71$과 67을 비교하는 것은 $z = 2.2222$와 0을 비교하는 것과 같으며, 여기서 67과 0은 각각 $\bar{X}$와 Z의 평균이다.

이제 귀무가설이 등식으로 참이다($\mu_0 = 67$)라는 가정하에 표본평균이 적어도 주어진 표본으로부터 산출된 값보다 극단적인 값을 가질 확률을 나타내는 ***p*-값(*p*-value)**을 구한다. 이 예제에서 $\bar{x} = 71$이므로, 극단값을 표본평균인 71보다 큰 값으로 정의하고 p-값을 $P(\bar{X} \geq 71) = P(Z \geq 2.2222) = 0.0131$과 같이 구한다. Excel에서 p-값을 찾으려면 `=1-NORM.DIST(2.2222,0,1,TRUE)`를 입력하고, R에서는 `pnorm(2.2222,0,1,lower.tail=FALSE)`를 입력한다. Excel과 R 함수는 앞의 장에서 자세히 설명했다. 그림 9.1은 계산된 p-값을 보여준다.

그림 9.1 $z = 2.2222$인 오른쪽꼬리 검정의 p-값

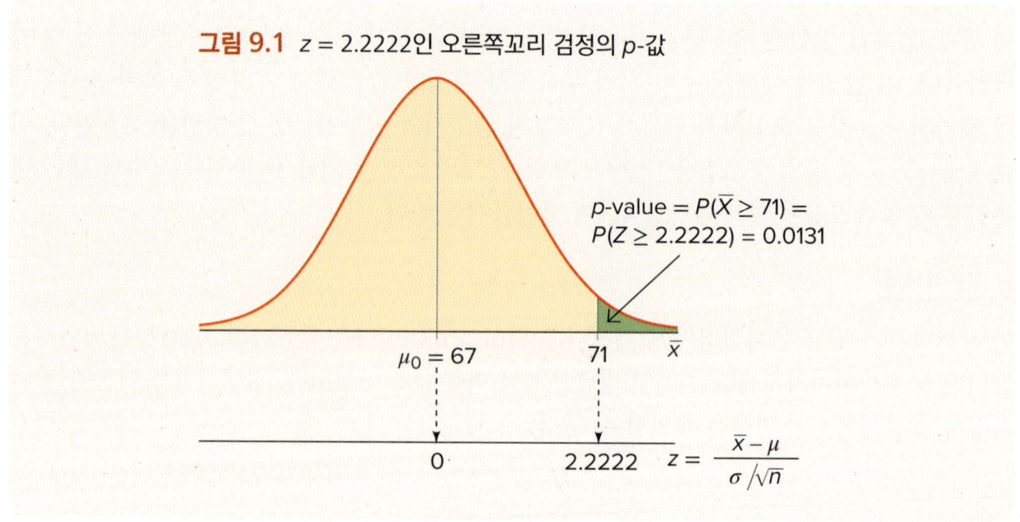

귀무가설이 참일 때, 표본평균이 71보다 클 가능성은 단지 1.31%임에 주목하자. 이것은 매우 작은 가능성처럼 보이지만, 대립가설을 선호하여 귀무가설을 기각할 수 있을 만큼 충분히 작은가? "충분히 작다"가 어떻게 정의되는지 살펴보자.

1종 오류는 귀무가설이 참인데도 기각할 때 발생된다는 것을 기억하자. *허용되는(allowed)* 1종 오류를 범하는 확률을 α로 정의하고, 100α%를 **유의수준(significance level)**이라고 부른다. 일반적으로 가설검정을 실행하기 *전에(before)* α의 값을 선택한다. 즉, 게임을 하기 전에 게임의 규칙을 정한다. 중요한 의사결정이 종종 가설검정의 결과에 기초하여 이루어지기 때문에, 즉 결과적으로 α에 의존하기 때문에 α의 값을 선택하는 데 주의를 기울여야 한다. 대부분의 가설검정은 1%, 5%, 10%의 유의수준, 즉 $\alpha = 0.01, 0.05, 0.10$을 각각 사용하여 수행된다. 예를 들어, $\alpha = 0.05$는 참인 귀무가설을 기각할 5%의 가능성을 허용함을 의미한다.

p-값은 1종 오류를 범하는 *관측된*(*observed*) 확률이라고 한다. 은퇴 예제에서 p-값이 0.0131이라면, 만약 귀무가설을 기각하기로 결정한다면 의사결정이 잘못될 1.31%의 가능성이 있다. 그러면 귀무가설을 기각할지 안 할지를 어떻게 결정하는가? 동등하게 이 p-값이 '충분히 작은' 크기는 얼마인가? 관측된 1종 오류 확률(p-값)이 1종 오류의 허용되는 확률(α)보다 작을 때 귀무가설을 기각하기로 결정한다. 또는 더 공식적으로 가설검정에서의 의사결정 규칙은 다음과 같다.

- p-값 $< \alpha$이면, 귀무가설을 기각한다.
- p-값 $\geq \alpha$이면, 귀무가설을 기각하지 않는다.

은퇴연령 예제에서 가설검정을 수행하기 위해 $\alpha = 0.05$를 선택했다고 하자. 이 유의수준에서 $0.0131 < 0.05$이기 때문에 귀무가설을 기각한다. 이는 표본데이터가 평균 은퇴연령이 67세보다 높다는 사회학자의 주장을 지지하는 것을 의미한다. 부족한 저축 때문에 그리고/또는 현재 세대는 이전 세대보다 더 오래 살 것으로 기대되고, 청구서에 부과된 대금을 지불하기 위해 일자리가 필요하기 때문에 개인들은 67세의 정상적인 은퇴연령을 넘겨 일하고 있을 수 있다. 만약 α가 0.01로 설정되었다면 결과가 달라졌을 것이라는 점에 주목해야 한다. 이러한 더 작은 유의수준에서 표본증거는 귀무가설을 기각할 수 없게 한다$(0.0131 > 0.01)$. 유의수준 1%에서는 평균 은퇴연령이 67세보다 높다고 결론 내릴 수 없다.

오른쪽꼬리 검정의 은퇴연령 예제에서는 p-값을 $P(Z \geq z)$로 계산했다. 마찬가지로 왼쪽꼬리 검정의 경우 p-값은 $P(Z \leq z)$에 의해 주어진다. 양측검정의 경우 검정통계량의 분포 양쪽에 극단값이 있다. z 분포의 대칭성에 따라 양측검정의 p-값은 단측검정에 대한 p-값의 2배이다. 즉, 양측검정의 p-값은 $z > 0$이면 $2P(Z \geq z)$이고, $z < 0$이면 $2P(Z \leq z)$와 같이 계산된다.

p-값 방법

$\mu = \mu_0$라는 가정하에서 p-값은 표본평균이 적어도 주어진 표본으로부터 산출된 값보다 극단적인 값을 가질 확률이다. p-값은 또한 1종 오류의 관측된 확률이라고도 한다. p-값의 계산은 대립가설의 형태에 따라 다르다.

대립가설	p-값
H_A: $\mu > \mu_0$	오른쪽꼬리 확률: $P(Z \geq z)$
H_A: $\mu < \mu_0$	왼쪽꼬리 확률: $P(Z \leq z)$
H_A: $\mu \neq \mu_0$	양측 확률: $2P(Z \geq z)$ if $z > 0$ 또는 $2P(Z \leq z)$ if $z < 0$

의사결정 규칙은 다음과 같다.

- p-값 $< \alpha$이면 H_0을 기각한다.
- p-값 $\geq \alpha$이면 H_0을 기각하지 않는다.

여기서 α는 1종 오류의 허용되는 확률이다. 가설검정의 유의수준은 100α%로 정의된다.

그림 9.2는 경쟁가설의 설정에 따라 p-값을 결정하는 3가지 다른 경우를 보여준다.

그림 9.2 단측검정과 양측검정에 대한 p-값

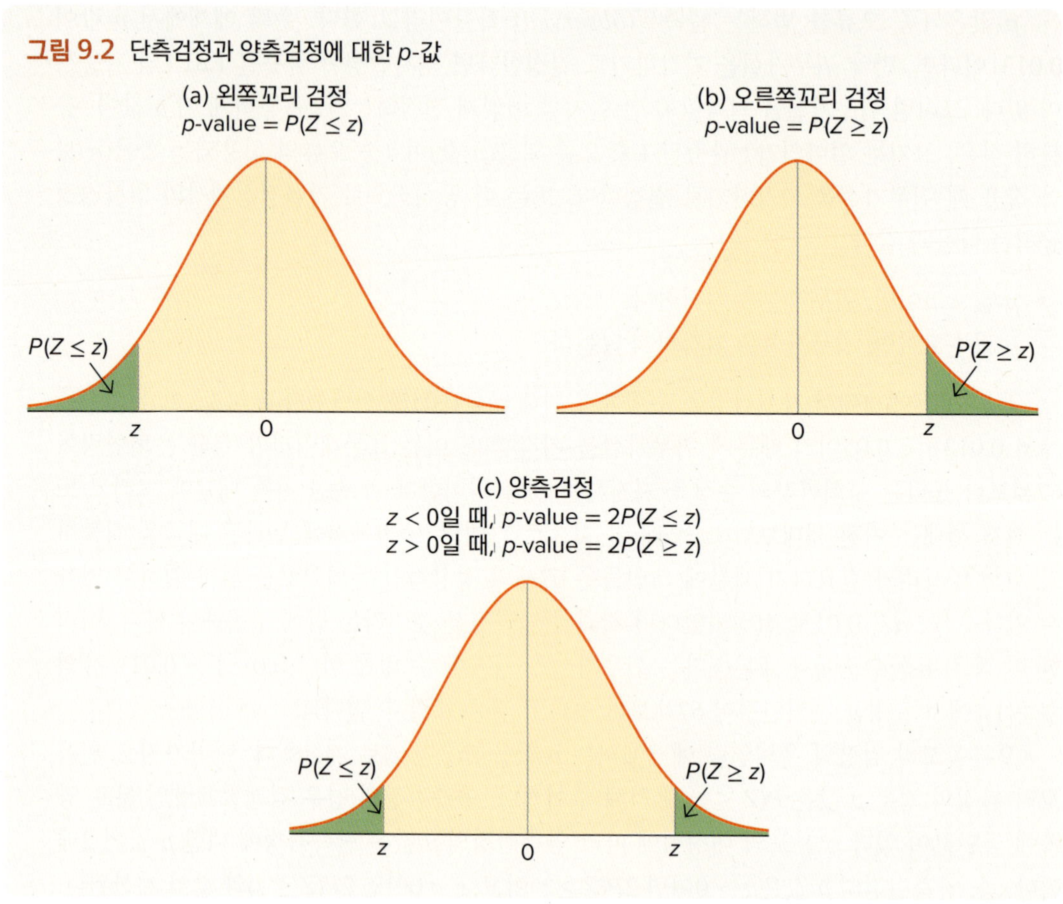

그림 9.2a는 왼쪽꼬리 검정(left-tailed hypothesis test)에 대한 p-값을 보여준다. 적절한 검정통계량이 표준정규분포를 따르므로 p-값을 $P(Z \leq z)$로 계산한다. 오른쪽꼬리 검정에 대한 p-값을 계산할 때(그림 9.2b 참조), 검정통계량 z 값의 오른쪽 면적, 또는 동등하게 $P(Z \geq z)$을 찾는다. 그림 9.2c는 양측검정의 p-값을 나타내며, p-값은 $z < 0$일 때 $2P(Z \leq z)$ 또는 $z > 0$일 때 $2P(Z \geq z)$로 계산된다. 오른쪽꼬리 검정의 경우 $\bar{x} \leq \mu$ 0, 즉 $z \leq 0$이면 H_0을 기각할 수 없다는 것을 아는 것이 중요하다. 예를 들어, H_0: $\mu \leq 67$ vs H_A: $\mu > 67$로 설정된 가설에 대한 오른쪽꼬리 검정을 고려해보자. 여기서 $\bar{x} = 67$이면, 표본평균과 가설로 설정된 모평균의 값 간에 차이가 없으므로 공식적인 검정을 수행할 필요가 없다. 마찬가지로 왼쪽꼬리 검정의 경우 $\bar{x} \geq \mu$ 0, 즉 $z \geq 0$이면 H_0을 기각할 수 없다. 이제 p-값 방법을 사용하는 4단계 과정을 요약할 것이다.

p-값 방법을 사용한 4단계 절차

단계 1: 귀무가설과 대립가설을 설정한다. 관심 있는 관련 모수를 식별하고, 단측검정인지 또는 양측검정인지 결정한다. 가장 중요한 것은 귀무가설에 어떤 형태든 등호 부호를 포함시키고, 밝히고자 하는 것을 대립가설로 설정한다.

단계 2: 유의수준을 지정한다. 가설검정을 수행하기 전에 먼저 1종 오류를 범하는 *허용되는* 확률인 α를 지정한다.

단계 3: 검정통계량의 값과 p-값을 계산한다. 모표준편차 σ를 알고 있을 때 검정통계량

의 값은 $z = \frac{\bar{x}-\mu_0}{\sigma/\sqrt{n}}$이며, 여기서 μ_0은 가설로 설정된 모평균의 값이다. 오른쪽꼬리 검정의 경우 p-값은 $P(Z \geq z)$이고, 왼쪽꼬리 검정의 경우, p-값은 $P(Z \leq z)$이다. 양측검정의 경우, p-값은 $z > 0$이면 $2P(Z \geq z)$이고, $z < 0$이면 $2P(Z \leq z)$이다.

단계 4: 가설검정의 결론을 진술하고 그 결과를 해석한다. 의사결정 규칙은 p-값 $< \alpha$일 때 귀무가설을 기각하고, p-값 $\geq \alpha$일 때 귀무가설을 기각하지 않는 것이다. 응용의 맥락에서 결과를 명확하게 해석한다.

예제 9.7

한 연구분석가가 올해 신학기 지출이 가구당 평균 606.40달러가 될 것이라는 한 무역단체의 예측에 이의를 제기했다. 그녀는 평균 신학기 지출이 이 금액과 다를 것이라고 믿는다. 그녀는 취학 연령의 아이들이 있는 30가구를 임의표본으로 하여 검정을 수행하기로 결정했다. 그녀는 표본평균을 622.85달러로 계산한다. 그녀는 또한 신학기 지출이 모표준편차 65달러인 정규분포를 따른다고 믿는다. 그녀는 5% 유의수준에서 검정을 수행하려고 한다.

a. 연구분석가의 주장을 검정하기 위한 경쟁가설을 설정하라.

b. 1종 오류의 허용되는 확률은 얼마인가?

c. 검정통계량의 값과 p-값을 계산하라.

d. 5%의 유의수준에서 평균 신학기 지출이 606.40달러와 다른가?

해답:

a. 평균이 예측된 값 606.40달러와 다른지 밝히기 원하기 때문에, 다음과 같이 가설을 설정한다.

$$H_0: \mu = 606.40$$
$$H_A: \mu \neq 606.40$$

b. 1종 오류의 허용되는 확률은 검정의 유의수준과 같으며, 이 예제에서는 $\alpha = 0.05$로 주어진다.

c. $\bar{X}$가 정규모집단에서 추출한 임의표본에서 계산되므로 $\bar{X}$는 정규분포를 따른다는 사실에 주목하자. σ를 알고 있기 때문에 검정통계량은 표준정규분포를 따르며, 그 값은 다음과 같다.

$$z = \frac{\bar{x} - \mu_0}{\sigma/\sqrt{n}} = \frac{622.85 - 606.40}{65/\sqrt{30}} = 1.3862$$

검정통계량이 양의 값을 가진 양측검정에 대해, p-값은 $2P(Z \geq 1.3862) = 0.1657$이다. Excel에서 p-값을 찾으려면 `=2*(1-NORM.DIST(1.3862,0,1,TRUE))`를 입력하고, R에서는 `2*pnorm(1.3862,0,1,lower.tail=FALSE)`를 입력한다.

d. 결정규칙은 p-값이 α보다 작으면 귀무가설을 기각하는 것이다. $0.1657 > 0.05$이므로 H_0을 기각하지 않는다. 따라서 5% 유의수준에서 올해 평균 신학기 지출이 가구당 606.40달러와 다르다고 결론 내릴 수 없다. 표본데이터는 연구분석가의 주장을 지지하지 않는다.

신뢰구간 및 양측검정

모수에 대한 신뢰구간이 양측검정을 수행하는 대체방법으로 때로 사용된다. 비공식적으로, 8장에서 신뢰구간을 논의할 때 이 절차를 사용했다. 유의수준 α에서 가설검정을 수행한다면, 표본데이터를 이용하여 대응하는 모집단 μ의 $100(1-\alpha)\%$ 신뢰구간을 알아낼 수 있다. 신뢰구간이 모평균의 가설로 설정된 값 μ_0을 포함하지 않으면, 귀무가설을 기각한다. 신뢰구간이 모평균의 가설로 설정된 값 μ_0을 포함하면, 귀무가설을 기각하지 않는다

신뢰구간을 이용한 양측검정 수행

모표준편차 σ가 알려진 경우 모평균 μ에 대한 $100(1-\alpha)\%$ 신뢰구간은 일반적으로 다음과 같이 계산된다.

$$\bar{x} \pm z_{\alpha/2}\frac{\sigma}{\sqrt{n}} \quad \text{또는} \quad \left[\bar{x} - z_{\alpha/2}\frac{\sigma}{\sqrt{n}}, \bar{x} + z_{\alpha/2}\frac{\sigma}{\sqrt{n}}\right]$$

모평균의 가설로 설정된 값 μ_0이 주어지면, 의사결정 규칙은 다음과 같다.

- μ_0이 신뢰구간 내에 있지 않으면 H_0을 기각한다.
- μ_0이 신뢰구간 내에 있으면 H_0을 기각하지 않는다.

예제 9.8

예제 9.7에서 제시된 가설검정을 수행하기 위해 신뢰구간 방법을 사용하라.

해답:

H_0: $\mu = 606.40$ vs H_A: $\mu \neq 606.4$을 5% 유의수준에서 검정하고 있다. μ에 대한 95% 신뢰구간을 알아내기 위해 $n = 30$, $\bar{x} = 622.85$, $\sigma = 65$를 $\alpha = 0.05$와 함께 사용한다. $z_{\alpha/2} = z_{0.025} = 1.96$을 찾아 다음을 계산한다.

$$\bar{x} \pm z_{\alpha/2}\frac{\sigma}{\sqrt{n}} = 622.85 \pm 1.96\frac{65}{\sqrt{30}} = 622.85 \pm 23.26$$

결과적으로 구간 [599.59, 646.11]이 산출된다. 모평균의 가설로 설정된 값 $\mu_0 = 606.40$이 95% 신뢰구간 내에 있으므로 H_0을 기각하지 않는다. 따라서 p-값 방법과 같은 결론에 도달한다. 즉, 표본데이터는 올해 평균 신학기 지출이 가구당 606.40달러와 다르다는 연구분석가의 주장을 지지하지 않는다.

예제 9.8에서와 같이, 양측검정을 수행하기 위한 대체방법으로 신뢰구간을 사용한다. 단측검정을 수행하기 위해 신뢰구간을 조정할 수도 있지만, 이 교재에서는 이러한 조정에 대해 논의하지 않는다.

마지막 한 마디

잘 실행된 통계적 분석의 중요한 구성요소는 결과를 명확하게 전달하는 것이다. 따라서 귀무가설을 기각하거나 기각하지 않는다는 결론으로 분석을 끝내는 것만으로는 충분하지 않다. 표본정보에 기초해서 관심 있는 모수에 관한 주장이 정당한지 아닌지를 명확하게 보고하는 결과를 해석해야 한다.

연습문제 9.2

13. 다음 가설을 고려해보자.

$$H_0: \mu \leq 12.6$$
$$H_A: \mu > 12.6$$

25개 관측치의 표본은 표본평균 13.4를 산출한다. 표본이 모표준편차가 3.2인 정규모집단에서 추출되었다고 가정하자.

a. p-값을 계산하라. $\alpha = 0.10$이면 결론은 무엇인가?

b. 위의 표본평균이 100개 관측치의 표본을 기반으로 하는 경우, p-값을 계산하라. $\alpha = 0.10$이면 결론은 무엇인가?

14. 다음 가설을 고려해보자.

$$H_0: \mu = 100$$
$$H_A: \mu \neq 100$$

16개 관측치의 표본은 표본평균 95를 산출한다. 표본이 모표준편차가 10인 정규모집단에서 추출되었다고 가정한다.

a. 검정통계량의 값을 계산하라.

b. p-값을 구하라.

c. 10% 유의수준에서 결론은 무엇인가?

15. 다음 가설을 고려해보자.

$$H_0: \mu \geq 150$$
$$H_A: \mu < 150$$

80개 관측치의 표본은 표본평균 144를 산출한다. 모표준편차는 28로 알려져 있다.

a. 검정통계량의 값과 p-값을 계산하라.

b. 위의 표본증거가 $\alpha = 0.01$에서 귀무가설을 기각할 수 있게 하는가?

c. 위의 표본증거가 $\alpha = 0.05$에서 귀무가설을 기각할 수 있게 하는가?

16. 한 연구자가 모평균이 45보다 큰지 밝히길 원한다. 36개 관측치의 임의표본은 표본평균이 47을 산출한다. 모표준편차가 8이라고 가정하자.

a. 연구자의 주장을 검정하기 위한 경쟁가설을 설정하라.

b. 검정통계량의 값을 계산하라.

c. p-값을 구하라.

d. 5% 유의수준에서 결론은 무엇인가?

17. 다음 가설을 고려해보자.

$$H_0: \mu = 1{,}800$$
$$H_A: \mu \neq 1{,}800$$

모집단은 모표준편차는 440인 정규분포를 따른다. 다음 각 표본 결과에 대해 검정통계량의 값과 p-값을 계산하라. 각 표본에 대해 10% 유의수준에서 귀무가설을 기각할 수 있는지 결정하라.

a. $\bar{x} = 1{,}850$; $n = 110$

b. $\bar{x} = 1{,}850$; $n = 280$

c. $\bar{x} = 1{,}650$; $n = 32$

d. $\bar{x} = 1{,}700$; $n = 32$

18. 다음 가설검정을 고려해보자.

$$H_0: \mu \leq -5$$
$$H_A: \mu > -5$$

50개 관측치의 임의표본은 표본평균 −3을 산출한다. 모표준편차는 10이다. p-값을 계산하라. $\alpha = 0.05$이면, 검정의 결론은 무엇인가?

19. 다음 가설검정을 고려해보자.

$$H_0: \mu \leq 75$$
$$H_A: \mu > 75$$

100개 관측치의 임의표본은 표본평균 80을 산출한다. 모표준편차는 30이다. p-값을 계산하라. $\alpha = 0.10$이면, 검정의 결론은 무엇인가?

20. 다음과 같은 가설검정을 고려해보자.

$$H_0: \mu = -100$$
$$H_A: \mu \neq -100$$

36개 관측치의 임의표본은 표본평균 −125를 산출한다. 모표준편차는 42이다. $\alpha = 0.01$에서 검정을 수행하라.

21. 다음 가설을 고려해보자.

$$H_0: \mu = 120$$
$$H_A: \mu \neq 120$$

모집단은 모표준편차 46인 정규분포를 따른다.

a. $\bar{x} = 132$와 $n = 50$이면, 5% 유의수준에서 결론은 무엇인가?

b. $\bar{x} = 108$와 $n = 50$이면, 10% 유의수준에서 결론은 무엇인가?

22. 시속 65마일로 주행하는 소형차의 평균 제동거리는 120피트라고 광고되고 있다. 한 교통 연구원이 광고에 나온 진술이 거짓인지 밝히길 원한다. 그녀는 임의로 36대의 소형차를 시속 65마일로 시범주행하고 제동거리를 기록한다. 표본평균 제동거리는 114피트로 계산된다. 모표준편차가 22피트라고 가정하자.

a. 검정을 위한 귀무가설과 대립가설을 설정하라.

b. 검정통계량의 값과 p-값을 계산하라.

c. $\alpha = 0.01$을 사용하여 평균 제동거리가 120피트와 다른지 결정하라.

23. 코스트코의 고객들은 방문당 평균 130달러를 지출한다. 코스트코의 경쟁업체 한 곳에서 고객들이 방문당 더 많이 지출하는지 밝히려고 한다. 고객 25명의 영수증을 조사한 결과 표본평균은 135.25달러였다. 모표준편차가 10.50달러이고 지출이 정규분포를 따른다고 가정하자.

a. 경쟁업체의 평균 지출이 130달러보다 큰지 검정하기 위한 귀무가설과 대립가설을 설정하라.

b. 검정통계량의 값과 p-값을 계산하라.

c. 5% 유의수준에서 검정의 결론은 무엇인가?

24. 스포츠유틸리티차량(SUV) 중고차 대리점의 한 판매 매니저는 SUV를 판매하는 데 평균적으로 90일보다 더 많이 걸린다고 믿는다. 그는 자신의 주장을 검정하기 위해 최근 판매된 SUV 40대를 표본추출하여 SUV 1대를 판매하는 데 평균 95일이 걸린 것을 알아냈다. 그는 모표준편차가 20일로 상당히 안정적이라고 믿는다.

a. 검정을 위한 귀무가설과 대립가설을 설정하라.

b. p-값은 얼마인가?

c. 판매 매니저의 주장이 $\alpha = 0.01$에서 타당한가?

25. 한 연구원이 미국인들이 평일에 권장되는 7시간보다 잠을 적게 자는지 밝히려고 한다. 그는 150명 미국인의 임의표본을 추출하여 평일의 수면시간을 평균 6.7시간으로 계산한다. 모집단이 알려진 표준편차 2.1시간인 정규분포를 따른다고 가정하자. 연구원의 주장을 $\alpha = 0.01$에서 검정하라.

26. 하와이의 한 음료제조업자는 각 병을 채우는 데 한 병당 평균 16온스의 패션후르츠 주스가 사용되는지 확인하고자 한다. 보틀링(bottling) 공정의 정확성을 분석하기 위해 48병의 임의표본을 추출한다. 표본의 패션후르츠 주스의 평균 무게는 15.80온스이다. 모표준편차가 0.8온스라고 가정하자.

a. 보틀링 공정이 부정확한지 검정하기 위한 귀무가설과 대립가설을 설정하라.

b. 검정통계량의 값과 p-값은 얼마인가?

c. $\alpha = 0.05$에서 가설검정의 결론은 무엇인가? 음료제조업자에게 추천하라.

27. **FILE** ***MV_Houses.*** 이 문제에 첨부된 데이터는 캘리포니아주의 미션비에조에서 최근 매매된 36채의 주택에 대한 판매가격(단위: 1,000달러)을 보여준다. 한 부동산 중개인은 주택의 평균 가격이 50만 달러보다 높다고 믿는다. 모표준편차가 10만 달러라고 가정하자.

a. 검정을 위한 귀무가설과 대립가설을 설정하라.

b. 검정통계량의 값과 p-값은 얼마인가?

c. $\alpha = 0.05$에서 검정의 결론은 무엇인가? 부동산 중개인의 주장이 데이터에 의해 지지되는가?

28. **FILE** ***Home.*** 이 문제에 첨부된 데이터는 주택수리업체의 주별 주가(달러)를 보여준다. 주가가 모표준편차 3달러인 정규분포를 따른다고 가정하자.

a. 주별 평균 주가가 30달러와 다른지 검정하기 위한 귀무가설과 대립가설을 설정하라.

b. 검정통계량의 값과 p-값을 구하라.

c. $\alpha = 0.05$에서 주별 평균 주가가 30달러와 같지 않다고 결론 내릴 수 있는가?

29. **FILE** ***Hourly_Wage.*** 이 문제에 첨부된 데이터는 50명의 직원에 대한 시간당 임금(달러)을 보여준다. 한 경제학자가 평균 시간당 임금이 22달러 미만인지 검정하려고 한다. 모표준편차가 6달러라고 가정하자.

a. 검정을 위한 귀무가설과 대립가설을 설정하라.

b. 검정통계량의 값과 p-값을 구하라.

c. $\alpha = 0.05$에서 검정의 결론은 무엇인가? 평균 시간당 임금이 22달러 미만인가?

30. **FILE** ***Undergrad_Debt.*** 첨부된 데이터 파일에는 최근 학부생 40명의 학자금 대출이 나열되어 있다. 한 연구원은 평

균 학자금 대출이 25,000달러보다 많다고 믿는다. 모표준편차가 5,000달러라고 가정하자.

a. 연구자의 믿음을 검정하기 위한 경쟁가설을 설정하라.

b. 검정통계량의 값과 p-값을 구하라.

c. $\alpha = 0.10$에서 데이터가 연구자의 주장을 지지하는가?

9.3 σ가 알려지지 않은 경우 모평균에 대한 가설검정

지금까지 모표준편차 σ를 알고 있다는 가정하에 모평균 μ에 대한 가설검정을 고려했다. 그러나 대부분의 비즈니스 응용에서 σ는 알려져 있지 않으므로 $\bar{X}$의 표준오차와 그에 따른 t_{df} 검정통계량을 추정하기 위해 σ를 표본표준편차 s로 대체한다.

σ가 알려지지 않은 경우 μ에 대한 검정통계량

모표준편차 σ를 알 수 없을 때 모평균 μ의 가설검정에 대한 검정통계량의 값은 다음과 같이 계산된다.

$$t_{df} = \frac{\bar{x} - \mu_0}{s/\sqrt{n}}$$

여기서 μ_0은 모평균의 가설로 설정된 값이고, s는 표본표준편차, n은 표본크기, 그리고 자유도는 $df = n - 1$이다. 이 공식은 $\bar{X}$가 (근사적으로) 정규분포를 따르는 경우에만 타당하다.

다음 두 예제에서 모표준편차 σ가 알려지지 않은 경우 모평균 μ에 대한 가설검정을 위한 4단계 절차를 사용한다.

예제 9.9

FILE ***Study_Hours.*** 이 장의 도입사례에서 캘리포니아주에 있는 한 대형 대학의 부학장은 이 대학의 학생들이 1961년의 전국 평균 학습시간인 주당 24시간보다 적게 학습하는지 알기 원한다. 35명의 학생을 임의로 선택하고 그들의 주당 평균 학습시간(단위: 시간)을 묻는다. 그들의 응답(***Study_Hours*** 데이터 파일 참조)으로부터 그녀는 표본평균이 16.3714시간이고 표본표준편차는 7.2155시간이라고 계산한다.

a. 부학장의 관심을 검정하기 위한 경쟁가설을 설정하라.

b. 검정통계량의 값을 계산하라.

c. p-값을 구하라.

d. 5% 유의수준에서 가설검정의 결론은 무엇인가?

해답:

a. 이 문제는 평균 학습시간이 24시간 미만인지, 즉 $\mu < 24$시간인지를 결정하고자 하는 단측검정의 예제이다. 경쟁가설을 다음과 같이 설정한다.

$$H_0: \mu \geq 24\text{시간}$$
$$H_A: \mu < 24\text{시간}$$

b. 모평균에 관한 통계적 추론의 경우 표본평균 $\bar{X}$가 정규분포를 따르는 것이 필수적임을 기억하자. 이 조건은 표본크기가 30보다 크기 때문에, 특히 $n = 35$이므로 충족된다. 자유도는 $df = n - 1 = 34$이다. 주어진 $\bar{x} = 16.3714$와 $s = 7.2155$에서 검정통계량의 값은 다음과 같이 계산된다.

$$t_{34} = \frac{\bar{x} - \mu_0}{s/\sqrt{n}} = \frac{16.3714 - 24}{7.2155/\sqrt{35}} = -6.255$$

c. 왼쪽꼬리 검정이므로 p-값은 $P(T_{34} \leq t_{34})$로 계산한다. 표 9.3은 t 분포표의 일부를 보여준다. $df = 34$에 대한 표 9.3을 참조하면 $P(T_{34} \leq -6.255)$의 정확한 확률, 즉 $P(T_{34} \geq 6.255)$와 같은 확률을 알아낼 수 없다. 6.255가 이 행의 값보다 크므로 p-값이 0.005보다 작음을 의미한다. 다시 말해, p-값을 $P(T_{34} \leq -6.255) < 0.005$로 근사한다. 다음 예제에서는 정확한 p-값을 얻기 위해 Excel과 R을 이용하는 방법을 보여줄 것이다.

표 9.3 *t* 분포표의 일부

	오른쪽꼬리 면적					
df	**0.20**	**0.10**	**0.05**	**0.025**	**0.01**	**0.005**
1	1.376	3.078	6.341	12.706	31.821	63.657
	⋮	⋮	⋮	⋮	⋮	⋮
34	0.852	1.307	1.691	2.032	2.441	2.728

d. p-값이 $\alpha = 0.05$보다 작으므로 귀무가설을 기각한다. 5%의 유의수준에서 이 대학의 주당 평균 학습시간은 1961년의 전국 주당 평균 학습시간인 24시간보다 적다고 결론 내린다.

Excel과 R을 이용한 μ 검정: σ가 알려지지 않은 경우

Excel과 R의 함수는 검정통계량의 값과 정확한 p-값을 계산할 때 매우 유용하다. 다음 예제를 고려해보자.

예제 9.10

FILE ***Study_Hours.*** 이 장의 도입사례에서 언급한 바와 같이, 연구결과에 의하면 오늘날의 대학생은 주당 평균 14시간 학습한다. 부학장은 또한 ***Study_Hours*** 데이터 파일을 이용하여 이 대학의 학생들의 주당 평균 학습시간이 오늘날의 전국 평균인 주당 14시간과 다른지 검정하고 싶다. 5% 유의수준에서 이 검정의 결론은 무엇인가?

해답:

부학장이 이 대학에서 학생들의 주당 평균 학습시간이 14시간과 다른지 검정하기 원하기 때문에, 검정을 위한 경쟁가설은 다음과 같이 설정된다.

$$H_0: \mu = 14\text{시간}$$
$$H_A: \mu \neq 14\text{시간}$$

Excel 이용

a. ***Study_Hours*** 데이터 파일을 연다. 학습시간의 관측치들이 셀 A2부터 A36까지 입력되어 있음에 주목하자.

b. 검정통계량 $t_{df} = \frac{\bar{x}-\mu}{s/\sqrt{n}}$의 값 계산을 위해 Excel의 **AVERAGE**와 **STDEV.S** 함수를 사용한다. `=(AVERAGE(A2: A36) - 14)/(STDEV.S(A2:A36)/SQRT(35))`를 입력한다. Excel이 1.9444를 산출하므로 $t_{34} = 1.9444$이다.

c. Excel은 p-값을 생성하는 많은 함수들을 제공하지만, **T.DIST.RT** 함수를 사용한다. `=T.DIST.RT(`t_{df}`, `*df*`)`를 입력하면, Excel은 $P(T_{df} \geq t_{df})$를 산출한다. 여기서 t_{df}는 검정통계량의 값이고, df는 관련 자유도이다. $P(T_{df} \geq t_{df})$는 오른쪽꼬리 검정에 대한 p-값이다. `=1 - T.DIST.RT(`t_{df}`, `*df*`)`를 입력하면, Excel은 왼쪽꼬리 검정에 대한 p-값인 $P(T_{df} \leq t_{df})$를 산출한다. z-검정과 마찬가지로, 양측검정의 p-값은 $t_{df} > 0$이면 $2P(T_{df} \geq t_{df})$이고, $t_{df} < 0$이면 $2P(T_{df} \leq t_{df})$이다. 따라서 $t_{34} = 1.9444$인 주어진 양측검정에 대한 p-값을 찾기 위해서는 `=2*T.DIST.RT(1.9444, 34)`를 입력한다. Excel은 0.0602를 산출한다.

d. 0.0602의 p-값이 $\alpha = 0.05$보다 작지 않으므로, 귀무가설을 기각하지 않는다. 5% 유의수준에서 이 대학 학생들의 주당 평균 학습시간이 오늘날의 전국 평균인 주당 14시간과 다르다고 결론 내릴 수 없다.

R 이용

a. ***Study_Hours*** 데이터 파일을 데이터프레임(테이블)으로 가져와서 myData라는 이름으로 지정한다.

b. 검정통계량과 p-값을 구하기 위해 R의 **t.test** 함수를 사용한다. 이 함수의 옵션에서 대립가설의 설정을 나타내기 위해 *alternative*를 사용하고 (양측검정의 경우 "two.sided", 왼쪽꼬리 검정의 경우 "less", 오른쪽꼬리 검정의 경우 "greater"로 표시), 가설로 설정된 평균의 값을 나타내기 위해 *mu*를 사용한다. 이 함수의 다른 특성은 기본적으로 평균에 대한 95% 신뢰구간을 자동으로 제공한다는 것이다. 다른 수준은

conf.level 옵션을 사용하여 구할 수 있다. 다음과 같이 입력하라.

```
> t.test(myData$Hours, alternative="two.sided", mu=14)
```

그림 9.3은 R이 생성한 출력을 보여준다. 검정통계량의 값과 p-값을 굵게 표시했다. 0.0602의 p-값이 $\alpha = 0.05$보다 작지 않으므로, 귀무가설을 기각하지 않는다. 5% 유의수준에서 캘리포니아주에 있는 이 대형 대학의 학생들의 주당 평균 학습시간이 주당 14시간과 다르다고 결론 내릴 수 없다.

그림 9.3 t.test 함수를 사용한 R 출력

```
One sample t-test
data:  myData$Hours
t = 1.9444, df = 34, p-value = 0.06016
alternative hypothesis: true mean is not equal to 14
95 percent confidence interval:
 13.89281 18.85005
sample estimates:
mean of x
 16.37143
```

참고: 원시 데이터에 접근할 수 없고 요약통계량만 있는 경우, R의 ***pt*** 함수를 사용하여 p-값을 구할 수 있다. 이 예제에서 양측검정에 대한 p-값을 찾으려면 `2*pt(1.9444, 34, lower.tail=FALSE)`를 입력한다.

도입사례 분석결과

Asia Images Group/Getty Images

한 보고서는 오늘날의 대학생들은 60년 전에 비해 훨씬 적은 시간 학습한다고 주장한다(*The Wall Street Journal*, 2019년 4월 10일). 이 보고서는 1961년 대학생들은 학업을 위해 주당 평균 24시간을 사용한 반면, 오늘날의 대학생들은 주당 평균 14시간을 학습한다고 발견했다. 캘리포니아주에 있는 한 대형 대학에서 이러한 추세가 나타나는지 밝히기 위해 35명의 학생들이 임의로 선택되었고 그들에게 주당 평균 학습시간(단위: 시간)을 물었다. 이 표본으로부터 계산된 평균은 16.37시간이고 표준편차는 7.22시간이다.

두 가지 가설검정이 수행된다. 첫 번째 검정은 이 대학 학생들의 주당 평균 학습시간이 1961년의 전국 평균인 주당 24시간보다 적은지 분석한다. 5% 유의수준에서 표본데이터는 평균이 주당 24시간보다 적다고 제시한다. 두 번째 검정은 이 대학 학생들의 주당 평균 학습시간이 오늘날의 전국 평균인 주당 14시간과 다른지 분석한다. 유의수준 5%에서 결과는 주당 평균 학습시간이 14시간과 다르다고 제시하지 않는다.

따라서 표본 결과는 보고서의 전반적인 결과를 지지한다. 평균적으로 대학생들은 주당 14시간을 학습하며, 이는 1961년의 주당 평균 24시간보다 훨씬 적다. 그러나 현재의 분석으로는 왜 이러한 결과가 나타날 수 있는지를 설명하지 못한다. 예를 들어, 학생들이 더 게을러졌는지, 또는 컴퓨터의 등장으로 더 짧은 시간 안에 정보를 접근할 수 있는지 알아낼 수 없다.

연습문제 9.3

31. 다음 가설을 고려해보자.

$$H_0: \mu \leq 210$$
$$H_A: \mu > 210$$

다음 표본정보를 기반으로 이 검정의 p-값을 구하라.

a. $\bar{x} = 216; s = 26; n = 40$

b. $\bar{x} = 216; s = 26; n = 80$

c. $\bar{x} = 216; s = 16; n = 40$

d. $\bar{x} = 214; s = 16; n = 40$

32. 이전 질문의 표본정보 중 $\alpha = 0.01$과 $\alpha = 0.10$에서 귀무가설을 기각할 수 있는 것은 어느 것인가?

33. 다음 가설을 고려해보자.

$$H_0: \mu = 12$$
$$H_A: \mu \neq 12$$

다음 표본정보를 기반으로 이 검정의 p-값을 구하라.

a. $\bar{x} = 11; s = 3.2; n = 36$

b. $\bar{x} = 13; s = 3.2; n = 36$

c. $\bar{x} = 11; s = 2.8; n = 36$

d. $\bar{x} = 11; s = 2.8; n = 49$

34. 이전 질문의 표본정보 중 $\alpha = 0.01$과 $\alpha = 0.10$에서 귀무가설을 기각할 수 있는 것은 어느 것인가?

35. 다음 가설을 고려해보자.

$$H_0: \mu = 50$$
$$H_A: \mu \neq 50$$

16개 관측치의 표본은 표본평균 46을 산출한다. 표본이 표본표준편차가 10인 정규모집단에서 추출된다고 가정하자.

a. 검정통계량의 값을 계산하라.

b. 5% 유의수준에서 모평균이 50과 다른가? 설명하라.

36. 모평균이 16과 다른지 검정하기 위해 32개 관측치의 임의표본을 추출하고 표본평균과 표본표준편차를 각각 15.2와 0.6으로 계산한다. 1% 유의수준에서 검정을 수행하라.

37. 모평균에 대한 가설검정을 수행하기 위해 정규모집단에서 24개 관측치의 임의표본을 추출한다. 표본평균과 표본표준편차는 각각 4.8과 0.8로 계산된다. $\alpha = 0.05$에서 다음 검정을 수행하라.

a. $H_0: \mu \leq 4.5, H_A: \mu > 4.5$

b. $H_0: \mu = 4.5, H_A: \mu \neq 4.5$

38. 다음 가설을 고려해보자.

$$H_0: \mu \geq -10$$
$$H_A: \mu < -10$$

25개 관측치의 표본은 표본평균 −12를 산출한다. 표본이 표본표준편차가 4인 정규모집단에서 추출된다고 가정하자.

a. 검정통계량의 값을 계산하라.

b. 5% 유의수준에서 모평균이 −10보다 작은가? 설명하라.

39. 다음 가설을 고려해보자.

$$H_0: \mu = 8$$
$$H_A: \mu \neq 8$$

모집단은 정규분포를 따른다. 한 표본이 다음의 관측치를 생성한다.

6	9	8	7	7	11	10

5% 유의수준에서 검정을 수행하라.

40. 다음 가설을 고려해보자.

$$H_0: \mu \geq 100$$
$$H_A: \mu < 100$$

모집단은 정규분포를 따른다. 한 표본이 다음의 관측치를 생성한다.

95	99	85	80	98	97

1% 유의수준에서 검정을 수행하라.

41. 각 시리얼 박스에 1.20파운드의 시리얼을 포장하도록 프로그램된 기계의 정확성을 테스트하고 있다. 36개의 시리얼 상자 표본에서 평균과 표준편차는 각각 1.22파운드와 0.06파운드로 계산된다.

a. 기계가 부적절하게 작동하는지, 즉 시리얼 상자를 적게 채우거나 너무 많이 채우는지를 밝히기 위한 귀무가설과 대립가설을 설정하라.

b. 검정통계량의 값과 p-값을 계산하라.

c. 5%의 유의수준에서 기계가 부적절하게 작동한다고 결론을 내릴 수 있는가? 설명하라.

42. 소형 편의점의 매니저는 고객들이 구매하기 전 너무 오래 줄을 서는 것을 원하지 않는다. 특히 고객들의 평균 대기시간이 5분이 넘으면, 다른 금전등록기를 위한 직원을 고용할 용의가 있다. 20명 고객에 대한 대기시간(분)을 임의로 관측하고 평균과 표준편차를 각각 6.5와 2.2로 계산한다.

a. 매니저가 다른 직원을 고용할 필요가 있는지 결정하기 위한 귀무가설과 대립가설을 설정하라.

b. 검정통계량의 값과 p-값을 계산하라. 이 단계를 실행하기 위해 모집단에 관한 어떤 가정이 필요한가?

c. 매니저가 $\alpha = 0.10$에서 다른 직원을 고용할 필요가 있는지 결정하라.

43. **FILE** ***Prime.*** 아마존 프라임은 연회비 119달러로 고객들에게 2일 무료배송과 할인된 요금의 익일배송을 제공한다. 프라임 고객들은 무료 e-book과 같은 다른 특혜도 받는다. 한 분석가는 프라임 고객이 이 서비스에 연간 1,200달러를 넘게 소비한다고 믿는다. 이 문제에 첨부된 데이터는 100명 프라임 고객의 연간 지출(달러)을 보여준다

a. 분석가의 주장을 검정할 귀무가설과 대립가설을 설정하라.

b. 검정통계량의 값과 *p*-값을 계산하라.

c. 5% 유의수준에서 검정의 결론은 무엇인가? 분석가의 주장이 표본데이터에 의해 지지되는가?

44. 한 지역 양조장에서 한 병에 맥주를 채우는 데 평균 12온스의 맥주가 사용되는지 확인하길 바란다. 보틀링 공정의 정확성을 분석하기 위해 보틀러는 48병의 임의표본을 추출한다. 병의 표본평균 무게와 표본표준편차는 각각 11.80온스와 0.8온스이다.

a. 보틀링 공정의 정확성이 떨어지는지 검정하기 위한 귀무가설과 대립가설을 설정하라.

b. 가설검정을 실행하기 전에 모집단에 대해 어떤 가정을 해야 하는가?

c. 검정통계량의 값과 *p*-값을 계산하라.

d. $\alpha = 0.05$에서 검정의 결론은 무엇인가? 보틀러에게 추천하라.

45. 45명 경제전문가의 평균 전망치를 기초로 올해 미국 국내총생산(GDP)은 2.8% 증가할 것이다. 그들의 전망치의 표본표준편차가 1%라고 가정하자. 5% 유의수준에서 모든 경제학자의 평균 GDP 전망치가 3%보다 작은지 검정하라.

46. 지난해 중서부의 집값은 평균 6.6% 상승했다. 한 부동산 중개업자가 서부의 최근 주택 매매 36건에 대한 데이터를 수집하여, 평균 7.5%의 집값 상승과 2%의 표준편차를 발견했다. 그는 서부의 평균 집값 상승폭이 중서부의 상승폭보다 크다고 결론 내릴 수 있는가? 분석에 5% 유의수준을 사용하라.

47. 한 자동차 제조업체가 새로운 스포츠카를 개발하려고 한다. 엔지니어들은 자동차가 시속 0마일에서 60마일로 가는 데 걸리는 평균 시간이 6초 아래가 되기를 바라고 있다. 제조업체는 자동차 12대를 테스트하고 성능 시간을 기록했다. 이 중 3대는 5.8초, 5대는 5.9초, 3대는 6.0초, 1대는 6.1초의 기록을 냈다. 5% 유의수준에서 새로운 스포츠카가 6초 이내에 시속 0에서 60마일로 가는 목표를 충족하는지 검정하라. 분석에 대해 정규분포를 가정한다.

48. **FILE** ***APR.*** 한 모기지 분석가가 7개 금융기관으로부터 30년 고정금리 담보대출에 대한 연간퍼센티지율(APR) 데이터를 수집한다. 이 문제에 첨부된 데이터가 결과를 보여준다.

a. 모집단에 대한 평균 담보대출비율이 4.2%를 초과하는지 검정하기 위한 귀무가설과 대립가설을 설정하라.

b. (a)를 실행하기 위해 모집단에 관한 어떤 가정이 필요한가?

c. 검정통계량의 값과 *p*-값을 계산하라.

d. 10% 유의수준에서 검정의 결론은 무엇인가? 모집단에 대한 평균 담보대출비율이 4.2%를 초과하는가?

49. **FILE** ***PE_Ratio.*** 주가수익비율(P/E)은 기업이 주당 벌어들인 수익이나 이익과 비교한 기업의 주가로 계산된다. 일반적으로 높은 P/E 비율은 투자자들이 P/E 비율이 낮은 기업들에 비해 향후 더 높은 실적 성장을 기대하고 있음을 시사한다. 이 문제에 첨부된 데이터는 30개 회사의 P/E 비율을 보여준다.

a. 모든 회사의 P/E 비율이 15와 다른지 검정하기 위한 귀무가설과 대립가설을 설정하라.

b. 검정통계량의 값과 *p*-값을 계산하라.

c. $\alpha = 0.05$에서 모든 회사의 P/E 비율이 15와 다른가? 설명하라.

50. **FILE** ***MPG.*** 이 문제에 첨부된 데이터는 25대 초그린카의 연비(MPG)를 보여준다.

a. 평균 MPG가 95와 다른지 검정하기 위한 귀무가설과 대립가설을 설정하라.

b. 검정통계량의 값과 *p*-값을 계산하라.

c. $\alpha = 0.05$에서 평균 MPG가 95와 다르다고 결론 내릴 수 있는가?

51. **FILE** ***Debt_Payments.*** 이 문제에 첨부된 데이터는 26개 대도시 지역의 평균 부채상환액(Debt, 달러)을 보여준다.

a. 월평균 부채상환액이 900달러보다 큰지 검정하기 위한 귀무가설과 대립가설을 설정하라.

b. a를 실행하기 위해 모집단에 관한 어떤 가정이 필요한가?

c. 검정통계량의 값과 *p*-값을 계산하라.

d. $\alpha = 0.05$에서 월평균 부채상환액이 900달러보다 큰가? 설명하라.

52. **FILE** ***Highway_Speeds.*** 한 경찰관이 95번 주고속도로의 특정 구간에서의 속도에 대해 우려하고 있다. 이 문제에 첨부된 데이터는 토요일 오후 40대의 자동차 속도를 보여준다.

a. 95번 주고속도로 이 부분의 제한속도는 65 mph이다. 평균 속도가 제한속도보다 큰지 밝히기 위한 경쟁가설을 설정하라.

b. 검정통계량의 값과 *p*-값을 계산하라.

c. $\alpha = 0.01$에서 경찰관의 우려가 확인되는가? 설명하라.

53. **FILE** ***Lottery.*** 한 기사에 따르면 매사추세츠 주민들은 복권에 미국 평균의 3배가 넘는 평균 860.70달러를 소비했다. Boston Think Tank의 한 연구원은 매사추세츠 주민들이 이 금액보다 적은 돈을 쓴다고 믿는다. 그는 100명의 매사추세츠 주민들을 조사하고 복권에 대한 연간 지출액에 대해 묻는

다. 이 문제에 첨부된 데이터는 그들의 응답을 보여준다

a. 연구원의 주장을 검정하기 위한 경쟁가설을 설정하라.

b. 검정통계량의 값과 p-값을 계산하라.

c. 10% 유의수준에서 데이터가 연구원의 주장을 지지하는가? 설명하라.

9.4 모비율에 대한 가설검정

모평균 μ는 수치형 변수를 설명하는 반면, 모비율 p는 범주형 변수에 대한 필수적인 기술측도임을 기억하자. 모수 p는 특정 속성을 갖는 관측치의 비율을 나타낸다.

모평균의 경우와 마찬가지로, 모수에 대응하는 표본측도에 기초하여 모비율을 추정한다. 특히 모비율 p를 추정하기 위해 표본비율 $\bar{P}$를 사용한다. $\bar{P}$는 이항분포를 기반으로 하지만, 큰 표본에서는 정규분포로 근사할 수 있음을 기억하자. 이 근사는 $np \geq 5$와 $n(1-p) \geq 5$일 때 타당하다. p는 알려져 있지 않기 때문에, 일반적으로 가설로 설정된 모비율의 값 p_0에서 표본크기의 요구조건이 평가된다. 대부분의 응용에서 표본크기는 크고 정규분포근사는 정당하다. 그러나 표본크기가 충분히 크다고 여겨지지 않을 때, 모비율에 관한 추론을 위해 여기서 제시되는 통계적인 방법은 더 이상 타당하지 않다.

7장에서 표본비율 $\bar{P}$의 평균과 표준오차는 각각 $EE(\bar{P}) = p$와 $se(\bar{P}) = \sqrt{p(1-p)/n}$로 주어짐을 기억하자. p에 대한 검정통계량은 다음과 같이 정의된다.

p에 대한 검정통계량

모비율 p의 가설검정을 위한 검정통계량의 값은 다음과 같이 계산된다.

$$z = \frac{\bar{p} - p_0}{\sqrt{p_0(1-p_0)/n}}$$

여기서 p_0은 가설로 설정된 모비율의 값이다. 이 공식은 $\bar{P}$가 (근사적으로) 정규분포를 따르는 경우에만 타당하다.

다음 예제는 모비율에 대한 가설검정의 4단계 절차를 상세히 설명한다.

예제 9.11

한 인기 주간지는 미국 가구의 40% 미만이 환경 문제 때문에 생활방식을 변경했다고 주장한다. 최근 180가구 대상의 설문조사에 의하면 67가구가 환경적인 우려로 생활방식을 변경한 것으로 나타났다.

a. 잡지의 주장을 검정하기 위한 경쟁가설을 설정하라.

b. 검정통계량의 값과 p-값을 계산하라.

c. 5% 유의수준에서 검정의 결론은 무엇인가?

해답:

a. 모비율이 0.40보다 작다, 즉 $p < 0.40$을 확인하고자 한다. 따라서 경쟁가설을 다음과 같이 작성한다.

$$H_0: p \geq 0.40$$
$$H_A: p < 0.40$$

b. $n = 180$으로 $p_0 = 0.40$에서 평가할 때 $np \geq 5$ 및 $n(1-p) \geq 5$의 정규성 요구조건이 충족된다. 표본비율 $\bar{p} = 67/180 = 0.3722$를 사용하여 검정통계량의 값을 다음과 같이 계산한다.

$$z = \frac{\bar{p} - p_0}{\sqrt{P_0(1-p_0)/n}} = \frac{0.3722 - 0.40}{\sqrt{0.40(1-0.40)/180}} = -0.7613$$

모비율에 대한 왼쪽꼬리 검정이므로 p-값은 $P(Z \leq z) = P(Z \leq -0.7613) = 0.2232$이다. Excel에서 p-값을 찾으려면 `=NORM.DIST(-0.7613,0,1,TRUE)`를 입력하고, R에서는 `pnorm(-0.7613,0,1,lower.tail=TRUE)`를 입력한다. Excel과 R 함수는 앞의 장에서 자세히 설명했다.

c. p-값 0.2232가 선택한 $\alpha = 0.05$보다 크다. 따라서 귀무가설을 기각하지 않는다. 이는 미국 전체 가구의 40% 미만이 환경 우려 때문에 생활양식을 변경했다는 잡지의 주장이 5% 유의수준에서 표본데이터에 의해 타당하지 않음을 의미한다. 이러한 결론은 대체에너지에 투자한 기업들에 의해 환영받을 수 있다.

예제 9.12

증가하는 대중의 지지에 힘입어, 미국에서 마리화나의 합법화는 매우 빠른 속도로 진행되고 있다. 성인의 약 67%가 마리화나 사용이 합법화되어야 한다고 말한다(www.pewresearch.org, 2019년 11월 14일). 오하이오주의 한 보건전문가는 성인 200명으로부터 데이터를 수집하고, 그들 중 122명이 마리화나 합법화에 찬성하는 것을 발견했다.

a. 이 보건전문가는 오하이오주에서 마리화나 합법화를 지지하는 성인의 비율이 전국의 비율을 대표하지 않는다고 믿는다. 그녀의 주장을 검정하기 위한 경쟁가설을 설정하라.

b. 검정통계량의 값과 p-값을 계산하라.

c. 10% 유의수준에서 표본데이터가 이 보건전문가의 믿음을 지지하는가?

해답:

a. 관심 있는 모수는 모비율 p이다. 이 보건전문가는 오하이오주에서 마리화나 합법화를 지지하는 성인의 모비율이 전국 비율인 0.67과 다른지 검정하기 원한다. 경쟁가설을 다음과 같이 설정한다.

$$H_0: p = 0.67$$
$$H_A: p \neq 0.67$$

b. $n = 200$으로 $p_0 = 0.67$에서 평가할 때, $np \geq 5$ 및 $n(1-p) \geq 5$의 정규성 요구조건이 쉽게 충족된다. 표본비율 $\bar{p} = 122/200 = 0.61$을 사용하여 검정통계량의 값을 다음과 같이 계산한다.

$$z = \frac{\bar{p} - p_0}{\sqrt{p_0(1-p_0)/n}} = \frac{0.61 - 0.67}{\sqrt{0.67(1-0.67)/200}} = -1.8046$$

양측검정이고 $z < 0$이므로, p-값은 $2P(Z \leq z) = 2P(Z \leq -1.8046) = 0.0711$로 계산된다. Excel에서 p-값을 찾으려면 `=2*NORM.DIST(-1.8046,0,1,TRUE)`를 입력하고, R에서는 `2*pnorm(-1.8046,0,1,lower.tail=TRUE)`를 입력한다.

c. p-값 0.0711이 $\alpha = 0.10$보다 작으므로, 귀무가설을 기각한다. 따라서 10% 유의수준에서 오하이오주에서 마리화나 합법화를 지지하는 성인의 비율은 전국 비율인 0.67과 다르다.

연습문제 9.4

54. 다음 가설을 고려해보자.

$$H_0: p \geq 0.38$$
$$H_A: p < 0.38$$

다음 표본정보에 근거하여 p-값을 계산하라.

a. $x = 22; n = 74$

b. $x = 110; n = 300$

c. $\bar{p} = 0.34; n = 50$

d. $\bar{p} = 0.34; n = 400$

55. 이전 질문의 어느 표본정보가 $\alpha = 0.01$ 및 $\alpha = 0.10$에서 귀무가설을 기각할 수 있는가?

56. 다음 가설을 고려해보자.

$$H_0: p = 0.32$$
$$H_A: p \neq 0.32$$

다음 표본정보에 근거하여 p-값을 계산하라.

a. $x = 20; n = 66$

b. $x = 100; n = 264$

c. $\bar{p} = 0.40; n = 40$

d. $\bar{p} = 0.38; n = 180$

57. 이전 질문의 어느 표본정보가 $\alpha = 0.05$ 및 $\alpha = 0.10$에서 귀무가설을 기각할 수 있는가?

58. 모비율이 0.40과 다른지 검정하기 위해 100개 관측치의 임의표본을 추출하고 표본비율을 0.48로 얻는다.

a. 경쟁가설을 설정하라.

b. 정규성 조건이 충족되는가? 설명하라.

c. 검정통계량의 값과 p-값을 계산하라.

d. 5% 유의수준에서 모비율이 0.40과 다른가? 설명하라.

59. 모비율에 대한 가설검정을 수행하기 위해 320개의 관측치를 추출하여 128개의 성공이 산출되었다. $\alpha = 0.05$에서 다음 검정을 수행하라.

a. $H_0: p \geq 0.45; H_A: p < 0.45$

b. $H_0: p = 0.45; H_A: p \neq 0.45$

60. 모비율이 0.65보다 큰지 검정하기 위해 200개 관측치의 임의표본을 추출하고 표본비율 0.72를 얻는다.

a. 경쟁가설을 설정하라.

b. 정규성 조건이 충족되는가? 설명하라.

c. 검정통계량의 값과 p-값을 계산하라.

d. 5% 유의수준에서 모비율이 0.65보다 큰가? 설명하라.

61. 모집단 성공확률이 0.70과 다른지 밝히려고 한다. 80회의 이항 시행에서 62회의 성공을 발견했다. 1%의 유의수준에서 검정을 수행하라.

62. 모집단에서 50%보다 많은 관측치가 10보다 작은지 밝히려고 한다. $\alpha = 0.05$에서 다음 20개의 표본 관측치에 기초하여

검정을 수행하라.

8	12	5	9	14	11	9	3	7	8
12	6	8	9	2	6	11	4	13	10

63. 한 연구에 따르면 82%의 직원이 승진 지연으로 인해 이직할 가능성이 있다(msn.com, 2020년 1월 14일). 인사 담당자는 고용시장의 불확실성으로 인해 비율이 감소했는지 밝히려고 한다. 한 매니저가 익명의 설문조사를 수행하여 직원 200명 중 150명이 승진 지연으로 이직할 의사가 있음을 발견했다.

a. 이 매니저의 주장을 검정하기 위한 귀무가설과 대립가설을 설정하라.

b. 검정통계량의 값은 얼마인가? p-값은 얼마인가?

c. $\alpha = 0.05$에서 매니저의 주장이 데이터에 의해 지지되는가? 설명하라.

64. 한 경제학자는 미국의 20%가 넘는 가구가 실업과 응급의료와 같은 재정난을 견디기 위해 은퇴계좌를 활용했다고 우려한다. 그는 은퇴계좌가 있는 190가구를 임의로 조사한 결과 50가구가 이 계좌로부터 대출을 받고 있는 것으로 나타났다.

a. 경제학자의 우려를 검정하기 위한 귀무가설과 대립가설을 설정하라.

b. 검정통계량의 값과 p-값을 계산하라.

c. 경제학자의 우려가 $\alpha = 0.05$에서 타당한지 결정하라.

65. 마르가리타는 가장 흔한 데킬라 기반 칵테일 중 하나로, 데킬라와 트리플세크, 그리고 라임 또는 레몬 주스를 섞어서 만들며, 종종 유리잔 테두리에 소금을 뿌려서 제공된다. 마르가리타의 일반적인 비율은 2:1:1이며, 데킬라 50%, 트리플세크 25%, 라임 또는 레몬 주스 25%를 포함한다. 한 지역 바의 매니저는 바텐더가 50%가 넘는 마르가리타에서 잘못된 비율로 사용한다고 우려하고 있다. 그는 비밀리에 바텐더를 관찰하고 그가 30잔의 마르가리타 중 단지 10잔에서 정확한 비율을 사용했다는 것을 알게 된다. 매니저의 의심이 $\alpha = 0.05$에서 타당한지 검정하라.

66. 많은 금융기관들이 온라인 고객들에게 사기 위험에 더욱 취약해지도록 하는 비밀번호 및 기타 민감한 계좌정보로 위험을 감수하도록 자신도 모르게 교육하고 있다. 미시간대학의 연구원들은 그들이 조사한 214개의 금융기관 웹사이트 중 78%에서 디자인 결함을 발견했다. 표본증거는 웹사이트 4개 중 3개보다 많은 사이트가 사기 가능성이 있다는 결론을 내리기에 충분한가? 검정에 5%의 유의수준을 사용하라.

67. 고령 근로자가 가장 행복한 고용인이라는 연구결과가 나왔다. 영국 젊은 근로자의 50%에 비해 고령 근로자의 70%가 성취감을 느낀다. 한 인구학자는 아시아에서는 동일한 패턴이 존재하지 않는다고 믿는다. 아시아의 고령 근로자 120명을 대상으로 한 설문조사는 75명이 성취감을 느낀다고 발견했다. 비슷한 조사에서 210명의 젊은 근로자 중 58%가 성취감을 느낀다고 한다.

a. 5%의 유의수준에서 아시아의 고령 근로자가 영국 근로자보다 덜 성취감을 느끼는지 검정하라.

b. 5%의 유의수준에서 아시아의 젊은 근로자가 영국 근로자보다 더 성취감을 느끼는지 검정하라.

68. 한 정치인은 자신이 유권자의 절대다수의 지지를 받고 있다고 주장한다. 최근 조사에서 임의로 선택된 40명의 유권자 중 24명이 그 정치인에게 투표할 것이라고 밝혔다. 이 정치인의 주장이 5%의 유의수준에서 정당한가?

69. 한 영화제작사가 많은 관객들이 두 번째로 다시 영화를 보기 위해 영화관에 돌아오기를 바라는 마음으로 영화를 개봉한다. 그들의 목표는 3천만 관객이며, 30%보다 많은 관객이 이 영화를 다시 보고 싶어 하기를 원한다. 그들은 200명의 시험관객들에게 영화를 보여주고, 영화가 끝난 후 그들에게 극장에서 영화를 다시 볼 것인지 질문한다. 시험관객 중 68명이 영화를 다시 볼 것이라고 말했다.

a. 5%의 유의수준에서 30% 넘는 관객이 영화를 다시 보기 위해 돌아오는지 검정하라.

b. 10% 유의수준에서 분석을 반복하라.

c. 결과를 해석하라.

70. 본인부담 의료비용이 증가함에 따라 60%보다 많은 노인이 생활방식에 심각한 조정을 할 것 같다는 주장이 있다. 노인 140명을 대상으로 한 설문조사에서 90명이 생활방식에 심각한 조정을 했다고 답했다면, 이 주장을 1% 유의수준에서 검정하라.

71. **FILE** ***Silicon_Valley.*** CNBC의 2018년 노동력의 다양성 보고서에 따르면 실리콘밸리의 첨단기술 기업 직원 중 약 60%가 백인이고 약 20%가 아시아인이다. 아프리카계 미국인, 라틴계 미국인들과 함께 여성들은 매우 낮은 대표성을 갖는다. 전체 직원의 약 30%만이 여성이며, 아프리카계 미국인과 라틴계 미국인은 전체 인력의 약 15%에 불과하다. 타라 존스는 최근 대학 졸업생으로 실리콘밸리에 있는 큰 첨단기술 회사에서 일한다. 그녀는 자신의 회사가 보고서에서와 같은 다양성을 직면하고 있는지 밝히길 원한다. 그녀는 자신의 회사에 있는 50명의 직원에 대한 성별(Sex) 및 민족성(Ethnicity) 정보를 수집한다. 데이터의 일부가 다음 표에 나와 있다.

Sex	Ethnicity
Woman	White
Man	White
⋮	⋮
Man	Nonwhite

a. 5% 유의수준에서 회사의 여성 비율이 0.30과 다른지 결정하라.

b. 5% 유의수준에서 회사의 백인 비율이 0.60보다 큰지 결정하라.

9.5 데이터 분석

사례연구

Ariel Skelley/Blend Images LLC

FILE ***Latinx_Income.*** 워싱턴 D.C.에 있는 비영리 초당파 싱크탱크인 경제정책연구소(Economic Policy Institute)가 발표한 2018년 논문에 따르면, 미국에서 소득불평등이 계속 증가하고 있다. 수년 동안 부유한 사람들은 더 부유해진 반면, 노동자 계층은 정체되고 있다. 한 지역 정치인은 라틴계의 복지에 관한 그의 우려에 대해 목소리를 높이고 있다.

다양한 연설을 통해 그는 국가의 라틴계 가구의 평균 소득이 2017년의 평균인 약 5만 달러 아래로 하락했다고 말했다. 그는 또한 3만 달러보다 적게 버는 라틴계 가구의 비율이 2017년 수준인 20%보다 상승했다고 말했다. 그의 주장 모두는 국가에 사는 라틴계 36가구의 소득 데이터에 기초한 것이다. 데이터의 일부는 표 9.4에 나와 있다.

표 9.4 라틴계 가구의 소득(단위: 1,000달러)

Income
23
63
⋮
47

트레버 존스는 이 지역 정치인의 우려를 입증하는 데 관심을 가지고 있는 신문기자이다. 그는 라틴계 가구의 평균 소득이 2017년 수준인 5만 달러 아래로 하락했는지, 3만 달러보다 적게 버는 라틴계 가구의 비율이 20%보다 상승했는지 밝히기 위해 표본정보를 이용한다.

샘플보고서—미국의 소득불평등

미국에서 뜨겁게 논의되고 있는 주제 중 하나는 증가하는 소득불평등이다. 대침체(Great Recession) 이후 계속된 이러한 추세는 대공황(Great Depression) 동안과 그 이후에 부유층과 빈곤층의 소득 갭이 감소했던 것의 반전이다. 교역증가와 기술발전과 같은 시장의 힘이 고도로 숙련되고 잘 교육받은 노동자들을 더 생산적이게 만들어, 따라서 그들의 소득을 증가시켰다. 규제완화, 노조의 쇠퇴, 최저임금의 정체 등 제도적 힘이 소득불평등에 기여하였다. 논쟁의 여지없이, 소수민족, 특히 노동자 계급인 흑인들과 라틴계 사람들의 상당한 비중이 이러한 소득불평등을 느끼게 되었다.

라틴계 36가구의 표본에서 평균 가구소득은 47,278달러, 표준편차는 19,524달러였다. 표본평균은 2017년 5만 달러 이하이다. 또한 라틴계 8가구(약 22%)가 3만 달러보다 적게 번다. 이 결과를 근거로 이 정치인은 현재의 시장상황이 라틴계 사람들의 복지에 계속적으로 부정적인 영향을 미치고 있다고 결론 내린다. 그러나 이러한 주장을 입증하기 위해서는 통계적으로 유의한 증거를 제시하는 것이 필수적이다. 이를 위해 모평균과 모비율에 대한 가설검정이 수행된다. 이러한 검정의 결과는 표 9.5에 요약되어 있다.

표 9.5 가설검정에 대한 검정통계량 값 및 p-값

가설	검정통계량의 값	p-값
$H_0: \mu \geq 50$ $H_A: \mu < 50$	$t_{35} = \dfrac{47.278 - 50}{19.524/\sqrt{36}} = -0.837$	0.204
$H_0: p \leq 0.20$ $H_A: p > 0.20$	$z = \dfrac{0.222 - 0.20}{\sqrt{\dfrac{(0.20)(0.80)}{36}}} = 0.333$	0.369

p-값 0.204를 고려하면, 표 9.5에 명시된 모평균에 관한 귀무가설은 어떤 합리적인 유의수준에서도 기각될 수 없다. 마찬가지로 p-값 0.369를 고려하면, 모비율에 관한 귀무가설도 기각될 수 없다. 따라서 표본증거는 라틴계 가구의 평균소득이 5만 달러 미만으로 하락했다거나 3만 달러 미만을 버는 라틴계 가구의 비율이 20%보다 상승했다는 주장을 지지하지 못한다. 아마도 이 정치인의 발언은 엄격한 통계분석이 아니라 표본통계를 피상적으로 본 것에 기초한 것일 수 있다.

사례연구 제안

보고서 9.1 FILE ***Wellbeing.*** 갤럽-헬스웨이스 웰빙지수(Gallup-Healthways Well-Being Index)는 미국 거주자들의 건강과 웰빙에 대한 평가 척도를 제공한다. 전체 종합점수는 0부터 100까지의 척도로 계산되며, 여기서 100은 완전히 실현되는 웰빙을 나타낸다. 2017년 미국 거주자의 전반적인 웰빙은 61.5로 2016년 62.1에 비해 감소하였다. 첨부된 데이터 파일은 사우스다코타주에 사는 35명의 주민들로 구성된 임의표본에 대한 전체 웰빙점수를 보여준다. 보고서에서 (i) 사우스다코타 주민들의 웰빙점수가 전국 평균인 61.5보다 높은지 결정하고, (ii) 사우스다코타 주민의 40% 미만이 50점 아래의 점수를 보고하는지 결정하기 위한 가설검정을 수행하라. 검정에 합리적인 유의수준을 사용한다. 분석결과를 바탕으로, 선택된 유의수준에서 사우스다코타 주민의 웰빙에 대해 논평하라.

보고서 9.2 FILE ***SPAM.*** 피터 더비는 사모펀드 회사에서 사이버 보안 분석가로 일하고 있다. 그는 회사의 이메일 서버에 스팸탐지 시스템을 구축해 달라는 요청을 받았다. 그는 100개의 스팸 및 합법적인 이메일 표본을 검토했는데, 관련 두 변수는 Spam(스팸인 경우 1, 그렇지 않은 경우 0)과 Hyperlinks(메시지에 있는 하이퍼링크 수)이다. 스팸탐지 시스템을 구축하기 전에 그는 회사의 이메일을 더 잘 이해하길 원한다. 보고서에서 (i) 회사 이메일의 50%보다 높은 비율이 스팸인지 밝히고, (ii) 평균 하이퍼링크 수가 5보다 큰지 결정하기 위해 적절한 유의수준에서 가설검정을 수행하라.

보고서 9.3 FILE ***Salary_MIS.*** 학사학위 수준에서 경영정보시스템(MIS)을 심화전공한 최근 졸업생들이 계속하여 고액 연봉의 신입 일자리를 얻고 있다. 이는 대체로 폭발적으로 수요가 증가하는 분야인 데이터 애널리틱스와의 연계성 때문이다. 한 캘리포니아 대학의 캠퍼스에서 경영대학 졸업생의 초임 연봉(Salary, 1000달러), MIS 심화전공 여부(MIS, 했을 경우 1; 그렇지 않은 경우 0), 통계학 부전공 여부(Statistics, 예 1; 아니오 0)를 포함하는 데이터를 수집했다. 보고서에서 표본정보를 이용하여 MIS 심화전공과 통계학 부전공이 둘 다 아닌 경영대학 학생의 평균 급여를 (i) MIS 심화전공이지만 통계학 부전공이 아닌 학생, (ii) 통계학 부전공이지만 MIS 심화전공이 아닌 학생, (iii) MIS 심화전공이고 및 통계학 부전공인 학생과 비교하라. 그 다음 (i), (ii) 및 (iii) 범주의 평균 급여가 70,000달러보다 큰지 결정하기 위한 가설검정을 수행하라. 검정에 합리적인 유의수준을 사용한다.

핵심 개념

LO 9.1 귀무가설과 대립가설을 정의할 수 있어야 한다.

모든 가설검정에는 H_0로 표시되는 귀무가설과 H_A로 표시되는 대립가설이 포함된다. 귀무가설은 당연한 것으로 여겨지는 기본의 자연상태 또는 현상에 해당한다고 생각할 수 있는 반면, 대립가설은 기본 자연상태나 현상에 모순된다.

표본정보에 기초하여 H_0을 기각하거나 기각하지 않는다. 일반적인 지침은 밝히고자 하는 무엇이든 대립가설에 배치하는 것이다. 귀무가설을 기각하면 대립가설이 참이라는 결론을 내릴 수 있다.

가설검정은 단측검정 또는 양측검정일 수 있다. 단측검정은 모수의 가설로 설정된 값의 한쪽에서만 귀무가설의 기각을 허용한다. 양측검정에서는 모수의 가설로 설정된 값의 양쪽에서 귀무가설이 기각될 수 있다.

LO 9.2 1종 오류와 2종 오류를 구별할 수 있어야 한다.

1종 오류는 귀무가설이 참일 때 귀무가설을 기각하는 경우 발생한다. 한편, 2종 오류는 귀무가설이 거짓일 때 귀무가설을 기각하지 않는 경우 발생한다. 1종 오류의 확률을 α로, 2종 오류의 확률을 β로 표시한다. 주어진 표본크기 n에서, α의 감소(증가)는 β를 증가(감소)시킨다. 그러나 표본크기 n이 증가하면 α와 β 모두 감소한다.

LO 9.3 σ가 알려진 경우 모평균에 대한 가설검정을 수행할 수 있어야 한다.

모든 가설검정은 4단계 절차를 따른다.

단계 1: 귀무가설과 대립가설을 설정한다. 관심 있는 관련 모수를 식별하고, 단측검정인지 양측검정인지 결정하며, 귀무가설에 어떤 형태든 등호 부호를 포함시키고, 밝히고자 하는 것을 대립가설에 배치한다.

단계 2: 유의수준을 지정한다. 가설검정을 수행하기 전에 먼저 유의수준 또는 1종 오류를 범하는 허용되는 확률인 α를 지정한다.

단계 3: 검정통계량의 값과 p-값을 계산한다. 모표준편차 σ를 알고 있는 경우 모평균 μ를 검정할 때, 검정통계량의 값은 $z = \frac{\bar{x} - \mu_0}{\sigma/\sqrt{n}}$로 계산된다. p-값은 이 검정통계량이 적어도 주어진 표본으로부터 산출된 값보다 극단적인 값을 가질 확률이다. p-값은 다음과 같이 계산된다.

- 오른쪽꼬리 검정의 경우 $P(Z \geq z)$,
- 왼쪽꼬리 검정의 경우 $P(Z \leq z)$,
- 양측검정의 경우 $z > 0$이면 $2P(Z \geq z)$이고, $z < 0$이면 $2P(Z \leq z)$이다.

단계 4: 결론을 진술하고 결과를 해석한다. 의사결정 규칙은 p-값 $< \alpha$이면 귀무가설을 기각하고, p-값 $\geq \alpha$이면 귀무가설을 기각하지 않는 것이다. 항상 문제의 맥락에서 결과를 해석한다.

LO 9.4 **σ가 알려지지 않은 경우 모평균에 대한 가설검정을 수행할 수 있어야 한다.**

가설검정을 수행하기 위한 4단계 절차는 동일하게 유지된다. 변경사항은 검정통계량뿐이다. 모표준편차 σ를 알지 못하는 경우 모평균 μ를 검정할 때, 검정통계량의 값은 $t_{df} = \frac{\bar{x} - \mu_0}{s/\sqrt{n}}$로 계산되며, 여기서 s는 표본표준편차이고, n은 표본크기이며, 자유도는 $df = n - 1$이다. p-값은 다음과 같이 계산된다.

- 오른쪽꼬리 검정의 경우 $P(T_{df} \geq t_{df})$,
- 왼쪽꼬리 검정의 경우 $P(T_{df} \leq t_{df})$,
- 양측검정의 경우 $t_{df} > 0$이면 $2P(T_{df} \geq t_{df})$이고, $t_{df} < 0$이면 $2P(T_{df} \leq t_{df})$이다.

LO 9.5 **모비율에 대한 가설검정을 수행할 수 있어야 한다.**

가설검정을 수행하기 위한 4단계 절차는 동일하게 유지된다. 변경사항은 검정통계량뿐이다. 모비율 p를 검정할 때 검정통계량의 값은 $z = \frac{\bar{p} - p_0}{\sqrt{p_0(1 - p_0)/n}}$로 계산된다. p-값은 다음과 같이 계산된다.

- 오른쪽꼬리 검정의 경우 $P(Z \geq z)$,
- 왼쪽꼬리 검정의 경우 $P(Z \leq z)$,
- 양측검정의 경우 $z > 0$이면 $2P(Z \geq z)$이고, $z < 0$이면 $2P(Z \leq z)$이다.

추가 연습문제

72. 한 제약회사가 우울증에 대한 신약을 개발했다. 그러나 이 약이 사용자의 혈압 또한 높인다는 우려가 있다. 한 연구자가 이 주장을 입증하기 위해 검정을 수행하려고 한다. 제약회사의 매니저는 1종 오류 또는 2종 오류에 대해 어느 오류를 더 우려하는가? 설명하라.

73. 한 회사가 체중 10파운드보다 더 많이 줄일 수 있다고 주장하는 새로운 식단을 개발했다. 보건공무원은 이 주장을 입증하기 위해 검정을 실시하기로 결정했다.

a. 회사의 매니저는 1종 오류 또는 2종 오류에 대해 어느 오류를 더 우려하는가? 설명하라.

b. 소비자들은 1종 오류 또는 2종 오류에 대해 어느 오류를 더 우려하는가? 설명하라

74. 인기 있는 체중 감량 클리닉의 한 광고는 새로운 다이어트 프로그램 참여자들이 평균적으로 10파운드보다 더 많이 감량한다고 제시한다. 한 소비자 운동가가 그 주장의 진위를 검정하기로 결정한다. 그녀는 체중 감량 프로그램에 최근 참여한 18명의 여성들의 경과를 추적했다. 이 참가자들의 평균 체중 감량이 10.8파운드이고 표준편차는 2.4파운드로 계산되었다.

a. 광고의 주장을 검정하기 위해 경쟁가설을 설정하라.

b. 검정통계량의 값과 p-값을 계산하라.

c. 5%의 유의수준에서 소비자 활동가의 결론은 무엇인가?

75. 유망한 스타트업이 휴대폰 시장에서 경쟁하기를 원한다. 주요 제품의 배터리 수명이 약 12시간인 것으로 파악됐다. 스타트업은 새 휴대전화가 가격은 비싸지만 배터리 수명이 선두제품 수명의 2배보다 길다고 주장한다. 이 주장을 검정하기 위해 한 연구자가 새 휴대폰 45대를 표본추출한 결과, 표본 배터리 수명이 평균 24.5시간이고 표본표준편차가 1.8시간임을 발견했다.

a. 스타트업의 주장을 검정하기 위해 경쟁가설을 설정하라.

b. 검정통계량의 값과 p-값을 계산하라.

c. 스타트업의 주장을 $\alpha = 0.05$에서 검정하라.

76. 시의회는 교통량을 줄이기 위해 추가 비용을 지출할 것인지 아닌지를 결정하고 있다. 운전자의 대기시간이 20분을 초과하면 교통예산을 늘리기로 의회가 결정했다. 32개 주요 도로의 표본은 평균 대기시간이 22.08분이고 표준편차는 5.42분인 것으로 나타났다. 시가 교통예산을 늘려야 하는지 결정하기 위해 1% 유의수준에서 가설검정을 수행하라.

77. FILE ***Rental.*** 부동산 분석가가 대학가 임대시장을 조사한다. 첨부된 데이터 파일은 그녀가 수집한 40건의 임대에 대한 월세(monthly rent)와 면적(square footage) 데이터를 보여준다.

a. 분석가는 평균 월세가 1,400달러 미만이라고 믿는다. 5% 유의수준에서 그녀의 믿음이 데이터에 의해 지지되는가?

b. 분석가는 평균 면적이 1,200 평방피트가 넘는다고 믿는다. 5% 유의수준에서 그녀의 믿음이 데이터에 의해 지지되는가?

78. 여론조사에 따르면, 조사 대상자의 33%가 미국이 올바른 방향으로 가고 있다고 답했다. 이 여론조사가 1,000명의 표본에 기초했다고 가정해보자. 표본증거는 미국이 올바른 방향으로 가고 있다고 느끼는 미국인의 비율이 35%보다 낮음을 제시하는가? 분석에 5% 유의수준을 사용하라. 표본크기가 2,000이라면 어떠한가?

79. 한 소매업체가 자사의 고객서비스를 평가하려고 한다. 경영진은 소매업체가 경쟁력을 유지하려면 적어도 90%의 고객 만족도를 가져야 한다고 결정했다. 경영진은 만족도가 90%보다 낮아지면 시정 조치를 취할 것이다. 고객 1,200명 대상의 설문조사는 1,068명이 고객서비스에 만족했음을 보여준다.

a. 소매업체가 서비스를 개선할 필요가 있는지 검정하기 위한 가설을 설정하라.

b. 검정통계량의 값은 얼마인가?

c. p-값을 구하라.

d. $\alpha = 0.05$에서 결과를 해석하라.

80. 영국인의 5분의 1이 인터넷을 사용하지 않고 있다(bbc.com, 2019년 9월 9일). 한 연구원은 인터넷을 사용하지 않는 미국인의 비율이 영국의 비율보다 적다고 믿는다. 그녀는 200명의 미국인들을 조사했고, 그들 중 30명이 인터넷을 사용하지 않는다는 것을 발견했다. 연구원의 주장을 5% 유의수준에서 검정하라.

81. 한 텔레비전 방송망이 최신 텔레비전 쇼를 야간 황금시간대에 방영할지를 결정하고 있다. 이것이 가능하기 위해서는 가장 많이 보는 프로그램 중 하나를 다른 슬롯으로 옮겨야 할 것이다. 그 방송망은 시청자들에게 어떤 프로그램을 시청하고 싶은지 묻는 설문조사를 실시한다. 다수(majority)의 고객들이 새로운 쇼를 보고 싶어하지 않는 한, 이 방송망은 현재의 프로그램 라인업을 유지할 것이다. 이 방송망은 827개의 응답을 받았고, 그중 428개가 새로운 프로그램을 라인업에서 보고 싶다고 나타낸다.

a. 텔레비전 방송망이 최신 텔레비전 쇼를 야간 황금시간대에 방영해야 하는지 검정하기 위한 가설을 세워라.

b. 검정통계량의 값과 p-값을 계산하라.

c. $\alpha = 0.01$에서 텔레비전 방송망은 어떻게 해야 하는가?

82. 한 조사에 따르면 미국인의 17%가 유선전화에서 탈퇴할 수 없다고 한다. 남부 지방의 한 연구원이 200가구의 데이터를 수집하여 45가구가 여전히 유선 전화선을 가지고 있다는 것을 발견했다.

a. 이 연구원은 농촌 지방의 유선전화 보유 가구 비율이 전국 비율을 대표하지 않는다고 믿는다. 그녀의 믿음을 검정하기 위한 경쟁가설을 설정하라.

b. 검정통계량의 값과 p-값을 계산하라.

c. 5% 유의수준에서 표본데이터가 이 연구원의 믿음을 지지하는가?

83. FILE ***Stock_Return.*** 한 투자자가 지난 25년간의 데이터를 사용하여 주식의 평균 수익률이 12%보다 큰지 검정하려고 한다. 수익률이 모표준편차가 30%인 정규분포를 따른다고 가정하자.

a. 검정을 위한 귀무가설과 대립가설을 설정하라.

b. 검정통계량의 값과 p-값을 계산하라.

c. $\alpha = 0.05$에서 결론은 무엇인가? 평균 주식 수익률이 12%보다 큰가?

84. FILE ***Midwest_Drivers.*** 평균적으로 미국인은 연간 13,500마일을 운전한다(carinsurance.com, 2019년 11월 26일). 한 경제학자가 중서부 거주자 50명의 운전습관에 대한 데이터를 수집한다.

a. 그 경제학자는 중서부 사람들이 매년 운전하는 평균 마일 수는 미국의 평균과 다르다고 생각한다. 경제학자의 주장을 검정하기 위한 경쟁가설을 설정하라.

b. 검정통계량의 값과 p-값을 계산하라.

c. 10% 유의수준에서 데이터가 연구자의 주장을 지지하는가? 설명하라.

85. FILE ***Convenience_Stores.*** 한 기업가가 로드아일랜드의 40개 편의점에 대한 월매출(단위: 1,000달러)을 조사한다.

a. 평균 매출이 13만 달러와 다른지 검정하기 위한 귀무가설과 대립가설을 설정하라.

b. 검정통계량의 값과 p-값을 계산하라.

c. $\alpha = 0.05$에서 검정에 대한 결론은 무엇인가? 평균 매출이 13만 달러와 다른가?

86. FILE ***DJIA_Volume.*** 포트폴리오 분석가는 다우존스 산업평균(Dow Jones Industrial Average, DJIA)에 대한 평균 거래량이 연초 이후 감소했는지 궁금해한다. 그녀는 30일 동안의 일일 거래량에 대한 데이터를 수집한다.

a. 연초 평균 거래량은 약 4,000주(단위: 백만)였다. 그녀의 주장을 검정하기 위한 경쟁가설을 설정하라.

b. 검정통계량의 값과 p-값을 계산하라.

c. 5% 유의수준에서 연초 이후 거래량이 감소한 것으로 보이는가?

87. FILE ***Study_Hard.*** 경영학 전공자들이 모든 다른 대학생들보다 수업활동에 가장 적은 시간을 보내는 것으로 나타났다. 한 대학의 학장이 50명의 경영전공자와 50명의 비경영전공자를 대상으로 설문조사를 실시한다. 학생들은 수업활동에 일주일에 적어도 20시간을 보내는 것으로 정의되는 공부를 열심히 하는지 질문을 받는다. 응답은 공부를 열심히 하면 "예(Yes)"로 표시되고, 그렇지 않으면 "아니오(No)"로 표시된다. 일부가 다음 표에 나와 있다.

Business Majors	Nonbusiness Majors
Yes	No
No	Yes
⋮	⋮
Yes	Yes

a. 5% 유의수준에서 열심히 공부하는 경영전공자의 비율이 20%보다 작은지 결정하라.

b. 5% 유의수준에서 열심히 공부하는 비경영전공자의 비율이 20%보다 큰지 결정하라.

88. FILE ***MI_Life.*** 하와이 주민의 평균 기대수명은 81.48세이다(travelandleisure.com, 2018년 7월 16일). 한 사회학자가 최근 사망한 미시건 주민 50명의 사망시 연령에 대한 데이터를 수집한다.

a. 이 사회학자는 미시건 주민들의 평균 기대수명이 하와이 주민들의 평균 기대수명보다 낮다고 믿는다. 이 믿음을 검정하기 위한 경쟁가설을 설정하라.

b. 검정통계량의 값과 p-값을 계산하라.

c. 1%의 유의수준에서 데이터는 사회학자의 믿음을 지지하는가?

89. 조사에 따르면 미국 가정의 절반은 비상저축을 가지고 있지 않다(*The Wall Street Journal*, 2020년 4월 16일). 중서부의 한 분석가가 200가구에 대한 데이터를 수집하고 그중 84가구에 비상저축이 없다는 사실을 발견했다.

a. 이 분석가는 중서부 가구의 비상저축이 없는 비율이 국가의 비율을 대표하지 않는다고 믿는다. 분석가의 주장을 검정하기 위한 경쟁가설을 설정하라.

b. 검정통계량의 값과 p-값을 계산하라.

c. 1% 유의수준에서 표본데이터가 분석가의 주장을 지지하는가?

부록 9.1 임계값 방법

가설검정을 수행하기 위해 우리는 항상 표본증거와 선택된 유의수준 α를 사용한다. p-값 방법은 확률의 측면에서 비교한다. 9.2절에서 논의한 바와 같이, 검정통계량의 값은 p-값을 계산하는 데 사용되며, p-값은 결론에 도달하기 위해 α와 비교된다. 대부분의 통계 소프트웨어 패키지는 p-값을 보고하므로, 대부분의 연구자와 실무자는 가설검정에 p-값 방법을 선호하는 경향이 있다. 반면에 임계값 방법은 검정통계량의 값 측면에서 직접 비교한다. 이 방법은 컴퓨터를 사용할 수 없고 모든 계산을 수작업으로 수행해야 할 때 특히 유용하다. 그러나 두 방법은 항상 동일한 결론으로 이어진다.

9.2절에서는 5% 유의수준에서 미국의 평균 은퇴연령이 67세보다 높다는 사회학자의 주장을 검정하기 위해 p-값 방법을 사용했다. 은퇴자 25명의 임의표본에서 평균 은퇴연령은 71세였다. 은퇴연령이 정규분포를 따르고 모표준편차가 9년이라고 가정하기도 했다. 임계값 방법에서도 경쟁가설을 설정하고 검정통계량의 값을 계산한다. 은퇴연령 예제에서 경쟁가설은 H_0: $\mu \leq 67$ vs H_A: $\mu > 67$이고, 검정통계량의 값은 $z = \frac{\bar{x} - \mu_0}{\sigma / \sqrt{n}} = \frac{71 - 67}{9 / \sqrt{25}} = 2.2222$이다.

임계값 방법은 기각역이라고도 불리는 값의 영역을 지정하며, 검정통계량의 값이 이 영역에 속하면 귀무가설을 기각한다. 임계값은 기각역과 비기각역을 구분하는 점이다. 다시 한번 세 가지 유형의 경쟁가설을 구별할 필요가 있다. 오른쪽꼬리 검정의 경우 임계값은 z_α이며, 여기서 $P(Z \geq z_\alpha) = \alpha$이다. 기각역에는 z_α보다 큰 값이 포함된다.

α를 알면 z 분포표로부터 대응하는 z_α를 쉽게 찾을 수 있다. $\alpha = 0.05$인 은퇴연령 예제에서는 $P(Z \geq z_\alpha) = 0.05$를 평가하여 임계값을 $z_\alpha = z_{0.05} = 1.645$로 산출한다. 그림 A9.1은 임계값과 검정에 대한 대응하는 기각역을 보여준다.

그림 A9.1 $\alpha = 0.05$인 오른쪽꼬리 검정의 임계값

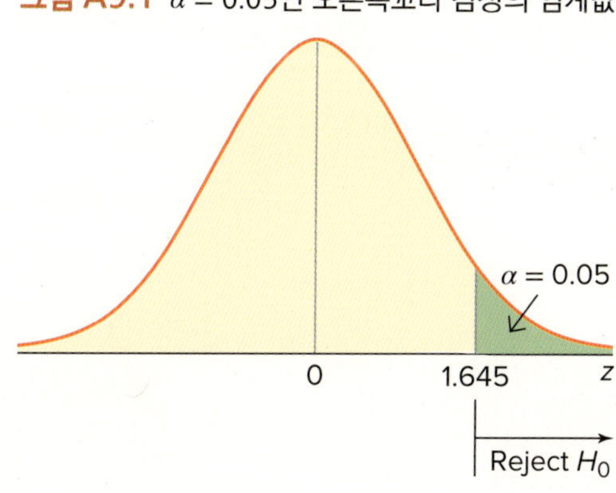

그림 A9.1과 같이, 의사결정 규칙은 $z > 1.645$이면 H_0을 기각하는 것이다. 검정통계량의 값 $z = 2.2222$가 임계값 $z_\alpha = 1.645$를 초과하므로 귀무가설을 기각하고 평균 은퇴연령이 67세보다 높다고 결론내린다. 따라서 p-값 방법으로 도달한 결론을 확인한다.

p-값 방법을 사용하든 임계값 방법을 사용하든 항상 같은 결론에 도달함을 강조한다. z가 기각역에 속하면, p-값은 α보다 작아야 한다. 마찬가지로 z가 기각역에 속하지 않으면, p-값은 α보다 커야 한다. 그림 A9.2는 오른쪽꼬리 검정인 은퇴연령 예제에서 동등한 두 결과를 보여준다.

그림 A9.2 p-값 및 임계값 방법에 따른 동등한 결론

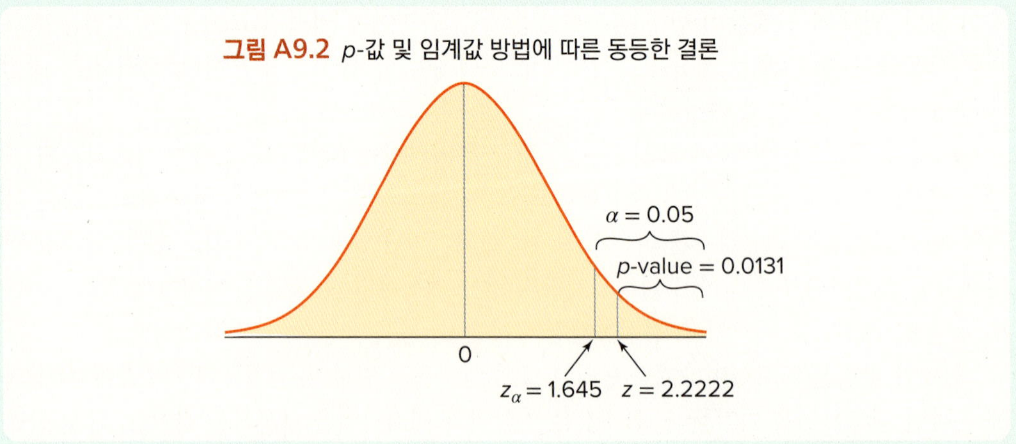

p-값 $= 0.0131$이 $\alpha = 0.05$보다 작거나 또는 동등하게 $z = 2.2222$가 $z_\alpha = 1.645$보다 크기 때문에 귀무가설을 기각한다.

은퇴연령 예제는 오른쪽꼬리 검정을 사용하여 임계값을 z_α로 계산한다. 0 기준의 z 분포 대칭성을 고려하면, 왼쪽꼬리 검정의 임계값은 단순히 $-z_\alpha$이다. 양측검정의 경우 유의수준을 절반으로 분할하여 $-z_\alpha/2$와 $z_\alpha/2$의 두 임계값을 결정한다. 여기서 $P(Z \geq z_\alpha/2) = \alpha/2$이다.

주어진 α에 대해 그림 A9.3은 경쟁가설의 설정에 따라 임계값을 결정하는 세 가지 다른 시나리오를 보여준다. 예시를 위해 검정통계량이 z 분포를 따른다고 가정한다.

그림 A9.3 단측검정과 양측검정에 대한 임계값

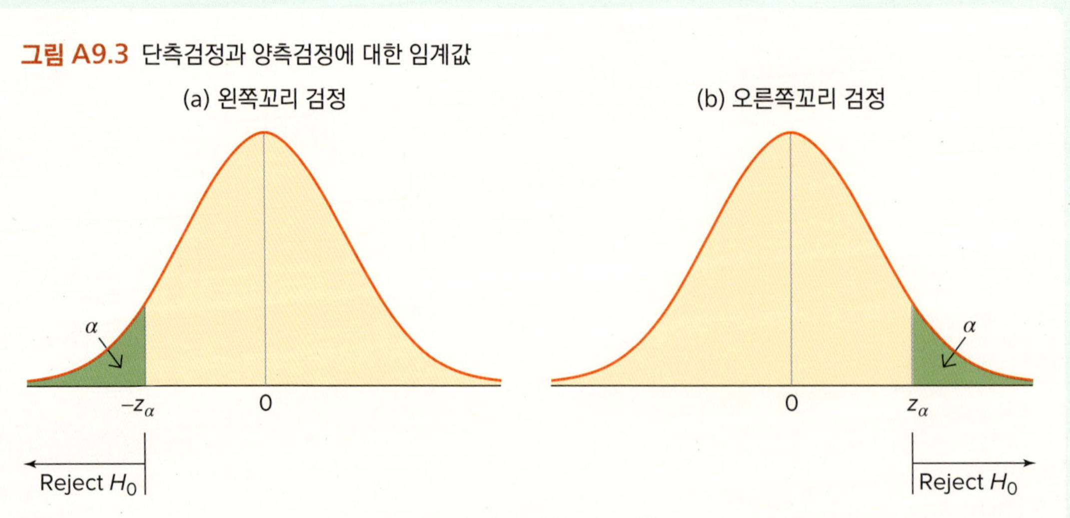

그림 A9.3 단측검정과 양측검정에 대한 임계값(*계속*)

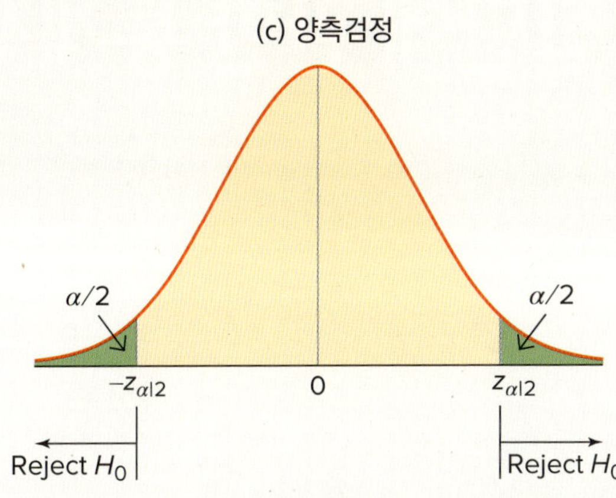

그림 A9.3a는 $z < -z_\alpha$이면 귀무가설을 기각하는 왼쪽꼬리 검정에 대한 음의 임계값을 보여준다. 마찬가지로 그림 A9.3b는 $z > z_\alpha$이면 귀무가설을 기각하는 오른쪽꼬리 검정에 대한 양의 임계값을 보여준다. 양측검정에는 두 임계값이 있으며, 여기서 $z < -z_{\alpha/2}$ 또는 $z > z_{\alpha/2}$일 때 귀무가설을 기각한다(그림 A9.3c 참조). 이제 임계값 방법을 수행하기 위한 일반적인 절차를 요약한다.

임계값 방법을 사용하는 4단계 절차

단계 1: 귀무가설과 대립가설을 설정한다. 이 단계는 p-값 방법과 동일하다.

단계 2: 유의수준을 지정하고 임계값을 찾는다. 먼저 α를 지정한다. 임계값은 기각역과 비기각역을 구분하는 점이다. 검정통계량이 z 분포를 따른다면, 주어진 α에 대해 다음과 같이 임계값을 찾는다.

- 오른쪽꼬리 검정의 경우 $P(Z \geq z_\alpha) = \alpha$인 z_α
- 왼쪽꼬리 검정의 경우 $P(Z \geq z_\alpha) = \alpha$인 $-z_\alpha$
- 양측검정의 경우 $P(Z \geq z_{\alpha/2}) = \alpha/2$인 $-z_{\alpha/2}$와 $z_{\alpha/2}$

검정통계량이 자유도 $df = n - 1$인 t_{df} 분포를 따르는 경우 Z 및 z_α는 T_{df} 및 t_{df}로 대체된다.

단계 3: 검정통계량의 값을 계산한다. 관련 모수의 추정치를 대응하는 표준화 값인 z 또는 t_{df}로 변환하여 검정통계량의 값을 계산한다.

단계 4: 결론을 진술하고 결과를 해석한다. 의사결정 규칙은 검정통계량이 기각역에 속할 경우 귀무가설을 기각하는 것이다. 문제의 맥락에서 결과를 해석한다.

10 두 모집단에 관한 통계적 추론

Statistical Inference Concerning Two Populations

학습목차_*Chapter Contents*

학습목표_*Learning Objectives*

이 장을 학습한 후에,

LO **10.1** 독립표본에 근거하여 두 모평균 간 차이에 대해 추론할 수 있어야 한다.
LO **10.2** 대응짝표본에 근거하여 평균 차이에 대해 추론할 수 있어야 한다.
LO **10.3** 독립표본에 근거하여 두 모비율 간 차이에 대해 추론할 수 있어야 한다.

이전 두 장에서는 모평균과 모비율과 같은 단일 모수를 분석하기 위해 추정과 가설검정을 사용하였다. 이 장에서는 단일 모집단의 분석에서 두 모집단의 비교로 논의를 확장한다. 두 모집단에 관한 각각의 통계적 추론에서 먼저 추정을 위한 절차를 개발하고, 그 다음으로 이어서 가설검정을 설명한다.

먼저 두 모평균 간 차이를 분석한다. 예를 들어, 경제학자는 남성과 여성 직원 간의 연봉 차이를 분석하는 데 관심이 있을 수 있다. 마찬가지로, 마케팅 연구원은 두 인기 브랜드의 배터리 작동 수명을 비교하기를 원할 수 있다. 이들 예제에서는 분석에 독립적인 표본추출을 사용한다. 또한 대응짝 표본추출을 기반으로 한 두 모집단의 평균 차이를 고려할 것이다. 새로운 다이어트 프로그램에 등록하기 전과 후에 고객의 평균 체중을 분석하고자 하는 소비자 단체 활동가가 그 예이다. 마지막으로 두 모비율 간 차이를 비교한다. 예를 들어, 마케팅 임원과 광고주들이 광고비의 목표 타겟을 결정할 때 흔히 남성과 여성 간의 서로 다른 선호도에 관심이 있다.

도입사례_Introductory Case

칼로리 게시 의무화의 효과

FILE ***Drink_Calories, Food_Calories.*** 오늘날의 바쁜 세상에서 미국인들은 집 밖에서 준비된 음식으로부터 칼로리의 약 1/3을 먹고 마신다. 일반적으로 이러한 음식에는 집에서 섭취하는 식사보다 더 많은 칼로리, 나트륨, 포화지방이 들어 있다. 미국 식품의약국(FDA)은 메뉴의 칼로리 표시가 대중들이 식사와 간식에 대해 정보를 얻고 건강한 의사결정을 하는 데 도움을 줄 수 있다고 믿는다. 캘리포니아주 산마테오의 영양학자 몰리 호슬러는 소비자 선택에 대한 칼로리 게시의 효과를 연구하려고 한다. 그녀는 인기 카페에서 고객 40명의 거래 데이터를 얻어 칼로리 게시 전과 후의 음료와 식품 칼로리를 기록한다. 표 10.1은 데이터의 일부를 보여준다.

표 10.1 칼로리 게시 전후의 칼로리 섭취량

Customer	Drink Calories		Food Calories	
	Before	After	Before	After
1	141	142	395	378
2	137	140	404	392
⋮	⋮	⋮	⋮	⋮
40	147	141	406	400

몰리는 표본정보를 사용하여 다음을 알고자 한다.

1. 칼로리 게시 후, 구매한 음료의 평균 칼로리가 감소했는지 확인한다.
2. 칼로리 게시 후, 구매한 식품의 평균 칼로리가 감소했는지 확인한다.
3. 카페를 위한 칼로리 게시의 영향을 평가한다.

이 도입사례의 분석결과는 10.2절 마지막에 제시되어 있다.

10.1 두 평균의 차이에 관한 추론

이 절에서는 독립적인 임의표본을 기반으로 두 모평균 간 차이에 대한 통계적 추론을 고려한다. **독립적 임의표본(independent random samples)**은 서로 전혀 관련이 없는 표본이다. 남성과 여성의 급여 차이에 관심이 있는 예를 생각해보자. 한 표본의 경우 남성 모집단에서 데이터를 수집하는 반면, 다른 표본의 경우 여성 모집단에서 데이터를 수집한다. 한 표본의 선택이 다른 표본의 선택에 영향을 받지 않기 때문에 두 표본은 독립적인 것으로 간주된다. 마찬가지로, 브랜드 A와 브랜드 B의 배터리 수명을 비교할 때, 한 표본은 브랜드 A 모집단에서 추출한 반면, 다른 표본은 브랜드 B 모집단에서 추출한다. 다시 두 표본 모두 독립적으로 추출된 것으로 간주할 수 있다.

독립적인 임의표본

한 표본을 생성하는 과정이 다른 표본을 생성하는 과정과 완전히 분리된다면 두 개(또는 그 이상)의 임의표본은 독립적인 것으로 간주된다. 그 표본들은 명확히 설명된다.

$\mu_1 - \mu_2$에 대한 신뢰구간

이전 장들에서 논의한 바와 같이, 관심 있는 모수를 추정하기 위해 표본통계량을 사용한다. 예를 들어, 표본평균 $\bar{X}$는 모평균 μ에 대한 점추정량이다. 비슷한 맥락에서, 두 표본평균 사이의 차이 $\bar{X}_1 - \bar{X}_2$는 두 모평균 $\mu_1 - \mu_2$의 차이에 대한 점추정량이다. 여기서 μ_1은 첫 번째 모집단의 평균이고, μ_2는 두 번째 모집단의 평균이다. 추정치는 각각 n_1과 n_2개의 관측치를 갖는 두 독립적인 임의표본으로부터 계산된 표본평균 $\bar{x}_1$와 $\bar{x}_2$의 차이를 취함으로써 구한다.

먼저 $\bar{X}_1 - \bar{X}_2$의 표집분포에 대해 논의해보자. 단일 모평균의 경우와 마찬가지로 이 추정량은 불편추정량이다. 즉, $E(\bar{X}_1 - \bar{X}_2) = \mu_1 - \mu_2$이다. 또한 모평균 μ에 관한 통계적 추론은 표본평균 $\bar{X}$가 정규분포를 따르는 조건에 기초한다는 것을 기억하자. 마찬가지로, $\mu_1 - \mu_2$에 관한 통계적 추론의 경우, $\bar{X}_1 - \bar{X}_2$의 표집분포가 정규분포를 하는 것이 필수적이다. 그러므로 두 표본평균이 두 개의 독립적이고 정규분포하는 모집단으로부터 산출되었다고 가정하면, $\bar{X}_1 - \bar{X}_2$도 정규분포를 따른다. 기본 모집단이 정규분포를 따른다고 가정할 수 없는 경우, 중심극한정리에 의해 $\bar{X}_1 - \bar{X}_2$의 표집분포는 두 표본크기가 충분히 큰 경우, 즉 $n_1 \geq 30$와 $n_2 \geq 30$이면 근사적으로 정규분포를 따른다.

단일 모평균의 경우와 같이, 두 가지 시나리오를 고려한다. 두 모집단의 분산 σ_1^2 및 σ_2^2 (또는 표준편차 σ_1 및 σ_2)을 알고 있으면 통계적 추론을 위해 z 분포를 사용한다. 더 일반적인 경우는 알려지지 않은 모분산을 대신하여 표본분산 s_1^2 및 s_2^2가 사용되는 t_{df} 분포를 사용하는 것이다. σ_1^2와 σ_2^2가 알려지지 않은 경우, 두 경우를 검토할 것이다: (i) 두 모분산이 동등하다고 가정될 수 있는 경우($\sigma_1^2 = \sigma_2^2$) 또는 (ii) 동등하다고 가정될 수 없는 경우($\sigma_1^2 \neq \sigma_2^2$)이다.

평균에서의 차이에 대한 신뢰구간은 8장에서 설명한 같은 절차에 기반한다. 특히, 신뢰구간에 대한 공식은 점추정치± 오차한계에 의해 주어진 표준 형식을 따를 것이다.

표본데이터를 사용하여 $\mu_1 - \mu_2$에 대한 점추정치를 두 표본평균 $\bar{x}_1 - \bar{x}_2$의 차이로 계산한다. 오차한계는 $z_{\alpha/2}$ 또는 $t_{\alpha/2,df}$ (모분산을 알고 있는지 여부에 따라 다름)에 표준오차 $se(\bar{X}_1 - \bar{X}_2)$를 곱한 것과 같다.

$\mu_1 - \mu_2$에 대한 신뢰구간

두 모평균의 차이 $\mu_1 - \mu_2$에 대한 $100(1 - \alpha)\%$ 신뢰구간은 다음과 같다.

1. 모분산 σ_1^2와 σ_2^2가 알려진 경우 $(\bar{x}_1 - \bar{x}_2) \pm z_{\alpha/2}\sqrt{\frac{\sigma_1^2}{n_1} + \frac{\sigma_2^2}{n_2}}$이다.
2. σ_1^2와 σ_2^2가 알려져 있지 않지만 동등하다고 가정되는 경우 $(\bar{x}_1 - \bar{x}_2) \pm t_{\alpha/2,df}\sqrt{s_p^2\left(\frac{1}{n_1} + \frac{1}{n_2}\right)}$이다. 공통분산의 통합추정치는 $s_p^2 = \frac{(n_1 - 1)s_1^2 + (n_2 - 1)s_2^2}{n_1 + n_2 - 2}$이다. 여기서 s_1^2와 s_2^2는 대응하는 표본분산이고 자유도는 $df = n_1 + n_2 - 2$이다.
3. σ_1^2와 σ_2^2가 알려져 있지 않고 동등하다고 가정할 수 없는 경우 $(\bar{x}_1 - \bar{x}_2) \pm t_{\alpha/2,df}\sqrt{\frac{s_1^2}{n_1} + \frac{s_2^2}{n_2}}$이다. 자유도는 $df = \frac{(s_1^2/n_1 + s_2^2/n_2)^2}{(s_1^2/n_1)^2/(n_1 - 1) + (s_2^2/n_2)^2/(n_2 - 1)}$이다. df에 대한 결과 값은 거의 정수가 아니므로 일반적으로 값을 버림(rounding down)한다. 소프트웨어 패키지는 df의 결과 값을 보고할 때 다양한 반올림 규칙을 사용한다.

이 공식들은 $\bar{X}_1 - \bar{X}_2$가 (근사적으로) 정규분포를 따르는 경우에만 타당하다.

σ_1^2와 σ_2^2가 알려져 있지 않지만 동등하다고 가정되는 경우 $\mu_1 - \mu_2$에 대한 신뢰구간을 구할 때, 공통분산의 통합추정치 s_p^2을 계산함을 주목하자. 달리 말해, 두 모집단은 동등한 모분산을 가지고 있다고 가정되므로, 두 표본분산 s_1^2와 s_2^2는 단지 이 모분산의 두 별개의 추정치이다. 우리는 모분산을 s_1^2와 s_2^2의 *가중(weighted)* 평균으로 추정한다. 여기서 적용되는 가중치는 총 자유도에 대한 상대적인 각각의 자유도이다. σ_1^2와 σ_2^2가 알려져 있지 않고 동등하다고 가정될 수 없는 경우 모분산의 통합추정치를 계산할 수 없다.

예제 10.1

한 소비자 옹호자가 두 브랜드의 담배에서 니코틴 함량을 분석한다. 브랜드 A의 담배 20개비 표본은 평균 1.68밀리그램, 표준편차 0.22밀리그램의 니코틴 함량을 보였고, 브랜드 B의 25개비에서는 평균 니코틴 함량 1.95밀리그램, 표준편차 0.24밀리그램이 산출되었다.

Brand A	Brand B
$\bar{x}_1 = 1.68$	$\bar{x}_2 = 1.95$
$s_1 = 0.22$	$s_2 = 0.24$
$n_1 = 20$	$n_2 = 25$

두 모평균 간 차이에 대한 95% 신뢰구간을 구하라. 니코틴 함량은 정규분포하는 것으로 가정된다. 또한 모분산은 알려져 있지 않지만 동등하다고 가정한다.

해답:

μ_1은 브랜드 A의 평균 니코틴 수준이고 μ_2는 브랜드 B의 평균 니코틴 수준인 $\mu_1 - \mu_2$에 대한 신뢰구간을 구하고자 한다. 모분산을 알 수 없지만 동등하다고 가정하기 때문에 다음 공식을 사용한다.

$$(\bar{x}_1 - \bar{x}_2) \pm t_{\alpha/2,df}\sqrt{s_p^2\left(\frac{1}{n_1} + \frac{1}{n_2}\right)}$$

점추정치 $\bar{x}_1 - \bar{x}_2 = 1.68 - 1.95 = -0.27$을 계산한다. $t_{\alpha/2,df}$를 찾기 위해 $df = n_1 + n_2 - 2 = 20 + 25 - 2 = 43$을 결정한다. 95% 신뢰구간($\alpha = 0.05$)의 경우, $t_{0.025,43} = 2.017$을 찾는다.

그 다음 모분산의 통합추정치를 다음과 같이 계산한다.

$$s_p^2 = \frac{(n_1 - 1)s_1^2 + (n_2 - 1)s_2^2}{n_1 + n_2 - 2} = \frac{(20 - 1)(0.22)^2 + (25 - 1)(0.24)^2}{20 + 25 - 2} = 0.0535$$

공식에 적절한 값을 대입하면 다음과 같다.

$$-0.27 \pm 2.017\sqrt{0.0535\left(\frac{1}{20} + \frac{1}{25}\right)} = -0.27 \pm 0.14$$

다시 말해서, 두 평균 간 차이에 대한 95% 신뢰구간의 범위는 -0.41에서 -0.13까지이다. 곧, 이 구간을 이용하여 양측검정을 수행할 것이다.

$\mu_1 - \mu_2$에 대한 가설검정

항상 그렇듯이 경쟁가설을 지정할 때는 (1) 관련 모수를 식별하고, (2) 단측검정이 적절한지, 양측검정이 적절한지 결정하고, (3) 귀무가설에 어떤 형태든 등호 부호를 포함하고 대립가설을 사용하여 주장을 밝히는 것이 중요하다. 모수 $\mu_1 - \mu_2$에 관한 가설검정을 수행하기 위해 경쟁가설은 다음 일반적인 형식 중 하나를 취한다.

양측검정	오른쪽꼬리 검정	왼쪽꼬리 검정
$H_0: \mu_1 - \mu_2 = d_0$	$H_0: \mu_1 - \mu_2 \leq d_0$	$H_0: \mu_1 - \mu_2 \geq d_0$
$H_A: \mu_1 - \mu_2 \neq d_0$	$H_A: \mu_1 - \mu_2 > d_0$	$H_A: \mu_1 - \mu_2 < d_0$

대부분의 응용에서, 두 모평균 μ_1과 μ_2 사이의 가설로 설정된 차이 d_0은 0이다. 이 시나리오에서 양측검정은 두 평균이 서로 다른지 확인하고, 오른쪽꼬리 검정은 μ_1이 μ_2보다 큰지 확인하고, 왼쪽꼬리 검정은 μ_1이 μ_2보다 작은지 확인한다.

또한 가설로 설정된 차이 d_0이 0이 아니라 값인 가설을 설정할 수 있다. 예를 들어, 신흥시장 펀드(모집단 1)의 평균 수익률이 선진시장 펀드(모집단 2)의 평균 수익률보다 2%p보다 더 높은지 확인하고자 하는 경우, 가설은 $H_0: \mu_1 - \mu_2 \leq 2$ vs $H_A: \mu_1 - \mu_2 > 2$이다.

예제 10.2

예제 10.1을 다시 참조하자.

a. 평균 니코틴 수준이 브랜드 A와 브랜드 B 사이에 다른지 결정하기 위한 경쟁가설을 설정하라.

b. 95% 신뢰구간을 사용하여 검정의 결론은 무엇인가?

해답:

a. 평균 니코틴 수준이 두 브랜드 간에 다른지, 또는 $\mu_1 \neq \mu_2$인지 결정하기를 원한다. 따라서 다음과 같이 양측 가설검정을 수립한다.

$$H_0: \mu_1 - \mu_2 = 0$$
$$H_A: \mu_1 - \mu_2 \neq 0$$

b. 예제 10.1에서, 두 평균 간 차이에 대한 95% 신뢰구간을 -0.27 ± 0.14로 계산했고, 동등하게 신뢰구간의 범위는 -0.41에서 -0.13까지이다. 이 구간은 귀무가설에서 가설로 설정된 값인 0을 포함하지 않는다. 이 정보는 우리가 H_0을 기각할 수 있게 해준다. 표본데이터는 두 브랜드의 평균 니코틴 수준이 5% 유의수준에서 다르다는 결론을 지지한다.

신뢰구간을 사용하여 양측 가설검정을 수행할 수 있는 것은 사실이지만, 9장에서 설명된 4단계 절차를 단측 또는 양측 가설검정을 위해 실행할 수 있다. (단측검정을 수행하기 위해 신뢰구간 조정이 가능하지만, 이 수정은 이 교재에서 논의하지 않는다.) 이 과정에서 실제 변경은 검정통계량의 산출공식뿐이다. 검정통계량 z 또는 t_{df}의 값은 $(\bar{x}_1 - \bar{x}_2) - d_0$을 추정량의 표준오차 $se(\bar{X}_1 - \bar{X}_2)$로 나눔으로써 산출된다.

$\mu_1 - \mu_2$에 대한 검정통계량

두 모평균 $\mu_1 - \mu_2$의 차이에 관한 가설검정에 대한 검정통계량 값은 다음 세 공식 중 하나를 사용하여 계산된다.

1. σ_1^2와 σ_2^2를 알면, 검정통계량의 값은 $z = \dfrac{(\bar{x}_1 - \bar{x}_2) - d_0}{\sqrt{\frac{\sigma_1^2}{n_1} + \frac{\sigma_2^2}{n_2}}}$와 같이 계산된다.
2. σ_1^2와 σ_2^2가 알려져 있지 않지만 동등하다고 가정되면, 검정통계량의 값은 $t_{df} = \dfrac{(\bar{x}_1 - \bar{x}_2) - d_0}{\sqrt{s_p^2\left(\frac{1}{n_1} + \frac{1}{n_2}\right)}}$로 계산되고, 여기서 $s_p^2 = \frac{(n_1 - 1)s_1^2 + (n_2 - 1)s_2^2}{n_1 + n_2 - 2}$이고 $df = n_1 + n_2 - 2$이다.
3. σ_1^2와 σ_2^2를 알 수 없고 동등하다고 가정될 수 없는 경우, 검정통계량의 값은 $t_{df} = \dfrac{(\bar{x}_1 - \bar{x}_2) - d_0}{\sqrt{\frac{s_1^2}{n_1} + \frac{s_2^2}{n_2}}}$로 계산되고, 여기서 $df = \frac{(s_1^2/n_1 + s_2^2/n_2)^2}{(s_1^2/n_1)^2/(n_1 - 1) + (s_2^2/n_2)^2/(n_2 - 1)}$이다. df에 대해, 일반적으로 값을 내림한다. 소프트웨어 패키지는 df의 결과 값을 보고할 때 다양한

반올림 규칙을 사용한다.

이러한 공식은 $\bar{X}_1 - \bar{X}_2$가 (근사적으로) 정규분포를 따르는 경우에만 타당하다.

예제 10.3

한 경제학자는 City 1 가구들의 평균 주간 식비지출이 City 2 가구들의 평균 주간 식비지출보다 많다고 주장한다. 그녀는 City 1의 35가구를 조사하여 주당 평균 164달러의 식비를 얻었다. City 2의 30가구 표본은 주당 평균 159달러의 식비를 산출한다. 이전 연구에 따르면 City 1의 모표준편차는 12.50달러이고 City 2의 모표준편차는 9.25달러이다.

City 1	City 2
$\bar{x}_1 = 164$	$\bar{x}_2 = 159$
$\sigma_1 = 12.50$	$\sigma_2 = 9.25$
$n_1 = 35$	$n_2 = 30$

a. 경제학자의 주장을 검정하기 위한 경쟁가설을 설정하라.

b. 검정통계량의 값과 p-값을 계산하라.

c. 5% 유의수준에서 경제학자의 주장이 데이터에 의해 지지되는가?

해답:

a. 관심 있는 관련 모수는 $\mu_1 - \mu_2$이며, 여기서 μ_1은 City 1의 평균 주간 식비지출이고 μ_2는 City 2의 평균 주간 식비지출이다. 이 경제학자는 City 1의 평균 주간 식비지출이 City 2보다 많은지, 즉, $\mu_1 > \mu_2$인지를 확인하고자 한다. 이것은 적절한 가설이 다음과 같은 오른쪽꼬리 검정의 예이다.

$$H_0: \mu_1 - \mu_2 \leq 0$$
$$H_A: \mu_1 - \mu_2 > 0$$

b. 모표준편차가 알려져 있기 때문에 검정통계량의 값은 다음과 같이 계산한다.

$$z = \frac{(\bar{x}_1 - \bar{x}_2) - d_0}{\sqrt{\frac{\sigma_1^2}{n_1} + \frac{\sigma_2^2}{n_2}}} = \frac{(164 - 159) - 0}{\sqrt{\frac{(12.50)^2}{35} + \frac{(9.25)^2}{30}}} = \frac{5}{2.70} = 1.8485$$

오른쪽꼬리 검정의 p-값은 p-값 $= P(Z \geq 1.8485) = 0.0323$으로 계산된다. Excel에서 p-값을 찾으려면 `=1-NORM.DIST(1.8485,0,1,TRUE)`를 입력하고, R에서는 `pnorm(1.8485,0,1,lower.tail=FALSE)`를 입력한다.

c. p-값이 선택된 $\alpha = 0.05$보다 작기 때문에 귀무가설을 기각한다. 따라서 5% 유의수준에서 경제학자들은 City 1의 평균 주간 식비지출이 City 2보다 많다고 결론을 내린다.

Excel과 R을 이용한 $\mu_1 - \mu_2$에 대한 가설검정

Excel과 R은 $\mu_1 - \mu_2$에 대한 가설검정을 수행할 때 단계를 단순화하는 몇 가지 옵션을 제공한다. 다음 예제를 고려해보자.

예제 10.4

FILE ***Gold_Oil.*** 표 10.2는 금산업 10개 기업과 석유산업 10개 기업의 연간수익률(%) 중 일부를 보여준다. 5% 유의수준에서 두 산업의 평균 수익률이 다르다는 결론을 내릴 수 있는가? 여기서 우리는 표본데이터가 정규분포를 따르는 모집단들으로부터 독립적으로 추출된다고 가정한다. 분산은 재무적 수익률을 분석할 때 흔히 사용되는 위험측도이며, 금산업 투자에 따른 위험과 석유산업 투자에 따른 위험이 같다고 가정할 수 없다.

표 10.2 연간수익률(%)

Gold	Oil
6	−3
15	15
⋮	⋮
16	15

해답:

μ_1이 금산업의 평균 수익률을 나타내고, μ_2가 석유산업의 평균 수익률을 나타낸다고 하자. 평균 수익률이 서로 다른지 검정하기 위해 귀무가설과 대립가설을 다음과 같이 설정한다.

$$H_0: \mu_1 - \mu_2 = 0$$
$$H_A: \mu_1 - \mu_2 \neq 0$$

모분산이 알려져 있지 않고 동등하지 않을 때 두 평균 사이의 차이를 검정한다면, $t_{df} = \frac{(\bar{x}_1 - \bar{x}_2) - d_0}{\sqrt{\frac{s_1^2}{n_1} + \frac{s_2^2}{n_2}}}$를 계산해야 한다. 해당 검정통계량에 대한 자유도의 계산이 필요함을 기억하자. 다행히 Excel과 R은 자유도, 검정통계량의 값, 그리고 p-값을 제공한다.

Excel 이용

a. ***Gold_Oil*** 데이터파일을 연다.

b. **데이터(Data) > 데이터 분석(Data Analysis) > *t*-검정(*t*-Test): 이분산 가정 두집단(Two-Sample Assuming Unequal Variances) > 확인(OK)**을 선택한다. [참고: Excel은 독립적인 표본들의 두 모평균 간 차이를 검정하길 원하고 원시 데이터에 액세스하는 경우 두 가지 다른 옵션을 제공한다. 모분산을 알면 ***z*-검정: 평균에 대한 두집단(*z*-Test: Two-Sample for Means)** 옵션을 사용한다. 모분산을 알지 못하지만 동등하다고 가정하면 ***t*-검정: 등분산 가정 두집단(*t*-Test: Two-Sample Assuming Equal Variances)** 옵션을 사용한다.]

c. 그림 10.1을 참조하자. 대화상자에서 *변수 1 입력 범위(Variable 1 Range)*를 선택하고 Gold 관측치들을 선택한다. 그런 다음, *변수 2 입력 범위(Variable 2 Range)*를 선택하고 Oil 관측치들을 선택한다. $d_0 = 0$이므로 *가설 평균차(Hypothesized Mean Difference)*에 0을 입력하고, Gold와 Oil을 변수명으로 포함하는 경우 *이름표(Labels)* 상자에 체크한다. **확인(OK)**을 선택한다.

그림 10.1 이분산 t 검정에 대한 Excel의 대화상자

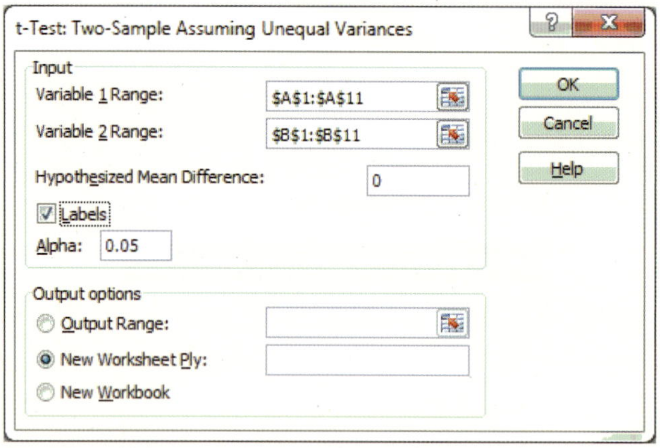

t-Test: Two-Sample Assuming Unequal Variances

Input
Variable 1 Range: $A$1:$A$11
Variable 2 Range: $B$1:$B$11
Hypothesized Mean Difference: 0
☑ Labels
Alpha: 0.05

Output options
○ Output Range:
◉ New Worksheet Ply:
○ New Workbook

OK
Cancel
Help

표 10.3은 Excel의 출력을 보여준다.

이 양측검정에 대한 검정통계량의 값과 p-값은 각각 −0.3023과 0.7661이다(표 10.3의 굵은 글씨체 값 참조). 5% 유의수준에서 p-값이 0.05보다 크므로 H_0을 기각할 수 없다. 석유산업의 평균 수익률이 금산업의 평균 수익률을 약간 상회하는 것 같지만($\bar{x}_2 = 17.3 > 16.0 = \bar{x}_1$), 그 차이는 통계적으로 유의하지 않다.

표 10.3 $\mu_1 - \mu_2$ 관련 t 검정에 대한 Excel 출력

	Gold	Oil
Mean	16	17.3
Variance	70.6667	114.2333
Observations	10	10
Hypothesized Mean Difference	0	
Df	17	
t Stat	**−0.3023**	
P(T ≤ t) one-tail	0.3830	
t Critical one-tail	1.7396	
P(T ≤ t) two-tail	**0.7661**	
t Critical two-tail	2.1098	

표 10.3의 정보가 주어지면, $\mu_1 - \mu_2$에 대한 대응하는 95% 신뢰구간도 계산할 수 있다. 모분산을 알 수 없고 동등하다고 가정될 수 없는 경우 두 모평균 간 차이를 추정할

때 신뢰구간 작성에 $t_{\alpha/2,df}$를 사용함을 기억하자. 기본적으로 Excel은 95% 신뢰구간에 대한 $t_{\alpha/2,df}$를 제공한다. 그림 10.1에서 유의수준(Alpha)이 0.05로 설정된 것을 참조하라. (다른 신뢰구간을 작성하고자 하면, Alpha를 쉽게 조정할 수 있다.) 표 10.3의 마지막 행에서 Excel은 $t_{\alpha/2,df} = t_{0.025,17} = 2.1098$을 보고한다. 그 다음에 다음과 같이 계산한다.

$$(\bar{x}_1 - \bar{x}_2) \pm t_{\alpha/2,df}\sqrt{\frac{s_1^2}{n_1} + \frac{s_2^2}{n_2}} = (16.0 - 17.3) \pm 2.1098\sqrt{\frac{70.6667}{10} + \frac{114.2333}{10}}$$
$$= -1.3 \pm 9.07$$

즉, 두 평균 간 차이에 대한 95% 신뢰구간은 −10.37에서 7.77까지이다. 이 구간은 귀무가설에서 가설로 설정된 값인 0을 포함함에 주목한다. 95% 신뢰구간을 사용하여 모평균 수익률이 다르다는 결론은 5% 유의수준에서 다시 지지할 수 없다.

R 이용

a. ***Gold_Oil*** 데이터파일을 데이터프레임(테이블)으로 가져와서 myData라는 이름으로 지정한다.

b. $\mu_1 - \mu_2$를 검정하기 위해 R의 **t.test** 함수를 사용한다. **t.test** 함수 내의 옵션에 대해, *alternative*를 사용하여 대립가설의 유형을 표시하고(양측검정의 경우 "two-sided", 왼쪽꼬리 검정의 경우 "less", 오른쪽꼬리 검정의 경우 "greater"로 표시). *mu*는 가설로 설정된 차이의 값을 나타내며, *paired*로 대응짝표본인지를 표시하고, *var.equal*은 분산이 동등하다고 가정되는지를 표시하고, *conf.level*은 신뢰수준을 지정한다. 분산이 알려져 있지 않고 동등하지 않다는 가정하에 $\mu_1 - \mu_2$를 검정할 때 다음과 같이 입력하라.

```
> t.test(myData$Gold, myData$Oil,alternative="two.sided",
  mu=0, paired=FALSE,var.equal=FALSE, conf.level=0.95)
```

표 10.4는 R 출력을 보여준다. 검정통계량의 값, *p*-값, 95% 신뢰구간을 굵은 글씨체로 표시했다. 결과는 Excel 출력과 일관성이 있다. 즉, *p*-값 = 0.7661 > 0.05 = α이므로 귀무가설을 기각할 수 없다. 동등하게, $\mu_1 - \mu_2$에 대한 95% 신뢰구간은 [−10.37, 7.77]이며, 귀무가설하에서 가설로 설정된 값인 0을 포함한다. 5% 유의수준에서 금산업과 석유산업의 평균 수익률이 다르다고 결론지을 수 없다.

표 10.4 $\mu_1 - \mu_2$ 관련 t 검정에 대한 R 출력

```
Welch Two Sample t-test

data: myData$Gold and myData$Oil
t = -0.30233, df = 17.053 p-value = 0.7661
alternative hypothesis: true difference in means is not equal to 0
    95 percent confidence interval:
    -10.37005 7.77005
sample estimates:
mean of x mean of y
     16.0      17.3
```

정규성 가정에 관한 참고사항

예제 10.4에서 모집단이 정규분포를 따른다고 가정했다. 작은 표본크기 때문에 중심극한정리를 적용할 수 없었다. 12장에서 정규성을 확인하는 검정을 탐구할 것이다. 비정규모집단에서 $\mu_1 - \mu_2$에 대한 추론을 도출하려면 19장에서 논의되는 독립표본에 대한 비모수적인 윌콕슨 순위합 검정(Wilcoxon rank-sum test)을 사용할 수 있다.

연습문제 10.1

1. 정규분포를 따르는 모집단으로부터 독립적으로 추출된 다음 데이터를 고려하자.

$$\bar{x}_1 = 25.7 \quad \bar{x}_2 = 30.6$$
$$\sigma_1^2 = 98.2 \quad \sigma_2^2 = 87.4$$
$$n_1 = 20 \quad n_2 = 25$$

   a. 모평균 간 차이에 대한 95% 신뢰구간을 구하라.
   b. 모평균이 다른지 결정하기 위한 경쟁가설을 설정하라.
   c. (a)의 신뢰구간을 사용하여 귀무가설을 기각할 수 있는가? 설명하라.

2. 정규분포를 따르는 모집단으로부터 독립적으로 추출된 다음 데이터를 고려하자.

$$\bar{x}_1 = -10.5 \quad \bar{x}_2 = -16.8$$
$$s_1^2 = 7.9 \quad s_2^2 = 9.3$$
$$n_1 = 15 \quad n_2 = 20$$

   a. 모평균 간 차이에 대한 95% 신뢰구간을 구하라. 모분산이 동등하다고 가정하자.
   b. 모평균이 다른지 결정하기 위한 경쟁가설을 설정하라.
   c. (a)의 신뢰구간을 사용하여 귀무가설을 기각할 수 있는가? 설명하라.

3. 다음 경쟁가설과 정규분포를 따르는 모집단으로부터 독립적으로 추출된 표본데이터를 고려하자.

$$H_0: \mu_1 - \mu_2 = 0$$
$$H_A: \mu_1 - \mu_2 \neq 0$$

$$\bar{x}_1 = 57 \quad \bar{x}_2 = 63$$
$$\sigma_1 = 11.5 \quad \sigma_2 = 15.2$$
$$n_1 = 20 \quad n_2 = 20$$

   5% 유의수준에서 모평균이 다른지 검정하라.

4. 다음 경쟁가설과 표본데이터를 고려하자. 두 모집단은 정규분포를 따르는 것으로 알려져 있다.

$$H_0: \mu_1 - \mu_2 \leq 0$$
$$H_A: \mu_1 - \mu_2 > 0$$

$$\bar{x}_1 = 20.2 \quad \bar{x}_2 = 17.5$$
$$s_1 = 2.5 \quad s_2 = 4.4$$
$$n_1 = 10 \quad n_2 = 12$$

   a. 모분산이 동등하다고 가정하에 5% 유의수준에서 검정을 수행하라.
   b. 10% 유의수준에서 분석을 반복하라.

5. 다음 경쟁가설과 정규분포를 따르는 모집단으로부터 독립적으로 추출된 표본데이터를 고려하자.

$$H_0: \mu_1 - \mu_2 \geq 0$$
$$H_A: \mu_1 - \mu_2 < 0$$

$$\bar{x}_1 = 249 \quad \bar{x}_2 = 262$$
$$s_1 = 35 \quad s_2 = 23$$
$$n_1 = 10 \quad n_2 = 10$$

   a. 모분산이 동등하다는 가정하에 5% 유의수준에서 검정을 수행하라.
   b. 모분산이 동등하지 않다는 가정하에 5% 유의수준에서 검정을 수행하라.

6. 다음 경쟁가설과 표본데이터를 고려하자.

$$H_0: \mu_1 - \mu_2 = 5$$
$$H_A: \mu_1 - \mu_2 \neq 5$$

$$\bar{x}_1 = 57 \quad \bar{x}_2 = 43$$
$$s_1 = 21.5 \quad s_2 = 15.2$$
$$n_1 = 22 \quad n_2 = 18$$

   두 모집단이 정규분포를 따르며 분산이 같다고 가정하자.
   a. 검정통계량의 값과 p-값을 계산하라.
   b. 5% 유의수준에서 두 평균의 차가 5와 다르다는 결론을 내릴 수 있는가?

7. **FILE** ***Exercise_10.7.*** 첨부된 파일에는 정규분포를 따르며 분산이 같은 모집단으로부터 독립적으로 추출된 표본데이터가 포함되어 있다.
   a. 두 번째 모집단의 평균이 첫 번째 모집단의 평균보다 큰

지 검정하기 위해 적절한 가설을 설정하라.

b. 1% 유의수준에서 검정을 수행하라.

c. 10% 유의수준에서 검정을 수행하라.

8. FILE ***Exercise_10.8.*** 첨부된 파일에는 정규분포를 따르지만 분산이 같지 않은 모집단으로부터 독립적으로 추출된 표본데이터가 포함되어 있다.

a. 두 모집단의 평균이 다른지 검정하기 위해 적절한 가설을 설정하라.

b. 검정통계량의 값과 p-값은 얼마인가

c. 10% 유의수준에서 두 모평균이 다른가?

9. 보스턴의 여성 및 남성 거주자의 평균 기대수명에 관한 다음 표본데이터를 수집했다. 모표준편차는 여성의 경우 8.2년, 남성의 경우 8.6년이라고 가정한다.

Female	Male
$\bar{x}_1 = 81.1$	$\bar{x}_2 = 74.8$
$n_1 = 32$	$n_2 = 32$

a. 보스턴 여성의 평균 기대수명이 보스턴 남성의 평균 수명보다 높은지 검정하기 위한 가설을 설정하라.

b. 검정통계량의 값과 p-값을 계산하라.

c. 10% 유의수준에서 보스턴의 여성이 보스턴의 남성보다 오래 산다는 결론을 내릴 수 있는가?

10. 한 보고에 따르면 커뮤니티 칼리지로부터 편입한 학사 졸업생이 4년제 대학에서 시작한 졸업생보다 적은 임금을 받는 것으로 나타났다. 이것을 '커뮤니티 칼리지 벌칙'이라고 한다. 루실 반스는 그녀의 대학에도 비슷한 패턴이 적용되는지 궁금해한다. 커뮤니티 칼리지로부터 편입한 졸업생 100명의 표본에서 평균 연봉이 52,000달러인 것을 발견했다. 커뮤니티 칼리지로부터 편입하지 않은 졸업생 100명의 표본에서 평균 연봉이 54,700달러인 것을 발견했다. 루실은 모표준편차가 커뮤니티 칼리지에서 편입한 졸업생의 경우 4,400달러, 커뮤니티 칼리지에서 편입하지 않은 졸업생의 경우 1,500달러라고 믿는다.

a. 보고서의 결론이 루실의 대학에도 적용되는지 검정하기 위한 가설을 설정하라.

b. 검정통계량의 값과 p-값을 계산하라.

c. 5%의 유의수준에서 루실의 대학에 '커뮤니티 칼리지 벌칙'이 있다고 결론지을 수 있는가?

11. 공인재무분석사(CFA) 자격증은 진지한 투자 전문가들에게 빠르게 요구되고 있다. 투자분야에서 경력을 쌓고자 하는 학생들에게 MBA 취득에 대한 매력적인 대안이다. 한 재무전공 학생이 CFA 자격증이 MBA보다 더 유리한 옵션인지 알고 싶어 한다. 그는 최근 CFA 38명에 대한 데이터를 수집하여 평균 급여 138,000달러와 표준편차 34,000달러를 구했고, 80명의 MBA 표본으로 평균 급여 130,000달러와 표준편차 46,000달러를 구했다.

a. CFA 자격증이 MBA보다 더 유리한지 검정하기 위한 가설을 설정하라.

b. 검정통계량의 값과 p-값을 계산하라. 모분산이 동등하다고 가정하지 않는다.

c. 5%의 유의수준에서 CFA 자격증이 MBA보다 더 유리한가?

12. 기업가가 개발하고자 하는 토지를 소유하고 있다. 그는 콘도를 짓거나 아파트를 짓는 두 가지 개발 방법을 알아냈다. 이에 따라, 그는 공문서를 검토하여 지역 벤처기업 각각에 대해 임의로 추출한 30개의 임의표본을 바탕으로 연간수익성에 관한 다음 요약측도를 산출했다. 분석을 위해 그는 콘도미니엄의 경우 22,500달러, 아파트의 경우 20,000달러의 역사적인 (모집단) 표준편차를 사용한다.

Condominiums	Apartment Buildings
$\bar{x}_1 = 244{,}200$	$\bar{x}_2 = 235{,}800$
$n_1 = 30$	$n_2 = 30$

a. 콘도와 아파트가 평균 수익성에서 차이가 있는지 검정하기 위한 가설을 설정하라.

b. 검정통계량의 값과 p-값을 계산하라.

c. 5% 유의수준에서 검정의 결론은 무엇인가? 만약 10%의 유의수준이라면 어떠한가?

13. 데이비드 앤더슨은 지난 3년간 미시간주립대학교의 강사로 일해 왔다. 그는 매 학기 회계학입문의 대형강좌 두 세션을 가르친다. 그는 두 세션에서 같은 강의노트를 사용하는 반면, 첫 세션의 학생들이 두 번째 세션의 학생들을 능가한다. 그는 첫 세션의 학생들이 높은 점수를 받는 경향이 있을 뿐만 아니라 점수의 변동성도 낮은 경향이 있다고 믿는다. 데이비드는 평균 점수의 차이에 대한 그의 직감을 검정하기 위해 공식적인 검정을 수행하기로 결정한다. 첫 세션에 있는 학생 18명의 임의표본에서 평균과 표준편차를 각각 77.4와 10.8로 계산한다. 두 번째 세션에서 학생 14명의 임의표본을 사용하면 평균이 74.1이고 표준편차가 12.2이다.

a. 데이비드의 직감을 검정하기 위해 귀무가설과 대립가설을 설정하라.

b. 검정통계량의 값을 계산하라. 이 단계를 실행하기 위해 모집단에 관한 어떤 가정이 필요한가?

c. $\alpha = 0.01$에서 검정을 수행하고 결과를 해석하라.

14. 고품질 볼베어링을 공급하는 스펄링제조(Sperling Manufacturing)의 한 설계엔지니어는 새로운 가공공정을 통해 일일생산량이 증가할 수 있다고 주장한다. 이에 생산팀은 이 주

장이 입증될 수 있는지 확인하기 위한 실험을 수행하고 있다. 새로운 공정을 사용한 8일 생산량의 표본에서 베어링의 평균과 표준편차는 각각 2,613.63과 90.78이다. 이전 공정을 사용한 10일 생산량의 유사한 표본에서는 평균과 표준편차가 각각 2,485.10과 148.22이다.

a. 새로운 공정의 평균 생산량이 이전 공정의 평균 생산량을 초과하는지 검정하기 위한 가설을 설정하라. 각 공정에 대해 정규분포 모집단과 동등한 모분산을 가정하자.

b. 검정통계량의 값과 p-값을 계산하라.

c. 5% 유의수준에서, 실험의 결론은 무엇인가?

d. 1% 유의수준에서, 실험의 결론은 무엇인가?

15. 유망한 스타트업이 휴대폰 시장에서 경쟁하기를 원한다. 스타트업은 선도제품보다 휴대전화 배터리 수명이 2시간보다 더 길다고 믿는다. 선도제품 120대를 최근 표본으로 추출한 결과 평균 배터리 수명은 5시간 40분, 표준편차는 30분이다. 스타트업 제품 100대를 비슷하게 분석하면 평균 배터리 수명이 8시간 5분, 표준편차가 55분이다. 두 제품의 모분산이 동등하다고 보는 것은 타당하지 않다.

a. 스타트업 제품의 배터리 수명이 선도제품보다 2시간보다 더 긴지 검정하기 위한 가설을 설정하라.

b. 5% 유의수준에서 검정을 수행하라.

16. 중고차 대리점의 한 판매매니저는 소형차에 비해 스포츠유틸리티차량(SUV)을 파는 데 평균 30일 정도 더 걸린다고 믿는다. 그는 지난 2개월 동안 SUV 18대를 판매했는데, 표준편차 32일로 평균 95일 걸렸다. 그는 또한 소형차 38대를 판매했는데, 표준편차 24일로 평균 48일 걸렸다.

a. 매니저의 주장을 반박하기 위한 귀무가설과 대립가설을 설정하라.

b. 검정통계량의 값과 p-값을 계산하라. 모집단이 정규분포를 따르고 SUV와 소형차의 판매시간 변동성이 동등하다고 가정하자.

c. $\alpha = 0.10$에서 검정을 수행하고 결과를 해석하라.

17. **FILE** ***Longevity.*** 한 소비자 옹호자가 브랜드 A와 브랜드 B의 두 냉장고의 수명을 연구한다. 그는 브랜드 A의 냉장고 40대의 수명에 대한 데이터(단위: 년)를 수집하고, 브랜드 B에 대해서도 표본추출을 반복한다. 데이터의 일부가 다음 표에 나와 있다.

Brand A	Brand B
16	16
14	20
⋮	⋮
18	17

a. 두 브랜드 간 평균 수명이 다른지 검정하기 위한 경쟁가설을 설정하라.

b. 검정통계량의 값과 p-값을 계산하라. $\sigma_A^2 = 4.4$와 $\sigma_B^2 = 5.2$를 가정하자.

c. 5% 유의수준에서 결론은 무엇인가?

18. **FILE** ***Searches.*** "See Me" 마케팅 에이전시는 텔레비전 광고의 하루 중 시간이 웹사이트 검색에 영향을 미치는지 확인하려고 한다. 이들은 30일 낮과 30일 저녁 광고의 임의표본에 대해 광고가 방영된 후 1시간 동안 발생한 웹사이트 검색횟수를 추출했다. 데이터의 일부가 다음 표에 나와 있다.

Day	Evening
96670	118379
97855	111005
⋮	⋮
95103	114721

a. 평균 웹사이트 검색횟수가 주간광고와 야간광고 간에 다른지 검정하기 위한 가설을 설정하라.

b. 검정통계량의 값과 p-값을 계산하라. 모분산이 동등하다고 가정하자.

c. 5% 유의수준에서 결론은 무엇인가?

19. **FILE** ***Diets.*** 한 보고서에 따르면, 저탄수화물 다이어트를 하는 과체중인 사람들이 전통적인 저지방 다이어트를 하는 사람들보다 더 많은 체중감량을 하고 심혈관 혜택을 받았다(healthline.com, 2020년 3월 24일). 한 영양학자가 이 결과를 입증하기 위해 저탄수화물 다이어트를 하는 30명과 저지방 다이어트를 하는 30명의 체중감량(파운드)을 기록한다. 데이터의 일부가 다음 표에 나와 있다.

Low_carb	Low_fat
9.5	6.5
8.1	5.8
⋯	⋯
9.0	3.9

a. 저탄수화물 다이어트를 하는 사람들의 평균 체중감량이 전통적인 저지방 다이어트를 하는 사람들의 평균 체중감량보다 크다는 주장을 검정하기 위한 가설을 설정하라.

b. 검정통계량의 값과 p-값을 계산하라. 모분산이 동등하다고 가정하자.

c. 5% 유의수준에서, 영양사는 저탄수화물 다이어트를 하는 사람들이 전통적인 저지방 다이어트를 하는 사람들보다 더 많이 체중이 감량되었다고 결론지을 수 있는가?

20. FILE ***Tractor_Times.*** 잔디밭 장비 제조업체인 그린사이드사(Greenside Corporation)의 생산부서는 잔디 트랙터를 위한 새로운 수동 조립방법을 고안했다. 이제 새로운 방법의 평균 조립시간이 이전 방법보다 짧다는 결론을 내리는 것이 타당한지 확인하려고 한다. 따라서 그들은 이전 방법을 사용하는 40개의 트랙터와 새로운 방법을 사용하는 32개의 트랙터로부터 조립시간(분)을 임의로 표본추출했다. 데이터의 일부가 다음 표에 나와 있다.

Old	New
32	30
36	32
⋮	⋮

a. 새로운 방법을 사용한 평균 조립시간이 이전 방법보다 짧다는 주장을 검정하기 위한 가설을 설정하라.

b. 검정통계량의 값과 p-값을 계산하라. 모분산이 동등하지 않다고 가정하자.

c. 5% 유의수준에서 결론은 무엇인가? 만약 10% 유의수준에서는 어떠한가?

21. FILE ***Nicknames.*** 야구는 미국에서 항상 인기 있는 취미였고 통계학과 이론으로 가득 차 있다. 한 연구는 별명이 있는 메이저리그 선수들이 별명이 없는 선수들보다 평균 2.5년 더 오래 산다는 것을 발견했다. 이 결과를 믿지 못하고 야구선수 30명의 수명 데이터를 수집하기로 결정했다. 여기서 nickname 변수는 선수의 별명이 있으면 1이고, 그렇지 않으면 0이다. 데이터의 일부가 다음 표에 나와 있다.

Years	Nickname
74	1
62	1
⋮	⋮
64	0

a. 닉네임이 있는 선수와 없는 선수로 구성된 두 개의 하위표본을 구성하자. 각 하위표본의 평균 수명을 계산하라.

b. 연구자들에 의한 주장을 반박하는 가설을 설정하라.

c. 검정통계량의 값과 p-값을 계산하라. 모분산이 동등하다고 가정하자.

d. 5%의 유의수준을 사용한 검정의 결론은 무엇인가?

22. FILE ***Salaries.*** 한 보고서는 경기가 나쁜 시기에 대학을 졸업하는 것이 졸업생의 소득능력에 오랫동안 영향을 미칠 수 있다고 제시한다. 지역 주립대학의 입학처장은 대학 졸업생의 초봉이 2018년부터 2020년까지 감소했는지 확인하려고 한다. 그는 이 2년 사이에 급여의 분산이 다를 것으로 기대한다. 데이터의 일부가 다음 표에 나와 있다.

Salary_2018	Salary_2020
35000	34000
56000	62000
⋮	⋮
47000	54000

5% 유의수준에서 평균 초봉이 2018년부터 2020년까지 감소했는지 검정하라.

23. FILE ***Spending.*** 연구원들은 남성과 여성이 다른 이유로 쇼핑을 한다는 것을 발견했다. 여성들은 쇼핑 경험을 즐기는 반면, 남성들은 일을 완수해야 하는 임무를 수행한다. 남성은 쇼핑을 자주 하지는 않지만, 할 때 비싼 전자제품과 같은 큰 구매를 한다. 첨부된 표는 지역 쇼핑몰에서 남성 40명과 여성 60명이 지난 주말 동안 소비한 금액(달러)의 일부를 보여준다.

Men	Women
85	90
102	79
⋮	⋮

1% 유의수준에서 남성이 소비하는 평균 금액이 여성이 소비하는 평균 금액보다 많은지 검정하라. 모분산이 동등하다고 가정하자.

10.2 평균 차이에 관한 추론

두 모평균 간 차이에 관한 10.1절의 중요한 가정 중 하나는 표본이 독립적으로 추출된다는 것이다. 언급한 바와 같이, 한 표본의 선택이 다른 표본의 선택에 의해 영향받지 않는다면 두 표본은 독립적이다. 독립적이지 않다고 생각되는 표본을 기반으로 두 모평균에 대한 검정을 수행하려면 다른 방법론을 도입할 필요가 있다.

보통 **대응짝표집(matched-pairs sampling)**이라고 하는 종속적인 표본추출의 일반적인 경우는 표본이 어떤 방식으로든 짝을 이루거나 대응하는 경우이다. 이러한 표본은 비교가 '사과'와 '사과' 사이에서 이루어지기 때문에 전략을 평가하는 데 유용하다. 예를 들어, 새로운 의학적 치료법의 편익을 평가하는 효과적인 방법은 동일한 환자를 치료 전과 후에 평가하는 것이다. 그러나 만약 한 집단의 사람들은 치료를 받고 다른 집단은 받지 않는다면, 관찰된 차이가 치료로 인한 것인지 또는 집단 간의 다른 중요한 차이에 의한 것인지 명확하지 않다.

대응짝표집의 경우 관심 있는 모수는 평균 차이 μ_D라고 한다. 여기서 $D = X_1 - X_2$이고 확률변수 X_1과 X_2는 짝으로 대응된다. μ_D에 관한 통계적 추론은 표본 차이의 평균을 나타내는 추정량 $\overline{D}$에 기초한다. 이는 $X_1 - X_2$가 정규분포를 따르거나 표본크기가 충분히 커야 함($n \geq 30$)이 요구된다.

대응짝 실험의 인식

특정 실험이 독립적인지 또는 대응짝 표집을 사용하는지 결정할 수 있는 것이 중요하다. 일반적으로 두 가지 유형의 대응짝표집이 발생한다.

1. 첫 번째 유형의 대응짝표본은 측정, 어떤 유형의 중재, 그리고 또 다른 측정에 의해 특징지어진다. 일반적으로 이러한 실험을 '전(before)'과 '후(after)' 연구라고 부른다. 예를 들어, 한 생산 시설의 운영관리자가 새로운 작업대 레이아웃이 공장의 생산성을 향상시키는지 확인하려고 한다. 그녀는 먼저 레이아웃을 변경하기 전에 직원들의 생산량을 측정한다. 그런 다음 변경 후 동일한 직원의 생산량을 측정한다. 또 다른 전형적인 전후 예제는 다이어트 센터에서 고객들의 체중감량에 관한 것이다. 이 예제에서는 동일한 개인이 실험 전과 후에 표본추출된다.
2. 두 번째 유형의 대응짝표본은 관측치의 짝으로 특징지어지며, 표본은 두 번 추출되는 동일한 개인이 아니다. 한 농학자가 유기농 비료로 전환하려고 하지만 농작물 수확량에 어떤 영향을 미칠지 확신하지 못한다고 가정하자. 농학자에게는 수확량이 비슷하다는 것이 중요하다. 그는 20개의 인접한 토지구획을 대응시켜 반은 비유기농 비료를 사용하고 다른 반은 유기농 비료를 사용한다. 이와 비슷하게, 특정 기간에 걸친 두 포트폴리오 수익률 또한 둘 다 경제상태에 영향을 받기 때문에 대응짝표본을 나타낸다.

대응짝 실험을 인식하기 위해, 첫 번째 표본의 한 관측치와 두 번째 표본의 한 관측치 사이의 자연적인 짝을 관찰한다. 자연적인 짝이 존재한다면, 실험은 대응표본을 포함한다.

μ_D에 대한 신뢰구간

평균 차이 μ_D에 대한 신뢰구간을 구할 때, 같은 표준형식을 따른다: 점추정치±오차한계

> **μ_D에 대한 신뢰구간**
>
> 평균 차이 μ_D에 대한 $100(1 - \alpha)\%$ 신뢰구간은 다음과 같다.
>
> $$\bar{d} \pm t_{\alpha/2,df} s_D / \sqrt{n}$$
>
> 여기서 $\bar{d}$와 s_D는 각각 n개의 표본 차이의 평균 및 표준편차이고, $df = n - 1$이다. 이 공식은 $\overline{D}$가 (근사적으로) 정규분포를 따르는 경우에만 타당하다.

다음 예제에서는 $\bar{d}$와 s_D에 대한 값이 명시적으로 주어진다. 계산은 가설검정을 논의할 때 설명할 것이다.

예제 10.5

한 매니저가 작업대의 레이아웃을 변경하여 공장의 생산성을 향상시키는 데 관심이 있다. 10명의 작업자 각각에 대해 변경 전과 변경 후 작업을 완료하는 데 걸리는 시간을 측정한다. 그녀는 표본 차이에 대한 다음 요약 통계량을 계산한다: $\bar{d} = 8.5$, $s_D = 11.38$, $n = 10$. 전 빼기 후로 정의된 생산성 변수가 정규분포를 따른다고 가정하고, 평균 차이에 대한 95% 신뢰구간을 구하라.

해답:

평균 차이에 대한 95% 신뢰구간을 구하기 위해 $\bar{d} \pm t_{\alpha/2\ df} s_D / \sqrt{n}$을 사용한다. $df = n - 1 = 10 - 1 = 9$이고 $\alpha = 0.05$일 때, $t_{\alpha/2,df} = t_{0.025,9} = 2.262$를 찾는다. 공식에 적절한 값을 대입하여 $8.5 \pm 2.262(11.38/\sqrt{10}) = 8.5 \pm 8.14$를 계산한다. 즉, 평균 차이에 대한 95% 신뢰구간은 0.36에서 16.64의 범위이다. 이는 10개의 표본 차이의 높은 표준편차 s_D 때문에 상당히 넓은 구간을 나타낸다.

μ_D에 대한 가설검정

모수 μ_D에 관한 가설검정을 수행하기 위해 경쟁가설은 다음 일반적인 형식 중 하나를 취한다.

양측검정	오른쪽꼬리 검정	왼쪽꼬리 검정
$H_0: \mu_D = d_0$ $H_A: \mu_D \neq d_0$	$H_0: \mu_D \leq d_0$ $H_A: \mu_D > d_0$	$H_0: \mu_D \geq d_0$ $H_A: \mu_D < d_0$

실제로 경쟁가설은 $d_0 = 0$에 기초하는 경향이 있다. 예를 들어, 평균 차이가 0과 다른지 검정할 때 $H_0: \mu_D = 0$ vs $H_A: \mu_D \neq 0$으로 정의된 경쟁가설을 설정한 양측검정을 사용한다. 다른 한편, 평균 차이가 어떤 양만큼 다른지 확인하고자 하는 경우, 예컨대 5단위만큼 다르다면 $d_0 = 5$로 설정하고 경쟁가설을 $H_0: \mu_D = 5$ vs $H_A: \mu_D \neq 5$로 정의한다. 단측검정은 유사하게 정의된다.

예제 10.6

예제 10.5의 정보를 사용하여, 관리자는 5% 유의수준에서 새 작업대 채택 이후 생산성에 변화가 있었다고 결론을 내릴 수 있는가?

해답:

평균 차이에 변화가 있는지 결정하기 위해, 귀무가설과 대립가설을 다음과 같이 설정한다.

$$H_0: \mu_D = 0$$
$$H_A: \mu_D \neq 0$$

예제 10.5에서 평균 차이에 대한 95% 신뢰구간의 범위가 0.36에서 16.64 사이라는 것을 발견했다. 구간은 매우 넓지만 전체 범위는 가설로 설정된 값 0보다 크다. 따라서 5% 유의수준에서 표본데이터는 평균 차이가 0과 다르다는 것을 나타낸다. 작업대의 다른 레이아웃으로 생산성에 변화가 있었다.

이제 평균 차이에 대한 단측검정 또는 양측검정을 수행하기 위한 4단계 절차를 검토한다. 표본 평균 차이와 가설로 설정된 평균 차이 사이의 차이를 추정량의 표준오차 $se(\bar{D})$로 나누어 다시 t_{df} 통계량의 값을 구한다.

μ_D 검정을 위한 검정통계량

모평균 차이 μ_D에 관한 가설검정에 대한 검정통계량의 값은 다음과 같이 계산된다.

$$t_{df} = \frac{\bar{d} - d_0}{s_D / \sqrt{n}}$$

여기서 $df = n - 1$, $\bar{d}$와 s_D는 각각 n개의 표본 차이의 평균과 표준편차이고, d_0은 가설로 설정된 평균 차이이다. 이 공식은 $\bar{D}$가 (근사적으로) 정규분포를 따를 경우에만 타당하다.

μ_D에 대한 가설검정은 짝진 항목 간의 차이를 구한 다음, 9장에서 논의된 단일표본 t 검정(t test)을 사용하는 것과 동일하다는 점에 주목해야 한다.

예제 10.7

FILE ***Drink_Calories.*** 체인 음식점들이 메뉴에 칼로리 정보를 게시해야 하는 도입사례를 기억하자. 한 영양학자가 칼로리 게시 이후 인기 있는 카페에서 평균 음료 칼로리가 감소했는지 조사하기를 원한다. 영양사는 고객 40명에 대한 거래 데이터를 수집해서 칼로리 게시 전과 후 각각 고객의 음료 칼로리를 기록했다. 데이터의 일부는 표 10.5에 나와 있다. 그녀는 이 법령이 평균 음료 칼로리를 감소시켰다고 5%의 유의수준에서 결론을 내릴 수 있는가?

해답:

먼저 이 실험은 대응짝 실험이며, 특히 "전(before)"과 "후(after)" 유형의 연구를 따른다. 더욱이 칼로리 게시 이전의 평균 음료 칼로리가 게시 이후의 평균 음료 칼로리보다 높은지 확인하고자 한다. 따라서 평균 차이 μ_D가 0보다 큰지 검정하려고 한다. 여기서 $D = X_1 - X_2$이고, X_1은 임의로 선택된 고객에 대한 칼로리 게시 전의 음료 칼로리를 나타내고, X_2는 칼로리 게시 후의 음료 칼로리를 나타낸다. 경쟁가설을 다음과 같이 설정한다.

$$H_0: \mu_D \leq 0$$
$$H_A: \mu_D > 0$$

표본크기 $n \geq 30$이기 때문에 검정의 정규성 조건이 충족된다. 검정통계량의 값은 $t_{df} = \frac{\bar{d} - d_0}{s_D/\sqrt{n}}$으로 계산된다. 여기서 d_0은 0이다. $\bar{d}$와 s_D를 결정하기 위해 먼저 각 고객에 대한 차이 d_i를 계산한다. 예를 들어, 고객 1은 칼로리 게시 전에 141칼로리를 소비하고 칼로리 게시 후 142칼로리를 소비하여 $d_1 = 141 - 142 = -1$의 차이를 보인다. 다른 일부 고객에 대한 차이는 표 10.5의 네 번째 열에 나와있다.

표 10.5 예제 10.7에 대한 데이터 및 계산($n = 40$)

Customer	Before	After	d_i	$(d_i - \bar{d})^2$
1	141	142	−1	$(-1 - 2.1)^2 = 9.61$
2	137	140	−3	$(-3 - 2.1)^2 = 26.01$
⋮	⋮	⋮	⋮	⋮
40	147	141	6	$(6 - 2.1)^2 = 15.21$

그 차이의 평균을 다음과 같이 구한다.

$$\bar{d} = \frac{\Sigma d_i}{n} = \frac{84}{40} = 2.10$$

마찬가지로, 표 10.5의 다섯 번째 열에서 d_i와 $\bar{d}$의 차이를 제곱한다. 이들 차이제곱을 합산하면 표본분산 s_D^2에 대한 공식에서 분자를 얻을 수 있다. 분모는 단순히 $n - 1$이므로, 표본분산은 다음과 같다.

$$s_D^2 = \frac{\Sigma(d_i - \bar{d})^2}{n - 1} = \frac{2{,}593.60}{40 - 1} = 66.5026$$

일반적으로 표준편차는 표본분산의 양의 제곱근, 즉 $s_D = \sqrt{66.5026} = 8.1549$이다. $df = n - 1 = 40 - 1 = 39$인 검정통계량 t_{df}의 값을 다음과 같이 계산한다.

$$t_{39} = \frac{\bar{d} - d_0}{s_D/\sqrt{n}} = \frac{2.10 - 0}{8.1549/\sqrt{40}} = 1.629$$

$df = 39$인 오른쪽꼬리 검정이 주어지면, t 분포표를 사용하여 p-값$= P(T_{39} \geq 1.629)$를 $0.05 < p$-값 < 0.10으로 근사할 수 있다. Excel에서 p-값을 찾기 위해 `=T.DIST.RT(1.629, 39)`를 입력하고, R에서는 `pt(1.629, 39, lower.tail=FALSE)`를 입력한다. 두 소프트웨어 모두 0.056의 p-값을 산출한다. p-값 > 0.05이므로, H_0을 기각하지 못한다. 5% 유의수준에서 칼로리 정보를 게시하는 것이 평균 음료 칼로리를 감소시킨다고 결론지을 수 없다.

Excel과 R을 이용한 μ_D에 대한 가설검정

Excel과 R은 μ_D에 대한 가설검정을 수행할 때 단계를 단순화하는 몇 가지 옵션을 제공한다. 다음 예제를 생각해보자.

예제 10.8

FILE ***Food_Calories.*** 예제 10.7의 영양사는 또한 칼로리 정보를 게시함으로써 평균 음식 칼로리가 감소했는지 확인하기 위해 고객 40명의 데이터를 사용하려고 한다. 이 검정도 5% 유의수준에서 수행한다.

해답:

칼로리 게시 이전 평균 음식 칼로리가 칼로리 게시 이후에 비해 더 높은지 알고 싶기 때문에 예제 10.7에서와 같은 경쟁가설을 설정한다.

$$H_0: \mu_D \leq 0$$
$$H_A: \mu_D > 0$$

Excel 이용

a. ***Food_Calories*** 데이터파일을 연다.

b. **데이터(Data)** > **데이터 분석(Data Analysis)** > ***t*-검정: 짝비교(*t*-Test: Paired Two Sample for Means)** > **확인(OK)**을 선택한다.

c. 그림 10.2를 참조하라. 대화상자에서 *변수 1 입력 범위(Variable 1 Range)*를 선택하고 Before 열에서 관측치를 선택한다. *변수 2 입력 범위(Variable 2 Range)*를 선택하고 After 열에서 관측치를 선택한다. $d_0 = 0$이므로 *가설 평균차(Hypothesized Mean Difference)* 0을 입력하고 Before와 After를 변수명으로 포함하는 경우 *이름표(Labels)* 상자를 선택한다. **확인(OK)**을 클릭하라.

그림 10.2 대응짝 표본을 가진 t 검정에 대한 Excel의 대화상자

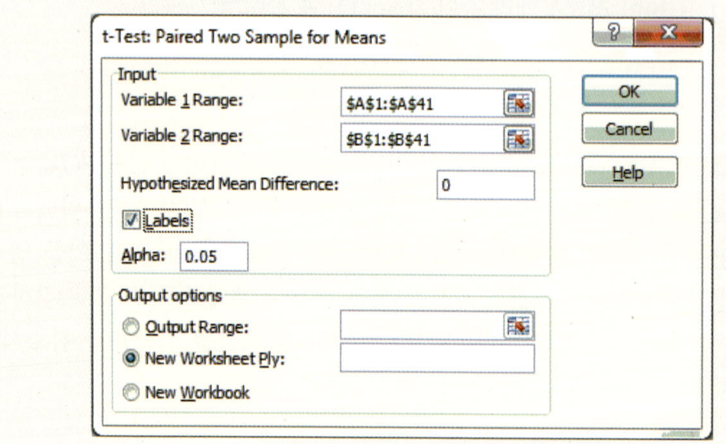

표 10.6은 Excel의 출력을 보여준다. 이 단측검정의 검정통계량 값과 p-값은 각각 6.7795와 2.15E-08이다(표 10.6의 굵은 글씨체 값 참조). p-value < 0.05이기 때문에 H_0를 기각할 수 있다. 따라서 5% 유의수준에서 칼로리 게시 이후 평균 음식 칼로리가 감소했다고 결론지을 수 있다.

표 10.6 μ_0 관련 t 검정에 대한 Excel 출력

	Before	After
Mean	400.275	391.475
Variance	49.9481	42.3583
Observations	40	40
Pearson Correlation	0.27080	
Hypothesized Mean Difference	0	
Df	39	
t Stat	**6.7795**	
P(T ≤ t) one-tail	**2.15E-08**	
t Critical one-tail	1.6849	
P(T ≤ t) two-tail	4.31E-08	
t Critical two-tail	2.0227	

참고: Excel이 p-값을 정확하게 계산하더라도, p-값을 나타내기 위해 사용하는 표현식이 항상 정확한 것은 아니다. 검정통계량에 대한 양의 값을 가진 이 예제에서, 표현식은 "(T ≤ t) one-tail"이 아니라 "P(T ≥ t) one-tail"이어야 한다.

R 이용

a. ***Food_Calories*** 데이터파일을 데이터프레임(테이블)으로 가져와서 myData라는 이름으로 지정한다.

b. 10.1절에서 논의된 **t.test** 함수를 사용한다. **t.test** 함수의 옵션으로 *alternative, mu, paired*을 사용한다. 다음과 같이 입력하라.

```
> t.test(myData$Before,myData$After, alternative="greater",
  mu=0, paired=TRUE)
```

표 10.7은 R의 출력을 보여준다. 검정통계량의 값과 p-값을 굵은 글씨체로 표시했다. 결과는 Excel 출력과 일관성이 있다. 즉, p-값 < 0.05이므로 귀무가설을 기각한다. 5% 유의수준에서 칼로리 게시 이후 평균 음식 칼로리가 감소했다고 결론지을 수 있다.

표 10.7 μ_D 관련 t 검정에 대한 R 출력

```
Paired t-test

data: myData$Before and myData$After
t = 6.7795, df = 39, p-value = 2.154e-08
alternative hypothesis: true difference in means is greater
than 0
95 percent confidence interval:
 6.612988     Inf
sample estimates:
mean of the differences
                    8.8
```

대응짝 실험에 대한 마지막 참고사항

지난 절에서 언급한 것과 유사하게, μ_D에 관한 추론을 할 때, $\overline{D}$가 (근사적으로) 정규분포를 따라야 한다. 만약 $\overline{D}$가 정규분포를 따르지 않는다면 19장에서 논의될 대응짝에 대한 비모수적인 윌콕슨 부호순위 검정(Wilcoxon signed-rank test)을 사용할 수 있다.

도입사례 분석결과

Chris Hondros/Getty Images

소비자들이 더 건강한 옵션을 더 쉽게 선택하도록 하기 위해 많은 식당과 카페 들이 메뉴에 칼로리 정보를 게시하기 시작했다. 한 영양학자가 캘리포니아주 산마테오의 한 인기 있는 카페에서 칼로리 게시의 효과를 연구한다. 그녀는 40명의 고객에 대한 거래 데이터를 수집하여 칼로리 게시 전과 게시 후에 각 고객의 음료와 음식 칼로리를 기록한다. 두 가지 가설검정이 수행된다. 첫 번째 검정은 칼로리 게시 이후 평균 음료 칼로리가 낮아졌는지 검토한다. 영양학자는 5% 유의수준에서 평균 차이에 대한 검정을 수행한 결과, 칼로리 게시가 소비자들에게 음료 칼로리를 줄이도록 유도하지 않았다고 추론한다. 두 번째 검정은 칼로리 게시 이후 평균 음식 칼로리가 낮아졌는지 검토한다. 5% 유의수준에서 표본데이터는 고객들이 칼로리 게시 이후 음식 칼로리 소비를 줄였음을 제시한다. 요약하면, 이러한 결과는 의무적인 칼로리 게시가 고객들에게 건강에 좋은 음식을 선택하도록 유도하고 있는지에 대해 뒤섞인 결과를 보여주는 연구들과 일관성이 있다.

연습문제 10.2

24. 20개의 짝진 관측치 표본이 다음 데이터를 생성한다: $\bar{d} = 1.3$과 $s_D^2 = 2.6$. 이 차이는 정규분포를 따른다고 가정하자.

a. 평균 차이 μ_D에 대한 90% 신뢰구간을 구하라.

b. 신뢰구간을 사용하여 평균 차이가 0과 다른지 검정하라. 설명하라.

25. **FILE** ***Exercise_10.25.*** 첨부된 데이터파일은 차이가 정규분포를 따르는 대응표본 관측치에 대한 정보를 포함하고 있다.

a. 평균 차이 μ_D에 대한 95% 신뢰구간을 구하라.

b. 평균 차이가 0과 다른지 검정하기 위한 경쟁가설을 설정하라.

c. (a)의 신뢰구간을 사용하여 H_0을 기각할 수 있는가? 설명하라.

26. 다음 경쟁가설과 대응짝표본의 결과를 고려하자.

$$H_0: \mu_D \geq 0; H_A: \mu_D < 0$$
$$\bar{d} = -2.8, s_D = 5.7, n = 12$$

a. 표본차이가 정규분포를 따른다고 가정하여 검정통계량의 값과 p-값을 계산하라.

b. 5% 유의수준에서 가설검정의 결론은 무엇인가?

27. 다음과 같은 경쟁가설과 대응짝표본의 결과를 고려하자.

$$H_0: \mu_D \leq 2; H_A: \mu_D > 2$$
$$\bar{d} = 5.6, s_D = 6.2, n = 10$$

a. 표본 차이가 정규분포를 따른다고 가정하여 검정통계량의 값과 p-값을 계산하라.

b. 1% 유의수준을 사용하여 결론을 내려라.

28. 35개의 짝진 관측치 표본은 다음 결과를 생성한다: $\bar{d} = 1.2$와 $s_D = 3.8$.

a. 평균 차이가 0보다 큰지 검정하기 위한 적절한 가설을 설정하라.

b. 검정통계량의 값과 p-값을 계산하라.

c. 5% 유의수준에서 평균 차이가 0보다 크다고 결론을 내릴 수 있는가? 설명하라.

29. **FILE** ***Exercise_10.29.*** 첨부된 데이터파일은 전후 실험에 대한 대응짝 관측치를 보여준다. 표본 차이가 정규분포를 따른다고 가정하자.

a. 실험이 관측치의 크기를 증가시키는지 확인하기 위한 경쟁가설을 설정하라.

b. 5% 유의수준에서 검정을 수행하라.

c. 1% 유의수준에서 검정을 수행하면 결과가 달라지는가?

30. FILE ***Industrial.*** 한 산업공장의 관리자는 평균적으로 근로자가 방법 B를 사용하여 작업을 완료하는 같은 시간 안에 방법 A를 사용하여 완료하지 못한다고 주장한다. 7명의 근로자가 임의로 선정된다. 각 작업자의 완료시간(분)을 방법 A와 방법 B를 사용하여 기록한다. 데이터의 일부가 다음 표에 나와 있다.

Worker	Method_A	Method_B
1	15	16
2	21	25
⋮	⋮	⋮
7	20	20

a. 관리자의 주장을 검정하기 위한 귀무가설과 대립가설을 설정하라.

b. 완료시간 차이가 정규분포를 따른다고 가정하고 검정통계량의 값을 계산하라.

c. p-값을 찾아라.

d. 10% 유의수준에서 관리자의 주장은 데이터에 의해 지지되는가?

31. FILE ***Diet_Center.*** 한 다이어트센터는 지역에서 가장 효과적인 체중감량 프로그램을 가지고 있다고 주장한다. 광고는 "프로그램에 참여하는 사람들은 한 달 안에 5파운드보다 더 감량한다"라고 말한다. 이 프로그램의 고객 6명은 다이어트 첫날(Before)과 한 달 후(After)에 체중을 측정한다. 데이터의 일부가 다음 표에 나와 있다.

Client	Before	After
1	158	151
2	205	200
⋮	⋮	⋮
6	135	129

a. 다이어트센터의 주장을 검정하기 위한 귀무가설과 대립가설을 설정하라.

b. 체중감량이 정규분포를 따른다고 가정하고 검정통계량의 값을 계산하라.

c. p-값을 찾아라.

d. 5% 유의수준에서 데이터가 다이어트센터의 주장을 지지하는가?

32. FILE ***Appraisers.*** 한 은행에 2명의 감정평가사(appraiser)를 고용하고 있다. 주택담보대출자를 승인할 때 감정평가사가 동일한 유형의 부동산을 일관성 있게 평가해야 한다. 은행에서는 이를 확인하기 위해 최근 감정평가사가 평가한 6개 부동산(1,000달러)을 조사한다. 데이터의 일부가 다음 표에 나와 있다.

Property	Appraiser_1	Appraiser_2
1	235	239
2	195	190
⋮	⋮	⋮
6	515	525

a. 감정평가사 1과 감정평가사 2가 추정한 값 사이에 차이가 있는지 결정하기 위한 경쟁가설을 설정하라.

b. 값 차이가 정규분포를 따른다고 가정하고 검정통계량의 값을 구하라.

c. p-값을 구하라.

d. 5% 유의수준에서 감정평가사의 추정치에 일관성이 없다고 결론지을 충분한 증거가 있는가? 설명하라.

33. FILE ***Defects.*** ElectroTech의 품질부서는 두 가지 현미경 브랜드(브랜드 A 또는 브랜드 B) 중 어느 것을 구매할지 검토하고 있다. 검사자는 각 현미경을 사용하여 6개의 회로기판을 검사하고 결함 수(예: 납땜 공극, 오정렬 부품, 등)를 기록한다. 첨부된 표는 결과의 일부를 보여준다.

Board	Brand_A	Brand_B
1	12	14
2	8	9
⋮	⋮	⋮
6	13	15

a. 현미경 브랜드 간에 발견된 결함 수의 평균 차이를 검정하기 위한 귀무가설과 대립가설을 설정하라.

b. 결함 수의 차이가 정규분포를 따른다고 가정하고 검정통계량의 값과 p-값을 계산하라.

c. 5% 유의수준에서 현미경 브랜드 간 차이가 있는가?

34. FILE ***Speed.*** 한 컴퓨터기술 회사에서 인기 있는 노트북 컴퓨터 모델 중 하나에 사용될 때 새로운 프로세서의 속도가 기존 프로세서의 속도를 능가하는지 확인하려고 한다. 따라서 동일한 두 대의 컴퓨터에서 새로운 프로세서와 기존 프로세서를 사용하여 7개의 일반적인 작업을 완료하는 데 걸리는 시간(초)을 측정한다. 두 프로세서에 필요한 시간의 일부는 다음 표에 나와 있다.

Task	New	Existing
1	1.47	1.68
2	2.59	2.99
⋮	⋮	⋮
7	5.75	6.19

a. 새로운 프로세서에 필요한 시간이 기존 프로세서보다 짧은지 검정하기 위해 귀무가설과 대립가설을 설정하라.

b. 시간의 차이가 정규분포를 따른다고 가정하고 검정통계량의 값과 p-값을 계산하라.

c. 5% 유의수준에서 새로운 프로세서가 이전 프로세서보다 더 빠른가?

35. FILE ***SAT_Scores.*** 한 보고서는 SAT 시험준비 제공기관들이 그들의 주장을 지지할 어떠한 확실한 데이터도 없이 큰 점수 획득을 약속하고 있다고 비판한다. 8명의 대학생이 모의(mock) SAT를 치르고, 3개월간의 시험준비 과정을 마친 다음, 실제(real) SAT를 본다고 가정하자. 데이터의 일부가 다음 표에 나와 있다.

Student	Mock	Real
1	1830	1840
2	1760	1800
⋮	⋮	⋮
8	1710	1780

a. 시험준비 과정을 완료하면 실제 SAT에서 학생의 점수가 상승하는지 결정하기 위한 경쟁가설을 설정하라.

b. 검정통계량의 값과 p-값을 계산하라. SAT 점수 차이가 정규분포를 따른다고 가정하자.

c. 5%의 유의수준에서 표본데이터가 시험준비 제공기관의 주장을 지지하는가?

36. FILE ***Premiums.*** 대형 보험사인 Insure-Me의 마케팅 부서는 고객이 보험을 Insure-Me로 전환함으로써 연간자동차보험을 평균 100달러 이상 절약할 수 있다(가장 가까운 경쟁사 대비)고 광고하려고 한다. 그러나 허위광고로 인한 잠재적 소송을 피하기 위해 임의표본을 선택한다. 50명 보험가입자의 임의표본을 추출하여를 그들의 보험료를 가장 가까운 경쟁사의 보험료와 비교한다. 데이터의 일부가 다음 표에 나와 있다.

Policyholder	Competitor	Insure-Me
1	958	1086
2	1034	366
⋮	⋮	⋮
50	1161	964

a. 경쟁사의 보험료와 Insure-Me의 보험료의 평균 차이가 100달러를 넘는지 결정하기 위한 경쟁 가설을 설정하라.

b. 검정통계량의 값과 p-값을 계산하라.

c. 5% 유의수준에서 결론은 무엇인가? 10% 유의수준에서 결론은 무엇인가?

37. FILE ***Returns.*** 첨부된 표는 지난 9년간 주식 A와 주식 B의 연간수익률 중 일부를 보여준다.

Year	Stock_A	Stock_B
1	−14.23	−21.89
2	−50.54	−30.40
⋮	⋮	⋮
9	84.99	14.39

a. 수익률 사이의 평균 차이가 0과 다르다는 주장을 검정하기 위한 가설을 설정하라.

b. 검정통계량의 값과 p-값을 계산하라.

c. 5% 유의수준에서 수익률 사이의 평균 차이가 0과 다른가?

38. FILE ***Labor_Costs.*** 대형 제조기업 Excabar의 노동견적부서에서 노동입찰과정의 정확성(단위당 추정비용 대 단위당 실제비용)을 확인하려고 한다. 그들은 나중에 성공한(즉, 회사가 제품에 대한 계약을 따냈다는 의미) 35개의 제품견적을 임의로 선택했다. 데이터의 일부가 다음 표에 나와 있다.

Product	Estimated	Actual
1	13.90	12.90
2	18.80	15.80
⋮	⋮	⋮
35	17.80	14.80

a. 추정비용과 실제비용 간에 차이가 있는지 확인하기 위한 경쟁가설을 설정하라.

b. 검정통계량의 값과 p-값을 계산하라.

c. 1% 유의수준에서 결론은 무엇인가?

39. FILE ***Smoking.*** 사람들이 흡연을 끊을 때 체중이 증가하는 것은 꽤 흔한 일이다. 약간의 체중증가는 정상이지만, 과도한 체중증가는 금연의 이점을 잠식하는 새로운 건강문제를 일으킬 수 있다. 첨부된 표는 50명의 여성에 대한 금연 전(Before) 및 6개월 후(After)의 체중 데이터 일부를 보여준다.

Woman	Before	After
1	140	155
2	144	142
⋮	⋮	⋮
50	135	147

a. 평균 체중증가에 대한 95% 신뢰구간을 구하고 해석하라.

b. 평균 체중증가가 5파운드와 다른지 확인하기 위해 신뢰구간을 사용하라.

40. **FILE** ***Shift.*** 강력한 타자를 만나면 많은 야구팀이 수비 시프트를 활용한다. 시프트는 보통 타자들을 상대로 내야수 3명을 2루 베이스 한쪽에 배치해 한다. 많은 사람들은 파워 타자가 시프트 수비에 직면했을 때 표준 수비에 비하여 타율이 낮다고 믿는다. 첨부된 표는 10명 타자들의 시프트(Shift) 수비와 표준(Standard) 수비의 경우의 타율 일부를 보여준다.

Player	Shift	Standard
1	0.239	0.270
2	0.189	0.230
⋮	⋮	⋮
10	0.211	0.205

a. 수비 시프트의 사용이 타자의 타율을 낮추는지 결정하기 위해 경쟁가설을 설정하라.

b. 검정통계량의 값과 p-값을 계산하라. 타율 차이가 정규분포를 따른다고 가정하자.

c. 5% 유의수준에서 수비 시프트는 타자의 타율을 낮추는 데 효과적인가?

10.3 두 비율 간 차이에 관한 추론

앞의 두 절에서는 독립적인 표본추출과 대응짝 표본추출에서 두 모평균의 차이에 초점을 맞추었다. 이제 독립적인 표본추출 하에서 두 모비율 간 차이에 주목한다. 이 기법으로 많은 실제적인 응용을 할 수 있다.

기술산업과 건설산업에서 파산률이 같은지 확인하길 원하는 투자자를 고려해 보자. 이 분석 결과는 두 산업에 대한 투자의 상대적 위험도를 결정하는 데 도움이 될 것이다. 또는 마케팅 임원은 기업의 제품을 구매하는 여성의 비율이 남성의 비율보다 더 높다고 주장할 수도 있다. 이 주장이 데이터에 의해 지지된다면, 회사가 광고해야 할 대상에 대한 정보를 제공한다. 또 다른 사례로, 소비자 옹호단체는 건강보험을 보유하는 젊은 성인의 비율이 노인의 비율보다 적다고 진술할 수 있다. 보건과 정부공무원들은 특히 이러한 유형의 정보에 관심이 있을 수 있다.

위의 모든 예제들은 두 모비율을 비교하는 것이다. 관심 있는 모수는 $p_1 - p_2$이며, 여기서 p_1과 p_2는 각각 첫 번째와 두 번째 모집단에서의 비율을 나타낸다. 두 모비율 간 차이에 대한 추정량은 $\bar{P}_1 - \bar{P}_2$이다.

$p_1 - p_2$에 대한 신뢰구간

모비율 p_1과 p_2는 알려져 있지 않기 때문에, 그들을 각각 $\bar{p}_1$과 $\bar{p}_2$로 추정한다. 첫 번째 표본비율은 $\bar{p}_1 = x_1/n_1$로 계산되며, 여기서 x_1은 모집단 1로부터 추출된 n_1 관측치에서의 성공횟수를 나타낸다. 마찬가지로, $\bar{p}_2 = x_2/n_2$는 모집단 2에서 추출된 표본비율이다. 여기서 x_2는 n_2에서의 성공횟수이다. 그 차이 $\bar{p}_1 - \bar{p}_2$는 $p_1 - p_2$의 점추정치이다.

7장에서 추정량 $\bar{p}_1$과 $\bar{p}_2$에 대한 표준오차는 각각 $se(\bar{P}_1) = \sqrt{\frac{p_1(1-p_1)}{n_1}}$와 $se(\bar{P}_2) = \sqrt{\frac{p_2(1-p_2)}{n_2}}$임을 기억하자. 따라서 독립적으로 추출된 두 개의 표본에 대해, 표준오차는 $se(\bar{P}_1 - \bar{P}_2) =$

$\sqrt{\frac{p_1(1-p_1)}{n_1}+\frac{p_2(1-p_2)}{n_2}}$이다. p_1과 p_2를 알 수 없기 때문에, 표준오차를 $\sqrt{\frac{\bar{p}_1(1-\bar{p}_1)}{n_1}+\frac{\bar{p}_2(1-\bar{p}_2)}{n_2}}$로 추정한다. 마지막으로 n_1과 n_2가 모두 충분히 클 때, $\bar{P}_1 - \bar{P}_2$의 표집분포는 정규분포를 근사할 수 있다.

다음 공식을 사용하여 두 모비율 간 차이에 대한 신뢰구간을 구한다.

$p_1 - p_2$에 대한 신뢰구간

두 모비율 간 차이 $p_1 - p_2$에 대한 $100(1-\alpha)\%$ 신뢰구간은 다음과 같이 계산된다.

$$(\bar{p}_1-\bar{p}_2) \pm z_{\alpha/2}\sqrt{\frac{\bar{p}_1(1-\bar{p}_1)}{n_1}+\frac{\bar{p}_2(1-\bar{p}_2)}{n_2}}$$

언급한 바와 같이, 위의 공식은 두 표본이 충분히 클 때만 타당하다. 일반적인 지침은 n_1p_1, $n_1(1-p_1)$, n_2p_2, 그리고 $n_2(1-p_2)$가 모두 5 이상이어야 한다. 여기서 p_1과 p_2는 각각 $\bar{p}_1$과 $\bar{p}_2$에서 평가된다.

예제 10.9

경험이 부족함에도 불구하고 후보 A는 유권자들의 지지를 얻은 것으로 보인다. 3개월 전 등록된 유권자 120명을 대상으로 한 설문조사에서 55명이 후보 A에게 투표하겠다고 응답했다. 오늘 80명의 표본에서 41명의 등록 유권자가 후보 A에게 투표하겠다고 응답했다. 두 모비율 간 차이에 대한 95% 신뢰구간을 구하라.

해답:

p_1과 p_2가 각각 오늘과 3개월 전에 후보를 지지하는 유권자의 모비율을 나타낸다고 하자. $p_1 - p_2$에 대한 95% 신뢰구간을 계산하기 위해, 공식 $(\bar{p}_1 - \bar{p}_2) \pm z_{\alpha/2}\sqrt{\frac{\bar{p}_1(1-\bar{p}_1)}{n_1}+\frac{\bar{p}_2(1-\bar{p}_2)}{n_2}}$를 사용한다. 표본비율을 다음과 같이 계산한다.

$$\bar{p}_1 = x_1/n_1 = 41/80 = 0.5125, \quad \bar{p}_2 = x_2/n_2 = 55/120 = 0.4583$$

$n_1\bar{p}_1$, $n_1(1-\bar{p}_1)$, $n_2\bar{p}_2$, 그리고 $n_2(1-\bar{p}_2)$가 모두 5를 초과하므로 정규성 조건이 충족됨을 주목하자. 95% 신뢰구간을 위해 z 분포표를 사용하여 $z_{\alpha/2} = z_{0.05/2} = z_{0.025} = 1.96$을 찾는다. 값들을 공식에 대입하여 다음을 구한다.

$$(0.5125-0.4583) \pm 1.96\sqrt{\frac{0.5125(1-0.5125)}{80}+\frac{0.4583(1-0.4583)}{120}}$$
$$= 0.0542 \pm 0.1412 \text{ or } [-0.0870, 0.1954]$$

95%의 신뢰도로, 그 후보에 대한 지지율 변화가 −8.70%에서 19.54% 사이에 있다고 보고할 수 있다.

$p_1 - p_2$에 대한 가설검정

독립적인 표본추출에서 두 모비율 간 차이를 검정하기 위한 귀무가설과 대립가설은 다음 형식 중 하나를 취한다.

양측검정	오른쪽꼬리 검정	왼쪽꼬리 검정
H_0: $p_1 - p_2 = d_0$	H_0: $p_1 - p_2 \leq d_0$	H_0: $p_1 - p_2 \geq d_0$
H_A: $p_1 - p_2 \neq d_0$	H_A: $p_1 - p_2 > d_0$	H_A: $p_1 - p_2 < d_0$

알려지지 않은 모비율 p_1과 p_2 사이의 주어진 가설로 설정된 차이를 나타내기 위해 기호 d_0을 사용한다. 대부분의 경우, d_0은 0으로 설정된다. 예를 들어, 모비율이 다른지(즉, $p_1 \neq p_2$인 경우)를 검정할 때 경쟁가설이 H_0: $p_1 - p_2 = 0$ vs H_A: $p_1 - p_2 \neq 0$로 정의된 양측검정을 사용한다. 반면에, 비율이 어떤 양만큼(말하자면 0.20만큼) 다른지 확인하고 싶을 때는 $d_0 = 0.20$으로 설정하고, 경쟁가설을 H_0: $p_1 - p_2 = 0.20$ vs H_A: $p_1 - p_2 \neq 0.20$로 정의한다. 단측검정도 유사하게 정의된다.

예제 10.10

예제 10.9를 다시 살펴보자. 3개월 동안 후보 A를 선호하는 사람의 비율이 변했는지 확인하기 위한 경쟁가설을 설정하라. 95% 신뢰구간을 사용한 검정의 결론은 무엇인가? 설명하라.

해답:

본질적으로, $p_1 \neq p_2$인지 결정하고 싶다. 여기서 p_1와 p_2는 각각 오늘과 3개월 전에 후보자를 지지한 유권자의 모비율을 나타낸다. 경쟁가설을 다음과 같이 설정한다.

$$H_0: p_1 - p_2 = 0$$
$$H_A: p_1 - p_2 \neq 0$$

예제 10.9에서, 모비율 간 차이에 대한 95% 신뢰구간을 [−0.0870, 0.1954]로 구했다. 이 구간에는 귀무가설에서 가설로 설정된 값인 0이 포함되어 있다. 따라서 귀무가설을 기각할 수 없다. 달리 말해, 주어진 표본데이터로부터 5% 유의수준에서 후보 A에 대한 지지가 변했다는 결론을 내릴 수 없다.

이제 두 비율 간 차이 $p_1 - p_2$에 관한 단측 또는 양측 가설검정을 수행하기 위한 일반적인 4단계 절차를 소개한다. 이 추정치로부터 가설로 설정된 차이 d_0을 빼고 표준오차의 추정치 $se(\bar{P}_1 - \bar{P}_2)$로 나누어 추정치 $\bar{p}_1 - \bar{p}_2$를 대응하는 z 통계로 변환한다. $p_1 - p_2$에 대한 신뢰구간을 구할 때, $se(\bar{P}_1 - \bar{P}_2) = \sqrt{\frac{\bar{p}_1(1-\bar{p}_1)}{n_1} + \frac{\bar{p}_2(1-\bar{p}_2)}{n_2}}$를 가정한다. 그러나 d_0이 0이면, 즉 H_0: $p_1 = p_2$이면, $\bar{p}_1$와 $\bar{p}_2$는 둘 다 근본적으로 같은 알려지지 않은 모비율의 추정치이다. 이러한 이유로 표준오차는 더 큰 표본을 기반으로 하는 알려지지 않은 모비율에 대한 통합추정치 $\bar{p} = (x_1 + x_2)/(n_1 + n_2)$를 계산함으로써 개선될 수 있다.

$p_1 - p_2$ 검정을 위한 검정통계량

두 비율 간 차이 $p_1 - p_2$에 관한 가설검정에 대한 검정통계량의 값은 다음 두 공식 중 하나를 사용하여 계산된다.

1. 가설로 설정된 차이 d_0이 0이면, 검정통계량의 값은 다음과 같다.

$$z = \frac{\bar{p}_1 - \bar{p}_2}{\sqrt{\bar{p}(1-\bar{p})\left(\frac{1}{n_1} + \frac{1}{n_2}\right)}}$$

여기서 $\bar{p}_1 = \frac{x_1}{n_1}$, $\bar{p}_2 = \frac{x_2}{n_2}$, 그리고 $\bar{p} = \frac{x_1 + x_2}{n_1 + n_2}$이다.

2. 가설로 설정된 차이 d_0이 0이 아니면, 검정통계량의 값은 다음과 같다.

$$z = \frac{(\bar{p}_1 - \bar{p}_2) - d_0}{\sqrt{\frac{\bar{p}_1(1-\bar{p}_1)}{n_1} + \frac{\bar{p}_2(1-\bar{p}_2)}{n_2}}}$$

신뢰구간의 경우와 마찬가지로, 위의 공식은 두 표본이 충분히 큰 경우에만 타당하다.

예제 10.11

한 분석가가 정기적으로 온라인 구매를 하는 남성의 비율이 여성의 비율보다 크다고 주장한다. 분석가가 조사한 남성 6,000명 중 5,400명이 정기적으로 온라인 구매를 한다고 응답한 데 비해, 조사대상 여성 1만 명 중에는 8,600명이 응답했다. 분석가의 주장을 5% 유의수준에서 검정하라.

해답:

p_1과 p_2는 각각 온라인 구매를 하는 남성과 여성의 모비율을 나타낸다. 온라인 구매를 하는 남성의 비율이 여성의 비율보다 큰지, 즉 $p_1 - p_2 > 0$를 검정하려고 한다. 따라서 경쟁가설을 다음과 같이 설정한다.

$$H_0: p_1 - p_2 \le 0$$
$$H_A: p_1 - p_2 > 0$$

가설로 설정된 차이가 0 또는 $d_0 = 0$이므로, 검정통계량의 값을 $z = \frac{\bar{p}_1 - \bar{p}_2}{\sqrt{\bar{p}(1-\bar{p})\left(\frac{1}{n_1} + \frac{1}{n_2}\right)}}$로 계산한다. 먼저 표본비율 $\bar{p}_1 = x_1/n_1 = 5{,}400/6{,}000 = 0.90$와 $\bar{p}_2 = x_2/n_2 = 8{,}600/10{,}000 = 0.86$을 계산한다. 정규성 조건은 $n_1\bar{p}_1$, $n_1(1-\bar{p}_1)$, $n_2\bar{p}_2$, $n_2(1-\bar{p}_2)$가 모두 5를 초과하므로 만족된다. 다음으로 $\bar{p} = \frac{x_1 + x_2}{n_1 + n_2} = \frac{5{,}400 + 8{,}600}{6{,}000 + 10{,}000} = 0.875$를 계산한다. 따라서 다음과 같다.

$$z = \frac{(0.90 - 0.86)}{\sqrt{0.875(1 - 0.875)\left(\frac{1}{6,000} + \frac{1}{10,000}\right)}} = 7.4066$$

$P(Z \geq 7.4066)$로 계산되는 p-값은 근사적으로 0이다. p-값 $< \alpha = 0.05$이므로 H_0을 기각한다. 5% 유의수준에서 분석가의 주장은 표본데이터에 의해 지지된다. 즉, 정기적으로 온라인 구매를 하는 남성의 비율이 여성의 비율보다 높다. 결과는 남성 고객을 유치하기 위해 웹사이트를 재설계하는 많은 소매업체의 결정과 일치하는 것으로 보인다.

예제 10.12

상대적으로 비싼 와인이 상대적으로 저렴한 와인에 비해 더 바람직한 특성을 가질 것으로 예상하지만, 블라인드 테스트에서 와인 품질에 대한 평가에 사람들은 자주 혼란스러워한다(npr.com, 2016년 5월 24일). 한 지역 와이너리의 최근 실험에서 같은 와인이 두 그룹의 사람들에게 다른 가격 정보로 제공되었다. 첫 번째 그룹에서는 25달러 와인을 맛보고 있다고 들은 60명 중 48명이 와인을 좋아한다. 두 번째 그룹에서는 10달러 와인이라고 들었을 때 50명 중 단지 20명만이 와인을 좋아한다. 실험은 첫 번째 그룹에서 와인을 좋아하는 사람들의 비율이 두 번째 그룹보다 20%p보다 더 높은지 확인하기 위해 수행되었다. 5% 유의수준에서 이 검정을 수행하라.

해답:

p_1와 p_2는 각각 그룹 1과 그룹 2에서 와인을 좋아하는 사람들의 비율을 나타낸다고 하자. 첫 번째 그룹의 와인을 좋아하는 사람들의 비율이 두 번째 그룹보다 20%p보다 더 높은지 검정하길 원한다. 경쟁가설을 다음과 같이 설정한다.

$$H_0: p_1 - p_2 \leq 0.20$$
$$H_A: p_1 - p_2 > 0.20$$

먼저 표본비율을 $\bar{p}_1 = x_1/n_1 = 48/60 = 0.80$과 $\bar{p}_2 = x_2/n_2 = 20/50 = 0.40$으로 계산하고, 정규성 조건이 $n_1\bar{p}_1$, $n_1(1 - \bar{p}_1)$, $n_2\bar{p}_2$, 그리고 $n_2(1 - \bar{p}_2)$로 모두 5를 초과하므로 충족됨에 주목한다.

$d_0 = 0.20$이므로, 검정통계량의 값은 다음과 같이 계산된다.

$$z = \frac{(\bar{p}_1 - \bar{p}_2) - d_0}{\sqrt{\frac{\bar{p}_1(1 - \bar{p}_1)}{n_1} + \frac{\bar{p}_2(1 - \bar{p}_2)}{n_2}}} = \frac{(0.80 - 0.40) - 0.20}{\sqrt{\frac{0.80(1 - 0.80)}{60} + \frac{0.40(1 - 0.40)}{50}}} = 2.3146$$

오른쪽꼬리 검정의 경우 p-값을 $P(Z \geq 2.3146) = 0.0103$으로 계산한다. Excel에서 p-값을 찾으려면 `=1-NORM.DIST(2.3146,0,1,TRUE)`를 입력하고, R에서는 `pnorm(2.3146, 0, 1,lower.tail=FALSE)`를 입력함을 기억하자. p-값 $< \alpha = 0.05$이므로, 귀무가설을 기각한다. 5% 유의수준에서 첫 번째 그룹에서 와인을 좋아하는 사람들의 비율이 두 번째 그룹보다 20%p보다 더 높다고 결론을 내린다. 전반적으로 이 결과는 와인 시음에서 암시의 힘을 입증한 과학적 연구와 일관성이 있다.

연습문제 10.3

41. $\bar{p}_1 = 0.85$, $n_1 = 400$, $\bar{p}_2 = 0.90$, $n_2 = 350$을 고려하여 모비율 간 차이에 대한 90% 신뢰구간을 구하라. 10% 유의수준에서 모비율 간 차이가 있는가? 설명하라.

42. $x_1 = 50$, $n_1 = 200$, $x_2 = 70$, $n_2 = 250$을 고려하여 모비율 간 차이에 대한 95% 신뢰구간을 구한다. 5% 유의수준에서 모비율 간 차이가 있는가? 설명하라.

43. 다음 경쟁가설과 표본데이터를 고려해보자.

$$H_0: p_1 - p_2 \geq 0$$
$$H_A: p_1 - p_2 < 0$$

$$x_1 = 250 \quad x_2 = 275$$
$$n_1 = 400 \quad n_2 = 400$$

a. 검정통계량의 값을 계산하라.

b. p-값을 구하라.

c. 5% 유의수준에서 검정의 결론은 무엇인가? p_1이 p_2보다 적은가?

44. 다음 경쟁가설과 표본데이터를 고려해보자.

$$H_0: p_1 - p_2 = 0$$
$$H_A: p_1 - p_2 \neq 0$$

$$x_1 = 100 \quad x_2 = 172$$
$$n_1 = 250 \quad n_2 = 400$$

a. 검정통계량의 값을 계산하라.

b. p-값을 구하라.

c. 5% 유의수준에서 검정의 결론은 무엇인가? 모비율이 다른가?

45. 다음 경쟁가설과 표본데이터를 고려해보자.

$$H_0: p_1 - p_2 = 0$$
$$H_A: p_1 - p_2 \neq 0$$

$$x_1 = 300 \quad x_2 = 325$$
$$n_1 = 600 \quad n_2 = 500$$

a. 검정통계량의 값을 계산하라.

b. p-값을 구하라.

c. 5% 유의수준에서 검정의 결론은 무엇인가? 모비율이 다른가?

46. 다음 경쟁가설과 표본데이터를 고려해보자.

$$H_0: p_1 - p_2 = 0.20$$
$$H_A: p_1 - p_2 \neq 0.20$$

$$x_1 = 150 \quad x_2 = 130$$
$$n_1 = 250 \quad n_2 = 400$$

a. 검정통계량의 값을 계산하라.

b. p-값을 구하라.

c. 5% 유의수준에서 검정의 결론은 무엇인가? 모비율 간 차이가 0.20과 다르다는 결론을 내릴 수 있는가?

47. 한 연구는 2학년에서 11학년까지의 수학시험에서 여학생과 남학생이 똑같이 잘 하지 못한다고 주장한다. 대표성 있는 표본에서 430명의 여학생 중 344명과 450명의 남학생 중 369명이 표준화된 수학시험에서 능숙 또는 상급 수준의 점수를 받았다고 가정해보자.

a. 능숙 또는 상급 수준의 점수를 받은 여학생과 남학생의 모비율 간 차이에 대한 95% 신뢰구간을 구하라.

b. 능숙 또는 상급 수준의 점수를 받은 여학생의 비율이 남학생의 비율과 다른지 검정하기 위한 적절한 귀무가설과 대립가설을 설정하라.

c. 5% 유의수준에서 검정의 결론은 무엇인가? 결과는 연구의 주장을 지지하는가?

48. 4피트 나무판자의 폐기물을 줄이는 것은 목재제조회사에서 비용을 줄이는 데 중요한 요소이다. 따라서 Lumberworks의 엔지니어는 폐기 비율을 줄일 수 있는 측면 절단을 포함과 관련된 잠재적인 새로운 절단 방법을 연구하고 있다. 이 방법의 가능성을 검토하기 위해 기존 방법과 새로운 방법으로 판자의 표본을 조사했다. 기존 방법으로 500개 판자 중 62개가 폐기된 반면, 새로운 방법으로 400개 판자 중 36개가 폐기되었다.

a. 기존 방법과 새로운 방법 사이의 폐기 모비율 간 차이에 대한 95% 신뢰구간을 구하라.

b. 기존 절단 방법과 새로운 절단 방법 사이의 폐기 모비율 간 차이를 검정하기 위한 귀무가설과 대립가설을 설정하라.

c. (a)의 결과를 이용하여 5% 유의수준에서 새로운 방법의 폐기 비율이 기존 방법과 다르다는 결론을 내릴 수 있는가?

49. 최근 보고서에 따르면 신혼부부의 14.6%가 인종이나 민족이 다른 배우자를 가진 것으로 나타났다. 1980년 비슷한 조사에서는 신혼부부 중 6.8%만이 인종이나 민족이 다르게 결혼했다고 응답했다. 이 두 조사 모두 500쌍의 신혼부부를 대상으로 실시되었다고 가정해보자.

a. 인종이나 민족이 다른 사람과 결혼하는 사람의 비율이 증가한다는 주장을 검정하기 위한 경쟁가설을 설정하라.

b. 검정통계량의 값과 p-값을 계산하라.

c. 5% 유의수준에서 검정의 결론은 무엇인가?

50. 한 연구는 남아가 여아보다 10대가 되면 소아천식에서 벗어날 가능성이 높다고 제시하였다. 이 연구는 5세에서 12세 사이의 남아 500명과 여아 500명을 추적하였는데, 이들은 모두 경미하거나 중등도의 천식을 가지고 있었다. 18세가 되었을 때, 남아의 27%와 여아의 14%가 천식에서 벗어났다.

- **a.** 10대에 천식에서 벗어난 남아의 비율이 여아보다 높은지 검정하기 위한 가설을 설정하라.
- **b.** 5% 유의수준에서 (a)의 주장을 검정하라.
- **c.** 한 의학연구원이 10대에 천식에서 벗어난 남아의 비율이 여아보다 0.10보다 더 높다고 주장했다고 가정하자. 5% 유의수준에서 이 주장을 검정하라.

51. 취업의 관점에서, 구직자들은 이제 온라인에서 도움을 받을 수 있기 때문에, 더 이상 친구에게 취업 알선의 도움을 요청하지 않는다. 최근 구직자 150명을 대상으로 한 설문조사에서 67명이 링크드인(LinkedIn)을 이용해 구직활동을 했다고 답했다. 3년 전 140명 구직자를 대상으로 실시한 비슷한 설문조사에서 58명의 구직자가 링크드인을 이용해 구직활동을 한 것으로 나타났다. 3년 전에 비해 더 많은 사람들이 구직을 위해 링크드인을 이용하고 있다는 충분한 증거가 있는가? 분석에 5% 유의수준을 사용하자.

52. 두 지역(Seaside와 Oceanfront)에 위치한 고급 리조트 호텔인 Elegante의 하우스키핑 책임자가 두 호텔의 하우스키핑 성과를 평가하려고 한다. 각 호텔에서 100개 객실의 임의표본을 추출하여 청소한 후 불량(예: 수건 누락, 비누 누락, 더러운 바닥 또는 샤워실, 테이블 먼지)을 검사했다. Seaside 객실 중 21개, Oceanfront의 28개 객실에서 하우스키핑 불량이 발견되었다.

- **a.** 하우스키핑 불량 비율이 두 호텔 위치 간 다른지 검정하기 위한 가설을 설정하라.
- **b.** 검정통계량의 값과 p-값을 계산하라.
- **c.** 결과는 5% 유의수준에서 하우스키핑 불량 비율이 두 호텔 위치 간 다르다고 제시하는가??
- **d.** 두 호텔 위치 간 모집단 하우스키핑 불량 비율의 차이에 대한 95% 신뢰구간을 구하라. 이 신뢰구간이 (c)와 같은 결론에 도달하기 위해 어떻게 사용될 수 있는가?

53. 어린이 장난감을 더 안전하고 훼손되지 않게 하려는 노력으로, 장난감 포장은 많은 경우 부모가 제거하기 번거롭게 되었다. 따라서 장난감 제조업체인 Toys4Tots의 마케팅이사는 엔지니어들이 고객의 불만을 10%p보다 더 줄일 수 있다고 주장하는 새로운 포장 디자인의 효과를 평가하고자 한다. 기존 디자인으로 포장된 장난감을 구매한 부모 250명과 새로운 디자인으로 포장된 장난감을 구매한 부모 250명을 대상으로 고객만족도 설문조사가 발송됐다. 이 중 85명의 부모가 구형 디자인의 포장에 불만을, 40명의 부모가 신형 디자인의 포장에 불만을 나타냈다.

- **a.** 새로운 포장 디자인 하에서 고객 불만이 10%p보다 더 감소했는지 검정하기 위한 귀무가설과 대립가설을 설정하라.
- **b.** 검정통계량의 값과 p-값을 계산하라.
- **c.** 5% 유의수준에서, 결과가 엔지니어의 주장을 지지하는가?
- **d.** 1% 유의수준에서, 결과가 엔지니어의 주장을 지지하는가?

54. 한 보고서에 따르면 미국 성인의 32.2%가 비만이다. 일반적으로 민족집단 중 아프리카계 미국인 여성은 백인 여성보다 과체중이 많지만, 아프리카계 미국인 남성은 백인 남성보다 덜 비만하다. 최근 대학을 졸업한 사라 웨버는 서해안에 있는 그녀의 고향에도 같은 패턴이 존재하는지 확인하고 싶어 한다. 그녀는 분석을 위해 220명의 아프리카계 미국인 성인과 300명의 백인 성인을 임의로 선택한다. 다음 표에 표본정보가 포함되어 있다.

Race	Sex	Obese	Not Obese
African Americans	Males	36	94
	Females	35	55
Caucasians	Males	62	118
	Females	31	89

- **a.** 아프리카계 미국인 남성의 비만율이 백인 남성의 비만율보다 낮은지 $\alpha = 0.05$에서 검정하라.
- **b.** 아프리카계 미국인 여성의 비만율이 백인 여성의 비만율보다 높은지 $\alpha = 0.05$로 검정하라.
- **c.** 아프리카계 미국인 성인의 비만율이 백인 성인의 비만율과 다른지 5% 유의수준에서 검정하라.

55. 한 보고서는 회계학 전공자의 50%가 진로에 만족하는 데 비해 심리학 전공자는 만족하는 비율이 26%에 불과한 것을 발견했다. 이 결과는 심리학 전공자 300명과 회계학 전공자 350명을 대상으로 한 설문조사로부터 얻어진 것이라고 가정해 보자.

- **a.** 회계학 전공자의 진로에 만족하는 비율이 심리학 전공자보다 20%p보다 더 높은지 검정하기 위한 귀무가설과 대립가설을 설정하라.
- **b.** 검정통계량의 값과 p-값을 계산하라.
- **c.** 5% 유의수준에서 결론은 무엇인가?

56. 기존 공급업체의 납품지연 문제로 인해 ElectroTech의 조달책임자는 "dual-source"(2개 공급업체) 전략의 일환으로 새로운 공급업체에 전기스위치를 주문하기 시작했다. 이제 그녀는 구매활동을 단순화하기 위해 "single-source"(즉, 한 공

급업체) 전략으로 되돌아가고자 한다. 그녀는 새로운 공급업체가 이전 공급업체를 계속 능가할 것인지 추론하기 위해 검정을 수행하려고 한다. 최근의 표본데이터를 바탕으로, 이전 공급업체에 접수된 150건의 주문 중 27건이 늦게 도착한 반면, 새로운 공급업체에 접수된 75건의 주문 중 6건이 늦게 도착했다는 것을 발견했다.

a. 새로운 공급업체의 납품 지연율이 이전 공급업체의 지연율보다 낮은지 검정하기 위한 귀무가설과 대립가설을 설정하라.

b. 검정통계량의 값과 p-값을 계산하라.

c. 5% 유의수준에서 결론은 무엇인가?

57. 한 보고서는 경영학 전공자들이 모든 다른 대학생들보다 수업활동에 가장 적은 시간을 보낸다고 제시했다. 한 대학의 학장이 주당 최소 20시간 이상을 수업활동에 소요하는 것으로 정의되는 공부를 열심히 하는지 묻는 설문조사를 실시하기로 결정했다. 설문조사에서 경영학 전공자 120명 중 20명이 열심히 공부했다고 답한 반면, 비경영학 전공자는 150명 중 48명이 열심히 공부했다고 답했다. 5% 유의수준에서 경영학 전공자의 열심히 공부하는 비율이 비전공자의 비율보다 낮다고 결론지을 수 있는가? 세부정보를 제공하라.

58. 많은 사람들은 남자와 여자가 단지 친구로 지내는 것이 실현가능하지 않다고 믿는 반면, 다른 사람들은 남자가 일하고 여자가 집에 머물었을 때 그들이 함께할 수 있는 유일한 방법이 로맨스였던 시절은 지났으므로 이러한 믿음은 더 이상 사실이 아닐 수 있다고 주장한다. 최근 한 조사에서 200명의 이성애 대학생들에게 남녀 학생들이 단지 친구로 지내는 것이 가능한지 물었다. 여성의 32%와 남성의 57%가 남성과 여성이 단지 친구로 지내는 것이 가능하지 않다고 답했다. 이 연구가 100명의 여학생과 100명의 남학생으로 구성되어 있다고 가정해 보자. 5% 유의수준에서 이 관점을 가진 남학생과 여학생의 비율 간 10%p보다 큰 차이가 있다고 결론지을 수 있는가? 세부정보를 제공하라.

JGI/Blend Images LLC

STOCK4B-RF/Getty Images

10.4 데이터 분석

사례연구

온라인 데이트는 친구나 가족을 통하는 것처럼 이메일이나 다른 가상 중매서비스를 통해 예비커플이 만나는 것을 가능하게 만들었다. 한 연구는 여성들은 파트너의 인종과 재정적 안정성에 더 중점을 두는 반면, 남성들은 대부분 육체적 매력을 찾는다는 것을 발견했다. 여성의 13%와 남성의 8%가 파트너가 같은 민족적 배경을 갖기를 원하는 것으로 나타났다. 또한, 여성의 36%와 남성의 13%는 자신만큼 돈을 많이 버는 사람을 만나고 싶어한다.

오하이오주 신시내티의 작은 중매업체에서 일하는 안카 와일더는 유사한 패턴이 그녀의 고객에게도 있는지 알기를 원한다. 그녀는 160명의 여성과 120명의 남성 고객들의 선호도에 접근할 수 있다. 이 표본에서 그녀는 28명의 여성과 12명의 남성 고객이 파트너가 같은 민족이기를 원한다는 것을 발견했다. 또한, 50명의 여성과 10명의 남성은 파트너가 자신만큼 돈을 벌기를 원한다.

안카는 이 표본정보를 사용하여 파트너가 같은 민족적 배경을 갖기를 원하는 여성의 비율이 남성의 비율보다 높은지 확인하고자 한다. 또한, 파트너가 자신만큼 돈을 벌기를 원하는 여성의 비율이 남성보다 20%p보다 더 높은지 확인하고자 한다.

샘플보고서— 온라인 데이트 선호도

인터넷의 등장으로 관심사, 종교, 문화적 배경이 비슷한 개인들을 연결해 대인관계를 맺는 온라인 데이트 서비스가 급증하고 있다. 인터넷이 아직 걸음마 단계였던 1992년, 미국인들 중 1% 미만이 온라인 데이트 서비스를 통해 파트너를 만났다. 오늘날 이성 커플의 약 39%가 온라인에서 만난다고 보고되었다(stanford.edu, 2019년 8월 21일). 최근 한 설문조사는 남성보다 높은 여성의 비율이 비슷한 민족적 배경을 가진 사람을 만나고 싶어한다고 제시했다. 또한, 자신만큼 많은 돈을 버는 사람을 만나고 싶어하는 남성과 여성의 비율은 20%p보다 더 차이가 난다.

오하이오주 신시내티의 온라인 데이트 고객들에게 유사한 성별 차이가 존재하는지 확인하기 위해 두 가지 가설검정이 수행되었다. 표본은 여성 160명과 남성 120명의 응답으로 구성되었고, 검정 결과의 요약이 표 10.8에 제시되어 있다.

표 10.8 가설검정에 대한 검정통계량과 p-값

가설	검정통계량	p-값
H_0: $p_1 - p_2 \leq 0$ H_A: $p_1 - p_2 > 0$	$z = \dfrac{0.175 - 0.10}{\sqrt{0.1429(1 - 0.1429)\left(\dfrac{1}{160} + \dfrac{1}{120}\right)}} = 1.7748$	0.038
H_0: $p_1 - p_2 \leq 0.20$ H_A: $p_1 - p_2 > 0.20$	$z = \dfrac{0.3125 - 0.0833 - 0.20}{\sqrt{\dfrac{0.3125(1 - 0.3125)}{160} + \dfrac{0.0833(1 - 0.0833)}{120}}} = 0.6556$	0.256

먼저 그들의 파트너가 같은 민족이기를 원하는 p_1으로 표시된 여성의 비율이 p_2로 표시된 남성의 비율보다 큰지 검정했다. 160명의 여성 중 28명이 이 속성에 가치를 두어 표본비율은 $\bar{p}_1 = 28/160 = 0.175$가 산출되고, 남성의 경우 이 비율은 $\bar{p}_2 = 12/120 = 0.10$으로 계산되었다. 표 10.8의 첫 행은 이 검정에 대한 경쟁가설, 검정통계량의 값 및 p-값을 보여준다. 5%의 유의수준에서 같은 민족성을 원하는 여성의 비율이 남성보다 높았다. 두 번째 검정에서 p_1과 p_2는 각각 파트너가 자신만큼 돈을 벌기를 원하는 여성과 남성의 비율을 나타낸다. 여기서 $\bar{p}_1 = 50/160 = 0.3125$이고 $\bar{p}_2 = 10/120 = 0.0833$이다. 표 10.8의 두 번째 행은 이 검정에 대한 경쟁가설, 검정통계량의 값 및 p-값을 보여준다. 5% 유의수준에서 파트너가 자신만큼 많은 소득이 있기를 바라는 여성의 비율은 남성의 비율보다 20%p보다 더 크지 않다. 온라인 데이트는 상대적으로 새로운 시장이며, 이러한 정보는 서비스 제공업체뿐만 아니라 관계를 찾는 사람들에게도 중요하다.

사례연구 제안

보고서 10.1 이 장에서 수행한 분석을 반복하되, 데이트 선호도 또는 선택한 다른 이슈에 대한 자체 설문조사 데이터를 수집하라.

보고서 10.2 최근 자료에 따르면 평균 급여가 덴버에서 61,261달러, 시카고에서 63,381달러이다. 이들 데이터는 각 도시의 직원 100명을 기반으로 하고, 모표준편차가 덴버에서 16,000달러, 시카고에서 14,500달러라고 가정하자. 같은 보고서에 따르면 덴버에서는 인구의 20%가 20대이며, 시카고에서는 22%가 20대에 해당한다. 보고서에서 표본정보를 이용하여 시카고의 평균 급여가 덴버의 평균 급여보다 높은지 확인하라. 또한, 이 두 도시에서 20대 인구의 비율이 다른지 결정하라. 검정에 적절한 유의수준을 사용하라.

보고서 10.3 피델리티 뮤추얼펀드 2개 펀드에 대한 2년간의 월별 조정종가 데이터를 추출하기 위해 https://finance.yahoo.com/을 방문하자. 각 펀드에 대해 월별수익률을 전월대비 조정종가 변동률로 계산하여 23개월 수익률 데이터를 얻을 수 있다. 요약측도를 사용하여 각 펀드에 대한 리스크와 보상을 비교하라. 5% 유의수준에서 평균 수익률이 서로 다른지 결정하라(*힌트*: 이것은 대응짝표본이다). 분석에 대한 모든 가정에 대해 논의하라.

핵심 개념

LO 10.1 독립표본에 근거하여 두 모평균 간 차이에 대해 추론할 수 있어야 한다.

독립표본은 서로 전혀 관련이 없는 표본이다. 독립표본에 기초한 두 모평균의 차이 $\mu_1 - \mu_2$에 대한 $100(1-\alpha)\%$ 신뢰구간은 다음과 같다.

- σ_1^2와 σ_2^2가 알려진 경우 $(\bar{x}_1 - \bar{x}_2) \pm z_{\alpha/2}\sqrt{\frac{\sigma_1^2}{n_1} + \frac{\sigma_2^2}{n_2}}$이다.
- σ_1^2와 σ_2^2가 알려져 있지 않지만 동등하다고 가정하는 경우 $(\bar{x}_1 - \bar{x}_2) \pm t_{\alpha/2,df}\sqrt{s_p^2\left(\frac{1}{n_1} + \frac{1}{n_2}\right)}$이다. 합동표본분산은 $s_p^2 = \frac{(n_1-1)s_1^2 + (n_2-1)s_2^2}{n_1 + n_2 - 2}$이고 $df = n_1 + n_2 - 2$이다.
- σ_1^2와 σ_2^2가 알려져 있지 않고 동등하다고 가정할 수 없는 경우 $(\bar{x}_1 - \bar{x}_2) \pm t_{\alpha/2,df}\sqrt{\frac{s_1^2}{n_1} + \frac{s_2^2}{n_2}}$이다. 자유도는 $df = \frac{(s_1^2/n_1 + s_2^2/n_2)^2}{(s_1^2/n_1)^2/(n_1-1) + (s_2^2/n_2)^2/(n_2-1)}$로 계산된다.

독립표본에 기초하여 두 모평균의 차이 $\mu_1 - \mu_2$에 대한 가설검정을 수행할 때 검정통계량의 값은 다음과 같다.

- σ_1^2와 σ_2^2가 알려진 경우 $z = \frac{(\bar{x}_1 - \bar{x}_2) - d_0}{\sqrt{\frac{\sigma_1^2}{n_1} + \frac{\sigma_2^2}{n_2}}}$이다.
- σ_1^2와 σ_2^2가 알려져 있지 않지만 동등하다고 가정하는 경우 $t_{df} = \frac{(\bar{x}_1 - \bar{x}_2) - d_0}{\sqrt{s_p^2\left(\frac{1}{n_1} + \frac{1}{n_2}\right)}}$이다.
- σ_1^2와 σ_2^2가 알려져 있지 않고 동등하다고 가정할 수 없는 경우 $t_{df} = \frac{(\bar{x}_1 - \bar{x}_2) - d_0}{\sqrt{\frac{s_1^2}{n_1} + \frac{s_2^2}{n_2}}}$이다.

여기서 d_0은 μ_1과 μ_2 사이의 가설로 설정된 차이이며, 마지막 두 검정통계량에 대한 자유도는 해당 신뢰구간에 대해 정의된 것과 동일하다. 추정 및 검정을 위한 공식은 $\bar{X} - \bar{X}$가 (근사적으로) 정규분포를 따르는 경우에만 타당하다.

LO 10.2 대응짝표본에 근거하여 평균 차이에 대해 추론할 수 있어야 한다.

종속적인 표본추출의 일반적인 경우, 일반적으로 대응짝 표본추출이라고 하는 경우는 표본이 어떤 방식으로 짝으로 구성되거나 대응되는 경우이다.

대응짝 표본추출의 경우, 관심 있는 모수를 평균 차이 μ_D라고 한다. 여기서 $D = X_1 - X_2$이고 확률변수 X_1과 X_2가 짝으로 대응된다. 대응짝표본에 기초한 평균 차이 μ_D에 대한 $100(1-\alpha)\%$ 신뢰구간은 $\bar{d} \pm t_{\alpha/2,df}s_D/\sqrt{n}$로 주어진다. 여기서 $\bar{d}$와 s_D는 각각 n 표본 차이의 평균과 표준편차이고, $df = n - 1$이다. μ_D에 대한 가설검정을 수행할 때 검정통계량의 값은 $t_{df} = \frac{\bar{d} - d_0}{s_D/\sqrt{n}}$으로 계산되며, 여기서 d_0은 가설로 설정된 평균 차이이고 $df = n - 1$이다.

LO 10.3 독립표본에 근거하여 두 모비율 간 차이에 대해 추론할 수 있어야 한다.

두 모비율 간 차이 $p_1 - p_2$에 대한 $100(1-\alpha)\%$ 신뢰구간은 $(\bar{p}_1 - \bar{p}_2) \pm z_{\alpha/2}\sqrt{\frac{\bar{p}_1(1-\bar{p}_1)}{n_1} + \frac{\bar{p}_2(1-\bar{p}_2)}{n_2}}$이다. 두 모비율 간 차이 $p_1 - p_2$에 대한 가설검정을 수행할 때 검정통계량의 값은 다음과 같

이 계산된다.

- p_1과 p_2 사이의 가설로 설정된 차이 d_0이 0인 경우 $z = \frac{\bar{p}_1 - \bar{p}_2}{\sqrt{\bar{p}(1-\bar{p})\left(\frac{1}{n_1} + \frac{1}{n_2}\right)}}$이다. 합동표본 비율은 $\bar{p} = \frac{x_1 + x_2}{n_1 + n_2}$이다.
- p_1과 p_2 사이의 가설로 설정된 차이 d_0이 0이 아닌 경우 $z = \frac{(\bar{p}_1 - \bar{p}_2) - d_0}{\sqrt{\frac{\bar{p}_1(1-\bar{p}_1)}{n_1} + \frac{\bar{p}_2(1-\bar{p}_2)}{n_2}}}$이다.

추가 연습문제

59. 한 연구는 평균적으로 6세에서 12세의 어린이들이 1981년 수준에 비해 오늘날 집안일에 더 적은 시간을 소요하고 있음을 발견했다. 연구결과의 대표성 있는 두 표본이 두 기간에 대해 다음 요약 통계량을 보고한다고 가정하자.

1981	Today
$\bar{x}_1 = 30$ minutes	$\bar{x}_2 = 24$ minutes
$s_1 = 4.2$ minutes	$s_1 = 3.9$ minutes
$n_1 = 30$	$n_2 = 30$

a. 1981년의 어린이에 비해 오늘날의 어린이가 집안일에 더 적은 시간을 소요한다는 연구의 주장을 검정하기 위한 경쟁가설을 설정하라.

b. 알려지지 않은 모분산이 동등하다고 가정하여 검정통계량의 값을 계산하라.

c. p-값을 계산하라.

d. 5% 유의수준에서 데이터가 연구의 주장을 지지하는가? 설명하라.

60. 정말로 성패트릭데이에 남성들이 여성들보다 더 많은 돈을 지출하는가? 한 조사에 따르면 남성은 평균 43.87달러를 지출하는 반면, 여성은 평균 29.54달러를 지출하는 것으로 나타났다. 이 데이터가 남성 100명과 여성 100명의 표본을 기반으로 하고 남성과 여성의 지출에 대한 모표준편차가 각각 32달러와 25달러라고 가정하자.

a. 성패트릭데이에 남성이 여성에 비해 더 많은 돈을 지출하는지 결정하기 위한 경쟁가설을 설정하라.

b. 검정통계량의 값을 계산하라.

c. p-값을 계산하라.

d. 1%의 유의수준에서 남성이 여성에 비해 성패트릭데이에 더 많은 돈을 지출하는가? 설명하라.

61. FILE ***Mutual_Funds.*** 첨부된 표는 뮤추얼펀드 A와 뮤추얼펀드 B의 최근 9년간 연간수익률(%)의 일부를 보여준다.

Year	Fund_A	Fund_B
1	−3.02	−20.30
2	−9.52	−17.95
⋮	⋮	⋮
9	20.05	31.91

a. 두 펀드의 평균 수익률이 서로 다른지 검정하기 위한 가설을 설정하라. (*힌트*: 이것은 대응짝 비교이다.)

b. 검정통계량의 값과 p-값을 계산하라. 수익률 차이가 정규분포를 따른다고 가정하자.

c. 5% 유의수준에서 결론은 무엇인가?

62. FILE ***Cholesterol.*** 콜레스테롤 수치는 연령, 체중, 성별에 따라 다르다. 지역 혈액연구소에서 일하는 한 최근 대학 졸업자는 20~40세 연령대의 남성 50명과 여성 50명의 콜레스테롤 데이터에 접근할 수 있다. 다음 표에는 데이터의 일부가 나와 있다.

Men	Women
181	178
199	193
⋮	⋮
190	182

1% 유의수준에서 해당 연령대의 남성과 여성의 평균 콜레스테롤 수준에 차이가 있는지 검정하라. 남성과 여성의 모분산이 같다고 가정하는 것이 타당하다.

63. FILE ***Fertilizer.*** 한 농부가 비료를 유기농 품종으로 바꾸면 농작물 수확량이 달라질 수 있다고 우려하고 있다. 그는 6개의 부지를 세분하여 각 부지의 절반에 기존 비료를 사용하고 나머지 절반에 새로운 비료를 사용한다. 첨부된 표에는 데이터의 일부가 나와 있다.

Lot	Old	New
1	10	12
2	11	10
⋮	⋮	⋮
6	11	12

a. 다른 비료 사용으로 평균 농작물 수확량 사이에 차이가 있는지 확인하는 경쟁가설을 설정하라.

b. 농작물 수확량의 차이가 정규분포를 따른다고 가정하고 검정통계량의 값을 계산하라.

c. p-값을 계산하라.

d. 농작물 수확량이 다르다는 결론을 내릴 수 있는 충분한 증거가 있는가? 농부가 걱정해야 하는가?

64. FILE ***Pregnancy.*** 여성은 임신 중 건강하고 균형 잡힌 식사를 함으로써 적정 체중을 늘리는 것이 중요하다. 임신 전 평균 몸무게를 가진 여성은 임신 중 25~35파운드가 증가하는 것이 좋다(cdc.com, 2019년 1월 17일). 첨부된 표는 임신 전후 40명의 여성에 대한 체중 데이터의 일부를 보여준다.

Woman	Before	After
1	114	168
2	107	161
⋮	⋮	⋮
40	136	157

a. 5% 유의수준에서 여성의 임신으로 인한 평균 체중증가가 30파운드보다 큰지 결정하라.

b. 5% 유의수준에서 여성의 임신으로 인한 평균 체중증가가 35파운드보다 큰지 결정하라.

65. 한 연구에 따르면 여성의 14%가 천식을 앓고 있는 반면, 남성은 6%가 천식을 앓고 있다. 250명의 여성과 200명의 남성이 연구에 응답했다고 가정하자.

a. 천식을 앓고 있는 여성의 비율이 남성의 비율보다 큰지 검정하기 위한 적절한 귀무가설과 대립가설을 설정하라.

b. 검정통계량의 값과 p-값을 계산하라.

c. 5% 유의수준에서 결론은 무엇인가? 데이터가 여성이 남성보다 천식을 더 많이 앓고 있음을 제시하는가?

66. FILE ***Health_Info.*** 한 재무분석가가 보건의료(Health) 및 정보기술(IT) 산업의 기업들에 대한 연간 수익률(%)을 연구하고 있다. 그는 각 산업에서 20개 기업을 임의표본으로 추출한다. 데이터의 일부가 다음 표에 나와 있다. 5% 유의수준에서 각 산업의 평균 수익률이 서로 다른지 확인하라. 모분산이 동등하지 않다고 가정하자.

Health	IT
10.29	4.77
32.17	1.14
⋮	⋮
13.21	22.61

67. 우울증은 매일 수백만 명의 미국인들을 괴롭힌다. 연구에 따르면 18~24세 성인의 10.9%가 어느 정도 우울증을 가지고 있는 반면, 65세 이상 성인은 6.8%로 나타났다. 1,000명의 젊은 성인(18~24세)과 1,000명의 노인(65세 이상)이 이 연구에 응답했다고 가정하자.

a. 우울증을 겪는 젊은 성인의 비율이 노인의 비율보다 큰지 검정하기 위한 적절한 귀무가설과 대립가설을 설정하라.

b. 검정통계량의 값과 p-값을 계산하라.

c. 5% 유의수준에서 표본데이터는 젊은 성인이 노인보다 우울증을 더 많이 앓고 있음을 제시하는가?

68. 한 운송분석가가 두 주요 공항, 즉 뉴욕의 케네디(JFK) 국제공항과 시카고의 오헤어 국제공항의 성과를 비교하려고 한다. 그녀는 오헤어 공항의 63%에 비해 JFK에서는 70%의 항공편이 정시에 도착한다는 것을 알게 되었다. 이러한 비율이 이 두 공항 각각에서 200편의 항공편에 기초했다고 가정하자. 분석가는 JFK의 정시 운항 비율이 오헤어보다 5%p보다 더 높

은 것으로 보고 있다.

a. 운송분석가의 믿음을 검정하기 위한 경쟁가설을 설정하라.

b. 검정통계량의 값과 p-값을 계산하라.

c. 5%의 유의수준에서 데이터가 운송분석가의 믿음을 지지하는가? 설명하라.

69. FILE ***Safety_Program.*** 한 엔지니어가 안전프로그램의 효과를 확인하려고 한다. 그는 프로그램 가동 전후에 12개소의 공장에서 발생한 사고로 인한 연간 손실시간을 수집한다. 다음 표에 데이터의 일부가 나와 있다.

Plant	Before	After
1	100	98
2	90	88
⋮	⋮	⋮
12	104	98

a. 안전프로그램이 효과적인지 결정하기 위한 경쟁가설을 설정하라.

b. 검정통계량의 값과 p-값을 계산하라. 시간 차이가 정규분포를 따른다고 가정하자.

c. 5% 유의수준에서 안전프로그램이 효과적이라고 결론지을 충분한 증거가 있는가? 설명하라.

11 모분산에 대한 통계적 추론

Statistical Inference Concerning Variance

학습목차_Chapter Contents

학습목표_Learning Objectives

이 장을 학습한 후에,

LO **11.1** χ^2 분포의 특성을 이해하고 모분산에 대한 추론을 할 수 있어야 한다.

LO **11.2** F 분포의 특성을 이해하고 두 모분산 비율에 대한 추론을 할 수 있어야 한다.

지금까지 수치형 변수에 대한 통계적 추론을 수행할 때, 주로 모평균에 대한 추론에 초점을 맞추었다. 모평균은 중심위치의 핵심척도이나, 많은 경우에 변동성이나 흩어짐의 척도에 대해 추론할 필요가 있다. 예를 들면, 품질관리에 관한 연구는 제품의 중량, 크기, 부피의 변동성을 측정하기 위해 분산 (또는 표준편차)을 사용한다. 또한 투자분야에서 표준편차는 가장 일반적인 리스크 척도이다. 이 장에서는 모분산과 두 모분산 비율에 대한 통계적 추론을 학습한다.

모분산에 대한 신뢰구간을 구하거나 가설검정을 수행하기 위해, χ^2 (카이제곱) 분포가 사용된다. 두 모분산 비율에 대한 신뢰구간을 구하거나 가설검정을 수행하기 위해, F 분포가 사용된다.

Hero Images/Getty Images

도입사례_*Introductory Case*

유추얼펀드 수익률의 리스크 평가

FILE ***Growth_Value.*** 3장에서 투자상담사인 도로시 브레난은 두 뮤추얼펀드, 즉 뱅가드 성장지수 뮤추얼펀드와 뱅가드 가치지수 뮤추얼펀드의 연간 수익률 데이터를 검토하였다. 표 11.1은 1984년부터 2019년까지 두 펀드 수익률의 요약통계를 보여준다. 도로시는 투자 보상을 평균 수익률, 투자 리스크를 수익률의 표준편차로 측정한다. 한 고객이 수익률의 표준편차에 의해 측정되는 투자 리스크와 관련된 특정한 질문을 가지고 있다. 그는 성장펀드 투자의 리스크가 20%를 초과하지 않으면 성장펀드에 자신의 돈 일부를 투자하기 원한다. 또한 그는 가치펀드 투자의 리스크가 15%와 다른지 궁금해한다. 마지막으로 그는 성장펀드 투자의 리스크가 가치펀드 투자의 리스크보다 큰지 알기 원한다.

표 11.1 성장펀드 수익률과 가치펀드 수익률의 요약통계(%), $n = 36$

	성장펀드 수익률(Growth)	가치펀드 수익률(Value)
평균	15.755	12.005
표준편차	23.7993	17.9792

도로시는 표 11.1의 정보를 사용하여 다음과 같은 일을 수행하기 원한다.

1. 성장펀드 수익률의 표준편차가 20%보다 큰지 결정한다.
2. 가치펀드 수익률의 표준편차가 15%와 다른지 결정한다.
3. 성장펀드 투자의 리스크가 가치펀드 투자의 리스크보다 큰지 결정한다.

이 도입사례에 대한 분석결과는 11.2절의 마지막 부분에 제시되어 있다.

11.1 모분산에 대한 추론

모분산 (또는 모표준편차)은 품질관리에 관한 연구에서 제품의 중량, 크기, 부피의 변동성을 측정하기 위해 사용된다. 예를 들면, 각 병에 일정한 중량의 음료를 채우기 원하는 생산자를 고려해보라. 병에 채워지는 원하는 평균 중량뿐만 아니라 병에 채워지는 중량의 변동성을 일정한 한도보다 적게 확보하는 것이 중요하다 이와 유사하게, 투자자는 특정한 투자의 리스크를 평가하기 원한다. 일반적으로 투자수익률의 표준편차가 리스크에 해당된다. 모분산에 대한 추론을 하는 것과 관련된 다른 예로는 온라인 구매에 대한 소비자 지출, 고속도로상에서 차량의 속도, 특정한 자동차의 수리비용 변동성을 평가하는 것이 있다.

표본평균 $\bar{X}$를 모평균 μ의 추정량으로 사용한 것을 기억하라. 이와 유사하게 표본분산 s^2을 모분산 σ^2의 추정량으로 사용한다. 모집단으로부터 추출된 n개 관측치로 구성된 임의표본을 사용하면서, σ^2의 추정치인 표본표준편차를 $s^2 = \frac{\Sigma(x_i - \bar{x})^2}{n-1}$와 같이 계산한다. σ^2에 대한 통계적 추론 방법을 검토하기 위해 먼저 s^2의 표본분포를 분석할 필요가 있다.

s^2의 표본분포

σ^2에 대한 통계적 추론은 **χ^2분포(chi-square distribution)**에 기초하여 이루어진다. t분포와 마찬가지로, χ^2분포는 각 분포가 자유도 df에 따라 달라지는 일련의 분포를 가진다. 자유도가 df인 카이제곱분포는 χ^2_{df}분포로 나타낸다.

일반적으로 χ^2_{df}분포는 다수의 독립적인 표준정규변수 제곱의 합에 의해 정의되는 확률분포이다. 여기서 df는 합할 때 포함되는 표준정규변수 제곱의 수이다. 모분산의 추정량 s^2은 표본값과 표본평균간 차이 제곱에 기초하여 계산된다는 것을 기억하라. s^2이 정규분포를 따르는 모집단에서 추출된 n개 관측치로 구성된 임의표본으로부터 계산되면, χ^2_{df}변수를 $\frac{(n-1)S^2}{\sigma^2}$로 정의할 수 있다.

> **$\frac{(n-1)s^2}{\sigma^2}$의 표본분포**
>
> 크기가 n인 표본이 유한한 모분산을 가지고 있는 정규모집단으로부터 추출되면, 통계량 $\chi^2_{df} = \frac{(n-1)s^2}{\sigma^2}$는 자유도가 $df = n - 1$인 χ^2_{df}분포를 따른다.

앞에서 확률변수를 대문자, 확률변수의 값을 소문자로 표시하였다. 예를 들면, 통계량 Z와 T_{df}는 확률변수이고 확률변수의 값은 각각 z와 t_{df}로 표시된다. 이 장에서 확률변수와 그 값을 구별하는 것은 성가신 일이다. 이 절에서 χ^2_{df}기호는 확률변수와 그 값을 나타내기 위해 사용된다. 이와 유사하게 11.2절에서 소개되는 $F_{(df_1,df_2)}$분포의 경우에도 $F_{(df_1,df_2)}$기호는 확률변수와 그 값을 나타내기 위해 사용된다.

그림 11.1에서 χ^2_{df}분포는 오른쪽으로 기울어져 있다는 것에 주목하라. 여기서 분포가 기울진 정도는 자유도에 의해 결정된다. df가 증가함에 따라, χ^2_{df}분포는 정규분포에 접근한다. 예를 들면, 그림 11.1에서 보는 것처럼, χ^2_{20}분포는 정규분포의 모습에 가깝다.

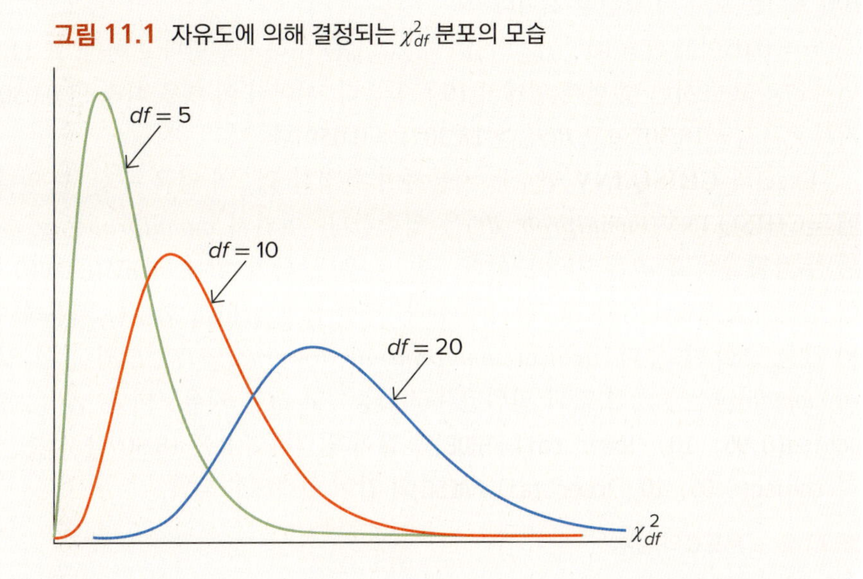

그림 11.1 자유도에 의해 결정되는 χ^2_{df} 분포의 모습

χ^2_{df} 분포의 요약

- χ^2분포는 각 분포가 자유도 df에 따라 달라지는 일련의 분포 계열이다.
- 확률변수 χ^2_{df}의 값은 0부터 무한대까지의 값을 가진다.
- χ^2_{df}분포는 오른쪽으로 기울어져 있고 분포가 기울진 정도는 자유도 df에 의해 결정된다. df가 증가함에 따라, χ^2_{df}분포는 정규분포에 접근한다.

χ^2_{df}의 값과 확률 구하기

$\chi^2_{\alpha,df}$ 기호는 χ^2_{df}분포의 오른쪽 꼬리 면적이 α인 확률변수 χ^2_{df}의 값을 나타내기 위해 사용된다. 달리 말하면, $P(\chi^2_{df} \geq \chi^2_{\alpha,df}) = \alpha$이다. 그림 11.2는 $\chi^2_{\alpha,df}$를 보여주고 $\chi^2_{\alpha,df}$는 χ^2분포표에서 χ^2_{df}의 값과 확률을 찾기 위해 사용된다.

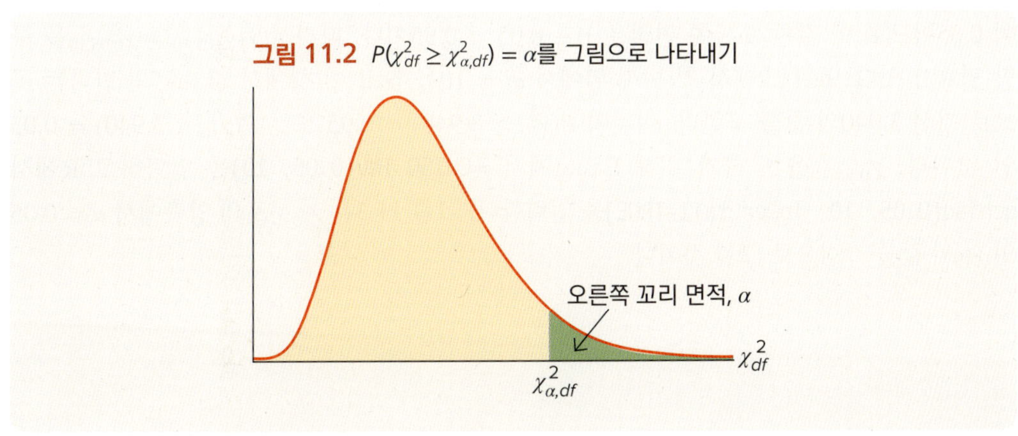

그림 11.2 $P(\chi^2_{df} \geq \chi^2_{\alpha,df}) = \alpha$를 그림으로 나타내기

표 11.2는 χ^2_{df}분포의 오른쪽 꼬리 면적과 그에 해당되는 χ^2_{df}의 값 일부를 보여준다. 부록

B의 표 3은 보다 더 완전한 표이다.

$\alpha = 0.05$이고 $df = 10$인 $\chi^2_{\alpha,df}$의 값, 즉 $\chi^2_{0.05,10}$을 구하기 원한다고 하자. 표 11.2를 사용하면, 먼저 df라고 표시된 첫 번째 열에서 10을 찾는다. 이어서 이 행을 따라 열 0.050으로 간다. 여기서 $\chi^2_{0.05,10} = 18.307$이고 $P(\chi^2_{10} \geq 18.307) = 0.05$이다.

Excel의 **CHISQ.INV** 함수를 사용하여 특정한 $\chi^2_{\alpha,df}$의 값을 구할 수 있다. Excel의 셀에 =CHISQ.INV(*cumulprob*, *df*)을 입력한다. 여기서 *cumulprob*는 $\chi^2_{\alpha,df}$의 값과 관련된 누적확률이고 *df*는 자유도이다. $\chi^2_{0.05,10}$을 구하기 위해 `=CHISQ.INV(0.95, 10)`과 같이 입력하면 Excel은 18.307을 산출한다. 또한 R의 **qchisq** 함수를 사용하여 특정한 $\chi^2_{\alpha,df}$의 값을 구할 수 있다. qchisq(*cumulprob*, *df*, *lower.tail=TRUE*)와 같이 입력한다. 여기서 *cumulprob*는 $\chi^2_{\alpha,df}$의 값과 관련된 누적확률이고 *df*는 자유도이다. $\chi^2_{0.05,10}$을 구하기 위해 `qchisq(0.95, 10, lower.tail=TRUE)`와 같이 입력하면 R은 18.307을 산출한다. 이와는 달리, `qchisq(0.05, 10, lower.tail=FALSE)`와 같이 입력해도 된다.

표 11.2 χ^2분포표의 일부

df	오른쪽 꼬리의 면적, α									
	0.995	**0.990**	**0.975**	**0.950**	**0.900**	**0.100**	**0.050**	**0.025**	**0.010**	**0.005**
1	0.000	0.000	0.001	0.004	0.016	2.706	3.841	5.024	6.635	7.879
⋮	⋮	⋮	⋮	⋮	⋮	⋮	⋮	⋮	⋮	⋮
10	2.156	2.558	3.247	**3.940**	4.865	15.987	**18.307**	20.483	23.209	25.188
⋮	⋮	⋮	⋮	⋮	⋮	⋮	⋮	⋮	⋮	⋮
100	67.328	70.065	74.222	77.929	82.358	118.342	124.342	129.561	135.807	140.170

종종 확률분포의 왼쪽 꼬리에 있는 값을 구할 필요가 있다. 분포의 모습이 평균 0을 중심으로 대칭인 z와 t_{df}분포와는 다르게, χ^2_{df}분포의 왼쪽 꼬리에 있는 값은 오른쪽 꼬리에 있는 값에 마이너스를 붙인 값과 같지 않다. 앞에서 언급한 것처럼, χ^2_{df}분포는 오른쪽으로 기울어져 있을 뿐만 아니라 χ^2_{df}의 값은 0부터 무한대의 값을 가진다. 그러나 확률분포의 아래에 있는 면적이 1이므로, 주어진 값의 왼쪽 면적이 α이면, 그 값의 오른쪽 면적은 $1 - \alpha$이어야 한다. 달리 말하면, χ^2_{df}분포의 왼쪽 꼬리와 관련된 값은 $\chi^2_{1-\alpha,df}$이고 $P(\chi^2_{df} \geq \chi^2_{1-\alpha,df}) = 1 - \alpha$이다.

χ^2_{10}변수의 왼쪽에 있는 면적이 0.05인 값을 구하기 원한다고 하자. 이 값의 왼쪽 면적이 0.05이므로 이 값의 오른쪽 면적은 $1 - 0.05 = 0.95$이다. 따라서 $\chi^2_{1-0.05,10} = \chi^2_{0.95,10}$을 구할 필요가 있다. 표 11.2에서 첫 번째 열에서 $df = 10$을 찾고 이 행에서 열 0.95와 만나는 곳으로 가서 3.940의 값을 구한다. 이것이 $P(\chi^2_{10} \geq 3.940) = 0.95$ 또는 $P(\chi^2_{10} < 3.940) = 0.05$인 값이다. $\chi^2_{0.95,10}$을 구하기 위해 Excel에서 `=CHISQ.INV(0.05, 10)`을 입력하고 R에서 `qchisq(0.05, 10, lower.tail=TRUE)`를 입력한다. 그림 11.3은 χ^2_{10}분포의 양측에서 $\alpha = 0.05$인 χ^2_{10}의 값을 그림으로 그린 것이다.

그림 11.3 χ^2_{10}분포의 양측에 있는 $\alpha = 0.05$

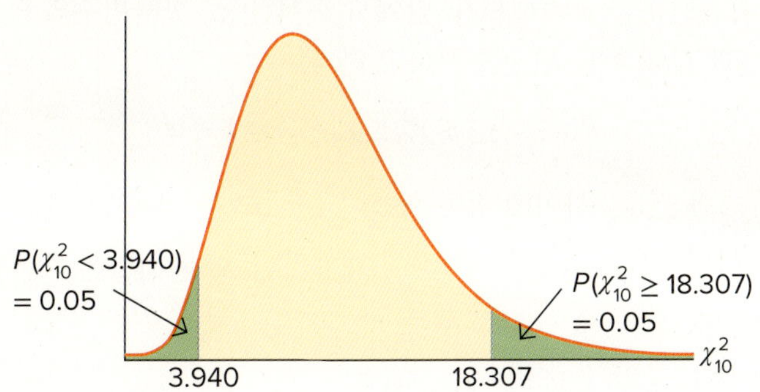

χ^2_{df}의 값 구하기

- χ^2_{df} 분포를 따르는 확률변수의 경우, $\chi^2_{\alpha,df}$는 $P(\chi^2_{df} \geq \chi^2_{\alpha,df}) = \alpha$인 값을 나타낸다.
- 이와 유사하게, χ^2_{df} 분포를 따르는 확률변수의 경우, $\chi^2_{1-\alpha,df}$는 $P(\chi^2_{df} \geq \chi^2_{1-\alpha,df}) = 1 - \alpha$ 또는 $(\chi^2_{df} < \chi^2_{1-\alpha,df}) = \alpha$인 값을 나타낸다.

예제 11.1

다음을 충족시키는 x값을 구하라.

a. $P(\chi^2_5 \geq x) = 0.025$
b. $P(\chi^2_8 < x) = 0.025$

해답:

a. 자유도가 5인 χ^2분포의 오른쪽 꼬리 면적이 0.025인 x값을 구한다. 부록 B의 표 3을 사용하면서 첫 번째 열에서 $df = 5$를 찾고 이 행을 따라 열 0.025와 만나는 곳으로 가서 $x = 12.833$을 구한다.
Excel에서 =`CHISQ.INV(0.975, 5)`를 입력하고 R에 `qchisq(0.975, 5, lower.tail =TRUE)`를 입력하여 x값을 구한다.

b. 자유도가 8인 χ^2분포의 왼쪽 꼬리 면적이 0.025인 x값을 구한다. 이 문제를 풀기 위해 $P(\chi^2_8 \geq x) = 1 - 0.025 = 0.975$에서 x값을 구한다. 부록 B의 표 3을 사용하면서 첫 번째 열에서 $df = 8$를 찾고 이 행을 따라 열 0.975와 만나는 곳으로 가서 $x = 2.180$을 구한다.
Excel에서 =`CHISQ.INV(0.025, 8)`을 입력하고 R에서 `qchisq(0.025, 8, lower.tail =TRUE)`를 입력하여 x값을 구한다.

이제 모분산에 대한 신뢰구간을 살펴보면서 모분산에 대한 추론을 하도록 하자.

모분산에 대한 신뢰구간

χ^2_{df} 분포를 따르는 확률변수를 고려해보자. 앞에서 소개한 χ^2_{df} 확률변수의 확률을 나타내는 방법을 사용하여 다음과 같이 확률 진술을 한다고 하자.

$$P(\chi^2_{1-\alpha/2,df} \le \chi^2_{df} \le \chi^2_{\alpha/2,df}) = 1 - \alpha$$

이것은 χ^2_{df}가 $\chi^2_{1-\alpha/2,df}$와 $\chi^2_{\alpha/2,df}$ 사이에 속할 확률이 $1 - \alpha$라는 것을 의미한다. 여기서 $1 - \alpha$는 신뢰계수라고 생각할 수 있다. χ^2_{df}를 $\frac{(n-1)s^2}{\sigma^2}$으로 대체하면, 확률 진술은 다음과 같이 나타낼 수 있다.

$$P\left(\chi^2_{1-\alpha/2,df} \le \frac{(n-1)s^2}{\sigma^2} \le \chi^2_{\alpha/2,df}\right) = 1 - \alpha$$

이 식을 수학적으로 조작하면, σ^2에 대한 신뢰구간 공식을 구할 수 있다.

σ^2에 대한 신뢰구간

모분산 σ^2에 대한 $100(1 - \alpha)\%$ 신뢰구간은 다음과 같이 계산된다.

$$\left[\frac{(n-1)s^2}{\chi^2_{\alpha/2,df}}, \frac{(n-1)s^2}{\chi^2_{1-\alpha/2,df}}\right]$$

여기서 $df = n - 1$이다. 임의표본이 정규분포를 따르는 모집단으로부터 추출될 때에만, 이 공식은 타당하다.

이 신뢰구간은 점추정치 ± 오차범위의 형태가 아니라는 것에 주목하라. 모평균과 모비율에 대한 신뢰구간은 z 또는 t_{df} 분포에 기초하고, 이러한 분포는 평균 0을 중심으로 대칭이기 때문에 신뢰구간은 점추정치에서 같은 크기의 오차범위를 더해주고 빼어주어 구해진다. 그러나 χ^2_{df} 분포는 비대칭이기 때문에, 점추정치에서 더해주고 빼어주는 크기가 같지 않다. 마지막으로 표준편차는 양의 분산 제곱근이기 때문에 모표준편차에 대한 $100(1 - \alpha)\%$ 신뢰구간은 다음과 같이 계산된다.

$$\left[\sqrt{\frac{(n-1)s^2}{\chi^2_{\alpha/2,df}}}, \sqrt{\frac{(n-1)s^2}{\chi^2_{1-\alpha/2,df}}}\right]$$

예제 11.2

FILE ***Growth_Value.*** 도입사례의 표 11.1에 제시된 데이터를 사용하면서 성장펀드 수익률과 가치펀드 수익률의 모표준편차에 대한 95% 신뢰구간을 계산하라. 수익률은 정규분포를 따른다고 가정하라.

해답:

1984년부터 2019년까지의 데이터(n = 36)를 이용하여 계산하면, 성장펀드 수익률의 표본표준편차는 $s = 23.7993$이고 가치펀드 수익률의 표본표준편차는 $s = 17.9792$이다.

먼저 성장펀드 수익률의 모분산에 대한 95% 신뢰구간을 계산한다. $n = 36$이므로 $df = 36 - 1 = 35$이다. 95% 신뢰구간의 경우에 $\alpha = 0.05$이고 $\alpha/2 = 0.025$이다. 따라서 $\chi^2_{\alpha/2,df} = \chi^2_{0.025,35} = 53.203$과 $\chi^2_{1-\alpha/2,df} = \chi^2_{0.975,35} = 20.569$를 구한다. 모분산에 대한 95%의 신뢰구간은 다음과 같이 계산된다.

$$\left[\frac{(n-1)s^2}{\chi^2_{\alpha/2,df}}, \frac{(n-1)s^2}{\chi^2_{1-\alpha/2,df}}\right] = \left[\frac{(36-1)(23.7993)^2}{53.203}, \frac{(36-1)(23.7993)^2}{20.569}\right]$$
$$= [372.61, 963.79]$$

신뢰구간 상한값과 하한값의 양의 제곱근을 구하면, 모표준편차에 대한 95%의 신뢰구간은 [19.30, 31.04]와 같이 구해진다. 95%의 신뢰수준에서 성장펀드 수익률의 모표준편차는 19.30%와 31.04% 사이에 있는 것으로 추정된다. 이와 유사하게 구해보면, 가치펀드 수익률의 모표준편차는 14.58%와 23.45% 사이에 있는 것으로 추정된다.

참고: 답은 반올림 때문에 약간 다를 수 있다.

모분산에 대한 가설검정

모분산에 대한 가설검정을 수행하기 위한 4단계 과정을 살펴보도록 하자. 모분산에 대한 가설검정의 귀무가설과 대립가설은 다음과 같이 설정된다.

양측 검정	오른쪽 꼬리 검정	왼쪽 꼬리 검정
H_0: $\sigma^2 = \sigma_0^2$ H_A: $\sigma^2 \neq \sigma_0^2$	H_0: $\sigma^2 \leq \sigma_0^2$ H_A: $\sigma^2 > \sigma_0^2$	H_0: $\sigma^2 \geq \sigma_0^2$ H_A: $\sigma^2 < \sigma_0^2$

여기서 σ_0^2은 가설로 설정된 모분산 σ^2의 값이다. 신뢰구간을 사용하여 양측 검정을 수행할 수 있다. 그러나 모분산에 대한 단측 검정을 위해서 다음과 같은 4단계 과정을 수행한다.

σ^2에 대한 추론을 위한 검정통계량

모분산에 대한 가설검정을 위한 검정통계량의 값은 다음과 같이 계산된다.

$$\chi^2_{df} = \frac{(n-1)s^2}{\sigma_0^2}$$

여기서 $df = n - 1$, s^2은 표본분산, σ_0^2은 가설로 설정된 모분산의 값이다. 이 공식은 모집단이 정규분포를 따르는 경우에만 타당하다.

예제 11.3

FILE ***Growth_Value.*** 도입사례에서 도로시 브레난의 고객이 성장펀드 수익률의 표준편차가 20%보다 큰지 묻고 있다는 것을 기억하라. 이것은 분산이 $400(\%)^2$보다 큰지 검정하는 것과 같다. 표 11.1에 제시된 표본정보를 사용하여 5%의 유의수준에서 이러한 검정을 수행하라. (수익률은 정규분포를 따른다고 가정하라.)

해답:

이 예제에서 관심 있는 모수는 모분산 σ^2이다. 모분산이 $400(\%)^2$보다 큰지 검정하기를 원하기 때문에, 경쟁가설은 다음과 같이 설정된다.

$$H_0: \sigma^2 \leq 400$$
$$H_A: \sigma^2 > 400$$

모집단이 정규분포를 따른다고 가정하기 때문에 χ^2검정은 타당하다. $n = 36$이고 $s = 23.7993$이므로 검정통계량의 값은 다음과 같이 계산된다.

$$\chi^2_{df} = \frac{(n-1)s^2}{\sigma_0^2} = \frac{(36-1)(23.7993)^2}{400} = 49.561$$

오른쪽 꼬리 검정을 수행하기 때문에 검정의 p-값은 $P(\chi^2_{35} \geq 49.561)$와 같이 계산된다. $df = 35$를 위한 χ^2 분포표를 참조하면, 49.561은 46.059와 49.802 사이에 속하고, 이것은 p-값이 0.05와 0.10 사이에 있다는 것을 제시한다. 정확한 p-값인 0.052를 구하기 위해서는 (예제 11.4에서 설명한 것처럼) Excel이나 R을 이용한다. p-값은 0.05보다 크기 때문에, H_0은 기각되지 않는다. 5%의 유의수준에서 성장펀드 수익률의 모분산은 $400(\%)^2$보다 크지 않은 것으로 추론된다. 따라서 성장펀드 수익률의 모표준편차는 20%보다 크지 않고 이것은 성장펀드 투자의 리스크는 고객이 수용하기 원하는 수준보다 크지 않다는 것을 제시한다.

참고: 답은 반올림 때문에 약간 다를 수 있다.

σ^2에 대한 양측 검정을 위한 p-값 계산에 관한 참고사항

p-값은 등호의 귀무가설이 옳다는 전제하에서 실제로 관측되는 값이 적어도 검정통계량의 값보다 클 확률이라는 것을 기억하라. 양측 검정을 위한 검정의 p-값은 한쪽 꼬리 방향에서 구해지는 p-값을 두 배 하여 계산한다. 예를 들면, 모평균에 대한 양측 검정의 경우, p-값은 $z > 0$이면 $2P(Z \geq z)$, $z < 0$이면 $2P(Z \leq z)$와 같이 계산된다. 이와 유사하게 모분산에 대한 양측 검정의 경우, p-값은 $s^2 > \sigma_0^2$이면 분포의 오른쪽 꼬리 면적의 두 배, $s^2 < \sigma_0^2$이면 분포의 왼쪽 꼬리 면적의 두 배로 계산된다.

Excel과 R을 이용한 σ^2에 대한 검정

예제 11.4

FILE ***Growth_Value.*** 도입사례에서 도로시 브레난의 고객은 가치펀드 수익률의 표준편차가 15%와 다른지 궁금해한다. 이것은 가치펀드 수익률의 분산이 225(%)^{2}과 다른지 검정하는 것과 같다. 5%의 유의수준에서 가치펀드 수익률의 분산이 225(%)^{2}과 다른지 검정하라. (수익률은 정규분포를 따른다고 가정하라.)

해답:

이것은 모분산 σ^2에 대한 양측 검정의 예이다. 검정을 위한 경쟁가설은 다음과 같이 설정된다.

$$H_0: \sigma^2 = 225$$
$$H_A: \sigma^2 \neq 225$$

$n = 36$이고 $s = 17.9792$의 값을 $\chi^2_{df} = \frac{(n-1)s^2}{\sigma_0^2}$에 대입하여 검정통계량의 값을 계산한다. Excel과 R을 이용하여 검정통계량을 구하는 방법을 제시한다. 원래 데이터를 사용할 때, 특히 Excel과 R이 유용하다.

Excel의 이용

a. ***Growth_Value*** 데이터 파일을 연다. Value 변수의 관측치가 셀 C2부터 셀 C37까지에 있다는 것에 주목하라.

b. Excel의 **VAR.S** 함수를 사용하여 검정통계량 $\chi^2_{df} = \frac{(n-1)s^2}{\sigma_0^2}$의 값을 구한다. =(36 − 1)*VAR.S(C2:C37)/225을 입력하면 Excel은 50.284를 산출한다. 따라서 $\chi^2_{35} = 50.284$이다.

c. Excel의 **CHISQ.DIST.RT** 함수를 사용하여 p-값을 계산한다. =CHISQ. DIST. RT(x, df)를 입력하면 (여기서 x는 $\chi^2_{35} = 50.284$이고 $df = 35$이다), Excel은 분포의 오른쪽 꼬리의 확률, 즉 오른쪽 꼬리 검정을 위한 p-값을 산출한다. 이와 유사하게 왼쪽 꼬리 검정을 위한 p-값은 =1-CHISQ.DIST.RT(x, df)를 입력하여 계산할 수 있다. 양측 검정을 수행하고 $s^2 > \sigma_0^2$ $(17.982^2 > 15^2)$이기 때문에, 검정의 p-값은 분포의 오른쪽 꼬리 면적을 두 배하여 계산한다. `=2*CHISQ.DIST.RT(50.284, 35)`를 입력하면 Excel은 0.091을 산출한다.

R의 이용

a. ***Growth_Value*** 데이터 파일을 데이터프레임(테이블)으로 가져와서 myData라는 이름으로 지정한다.

b. *EnvStats* 패키지를 설치하고 업로드한다. 다음과 같이 입력하라.

```
>install.packages("EnvStats")
>library(EnvStats)
```

c. R의 **varTest** 함수를 사용하여 검정통계량의 값과 p-값을 구한다. 이 함수의 옵션에서 *alternative*를 사용하여 대립가설이 양측 검정의 경우 "two.sided", 왼쪽 꼬리 검정의 경우 "less", 오른쪽 꼬리 검정의 경우 "greater"로 나타내고 *sigma-squared*를 사용하여 가설로 설정된 분산의 값을 나타낸다. 이 함수의 다른 특성은 자동적으로 모평균에 대한 95% 신뢰구간을 제공한다는 것이다. 다른 신뢰수준은 옵션 *conf.level*을 사용하여 구할 수 있다. 다음과 같이 입력하라.

```
>varTest(myData$Value, alternative = "two.sided", sigma.squared = 225)
```

그림 11.4는 R의 분석결과를 보여준다. 검정통계량의 값과 p-값은 볼드체로 표시되어 있다.

그림 11.4 varTest 함수를 사용한 R의 분석결과

```
        Chi-squared Test on Variance

data: myData$value
Chi-squared = 50.284, df = 35, p-value = 0.09097
alternative hypothesis: true variance is not equal to 225
95 percent confidence interval:
  212.6519 550.0308
sample estimates:
variance
323.2512
```

참고: 원래 데이터를 사용할 수 없고 요약통계만 있는 경우에는 R의 **pchisq** 함수를 사용하여 p-값을 구할 수 있다. 이 예제에서 양측 검정을 위한 p-값을 구하기 위해, 다음과 같이 입력하라.

```
>2*pchisq(50.284, 35, lower.tail=FALSE)
```

요약

p-값= 0.091은 $\alpha = 0.05$보다 크기 때문에 귀무가설은 기각되지 않는다. 따라서 5%의 유의수준에서 가치펀드 수익률의 모분산이 $225(\%)^2$과 다르다, 같은 의미로 가치펀드 수익률의 모표준편차가 15%와 다르다고 결론 내릴 수 없다.

연습문제 11.1

1. 다음을 충족시키는 x값을 구하라.
   a. $P(\chi^2_8 \geq x) = 0.025$
   b. $P(\chi^2_8 \geq x) = 0.05$
   c. $P(\chi^2_8 < x) = 0.025$
   d. $P(\chi^2_8 < x) = 0.05$
2. 다음을 충족시키는 x값을 구하라.
   a. $P(\chi^2_{20} \geq x) = 0.005$
   b. $P(\chi^2_{20} \geq x) = 0.01$

c. $P(\chi^2_{20} < x) = 0.005$

d. $P(\chi^2_{20} < x) = 0.01$

3. 모분산에 대한 신뢰구간을 구하기 위해, n개 관측치로 구성된 임의표본이 정규모집단으로부터 추출되었다. 다음과 같은 정보를 사용하여 $\chi^2_{\alpha/2,df}$와 $\chi^2_{1-\alpha/2,df}$를 구하라.

a. 95% 신뢰수준과 $n = 18$

b. 95% 신뢰수준과 $n = 30$

c. 99% 신뢰수준과 $n = 18$

d. 99% 신뢰수준과 $n = 30$

4. 모분산을 추정하기 위해 25개 관측치로 구성된 임의표본이 사용되었다. 표본평균과 표본표준편차가 각각 52.5와 3.8로 계산되었다. 모집단은 정규분포를 따른다고 가정하라.

a. 모분산에 대한 90% 신뢰구간을 구하라.

b. 모분산에 대한 99% 신뢰구간을 구하라.

c. 신뢰수준이 신뢰구간의 길이에 미치는 영향을 논의하라.

5. 다음과 같은 값들이 정규모집단으로부터 추출되었다.

20	29	32	27	34	25	30	31

a. 모분산과 모표준편차의 점추정치를 계산하라.

b. 모분산과 모표준편차에 대한 95% 신뢰구간을 구하라.

6. 모분산에 대한 가설검정을 수행하기 위해, 정규모집단으로부터 추출된 21개 관측치로 구성된 임의표본으로부터 $s^2 = 75$가 계산되었다. $\alpha = 0.10$에서 다음의 가설검정을 수행하라.

a. $H_0: \sigma^2 \le 50$; $H_A: \sigma^2 > 50$

b. $H_0: \sigma^2 = 50$; $H_A: \sigma^2 \ne 50$

7. 다음의 경쟁가설을 고려하라.

$$H_0: \sigma^2 = 200$$
$$H_A: \sigma^2 \ne 200$$

아래의 표본정보를 사용하여 p-값을 계산하라. 표본은 정규모집단으로부터 추출되었다.

a. $s^2 = 300$; $n = 25$

b. $s^2 = 100$; $n = 25$

c. (a)와 (b)의 표본정보 중 어느 경우에 $\alpha = 0.05$에서 귀무가설이 기각되는가?

8. 한 정규모집단의 분산이 2보다 크다는 주장을 검정하기 원한다고 하자. 임의표본을 구성하는 10개 관측치는 2, 4, 1, 3, 2, 5, 2, 6, 1, 4이다. $\alpha = 0.10$에서, 한 정규모집단의 분산이 2보다 크다는 주장을 검정하라.

9. 한 애널리스트는 그의 고객 포트폴리오에 포함할 수 있는 주식을 검토하고 있다. 지난 10년 동안, 이 주식 연간 수익률의 표본평균과 표본표준편차는 각각 20%와 15%였다. 그의 고객은 모표준편차로 측정되는 리스크가 18%와 다른지 알기 원한다.

a. 모분산과 모표준편차에 대한 95% 신뢰구간을 구하라.

b. 신뢰구간을 구하는 데 어떤 가정을 하였는가?

c. (a)의 결과에 의하면, 리스크는 18%와 다른가?

10. 한 기계의 한 교체부품은 고객에게 수용될 수 있기 위해 규격에 가깝게 생산되어야 한다. 정규모집단으로부터 추출된 20개 부품으로 구성된 임의표본으로부터 계산된 표본분산은 $s^2 = 0.03$이다.

a. 모분산에 대한 95% 신뢰구간을 구하라.

b. 생산규격은 부품길이의 분산이 정확하게 0.05이어야 한다고 요구한다. 이러한 생산규격이 위반되고 있는지 논의하라.

11. 한 슈퍼마켓의 매니저는 고객들의 대기시간 분산이 3(분)^{2}보다 큰지 알기 원한다. 그녀는 고객들의 대기시간 분산이 3(분)^{2}보다 크면 새로운 금전등록기 한 대를 추가하려고 한다. 그녀는 고객들의 대기시간 분산이 허용되는 수준보다 높아지지 않도록 하기 위해 정기적으로 고객들의 대기시간을 확인한다. 그녀는 최근에 28명 고객으로 구성된 임의표본을 추출하여 계산한 대기시간의 표본분산은 4.2(분)^{2}이었다. 그녀는 대기시간은 정규분포를 따른다고 믿는다.

a. 고객들의 대기시간이 허용되는 수준을 넘었는지 검정하기 위한 귀무가설과 대립가설을 설정하라.

b. $\alpha = 0.05$에서 가설검정을 수행하라.

c. 이 매니저는 어떻게 해야 하는가?

12. 한 기계부품의 공급업체인 메탈웍스사는 베어링 지름의 표준편차가 최대 0.002인치 이내가 되도록 베어링을 제조한다. 그렇지 않으면, 적합성 문제가 발생한다. 엔지니어링 부서는 이러한 요구조건에 부합하는지 검토하기 위해 한 실험을 수행하고 있다. 25개 베어링으로 구성된 임의표본을 추출하여 계산한 베어링 지름의 표본표준편차는 0.0025인치였다.

a. 요구조건이 위배되는지 검정하기 위한 귀무가설과 대립가설을 설정하라.

b. 검정통계량의 값을 계산하라. 베어링 지름에 관해 어떤 가정을 하였는가?

c. $\alpha = 0.05$에서 가설검정을 수행하라. 가설검정의 결론은 무엇인가?

d. 가설검정의 결론은 10%의 유의수준에서 달라지는가?

13. 일부 교통전문가들은 사고발생의 가능성을 결정하는 한 가지 중요한 요인은 속도의 수준보다 속도의 변동성이라고 주장한다. 한 교통전문가는 속도의 분산이 80 (mph)^{2}을 초과하면 운전 상황이 위험해진다고 주장한다. 한 교통량이 많은 고속도로를 운행하는 61대 자동차의 임의표본을 추출하여 계산한 속도의 표본평균과 표본분산은 각각 57.5 mph와 88.7

$(mph)^2$이었다.

a. 속도의 분산이 80 $(mph)^2$를 초과하는지 검정하기 위한 경쟁가설을 설정하라.

b. 5%의 유의수준에서 운전 상황이 위험해진다고 결론 내릴 수 있는가? 설명하라.

14. 한 소비자보호단체는 처방약 비용의 변동성에 대해 우려하고 있다. 이 단체는 8개의 지역 약국을 조사하여 한 특정한 브랜드 약의 가격(달러)을 수집하였다.

25.50	32.00	33.50	28.75	29.50	35.00	27.00	29.00

a. 모분산의 점추정치를 계산하라.

b. 이 단체는 수집된 가격들이 정규모집단으로부터 추출된 임의표본을 구성한다고 가정한다. 모분산에 대한 90% 신뢰구간을 구하라.

c. 가격의 모분산이 4와 같지 않으면 이 단체는 회원들을 대신하여 로비활동을 시작하기로 결정하였다. 이 단체는 무엇을 해야 하는가?

15. **FILE** ***Wage.*** 한 경제학자는 한 생산공장에서 시간당 임금의 변동성에 관심을 가지고 있다. 그녀는 50명을 대상으로 시간당 임금에 관한 데이터를 수집하였다.

a. 시간당 임금의 분산이 35$(달러)^2$보다 큰지 검정하기 위한 경쟁가설을 설정하라.

b. 검정통계량의 값을 계산하라.

c. p-값을 계산하라.

d. 5%의 유의수준에서 시간당 임금의 분산은 35$(달러)^2$보다 큰가? 설명하라.

16. **FILE** ***Sewing.*** 수동 봉제작업에서 높은 일관성을 유지하기 위해, 고품질 패션의류를 만드는 업자는 모든 봉제종업원들이 손재주시험에서 표준편차가 9점 이내의 점수를 취득해야 한다는 목표를 가지고 있다. 이러한 목표가 달성되고 있는지 검정하기 위해, 임의표본을 구성하고 있는 30명의 봉제종업원에게 손재주시험을 보도록 하였다.

a. 손재주시험점수의 표준편차가 9점보다 높은지 검정하기 위한 경쟁가설을 설정하라.

b. 검정통계량의 값을 계산하라. 손재주시험점수는 정규분포를 따른다고 가정하라.

c. p-값을 계산하라.

d. 1%, 5%, 10%의 유의수준에서 가설검정의 결론을 내려라.

17. **FILE** ***MPG.*** 첨부된 데이터 파일은 자동차 25대의 갤론당 주행거리(마일)를 보여준다.

a. 갤론당 주행거리의 분산이 62 $(mpg)^2$와 다른지 검정하기 위한 귀무가설과 대립가설을 설정하라.

b. 갤론당 주행거리가 정규분포를 따른다고 가정하면서 검정통계량의 값을 계산하라.

c. p-값을 계산하라.

d. $\alpha = 0.01$에서 가설검정의 결론을 내려라.

18. **FILE** ***MV_Houses.*** 캘리포니아주 미션비에호(Mission Viejo)의 한 부동산 중개업자는 주택가격의 표준편차가 10만 달러보다 크다고 믿는다. 주택가격은 정규분포를 따른다고 가정하라.

a. 가설검정을 위한 귀무가설과 대립가설을 설정하라.

b. 검정통계량의 값을 계산하라.

c. p-값을 구하라.

d. $\alpha = 0.05$에서 가설검정의 결론은 무엇인가? 이 부동산 중개업자의 주장은 데이터에 의해 지지되는가?

19. **FILE** ***Profits.*** 한 레스토랑 소유주는 이윤의 일관성이 부족하다는 것을 알고 있다. 그는 주간 이윤의 표준편차가 700 달러보다 크면 크게 우려할 것이다. 첨부된 데이터 파일에 있는 주간 이윤을 사용하여 이 레스토랑 소유주가 우려할 이유가 있는지 검정하라. 주간 이윤이 정규분포를 따른다고 가정하라.

a. 이 레스토랑 소유주가 우려하는 것이 타당한지 결정하기 위한 경쟁가설을 설정하라.

b. 검정통계량의 값과 p-값을 계산하라.

c. 5%의 유의수준에서 이 레스토랑 소유주는 크게 우려해야 하는가?

20. **FILE** ***Discovery.*** 피델리티의 성장디스커버리펀드(Fidelity Growth Discovery Fund (FDSVX))는 국내외 시장에서 평균 이상의 성장 잠재력을 가지고 있는 기업에 투자하는 매우 우량한 성장펀드이다. 한 투자자는 환율, 경제 및 정치 리스크 때문에 해외시장은 변동성이 심한 경향이 있다는 것을 우려한다. 그녀는 이 펀드 주간 수익률의 분산이 4보다 작은 경우에만 이 펀드를 구매하기로 결정하였다. 이 투자자의 의사결정을 돕기 위해 첨부된 데이터 파일에 있는 2019년 주간 수익률을 사용하라. 이 펀드의 주간 수익률은 정규분포를 따른다고 가정하라.

a. 분산을 검정하기 위한 경쟁가설을 설정하라.

b. 검정통계량의 값과 p-값을 계산하라.

c. 10%의 유의수준에서 이 투자자는 이 펀드에 투자해야 하는가?

21. **FILE** ***Shoppers.*** 남성은 여성에 비해 온라인 쇼핑빈도가 더 낮은 반면, 온라인에서 비싼 제품을 구매하기 위해 더 많이 지출한다. 한 온라인 소매점 매니저는 온라인 구매자 남성 80명과 여성 80명으로부터 얻는 연간 수입에 대한 데이터를 수집하였다. 이러한 연간 수입이 정규분포를 따른다고 가정하라. 다음의 표는 이러한 데이터의 일부를 보여준다.

Men	Women
1676	2043
1493	2023
⋮	⋮
1685	2051

a. 5%의 유의수준에서 남성 구매자 연간 수입의 표준편차가 100과 다른지 검정하라.

b. 5%의 유의수준에서 여성 구매자 연간 수입의 표준편차가 100과 다른지 검정하라.

22. **FILE** ***Rentals.*** 대학타운의 부동산 투자는 계속해서 좋은 수익률을 보장해주고 있다. 임대료가 상승하는 것은 투자자들에게 좋은 뉴스이나 학생들에게는 그렇지 않다. 한 투자회사는 임대료의 변동성에 대해 우려하고 임대료의 표준편차가 220달러 미만이면 투자하려 한다. 두 대학타운에 있는 침실 2개가 있는 아파트의 월간 임대료(달러)를 고려해보라. 월간 임대료는 정규분포를 따른다고 가정하라. 다음의 표는 이러한 데이터의 일부를 보여준다.

Town 1	Town 2
1000	1500
1150	1150
⋮	⋮
1300	1350

a. 5%의 유의수준에서 Town 1의 임대료 표준편차가 220달러 미만인지 검정하라. 이 투자회사는 Town 1에 투자해야 하는가? 설명하라.

b. 5%의 유의수준에서 Town 2의 임대료 표준편차가 220달러 미만인지 검정하라. 이 투자회사는 Town 2에 투자해야 하는가? 설명하라.

11.2 두 모분산 비율에 대한 추론

이 절에서는 두 모분산 σ_1^2과 σ_2^2을 비교하는 문제로 관심을 돌려보자. 통상적으로 중량, 크기, 부피의 상대적 변동성에 기초하여 제품들을 비교한다. 예를 들면, 병에 액체를 채우는 공장장은 일정한 크기의 병에 채워지는 음료 양의 상대적 변동성에 기초하여 두 생산시설을 비교하기 원할 수 있다. 이와 유사하게 투자자는 투자 리스크의 척도로 분산을 사용하면서 두 투자 전략을 비교하기 원할 수 있다 두 모분산을 비교하는 것과 관련된 다른 예로는 온라인 구매에 대한 고객 지출, 고속도로상에서 자동차 속도, 서로 다른 자동차 수리 비용의 상대적 변동성을 비교하는 것이 있다

관심 있는 모수를 두 모분산 차이 $\sigma_1^2 - \sigma_2^2$가 아니라 두 모분산 비율 σ_1^2/σ_2^2로 설정한다. $\sigma_1^2 = \sigma_2^2$의 조건은 $\sigma_1^2/\sigma_2^2 = 1$의 조건과 동등하다는 것에 주목하라. 두 표본분산 비율 s_1^2/s_2^2을 σ_1^2/σ_2^2의 추정량으로 사용한다. 여기서 두 표본분산은 두 정규모분산으로부터 추출된 독립표본으로부터 계산된다. 통계적 추론방법을 검토하기 위해 먼저 s_1^2/s_2^2의 표본분포를 분석할 필요가 있다.

s_1^2/s_2^2의 표본분포

***F* 분포(*F* distribution)**[1]를 정의하기 위해 s_1^2/s_2^2의 표본분포를 사용한다. t_{df}와 χ^2_{df} 분포와 마찬가지로, F 분포는 각 분포가 두 개의 자유도, 즉 분자의 자유도 df_1과 분모의 자유도 df_2에 따라 달라지는 일련의 분포를 가진다. 일반적으로 F 분포는 $F_{(df_1,df_2)}$ 분포로 나타낸다. 앞에서 언급한 것처럼, F 분포를 따르는 확률변수와 그 값을 나타내기 위해 $F_{(df_1,df_2)}$기호를 사용하도록 하자.

[1] F 분포라는 이름은 1922년에 이 분포를 발견한 피셔(Sir Ronald Fisher)를 기리기 위해 붙여졌다.

일반적으로 $F_{(df_1,df_2)}$ 분포는 두 개의 독립적인 카이제곱 확률변수 비율로 정의되는 확률분포이다. 여기서 각 카이제곱 확률변수는 자신의 자유도로 나누어진다. 즉 $F_{(df_1,df_2)} = \frac{\chi^2_{df_1}/df_1}{\chi^2_{df_2}/df_2}$이다.

> **$\sigma_1^2 = \sigma_2^2$일 때 s_1^2/s_2^2의 표본분포**
>
> 표본크기가 n_1과 n_2인 두 독립표본이 동일한 분산을 가진 두 정규모집단으로부터 추출되면, 통계량 $F_{(df_1,df_2)} = s_1^2/s_2^2$은 $df_1 = n_1 - 1$과 $df_2 = n_2 - 1$을 가진 $F_{(df_1,df_2)}$ 분포를 따른다.

χ^2_{df} 분포와 마찬가지로, $F_{(df_1,df_2)}$ 분포는 오른쪽으로 기울어져 있고 0부터 무한대의 값을 가지며 df_1과 df_2가 증가함에 따라 점차적으로 대칭의 모습이 된다. 그림 11.4는 다양한 분자의 자유도와 분모의 자유도를 가진 $F_{(df_1,df_2)}$ 분포를 보여준다. df_1과 df_2가 증가함에 따라, $F_{(df_1,df_2)}$ 분포는 덜 기울어지고 정규분포에 접근한다는 것에 주목하라. 예를 들면, $F_{(20,20)}$은 $F_{(2,8)}$이나 $F_{(6,8)}$에 비해 상대적으로 덜 기울어져 있다.

그림 11.4 $F_{(df_1,df_2)}$ 분포의 모습

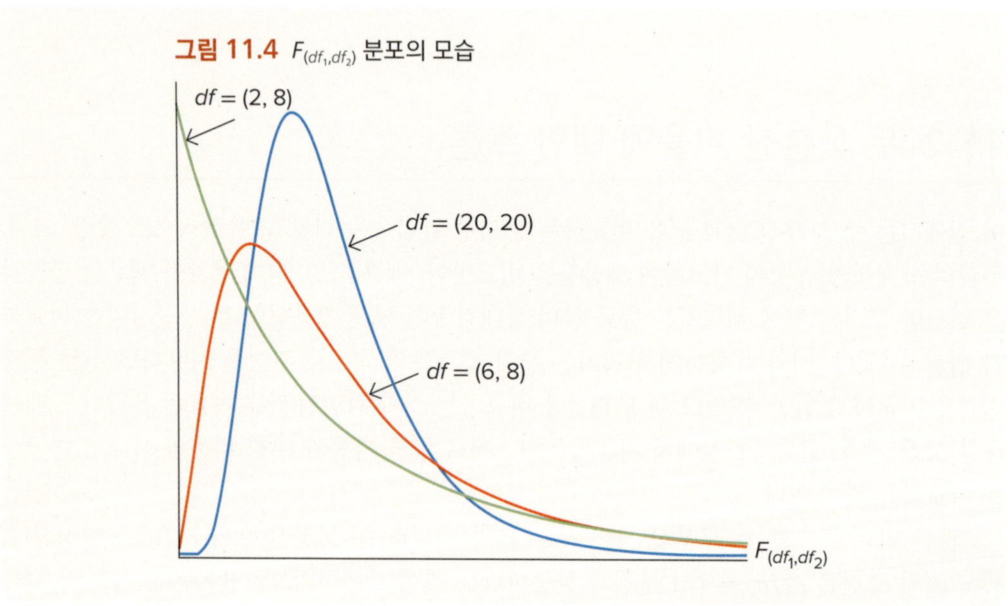

> **$F_{(df_1,df_2)}$ 분포의 요약**
>
> - F 분포는 각 분포가 두 개의 자유도, 즉 분모의 자유도 df_1과 분자의 자유도 df_2에 따라 달라지는 일련의 분포계열이다.
> - $F_{(df_1,df_2)}$ 분포는 0부터 무한대의 값을 가진다.
> - $F_{(df_1,df_2)}$ 분포는 오른쪽으로 기울어져 있다. 여기서 기울어진 정도는 df_1과 df_2에 의해 결정된다. df_1과 df_1가 증가함에 따라, $F_{(df_1,df_2)}$ 분포는 정규분포에 접근한다.

$F_{(df_1,df_2)}$의 값과 확률 구하기

다른 분포와 마찬가지로, 분포의 오른쪽 꼬리 면적이 α인 값을 나타내기 위해 $F_{\alpha,(df_1,df_2)}$ 기호를 사용하자. 달리 말하면, $P(F_{(df_1,df_2)} \geq F_{\alpha,(df_1,df_2)}) = \alpha$이다. 그림 11.5는 이러한 기호를 보여준다.

그림 11.5 그림으로 나타낸 $P(F_{(df_1,df_2)} \geq F_{\alpha,(df_1,df_2)}) = \alpha$

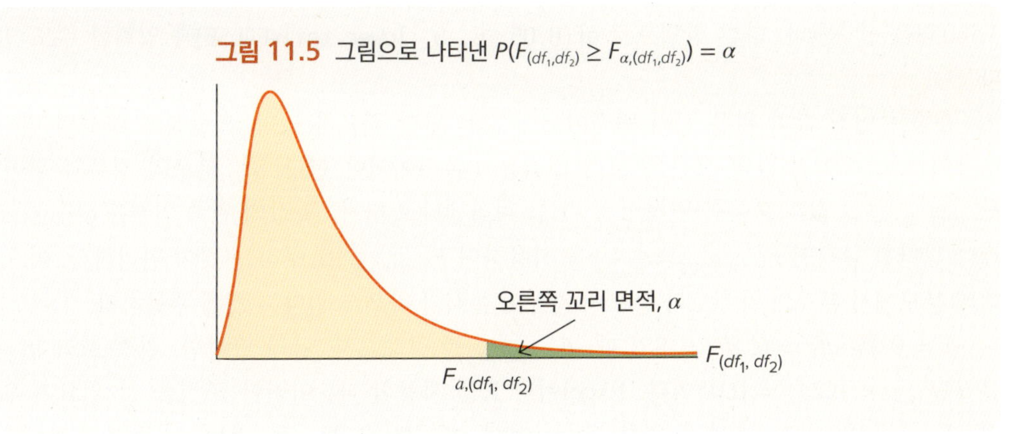

$F_{(df_1,df_2)}$의 값과 오른쪽 꼬리 면적 일부가 표 11.3에 제시되어 있다. 부록 B의 표 4는 더 완전한 표를 제공해준다.

표 11.3 *F* 분포표의 일부

		df_1		
df_2	오른쪽 꼬리의 면적, α	6	7	8
6	0.10	3.05	3.01	2.98
	0.05	4.28	4.21	**4.15**
	0.025	5.82	5.70	5.60
	0.01	8.47	8.26	8.10
7	0.10	2.83	2.78	2.75
	0.05	3.87	3.79	3.73
	0.025	5.12	4.99	4.90
	0.01	7.19	6.99	6.84
8	0.10	2.67	2.62	2.59
	0.05	**3.58**	3.50	3.44
	0.025	4.65	4.53	4.43
	0.01	6.37	6.18	6.03

$\alpha = 0.05$, $df_1 = 6$, $df_2 = 8$인 $F_{\alpha,(df_1,df_2)}$, 즉 $F_{0.05,(6,8)}$을 찾기 원한다고 하자. $df_1 = 6$ (가장 위 행), $df_2 = 8$ (첫 번째 열), $\alpha = 0.05$ (두 번째 열)에서 보면, $F_{0.05,(6,8)} = 3.58$이고 $P(F_{(6,8)} \geq 3.58) = 0.05$이다.

Excel의 **F.INV** 함수를 사용하여 특정한 $F_{\alpha,(df_1,df_2)}$를 구할 수 있다. Excel에서 =F.INV (*cumulprob*, df_1, df_2)를 입력한다. 여기서 *cumulprob*는 $F_{\alpha,(df_1,df_2)}$값과 관련된 누적확률이고 df_1과 df_2는 각각 분자의 자유도와 분포의 자유도이다. $F_{0.05,(6,8)}$을 구하기 위해

`=F.INV(0.95, 6, 8)`을 입력하면 Excel은 3.58058을 산출한다. R의 **qf** 함수를 사용하여 특정한 $F_{\alpha,(df_1,df_2)}$를 구할 수 있다. qf(*cumulprob*, df_1, df_2, *lower.tail=TRUE*)를 입력한다. 여기서 *cumulprob*는 $F_{\alpha,(df_1,df_2)}$값과 관련된 누적확률이고 df_1과 df_2는 각각 분자의 자유도와 분포의 자유도이다. $F_{0.05,(6,8)}$을 구하기 위해 `qf(0.95, 6, 8, lower.tail=TRUE)`를 입력하면 R은 3.58058을 산출한다. 다른 방법으로 `qf(0.05, 6, 8, lower.tail=FALSE)`를 입력할 수도 있다.

종종 주어진 값의 왼쪽 꼬리 면적이 α인 값을 구할 필요가 있다. 확률분포 아래의 면적은 1이므로, 주어진 값의 오른쪽 꼬리 면적은 $1 - \alpha$이어야 한다. χ^2_{df} 분포의 경우와 같이, $F_{1-\alpha,(df_1,df_2)}$는 그 값의 오른쪽 면적이 $1 - \alpha$를 나타낸다고 하자. 그 값의 왼쪽 면적은 α이다. 그러나 간단한 규칙인 $F_{1-\alpha,(df_1,df_2)} = \frac{1}{F_{\alpha,(df_2,df_1)}}$을 사용하여 $F_{1-\alpha,(df_1,df_2)}$를 구하는 것이 편리하다. 이 규칙의 분모에서 분자의 자유도와 분모의 자유도 순서가 바뀌어 있다는 것에 주목하라.

$\alpha = 0.05$, $df_1 = 6$, $df_2 = 8$일 때, $F_{1-\alpha,(df_1,df_2)}$를 구해보자. 달리 말하면, 왼쪽 꼬리 면적은 $P(F_{(6,8)} < 0.24) = 0.05$이다. Excel이나 R을 사용할 때, 이러한 조정을 할 필요가 없다. $F_{0.95,(6,8)}$의 값을 구하기 위해 Excel에서 `=F.INV(0.05, 6, 8)`을 입력하고 R에서 `qf(0.05, 6, 8, lower.tail=TRUE)`를 입력한다. Excel과 R 모두 0.2411을 산출한다.

그림 11.6은 $P(F_{(6,8)} \geq 3.58) = 0.05$와 $P(F_{(6,8)} < 0.24) = 0.05$를 그래프로 나타낸 것이다.

그림 11.6 $F_{(6,8)}$의 양쪽 꼬리에 $\alpha = 0.05$ 확률을 나타낸 그림

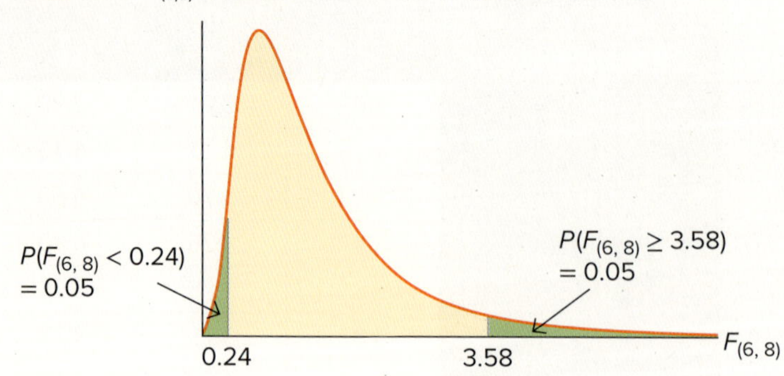

$F_{(df_1,df_2)}$의 값 구하기

- $F_{(df_1,df_2)}$ 분포를 따르는 확률변수의 경우, $F_{\alpha,(df_1,df_2)}$는 $P(F_{(df_1,df_2)} \geq F_{\alpha,(df_1,df_2)}) = \alpha$를 충족시키는 값을 나타낸다.
- 이와 유사하게 $F_{(df_1,df_2)}$ 분포를 따르는 확률변수의 경우, $F_{1-\alpha,(df_1,df_2)}$는 $P(F_{(df_1,df_2)} \geq F_{1-\alpha,(df_1,df_2)}) = 1 - \alpha$를 충족시키는 값을 나타낸다.
  이와 동등하게 $P(F_{(df_1,df_2)} < F_{1-\alpha,(df_1,df_2)}) = \alpha$이다. F 분포표를 사용할 때, 자유도의 순서를 바꾸어서 $F_{1-\alpha,(df_1,df_2)} = \frac{1}{F_{\alpha,(df_2,df_1)}}$의 식을 사용하여 $F_{1-\alpha,(df_1,df_2)}$를 계산하는 것이 편리하다. Excel이나 R을 사용할 때는 이러한 조정을 할 필요가 없다.

예제 11.5

다음을 충족시키는 x값을 구하라.

a. $P(F_{(7,10)} \geq x) = 0.025$
b. $P(F_{(7,10)} < x) = 0.05$

해답:

a. 분포의 오른쪽 꼬리 면적이 0.025인 x값을 구한다. 부록 B의 표 4에서 $df_1 = 7$에 해당되는 열과 $df_2 = 10$과 $\alpha = 0.025$에 해당되는 행이 만나는 곳에 있는 값인 3.95를 찾는다. 따라서 $P(F_{(7,10)} \geq 3.95) = 0.025$이므로 $x = 3.95$이다.
이 값을 구하기 위해 Excel에서 `=F.INV(0.975, 7, 10)`을 입력하고 R에서 `qf(0.975, 7, 10, lower.tail=TRUE)`를 입력한다.

b. 분포의 왼쪽 꼬리 면적이 0.05, 또는 분포의 오른쪽 면적이 0.95인 x값을 구한다. $F_{0.95,(7,10)} = \frac{1}{F_{0.05,(10,7)}} = \frac{1}{3.64} = 0.27$이다. 따라서 $P(F_{(7,10)} < 0.27) = 0.05$이므로 $x = 0.27$이다. 이 값을 구하기 위해 Excel에서 `=F.INV(0.05, 7, 10)`을 입력하고 R에서 `qf(0.05, 7, 10, lower.tail=TRUE)`를 입력한다.

이제 두 모분산 비율에 대한 신뢰구간을 살펴보면서 두 모분산 비율에 대한 추론을 하도록 하자.

두 모분산 비율에 대한 신뢰구간

두 모분산 비율 σ_1^2/σ_2^2에 대한 신뢰구간을 구하는 공식은 앞에서 신뢰구간을 구하는 것과 유사한 방식으로 도출된다. 여기서는 간단하게 그 결과만 제시한다.

σ_1^2/σ_2^2에 대한 신뢰구간

두 모분산 비율 σ_1^2/σ_2^2에 대한 100(1 − α)% 신뢰구간은 다음과 같이 계산된다.

$$\left[\left(\frac{s_1^2}{s_2^2}\right)\frac{1}{F_{\alpha/2,(df_1,df_2)}}, \left(\frac{s_1^2}{s_2^2}\right)F_{\alpha/2,(df_2,df_1)}\right]$$

여기서 표본크기는 n_1과 n_2이고 $df_1 = n_1 - 1$과 $df_2 = n_2 - 1$이다. 신뢰구간의 상한(오른쪽 값)에서 자유도의 순서가 바뀐다는 것에 주목하라.

두 정규모집단으로부터 추출된 두독립표본으로부터 두 표본분산이 계산되면, 이 공식은 타당하다.

예제 11.6

경영통계학 과목의 두 클래스 학생들은 동일한 기말시험을 치렀다. 한 교수가 두 클래스 간 점수의 변동성 차이를 검토하였다. $n_1 = 11$과 $n_2 = 16$인 두 임의표본으로부터 계산된 두 표본분산은 $s_1^2 = 182.25$와 $s_2^2 = 457.96$이다. 두 모분산 비율에 대한 95% 신뢰구간을 구하라. 두 표본은 두 정규모집단으로부터 독립적으로 추출되었다고 가정하라.

해답:

두 모분산 비율에 대한 95% 신뢰구간을 구하기 위해 $\left[\left(\frac{s_1^2}{s_2^2}\right)\frac{1}{F_{\alpha/2,(df_1,df_2)}}, \left(\frac{s_1^2}{s_2^2}\right)F_{\alpha/2,(df_2,df_1)}\right]$를 사용한다. $df_1 = n_1 - 1 = 11 - 1 = 10$이고 $df_2 = n_2 - 1 = 16 - 1 = 15$이다. F 분포표를 사용하면, $\alpha = 0.05$에서,

$$F_{\alpha/2,(df_1,df_2)} = F_{0.025,(10,15)} = 3.06,\ F_{\alpha/2,(df_2,df_1)} = F_{0.025,(15,10)} = 3.52$$

두 모분산 비율에 대한 95% 신뢰구간은 다음과 같이 구해진다.

$$\left[\left(\frac{182.25}{457.96}\right)\frac{1}{3.06}, \left(\frac{182.25}{457.96}\right)3.52\right] = [0.13,\ 1.40]$$

따라서 두 모분산 비율에 대한 95% 신뢰구간은 0.13과 1.40 사이이다. 달리 말하면, 첫 번째 클래스의 점수 분산은 두 번째 클래스의 점수 분산의 13%와 140% 사이이다.

앞에서 살펴본 것처럼, 양측 가설검정을 수행하기 위해 신뢰구간을 사용할 수 있다.

두 모분산 비율에 대한 가설검정

두 모분산 σ_1^2과 σ_2^2을 비교할 때, 경쟁가설은 다음의 형태 중 하나로 설정된다.

양측 검정	오른쪽 꼬리 검정	왼쪽 꼬리 검정
H_0: $\sigma_1^2/\sigma_2^2 = 1$	H_0: $\sigma_1^2/\sigma_2^2 \leq 1$	H_0: $\sigma_1^2/\sigma_2^2 \geq 1$
H_A: $\sigma_1^2/\sigma_2^2 \neq 1$	H_A: $\sigma_1^2/\sigma_2^2 > 1$	H_A: $\sigma_1^2/\sigma_2^2 < 1$

양측 검정은 두 모분산이 다른지 결정한다. 앞에서 지적한 것처럼, $\sigma_1^2 = \sigma_2^2$은 $\sigma_1^2/\sigma_2^2 = 1$과 동등한 조건이다. 오른쪽 꼬리 검정은 σ_1^2가 σ_2^2보다 큰지 검토하는 반면, 왼쪽 꼬리 검정은 σ_1^2가 σ_2^2보다 작은지 검토한다.

예제 11.7

예제 11.6을 다시 생각해보자.

a. 두 경영통계학 클래스 점수의 분산이 다른지 결정하기 위한 경쟁가설을 설정하라.

b. 두 모분산 비율에 대한 95% 신뢰구간을 사용하면, 가설검정의 결론은 무엇인가?

해답:

a. 두 클래스 점수의 분산이 다른지 결정하기 원하기 때문에, 양측 검정을 위한 경쟁가설은 다음과 같이 설정된다.

$$H_0: \sigma_1^2/\sigma_2^2 = 1$$
$$H_A: \sigma_1^2/\sigma_2^2 \neq 1$$

b. 두 모분산 비율에 대한 95% 신뢰구간은 0.13과 1.40 사이라고 계산하였다. 이 신뢰구간은 1을 포함하고 있는 것에 주목하라. 따라서 H_0은 기각되지 않는다. 표본데이터는 5%의 유의수준에서 두 경영통계학 클래스 점수의 분산이 다르다고 제시하지 않는다.

이제 단측 검정과 양측 검정을 수행하기 위해 4단계 과정을 사용한다. 두 모분산 비율 σ_1^2/σ_2^2에 대한 가설검정을 수행하기 위해 두 표본분산 비율 s_1^2/s_2^2을 사용한다.

σ_1^2/σ_2^2에 대한 추론을 위한 검정통계량

두 모분산 비율 σ_1^2/σ_2^2에 대한 가설검정을 위한 검정통계량의 값은 다음과 같이 계산된다.

$$F_{(df_1,df_2)} = s_1^2/s_2^2$$

여기서 표본크기는 n_1과 n_2이고 $df_1 = n_1 - 1$과 $df_2 = n_2 - 1$이다. 두 표본분산이 두 정규모집단으로부터 독립적으로 추출된 두 표본으로부터 계산되면, 이 검정통계량은 타당하다.

왼쪽 꼬리 검정은 두 모분산의 분산들을 서로 바꾸면 쉽게 오른쪽 꼬리 검정으로 전환될 수 있다는 것에 주목하라. 예를 들면, H_0: $\sigma_1^2/\sigma_2^2 \geq 1$ vs H_A: $\sigma_1^2/\sigma_2^2 < 1$를 H_0: $\sigma_2^2/\sigma_1^2 \leq 1$ vs H_A: $\sigma_2^2/\sigma_1^2 > 1$로 전환시킬 수 있다.

더 큰 표본분산을 분자로 사용하기

$F_{(df_1,df_2)}$ 통계량의 분모에 더 큰 표본분산을 사용하는 것이 선호될 수 있다. 이렇게 하면 검정통계량의 값을 사용하여 가설검정할 때 분포의 오른쪽 꼬리에만 초점을 맞출 수 있다.

달리 말하면, $s_1^2 > s_2^2$일 때, 검정통계량이 s_1^2/s_2^2와 같이 계산되도록 경쟁가설을 설정하고 $s_2^2 > s_1^2$일 때, 검정통계량이 s_2^2/s_1^2와 같이 계산되도록 경쟁가설을 설정하고 이에 상응하도록 자유도를 조정한다. 이렇게 하면 $F_{(df_1,df_2)}$ 분포의 왼쪽 꼬리 면적을 구하기 위해 필요한 추가적인 작업을 하지 않아도 된다.

Excel과 R을 이용한 σ_1^2/σ_2^2에 대한 검정

예제 11.8

FILE ***Growth_Value.*** 도입사례를 다시 고려해보자. 도로시 브레난의 고객은 성장펀드가 가치펀드보다 더 위험한지 알기 원한다. 두 펀드 수익률에 관한 관련된 정보를 다시 정리해보면 다음과 같다.

$$\text{성장펀드: } s_1 = 23.7993, \quad n_1 = 36$$
$$\text{가치펀드: } s_2 = 17.9792, \quad n_2 = 36$$

수익률은 정규분포를 따른다고 가정하고 5%의 유의수준에서 가설검정을 수행하라.

해답:

모분산을 리스크의 척도로 정의한다. 이것은 모표준편차를 리스크로 정의하는 것과 동등하다. σ_1^2과 σ_2^2을 각각 성장펀드 수익률과 가치펀드 수익률의 모분산이라고 하자. 성장펀드 수익률의 모분산이 가치펀드 수익률의 모분산보다 큰지 결정하기 원하기 때문에 경쟁가설을 다음과 같이 설정한다.

$$H_0: \sigma_1^2/\sigma_2^2 \le 1$$
$$H_A: \sigma_1^2/\sigma_2^2 > 1$$

$s_1 > s_2$이기 때문에 이렇게 경쟁가설을 설정하는 것이 적정하다는 것에 주목하라. 만일 $s_2 > s_1$의 경우라면, 경쟁가설은 σ_1^2/σ_2^2 대신에 σ_2^2/σ_1^2 기준으로 설정한다.

11.1절에서처럼, 요약통계가 주어지면 $F_{(df_1, df_2)} = s_1^2/s_2^2$을 쉽게 계산할 수 있지만, Excel에서 이러한 통계량을 구하는 단계를 설명한다. R에서 통계량의 값을 계산하는 함수를 사용한다. 원래 데이터를 사용할 때 특히 Excel과 R 모두 유용하다.

Excel의 이용

a. ***Growth_Value*** 데이터 파일을 연다. Growth 변수와 Value 변수의 값들이 셀 B2부터 셀 C37까지에 있다는 것을 확인하라.

b. Excel의 **VAR.S** 함수를 사용하여 검정통계량 $F_{(df_1, df_2)} = s_1^2/s_2^2$의 값을 계산한다. =VAR.S(B2:B37)/VAR.S(C2:C37)를 입력하면 Excel은 1.7522를 산출한다. 따라서 $F_{(35, 35)} = 1.7522$이다.

c. Excel의 **F.DIST.RT** 함수를 사용하여 p-값을 계산한다. =F. DIST.RT(x, df_1, df_2)를 입력한다. 여기서 x는 평가해야 하는 분포의 값, df_1는 분자의 자유도, df_2는 분모의 자유도이다. Excel은 분포의 오른쪽 꼬리 확률, 즉 오른쪽 꼬리 검정을 위한 p-값을 산출한다. 오른쪽 꼬리 검정을 수행하기 때문에, `=F.DIST.RT(1.7522, 35, 35)`를 입력하면 Excel은 0.051을 산출한다.

R의 이용

a. ***Growth_Value*** 데이터 파일을 데이터프레임(테이블)으로 가져와서 myData라는 이름으로 지정한다.

b. R의 **var.test** 함수를 사용하여 검정통계량과 *p*-값을 구한다. 이 함수의 옵션에서 가설로 설정된 두 모분산 비율의 값을 나타내기 위해 *ratio*를 사용하고 대립가설의 형태(양측 검정의 경우 “two.sided”, 왼쪽 꼬리 검정의 경우 “less”, 오른쪽 꼬리 검정의 경우 “greater”)를 나타내기 위해 *alternative*를 사용한다. 이 함수의 다른 특성은 자동적으로 평균에 대한 95% 신뢰수준이 제공된다는 것이다. 다른 신뢰수준은 옵션 *conf.level*을 사용할 수 있다. 다음과 같이 입력하라.

```
> var.test(myData$Growth, myData$Value, ratio=1,
  alternative = "greater")
```

그림 11.7은 R의 분석결과를 보여준다. 검정통계량과 *p*-값은 볼드체로 표시되어 있다. 오른쪽 꼬리 검정을 수행하였기 때문에 R은 교재에서 논의하지 않은 두 모분산 비율에 대한 한쪽 꼬리 신뢰구간을 보고한다.

그림 11.7 var.test 함수를 이용한 R의 분석결과

```
      F test to compare two variances
data: myData$Growth and myData$Value
F = 1.7522, num df = 35, denom df = 35, p-value = 0.05084
alternative hypothesis: true ratio of variances is greater than 1
95 percent confidence interval:
 0.9971982      Inf
sample estimates:
ratio of variances
         1.752216
```

참고: 원래 데이터를 사용할 수 없고 요약통계만 가지고 있으면, R의 ***pf*** 함수를 사용하여 *p*-값을 구할 수 있다. 이 예제에서 오른쪽 꼬리 검정의 *p*-값을 구하기 위해 R에서 `pf(1.7522, 35, 35, lower.tail=FALSE)`를 입력한다.

요약

p-값 = 0.051은 $\alpha = 0.05$보다 크기 때문에 귀무가설은 기각되지 않는다. 따라서 5%의 유의수준에서 성장펀드가 가치펀드보다 더 위험하다고 결론 내릴 수 없다.

참고: 앞에서 살펴본 것처럼, 양측 검정의 *p*-값은 오른쪽 꼬리 확률에 2를 곱하여 구할 수 있다.

도입사례 분석결과

dani3315/Shutterstock

1984년부터 2019년까지 뱅가드 성장지수 뮤추얼펀드와 뱅가드 가치지수 뮤추얼펀드의 연간 수익률 데이터를 검토한다. 이 기간 동안, 성장펀드의 연간 평균 수익률과 가치펀드의 연간 평균 수익률은 각각 15.76%와 12.01%였다. 이것은 성장펀드가 더 높은 평균 수익률을 가지기 때문에 더 높은 보상을 제공한다는 것을 의미한다. 평균 수익률은 투자의 보상을 측정하지만 보상과 리스크 모두가 중요할 때 투자의 리스크에 대해 아무것도 말해주지 않는다. 한 펀드에 대한 투자가 다른 펀드에 대한 투자보다 더 위험하다고 결론 내릴 수 있는가?

금융데이터를 사용하는 경우 분산과 표준편차는 가장 일반적으로 사용되는 리스크 척도이기 때문에 많은 검정이 두 뮤추얼펀드 각각의 투자 리스크를 평가하기 위해 수행될 수 있다. 이 기간 동안, 성장펀드 수익률의 표본표준편차와 가치펀드 수익률의 표본표준편차는 각각 23.80%와 17.98%였다. 첫 번째 검정은 성장펀드 수익률의 모표준편차가 20%(한 고객이 수용할 수 있는 최대 리스크 수준)보다 큰지 검토하였다. 5%의 유의수준에서 성장펀드 수익률의 모표준편차는 20%보다 크지 않은 것으로 분석되었다. 두 번째 검정은 가치펀드 수익률의 모표준편차가 15%와 다른지 검토하였다. 5%의 유의수준에서 가치펀드 수익률의 모표준편차가 15%와 다르지 않다고 분석되었다. 마지막으로 5%의 유의수준에서 성장펀드 수익률의 모표준편차는 가치펀드 수익률의 모표준편차보다 크지 않은 것으로 분석되었다.

성장펀드 수익률의 표본표준편차와 가치펀드 수익률의 표본표준편차를 언뜻 보면, 성장펀드가 가치펀드보다 더 위험하다고 잘못된 결론을 내릴 수 있다. 공식적인 검정은 성장펀드가 가치펀드보다 더 위험하다는 것을 지지하지 않았다. 이러한 분석에 기초하고 유사한 성과가 미래에 적용된다고 가정하면, 이 투자자는 한 펀드를 다른 펀드보다 더 선호해서는 안 된다. 성장투자와 가치투자의 두 가지 펀드유형은 종종 서로를 보완하기 때문에 이 투자자에게 두 펀드를 함께 사용하면서 투자 포트폴리오를 분산시키도록 권할 수 있다.

연습문제 11.2

23. 다음을 충족시키는 x값을 구하라.

a. $P(F_{(4,8)} \geq x) = 0.025$

b. $P(F_{(4,8)} \geq x) = 0.05$

c. $P(F_{(4,8)} < x) = 0.025$

d. $P(F_{(4,8)} < x) = 0.05$

24. 다음을 충족시키는 x값을 구하라.

a. $P(F_{(10,8)} \geq 3.35)$

b. $P(F_{(10,8)} < 0.42)$

c. $P(F_{(10,8)} \geq 4.30)$

d. $P(F_{(10,8)} < 0.26)$

25. 두 정규모집단으로부터 독립적으로 추출된 두 표본에서 계산된 다음과 같은 결과를 사용하면서 두 모분산 비율에 대한 90% 신뢰구간을 구하라.

표본 1: $\bar{x}_1 = 157, s_1^2 = 23.2, n_1 = 9$
표본 2: $\bar{x}_2 = 148, s_2^2 = 19.9, n_2 = 8$

26. 두 정규모집단으로부터 독립적으로 추출된 두 표본에서 계산된 다음과 같은 척도를 고려하라.

표본 1: $s_1^2 = 220, n_1 = 20$
표본 2: $s_2^2 = 196, n_2 = 15$

a. 두 모분산 비율에 대한 95% 신뢰구간을 구하라.

b. (a)에서 구한 신뢰구간을 사용하면서, 5%의 유의수준에서 두 모분산 비율이 1과 다른지 검정하라.

27. 다음과 같은 경쟁가설과 관련된 요약통계를 고려하라.

$$H_0: \sigma_1^2/\sigma_2^2 = 1$$
$$H_A: \sigma_1^2/\sigma_2^2 \neq 1$$

표본 1: $\bar{x}_1 = 48.5, s_1^2 = 18.7, n_1 = 10$
표본 2: $\bar{x}_2 = 50.2, s_2^2 = 12.9, n_2 = 8$

두 모집단은 정규분포를 따른다고 가정하라. 5%의 유의수준에서 가설검정을 수행하라.

28. 다음과 같은 경쟁가설과 관련된 요약통계를 고려하라.

$$H_0: \sigma_1^2/\sigma_2^2 \leq 1$$
$$H_A: \sigma_1^2/\sigma_2^2 > 1$$
$$\text{표본 1}: s_1^2 = 935, n_1 = 14$$
$$\text{표본 2}: s_2^2 = 812, n_2 = 11$$

5%의 유의수준에서 가설검정을 수행하라. 당신의 가정을 진술하라.

29. 다음과 같은 경쟁가설과 관련된 요약통계를 고려하라.

$$H_0: \sigma_1^2/\sigma_2^2 \geq 1$$
$$H_A: \sigma_1^2/\sigma_2^2 < 1$$
$$\text{표본 1}: s_1^2 = 1{,}315, n_1 = 17$$
$$\text{표본 2}: s_2^2 = 1{,}523, n_2 = 19$$

5%의 유의수준에서 가설검정을 수행하라. 당신의 가정을 진술하라. (*힌트*: 먼저 두 모분산을 바꾸면서 위의 왼쪽 꼬리 검정을 오른쪽 꼬리 검정으로 전환시킬 수 있다.)

30. 한 기업이 자동차의 한 특정한 교체부품을 생산하기 위한 비용을 감소시키는 새로운 기술을 개발했다. 교체부품은 고객들에게 수용될 수 있기 위해서 규격에 가깝게 생산되어야 하기 때문에, 새로운 기술의 규격은 기존 규격으로부터 크게 벗어나서는 안 된다. 기존 기술을 사용하면서 생산된 26개 부품의 표본분산은 $s_1^2 = 0.28$인 반면, 새로운 기술을 사용하면서 생산된 26개 부품의 표본분산은 $s_2^2 = 0.48$이라고 하자. 두 표본은 정규모집단으로부터 독립적으로 추출되었다고 가정하라.

a. 두 모분산이 다른지 검정하기 위한 경쟁가설을 설정하라.

b. 검정통계량의 값과 p-값을 계산하라.

c. 5%의 유의수준에서 두 모분산은 다르다고 결론 내릴 수 있는가? 모든 다른 기준이 충족된다면, 이 기업은 새로운 기술을 채택해야 하는가?

31. 한 학교 농구팀의 두 선수는 성적의 일관성을 위해 열심히 운동하고 있다. 특히 그들은 점수의 분산을 감소시키기를 바라고 있다. 이 농구팀의 코치는 두 선수가 게임에서 일관성이 같지 않다고 믿는다. 다음의 표는 10번의 경기에서 두 선수의 점수를 보여준다. 두 표본은 정규모집단으로부터 추출되었다고 가정하라.

선수 1	13	15	12	18	14	15	11	13	11	16
선수 2	11	21	18	9	20	11	13	11	19	8

a. 두 선수가 일관성에서 다른지 검정하기 위한 경쟁가설을 설정하라.

b. $\alpha = 0.05$에서 코치의 주장을 검정하라.

32. 한 배터리 제조회사의 품질관리 매니저는 리튬-이온 배터리는 니켈-카드뮴 배터리보다 방전 시간의 변동성이 작은지 결정하기 원한다. 유사한 소비전력을 가지고 있는 제품을 사용하면서, 그는 16개 리튬-이온 배터리와 26개 니켈-카드뮴 배터리의 방전시간(시간)을 측정하였다. 방전시간의 표본분산은 리튬-이온 배터리의 경우 0.44(시간)^{2}이고 니켈-카드뮴 배터리의 경우 0.89(시간)^{2}이다.

a. 리튬-이온 배터리의 방전시간 분산이 니켈-카드뮴 배터리의 방전시간 분산보다 작은지 검정하기 위한 경쟁가설을 설정하라.

b. 검정통계량의 값을 계산하라. 어떤 가정을 하였는가?

c. p-값을 계산하라.

d. 5%의 유의수준에서 가설검정의 결론은 무엇인가?

e. 5%의 유의수준에서 가설검정의 결론은 10%의 유의수준에서 달라지는가?

33. **FILE** ***Shoppers.*** 첨부된 데이터 파일에는 한 점포가 온라인 고객 남성 80명과 여성 80명로부터 얻는 연간 수입이 포함되어 있다.

a. 남성 고객의 연간 수입 분산이 여성 고객의 연간 수입 분산보다 큰지 검정하기 위한 경쟁가설을 설정하라.

b. 검정통계량의 값을 계산하라. 연간 수입은 정규분포를 따른다고 가정하라.

c. p-값을 계산하라.

d. $\alpha = 0.01$에서 가설검정의 결론은 무엇인가?

34. **FILE** ***Fidelity.*** 다음의 표는 2019년에 피델리티 500지수(Index)와 블루칩 펀드(Bluechip)의 주간 수익률(%)의 일부를 보여준다.

Week	Index	Bluechip
1	2.58	4.07
2	2.90	2.64
⋮	⋮	⋮
52	−0.56	−1.00

5%의 유의수준에서 두 모분산이 다른지 검정하라. 어떤 가정을 했는지 진술하라.

35. **FILE** ***Purchase_Amounts.*** 한 마케팅 분석가는 쇼핑몰 점포와 대형 할인점 간 고객의 구매액 변동성을 검토하고 있다. 그녀는 고객 특성의 차이 때문에 쇼핑몰 점포와 대형 할인점 간 고객의 구매액 변동성이 다르다고 생각한다. 이러한 문제를 상세하게 조사하기 위해, 그녀는 쇼핑몰 점포와 할인점 각각에서 26개의 구매액으로 구성된 두 임의표본을 추출하였다.

a. 구매액의 분산이 쇼핑몰 점포와 대형 할인점간 다른지 검정하기 위한 경쟁가설을 설정하라.

b. 두 모분산 비율에 대한 95% 신뢰구간을 구하라. 구매액은 정규분포를 따른다고 가정하라.

c. 두 모분산 비율에 대한 95% 신뢰구간을 사용하여 5%의 유의수준에서 구매액의 분산이 쇼핑몰 점포와 대형 할인점 간 다른지 검정하라.

d. p-값을 사용하면서 (c)의 결론을 확인해보라.

36. FILE ***Coffee.*** 2017년부터 2019년까지 스타벅스와 던킨의 월간 주가 일부가 다음의 표에 제시되어 있다.

Date	Starbucks	Dunkin
Jan-17	51.77	48.37
Feb-17	53.31	51.30
⋮	⋮	⋮
Dec-19	87.51	75.09

a. 두 기업의 주가 분산이 다른지 결정하기 위한 귀무가설과 대립가설을 설정하라. 주가는 정규분포를 따른다고 가정하라.

b. 검정통계량의 값과 p-값을 계산하라.

c. $\alpha = 0.05$에서 가설검정의 결론은 무엇인가?

37. FILE ***Packaging.*** 특정한 온도 범위에서 보관되어야 하는 제품을 위한 다양한 포장방식이 존재한다. 저온유통은 특히 식품과 약품 산업에서 유용하다. 한 포장회사는 박스 내의 온도 변화를 감소시킬 수 있는 새로운 포장 재료를 사용하려고 한다. 검사원들이 새로운 포장과 기존 포장을 각각 임의로 16개 박스 선정하고 배송을 위해 봉인한 24시간 후 온도(섭씨)를 보고하였다. 이러한 데이터의 일부가 다음의 표에 제시되어 있다. 두 표본은 정규모집단으로부터 독립적으로 추출되었다고 가정하라.

New Package	Old Package
3.98	5.79
4.99	6.42
⋮	⋮
4.95	5.95

a. 새로운 포장재료가 박스 내 온도 변화를 감소시키는지 검정하기 위한 경쟁가설을 설정하라.

b. 검정통계량의 값과 p-값을 계산하라.

c. 5%의 유의수준에서 가설검정의 결론은 무엇인가?

38. FILE ***Rentals.*** 첨부된 데이터 파일에는 두 대학타운에 있는 침실 2개를 가지고 있는 아파트의 월간 임대료가 포함되어 있다. 5%의 유의수준에서 대학타운 1의 임대료 분산이 대학타운 2의 분산보다 작은지 검정하라. 어떤 가정을 사용했는지 진술하라.

11.3 데이터 분석

사례연구

FILE ***Highway_Speeds.*** 많은 환경단체와 정치인은 미국 고속도로에서 연방정부의 시속 55마일 속도제한으로 복귀할 것을 제안하고 있다. 그들은 전국적으로 속도제한을 낮추는 것이 교통안전을 개선시키고, 연료를 절약하게 하며 온실가스배출을 감소시킬 것이라고 주장한다. 엘리자베스 코널리는 평균 속도 제한보다는 속도의 변동성에 더 관심을 가져야 한다고 믿는다. 그녀는 속도 변동성의 증가가 전반적인 교통안전을 감소시킨다고 제시하는 최근 연구에 주목한다. 특히, 엘리자베스는 속도의 표준편차가 5 mph보다 높을 때, 교통사고가 더 많이 발생할 수 있다고 생각한다. 그녀는 속도제한이 55 mph인 고속도로(Highway 1)에서 자동차 40대의 속도와 속도제한이 65 mph인 고속도로(Highway 2)에서 자동차 40대의 속도를 기록하였다. 표 11.4는 이러한 데

Dmitry Kalinovsky/Shutterstock

이터의 일부를 보여준다.

엘리자베스는 이러한 표본정보를 사용하여 속도제한이 55 mph인 고속도로에서 속도의 표준편차가 5 mph보다 큰지 결정하기 원한다. 또한 그녀는 속도제한이 55 mph인 고속도로에서 속도의 변동성이 속도제한이 65 mph인 고속도로에서 속도의 변동성보다 큰지 결정하기 원한다.

표 11.4 Highway 1과 Highway 2의 자동차 속도

Highway 1 (55-mph 속도제한)	Highway 2 (65-mph 속도제한)
60	70
55	65
⋮	⋮
52	65

샘플보고서—교통 안전과 속도의 변동성

온실가스 배출의 증가가 미국 고속도로에서 연방정부의 55 mph 속도제한으로 복귀를 위한 환경보호론자의 로비를 촉발시켰다. 이에 더하여 지지자들은 연비는 60 mph보다 높은 속도에서 나빠진다는 것에 주목하면서 잠재적인 금전과 연료 절약을 지적한다. 그러나 55 mph 속도제한으로의 복귀가 교통 안전을 증가시킬 것인지는 분명하지 않다. 많은 사람들은 교통 안전은 평균 운전속도보다 속도의 변동성에 의해 결정된다, 즉 속도의 변동성이 클수록 도로는 더 위험해진다고 믿는다.

이 보고서에서 두 고속도로에서 속도의 변동성을 비교한다. 두 표본은 속도제한이 55 mph인 고속도로(Highway 1)에서 기록된 자동차 40대의 속도와 속도제한이 65 mph인 고속도로(Highway 2)에서 기록된 자동차 40대의 속도로 구성되었다. 표 11.5는 분석을 위해 가장 관련 있는 요약통계를 보여준다.

표 11.5 Highway 1과 Highway 2에서 자동차 속도의 요약통계

	Highway 1 (55-mph 속도 제한)	Highway 2 (65-mph 속도 제한)
평균	56.60	66.00
표준편차	6.98	3.00
자동차 수	40	40

자동차들이 Highway 1에서 평균적으로 더 낮은 속도로 달리지만(56.60 mph < 66.00 mph), 표준편차로 측정되는 속도의 변동성은 Highway 1에서 더 크다(6.98 mph > 3.00 mph).

2개의 가설검정이 수행된다. 첫 번째 검정은 5%의 유의수준에서 Highway 1에서 속도의 표준편차가 5 mph보다 큰지, 즉 $\sigma^2 > 25$인지 검토한다. 두 번째 검정은 Highway 1에서 속도의 표준편차가 Highway 2에서 속도의 표준편차보다 큰지, 즉 $\sigma_1^2/\sigma_2^2 > 1$인지 분석한다. 표 11.6은 가설검정의 결과를 요약한 것이다.

표 11.6 경쟁가설, 검정통계량의 값과 *p*-값

가설	검정통계량	*p*-값
$H_0: \sigma^2 \leq 25$ $H_A: \sigma^2 > 25$	$\chi^2_{39} = \frac{(n-1)s^2}{\sigma^2} = \frac{(40-1)(6.98)^2}{25} = 76.00$	≈ 0.00
$H_0: \sigma_1^2/\sigma_2^2 \leq 1$ $H_A: \sigma_1^2/\sigma_2^2 > 1$	$F_{39,39} = \frac{s_1^2}{s_2^2} = \frac{(6.98)^2}{(3.00)^2} = 5.41$	≈ 0.00

Highway 1에서 속도의 표준편차가 5 mph보다 큰지 검정할 때, 검정통계량의 값은 76.00이고 *p*-값은 근사적으로 0과 같다. 적정한 유의수준에서 모분산에 관한 귀무가설은 기각된다. 달리 말하면, 표본 데이터는 Highway 1에서 속도의 표준편차가 5 mph보다 크다고 제시한다. 두 번째 가설검정은 검정통계량의 값이 5.41이고 *p*-값이 근사적으로 0과 같기 때문에 Highway 1에서 속도의 분산이 Highway 2에서 속도의 분산보다 크다는 것을 보여준다.

미국인 운전자들은 빠르게 운전하기를 좋아하는 것이 안전 지지자들과 환경보호론자들이 고속도로 속도제한을 낮추는 것에 대한 장기적인 논란에서 지는 이유를 설명해준다. 55 mph 속도제한이 연료를 절약하게 하고 온실가스배출을 감소시키지만, 이러한 속도제한이 안전을 증가시키는지는 여전히 해결되지 않은 질문이다. 사람들이 운전하는 평균 속도보다 속도의 변동성에 의해 교통 안전이 결정된다면, 데이터는 연방정부의 55 mph 속도제한으로의 복귀가 반드시 안전을 증가시키지 않을 수 있다고 제시한다.

사례연구 제안

보고서 11.1 FILE ***Gasoline.*** 환경에 대한 우려와 멈추지 않는 가솔린 가격의 변동성 때문에 운전자들은 자동차의 가솔린 소비에 대해 더 우려하고 있다. 한 비영리 기관의 연구원인 카메론 화이트는 이러한 우려를 공유하고 그의 자동차의 가솔린 소비가 5년 전에 새 차를 샀을 때만큼 효율적인지 알기 원한다. 그의 좋은 의도에도 불구하고, 그는 자동차 관리를 약간 허술하게 한 것이 자동차의 성능에 나쁜 영향을 미쳤을 수 있다고 생각한다. 그는 새 차를 샀을 때 고속도로에서 자동차의 평균 연비는 갤론당 29마일(mpg)이고 연비의 표준편차는 1 mpg라고 들었다. 첨부된 데이터 파일은 지난 20번에 걸쳐 연료를 가득 채운 후의 자동차 연비를 보여준다.

보고서에서 이러한 정보를 사용하여 모표준편차에 대한 신뢰구간을 구하라. 적정한 신뢰수준을 사용하고 분석을 위해 어떤 가정을 했는지 논의하라. 이어서 자동차 연비의 변동성이 처음의 표준편차인 1 mpg보다 증가했는지 결정하라. 적정한 유의수준을 사용하라.

보고서 11.2 FILE ***Math_Scores.*** 수십 년 동안, 사람들은 선천적으로 남자 아이들이 여자 아이들보다 수학을 더 잘한다고 믿었다. 달리 말하면, 뇌의 본질적 차이 때문에 남자 아이들이 여자 아이들보다 수학을 하는 데 더 적합하다는 것이다. 최근 연구는 이러한 고정관념에 도전하면서 수학 능력에서 남녀 차이는 타고난 적성보다 문화와 더 관련되어 있다고 주장한다. 예를 들면, 미국에서 여자 아이들은 남자 아이들만큼 표준적인 수학시험에서 좋은 성적을 낸다. 그러나 다른 사람들은 평균 점수는 같을 수 있지만, 남자 아이들의 수학 능력 변동성이 여자 아이들의 수학 능력 변동성보다 크고 이에 따라 일부 남자 아이들이 놀라운 수학 능력을 보여준다고 주장한다. 첨부된 데이터 파일에는 남자 아이들과 여자 아이들의 수학점수가 포함되어 있다.

보고서에서 이러한 정보를 사용하여 남자 아이들과 여자 아이들의 수학점수 변동성 비율에 대한 신뢰구간을 구하고 해석하라. 적정한 신뢰수준을 사용하고 분석을 위해 어떤 가정을 했는지 논의하라. 이어서 남자 아이들의 수학점수 변동성이 여자 아이들보다 큰지 결정하라. 적정한 유의수준을 사용하라.

보고서 11.3 https://finance.yahoo.com/에 가서 두 대형 기술회사의 3년간 월간 조정 주가 데이터를 구하라. 각 기업에 대해 전월 대비 조정 종가의 퍼센트 변화로 측정된 월간 주식수익률을 계산하여 35개월의 주식수익률 데이터를 구축하라. 요약 척도를 사용하여 두 기업 주식 수익률의 리스크와 보상을 비교하라. 각 기업에 대해 5%의 유의수준에서 주식수익률의 표준편차로 측정되는 리스크가 통계적으로 120과 다른지 결정하라. 또한 어느 기업의 주식이 더 위험한지 결정하라. 적정한 유의수준을 사용하고 분석을 위해 어떤 가정을 했는지 논의하라.

핵심 개념

LO 11.1 **χ^2 분포의 특성을 이해하고 모분산에 대한 추론을 할 수 있어야 한다.**

χ^2 분포는 각 분포가 특정한 자유도 df에 의해 결정되는 일련의 분포 계열이다. 따라서 일반적으로 자유도 df를 가진 χ^2 분포를 χ^2_{df} 분포라고 나타낸다. χ^2 분포는 오른쪽으로 기울어져 있고 0부터 무한대의 값을 가진다. df가 증가함에 따라 χ^2_{df} 분포는 정규분포에 접근한다.

σ^2에 관한 통계적 추론은 χ^2_{df} 분포에 기초하여 이루어진다. σ^2에 대한 $100(1-\alpha)\%$ 신뢰구간은 $\left[\frac{(n-1)s^2}{\chi^2_{\alpha/2,df}}, \frac{(n-1)s^2}{\chi^2_{1-\alpha/2,df}}\right]$과 같이 계산된다. σ^2에 대한 가설검정을 위한 검정통계량의 값은 $\chi^2_{df} = \frac{(n-1)s^2}{\sigma_0^2}$과 같이 계산된다. 여기서 σ_0^2은 가설로 설정된 모분산의 값이다. s^2이 정규모집단으로부터 추출된 임의표본으로부터 계산될 때 이러한 공식은 타당하다.

LO 11.2 **F 분포의 특성을 이해하고 두 모분산 비율에 대한 추론을 할 수 있어야 한다.**

F 분포는 각 분포가 두 개의 자유도, 즉 분자의 자유도 df_1과 분모의 자유도 df_2에 의해 결정되는 일련의 분포 계열이다. 분자의 자유도 df_1과 분모의 자유도 df_2를 가진 F 분포는 $F_{(df_1,df_2)}$분포라고 나타낸다. $F_{(df_1,df_2)}$분포는 오른쪽으로 기울어져 있고 0부터 무한대의 값을 가지며 df_1과 df_2이 증가함에 따라 점차적으로 대칭의 모습이 된다.

σ_1^2/σ_2^2에 대한 통계적 추론은 $F_{(df_1,df_2)}$분포에 기초하여 이루어진다. σ_1^2/σ_2^2에 대한 $100(1-\alpha)\%$ 신뢰구간은 $\left[\left(\frac{s_1^2}{s_2^2}\right)\frac{1}{F_{\alpha/2,(df_1,df_2)}}, \left(\frac{s_1^2}{s_2^2}\right)F_{\alpha/2,(df_2,df_1)}\right]$와 같이 계산된다. σ_1^2/σ_2^2에 대한 가설검정을 위한 검정통계량의 값은 $F_{(df_1,df_2)} = s_1^2/s_2^2$과 같이 계산된다. 여기서 $df_1 = n_1 - 1$이고 $df_2 = n_2 - 1$이다. s_1^2과 s_2^2이 두 정규모집단으로부터 독립적으로 추출된 임의표본으로부터 계산될 때 이러한 공식은 타당하다.

추가 연습문제

39. 한 기계를 위한 교체부품은 고객이 수용할 수 있도록 규격에 가깝게 생산되어야 한다. 생산과정은 이 부품 길이의 분산이 0.05(단위)^{2}보다 크지 않으면 적정하게 작동하는 것으로 간주된다. 30개 부품으로부터 계산된 표본분산이 $s^2 = 0.07$이었다. 이러한 표본 증거를 사용하여 5%의 유의수준에서 생산 규격이 충족되지 않는지 검정하라.

40. FILE ***Generic.*** 한 소비자 보호단체는 복제약의 가격 변동성에 대해 우려하고 있다. 복제약의 가격 분산이 5보다 크면 우려의 이유가 된다. 이 단체는 48개 지역 약국을 조사하여 특정한 복제약의 가격(달러)을 수집하였다. 첨부된 데이터 파일에 있는 데이터를 참조하라. 1%의 유의수준에서 이 단체가 우려하는 이유가 존재하는지 검정하라.

41. FILE ***Checkout_Arrivals.*** 인력배치 목적을 위해, 한 소매점 매니저는 특정한 근무조에 개방할 계산대 수를 표준화하기 원한다. 그녀는 시간당 도착하는 고객 수의 표준편차가 8명 이하이면, 과도한 고객의 대기시간이나 과도한 계산원의 노는 시간 없이 고정된 계산대 수에 인력을 배치할 수 있다고 믿는다. 그러나 몇 개의 계산대(와 이에 따른 계산원)를 사용할 것인지 결정하기 전에, 그녀는 시간당 도착하는 고객 수의 표

준편차가 8명을 초과하지 않는지 확인해야 한다. 이에 따라 특정한 근무조에 25번의 시간당 도착하는 고객 수로 구성된 표본이 지난 주 동안 수집되었다.

a. 시간당 도착하는 고객 수의 표준편차가 8명을 초과하는지 검정하기 위한 경쟁가설을 설정하라.

b. 검정통계량의 값을 계산하라. 시간당 도착하는 고객 수는 정규분포를 따른다고 가정하라.

c. p-값을 계산하라.

d. $\alpha = 0.05$에서 가설검정의 결론은 무엇인가? 1%의 유의수준에서 가설검정의 결론이 달라지는가?

42. FILE ***Beverage.*** 음료제조회사인 피즈코사는 병에 투입되는 음료의 양의 표준편차가 요구되는 5밀리리터와 다른지 확인하는 데 관심을 가지고 있다. 36개 병으로 구성된 임의표본이 추출되었고 각 병에 투입되는 음료의 양(밀리리터)이 측정되었다. 첨부된 데이터 파일을 참조하라.

a. 모표준편차에 대한 95% 신뢰구간을 구하라. 투입되는 액체의 양은 정규분포를 따른다고 가정하라.

b. 5%의 유의수준에서 투입되는 음료의 양의 표준편차가 요구되는 5밀리리터와 다르다고 결론 내릴 수 있는가?

43. 존 다움과 크리스 인은 한 대학의 스타 수영선수이다. 그들은 NCAA 디비전 II 전국챔피언 경기에서 경쟁할 준비를 하고 있다. 둘 다 남자 100미터 자유형 경기에서 메달을 딸 가능성이 있다. 코치는 둘 다 평균 시간은 같지만 크리스는 존만큼 일관적이지 않다고 생각한다. 코치의 우려가 타당한지 결정하기 위해, 20번의 수영에서 걸린 시간을 측정하고 수영시간의 표준편차가 존의 경우 0.85초, 크리스의 경우 1.20초라고 계산하였다. 존과 크리스 모두의 경기시간은 정규분포를 따른다고 가정하라.

a. 존의 수영시간 분산이 크리스의 수영시간 분산보다 작은지 검정하기 위한 경쟁가설을 설정하라.

b. 10%의 유의수준에서 검정을 수행하라.

c. 누가 경기에서 기록을 경신할 가능성이 큰가? 설명하라.

44. FILE ***Pizza.*** 로베르토 에스포지토는 두 개의 피자배달 레스토랑을 소유하고 있다. 한 레스토랑은 캠퍼스의 동쪽에 있고 다른 레스토랑은 서쪽에 있다. 그는 경영학을 공부하는 종업원에게 동쪽 레스토랑의 피자 배달 수 분산이 서쪽 레스토랑보다 작다고 말한다. 그녀는 이 소유주의 직감이 맞는지, 우연 때문인지 궁금해한다. 그녀는 주중에 피자배달 수를 기록하고 통계학 지식을 동원하기로 결정하였다. 다음의 표는 이러한 데이터의 일부를 보여준다.

East	West
206	229
216	176
⋮	⋮
221	178

5%의 유의수준에서 이 소유주의 직감을 검정하라. 검정과정에 대해 상세하게 설명하라.

45. 버거조인트사의 새로운 좌우명은 제품과 서비스의 일관성이다. 이에 따라 경영자는 수동 프렌치 프라이 조리 방법을 대체하기 위해 자동 프렌치 프라이 조리기에 투자하였다. 그 목표는 조리되는 프라이의 수를 표준화하기 위한 것이다. 첨부된 데이터 파일은 조리방법을 바꾸기 전후에 10번의 주문으로 구성된 표본에 기초하여 대형용기에서 조리되는 프라이의 수를 보여준다. 이러한 표본은 정규모집단으로부터 독립적으로 추출되었다고 가정하라.

수동	27	39	29	31	30	37	41	29	38	31
자동	30	35	37	38	34	35	35	32	35	32

a. 새로운 자동 조리방법에 의해 처리되는 프렌치 프라이 수의 분산이 이전의 수동 조리방법에 의해 처리되는 프렌치 프라이 수의 분산보다 작은지 검정하기 위한 경쟁가설을 설정하라.

b. 검정통계량의 값과 p-값을 계산하라.

c. 1%의 유의수준에서 검정의 결론은 무엇인가?

46. FILE ***Safety_Stock.*** 한 자동차 부품 유통업자는 두 부품 A와 B의 안정적인 재고수준을 표준화하기 원한다. ('안정적인 재고수준'은 수요의 변동성에 대응하여 안정적인 공급을 제공하기 위해 기대되는 수요수준보다 높게 유지되는 초과 재고수준이다.) 이에 따라 이 유통업자는 지난 30일 동안 각 부품의 일일 수요로

구성된 임의표본을 추출하였다.

a. 두 부품의 일일 수요 분산이 다른지 검정하기 위한 귀무가설과 대립가설을 설정하라.

b. 검정통계량의 값과 *p*-값을 계산하라. 부품의 일일 수요는 정규분포를 따른다고 가정하라.

c. 5%의 유의수준에서 검정의 결론을 내려라.

47. FILE ***Wait_Times.*** 럭스 호텔의 매니저인 바바라 드와이어는 전화예약을 하려는 고객이 예약담당자와 통화하기 위해 너무 오래 기다리지 않도록 모든 노력을 하고 있다. 이 호텔은 하루에 24시간 동안 전화예약을 받기 때문에, 바바라는 특히 서비스의 일관성을 유지하는 데 관심을 가지고 있다. 바바라는 이른 아침 근무조(12:00 am~6:00 am)에서 대기시간의 분산이 늦은 아침 근무조(6:00 am~12:00 pm)에서 대기시간의 분산과 다른지 결정하기 원한다. 그녀는 분석을 위해 두 근무조에서 독립적으로 추출된 전화예약의 대기시간으로 구성된 임의표본을 사용하였다. 다음의 표는 이러한 데이터의 일부를 보여준다. 대기시간은 정규분포를 따른다고 가정하라.

Early	Late
67	98
48	100
⋮	⋮
69	106

a. 이른 아침 근무조에서 대기시간의 분산이 늦은 아침 근무조에서 대기시간의 분산과 다른지 검정하기 위한 경쟁가설을 설정하라.

b. 1%의 유의수준에서 검정의 결론은 무엇인가?

12 카이제곱검정

Chi-Square Tests

학습목차_*Chapter Contents*

학습목표_*Learning Objectives*

이 장을 학습한 후에,

LO **12.1** 다항실험을 위한 적합도 검정을 수행할 수 있어야 한다.
LO **12.2** 독립성에 대한 카이제곱검정을 수행할 수 있어야 한다.
LO **12.3** 정규분포에 대한 카이제곱검정과 자크-베라 검정을 수행할 수 있어야 한다.

이 장에서는 χ^2 (카이제곱) 분포를 사용하여 관측되는 데이터와 특정한 분포를 따르는 모집단으로부터 기대되는 것을 비교하는 통계적 검정을 학습한다. 일반적으로 적합도 검정은 범주형 변수로 구성된 표본데이터의 빈도분포에 사용된다. 예를 들면, 자동차 산업의 시장점유율들이 지난 10년 동안 극적으로 변화했는지 검정할 수 있다. 적합도 검정은 한 범주형 변수에 초점을 맞추는 반면, 독립성에 대한 검정은 두 범주형 변수를 비교하기 위해 사용된다. 예를 들면, 성별이 제품의 구매에 영향을 미치는지 결정할 수 있다.

표본데이터가 정규모집단으로부터 추출되었다는 가정을 검정하기 위해 적합도 검정이 확장된다. 수치형 변수와 함께 정규분포가 사용되기 때문에, 먼저 원래 데이터를 빈도분포로 전환한다. 마지막으로 원래 데이터를 사용하면서 정규분포에 대한 검정을 하는 자크-베라 검정을 살펴본다.

Shutterstock

도입사례_*Introductory Case*

스포츠 의류 브랜드

4장의 도입사례에서, 24/7 피트니스 센터의 매니저인 자넷 윌리엄스는 새로운 오픈 하우스 참가자를 선정하기 위한 데이터 기반 전략을 개발하기 원한다. 그녀는 400명의 과거 오픈 하우스 참가자로부터 클럽 멤버십과 관련된 후속 전화에 의한 등록결과(등록, 미등록)를 알고 있다. 이에 더하여, 그녀는 수년 동안 참가자의 연령 정보를 가지고 있다. 여기서 연령은 30세 미만, 30세와 50세 사이, 50세 초과 그룹으로 구분된다.

자넷은 이러한 데이터를 사용하여 등록결과와 연령그룹에 의해 교차 분류되는 분할표를 표 12.1과 같이 작성하였다. 연령그룹과 등록결과에 대한 경험적 확률을 언뜻 살펴보면, 등록확률은 참가자의 연령에 의존하는 것으로 보인다. 이러한 정보를 사용하여 클럽 멤버십을 구매할 가능성이 있는 오픈 하우스 참가자를 판별하기 전에, 자넷은 그 결과가 철저한 통계분석에 의해 지지되는지 확인하기 원한다.

표 12.1 참가자의 등록과 연령 빈도

등록결과	연령그룹		
	30세 미만(U)	30세와 50세 사이(B)	50세 초과(O)
등록(E)	24	72	44
미등록(N)	84	88	88

자넷은 표 12.1의 정보를 사용하여 다음과 같은 일을 수행하기 원한다.

1. 5%의 유의수준에서 두 변수(연령그룹과 등록결과)가 관련되어 있는지 결정한다.
2. 독립성에 대한 검정 결과를 어떻게 사용할 수 있는지 논의한다.

이 도입사례에 대한 분석결과는 12.2절 마지막 부분에 제시되어 있다.

12.1 다항실험을 위한 적합도 검정

10장에서 두 모비율의 차이를 비교하였다. 여기서는 이러한 분석을 확장하여 두 개 이상 모비율이 서로 다른지 또는 사전에 결정된 (가설로 설정된) 값과 다른지 검정한다. 이러한 유형의 추론을 하기 원하는 많은 예가 있다. 예를 들면, 4개 기업으로 구성되는 매우 집중된 산업에서 시장점유율이 기업 간에 차이가 있는지 검정하기 원할 수 있다. 또는 정치적 경쟁에서 후보자 A, B, C가 각각 투표의 70%, 20%, 10%를 획득할 것이라는 예측을 검정하기 원할 수 있다. 이러한 유형의 검정을 수행하기 전에, 먼저 임의실험이 5장에서 소개한 베르누이 과정의 일반화인 **다항실험(multinomial experiment)**의 조건을 충족시키는지 확인해야 한다.

이항실험이라고 부르는 베르누이 과정은 각 시행이 전통적으로 '성공'과 '실패'로 표시되는 두 가지 가능한 결과만을 가지는 실험에서 n번의 동일한 독립적 시행이라는 것을 기억하라. 이항실험에서 일반적으로 성공의 확률은 p, 실패의 확률은 $1 - p$로 표시된다. 이와는 달리, p_1과 p_2가 이러한 확률을 나타낸다고 하자. 여기서 $p_1 + p_2 = 1$이다. 이제 시행당 가능한 결과 수는 k라고 가정하자. 여기서 $k \geq 2$이다.

다항실험

다항실험은 n번의 동일한 독립적 시행으로 구성되고, 각 시행은 다음과 같은 조건을 충족시킨다.

- k가지 가능한 결과 또는 범주가 존재한다.
- i번째 범주와 관련된 확률 p_i는 변화하지 않는다.
- 확률의 합은 1이다. 즉 $p_1 + p_2 + \cdots + p_k = 1$이다.

$k = 2$일 때, 다항실험은 이항실험이 된다는 것에 주목하라.

수많은 실험이 다항실험의 조건을 충족시킨다. 예를 들면,

- 한 주식중개자는 직전 거래일과 비교하여 주가가 상승하는지, 하락하는지, 변화하지 않는지 기록한다. 이 예에서 각 시행은 3가지 가능한 결과를 가진다($k = 3$).
- 한 고객은 레스토랑의 서비스를 우수, 양호, 보통, 불량으로 평가한다($k = 4$).
- 대학입학관리처는 학생이 6개 경영학 심화전공 중 어느 것을 선택하는지 기록한다($k = 6$).

다항실험을 위한 경쟁가설을 설정할 때, 두 가지 방법이 있다. 귀무가설에서 모든 모비율이 동일한 특정한 값을 가진다고 설정할 수 있다. 예를 들면, 표본데이터에 기초하여 4명의 후보자를 지지하는 투표자의 비율이 같지 않은지 검정하기 원하면, 경쟁가설은 다음과 같은 형태로 설정될 수 있다.

H_0: $p_1 = p_2 = p_3 = p_4 = 0.25$

H_A: 모든 모비율이 0.25인 것은 아니다. (적어도 하나의 모비율이 0.25가 아니다.)

모비율의 합이 1이기 때문에 귀무가설에서 가설로 설정된 값이 0.25라는 것에 주목하라. 또한

$$\chi^2_{df} = \chi^2_3 = \Sigma \frac{(o_i - e_i)^2}{e_i}$$

$$= \frac{(46 - 37.5)^2}{37.5} + \frac{(83 - 75)^2}{75} + \frac{(105 - 112.5)^2}{112.5} + \frac{(16 - 25)^2}{25}$$

$$= 6.520$$

적합도 검정은 오른쪽 꼬리 검정이기 때문에, p-값은 $P(\chi^2_3 \geq 6.520)$와 같이 계산된다. 표 12.3은 부록 B의 χ^2 분포표 일부를 보여준다.

$df = 3$의 행을 보면 6.520은 6.251과 7.815 사이에 있고 이것은 p-값이 0.05와 0.10 사이에 있다는 것을 의미한다. 11장에서 설명한 것처럼, Excel의 CHISQ.DIST.RT 함수나 R의 pchisq 함수를 사용하여 정확한 p-값을 구할 수 있다. Excel에서 `=CHISQ.DIST.RT(6.520, 3)`을 입력하고 R에서 `pchisq(6.520, 3, lower.tail=FALSE)`를 입력한다. Excel과 R 모두 p-값 = 0.089를 산출하다. p-값이 0.05보다 크기 때문에, H_0은 기각되지 않는다. 5%의 유의수준에서 모비율들이 1년 전의 모비율들과 다르다고 결론 내릴 수 없다. 메뉴 변화의 목표가 고객 만족을 개선시키는 것이라면 경영진은 이러한 분석결과에 실망할 수 있다. 다른 조사질문에 대한 응답이 메뉴 변화의 목표가 기대를 충족시키거나 기대에 미치지 못하는지에 대해 더 많은 정보를 줄 수 있다.

표 12.3 χ^2 **분포표의 일부**

	오른쪽 꼬리 면적, α									
df	0.995	0.990	0.975	0.950	0.900	0.100	0.050	0.025	0.010	0.005
1	0.000	0.000	0.001	0.004	0.016	2.706	3.841	5.024	6.635	7.879
2	0.010	0.020	0.051	0.103	0.211	4.605	5.991	7.378	9.210	10.597
3	0.072	0.115	0.216	0.352	0.584	6.251	7.815	9.348	11.345	12.838

앞에서 언급한 것처럼, 각 범주의 기대빈도가 5 이상일 때 카이제곱검정은 타당하다. 종종 이러한 조건을 충족시키기 위해 두 개 이상 범주를 합해야 할 필요가 있다. 예제 12.1이 이러한 경우를 보여준다.

예제 12.1

FILE ***Share.*** 표 12.4는 특정한 제품을 제조하는 5개 기업의 2019년 시장점유율을 보여준다. 한 마케팅 연구원은 2019년의 시장점유율이 변화했는지 알기 원한다. 표 12.4의 마지막 열은 최근에 각 기업에서 특정한 제품을 구매한 고객 수를 보여준다.

표 12.4 5개 기업의 시장점유율

기업	시장점유율	최근 고객 수
1	0.40	70
2	0.32	60
3	0.24	54
4	0.02	10
5	0.02	6

a. 2019년의 시장점유율이 변화했는지 검정하기 위한 경쟁가설을 설정하라.
b. 검정통계량의 값을 계산하라.
c. $a = 0.05$에서 시장점유율이 2019년 이후에 변화했는지 결정하라.

해답:

a. p_i는 i번째 기업의 시장점유율을 나타낸다고 하자. 시장점유율이 2019년 이후에 변화했는지 검정하기 위해, 먼저 경쟁가설을 다음과 같이 설정한다.

H_0: $p_1 = 0.40$, $p_2 = 0.32$, $p_3 =0.24$, $p_4 = 0.02$, $p_5 = 0.02$
H_A: 모든 시장점유율이 가설로 설정된 값은 아니다.
(적어도 하나의 시장점유율은 가설로 설정된 값이 아니다.)

b. 검정통계량의 값은 $\chi^2_{df} = \Sigma \frac{(o_i - e_i)^2}{e_i}$와 같이 계산된다. 표 12.4의 마지막 열은 각 기업의 관측빈도 o_i를 보여준다. 이 공식을 적용하기 전에 먼저 각 기업의 기대빈도 e_i를 계산한다.

$$\begin{aligned} e_1 &= 200 \times 0.04 = 80 \\ e_2 &= 200 \times 0.32 = 64 \\ e_3 &= 200 \times 0.24 = 48 \\ \left.\begin{aligned} e_4 &= 200 \times 0.02 = 4 \\ e_5 &= 200 \times 0.02 = 4 \end{aligned}\right\} & 8 \end{aligned}$$

기업 4와 기업 5의 기대빈도는 5보다 작다. 검정이 타당하기 위해서는 각 범주의 기대빈도가 5 이상이어야 한다. 이러한 조건을 충족시키기 위해, 기업 4와 기업 5의 기대빈도를 합하여 결합빈도가 8(= $e_4 + e_5 = 8$)이 되도록 만든다. 이와는 다르게 예를 들면 e_4와 e_1을 합하고 e_5와 e_2를 합할 수 있다. 표 12.5는 다시 계산된 시장점유율을 보여준다. 설명의 편의를 위해 기업 4와 기업 5를 합한 것을 간단하게 기업 4라고 표시하자.

표 12.5 다시 계산된 시장점유율

기업	시장점유율	최근 고객 수
1	0.40	70
2	0.32	60
3	0.24	54
4	0.04	16

이러한 작업을 한 후에 경쟁가설을 다음과 같이 다시 설정한다.

H_0: $p_1 = 0.40$, $p_2 = 0.32$, $p_3 = 0.24$, $p_4 = 0.04$

H_A: 모든 시장점유율이 가설로 설정된 값은 아니다.

(적어도 하나의 시장점유율은 가설로 설정된 값이 아니다.)

$df = k - 1 = 3$을 사용하면서 검정통계량을 다음과 같이 계산한다.

$$\chi^2_3 = \Sigma\frac{(o_i - e_i)^2}{e_i} = \frac{(70-80)^2}{80} + \frac{(60-64)^2}{64} + \frac{(54-48)^2}{48} + \frac{(16-8)^2}{8}$$
$$= 10.250$$

c. p-값은 $P(\chi^2_3 \geq 10.250)$와 같이 계산된다. 표 12.3을 보면 10.520은 9.348과 11.345 사이에 있고 이것은 p-값이 0.01과 0.025 사이에 있다는 것을 의미한다. 정확한 p-값을 구하기 위해, Excel에서 `=CHISQ.DIST.RT(10.250, 3)`을 입력하고 R에서 `pchisq(10.250, 3, lower.tail=FALSE)`를 입력한다. Excel과 R 모두 p-값 = 0.017을 산출한다. p-값이 0.05보다 작기 때문에, H_0은 기각된다. 5%의 유의수준에서 시장점유율이 변했다고 결론 내린다.

앞에 언급한 것처럼, 이러한 유형의 카이제곱검정의 단점은 어느 비율이 가설로 설정된 값과 다른지 알 수 없다는 것이다. 그러나 시장지배적이지 않은 기업의 관측빈도와 기대빈도 차이를 보면, 이 산업에서 어느 정도의 변화가 이루어지고 있다는 것을 제시해준다. 이것이 타당한지 결정하기 위해서는 추가적인 분석이 필요하다.

R을 이용한 적합도 검정

불행하게도, Excel의 현재 버전은 적합도 검정을 수행하기 위한 간단한 함수를 제공하지 않는다. 그러나 적합도 검정을 위해 R의 **chisq.test** 함수를 사용하여 쉽게 예제 12.1의 분석결과를 다시 구할 수 있다. 다음과 같은 단계를 따른다.

a. ***Share*** 데이터 파일을 데이터프레임(테이블)으로 가져와서 myData라는 이름으로 지정한다.

b. R의 **chisq.test** 함수를 사용하여 검정통계량의 값과 p-값을 계산한다. **chisq.test** 함수에서, 가설로 설정된 비율의 위치를 지정하기 위해 옵션 p를 사용한다. 다음과 같이 입력하라.

```
> chisq.test(myData$Recent_Customers, p = myData$Market_Share)
```

R은 다음과 같은 분석결과를 산출한다.

```
Chi-squared test for given probabilities
data:  myData$Recent_Customers
X-squared = 10.25, df = 3, p-value = 0.01656
```

볼드체로 표시되어 있는 검정통계량의 값과 p-값은 예제 12.1의 결과와 일치한다는 것에 주목하라.

연습문제 12.1

1. $n = 250$이고 $k = 4$인 다항실험을 고려하라. 검정을 위한 귀무가설은 H_0: $p_1 = p_2 = p_3 = p_4 = 0.25$이다. 다항실험을 위한 관측빈도는 다음의 표와 같다.

범주	1	2	3	4
빈도	70	42	72	66

a. 대립가설을 설정하라.

b. 검정통계량의 값과 p-값을 계산하라.

c. 5%의 유의수준에서 가설검정의 결론은 무엇인가?

2. $n = 400$이고 $k = 3$인 다항실험을 고려하라. 검정을 위한 귀무가설은 H_0: $p_1 = 0.60$, $p_2 = 0.25$, $p_3 = 0.15$이다. 다항실험을 위한 관측빈도는 다음의 표와 같다.

범주	1	2	3
빈도	250	94	56

a. 대립가설을 설정하라.

b. 검정통계량의 값과 p-값을 계산하라.

c. 5%의 유의수준에서 가설검정의 결론은 무엇인가?

3. 다항실험의 결과는 다음의 표와 같다.

범주	1	2	3	4	5
빈도	57	63	70	55	55

1%의 유의수준에서 모든 모비율이 0.20은 아니다(적어도 하나의 모비율은 0.20이 아니다)라고 결론 내릴 수 있는가?

4. 다항실험의 결과는 다음의 표와 같다.

범주	1	2	3
빈도	128	87	185

1%의 유의수준에서 H_0: $p_1 = 0.30$, $p_2 = 0.20$, $p_3 = 0.50$을 기각할 수 있는가?

5. 당신은 한 카지노의 부도덕한 직원이 주사위를 조작하였다, 즉 균형이 잡혀 있지 않은 주사위를 사용하고 있다고 의심한다. 이러한 의심을 검정하기 위해, 당신은 이 주사위를 200번 던지고 다음과 같은 빈도를 얻었다.

범주	1	2	3	4	5	6
빈도	40	35	33	30	33	29

a. 당신의 의심을 검정하기 위한 귀무가설과 대립가설을 설정하라.

b. 검정통계량의 값과 p-값을 계산하라.

c. 10%의 유의수준에서 주사위가 균형이 잡혀 있지 않다고 결론 내릴 수 있는가?

6. 한 연구는 작년에 갓 졸업한 대학생들을 고용했던 고용주의 반 미만이 다시 갓 졸업한 대학생들을 고용할 계획이라는 것을 발견하였다. 응답자의 고용 의사는 다음의 표와 같았다고 하자.

분명히 고용	고용할 가능성	고용 불확실	고용하지 않음
37%	17%	28%	18%

6개월 후에 표본을 구성하는 500명의 고용주에게 고용 의사를 묻고 다음의 표와 같은 응답을 얻었다.

분명히 고용	고용할 가능성	고용 불확실	고용하지 않음
170	100	120	110

a. 처음에 수행한 연구에서 발견한 모비율이 변했는지 검정하기 위한 경쟁가설을 설정하라.

b. 검정통계량의 값과 p-값을 계산하라.

c. 5%의 유의수준에서 가설검정의 결론은 무엇인가? 분석결과를 해석하라.

7. 임대소유계약(RTO)은 소득이 낮고 재정적으로 어려움을 겪고 있는 소비자들에게 매력적이다. 이것은 소비자에게 상품에 대한 즉각적인 접근을 허용하고, 모든 지불을 통해 상품을 획득할 수 있게 해준다. 동시에 상품은 벌과금 없이 어느 시점이나 반납될 수 있다. 한 최근 연구는 RTO 계약의 65%는 반납되고 30%는 구매되었으며 나머지 5%는 채무불이행 되었다는 것을 발견하였다고 하자. 이 연구의 타당성을 검정하기 위해, 한 연구원은 420건의 RTO 계약에 대한 거래 데이터를 검토하였다. 그중에서 283건은 반납되었고, 109건은 구매되었으며 나머지는 채무불이행 되었다.

a. RTO 계약의 반납, 구매, 채무불이행 확률이 각각 0.65, 0.30, 0.05와 다른지 검정하기 위한 경쟁가설을 설정하라.

b. 검정통계량의 값을 계산하라.

c. 5%의 유의수준에서 검정을 수행하고 검정결과를 해석하라.

8. 짐바브웨의 경제가 고질적인 빈곤과 광범위한 정치적 분쟁과 탄압으로 산산조각 났음에도 불구하고, 수천 명의 외국인들은 여전히 매년 짐바브웨를 방문한다. 주요 명소로는 웅장한 빅토리아 폭포, 그레이트 짐바브웨의 유적, 떠돌아다니는 야생 동물 무리가 있다. 한 관광담당관은 짐바브웨 방문객들이 유럽, 북미, 나머지 세계를 동등하게 대표한다고 주장한다. 기록에 따르면 최근 짐바브웨를 방문한 380명의 관광객 중

148명이 유럽, 106명이 북미, 126명이 나머지 세계에서 온 것으로 나타났다.

a. 최근 한 짐바브웨 관광객은 이 관광담당관의 주장이 틀렸다고 믿는다. 이 관광객의 믿음을 검정하기 위한 경쟁가설을 설정하라.

b. 5%의 유의수준에서 검정을 수행하라. 표본데이터가 이 관광객의 믿음을 지지하는가?

9. 2003년에 백만 달러 이상의 재산을 가지고 있는 세계적인 백만장자의 분포는 다음의 표와 같았다.

지역	백만장자
유럽	35.7%
북미	31.4%
아시아 태평양	22.9%
남미	4.3%
중동	4.3%
아프리카	1.4%

최근의 세계적인 백만장자 500명으로 구성된 표본은 다음과 같이 분포되어 있다.

지역	백만장자의 수
유럽	153
북미	163
아시아 태평양	139
남미	20
중동	20
아프리카	5

a. $\alpha = 0.05$에서 오늘날 세계적인 백만장자의 분포가 2003년의 분포와 다른지 검정하라.

b. $\alpha = 0.10$을 사용하여 검정하면, 검정결과가 달라지는가?

10. 몇 년 전 한 조사에서 미국 운전자의 38%가 미국 차를 선호했고 33%는 아시아 차를 선호했으며 나머지 29%는 다른 외제차를 선호했다. 한 연구원은 오늘날의 자동차 선호가 바뀌었는지 알기 원한다. 그는 200명의 미국인을 조사하고 미국 차, 아시아 차, 다른 외제차를 선호하는 응답자의 수가 각각 66, 70, 64라는 것을 발견하였다. 5%의 유의수준에서 이 연구원은 오늘날의 자동차 선호가 바뀌었다고 결론 내릴 수 있는가?

11. 한 전자회사의 품질부서는 역사적으로 특정한 제품의 92%가 시험을 통과했고, 6%는 시험을 통과하지 못했으나 수리될 수 있었으며 2%는 시험을 통과하지 못했고 폐기되었다는 것을 발견하였다. 최근에 생산과정의 개선이 이루어졌기 때문에 품질부서는 이러한 비율이 변했는지 검정하기 원한다. 최근에 생산된 500개 부품의 표본에 의하면, 475개 부품은 시험을 통과했고, 18개 부품은 시험을 통과하지 못했으나 수리될 수 있었으며 7개 부품은 시험을 통과하지 못했고 폐기되었다.

a. 현재의 비율이 과거의 비율과 다른지 검정하기 위한 귀무가설과 대립가설을 설정하라.

b. 검정통계량의 값과 p-값을 계산하라.

c. 5%의 유의수준에서 검정의 결론은 무엇인가? 1%의 유의수준에서 검정의 결론이 달라지는가?

12. 한 곡물회사는 농부들로부터 구매한 다양한 곡물을 가공하고 포장한다. 대용량 컨베이어 라인에는 끝에 4개의 슈트(활송장치)가 포함되어 있으며, 각 슈트는 동일한 비율의 곡물을 받고 자루에 분배하도록 설계되어 있다. 이어서 각 자루에 날짜 코드와 슈트 번호가 찍힌다. 슈트 출력 비율이 상대적으로 동일하지 않으면, 병목 현상이 업 스트림에 생성되고 컨베이어는 피크 출력에서 작동할 수 없다. 최근 일련의 보수와 개조로 인해 경영진은 곡물이 여전히 슈트 간에 균등하게 분배되고 있는지에 대해 의문을 제기하고 있다. 어제 800개 자루 중에서 220개 자루는 슈트 1, 188개 자루는 슈트 2, 218개 자루는 슈트 3, 174개 자루는 슈트 4에 의해 채워졌다.

a. 각 슈트에 의해 채워지는 자루의 비율은 0.25와 다른지 검정하기 위해 귀무가설과 대립가설을 설정하라.

b. 검정통계량의 값과 p-값을 계산하라.

c. 10%의 유의수준에서 검정의 결론은 무엇인가? 5%의 유의수준에서 검정의 결론이 달라지는가?

12.2 독립성에 대한 카이제곱검정

이 절에서는 두 범주형 변수 간 관계를 평가하기 위해 **분할표의 카이제곱검정(chi-square test of a contingency table)**이라고도 부르는 **독립성에 대한 검정(test for independence)**을 수행한다. 특히 마케팅, 바이오 의학 연구, 법원에서 이 검정을 사용하는 많은 예가 나타난다. 예를 들면, 소매업자는 고객의 연령과 광고 매체 간에 관계가 있는지 결정하려고 할 수 있다.

의사들은 새로운 백신이 모든 연령대의 사람들에게 동등하게 효과적인지 조사하기 원할 수 있다. 차별 소송의 당사자는 성별과 승진이 관련되어 있다는 것을 보여주려고 할 수도 있다. 이러한 모든 예는 이 절에서 논의하는 가설검정을 적용하는 데 도움이 된다.

2장과 4장으로부터 분할표는 두 범주형 변수, x와 y의 빈도를 보여준다. 분할표에서 각 셀은 상호 독립적인 x값과 y값의 조합을 나타낸다. 도입사례에서 두 변수인 연령그룹과 등록결과에 의해 교차 분류되는 분할표가 제시되어 있다. 특히, 피트니스센터 등록 가능성이 오픈하우스 참석자의 연령에 의존하는지 결정하기를 원한다. 5%의 유의수준에서 이에 대한 검정을 수행하도록 하자.

일반적으로 독립성에 대한 통계적 검정을 위한 경쟁가설은 귀무가설을 기각하는 것이 두 범주형 변수가 종속이라는 결론을 내리도록 설정된다. 공식적으로 경쟁가설은 다음과 같이 설정된다.

H_0: 두 범주형 변수는 독립이다.
H_A: 두 범주형 변수는 종속이다.

피트니스센터의 예에서 데이터를 분류하는 기준은 연령그룹과 등록결과이다. 따라서 경쟁가설은 다음과 같이 설정된다.

H_0: 연령그룹과 등록결과는 독립이다.
H_A: 연령그룹과 등록결과는 종속이다.

표 12.6은 도입사례에 있는 표 12.1을 다시 제시한 것이다. 등록결과는 두 가지 가능한 범주, 즉 (1) 등록(E)과 (2) 미등록(N)을 가지고 있다. 연령그룹은 세 가지 가능한 범주, 즉 (1) 30세 미만(U), (2) 30세와 50세 사이(B), (3) 50세 초과(O)를 가지고 있다. 이 표의 각 셀은 관측빈도 o_{ij}이다. 여기서 하첨자 ij는 i번째 행과 j번째 열을 나타낸다. 예를 들면, o_{13}은 첫번째 행과 세번째 열의 셀에 있는 관측빈도를 나타낸다. 여기서 $o_{13} = 44$, 즉 연령이 50세보다 많고 피트니스센터에 등록한 오픈하우스 참가자 수가 44명이라는 것을 나타낸다.

표 12.6 등록과 연령의 오픈하우스 참가자 빈도

등록결과	연령그룹		
	30세 미만(U)	30세와 50세 사이(B)	50세 초과(O)
등록(E)	24	72	44
미등록(N)	84	88	88

표본데이터로부터 각 셀에 해당되는 기대빈도를 구하기 위해 귀무가설에 설정되어 있는 독립성 가정을 사용한다. 달리 말하면, 먼저 연령과 등록 간에 아무런 관계가 없는 것처럼 기대빈도를 구한다. 이어서 검정통계량의 값을 계산하기 위해 기대빈도와 관측빈도를 비교한다.

기대빈도의 계산

설명을 쉽게 하기 위해, 사건 E와 N은 각각 '등록'과 '미등록'을 나타낸다고 하자. 이와 유사하게 사건 U, B, O는 각각 '30세 미만', '30세와 50세 사이', '50세 초과'를 나타낸다. 각 열과 행의 빈도를 합한다. 예를 들면, 사건 E의 빈도 합계는 140이다. 이것은 행 E에 있는 값들인 24, 72, 44를 합한 것이다. 다른 행과 열의 합계는 표 12.7에 제시되어 있다.

표 12.7 행과 열의 합계

등록결과	연령그룹			행 합계
	U	*B*	*O*	
E	e_{11}	e_{12}	e_{13}	140
N	e_{21}	e_{22}	e_{23}	260
열 합계	108	160	132	400

목표는 각 셀의 기대빈도 e_{ij}를 계산하는 것이다. 여기서 하첨자 ij는 i번째 행과 j번째 열을 나타낸다. 따라서 e_{13}은 첫 번째 행과 세 번째 열의 셀에 있는 기대빈도를 나타내고, 기대되는 연령이 50세보다 많고 피트니스센터에 등록한 오픈하우스 참가자 수이다.

기대빈도를 구하기 전에 먼저 행의 한계확률(피트니스센터에 등록한 오픈하우스 참가자의 비율과 등록하지 않은 오픈하우스 참가자의 비율)과 열의 한계확률(연령이 30세 미만, 30세와 50세 사이, 50세 초과인 오픈하우스 참가자의 비율)을 계산한다. 행의 한계확률과 열의 한계확률은 각각 행의 합계와 열의 합계를 표본크기로 나누어서 구한다.

행의 한계확률:

$$P(E) = \frac{140}{400},\ P(N) = \frac{260}{400}$$

열의 한계확률:

$$P(U) = \frac{108}{400},\ P(B) = \frac{160}{400},\ P(O) = \frac{132}{400}$$

이제 독립사건의 곱셈법칙을 적용하면서 각 셀의 확률을 계산할 수 있다. 두 사건, 즉 E와 U가 독립이면(귀무가설에서 설정된 가정), 두 사건의 결합확률은 다음과 같다.

$$P(E \cap U) = P(E)P(U) = \left(\frac{140}{400}\right)\left(\frac{108}{400}\right) = 0.0945$$

이와 같이 구한 결합확률과 표본크기를 곱하면 기대빈도가 계산된다. 기대빈도 e_{11}, 즉 기대되는 연령이 30세 미만이고 피트니스센터에 등록한 오픈하우스 참가자 수는 다음과 같이 계산된다.

$$e_{11} = 400 \times 0.0945 = 37.80$$

분할표에 있는 각 셀의 기대빈도 계산

분할표에 있는 각 셀의 기대빈도 e_{ij}는 다음과 같이 계산된다.

$$e_{ij} = \frac{(\text{행 } i\text{의 빈도합계})(\text{열 } j\text{의 빈도합계})}{\text{표본크기}}$$

여기서 하첨자 ij는 분할표의 i번째 행과 j번째 열을 나타낸다.

이 공식을 적용하면서 모든 기대빈도를 다음과 같이 계산한다.

$$e_{11} = \frac{(140)(108)}{400} = 37.80 \quad e_{12} = \frac{(140)(160)}{400} = 56.00 \quad e_{13} = \frac{(140)(132)}{400} = 46.20$$

$$e_{21} = \frac{(260)(108)}{400} = 70.20 \quad e_{22} = \frac{(260)(160)}{400} = 104.00 \quad e_{23} = \frac{(260)(132)}{400} = 85.80$$

표 12.8은 각 셀의 기대빈도 e_{ij}를 보여준다. 독립성 검정(independence test)이 타당하기 위해 각 기대빈도 e_{ij}는 5 이상이어야 한다. 여기서 이 조건이 충족된다. 예제 12.1에서 살펴본 것처럼, 다른 적용에서 종종 이러한 결과를 얻기 위해 두 개 이상의 행이나 열을 합할 필요가 있다.

표 12.8 분할표를 위한 기대빈도

등록결과	연령그룹			행 합계
	U	*B*	*O*	
E	37.80	56.00	46.20	140
N	70.20	104.00	85.80	260
열 합계	108	160	132	400

독립성에 대한 검정을 수행할 때, 카이제곱 검정통계량 χ^2_{df}의 값을 계산한다. 12.1절에서 논의한 것처럼, χ^2_{df}의 값은 관측빈도가 기대빈도로부터 얼마나 이탈되어 있는지를 측정한다. χ^2_{df}의 값이 가질 수 있는 가장 작은 값은 0이고 이 값은 각 관측빈도와 기대빈도가 같을 때 구해진다. 따라서 독립성에 대한 검정은 오른쪽 꼬리 검정으로 수행된다.

독립성에 대한 검정을 위한 검정통계량

r개 행과 c개 열을 가진 분할표에 적용되는 독립성에 대한 검정을 위해, 검정통계량의 값은 다음과 같이 계산된다.

$$\chi^2_{df} = \sum_i \sum_j \frac{(o_{ij} - e_{ij})^2}{e_{ij}}$$

여기서 $df = (r-1)(c-1)$이고 o_{ij}와 e_{ij}는 각각 분할표에 있는 각 셀의 관측빈도와 기대빈도이다.

참고: 각 셀의 기대빈도가 5 이상일 때 이 검정은 타당하다.

분할표에 2개 행과 3개 열이 있기 때문에, 자유도는 $df = (r-1)(c-1) = (2-1)(3-1) = 2$이다. 공식을 적용하면서 검정통계량의 값을 다음과 같이 계산한다.

$$\chi^2_2 = \frac{(24-37.80)^2}{37.80} + \frac{(72-56.00)^2}{56.00} + \frac{(44-46.20)^2}{46.20} + \frac{(84-70.20)^2}{70.20} + \frac{(88-104.00)^2}{104.00} + \frac{(88-85.80)^2}{85.80} = 14.945$$

$df = 2$이므로 p-값은 $P(\chi^2_2 \geq 14.945)$와 같이 계산한다. 표 12.3을 보면, 14.945는 10.597보다 크다. 이것은 p-값이 0.005보다 작다는 것을 제시한다. 정확한 p-값을 구하기 위해, Excel에

서 =CHISQ.DIST.RT(14.945, 2)를 입력하고 R에서 pchisq(14.945, 2, lower.tail =FALSE)를 입력한다. Excel과 R 모두 p-값 = 0.001을 산출한다. p-값이 0.05보다 작기 때문에 H_0은 기각된다. 5%의 유의수준에서, 두 범주형 변수는 종속이라고 결론 내린다. 즉 오픈하우스 참가자의 연령과 등록은 관련되어 있다.

도입사례 분석결과

Halfpoint/Shutterstock

24/7 피트니스 센터의 매니저인 자넷 윌리엄스는 이 센터의 과거 오픈하우스 데이터를 분석한다. 그녀는 오픈하우스 참가자 중 누가 이 행사에 참가한 후 센터 멤버십을 구매할 가능성이 있는지에 대해 더 좋은 직관을 얻기 원한다.

연령그룹과 등록결과를 나타내는 분할표를 세심하게 분석한 후에, 몇 가지 흥미로운 분석결과가 얻어졌다. 400명의 과거 참가자로 구성된 표본에서 보면, 참가자의 35%가 피트니스센터에 등록하였다. 추가적인 검토에 의하면, 30세와 50세 사이 그룹에 속하는 참가자의 45%는 피트니스 센터에 등록하였고, 30세 미만 그룹에 속하는 참가자의 22%와 50세 초과 그룹에 속하는 참가자의 33%가 피트니스 센터에 등록하였다. 이러한 분석결과는 등록확률은 참가자의 연령에 의존한다는 것을 제시하는 것처럼 보이지만, 자넷은 이러한 분석결과가 철저한 통계분석에 의해 지지되는지 확인하기 원한다.

참가자의 연령과 피트니스센터 등록이 관련되어 있는지 결정하기 위해 공식적인 독립성에 대한 검정이 수행되었다. 5%의 유의수준에서 연령그룹과 등록결과는 종속이라고 결론 내렸다. 즉, 두 변수 간에 통계적으로 유의한 관계가 존재한다. 피트니스센터 멤버십을 구매할 가능성이 있는 오픈하우스 참가자를 판별하기 위해 이러한 정보가 사용된다.

예제 12.2

FILE ***Social_Media.*** 일반적으로 라틴인과 백인은 동일하게 소셜 미디어 네트워크를 사용하지만 특정한 소셜 미디어 사이트에 대한 선호에 약간의 차이가 있다(www.pewresearch.org, February 5, 2015). 특히, 인스타그램은 라틴인 사이에서 더 인기가 있는 반면 핀터레스트는 백인 사이에 더 인기가 있다. 대학 3학년 학생인 케이트 도슨은 그녀가 다니는 캠퍼스에서 이와 유사한 차이가 학생 사이에 존재하는지 검정하기로 결정하였다. 그녀는 400명의 학생을 대상으로 인종(라틴인, 백인)과 소셜 미디어 선호(인스타그램, 핀터레스트)에 의해 교차 분류되는 데이터를 수집하였다. 표 12.9는 그 결과를 보여준다. 10%의 유의수준에서 표본데이터는 소셜 미디어 선호에서 인종 차이가 존재한다는 것을 지지하는지 결정하라.

표 12.9 인종별 소셜 미디어 선호

인종	소셜 미디어 선호		행 합계
	인스타그램	핀터레스트	
라틴인	50	60	110
백인	120	170	290
열 합계	170	230	400

해답:

소셜 미디어 선호가 인종에 따라 다른지 결정하기 위해, 경쟁가설을 다음과 같이 설정한다.

H_0: 인종과 소셜 미디어 선호는 독립이다.

H_A: 인종과 소셜 미디어 선호는 종속이다.

검정통계량의 값은 $\chi^2_{df} = \sum_i \sum_j \frac{(o_{ij} - e_{ij})^2}{e_{ij}}$와 같이 계산된다. 표 12.9는 각 셀의 관측빈도 o_{ij}를 제공해준다. 따라서 이 공식을 적용하기 전에 먼저 각 셀의 기대빈도 e_{ij}를 계산한다.

$$e_{11} = \frac{(110)(170)}{400} = 46.75 \qquad e_{12} = \frac{(110)(230)}{400} = 63.25$$

$$e_{21} = \frac{(290)(170)}{400} = 123.25 \qquad e_{22} = \frac{(290)(230)}{400} = 166.75$$

분할표에 2개 행과 2개 열이 있기 때문에, $df = (r-1)(c-1) = (2-1)(2-1) = 1$이다. 검정통계량의 값은 다음과 같이 계산된다.

$$\chi^2_1 = \frac{(50-46.75)^2}{46.75} + \frac{(60-63.25)^2}{63.25} + \frac{(120-123.25)^2}{123.25} + \frac{(170-166.75)^2}{166.75}$$
$$= 0.2259 + 0.1670 + 0.0857 + 0.0633 = 0.542$$

p-값을 구하기 위해, Excel에서 `=CHISQ.DIST.RT(0.542, 1)`을 입력하고 R에서 `pchisq(0.542, 1, lower.tail=FALSE)`를 입력한다. Excel과 R 모두 p-값 = 0.462를 산출한다. p-값이 0.10보다 크기 때문에 H_0은 기각되지 않는다. 10%의 유의수준에서, 표본데이터는 소셜 미디어 선호의 인종 차이를 지지하지 않는다.

R을 이용한 독립성에 대한 검정

R의 **chisq.test** 함수는 적합도 검정뿐만 아니라 독립성에 대한 검정을 수행하기 위해 사용될 수 있다. 예제 12.2의 분석결과를 다시 구하기 위해 다음과 같은 단계를 따른다.

a. **Social_Media** 데이터 파일을 데이터프레임(테이블)으로 가져와서 myData라는 이름으로 지정한다.

b. R의 chisq.test 함수를 사용하여 검정통계량의 값과 p-값을 계산한다. chisq.test 함수에서 관련 데이터가 데이터 프레임의 열 2와 열 3에 있다는 것을 지정한다. 이에 더하여, 검정통계량의 계산에서 연속성 교정이 적용되지 않도록 correct=FALSE라고 설정한다. 다음과 같이 입력하라.

```
> chisq.test(myData[, 2:3], correct = FALSE)
```

R은 다음과 같은 결과를 산출한다.

```
Pearson's Chi-squared test
data:  myData[, 2:3]
X-squared = 0.54198, df = 1, p-value = 0.4616
```

볼드체로 나타낸 검정통계량의 값과 p-값은 예제 12.2의 값과 일치한다.

연습문제 12.2

13. 다음의 분할표를 사용하여 5%의 유의수준에서 독립성에 대한 검정을 수행하라.

변수 B	변수 A	
	1	2
1	23	47
2	32	53

14. 다음의 분할표를 사용하여 1%의 유의수준에서 독립성에 대한 검정을 수행하라.

변수 B	변수 A			
	1	2	3	4
1	120	112	100	110
2	127	115	120	124
3	118	115	110	124

15. 온라인 서베이에 의하면, IT 근로자의 절반 이상은 직장에서 잠이 들었다고 말한다. 정부 근로자도 마찬가지였다. 다음의 분할표는 서베이 결과를 정리한 것이다.

직장에서 잠듦	직업 범주	
	IT 근로자	정부 근로자
예	155	256
아니오	145	144

a. 직장에서 잠자는 것은 직업 범주와 관련되어 있는지 결정하기 위한 경쟁가설을 설정하라.

b. 검정통계량의 값을 계산하라.

c. p-값을 계산하라.

d. 5%의 유의수준에서 직장에서 잠자는 것은 직업 범주와 관련되어 있다고 결론 내릴 수 있는가?

16. 한 자동차 회사의 시장조사원은 선호하는 자동차 컬러가 남성 구매자와 여성 구매자 간에 차이가 있는지 알기 원한다. 만일 차이가 있다면, 서로 다른 그룹을 대상으로 하는 광고에서 이러한 차이를 고려해야 한다. 이 조사원은 3가지 컬러를 가지고 있는 한 특정한 자동차의 가장 최근 매매 정보를 검토하였다.

컬러	자동차 구매자의 성별	
	남성	여성
은색	470	280
검정색	535	285
빨간색	495	350

a. 컬러 선호가 자동차 구매자의 성별에 의존하는지 결정하기 위한 경쟁가설을 설정하라.

b. 검정통계량의 값과 p-값을 계산하라.

c. 검정의 결론은 이 회사가 남성과 여성을 대상으로 하는 광고를 다르게 해야 한다고 제시하는가?

17. 다음의 표본데이터는 한 대기업이 세 개의 다른 공급업체로부터 받은 발송물과 해당 발송물의 품질을 보여준다.

공급업체	불량	정상
1	14	112
2	10	70
3	22	150

a. 발송물의 품질이 공급업체와 관련되어 있는지 결정하기 위한 경쟁가설을 설정하라.

b. 1%의 유의수준에서 검정을 수행하라.

c. 이 기업은 공급업체에 대해 우려해야 하는가? 설명하라.

18. 한 마케팅 연구소는 노동조합 가입 여부와 소유한 자동차 종류(국내 브랜드, 외국 브랜드)가 관련되어 있는지 결정하기 원한다. 분석의 목적은 특정한 고객 그룹에게 매력적일 수 있는 특정한 자동차 브랜드에 대한 홍보를 개발하기 위한 것이다. 500명의 잠재 고객에 대한 조사 결과는 다음의 표와 같다.

	노조원	비노조원
국내 브랜드	133	147
외국 브랜드	67	153

a. 자동차 브랜드(국내 브랜드, 외국 브랜드)가 노동조합 가입 여부와 관련되어 있는지 결정하기 위한 경쟁가설을 설정하라.

b. 10%의 유의수준에서 검정의 결론은 무엇인가?

c. (b)의 결론은 유의수준의 선택에 민감한가?

19. 품질관리자는 검사원의 경험수준과 제품에 대한 검사결과(통과, 실패) 간에 관계가 있을 수 있다고 믿는다. 630개 단위의 특정한 품목에 대한 검사기록이 검토되었고 검사를 통과한 품목의 수와 검사를 통과하지 못한 품목의 수가 검사원의 경험수준별로 계산되었다. 그 결과가 다음의 표에 제시되어 있다.

검사결과	경험수준		
	낮음 (< 2년)	중간 (2~8년)	높음 (> 8년)
통과	152	287	103
실패	16	46	26

a. 검사원의 통과/실패 결정이 검사원의 경험수준에 의존하는지 결정하기 위한 경쟁가설을 설정하라.

b. 검정통계량의 값을 계산하라.

c. p-값을 계산하라.

d. 5%의 유의수준에서 검정의 결론은 무엇인가? 1%의 유의수준에서 검정의 결론은 달라지는가?

20. 기업들은 일상적으로 고객만족수준을 평가하기 위해 조사를 한다. 한 기업의 마케팅 매니저는 고객만족수준이 고객의 연령과 관련되어 있는지 알기 원한다. 조사의 응답이 다음의 표에 정리되어 있다.

연령 x	매우 만족	약간 만족	불만
$20 \leq x < 40$	23	50	18
$40 \leq x < 60$	51	38	16
$60 \leq x$	19	45	20

a. 고객만족수준이 고객의 연령과 관련되어 있다는 주장을 검정하기 위한 경쟁가설을 설정하라.

b. 검정통계량의 값을 계산하라.

c. p-값을 계산하라.

d. 1%의 유의수준에서 고객만족수준은 고객의 연령과 관련되어 있다고 추론할 수 있는가?

21. 매사추세츠 커뮤니티와 은행 위원회(Massachusetts Community & Banking Council)가 수행한 한 연구는 흑인과 정도는 약하지만 라틴인은 여전히 백인과 같은 이자율로 돈을 빌릴 수 없다는 것을 발견하였다(The Boston Globe, February 28, 2008). 다음의 분할표는 인종과 적용되는 대출이자율 유형에 의해 교차 분류된 보스턴시의 데이터를 보여준다.

	대출이자율 유형	
인종	고이자율	저이자율
흑인	553	480
라틴인	265	324
백인	491	3,701

5%의 유의수준에서 이 데이터는 대출이자율이 인종과 관련되어 있다고 제시하는가? 상세하게 논의하라.

22. 3,000명의 페이스북 이용자를 대상으로 시행한 조사에서 연구원들은 왜 페이스북 이용자들이 관계를 단절하는지 검토하였다.

	응답자의 성별	
관계단절의 이유	남성의 비율	여성의 비율
미승인	3	4
거리	21	16
속임	18	22
관심상실	28	26
기타	30	32

조사는 1,800명의 남성과 1,200명의 여성을 대상으로 시행되었다고 하자. 조사데이터를 사용하여 1%의 유의수준에서 관계단절의 이유가 사용자의 성별과 관련되어 있는지 결정하라. 상세하게 논의하라.

23. FILE ***CarCrash.*** 캘리포니아 고속도로 순찰대(California Highway Patrol, CHP)는 일상적으로 캘리포니아주의 자동차 충돌사고 데이터를 기록한다. 다음의 표는 산타 클라라 카운티의 데이터 일부를 보여준다. 이 데이터는 자동차 충돌사고의 유형(정면충돌, 비정면충돌)과 조명상태(일광, 비일광)에 대한 정보를 보여준다.

ID	Crash	Light
1	Not Head-On	Not Daylight
2	Not Head-On	Daylight
⋮	⋮	⋮
290	Not Head-On	Not Daylight

a. 이 데이터를 사용하여 분할표를 작성하라.

b. 자동차 충돌사고 유형이 조명상태와 관련되어 있는지 결정하기 위한 경쟁가설을 설정하라.

c. 1%의 유의수준에서 검정을 수행하고 결론을 내려라.

24. FILE ***Happiness.*** 행복을 소득과 관련시키는 많은 연구가 이루어졌다. 최근 한 조사에서 290명의 개인에게 행복의 상태(행복함 또는 행복하지 않음)와 소득(낮음, 중간, 높음)을 평가하도록 요청하였다. 다음의 표는 이러한 데이터의 일부를 보여준다.

Individual	Income	State
1	Low	Not Happy
2	Low	Happy
⋮	⋮	⋮
290	High	Happy

a. 이 데이터를 사용하여 분할표를 작성하라.

b. 행복이 소득과 관련되어 있는지 결정하기 위한 경쟁가설을 설정하라.

c. 5%의 유의수준에서 검정을 수행하고 결론을 내려라.

12.3 정규분포에 대한 카이제곱검정

다항실험을 위한 적합도 검정은 한 모집단이 특정한 확률분포를 따른다는 가설을 검정하기 위해 사용될 수 있다. 예를 들면, 적합도 검정을 사용하여 표본데이터가 이항분포나 포아송분포를 적합시키는지 결정할 수 있다. 그러나 광범위한 적용성 때문에 정규분포에 초점을 맞춘다. 먼저 **정규분포에 대한 적합성 검정(goodness-of-fit test for normality)**을 설명한다. 이어서 자크-베라 검정(Jarque-Bera test)이라고 부르는 정규분포에 대한 카이제곱검정을 소개한다.

정규분포에 대한 적합도 검정

한 경제학자가 한 중서부 소도시의 연간 가구소득이 정규분포를 따르지 않는다고 주장한다고 하자. 표 12.10에 제시되어 있는 표본데이터(1,000달러)를 사용하여 5%의 유의수준에서 이 주장을 검정해보도록 하자.

표 12.10 가구소득(1,000달러)

가구소득
90
15
⋮
58

먼저 $\bar{x} = 63.80$과 $s = 45.78$를 계산한다. 예시를 위해, 반올림하여 소수점 2자리로 구한 표본평균과 표본표준편차를 사용한다. 관측치들이 정규분포를 가지는 모집단으로부터 추출된 임의표본인지 아닌지 결정하기 원한다. 이에 따라 귀무가설과 대립가설은 다음과 같이 설정된다.

H_0: 소득(1,000달러)은 평균이 63.80이고 표준편차가 45.78인 정규분포를 따른다.

H_A: 소득(1,000달러)은 평균이 63.80이고 표준편차가 45.78인 정규분포를 따르지 않는다.

귀무가설은 모집단이 정규분포를 따르고 모평균과 모표준편차가 그들의 추정치와 같다, 즉 $\mu = 63.80$이고 $\sigma = 45.78$이라는 것을 의미한다. 12.1절에서 논의한 것처럼, 다항실험을 위한 적합도 검정은 한 범주형 변수의 모집단을 다룬다. 정규분포는 수치형 변수와 관련되어 있기 때문에 적합도 검정을 적용하기 위해 수치형 변수를 범주형 변수 형태로 전환할 필요가 있다. 표본평균과 표본표준편차를 계산한 후, 수치형 변수의 관측치들을 k개의 겹치지 않는 구간(범주)으로 나눈다. 달리 말하면, 빈도분포를 구축한다. 구간은 다소 임의적으로 선택된다. 표 12.11의 처음 두 열은 표 12.10의 원래 데이터에 대한 빈도분포를 보여준다. 관측치들은 5개의 겹치지 않는 구간으로 나누어져 있다.

표 12.11 정규분포에 대한 검정을 위한 예의 계산

소득(1,000달러)	관측빈도, o_i	H_0이 옳은 경우, p_i	기대빈도, $e_i = n \times p_i$	표준화 편차제곱, $\frac{(o_i - e_i)^2}{e_i}$
소득 < 20	6	0.1693	$50 \times 0.1693 = 8.4673$	$\frac{(6 - 8.467)^2}{8.467} = 0.7190$
20 ≤ 소득 < 40	10	0.1322	$50 \times 0.1322 = 6.6114$	1.7368
40 ≤ 소득 < 60	13	0.1653	$50 \times 0.1653 = 8.2675$	2.7091
60 ≤ 소득 < 80	10	0.1714	$50 \times 0.1714 = 8.5678$	0.2394
소득 ≥ 80	11	0.3617	$50 \times 0.3617 = 18.086$	2.7762
	$\Sigma o_i = 50$	$\Sigma p_i = 1$	$\Sigma e_i = 50$	$\Sigma\frac{(o_i - e_i)^2}{e_i} = 8.180$

앞에서 표본크기 n과 귀무가설에서 가설로 설정된 확률 p_i를 곱하여 기대빈도를 계산하였다. 여기서 먼저 귀무가설이 옳다는 가정하에서 확률을 계산하고 이어서 이것을 사용하여 기대빈도를 계산한다. 예를 들면, 소득이 $\mu = 63.80$이고 $\sigma = 45.78$인 정규분포를 따른다는 가정하에서 개인의 소득이 20보다 작을 확률을 다음과 같이 구한다.

$$P(X < 20) = P\left(\frac{X - \mu}{\sigma} < \frac{20 - 63.80}{45.78}\right) = P(Z < -0.9567) = 0.1693$$

Excel에서 `=NORM.DIST(20, 63.80, 45.78, TRUE)`를 입력하고 R에서 `pnorm(20, 63.80, 45.78, lower.tail=TRUE)`를 입력하여 확률을 구한다. 다른 구간들에 대해 같은 방법을 적용하여 각 구간별 확률을 다음과 같이 구한다.

$$P(20 \leq X < 40) = P(-0.9567 \leq Z < -0.5199) = 0.1322$$
$$P(40 \leq X < 60) = P(-0.5199 \leq Z < -0.0830) = 0.1653$$
$$P(60 \leq X < 80) = P(-0.0830 \leq Z < 0.3539) = 0.1714$$
$$P(X \geq 80) = P(Z \geq 0.3539) = 0.3617$$

표 12.11의 세 번째 열은 이러한 확률을 보여준다. 이어서 각 구간의 기대빈도를 $n \times p_i$와 같이 계산한다. 표 12.11의 네 번째 열은 기대빈도를 보여준다. 기대빈도가 각 구간에서 5 이상이라는 것을 확인하는 것이 중요하다. 이 예에서 이 조건이 충족된다. 그러나 다른 적용에서 이 조건을 충족시키기 위해 인접한 구간들을 합하는 것이 필요할 수 있다.

12.1절에서 살펴본 것처럼, 적정한 검정통계량은 χ^2_{df} 분포를 따르고 그 값은 $\chi^2_{df} = \Sigma\frac{(o_i - e_i)^2}{e_i}$과 같이 계산된다. 유일한 차이점은 자유도가 구간의 수 $k - 1 -$ 추정되는 모수의 수라는 것이다. 표본데이터를 사용하여 추정되는 모수의 수가 2, 즉 모평균과 모표준편차이므로 정규분포에 대한 카이제곱검정의 자유도는 항상 $k - 1 - 2 = k - 3$이다. 주어진 예에서 구간의 수가 5 ($k = 5$)이므로 $df = 5 - 3 = 2$이다.

정규분포에 대한 적합도 검정을 위한 검정통계량

정규분포에 대한 적합도 검정을 위한 검정통계량은 다음과 같이 계산된다.

$$\chi^2_{df} = \Sigma\frac{(o_i - e_i)^2}{e_i}$$

여기서 $df = k - 3$, k는 빈도분포의 구간 수, o_i는 i번째 구간의 관측빈도, e_i는 i번째 구간의 기대빈도이다.
참고: 각 구간의 기대빈도가 5 이상일 때 이 검정은 타당하다.

표 12.11의 마지막 열에서 보는 것처럼, 표준화 편차 제곱을 합하여 구해지는 카이제곱 검정통계량의 값은 $\chi^2_{df} = \chi^2_2 = 8.180$이다. 정규분포에 대한 적합도 검정은 오른쪽 꼬리 검정이다. p-값을 구하기 위해 Excel에서 `=CHISQ.DIST.RT(8.180, 2)`를 입력하고 R에서 `pchisq(8.180, 2, lower.tail=FALSE)`를 입력한다. Excel과 R 모두 p-값 = 0.017을 산출한다. p-값이 0.05보다 작기 때문에, H_0은 기각된다. 5%의 유의수준에서 한 중서부 소도시의 소득은 평균이 63,800달러이고 표준편차가 45,780달러인 정규분포를 따르지 않는다고 결론 내린다.

정규분포에 대한 검정을 할 때, R은 많은 방법을 제시한다. 정규분포에 대한 적합도 검정을 위해, R은 자체에서 서로 겹치지 않는 구간(범주)을 찾는다. R의 결과와 특정한 겹치지 않는 구간에 기초하여 계산된 결과가 일치하지 않기 때문에, 이 절에서는 이러한 방식으로 결과를 구하는 R을 사용하지 않는다.

자크-베라 검정

정규분포에 대한 적합도 검정에 대한 한 가지 비판은 먼저 원래 데이터를 임의적으로 결정되는 구간(범주)에 속하게 하여 빈도분포로 전환해야 한다는 것이다. 따라서 카이제곱 검정통계량의 값은 데이터가 어떻게 그룹으로 분류되는가에 의해 영향을 받는다. 정규분포에 대한 적합도 검정의 한 가지 대안은 **자크-베라 검정(Jarque-Bera test)**이다. 이 검정에서는 수치형 변수를 범주형태로 전환할 필요가 없다.

자크-베라 검정을 위해 먼저 표본데이터의 **왜도계수(skewness coefficient)** S와 **첨도계수(kurtosis coefficient)** K를 계산한다. 왜도계수가 0이라는 것은 데이터가 평균을 중심으로 대칭이라는 것을 의미한다. 첨도계수는 한 분포가 정규분포보다 더 뾰족한지, 덜 뾰족한지를 측정한다. 정규분포의 왜도계수와 첨도계수 모두는 0이다.

표본관측치가 정규분포로부터 추출되었는지 검정할 때, 귀무가설은 왜도계수와 첨도계수 모두가 0이라는 결합가설로 설정된다. 자크-베라 검정통계량은 자유도가 2인 χ^2_{df} 분포를 따르는 것으로 알려져 있다.

자크-베라 검정을 위한 검정통계량

자크-베라(JB) 검정을 사용하여 표본관측치가 정규분포로부터 추출되었는지 검정할 때, 검정통계량의 값은 다음과 같이 계산된다.

$$JB = \chi^2_2 = (n/6)\,[S^2 + K^2/4]$$

여기서 $df = 2$, n은 표본크기, S는 왜도계수, K는 첨도계수이다.

예제 12.3

FILE ***Income.*** 1%의 유의수준에서 자크-베라 검정을 사용하여 ***Income*** 데이터 파일에 있는 관측치들이 정규분포로부터 추출되었는지 결정하라.

해답:

경쟁가설은 다음과 같이 설정된다.

$$H_0: S = 0 \text{과 } K = 0$$
$$H_A: S \neq 0 \text{ 또는 } K \neq 0$$

검정통계량의 값을 계산하기 위해, 먼저 왜도계수 S와 첨도계수 K를 계산해야 한다. Excel의 SKEW 함수와 KURT 함수를 사용하면, $S = 2.3190$이고 $K = 6.7322$이다. 검정통계량의 값은 다음과 같이 계산된다.

$$JB = \chi_2^2 = (n/6)[S^2 + K^2/4] = (50/6)[2.3190^2 + 6.7322^2/4] = 139.237$$

p-값을 구하기 위해, Excel에서 `=CHISQ.DIST.RT(139.237, 2)`를 입력하고 R에서 `pchisq(139.237, 2, lower.tail=FALSE)`를 입력한다. Excel과 R 모두 p-값 ≈ 0.000을 산출한다. p-값이 0.01보다 작기 때문에, H_0은 기각된다. 1%의 유의수준에서 한 중서부 소도시의 가구소득은 정규분포를 따르지 않는다고 결론 내린다.

주어진 예에서, 정규분포에 대한 자크-베라 검정과 적합도 검정의 결론은 같다. 소수의 가구가 전체 소득의 대부분을 차지하고 있어서 일반적으로 소득분포는 오른쪽으로 기울어져 있다(정규분포를 따르지 않는다)는 사실이 상당히 잘 입증되어 있기 때문에 이러한 결과는 놀라운 일이 아니다. 이러한 이유로 소득분포를 더 정확하게 반영하기 위해 평균보다 중앙값 사용을 선호한다.

적합도 검정의 경우와 마찬가지로, R은 Excel에 의해 사용되는 공식과 비교하여 약간 다른 공식을 사용하여 왜도계수와 첨도계수를 계산하기 때문에 자크-베라 검정을 위해 R을 사용하지 않는다.

연습문제 12.3

25. 다음의 표는 표본평균이 20.5이고 표본표준편차가 5.4인 표본데이터로부터 구축된 빈도분포를 보여준다.

구간 x	빈도
$x < 10$	25
$10 \le x < 20$	95
$20 \le x < 30$	65
$30 \le x$	15

a. 정규분포에 대한 적합도 검정을 사용하기 위해, 이 데이터가 정규분포를 따르는지, 따르지 않는지 결정하기 위한 경쟁가설을 설정하라

b. 검정통계량의 값과 p-값을 계산하라.

c. 5%의 유의수준에서 검정의 결론은 무엇인가?

26. 다음의 표는 표본평균이 −3.5이고 표본표준편차가 9.7인 표본데이터로부터 구축된 빈도분포를 보여준다.

구간 x	빈도
$x < -10$	70
$-10 \le x < 0$	40
$0 \le x < 10$	80
$10 \le x$	10

1%의 유의수준에서 정규분포에 대한 적합도 검정을 사용하여 이 데이터가 정규분포를 따르는지, 따르지 않는지 결정하라.

27. 다음의 표는 50개 관측치로 구성된 표본으로부터 계산된 요약통계를 보여준다.

평균	77.25
표준편차	11.36
왜도	1.12
첨도	1.63

a. 자크-베라 검정을 사용하여 이 데이터가 정규분포를 따르는지, 따르지 않는지 결정하기 위한 귀무가설과 대립가설을 설정하라.

b. 검정통계량의 값과 p-값을 계산하라.

c. 5%의 유의수준에서 검정의 결론은 무엇인가? 이 데이터는 정규분포를 따른다고 결론 내릴 수 있는가? 설명하라.

28. 한 경제학 교수는 강의계획서에 학점은 정규분포가 되도록 부여될 것이라고 말한다. 300명 학생의 최종 평균 점수가 계산되었고 그녀는 이 데이터를 그룹으로 분류하여 다음의 표와 같이 빈도분포를 구하였다, 최종 평균 점수의 평균과 표준편차는 각각 $\bar{x} = 72$와 $s = 10$이다.

최종 평균 점수 x	빈도
F: $x < 50$	5
D: $50 \le x < 70$	135
C: $70 \le x < 80$	105
B: $80 \le x < 90$	45
A: $90 \le x$	10

a. 정규분포에 대한 적합도 검정을 사용하여 정규분포가 최종학점을 부여하는 데 적정한지 결정하기 위한 경쟁가설을 설정하라.

b. 검정통계량의 값과 p-값을 계산하라.

c. 5%의 유의수준에서 검정의 결론은 무엇인가?

29. 50개 도시가 다음과 같은 빈도분포를 가지는 아파트 공실률(%)에 대한 정보를 제공하였다. 표본평균과 표본표준편차는 각각 9%와 3.6%이다.

공실률 x	빈도
$x < 6$	10
$6 \le x < 9$	10
$9 \le x < 12$	20
$12 \le x$	10

5%의 유의수준에서 정규분포에 대한 적합도 검정을 적용하라. 표본데이터는 공실률이 정규분포를 따르지 않는다고 제시하는가?

30. 한 전자부품 제조업체의 품질관리부서는 부품이 미리 지정된 저항값 수준에서 작동하도록 보장해야 한다. 다음의 표는 520개 전기저항기로 구성된 표본으로부터 측정된 저항값(옴)의 빈도분포를 보여준다. 표본평균과 표본표준편차는 각각 4,790옴과 40옴이다.

저항값 x	빈도
$x < 4{,}740$	44
$4{,}740 \le x < 4{,}780$	145
$4{,}780 \le x < 4{,}820$	197
$4{,}820 \le x < 4{,}860$	107
$4{,}860 \le x$	27

a. 정규분포에 대한 적합도 검정을 사용하여 표본데이터가 저항값이 정규분포를 따르지 않는다고 제시하는지 검정하기 위한 경쟁가설을 설정하라.

b. $\alpha = 0.05$에서 검정의 결론은 무엇인가?

c. 10%의 유의수준에서 검정의 결론은 달라지는가?

31. 다음의 빈도분포는 최근 5년 동안 한 소매회사 주식의 월간 수익률(%)의 분포를 보여준다($n = 60$).

월간 수익률 x	빈도
$x < -5$	14
$-5 \le x < 0$	9
$0 \le x < 5$	18
$5 \le x < 10$	11
$10 \le x$	8

다음의 표는 이 기간 동안 주식수익률의 요약통계를 보여준다.

평균	중앙값	표준편차	왜도	첨도
1.16%	1.79%	7.38%	−0.31	−0.65

a. 5%의 유의수준에서 정규분포에 대한 적합도 검정을 수행하라. 월간 수익률은 정규분포를 따르지 않는다고 결론 내릴 수 있는가?

b. 5%의 유의수준에서 자크-베라 검정을 수행하라. 월간 수익률은 정규분포를 따르지 않는다고 결론 내릴 수 있는가?

32. 230명 CEO의 총보상(백만 달러)이 다음의 빈도분포에 보고되어 있다. 총보상에는 연봉, 보너스, 주식과 인센티브, 스톡옵션의 잠재가치, 스톡옵션행사의 이득을 포함한다.

총보상(백만 달러) x	빈도
$x < 5$	43
$5 \le x < 10$	65
$10 \le x < 15$	32
$15 \le x < 20$	38
$20 \le x$	60

다음의 표는 CEO 보상의 요약통계를 보여준다.

평균	중앙값	표준편차	왜도	첨도
19.03	11.02	27.61	5.26	35.53

a. 1%의 유의수준에서 CEO 보상이 정규분포를 따르는 지에 대한 적합도 검정을 수행하라. CEO의 총보상은 정규분포를 따르는가?

b. 1%의 유의수준에서 자크-베라 검정을 수행하라. CEO의 총보상은 정규분포를 따르는가?

33. FILE ***Shaft_Diameter.*** 정밀기계회사인 파브코사는 강철 샤프트의 품질과 일관성을 보장하기 위해 통계적 공정 제어(SPC) 기법을 사용한다. SPC차트에 사용되는 제어한도는 강철 샤프트의 지름이 정규분포를 따른다는 가정에 기초한다. 이 가정을 검정하기 위해, 한 품질관리 엔지니어는 인기 있는 1/2인치 강철 샤프트 50개로 구성된 표본을 사용하여 강철 샤프트의 지름을 측정하였다.

a. 자크-베라 검정을 사용하면서, 이 데이터가 정규분포를 따르는지, 따르지 않는지 결정하기 위한 경쟁가설을 설정하라.

b. 자크-베라 검정을 위한 검정통계량의 값과 p-값을 계산하라.

c. $\alpha = 0.10$에서 강철 샤프트의 지름이 정규분포를 따르지 않는다고 결론 내릴 수 있는가?

d. 5%의 유의수준에서 검정의 결론은 달라지는가?

34. FILE ***Improvement.*** 첨부된 데이터 파일에는 한 주택개량회사의 주간 주가가 포함되어 있다.

a. 자크-베라 검정을 사용하여 이 회사의 주간 주가가 정규분포를 따르는지, 따르지 않는지 결정하기 위한 경쟁가설을 설정하라.

b. 자크-베라 검정을 위한 검정통계량의 값과 p-값을 계산하라.

c. $\alpha = 0.05$에서 주가는 정규분포를 따르지 않는다고 결론 내릴 수 있는가?

35. FILE ***MPG.*** 첨부된 데이터 파일에는 25대 자동차로 구성된 표본의 연비(MPG)가 포함되어 있다.

a. 자크-베라 검정을 사용하여 MPG가 정규분포를 따르는지, 따르지 않는지 결정하기 위한 경쟁가설을 설정하라.

b. 자크-베라 검정을 위한 검정통계량의 값과 p-값을 계산하라.

c. $\alpha = 0.05$에서 MPG는 정규분포를 따르지 않는다고 결론 내릴 수 있는가?

12.4 데이터 분석

사례연구

FILE ***SP500.*** S&P 500지수는 미국의 증권거래소에 상장되어 있는 500개 대기업의 주가를 측정하는 주가지수이다. 하비에르 곤잘레스는 S&P 500지수의 수익률 분포에 대한 종합적인 분석을 수행하고 있다. 수익률에 관한 추론을 하기 전에, 그는 먼저 수익률이 정규분포를 따르는지, 따르지 않는지 결정하기를 원한다. 표 12.12는 2012년부터 2019년까지 S&P 500지수의 월간 수익률 일부를 보여준다. 하비에르는 표본정보를 사용하여 정규분포에 대한 적합도 검정과 S&P 500지수의 월간 수익률이 정규분포를 따르지 않는지 결정하기 위한 자크-베라 검정을 수행하기 원한다.

Jirapong Manustrong/Shutterstock

표 12.12 S&P 500 지수의 월간 수익률

Date	Return
Jan-12	4.36
Feb-12	4.06
⋮	⋮
Dec-19	2.86

샘플보고서—데이터가 정규분포를 따르는지 평가하기

현대 포트폴리오 이론에서 핵심적인 가정 중 하나는 주식수익률이 정규분포를 따른다는 것이다. 월간 주식수익률 분포는 평균을 중심으로 대칭일 수 있지만 꼬리부분은 정규분포보다 더 두껍다. 달리 말하면, 극단적 수익률의 가능성은 정규 분포에서 예상되는 것보다 크다. 표 12.13은 S&P 500지수 월간 수익률과 관련된 요약통계를 보여준다.

표 12.13 S&P 500 지수 월간 수익률의 요약통계

평균	중앙값	표준편차	왜도	첨도
1.0376%	1.6250%	3.1736%	−0.6525	1.0434

2012년부터 2019년까지 S&P 500지수의 평균 월간 수익률은 1.0375%이고 월간 수익률의 중앙값은 1.6250%이다. 평균이 중앙값보다 작은 것은 수익률 분포가 왼쪽으로 기울어진 분포라는 것을 제시한다. 왜도계수가 −0.6525라는 것은 이러한 주장을 지지한다. 첨도계수가 1.0434라는 것은 수익률 분포가 정규분포보다 정점이 더 높다는 것을 제시한다. 공식적인 검정을 통해 외견상 비정규분포의 모습을 보이는 것이 사실인지, 우연인지를 결정하도록 하자.

먼저 정규분포에 대한 적합도 검정이 적용된다. 원래 데이터가 5개 구간($k = 5$)을 가진 빈도분포로 전환된다($k = 5$). 데이터가 평균이 1.0376%이고 표준편차가 3.1736%인 정규분포를 따른다는 귀무가설하에서 표본크기 $n = 96$과 가설로 설정된 비율 p_i를 곱하여 기대빈도를 계산한다. 마지막으로 카이제곱검정을 위한 검정통계량의 값은 표준화 편차제곱을 합하여 계산된다. 표 12.14는 이러한 계산 모두를 보여준다.

표 12.15의 위쪽 절반은 정규분포에 대한 적합도 검정을 위한 경쟁가설, 검정통계량의 값, p-값을 보여준다. p-값이 0.0198이므로 5%의 유의수준에서 수익률이 정규분포를 따른다는 귀무가설을 기각한다.

표 12.14 정규분포에 대한 적합도 검정을 위한 계산

수익률 (in %)	관측빈도, o_i	정규분포의 경우, p_i	기대빈도, $e_i = n \times p_i$	표준화 편차제곱, $\frac{(o_i - e_i)^2}{e_i}$
Return < −2	13	0.1692	16.2479	0.6492
−2 ≤ Return < 0	14	0.2026	19.4502	1.5272
0 ≤ Return < 2	32	0.2473	23.7403	2.8737
2 ≤ Return < 4	25	0.2056	19.7332	1.4057
Return ≥ 4	12	0.1753	16.8284	1.3854
	$\Sigma o_i = 96$	$\Sigma p_i = 1$	$\Sigma e_i = 96$	$\Sigma \frac{(o_i - e_i)^2}{e_i} = 7.8412$

표 12.15 가설검정을 위한 검정통계량과 p-값

경쟁가설	검정통계량	p-값
적합도 검정 H_0: 수익률은 정규분포를 따른다. H_A: 수익률은 정규분포를 따르지 않는다.	$\chi^2_2 = 7.8412$	$P(\chi^2_2 \geq 7.8412) = 0.0198$
자크-베라 검정: H_0: $S = 0$과 $K = 0$ H_0: $S = 0$ 또는 $K = 0$	$\chi^2_2 = 11.1665$	$P(\chi^2_2 \geq 11.1665) = 0.0038$

표 12.15의 아래쪽 절반은 자크-베라(JB) 검정을 수행한 결과를 보여준다. JB 검정통계량의 값은 11.1665이고 p-값은 0.0038이다. 5%의 유의수준에서 왜도와 첨도 모두 0이라는 귀무가설이 기각된다. 이 결과는 정규분포에 대한 적합도 검정의 결론과 일치한다. 따라서 5%의 유의수준에서 S&P 500 지수의 월간 수익률은 정규분포를 따르지 않는다고 결론 내린다. 주목할 만한 점은 왜도계수가 음이라는 것은 작은 이익이 자주 발생하고, 소수의 극단적 손실이 발생한다는 것을 제시하므로 투자 결정을 할 때 이 점을 반드시 고려해야 한다.

사례연구 제안

보고서 12.1 퓨 리서치 센터(Pew Research Center)가 2018년에 수행한 한 조사는 마약중독과 총기폭력 같은 이슈를 '가장 큰' 국가적인 문제로 생각하는 미국인의 비율을 보여준다. 다음의 표는 마약중독과 총기폭력을 '가장 큰' 국가적인 문제로 생각하는 미국인의 비율과 함께 그 외의 문제들을 국가적인 문제로 생각하는 미국인의 비율을 열거한 것이다

문제	비율
마약중독	68%
성차별주의	34%
인종주의	46%
총기폭력	53%
기후변화	43%
테러리즘	53%
대학비용감당능력	63%

적어도 50명의 대학생을 대상으로 위에 열거한 국가적인 문제에 대한 견해를 묻는 조사를 하라. 보고서에서 조사결과로부터 계산된 비율을 해석하라. 이에 더하여 조사한 대학생들의 비율이 전국적인 비율과 다른지 결정하라. 검정을 위해 적정한 유의수준을 사용하라.

보고서 12.2 FILE ***Machine.*** 기계 고장이 발생하기 전에 예측할 수 있다면 수백만 달러를 절약할 수 있다. 이를 통해 제조업체는 사전 예방 정비 또는 수리를 수행하여 기계 가동 중단을 최소화할 수 있다. 한 관리자는 기계 고장(Yes, No)에 대한 습도 백분율(Low, Medium, High)의 영향을 조사하기 원한다. 보고서에서 첨부된 데이터를 사용하여 분할표를 작성하고 그 결과를 해석하라. 이에 더하여 기계 고장이 습도수준과 유의하게 관련되어 있는지 결정하라. 검정을 위해 적정한 유의수준을 사용하라.

보고서 12.3 FILE ***Returns.*** 투자자들은 종종 주식수익률의 분포에 대해 궁금해한다. 한 가지 우려사항은 주식수익률의 분포가 두꺼운 꼬리를 가지면, 극단적 수익률의 가능성은 정규분포에서 기대되는 것보다 더 높

다는 것이다. 첨부된 데이터 파일은 2012년부터 2019년까지 3개 주요 기업, 즉 애플(APPL), 프록터앤갬블(PG), 맥도날드(MCD)의 월간 주식수익률을 보여준다. 보고서에서, 요약통계를 사용하여 3개 기업의 주식수익률을 비교하라. 이에 더하여, 각 기업에 대해 5%의 유의수준에서 주식수익률이 정규분포를 따르는지 결정하라.

핵심 개념

LO 12.1 다항실험을 위한 적합도 검정을 수행할 수 있어야 한다.

다항실험은 n번의 동일한 독립적 시행으로 구성된다. 각 시행에서 k가지 가능한 결과 또는 범주가 존재한다. i번째 범주와 관련된 확률 p_i는 변화하지 않는다. 이러한 확률의 합은 1이다.

적합도 검정은 모비율이 사전에 결정된 (가설로 설정된) 값과 다른지 결정하기 위해 수행된다. 검정통계량의 값은 $\chi^2_{df} = \Sigma\frac{(o_i - e_i)^2}{e_i}$와 같이 계산된다. 여기서 $df = k - 1$, k는 범주의 수, o_i는 i번째 범주의 관측빈도, $e_i = np_i$는 i번째 범주의 기대빈도, n은 관측치 수이다. 각 범주의 기대빈도가 5 이상일 때 이 검정은 타당하다. 이 검정은 항상 오른쪽 꼬리 검정으로 수행된다.

LO 12.2 독립성에 대한 카이제곱검정을 수행할 수 있어야 한다.

분할표의 카이제곱검정이라고도 부르는 독립성에 대한 검정은 두 범주형 변수 간 관계를 분석한다. 두 범주형 변수가 관련되어 있는지를 결정하기 위해, 관측빈도와 기대빈도를 비교한다. 분할표에 있는 각 셀의 기대빈도 e_{ij}는 $e_{ij} = \frac{(\text{행}i\text{의 빈도합계})(\text{열}j\text{의 빈도합계})}{\text{표본크기}}$와 같이 계산된다. 여기서 하첨자 ij는 분할표의 i번째 행과 j번째 열을 나타낸다.

검정통계량의 값은 $\chi^2_{df} = \sum_i\sum_j\frac{(o_{ij} - e_{ij})^2}{e_{ij}}$와 같이 계산된다. 여기서 o_{ij}와 e_{ij}는 각각 분할표의 i번째 행과 j번째 열의 관측빈도와 기대빈도이다. 자유도는 $df = (r - 1)(c - 1)$이다. 여기서 r과 c는 각각 분할표에 있는 행의 수와 열의 수이다. 독립성에 대한 검정은 오른쪽 꼬리 검정으로 수행되고 각 셀의 기대빈도가 5 이상일 때 타당하다.

LO 12.3 정규분포에 대한 카이제곱검정과 자크-베라 검정을 수행할 수 있어야 한다.

정규분포에 대한 적합도 검정은 주어진 모집단이 정규분포를 따르는지 검정하기 위해 수행된다. 먼저 표본데이터를 k개 구간을 가진 빈도분포로 전환한다. 정규분포의 가정하에서 i번째 구간을 관측할 확률 p_i를 계산하고 이어서 이 확률을 사용하여 기대빈도를 $e_i = n \times p_i$와 같이 계산한다. 검정통계량의 값은 $\chi^2_{df} = \Sigma\frac{(o_i - e_i)^2}{e_i}$와 같이 계산된다. 여기서 $df = k - 3$이다. 정규분포에 대한 적합도 검정은 오른쪽 꼬리 검정으로 수행되고 각 구간의 기대빈도가 5 이상일 때 타당하다.

정규분포에 대한 적합도 검정의 한 가지 대안은 자크-베라 검정이다. 이 검정을 수행하기 위해 표본관측치의 왜도계수 S와 첨도계수 K를 사용한다. 자크-베라(JB) 검정통계량의 값은 $JB = \chi^2_2 = (n/6)[S^2 + K^2/4]$와 같이 계산된다. 여기서 n은 표본크기이다. 자크-베라 검정은 오른쪽 꼬리 검정으로 수행된다.

추가 연습문제

36. 다음의 표는 한 특정 산업에 있는 4개 기업의 2019년 시장점유율과 2020년 총매출액을 보여준다.

기업	2019년 시장점유율	2020년 총매출액
1	0.40	200
2	0.30	180
3	0.20	100
4	0.10	70

a. 2019년 시장점유율은 2020년에 타당하지 않은지 검정하기 위한 경쟁가설을 설정하라.

b. 검정통계량의 값과 p-값을 계산하라.

c. 1%의 유의수준에서, 표본데이터는 시장점유율이 2019년부터 2020년까지 변했다고 제시하는가?

37. 한 연구는 항공사들이 오버나이트 체류요건을 강화하여 저렴한 운임에 대한 제한을 강화시켰다고 제시한다. 비즈니스 여행객은 최대한의 융통성을 필요로 하는 경향이 있고 주말에 집에 있기를 원하기 때문에, 이러한 조치 때문에 비즈니스 여행객은 항공료로 더 많이 지불해야만 하게 되었다. 1년 전에 오버나이트 체류요건의 비율은 다음과 같았다.

1일 밤	2일 밤	3일 밤	토요일 밤
37%	17%	28%	18%

최근에 운항한 644 항공편으로 구성된 표본은 다음과 같은 오버나이트 체류요건을 가지고 있었다.

1일 밤	2일 밤	3일 밤	토요일 밤
117	137	298	92

a. 연구에서 인용된 비율이 변했는지 검정하기 위한 경쟁가설을 설정하라.

b. 검정통계량의 값을 계산하라.

c. 5%의 유의수준에서 검정의 결론은 무엇인가? 검정의 결과를 해석하라.

38. 페이스북이 실시한 조사에서 젊은 이용자들에게 관계단절에 대한 소식을 전하는 것을 선호하는지 물었다. 충격적인 결과 중 하나는 이용자의 47%만이 관계 단절에 대한 소식을 개인적으로 전하는 것을 선호한다는 것이었다. 한 연구원은 200명의 젊은 페이스북 이용자로 구성된 표본을 사용하여 페이스북의 조사결과를 검정하기로 결정하였다. 페이스북 조사와 이 연구원 조사의 선호비율은 다음과 같았다.

전달방법	페이스북 조사결과	연구원의 조사결과
개인	47%	55%
전화	30%	25%
이메일	4%	6%
페이스북	5%	5%
메시지	14%	9%

5%의 유의수준에서 이 연구원의 조사결과는 페이스북의 조사결과와 다른지 검정하라. 상세하게 논의하라.

39. 한 지역 텔레비전 방송국은 사람들의 60%는 후보자 A, 30%는 후보자 B, 10%는 후보자 C를 지지한다고 주장한다. 500명의 등록 투표자에 대한 조사가 시행되었다. 다음의 표는 그들이 어떻게 투표할 것인지를 보여준다.

후보자 A	후보자 B	후보자 C
350	125	25

a. 이 텔레비전 방송국의 주장이 데이터에 의해 기각될 수 있는지 검정하기 위한 경쟁가설을 설정하라.

b. 1%의 유의수준에서 가설검정을 수행하라.

40. 불안한 경제와 높은 난방비 때문에, 점점 더 많은 가계가 공공요금을 내기 위해 고군분투하고 있다. 특히 프로판이나 난방유로 난방을 하는 집을 가진 가계들이 크게 타격을 받고 있다. 난방유형이 가계의 공공요금 지불 연체에 영향을 미치는지 조사하기 위해 500개 가계로 구성된 임의표본이 추출되었다. 다음의 표는 그 결과를 보고해준다.

	난방유형			
지불연체	천연가스	전기	난방유	프로판
예	50	20	15	10
아니오	240	130	20	15

5%의 유의수준에서 난방유형이 가계의 지불연체에

영향을 미치는지 검정하라. 검정의 결과를 해석하라.

41. 한 애널리스트는 나스닥에 상장된 일부 주가가 소속된 산업과 독립인지 결정하려고 한다. 그녀는 4개 산업을 검토하였고 각 산업내에서 각 주식을 주가 기준으로 3개 범주(고가, 평균가, 저가)로 분류하였다.

주가	산업			
	I	II	III	IV
고가	16	8	10	14
평균가	18	16	10	12
저가	7	8	4	9

a. 주가가 산업과 관련되어 있는지 결정하기 위한 경쟁가설을 설정하라.

b. 검정통계량의 값과 p-값을 계산하라.

c. 1%의 유의수준에서, 이 애널리스트는 어떤 결론을 내릴 수 있는가?

42. 많은 부모들이 주의력 결핍 과잉행동장애(ADHD)를 가진 아이들을 치료하기 위해 약초 치료제인 세인트존스워트(St. John's wort)로 눈을 돌렸다. 한 연구에서 ADHD를 가진 아이들이 임의로 세인트존스워트 또는 위약을 복용하도록 배정되었다. 다음의 분할표는 그 결과를 보여준다.

처방	ADHD에 대한 효과	
	변화 없음	개선
세인트존스워트	12	15
위약	14	13

5%의 유의수준에서 데이터는 세인트존스워트가 ADHD를 가진 아이들에게 효과가 있다고 제시하는가?

43. 한 조사에서 16세에서 21세 사이인 3,228명의 미국인에게 미군에 복무할 가능성이 있는지 물었다. 다음의 분할표는 미군에 복무할 가능성이 있거나 매우 높다고 응답한 사람들을 성별과 인종에 의해 교차 분류한 것이다.

성별	인종		
	히스패닉	흑인	백인
남성	1,098	678	549
여성	484	355	64

a. 미군에 복무할 것인지를 선택할 때 성별과 인종이 관련되어 있는지 검정하기 위한 경쟁가설을 설정하라.

b. 5%의 유의수준에서 검정을 수행하라.

44. FILE *HomePrice.* 첨부된 데이터 파일은 세인트루이스시에서 판매된 36개 단독주택의 가격과 면적을 포함한 다양한 변수들을 보여준다.

a. 자크-베라 검정을 사용하여 $\alpha = 0.05$에서 주택가격이 정규분포를 따르지 않는지 검정하라.

b. 자크-베라 검정을 사용하여 $\alpha = 0.05$에서 주택면적이 정규분포를 따르지 않는지 검정하라.

45. 다음의 빈도분포는 지난 5년 동안 한 건설회사의 월간 주식수익률(%)을 보여준다.

월간 수익률 x	관측빈도
$x < -5$	13
$-5 \le x < 0$	16
$0 \le x < 5$	20
$5 \le x$	11

이 기간 동안, 월간 수익률의 요약통계는 다음과 같다.

평균	중앙값	표준편차	왜도	첨도
0.31%	0.43%	6.49%	0.15	0.38

a. 5%의 유의수준에서 정규분포에 대한 적합도 검정을 수행하라. 월간 수익률은 정규분포를 따르지 않는다고 결론 내릴 수 있는가?

b. 5%의 유의수준에서 자크-베라 검정을 수행하라. 검정결과는 (a)의 검정결과와 일치하는가?

46. 컬러 코딩은 종종 생산 상태를 표시하거나 재료를 식별하거나 우선순위를 나타내기 위해 제조 작업에서 사용된다. 예를 들면, '녹색'은 조립 라인이 정상적으로 작동 중임을 나타내고, '노란색'은 설치 또는 수리를 위해 작업자가 대기하는 중임을 나타내며, '파란색'은 자재를 기다리는 중임을 나타내고, '빨간색'은 비상상태를 나타낸다. 경영진은 시간의 80%에서 조립라인이 정상 가동되고, 9%에서 작업자가 대기하며, 9%에서 자재를 기다리고, 2%는 비상상태에서 가동되는 현실적인 목표를 설정했다. 최근 250회의 상태에 대한 기록을 기준으로 보면, 녹색 185회, 노란색 24회, 파란색 32회, 빨간색 9회로 나타났다.

a. 조립라인 상태의 비율이 경영진의 목표와 다른지 검정하기 위한 귀무가설과 대립가설을 설정하라.

b. 검정통계량의 값과 p-값을 계산하라.

c. $\alpha = 0.05$에서 경영진의 목표가 충족되고 있는가? $\alpha = 0.01$에서 검정의 결론이 달라지는가?

47. 한 자동차 부품 회사는 매우 널리 알려진 제품 리콜을 하면서 대중적 이미지를 실추시켰으며, 그로 인해 지난 몇 년 동안 평판이 좋지 않았다. 이로 인해 일련의 품질개선계획이 추진되었다. 현재 마케팅 매니저는 이러한 품질개선계획이 회사에 대한 대중의 인식을 바꾸는 데 성공했는지 결정하기 원한다. 다음의 표는 각 조사에서 임의로 추출된 성인 600명을 대상으로 수행된 두 번의 조사 결과를 보여준다. 조사 1은 품질개선계획이 실행되기 전에 수행되었고 조사 2는 품질개선계획이 실행되고 홍보된 이후에 수행되었다.

	대중의 인식		
	부정적	중립적	긍정적
조사 1	324	180	96
조사 2	246	146	208

a. 대중의 인식이 품질개선계획이 실행된 후 변했는지 검정하기 위한 귀무가설과 대립가설을 설정하라.

b. 1%의 유의수준에서 검정의 결론을 내려라.

48. 인적자원관리부서는 현재 특정 종업원 급여그룹에 제공되는 일련의 퇴직제도옵션을 모든 급여그룹(연봉, 시간, 개별업무)에 적용되는 단일 퇴직제도로 통합하기 원한다. 다양한 급여그룹의 종업원 585명에게 3가지 잠재적 퇴직제도(A, B, C) 중 어느 것을 선호하는지 물었다. 다음의 표는 그 결과를 보여준다. 인적자원부서는 선호되는 퇴직제도가 특정한 급여그룹에 유리할 수 있다는 인상을 피하기 위해 종업원 다수가 선호하는 퇴직제도가 급여그룹과 독립이라고 결론 내리길 기대하고 있다.

선호하는 퇴직제도	급여그룹		
	연봉	시간	개별업무
A	78	98	37
B	121	95	30
C	51	57	18

a. 선호되는 퇴직제도가 종업원 급여그룹과 관련되어 있는지 결정하기 위한 경쟁가설을 설정하라.

b. 검정통계량의 값과 p-값을 계산하라.

c. 10%의 유의수준에서 검정의 결론은 무엇인가? 5%의 유의수준에서 검정의 결론은 무엇인가?

49. 전자제품 제조회사인 일렉트로텍사의 운영 매니저는 특정 교대 근무자들이 다른 교대 근무자들에 비해 '아픈' 상태에서 전화를 걸 가능성이 더 높을 수 있다고 믿는다. 이러한 믿음을 검정하기 위해, 그녀는 지난 1년 동안 교대 근무조와 결근일수에 대한 빈도를 나타내는 다음의 표를 작성했다.

결근일수	첫 번째 근무조	두 번째 근무조	세 번째 근무조
0~2 일	44	20	10
3~6 일	38	25	12
7~10 일	14	9	13
11일 이상	4	6	5

a. 결근일수가 근무조와 관련되어 있는지 결정하기 위한 경쟁가설을 설정하라.

b. 검정통계량의 값과 p-값을 계산하라.

c. 5%의 유의수준에서 검정의 결론은 무엇인가? 1%의 유의수준에서 검정의 결론은 무엇인가?

50. FILE *Reorder* 한 자동차 부품 유통업체에서 특정 부품에 대한 재주문점은 주간 수요량이 정규분포를 따른다는 가정하에서 결정된다. (참고: '재주문점'은 추가 주문이 이루어지는 재고수준이다. 재고수준은 추가 주문의 이행 기간 동안 수요를 충족시킬 수 있을 만큼 높아야 하지만 과도한 재고보유비용을 피할 수 있을 만큼 낮아야 한다.) 이러한 가정의 타당성을 검토하기 위해, 물류부서는 지난해 동안 주간 수요량을 기록하였다.

a. 자크-베라 검정을 사용하면서, 주간 수요량이 정규분포를 따르는지, 따르지 않는지 결정하기 위한 경쟁가설을 설정하라.

b. 자크-베라 검정통계량의 값과 p-값을 계산하라.

c. $\alpha = 0.05$에서 주간 수요량이 정규분포를 따르지 않는다고 결론 내릴 수 있는가? 검정의 결론은 유의수준의 선택에 민감한가?

51. 한 소프트웨어 회사는 한 인기 있는 시뮬레이션/모델

링 프로그램을 개발하고 홍보하고 있다. 이 프로그램에 포함되어 있는 난수 생성 프로그램은 다양한 확률분포를 위한 난수를 생성해준다. 소프트웨어 설계그룹은 이 프로그램이 적정하게 난수를 생성한다는 것을 검정하기 원한다. 이에 따라, 그들은 정규분포로부터 5,000개의 난수를 생성하고 그 결과를 그룹으로 분류하여 다음과 같은 빈도분포를 작성하였다. 표본평균과 표본표준편차는 각각 100과 10이다.

값 (x)	빈도
$x < 70$	12
$70 \le x < 80$	99
$80 \le x < 90$	658
$90 \le x < 100$	1734
$100 \le x < 110$	1681
$110 \le x < 120$	697
$120 \le x < 130$	112
$130 \le x$	7

a. 정규분포에 대한 적합도 검정을 사용하면서, 생성된 난수가 정규분포를 따르지 않는지 검정하기 위한 경쟁가설을 설정하라.

b. 검정통계량의 값과 p-값을 계산하라.

c. 1%의 유의수준에서 검정의 결론은 무엇인가? 검정의 결론이 전형적인 유의수준 범위에서 달라지는가?

52. FILE ***Degrees.*** 다음의 표는 졸업생의 인종별로 대학에 의해 2010년에 수여된 학위의 비율을 보여준다. 최근 졸업한 500명의 인종별 학생 수가 표의 마지막 열에 기록되어 있다.

인종	2010년 비율	최근 졸업생 수
백인	0.73	350
흑인	0.10	50
히스패닉	0.09	60
아시아계	0.08	40

5%의 유의수준에서 비율이 2010년 이후 변했는지 검정하라.

13 분산분석
Analysis of Variance

학습목차_Chapter Contents

학습목표_Learning Objectives

이 장을 학습한 후에,

LO **13.1** 일원분산분석 검정을 수행하고 평가할 수 있어야 한다.
LO **13.2** 어느 평균들이 다른지 결정하기 위해 피셔의 LSD 방법과 튜키의 HSD 방법을 사용할 수 있어야 한다.
LO **13.3** 상호작용이 없는 이원분산분석 검정을 수행하고 평가할 수 있어야 한다.
LO **13.4** 상호작용이 있는 이원분산분석 검정을 수행하고 평가할 수 있어야 한다.

이 장에서는 일반적으로 ANOVA라고 부르는 분산분석(analysis of variance, ANOVA)을 학습한다. ANOVA는 3개 이상 모평균 간 차이가 있는지 결정하기 위해 사용되는 통계기법이다. ANOVA 검정은 10장에서 논의한 동분산의 경우 두 표본을 사용하여 두 모평균 차이를 검정하는 t 검정을 일반화한 것이다.

먼저 일원분산분석(one-way ANOVA)을 살펴본다. 일원분산분석에서는 모평균이 한 범주형 변수 또는 한 인자에 의해 영향을 받는지 검토한다. 예를 들면, 소형 하이브리드카의 연비(mpg)가 브랜드에 따라 다른지 결정하기 원할 수 있다. 또는 서로 다른 비료들이 에이커당 평균 수확량에 미치는 효과를 비교하기 원할 수 있다.

이어서 모평균이 두 범주형 변수 또는 두 인자에 의해 어떻게 영향을 받는지 검토하는 이원분산분석(two-way ANOVA)을 논의한다. 예를 들면, 소형 하이브리드 자동차의 연비가 자동차 브랜드와 휘발유 종류에 따라 다른지 결정하기 원할 수 있다. 또는 에이커당 평균 수확량이 비료와 토양의 산성도에 의해 영향을 받는지 결정하기 원할 수 있다. 이원분산분석은 두 범주형 변수 또는 두 인자 간 상호작용이 있는 경우나 상호작용이 없는 경우에 수행될 수 있다.

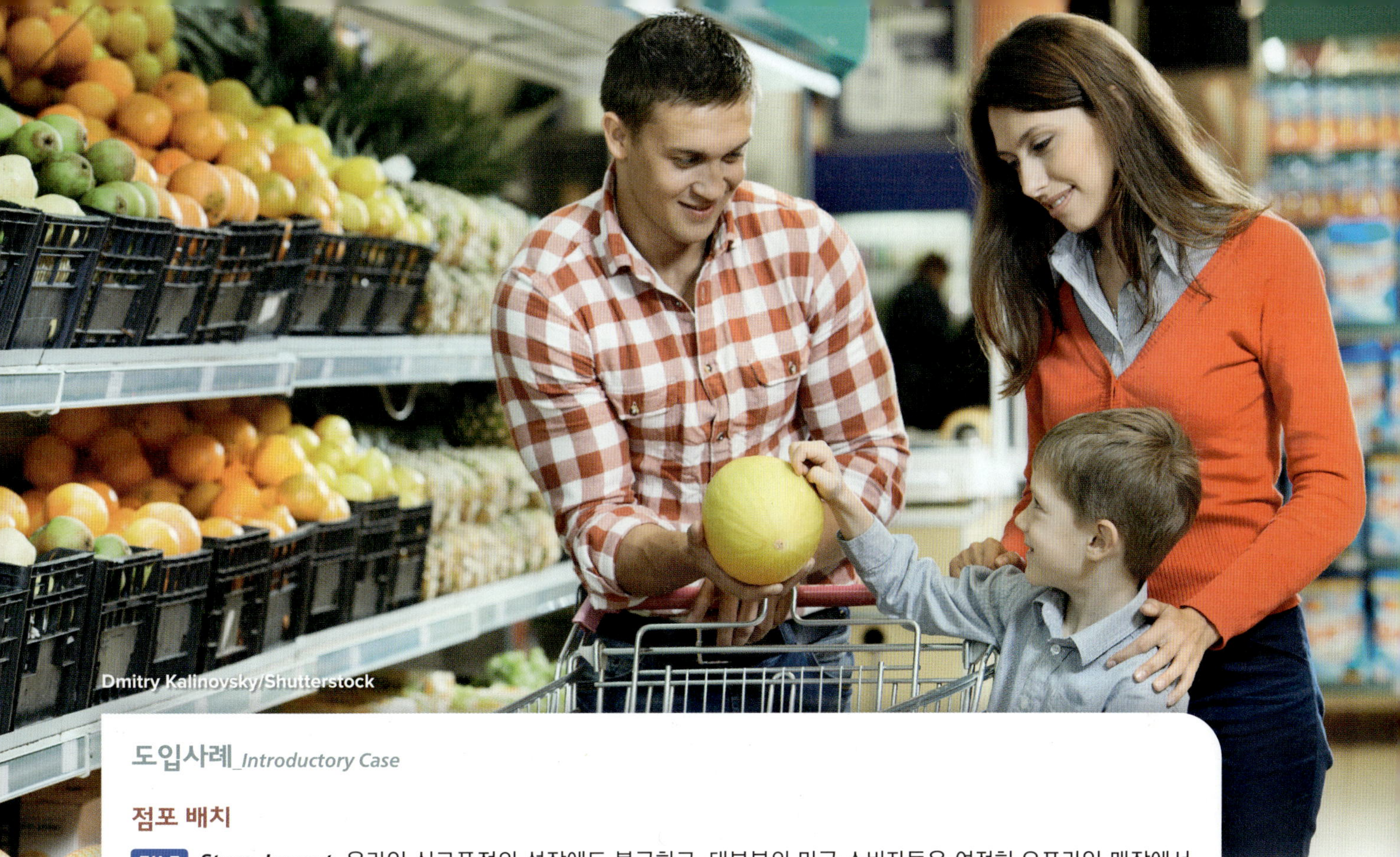

도입사례_*Introductory Case*

점포 배치

FILE ***Store_Layout.*** 온라인 식료품점의 성장에도 불구하고, 대부분의 미국 소비자들은 여전히 오프라인 매장에서 장을 보는 것을 선호한다. 오프라인 매장은 쇼핑 경험을 제공하고 소비자들이 제품을 검사하고 고를 수 있게 해준다. 경쟁으로 인해, 식료품점들은 항상 그들의 고객들에게 어필하고 매출을 증가시키는 점포 배치를 실험하고 있다.

숀 콕스는 한 대형 식료품 체인의 판매 및 마케팅 담당 부사장이다. 그는 평균 매출액이 점포 배치에 따라 달라지는지 알기 원한다. 숀은 한 달 동안 10개의 서로 다른 점포에서 3가지 점포 배치를 실험하고 월말에 각 점포의 매출액을 측정하였다. 표 13.1은 그 결과의 일부와 관련된 요약통계를 보여준다.

표 13.1 월간 매출액(백만 달러)

Layout 1	Layout 2	Layout 3
1.3	2.0	2.3
1.8	2.2	2.3
⋮	⋮	⋮
2.0	1.8	2.2
$\bar{x}_1 = 1.92$ $s_1^2 = 0.0973$	$\bar{x}_2 = 2.08$ $s_2^2 = 0.1062$	$\bar{x}_3 = 2.42$ $s_3^2 = 0.0373$

숀은 표 13.1의 정보를 사용하여 다음과 같은 일을 수행하기 원한다.

1. 5%의 유의수준에서 월간 평균 매출액이 3가지 점포 배치 간에 다른지 결정한다.
2. 월간 평균 매출액이 3가지 점포 배치 간에 다르다고 분석되면, 5%의 유의수준에서 어느 평균들이 다른지 결정한다.

이 도입사례에 대한 분석결과는 13.2절의 마지막 부분에 제시되어 있다.

13.1 일원분산분석

3개 이상 모평균 간에 차이가 있는지 결정하기 위해 독립표본을 사용하여 **분산분석 검정 [analysis of variance (ANOVA) test]**을 수행한다. 분산분석 검정은 10장에서 논의한 동분산의 경우 두 표본을 사용하여 두 모평균 차이를 검정하는 t 검정을 일반화한 것이다. 이 검정은 11장에서 소개한 $F_{(df_1,df_2)}$분포에 기초하여 이루어진다. **일원분산분석 검정(one-way ANOVA test)**은 한 범주형 변수나 한 인자에 의해 결정되는 모평균들을 비교한다. 일반적으로 일원분산분석 검정은 다음과 같은 가정하에서 c개 모평균을 검정하기 위해 사용된다.

1. 모집단들은 정규분포를 따른다.
2. 모분산(또는 모표준편차)들은 알려져 있지 않으나 같다고 가정한다.
3. 표본들은 독립적으로 추출된다.

도입사례의 점포 배치 예에서 3가지 가능한 점포 배치에 따라 식료품점의 월간 평균 매출액에 차이가 있는지 결정하기 원한다. 따라서 점포 배치별로 매출액을 정리하고 다음과 같은 경쟁가설을 설정한다.

H_0: $\mu_1 = \mu_2 = \mu_3$
H_A: 모든 모평균이 같은 것은 아니다.
(적어도 두 모평균은 다르다.)

H_A는 모든 모평균이 서로 달라야 하는 것이 아니라는 것에 주목하라. 원칙적으로 적어도 두 모평균이 다르면, 표본데이터는 H_A를 선호하여 H_0을 기각하는 것을 지지할 수 있다.

이 예에서 세 모평균의 동일성에 대한 검정을 수행할 때, μ_1과 μ_2, μ_1과 μ_3, μ_2와 μ_3를 비교하는 일련의 가설검정을 수행하려 할 수 있다. 그러나 그러한 방법은 번거로울 뿐만 아니라 단점도 있다. 여기서는 세 모평균의 동일성을 검정할 때, 두 모평균의 세 조합을 한 번에 비교한다. 또한 다수의 두 모평균 쌍별 비교 검정을 수행하면, 1종 오류를 범할 확률 α의 위험이 증가된다. 즉, 귀무가설을 잘못 기각할 위험을 증가시킨다. 달리 말하면, 5%의 유의수준에서 두 모평균 쌍별 검정을 세 번 수행하면, 전체 검정의 유의수준은 5%보다 커진다.

다행스럽게도, ANOVA기법은 이러한 문제를 피하여 모평균의 동일성을 동시에 평가하는 검정을 한번에 수행한다. 점포 배치의 예에서, 세 모평균이 같으면, 세 표본평균 $\bar{x}_1$, $\bar{x}_2$, $\bar{x}_3$가 상대적으로 서로 가까울 것이라고 기대된다. 그림 13.1 (a)는 H_0이 옳은 경우, 표본평균들의 분포를 보여준다. 이렇게 표본평균들의 흩어진 정도가 상대적으로 적은 것은 우연으로 설명될 수 있다. 세 모평균이 다르면 어떤 일이 나타나는가? 그림 13.1 (b)는 표본데이터가 H_A를 지지하는 경우, 표본평균들의 분포를 보여준다. 이 경우에 각 표본평균이 서로 다른 모평균을 가진 모집단으로부터 추출된 표본으로부터 계산되기 때문에, 표본평균들은 상대적으로 멀리 떨어져 있다. 이렇게 표본평균들의 흩어진 정도가 상대적으로 큰 것은 우연으로만 설명될 수 없다.

그림 13.1 ANOVA의 논리

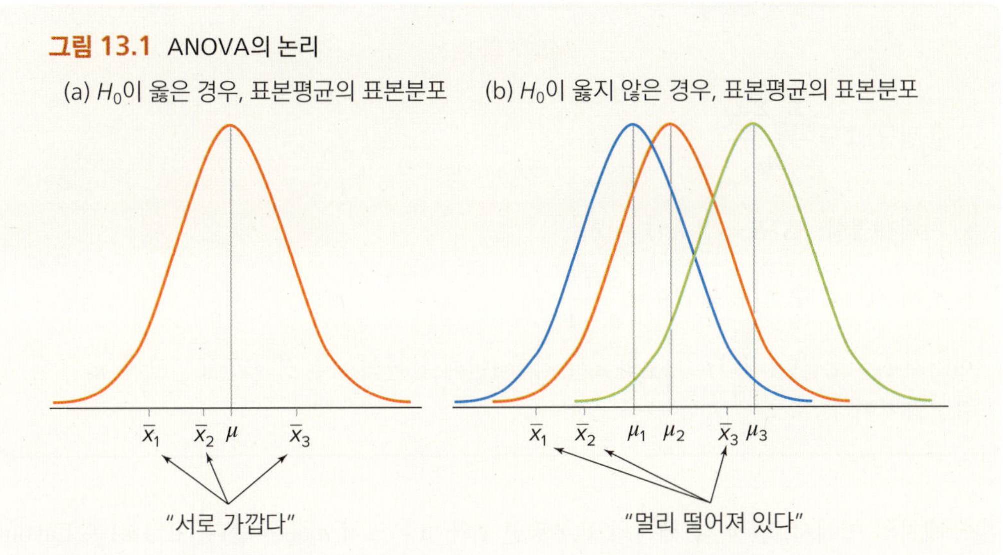

*처리(treatment)*라는 용어는 종종 검토되고 있는 모집단을 나타내기 위해 사용된다. 서로 다른 모집단을 서로 다른 처리라고 부르는 게 된 것은 많은 ANOVA 응용이 원래 서로 다른 비료가 서로 다른 처리로 간주되는 농업실험과 연계되어 개발되었기 때문이다.

일부 모평균들 간에 유의한 차이가 있는지 결정하기 위해, 두 개의 독립적인 공통 모분산 σ^2의 추정치가 개발된다. 한 σ^2 추정치는 표본평균의 변동성에 기인할 것일 수 있다. 이 추정치는 **처리간 분산(between-treatments variance)**이라고 부른다. 다른 σ^2 추정치는 각 표본 내에 있는 관측치의 변동성, 즉 우연에 의한 변동성에 기인할 것일 수 있다. 이 추정치는 **처리내 분산(within-treatments variance)**이라고 부른다.

이러한 두 개의 독립적인 σ^2 추정치가 상대적으로 서로 가깝다면, 표본평균의 변동성은 우연에 의한 것이라고 설명될 수 있고 동일한 모평균의 귀무가설은 기각되지 않는다. 그러나 처리간 분산이 처리내 분산보다 유의하게 크면, 동일한 모평균의 귀무가설은 기각된다. 이것은 처리내 분산에 대한 처리간 분산의 비율이 유의하게 1보다 크다고 결론 내리는 것과 같다. 곧 이 비율을 다시 살펴볼 것이다.

σ^2의 처리간 추정치: *MSTR*

처리간 분산은 표본평균과 **총평균(grand mean)**이라고 부르고 $\bar{\bar{x}}$라고 표시하는 데이터 셋의 전체 평균 간 차이제곱의 가중합에 기초하여 계산된다. 총평균은 데이터 셋에 있는 모든 관측치의 합을 총 관측치 수로 나누어 계산된다.

각 표본평균과 총평균 간 차이제곱 $(\bar{x}_i - \bar{\bar{x}})^2$과 각 처리에 해당되는 각 표본크기 n_i를 곱한다. 이렇게 표본크기를 가중치로 부여한 차이제곱의 합을 **처리제곱합(sum of squares due to treatments)** *SSTR*이라고 부른다. *SSTR*을 자신의 자유도 $c-1$로 나눈 것이 평균처리제곱, 즉 σ^2의 처리간 추정치이고 *MSTR*이라고 표시한다.

MSTR의 계산

- 총평균: $\bar{\bar{x}} = \dfrac{\sum_{i=1}^{c}\sum_{j=1}^{n_i} x_{ij}}{n_T}$
- 처리제곱합: $SSTR = \sum_{i=1}^{c} n_i(\bar{x}_i - \bar{\bar{x}})^2$
- σ^2의 처리간 추정치: $MSTR = \dfrac{SSTR}{c-1}$

여기서 c는 모집단(처리) 수, $\bar{x}_i$와 n_i는 각각 i번째 표본의 표본평균과 표본크기, n_T는 총 표본크기이다.

점포 배치의 예에서, 먼저 각 배치의 표본평균 $\bar{x}_i$와 표본크기 n_i를 구한다. 표 13.1은 Layout 1, Layout 2, Layout 3의 표본평균이 각각 $\bar{x}_1 = 1.92$, $\bar{x}_2 = 2.08$, $\bar{x}_3 = 2.42$라는 것을 보여준다. 각 표본에 10개 관측치가 있기 때문에 $n_1 = n_2 = n_3 = 10$이고 이에 따라 총표본크기 $n_T = 30$이다. 점포 배치의 예를 위한 $\bar{\bar{x}}$, $SSTR$, $MSTR$은 다음과 같이 계산된다.

$$\bar{\bar{x}} = \frac{\sum_{i=1}^{c}\sum_{j=1}^{n_i} x_{ij}}{n_T} = \frac{1.3 + 1.8 + \cdots + 2.2}{30} = 2.14$$

$$SSTR = \sum_{i=1}^{c} n_i(\bar{x}_i - \bar{\bar{x}})^2 = 10(1.92 - 2.14)^2 + 10(2.08 - 2.14)^2 + 10(2.42 - 2.14)^2 = 1.304$$

$$MSTR = \frac{SSTR}{c-1} = \frac{1.304}{3-1} = 0.652$$

σ^2의 처리내 추정치: *MSE*

방금 계산한 $MSTR$은 0.652이다. 이러한 $MSTR$의 값은 모평균들이 다르다고 제시할 만큼 충분히 큰가? 이 질문에 답하기 위해, $MSTR$과 우연에 의해 발생되는 변동성을 비교한다. 달리 말하면, 처리간 변동과 처리내 변동을 비교한다. 처리내 분산을 계산하기 위해, 먼저 SSE라고 표시하는 **오차제곱합(error sum of squares, SSE)**을 계산한다. SSE는 모든 모평균이 같을지라도 존재하는 변동성의 척도를 제공해준다. SSE는 각 처리 표본분산의 가중합으로 계산된다. 이어서 SSE를 자신의 자유도 $n_T - c$로 나눈 것이 **평균오차제곱(mean square error, MSE)**, 즉 σ^2의 처리내 추정치이고 MSE라고 표시한다.

MSE의 계산

- 오차제곱합: $SSE = \sum_{i=1}^{c}(n_i - 1)s_i^2$
- σ^2의 처리내 추정치: $MSE = \dfrac{SSE}{n_T - c}$

여기서 c는 모집단(처리) 수, s_i^2과 n_i는 각각 i번째 표본의 표본분산과 표본크기, n_T는 총 표본크기이다.

표 13.1은 Layout 1, Layout 2, Layout 3의 표본분산이 각각 $s_1^2 = 0.0973$, $s_2^2 = 0.1062$, $s_2^2 = 0.0373$이라는 것을 보여준다. 점포 배치를 위한 *SSE*와 *MSE*의 값은 다음과 같이 계산된다.

$$SSE = \sum_{i=1}^{c}(n_i - 1)s_i^2 = (10-1)0.0973 + (10-1)0.1062 + (10-1)0.0373 = 2.168$$

$$MSE = \frac{SSE}{n_T - c} = \frac{2.168}{30-3} = 0.0803$$

앞에서 언급한 것처럼, 처리내 분산에 대한 처리간 분산의 비율이 유의하게 1보다 크면, 동일한 모평균의 귀무가설이 기각된다. 일원분산분석 검정을 위한 검정통계량을 개발하기 위해 이 비율을 사용한다.

일원분산분석 검정을 위한 검정통계량

모평균들 간에 차이가 존재하는지 검정하기 위한 검정통계량의 값은 다음과 같이 계산된다.

$$F_{(df_1, df_2)} = \frac{MSTR}{MSE}$$

여기서 $df_1 = c - 1$, $df_2 = n_T - c$, n_T는 총표본크기, *MSTR*는 처리간 분산, *MSE*는 처리내 분산이다.

*MSTR*과 *MSE*의 값은 *c*개의 공통분산을 가진 정규모집단으로부터 추출된 독립표본들에 기초하여 계산된다. ANOVA 검정은 항상 오른쪽 꼬리 검정으로 수행된다.

이제 점포 배치 예를 위해 5%의 유의수준에서 4단계 가설검정을 수행하도록 하자.

단계 1: 귀무가설과 대립가설을 설정하라. 평균 매출액이 3개 점포 배치 간에 다른지 결정하기 위한 경쟁가설은 다음과 같이 설정된다.

H_0: $\mu_1 = \mu_2 = \mu_3$
H_A: 모든 모평균이 같은 것은 아니다.
(적어도 두 모평균은 다르다.)

단계 2: 유의수준을 결정하라. 가설검정을 5%의 유의수준, 즉 $\alpha = 0.05$에서 수행한다.

단계 3: 검정통계량의 값과 *p*-값을 계산하라. $MSTR = 0.652$, $MSE = 0.0803$, $df_1 = c - 1 = 3 - 1 = 2$, $df_2 = n_T - c = 30 - 3 = 27$이므로 검정통계량의 값은 다음과 같이 계산된다.

$$F_{(df_1, df_2)} = F_{(2,27)} = \frac{MSTR}{MSE} = \frac{0.652}{0.0803} = 8.1199$$

ANOVA 검정은 오른쪽 꼬리 검정이므로, *p*-값은 $P(F_{2,27} \geq 8.1199)$와 같이 계산된다. 표 13.2는 부록 B의 *F*분포표 일부를 보여준다.

표 13.2 F 분포표의 일부

df_2	오른쪽 꼬리 면적	df_1		
		1	2	3
27	0.10	2.90	2.51	2.30
	0.05	4.21	3.35	2.96
	0.025	5.63	4.24	3.65
	0.01	7.68	5.49	4.60

검정통계량의 값 8.1199는 오른쪽 꼬리 면적이 0.05이고 $df_1 = 2$와 $df_2 = 27$이 교차하는 셀에 있는 값인 3.35보다 크다. 이것은 p-값이 0.05보다 작다는 것을 의미한다. 11장에서 설명한 것처럼, 정확한 p-값을 구하기 위해 Excel의 F.DIST.RT 함수나 R의 pf 함수를 사용할 수 있다. Excel에서 `=F.DIST.RT(8.1199, 2,27)`을 입력하고 R에서 `pf(8.1199, 2, 27, lower.tail=FALSE)`를 입력한다. Excel과 R 모두 p-값 = 0.002를 산출한다.

단계 4: 결론을 진술하고 그 결과를 해석하라. p-값이 0.05보다 작기 때문에, H_0이 기각된다. 따라서 5%의 유의수준에서 3개 점포 배치 간에 월간 평균 매출액이 다르다고 결론 내린다. 귀무가설이 기각되면 모든 모평균이 같은 것은 아니다라고만 결론 내린다는 것에 주목하는 것이 중요하다. 일원분산분석 검정으로부터 개별적인 모평균들이 다르다고 추론할 수 없다. 따라서 Layout 3의 표본평균이 가장 크더라도 Layout 3이 가장 높은 매출액을 발생시킨다고 결론 내릴 수 없다. 모평균 쌍들 간 차이에 대한 추가적인 분석이 13.2절에서 논의된다.

일원분산분석 표

대부분의 소프트웨어 패키지는 표의 형태로 ANOVA 계산결과를 요약하여 제공해준다. 표 13.3은 ANOVA 테이블의 일반적인 형식을 보여준다.

표 13.3 일원분산분석을 위한 ANOVA 테이블의 일반적인 형식

Source of Variation	SS	df	MS	F	p-value
Between Groups (처리간)	$SSTR$	$c - 1$	$MSTR$	$F_{(df_1,df_2)} = \dfrac{MSTR}{MSE}$	$P\left(F_{(df_1,df_2)} \geq \dfrac{MSTR}{MSE}\right)$
Within Groups (처리내)	SSE	$n_T - c$	MSE		
Total	SST	$n_T - 1$			

총제곱합(total sum of squares, SST)은 각 관측치와 총평균 간 차이 제곱을 합한 것이다. 총제곱합은 $SSTR$과 SSE의 합과 같다. 즉, $SST = SSTR + SSE$.

일원분산분석 검정에서 총변동의 분해

일원분산분석 검정에서, 변수의 총제곱합 SST는 처리제곱합 $SSTR$과 오차제곱합 SSE의 두 요소로 분해된다. 즉 $SST = SSTR + SSE$이다.

Excel과 R을 이용하여 일원분산분석의 ANOVA 테이블 만들기

다행스럽게도, Excel과 R에서 다음과 같은 간단한 단계를 따르면서 일원분산분석의 ANOVA 테이블을 만들 수 있다.

예제 13.1

FILE ***Store_Layout.*** Excel과 R을 이용하여 점포 배치의 예를 위한 ANOVA 테이블을 작성하라.

해답:

Excel의 이용

a. *Store_Layout* 데이터 파일을 연다.
b. 메뉴에서 **데이터(Data)** > **데이터 분석(Data Analysis)** > **분산분석: 일원배치법 (ANOVA: Single Factor)**을 선택한다.
c. *분산분석: 일원배치법(ANOVA: Single Factor)* 대화상자에서, 그림 13.2에서 보는 것처럼 *입력 범위(Input range)*의 옆에 있는 박스에 셀 A1부터 셀 C11까지를 선택하라. *첫째 행 이름표 사용(Labels in First Row)* 앞에 있는 박스를 체크하라. **확인(OK)**을 클릭하라.

그림 13.2 Excel의 분산분석: 일원배치법 대화상자

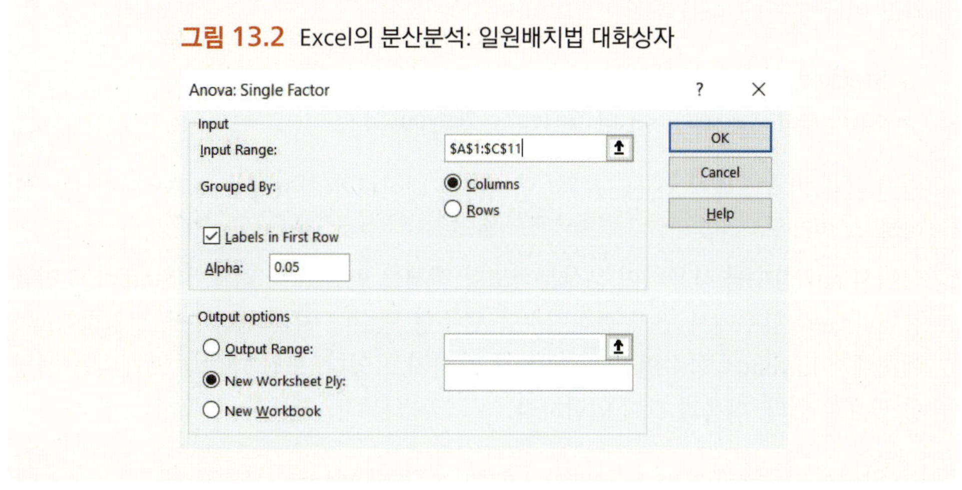

표 13.4는 점포 배치의 예를 위한 Excel의 분석결과를 보여준다. 이 표의 위 부분은 3개의 다른 배치에 대한 요약통계를 제공해준다. 이 표의 아래 부분은 ANOVA 테이블을 보여준다. ANOVA 테이블에 있는 모든 값이 위에서 직접 계산한 값과 같은지 확인하라. 검정통계량의 값, $F_{(2,27)} = 8.1199$와 p-값 = 0.002를 강조하기 위해 볼드체로 표시하였다. 5%의 유의수준에서 월간 평균 매출액이 점포 배치 간 같지 않다고 결론 내릴 수 있다. [또한 Excel은 가설검정을 수행하기 위해 기각값 방법을 사용할 때 유용한 F-crit (표 13.4에는 표시되어 있지 않음)라고 부르는 통계량을 제공해준다.]

표 13.4 Excel이 생성한 점포 배치의 예를 위한 ANOVA 테이블

SUMMARY					
Groups	**Count**	**Sum**	**Average**	**Variance**	
Layout 1	10	19.2	1.92	0.097333	
Layout 2	10	20.8	2.08	0.106222	
Layout 3	10	24.2	2.42	0.037333	
ANOVA					
Source of Variation	***SS***	***df***	***MS***	***F***	***p-value***
Between Groups	1.304	2	0.652	**8.119926**	**0.001734**
Within Groups	2.168	27	0.080296		
Total	3.472	29			

R의 이용

a. ***Store_Layout*** 데이터 파일을 데이터프레임(테이블)으로 가져와서 myData라는 이름으로 지정한다.

b. **stack** 함수를 사용하면서 데이터 프레임을 재작성하고 그것을 Stacked라고 이름 붙인다. 재작성된 데이터 프레임은 두 변수인 매출액과 배치 유형으로 구성된다. 명확히 하기 위해, **colnames** 함수를 사용하여 Stacked의 열들에 각각 Sales와 Layout이라고 이름 붙인다. 다음과 같이 입력하라.

```
> Stacked <- stack(myData)
> colnames(Stacked) <- c("Sales", "Layout")
```

(프롬프트 기호 >에서 Stacked라고 입력하여 데이터가 적정하게 재작성되었는지 확인할 수 있다.)

c. 이어서 **aov** 함수를 사용하여 분산분석모형 객체를 만들고 이 객체를 Store라고 이름 붙인다. **aov** 함수에서 먼저 관심변수를 범주형 변수나 처리의 함수로 설정한다. 이 예제에서 Layout의 함수인 Sales에 관심을 가지고 있다. 또한 데이터 프레임을 설정할 필요가 있다. 다음과 같이 입력하라.

```
> Store <- aov(Sales ~ Layout, data = Stacked)
```

d. ANOVA 테이블을 얻기 위해 (c)단계에서 만든 객체에 대해 **anova** 함수를 사용한다. 다음과 같이 입력하라.

```
> anova(Store)
```

표 13.5는 R의 ANOVA 분석결과를 보여준다. 이 결과는 직접 계산한 결과뿐만 아니라 Excel의 ANOVA 테이블과 일치한다.

표 13.5 R이 생성한 점포 배치의 예를 위한 ANOVA 테이블

```
Analysis of Variance Table
Response: Sales
           Df     Sum      Sq Mean      Sq F value      Pr(>F)
Layout     2      1.304    0.6520       8.1199          0.001734 **
Residuals  27     2.168    0.0803
---
Signif. codes: 0 '***' 0.001 '**' 0.01 '*' 0.05 '.' 0.1 ' ' 1
```

연습문제 13.1

1. **FILE** ***Exercise_13.1.*** 3개의 정규모집단으로부터 추출된 임의표본의 5개 관측치는 다음의 데이터와 같다.

Treatments		
A	B	C
22	20	19
25	25	22
27	21	24
24	26	21
22	23	19
$\bar{x}_A = 24$	$\bar{x}_B = 23$	$\bar{x}_C = 21$
$s_A^2 = 4.5$	$s_B^2 = 6.5$	$s_C^2 = 4.5$

 a. 총평균을 계산하라.
 b. *SSTR*과 *MSTR*을 계산하라.
 c. *SSE*와 *MSE*를 계산하라.
 d. 모평균 간에 차이가 있는지 결정하기 위한 경쟁가설을 설정하라.
 e. 검정통계량 $F_{(df_1,df_2)}$의 값과 p-값을 계산하라.
 f. 5%의 유의수준에서, 검정의 결론은 무엇인가?

2. **FILE** ***Exercise_13.2.*** 4개의 정규모집단으로부터 추출된 임의표본의 관측치는 다음의 데이터와 같다.

Treatments			
A	B	C	D
−11	−8	−8	−12
−13	−13	−13	−13
−10	−15	−8	−15
	−12	−13	
		−10	

 a. 총평균을 계산하라.
 b. *SSTR*과 *MSTR*을 계산하라.
 c. *SSE*와 *MSE*를 계산하라.
 d. 모평균 간에 차이가 있는지 결정하기 위한 경쟁가설을 설정하라.
 e. 검정통계량 $F_{(df_1,df_2)}$의 값과 p-값을 계산하라.
 f. 10%의 유의수준에서, 검정의 결론은 무엇인가?

3. 3개의 정규모집단으로부터 구해진 다음의 정보를 사용하여 ANOVA 테이블을 작성하고 1%의 유의수준에서 모평균 간 차이가 있는지 결정하기 위한 ANOVA 검정을 수행하라.

$$SSTR = 220.7;\ SSE = 2252.2;\ c = 3;\ n_1 = n_2 = n_3 = 8$$

4. 4개의 정규모집단으로부터 구해진 다음의 정보를 사용하여 ANOVA 테이블을 작성하고 5%의 유의수준에서 모평균 간 차이가 있는지 결정하기 위한 ANOVA 검정을 수행하라.

$$SST = 70.47;\ SSTR = 11.34;\ c = 4;\ n_1 = n_2 = n_3 = n_4 = 15$$

5. 분산분석실험으로부터 다음과 같은 ANOVA 테이블이 작성되었다. 기초 모집단은 정규분포를 따른다고 가정하라.

Source of Variation	*SS*	*df*	*MS*	*F*	*p-value*
Between Groups	25.08	3	?	?	0.000
Within Groups	92.64	76	?		
Total	117.72	79			

 a. 모평균 간에 차이가 있는지 결정하기 위한 경쟁가설을 설정하라.
 b. ANOVA 테이블에 생략된 통계량을 채워라.

c. 5%의 유의수준에서 검정의 결론은 무엇인가?

6. 분산분석실험으로부터 다음과 같은 ANOVA 테이블이 작성되었다. 기초 모집단은 정규분포를 따른다고 가정하라.

Source of Variation	*SS*	*df*	*MS*	*F*	*p-value*
Between Groups	?	5	?	?	?
Within Groups	4321.11	54	?		
Total	4869.48	59			

a. 모평균 간에 차이가 있는지 결정하기 위한 경쟁가설을 설정하라.

b. ANOVA 테이블에 생략된 통계량을 채워라.

c. 10%의 유의수준에서 검정의 결론은 무엇인가?

7. 한 보고서는 보스톤시에 거주하는 아시아인은 인종 중에서 가장 높은 평균기대수명을 가지고 있다는 것을 발견하였다. 특히 아시아인은 흑인보다 10년 더 긴 평균기대수명을 가지고 있다. 이 보고서에는 다음과 같은 요약통계가 포함되어 있다.

아시아인	흑인	라틴인	백인
$\bar{x}_1 = 83.7$ years	$\bar{x}_2 = 73.5$ years	$\bar{x}_3 = 80.6$ years	$\bar{x}_4 = 79.0$ years
$s_1^2 = 26.3$	$s_2^2 = 27.5$	$s_3^2 = 28.2$	$s_4^2 = 24.8$
$n_1 = 20$	$n_2 = 20$	$n_3 = 20$	$n_4 = 20$

a. 네 인종 간에 평균기대수명의 차이가 있는지 검정하기 위한 경쟁가설을 설정하라.

b. ANOVA 테이블을 작성하라. 기대수명은 정규분포를 따른다고 가정하라.

c. 5%의 유의수준에서 검정의 결론은 무엇인가?

8. FILE ***Detergent.*** 한 유명한 대기업은 자사의 합성세제가 "다른 모든 합성세제보다 더 희고 빛나게 해준다"라고 주장한다. 상위 3개 합성세제 브랜드의 세정효과를 비교하기 위해, 흰색 천 24장을 적포도주와 잔디 얼룩으로 더럽힌 뒤, 각 합성세제를 사용하여 세탁기에서 세척하였다. 다음의 표는 흰색 판독 점수의 일부를 보여준다.

Detergent		
1	2	3
84	78	87
79	74	80
⋮	⋮	⋮
83	79	78

a. 3개 합성세제의 평균 흰색 효과에 차이가 있는지 검정하기 위한 경쟁가설을 설정하라.

b. 5%의 유의수준에서 검정의 결론은 무엇인가? 흰색 판독 점수는 정규분포를 따른다고 가정하라.

9. 미국의 장기요양비용은 개인이 어디에 사느냐에 따라 크게 다르다는 조사 결과가 나왔다. 한 경제학자가 자신의 표본 데이터가 조사의 결론과 일치하는지 확인하기 위해 연간 요양비용이 가장 높은 5개 주(알래스카, 매사추세츠, 뉴저지, 로드아일랜드, 코네티컷)에서 데이터를 수집하였다. 다음의 표는 이 경제학자가 제공한 ANOVA 테이블의 일부이다.

Source of Variation	*SS*	*df*	*MS*	*F*	*p-value*
Between Groups	635.0542	4	?	?	?
Within Groups	253.2192	20	?		
Total	888.2734	24			

a. 5개 주의 평균 장기요양비용에 차이가 있는지 검정하기 위한 경쟁가설을 설정하라.

b. ANOVA 테이블의 빈칸을 채워라. 장기요양비용이 정규분포를 따른다고 가정하라.

c. 5%의 유의수준에서 5개 주 간에 평균 장기요양비용이 다른가?

10. FILE ***Sports.*** 스포츠별로 레크리에이션 운동선수의 소득이 다르다는 온라인 조사 결과가 나왔다. 이 주장을 검정하기 위해 한 경제학자는 네 가지 레크리에이션 스포츠에 참여하는 다섯 명의 스포츠 매니아를 표본으로 추출하여 각 스포츠 매니아의 소득(1,000달러)에 대한 데이터를 수집하였다. 다음의 표는 그 결과를 보여준다.

Snorkeling	Sailing	Windsurfing	Bowling
90.9	87.6	75.9	79.3
86.0	95.0	75.6	75.8
93.6	94.6	83.1	79.6
98.8	87.2	74.4	78.5
98.4	82.5	80.5	73.2

a. 이 조사의 주장을 검정하기 위한 경쟁가설을 설정하라.

b. 평균 소득이 네 가지 레크리에이션 스포츠 간에 다른가? 설명하라. 소득은 정규분포를 따른다고 가정하라.

11. 다음의 ANOVA 테이블은 처리가 3개의 서로 다른 하이브리드카이고 변수가 동일한 도로를 주행하여 수집된 연비(mpg)

인 분산분석의 결과를 요약한 것이다. 연비는 정규분포를 따른다고 가정하라.

Source of Variation	*SS*	*df*	*MS*	*F*	*p-value*
Between Groups	1034.51	2	517.26	19.86	4.49E-07
Within Groups	1302.41	50	26.05		
Total	2336.92	52			

5%의 유의수준에서 평균 연비가 하이브리드카 간에 다르다고 결론 내릴 수 있는가? 설명하라.

12. 에너지 비용은 미국의 어디에서 사는가에 따라 크게 다른가? 연간 에너지 비용이 미국의 4개 지역에 사는 25개 가계로부터 수집되었다. ANOVA 테이블의 일부는 다음과 같다.

Source of Variation	*SS*	*df*	*MS*	*F*	*p-value*
Between Groups	7531769	3	?	?	7.13E-24
Within Groups	3492385	96	?		
Total	11024154	99			

a. ANOVA 테이블의 빈칸을 채워라. 에너지 비용은 정규분포를 따른다고 가정하라.

b. 1%의 유의수준에서, 연간 평균 에너지 비용이 지역 간에 다르다고 결론 내릴 수 있는가?

13. **FILE** ***Buggies.*** 웬튼 파워스포츠사는 사막용 레크리에이션 자동차(dune buggy)를 생산한다. 그들은 세 개의 조립라인인 '레이저', '블레이저', '트레이서'를 가지고 있는데, 이러한 조립라인 이름은 각 조립라인에서 생산된 특정한 듄 버기 모델의 이름을 따서 명명된 것이다. 각 조립 라인은 원래 동일한 목표 생산량을 사용하여 설계되었다. 그러나 수년 동안, 조립라인에 다양한 변화가 있었다. 이에 따라 경영진은 조립 라인이 여전히 같은 시간당 평균 생산량으로 가동되고 있는지 결정하기 원한다. 다음의 표는 지난 8시간 동안 조립라인별 생산데이터(시간당 생산되는 듄 버기 대수)의 일부를 보여준다.

Razor	Blazer	Tracer
11	10	9
10	8	9
⋮	⋮	⋮
11	8	9

a. 평균 생산량이 3개 조립라인 간에 차이가 있는지 검정하기 위한 경쟁가설을 설정하라.

b. 5%의 유의수준에서 검정의 결론은 무엇인가? 10%의 유의수준에서 검정의 결론은 달라지는가? 생산량은 정규분포를 따른다고 가정하라.

14. **FILE** ***Fill_Volumes.*** 탄산음료 산업에서 분사 압력은 정확한 주입량을 채우는 데 중요한 요소가 될 수 있다. 압력이 너무 낮으면 분사 과정이 느려질 수 있다. 압력이 너무 크면 과도한 '거품'이 발생하여 주입량이 부정확해질 수 있다. 따라서 한 선도적인 음료제조회사는 세 가지 압력 설정에서 실험을 수행하여 평균 주입량이 압력 설정 간에 차이가 있는지 확인하기 원한다. 각 압력 설정에서 목표 주입량이 12온스인 40개 병을 채웠고 채워진 주입량(온스)이 기록되었다. 다음의 표는 이러한 데이터의 일부를 보여준다.

Low	Medium	High
12.00	12.00	11.56
11.97	11.87	11.55
⋮	⋮	⋮
12.00	12.14	11.80

a. 평균 주입량이 세 가지 압력 설정 간에 차이가 있는지 검정하기 위한 경쟁가설을 설정하라.

b. 5%의 유의수준에서, 검정의 결론은 무엇인가? 1%의 유의수준에서 검정의 결론은 달라지는가?

15. **FILE** ***Exam_Scores.*** 한 통계학 교수는 자신이 가르치는 3개 클래스를 수강한 학생들의 기말시험점수에 유의한 차이가 있는지 궁금해한다. 그녀는 각 클래스에서 10명 학생의 점수를 임의로 선택하였다. 다음의 표는 이러한 데이터의 일부를 보여준다. 기말시험점수는 정규분포를 따른다고 가정하라.

Section 1	Section 2	Section 3
85	91	74
68	84	69
⋮	⋮	⋮
74	75	73

5%의 유의수준에서 데이터는 기말시험점수가 3개 클래스

간에 차이가 있다는 충분한 증거를 제시하는가?

16. FILE ***Patronage.*** 다음의 표는 지난 52주 동안 주말에 특정한 레스토랑에 자주 가는 고객의 수에 대한 데이터 일부를 보여준다.

Fridays	Saturdays	Sundays
391	450	389
362	456	343
⋮	⋮	⋮
443	441	376

5%의 유의수준에서 이 레스토랑에 자주 가는 평균 고객 수가 주말 요일 간에 다르다고 결론 내릴 수 있는가?

17. FILE ***Revenues.*** 다음의 표는 지난 10년 동안 한 대기업의 분기 매출액(백만 달러)에 대한 데이터 일부를 보여준다. 분기 매출액은 정규분포를 따른다고 가정하라.

Quarter 1	Quarter 2	Quarter 3	Quarter 4
2637	2199	2170	2483
2614	2337	2260	2682
⋮	⋮	⋮	⋮
4799	4406	4733	5077

일원분산분석 검정을 사용하여 이 데이터가 5%의 유의수준에서 이 기업의 매출액이 분기 간에 다르다는 충분한 증거를 제시하는지 결정하라.

18. FILE ***Field_Score.*** 한 인적자원전문가는 평균 직업만족도(0부터 100까의 척도)가 개인의 고용분야에 따라 다른지 결정하기 원한다. 그녀는 3개의 다른 고용분야에서 30명 종업원의 직업만족도에 대한 데이터를 수집하였다. 다음의 표는 이러한 데이터의 일부를 보여준다.

Field 1	Field 2	Field 3
80	76	81
76	73	77
⋮	⋮	⋮
79	67	80

10%의 유의수준에서 평균 직업만족도가 3개 고용분야 간에 다르다고 결론 내릴 수 있는가?

13.2 다중비교검정

13.1절에서는 모평균들 간에 차이가 있는지 결정하기 위해 일원분산분석 검정을 사용하였다. 주어진 표본에서 동일한 모평균의 귀무가설이 기각된다고 하자. 앞에서 지적한 대로 ANOVA 검정은 모든 모평균이 같은 것은 아니라고 결정하지만, 어떤 모평균이 다른지 말해주지 않는다. 어느 모평균이 다른지 발견하기 위해, 쌍을 이루는 두 모평균 차이($\mu_i - \mu_j$)에 대한 통계적 유의성 분석이 추가적으로 이루어져야 한다. 모든 쌍의 두 모평균 차이에 대한 신뢰구간을 구하여 어느 평균이 서로 유의하게 다른지 파악할 수 있다. 여기서 논의하는 첫 번째 방법은 종종 **피셔의 LSD 방법[Fisher's Least Significant Difference (LSD) method]**이라고 부른다.

이어서 유명한 20세기 통계학자인 존 튜키(John Tukey, 1915~2000)가 개발한 개선된 방법을 논의한다. 이 방법은 종종 **튜키의 HSD 방법[Tukey's Honestly Significant Difference (HSD) method]**이라고 부른다.

ANOVA 검정이 모든 모평균이 같은 것은 아니라고 결정한 경우에만 피셔의 방법이나 튜키의 방법을 사용할 수 있다는 것을 아는 것이 중요하다. ANOVA 검정이 동일한 모평균의 귀무가설을 기각하지 못하는지 파악하기 위한 유의한 차이는 존재하지 않는다.

피셔의 LSD 방법

10장에서 배운 것처럼, 모분산이 알려져 있지 않으나 같을 때, 두 모평균 차이 $\mu_i - \mu_j$에 대한 100(1 − α)% 신뢰구간은 다음과 같다.

$$(\bar{x}_i - \bar{x}_j) \pm t_{\alpha/2, n_i+n_j-2}\sqrt{s_p^2\left(\frac{1}{n_i}+\frac{1}{n_j}\right)}$$

여기서 s_p^2는 공통분산의 추정치이고 다음과 같이 계산된다.

$$s_p^2 = \frac{(n_i - 1)s_i^2 + (n_j - 1)s_j^2}{n_i + n_j - 2}$$

피셔의 창의적인 방법은 s_p^2 대신에 일원분산분석 검정에서 구한 평균오차제곱 *MSE*로 대체시키는 것이다. 두 모평균 차이를 비교하기 위해서 s_p^2는 두 표본만을 사용하는 반면, *MSE*는 모든 표본을 사용하기 때문에 이 방법이 선호된다. 일원분산분석 검정을 수행할 때, 동일한 모분산 σ^2을 가진 모집단으로부터 표본이 추출된다는 것을 기억하라. 여전히 t_{df} 분포가 적용되나 *MSE*에 해당되는 자유도, 즉 $df = n_T - c$가 사용된다.

$\mu_i - \mu_j$에 대한 피셔의 신뢰구간

두 모평균 차이 $\mu_i - \mu_j$에 대한 피셔의 100(1 − α)% 신뢰구간은 다음과 같이 구해진다.

$$(\bar{x}_i - \bar{x}_j) \pm t_{\alpha/2, n_T-c}\sqrt{MSE\left(\frac{1}{n_i}+\frac{1}{n_j}\right)}$$

여기서 평균오차제곱 *MSE*는 일원분산분석 검정에서 추정된다.

예제 13.2

FILE ***Store_Layout*** 예제 13.1에서 월간 평균 매출액이 세 가지 점포 배치 간에 다르다고 결정 내렸다는 것을 기억하라. 표 13.4에 있는 정보를 사용하여 모든 가능한 쌍의 두 모평균 차이에 대한 95% 신뢰구간을 계산한다. 5%의 유의수준에서 모든 가능한 쌍을 이루는 두 모평균 차이의 방향과 유의성을 검토하라.

해답:

표 13.4는 Layout 1, Layout 2, Layout 3의 표본평균이 각각 $\bar{x}_1 = 1.92$, $\bar{x}_2 = 2.08$, $\bar{x}_3 = 2.42$라는 것을 보여준다. 각 표본에는 10개 관측치가 있기 때문에 $n_1 = n_2 = n_3 = 10$이다. 또한 $MSE = 0.0803$, $n_T - c = 27$, $t_{\alpha/2, n_T-c} = t_{0.025,27} = 2.052$이다. 표 13.6은 피셔의 95% 신뢰구간을 보여준다.

표 13.6 점포 배치의 예를 위한 피셔의 95% 신뢰구간

두 모평균 차이	신뢰구간
$\mu_1 - \mu_2$	$(1.92 - 2.08) \pm 2.052\sqrt{0.0803\left(\frac{1}{10}+\frac{1}{10}\right)} = -0.16 \pm 0.26$ 또는 [−0.42, 0.10]
$\mu_1 - \mu_3$	$(1.92 - 2.42) \pm 2.052\sqrt{0.0803\left(\frac{1}{10}+\frac{1}{10}\right)} = -0.50 \pm 0.26$ 또는 [−0.76, − 0.24]*
$\mu_2 - \mu_3$	$(2.08 - 2.42) \pm 2.052\sqrt{0.0803\left(\frac{1}{10}+\frac{1}{10}\right)} = -0.34 \pm 0.26$ 또는 [−0.60, − 0.08]*

$\mu_1 - \mu_2$에 대한 95% 신뢰구간은 −0.16 ± 0.26, 즉 [−0.42, 0.10]이다. 이 구간 안에 0이 포함되어 있기 때문에, 5%의 유의수준에서 귀무가설 H_0: $\mu_1 - \mu_2 = 0$은 기각되지 않는다. 달리 말하면, 월간 평균 매출액이 Layout 1과 Layout 2 간에 다르다고 결론 내릴 수 없다. $\mu_1 - \mu_3$에 대한 95% 신뢰구간은 [−0.76, −0.24]이고 $\mu_2 - \mu_3$에 대한 95% 신뢰구간은 [−0.60, −0.08]이다. 두 구간 모두 0보다 아래에 있고 이것은 월간 평균 매출액은 Layout 1과 Layout 3 간과 Layout 2와 Layout 3 간에 다르다는 것을 제시한다. 이러한 각 구간에 두 모평균이 유의하게 다르다는 것을 나타내기 위해 별표 기호 *를 표시한다. 이것은 컴퓨터 분석결과에 일반적으로 표시하는 방법이다.

예제 13.2에서 3개의 두 모평균 차이 쌍에 대한 검정을 수행하였다. 앞에서 지적한 것처럼, 각 검정에서 5%의 유의수준을 사용하면, 적어도 이러한 3개의 개별 검정 중 하나에서 1종 오류(동일한 모평균의 귀무가설을 잘못 기각하는 오류)를 범할 확률은 5%보다 크다. 비교하는 모평균의 수가 많을수록, 1종 오류는 더 커진다. 이제 이러한 문제를 피하는 튜키의 방법을 논의하도록 하자.

튜키의 HSD 방법

한 가지 개선된 다중비교검정 기법이 튜키의 HSD 방법이다. 원래 튜키의 HSD 방법은 **균형 데이터(balanced data)**에 사용되었으나 그 이후에 **불균형 데이터(unbalanced data)**에도 사용될 수 있도록 수정되었다. 각 표본에 동일한 관측치 수가 있으면, 즉 $n_1 = n_2 = \cdots = n_c$이면, 표본 데이터는 균형 데이터이다. 각 표본의 관측치 수가 다르면, 즉 $n_i \neq n_j$이면 표본 데이터는 불균형 데이터이다. 튜키의 방법은 t_{df}분포보다 더 넓고 더 낮으며 더 두꺼운 꼬리를 가지는 **스튜던트화 범위 분포(studentized range distribution)**를 사용한다. 달리 말하면, 분포의 오른쪽 꼬리 아래에 있는 확률이 주어진 경우, 스튜던트화 범위 값은 상응하는 t_{df}의 값보다 크다. 따라서 튜키의 HSD 방법은 1종 오류가 증가되는 위험을 막아준다.

$\mu_i - \mu_j$에 대한 튜키의 신뢰구간

두 모평균 차이 $\mu_1 - \mu_2$에 대한 튜키의 $100(1-\alpha)\%$ 신뢰구간은 다음과 같이 구해진다. 여기서 평균오차제곱 MSE는 일원분산분석 검정에서 추정된다.

- 균형 데이터($n_i = n_j = n$)의 경우: $(\bar{x}_i - \bar{x}_j) \pm q_{\alpha,(c,n_T-c)}\sqrt{\dfrac{MSE}{n}}$
- 불균형 데이터($n_i \neq n_j$)의 경우: $(\bar{x}_i - \bar{x}_j) \pm q_{\alpha,(c,n_T-c)}\sqrt{\dfrac{MSE}{2}\left(\dfrac{1}{n_i}+\dfrac{1}{n_j}\right)}$

여기서 $q_{\alpha,(c,n_T-c)}$는 스튜던트화 범위 값이다.

튜키의 방법은 쌍별 비교의 수에 관계없이 1종 오류의 확률이 α와 같다는 것을 보장한다.

스튜던트화 범위 값 $q_{\alpha,(c,n_T-c)}$는 유의수준 α, 모집단 수 c, $n_T - c$에 따라 달라진다. 표 13.7은 스튜던트화 범위 값 표의 일부이다. 부록 B의 표 5는 더 포괄적인 스튜던트화 범위 값을 제공해준다. 예를 들면, $\alpha = 0.05$, $c = 6$, $n_T - c = 19$이면, $q_{0.05,(6,19)} = 4.47$이다. $\alpha = 0.01$, $c = 3$, $n_T - c = 20$이면, $q_{0.01,(3,20)} = 4.64$이다. 이 값들이 표 13.7에 볼드체로 표시되어 있다.

표 13.7 튜키의 HSD 방법에서 사용되는 $q_{\alpha,(c,n_T-c)}$의 값 일부

$n_T - c$	α	c = 평균의 수							
		2	3	4	5	6	7	8	9
19	0.05	2.96	3.59	3.98	4.25	**4.47**	4.65	4.79	4.92
	0.01	4.05	4.67	5.05	5.33	5.55	5.73	5.89	6.02
20	0.05	2.95	3.58	3.96	4.23	4.45	4.62	4.77	4.90
	0.01	4.02	**4.64**	5.02	5.29	5.51	5.69	5.84	5.97

부록 B의 표 5에서 $n_T - c$의 값이 없는 경우에는 반올림하거나 두 값 사이에서 보간법을 사용하여 구할 수 있다. 예를 들면, 점포 배치의 예에서 $n_T - c = 27$이고 부록 B의 표 5에 나타나지 않는다. $q_{0.05,(3,27)}$의 값으로 $q_{0.05,(3,24)}$와 $q_{0.05,(3,30)}$의 평균, 즉 $(3.53 + 3.49)/2 = 3.51$을 사용할 수 있다. 예제 13.3에서 이 값을 사용한다.

예제 13.3

FILE ***Store_Layout.*** 피셔의 LSD 방법 대신에 튜키의 HSD 방법을 사용하면서 예제 13.2를 다시 풀어라.

해답:

각 표본크기가 같기 때문에($n_1 = n_2 = n_3 = 10$), 균형 데이터를 위한 튜키의 신뢰구간을 사용한다. $\alpha = 0.05$, $c = 3$, $n_T - c = 30 - 3 = 27$이므로 부록 B의 표 5를 참조하여 근사적으로 $q_{\alpha,(c,n_T-c)} = q_{0.05,(3,27)} = 3.51$을 구한다. $(\bar{x}_i - \bar{x}_j) \pm q_{\alpha,(c,n_T-c)}\sqrt{\frac{MSE}{n}}$을 사용하여 모

든 두 모평균 차이 쌍에 대한 95% 신뢰구간을 계산한다. 표 13.8은 그 결과를 보여준다.

표 13.8 점포 배치의 예를 위한 튜키의 95% 신뢰구간

두 모평균 차이	신뢰구간
$\mu_1 - \mu_2$	$(1.92 - 2.08) \pm 3.51\sqrt{\frac{0.0803}{10}}$ 또는 [−0.4745, 0.1545]
$\mu_1 - \mu_3$	$(1.92 - 2.42) \pm 3.51\sqrt{\frac{0.0803}{10}}$ 또는 [−0.8145, −0.1855]*
$\mu_2 - \mu_3$	$(2.08 - 2.42) \pm 3.51\sqrt{\frac{0.0803}{10}}$ 또는 [−0.6545, −0.0255]*

별표 기호*는 신뢰구간이 0을 포함하고 있지 않다는 것, 즉 5%의 유의수준에서 해당되는 두 모평균은 유의하게 다르다는 것을 보여준다. 이러한 결과는 예제 13.2의 결과와 일치한다. 즉 5%의 유의수준에서 월간 평균 매출액은 Layout 1과 Layout 2 간에 다르다고 결론 내릴 수 없다. 그러나 5%의 유의수준에서 Layout 3을 사용하는 경우의 월간 평균 매출액은 Layout 1과 Layout 2를 사용하는 경우의 월간 평균 매출액과 다르다.

R을 이용하여 $\mu_1 - \mu_2$에 대한 튜키의 신뢰구간 구하기

불행하게도 Excel은 피셔의 LSD 신뢰구간과 튜키의 HSD 신뢰구간을 생성해주지 못한다. R은 두 유형의 신뢰구간을 생성해준다. R을 이용하여 튜키의 HSD 신뢰구간을 구하는 것이 더 간단하고 더 유용하다.

예제 13.3의 결과를 다시 구하기 위해, 다음과 같은 단계를 따라 하라.

a. ***Store_Layout*** 데이터 파일을 데이터프레임(테이블)으로 가져와서 myData라는 이름으로 지정한다.

b. 데이터 프레임을 재작성하기 위해 **stack** 함수를 사용하고 다시 작성된 데이터 프레임에 Stacked라고 이름 붙인다. **colnames** 함수를 사용하여 Stacked에 있는 열들에 각각 Sales와 Layout의 이름 붙인다. **aov** 함수를 사용하여 분산분석모형 객체를 만들고 Store라고 이름 붙인다. Sales를 Layout의 함수로 설정한다. 다음과 같이 입력하라.

```
> Stacked <- stack(myData)
> colnames(Stacked) <- c("Sales", "Layout")
> Store <- aov(Sales ~ Layout, data=Stacked)
```

c. **TukeyHSD** 함수를 사용하여 튜키의 HSD 신뢰구간을 구한다. 이 함수에서 (b)단계에서 만든 객체를 설정하고 옵션 *conf.level*을 사용하여 신뢰수준을 설정한다. 다음과 같이 입력하라.

```
> TukeyHSD(Store,  conf.level = 0.95)
```

표 13.9는 R이 생성한 점포 배치의 예를 위한 튜키의 HSD 신뢰구간을 보여준다.

표 13.9 R이 생성한 점포 배치의 예를 위한 튜키의 HSD 신뢰구간

```
  Tukey multiple comparisons of means
    95% family-wise confidence level
Fit: aov(formula = Sales ~ Layout, data = Stacked)
$Layout
                   diff         lwr       upr     p adj
Layout 2-Layout 1  0.16  -0.15420454 0.4742045 0.4279695
Layout 3-Layout 1  0.50   0.18579546 0.8142045 0.0014376
Layout 3-Layout 2  0.34   0.02579546 0.6542045 0.0319536
```

표 13.8과 표 13.9에 보고되어 있는 신뢰구간 결과의 유일한 차이는 이러한 차이를 구할 때 모평균의 순서를 바꾸어 놓아서 하한값과 상한값의 부호가 달라져 있다는 것에 주목하라. R은 쌍별 두 모평균 차이 검정을 위한 p-값도 보고해준다. 이 p-값은 예제 13.3에서 발견한 결과를 확인해준다. 5%의 유의수준에서 월간 평균 매출액은 Layout 1과 Layout 2 간에 다르지 않다. 그러나 5%의 유의수준에서 Layout 3을 사용하는 경우의 월간 평균 매출액은 Layout 1과 Layout 2를 사용하는 경우의 월간 평균 매출액과 다르다.

도입사례 분석결과

수익률이 낮아지면서 식료품점은 경쟁자보다 더 나은 점포를 만들어야 한다는 지속적인 압박을 받고 있다. 이를 위한 효과적인 방법 중 하나는 점포 배치를 바꾸는 것이다. 식료품점은 종종 자신이 사려고 계획하지 않은 품목들을 구입하게 하여 고객들이 더 많은 돈을 쓰도록 소비자 심리를 활용한다.

Ariel Skelley/DigitalVision/Getty Images

한 대형 식료품 체인의 판매 및 마케팅 담당 부사장인 숀 콕스는 월간 평균 매출액이 점포 배치에 따라 달라지는지 알기 원한다. 그는 한 달 동안 10개의 서로 다른 점포에서 3가지 점포 배치를 실험하고 월말에 각 점포의 매출액을 측정하였다. 분산분석 검정의 결과에 의하면 F-통계량의 값은 8.1199이고 p-값은 0.002이다. 5%의 유의수준에서 숀은 점포 배치에 따라 월간 평균 매출액이 점포 배치에 따라 다르다고 결론 내릴 수 있다.

또한 숀은 월간 평균 매출액이 통계적으로 다른 두 점포 배치 쌍을 식별하기 위해 모든 쌍별 두 모평균 차이에 대한 신뢰구간을 구하였다. 5%의 유의수준에서 월간 평균 매출액이 Layout 1과 Layout 2 간에 다르지 않다. 그러나 Layout 1과 Layout 3 간과 Layout 2와 Layout 3 간에 월간 평균 매출액의 차이가 존재한다. 숀은 Layout 3이 사용될 때, 월간 평균 매출액이 가장 높다고 결론 내릴 수 있다.

연습문제 13.2

19. 다음의 통계량은 모분산이 같은 3개의 정규모집단으로부터 추출된 표본에 의해 계산된 것이다.

$\bar{x}_1 = 25.3$, $n_1 = 8$; $\bar{x}_2 = 31.5$, $n_2 = 10$; $\bar{x}_3 = 32.3$, $n_3 = 6$; $MSE = 27.2$

a. 피셔의 LSD 방법을 사용하여 두 모평균 차이를 검정하기 위해 $\mu_1 - \mu_2$, $\mu_1 - \mu_3$, $\mu_2 - \mu_3$에 대한 95% 신뢰구간을 계산하라.

b. 튜키의 HSD 방법을 사용하면서 같은 분석을 반복하라.

c. 모평균들 간 차이가 있는지 결정하기 위해 두 방법 중 어떤 것을 사용하겠는가? 설명하라.

20. 다음의 통계량은 모분산이 같은 3개의 정규모집단으로부터 추출된 표본에 의해 계산된 것이다.

$\bar{x}_1 = 149$, $n_1 = 10$; $\bar{x}_2 = 154$, $n_2 = 10$; $\bar{x}_3 = 143$, $n_3 = 10$; $\bar{x}_4 = 139$, $n_4 = 10$; $MSE = 51.3$

a. 피셔의 LSD 방법을 사용하여 $\alpha = 0.01$에서 모평균들이 다른지 결정하라.

b. 튜키의 HSD 방법을 사용하여 $\alpha = 0.01$에서 모평균들이 다른지 결정하라.

c. 모든 모평균들이 다른가? 설명하라.

21. 일원분산분석 실험을 통해 다음과 같은 ANOVA 테이블이 작성되었다. 기초 모집단들이 정규분포를 따른다고 가정하라.

SUMMARY					
Groups	**Count**		**Average**		
Column 1	6		0.57		
Column 2	6		1.38		
Column 3	6		2.33		
Source of Variation	***SS***	***df***	***MS***	***F***	***p-value***
Between Groups	9.12	2	4.56	12.84	0.0006
Within Groups	5.33	15	0.36		
Total	14.46	17			

a. 5%의 유의수준에서 일부 모평균들이 다른지 결정하기 위해 ANOVA 검정을 수행하라.

b. 튜키의 HSD 방법을 사용하여 $\mu_1 - \mu_2$, $\mu_1 - \mu_3$, $\mu_2 - \mu_3$에 대한 95% 신뢰구간을 계산하라.

c. (b)의 답에 의하면, 어느 모평균들이 유의하게 다른가?

22. 일원분산분석 실험을 통해 다음과 같은 ANOVA 테이블이 작성되었다. 기초 모집단들이 정규분포를 따른다고 가정하라.

SUMMARY					
Groups	**Count**		**Average**		
Column 1	10		349		
Column 2	10		348		
Column 3	10		366		
Column 4	10		365		
Source of Variation	***SS***	***df***	***MS***	***F***	***p-value***
Between Groups	2997.11	3	999.04	15.54	1.2E-06
Within Groups	2314.71	36	64.30		
Total	5311.82	39			

a. 피셔의 LSD 방법을 사용하여 5%의 유의수준에서 모평균들이 다른지 결정하라.

b. 튜키의 HSD 방법을 사용하여 5%의 유의수준에서 모평균들이 다른지 결정하라.

c. (a)와 (b)의 답에 의하면, 5%의 유의수준에서 모평균들은 다른가?

23. 다음의 표는 처리가 서로 다른 3대의 하이브리드카이고, 측정되는 변수는 동일한 도로를 주행하면서 구해지는 연비(mpg)인 일원분산분석 결과를 요약한 것이다. 연비는 정규분포를 따른다고 가정하라.

Hybrid 1: $\bar{x}_1 = 38$, $n_1 = 20$
Hybrid 2: $\bar{x}_2 = 48$, $n_2 = 15$
Hybrid 3: $\bar{x}_3 = 39$, $n_3 = 18$

Source of Variation	*SS*	*df*	*MS*	*F*	*p-value*
Between Groups	1034.51	2	517.26	19.86	4.49E-07
Within Groups	1302.41	50	26.05		
Total	2336.92	52			

a. 5%의 유의수준에서 평균 mpg가 3대의 하이브리드카 간에 다르다고 결론 내릴 수 있는가?

b. 평균 mpg가 3대의 하이브리드카 간에 유의한 차이가 존

재하면, 튜키의 HSD 방법을 사용하여 어느 하이브리드카의 평균 연비가 다른지 결정하라.

24. 효율성을 개선하기 위해 한 커피 체인은 자사의 많은 점포에서 일본식 린(lean) 생산기법을 시행하였다. 종업원들이 구부리고, 다가가고, 걷는 데 드는 시간을 줄임으로써, 고객과 상호 교류할 수 있는 더 많은 시간을 갖게 될 것이다. 이 커피 체인이 Store 1에서는 린 기법을 채택하고 Store 2와 Store 3에서는 아무런 변화 없이 기존 생산기법이 사용된다고 하자. 한 월요일 아침 오전 7시와 오전 8시 사이에 주문당 평균 서비스 시간(초)과 관련된 다음과 같은 통계량이 수집되었다.

Store 1: $\bar{x}_1 = 56, n_1 = 18$
Store 2: $\bar{x}_2 = 66, n_2 = 12$
Store 3: $\bar{x}_3 = 63, n_3 = 14$

다음과 같은 ANOVA 테이블이 작성되었다.

Source of Variation	*SS*	*df*	*MS*	*F*	*p-value*
Between Groups	811.70	2	405.85	52.11	5.5E-12
Within Groups	319.30	41	7.79		
Total	1131.00	43			

a. 5%의 유의수준에서 주문당 평균 시간이 생산기법 간에 다르다고 결론 내릴 수 있는가? 주문당 시간은 정규분포를 따른다고 가정하라.

b. 피셔의 LSD 방법을 사용하면서 쌍별 주문당 평균 시간 차이에 대한 95% 신뢰구간을 계산하라.

c. 튜키의 HSD 방법을 사용하면서 같은 분석을 반복하라.

d. 두 방법 중 어느 것이 더 신뢰할 만한가? 설명하라.

25. 에너지 비용은 미국 어느 지역에 사는지에 따라 크게 다른가? 연간 에너지 비용이 미국의 4개 지역에 사는 25개 가계로부터 수집되었다. ANOVA 테이블의 일부는 다음과 같다.

SUMMARY		
Groups	**Count**	**Average**
West	25	1491
Northeast	25	2391
Midwest	25	1768
South	25	1758

Source of Variation	*SS*	*df*	*MS*	*F*	*p-value*
Between Groups	7531769	3	?	?	7.13E-24
Within Groups	3492385	96	?		
Total	11024154	99			

a. ANOVA 테이블에 생략된 값을 채워라.

b. 1%의 유의수준에서 연간 평균 에너지 비용이 4개 지역 간에 다르다고 결론 내릴 수 있는가?

c. 연간 평균 에너지 비용이 4개 지역 간에 유의하게 다르면, 튜키의 HSD 방법을 사용하여 1%의 유의수준에서 어느 지역의 연간 평균 에너지 비용이 다른지 결정하라.

26. 한 플라스틱 회사인 엘라스토텍사는 연속적인 4일의 렉산 폴리카보네이트 생산단위가 동일한 평균 경도 값을 갖는지 여부를 확인하려고 한다. 연속적인 4일 동안 일일 렉산 폴리카보네이트 표본을 추출하고 (록웰(Rockwell) *R* 척도를 사용하여) 경도 값을 측정했다. 다음과 같은 결과를 얻었다.

Day 1	Day 2	Day 3	Day 4
$\bar{x}_1 = 115.75$	$\bar{x}_2 = 108.00$	$\bar{x}_3 = 121.39$	$\bar{x}_4 = 119.53$
$n_1 = 20$	$n_2 = 16$	$n_3 = 18$	$n_4 = 17$

Source of Variation	*SS*	*df*	*MS*	*F*	*p-value*
Between Groups	1751.62	3	583.87	19.29	0.000
Within Groups	2028.26	67	30.27		
Total	3779.89	70			

a. 1%의 유의수준에서 평균 경도가 4일의 일일 렉산 카보네이트 생산단위 간에 다르다고 결론 내릴 수 있는가? 경도는 정규분포를 따른다고 가정하라.

b. 평균 경도가 4일의 일일 렉산 카보네이트 생산단위 간에 유의하게 다르면, 튜키의 HSD 방법을 사용하여 어떤 생산단위들이 서로 다른 평균 강도 값을 가지는지 결정하라.

27. 한 새로운 잔디 씨앗의 생산자는 자신의 씨앗 혼합을 사용하여 재배된 잔디는 다른 브랜드에 비해 유지관리를 더 적게 해도 된다고 주장한다. 예를 들면, 새로운 잔디 씨앗을 사용하여 재배한 잔디는 한 달에 한 번만 깎으면 된다. 한 독립적인 검사자가 한 달 성장한 후 잔디의 평균 키가 새로운 잔디 씨앗과 가장 많이 팔리는 다른 두 브랜드 간에 같은지 검정하

기 원한다. 이 독립적인 검사자는 3가지 씨앗 중 각각을 사용하면서 25개의 잔디 키를 측정하고 다음과 같은 요약통계와 ANOVA 테이블을 작성하였다.

SUMMARY		
Groups	**Count**	**Average**
New Grass Seed	25	4.83
Top Brand 1	25	6.50
Top Brand 2	25	6.99

Source of Variation	*SS*	*df*	*MS*	*F*	*p-value*
Between Groups	64.43	2	32.21	121.67	8.09E-24
Within Groups	19.06	72	0.26		
Total	83.49	74			

a. 5%의 유의수준에서 이 독립적인 검사자가 잔디의 평균 키가 브랜드 간에 다르다고 결론 내릴 수 있는가? 잔디의 키가 정규분포를 따른다고 가정하라.

b. 잔디의 평균 키가 브랜드 간에 유의하게 다르면, 튜키의 HSD 방법을 사용하여 5%의 유의수준에서 잔디의 평균 키가 어느 브랜드들 간에 다른지 결정하라.

28. **FILE** ***Employee_Absences.*** 한 생산관리자는 근무조가 종업원 결근과 관련되어 있는지 검토하고 있다. 지난해 동안 결근 일수가 각 근무조의 25명 종업원으로 구성된 임의표본을 사용하여 수집되었다. 다음의 표는 이러한 데이터의 일부를 보여준다.

First Shift	Second Shift	Third Shift
14	5	19
7	10	9
⋮	⋮	⋮
2	9	10

a. 5%의 유의수준에서 이 생산관리자는 평균 결근 일수가 3개의 근무조 간에 다르다고 결론 내릴 수 있는가? 이러한 결론은 10%의 유의수준에서 달라지는가? 결근 일수는 정규분포를 따른다고 가정하라.

b. 평균 결근일 수가 3개의 근무조 간에 유의하게 다르면, 피셔의 LSD 방법을 사용하여 10%의 유의수준에서 어떤 근무조들이 다른 평균 결근 일수를 가지는지 결정하라.

29. **FILE** ***Patronage.*** 다음의 표는 지난 52주 동안 주말에 한 레스토랑에서 식사하는 고객 수의 일부를 보여준다.

Fridays	Saturdays	Sundays
391	450	389
362	456	343
⋮	⋮	⋮
443	441	376

a. 5%의 유의수준에서 이 레스토랑에서 식사하는 평균 고객 수가 주말 요일 간에 다른지 검정하라.

b. 튜키의 HSD 방법을 사용하여 5%의 유의수준에서 이 레스토랑에서 식사하는 평균 고객 수가 어떤 주말 요일들 간에 다른지 결정하라.

13.3 상호작용이 없는 이원분산분석

일원분산분석 검정은 한 범주형 변수나 한 인자에 기초하여 모평균들을 비교하기 위해 사용된다. 예를 들면, 하이브리드카의 브랜드에 따라 갤론당 평균 마일에 차이가 있는지 결정하기 위해 일원분산분석 검정을 사용할 수 있다. **이원분산분석 검정(two-way ANOVA test)**은 두 인자의 효과를 동시에 측정하면서 이러한 분석을 확장한다. 하이브리드카의 브랜드와 휘발유의 옥탄 수준이 갤론당 평균 마일에 영향을 미치는지 결정하기 원한다고 하자. 일원분산분석 검정은 브랜드 효과나 옥탄 수준 효과를 분리하여 평가할 수 있는 반면, 이원분산분석 검정은 다른 인자를 통제하면서 한 인자의 효과를 평가할 수 있다. 이러한 추가적인 인자는 갤론당 마일의 설명되지 않는 변동의 일부를 설명한다. 즉 추가적인 인자는 오차제곱합 *SSE*를 감소시켜 $F_{(df_1,df_2)}$ 검정통계량을 더 판별력이 있게 만들어 준다.

이원분산분석 검정의 다른 특성은 이러한 검정이 인자들 간 상화작용을 포착하기 위해 확장될 수 있다는 것이다. 갤론당 마일의 예에서 일부 하이브리드카 브랜드가 다른 브랜드보다 옥탄 수준에 더 긍정적으로 반응한다고 믿으면, 갤론당 마일을 검토하는 데 두 인자의 상호작용을 분석에 포함시킬 수 있다. 두 인자가 실제로 상호작용하는지 결정하는 검정이 사용된다.

이원분산분석 검정은 두 인자가 모평균에 미치는 효과를 동시에 검토하기 위해 사용된다. 이 검정은 인자들간 상호작용이 있는 경우나 없는 경우에 수행될 수 있다.

다음의 예제에서 먼저 일원분산분석 검정을 수행하고 이 검정의 한계를 신속하게 이해한다. 이어서 상호작용이 없는 이원분산분석 검정을 소개한다. 13.4절에서는 상호작용이 있는 이원분산분석 검정을 논의한다.

예제 13.4

FILE ***One_Factor.*** 줄리아 헤이스는 어떤 직업을 가져야 할지 결정하지 못한 학부생이다. 자신의 의사 결정 과정을 돕기 위해 그녀는 직업 분야에 따라 연간 소득에 유의한 차이가 있는지를 확인하려고 한다. 처음에 그녀는 자신의 분석을 교육서비스, 금융서비스, 의료서비스 분야로 한정하였다. 사전 실험으로 그녀는 세 분야 각각 4명의 근로자를 조사해 연간 소득이 얼마인지 물었다. 표 13.10은 이러한 실험의 결과(1,000달러)를 보여준다.

표 13.10 예제 13.4를 위한 데이터

Educational Services	Financial Services	Medical Services
35	58	110
18	90	62
75	25	26
46	45	43

5%의 유의수준에서 평균 소득이 직업 분야에 따라 다른지 결정하기 위한 일원분산분석 검정을 수행하라. 소득은 정규분포를 따른다고 가정하라.

해답:

표 13.11은 일원분산분석 검정을 수행하고 얻은 ANOVA 테이블을 보여준다.

표 13.11 예제 13.4를 위한 ANOVA 테이블

ANOVA					
Source of Variation	*SS*	*df*	*MS*	*F*	*p-value*
Between Groups	579.5	2	289.75	0.330	0.727
Within Groups	7902.75	9	878.0833		
Total	8482.25	11			

평균 소득이 직업 분야에 따라 다른지 결정하기 위해 다음과 같은 경쟁가설을 설정한다.

$$H_0: \mu_{\text{Education}} = \mu_{\text{Financial}} = \mu_{\text{Medical}}$$

H_A: 모든 모평균이 같은 것은 아니다.

검정통계량의 값은 $F_{(2,9)} = 0.330$이고 p-값은 0.727이다. p-값이 0.05보다 크기 때문에, H_0이 기각되지 않는다. 5%의 유의수준에서 평균 소득은 직업분야에 따라 다르다고 결론 내릴 수 없다.

줄리아는 교육 서비스에서 일하는 사람들이 다른 두 분야에서 일하는 사람들보다 더 적게 벌 것이라고 생각했기 때문에 이러한 결과에 놀랐다. 많은 다른 요인들이 연간 소득에 영향을 미치기 때문에 이러한 결과를 신중하게 해석해야 한다. 많은 다른 요인들 중 하나는 개인의 교육수준이다. 교육수준이 고정되어 있을 때에만 직업분야가 소득에 미치는 진정한 효과를 포착할 수 있다.

앞에서 언급한 것처럼, 이원분산분석 검정은 추가적인 인자가 *SSE*를 감소시켜 주기 때문에 더 판별력 있는 $F_{(df_1,df_2)}$ 검정통계량을 구하는 데 도움을 준다. 이원분산분석 검정을 위해 하나의 추가되는 요건은 모든 그룹이 같은 표본크기를 가져야 한다는 것이다.

이원분산분석 검정이 어떻게 작동되는지 보이기 위해, 소득의 예를 다시 살펴보지만 이번에는 직업분야(인자 *A*)와 교육수준(인자 *B*)이 동시에 소득의 변동에 영향을 주도록 허용한다. 각 직업분야의 근로자와 자신의 최고 학위를 매치시킨다. 예를 들면, 고등학교 졸업 학위를 가지고 있지 않은 교육 서비스에서 일하는 한 명의 근로자를 임의로 선정한다. 이어서 최고 교육수준이 각각 고등학교 졸업학위, 학사 학위, 석사 학위를 가진 교육서비스에서 일하는 1명씩의 근로자를 임의로 선정한다. 다른 두 직업분야에 대해서 이러한 과정을 반복한다. 이 실험은 한 명의 근로자가 자신의 교육수준에 따라 각 직업분야에서 임의로 선정된다는 의미에서 매치된 실험이거나 블록화된 실험이다. 일반적으로 블록은 변수의 총변동에 대한 자신의 기여를 측정할 수 있도록 추가적인 인자가 고정되어 있는 수준이다. 이 실험설계는 **랜덤화 블록 설계(randomized block design)**라고 부른다. 이 예제에서 이러한 실험은 교육수준의 차이에 기인할 수 있는 소득의 변동성을 제거하기 위해 설계된다.

표 13.12는 직업분야와 최고 교육수준별 12명 근로자의 소득(1,000달러)을 보여준다. 이

러한 관측치는 ***Two_Factor*** 데이터 파일에 포함되어 있다. 또한 표 13.12는 인자 평균을 보여준다.

표 13.12 상호작용이 없는 이인자 소득 예를 위한 데이터

교육수준(인자 *B*)	직업분야 (인자 *A*)			인자 *B*의 평균
	교육서비스	금융서비스	의료서비스	
고등학교 미만	18	25	26	$\bar{x}_{No\ High\ School} = 23.00$
고등학교 졸업	35	45	43	$\bar{x}_{High\ School} = 41.00$
학사학위	46	58	62	$\bar{x}_{Bachelor's} = 53.3333$
석사학위	75	90	110	$\bar{x}_{Master's} = 91.6667$
인자 *A*의 평균	$\bar{x}_{Education} = 43.50$	$\bar{x}_{Financial} = 54.50$	$\bar{x}_{Medical} = 60.25$	$\bar{\bar{x}} = 52.75$

분석의 목표는 다음과 같은 두 가지 질문에 답하는 것이다.

- 5%의 유의수준에서 연간 평균 소득이 직업분야에 따라 다른가?
- 5%의 유의수준에서 연간 평균 소득이 교육수준에 따라 다른가?

일원분산분석 검정은 한 인자에 기초하고 한 인자의 수준 간 변동성을 포착하기 위해 '처리제곱합 *SSTR*'이라는 기호를 사용한다. 이제 두 인자를 검토하고 있기 때문에 인자 *A*의 수준 간 변동성을 포착하기 위해 *SSA* 기호를 사용하고 인자 *B*의 수준 간 변동성을 포착하기 위해 *SSB* 기호를 사용한다.

상호작용이 없는 이원분산분석 검정에서 총변동의 분해

상호작용이 없는 이원분산분석 검정에서 변수의 총제곱합, *SST*는 3개의 구별되는 요소, 즉 인자 *A*의 제곱합 *SSA*; 인자 *B*의 제곱합 *SSB*; 오차제곱합 *SSE*로 분해된다. 즉, $SST = SSA + SSB + SSE$이다.

인자 *A*의 제곱합, *SSA*

앞에서 했던 것처럼, 인자 *A*의 제곱합(sum of squares), *SSA*를 계산한다. 먼저 인자 *A* (직업분야) 각 수준의 평균과 총평균 간 편차제곱합을 계산한다. 이어서 이러한 편차제곱합과 랜덤화 블록 설계의 행 수 *r*, 즉 인자 *B*의 수준(범주) 수를 곱한다. 이인자 소득의 예에서 *r*은 4이다. *SSA*는 다음과 같이 계산된다.

$$\begin{aligned} SSA &= r\sum_{i=1}^{c}(\bar{x}_i - \bar{\bar{x}})^2 \\ &= 4[(43.50 - 52.75)^2 + (54.50 - 52.75)^2 + (60.25 - 52.75)^2] \\ &= 579.50 \end{aligned}$$

*SSA*를 자신의 자유도 $c - 1$ (여기서 *c*는 랜덤화 블록 설계에서 열의 수, 즉 인자 *A*의 범주 수이다)로 나누면, 인자 *A*의 평균제곱 *MSA*가 구해진다. 이인자 소득의 예에서 *c*는 3이므로, *MSA*는 다음과 같이 계산된다.

$$MSA = \frac{SSA}{c-1} = \frac{579.50}{3-1} = 289.75$$

인자 *B*의 제곱합, *SSB*

인자 *B* (교육수준)의 제곱합 *SSB*를 구하기 위해, 먼저 인자 *B* 각 수준의 평균과 총평균 간 편차제곱합을 계산한다. 이어서 이러한 편차제곱합과 랜덤화 블록 설계의 열 수 *c*, 즉 인자 *A*의 수준(범주) 수를 곱한다. 이인자 소득의 예에서 *c*는 3이다. *SSB*는 다음과 같이 계산된다.

$$\begin{aligned} SSB &= c\sum_{j=1}^{r}(\bar{x}_j - \bar{\bar{x}})^2 \\ &= 3[(23.00 - 52.75)^2 + (41.00 - 52.75)^2 + (55.3333 - 52.75)^2 \\ &\quad + (91.6667 - 52.75)^2] \\ &= 7{,}632.9167 \end{aligned}$$

*SSB*를 자신의 자유도 $r-1$로 나누면 인자 *B*의 평균제곱 *MSB*가 다음과 같이 계산된다.

$$MSB = \frac{SSB}{r-1} = \frac{7{,}632.9167}{4-1} = 2{,}544.3056$$

오차제곱합, *SSE*

앞에서 언급한 것처럼, 상호작용이 없는 이원분산분석 검정에서 $SST = SSA + SSB + SSE$이다. 이 식을 $SSE = SST - (SSA + SSB)$와 같이 다시 정리하여 *SSE*를 계산할 수 있다. *SST*는 각 관측치와 총평균 간 편차제곱합으로 $SST = \sum_{i=1}^{c}\sum_{j=1}^{r}(x_{ij} - \bar{\bar{x}})^2$과 같이 계산된다. 이인자 소득의 예를 위한 *SST*는 다음과 같이 계산된다.

$$\begin{aligned} SST &= \sum_{i=1}^{c}\sum_{j=1}^{r}(x_{ij} - \bar{\bar{x}})^2 \\ &= (18 - 52.75)^2 + (35 - 52.75)^2 + \cdots + (110 - 52.75)^2 \\ &= 8{,}482.25 \end{aligned}$$

이어서 *SSE*는 다음과 같이 계산된다.

$$SSE = SST - (SSA + SSB) = 8{,}482.25 - (579.50 + 7{,}632.9167) = 269.8333$$

소득의 예에서 나타나는 일원분산분석 검정과 이원분산분석 검정의 차이에 대해 약간 설명할 필요가 있다. 연간 소득을 설명하기 위해 일인자(직업분야)가 사용될 때, *SSE*의 값은 7,902.75였다(표 13.11 참조). 두 번째 인자(교육수준)를 무시하면, 연간 소득은 직업분야에 따라 다르다고 결론 내릴 수 없었다. 그러나 두 번째 인자(교육수준)을 포함시키면, *SSE*의 값은 269.8333으로 매우 크게 감소한다. 곧 살펴보겠지만 교육수준이 소득에 미치는 효과를 고려하면, $F_{(df_1, df_2)}$검정으로부터 연간 소득은 직업분야에 따라 유의하게 다르다고 결론 내릴 수 있다.

*SSE*를 자신의 자유도($n_T - c - r + 1$)로 나누면 평균오차제곱 *MSE*가 다음과 같이 구해진다.

$$MSE = \frac{SSE}{n_T - c - r + 1} = \frac{269.8333}{12 - 3 - 4 + 1} = 44.9722$$

상호작용이 없는 이원분산분석 검정을 위한 검정통계량은 다음과 같이 요약할 수 있다.

상호작용이 없는이원분산분석 검정을 위한 검정통계량

인자 A의 평균(열 평균) 차이를 검정할 때, 검정통계량의 값은 다음과 같이 계산된다.

$$F_{(df_1, df_2)} = \frac{MSA}{MSE}$$

여기서 $df_1 = c - 1$, $df_2 = n_T - c - r + 1$, MSA는 인자 A의 평균제곱, MSE는 평균오차제곱이다.

인자 B의 평균(행 평균) 차이를 검정할 때, 검정통계량의 값은 다음과 같이 계산된다.

$$F_{(df_1, df_2)} = \frac{MSB}{MSE}$$

여기서 $df_1 = r - 1$, $df_2 = n_T - c - r + 1$, MSB는 인자 B의 평균제곱, MSE는 평균오차제곱이다.

이원분산분석 검정에서 c는 열의 수, r은 행의 수, n_T는 총표본크기이다. 분산분석 검정은 항상 오른쪽 꼬리 검정으로 수행된다.

곧 살펴보겠지만, Excel과 R은 쉽게 이러한 통계량들을 계산해준다. 표 13.13은 상호작용이 없는 이원분산분석 검정을 수행하기 위한 ANOVA 테이블의 일반적인 형태를 보여준다.

표 13.13 랜덤화 블록 설계를 위한 ANOVA 테이블의 일반적인 형식

Source of Variation	SS	df	MS	F	p-value
Rows	SSB	$r - 1$	$MSB = \frac{SSB}{r-1}$	$F_{(df_1, df_2)} = \frac{MSB}{MSE}$	$P\left(F_{(df_1, df_2)} \geq \frac{MSB}{MSE}\right)$
Columns	SSA	$c - 1$	$MSA = \frac{SSA}{c-1}$	$F_{(df_1, df_2)} = \frac{MSA}{MSE}$	$P\left(F_{(df_1, df_2)} \geq \frac{MSA}{MSE}\right)$
Error	SSE	$n_T - c - r + 1$	$MSE = \frac{SSE}{n_T - c - r + 1}$		
Total	SST	$n_T - 1$			

Excel과 R을 이용한 상호작용이 없는 이원분산분석 검정

이원분산분석 검정을 수행하기 위해 직접 계산을 하지 않는다. 이인자 소득의 예에 대한 분석을 완료하기 위해 예제 13.5를 고려해보자.

예제 13.5

FILE ***Two_factor.*** 먼저 Excel과 R을 이용하여 이인자 소득의 예를 위한 ANOVA 테이블을 작성한다. 이어서 이러한 분석의 시작부분에서 제기된 다음과 같은 두 질문에 답한다.

- 5%의 유의수준에서 연간 평균 소득은 직업분야 간에 다른가?
- 5%의 유의수준에서 연간 평균 소득은 교육수준 간에 다른가?

해답:

Excel의 이용

a. ***Two_factor*** 데이터 파일을 연다.

b. 메뉴에서 **데이터(Data)** > **데이터 분석(Data Analysis)** > **분산분석: 반복 없는 이원배치법(ANOVA: Two Factor Without Replication)**을 선택한다.

c. *분산분석: 반복 없는 이원배치법(ANOVA: Two Factor Without Replication)*의 대화상자에서, 그림 13.3에서 보는 것처럼, *입력 범위(Input Range)* 옆에 있는 박스를 선택하고 변수명을 포함하는 모든 데이터를 선택하라. *이름표(Labels)* 박스를 체크하라. **확인(OK)**을 클릭하라.

그림 13.3 Excel의 분산분석: 반복 없는 이원배치법 대화상자

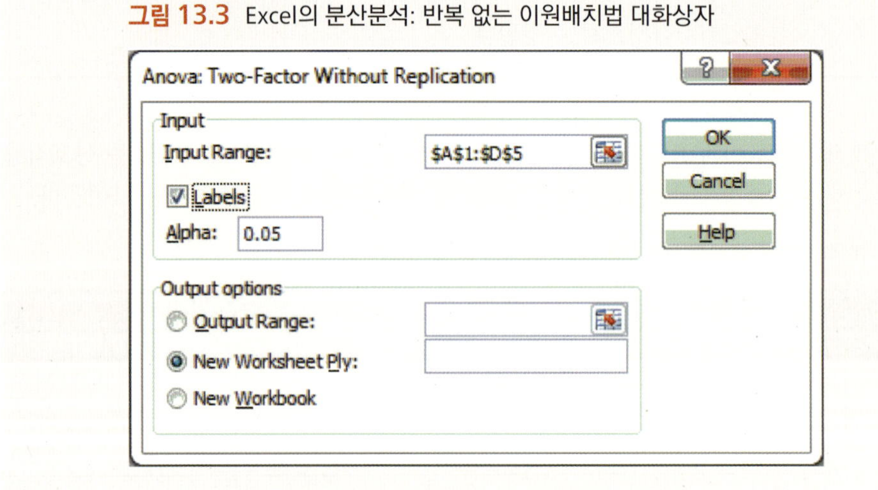

표 13.14는 Excel이 생성한 분석결과의 일부를 보여준다. 제곱합과 평균제곱합이 직접 계산한 것과 같다는 것에 주목하라.

표 13.14 Excel이 생성한 이인자 소득의 예를 위한 ANOVA 테이블

Source of Variation	*SS*	*df*	*MS*	*F*	*p-value*
Rows	7632.9167	3	2544.3056	56.575	8.6E-05
Columns	579.50	2	289.75	6.443	0.032
Error	269.8333	6	44.9722		
Total	8482.25	11			

연간 소득이 직업분야 간에 다른지 결정하기 위해, 경쟁가설을 다음과 같이 설정한다.

H_0: $\mu_{\text{Education}} = \mu_{\text{Financial}} = \mu_{\text{Medical}}$
H_A: 모든 모평균이 같은 것은 아니다.

인자 *A* (열) 평균이 다른지 검정할 때, 검정통계량의 값은 $F_{(df_1,df_2)} = \frac{MSA}{MSE} = \frac{289.75}{44.9722} = 6.443$이다.

여기서 $df_1 = c - 1 = 3 - 1 = 2$이고 $df_2 = n_T - c - r + 1 = 12 - 3 - 4 + 1 = 6$이다. 따라서 $F_{(2,6)} = 6.443$이고 *p*-값은 0.032이다. *p*-값이 0.05보다 작기 때문에, H_0이 기각된다. 따라서 일원분산분석 검정에서 도출된 결과와는 달리, 5%의 유의수준에서 연간 평균 소득은 직업분야 간에 다르다.

연간 소득이 교육수준 간에 다른지 결정하기 위해, 경쟁가설은 다음과 같이 설정된다.

H_0: $\mu_{\text{No High School}} = \mu_{\text{High School}} = \mu_{\text{Master's}}$
H_A: 모든 모평균이 같은 것은 아니다.

인자 *B* (행) 평균이 다른지 검정할 때, 검정통계량의 값은 $F_{(df_1,df_2)} = \frac{MSB}{MSE} = \frac{2{,}544.3056}{44.9722} = 56.575$이다. 여기서 $df_1 = r - 1 = 4 - 1 = 3$이고 $df_2 = n_T - c - r + 1 = 12 - 3 - 4 + 1 = 6$이다. 따라서 $F_{(3,6)} = 56.575$이고 *p*-값은 근사적으로 0이다. *p*-값이 0.05보다 작기 때문에, H_0이 기각된다. 5%의 유의수준에서 연간 평균 소득은 교육수준 간에 다르다. 교육수준이 소득에 유의한 영향을 미치기 때문에, 이러한 영향이 분산분석검정에 포함되어야 한다.

R의 이용

a. ***Two_Factor*** 데이터 파일을 데이터프레임(테이블)으로 가져와서 myData라는 이름으로 지정한다.

b. 데이터 프레임을 다시 작성하기 위해, *reshape2* 패키지를 설치하고 업로드한다. 다음과 같이 입력하라.

```
> install.packages("reshape2")
> library(reshape2)
```

c. *reshape2* 패키지에 있는 **melt** 함수를 사용하여 다시 작성된 데이터 프레임을 Stacked라고 이름 붙인다. **colnames** 함수를 사용하여 Stacked의 열들에 각각 Education, Field, Income이라고 이름 붙인다. **aov** 함수를 사용하여 분산분석모형 객체를 TwoWay라고 이름 붙이고 Income을 Education과 Field의 덧셈 함수로 설정한다. ANOVA 테이블을 구하기 위해 **anova** 함수를 사용한다. 다음과 같이 입력하라.

```
> Stacked <- melt(myData)
> colnames(Stacked) <- c("Education", "Field", "Income")
> TwoWay <- aov(Income ~ Education + Field, data = Stacked)
> anova(TwoWay)
```

표 13.15는 R이 생성한 ANOVA 테이블을 보여준다. ANOVA 테이블의 값들은 표 13.14에 제시되어 있는 Excel이 생성한 값들과 일치한다. 따라서 주어진 질문들에 대한 결론은 동일하다. 5%의 유의수준에서 연간 평균 소득은 직업분야 간뿐만 아니라 교육수준 간에 다르다.

표 13.15 R이 생성한 이인자 소득의 예를 위한 ANOVA 테이블

```
Analysis of Variance Table
Response: Income
          Df  Sum Sq  Mean Sq  F value   Pr(>F)
Education  3  7632.9  2544.31  56.5750  8.595e-05 ***
Field      2  579.5   289.75   6.4429     0.03207 *
Residuals  6  269.8   44.97
---
Signif. codes:  0 '***' 0.001 '**' 0.01 '*' 0.05
'.' 0.1 ' ' 1
```

13.2절에서와 마찬가지로, 피셔의 LSD 방법을 사용하여 두 모평균 차이 쌍에 대한 유용한 신뢰구간을 구하기 위해 이원분산분석 검정의 MSE 추정치를 적용할 수 있다. 이러한 신뢰구간을 구하는 데 유일한 수정은 자유도이고 이제 자유도는 $df = n_T - c - r + 1$이 된다. 이와 유사하게, 튜키의 HSD 방법을 사용하여 어떤 열 평균들이나 행 평균들이 유의하게 서로 다른지 결정할 수 있다. 신뢰구간의 오차범위는 열 평균들 간 차이를 평가하느냐, 행 평균들 간 차이를 평가하느냐에 따라 달라진다. 두 열 평균 간 차이에 대한 신뢰구간을 구할 때, 오차범위는 $q_{\alpha,(c,n_T-c-r+1)}\sqrt{\frac{MSE}{n}}$과 같이 계산된다. 여기서 n은 각 열에 있는 관측치 수이다. 두 행 평균 간 차이에 대한 신뢰구간을 구할 때, 오차범위는 $q_{\alpha,(r,n_T-c-r+1)}\sqrt{\frac{MSE}{n}}$과 같이 계산된다. 여기서 n은 각 행에 있는 관측치 수이다.

연습문제 13.3

30. 다음과 같은 데이터를 사용하여 상호작용이 없는 이원분산분석 검정을 수행하였다. 기초 모집단들은 정규분포를 따른다고 가정하라.

인자 B	인자 A 1	2	3	인자 B의 표본평균 $\bar{x}_j$
1	4	8	12	8
2	2	10	3	5
3	0	6	0	2
4	2	4	0	2
인자 A의 표본평균 $\bar{x}_i$	2	7	3.75	$\bar{\bar{x}} = 4.25$

a. SST, SSA, SSB, SSE를 계산하라.
b. MSA, MSB, MSE를 계산하라.
c. ANOVA 테이블을 작성하라.
d. 5%의 유의수준에서, 인자 A의 평균들이 다르다고 결론 내릴 수 있는가?
e. 5%의 유의수준에서 인자 B의 평균들이 다르다고 결론 내릴 수 있는가?

31. 다음과 같은 데이터를 사용하여 상호작용이 없는 이원분산분석 검정을 수행하였다. 기초 모집단들은 정규분포를 따른다고 가정하라.

인자 B	인자 A				인자 B의 표본평균 $\bar{x}_j$
	1	2	3	4	
1	2	3	2	4	2.75
2	6	5	7	6	6.00
3	8	10	9	10	9.25
인자 A의 표본평균 $\bar{x}_i$	5.3333	6	6	6.6667	$\bar{\bar{x}} = 6$

a. SST, SSA, SSB, SSE를 계산하라.

b. MSA, MSB, MSE를 계산하라.

c. ANOVA 테이블을 작성하라.

d. 5%의 유의수준에서 인자 B의 평균들이 다르다고 결론 내릴 수 있는가?

e. 5%의 유의수준에서 인자 A의 평균들이 다르다고 결론 내릴 수 있는가?

32. 상호작용이 없는 이원분산분석 실험이 수행되었다. 인자 A는 4개 수준(열)을 가지고 있고 인자 B는 3개 수준(행)을 가지고 있다. 기초 모집단들은 정규분포를 따른다고 가정하라. 그 결과에는 다음과 같은 제곱합들이 포함되어 있다.

$$SST = 1{,}630.7,\ SSB = 532.3,\ SSE = 374.5$$

a. ANOVA 테이블을 작성하라.

b. 1%의 유의수준에서, 인자 B의 평균들이 다르다고 결론 내릴 수 있는가?

c. 1%의 유의수준에서, 인자 A의 평균들이 다르다고 결론 내릴 수 있는가?

33. 상호작용이 없는 이원분산분석 실험이 수행되었다. 인자 A는 3개 수준(열)을 가지고 있고 인자 B는 5개 수준(행)을 가지고 있다. 기초 모집단들은 정규분포를 따른다고 가정하라. 그 결과에는 다음과 같은 제곱합들이 포함되어 있다.

$$SST = 311.7,\ SSA = 201.6,\ SSE = 69.3$$

a. ANOVA 테이블을 작성하라.

b. 5%의 유의수준에서, 인자 B의 평균들이 다르다고 결론 내릴 수 있는가?

c. 1%의 유의수준에서, 인자 A의 평균들이 다르다고 결론 내릴 수 있는가?

34. 다음의 표는 상호작용이 없는 이원분산분석 실험 결과 일부를 요약한 것이다. 기초 모집단들이 정규분포를 따른다고 가정하라.

Source of Variation	SS	df	MS	F	p-value
Rows	1057	5	MSB = ?	$F_{\text{Factor B}}$ = ?	0.006
Columns	7	2	MSA = ?	$F_{\text{Factor A}}$ = ?	0.900
Error	330	10	MSE = ?		
Total	1394	17			

a. ANOVA 테이블에 생략된 값을 채워라.

b. 5%의 유의수준에서, 열 평균들이 다르다고 결론 내릴 수 있는가?

c. 5%의 유의수준에서, 행 평균들이 다르다고 결론 내릴 수 있는가?

35. 다음의 표는 상호작용이 없는 이원분산분석 실험 결과 일부를 요약한 것이다. 기초 모집단들이 정규분포를 따른다고 가정하라.

Source of Variation	SS	df	MS	F	p-value
Rows	25.17	2	MSB = ?	$F_{\text{Factor B}}$ = ?	0.083
Columns	142.25	3	MSA = ?	$F_{\text{Factor A}}$ = ?	0.004
Error	19.50	6	MSE = ?		
Total	186.92	11			

a. ANOVA 테이블에 생략된 값을 채워라.

b. 5%의 유의수준에서, 열 평균들이 다르다고 결론 내릴 수 있는가?

c. 5%의 유의수준에서, 행 평균들이 다르다고 결론 내릴 수 있는가?

36. FILE ***Golf.*** 한 전형적인 PGA 토너먼트가 진행되는 동안, 경쟁하는 골프선수들은 4라운드 경기를 하고 각 라운드의 홀 위치는 바뀐다. 다음의 표는 한 최근 토너먼트에서 상위 5명 골프선수의 점수를 보여준다. 점수는 정규분포를 따른다고 가정하라.

	라운드 1	라운드 2	라운드 3	라운드 4
선수 1	69	64	70	73
선수 2	69	70	69	70
선수 3	67	70	70	71
선수 4	67	65	70	76
선수 5	70	78	79	72
	총평균: $\bar{\bar{x}} = 70.45$			

다음과 같은 통계량이 계산되었다.

$$SST = 272.95, SSB = 93.2, SSE = 127.6$$

a. ANOVA 테이블을 작성하라.

b. 5%의 유의수준에서, 평균 점수가 4번 라운드 간에 다르다고 결론 내릴 수 있는가?

c. 5%의 유의수준에서, 평균 점수가 5명 선수 간에 다르다고 결론 내릴 수 있는가?

37. 다음의 ANOVA 테이블은 상호작용이 없는 이원분산분석 실험의 결과 일부를 요약한 것이다. 인자 A (열)는 4개의 서로 다른 유기비료로 구성되어 있고, 인자 B (행)는 3개의 서로 다른 토양산성도 수준으로 구성되어 있다. 측정되는 변수는 4주 후에 한 식물의 키(인치)이다. 이 식물의 키는 정규분포를 따른다고 가정하라.

Source of Variation	*SS*	*df*	*MS*	*F*	*p-value*
Rows	0.13	2	$MSB = ?$	$F_{\text{Factor B}} = ?$	0.818
Columns	44.25	3	$MSA = ?$	$F_{\text{Factor A}} = ?$	0.000
Error	1.88	6	$MSE = ?$		
Total	46.26	11			

a. ANOVA 테이블에 생략된 값을 채워라.

b. 5%의 유의수준에서, 이 식물의 평균 성장 정도가 유기비료 간에 다르다고 결론 내릴 수 있는가?

c. 5%의 유의수준에서, 이 식물의 평균 성장 정도가 토양산성도 수준 간에 다르다고 결론 내릴 수 있는가?

38. **FILE** ***Shift_Output.*** 산업용 부품의 공급업체인 메탈웍스 사는 세 근무조에서 특정 부품의 평균 생산량이 동일한지 여부를 확인하려고 한다. 그러나 4개의 기계 중 어느 것이든 사용할 수 있으므로 표본 내에서 기계의 효과를 통제해야 한다. 다음의 표는 전날의 생산량(개)을 보여준다. 생산량은 정규분포를 따른다고 가정하라.

	근무조 1	근무조 2	근무조 3
기계 A	1392	1264	1334
기계 B	1228	1237	1107
기계 C	1173	1108	1186
기계 D	1331	1342	1387

a. 5%의 유의수준에서, 평균 생산량이 근무조 간에 다르다고 결론 내릴 수 있는가?

b. 5%의 유의수준에서, 평균 생산량이 기계 간에 다르다고 결론 내릴 수 있는가?

c. 평균 생산량이 기계 간에 유의하게 다르다면, 튜키의 HSD 방법을 사용하여 5%의 유의수준에서 어느 기계들의 평균 생산량이 다른지 결정하라.

39. **FILE** ***Restaurants.*** 최근에 대장균 박테리아로 인한 질병이 발생한 것을 고려하여, 한 대도시 시장은 레스토랑 검사원 중 일부가 레스토랑의 청결상태에 대한 평가에 일관성이 없다는 것을 우려하고 있다. 이러한 가능성을 조사하기 위해, 이 시장은 5명의 레스토랑 검사원에게 3개 레스토랑의 청결상태에 대한 점수(0점부터 100점까지의 척도)를 부여하도록 하였다. 다음의 표는 그 결과를 보여준다. 레스토랑의 청결상태에 대한 점수는 정규분포를 따른다고 가정하라.

	레스토랑 1	레스토랑 2	레스토랑 3
검사원 1	72	54	84
검사원 2	68	55	85
검사원 3	73	59	80
검사원 4	69	60	82
검사원 5	75	56	84

a. 5%의 유의수준에서 평균 점수가 레스토랑 간에 다르다고 결론 내릴 수 있는가?

b. 평균 점수가 레스토랑 간에 다르면, 튜키의 HSD 방법을 사용하여 5%의 유의수준에서 어떤 평균 점수들이 다른지 결정하라.

c. 5%의 유의수준에서 평균 점수가 검사원 간에 다르다고 결론 내릴 수 있는가? 이 시장이 우려할 만한 이유가 있는가?

40. **FILE** ***YumYum.*** 한 대형 델리 체인점인 얌얌사의 마케팅 매니저가 네 가지 잠재적 광고 전략의 효과를 시험하고 있다. 각 광고 전략별로 2주간의 시험 기간 후에 매출액이 평가되었다. 그러나 일부 매장 위치는 다른 곳보다 고객이 밀려드는 정도가 높기 때문에 표본 내에서 매장 위치가 매출액에 미치는 영향을 통제해야 한다. 다음의 표는 서로 다른 위치에 있는 3개 매장에서 각 광고 전략을 사용하여 2주간의 시험 기간 동안 달성한 매출액(1,000달러)을 보여준다. 매출액은 정규분포를 따른다고 가정하라.

	신문	인터넷	TV	인터넷과 TV
도시	511	644	585	712
교외	458	548	503	614
농촌	388	298	347	421

a. 5%의 유의수준에서 평균 매출액이 광고전략 간에 다르

다고 결론 내릴 수 있는가? 10%의 유의수준에서는 어떠한가?

b. 5%의 유의수준에서 평균 매출액이 매장위치 간에 다르다고 결론 내릴 수 있는가?

c. 평균 매출액이 광고전략 간에 유의하게 다르면, 피셔의 LSD 방법을 사용하여 10%의 유의수준에 어떤 전략들이 서로 다른 평균 매출액을 발생시키는지 분석하라.

41. **FILE** ***Houses.*** 퍼스트 내셔널 은행은 세 명의 부동산 감정평가사를 고용하고 있다. 그들의 업무는 이 은행이 모기지 대출을 제공하기 전에 해당 부동산의 시장 가치를 평가하는 것이다. 각 감정평가자는 반드시 주관적 편견 없이 부동산 가치를 평가해야 한다. 퍼스트 내셔널 은행은 최근에 감정평가자들이 평가한 부동산 가치가 일관성이 있는지 확인한다고 하자. 이 은행은 세 명의 감정평가사에게 세 가지 다른 유형의 주택, 즉 망토형 주택, 콜로니얼형 주택, 목장형 주택의 가치(1,000달러)를 평가하도록 요청하였다. 다음의 표는 그 결과를 보여준다. 주택의 가치는 정규분포를 따른다고 가정하라.

	감정평가사 1	감정평가사 2	감정평가사 3
망토형	425	415	430
콜로니얼형	530	550	540
목장형	390	400	380

a. 5%의 유의수준에서, 평균 가치가 감정평가사 간에 다르다고 결론 내릴 수 있는가? 이 은행은 감정평가사의 비일관성에 대해 우려해야 하는가?

b. 5%의 유의수준에서 평균 가치가 주택 유형 간에 다르다고 결론 내릴 수 있는가?

c. 평균가치가 주택 유형 간에 다르다면, 튜키의 HSD 방법을 사용하여 5%의 유의수준에서 어떤 평균 가치들이 다른지 결정하라.

13.4 상호작용이 있는 이원분산분석

인자 A와 인자 B 간 가능한 관계를 포착하기 위해 상호작용을 검정할 수 있는 이원분산분석을 사용한다. 이 검정은 인자 A의 영향이 인자 B의 수준 간에 다를 수 있고, 인자 B의 영향이 인자 A의 수준 간에 다를 수 있다는 것을 허용한다. 13.3절에서 살펴본 이인자 소득의 예에서 직업분야는 교육수준과 상호작용할 수 있다. 달리 말하면, 직업분야의 영향이 교육수준의 수준 간에 다를 수 있다. 이와 유사하게 교육수준의 영향이 모든 직업분야에서 같지 않을 수 있다.

상호작용을 검정할 수 있는 이원분산분석에서 총변동의 분해

상호작용을 검정할 수 있는 이원분산분석 검정에서, 총제곱합 SST는 4개의 구별되는 요소, 즉 인자 A의 제곱합 SSA; 인자 B의 제곱합 SSB; 두 인자 간 상호작용의 제곱합 $SSAB$; 오차제곱합 SSE로 분해된다. 즉, $SST = SSA + SSB + SSAB + SSE$.

여전히 랜덤화 블록 설계를 사용하지만, 인자 A의 i번째 수준과 인자 B의 j번째 수준의 각 조합에 적어도 두 개 이상의 관측치가 필요하다. 달리 말하면, 각 셀에 적어도 1개보다 많은 관측치가 필요하다. 상호작용을 검정할 수 있는 이원분산분석에서, w를 인자 A의 i번째 수준과 인자 B의 j번째 수준의 각 조합에 있는 관측치 수라고 하자.

상호작용을 검정할 수 있는 이원분산분석을 예시하기 위해, 각 조합에 3개의 소득이 있는 새로운 데이터를 사용하면서 소득의 예를 다시 분석한다. 따라서 $w = 3$이다. 표 13.6은 이러한 데이터의 일부를 보여준다. 이 표는 인자 제목과 함께 ***Interaction*** 데이터 파일에 포함되어 있는 값들을 보여준다.

표 13.16 상호작용을 검정하기 위한 이인자 소득 데이터

교육수준 (인자 B)	직업분야 (인자 A)		
	Educational Services	Financial Services	Medical Services
No High School	20	27	26
	25	25	24
	22	25	25
⋮	⋮	⋮	⋮
Master's	79	90	90
	78	92	100
	74	95	105

특히 직업분야와 교육수준이 평균 소득을 결정하는 데 상호작용하는지를 결정하는 데 관심을 가진다. 이 검정을 위한 제곱합들을 구하기 위해, 먼저 셀 평균과 인자 평균을 계산한다. 예를 들면, 고등학교 교육을 받지 않고 교육서비스 분야에서 일하는 근로자의 셀 평균은 (20 + 25 + 22)/3 = 22.3333과 같이 계산된다. 표 13.17은 셀 평균 $\bar{x}_{ij}$, 인자 평균 $\bar{x}_i$와 $\bar{x}_j$, 데이터의 총평균 $\bar{\bar{x}}$를 보여준다.

표 13.17 상호작용을 검정하기 위한 이인자 소득 데이터의 위한 셀 평균과 인자 평균

교육수준 (인자 B)	직업분야 (인자 A)			인자 B의 평균
	Educational Services	Financial Services	Medical Services	
No High School	22.3333	25.6667	25.00	24.3333
High School	33.00	46.00	43.3333	40.7778
Bachelor's	47.6667	54.6667	59.3333	53.8889
Master's	77.00	92.3333	98.3333	89.2222
인자 A의 평균	45.00	54.6667	56.50	$\bar{\bar{x}} = 52.0556$

총제곱합, *SST*

*SST*는 $SST = \sum_{i=1}^{c}\sum_{j=1}^{r}\sum_{k=1}^{w}(x_{ijk} - \bar{\bar{x}})^2$과 같이 계산된다. ***Interaction*** 데이터 파일에 있는 모든 관측치와 표 13.17에 있는 총평균을 사용하면서, *SST*는 다음과 같이 계산된다.

$$SST = (20 - 52.0556)^2 + (25 - 52.0556)^2 + \cdots + (105 - 52.0556)^2$$
$$= 22{,}007.8889$$

인자 *A*의 제곱합, *SSA*와 인자 *B*의 제곱합, *SSB*

*SSA*와 *SSB*는 한 가지 사소한 수정을 하면서 13.3절에서 논의한 상호작용이 없는 이원분산분석의 경우와 유사하게 계산된다. 상호작용이 없는 이원분산분석을 위해, *SSA*와 *SSB*는 각각 $r\sum_{i=1}^{c}(\bar{x}_i - \bar{\bar{x}})^2$과 $c\sum_{j=1}^{r}(\bar{x}_j - \bar{\bar{x}})^2$의 공식을 사용하여 계산된다. 이제 각 공식과 셀당 관측치 수 w를 곱한다. 따라서 $SSA = wr\sum_{i=1}^{c}(\bar{x}_i - \bar{\bar{x}})^2$과 $SSB = wc\sum_{j=1}^{r}(\bar{x}_j - \bar{\bar{x}})^2$이다. 표 13.17에 있는 평균들과 $w = 3$, $c = 3$, $r = 4$를 사용하면서 *SSA*와 *SSB*를 다음과 같이 계산한다.

$$SSA = (3 \times 4)[(45.00 - 52.0556)^2 + (54.6667 - 52.0556)^2 + (56.50 - 52.0556)^2]$$
$$= 916.2222$$
$$SSB = (3 \times 3)[(24.3333 - 52.0556)^2 + (40.7778 - 52.0556)^2 + (53.8889 - 52.0556)^2 + (89.2222 - 52.0556)^2]$$
$$= 20{,}523.8889$$

인자 A의 평균제곱 MSA와 인자 B의 평균제곱 MSB를 구하기 위해 SSA와 SSB를 각각 자신의 자유도로 나눈다.

$$MSA = \frac{SSA}{c-1} = \frac{916.2222}{3-1} = 458.1111$$
$$MSB = \frac{SSA}{r-1} = \frac{20{,}523.8889}{4-1} = 6{,}841.2963$$

인자 *A*와 인자 *B* 간 상호작용의 제곱합, *SSAB*

두 인자가 상호작용할 때, 한 인자가 평균에 미치는 효과는 다른 인자의 특정한 값 또는 수준에 따라 결정된다. 각각 식 1과 식 2로 표시되는 두 개의 식이 서로 유의하게 다를 때, 두 인자 간에 상호작용이 존재한다.

식 1은 셀 평균과 총평균의 차이, 즉 $(\bar{x}_{ij} - \bar{\bar{x}})$로 정의된다. $i = 1$과 $j = 1$인 경우, 표 13.17에 있는 평균을 사용하면, 이 차이는 $(\bar{x}_{11} - \bar{\bar{x}}) = (22.3333 - 52.0556)$이다.

식 2는 해당되는 인자 A의 평균과 총평균의 차이와 해당되는 인자 B의 평균과 총평균의 차이를 합한 것, 즉 $(\bar{x}_i - \bar{\bar{x}}) + (\bar{x}_j - \bar{\bar{x}})$로 정의된다. $i = 1$과 $j = 1$인 경우, 표 13.17에 있는 평균을 사용하면, 식 2는 $(45.00 - 52.0556) + (24.3333 - 52.0556)$과 같이 계산된다.

식 1과 식 2의 차이가 0이 아니면, 상호작용의 증거가 존재한다. I가 상호작용을 나타낸다고 하면, I는 다음과 같이 측정될 수 있다.

$$I = (\bar{x}_{ij} - \bar{\bar{x}}) - [(\bar{x}_i - \bar{\bar{x}}) + (\bar{x}_j - \bar{\bar{x}})]$$

이 식을 정리하면 다음과 같이 단순하게 나타낼 수 있다.

$$I = \bar{x}_{ij} - \bar{x}_i - \bar{x}_j + \bar{\bar{x}}$$

인자 A와 인자 B 간 상호작용의 제곱합 SSA는 셀당 관측치 수 w를 가중치로 사용하여 계산되는 상호작용제곱(I^2)의 가중합이다.

$$SSAB = w\sum_{i=1}^{c}\sum_{j=1}^{r}(\bar{x}_{ij} - \bar{x}_i - \bar{x}_j + \bar{\bar{x}})^2$$

표 13.17에 있는 평균을 사용하면, $SSAB$는 다음과 같이 계산된다.

$$SSAB = 3[(22.3333 - 45.00 - 24.3333 + 52.0556)^2 + (33.00 - 45.00 - 40.7778 + 52.0556)^2 + \cdots + (98.3333 - 56.50 - 89.2222 + 52.0666)^2]$$
$$= 318.4444$$

상호작용의 평균제곱 $MSAB$는 $SSAB$를 자신의 자유도 $(c - 1)(r - 1)$로 나누어서 구한다.

$$MSAB = \frac{SSAB}{(c-1)(r-1)} = \frac{318.4444}{(3-1)(4-1)} = 53.0741$$

오차제곱합, *SSE*

$SST = SSA + SSB + SSAB + SSE$를 다시 정리하여 SSE를 다음과 같이 구한다.

$$SSE = SST - (SSA + SSB + SSAB) = 22{,}007.8889 - (916.2222 + 20{,}523.8889 + 318.4444) = 249.3334$$

마지막으로 SSE를 자신의 자유도 $rc(w - 1)$로 나누어서 평균오차제곱 MSE를 다음과 같이 구한다.

$$MSE = \frac{SSE}{rc(w-1)} = \frac{249.3333}{(4 \times 3)(3-1)} = 10.3889$$

이제 상호작용이 있는 이원분산분석 검정에서 사용되는 검정통계량을 요약해보자. 처음 두 검정통계량은 주효과, 즉 인자 A의 평균(열 평균) 간 차이가 있는지와 인자 B의 평균(행 평균) 간 차이가 있는지 검토하기 위해 사용된다. 세 번째 검정통계량은 인자 A와 인자 B 간 상호작용이 존재하는지 검정하기 위해 사용된다.

상호작용이 있는 이원분산분석 검정을 위한 검정통계량

인자 A의 평균(열 평균) 간 차이가 있는지 검정할 때, 검정통계량의 값은 다음과 같이 계산된다.

$$F_{(df_1, df_2)} = \frac{MSA}{MSE}$$

여기서 $df_1 = c - 1$, $df_2 = rc(w - 1)$, MSA는 인자 A의 평균제곱합, MSE는 평균오차제곱합이다.

인자 B의 평균(열 평균) 간 차이가 있는지 검정할 때, 검정통계량의 값은 다음과 같이 계산된다.

$$F_{(df_1, df_2)} = \frac{MSB}{MSE}$$

여기서 $df_1 = r - 1$, $df_2 = rc(w - 1)$, MSB는 인자 B의 평균제곱합, MSE는 평균오차제곱합이다.

인자 A와 인자 B 간 상호작용이 있는지 검정할 때, 검정통계량의 값은 다음과 같이 계산된다.

$$F_{(df_1, df_2)} = \frac{MSAB}{MSE}$$

여기서 $df_1 = (c - 1)(r - 1)$, $df_2 = rc(w - 1)$, $MSAB$는 상호작용의 평균제곱합, MSE는 평균오차제곱이다.

이러한 검정에서 c는 열의 수, r은 행의 수, w는 i번째 행과 j번째 열이 만나는 셀의 관측치 수, n_T는 총표본크기이다. ANOVA 검정은 항상 오른쪽 꼬리 검정으로 수행된다.

Excel과 R을 이용한 상호작용이 있는 이원분산분석 검정

다행스럽게도 Excel과 R은 앞에서 논의했던 모든 통계량을 쉽게 계산해준다. 다음의 예제를 사용하여 상호작용을 검정하기 위한 이인자 소득의 예에 대한 분석을 마무리하도록 하자.

예제 13.6

FILE *Interaction.* 먼저 Excel과 R을 이용하여 상호작용을 검정하기 위한 이인자 소득 예를 위한 ANOVA 테이블을 작성하라. 이어서 5%의 유의수준에서 직업분야와 교육수준이 평균 소득에 대해 상호작용하는지 결정하라.

해답:

Excel의 이용

a. ***Interaction*** 데이터 파일을 연다.

b. 메뉴에서, **데이터(Data)** > **데이터 분석(Data Analysis)** > **분산분석: 반복 있는 이원배치법(ANOVA: Two Factor With Replication)**을 선택한다.

c. *분산분석: 반복 있는 이원배치법(ANOVA: Two Factor With Replication)*의 대화상자에서, 그림 13.4에서 보는 것처럼, *입력 범위(Input range)*의 옆에 있는 박스를 선택하고 변수명을 포함하여 모든 데이터를 선택하라. *첫째 행 이름표 사용(Labels in First Row)* 앞에 있는 박스를 체크하라. **확인(OK)**을 클릭하라.

그림 13.4 Excel의 분산분석: 반복 있는 이원배치법 대화상자

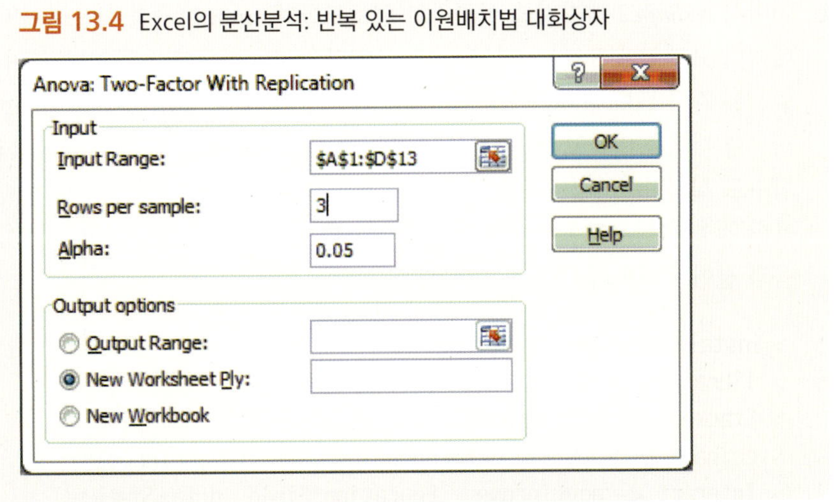

표 13.18은 Excel이 생성한 결과 일부를 보여준다. 표 13.18에 있는 값은 직접 계산한 값과 같다는 것에 주목하라.

표 13.18 Excel이 생성한 상호작용을 검정하기 위한 이인자 소득 예의 ANOVA 테이블

Source of Variation	*SS*	*df*	*MS*	*F*	*p-value*
Sample (Rows)	20523.8889	3	6841.2963	658.521	3.58E-23
Columns	916.2222	2	458.1111	44.096	9.18E-09
Interaction	318.4444	6	53.0741	5.109	0.002
Within (Error)	249.3333	24	10.3889		
Total	22007.8889	35			

R의 이용

a. ***Interaction*** 데이터를 데이터프레임(테이블)으로 가져와서 myData라는 이름으로 지정한다. myData를 보면, 첫 번째 열에서 생략된 관측치들이 존재한다는 것을 보게 될 것이다. 각 교육수준이 세 번 반복되지 않는다. 이 문제를 교정하기 위해 **rep** 함수를 사용하고 관련된 열들을 하나의 큰 열로 통합시키기 위해 **c** 함수를 사용하여 첫 번째 열을 다시 정리한다. 다음과 같이 입력하라.

```
> myData[, 1] <- c(rep("No High School", 3), rep("High School", 3),
  rep("Bachelor's", 3), rep("Master's", 3))
```

이제 myData에서 결측치가 없어야 한다.

b. 이어서 *reshape2* 패키지를 설치하고 업로드한다. **melt** 함수를 사용하여 다시 작성된 데이터 프레임에 Stacked라고 이름 붙인다. **colnames** 함수를 사용하여 Stacked의 열들에 각각 Education, Field, Income의 이름 붙인다. **aov** 함수를 사용하여 분산분석모형 객체를 만들고 Interact라고 이름 붙이고 Income을 Education과 Filed의 곱셈 함수로 설정한다. (상호작용이 없는 이원분산분석 모형을 추정할 때, 덧셈함수를 사용한 것을 기억하라.) ANOVA 테이블을 작성하기 위해 **anova** 함수를 사용한다. 다음과 같이 입력하라.

```
> install.packages("reshape2")
> library(reshape2)
> Stacked <- melt(myData)
> colnames(Stacked) <- c("Education", "Field", "Income")
> Interact <- aov(Income ~ Education*Field, data=Stacked)
> anova(Interact)
```

표 13.19는 R이 생성한 ANOVA 테이블을 보여준다. ANOVA 테이블에 있는 값은 Excel이 생성한 표 13.18에 있는 값과 같다.

표 13.19 R이 생성한 상호작용을 검정하기 위한 이인자 소득 예의 ANOVA 테이블

```
Analysis of Variance Table
Response: Income
                  Df    Sum Sq    Mean Sq   F value        Pr(>F)
Field              2     916.2      458.1   44.0963    9.183e-09 ***
Education          3   20523.9     6841.3  658.5205    < 2.2e-16 ***
Education Field:   6     318.4       53.1    5.1087     0.001659 **
Residuals         24     249.3       10.4
---
Signif. codes:    0   '***'  0.001  '**'  0.01  '*'  0.05  '.'  0.1  ' '  1
```

요약

직업분야와 교육수준 간 상호작용이 존재하는지 결정하기 위해, 경쟁가설을 다음과 같이 설정한다.

H_0: 인자 A와 인자 B 간 상호작용이 없다.

H_A: 인자 A와 인자 B 간 상호작용이 있다.

검정통계량의 값은 $F_{(df_1,df_2)} = \frac{MSAB}{MSE} = \frac{53.0741}{10.3889} = 5.109$이다. 여기서 $df_1 = (r-1)(c-1) = (4-1)(3-1) = 6$이고 $df_2 = rc(w-1) = (4 \times 3)(3-1) = 24$이다. $F_{(6,24)} = 5.109$이고 p-값 $= 0.002$이다. 5%의 유의수준에서, H_0이 기각되고 직업분야와 교육수준 간 상호작용이 있다고 결론 내린다. 이 결과는 고학력 학위를 가진 근로자의 평균 소득이 다른 직업분야보다 일부 직업분야에서 더 높다는 것을 의미한다. 달리 말하면, 한 특정한 직업분야의 평균 소득은 교육수준에 따라 달라진다.

두 인자 간 상호작용이 존재하기 때문에, 교육수준의 차이는 모든 직업분야에서 동일하지 않다는 것에 주목하라. 한 인자의 차이는 다른 인자 간에 같지 않기 때문에, 이러한 결과는 주효과의 해석을 복잡하게 만든다. 이것이 다른 두 $F_{(df_1,df_2)}$검정통계량을 사용하면서 어떤 결론을 내리기 전에 먼저 상호작용에 대한 검정을 수행해야 하는 이유이다. 상호작용효과가 유의하지 않으면, 주효과에 초점을 맞추어 행 평균들이나 열 평균들이 다른지 검정할 수 있다. 상호작용효과가 유의하면, 하나의 대안은 회귀분석이라고 부르는 기법을 사용하는 것이다. 회귀분석은 14~17장에서 논의된다.

연습문제 13.4

42. 상호작용이 있는 이원분산분석 실험이 수행되었다. 인자 A는 4개 수준(열)을 가지고 있고, 인자 B는 3개 수준(행)을 가지고 있다. 각 열과 행의 조합에 5개 관측치가 수집되었다. 기초 모집단들이 정규분포를 따른다고 가정하라. 그 결과로 다음과 같은 제곱합들이 계산되었다.

$$SST = 2500, SSA = 1200, SSB = 1000, SSE = 280$$

a. ANOVA 테이블을 작성하라.

b. 5%의 유의수준에서 인자 A와 인자 B 간 상호작용이 있다고 결론 내릴 수 있는가?

c. 5%의 유의수준에서 인자 A의 평균들이 다르다고 결론 내릴 수 있는가?

d. 5%의 유의수준에서 인자 B의 평균들이 다르다고 결론 내릴 수 있는가?

43. 상호작용이 있는 이원분산분석 실험이 수행되었다. 인자 A는 3개 수준(열)을 가지고 있고, 인자 B는 5개 수준(행)을 가지고 있다. 각 열과 행의 조합에 5개 관측치가 수집되었다. 기초 모집단들이 정규분포를 따른다고 가정하라. 그 결과로 다음과 같은 제곱합들이 계산되었다.

$$SST = 1558,\ SSA = 1008,\ SSB = 400,\ SSE = 30$$

a. ANOVA 테이블을 작성하라.

b. 1%의 유의수준에서 인자 A와 인자 B 간 상호작용이 있다고 결론 내릴 수 있는가?

c. 1%의 유의수준에서 인자 A의 평균들이 다르다고 결론 내릴 수 있는가?

d. 1%의 유의수준에서 인자 B의 평균들이 다르다고 결론 내릴 수 있는가?

44. 한 연구원이 상호작용이 있는 이원분산분석 검정을 수행하고 다음과 같은 ANOVA 테이블을 구하였다. 기초 모집단들은 정규분포를 따른다고 가정하라.

Source of Variation	*SS*	*df*	*MS*	*F*	*p-value*
Sample	30.827	1	30.827	11.690	0.003
Columns	169.861	2	84.930	32.208	1.13E-06
Interaction	4.241	2	2.120	0.804	0.463
Within	47.465	18	2.637		
Total	252.393	23			

a. 1%의 유의수준에서 두 인자 간 상호작용이 있다고 결론 내릴 수 있는가?

b. 주효과에 대한 검정을 수행할 수 있는가? 예이면, 1%의 유의수준에서 검정을 수행하라. 아니면, 그 이유를 설명하라.

45. 한 연구원이 상호작용이 있는 이원분산분석 검정을 수행하고 다음과 같은 ANOVA 테이블을 구하였다. 기초 모집단들은 정규분포를 따른다고 가정하라.

Source of Variation	*SS*	*df*	*MS*	*F*	*p-value*
Sample	752.78	2	$MSB = ?$	$F_{Factor}\ B = ?$	0.012
Columns	12012.50	1	$MSA = ?$	$F_{Factor}\ A = ?$	5.62E-09
Interaction	58.33	2	$MSAB = ?$	$F_{Interaction} = ?$	0.612
Within	683.33	12	$MSE = ?$		
Total	13506.94	17			

a. ANOVA 테이블에 생략된 값을 채워라.

b. 5%의 유의수준에서, 상호작용효과가 있다고 결론 내릴 수 있는가?

c. 5%의 유의수준에서, 열 평균들이 다르다고 결론 내릴 수 있는가?

d. 5%의 유의수준에서, 행 평균들이 다르다고 결론 내릴 수 있는가?

46. 한 제철소의 엔지니어링 부서는 다양한 압력(인자 A)과 온도(인자 B)에서 제조되는 특정 등급 강철의 인장 강도를 연구하고 있다. 다음의 ANOVA 테이블은 상호작용이 있는 이원분산분석 검정을 수행한 결과의 일부를 보여준다. 인장 강도는 정규분포를 따른다고 가정하라.

Source of Variation	*SS*	*df*	*MS*	*F*	*p-value*
Sample (B, temperature)	150.22	1	150.22		
Columns (A, pressure)			62.06		
Interaction	24.11	2	12.06		
Within			26.11		
Total	611.78	17			

a. 압력의 수준 수는 얼마인가?

b. 압력과 온도의 각 조합에 몇 개의 관측치가 있는가?

c. 5%의 유의수준에서, 압력과 온도 간 상호작용이 있다고 결론 내릴 수 있는가?

d. 5%의 유의수준에서, 압력의 주효과는 유의하다고 결론 내릴 수 있는가?

e. 5%의 유의수준에서, 온도의 주효과는 유의하다고 결론 내릴 수 있는가?

47. 합성세제 브랜드(인자 A)와 물의 온도(인자 B)가 세탁된 직물의 밝기에 미치는 영향을 연구 중이다. 4개의 합성세제 브랜드와 2개의 온도수준이 사용되었다. 합성세제 브랜드와 온도의 각 조합에 6개 관측치가 있다. 다음과 같은 ANOVA 테이블이 작성되었다. 세탁된 직물의 밝기 점수는 정규분포를 따른다고 가정하라.

Source of Variation	*SS*	*df*	*MS*	*F*	*p-value*
Sample	75	1	75	63.38	8.92E-10
Columns	130.25	3	43.42	36.69	1.45E-11
Interaction	8.67	3	2.89	2.44	0.078
Within	47.33	40	1.18		
Total	261.25	47			

a. 5%의 유의수준에서 합성세제 브랜드와 물의 온도 간 상호작용이 있다고 결론 내릴 수 있는가?

b. 주효과에 대한 검정을 수행할 수 있는가? 예이면, 5%의 유의수준에서 검정을 수행하라. 아니면, 그 이유를 설명하라.

48. **FILE** ***Buy4Less.*** 한 지역 소매 체인인 바이포리스사의 마케팅 그룹이 다양한 지역 TV 채널에서 하루 중 다양한 시간대에 광고하는 효과를 검토하고 있다. 4개 시간대와 3개 지역 TV 채널에 기초하여, 각 시간-채널 조합에 대해 주간 매출액 데이터 1,000달러 단위)의 3개 관측치가 수집되었다. 그 결과가 첨부된 데이터 파일에 포함되어 있다. 매출액은 정규분포를 따른다고 가정하라.

a. 5%의 유의수준에서, 광고를 위해 사용되는 하루 중 시간대와 지역 TV 채널 간 상호작용이 있다고 결론 내릴 수 있는가?

b. 주효과에 대한 검정을 수행할 수 있는가? 예이면, 5%의 유의수준에서 검정을 수행하라. 아니면, 그 이유를 설명하라.

49. **FILE** ***Brand_Garage.*** 한 소비자 옹호자가 자동차 배터리의 수명(연 단위로 측정)이 브랜드 이름(인자 *A*)의 영향을 받는지와 자동차가 차고에 보관되는지, 보관되지 않는지(인자 *B*)의 영향을 받는지를 검토한다. 두 인자의 상호작용이 의심된다. 그 결과가 첨부된 데이터 파일에 제시되어 있다. 자동차 배터리의 수명은 정규분포를 따른다고 가정하라.

a. 5%의 유의수준에서, 배터리 브랜드 이름과 자동차가 차고에 보관되는지 여부 간 상호작용이 있는가?

b. 5%의 유의수준에서, 평균 배터리 수명이 브랜드 이름에 따라 다르다고 결론 내릴 수 있는가?

c. 5%의 유의수준에서, 평균 배터리 수명이 자동차가 차고에 보관되는지 여부에 따라 다르다고 결론 내릴 수 있는가?

50. **FILE** ***Job_Satisfaction.*** 한 인적자원 전문가는 평균 직업 만족도 점수(0부터 100까지의 척도)가 3개의 다른 산업과 3개의 근로경험 유형 간에 다른지 결정하기 원한다. 상호작용이 있는 랜덤화 블록 실험이 수행되었다. 그 결과가 첨부된 데이터 파일에 제시되어 있다. 직업 만족도 점수는 정규분포를 따른다고 가정하라.

a. 5%의 유의수준에서, 산업과 근로경험 간 상호작용이 있는가?

b. 5%의 유의수준에서, 직업 만족도는 산업별로 다르다고 결론 내릴 수 있는가?

c. 5%의 유의수준에서, 직업 만족도는 근로경험에 따라 다르다고 결론 내릴 수 있는가?

51. **FILE** ***Salaries.*** 일반적으로 경영학이나 공학 같은 실용적인 전공이 대졸자들에게 큰 보상을 줄 수 있다고 믿어진다. 다른 연구들은 전공뿐만 아니라 학생의 평균 학점(GPA)으로 측정되는 학업성취도가 그의 연봉에 영향을 미친다는 것을 발견하였다. 페이스케일닷컴사의 직원인 헨리 첸은 전공과 GPA가 캘리포니아 대학교 어바인 졸업생들의 초봉에 미치는 효과를 측정하기 원한다. 그는 경영대학, 공과대학, 사회과학대학에서 주어진 GPA 범위에 속한 졸업생 5명의 초봉을 표본으로 추출하였다. 표본데이터는 첨부된 데이터 파일에 제시되어 있다. 초봉은 정규분포를 따른다고 가정하라.

a. 5%의 유의수준에서, 전공과 GPA 간 상호작용이 있는가?

b. 5%의 유의수준에서, 초봉이 전공 간에 다르다고 결론 내릴 수 있는가?

c. 5%의 유의수준에서, 초봉이 GPA에 따라서 다르다고 결론 내릴 수 있는가?

13.5 데이터 분석

사례연구

Comstock/Stockbyte/Getty Images

FILE ***Congestion.*** 한 연구는 평균적인 미국 운전자는 연간 러시아워의 교통체증 때문에 36.1시간 동안 힘들었다는 것을 발견하였다. 또한 이러한 교통체증 때문에 약 28억 1천만 갤론의 연료를 낭비했고, 이는 운전자당 약 3주분의 연료를 낭비한 것이다. 한 환경회사의 연구원인 존 판햄은 이 보고서의 결론 중 일부에 깜짝 놀랐다. 존은 통근자가 운전하는 도시에 따라 교통체증의 정도가 다른지 알기 위해 독립적인 연구를 수행하라는 요청을 받았다. 그는 최악의 교통체증을 겪는 5개 도시의 각각에서 통근자 25명을 선정하고 지난 한 해 동안 대략적으로 교통체증으로 지연된 시간(시간)을 물어보았다. 존은 기초 모집단이 정규 분포를 따른다고 가정하였다.

표 13.20은 표본 데이터의 일부를 보여준다.

표 13.20 5개 도시의 통근자당 연간 지연시간

Los Angeles	Washington, DC	Atlanta	Houston	San Francisco
71	64	60	58	57
60	64	58	56	56
⋮	⋮	⋮	⋮	⋮
68	57	57	59	56

존은 표본정보를 사용하여 다음과 같은 일을 수행하기 원한다.

- 교통체증으로 지연된 시간이 통근자가 운전하는 도시에 따라 유의한 차이가 있는지 결정한다.
- 튜키의 HSD 방법을 사용하여 어느 도시에서 통근자가 가장 최소의 지연시간을 경험하는지와 가장 최악의 지연시간을 경험하는지 결정한다.

샘플보고서—도시별 교통체증 평가

도시에 따라 교통체증이 다른가? 한 연구가 통근자당 연간 지연시간으로 측정되는 교통체증이 최악의 혼잡을 겪는 5개 도시, 즉 로스앤젤레스, 워싱턴 D.C., 애틀랜타, 휴스턴, 샌프란시스코 간에 다른지 결정하기 위해 수행되었다. 각 도시에서 선정된 통근자 25명에게 지난해 동안 교통체 증 때문에 얼마나 많은 시간을 낭비하였는지 물었다. 표 13.21은 요약통계를 보여준다. 표본데이터를 보면, 로스앤젤레스 주민들의 교통체증의 시간은 연간 평균 69.2시간으로 가장 길었다. 워싱턴 D.C. 주민들의 교통체증 시간은 연간 평균 62시간으로 2위를 차지했다. 애틀랜타, 휴스턴, 샌프란시스코의 주민들은 각각 교통체증으로 연간 평균 57.0시간, 56.5시간, 55.6시간을 소비했다.

표 13.21 교통체증에 관한 요약통계

Los Angeles	Washington, DC	Atlanta	Houston	San Francisco
$\bar{x}_1 = 69.24$	$\bar{x}_2 = 61.96$	$\bar{x}_3 = 57.00$	$\bar{x}_4 = 56.52$	$\bar{x}_5 = 55.56$
$s_1 = 4.60$	$s_2 = 4.74$	$s_3 = 4.81$	$s_4 = 5.37$	$s_5 = 3.66$

최악으로 혼잡한 5개 도시에서 교통체증으로 소비되는 평균 시간이 유의하게 다른지 결정하기 위해 일원분산분석 검정이 수행되었다. 검정통계량의 값은 $F_{(4,120)} = 37.251$이고 p-값은 근사적으로 0이다. 따라서 5%의 유의수준에서 교통체증이 도시에 따라 다르다.

어느 도시에서 통근자당 평균 지연시간이 유의하게 다른지 결정하기 위해, 튜키의 HSD 방법이 사용되었다. 두 모평균 차이 $\mu_i - \mu_j$에 대한 95% 신뢰구간은 $(\bar{x}_i - \bar{x}_j) \pm q_{\alpha,(c,n_T-c)}\sqrt{\frac{MSE}{n}}$와 같이 계산되었다. 표준화 범위 표와 ANOVA 검정 결과를 참조하면서, 신뢰구간을 위한 오차범위는 3.66으로 계산되었다. 모든 두 도시 쌍을 대상으로 구한 두 모평균 차이에 대한 95% 신뢰구간들에 의하면, 로스앤젤레스의 통근자들이 가장 많은 교통체증 시간으로 고통을 겪었고, 이어서 워싱턴 D.C.의 통근자들이 그다음으로 교통체증 시간을 소비했다. 교통체증 시간은 애틀랜타, 휴스턴, 샌프란시스코 간에 유의한 차이가 없었다.

사례연구 제안

보고서 13.1 **FILE** ***Industry_Returns.*** 첨부된 데이터 파일에는 에너지 산업의 10개 기업, 소매 산업의 13개 기업, 공공기반산업의 16개 기업의 연간 주식수익률(%)이 포함되어 있다. 보고서에서 표본정보를 사

용하여 연간 주식수익률이 3개 산업 간에 유의한 차이가 있는지 결정하라. 이어서 튜키의 HSD 방법을 사용하여 쌍별 두 연간 평균수익률 차이에 대한 95% 신뢰구간을 구하라. 어느 연간 평균수익률이 유의하게 다른지 검토하라. 검정을 위해 적정한 유의수준을 사용하고 검정에서 사용된 가정을 명확하게 진술하라.

보고서 13.2 **FILE** ***Grocery_Prices.*** 첨부된 데이터 파일에는 보스턴 지역에 있는 3개의 다른 식료품점에서 판매되는 11개 품목의 가격(달러)이 포함되어 있다. 가격은 정규분포를 따른다고 가정하라. 이에 더하여, 평균 가격이 3개 식료품 간 다르다면, 튜키의 HSD 방법을 사용하면서 어느 점포의 가격이 다른지 결정하라. 검정을 위해 적절한 수준의 유의수준을 사용하라.

보고서 13.3 **FILE** ***Review_SAT.*** 한 SAT 프로그램 관리자는 프로그램의 강사와 학생이 프로그램을 마친 후 경과한 시간이 학생의 SAT 성적에 영향을 미치는지 궁금해한다. 4개의 경과시간과 3명의 강사가 검토되었다. 각 조합을 위해 학생 점수 10개가 표본으로 추출되었다. 첨부된 데이터 파일은 그 결과를 보여준다. SAT 점수는 정규분포를 따른다고 가정하라. 보고서에서 표본정보를 사용하여 강사와 경과시간 간에 상호작용이 있는지 결정하라. 이에 더하여 평균 SAT 점수가 (a) 강사 간, (b) 경과시간 간에 다른지 결정하라. 검정을 위해 적정한 유의수준을 사용하고 검정에서 사용된 가정을 명확하게 진술하라.

핵심 개념

LO 13.1 **일원분산분석 검정을 수행하고 평가할 수 있어야 한다.**

일원분산분석 검정은 3개 이상 모평균 간 차이가 있는지 결정하기 위해 사용된다. 이 검정은 표본내 변동성에 비해 상대적인 표본간 변동성을 검토한다

c개 모평균 간 차이를 검정하기 위한 검정통계량의 값은 $F_{(df_1,df_2)} = \frac{MSTR}{MSE}$와 같이 계산된다. 여기서 $MSTR$은 평균처리제곱합, MSE는 평균오차제곱합, $df_1 = c - 1$, $df_2 = n_T - c$, n_T는 총표본크기이다. $MSTR$과 MSE의 값은 공통분산을 가진 c개의 정규모집단으로 추출된 독립표본에 기초하여 계산된다. 분산분석(ANOVA)검정은 항상 오른쪽 꼬리 검정으로 수행된다.

LO 13.2 **어느 평균들이 다른지 결정하기 위해 피셔의 LSD 방법과 튜키의 HSD 방법을 사용할 수 있어야 한다.**

두 모평균 차이 $\mu_i - \mu_j$에 대한 피셔의 $100(1 - \alpha)\%$ 신뢰구간은 $(\bar{x}_i - \bar{x}_j) \pm t_{\alpha/2,n_T-c}\sqrt{MSE\left(\frac{1}{n_i} + \frac{1}{n_j}\right)}$과 같이 계산된다. 여기서 MSE는 분산분석검정으로부터 추정된다. 계산된 신뢰구간에 0이 포함되어 있지 않으면, 귀무가설 H_0: $\mu_i - \mu_j = 0$이 기각된다.

피셔의 LSD 방법을 사용하여 쌍별 비교를 할 때, 1종 오류의 확률 α가 증가된다. 튜키의 HSD 방법은 t_{df}분포보다 더 넓고, 더 평평하고, 더 두꺼운 꼬리를 가지는 스튜던트화 범위 분포를 사용하기 때문에 1종 오류의 확률이 증가하는 것을 막아준다. 두 모평균 차이 $\mu_i - \mu_j$에 대한 튜키의 $100(1 - \alpha)\%$ 신뢰구간은 균형데이터($n_i = n_j = n$)의 경우 $(\bar{x}_i - \bar{x}_j) \pm q_{\alpha,(c,n_T-c)}\sqrt{\frac{MSE}{n}}$과 불균형데이터($n_i \neq n_j$)의 경우 $(\bar{x}_i - \bar{x}_j) \pm q_{\alpha,(c,n_T-c)}\sqrt{\frac{MSE}{2}\left(\frac{1}{n_i} + \frac{1}{n_j}\right)}$같이 계산된다. 여기서 $q_{\alpha,(c,n_T-c)}$는 스튜던트화 범위 값이다.

LO 13.3 **상호작용이 없는 이원분산분석 검정을 수행하고 평가할 수 있어야 한다.**

일원분산분석 검정은 일인자에 기초하고 있는 모평균들을 비교하기 위해 사용되는 반면, 이

원분산분석 검정은 이인자의 효과를 측정하기 위해 일원분산분석 검정을 확장한 것이다. 추가적인 인자는 설명되지 않는 변동의 일부를 설명하여 오차제곱합 SSE를 감소시켜 $F_{(df_1,df_2)}$ 검정통계량이 더 판별력이 있게 만들어 준다. 이원분산분석 검정은 상호작용이 없는 경우와 상호작용이 있는 경우에 수행될 수 있다.

상호작용이 없는 이원분산분석 검정에서 두 개의 $F_{(df_1,df_2)}$ 검정통계량 값이 사용된다. 첫 번째 검정통계량 $F_{(df_1,df_2)} = \frac{MSB}{MSE}$는 인자 B의 평균(열 평균) 간에 차이가 있는지 검정하기 위해 사용된다. 여기서 $df_1 = r - 1$이고 $df_2 = n_T - c - r + 1$이다. 두 번째 검정통계량 $F_{(df_1,df_2)} = \frac{MSA}{MSE}$는 인자 A의 평균(행 평균) 간에 차이가 있는지 검정하기 위해 사용된다. 여기서 $df_1 = c - 1$이고 $df_2 = n_T - c - r + 1$이다.

LO 13.4 **상호작용이 있는 이원분산분석 검정을 수행하고 평가할 수 있어야 한다.**

상호작용이 있는 이원분산분석 검정에서 세 개의 $F_{(df_1,df_2)}$ 검정통계량 값이 사용된다. 두 개의 검정통계량은 주효과, 즉 인자 B의 평균 간에 차이가 있는지($F_{(df_1,df_2)} = \frac{MSB}{MSE}$, 여기서 $df_1 = r - 1$이고 $df_2 = rc(w - 1)$이다.)와 인자 A의 평균 간에 차이가 있는지($F_{(df_1,df_2)} = \frac{MSA}{MSE}$, 여기서 $df_1 = c - 1$이고 $df_2 = rc(w - 1)$이다.)를 검토하기 위해 사용된다. 세 번째 검정통계량($F_{(df_1,df_2)} = \frac{MSAB}{MSE}$, 여기서 $df_1 = (r - 1)(c - 1)$이고 $df_2 = rc(w - 1)$이다.)은 인자 A와 인자 B 간 상호작용이 있는지 검정하기 위해 사용된다.

상호작용효과가 유의하지 않은 것으로 분석되는 경우에만 인자의 평균 차이에 대한 검정을 수행한다.

추가 연습문제

52. **FILE** ***Transportation.*** 한 정부 기관은 네 종류 운송사업체의 평균 급여가 서로 다른지 결정하기 원한다. 4개 운송사업체 각각에서 직원 30명으로 구성된 임의표본이 추출되었다. 첨부된 데이터 파일에 급여 데이터(1,000달러)가 포함되어 있다.

- **a.** 평균 급여가 운송사업체 간에 다른지 결정하기 위한 경쟁가설을 설정하라.
- **b.** 5%의 유의수준에서, 검정의 결론은 무엇인가?

53. **FILE** ***Foodco.*** 한 대형 식료품점인 푸드코사의 마케팅 매니저는 상점 진열 위치가 특정 품목의 매출액에 영향을 미치는지 결정하기 원한다. 그는 직원들에게 매주 이 품목의 진열위치를 바꾸고 24주 동안(진열위치당 8주) 각 진열위치에서 주간 매출액을 수집하였다. 첨부된 데이터 파일에 표본정보가 포함되어 있다.

- **a.** 주간 평균 매출액이 3개 진열위치 간에 다른지 검정하기 위한 경쟁가설을 설정하라.
- **b.** 5%의 유의수준에서, 검정의 결론은 무엇인가? 매출액은 정규분포를 따른다고 가정하라.

54. **FILE** ***Generic.*** 캘리포니아주에 사는 한 소비자 옹호자는 일반적인 복제약 가격에 대해 우려하고 있다. 특히, 그는 주의 한 지역의 복제약 가격이 다른 두 지역보다 유의하게 다르다고 생각한다. 그는 주를 3개 지역으로 나누고 각 지역의 10개 약국에서 복제약 가격(달러)을 수집하였다. 첨부된 데이터 파일에 표본정보가 포함되어 있다.

- **a.** 5%의 유의수준에서, 평균 복제약 가격이 세 지역 간에 다른가? 복제약 가격은 정규분포를 따른다고 가정하라.
- **b.** 평균 복제약 가격이 세 지역 간에 다르면, 튜키의 HSD 방법을 사용하여 5%의 유의수준에서 어떤 지

역의 평균 복제약 가격이 다른지 결정하라.

55. **FILE** ***Concrete_Mixing.*** 콘크리트의 압축강도는 구성 요소(모래, 시멘트 등), 혼합기 유형(배치, 연속), 경화 과정 등 여러 요소에 의해 영향을 받는다. 따라서 한 콘크리트 회사는 혼합 기술이 압축강도에 어떤 영향을 미치는지 결정하는 실험을 진행하고 있다. 4가지 잠재적 혼합 기술이 확인되었다. 이어서 20개 견본에 대해 각 혼합 기법을 적용하고 압축강도(평방인치당 파운드, psi)를 측정했다. 첨부된 데이터 파일에 표본정보가 포함되어 있다.

a. 평균 압축강도가 4가지 혼합기술 간에 다른지 검정하기 위한 경쟁가설을 설정하라.

b. 5%의 유의수준에서, 검정의 결론은 무엇인가? 1%의 유의수준에서는 어떤가? 압축강도는 정규분포를 따른다고 가정하라.

56. **FILE** ***Plywood.*** 한 엔지니어가 합판의 평균 강도(평방인치당 파운드, psi)가 사용되는 접착제 유형에 따라 다른지 결정하기 원한다. 3가지 유형의 접착제 각각을 사용한 합판 20개의 강도가 측정되었다.

첨부된 데이터 파일에 표본정보가 포함되어 있다. 5%의 유의수준에서, 합판의 평균 강도가 접착제 유형에 따라 다르다고 결론 내릴 수 있는가? 합판의 강도는 정규분포를 따른다고 가정하라.

57. **FILE** ***Route.*** 미니애폴리스시에 있는 한 소형 소프트웨어 회사의 직원은 여름 동안 자전거를 이용하여 직장에 간다. 그는 3개 경로 중 하나를 사용하여 직장에 갈 수 있고, 평균 통근시간(분)이 3개 경로 간에 다른지 궁금해한다. 그는 한 주에 한 경로를 사용하고 통근시간을 기록하였다. 첨부된 데이터 파일에 표본정보가 포함되어 있다.

a. 1%의 유의수준에서 평균 통근시간이 3개 경로 간에 다른지 결정하라. 통근시간은 정규분포를 따른다고 가정하라.

b. 평균 통근시간이 3개 경로 간에 다르면, 튜키의 HSD 방법을 사용하여 1%의 유의수준에서 어떤 경로의 평균 통근시간이 다른지 결정하라.

58. **FILE** ***PEratios.*** 한 경제학자는 평균 주가수익비율(P/E 비율)이 3개 산업에 있는 기업들 간에 다른지 결정하기 원한다. 그는 각 산업에 있는 5개 기업의 P/E 비율을 수집하였다. 첨부된 데이터 파일에 표본정보가 포함되어 있다.

a. 5%의 유의수준에서, 평균 P/E 비율이 3개 산업 간에 다른지 결정하라. P/E 비율은 정규분포를 따른다고 가정하라.

b. 평균 P/E 비율이 3개 산업 간에 다르면, 튜키의 HSD 방법을 사용하여 어떤 산업의 평균 P/E 비율이 다른지 결정하라.

59. 호텔 청소부의 시간당 임금이 일하는 곳에 따라 다른가? 라스베이거스, 피닉스, 올랜도 각각에서 25명의 호텔 청소부의 시간당 임금(달러)이 수집되었다. 다음과 같은 요약통계와 ANOVA 테이블이 작성되었다.

SUMMARY					
Groups	Count	Average			
Las Vegas	25	13.91			
Phoenix	25	8.82			
Orlando	25	8.83			
Source of Variation	*SS*	*df*	*MS*	*F*	*p-value*
Between Groups	430.87	2	215.44	202.90	2.58E-30
Within Groups	76.44	72	1.06		
Total	507.31	74			

a. 5%의 유의수준에서, 호텔 청소부의 평균 시간당 임금이 세 도시 간에 다른가? 시간당 임금은 정규분포를 따른다고 가정하라.

b. 호텔 청소부의 평균 시간당 임금이 세 도시 간에 다르면, 튜키의 HSD 방법을 사용하여 5%의 유의수준에서 어떤 도시의 평균 시간당 임금이 다른지 결정하라.

60. 한 고급 소매 카탈로그 회사의 마케팅 부서는 고객의 평균 구매액이 구매처(인터넷, 전화 또는 우편) 간에 차이가 있는지 결정하기 원한다. 따라서 각 구매처별로 임의로 선택된 20개의 주문으로 구성된 표본이 추출되었다. 다음의 표들은 표본데이터를 사용하여 구

한 표본평균과 ANOVA 테이블이다. 고객의 구매액은 정규분포를 따른다고 가정하라.

인터넷	전화	우편
$\bar{x}_1 = 214.05$	$\bar{x}_2 = 212.45$	$\bar{x}_3 = 182.40$

Source of Variation	*SS*	*df*	*MS*	*F*	*p-value*
Between Groups	12715.23	2	6357.62	0.433	0.651
Within Groups	836704.70	57	14679.03		
Total	849419.93	59			

a. 5%의 유의수준에서, 평균 구매액이 3개 구매처 간에 다르다고 결론 내릴 수 있는가?

b. 평균 구매액이 3개 구매처 간에 유의하게 다르면, 피셔의 LSD 방법을 사용하여 어떤 구매처의 평균 구매액이 다른지 결정하라.

61. 한 회계학 교수는 학생이 수강하는 회계학 클래스와 관계없이 학과 기말시험에서 동일한 성적을 거두는지 알기 원한다. 그녀는 임의로 3개 클래스 각각에서 20명 학생의 시험점수를 추출하였다. 다음의 표는 일원분산분석 검정을 수행한 결과 일부를 보여준다. 시험점수는 정규분포를 따른다고 가정하라.

Source of Variation	*SS*	*df*	*MS*	*F*	*p-value*
Between Groups	57.39	2	*MSTR* = ?	$F_{2,57}$ = ?	0.346
Within Groups	*SSE* = ?	57	*MSE* = ?		
Total	1570.19	59			

a. ANOVA 테이블의 생략된 값을 채워라.

b. 5%의 유의수준에서, 평균 점수가 회계학 클래스 간에 다르다고 결론 내릴 수 있는가?

62. **FILE** ***Website.*** 한 온라인 상점의 데이터 분석가는 이 상점 웹사이트의 평균 고객 방문 수가 요일에 따라 다른지 궁금해한다. 그는 12주 동안 매일 웹사이트의 고객 방문 수를 수집하였다. 첨부된 데이터 파일에는 이러한 표본정보가 포함되어 있다. 5%의 유의수준에서, 이 데이터 분석가는 어떤 결론을 내릴 수 있는가? 이러한 분석을 위해 사용한 가정을 논의하라.

63. **FILE** ***Battery_Times.*** 배터리 제조업체인 일렉트로배트사는 배터리 저장소의 온도가 자사의 인기 있는 레저용 차량에 사용되는 배터리의 성능에 어떤 영향을 미치는지 조사하고 있다. 표본으로 추출된 30개의 완전 충전된 배터리가 4개의 저장소 온도수준 각각에서 가벼운 부하를 받게 하였다. 심층 방전(충전 잔량이 20% 이하 상태)까지 걸리는 시간이 측정되었다. 첨부된 데이터 파일에 표본정보가 포함되어 있다.

a. 5%의 유의수준에서, 평균 방전시간이 4개의 저장소 온도수준에 따라 다르다고 결론 내릴 수 있는가? 1%의 유의수준에서는 어떤가?

b. 평균 방전시간이 4개의 저장소 온도수준에 따라 유의하게 다르다면, 튜키의 HSD 방법을 사용하여 5%의 유의수준에서 어떤 온도수준의 평균 방전시간이 다른지 결정하라.

64. 다음의 표는 5가지 다른 생산방법(인자 A, 열)을 단위당 노동비용에 의해 평가하기 위해 상호작용이 없는 이원분산분석 검정의 결과를 보여준다. 운영자 경험 수준이 블록 인자(인자 B, 행)로 사용되었고 4개의 수준이 고려되었다. 단위당 노동비용은 정규분포를 따른다고 가정하라.

Source of Variation	*SS*	*df*	*MS*	*F*	*p-value*
Rows (Experience level)	*SSB* = ?	3	*MSB* = ?	F_B = ?	$p\text{-val}_B$ = ?
Columns (Prod. method)	*SSA* = ?	df_A = ?	*MSA* = 0.720	F_A = ?	$p\text{-val}_A$ = ?
Error	3.072	12	*MSE* = ?		
Total	10.998	19			

a. ANOVA 테이블에서 생략된 값을 채워라.

b. 5%의 유의수준에서, 단위당 노동비용이 생산방법에 따라 다르다고 결론 내릴 수 있는가? 10%의 유의수준에서는 어떤가?

c. 5%의 유의수준에서, 단위당 노동비용이 운영자의 경험수준에 따라 다르다고 결론 내릴 수 있는가?

65. 다음의 표는 상호작용이 없는 이원분산분석 검정의 결과 일부를 요약한 것이다. 여기서 인자 A(열)는 3개

의 소득범주(저소득, 중간소득, 고소득)를 나타내고 인자 B(행)는 3개의 다른 정당(민주당, 공화당, 무소속)을 나타낸다. 관심 변수는 가장 최근 대통령 선거기간 동안 정당에 기부한 금액(달러)이다. 기부액은 정규분포를 따른다고 가정하라.

Source of Variation	SS	df	MS	F	p-value
Rows	25416.67	2	MSB = ?	$F_{\text{Factor B}}$ = ?	0.099
Columns	42916.67	2	MSA = ?	$F_{\text{Factor A}}$ = ?	0.046
Error	11666.67	4	MSE = ?	MSE = ?	
Total	80000	8			

a. ANOVA 테이블에서 생략된 값을 채워라.

b. 5%의 유의수준에서, 평균 기부액은 정당에 따라 다르다고 결론 내릴 수 있는가?

c. 5%의 유의수준에서, 평균 기부액이 소득수준에 따라 다르다고 결론 내릴 수 있는가?

66. **FILE** ***Headlight_Design.*** 한 자동차 부품 제조업체는 3가지 할로겐 헤드라이트 설계를 테스트하고 있고, 그 중 하나는 궁극적으로 동급 최고의 야간 시야를 제공한다고 홍보될 것이다. 관심 있는 변수는 완전히 어두운 곳에서 교통 표지판을 읽을 수 있는 거리이다. 나이 든 운전자는 종종 시력이 낮기 때문에, 이 실험에서 운전자의 나이를 통제해야 한다. 다음의 결과(피트)는 12명의 운전자(각 헤드라이트 설계에 대해 4개 연령 그룹)로 구성된 표본을 사용하여 얻었다.

	설계 1	설계 2	설계 3
30세 미만	293	268	270
30~45세	254	243	254
46~59세	224	249	231
60세 이상	238	214	205

a. 5%의 유의수준에서, 평균 야간시야 거리는 헤드라이트 설계 간에 다르다고 결론 내릴 수 있는가? 야간시야 거리는 정규분포를 따른다고 가정하라. 당신의 결론은 무엇을 시사하는가?

b. 5%의 유의수준에서, 이 실험에 운전자 연령을 블록을 구분하는 변수로 포함시키는 것이 도움이 되는가? 설명하라.

67. **FILE** ***Gymnastics.*** 체조 경기에서, 3명의 심판은 5명의 체조 선수들의 평균대 연기를 평가한다. 심판들은 1부터 10까지의 척도를 사용하는데, 여기서 10은 만점이다. 첨부된 데이터 파일에는 가장 최근의 체조 경기 점수가 포함되어 있다. 점수가 정규 분포를 따른다고 가정하라.

a. 1%의 유의수준에서, 평균 점수가 심판에 따라 다르다고 결론 내릴 수 있는가?

b. 1%의 유의수준에서, 평균 점수가 체조선수에 따라 다르다고 결론 내릴 수 있는가?

c. 평균 점수가 체조선수에 따라 다르면, 튜키의 HSD 방법을 사용하여 1%의 유의수준에서 어느 체조선수의 연기 점수가 다른지 결정하라.

68. **FILE** ***Fuel_Hybrid.*** 한 환경보호론자는 평균 연료 소비량(갤론당 마일)이 연료 유형(인자 A)과 하이브리드 유형(인자 B)의 영향을 받는지 검토하기 원한다. 첨부된 데이터 파일은 그녀의 분석결과를 보여준다.

a. 상호작용이 있는 이원분산분석 검정을 수행하라. 연료 소비량은 정규분포를 따른다고 가정하라. 5%의 유의수준에서 연료 유형과 하이브리드 유형 간 상호작용이 있는가?

b. 5%의 유의수준에서, 평균 연료 소비량이 연료 유형에 따라 다르다고 결론 내릴 수 있는가?

c. 5%의 유의수준에서, 평균 연료 소비량이 하이브리드 유형에 따라 다르다고 결론 내릴 수 있는가?

69. 한 경영 컨설턴트는 레스토랑 대기직원(웨이터와 웨이트리스)의 연령과 성별이 고객이 주는 팁 크기에 영향을 주는지 결정하기 원한다. 3개 연령층(열에 있는 인자 A: 젊은층, 중간층, 늙은층)과 성별(행에 있는 인자 B: 남성, 여성)이 상호작용이 있는 이원분산분석 실험을 하기 위해 사용된다. 연령층과 성별의 각 조합에서 10명 대기직원이 받은 팁이 총지불청구서에서 차지하는 비율이 검토되었다. 이 컨설턴트는 이러한 비율이 정규분포를 따른다고 가정하고 다음과 같은 ANOVA 테이블을 작성하였다.

Source of Variation	SS	df	MS	F	p-value
Sample	0.04278	1	0.04278	16.595	0.000
Columns	0.01793	2	0.00897	3.479	0.038
Interaction	0.00561	2	0.00281	1.089	0.344
Within	0.1392	54	0.00258		
Total	0.20552	59			

a. 1%의 유의수준에서 연령과 성별 간 상호작용이 있다고 결론 내릴 수 있는가?

b. 주효과에 대한 검정을 수행할 수 있는가? 예이면, 1%의 유의수준에서 검정을 수행하라. 아니면, 그 이유를 설명하라.

70. FILE ***Training_Experience.*** 한 생산 관리자는 운영자 훈련방법(인자 A)이 특정 제품의 생산량에 영향을 미치는지 조사하고 있다. 3가지 훈련방법, 즉 종일 워크샵(가장 집중적인 훈련), 현장 훈련, 필요시 훈련(가장 덜 집중적인 훈련)이 검토되었다. 훈련의 가치는 운영자의 경험 수준에 따라 달라질 수 있기 때문에 운영자 경험수준(인자 B)도 검토되었다. 각 훈련방법과 경험수준의 조합에서 5명 운영자가 임의로 선택되었다. 첨부된 데이터 파일은 지난주의 생산량(생산단위 수)을 보여준다. 생산량은 정규분포를 따른다고 가정하라.

a. 5%의 유의수준에서, 훈련방법과 운영자 경험수준 간 상호작용이 있다고 결론 내릴 수 있는가? 이러한 결론이 왜 실용적 관점에서 적정한지 설명하라.

b. 주효과에 대한 검정을 수행할 수 있는가? 예이면, 5%의 유의수준에서 검정을 수행하라. 아니면, 그 이유를 설명하라. 당신의 결론이 왜 실용적 관점에서 적정한지 설명하라.

71. FILE ***BestCuts.*** 가구제조업체인 베스트컷스사의 절삭부서는 절삭 깊이와 이송 속도가 인기 있는 식당 테이블 모델에 사용되는 테이블 다리의 표면 거칠기에 미치는 영향을 조사하고 있다. 첨부된 데이터 파일은 3가지 다른 절삭 깊이 설정과 2가지 다른 이송 속도 설정의 각 조합에서 6번 시행한 반복실험이 표면 거칠기에 미친 결과를 보여준다. 표면 거칠기는 정규분포를 따른다고 가정하라.

a. 5%의 유의수준에서, 절삭 깊이와 이송 속도 간 상호작용이 있다고 결론 내릴 수 있는가?

b. 주효과에 대한 검정을 수행할 수 있는가? 예이면, 5%의 유의수준에서 검정을 수행하라. 아니면, 그 이유를 설명하라.

c. (b)에서 당신의 결론이 왜 실용적 관점에서 적정한지 설명하라.

14 회귀분석

Regression Analysis

학습목차_*Chapter Contents*

학습목표_*Learning Objectives*

이 장을 학습한 후에,

LO **14.1** 모상관계수에 대한 가설검정을 수행할 수 있어야 한다.

LO **14.2** 단순선형회귀모형과 다중선형회귀모형을 추정하고 해석할 수 있어야 한다.

LO **14.3** 적합도 척도를 해석할 수 있어야 한다.

연구원이나 애널리스트는 종종 두 개 이상 변수들 간 관계를 검토할 필요가 있다. 이 장에서는 먼저 3장에서 논의한 상관계수를 복습하고 이어서 두 변수가 상관관계를 가지고 있는지 결정하기 위한 가설검정을 수행한다. 다음으로 경영학, 공학, 사회과학에서 가장 널리 사용되는 통계기법 중 하나인 회귀분석을 소개한다. 회귀분석은 일반적으로 설명변수라고 부르는 여러 개의 투입변수들에 기초하여 반응변수라고 부르는 관심 있는 변수의 변화를 예측하거나 설명하기 위해 사용된다. 예를 들면, 한 기업은 광고비를 10만 달러 증가시키는 것이 매출액에 미칠 수 있는 효과를 알기 원할 수 있다. 또는 주택크기와 위치에 기초하여 주택가격을 예측하기 원할 수 있다. 회귀분석은 이러한 두 가지 예 모두에 적용될 수 있다.

먼저 단순선형회귀모형이라고 부르는 두 변수 간 선형관계를 추정하는 과정을 학습한다. 이어서 하나의 반응변수와 다수의 설명변수들이 포함되는 다중선형회귀모형을 추정하는 과정을 학습한다. 마지막으로 다수의 회귀모형 중에서 선호되는 모형을 선택하기 위해 추정된 모형이 데이터를 얼마나 잘 적합시키는지 평가하기 위한 적합도 척도들을 검토한다.

Blend Images - JGI/Jamie Grill/Getty Images

도입사례_*Introductory Case*

소비자의 부채상환

FILE ***Debt_Payments.*** 한 연구에 의하면, 미국인 소비자들은 매달 평균 983달러의 부채를 갚고 있는 것으로 분석되었다. 그러나 소비자의 실제 부채상환액은 그가 어디서 사느냐에 따라 크게 달라지는 것으로 밝혀졌다. 예를 들면, 워싱턴 D.C.의 주민들이 가장 많이 부채를 갚는 반면, 피츠버그 주민들은 가장 적게 부채를 갚는다. 한 대형은행의 경제학자인 매들린 데이비스는 도시 간 소득 차이가 부채상환액의 차이를 발생시키는 주요 요인이라고 믿는다. 예를 들면, 워싱턴 D.C. 지역의 높은 소득이 주민들이 가장 많이 부채를 갚게 하는 데 기여했을 것이다. 그녀는 실업률이 소비자 부채상환에 미치는 영향에 대해 확신하지 못한다. 한편, 높은 실업률은 소비자들이 대형 가전제품과 자동차와 같은 주요 구매를 포기하게 만들기 때문에 소비자 부채상환액을 감소시킬 수 있다. 다른 한편 높은 실업률은 소비자들이 청구금액을 지불하기 위해 애쓰게 만들기 때문에 소비자 부채상환액을 증가시킬 수 있다.

소비자 부채상환액, 소득, 실업률 간 관계를 분석하기 위해, 매들린은 미국의 26개 대도시 지역을 대상으로 평균 소비자 부채상환액(Debt, 달러), 연간 가구소득의 중앙값(Income, 1,000달러), 월간 실업률(Unemployment, %)에 대한 데이터를 수집하였다. 표 14.1은 이러한 데이터의 일부를 보여준다.

표 14.1 평균 소비자 부채 상환액, 연간 가구소득의 중앙값과 실업률

Metropolitan Area	Debt	Income	Unemployment
Washington, D.C.	1285	103.50	6.3
Seattle	1135	81.70	8.5
⋮	⋮	⋮	⋮
Pittsburgh	763	63.00	8.3

매들린은 표 14.1의 정보를 사용하여 다음과 같은 일을 수행하기 원한다.

1. 부채상환액과 소득 간 상관관계가 있는지 결정한다.
2. 회귀분석을 사용하여, 주어진 소득과 실업률의 값에서 부채상환액을 예측한다.

이 도입사례에 대한 분석결과는 14.3절의 마지막 부분에 제시되어 있다.

14.1 상관계수에 대한 검정

2장으로부터 산점도는 두 변수 간 관계를 그림으로 보여준다는 것을 기억하라. 그림 14.1은 도입사례의 ***Debt_Payments*** 데이터 파일을 사용하면서 그린 부채상환액과 소득의 산점도이다. 두 변수는 양의 관계, 즉 한 변수가 증가함에 따라 다른 변수도 증가하는 경향을 가지고 있다고 추론할 수 있다.

그림 14.1 부채상환액과 소득의 산점도

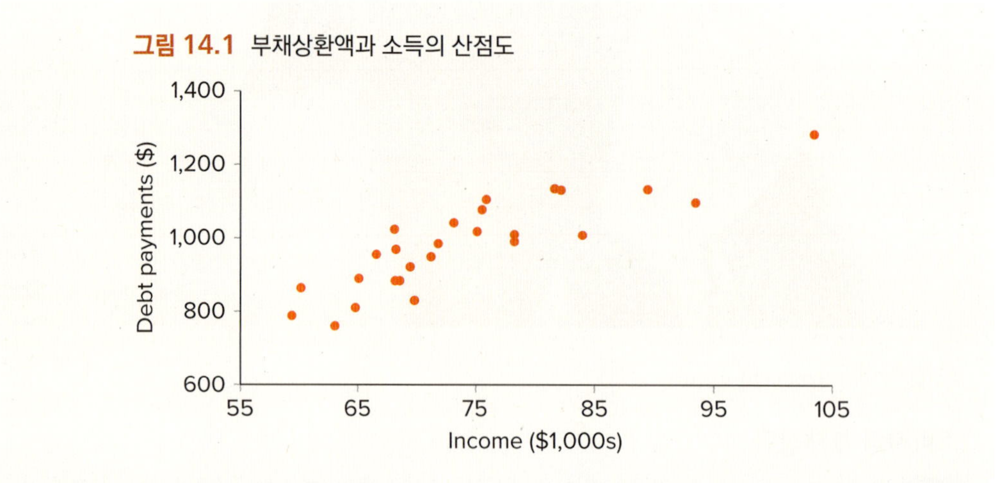

3장에서 두 변수 간 선형관계를 측정하는 공분산과 상관계수를 검토하였다. 표본공분산 s_{xy}는 두 변수 x와 y 간 선형관계의 방향을 측정한다. s_{xy}의 값이 양이라는 것은 x와 y가 양의 선형관계를 가지는 것을 의미하는 반면 s_{xy}의 값이 음이라는 것은 x와 y가 음의 선형관계를 가지는 것을 의미한다.

공분산은 측정단위에 민감하기 때문에 추가적인 해석을 하는 것은 어렵다. 예를 들면, 두 변수 간 공분산이 100일 수도 있고 1,000일 수도 있다. 두 변수 셋은 양의 선형관계를 가지고 있다고만 결론 내릴 수 있을 뿐이다. 달리 말하면, 선형관계의 강도에 대해 말할 수 없다.

더 해석하기 쉬운 척도는 x와 y 간 선형관계의 방향과 강도를 설명하는 **표본상관계수(sample correlation coefficient)** r_{xy}이다.

표본상관계수

표본상관계수는 두 변수 x와 y 간 선형관계의 방향과 강도를 측정한다. 표본상관계수 r_{xy}는 다음과 같이 계산된다.

$$r_{xy} = \frac{s_{xy}}{s_x s_y}$$

여기서 s_{xy}는 표본공분산, s_x와 s_y는 각각 x와 y의 표본표준편차, $-1 \leq r_{xy} \leq 1$이다.

요약하면, 표본상관계수 r_{xy}는 측정단위와 무관하고 −1과 1 사이의 값을 가진다. r_{xy}가 1이면, x와 y 간에 완전한 양의 선형관계가 존재한다. 이와 유사하게, r_{xy}가 −1이면, x와 y 간에 완전한 음의 선형관계가 존재한다 r_{xy}가 0이면, x와 y 간에 선형관계가 존재하지 않는다. r_{xy}의 다른 값은 −1, 0, 1을 참조하면서 해석해야 한다. r_{xy}의 절대값이 1에 접근함에 따라, 선형관계는 더 강해진다. 예를 들면, $r_{xy} = -0.80$은 강한 음의 선형관계를 제시하는 반면, $r_{xy} = 0.12$는 약한 양의 선형관계를 제시한다. 그러나 모상관계수가 통계적으로 유의한 경우에만 선형관계의 방향에 대해 말할 수 있다. 이것이 다음으로 다루는 주제이다.

모상관계수 ρ_{xy}에 대한 검정

표본상관계수에 의해 암시되는 두 변수 간 관계가 실제인지 아니면 우연인지 결정하기 위한 가설검정을 수행하자. ρ_{xy}는 모상관계수를 나타낸다고 하자. 모상관계수가 0과 다른지, 0보다 큰지, 0보다 작은지 검정할 때, 경쟁가설은 다음 형태 중 하나로 설정된다.

양측 검정	오른쪽 꼬리 검정	왼쪽 꼬리 검정
H_0: $\rho_{xy} = 0$	H_0: $\rho_{xy} \leq 0$	H_0: $\rho_{xy} \geq 0$
H_A: $\rho_{xy} \neq 0$	H_A: $\rho_{xy} > 0$	H_A: $\rho_{xy} < 0$

모든 가설검정과 마찬가지로, 다음 단계는 검정통계량을 결정하고 그 값을 계산하는 것이다.

ρ_{xy}에 대한 가설검정을 위한 검정통계량

모상관계수 ρ_{xy}에 대한 가설검정을 위한 검정통계량의 값은 다음과 같이 계산된다.

$$t_{df} = \frac{r_{xy}}{s_r}$$

여기서 $df = n - 2$이고 s_r은 표본상관계수 r_{xy}의 표준오차이며 $\sqrt{(1 - r_{xy}^2)/(n - 2)}$와 같이 계산된다. 따라서,

$$t_{df} = \frac{r_{xy}\sqrt{n-2}}{\sqrt{1 - r_{xy}^2}}$$

Excel과 R을 이용한 ρ_{xy}에 대한 가설검정

Excel과 R을 이용하여 모상관계수에 관한 가설검정을 수행한다. 다음의 예제를 고려하라.

예제 14.1

FILE ***Debt_Payments.*** 도입사례의 ***Debt_Payments*** 데이터 파일을 사용하여 다음의 문제를 풀어라.

a. Debt와 Income 간 상관계수를 계산하고 해석하라.

b. 5%의 유의수준에서, 모상관계수가 유의한지 결정하라.

해답:

Excel의 이용

a. ***Debt_Payments*** 데이터 파일을 연다. Debt의 관측치는 셀 B2부터 셀 B27까지에 있고 Income의 관측치는 셀 C2부터 셀 C27까지에 있다. Excel의 **CORREL** 함수를 사용하여 표본상관계수를 계산한다. `=CORREL(B2:B27, C2:C27)`을 입력하면 Excel은 0.8675를 산출한다. 표본상관계수가 0.8675라는 것은 Debt와 Income은 양의 선형관계를 가진다는 것을 제시한다.

b. Income (x)와 Debt (y) 간 상관계수가 유의한지 검정할 때, 경쟁가설은 다음과 같이 설정된다.

$$H_0: \rho_{xy} = 0$$
$$H_A: \rho_{xy} \neq 0$$

검정통계량의 값 $t_{df} = \frac{r_{xy}\sqrt{n-2}}{\sqrt{1-r_{xy}^2}}$, $df = n - 2 = 24$를 구하기 위해 `=(CORREL(B2:B27, C2:C27)*sqrt(26-2))/(sqrt(1-CORREL(B2:B27, C2:C27)^2))`를 입력한다. Excel은 8.544를 산출한다. 따라서 $t_{24} = 8.544$이다. 양측 검정을 위한 p-값은 `=2*T.DIST.RT(8.544,24)`를 입력하여 구한다. Excel은 9.66E−09를 산출한다. p-값은 근사적으로 0이기 때문에 H_0은 기각된다. 5%의 유의수준에서 Debt와 Income 간 모상관계수는 0과 다르다고 결론 내린다.

R의 이용

a. ***Debt_Payments*** 데이터를 데이터프레임(테이블)으로 가져와서 myData라는 이름으로 지정한다.

b. R의 **cor** 함수를 사용하여 상관계수를 구할 수 있다 그러나 **cor.test** 함수는 상관계수 뿐만 아니라 검정통계량의 값과 p-값을 생성해준다. 이 함수에서, 먼저 x변수와 y 변수를 설정한다. 이어서 *alternative* 옵션을 사용하여 대립가설을 나타낸다. (양측 검정의 경우 "two.sided", 왼쪽 꼬리 검정의 경우 "less", 오른쪽 꼬리 검정의 경우 "greater"라고 설정한다.) 다음과 같이 입력하라.

```
> cor.test(myData$Income, myData$Debt, alternative="two.sided")
```

표 14.2는 R의 분석결과를 보여준다. 표본상관계수, 검정통계량의 값, p-값이 볼드체로 표시되어 있다. 그 결과는 Excel의 분석결과와 같다. 표 14.2의 가장 아래에서 보는 것처럼, Debt와 Income 간 상관계수는 0.8675이다. p-값은 근사적으로 0이기 때문에, 귀무가설은 기각된다. 5%의 유의수준에서 Debt와 Income 간 모상관계수는 0과 다르다고 결론 내린다.

표 14.2 모상관계수에 대한 가설검정을 위한 R의 분석결과

```
            Pearson's product-moment correlation
data: myData[, "Income"] and myData[, "Debt"]
t = 8.544, df = 24, p-value = 9.66e-09
alternative hypothesis: true correlation is not equal to 0
95 percent confidence interval:
0.7231671 0.9392464
sample estimates:
    cor
0.8675115
```

상관분석은 많은 한계를 가지고 있다. 상관계수는 두 변수 간 선형관계의 강도를 측정한다는 것을 기억하라. 많은 경우에 급여, 교육, 근로경험 간 관계와 같이 세 개 이상 변수들이 어떤 관계를 가지고 있는지 알기 원할 수 있다. 또는 두 변수 간 관계가 비선형이라고 믿을 만한 이유가 있을 수 있다. 이러한 경우, 상관분석은 부적절하고 회귀분석이 적절하다. 이 교재의 나머지 대부분은 관심 있는 변수를 예측할 수 있게 해주는 회귀분석을 논의한다.

연습문제 14.1

1. 두 확률변수 x와 y 간 표본공분산은 100이다. x의 표본표준편차는 10이고 y의 표본표준편차는 12.5이다. 표본상관계수를 계산하고 해석하라.

2. 두 확률변수 x와 y 간 표본공분산은 250이다. x의 표본표준편차는 40이고 y의 표본표준편차는 50이다. 표본상관계수를 계산하고 해석하라.

3. 다음의 경쟁가설을 고려하라.

$$H_0: \rho_{xy} = 0$$
$$H_A: \rho_{xy} \neq 0$$

표본은 25개 관측치로 구성되어 있고 표본상관계수는 0.15이다.

a. 검정통계량의 값과 p-값을 계산하라.

b. 5%의 유의수준에서, 검정의 결론은 무엇인가? 설명하라.

4. 다음의 경쟁가설을 고려하라.

$$H_0: \rho_{xy} \geq 0$$
$$H_A: \rho_{xy} < 0$$

표본은 30개 관측치로 구성되어 있고 표본상관계수는 −0.60이다.

a. 검정통계량의 값과 p-값을 계산하라.

b. 5%의 유의수준에서, 검정의 결론은 무엇인가? 설명하라.

5. 10개 관측치의 표본은 다음의 통계량을 제공한다.

$$s_x = 13, s_y = 18, s_{xy} = 117.22$$

a. 표본상관계수 r_{xy}를 계산하고 해석하라.

b. 모상관계수가 양인지 결정하기 위한 경쟁가설을 설정하라.

c. 검정통계량의 값과 p-값을 계산하라.

d. 5%의 유의수준에서, 검정의 결론은 무엇인가? 설명하라.

6. 25개 관측치의 표본은 다음의 통계량을 제공한다.

$$s_x = 2, s_y = 5, s_{xy} = -1.75$$

a. 표본상관계수 r_{xy}를 계산하고 해석하라.

b. 모상관계수가 0과 다른지 결정하기 위한 경쟁가설을 설정하라.

c. 5%의 유의수준에서, 검정의 결론은 무엇인가? 설명하라.

7. FILE ***Rain.*** 한 사회학자는 도시의 날씨와 범죄 간 관계를 연구한다. 특히, 그녀는 음울한 날씨가 치명적인 총격사건과 치명적이 않은 총격사건을 감소시키는 중요한 요인이라고 믿는다. 그녀는 지난 5개월 동안 비가 온 일수와 총격사건 발생 건수에 대한 데이터를 수집했다. 다음의 표는 이러한 데이터의 일부를 보여준다.

Month	Rainy	Shootings
1	7	31
2	15	46
⋮	⋮	⋮
5	22	15

a. 비가 온 일수와 총격사건 발생건수 간 표본상관계수를 계산하라.

b. 비가 온 일수와 총격사건 발생건수 간 모상관계수가 음인지 결정하기 위한 경쟁가설을 설정하라.

c. 검정통계량의 값과 p-값을 계산하라.

d. 5%의 유의수준에서, 검정의 결론은 무엇인가? 음울한 날씨와 범죄는 음의 상관계를 가지는가?

8. **FILE** ***Stock_Returns.*** 분산투자는 투자자가 다양한 자산들에 투자하여 위험을 줄일 수 있게 해주기 때문에 금융분야에서 중요하게 여겨진다. 특히 분산투자는 자산들 간 상관관계가 낮을 때 효과적이다. 다음의 표는 지난 1년간 4개 기업 주식의 종가에 대한 월간 데이터 일부를 보여준다.

Month	Firm 1	Firm 2	Firm 3	Firm 4
Jan	27.61	49.52	15.13	15.64
Feb	28.22	54.88	16.61	15.72
⋮	⋮	⋮	⋮	⋮
Dec	27.91	55.58	13.34	18.29

a. 모든 주가 쌍 간 표본상관계수를 계산하라.

b. 한 투자자는 이미 기업 1 주식을 가지고 있고 그녀의 포트폴리오에 다른 자산을 추가하기 원한다. 나머지 3개 주식 중 어느 것이 그녀에게 분산투자의 최대 이익을 주는가? (*힌트*: 기업 1 주식과 상관관계가 가장 낮은 주식을 선택하라.)

c. 이 투자자는 4개 주식 중 어느 것도 소유하고 있지 않다고 하자. 그녀가 분산투자의 최대 이익을 얻을 수 있도록 2개 주식을 선택하라.

9. **FILE** ***Taxes.*** 한 부동산 중개인은 주택의 크기(ft^2)와 소유자가 내야 하는 재산세(달러) 간 관계를 연구하고 있다. 다음의 표는 뉴욕시에서 60마일 떨어진 교외에 있는 20개 주택에 대한 데이터 일부를 보여준다.

Taxes	Size
21928	2449
17339	2479
⋮	⋮
29235	2864

a. r_{xy}를 계산하고 해석하라.

b. 주택크기와 재산세 간 모상관계수가 0과 다른지 결정하기 위한 경쟁가설을 설정하라.

c. 검정통계량의 값과 p-값을 계산하라.

d. 5%의 유의수준에서, 검정의 결론은 무엇인가?

10. **FILE** ***Happiness_Age.*** 행복을 다양한 요인과 연결시키는 많은 시도가 있었다. 한 연구는 행복을 연령과 연결시키고 다른 모든 것이 일정한 경우, 사람들은 40대 중반에 가장 행복하지 않다는 것을 발견하였다. 다음의 표는 응답자의 연령과 0부터 100까지의 척도로 자신이 측정한 행복도에 대한 데이터 일부를 보여준다.

Respondent	Happiness	Age
1	62	49
2	66	51
⋮	⋮	⋮
24	72	69

a. 연령과 행복 간 표본상관계수를 계산하고 해석하라.

b. 1%의 유의수준에서 모상관계수는 통계적으로 유의한가?

c. 이러한 상관분석의 단점을 찾기 위한 산점도를 그려라.

11. **FILE** ***Points.*** 전국프로농구협회(NBA)에서 일하는 한 스포츠 분석가는 농구선수의 게임당 평균 점수(PPG)와 게임당 평균 경기시간(MPG) 간에 관계가 있는지 궁금해한다. 다음의 표는 그가 10명의 농구선수에 대해 수집한 데이터 일부를 보여준다.

Player	PPG	MPG
1	30.2	38.6
2	28.4	37.7
⋮	⋮	⋮
10	22.6	37.2

a. PPG와 MPG 간 표본상관계수를 계산하고 해석하라.

b. PPG와 MPG 간 모상관계수가 양인지 결정하기 위한 경쟁가설을 설정하라.

c. 검정통계량의 값과 p-값을 계산하라.

d. 5%의 유의수준에서, 검정의 결론은 무엇인가? 검정의 결과가 놀라운가? 설명하라.

14.2 선형회귀모형

회귀분석은 경영학, 공학, 사회과학에서 가장 널리 사용되는 통계기법 중 하나이다. 회귀분석은 **반응변수(response variable)**라고 부르는 한 변수가 **설명변수(explanatory variable)**라고 부르는 다른 변수들에 의해 영향을 받는다고 가정한다. 따라서 반응변수의 변화를 예측하고 설명하기 위해 설명변수들의 정보를 사용한다. 종종 설명변수는 예측변수(predictor variable) 또는 투입변수(input variable)라고 부르는 반면 반응변수는 목표변수(target variable)라고 부른다.

상관분석과 회귀분석은 둘 다 변수들 간 관계를 측정한다는 의미에서 관련되어 있다. 14.1절에서 논의한 것처럼, 상관계수는 두 변수 간 선형관계의 강도를 측정하는 반면, 회귀분석은 반응변수와 다수의 설명변수들 간 관계를 포착하기 위해 상관분석을 확장한다. 회귀모형은 알려진 설명변수들의 값에 기초하여 반응변수의 값을 예측할 수 있게 해준다. 회귀모형(regression model)은 예측을 하는 데 효과가 있는 것으로 알려져 있다. 회귀모형은 반응변수와 설명변수들 간 인과관계를 찾는 것으로 보일 수 있다. 그러나 반응변수와 설명변수들 간 인과관계는 이 교재의 범위를 벗어나는 임의실험과 고급통계모형을 통해서만 확립될 수 있다.

도입사례에서, 매들린은 소득의 중앙값과 실업률이 대도시 지역의 소비자 부채상환액에 어떻게 영향을 미칠 수 있는지 검토하는 데 관심을 가지고 있다. 다른 예들로, 광고비에 기초하여 기업의 매출액을 예측하기, 교육수준과 근로경력연수에 기초하여 개인의 연봉을 추정하기, 주택크기와 위치에 기초하여 주택의 판매가격을 예측하기, 소비자 소득, 이자율, 가격할인에 기초하여 자동차 매출액을 설명하기 원할 수 있다. 이러한 모든 예에서 관심 있는 변수들 간 관계를 설명하기 위해 회귀분석을 사용할 수 있다. 선택되는 반응변수가 무엇이든지, 반응변수의 정확한 값을 예측하는 것을 기대할 수 없다. 반응변수의 값이 설명변수들의 값에 의해 유일하게 결정되면, 변수들의 관계는 **확정적(deterministic)**이라고 말한다. 이러한 확정적 관계는 종종 물리학에서 나타난다. 예를 들면, 운동량 p는 물체의 질량 m과 속도 v의 곱과 같다. 즉, $p = mv$이다. 그러나 대부분의 연구분야에서, 반응변수에 영향을 주는 관련변수들이 누락되기 때문에 (종종 관련변수들을 측정할 수 없기 때문에) 반응변수와 설명변수들 간 관계는 **확률적(stochastic)**이다. 예를 들면, 부채상환액은 도입사례에서 포함되지 않은 변수인 가구크기에 의해 영향을 받을 수 있다. 이와 유사하게, 개인의 연봉을 예측하려고 할 때, 개인의 타고난 능력은 불가능한 것은 아닐지라도 계량화하는 것이 매우 어렵기 때문에 종종 누락된다.

확정적 관계와 확률적 관계

반응변수의 값이 설명변수들에 의해 유일하게 결정되면, 반응변수와 설명변수들 간 관계는 확정적이다. 그렇지 않으면, 반응변수와 설명변수들 간 관계는 확률적이다.

우리의 목적은 반응변수 y와 k개 설명변수 $x_1, x_2, \ldots, x_k$ 간 관계를 나타내는 수학적 모형을 개발하는 것이다. 이 모형은 현실의 한 부분으로 자리잡고 있는 임의성(randomness)도 고려해야 한다. 선형회귀모형을 개발하기 위해 모형화하기 원하는 관계를 근사시키는 확정적 부분에 임의오차항을 더하여 반응변수와 설명변수들간 관계를 확률적이 되게 만든다.

단순선형회귀모형

먼저 y로 표시되는 반응변수의 변동을 설명하기 위해 x로 표시되는 한 개의 설명변수를 사용하는 **단순선형회귀모형(simple linear regression model)**에 초점을 맞추어 논의한다. 이어서 단순선형회귀모형을 **다중선형회귀모형(multiple linear regression model)**으로 확장한다. 여기서 두 개 이상의 많은 설명변수들이 반응변수와 선형관계를 가지고 있는 것으로 가정한다.

단순선형회귀모형의 기본적인 가정은 y의 기대값이 $\beta_0 + \beta_1 x$로 표시되는 직선상에 있다는 것이다. 여기서 β_0와 β_1는 각각 알려져 있지 않은 절편과 기울기 모수이다.

$\beta_0 + \beta_1 x$는 단순선형회귀모형의 확정적 부분이고 주어진 x에서 y의 기대값이라고 생각할 수 있다. 달리 말하면, x의 조건하에서 $E(y) = \beta_0 + \beta_1 x$이다. 기울기 모수 β_1은 x와 $E(y)$의 선형관계가 양인지($\beta_1 > 0$), 음인지($\beta_1 < 0$)를 결정한다. $\beta_1 = 0$은 선형관계가 존재하지 않는 것을 제시한다. 그림 14.2는 절편 β_0와 기울기 모수 β_1의 다양한 값에 따른 y의 기대값을 보여준다.

그림 14.2 단순선형회귀모형의 예

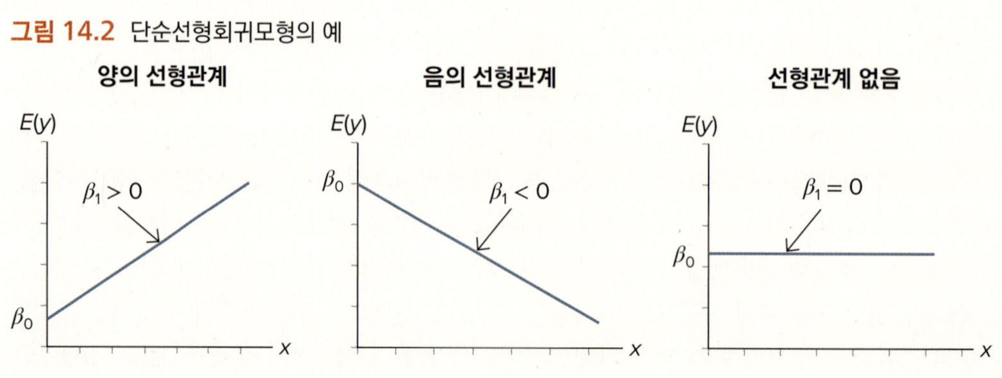

앞에서 지적한 것처럼, y는 기대값 $E(y)$와 다를 수 있다. 따라서 단순선형회귀모형을 개발하기 위해 y의 기대값 $\beta_0 + \beta_1 x$에 오차항 ε[그리스 문자로 엡실론(epsilon)이라고 읽음]을 더한다.

> **단순선형회귀모형**
>
> 단순선형회귀모형은 다음과 같이 정의된다.
>
> $$y = \beta_0 + \beta_1 x + \varepsilon$$
>
> 여기서 y와 x는 각각 반응변수와 설명변수이고 ε은 임의오차항이다. 계수 β_0와 β_1은 추정되어야 하는 알려져 있지 않은 모수이다.

단순선형회귀모형에서 사용되는 모수 β_0와 β_1은 알려져 있지 않고 이에 따라 추정되어야 한다. 항상 그랬던 것처럼, 관심 있는 모수를 추정하기 위해 표본데이터를 사용한다. 여기서 표본데이터는 y와 x의 n개 관측치 쌍으로 구성된다. b_0와 b_1은 각각 β_0와 β_1의 추정치를 나타낸다고 하자. 표본회귀식은 $\hat{y} = b_0 + b_1 x$와 같이 나타낸다. 여기서 $\hat{y}$ (y-hat이라고 읽음)은 설명변수 x의 특정한 값이 주어질 때 반응변수의 예측값이다. 주어진 x의 값에서 반응변수의 관측값과 예측값은 x 이외에 많은 요인이 y에 영향을 미치기 때문에 다를 수 있다. y의 관측값과 예측값 차이 $y - \hat{y}$을 **잔차(residual)** e라고 부른다.

단순선형회귀모형의 표본회귀식

단순선형회귀모형의 표본회귀식은 다음과 같이 나타낸다.

$$\hat{y} = b_0 + b_1 x$$

여기서 b_0와 b_1은 각각 β_0와 β_1의 추정치이다.

y의 관측값과 예측값 차이 $y - \hat{y}$은 잔차 e를 나타낸다. 즉, $e = y - \hat{y}$이다.

단순선형회귀모형을 추정하기 전에, 산점도를 사용하여 y와 x의 관계를 시각적으로 나타내는 것이 유용하다. 여기서 수직축에 y를 나타내고 수평축에 x를 나타낸다. 그림 14.3은 도입사례의 데이터를 사용하여 그린 Debt와 Income의 산점도이고, 그 위에 점들을 통과하는 선형추세선이 그려져 있다.

그림 14.3에 그려져 있는 선은 단순회귀식 $\hat{y} = b_0 + b_1 x$이다. 여기서 y와 x는 각각 Debt와 Income이다. 이러한 직선이 우상향하는 기울기를 가진다는 것은 소득이 증가하면서 예측되는 부채상환액도 증가한다는 것을 의미한다. 또한 산점도에 있는 점(y)과 이에 해당되는 직선 상의 점($\hat{y}$) 간 수직거리는 잔차 $e = y - \hat{y}$를 나타낸다.

그림 14.3 추세선과 함께 그린 Debt와 Income의 산점도

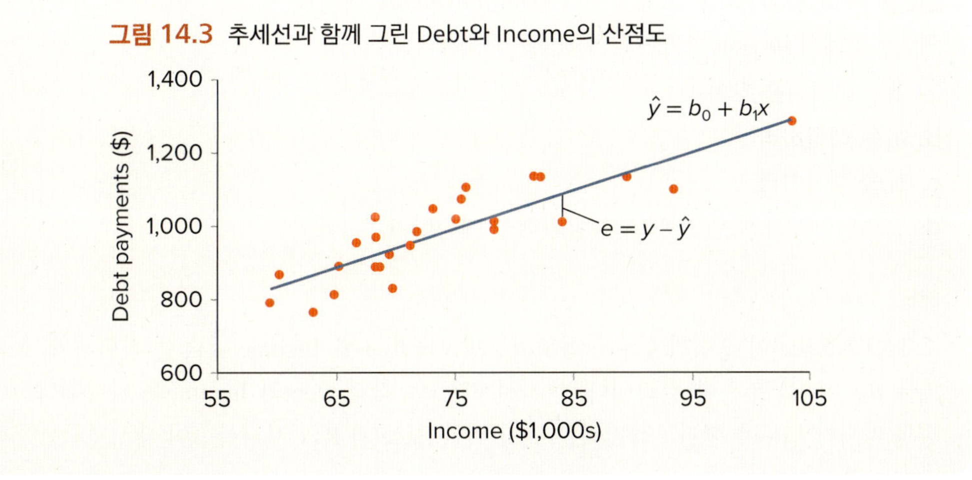

산점도에 직선을 적합시키는 일반적인 방법은 **OLS (ordinary least squares)**라고 부르는 **최소제곱법(method of least squares)**이다. 달리 말하면, OLS를 사용하여 모수 β_0와 β_1를 추정한다. 특정한 가정들이 충족되면, OLS 추정량은 많은 바람직한 특성을 가진다. (OLS를 위한 가정들은 15장에서 논의된다.) 최소제곱법은 **오차제곱합(error sum of squares, SSE)**이 최소화되는 직선을 선택한다. 여기서 $SSE = \Sigma(y_i - \hat{y}_i)^2 = \Sigma e_i^2$이다. SSE는 y의 관측값과 예측값 간 차이 제곱의 합, 즉 관측값이 회귀식으로부터 떨어져 있는 거리 제곱의 합이다. 따라서 이

러한 거리척도를 사용하면, OLS는 데이터에 '가장 가까운' 직선을 생성해준다. 그림 14.3에 그려져 있는 추세선은 OLS에 의해 추정된 것이다.

미적분을 사용하면, OLS기준을 충족시키는 b_0와 b_1을 구하는 식이 도출된다. b_0와 b_1을 구하는 식 또는 공식은 다음과 같다.

회귀계수 b_1과 b_0의 계산

표본회귀식의 기울기 b_1과 절편 b_0은 다음과 같이 계산된다.

$$b_1 = \frac{\Sigma(x_i - \bar{x})(y_i - \bar{y})}{\Sigma(x_i - \bar{x})^2}$$

$$b_0 = \bar{y} - b_1\bar{x}$$

다행스럽게도, 실제로 모든 통계소프트웨어 패키지는 b_1과 b_0의 값을 생성해준다. 따라서 우리는 힘든 계산을 수행하는 것보다 이러한 회귀 계수를 해석하는 데 집중할 수 있다. 기울기 추정치 b_1은 x가 1단위 증가할 때 $\hat{y}$의 변화크기를 나타낸다. 다음 예제에서 알게 되겠지만, 절편 추정치 b_0에 대해 항상 의미 있는 해석을 할 수 있는 것은 아니다. 그러나 수학적으로 b_0은 x가 0일 때 $\hat{y}$의 예측값을 나타낸다.

예제 14.2

FILE ***Debt_Payments.*** 도입사례의 ***Debt_Payments*** 데이터 파일을 사용하여 단순선형회귀모형에서 Income의 함수인 Debt를 추정하라.

a. 표본회귀식을 구하라.

b. b_1을 해석하라.

c. b_0을 해석하라.

d. 소득이 80,000달러일 때 부채상환액을 예측하라.

해답:

표 14.3은 Excel이 생성한 단순선형회귀모형 $y = \beta_0 + \beta_1$ Income $+ \varepsilon$, 즉 간단하게, $y = \beta_0 + \beta_1 x + \varepsilon$을 추정한 결과이다. 여기서 y와 x는 각각 Debt와 Income을 나타낸다. 이 절의 마지막 부분에 회귀분석결과를 얻기 위한 Excel과 R의 지시사항이 제시된다.

표 14.3 Excel이 생성한 예제 14.2를 위한 회귀분석결과

Regression Statistics			
Multiple R	0.8675		
R Square	0.7526		
Adjusted R Square	0.7423		
Standard Error	63.2606		
Observations	26		

(계속)

표 14.3 Excel이 생성한 예제 14.2를 위한 회귀분석결과(*계속*)

ANOVA						
	df	*SS*	*MS*	*F*	*Significance F*	
Regression	1	292136.91	292136.91	72.9996	9.66E-09	
Residual	24	96045.55	4001.90			
Total	25	388182.46				
	Coefficients	*Standard Error*	*t Stat*	*p-Value*	*Lower 95%*	*Upper 95%*
Intercept	**210.2977**	91.3387	2.3024	0.0303	−21.78	398.81
Income	**10.4411**	1.2220	8.5440	9.66E-09	7.92	12.96

a. 표 14.3에서 보는 것처럼, Excel은 많은 정보를 생성해준다. 표본회귀식을 구하기 위해 필요한 β_0와 β_1의 추정치는 표의 아래쪽에 볼드체로 표시되어 있는 값이다. 14.3절과 15장에서 나머지 정보를 다룰 것이다. $b_0 = 210.2977$이고 $b_1 = 10.4411$이다. 따라서 표본회귀식은 $\hat{y} = 210.2977 + 10.4411x$, 즉 $\widehat{\text{Debt}} = 210.2977 + 10.4411$이다.

b. 기울기 계수 추정치 10.4411은 Debt와 Income 간 양의 관계를 제시한다. 가구소득의 중앙값이 1단위 증가, 즉 1,000달러 증가하면 부채상환액은 b_1만큼, 즉 10.44달러만큼 증가할 것으로 예측된다.

c. 절편 계수 추정치 210.2977은 Income이 0일 때 예측되는 부채상환액은 210.30달러라고 제시한다. 이러한 특정한 적용에서, 소득이 없는 가계도 여전히 신용카드사용, 자동차 대출 등의 부채를 상환할 필요가 있기 때문에 이렇게 결론을 내리는 유혹에 빠질 수 있다. 그러나 x의 표본범위에 포함되어 있지 않은 x의 값을 사용하면서 y를 예측하는 것에 대해 신중해야 한다. ***Debt_Payments*** 데이터셋에서 Income의 최소값과 최대값은 각각 59.40과 103.50이다. 산점도는 이러한 설명변수의 범위 내에서 추세선이 데이터를 양호하게 적합시킨다는 것을 보여준다. 59.40보다 작고 103.50보다 큰 Income의 관측치들에 대해 Debt와 Income이 동일한 선형관계를 유지할 것이라고 가정하지 않으면, 표본의 범위 밖에 있는 설명변수의 관측치에 기초하여 예측하는 것을 삼가해야 한다.

d. Income은 1,000달러 단위로 측정된다는 것을 기억하라. 따라서 80,000달러의 소득에서 부채상환액을 예측할 때, 표본회귀식에서 Income에 80의 값을 투입한다. 결과적으로, 예측되는 부채상환액은 다음과 같이 구해진다.

$$\widehat{\text{Debt}} = 210.2977 + 10.4411 \times 80 = 1{,}045.59$$

즉 부채상환액은 1,045.59달러로 예측된다.

다중선형회귀모형

단순선형회귀모형은 한 개의 설명변수와 반응변수 간 선형관계를 분석할 수 있게 해준다. 그러나 종종 설명변수의 수를 한 개로 제한하는 것은 선형회귀모형의 잠재적 유용성을 감소시킨다. 15장에서는 중요한 설명변수들이 제외될 때, OLS 추정치가 얼마나 잘못된 정보를 제공할 수 있는지 논의할 것이다. 다중선형회귀모형은 반응변수가 두 개 이상 설명변수에 의해 어떻게 영향을 받을 수 있는지 검토할 수 있게 해준다. 경제이론, 직관, 사전적 연구에 기초하여 설명변수들이 선택된다. 다중선형회귀모형은 단순선형회귀모형을 단순하게 확장한 것이다.

다중선형회귀모형

다중선형회귀모형은 다음과 같이 정의된다.

$$y = \beta_0 + \beta_1 x_1 + \beta_2 x_2 + \cdots + \beta_k x_k + \varepsilon$$

여기서 y는 반응변수이고, $x_1, x_2, \ldots, x_k$는 k개 설명변수들이며, ε은 임의오차항이다. $\beta_0, \beta_1, \ldots, \beta_k$는 추정되어야 하는 알려져 있지 않은 모수들이다.

단순선형회귀모형의 경우처럼, SSE를 최소화하는 OLS를 적용한다. 여기서 $SSE = \Sigma(y_i - \hat{y}_i)^2 = \Sigma e_i^2$이다.

다중선형회귀모형을 위한 표본회귀식

다중선형회귀모형을 위한 표본회귀식은 다음과 같이 표시된다.

$$\hat{y} = b_0 + b_1 x_1 + b_2 x_2 + \cdots + b_k x_k$$

여기서 $b_0, b_1, \cdots, b_k$는 $\beta_0, \beta_1, \cdots, \beta_k$의 추정치이다.

y의 관측값과 예측값 간 차이는 잔차 e를 나타낸다. 즉, $e = y - \hat{y}$이다.

각 설명변수 x_j $(j = 1, \ldots, k)$에 상응하는 기울기 계수 b_j는 β_j의 추정치이다. 다중선형회귀모형의 관점에서 기울기 계수의 해석을 약간 수정한다. 여기서 모든 다른 설명변수들이 일정한 경우, b_j는 설명변수 x_j가 1단위 증가할 때, 반응변수의 예측값이 변화하는 크기를 측정한다. 달리 말하면, b_j는 x_j가 $\hat{y}$에 미치는 부분효과를 나타낸다.

예제 14.3

FILE ***Debt_Payments.*** 도입사례의 ***Debt_Payments*** 데이터 파일을 사용하여 다중선형회귀모형에서 Income과 Unemployment의 함수인 Debt를 추정하라.

a. 표본회귀식을 구하라.
b. 회귀계수들을 해석하라.
c. 소득이 80,000달러이고 실업률이 7.5%일 때 부채상환액을 예측하라.

해답:

a. 표 14.4는 Excel을 이용하여 선형회귀모형 Debt = β_0 + β_1Income + β_2Unemployment + ε을 추정한 결과이다. 곧 이러한 결과를 얻기 위한 Excel과 R의 지시사항이 제시될 것이다.

표 14.4 Excel이 생성한 예제 14.3을 위한 회귀분석결과

Regression Statistics						
Multiple R	0.8676					
R Square	0.7527					
Adjusted R Square	0.7312					
Standard Error	64.6098					
Observations	26					
ANOVA						
	df	***SS***	***MS***	***F***	***Significance F***	
Regression	2	292170.77	146085.39	34.9954	1.05E-07	
Residual	23	96011.69	4174.42			
Total	25	388182.46				
	Coefficients	***Standard Error***	***t Stat***	***p-Value***	***Lower 95%***	***Upper 95%***
Intercept	**198.9956**	156.3619	1.2727	0.2159	−124.46	522.45
Income	**10.5122**	1.4765	7.1120	2.98E-07	7.46	13.57
Unemployment	**0.6186**	6.8679	0.0901	0.9290	−13.59	14.83

표 14.4에 볼드체로 표시되어 있는 추정치를 보면, $b_0 = 198.9956$, $b_1 = 10.5122$, $b_2 = 0.6186$이고 표본회귀식은 다음과 같이 나타낼 수 있다.

$$\widehat{\text{Debt}} = 198.9956 + 10.5122\text{Income} + 0.6186\text{Unemployment}.$$

b. Income의 회귀계수는 10.5122이다. Income은 1,000달러 단위로 측정되기 때문에, 이 모형은 실업률이 일정한 경우 소득이 1,000달러 증가하면, 부채상환액은 10.51달러 증가하는 것으로 예측된다고 제시한다. 이와 유사하게, Unemployment의 회귀계수는 0.6186이다. 이것은 소득이 일정한 경우, 실업률이 1% 포인트 상승하면, 부채상환액은 0.62달러 증가하는 것으로 예측된다는 것을 제시한다. Income이 일정한 경우, Unemployment가 예측되는 Debt에 미치는 영향은 다소 작은 것 같다. 실제로, 적정한 유의수준에서 실업률의 영향은 통계적으로 유의하지 않다. 다음 장에서 유의성 검정을 논의할 것이다.

c. 소득이 80,000달러이고 실업률이 7.5%일 때,

$$\widehat{\text{Debt}} = 198.9956 + 10.5122 \times 80 + 0.6186 \times 7.5 = 1,044.61$$

부채상환액은 1,004.61달러로 예측된다.

Excel과 R을 이용한 선형회귀모형의 추정

FILE ***Debt_Payments.*** 예제 14.3을 위한 표 14.4를 다시 구해보자.

Excel의 이용

A. ***Debt_Payments*** 데이터 파일을 연다.

B. 메뉴에서 **데이터(Data)** > **데이터 분석(Data Analysis)** > **회귀분석(Regression)**을 선택한다.

C. 그림 14.4를 참조하라. *회귀분석(Regression)* 대화상자에서, *Y축 입력 범위(Input Y Range)* 옆에 있는 박스를 클릭하고, 변수이름을 포함하여 Debt 관측치를 선택하라. *X축 입력 범위(Input X Range)* 옆에 있는 박스를 클릭하고, 변수이름을 포함하여 Income과 Unemployment 관측치를 동시에 선택하라. *이름표(Labels)*를 체크하고 **확인(OK)**을 클릭하라. 그 결과는 표 14.4와 동일해야 한다.

그림 14.4 Excel의 회귀분석 대화상자

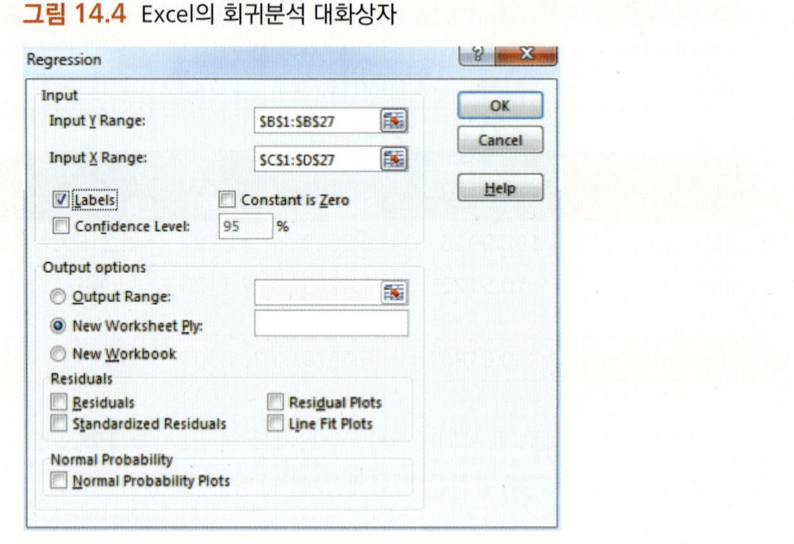

R의 이용

A. ***Debt_Payments*** 데이터를 데이터프레임(테이블)으로 가져와서 myData라는 이름으로 지정한다.

B. 기본적으로 R은 과학적 표기법을 사용하여 회귀 결과를 보고한다. 다음의 명령문을 사용하여 이 옵션을 해제한다.

```
> options(scipen=999)
```

과학적 표기법으로 돌아가기 위해, options(scipen=0)을 입력한다.

C. **lm** 함수를 사용하여 선형모형을 만든다. R의 용어를 사용하면, 이것을 객체라고 부른다. 이 객체에 Multiple이라고 이름 붙인다. lm 함수에서 설명변수들을 더하기 위해 '+'부호를 사용하면서 Debt를 Income과 Unemployment의 함수로 설정한다. lm 함수만 입력하면

분석결과를 보지 못한다. 회귀분석결과를 보기 위해 세미콜론 다음에 **summary** 함수를 사용한다. 다음과 같이 입력하라.

```
> Multiple <- lm(Debt ~ Income + Unemployment, data = myData);
  summary(Multiple)
```

D. Income이 80이고 Unemployment가 7.5일 때 Debt를 예측하기 위해 **data.frame** 함수와 함께 **predict** 함수를 사용한다. 다음과 같이 입력하라.

```
> predict(Multiple, data.frame(Income=80,Unemployment=7.5))
```

R은 1044.608을 산출한다.

표 14.5는 R의 회귀분석결과를 보여준다. 절편과 기울기 계수는 볼드체로 표시되어 있다. 예상한 대로, 이 값들은 Excel을 이용하여 구한 값들과 같다.

표 14.5 R이 생성한 예제 14.3을 위한 회귀분석결과

```
Call:
lm(formula = Debt ~ Income + Unemployment, data = Debt_Payments)
Residuals:
     Min         1Q         Median       3Q        Max
-110.456    -38.454        -5.836     51.156     102.121
Coefficients:
                   Estimate Std.    Error       t value      Pr(>|t|)
(Intercept)        198.9956      156.3619      1.273        0.216
Income              10.5122        1.4765      7.120      2.98e-07 ***
Unemployment         0.6186        6.8679      0.090        0.929
---
Signif. codes: 0 '***' 0.001 '**' 0.01 '*' 0.05 '.' 0.1 ' ' 1
Residual standard error: 64.61 on 23 degrees of freedom
Multiple R-squared: 0.7527, Adjusted R-squared: 0.7312
F-statistic: 35 on 2 and 23 DF, p-value: 1.054e-07
```

연습문제 14.2

12. 단순선형회귀모형에서, 다음의 표본회귀식이 얻어졌다.

$$\hat{y} = 15 + 2.5x$$

a. x가 10일 때, y를 예측하라.

b. x가 20으로 두 배가 되면, y의 예측에 어떤 일이 발생하는가?

13. 단순선형회귀모형에서, 다음의 표본회귀식이 얻어졌다.

$$\hat{y} = 436 - 17x$$

a. 기울기 계수를 해석하라.

b. x가 −10일 때, y를 예측하라.

14. 다중선형회귀모형에서, 다음의 표본회귀식이 얻어졌다.

$$\hat{y} = -8 + 2.6x_1 - 47.2x_2$$

a. x_1이 40이고 x_2가 −10일 때, y를 예측하라.

b. x_2의 기울기 계수를 해석하라.

15. 다중선형회귀모형에서, 다음의 표본회귀식이 얻어졌다.

$$\hat{y} = 152 + 12.9x_1 + 2.7x_2$$

a. x_1이 20이고 x_2가 35일 때, y를 예측하라.

b. x_1의 기울기 계수를 해석하라.

16. 30개 관측치가 $y = \beta_0 + \beta_1 x + \varepsilon$을 추정하기 위해 사용되었다. 다음의 표는 그 결과의 일부를 보여준다.

	Coefficients	Standard Error	t Stat	p-value
Intercept	41.82	8.58	4.87	3.93E-05
x	0.49	0.10	4.81	4.65E-05

a. β_1의 추정치는 얼마인가? 이 값을 해석하라.

b. 표본회귀식을 나타내라.

c. $x = 30$일 때, $\hat{y}$는 얼마인가?

17. 30개 관측치가 $y = \beta_0 + \beta_1 x + \varepsilon$을 추정하기 위해 사용되었다. 다음의 표는 그 결과의 일부를 보여준다.

	Coefficients	Standard Error	t Stat	p-value
Intercept	2.25	2.36	0.95	0.3515
x	−0.16	0.30	−0.53	0.6017

a. β_1의 추정치는 얼마인가? 이 값을 해석하라.

b. 표본회귀식을 나타내라.

c. $x = 22$일 때, y의 예측값은 얼마인가? $x = -2$일 때 y의 예측값은 얼마인가?

18. 30개 관측치가 $y = \beta_0 + \beta_1 x_1 + \beta_2 x_2 + \varepsilon$을 추정하기 위해 사용되었다. 다음의 표는 그 결과의 일부를 보여준다.

	Coefficients	Standard Error	t Stat	p-value
Intercept	21.97	2.98	7.37	6.31E-08
x_1	30.00	2.23	13.44	1.75E-13
x_2	−1.88	0.27	−6.96	1.75E-07

a. β_1의 추정치는 얼마인가? 이 값을 해석하라.

b. 표본회귀식을 나타내라.

c. $x_1 = 30$이고 $x_2 = 20$일 때, $\hat{y}$는 얼마인가?

19. 40개 관측치가 $y = \beta_0 + \beta_1 x_1 + \beta_2 x_2 + \varepsilon$을 추정하기 위해 사용되었다. 다음의 표는 그 결과의 일부를 보여준다.

	Coefficients	Standard Error	t Stat	p-value
Intercept	13.83	2.42	5.71	1.56E-06
x_1	−2.53	0.15	−16.87	5.84E-19
x_2	0.29	0.06	4.83	2.38E-05

a. β_1의 추정치는 얼마인가? 이 값을 해석하라.

b. 표본회귀식을 나타내라.

c. $x_1 = -9$이고 $x_2 = 25$일 때, y의 예측값은 얼마인가?

20. 기업이 광고에 더 많이 지출하면, 매출액이 증가하는가? 회귀모형 Sales = $\beta_0 + \beta_1$Advertising + ε을 추정하기 위해 20개 기업의 연간 매출액(100,000달러)과 광고비(10,000달러)에 대한 데이터가 수집되었다. 다음의 표는 회귀분석결과의 일부를 보여준다.

	Coefficients	Standard Error	t Stat	p-value
Intercept	−7.42	1.46	−5.09	7.66E-05
Advertising	0.42	0.05	8.70	7.26E-08

a. 기울기의 부호는 예상한 대로인가? 설명하라.

b. 표본회귀식을 나타내라.

c. 기업이 광고비로 연간 500,000달러를 지출할 때, 매출액을 예측하라.

21. 여러 개의 중고차 딜러를 운영하는 소유주는 중고차의 판매가격은 중고차의 연령을 사용하면 가장 잘 예측될 수 있다고 믿는다. 그는 20대 중고차의 최근 판매가격(달러)과 연령을 사용하여 Price = $\beta_0 + \beta_1$Age + ε을 추정하였다. 다음의 표는 회귀분석 결과의 일부를 보여준다.

	Coefficients	Standard Error	t Stat	p-value
Intercept	21187.94	733.42	28.89	1.56E-16
Age	−1208.25	128.95	−9.37	2.41E-08

a. β_1의 추정치는 얼마인가? 이 값을 해석하라.

b. 표본회귀식을 나타내라.

c. 5년 연령을 가진 중고차의 판매가격을 예측하라.

22. 한 경제학 교수는 수업 첫날 학생들의 수학 준비도를 측정하기 위한 시험을 시행한다. 그녀는 수학시험의 성적과 주당 공부시간이 기말시험점수를 예측하는 주요 요소라고 믿는다. 그는 자신의 과목을 수강한 60명 학생으로부터 수집한 데이터를 사용하면서, Final = $\beta_0 + \beta_1$Math + β_2Hours + ε을 추정하였다. 다음의 표는 회귀분석 결과의 일부를 보여준다.

	Coefficients	Standard Error	t Stat	p-value
Intercept	40.55	3.37	12.03	2.83E-17
Math	0.25	0.04	6.06	1.14E-07
Hours	4.85	0.57	8.53	9.06E-12

a. Hours의 기울기 계수는 얼마인가?

b. 표본회귀식을 나타내라.

c. 수학시험점수가 70이고 주당 4시간을 공부하는 학생의 기말시험점수를 예측하라.

23. 50명 근로자로부터 수집한 데이터를 사용하면서, 한 연구원은 Wage = $\beta_0 + \beta_1$Education + β_2Experience + β_3Age + ε을 추정하였다. 여기서, Wage는 시간당 임금이고 Education, Experience, Age는 각각 근로자의 고등교육연수, 근로연수, 연령이다. 다음의 표는 회귀분석 결과의 일부를 보여준다.

	Coefficients	*Standard Error*	*t Stat*	*p-value*
Intercept	7.87	4.09	1.93	0.0603
Education	1.44	0.34	4.24	0.0001
Experience	0.45	0.14	3.16	0.0028
Age	−0.01	0.08	−0.14	0.8920

a. β_1과 β_2의 추정치를 해석하라.

b. 표본회귀식을 나타내라.

c. 4년의 고등교육연수와 3년의 근로연수를 가진 30세 근로자의 시간당 임금을 예측하라.

24. 한 사회학자는 한 지역의 범죄율은 그 지역의 빈곤율과 중앙소득에 의해 크게 영향을 받는다고 믿는다. 특히 그녀는 범죄율은 빈곤율이 증가할수록 증가하고 중앙소득이 증가할수록 감소할 것이라고 가설을 설정한다. 그녀는 뉴잉글랜드주에 있는 41개 도시로부터 범죄율(10만 명당 범죄수), 빈곤율(%), 중앙소득(1,000달러)에 대한 데이터를 수집하였다. 다음의 표는 회귀분석결과의 일부를 보여준다.

	Coefficients	*Standard Error*	*t Stat*	*p-value*
Intercept	−301.62	549.71	−0.55	0.5864
Poverty	53.16	14.22	3.74	0.0006
Income	4.95	8.26	0.60	0.5526

a. 기울기 계수들의 부호가 예상한 대로인가?

b. Poverty의 기울기 계수를 해석하라.

c. 빈곤율이 20%, 중앙소득이 5만 달러인 지역의 범죄율을 예측하라.

25. 골다공증은 주로 60세 이상 여성들에게 영향을 미치는 퇴행성 질병이다. 한 연구원은 이러한 뼈를 쇠약하게 하는 질병을 치료하기 위한 처방약인 스트롱본즈(StrongBones)의 매출액을 예측하기 원한다. 그녀는 회귀모형 Sales = $\beta_0 + \beta_1$Population + β_2Income + ε을 사용한다. 여기서 Sales는 스트롱본즈의 매출액(백만 달러), Population은 60세 이상 여성 수(백만 명), Income은 60세 이상 여성의 평균소득(1,000달러)이다. 그녀는 미국의 38개 도시에 대한 데이터를 수집하였고 다음과 같은 회귀분석결과를 얻었다.

	Coefficients	*Standard Error*	*t Stat*	*p-value*
Intercept	10.35	4.02	2.57	0.0199
Population	8.47	2.71	3.12	0.0062
Income	7.62	6.63	1.15	0.2661

a. 표본회귀식을 나타내라.

b. 기울기 계수들을 해석하라.

c. 한 도시의 60세 이상 여성 수가 150만 명이고 그들의 평균소득이 44,000달러일 때, 스트롱본즈의 매출액을 예측하라.

26. FILE ***GPA.*** 한 대형 대학의 대학원 입학관리처장은 GRE의 수학점수와 GPA로 측정되는 대학원의 학업성취도 간 관계를 분석하고 있다. 그녀는 지난 5년 동안 졸업한 24명의 학생으로 구성된 표본을 사용하였다. 다음의 표는 이러한 데이터의 일부를 보여준다.

GPA	GRE
3.0	700
3.5	720
⋮	⋮
3.5	780

a. 회귀모형 GPA = $\beta_0 + \beta_1$GRE + ε를 위한 표본회귀식을 구하라.

b. 한 학생의 GRE 수학점수가 710일 때, GPA의 예측값은 얼마인가?

27. FILE ***Education.*** 한 사회학자는 교육성취(고등교육연수)와 연봉(1,000달러) 간 관계를 분석하기 원한다. 그는 20명 개인에 대한 데이터를 수집하였다. 다음의 표는 이러한 데이터의 일부이다.

Salary	Education
40	3
53	4
⋮	⋮
38	0

a. 회귀모형 Salary = $\beta_0 + \beta_1$Education + ε을 위한 표본회귀식을 구하라.

b. Education의 계수를 해석하라.

c. 고등교육연수가 7년인 개인의 연봉 예측값은 얼마인가?

28. FILE ***Consumption.*** 케인스(John Maynard Keynes)에 의해 처음 개발된 소비함수는 경제학에서 사용되는 중요한 관계식 중 하나이다. 소비함수는 소비지출액을 처분가능소득의 함수로 나타낸다. 여기서 처분가능소득은 세금을 납부한 후 소득이다. 다음의 표는 미국 개인들의 연간 평균 소비지출액(달러)과 처분가능소득(달러)에 대한 2000~2016년 동안 분기 데이터의 일부를 보여준다.

Date	Consumption	Income
Q1, 2000	28634	31192
Q2, 2000	28837	31438
⋮	⋮	⋮
Q4, 2016	35987	39254

a. 회귀모형 Consumption $= \beta_0 + \beta_1$Income $+ \varepsilon$을 위한 표본회귀식을 구하라.

b. 이 모형에서 기울기 계수는 한계소비성향(marginal propensity to consume)이라고 부른다. 그 의미를 해석하라.

c. 처분가능소득이 35,000달러일 때, 소비지출액의 예측값은 얼마인가?

29. FILE ***Pitchers.*** 한 미국프로야구(MLB) 스포츠 분석가는 투수의 연봉(백만 달러)과 평균자책점(ERA) 간에 관계가 있는지 궁금해한다. 다음의 표는 그녀가 10명 투수에 대해 수집한 데이터의 일부를 보여준다.

Pitcher	Salary	ERA
1	17.0	2.53
2	4.0	2.54
⋮	⋮	⋮
10	0.5	3.09

a. 회귀모형 Salary $= \beta_0 + \beta_1$ERA $+ \varepsilon$을 추정하고 ERA의 계수를 해석하라.

b. ERA가 주어진 경우 각 투수의 연봉을 예측하기 위해 추정된 모형을 사용하라. 예를 들면, 표본회귀식을 사용하여, ERA = 2.53인 투수의 연봉을 예측하라.

c. 잔차들을 구하고 잔차들이 매우 큰 이유를 설명하라.

30. FILE ***Happiness_Age.*** 다음의 질문에 답하기 위해 행복과 연령에 대한 첨부된 데이터 파일을 참조하라.

a. 단순선형회귀모형을 사용하여 Happiness를 Age의 함수로 추정하라. 표본회귀식을 나타내라.

b. 표본회귀식을 사용하여 Age가 25, 50, 75일 때, Happiness를 예측하라.

c. Happiness와 Age의 산점도를 그려라. 당신의 예측이 왜 정확하지 않을 수 있는지 논의하라.

31. FILE ***Taxes.*** 다음의 표는 뉴욕시에서 30마일 떨어져 있는 부유한 교외에서 사는 주택소유자의 재산세(달러)와 주택크기(ft^2)에 대한 데이터 일부를 보여준다.

Taxes	Size
21928	2449
17339	2479
⋮	⋮
29235	2864

a. 주택크기에 기초하여 재산세를 예측할 수 있는 표본회귀식을 추정하라.

b. 기울기 계수를 해석하라.

c. 크기가 1,500 ft^2인 주택의 재산세를 예측하라.

32. FILE ***Test_Scores.*** 다음의 표는 통계학 과목을 수강한 32명 학생의 기말시험점수와 중간시험점수의 일부를 보여준다.

Final	Midterm
86	78
94	97
⋮	⋮
91	47

a. 중간시험점수에 기초하여 학생의 기말시험점수를 예측할 수 있게 해주는 표본회귀식을 추정하라.

b. 중간시험점수가 80인 학생의 기말시험점수를 예측하라.

33. FILE ***Fertilizer.*** 한 원예학자는 토마토 식물의 키와 비료의 양 간 관계를 연구하고 있다. 유사한 조건에서 재배되는 30개 토마토 식물에 4개월 동안 다양한 비료의 양(온스)이 투입되었고 토마토 식물의 키(인치)가 측정되었다. 다음의 표는 이러한 데이터의 일부를 보여준다.

Height	Fertilizer
20.4	1.9
49.2	5.0
⋮	⋮
46.4	3.1

a. 회귀모형 Height $= \beta_0 + \beta_1$Fertilizer $+ \varepsilon$을 추정하라.

b. Fertilizer의 계수를 해석하라. y-절편은 실용적인 의미가 있는가?

c. 추정된 모형을 사용하여 3.0온스의 비료가 투입된 지 4개월 후 토마토 식물의 키를 예측하라.

34. FILE ***Dexterity.*** 매우 작은 물체를 잡거나 조립하기 위해 손을 정확하게 움직이는 능력인 손재주는 보석가공에서 중요하다. 따라서 고급시계 제조업체인 젬코사의 제조담당 관리자는 손재주에 기초하여 신규 종업원의 생산성(시프트당 생산되는 시계 수)을 예측하기 위한 회귀모형을 개발하기 원한다. 그는 20명의 현재 종업원으로 표본을 구성하고 각 종업원에게 핀셋을 사용하여 100개의 작은 구멍 각각에 3개의 핀을 설치하는 데 걸리는 시간(초)이 측정되는 오코너(O'Connor) 테스트를 치르도록 했다. 다음의 표는 이러한 데이터의 일부를 보여준다.

Watches	Time
23	513
19	608
⋮	⋮
20	437

a. 회귀모형 Watches $= \beta_0 + \beta_1$Time $+ \varepsilon$을 추정하라.

b. Time의 계수를 해석하라.

c. 이 문제에서 y-절편이 왜 실용적인 의미가 없는지 설명하라.

d. 한 신규 종업원이 손재주 시험에서 550초 걸렸다고 하자. 그는 시프트당 몇 개의 시계를 생산할 것으로 예측되는가?

35. FILE ***Homes.*** 시카고 교외에 사는 한 부동산 중개업자는 주택가격(Price, 달러), 주택크기(Square, ft^2), 침실 수(Beds), 욕실 수(Baths) 간 관계를 분석하고 있다. 그녀는 최근 판매된 36개 주택에 대한 데이터를 수집하였다. 다음의 표는 이러한 데이터의 일부를 보여준다.

Price	Sqft	Beds	Baths
840000	2768	4	3.5
822000	2500	4	2.5
⋮	⋮	⋮	⋮
307500	850	1	1

a. 회귀모형 Price $= \beta_0 + \beta_1$Sqft $+ \beta_2$Beds $+ \beta_3$Baths $+ \varepsilon$을 추정하라.

b. 기울기 계수를 해석하라.

c. 3개의 침실과 2개의 욕실을 가진 2,500 ft^2의 주택가격을 예측하라.

36. FILE ***Engine_Overhaul.*** 한 트럭회사의 정비담당 관리자는 4개 설명변수, 즉 (1) 연간 운전거리(Miles, 1,000마일), (2) 평균 적재중량(Load, 톤), (3) 평균 운전속도(Speed, mph), (4) 오일 교환주기(Oil, 1,000마일)에 기초하여 첫 번째 엔진분해점검까지 걸리는 시간(Time, 년)을 예측하기 위한 회귀모형을 개발하기 원한다. 주행기록과 차내 컴퓨터에 기초하여 25대 트럭으로 구성된 표본으로부터 데이터가 수집되었다. 다음의 표는 이러한 데이터의 일부를 보여준다.

Time	Miles	Weight	Speed	Oil
7.9	42.8	19	46	15
0.9	98.5	25	46	29
⋮	⋮	⋮	⋮	⋮
6.1	61.2	24	58	19

a. 각 설명변수가 첫 번째 엔진분해점검까지 걸리는 시간에 양의 영향을 미칠 것인지, 음의 영향을 미칠 것인지 논의하라.

b. 회귀모형을 추정하라. 4개 설명변수 모두를 사용하라.

c. (a)의 답에 기초하여, 회귀계수들의 부호는 예상한 대로인가?

d. 평균 적재중량이 22톤, 평균 운전속도가 57 mph, 오일 교환주기가 18,000마일이고 연간 60,000마일 달리는 트럭의 첫 번째 엔진분해점검까지 걸리는 시간을 예측하라.

37. FILE ***MCAS.*** 교육개혁은 주와 국가의 정책담당자들이 가장 뜨겁게 논쟁하는 사회경제주제 중 하나이다. 매사추세츠주의 224개 학구 데이터를 사용하면서 학교지출액과 가정환경을 학생성취도와 관련시키는 선형회귀모형을 고려해보라. 반응변수는 10학년에 시행되는 MACS(Massachusetts Comprehensive Assessment System) 시험의 평균점수(Score)이다. 4개의 설명변수가 사용된다. (1) STR은 학생 대 교사 비율(%)이다. (2) TSAL은 교사의 평균 연봉(1,000달러)이다. (3) INC는 중앙가구소득(1,000달러)이다. (4) SGL은 한부모 가계의 비율(%)이다. 다음의 표는 이러한 데이터의 일부를 보여준다.

Score	STR	TSAL	INC	SGL
227.00	19.00	44.01	48.89	4.70
230.67	17.90	40.17	43.91	4.60
⋮	⋮	⋮	⋮	⋮
230.67	19.20	44.79	47.64	5.10

a. 각 설명변수가 Score에 양의 영향을 미칠 것인지, 음의 영향을 미칠 것인지 논의하라.

b. 표본회귀식을 추정하라. 기울기 계수들의 부호가 예상한 대로인가?

c. STR = 18, TSAL = 50, INC = 60, SGL = 5일 때, 예측되는 점수는 얼마인가?

d. INC = 80이라는 것을 제외하고 나머지 설명변수 모두가 (c)와 같을 때, 예측되는 점수는 얼마인가?

38. **FILE** ***Electricity_Cost.*** 한 제약회사의 시설관리자는 월간 전기비용을 예측하기 위한 회귀모형을 개발하기 원한다. 3개의 주요 변수, 즉 (1) 평균 외부온도(Temp, 화씨), (2) 월간 작업일수(Days), (3) 생산량(Tons, 톤)이 전기비용(Cost, 달러)을 주로 결정하는 것으로 여겨진다. 다음의 표는 지난 해의 월간 데이터 일부를 보여준다.

Cost	Temp	Days	Tons
24100	26	24	80
23700	32	21	73
⋮	⋮	⋮	⋮
26000	39	22	69

a. 각 설명변수는 월간 전기비용에 양의 영향을 미칠 것인지, 음의 영향을 미칠 것인지 논의하라.

b. 회귀모형을 추정하라. 표본회귀식을 나타내라.

c. 회귀계수들의 부호가 예상한 대로인가? 그렇지 않으면, 왜 그럴 수 있는지 설명하라.

d. 평균 외부온도가 화씨 65도, 월간 작업일수가 23일, 생산량이 76톤인 달의 예측되는 전기비용은 얼마인가?

39. **FILE** ***Quarterbacks.*** 미국식 풋볼은 게임당 가장 많이 돈을 버는 스포츠이다. 쿼터백은 팀에서 가장 중요한 선수이기 때문에 일반적으로 크게 보상받는다. 한 스포츠 통계전문가는 쿼터백의 연봉(Salary, 백만 달러)을 패싱 성공률(PC, %), 총 터치다운 수(TD), 연령(Age)과 관련시키는 다중선형회귀모형을 추정하기 원한다. 그는 최근 한 시즌 동안 32명 쿼터백에 대한 데이터를 수집하였다. 다음의 표는 이러한 데이터의 일부를 보여준다.

Quarterback	Salary	PC	TD	Age
1	25.5566	65.2	28	27
2	22.0441	60.5	27	26
⋮	⋮	⋮	⋮	⋮
32	0.6260	63.1	26	29

a. 회귀모형 $Salary = \beta_0 + \beta_1 PC + \beta_2 TD + \beta_3 Age + \varepsilon$을 추정하라.

b. 계수 추정치들 때문에 놀랐는가?

c. 쿼터백 8은 1,298만 9,500달러를 벌었다. 회귀모형에 의하면, PC = 70.6, TD = 34, Age = 30일 때, 예측되는 그의 연봉은 얼마인가?

d. 쿼터백 16은 800만 7,300달러를 벌었다. 회귀모형에 의하면, PC = 65.7, TD = 28, Age = 32일 때, 예측되는 그의 연봉은 얼마인가?

e. 쿼터백 8과 쿼터백 16의 연봉 잔차를 해석하라.

40. **FILE** ***Rentals.*** 다음의 데이터는 한 대학타운에 있는 40개 아파트의 임대료, 침실 수, 욕실 수, 크기에 대한 데이터 일부를 보여준다.

Rent	Bed	Bath	Sqft
645	1	1	500
675	1	1	648
⋮	⋮	⋮	⋮
2400	3	2.5	2700

a. 침실 수, 욕실 수, 크기에 기초하여 아파트의 임대료를 예측할 수 있게 해주는 표본회귀식을 추정하라.

b. Bath의 기울기 계수를 해석하라.

c. 2개의 침실과 1개의 욕실을 가진 1,500 ft^2 아파트의 임대료를 예측하라.

41. **FILE** ***Car_Prices.*** 다음의 표는 20대 중고차의 판매가격, 연령, 주행거리에 대한 데이터 일부를 보여준다.

Selling Price	Age	Mileage
13590	6	61485
13775	6	54344
⋮	⋮	⋮
11988	8	42408

a. 연령과 주행거리에 기초하여 중고차의 판매가격을 예측할 수 있게 해주는 표본회귀식을 추정하라.

b. Age의 기울기 계수를 해석하라.

c. 주행거리가 65,000마일이고 5년된 중고차의 판매가격을 예측하라.

14.3 적합도 척도

지금까지 선형회귀모형의 추정과 해석에 초점을 맞추었다. 단순히 표본회귀식을 살펴보는 것으로 설명변수들이 반응변수의 변동을 얼마나 잘 설명하는지 평가할 수 없다. 표본회귀식이 데이터를 얼마나 잘 적합시키는지를 요약해주는 몇 가지 객관적인 '적합도(goodness-of-fit)' 척도가 사용된다. 각 예측값 $\hat{y}$과 y가 같으면, 표본회귀식은 완전한 적합도를 가진다. 이러한 일은 결코 발생되지 않기 때문에, 상대기준에 의해 회귀모형을 평가한다.

도입사례에서, 부채상환액을 분석하는 데 관심이 있었다. 전 절에서 다음과 같은 두 가지 선형회귀모형이 추정되었다.

$$\text{모형 1: Debt} = \beta_0 + \beta_1\text{Income} + \varepsilon$$
$$\text{모형 2: Debt} = \beta_0 + \beta_1\text{Income} + \beta_2\text{Unemployment} + \varepsilon$$

단순하게 설명하기 위해, 모형 1과 모형 2의 회귀계수를 나타내기 위해 동일한 기호를 사용한다. 그러나 회귀계수와 그 추정치는 어느 모형을 사용하는가에 따라 다른 의미를 가진다.

부채상환액을 예측하기 위해, 두 모형 중 하나를 선택해야 한다면, 당신은 어느 모형을 선택하겠는가? 더 많은 설명변수를 사용하면 반응변수를 더 양호하게 설명할 수도 있다. 그러나 주어진 표본에서 더 많은 설명변수를 사용하는 것이 항상 더 좋은 것은 아니다. 선호되는 모형을 선택하기 위해, 적합도 척도들을 검토할 필요가 있다. 여기서는 3개의 적합도 척도, 즉 추정치의 표준오차(standard error of the estimate), 결정계수(coefficient of determination), 조정 결정계수(adjusted coefficient of determination)를 학습한다.

추정치의 표준오차

먼저 단순선형회귀모형(모형 1)을 대상으로 적합도 척도들을 설명한다. 그림 14.5는 부채상환액과 소득의 산점도와 그 위에 표본회귀선을 그린 것이다. 잔차 e는 반응변수의 관측값과 예측값 차이, 즉 $e = y - \hat{y}$을 나타낸다는 것을 기억하라. 모든 관측점들이 표본회귀선상에 있으면, 각 잔차는 0이 된다. 달리 말하면, 반응변수의 관측값과 예측값 간에 차이가 없을 것이다. 실제에서 이러한 결과가 있더라도 매우 드물게 발생하기 때문에, 잔차들의 상대적 크기에 기초하여 회귀모형들을 평가한다. 잔차들의 분산이 상대적으로 작을 때 표본회귀식은 양호한 적합도를 제공해준다.

그림 14.5 부채상환액과 소득의 산점도

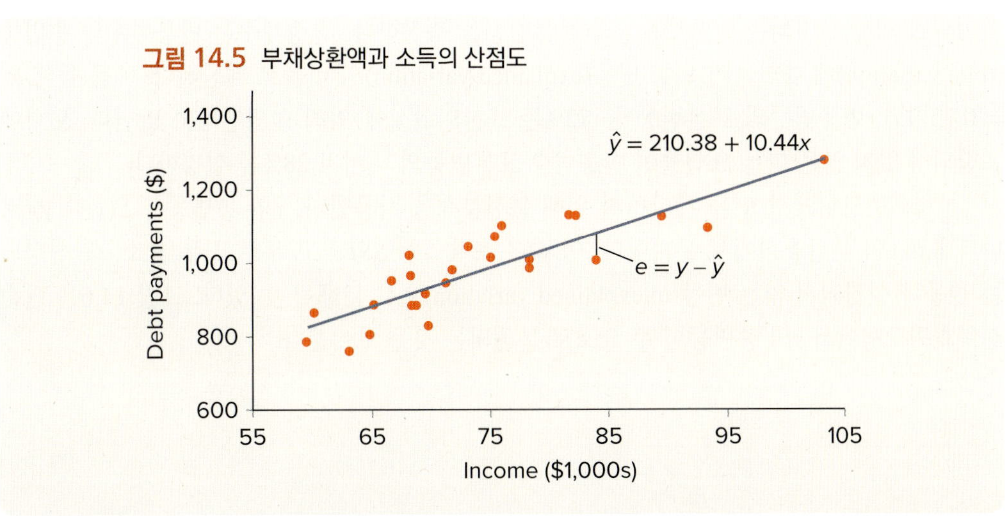

표본회귀식으로부터 잔차의 분산을 측정하는 수치 척도는 잔차의 표본분산 s_e^2이다. 이 척도는 y_i와 $\hat{y}_i$ 간 차이 제곱의 평균으로 정의된다. 이 공식의 분자는 오차제곱합 $SSE = \Sigma(y_i - \hat{y}_i)^2 = \Sigma e_i^2$이다. s_e^2는 SSE를 자신의 자유도 $n - k - 1$로 나누어서 구해진다. k는 선형회귀모형에서 사용되는 설명변수의 수라는 것을 기억하라. 따라서 단순선형회귀모형의 경우, k는 1이다. 일반적으로 s_e^2 대신에 잔차의 표준편차 s_e가 보고된다. s_e를 통상 **추정치의 표준오차(standard error of the estimate)**라고 부른다. 항상 그랬던 것처럼, s_e는 s_e^2의 양의 제곱근이다. 잔차가 더 적게 흩어져 있을수록, s_e는 더 작아진다. 일반적으로 더 작은 s_e는 회귀모형이 데이터를 양호하게 적합시킨다는 것을 의미한다.

추정치의 표준오차

추정치의 표준오차 s_e는 다음과 같이 계산된다.

$$s_e = \sqrt{\frac{SSE}{n - k - 1}}$$

여기서 SSE는 오차제곱합이다. 이론적으로 s_e는 0과 무한대 사이의 어떤 값도 가질 수 있다. 즉 $0 \leq s_e < \infty$이다. 동일한 반응변수를 가진 모형들을 비교할 때, 더 작은 s_e를 가진 모형이 선호된다.

표본크기 n이 주어진 경우, 설명변수 수 k의 증가는 s_e의 공식에서 분자(SSE)와 분모($n - k - 1$) 모두를 감소시킨다. s_e의 값으로 나타나는 순효과는 추가되는 설명변수들이 모형의 적합도를 개선시키는지 결정할 수 있게 해준다. 실제로 모든 통계소프트웨어 패키지는 s_e를 보고한다. Excel은 회귀분석결과의 *회귀분석 통계량*(*Regression Statistics*) 부분에 s_e를 보고하고 표준오차(Standard Error)라고 부른다. R은 회귀분석결과의 아래 부분에 s_e를 보고하고 Residual standard error라고 부른다.

결정계수, R^2

추정치의 표준오차와 마찬가지로, **결정계수(coefficient of determination)**는 일반적으로 R^2이라고 나타내고 표본회귀식이 데이터를 얼마나 잘 적합시키는지 평가한다. 특히, R^2은 표본회귀식에 의해 설명되는 반응변수 y의 표본변동을 측정한다. 결정계수는 반응변수의 총변동(total variation)에 대한 설명되는 변동(explained variation)의 비율로 계산된다. 예를 들어 $R^2 = 0.72$이면, 반응변수의 표본변동 중 72%는 표본회귀식에 의해 설명된다고 말한다. 모형에 포함되어 있지 않은 다른 요인들이 반응변수 표본변동의 나머지 28%를 설명한다.

선형회귀모형에서 R^2을 계산하기 위해 분산분석을 사용한다. y의 총변동은 $\Sigma(y_i - \bar{y})^2$로 나타내고 y의 분산공식에서 분자이다. 이 값은 총제곱합 SST라고 부르고 두 요소, 즉 설명되는 변동과 설명되지 않는 변동(unexplained variation)으로 분해될 수 있다. 그림 14.6은 단순선형회귀모형에서 y의 총변동이 두 요소로 분해되는 것을 보여준다.

그림 14.6 총차이, 설명되는 차이, 설명되지 않는 차이

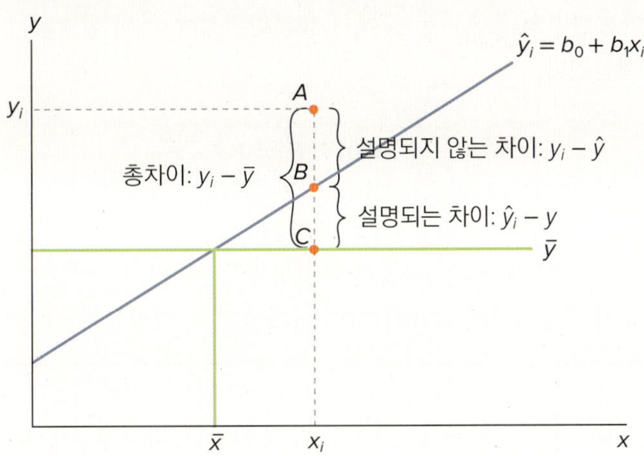

설명의 편의를 위해, 산점도에서 한 점(점 A)을 제외하고 모든 점을 제거하였다. 점 A는 관측치 (x_i, y_i)를 나타낸다. 청색선은 표본데이터에 기초하여 추정된 회귀식을 나타낸다. 녹색의 수평선과 수직선은 각각 표본평균 $\bar{y}$와 $\bar{x}$를 나타낸다. 점 A와 $\bar{y}$ (점 C)의 수직거리는 총차이 $y_i - \bar{y}$ (거리 AC)이다. 각 데이터 점에 대해 이러한 차이를 제곱하고 합하면 $SST = \Sigma(y_i - \bar{y})^2$가 구해진다. SST는 y의 총변동에 대한 척도라는 것을 기억하라.

이제 예측값 $\hat{y}_i$ (점 B)와 $\bar{y}$ 간 거리, 즉 설명되는 차이(거리 BC)에 초점을 맞춘다. 예측값 $\hat{y}_i$과 $\bar{y}$ 간 차이는 x_i와 $\bar{x}$ 간 차이에 의해 설명될 수 있기 때문에 '설명되는' 차이라고 부른다. 모든 이러한 차이를 제곱하고 합하면 **회귀제곱합(regression sum of squares)**, SSR이 구해진다. 여기서 $SSR = \Sigma(\hat{y}_i - \bar{y})^2$이다. SSR은 y의 설명되는 변동에 대한 척도이다.

관측값과 예측값 간 거리(거리 AB)는 설명되지 않는 차이이다. 이것은 설명되지 않는 부분이다. 이 부분은 임의오차나 우연에 기인한 것이다. 모든 이러한 차이를 제곱하고 합하면, 오차제곱합 $SSE = \Sigma(y_i - \hat{y}_i)^2$가 구해진다. SSE는 y의 설명되지 않는 변동에 대한 척도이다.

따라서 y의 총변동은 다음과 같이 설명되는 변동과 설명되지 않는 변동으로 분해될 수 있다.

$$SST = SSR + SSE$$

양변을 SST로 나누고 다시 정리하면 다음과 같이 R^2을 계산하는 공식이 도출된다.

$$R^2 = \frac{SSR}{SST} = 1 - \frac{SSE}{SST}$$

R^2은 0과 1 사이의 값을 가진다. 즉, $0 \le R^2 \le 1$이다. R^2이 1에 가까울수록, 적합도는 더 강해진다. R^2이 0에 가까울수록, 적합도는 더 약해진다.

결정계수, R^2

결정계수 R^2은 반응변수의 표본변동 중에서 표본회귀식에 의해 설명되는 비율이다. R^2은 다음과 같이 계산된다.

$$R^2 = \frac{SSR}{SST} \quad \text{또는} \quad R^2 = 1 - \frac{SSE}{SST}$$

여기서 $SSR = \Sigma(\hat{y} - \bar{y})^2$, $SSE = \Sigma(y_i - \hat{y}_i)^2$, $SST = \Sigma(y_i - \bar{y})^2$이다. 또한 R^2은 $R^2 = r_{y\hat{y}}^2$과 같이 계산될 수 있다. 여기서 $r_{y\hat{y}}^2$은 y와 $\hat{y}$ 간 표본상관계수이다.

R^2은 0과 1 사이의 값을 가지고, R^2이 1에 가까울수록, 적합도는 더 좋아진다.

Excel과 R을 포함하여 대부분의 통계소프트웨어 패키지는 결정계수를 보고한다. Excel은 회귀분석결과의 *회귀분석 통계량*(*Regression Statistics*) 부분에 R^2을 보고하고 결정계수(R Square)라고 부른다. R은 회귀분석결과의 아래 부분에 R^2을 보고하고 Multiple R-squared라고 부른다.

선형회귀모형에 다른 설명변수를 추가하는 목적은 모형의 유용성을 증가시기 위한 것이다. 경쟁모형들이 동일한 수의 설명변수를 가지고 있지 않을 때 모형 비교를 위해서 R^2을 사용할 수 없다. 그 이유는 모형에 더 많은 설명변수를 추가됨에 따라 R^2은 결코 감소되지 않기 때문이다. 이러한 상황에서 가장 널리 사용되는 모형선택방법은 조정 R^2의 값이 가장 큰 모형을 선택하는 것이다. 이어서 조정 R^2에 대해 논의한다.

조정 R^2

선형회귀모형에 더 많은 설명변수들이 추가됨에 따라 R^2은 결과 감소하지 않기 때문에, 회귀모형에 경제이론이나 직관적인 근거가 없는 일단의 설명변수들을 포함시킴으로써 의도하지 않게 R^2의 값을 증가시키는 것이 가능하다. 특히 설명변수의 수 k가 표본크기 n에 비해 상대적으로 클 때, 이러한 일이 발생한다. R^2이 잘못된 정보를 만들어 낼 가능성을 피하기 위해, 실제로 Excel과 R을 포함하여 모든 통계소프트웨어 패키지는 **조정 R^2 (adjusted R^2)**을 보고한다. R^2과는 달리, 조정 R^2은 명시적으로 설명변수의 수 k를 고려한다. 일반적으로 조정 R^2은 분석에 포함되는 추가적인 설명변수에 대해 페널티를 부과하기 때문에 모형선택을 위해 사용된다.

조정 R^2

조정 결정계수는 다음과 같이 계산된다.

$$\text{조정 } R^2 = 1 - (1 - R^2)\left(\frac{n-1}{n-k-1}\right)$$

조정 R^2은 서로 다른 수의 설명변수를 가지고 있는 선형회귀모형들을 비교하기 위해 사용된다. 조정 R^2이 더 클수록, 모형은 더 선호된다.

*SSE*가 0보다 상당히 크고 *k*가 *n*에 비해 크면, 조정 R^2은 R^2과 크게 다르다. 반응변수와 설명변수들 간 상관계수가 충분히 낮으면 조정 R^2은 음의 값을 가질 수 있다.

추정치의 표준오차와 조정 R^2 모두는 서로 다른 수의 설명변수를 가지고 있는 선형회귀모형들을 비교하는데 유용하다. 그러나 조정 R^2가 모형선택을 위해 더 일반적으로 사용되는 기준이다.

예제 14.4

14.2절에서 추정한 두 회귀모형은 다음과 같다.

모형 1: Debt = $\beta_0 + \beta_1$Income + ε

모형 2: Debt = $\beta_0 + \beta_1$Income + β_2Unemployment + ε

표 14.6은 두 모형을 위한 적합도 척도들을 보여준다.

표 14.6 모형 1과 모형 2를 위한 적합도 척도

	모형 1	모형 2
Standard Error	63.2606	64.6098
R Square	0.7526	0.7527
Adjusted R Square	0.7423	0.7312

a. 두 모형 중 어느 것이 선호되는 모형인가? 두 적합도 척도를 가지고 당신의 답을 정당화하라.

b. 선호되는 모형의 결정계수를 해석하라.

c. 선호되는 모형에서 소비자 부채상환액의 표본변동 중 몇 %가 설명되지 않는가?

해답:

a. 모형 1은 모형 2와 비교하여 더 낮은 추정치의 표준오차를 가지고 있다(63.2606 < 64.6098). 또한 모형 1은 더 높은 조정 R^2을 가지고 있다(0.7423 > 0.7312). 따라서 모형 1이 선호되는 모형이다. 두 모형은 서로 다른 수의 설명변수를 가지고 있기 때문에 두 모형을 비교하기 위해 결정계수 R^2을 사용할 수 없다는 것에 주목하라.

b. 모형 1의 결정계수 R^2은 0.7526이다. 이것은 Debt의 표본변동 중 75.26%가 Income의 변화에 의해 설명된다는 것을 의미한다.

c. Debt의 표본변동 중 75.26%가 Income의 변화에 의해 설명되고 나머지 24.74%는 표본회귀식에 의해 설명되지 않는다.

도입사례 분석결과

Andy Dean Photography/Alamy Stock Photo

한 연구는 소비자가 사는 지역에 따라 소비자 부채상환액이 크게 다르다는 것을 보여준다. 이에 대한 한 가지 가능한 설명은 소비자 부채상환액과 지역의 중앙가구소득 간에 선형관계가 존재한다는 것이다. 이러한 주장의 타당성을 검토하기 위해, 26개 대도시 지역을 대상으로 관련된 데이터가 수집되었다. 부채상환액과 소득 간 상관계수는 0.87로 계산되었다. 이것은 두 변수 간에 강한 양의 선형관계가 있는 것을 제시한다. 상관계수에 대한 검정을 수행한 결과는 5%의 유의수준에서 두 변수 간 상관계수가 통계적으로 유의하다는 것을 확인해준다.

또한 두 회귀모형이 분석을 위해 추정되었다. 단순선형회귀모형(모형 1)은 반응변수로 소비자 부채상환액을 사용하고 설명변수로 중앙가구소득을 사용하면서 $\widehat{\text{Debt}} = 210.30 + 10.44\text{Income}$과 같이 추정되었다. 중앙가구소득이 1,000달러 증가할 때, 부채상환액은 10.44달러 증가하는 것으로 예측된다. 예측을 개선하기 위한 시도로, 다중선형회귀모형(모형 2)이 제안되었다. 여기서 중앙가구소득과 실업률이 설명변수로 사용된다. 모형 2의 표본회귀식은 $\widehat{\text{Debt}} = 199.00 + 10.51\text{Income} + 0.62\text{Unemployment}$이다. 실업률 계수가 0.62밖에 되지 않는 점을 고려하면, 중앙가구소득이 일정한 경우, 실업률이 소비자 부채상환액에 미치는 경제적 영향은 매우 약한 것으로 보인다. 모형 1의 적합도 척도들이 모형 2보다 더 좋은 적합도를 제시한다. 모형 1이 더 낮은 추정치의 표준오차와 더 높은 조정 R^2를 가진다. 선호되는 모형(모형 1)은 Debt의 표본변동 중 75.26%를 Income의 변화에 의해 설명한다. 중앙가구소득이 8만 달러인 지역에서 소비자 부채상환액은 약 1,046달러로 예측된다.

적합도 척도에 대한 참고 사항

불행하게도, 모든 적합도 척도는 추정된 모형이 새로운 표본에서 얼마나 잘 예측하는지 평가하는 데 도움이 되지 않는다. 추정된 모형이 추정을 위해 사용된 데이터셋에서는 정말로 잘 예측할 수 있으나 새로운 데이터셋이 사용되면 형편없이 예측할 수 있다. 종종 이러한 종류의 모델링을 과대적합(overfitting)이라고 부른다. 과대적합은 추정된 모형이 변수들 간 실제 관계보다 데이터의 특이한 측면을 설명할 때 발생한다. 모형이 주어진 데이터를 너무 가깝게 일치시키려 하면 모형의 예측력은 손상된다. 모형의 예측력을 평가하기 위한 한 가지 유용한 방법은 추정을 위해 사용되지 않은 데이터셋에서 모형의 예측력을 테스트하는 것이다. 교차검증법은 원래의 표본을 모형을 구축하기(훈련시키기) 위한 훈련셋과 평가하기(검증하기) 위한 검증셋으로 나누어서 모형의 예측력을 평가하는 기법이다. 교차검증법은 이 교재의 범위를 넘어서는 내용이다.

연습문제 14.3

42. 25개 관측치에 기초한 단순선형회귀분석에서 $SSE = 1{,}250$과 $SST = 1{,}500$이 구해졌다.

a. s_e^2과 s_e를 계산하라.

b. R^2을 계산하라.

43. 30개 관측치에 기초한 단순선형회귀분석에서 $SSE = 2{,}540$과 $SST = 13{,}870$이 구해졌다.

a. s_e^2과 s_e를 계산하라.

b. R^2을 계산하라.

44. 두 개 설명변수와 50개 관측치에 기초한 다중선형회귀분석에서 $SSE = 35$와 $SST = 90$이 구해졌다.

a. 추정치의 표준오차 s_e를 계산하라.

b. 결정계수 R^2을 계산하라.

45. 네 개 설명변수와 100개 관측치에 기초한 다중선형회귀분석에서 $SSE = 4.75$와 $SST = 7.62$가 구해졌다.

a. 추정치의 표준오차 s_e를 계산하라.

b. 결정계수 R^2을 계산하라.

c. 조정 R^2을 계산하라.

46. 다음의 표는 두 단순선형회귀모형(모형 1과 모형 2)을 추정할 때 구해진 적합도 척도를 정리한 것이다.

모형 1: $y = \beta_0 + \beta_1 x_1 + \varepsilon$
모형 2: $y = \beta_0 + \beta_1 x_2 + \varepsilon$

	모형 1	모형 2
R^2	0.459	0.496
Adjusted R^2	0.445	0.483
s_e	104.914	101.274

두 모형 중 어느 것이 y에 대해 더 좋은 적합도를 제공하는가? 두 적합도 척도를 가지고 당신의 답을 정당화하라.

47. 다음의 표는 두 선형회귀모형(모형 1과 모형 2)을 추정할 때 구해진 적합도 척도를 정리한 것이다.

모형 1: $y = \beta_0 + \beta_1 x_1 + \varepsilon$
모형 2: $y = \beta_0 + \beta_1 x_1 + \beta_2 x_2 + \beta_3 x_4 + \varepsilon$

	모형 1	모형 2
R^2	0.751	0.752
Adjusted R^2	0.748	0.747
s_e	13.652	13.694

두 모형 중 어느 것이 y에 대해 더 좋은 적합도를 제공하는가? 두 적합도 척도를 가지고 당신의 답을 정당화하라.

48. 다음의 표는 두 선형회귀모형(모형 1과 모형 2)을 추정할 때 구해진 적합도 척도를 정리한 것이다.

모형 1: $y = \beta_0 + \beta_1 x_1 + \varepsilon$
모형 2: $y = \beta_0 + \beta_1 x_1 + \beta_2 x_2 + \beta_3 x_4 + \varepsilon$

	모형 1	모형 2
R^2	0.804	0.828
Adjusted R^2	0.801	0.819
s_e	17.746	16.924

두 모형 중 어느 것이 y에 대해 더 좋은 적합도를 제공하는가? 두 적합도 척도를 가지고 당신의 답을 정당화하라.

49. 다음의 표는 두 선형회귀모형(모형 1과 모형 2)을 추정할 때 구해진 적합도 척도를 정리한 것이다.

모형 1: $y = \beta_0 + \beta_1 x_1 + \beta_2 x_2 + \varepsilon$
모형 2: $y = \beta_0 + \beta_1 x_3 + \beta_2 x_2 + \varepsilon$

	모형 1	모형 2
R^2	0.640	0.610
Adjusted R^2	0.627	0.597
s_e	34.706	36.103

두 모형 중 어느 것이 y에 대해 더 좋은 적합도를 제공하는가? 두 적합도 척도를 가지고 당신의 답을 정당화하라.

50. 한 연구원은 기업의 매출액을 광고비 지출의 함수로 설정한 회귀모형 Sales $= \beta_0 + \beta_1$Advertising $+ \beta$를 추정하였다. 20개 관측치를 사용하면서, $SSR = 199.93$과 $SST = 240.92$가 구해졌다.

a. 매출액의 표본변동 중 몇 %가 광고비 지출에 의해 설명되는가?

b. 매출액의 표본변동 중 몇 %가 광고비 지출에 의해 설명되지 않는가?

51. **FILE** ***Test_Scores.*** 첨부된 데이터 파일은 통계학 과목을 수강한 32명 학생의 중간시험점수와 기말시험점수를 보여준다.

a. 중간시험점수의 함수로 설정한 학생의 기말시험점수를 추정하라. 표본회귀식을 나타내라.

b. 추정치의 표준오차를 구하라.

c. 결정계수를 구하고 해석하라.

52. 한 대학의 입학관리처장은 학생의 고등학교 GPA와 SAT 점수 중 어느 것이 학생의 대학 GPA의 더 좋은 예측변수인지 결정하려고 한다. 그녀는 다음과 같이 두 모형(모형 1과 모형 2)을 설정하였다.

모형 1: College GPA $= \beta_0 + \beta_1$High School GPA $+ \varepsilon$
모형 2: College GPA $= \beta_0 + \beta_1$SAT Score $+ \varepsilon$

그녀는 두 모형을 추정하고 다음과 같은 적합도 척도를 얻었다.

	모형 1	모형 2
R^2	0.5595	0.5322
Adjusted R^2	0.5573	0.5298
s_e	40.3684	41.6007

어느 모형이 y에 대해 더 좋은 적합도를 제공하는가? 두 적합도 척도를 가지고 당신의 답을 정당화하라.

53. **FILE** ***Taxes.*** 첨부된 데이터 파일은 뉴욕시에서 30마일 떨어져 있는 부유한 교외에 있는 20개 주택의 크기와 재산세를 보여준다.

a. 주택크기(ft^2)의 선형함수로 설정한 주택의 재산세를 추정하라. 표본회귀식을 나타내라.

b. 재산세의 표본변동 중에서 몇 %가 주택크기에 의해 설명되는가?

c. 재산세의 표본변동 중에서 몇 %가 주택크기에 의해 설명되지 않는가?

54. **FILE** ***Car_Prices.*** 첨부된 데이터 파일은 중고차의 판매가격, 연령, 주행거리를 보여준다. 다음의 두 모형(모형 1과 모형 2)을 추정하라.

모형 1: Price $= \beta_0 + \beta_1$Age $+ \varepsilon$

모형 2: Price $= \beta_0 + \beta_1$Age $+ \beta_2$Mileage $+ \varepsilon$

어느 모형이 y에 대해 더 좋은 적합도를 제공하는가? 두 적합도 척도를 가지고 당신의 답을 정당화하라.

55. 한 사회학자는 뉴잉글랜드주에 있는 41개 도시의 표본을 사용하여 빈곤율과 중앙소득의 함수로 설정한 각 도시의 범죄율을 연구한다. 그는 SSE = 4,182,663과 SST = 7,732,451이라는 것을 발견하였다.

a. 추정치의 표준오차를 계산하라.

b. 범죄율의 표본변동 중에서 몇 %가 설명변수들의 변동에 의해 설명되는가? 몇 %가 설명되지 않는가?

56. 한 금융 애널리스트는 다음의 모형을 사용하면서 기업의 주식수익률을 추정하였다. Return $= \beta_0 + \beta_1$P/E $+ \beta_2$P/S $+ \varepsilon$, 여기서 P/E는 기업의 주가이익비율이고 P/S는 주가매출액비율이다. 30개 기업의 표본을 사용하여 그녀는 SSE = 4,402.786과 SST = 5,321.532를 구하였다.

a. 추정치의 표준오차를 계산하라.

b. 결정계수를 계산하고 해석하라.

c. 조정 R^2을 계산하라.

57. **FILE** ***Football.*** 풋볼 경기를 이기는 것은 방어인가, 공격인가? 다음의 표는 한 최근 시즌 동안 팀의 승률(Win, %), 확보한 평균 야드(Gained), 허용한 평균 야드(Allowed)에 대한 데이터의 일부를 보여준다.

Team	Win	Gained	Allowed
1	62.50	344.40	346.40
2	56.30	340.40	348.90
⋮	⋮	⋮	⋮
32	25.00	312.50	319.70

a. 두 단순선형회귀모형을 비교하라. 승률을 예측하기 위해 모형 1은 확보한 평균 야드를 사용하고, 모형 2는 허용한 평균 야드를 사용한다.

b. 승률을 예측하기 위해 확보한 평균 야드와 허용한 평균 야드 모두를 사용하는 다중선형회귀모형(모형 3)을 추정하라. 이 모형이 다른 두 모형보다 개선된 모형인가? 설명하라.

58. **FILE** ***Executive_Compensation.*** 지난 수년 동안 임원 보상이 평균 근로자의 임금 상승 수준을 넘어서 크게 증가하였다. 445명 CEO의 총보상액(Compensation, 백만 달러)을 세 개 척도, 즉 산업조정 자산수익률(ROA), 산업조정 주식수익률(Return), 기업크기(Assets, 백만 달러)와 관련시키는 회귀분석이 수행되었다. 다음의 표는 이러한 데이터의 일부를 보여준다.

Compensation	ROA	Return	Assets
16.58	2.53	−0.15	20917.5
26.92	1.27	0.57	32659.5
⋮	⋮	⋮	⋮
2.3	0.45	0.75	44875.0

a. ROA, Return, Asset 각각을 설명변수로 사용하고 Compenation을 반응변수로 사용하는 세 개의 단순선형회귀모형을 추정하라. 어느 모형을 선택하겠는가? 설명하라.

b. 두 개 설명변수의 다양한 조합 또는 세 개 설명변수 모두 사용하는 다중선형회귀모형을 추정하라. 어느 모형을 선택하겠는가? 설명하라.

14.4 데이터 분석

사례연구

FILE ***Vanguard.*** 매튜 판햄은 고객에게 잘 분산된 뮤추얼펀드 포트폴리오를 추천하는 투자컨설턴트이다. 그는 분산투자로부터 이익을 얻는 데 핵심적인 개념은 자산수익률 간 상관관계라는 것을 알고 있다. 만약 투자자의 모든 자산수익률이 일정하게 움직이거나 높은 상관관계가 있다면, 투자자는 완전히 잘되거나 완전히 잘못될 수 있다. 위험을 줄이기 위해서는 수익률이 서로 상대적으로 낮은 상관관계를 가지는 자산들에 투자하는 것이 좋은 전략으로 여겨진다.

Kick Images/Getty Images

이미 S&P 500지수를 모방하는 펀드인 뱅가드 500지수 펀드(Vangurad's 500 Index Fund)에 투자하고 있는 고객이 매튜에게 와서 다음의 뱅가드 펀드 중에서 하나를 추가적으로 선택하기 위한 자문을 받기 원하였다.

- 물가연동증권지수
- 중기채권지수
- 부동산지수
- 소기업지수

매튜는 분석을 위해 지난 5년 동안 각 뮤추얼펀드의 월간 수익률 데이터를 수집하였다. 표 14.7은 이러한 데이터의 일부를 보여준다. 그는 자산수익률 간 상관관계를 이용하여 뮤추얼 펀드를 추천하려고 한다.

표 14.7 5개 뮤추얼펀드의 월간 수익률 데이터, 2015년 1월~2019년 12월

	500 Index	Inflation-Protected Securities	Intermediate-Term Bond	Real Estate	Small Cap
January 2015	−0.0249	0.0450	0.0386	0.0959	0.0017
February 2015	0.0573	−0.0140	−0.0147	−0.0359	0.0574
⋮	⋮	⋮	⋮	⋮	⋮
December 2019	0.0253	−0.0075	−0.0020	−0.0023	0.0203

샘플보고서—분산투자에 의한 투자의사결정

잘 분산된 포트폴리오를 만들기 위해, 자산수익률 간 상관관계분석이 매우 중요하다. 상관계수는 두 자산수익률 간 선형관계의 방향과 강도를 측정한다. 이러한 통계량이 포트폴리오를 구축하기 위한 자산을 찾는 데 도움을 줄 수 있다. 이 투자자는 이미 자신의 포트폴리오에 뱅가드 500지수 뮤추얼펀드를 가지고 있다. 그녀는 자신의 포트폴리오에 추가할 펀드를 선택하기 위해 뱅가드가 판매하는 4가지 뮤추얼펀드를 고려하고 있다.

지난 5년 동안, 500 지수펀드뿐만 아니라 이러한 4가지 선택 대상 펀드 각각의 월간 수익률 데이터가 수집되었다. 표 14.8의 첫 번째 행은 500 지수와 각 뮤추얼펀드 간 표본상관계수를 보여준다.

표 14.8 500 지수와 각 뮤추얼펀드 간 상관관계 분석

	Inflation-Protected Securities	Intermediate-Term Bond	Real Estate	Small Cap
Correlation Coefficient	0.0881	−0.1839	0.4827*	0.8808*
Test Statistic	0.673	−1.425	4.200	14.149
p-value	0.503	0.160	0.000	0.000

주: *는 5%의 수준에서 유의하다는 것을 나타낸다.

상관계수는 항상 −1과 1 사이의 값을 가진다. 상관계수의 절대값이 1에 가깝다는 것은 두 자산의 수익률이 거의 같게 움직인다는 것을 의미한다. 주어진 표본에서, 500지수와 소기업지수 간 표본상관계수가 0.8808로 가장 높다. 다음으로 500지수와 부동산지수 간 표본상관계수가 0.4827로 높다. 투자자는 종종 상대적으로 상관관계가 없는 다양한 자산유형에 걸쳐 투자한다. 이렇게 하면, 포트폴리오에 있는 한 자산이 어려움을 겪어도 나머지 자산은 영향을 받지 않을 수 있다. 물가연동증권지수와 중기채권지수 간 표본상관계수가 0에 가깝다는 점을 감안하면, 이 두 지수펀드가 이 투자자의 포트폴리오에 추가되는 것이 바람직할 수 있다.

5%의 유의수준에서 두 펀드의 수익률 간 상관관계가 유의하게 존재하는지 결정하기 위한 가설검정이 수행되었다. 귀무가설은 두 펀드의 수익률 간 상관관계가 없다고 설정되고 대립가설은 두 펀드의 수익률 간 양의 상관관계나 음의 상관관계를 가진다고 설정된다. 표 14.8의 두 번째 행과 세 번째 행은 검정통계량의 값과 *p*-값을 보여준다. 5%의 유의수준에서 500 지수와 물가연동증권지수 간 상관계수는 검정의 *p*-값이 0.503이기 때문에, 0과 다르지 않다. 이와 동일한 결론이 500 지수와 중기채권지수 간 상관계수에도 성립한다. 다른 한편, 500 지수와 부동산 지수 및 500 지수와 소기업지수 간 상관계수와 관련된 검정의 *p*-값이 모두 0.000이기 때문에, 부동산 지수의 수익률과 소기업지수의 수익률은 500 지수의 수익률과 상관관계를 가지고 있다고 결론 내릴 수 있다.

자산수익률들 간 상관관계가 낮은 자산들을 결합하면 포트폴리오의 전반적인 위험이 줄어든다는 것은 잘 알려져 있다. 자산수익률들 간 상관관계가 앞으로도 안정적일 가능성이 있다고 가정하면 이 투자자는 포트폴리오에 물가연동증권지수나 중기채권지수 중 하나를 추가하는 것이 타당할 수 있다. 다른 두 펀드에 비해, 이 두 펀드는 투자위험을 줄여주기 때문에 분산투자의 최대 이익을 제공할 것이다.

사례연구 제안

보고서 14.1 이 절에서 수행한 것과 유사한 분석을 수행하면서, 피델리티(Fidelity)나 티로우프라이스(T. Rowe Price)와 같은 다른 투자회사의 유사한 뮤추얼펀드를 선택하라. https://finance.yahoo.com/ 에 가서 각 뮤추얼펀드의 월간 가격을 추출하라. 월간 수익률을 $(P_t - P_{t-1})/P_{t-1}$와 같이 계산하라. 여기서 P_t는 t의 조정 종가이고 P_{t-1}는 $t-1$의 조정 종가이다.

보고서 14.2 **FILE** ***House_Price.*** 한 대학타운을 선택하라. 주택의 판매가격을 가장 잘 예측하는 회귀모형을 설정하라. 적정한 설명변수를 찾기 위해 적합도 척도를 사용하라.

보고서 14.3 **FILE** ***College_Admissions.*** 관심있는 대학을 선택하고 학생의 대학 GPA를 가장 잘 예측하기 위해 등록한 재학생들로 구성된 표본을 추출하라. 적정한 설명변수를 찾기 위해 적합도 척도를 사용하라. 이러한 모형들을 추정하기 위해 먼저 등록한 재학생만 포함되도록 데이터를 정리해야 한다.

핵심 개념

LO 14.1 모상관계수에 대한 가설검정을 수행할 수 있어야 한다.

모상관계수 ρ_{xy}에 대한 검정을 수행할 때, 검정통계량의 값은 $t_{df} = \frac{r_{xy}\sqrt{n-2}}{\sqrt{1-r_{xy}^2}}$와 같이 계산된다. 여기서 r_{xy}는 표본상관계수이고 $df = n - 2$이다.

LO 14.2 단순선형회귀모형과 다중선형회귀모형을 추정하고 해석할 수 있어야 한다.

회귀분석은 반응변수라고 부르는 한 변수가 설명변수라고 부르는 다른 변수들에 의해 영향을 받는다고 가정한다. 단순선형회귀모형은 반응변수의 변화를 예측하고 설명하기 위해 하나의 설명변수만 사용한다. 이 모형은 $y = \beta_0 + \beta_1 x + \varepsilon$와 같이 설정된다. 여기서 y와 x는 각각 반응변수와 설명변수이고 ε은 임의오차항이다. 회귀계수 β_0와 β_1는 알려져 있지 않은 모수이고 추정되어야 한다. 표본회귀식 $\hat{y} = b_0 + b_1 x$를 구하기 위해 최소제곱법(OLS)이 적용된다. 여기서 $\hat{y}$은 반응변수의 예측값이고 b_0와 b_1는 각각 β_0와 β_1의 추정치이다. 추정된 기울기 계수 b_1은 x가 한 단위 변화할 때 $\hat{y}$의 변화를 나타낸다. b_1의 단위는 y의 단위와 같다.

다중선형회귀모형은 반응변수 y와 선형관계를 가지는 두 개 이상의 설명변수를 가지고 있다. 이 모형은 $y = \beta_0 + \beta_1 x_1 + \beta_2 x_2 + \cdots + \beta_k x_k + \varepsilon$와 같이 정형화된다. 여기서 y는 반응변수, $x_1, x_2, \ldots, x_k$는 k개 설명변수, ε은 임의오차항이다. 회귀계수 $\beta_0, \beta_1, \ldots, \beta_k$는 알려져 있지 않은 모수이고 추정되어야 한다. OLS를 사용하여 표본회귀식 $\hat{y} = b_0 + b_1 x_1 + b_2 x_2 + \cdots + b_k x_k$를 구한다. 여기서 $b_0, b_1, \ldots, b_k$는 각각 $\beta_0, \beta_1, \ldots, \beta_k$의 추정치이다.

각 설명변수 $x_j(j = 1, \ldots, k)$에 상응하는 기울기 계수 b_j는 추정된 회귀계수이다. b_j는 모든 다른 설명변수들이 일정한 경우, 관련된 설명변수 x_j의 한 단위 증가에 의한 반응변수 예측값 $\hat{y}$의 변화를 측정한다. 달리 말하면 b_j는 x_j가 $\hat{y}$에 미치는 부분효과를 나타낸다.

LO 14.3 적합도 척도를 해석할 수 있어야 한다.

추정치의 표준오차 s_e는 잔차의 표준편차이고 $s_e = \sqrt{\frac{SSE}{n-k-1}}$과 같이 계산된다. 여기서 SSE는 오차제곱합이고 k는 설명변수의 수이다. 추정치의 표준오차는 모형들을 비교할 때 유용한 적합도 척도이다. 더 작은 s_e를 가진 모형이 선호된다.

결정계수 R^2은 반응변수의 표본변동 중에서 표본회귀식에 의해 설명되는 비율이다. R^2은 0과 1 사이의 값을 가진다. 이 값이 1에 가까울수록, 모형이 표본데이터를 더 잘 적합시킨다.

조정 R^2은 회귀모형에서 사용되는 설명변수의 수 k를 고려하여 R^2을 조정한다. 서로 다른 수의 설명변수를 가지고 있는 경쟁모형들을 비교할 때, 조정 R^2이 가장 높은 값을 가지는 모형이 선호된다.

R^2은 서로 다른 수의 설명변수를 가진 선형회귀모형들을 비교하기 위해 사용될 수 없다. 추정치의 표준오차와 조정 R^2이 이러한 비교를 하는 데 적정하다.

추가 연습문제

59. FILE ***Energy_Health.*** 다음의 표는 뱅가드 뮤추얼펀드인 에너지 펀드(Energy)와 헬스케어 펀드(Health)의 2010~2016년 동안 월간 수익률(%) 데이터 일부를 보여준다.

Date	Energy	Healthcare
Jan-10	−4.86	−0.13
Feb-10	1.50	0.58
⋮	⋮	⋮
Dec-16	−0.30	−5.26

a. 표본상관계수 r_{xy}를 계산하고 해석하라.

b. 모상관계수가 0과 다른지 결정하기 위한 경쟁가설을 설정하라.

c. 5%의 유의수준에서, 검정의 결론은 무엇인가? 두 뮤추얼펀드의 수익률들은 상관관계를 가지고 있는가?

60. FILE ***Yields.*** 연방준비제도(Federal Reserve)는 단기이자율을 통제한다. 장기이자율은 기본적으로 장기이자율에 대한 예상뿐만 아니라 수요와 공급의 동태적 움직임에 의존한다. 다음의 표는 지난 10년 동안 10년 만기 재무부 장기채권 이자율(%)과 3개월 만기 재무부 단기채권 이자율(%)의 연율 데이터 일부를 보여준다.

Year	Ten_Year	Three_Month
1	5.02	3.47
2	4.61	1.63
⋮	⋮	⋮
10	3.21	0.14

a. 10년 만기 재무부 장기채권 이자율과 3개월 만기 재무부 단기채권 수익률의 산점도를 그리고 해석하라.

b. 표본상관계수를 계산하고 해석하라. $\alpha = 0.05$에서 모상관계수가 0과 다른지 검정하라.

c. 반응변수로 10년 만기 재무부 장기채권 이자율, 설명변수로 3개월 만기 재무부 단기채권 이자율을 사용하는 회귀모형을 추정하고 해석하라.

61. FILE ***Home_Ownership.*** 미국의 주택 소유율이 소득과 관련되어 있는지 결정하기 위해, 주별 주택소유율(Ownership, %)과 중앙가구소득(Income, 달러)에 대한 데이터가 수집되었다. 다음의 표는 이러한 데이터의 일부를 보여준다.

State	Ownership	Income
Alabama	74.1	39980
Alaska	66.8	61604
⋮	⋮	⋮
Wyoming	73.8	52470

a. 회귀모형 Ownership $= \beta_0 + \beta_1$Income $+ \varepsilon$을 추정하고 해석하라.

b. 추정치의 표준오차는 얼마인가?

c. 결정계수를 해석하라.

62. FILE ***Return.*** 한 연구원은 기업의 주가수익비율(PE)과 주가매출액비율(PS)이 지난해 동안 기업의 주가를 설명할 수 있는지 결정하려고 한다. PE비율은 기업의 주가를 기업이 버는 주당 순이익으로 나누어 계산된다. 일반적으로 PE비율이 높다는 것은 투자자들이 PE비율이 낮은 기업에 비해 미래에 더 높은 이익성장을 기대한다는 것을 제시한다. PS비율은 기업의 주가를 과거 12개월 동안 주당 매출액으로 나누어서 계산된다. 간략히 말하면, 투자자들이 기업의 매출액 1달러에 대해 얼마나 지불할 것인지 결정하기 위해 PS비율을 사용할 수 있다. 일반적으로 PS비율이 낮을수록 투자는 더 매력적이 된다. 다음의 표는 30개 기업의 과거 1년 주식수익률(Return, %), PE비율, PS비율에 대한 데이터 일부를 보여준다.

Firm	Return	PE	PS
1	4.4	14.37	2.41
2	−4.5	11.01	0.78
⋮	⋮	⋮	⋮
30	16.3	13.94	1.94

a. 회귀모형 Return $= \beta_0 + \beta_1$PE $+ \beta_2$PS $+ \varepsilon$을 추정

하라. 계수의 부호는 예상한 대로 추정되는가? 설명하라.

b. PS비율의 기울기 계수를 해석하라.

c. PE비율이 10이고 PS비율이 2인 기업의 주식수익률을 예측하라.

d. 추정치의 표준오차는 얼마인가?

e. R^2을 해석하라.

63. FILE ***SAT.*** SAT 점수와 응시자의 가구소득 간 관계에 대해 상당한 논의가 있었다. 사람들은 일반적으로 학생의 가계가 부유할수록 SAT점수가 더 높다고 믿는다. 일반적으로 SAT를 위한 다른 하나의 예측변수는 학생의 GPA이다. 다음의 표는 24명 학생을 대상으로 수집된 데이터의 일부를 보여준다.

Student	SAT	Income	GPA
1	1651	47000	2.79
2	1581	34000	2.97
⋮	⋮	⋮	⋮
24	1940	113000	3.96

a. 3개 모형을 추정하라.

(i) $\text{SAT} = \beta_0 + \beta_1\text{Income} + \varepsilon$

(ii) $\text{SAT} = \beta_0 + \beta_1\text{GPA} + \varepsilon$

(iii) $\text{SAT} = \beta_0 + \beta_1\text{Income} + \beta_2\text{GPA} + \varepsilon$

b. 적합도 척도들을 사용하여 가장 양호하게 데이터를 적합시키는 모형을 선택하라.

c. 설명변수들의 평균이 주어진 경우, 선호되는 모형을 사용하여 SAT점수를 예측하라.

64. FILE ***Startups.*** 구글, 마이크로소프트, 페이스북(메타)과 같은 오늘날의 많은 선도기업들은 대학에서 개발된 기술에 기초하고 있다. 리사 피셔는 혁신을 증진시키는 대학의 요인들을 분석하기 원하는 경영대학원 교수이다. 그녀는 반응변수가 혁신의 척도로 사용되는 창업기업 수(Startups)인 회귀분석을 위한 데이터를 143개 대학으로부터 수집하였다. 설명변수들은 대학의 연구비(Research, 백만 달러), 특허 출원 수(Patents), 기술이전부서의 연령(Duration, 년)이다. 다음의 표는 이러한 데이터의 일부를 보여준다.

University	Startups	Research	Patents	Duration
1	1	145.52	8	23
2	1	237.52	16	23
⋮	⋮	⋮	⋮	⋮
143	1	154.38	3	9

a. 회귀모형 $\text{Startups} = \beta_0 + \beta_1\text{Research} + \beta_2\text{Patents} + \beta_3\text{Duration} + \varepsilon$을 추정하라.

b. 연구비로 1억 2,000만 달러를 지출하고 특허 출원 수가 8개이며 20년 동안 기술이전부서를 가지고 있는 대학의 창업기업 수를 예측하라.

c. 다른 모든 변수들이 같은 경우, 추가적으로 1개의 창업기업을 증가시키기 위해 대학은 얼마의 연구비가 필요한가?

65. FILE ***Wage.*** 한 연구원은 한 대기업의 50명 근로자를 조사하여 각 근로자의 시간당 임금(Wage, 달러), 고등교육연수(Educ), 근무연수(Exper), 연령(Age)에 대한 데이터를 수집하였다. 다음의 표는 이러한 데이터의 일부를 보여준다.

Wage	Educ	Exper	Age
37.85	11	2	40
21.72	4	1	39
⋮	⋮	⋮	⋮
24.18	8	11	64

a. 회귀모형 $\text{Wage} = \beta_0 + \beta_1\text{Educ} + \beta_2\text{Exper} + \beta_3\text{Age} + \varepsilon$을 추정하라.

b. 계수의 부호는 예상한 대로 추정되는가?

c. Educ의 계수를 해석하라.

d. 결정계수를 해석하라.

e. 고등교육연수가 5년, 근로연수가 8년인 40세 근로자의 시간당 임금을 예측하라.

15 회귀모형의 추론

Inference with Regression Models

학습목차_*Chapter Contents*

학습목표_*Learning Objectives*

이 장을 학습한 후에,

LO **15.1** 유의성 검정을 수행할 수 있어야 한다.
LO **15.2** 선형제한에 대한 일반적인 검정을 수행할 수 있어야 한다.
LO **15.3** 반응변수에 대한 신뢰구간과 예측구간을 계산하고 해석할 수 있어야 한다.
LO **15.4** OLS 가정의 일반적인 위반을 다룰 수 있어야 한다.

이전 장에서는 반응변수와 한 설명변수 또는 두 개 이상 설명변수들 간 관계를 포착하기 위해 회귀분석이 사용되었다. 또한 표본회귀식이 데이터를 얼마나 잘 적합시키는지 평가하는 적합도 척도들을 학습하였다. 추정된 회귀모형과 적합도 척도들은 유용하지만, 추정된 계수로부터 추론된 관계가 실제로 그런지, 우연 때문인지 분명하지 않다.

이 장에서는 회귀모형에 대한 통계적 추론에 초점을 맞춘다. 특히 설명변수들의 결합유의성과 개별유의성을 결정할 수 있는 가설검정을 학습한다. 또한 표본회귀식을 사용하여 예측을 위한 구간추정치를 구한다.

마지막으로 OLS 추정량의 통계적 특성에 대한 가정의 중요성과 검정과정의 타당성을 검토한다. 모형의 가정에 대한 일반적인 위반과 그 결과를 다루고, 모형의 가정이 위반될 때 몇 가지 교정하는 방법을 논의한다.

Rob Tringali/MLB/Getty Images

도입사례_Introductory Case

야구의 승률 분석

FILE ***Baseball.*** 최근 한 라디오 토크쇼에서, 두 스포츠 분석가는 어느 통계량이 메이저리그야구팀의 승률(Win)에 대한 더 좋은 예측변수인가에 대해 다투었다. 한 분석가는 더 높은 평균타율을 가진 팀이 월드시리즈의 약 75%를 승리했기 때문에 팀의 평균타율(BA)이 팀의 성공을 위한 더 좋은 예측변수라고 주장하였다. 다른 분석가는 팀의 피칭이 분명히 승리를 결정하는 데 중요한 요인이고 팀의 평균자책점(ERA)이 낮을수록 팀의 승률이 더 높다고 주장하였다. 어느 주장이 데이터의 지지를 받는지 결정하기 위해, 최근 한 시즌 동안 14개의 아메리칸리그팀(AL)과 16개의 내쇼널리그팀(NL)에 대한 관련된 정보가 수집되었다. 표 15.1은 이러한 데이터의 일부를 보여준다.

표 15.1 MLB에서 팀의 승률, 평균타율과 평균자책점

Team	League	Win	BA	ERA
1	AL	0.407	0.259	4.59
2	AL	0.549	0.268	4.20
⋮	⋮	⋮	⋮	⋮
30	NL	0.426	0.250	4.13

표 15.1의 표본정보를 사용하여 다음과 같은 일을 수행하기 원한다.

1. 선호되는 모형에서 결합유의성과 개별유의성에 대한 검정을 수행한다.
2. 평균 타율이 0.25이고 평균 자책점이 4인 팀의 기대 승률을 예측한다.

이 도입사례에 대한 분석결과는 15.3절의 마지막 부분에 제시되어 있다.

15.1 유의성 검정

이 절에서는 알려져 있지 않은 모수(계수) $\beta_0, \beta_1, \ldots, \beta_k$에 대한 가설검정에 초점을 맞추면서 선형회귀모형의 평가에 대한 논의를 계속한다. 특히, 반응변수와 설명변수들 간 선형관계에 대한 증거가 존재하는지 결정하기 위한 결합유의성과 개별유의성을 검정한다. 이러한 검정이 타당하기 위해서는 회귀모형에 대한 특정한 조건들이 충족되어야 한다. 15.4절에서 선형회귀모형의 기본적인 가정들을 논의한다.

결합유의성 검정

반응변수 y를 k개 설명변수들 $x_1, x_2, \ldots, x_k$와 관련시키는 다음과 같은 선형회귀모형을 생각해 보자.

$$y = \beta_0 + \beta_1 x_1 + \beta_2 x_2 + \ldots + \beta_k x_k + \varepsilon$$

모든 기울기 계수들이 0이면, 모든 설명변수들은 모형에서 퇴출된다. 이것은 설명변수들 중 어떤 설명변수도 반응변수와 선형관계를 가지고 있지 않다는 것을 의미한다. 이와는 달리 적어도 하나의 설명변수가 0이 아니면, 적어도 하나의 설명변수는 반응변수와 선형관계를 가진다.

선형회귀모형을 평가할 때, 결합유의성 검정은 종종 회귀모형의 전반적인 유용성에 대한 검정으로 여겨진다. 이 검정은 설명변수들 $x_1, x_2, \ldots, x_k$가 결합하여 y에 통계적 영향을 미치고 있는지 결정한다. 모든 기울기 계수들이 0이라는 귀무가설이 기각되면, 적어도 하나의 설명변수가 반응변수에 영향을 미친다고 결론 내릴 수 있다. 결합유의성 검정을 위한 경쟁가설은 다음과 같은 형태로 설정된다.

$$H_0: \beta_1 = \beta_2 = \ldots = \beta_k = 0$$
$$H_A: \text{적어도 하나의 } \beta_i \neq 0$$

결합유의성 검정을 수행하기 위해, 오른쪽 꼬리 F-검정을 적용한다. ($F_{(df_1, df_2)}$ 분포는 11장과 13장에서 가설검정을 위해 사용되었다는 것을 기억하라.) 검정통계량은 표본회귀식이 반응변수의 변동성을 얼마나 잘 설명하는지 측정한다. 결합유의성 검정을 위한 검정통계량은 평균오차제곱(MSE)에 대한 평균회귀제곱(MSR)의 비율로 정의된다. 여기서 $MSR = SSR/k$이고 $MSE = SSE/(n - k - 1)$이다. 14장으로부터 SSR은 회귀제곱합이고 SSE는 오차제곱합이라는 것을 기억하라.

결합유의성 검정

선형회귀모형 $y = \beta_0 + \beta_1 x_1 + \beta_2 x_2 + \ldots + \beta_k x_k + \varepsilon$의 경우, 결합유의성 검정을 위해 다음과 같은 경쟁가설이 사용된다.

$$H_0: \beta_1 = \beta_2 = \ldots = \beta_k = 0$$
$$H_A: \text{적어도 하나의 } \beta_i \neq 0$$

검정통계량의 값은 다음과 같이 계산된다.

$$F_{(df_1,df_2)} = \frac{SSR/k}{SSE/(n-k-1)} = \frac{MSR}{MSE}$$

여기서 $df_1 = k$, $df_2 = n - k - 1$, SSR은 회귀제곱합, SSE는 오차제곱합, MSR은 평균회귀제곱, MSE는 오차제곱합이다.

- 귀무가설이 기각되지 않으면, 설명변수들은 결합하여 유의하지 않다. 즉 모형은 유용하지 않다.
- 귀무가설이 기각되면, 설명변수들은 결합하여 유의하다. 즉 모형은 유용하다.

Excel과 R을 포함하여 대부분의 통계소프트웨어 패키지는 반응변수 y의 총변동을 두 요소, 즉 (1) 회귀식에 의해 설명되는 변동과 (2) 설명되지 않는 변동으로 분해하는 ANOVA 테이블을 생성해준다. 이에 더하여 $F_{(df1,df2)}$ 검정통계량의 값과 p-값도 제공해준다. 표 15.2는 ANOVA 테이블의 일반적인 형식을 보여준다. Excel은 명시적으로 회귀분석결과와 함께 ANOVA 테이블과 *Significance F* (*유의한 F*) 제목 아래에 p-값을 제공해준다. R은 회귀분석결과와 함께 결합유의성 검정을 위한 $F_{(df1,df2)}$ 검정통계량의 값과 p-값을 제공해준다. (R의 **anova** 함수를 사용하면, R은 Excel이 제공하는 것보다 더 상세한 ANOVA 테이블을 생성해준다. R의 ANOVA 테이블은 반응변수의 총변동을 설명하는 데 있어서 각 설명변수의 기여도도 제공해준다.)

표 15.2 회귀분석을 위한 ANOVA 테이블의 일반 형식

ANOVA	*df*	*SS*	*MS*	*F*	Significance *F*
Regression	k	SSR	$MSR = \frac{SSR}{k}$	$F_{(df_1,df_2)} = \frac{MSR}{MSE}$	$P\left(F_{(df_1,df_2)} \geq \frac{MSR}{MSE}\right)$
Residual	$n - k - 1$	SSE	$MSE = \frac{SSE}{n-k-1}$		
Total	$n - 1$	SST			

결합유의성 검정을 수행하기 전에, 도입사례의 야구 예를 생각해보자. 분석의 목적은 평균타율(BA)과 평균자책점(ERA)에 기초하여 팀의 승률을 예측하는 것이다. BA는 히트수를 타석에 선수가 들어선 수로 나눈 것이고, ERA는 한 투수가 피칭한 9이닝당 허용한 평균 점수이다. 더 높은 BA는 팀의 승률에 긍정적으로 영향을 미치는 반면 더 높은 ERA는 팀의 승률에 부정적으로 영향을 미치는 것으로 예상된다. 다음과 같은 세 모형이 추정된다.

모형 1: $\text{Win} = \beta_0 + \beta_1\text{BA} + \varepsilon$
모형 2: $\text{Win} = \beta_0 + \beta_1\text{ERA} + \varepsilon$
모형 3: $\text{Win} = \beta_0 + \beta_1\text{BA} + \beta_2\text{ERA} + \varepsilon$

표 15.3은 세 모형의 적합도 척도들을 보여준다. ***Baseball*** 데이터 파일을 사용하면서 이러한 결과를 구해보기를 권한다.

표 15.3 모형별 적합도 척도

	모형 1	모형 2	모형 3
Standard Error	0.0614	0.0505	0.0375
R Square	0.2112	0.4656	0.7156
Adjusted *R* Square	0.1830	0.4465	0.6945

모형 3이 가장 낮은 추정치의 표준오차와 가장 높은 조정 R^2을 가지고 있기 때문에 팀의 승률을 예측하기 위해 선택된다. 모형 1과 모형 2는 하나의 설명변수만 사용하는 반면 모형 3은 두개의 설명변수를 사용하기 때문에 R^2에 기초하여 모형들을 비교할 수 없다는 것을 기억하라.

예제 15.1

FILE ***Baseball.*** 표 15.4는 모형 3 Win $= \beta_0 + \beta_1$BA $+ \beta_2$ERA $+ \varepsilon$을 추정한 회귀분석 결과의 ANOVA 테이블 부분을 보여준다. $\alpha = 0.05$에서 BA와 ERA가 팀의 승률을 설명하는 데 결합하여 유의한지 결정하기 위한 검정을 수행하라.

표 15.4 모형 3 Win $= \beta_0 + \beta_1$BA $+ \beta_2$ERA $+ \varepsilon$을 위한 회귀분석결과의 일부

	df	*SS*	*MS*	*F*	Significance *F*
Regression	2	0.09578	0.04789	33.966	4.25E-08
Residual	27	0.038068	0.00141		
Total	29	0.133848			

해답:

설명변수들이 팀의 승률을 설명하는 데 결합하여 유의한지 검정할 때, 경쟁가설은 다음과 같이 설정된다.

$$H_0: \beta_1 = \beta_2 = 0$$
$$H_A: \text{적어도 하나의 } \beta_i \neq 0$$

$n = 30$이고 $k = 2$이므로, $df_1 = k = 2$이고 $df_2 = n - k - 1 = 27$이다. 표 15.4에서 제시되어 있지만, 검정통계량의 값은 다음과 같이 계산된다.

$$F_{(2,27)} = \frac{0.09578/2}{0.038068/(30-2-1)} = \frac{0.04789}{0.00141} = 33.966$$

p-값 $= P(F_{(2,27)} \geq 33.966)$도 표 15.4에 보고되어 있다. 이 값은 Excel에서 `=F.DIST.RT(33.966, 2, 27)`을 입력하고 R에서 `pf(33.966, 2, 27, lower.tail=FALSE)`를 입력하면 구해진다. Excel과 R 모두 p-값 = 4.25E-08을 산출한다. p-값이 근사적으로 0 ($= 4.25 \times 10^{-8}$)이기 때문에 H_0이 기각된다. 5%의 유의수준에서, 평균타율과 평균자책점은 승률을 설명하는 데 결합하여 유의하다.

개별 유의성 검정

모든 기울기 계수들을 결합하여 검정하는 것에 더하여, 종종 개별 계수에 대한 검정을 수행하기 원한다. 다시 반응변수 y를 k개 설명변수들 $x_1, x_2, \ldots, x_k$와 관련시키는 다음과 같은 선형회귀모형을 생각해보자.

$$y = \beta_0 + \beta_1 x_1 + \beta_2 x_2 + \ldots + \beta_k x_k + \varepsilon$$

예를 들면, 기울기 계수 β_1이 0이면, 설명변수 x_1은 회귀모형에서 퇴출된다. x_1은 y에 영향을 미치지 않는다는 것을 의미한다. 달리 말하면, β_1이 0이면, x_1과 y간에 선형관계가 존재하지 않는다. 이와는 달리, β_1이 0이 아니면, x_1는 y에 영향을 미친다.

일반적으로, β_j의 값이 가설에서 β_{j0}로 설정될 때, β_j가 β_{j0}와 다른지, β_{j0}보다 큰지, β_{j0}보다 작은지 검정하기 원하는 경우, 경쟁가설은 다음과 형태 중 하나로 설정된다.

양측 검정	오른쪽 꼬리 검정	왼쪽 꼬리 검정
H_0: $\beta_j = \beta_{j0}$	H_0: $\beta_j \le \beta_{j0}$	H_0: $\beta_j \ge \beta_{j0}$
H_A: $\beta_j \ne \beta_{j0}$	H_A: $\beta_j > \beta_{j0}$	H_A: $\beta_j < \beta_{j0}$

x_j가 유의하게 y에 영향을 미치는지 검정할 때, $\beta_{j0} = 0$으로 설정되고 H_0: $\beta_j = 0$ vs H_A: $\beta_j \ne 0$ 형태의 양측 검정이 수행된다. 경쟁가설이 양의 선형관계(H_0: $\beta_j \le 0$ vs H_A: $\beta_j > 0$) 또는 음의 선형관계(H_0: $\beta_j \ge 0$ vs H_A: $\beta_j < 0$)의 형태로 설정되면, 단측 검정(한쪽 꼬리 검정)이 수행된다.

개별 유의성 검정은 일반적으로 $\beta_{j0} = 0$에 기초하지만, 어떤 경우에는 기울기 계수가 0이 아닌 값과 다른지 결정하기 원할 수 있다. 예를 들면, 학생의 학습시간과 시험점수 간 관계를 분석할 때, 시험 전에 추가적으로 1시간 복습을 하는 것이 시험점수를 5점 이상 증가시키는지 결정하기 원할 수 있다. 여기서 경쟁가설은 H_0: $\beta_j \le 5$ vs H_A: $\beta_j > 5$와 같이 설정된다. 마지막으로, 대부분의 경우 기울기 계수에 대한 가설검정에 관심이 있지만, 어떤 경우에는 절편 β_0을 검정하는 데 관심을 가질 수도 있다. 절편에 대한 검정의 구조는 동일하다. 즉, 절편이 0과 다른지 검정하기 원하면, 경쟁가설은 H_0: $\beta_0 = 0$ vs H_A: $\beta_0 \ne 0$과 같이 설정된다.

모든 가설검정과 마찬가지로, 다음 단계는 적정한 검정통계량을 정의하는 것이다.

개별 유의성 검정

선형회귀모형 $y = \beta_0 + \beta_1 x_1 + \beta_2 x_2 + \ldots + \beta_k x_k + \varepsilon$의 경우, 개별 유의성 검정을 수행하기 위해 경쟁가설은 다음과 같이 설정된다.

$$H_0: \beta_j = \beta_{j0}$$
$$H_A: \beta_j \ne \beta_{j0}$$

검정통계량의 값은 다음과 같이 계산된다.

$$t_{df} = \frac{b_j - \beta_{j0}}{se(b_j)}$$

여기서, $df = n - k - 1$, b_j는 β_j의 추정치, $se(b_j)$는 추정치 b_j의 표준오차, β_{j0}은 가설로

설정된 β_j의 값이다. $\beta_{j0} = 0$이면, 검정통계량의 값은 $t_{df} = \frac{b_j}{se(b_j)}$가 된다.

경쟁가설이 H_0: $\beta_j = 0$ vs H_A: $\beta_j \neq 0$이라고 하자.

- 귀무가설이 기각되지 않으면, x_j는 y를 설명하는 데 유의하지 않다.
- 귀무가설이 기각되면, x_j는 y를 설명하는 데 유의하다.

결합유의성 검정은 다중선형회귀모형의 경우에 중요하지만, 단순선형회귀모형의 경우에 불필요하다. 실제로 단순선형회귀모형의 경우, F-검정의 p-값은 기울기 계수에 대한 t-검정의 p-값과 같다.

예제 15.2

FILE ***Baseball.*** 모형 3: Win = $\beta_0 + \beta_1$BA + β_2ERA + ε을 다시 생각해보자. 표 15.5는 이 모형을 추정한 회귀분석결과의 일부를 보여준다. 5%의 유의수준에서 BA가 Win에 영향을 미치는지 결정하기 위한 가설검정을 수행하라.

표 15.5 모형 3: Win = $\beta_0 + \beta_1$BA + β_2ERA + ε을 위한 회귀분석결과의 일부

	Coefficients	Standard Error	*t* Stat	*p*-value	Lower 95%	Upper 95%
Intercept	0.1269	0.1822	0.696	0.492	−0.2470	0.5008
BA	3.2754	0.6723	4.872	4.3E-05	1.8960	4.6549
ERA	−0.1153	0.0167	−6.920	1.95E-07	−0.1494	−0.0811

해답:

BA가 Win에 영향을 미치는지 결정하기 위한 경쟁가설은 다음과 같이 설정된다.

$$H_0: \beta_1 = 0$$
$$H_A: \beta_1 \neq 0$$

표 15.5에서 보면, $b_1 = 3.2754$이고 $se(b_1) = 0.6723$이다. $n = 30$이고 $k = 2$이므로 $df = n - k - 1 = 30 - 2 - 1 = 27$이다. 검정통계량의 값은 $t_{27} = \frac{b_1 - \beta_{10}}{se(b_1)} = \frac{3.2754 - 0}{0.6723} = 4.872$이다. 실제로 모든 통계소프트웨어 패키지는 자동적으로 검정통계량의 값과 p-값을 제공해주기 때문에 이러한 계산은 불필요하다.

컴퓨터가 생성해주는 결과는 회귀계수가 0과 다른지 결정하기 위해 양측 검정이 수행되는 표준적인 경우에만 타당하다는 것을 아는 것이 중요하다. 여기서 이 예제는 표준적인 경우이기 때문에 컴퓨터가 생성해주는 결과를 사용할 수 있다. 곧 비표준적인 경우의 예를 살펴볼 것이다.

의사결정규칙은 p-값 $< \alpha$이면 H_0을 기각하는 것이다. p-값은 근사적으로 0 (= 4.3×10^{-5})이기 때문에, H_0은 기각된다. 5%의 유의수준에서, 평균타율은 승률을 설명하는 데 유의하다.

개별 유의성을 결정하기 위해 신뢰구간 사용하기

앞 장들에서, 양측 검정을 수행하기 위해 신뢰구간을 구하였다. 회귀계수가 0과 다른지 평가할 때, 동일한 방법을 적용할 수 있다.

> **β_j에 대한 신뢰구간**
>
> 회귀계수 β_j 에 대한 $100(1-\alpha)\%$ 신뢰구간은 다음과 같이 계산된다.
>
> $$b_j \pm t_{\alpha/2,df}se(b_j) \quad \text{or} \quad [b_j - t_{\alpha/2,df}se(b_j),\ b_j + t_{\alpha/2,df}se(b_j)]$$
>
> 여기서 $se(b_j)$는 b_j의 표준오차이고 $df = n - k - 1$이다.

Excel은 자동적으로 회귀계수에 대한 95% 신뢰구간을 제공한다. Excel은 다른 수준의 신뢰구간도 제공한다. R에서, **confint** 함수를 사용하면서 회귀계수에 대한 신뢰구간을 쉽게 구할 수 있다. 14장에서 설명한 것처럼, Multiple이라고 이름 붙여진 객체를 구축하여 모형 3을 추정하면서 프롬프트 기호에서 confint(Multiple, level = 0.95)를 입력하면, R은 모든 회귀계수에 대한 95% 신뢰구간을 산출한다.

양측 검정의 경우, 기울기 계수에 대한 신뢰구간이 0을 포함하고 있으면, 회귀계수와 관련된 설명변수는 유의하지 않다. 이와는 달리, 기울기 계수에 대한 신뢰구간이 0을 포함하고 있지 않으면, 회귀계수와 관련된 설명변수는 통계적으로 유의하다. 다음의 예제는 신뢰구간 접근법에 기초한다.

예제 15.3

모형 3: Win = $\beta_0 + \beta_1$BA + β_2ERA + ε과 표 15.5에 제시되어 있는 회귀분석결과를 다시 생각해보자.

a. ERA가 Win을 설명하는 데 유의한지 결정하기 위한 가설검정을 설정하라.

b. β_2에 대한 95% 신뢰구간을 구하라. 이 신뢰구간을 사용하여 ERA가 Win을 설명하는 데 유의한지 결정하라.

해답:

a. ERA가 Win을 설명하는 데 통계적으로 유의한지 검정하기 위한 경쟁가설은 다음과 같이 설정된다.

$$H_0: \beta_2 = 0$$
$$H_A: \beta_2 \neq 0$$

b. 95% 신뢰구간의 경우, $\alpha = 0.05$이고 $\alpha/2 = 0.025$이다. $n = 30$이고 $k = 2$이므로, $df = 30 - 2 - 1 = 27$을 사용하여 $t_{\alpha/2,df} = t_{0.025,27} = 2.052$를 구한다. 이 값을 얻기 위해 Excel에서 `=T.INV(0.975, 27)`을 입력하고 R에서 `qt(0.975, 27, lower.tail=TRUE)`

를 입력한다. $b_2 = -0.1153$이고 $se(b_2) = 0.0167$ (표 15.5에서)이므로, β_2에 대한 95% 신뢰구간은 다음과 같이 구해진다.

$$b_2 \pm t_{\alpha/2,df}se(b_2) = -0.1153 \pm 2.052 \times 0.0167 = -0.1153 \pm 0.0343$$

따라서 신뢰구간의 하한값과 상한값은 각각 −0.1496과 −0.0810이다. 표 15.5도 이러한 값들을 제공해준다는 것에 주목하라. (약간의 차이가 있는 것은 반올림 때문이다.) 95% 신뢰구간은 0을 포함하고 있지 않기 때문에, $\alpha = 0.05$에서 ERA는 Win을 설명하는 데 유의하다고 결론 내릴 수 있다.

신뢰구간은 개별 유의성을 위한 양측 검정을 수행하는 유용한 대안방법을 제공해준다. 이 교재에서 단측 검정에 사용하기 위해 신뢰구간을 수정하는 문제는 논의하지 않는다. 일반적으로 모든 유의성 검정은 표준적인 4단계 과정을 사용할 수 있다.

앞에서 지적한 것처럼, 회귀계수가 0과 다른지 결정하기 위해 양측 검정이 수행되는 표준적인 경우에만 컴퓨터가 생성하는 4단계 과정의 결과가 타당하다. 예제 15.2에서 개별 유의성 검정은 표준적인 경우이기 때문에 컴퓨터가 생성하는 검정통계량의 값과 p-값을 사용할 수 있었다. $\beta_{j0} = 0$인 단측 검정의 경우, 검정통계량의 값은 타당하나 p-값은 타당하지 않다. 대부분의 경우, 컴퓨터가 생성하는 p-값을 반으로 나누어야 한다. 회귀계수가 0이 아닌 값과 다른지 결정하기 위한 단측 검정이나 양측 검정의 경우, 컴퓨터가 생성하는 검정통계량의 값과 p-값은 타당하지 않게 된다. 이러한 사실들이 아래에 요약되어 있다.

컴퓨터가 생성하는 검정통계량의 값과 *p*-값

실제로 모든 통계패키지는 회귀계수가 0과 다른지 평가하는 양측 검정을 위한 검정통계량의 값과 p-값을 보고한다.

- 단측 검정의 경우, p-값은 컴퓨터가 생성하는 p-값을 반으로 나누어 구한다.
- 회귀계수가 0이 아닌 값과 다른지 검정하는 경우, 컴퓨터가 생성하는 검정통계량의 값과 p-값을 사용할 수 없다.

$\beta_{j0} = 0$인 단측 검정의 경우, 컴퓨터가 생성하는 p-값이 타당하지 않은 드문 경우가 있다. b_j(와 검정통계량의 값)의 부호가 귀무가설과 일치하지 않을 때 이런 일이 발생한다. 예를 들면, H_0: $\beta_j \leq 0$ vs H_A: $\beta_j > 0$를 위한 오른쪽 꼬리 검정의 경우, b_j의 추정치(와 검정통계량 t_{df}의 값)이 음이면, 귀무가설이 기각될 수 없다. 이와 유사하게, 단측 검정의 경우, $b_j > 0$ (과 $t_{df} > 0$)이면 추가적인 검정이 필요하지 않다. 이러한 드문 경우에, 보고되는 p-값은 타당하지 않다.

0이 아닌 기울기 계수 검정

예제 15.2와 예제 15.3에서, 귀무가설에서 기울기 계수가 0을 포함하고 있었다. 즉 귀무가설에서 $\beta_{j0} = 0$이 포함되어 있었다. 이제 자본자산가격모형(CAPM)이라고 부르는 유명한 금융 응용을 사용하면서 가설로 설정된 값이 0이 아닌 경우의 검정을 논의하도록 하자.

R이 관심 있는 주식 또는 포트폴리오의 수익률을 나타낸다고 하자. 시장수익률 R_M과 무위험수익률 R_f가 주어져 있으면, CAPM은 위험조정 자산수익률 $R - R_f$를 위험조정 시장수익률 $R_M - R_f$의 함수로 나타낸다. 일반적으로 R_M의 값으로 S&P 500 지수의 수익률을 사용하고 R_f의 값으로 재무부 단기채권의 수익률을 사용한다. 실증적 추정을 위해, CAPM은 다음과 같이 표현된다.

$$R - R_f = \alpha + \beta(R_M - R_f) + \varepsilon$$

이 모형을 $y = \alpha + \beta x + \varepsilon$과 같이 다시 나타낼 수 있다. 여기서 $y = R - R_f$이고 $x = R_M - R_f$이다. 이 모형은 절편과 기울기 계수를 각각 나타내기 위해 통상적으로 사용하는 β_0와 β_1대신에 α와 β를 사용한 단순선형회귀모형이라는 것에 주목하라. 주식의 베타(beta)라고 부르는 기울기 계수 β는 주식수익률이 시장수익률의 변화에 얼마나 민감한가를 측정한다. β가 1일 때, 시장수익률의 변화는 동일한 주식수익률의 변화를 발생시킨다. $\beta > 1$인 주식은 시장보다 더 '공격적'이거나 위험한 것으로 여겨지는 반면, $\beta < 1$인 주식은 시장보다 더 '보수적'이거나 덜 위험한 것으로 여겨진다. 주식의 알파(alpha)라고 부르는 기울기 계수 α도 중요한 의미를 가진다. CAPM 이론은 α가 0이라고 예측하기 때문에 0이 아닌 추정치는 초과수익률(abnormal return)을 나타낸다. 초과수익률은 $\alpha > 0$일 때 양이고 $\alpha < 0$일 때 음이다.

예제 15.4

FILE ***J&J.*** 존슨앤존슨(Johnson & Johnson, J&J)은 의사와 간호사가 사람들의 상처를 치료하기 위해 살균한 제품을 사용해야 한다는 예상에 기초하여 120년 전에 창립되었다. 그 이후로 J&J 제품은 대부분의 가정에 필수품이 되었다. J&J의 위험조정 주식수익률 $R - R_f$가 반응변수로 사용되고, 위험조정 시장수익률 $R_M - R_f$가 설명변수로 사용되는 CAPM을 생각해보자. 표 15.6은 60개월 데이터의 일부를 보여준다.

표 15.6 J&J의 위험조정 주식수익률과 위험조정 시장수익률

Month	Year	$R - R_f$	$R_M - R_f$
Jan	2012	−0.0129	0.0403
Feb	2012	0.0216	0.0304
⋮	⋮	⋮	⋮
Dec	2016	−0.0221	0.0128

a. J&J는 경제가 좋거나, 나쁘거나 사람들이 구매하는 필수제품들을 판매하기 때문에 J&J 주식은 종종 덜 위험한 것으로 여겨진다. 5%의 유의수준에서 J&J 주식의 베타계수는 1보다 작은가?

b. 5%의 유의수준에서 초과수익률이 존재하는가? 달리 말하면, 알파계수가 0과 유의하게 다른가?

해답:

CAPM의 표기를 사용하면서, 회귀모형 $R - R_f = \alpha + \beta(R_M - R_f) + \varepsilon$을 추정한다. 관련된 회귀분석결과의 일부가 표 15.7에 제시되어 있다.

표 15.7 J&J를 위한 CAPM 회귀분석결과의 일부

	Coefficients	Standard Error	t Stat	p-value
Intercept	0.0048	0.0042	1.127	0.2645
$R_M - R_f$	0.7503	0.1391	5.395	1.32E-06

a. 베타계수의 추정치는 0.7503이고 그것의 표준오차는 0.1391이다. 베타계수가 1보다 작은지 결정하기 위한 경쟁가설을 다음과 같이 설정한다.

$$H_0: \beta \geq 1$$
$$H_A: \beta < 1$$

관측치 수가 60이므로, $df = n - k - 1 = 60 - 1 - 1 = 58$이다. 가설로 설정된 β의 값이 0이 아니기 때문에 표 15.7에 보고되어 있는 검정통계량의 값과 p-값을 사용할 수 없다. 검정통계량의 값은 $t_{58} = \frac{b_j - \beta_{j0}}{se(b_j)} = \frac{0.7503 - 1}{0.1391} = -1.796$이다. p-값, 즉 $P(T_{58} \leq -1.796)$를 0.025와 0.05 사이에 있는 값으로 근사시키기 위해 t-분포표를 사용할 수 있다. 정확한 p-값을 구하기 위해 Excel에서 `=1-T.DIST.RT(-1.796, 58)`을 입력하고 R에서 `pt(-1.796, 58, lower.tail=TRUE)`를 입력한다. Excel과 R 모두 p-값 = 0.039를 산출한다. p-값 $< \alpha = 0.05$이기 때문에 H_0을 기각하고 β는 유의하게 1보다 작다고 결론 내린다. 즉, J&J 주식수익률은 시장수익률보다 덜 위험하다.

b. α가 유의하게 0과 다를 때 초과수익률이 존재한다. 따라서 경쟁가설은 $H_0: \alpha = 0$ vs $H_A: \alpha \neq 0$이다. 가설로 설정된 계수의 값이 0인 표준적인 경우이므로, 표 15.7에 보고되어 있는 검정통계량 값 = 1.127과 p-값 = 0.2645를 사용할 수 있다. 적정한 유의수준에서 H_0을 기각할 수 없다. 따라서 J&J 주식에 초과수익률이 존재한다고 결론 내릴 수 없다.

회귀분석결과의 보고

회귀분석결과는 종종 '사용자가 사용하기 쉬운' 표로 보고된다. 표 15.8은 야구팀의 승률을 설명하는 세 모형의 회귀분석결과를 보고한다. 설명변수는 모형 1에서 평균타율, 모형 2에서 평균자책점, 모형 3에서 평균타율과 평균자책점이다. 회귀분석결과를 하나의 표로 보고하면 세 모형을 비교할 수 있고, 선택된 모형의 표본회귀식을 나타낼 수 있으며 모형을 평가하기 위해 표에 보고되어 있는 통계량을 사용할 수 있다. 회귀분석결과를 보고하는 표의 아래에 일부 기호를 설명하는 주가 포함되어 있다. 여기서 p-값은 계수 추정치의 옆에 있는 괄호 안에 표시되어 있다. 그러나 일부 분석자들은 이러한 괄호 안에 계수의 표준오차나 검정통계량의 값을 표시한다. 어떤 형식이 선택되든, 주 부분에 독자에게 명백하게 설명해야 한다.

표 15.8 팀의 승률을 설명하기 위한 회귀모형들의 추정치

Variable	Model 1	Model 2	Model 3
Intercept	−0.2731 (0.342)	0.9504* (0.000)	0.1269 (0.492)
Batting Average	3.0054* (0.011)	NA	3.2754* (0.000)
Earned Run Average	NA	−0.1105* (0.000)	−0.1153* (0.000)
s_e	0.0614	0.0505	0.0375
R^2	0.2112	0.4656	0.7156
Adjusted R^2	0.1830	0.4465	0.6945
F-test (p-value)			33.966* (0.000)

주: 모수 추정치는 표의 위 부분에 괄호 안의 p-값과 함께 표기되어 있다. *는 5%의 유의수준에서 유의하다는 것을 표시한다. NA는 해당사항이 없음을 나타낸다. 표의 아래 부분에 적합도 척도가 제시되어 있다.

연습문제 15.1

1. 30개 관측치를 사용한 단순선형회귀분석에서, $b_1 = 3.25$와 $se(b_1) = 1.36$이 구해졌다. 다음의 경쟁가설을 고려하라.

$$H_0: \beta_1 = 0 \text{ vs } H_A: \beta_1 \neq 0$$

a. 검정통계량의 값을 계산하라.

b. p-값을 구하라.

c. 5%의 유의수준에서, 검정의 결론은 무엇인가? 설명변수는 통계적으로 유의한가?

2. 25개 관측치를 사용한 단순선형회귀분석에서, $b_1 = 0.5$와 $se(b_1) = 0.3$이 구해졌다. 다음의 경쟁가설을 고려하라.

$$H_0: \beta_1 \leq 0 \text{ vs } H_A: \beta_1 > 0$$

a. 검정통계량의 값과 p-값을 계산하라.

b. 5%의 유의수준에서, 검정의 결론은 무엇인가?

3. 25개 관측치를 사용한 단순선형회귀분석에서, $b_1 = 7.2$와 $se(b_1) = 1.8$이 구해졌다. 다음의 경쟁가설을 고려하라.

$$H_0: \beta_1 \geq 10 \text{ vs } H_A: \beta_1 < 10$$

a. 검정통계량의 값과 p-값을 계산하라.

b. 5%의 유의수준에서, 검정의 결론은 무엇인가?

4. 20개 관측치를 사용한 회귀분석결과를 고려하라.

	Coefficients	Standard Error	t Stat	p-value
Intercept	34.2123	4.5665	7.420	0.000
x_1	0.1223	0.1794	0.682	0.504

a. 절편이 0과 다른지 결정하기 위한 경쟁가설을 설정하라. 5%의 유의수준에서 검정을 수행하라.

b. 기울기 계수에 대한 95% 신뢰구간을 구하라. 5%의 유의수준에서 기울기는 0과 다른가? 설명하라.

5. 40개 관측치를 사용한 회귀분석결과를 고려하라.

	Coefficients	Standard Error	t Stat	p-value
Intercept	43.1802	12.6963	3.401	0.002
x_1	0.9178	0.9350	0.982	0.333

a. 기울기가 −1과 다른지 결정하기 위한 경쟁가설을 설정하라.

b. 검정통계량의 값과 p-값을 계산하라.

c. 5%의 유의수준에서, 기울기는 −1과 다른가? 설명하라.

6. 30개 관측치를 사용하여 다중선형회귀모형을 추정한 결과가 다음과 같다.

	Coefficients	Standard Error	t Stat	p-value
Intercept	152.27	119.70	1.272	0.214
x_1	12.91	2.68	4.817	5.06E-05
x_2	2.74	2.15	1.274	0.213

a. x_1이 y와 선형관계를 가지는지 결정하기 위한 경쟁가설을 설정하라. 5%의 유의수준에서, x_1과 y는 선형관계를 가지는가?

b. β_2에 대한 95% 신뢰구간을 구하라. 이 신뢰구간을 하면, x_2는 y를 설명하는 데 유의한가? 설명하라.

c. 5%의 유의수준에서, β_1이 20보다 작다고 결론 내릴 수 있는가? 가설검정의 단계를 보여라.

7. 다음의 ANOVA 테이블은 다중선형회귀모형을 추정할 때 얻어진 것이다.

ANOVA	*df*	*SS*	*MS*	*F*	*Significance F*
Regression	2	22016.75	11008.375		0.0228
Residual	17	39286.93	2310.996		
Total	19	61303.68			

a. 모형에 몇 개의 설명변수가 사용되었는가? 몇 개의 관측치가 사용되었는가?

b. 설명변수들이 결합하여 유의한지 결정하기 위한 경쟁가설을 설정하라.

c. 검정통계량의 값을 계산하라.

d. 5%의 유의수준에서, 검정의 결론은 무엇인가? 설명하라.

8. 한 마케팅 매니저는 기업의 연간 매출액(Sales, 100,000달러)와 광고비(Advertising, 10,000달러) 간 관계를 분석하고 있다. 그는 20개 기업으로부터 데이터를 수집하고 회귀모형 Sales $= \beta_0 + \beta_1$Advertising $+ \varepsilon$을 추정하였다. 다음의 표는 회귀분석결과의 일부를 보여준다.

	Coefficients	Standard Error	*t* Stat	*p*-value
Intercept	−7.42	1.46	−5.082	7.66E-05
Advertising	0.42	0.15		0.0118

a. 광고비와 매출액이 양의 선형관계를 가지고 있는지 결정하기 위한 경쟁가설을 설정하라.

b. 검정통계량의 값을 계산하라.

c. 1%의 유의수준에서, 광고비와 매출액은 양의 선형관계를 가지고 있는가? 설명하라.

9. 중고차의 판매가격(Price)과 연령(Age) 간 관계를 검토하기 위해, 한 연구원은 최근의 20개 거래에 대한 데이터를 사용하여 회귀모형 Price $= \beta_0 + \beta_1$Age $+ \varepsilon$을 추정하였다. 다음의 표는 회귀분석결과의 일부를 보여준다.

	Coefficients	Standard Error	*t* Stat	*p*-value
Intercept	21187.94	733.42	28.889	1.56E-16
Age	−1208.25	128.95		2.41E-08

a. 중고차의 판매가격과 연령이 선형관계를 가지고 있는지 결정하기 위한 경쟁가설을 설정하라.

b. 검정통계량의 값을 계산하라.

c. 5%의 유의수준에서, 중고차의 연령은 중고차의 판매가격을 설명하는 데 유의한가? 설명하라.

d. 5%의 유의수준에서, β_1이 −1,000과 다른지 결정하기 위한 가설검정을 수행하라. 검정의 모든 단계를 보여라.

10. **FILE** ***Dash.*** 한 인류의 진화에 관한 연구는 약간의 예외가 있지만, 100미터 달리기의 세계기록보유자들은 시간이 경과함에 따라 점점 더 커졌다는 것을 보여준다. 첨부된 데이터 파일은 100미터 달리기 세계기록보유자들의 기록(Time, 초)과 키(Height, 인치)를 정리한 것이다.

a. 회귀모형 Time $= \beta_0 + \beta_1$Height $+ \varepsilon$을 추정하라. 표본회귀식을 나타내라.

b. Height와 Time이 양의 선형관계를 가지는지 결정하기 위한 경쟁가설을 설정하라.

c. 5%의 유의수준에서, Height와 Time은 양의 선형관계를 가지고 있는가? 설명하라.

11. 한 경제학자는 단기이자율과 장기이자율의 변화를 검토하고 있다. 그는 단기이자율의 변화는 장기이자율의 변화를 설명하는데 유의하다고 믿는다. 5년간의 월간 데이터(n = 60)를 사용하면서, 그는 회귀모형 Dlong $= \beta_0 + \beta_1$Dshort $+ \varepsilon$을 추정하였다. 여기서 Dlong은 장기이자율(10년 만기 재무부 채권)의 변화이고 Dshort은 단기이자율(3개월 만기 재무부 채권)이다. 다음의 표는 회귀분석결과의 일부를 보여준다.

	Coefficients	Standard Error	*t* Stat	*p*-value
Intercept	−0.0038	0.0088	−0.427	0.671
Dshort	0.0473	0.0168	2.813	0.007

5%의 유의수준에서, Dshort와 Dlong 간 선형관계가 있는지 결정하라.

12. 한 사회학자는 뉴잉글랜드주 20개 도시의 표본을 사용하여, 각 도시를 대상으로 빈곤율(%)과 중앙소득(1,000달러)의 함수로 설정되는 범죄율(10만 명당 범죄수)을 연구한다. 다음의 표는 회귀분석결과의 일부를 보여준다.

ANOVA	*df*	*SS*	*MS*	*F*	*Significance F*
Regression	2	188246.8	94123.40	35.20	9.04E-07
Residual	17	45457.32	2673.96		
Total	19	233704.1			

	Coefficients	*Standard Error*	*t Stat*	*p-value*
Intercept	−301.7927	549.7135	−0.549	0.590
Poverty	53.1597	14.2198	3.738	0.002
Income	4.9472	8.2566	0.599	0.557

a. 표본회귀식을 나타내라.

b. 5%의 유의수준에서, 빈곤율과 소득은 결합하여 범죄율

을 설명하는 데 유의한가?

c. 5%의 유의수준에서, 빈곤율과 범죄율은 선형관계를 가지고 있는지 보여라.

d. 소득의 기울기 계수에 대한 95% 신뢰구간을 구하라. 이 신뢰구간을 사용하면서, 5%의 유의수준에서, 소득이 범죄율에 영향을 미치는지 결정하라.

13. 아키코 하마구치는 애리조나주의 피닉스시에 있는 한 작은 스시 레스토랑의 매니저이다. 아키코는 경제상황의 악화가 레스토랑 지역의 유동인구를 감소시켜 매출의 극적인 감소를 발생시켰다는 것을 우려하고 있다. 매출액의 감소를 상쇄시키기 위해, 그녀는 강력한 홍보활동을 전개하였다. 그녀는 광고비 지출액이 매출액에 양의 영향을 미친다고 믿는다. 아키코는 그녀의 주장을 지지하기 위해 선형회귀모형 Sales = β_0 + β_1Unemployment + β_2Advertising + ε을 추정하였다. 다음의 표는 회귀분석결과의 일부를 보여준다.

ANOVA	df	SS	MS	F	Significance F
Regression	2	72.6374	36.3187	8.760	0.003
Residual	14	58.0438	4.1460		
Total	16	130.681			

	Coefficients	Standard Error	t Stat	p-value
Intercept	17.5060	3.9817	4.397	0.007
Unemployment	−0.6879	0.2997	−2.296	0.038
Advertising	0.0266	0.0068	3.932	0.002

a. 5%의 유의수준에서, 설명변수들은 결합하여 매출액에 영향을 미치는지 검정하라.

b. 1%의 유의수준에서, 실업률은 매출액과 음의 관계를 가지고 있는지 검정하라.

c. 1%의 유의수준에서, 광고비 지출액은 매출액과 양의 관계를 가지고 있는지 검정하라.

14. **FILE** ***Returns.*** 첨부된 데이터 파일은 30개 기업의 연간 주식수익률(Return, %), 주가수익비율(PE), 주가매출액비율(PS)을 포함하고 있다.

a. 회귀모형 Return = β_0 + β_1PE + β_2PS + ε을 추정하라. 표본회귀식을 나타내라.

b. 10%의 유의수준에서, PE와 PS는 결합하여 유의한가? 검정의 단계를 보여라.

c. 10%의 유의수준에서, 두 설명변수 모두 개별적으로 유의한가? 검정의 단계를 보여라.

15. **FILE** ***Test_Scores.*** 첨부된 데이터 파일은 32명 학생의 중간시험점수와 기말시험점수를 보여준다. 학생의 기말시험점수를 중간시험점수의 선형함수로 추정하라. 1%의 유의수준에서, 학생의 중간시험점수는 그의 기말시험점수를 설명하는 데 유의한가? 검정의 단계를 보여라.

16. **FILE** ***Taxes.*** 첨부된 데이터 파일은 뉴욕시에서 30마일 떨어진 부유한 교외에 있는 20개 주택의 크기와 재산세를 보여준다. 주택의 재산세를 주택크기의 선형함수로 추정하라. 5%의 유의수준에서, 주택크기는 재산세를 설명하는 데 유의한가? 검정의 단계를 보여라.

17. **FILE** ***Fertilizer.*** 한 원예학자는 토마토 식물의 키와 비료의 투입량 간 관계를 연구하고 있다. 유사한 조건에서 재배되는 30개 토마토 식물에 4개월 동안 다양한 비료의 양(온스)을 투입하고 토마토 식물의 키(인치)를 측정하였다.

a. 회귀모형 Height = β_0 + β_1Fertilizer + ε을 추정하라.

b. 5%의 유의수준에서, 1온스의 비료가 토마토 식물의 키를 3인치 이상 증가시키는지 결정하라. 검정의 단계를 보여라.

18. **FILE** ***Dexterity.*** 매우 작은 물체를 잡거나 조립하기 위해 손을 정확하게 움직이는 능력인 손재주는 보석가공에서 중요하다. 따라서 고급시계 제조업체인 젬코사의 제조담당 관리자는 손재주에 기초하여 새로운 종업원의 생산성(시프트당 생산되는 시계 수)을 예측하기 위한 회귀모형을 개발하기 원한다. 그는 20명의 현재 종업원으로 표본을 구성하고 각 종업원이 오코너(O'Connor) 테스트에서 핀셋을 사용하여 100개의 작은 구멍 각각에 3개의 핀을 설치하는 데 걸리는 시간(초)과 시프트당 생산되는 시계 수가 측정되었다.

a. 회귀모형 Watches = β_0 + β_1Time + ε을 추정하라.

b. 이 관리자는 핀을 설치하는 시간이 1초 추가적으로 증가할 때마다 생산되는 시계 수는 0.02개 이상 감소한다고 주장한다. 5%의 유의수준에서 이러한 주장을 검정하라. 검정의 단계를 보여라.

19. **FILE** ***Engine_Overhaul.*** 한 트럭회사의 정비담당 관리자는 4개 설명변수, 즉 (1) 연간 운전거리(Miles, 1,000마일), (2) 평균 적재중량(Load, 톤), (3) 평균 운전속도(Speed, mph), (4) 오일 교환주기(Oil, 1,000마일)에 기초하여 첫 번째 엔진분해점검까지 걸리는 시간(Time, 년)을 예측하기 위한 회귀모형을 개발하기 원한다. 주행기록과 차내 컴퓨터에 기초하여 25대 트럭으로 구성된 표본으로부터 데이터가 수집되었다.

a. 첫 번째 엔진분해점검까지 걸리는 시간을 4개 설명변수 모두의 함수로 추정하라.

b. 10%의 유의수준에서, 설명변수들은 결합하여 유의한가? 검정의 단계를 보여라.

c. 10%의 유의수준에서, 설명변수들은 개별적으로 유의한가? 검정의 단계를 보여라.

20. **FILE** ***Electricity_Cost.*** 한 제약회사의 시설관리자는 월간 전기비용을 예측하기 위한 회귀모형을 개발하기 원한다. 3개의 주요 변수, 즉 (1) 평균 외부온도(Temp, 화씨), (2) 월간 작업일수(Days), (3) 생산량(Tons, 톤)이 전기비용(Cost, 달러)을 주로 결정하는 것으로 여겨진다.

a. 회귀모형을 추정하라.

b. 10%의 유의수준에서, 설명변수들은 결합하여 유의한가? 검정의 단계를 보여라.

c. 10%의 유의수준에서, 설명변수들은 개별적으로 유의한가? 검정의 단계를 보여라.

21. **FILE** ***Caterpillar.*** 캐터필러는 전 세계적으로 중건설장비를 제조하고 판매한다. 캐터필러 주식의 실적은 경기의 영향을 크게 받을 수 있다. 예를 들면, 서브프라임 모기지 위기 동안, 캐터필러 주식의 가치는 급락했다. 캐터필러 주식의 위험조정 수익률(Cat_Adj)과 위험조정 시장수익률(Market_Adj)에 대한 월간 데이터가 5년($n = 60$) 동안 수집되었다.

a. 회귀모형 CAPM: Cat_Adj $= \beta_0 + \beta_1$(Market_Adj) $+ \varepsilon$을 추정하라. 회귀분석결과를 잘 정리된 표로 나타내라.

b. 5%의 유의수준에서, 캐터필러 주식 투자는 시장보다 더 위험한지 (베타계수가 1보다 큰지) 결정하라.

c. 5%의 유의수준에서, 초과수익률의 증거가 존재하는가?

22. **FILE** ***Houses.*** 한 부동산 중개업자는 매사추세츠주의 보스턴시에 있는 주택가격에 영향을 미치는 요인들을 검토하고 있다. 그는 최근에 판매된 30개 주택을 대상으로 주택판매가격(Price), 주택크기(Sqft), 침실 수(Beds), 욕실 수(Baths)에 대한 데이터를 수집하였다.

a. 회귀모형 Price $= \beta_0 + \beta_1$Sqft $+ \beta_2$Beds $+ \beta_3$Baths $+ \varepsilon$을 추정하라. 회귀분석결과를 잘 정리된 표로 나타내라.

b. 5%의 유의수준에서, 설명변수들은 결합하여 Price를 설명하는 데 유의한가?

c. 5%의 유의수준에서, 설명변수들은 개별적으로 Price를 설명하는 데 유의한가?

23. **FILE** ***Final_Test.*** 한 경제학 교수는 수업 첫날 학생들의 수학 준비도를 측정하기 위한 시험을 시행한다. 그녀는 수학시험의 성적과 주당 공부시간이 기말시험점수를 예측하는 주요 요소라고 믿는다. 그는 자신의 과목을 수강한 60명 학생으로부터 데이터를 수집하였다.

a. 학생의 수학시험점수와 주당 학습시간에 기초하여 기말시험점수를 예측할 수 있게 해주는 표본회귀식을 추정하라.

b. 5%의 유의수준에서, 학생의 수학시험점수와 주당 학습시간이 결합하여 기말시험점수를 설명하는 데 유의한가?

c. 5%의 유의수준에서, 각 설명변수는 개별적으로 기말시험점수를 설명하는 데 유의한가?

15.2 선형제약에 대한 일반적인 검정

앞 절에서 논의한 유의성 검정(significance test)도 선형제약에 대한 검정이라고 부를 수 있다. 예를 들면, 양측 꼬리 t-검정은 기울기 계수가 0과 다른지 결정하는 하나의 선형제약에 대한 검정이다. 이와 유사하게 F-검정은 적어도 하나의 기울기 계수가 0과 다른지 결정하는 k개 선형제약에 대한 검정이다. 이 절에서는 **선형제약에 대한 일반적인 검정(a general test of linear restrictions)**을 소개한다. 이러한 F-검정은 종종 **부분 *F* 검정(partial *F* test)**이라고도 부른다. 회귀계수의 어떤 부분 집합에 대해서도 이 검정을 적용할 수 있다.

다음과 같은 3개 설명변수를 가진 다중선형회귀모형을 생각해보자.

$$y = \beta_0 + \beta_1 x_1 + \beta_2 x_2 + \beta_3 x_3 + \varepsilon$$

앞에서 언급한 것처럼, 하나의 제약 $\beta_j = 0$에 대한 검정을 위해서 t-검정이 사용되고 3개의 제약 $\beta_1 = \beta_2 = \beta_3 = 0$에 대한 검정을 위해서 F-검정이 사용된다. x_2와 x_3이 결합하여 유의한지 검정하기 원하면 어떤가? 이것은 2개의 제약 $\beta_2 = \beta_3 = 0$에 대한 검정의 예이다. 이와 유사하게, x_3의 영향이 x_2의 영향과 같은지 검정하기 원할 수 있다. 이것은 하나의 제약 $\beta_2 = \beta_3$에 대한 검정이다. 부분 F 검정을 수행할 때, 귀무가설은 제약이 타당하다는 것을 의미한다. 이러한 두 예에서 귀무가설은 각각 H_0: $\beta_2 = \beta_3 = 0$과 H_0: $\beta_2 = \beta_3$와 같이 설정된다. 항상 그런 것처럼,

대립가설은 귀무가설이 옳지 않다는 것을 의미한다. 귀무가설이 기각되면 귀무가설이 제시하는 제약이 타당하지 않다고 결론 내린다.

부분 F 검정을 수행하기 위해, 제약이 포함된 모형과 제약이 포함되어 있지 않은 모형을 추정한다. **제약모형(restricted model)**은 축약 모형이고 귀무가설하에서 특정한 값으로 제한되어 있는 계수들을 추정하지 않는다. **무제약모형(unrestricted model)**은 계수에 대한 제약이 부과되지 않은 완전한 모형이다. 따라서 모든 계수가 추정된다. 제약이 타당하면, 즉 귀무가설이 옳으면, 제약모형의 오차제곱합 SSE_R은 무제약모형의 오차제곱합 SSE_U보다 유의하게 크지 않을 것이다. 부분 F 검정에서는 기본적으로 SSE_U에 대한 $(SSE_R - SSE_U)$의 비율을 분석한다. 자신의 자유도로 적정히 조정된 이 비율이 충분히 크면, 귀무가설을 기각하고 귀무가설이 제시하는 제약이 타당하지 않다고 결론 내린다.

선형제약에 대한 검정을 위한 검정통계량

선형제약을 검정할 때, 검정통계량의 값은 다음과 같이 계산된다.

$$F_{(df_1, df_2)} = \frac{(SSE_R - SSE_U)/df_1}{SSE_U/df_2}$$

여기서 df_1는 선형제약의 수이고, $df_2 = n - k - 1$이다. 여기서 k는 무제약모형의 설명변수 수이다. SSE_R과 SSE_U는 각각 제약모형의 오차제곱합과 무제약모형의 오차제곱합이다.

- 귀무가설이 기각되지 않으면, 선형제약은 타당하다.
- 귀무가설이 기각되면, 선형제약은 타당하지 않다.

부분 F 검정을 사용하는 두 예제를 생각해보자.

예제 15.5

FILE *Car_Wash.* 미주리주에 있는 한 자동차 세차회사의 관리자는 가격할인과 다양한 유형의 광고비 지출이 매출액(Sales, 1,000달러)에 미치는 효과를 측정하기 원한다. 분석을 위해, 그는 미주리주 40개 카운티의 다양한 가격 할인(Discount, %)과 라디오(Radio)와 신문(Newspaper)에 대한 광고비 지출(1,000달러)을 사용한다. 표 15.9는 매출액, 가격할인, 광고비 지출에 대한 월간 데이터의 일부를 보여준다. 5%의 유의수준에서 라디오와 신문에 대한 광고비 지출이 매출액에 통계적으로 유의한 영향을 미치는지 결정하라.

표 15.9 매출액, 가격할인, 광고비 지출, $n = 40$

County	Sales	Discount	Radio	Newspaper
1	62.72	40	2.27	3.00
2	49.65	20	3.78	1.78
⋮	⋮	⋮	⋮	⋮
40	49.95	40	3.57	1.57

해답:

다음과 같이 설정되는 회귀계수에 대한 제약이 없는 무제약모형(U)을 고려해보라.

(U) $\text{Sales} = \beta_0 + \beta_1 \text{Discount} + \beta_2 \text{Radio} + \beta_4 \text{Newspaper} + \varepsilon$

라디오와 신문에 대한 광고비 지출이 매출액에 유의한 영향을 미치는지 결정하기 위한 검정은 Radio 변수와 Newspaper 변수가 결합하여 유의한지를 결정하는 검정과 같다. 경쟁가설은 다음과 같이 설정된다.

H_0: $\beta_2 = \beta_3 = 0$
H_A: 적어도 하나의 계수는 0이 아니다.

부분 F 검정을 수행하기 위해, 제약모형을 만든다. 귀무가설하에서 0으로 제약되는 회귀계수들을 추정하지 않는 것에 주목하라. 따라서 Radio와 Newspaper를 제외시키고 제약모형(R)은 다음과 같이 설정된다.

(R) $\text{Sales} = \beta_0 + \beta_1 \text{Discount} + \varepsilon$

설명의 편의를 위해, 모형 U와 모형 R에서 회귀계수를 나타내기 위해 동일한 기호를 사용하였다. 그러나 어느 모형이 사용되는가에 따라서 계수들과 추정치들은 다른 의미를 가진다. 표 15.10은 회귀분석결과의 일부를 보여준다.

표 15.10 예제 15.5를 위한 회귀분석결과

Variable	Restricted	Unrestricted
Intercept	43.4541* (0.000)	6.7025 (0.356)
Discount	0.4016* (0.000)	0.3417* (0.000)
Radio	NA	6.0624* (0.001)
Newspaper	NA	9.3968* (0.000)
SSE	2,182.5649	1,208.1348

주: 모수 추정치는 괄호 안의 p-값과 함께 표기되어 있다. *는 5%의 유의수준에서 유의하다는 것을 표시한다. NA는 해당사항이 없음을 나타낸다. 표의 마지막 행은 오차제곱합을 제시해준다.

두 개의 제약, $\beta_2 = 0$과 $\beta_3 = 0$에 대한 검정을 하기 때문에 $df_1 = 2$이고 $df_2 = n - k - 1 = 40 - 3 - 1 = 36$이다. 표 15.10에 제시되어 있는 SSE 값들을 사용하면서 검정통계량의 값은 다음과 같이 계산된다.

$$F_{(2,36)} = \frac{(SSE_R - SSE_U)/df_1}{SSE_U/df_2} = \frac{(2{,}182.5649 - 1{,}208.1348)/2}{1{,}208.1348/36} = 14.518$$

F 분포표를 사용하여, p-값 $= P(F_{(2,36)} \geq 14.518)$을 근사시키면 p-값은 0.01보다 작다. 정확한 p-값을 구하기 위해, Excel에서 `=F.DIST.RT(14.518, 2, 36)`을 입력하고 R에서 `pf(14.518, 2, 36, lower.tail=FALSE)`를 입력한다. Excel과 R 모두 p-값 = 2.38E-0.5를 산출한다. p-값이 근사적으로 0 (= 2.38×10^{-5})이기 때문에, H_0이 기각된다. 5%의 유의수준에서, 라디오와 신문에 대한 광고비 지출은 결합하여 매출액에 유의한 영향을 미친다고 결론 내린다.

예제 15.6

FILE ***Car_Wash.*** 예제 15.5에서, 라디오와 신문에 대한 광고비 지출은 결합하여 매출액에 통계적으로 유의한 영향을 미친다는 것을 보였다. 이 관리자는 라디오에 대한 광고비 지출이 매출액에 미치는 영향은 신문에 대한 광고비 지출이 매출액에 미치는 영향과 다르다고 믿는다. 이러한 관리자의 믿음을 확인하기 위해 적정한 부분 F 검정을 수행하라.

해답:

다시 무제약모형(U)을 다음과 같이 설정한다.

(U) $\text{Sales} = \beta_0 + \beta_1 \text{Discount} + \beta_2 \text{Radio} + \beta_3 \text{Newspaper} + \varepsilon$

β_2와 β_3는 각각 라디오와 신문에 대한 광고비 지출이 매출액에 미치는 영향을 포착하고 있기 때문에, 경쟁가설은 다음과 같이 설정된다.

$$H_0: \beta_2 = \beta_3$$
$$H_A: \beta_2 \neq \beta_3$$

부분 F 검정을 수행하기 위해, 제약모형(R)을 만든다. $\beta_2 = \beta_3$의 제약하에서 제약모형은 다음과 같이 단순화된다.

$$\text{Sales} = \beta_0 + \beta_1 \text{Discount} + \beta_2 \text{Radio} + \beta_2 \text{Newspaper} + \varepsilon$$

(R) $\text{Sales} = \beta_0 + \beta_1 \text{Discount} + \beta_2 (\text{Radio} + \text{Newspaper}) + \varepsilon$

따라서 제약모형은 두 개의 설명변수만 사용한다. 여기서 새로운 두 번째 설명변수는 Radio와 Newspaper의 합으로 정의된다. 제약모형을 위해, 먼저 Radio와 Newspaper를 합하여 새로운 설명변수를 만들어야 한다. 이에 더하여, $\beta_2 = \beta_3$의 제약이 주어지면, 새로운 설명변수의 추정된 계수는 Radio와 Newspaper 모두에 적용된다. 제약모형은 추정되야 하는 계수가 하나 더 적어지기 때문에, 하나의 제약을 부과한다는 것에 주목하라. 표 15.11은 회귀분석결과의 일부를 보여준다.

표 15.11 15.6을 위한 회귀분석결과

Variable	Restricted	Unrestricted
Intercept	7.9524 (0.274)	6.7025 (0.356)
Discount	0.3517* (0.000)	0.3417* (0.000)
Radio	NA	6.0624* (0.001)
Newspaper	NA	9.3968* (0.000)
Radio + Newspaper	7.1831* (0.000)	NA
SSE	1,263.6243	1,208.1348

주: 모수 추정치는 괄호 안의 p-값과 함께 표기되어 있다. *는 5%의 유의수준에서 유의하다는 것을 표시한다. NA는 해당사항이 없음을 나타낸다. 표의 마지막 행은 오차제곱합을 제시해준다.

하나의 제약에 대한 검정을 하기 때문에, $df_1 = 1$이고 $df_2 = n - k - 1 = 40 - 3 - 1 = 36$이다. 표 15.11에 제시되어 있는 적정한 SSE 값들을 사용하면서, 검정통계량의 값은 다음과 같이 계산된다.

$$F_{(1,36)} = \frac{(SSE_R - SSE_U)/df_1}{SSE_U/df_2} = \frac{(1{,}263.6243 - 1{,}208.1348)/1}{1{,}208.1348/36} = 1.653$$

F 분포표를 사용하여, p-값 = $P(F_{(1,36)} \geq 1.653)$을 근사시키면 p-값은 0.10보다 크다. 정확한 p-값을 구하기 위해, Excel에서 `=F.DIST.RT(1.653, 1, 36)`을 입력하고 R에서 `pf(1.653, 1, 36, lower.tail=FALSE)`를 입력한다. Excel과 R 모두 p-값 = 0.207을 산출한다. p-값 > α = 0.05이기 때문에 H_0이 기각되지 않는다. 5%의 유의수준에서, 라디오에 대한 광고비 지출이 매출액에 미치는 영향은 신문에 대한 광고비 지출이 매출액에 미치는 영향과 다르다고 결론 내릴 수 없다.

R을 이용한 부분 *F* 검정

R은 부분 F검정을 수행하는 쉬운 방법을 제공해준다. R을 이용하여 예제 15.5와 예제 15.6의 결과를 다시 구해보도록 하자.

A. ***Car_Wash*** 데이터 파일을 데이터프레임(테이블)으로 가져와서 myData라는 이름으로 지정한다.

B. **lm** 함수를 사용하여 무제약모형, 예제 15.5의 제약모형(Restricted_1), 예제 15.6의 제약모형(Restricted_2)을 위한 객체를 만든다. Resticted_2 모형에서 'Radio + Newspaper' 변수를 만들 때, 괄호 안에 I 함수를 사용한다. 다음과 같이 입력하라.

```
> Unrestricted < - lm(Sales ~ Discount + Radio + Newspaper, data=myData)
> Restricted_1 < - lm(Sales ~ Discount, data=myData)
> Restricted_2 < - lm(Sales ~ Discount + I(Radio + Newspaper),
  data=myData)
```

C. **anova** 함수를 사용하여 각 예제를 위한 F-통계량과 p-값을 구한다. 다음과 같이 입력하라.

```
> anova(Unrestricted, Restricted_1)
> anova(Unrestricted, Restricted_2)
```

연습문제 15.2

24. 다중선형회귀모형 $y = \beta_0 + \beta_1 x_1 + \beta_2 x_2 + \beta_3 x_3 + \varepsilon$을 고려하라. 기울기 계수 β_1과 β_3이 결합하여 유의한지 검정하기 원한다. 검정을 수행하기 위해 필요한 제약모형과 무제약모형을 정의하라.

25. 다중선형회귀모형 $y = \beta_0 + \beta_1 x_1 + \beta_2 x_2 + \beta_3 x_3 + \varepsilon$을 고려하라. 기울기 계수 β_1과 β_3이 서로 다른지 검정하기 원한다. 검정을 수행하기 위해 필요한 제약모형과 무제약모형을 정의하라.

26. 다중선형회귀모형 $y = \beta_0 + \beta_1 x_1 + \beta_2 x_2 + \varepsilon$을 고려하라. 경쟁가설이 다음과 같은 경우, 제약모형과 무제약모형을 정의하라.

$$H_0: \beta_1 + \beta_2 = 1 \text{ vs } H_A: \beta_1 + \beta_2 \neq 1$$

27. 다음과 같은 단순선형회귀모형의 회귀분석결과를 고려하라.

$$\hat{y} = 105.40 + 39.17x_1; \quad SSE = 407{,}308; \quad n = 30$$

이러한 결과를 개선시키기 위해, 두 개의 설명변수가 추가되었다. 이 경우의 회귀분석결과는 다음과 같다.

$$\hat{y} = 4.87 + 19.47x_1 - 26.31x_2 + 7.31x_3;$$
$$SSE = 344{,}784; \quad n = 30$$

a. x_2와 x_3이 y를 설명하는 데 결합하여 유의한지 결정하기

위한 경쟁가설을 설정하라.

b. 검정통계량의 값과 p-값을 계산하라.

c. 5%의 유의수준에서, 검정의 결론은 무엇인가?

28. 한 부동산중개업자는 주택가격(Price)을 주택크기(Sqft)의 함수로 설정하고 다음과 같이 회귀모형을 추정하였다.

$$\widehat{\text{Price}} = 48.39 + 52.74\text{Sqft}; \quad SSE = 56{,}944; \quad n = 50$$

이러한 결과를 개선시키기 위해, 두 개의 설명변수, 즉 침실 수(Beds)와 욕실 수(Baths)가 추가되었다. 이 경우의 회귀분석결과는 다음과 같다.

$$\widehat{\text{Price}} = 28.11 + 40.17\text{Sqft} + 10.08\text{Beds} + 16.14\text{Baths}; \quad SSE = 48{,}074; \quad n = 50$$

a. Beds와 Baths가 Price를 설명하는 데 결합하여 유의한지 결정하기 위한 경쟁가설을 설정하라.

b. 검정통계량의 값과 p-값을 계산하라.

c. 5%의 유의수준에서, 검정의 결론은 무엇인가?

29. 한 금융 애널리스트는 기업의 주식수익률을 예측하는 가장 좋은 방법은 설명변수로 기업의 주가수익비율(P/E)와 주가매출액비율(P/S)를 사용하는 것이라고 믿는다. 그는 30개 대기업의 데이터를 사용하면서 다음과 같이 회귀모형을 추정하였다.

$$\widehat{\text{Return}} = -33.40 + 3.97\text{P/E} - 3.37\text{P/S}; \quad SSE = 5{,}021.63; \quad n = 30$$

한 동료가 설명변수로 P/E 성장률(PEG)과 배당수익률(DIV)을 추가적으로 포함시키면 주가수익률의 예측을 개선시킬 수 있다고 제안하였다. 이에 따라 그는 이러한 설명변수들을 포함시키고 회귀모형을 추정하여 다음과 같은 결과를 얻었다.

$$\widehat{\text{Return}} = -31.84 + 4.26\text{P/E} - 2.16\text{P/S} - 11.49\text{PEG} + 3.82\text{DIV}; \quad SSE = 4{,}149.21; \quad n = 30$$

5%의 유의수준에서, 이 동료의 주장은 데이터에 의해 입증되는가? 설명하라.

30. 리사 피셔는 혁신을 증진시키는 대학의 요인들을 분석하기 원하는 경영대학원 교수이다. 그녀는 반응변수가 혁신의 척도로 사용되는 창업기업 수(Startups)인 회귀분석을 위한 데이터를 143개 대학으로부터 수집하였다. 리사는 대학이 연구를 위해 직접 투입하는 연구비(Research)가 창업기업 수에 영향을 미치는 가장 중요한 요인이라고 믿는다. 그녀는 Startups를 Research의 함수로 추정하여 다음과 같은 결과를 얻었다.

$$\widehat{\text{Startups}} = 0.21 + 0.01\text{Research}; \quad SSE = 1{,}434.78; \quad n = 143$$

두 개의 다른 설명변수, 즉 특허 출원 수(Patents)와 기술이전부서의 연령(Duration)도 Startups에 영향을 줄 수 있다. 이에 따라 리사는 모형에 이러한 추가적인 변수들을 포함시키고 다음과 같은 결과를 얻었다.

$$\widehat{\text{Startups}} = 0.42 + 0.01\text{Research} + 0.05\text{Patents} - 0.02\text{Duration}; \quad SSE = 1{,}368.14; \quad n = 143$$

5%의 유의수준에서, 리사는 Startups를 예측하는 모형에 Patents와 Duration을 포함시켜야 하는가?

31. FILE ***Wage.*** 한 연구원은 한 대기업의 50명 근로자를 조사하여 각 근로자의 시간당 임금(Wage, 달러), 고등교육연수(EDUC), 근무연수(EXPER), 연령(AGE)에 대한 데이터를 수집하였다.

a. 회귀모형 $\text{Wage} = \beta_0 + \beta_1\text{EDUC} + \beta_2\text{EXPER} + \beta_3\text{AGE} + \varepsilon$을 추정하라.

b. 이 연구원은 근무연수의 영향이 연령의 영향과 다른지, 즉 $\beta_2 \neq \beta_3$인지 궁금해한다. 이 검정을 위한 경쟁가설을 설정하라.

c. 귀무가설이 옳은 경우, 제약모형은 무엇인가? 이 모형을 추정하라.

d. 5%의 유의수준에서, 근무연수의 영향이 연령의 영향과 다르다고 결론 내릴 수 있는가?

32. FILE ***Mobile_Phones.*** 한 지역 코스트코 할인점의 관리자는 모바일 전화 계약을 판매하기 위해 고용 결정을 하는 과정에 있다. 그녀는 모바일 전화 계약의 판매는 결정적으로 남성 직원과 여성 직원의 근무시간에 의존한다고 믿는다. 그녀는 작년의 모바일 전화 계약의 판매 수(Sale), 남성 직원의 근무시간(Hours_Males), 여성 직원의 근무시간(Hours_Females)에 대한 주간 데이터를 수집하였다.

a. 적정한 회귀모형을 위한 표본회귀식을 보고하라.

b. 5%의 유의수준에서, 설명변수들은 결합하여 유의한가? 설명변수들은 개별적으로 유의한가?

c. 이 관리자는 남성 근로자와 여성 근로자의 생산성에 차이가 있는지 결정하기 원한다. 달리 말하면, 근무시간 동안 모바일 전화 계약의 판매 수가 남성 직원과 여성 직원 간에 다른지 결정하기 원한다. 5%의 유의수준에서 적정한 검정을 수행하라. 검정의 결과를 상세하게 보여라.

33. FILE ***Football.*** 다중선형회귀모형이 NFL팀의 승률(Win, %)을 예측하기 위해 사용된다. 설명변수로 평균 러시야드(Rush)와 평균 패싱야드(Pass)가 공격을 포착하기 위해 사용되고 평균 허용야드(Allowed)가 방어를 포착하기 위해 사용되었다.

a. 회귀모형 $\text{Win} = \beta_0 + \beta_1\text{Rush} + \beta_2\text{Pass} + \beta_3\text{Allowed} + \varepsilon$을 추정하라.

b. 10%의 유의수준에서, Win을 설명하는 데 Rush의 영향이 Pass의 영향과 다른지, 즉 $\beta_1 \neq \beta_2$인지 결정하기 위한 검정을 수행하라.

34. FILE ***Union_Pay.*** 한 자동차 노조는 3개 변수, 즉 (1) 직종, (2) 근무연수, (3) 노조가입연수에 기초하여 새로운 시간당 급여를 최고 경영진과 협상하고 있다. 분석의 목표는 객관적으로 시간당 임금을 설명하여 급여격차의 불만을 감소시킬 수 있는 공정한 모형을 개발하는 것이다. 50명 노조원이 표본으로 추출되었고 급여모형을 개발하기 위해 사용되었다.

a. 적정한 회귀모형을 위한 표본회귀식을 보고하라.

b. 5%의 유의수준에서, 설명변수들은 결합하여 유의한가? 설명변수들은 개별적으로 유의한가?

c. 18년의 근무연수와 14년의 노조가입연수를 가진 직종 48에 속하는 근로자의 시간당 임금을 예측하라.

d. 이 관리자는 근무연수와 노조가입연수가 시간당 급여를 협상하는 데 중요한지를 궁금해하고 있다. 5%의 유의수준에서, 이러한 두 설명변수의 영향은 결합하여 유의하다고 결론 내릴 수 있는가? 검정의 결과를 상세하게 보여라.

15.3 반응변수에 대한 구간 추정치

도입사례에서, 평균타율(BA)과 평균자책점(ERA)에 기초하여 야구 팀의 승률을 분석하였다. 선호되는 모형은 $\widehat{\text{Win}} = 0.1269 + 3.2754\text{BA} - 0.1153\text{ERA}$와 같이 추정되었다. 이제 평균타율이 0.25이고 평균자책점이 4인 팀의 승률을 예측하기 원한다고 하자. BA = 0.25와 ERA = 4와 함께 계수추정치들을 사용하면, 예측되는 승률은 다음과 같이 쉽게 구할 수 있다.

$$\widehat{\text{Win}} = 0.1269 + 3.2754 \times 0.25 - 0.1153 \times 4 = 0.4847$$

이와 같은 예측은 분명히 유용하지만, 표본에 민감하다는 것을 알아야 한다. 달리 말하면, 회귀모형을 추정하기 위해 다른 표본을 사용하면 예측이 변할 것이다. 8장으로부터 점추정치는 오차범위와 함께 관련된 구간추정치를 구하기 위해 사용된다는 것으로 기억하라. 야구의 예에서, 0.4847은 점추정치를 나타낸다.

이 절에서는 반응변수 y의 평균(기대값)에 대한 구간추정치와 y의 개별값에 대한 구간추정치를 구별한다. 일반적으로 전자를 **신뢰구간(confidence interval)**이라고 부르고 후자를 **예측구간(prediction interval)**이라고 부른다. 설명변수들의 값이 주어진 경우, 신뢰구간은 y의 평균을 포함하고 있는 구간이고 예측구간은 y의 개별값을 포함하고 있는 구간이라고 생각할 수 있다. 두 구간추정치를 구하기 위해 동일한 점추정치가 사용된다. 야구의 예에서 팀의 평균타율이 0.25이고 평균자책점이 4인 경우, 0.4847이 평균 승률과 개별적 승률을 위한 점추정치이다. y의 개별값을 예측하는 데 추가되는 불확실성 때문에, 예측구간은 항상 신뢰구간보다 더 넓다.

신뢰구간과 예측구간

설명변수들의 값이 주어진 경우, 두 가지 종류의 반응변수에 대한 구간추정치가 추정된다.

- 신뢰구간은 y의 평균(기대값)의 구간추정치이다. 예측구간은 y의 개별값의 구간추정치이다.
- 예측구간은 항상 신뢰구간보다 더 넓다.

이제 신뢰구간과 예측구간을 구하는 일반적인 과정을 설명하도록 하자. k개의 설명변수 x_1, $x_2, \ldots, x_k$를 가지고 있는 다중선형회귀모형 $y = \beta_0 + \beta_1 x_1 + \beta_2 x_2 + \cdots + \beta_k x_k + \varepsilon$을 고려하라. 야구의 예에서, $k = 2$이고 x_1과 x_2 는 각각 팀의 평균타율과 평균자책점을 나타낸다. 이에 더하여, 다음의 모형을 고려하라.

$$y^0 = \beta_0 + \beta_1 x_1^0 + \beta_2 x_2^0 + \cdots + \beta_k x_k^0 + \varepsilon^0$$

여기서 $x_1^0, x_2^0, \ldots, x_k^0$은 $x_1, x_2, \ldots, x_k$의 특정한 값을 나타낸다. 이러한 특정한 값에서 y^0이 평가되고 ε^0은 (관측되지 않는) 임의오차항이다. 야구의 예에서 $x_1^0 = 0.25$와 $x_2^0 = 4$가 사용되었다. $x_1^0, x_2^0, \ldots, x_k^0$에서 반응변수의 기대값은 다음과 같이 구할 수 있다.

$$E(y^0) = \beta_0 + \beta_1 x_1^0 + \beta_2 x_2^0 + \cdots + \beta_k x_k^0$$

임의오차항의 기대값은 0, 즉 $E(\varepsilon^0) = 0$이라고 가정한다. 예측구간은 ε^0에 의한 추가적인 불확실성을 포함하고 있기 때문에 예측구간이 신뢰구간보다 더 넓다는 것에 주목하라. 먼저 $E(y^0)$에 대한 신뢰구간을 구하고 이어서 y^0에 대한 예측구간을 구하자.

예측값 $\hat{y}^0 = b_0 + b_1 x_1^0 + b_2 x_2^0 + \cdots + b_k x_k^0$은 $E(y^0)$에 대한 점추정치이다. 야구의 예에서, $x_1^0 = 0.25$이고 $x_2^0 = 4$일 때, $\hat{y}^0 = 0.4847$이 $E(y^0)$에 대한 점추정치이다. $E(y^0)$에 대한 $100(1 - \alpha)\%$ 신뢰구간은 $\hat{y}^0 \pm t_{\alpha/2,df}\, se(\hat{y}^0)$와 같이 구해진다. 여기서 $se(\hat{y}^0)$는 $\hat{y}^0$의 표준오차이다. 단순선형회귀모형의 경우, $se(\hat{y}^0)$를 계산하는 간단한 공식이 있지만, 다중선형회귀모형의 경우 $se(\hat{y}^0)$를 계산하는 것은 매우 성가신 일이다. 아래에 단순선형회귀모형과 다중선형회귀모형 모두에 작동되는 신뢰구간을 구하는 상대적으로 쉬운 방법이 제시되어 있다.

y의 기대값에 대한 신뢰구간

$x_1^0, x_2^0, \ldots, x_k^0$으로 표시되는 $x_1, x_2, \ldots, x_k$의 특정한 값에서, y의 기대값에 대한 $100(1 - \alpha)\%$ 신뢰구간은 다음과 같이 계산된다.

$$\hat{y}^0 \pm t_{\alpha/2,df}\, se(\hat{y}^0)$$

여기서 $df = n - k - 1$이고 $se(\hat{y}^0)$는 $\hat{y}^0$의 표준오차이다

먼저 y는 반응변수이고 설명변수들이 $x_1^* = x_1 - x_1^0, x_2^* = x_2 - x_2^0, \cdots, x_k^* = x_k - x_k^0$인 수정된 회귀모형을 추정한다. 이 모형의 절편 추정치와 절편 추정치의 표준오차가 각각 $\hat{y}^0$와 $se(\hat{y}^0)$이다.

예제 15.7

FILE ***Baseball.*** 회귀모형 $\text{Win} = \beta_0 + \beta_1\text{BA} + \beta_2\text{ERA} + \varepsilon$을 사용하면서, BA가 0.25이고 ERA가 4일 때 기대 승률에 대한 95%의 신뢰구간을 구하라.

해답:

y, x_1, x_2가 각각 Win, BA, ERA를 나타낸다고 하자. $E(y^0)$에 대한 95%의 신뢰구간을 계산하기 위해, 언급한 과정을 따라 $\hat{y}^0$와 $se(\hat{y}^0)$를 구한다. 먼저, $x_1^0 = 0.25$이고 $x_2^0 = 4$가 주

어져 있으므로 두 개의 수정된 설명변수를 $x_1^* = x_1 - 0.25$와 $x_2^* = x_2 - 4$와 같이 정의한다. 표 15.2는 새로 계산된 관측치들의 일부를 보여준다.

표 15.12 예제 15.7을 위한 수정된 설명변수들의 값 계산

y	x_1	x_2	$x_1^* = x_1 - 0.25$	$x_2^* = x_2 - 4$
0.407	0.259	4.59	0.259 − 0.25 = 0.009	4.59 − 4 = 0.59
0.549	0.268	4.20	0.268 − 0.25 = 0.018	4.20 − 4 = 0.20
⋮	⋮	⋮	⋮	⋮
0.426	0.250	4.13	0.250 − 0.25 = 0.000	4.13 − 4 = 0.13

표 15.13은 y를 반응변수로 사용하고 x_1^*와 x_2^*를 설명변수들로 사용하는 다중선형회귀모형의 회귀분석결과를 보여준다.

표 15.13 예제 15.7을 위한 수정된 설명변수들을 사용한 회귀분석결과

Regression Statistics						
Multiple R	0.8459					
R Square	0.7156					
Adjusted R Square	0.6945					
Standard Error	**0.0375**					
Observations	30					
ANOVA						
	df	*SS*	*MS*	*F*	*Significance F*	
Regression	2	0.0958	0.0479	33.966	4.25E-08	
Residual	27	0.0381	0.0014			
Total	29	0.1338				
	Coefficients	*Standard Error*	*t Stat*	*p-value*	*Lower 95%*	*Upper 95%*
Intercept	**0.4847**	**0.0085**	57.258	0.000	**0.4673**	**0.5021**
x_1^*	3.2754	0.6723	4.872	0.000	1.8960	4.6549
x_2^*	−0.1153	0.0167	−6.920	0.000	−0.1494	−0.0811

수정된 회귀분석결과는 절편항의 추정치를 제외하고 원래의 회귀분석결과(표 15.8 참조)와 같다. 여기서 절편 추정치는 0.4847이고 절편 추정치의 표준오차는 0.0085이다. (표 15.13에서 볼드체로 표시되어 있는 값을 보라.) 따라서 신뢰구간을 구하는 데 $\hat{y}^0 = 0.4847$과 $se(\hat{y}^0) = 0.0085$를 사용한다. 이러한 과정에 의해 구해진 $\hat{y}^0$의 값은 앞에서 구한 추정치 $\hat{y}^0 = 0.4847$과 같다는 것에 주목하라.

신뢰수준은 95%이고 $df = n - k - 1 = 30 - 2 - 1 = 27$이므로, $t_{\alpha/2,df} = t_{0.025,27} = 2.052$이다. $E(y^0)$에 대한 95% 신뢰구간은 다음과 같이 계산된다.

$$\hat{y}^0 \pm t_{\alpha/2,df}se(\hat{y}^0) = 0.4847 \pm 2.052 \times 0.0085 = 0.4847 \pm 0.0174$$

또는 95%의 신뢰수준에서 $0.4673 \leq E(y^0) \leq 0.5021$이다.

95%의 신뢰수준을 사용하면, 평균타율이 0.25이고 평균자책점이 4인 팀의 평균(기대) 승률은 0.4673과 0.5021 사이이다. $E(y^0)$에 대한 95% 신뢰구간의 하한값과 상한값은 절편에 대한 95% 신뢰구간의 하한값과 상한값과 같다(표 15.13에 볼드체로 표시되어 있는 값들을 보라)는 것에 주목하라.

앞에서 언급한 것처럼, 예측구간은 $y^0 = \beta_0 + \beta_1 x_1^0 + \beta^2 x_2^0 + \cdots + \beta_k x_k^0 + \varepsilon^0$과 같이 특정한 설명변수들의 값에 대해 정의되는 반응변수의 개별 값과 관련된다. 예측구간은 임의오차항 ε^0의 변동성을 포함하고 있기 때문에 신뢰구간보다 더 넓다. ε^0의 변동성이 클수록, 정확하게 예측하는 것이 더 어려워지고 이에 따라 더 넓은 구간이 필요하다.

y의 개별값에 대한 예측구간

$x_1^0, x_2^0, \ldots, x_k^0$으로 표시되는 $x_1, x_2, \ldots, x_k$의 특정한 값에서 y의 개별값에 대한 $100(1-\alpha)\%$ 예측구간은 다음과 같이 계산된다.

$$\hat{y}^0 \pm t_{\alpha/2,df}\sqrt{(se(\hat{y}^0))^2 + s_e^2}$$

여기서 $df = n - k - 1$, $se(\hat{y}^0)$는 $\hat{y}^0$의 표준오차이고, s_e는 임의오차항 ε^0의 변동성을 포착하는 추정치의 표준오차이다.

예제 15.8

FILE ***Baseball.***

a. 표 15.13에 있는 정보를 사용하면서, BA가 0.25이고 ERA가 4일 때, Win에 대한 95% 예측구간을 구하라.

b. 이 예측구간과 예제 15.7에서 구한 신뢰구간 간 차이에 대해 설명하라.

해답:

a. 신뢰구간의 계산에서처럼 $\hat{y}^0 = 0.4847$, $se(\hat{y}^0) = 0.0085$, $t_{\alpha/2,df} = t_{0.025,27} = 2.052$이다. 예측구간의 공식에서 유일하게 빠진 것은 추정치의 표준오차 s_e이다. 표 15.13에서 보면, $s_e = 0.0375$이다. (볼드체로 표시되어 있는 값을 보라.) 따라서 95%의 예측구간은 다음과 같이 계산된다.

$$\hat{y}^0 \pm t_{\alpha/2,df}\sqrt{(se(\hat{y}^0))^2 + s_e^2} = 0.4847 \pm 2.052\sqrt{0.0085^2 + 0.0375^2}$$
$$= 0.4847 \pm 0.0790$$

또는 95%의 신뢰수준에서 $0.4057 \leq y^0 \leq 0.5637$이다.

b. 95%의 예측구간을 사용하면, 평균타율이 0.25이고 평균자책점이 4인 팀의 승률은 0.4057과 0.5637 사이이다. 예제 15.7에서 $E(y^0)$에 대한 95% 신뢰구간은 0.4673과

0.5031 사이였다. 예상한 것처럼, 임의오차항에 의해 발생되는 변동을 고려하기 때문에 예측구간이 신뢰구간보다 더 넓다. 추정치의 표준오차 s_e에 의해 포착되는 변동성이 더 클수록 예측구간은 더 넓어진다.

R을 이용하여 반응변수의 구간추정치 구하기

R은 반응변수에 대한 신뢰구간과 예측구간을 구하는 쉬운 방법을 제공한다. R을 이용하면서 예제 15.7과 예제 15.8의 결과를 다시 구해 보자.

A. ***Baseball*** 데이터 파일을 데이터프레임(테이블)으로 가져와서 myData라는 이름으로 지정한다.

B. **lm** 함수를 사용하여 Baseball이라고 이름 붙여진 객체(회귀모형)를 만든다. 다음과 같이 입력하라.

```
> Baseball <- lm(Win ~ BA + ERA, data=myData)
```

C. **data.frame** 함수를 포함하고 있는 **predict** 함수를 사용하여 BA = 0.25와 ERA = 4일 때, Win에 대한 구간추정치를 구한다. 95%의 신뢰수간과 예측구간을 위해 옵션 level을 0.95로 설정한다. 신뢰구간의 경우, 옵션 interval을 "confidence"로 설정하고, 예측구간의 경우, 옵션 interval을 "prediction"으로 설정한다. 다음과 같이 입력하라.

```
> predict(Baseball, data.frame(BA=0.25, ERA=4), level=0.95,
  interval="confidence")
> predict(Baseball, data.frame(BA=0.25, ERA=4), level=0.95,
  interval="prediction")
```

도입사례 분석결과

두 스포츠 분석가는 메이저리그야구(MLB)팀의 승률을 가장 잘 예측하는 방법에 대해 서로 다른 견해를 가지고 있다. 한 분석가는 더 높은 평균타율을 가진 팀이 월드시리즈의 약 75%를 승리했기 때문에 팀의 평균타율(BA)이 팀의 성공을 위한 더 좋은 예측변수라고 주장한다. 다른 분석가는 팀의 피칭이 분명히 승리를 결정하는 데 중요한 요인이고 팀의 평균자책점(ERA)이 낮을수록 팀의 승률이 더 높다고 주장한다. 3개의 회귀모형이 야구팀의 승률(Win)을 분석하기 위해 사용되었다. 설명변수들은 모형 1에서 평균타율(BA)이고 모형 2에서 평균자책점(ERA)이며 모형 3에서 BA와 ERA이다.

Mark Cunningham/MLB Photos/Getty Images

30개 MLB팀으로부터 수집된 데이터를 사용하면서 회귀모형들을 추정한 결과를 보면, 어느 분석가도 완전히 옳거나, 완전히 틀린 것은 아닌 것으로 나타난다. 이것은 BA와 ERA 모두를 설명변수로 사용하는 모형 3이 가장 좋은 적합도를 제공하기 때문이다. 모형 3은 가장 낮은 추정치의 표준오차와 가장 높은 조정 R^2값을 가진다. 모형 3의 표본회귀식은 $\widehat{Win} = 0.13 + 3.28BA - 0.12ERA$이다. 선호되는 모형인 모형 3

에 대한 추가적인 검정에 의하면, 5%의 유의수준에서 두 설명변수는 승률을 설명하는 데 결합하여 유의할 뿐만 아니라 개별적으로 유의하다.

마지막으로, 평균타율이 0.25이고 평균자책점이 4인 팀의 경우, 모형 3은 0.4847의 승률을 예측한다. 95%의 신뢰수준에서 평균(기대)승률은 0.4673과 0.5021 사이이다.

연습문제 15.3

35. 30개 관측치를 사용한 단순선형회귀분석에서 다음과 같은 정보를 얻었다. $\hat{y} = -6.92 + 1.35x$이고 $s_e = 2.78$이다. 또한 $x = 30$에서 평가된 $se(\hat{y}) = 1.02$이다.

a. $x = 30$일 때, $E(y)$에 대한 95% 신뢰구간을 구하라.

b. $x = 30$일 때, y에 대한 95% 예측구간을 구하라.

c. 어느 구간이 더 좁은가? 설명하라.

36. 30개 관측치를 사용한 단순선형회귀분석에서 다음과 같은 정보를 얻었다. $\hat{y} = 9.15 + 1.46x$이고 $s_e = 2.67$이다. 또한 $x = 15$에서 평가된 $se(\hat{y}) = 1.06$이다.

a. $x = 15$일 때, $E(y)$에 대한 95% 신뢰구간을 구하라.

b. $x = 15$일 때, y에 대한 95% 예측구간을 구하라.

c. 어느 구간이 더 넓은가? 설명하라.

37. 40개 관측치를 사용한 다중선형회귀분석에서 다음과 같은 정보를 얻었다. $\hat{y} = 12.8 + 2.6x_1 - 1.2x_2$이고 $s_e = 5.84$이다. 또한 $x_1 = 15$이고 $x_2 = 6$일 때, $se(\hat{y}) = 2.20$이다.

a. $x_1 = 15$이고 $x_2 = 6$일 때, $E(y)$에 대한 95% 신뢰구간을 구하라.

b. $x_1 = 15$이고 $x_2 = 6$일 때, y에 대한 95% 예측구간을 구하라.

c. 어느 구간이 더 넓은가? 설명하라.

38. 8개 관측치를 사용한 다중선형회귀분석에서 다음과 같은 정보를 얻었다. $\hat{y} = 22.81 + 0.85x_1 - 0.71x_2$이고 $s_e = 4.69$이다. 또한 $x_1 = 50$이고 $x_2 = 20$일 때, $se(\hat{y}) = 2.18$이다.

a. $x_1 = 50$이고 $x_2 = 20$일 때, $E(y)$에 대한 95% 신뢰구간을 구하라.

b. $x_1 = 50$이고 $x_2 = 20$일 때, y에 대한 95% 예측구간을 구하라.

c. 어느 구간이 더 좁은가? 설명하라.

39. **FILE** ***Education.*** 회귀모형 Salary $= \beta_0 + \beta_1$Education $+ \varepsilon$을 추정하라. 여기서 Salary는 1,000달러 단위로 측정되고 Education은 고등교육연수이다.

a. 고등교육연수가 6년인 개인의 기대 연봉에 대한 90% 신뢰구간을 구하라.

b. 고등교육연수가 6년인 개인의 기대 연봉에 대한 90% 예측구간을 구하라.

c. 두 구간 길이의 차이에 대해 설명하라.

40. **FILE** ***Fertilizer.*** 회귀모형 Height $= \beta_0 + \beta_1$Fertilizer $+ \varepsilon$을 추정하라. 여기서 Height는 토마토 식물의 키(인치)이고 Fertilizer는 비료의 양(온스)이다.

a. 비료의 양이 3.0온스가 투입된 토마토 식물의 평균 키에 대한 90% 신뢰구간을 계산하고 해석하라.

b. 비료의 양이 3.0온스가 투입된 토마토 식물의 키에 대한 90% 예측구간을 계산하고 해석하라.

41. **FILE** ***GPA.*** 회귀모형 GPA $= \beta_0 + \beta_1$GRE $+ \varepsilon$을 추정하라. 여기서 GRE는 학생의 GRE 수학점수이고 GPA는 학생의 대학원 평균학점이다.

a. GRE 수학점수가 710점인 개인의 기대 GPA에 대한 90% 신뢰구간을 구하라.

b. GRE 수학점수가 710점인 개인의 GPA에 대한 90% 신뢰구간을 구하라.

42. **FILE** ***Debt_Payments.*** 회귀모형 Debt $= \beta_0 + \beta_1$Income $+ \varepsilon$을 추정하라. 여기서 Debt(달러)는 특정한 도시에 사는 한 가계의 평균 부채상환액이고 Income(1,000달러)은 이 도시의 중앙소득이다.

a. 중앙소득이 8만 달러일 때, 한 가계의 기대 부채상환액에 대한 95% 신뢰구간을 구하라.

b. 중앙소득이 8만 달러일 때, 한 가계의 부채상환액에 대한 95% 예측구간을 구하라.

43. **FILE** ***Houses.*** 회귀모형 Price $= \beta_0 + \beta_1$Sqft $+ \beta_2$Beds $+ \beta_2$Baths $+ \varepsilon$을 추정하라. 여기서 Price, Sqft, Beds, Baths는 각각 주택가격, 주택크기, 침실 수, 욕실 수이다. 침실 수가 3개이고 욕실 수가 2개인 2,500 ft^2 주택의 기대 가격에 대한 95% 신뢰구간을 구하라. 침실 수가 3개이고 욕실 수가 2개인 2,500 ft^2 주택의 가격에 대한 95% 예측구간을 구하라.

44. **FILE** ***Engine_Overhaul.*** 한 트럭회사의 정비담당 관리자는 4개 설명변수, 즉 (1) 연간 운전거리(Miles, 1,000마

일), (2) 평균 적재중량(Load, 톤), (3) 평균 운전속도(Speed, mph), (4) 오일 교환주기(Oil, 1,000마일)에 기초하여 첫번째 엔진분해점검까지 걸리는 시간(Time, 년)을 예측하기 위한 회귀모형을 개발하기 원한다. 주행기록과 차내 컴퓨터에 기초하여 25대 트럭으로 구성된 표본으로부터 데이터가 수집되었다.

a. 평균 적재중량이 22톤이고 평균 운전속도가 57 mph이며, 오일 교환주기가 18,000마일이고 연간 운전거리가 60,000마일인 트럭이 첫 번째 엔진분해점검까지 걸리는 시간을 예측하기 위한 회귀모형을 추정하라. (연간 운전거리와 오일 교환주기는 1,000마일 단위로 측정된 것에 주목하라.)

b. 첫 번째 엔진분해점검까지 걸리는 평균 시간에 대한 90% 신뢰구간을 계산하고 해석하라. (a)에 있는 트럭의 정보를 사용하라.

c. 첫 번째 엔진분해점검까지 걸리는 시간에 대한 90% 예측구간을 계산하고 해석하라. (a)에 있는 트럭의 정보를 사용하라.

15.4 모형의 가정과 일반적인 위반

지금까지 선형회귀모형의 추정과 평가에 초점을 맞추어 논의하였다. 검정과정의 타당성뿐만 아니라 최소제곱법(OLS) 추정량의 통계적 특성은 고전적 선형회귀모형의 가정에 의존한다는 것을 이해하는 것이 중요하다. 이 절에서는 이러한 가정에 대해 논의한다. 또한 이러한 가정의 일반적인 위반 문제를 다루고 이러한 가정이 위반될 때 발생되는 결과를 논의하며 몇 가지 수정 방법들이 제시된다.

고전적인 선형회귀모형의 가정하에서 OLS 추정량은 바람직한 특성을 가진다. 특히 회귀계수 β_j의 OLS 추정량은 불편추정량, 즉 $E(b_j) = \beta_j$이다. 더욱이, 모든 선형 불편추정량 중에서 OLS 추정량은 최소 분산을 가진다. 모형의 가정이 하나 이상 위반될 때 이러한 OLS 추정량의 바람직한 특성은 손상된다. 회귀계수 추정치는 물론 유의성 검정의 타당성도 모형의 가정에 의해 영향을 받는다. 특정한 가정이 위반될 때, OLS 추정량의 표준오차 추정치는 적정하지 않게 된다. 이러한 경우, t 검정과 F 검정 결과로부터 의미 있는 추론을 할 수 없다.

잔차도

고전적 선형회귀모형의 가정은 대부분 오차항 ε에 기초한다. 잔차, 즉 관측되는 오차항, $e = y - \hat{y}$은 ε에 관한 유용한 정보를 포함하고 있기 때문에 모형의 가정을 검토하기 위해 일반적으로 잔차가 사용된다. 이 절에서는 모형 가정의 일반적인 위반을 탐지하기 위해 잔차도(residual plots)를 사용한다. 잔차도는 사용하기 쉽고 추정된 회귀모형에 대한 비공식적인 분석을 제공한다. 가정의 위반에 대한 공식적인 검정은 이 교재의 범위를 넘어선다.

잔차도

회귀모형 $y = \beta_0 + \beta_1 x_1 + \beta_2 x_2 + \cdots + \beta_k x_k + \varepsilon$의 경우, 잔차는 $e = y - \hat{y}$와 같이 계산된다. 여기서 $\hat{y} = b_0 + b_1 x_1 + b_2 x_2 + \cdots + b_k x_k$이다. 잔차들이 모형의 부적합성을 검토하기 위해 시계열 순서나 설명변수 x_j에 대하여 그림으로 그려질 수 있다.

잔차도는 이상치(outlier)를 탐지하기 위해 사용될 수 있다. 이상치는 나머지 데이터로부터 떨어져 있는 관측치라는 것을 기억하라. 한 이상치의 잔차는 잔차도에서 구별되어 나타난다. 즉 이 잔차는 나머지 잔차들로부터 멀리 떨어져 있을 것이다. 이상치는 추정치에 크게 영향을 미칠 수 있지만, 이상치를 어떻게 처리해야 하는지는 항상 명료한 것은 아니다. 이상치는 데이터셋에 부정확하게 기록되거나 포함된 불량한 데이터일 수 있다. 이러한 관측치는 수정되거나 제거되어야 한다. 이와는 달리, 이상치는 임의 변동성 때문에 나타날 수 있고 이러한 경우에는 그대로 사용되어야 한다. 어떤 경우에도 잔차도는 잠재적 이상치를 식별하는 데 도움을 준다.

일반적으로 잔차 e는 수직축에 나타내고 설명변수 x_j나 시간은 수평축에 나타낸다. 그림 15.1은 어느 가정도 위반되지 않은 경우에 나타나는 가상적인 잔차도를 그린 것이다. 모든 점들이 0의 잔차값 주위에 임의로 흩어져 있다는 것에 주목하라. 또한 어떤 잔차도 나머지 잔차들로부터 떨어져 있지 않기 때문에 이상치가 존재한다는 증거가 없다. 잔차들의 확연한 패턴은 1개 이상 가정이 위반되고 있다는 것을 암시한다.

그림 15.1 정확하게 정형화된 모형의 잔차도

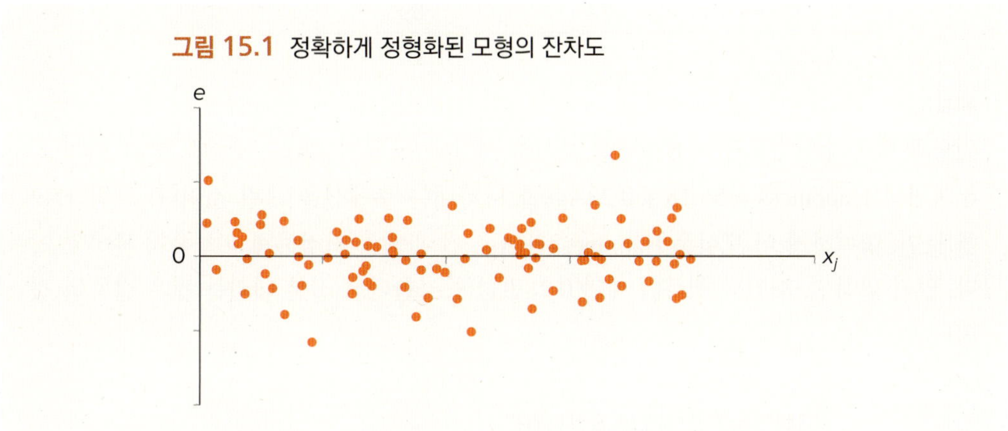

다음으로 OLS 가정을 논의하고 일반적인 위반을 설명하며 수정방법을 제시한다. 이 절의 마지막 부분에 Excel과 R을 이용하여 잔차도를 그리는 방법에 대해 간략히 설명한다.

> **가정 1.** 회귀모형 $y = \beta_0 + \beta_1 x_1 + \beta_2 x_2 + \ldots + \beta_k x_k + \varepsilon$은 모수 $\beta_1, \beta_2, \ldots, \beta_k$에 대해 선형이고 정확하게 정형화되어 있다.

가정 1은 변수($y, x_1, x_2, \ldots, x_k$)가 아니라 모수($\beta_1, \beta_2, \ldots, \beta_k$)에 대한 선형성을 요구한다는 것에 주목하라. 또한 가정 1은 모형이 정확하게 정형화되어 있다는 것을 요구한다. 이 모형은 경제적이고 직관적으로 의미가 있어야 하고, 모든 관련된 설명변수들을 포함하고 있어야 하며 반응변수와 설명변수들 간 비선형성도 포함해야 한다.

비선형성의 탐지

잔차도를 사용하여 비선형 패턴(nonlinear pattern)을 식별할 수 있다. 선형성은 잔차들이 한 설명변수의 관측치에 따라 임의로 흩어져 있을 때 확보된다. 잔차의 확연한 추세는 비선형 패턴을 암시한다.

예제 15.9

FILE ***Happiness.*** 한 사회학자는 연령과 행복 간 관계를 연구하기 원한다. 그는 24명 개인을 인터뷰하고 각 개인의 연령과 행복에 대한 데이터를 수집하였다. 여기서 행복은 0부터 100까지의 척도로 측정된다. 표 15.14는 이러한 데이터의 일부를 보여준다. 잔차도를 사용하여 회귀모형 Happiness $= \beta_0 + \beta_1$Age $+ \varepsilon$이 정확하게 정형화되어 있는지 결정하라.

표 15.14 행복과 연령

Happiness	Age
62	46
66	51
⋮	⋮
72	69

해답:

연령과 행복의 산점도를 사용하면서 분석을 시작하자. 그림 15.2는 산점도와 그 위에 표본회귀식 $\widehat{\text{Happiness}} = 56.18 + 0.28\text{Age}$를 나타내는 추세선을 그린 것이다. 그림 15.2를 보면, 명백하게 이 모형은 Happiness와 Age 간 관계를 적절하게 포착하지 못하고 있다. 달리 말하면, 개인의 행복이 매년 0.28만큼 증가한다고 결론 내리는 것은 잘못된 것이다.

그림 15.2 산점도와 표본회귀선

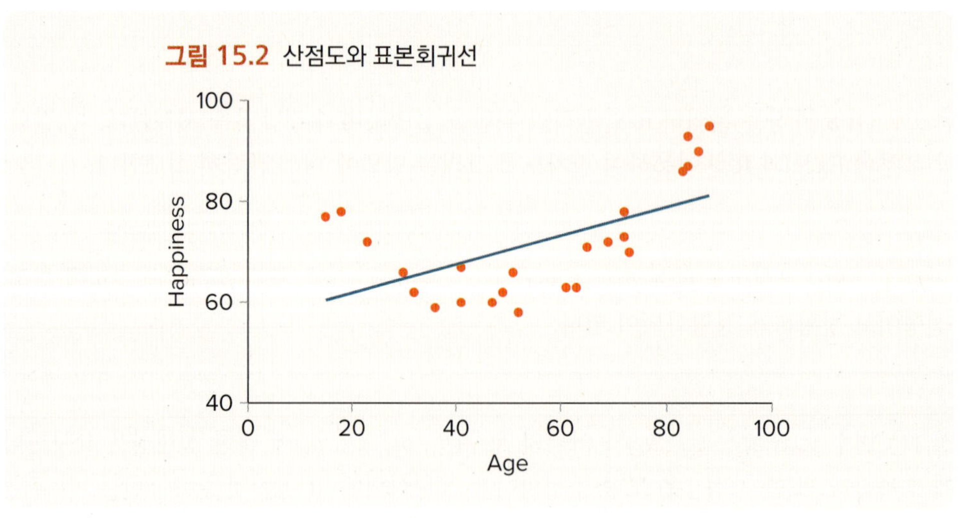

그림 15.3은 연령에 대해 그린 잔차도를 보여준다. 이 그림은 Happiness와 Age 간 비선형 U자 관계를 확연하게 보여준다. 잔차는 50세까지 감소하고 그 이후에 지속적으로 증가한다. 선형회귀모형은 잔차를 낮은 연령과 높은 연령에서 과소추정하고 중간 연령에서 과대추정하기 때문에 적정하지 않다.

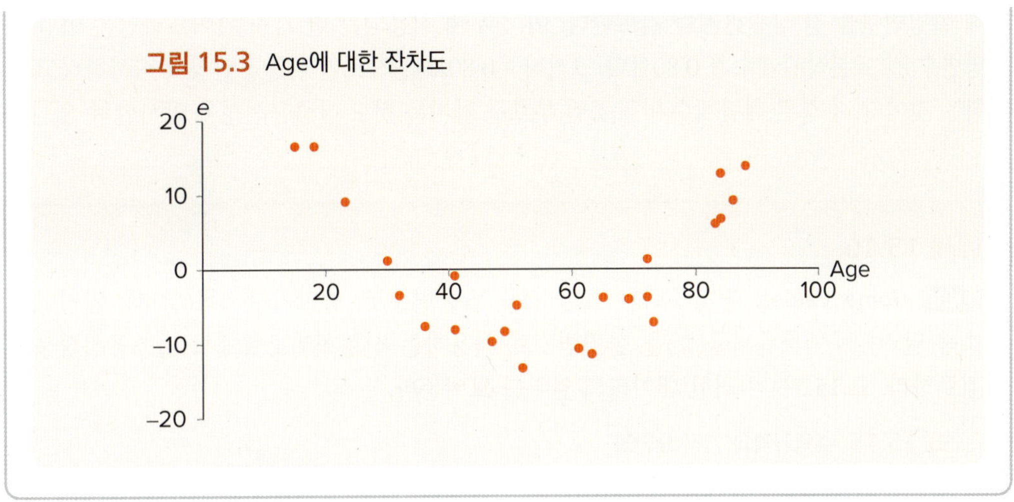

그림 15.3 Age에 대한 잔차도

수정

잔차도가 강한 비선형 패턴을 보이면, 반응변수와 (또는) 설명변수를 간단하게 변환하여 비선형성을 수용해야 한다. 16장에서 선형회귀모형의 구조 안에서 특정한 비선형 패턴을 쉽게 포착하는 방법을 논의할 것이다.

가정 2. 설명변수들 간에 정확한 선형관계가 존재하지 않는다. 즉, 통계학 용어를 사용하면, 완전한 다중공선성은 존재하지 않는다.

두 개 이상 설명변수들이 정확한 선형관계를 가질 때 완전한 다중공선성이 존재한다. 회귀모형 $y = \beta_0 + \beta_1 x_1 + \beta_2 x_2 + \varepsilon$을 고려해보자. 여기서 y는 보너스, x_1은 판매된 자동차 수, x_2는 부지에 남아 있는 자동차 수이다. 모든 자동차 세일즈맨이 같은 재고를 가지고 시작한다면, x_2 = 상수 $- x_1$이 되어 완전한 다중공선성이 성립된다. 완전한 다중공선성은 회귀모형이 추정될 수 없기 때문에 쉽게 탐지된다. 그러나 x_2가 고객들이 긍정적으로 검토하고 있는 자동차 수라면 판매된 자동차 수와 고객들이 긍정적으로 검토하고 있는 자동차 수는 상관관계를 가질 수 있기 때문에 약간의 **다중공선성(multicollinearity)**이 존재하게 된다. 대부분의 응용에서, 약간의 상관관계가 설명변수들 간에 존재한다.

(불완전) 다중공선성의 문제는 소표본의 문제와 유사하다. 다중공선성은 모형의 가정 중 어느 것도 위반하지 않는다. 그러나 다중공선성이 존재하면, 부정확한 기울기 계수 추정치가 구해진다. 달리 말하면, 다중공선성은 반응변수에 미치는 설명변수들의 독립적인 영향을 구분하는 것을 어렵게 만든다. 다중공선성이 심하면, 중요한 설명변수들이 유의하지 않은 것으로 나타날 수 있다. 일부 계수 추정치는 잘못된 부호를 가질 수 있다.

다중공선성의 탐지

다중공선성을 탐지하는 방법은 대부분 비공식적이다. R^2이 높은데 설명변수들이 개별적으로 유의하지 않으면, 다중공선성이 존재할 수 있다. 종종 연구원들은 심한 다중공선성을 탐지하기 위해 설명변수들 간 상관관계를 검토한다. 이 경우에 적용되는 한 가지 가이드라인은 어떤 두 설명변수 간 표본상관계수가 0.80보다 크거나 −0.80보다 작으면 다중공선성이 심각하다고 간주하는 것이다. 추정된 회귀계수가 잘못된 부호를 가지는 것도 다중공선성을 암시할 수 있다.

예제 15.10

FILE ***Home_Values.*** 중앙주택가격(달러)을 반응변수로, 중앙가구소득(달러), 일인당 소득(달러), 주택소유비율(%)을 설명변수로 사용하는 선형회귀모형에서 다중공선성을 검토하라. 표 15.5는 이러한 데이터의 일부를 보여준다.

표 15.15 주택가격과 기타 요인들

State	Home Value	HH Income	Per Cap Inc	Pct Owner Occ
Alabama	117600	42081	22984	71.1
Alaska	229100	66521	30726	64.7
⋮	⋮	⋮	⋮	⋮
Wyoming	174000	53802	27860	70.2

해답:

다중공선성 문제를 검토하기 위해 세 개의 선형회귀모형을 추정하였다. 표 15.16은 회귀분석결과를 보여준다.

표 15.16 모형 추정치의 요약(예제 15.10)

Variable	Model 1	Model 2	Model 3
Intercept	417,892.04* (0.001)	348,187.14* (0.002)	285,604.08 (0.083)
HH income	9.04* (0.000)	7.74* (0.000)	NA
Per Cap Inc	−3.27 (0.309)	NA	13.21* (0.000)
Pct Owner Occ	−8,744.30* (0.000)	−8,027.90* (0.000)	−6,454.08* (0.001)
Adjusted R^2	0.8071	0.8069	0.6621

주: 모수 추정치의 아래에 있는 괄호 안의 수치는 p-값이다. *는 5%의 유의수준에서 유의하다는 것을 표시한다. NA는 해당 사항이 없음을 나타낸다. 마지막 행에 있는 조정 R^2은 모형선택을 위해 사용된다.

모형 1은 주택가격을 설명하기 위해 3개 설명변수 모두를 사용한다. 놀랍게도, 1인당 소득변수는 회귀계수 추정치가 −3.27이고 p-값이 0.31로 5%의 유의수준에서 통계적으로 유의하지 않다. 가구소득과 일인당 소득은 상관관계를 가지고 있을 가능성이 있기 때문에 다중공선성이 이러한 예상치 않은 결과의 이유일 수 있다. 가구소득과 일인당 소득의 표본상관계수는 0.8582이고 다중공선성이 심하다는 것을 제시한다.

이러한 두 설명변수 중 하나를 제거시킨 2개의 모형이 추정되었다. 모형 2는 일인당 소득변수를 제거하고 모형 3은 가구소득을 제거하였다. 이제 모형 3의 일인당 소득은 주택가격에 유의하게 양의 영향을 미친다는 것에 주목하라. 조정 R^2 의 값을 기준으로 판단하면[0.8069(모형 2) > 0.6621 (모형 3)], 모형 2가 모형 3보다 선호된다. 모형 1과 모형 2 간 선택은 명료하지 않다. 분석의 목적이 예측이면, 가장 높은 0.8071의 조정 R^2값을 가진 모형 1이 선호된다. 그러나 회귀계수 추정치들을 평가할 필요가 있으면, 모형 2가 선호될 수 있다.

수정

경험이 부족한 연구원들은 중요한 변수를 누락시키지 않으려고 너무 많은 설명변수들을 포함시키는 경향이 있고 이렇게 함으로써 본질적으로 동일한 것을 측정하는 불필요한 변수를 포함시킬 수 있다. 다중공선성 문제에 직면할 때, 한 가지 좋은 수정방법은 선형관계를 가지고 있는 변수들 중 하나를 제거하는 것이다. 어려운 문제는 어떤 변수가 불필요하고 이에 따라 안전하게 제거될 수 있는지 결정하는 일이다. 다른 방법은 표본상관관계는 더 많은 관측치를 포함시킬 때 약화될 수 있기 때문에, 더 많은 데이터를 수집하여 사용하는 것이다. 종종 설명변수들을 상관관계를 가지지 않도록 다르게 정의하는 것이 도움이 된다. 종종 가장 좋은 방법은 모든 설명변수들이 포함되는 것이 정당화될 때 아무것도 하지 않는 것이다. 이것은 R^2이 높은 모형이 예측을 위해 양호하다는 것을 의미한다.

가정 3. $x_1, x_2, \ldots, x_k$의 조건에서 오차항 ε의 분산은 모든 관측치에서 같다(일정한 변동성). 즉, 통계학 용어를 사용하면, **이분산(heteroscedasticity)**은 존재하지 않는다.

횡단면 데이터를 사용하는 연구에서 관측치들이 종종 일정한 변동성을 가지지 않는다. 회귀모형 $y = \beta_0 + \beta_1 x + \varepsilon$을 고려해보자. 여기서 y는 가계의 소비지출이고 x는 가계의 처분가능소득이다. 소비지출의 변동성이 횡단면 가구소득 간에 같다고 가정하는 것은 불합리할 수 있다. 예를 들면, 고소득 가계는 저소득 가계에 비해 소비지출의 변동성이 더 큰 경향이 있다. 이와 유사하게, 주택크기가 증가함에 따라 주택가격은 더 크게 변동하는 경향이 있고 기업규모가 증가함에 따라 매출액은 더 변동하는 경향이 있다.

변화하는 변동성(changing variability)이 존재할 때에도 OLS 추정량은 여전히 불편추정량이다. 그러나 OLS 추정량의 표준오차는 적정하지 않다. 따라서 추정된 표준오차에 기초하여 이루어지는 t 검정과 F 검정은 신뢰할 수 없게 된다.

변화하는 변동성의 탐지

변화하는 변동성을 탐지하기 위해 잔차도를 사용할 수 있다. 일반적으로 잔차들이 각 설명변수 x_j에 대하여 산점도에 표시된다. 다중회귀모형의 경우, 잔차들이 예측값 $\hat{y}$에 대하여 산점도에 표시될 수 있다. 잔차들이 x_j의 값들 주위에서 임의로 흩어져 있으면 일정한 변동성 가정의 위반은 없다. 다른 한편, x_j의 값들에서 변동성이 증가하거나 감소하면 일정한 변동성의 위반이 존재한다.

예제 15.11

FILE ***Stores.*** 한 편의점 체인의 월간 매출액(Sales, 1,000달러)을 점포의 크기(Sqft)와 관련시키는 단순선형회귀모형을 고려해보자. 표 15.17은 분석을 위해 사용되는 데이터의 일부를 보여준다. 단순선형회귀모형을 추정하고 잔차도를 사용하여 관측치들이 변화하는 변동성을 보이는지 결정하라.

표 15.17 매출액과 편의점 크기

Sales	Sqft
140	1810
160	2500
⋮	⋮
110	1470

해답:

표본회귀식은 다음과 같다.

$$\widehat{\text{Sales}} = 22.0795 + 0.0591\text{Sqft}$$
$$(se) \quad (10.4764) \quad (0.0057)$$

여기서 괄호 안에 있는 수치는 계수추정치의 표준오차이다. 이 절의 마지막 부분에 R의 지시사항을 논의할 때 이 값들이 사용될 것이다.

그림 15.4는 추정된 모형의 잔차도를 보여준다. 잔차들이 수평축을 따라 펼쳐져 있는 것에 주목하라. 따라서 변화하는 변동성이 존재할 수 있다고 결론 내린다. 점포의 크기가 증가함에 따라 매출액이 더 크게 변동할 것이라고 기대하기 때문에 이러한 결과는 놀라운 일이 아니다. 예를 들면, 소형 편의점은 수요가 매우 안정적인 기본적인 필수품들만 판매할 가능성이 있다. 다른 한편, 대형 편의점은 특수한 품목들을 판매할 수 있고 이에 따라 매출액의 변동이 크게 발생할 수 있다.

그림 15.4 Sqft에 대한 잔차도

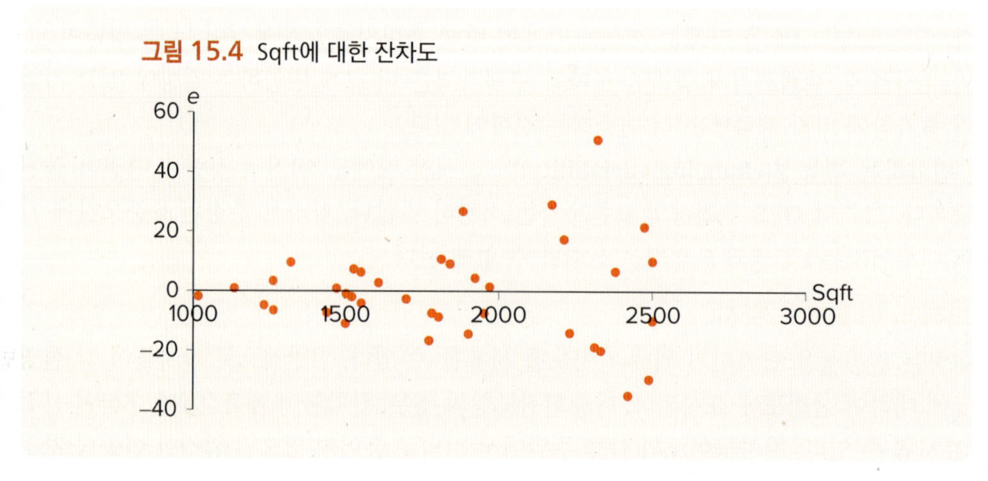

수정

이미 언급한 것처럼, 변화하는 변동성이 존재하면 OLS 추정량은 불편추정량이지만, 추정된 표준오차는 적정하지 않다. 따라서 OLS는 여전히 적정한 회귀계수 추정치를 제공하지만 t 검정과 F 검정은 더 이상 타당하지 않다. 이러한 이유로 종종 **화이트의 로버스트 표준오차(White's robust standard errors)**라고 부르는 교정된 표준오차가 사용된다. 불행하게도, Excel의 현재 버전은 교정된 표준오차를 제공하지 않는다. 그러나 R을 포함한 많은 통계소프트웨어 패키지들은 교정된 표준오차를 제공한다. 이 절의 마지막 부분에서 R을 이용하여 예제 15.11을 위해 교정된 표준오차를 구하는 방법을 제시한다. 표준오차가 교정되면, 타당한 t 검정을 수행할 수 있다.

> **가정 4.** $x_1, x_2, \ldots, x_k$의 조건에서, 오차항 ε은 관측치들 간에 상관관계를 가지지 않는다. 즉, 통계학 용어를 사용하면, **계열상관(serial correlation)**이 존재하지 않는다.

OLS 추정량을 구할 때, 관측치들은 상관관계를 가지고 있지 않다고 가정한다. 이 가정은 종종 시계열데이터를 사용하는 연구에서 충족되지 않는다. GDP, 실업률, 자산수익률과 같은 변수들은 경기변동의 특성을 나타낸다. 그 결과로 연속적인 관측치들이 상관관계를 가질 가능성이 있다.

상관관계를 가지는 관측치들이 존재하면, OLS 추정량은 **불편추정량(unbiased estimator)**이지만 추정된 표준오차는 적정하지 않다. 일반적으로 추정된 표준오차는 하방으로 왜곡되고 모형이 허위의 높은 R^2을 가지게 만든다. 이에 더하여 t 검정과 F 검정은 사실이 아님에도 불구하고 설명변수들이 개별적으로 유의하고, 결합하여 유의하다고 제시할 수 있다.

관측치들의 상관관계 탐지

관측치들이 상관관계를 가지는지 탐지하기 위해 잔차들을 시계열 순서대로 그림으로 나타낼 수 있다. 관측치들이 상관관계를 가지지 않아야 한다는 가정의 위반이 없으면, 잔차들이 수평축 주위에서 어떤 패턴도 보여서는 안 된다. 처음 몇 기에 걸쳐 양의 잔차들이 나타나고 이어서 다음 몇 기에 걸쳐 음의 잔차들이 나타나며 이어서 다음 몇 기에 양의 잔차들이 나타나고 이어서 다음 몇 기에 음의 잔차들이 나타나는 패턴이 반복되는 것은 이 가정의 위반을 제시한다. 흔히 나타나는 것은 아니지만, 양의 잔차와 음의 잔차가 교차로 나타나는 패턴도 이 가정의 위반을 제시한다.

예제 15.12

FILE ***Sushi.*** 회귀모형 $y = \beta_0 + \beta_1 x_1 + \beta_2 x_2 + \varepsilon$을 고려해보자. 여기서 y는 한 스시 레스토랑의 매출액(1,000달러)을 나타내고 x_1과 x_2는 각각 광고비(달러)와 실업률(%)을 나타낸다. 연속적인 17개월 동안 이러한 변수들의 데이터가 수집되었고 이러한 데이터의 일부가 표 15.8에 제시되어 있다. 잔차들의 움직이는 모습을 검토하고 계열상관이 존재하는지 결정하라.

표 15.18 매출액, 광고비, 실업률 데이터

Month	Sales	AdCost	Unemp
1	27.0	550	4.6
2	24.2	425	4.3
⋮	⋮	⋮	⋮
17	27.4	550	9.1

해답:

표본회귀식은 다음과 같이 추정되었다.

$$\begin{array}{rccc} \hat{y} = & 17.5060 & + \; 0.0266x_1 & - \; 0.6879x_2 \\ (se) & (3.9817) & (0.0068) & (0.2997) \end{array}$$

여기서 괄호 안에 있는 수치는 계수의 표준오차이다. 이 절의 마지막 부분에 R의 지시사항을 논의할 때 이 값들이 사용될 것이다.

계열상관을 탐지하기 위해, 시간변수 t에 대해 잔차들을 순서대로 그린다. 여기서 시계열데이터의 연속적인 17개월을 나타내기 위해 $t = 1, 2, \ldots, 17$이다. 그림 15.5는 시간이 흐름에 따라 잔차들이 파도와 같은 모습으로 나타나는 것을 보여준다. 잔차들이 먼저 수평축 아래에서 있다가 이어서 수평축 위에 나타나는 등등의 모습을 보여준다. 잔차들이 수평축 주위에서 이러한 패턴을 보이기 때문에, 관측치들이 상관관계를 가지고 있다고 결론 내린다.

그림 15.5 시간변수 t에 대한 잔차의 산점도

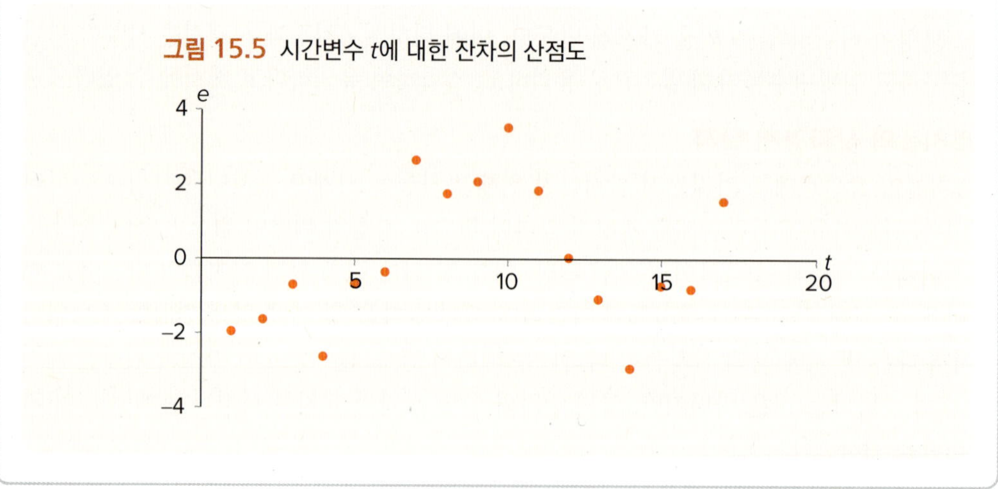

수정

이미 언급한 것처럼, 관측치들이 상관관계를 가지면, OLS 추정량은 불편추정량이지만 추정된 표준오차는 적정하지 않고 하방으로 왜곡되어 모형이 실제보다 더 양호하게 보이도록 만든다. 따라서 OLS는 여전히 적정한 회귀계수 추정치를 제공하지만, t 검정과 F 검정은 더 이상 타당하지 않다. 이러한 이유로 종종 **뉴이-웨스트 로버스트 표준오차(Newey-West robust standard errors)**라고 부르는 교정된 표준오차가 사용된다. 변화하는 변동성의 경우와 마찬

가지로, Excel의 현재 버전은 교정된 표준오차를 제공하지 않는다. 그러나 R을 포함한 많은 통계소프트웨어 패키지들은 교정된 표준오차를 제공한다. 이 절의 마지막 부분에서 R을 이용하여 예제 15.11을 위해 교정된 표준오차를 구하는 방법을 제시한다. 표준오차가 교정되면, 타당한 t 검정을 수행할 수 있다.

가정 5. 오차항 ε은 설명변수 $x_1, x_2, \ldots, x_k$ 중 어떤 변수와도 상관관계를 가지지 않는다. 즉 통계학 용어를 사용하면 **내생성(endogeneity)**이 존재하지 않는다.

선형회귀모형에서 다른 하나의 중요한 가정은 오차항은 설명변수와 상관관계를 가지지 않는다는 것이다. 즉, 설명변수들은 외생변수들이다. 일반적으로 중요한 설명변수들이 누락되어 있을 때, 이 가정이 위반된다. 관련된 설명변수들 중 한 개 이상이 누락되면, OLS 추정량은 **편향추정량(biased estimator)**이 된다. 이러한 편향의 정도는 포함된 설명변수들과 누락된 설명변수들 간 상관관계의 정도에 의존한다.

회귀모형 $y = \beta_0 + \beta_1 x + \varepsilon$을 추정하기 원한다고 하자. 여기서 y는 연봉이고 x는 교육연수이다. 이 모형에서 연봉에 영향을 미치는 중요한 요소인 타고난 능력이 누락되어 있다. 이 경우 타고난 능력은 오차항에 포함되고 이에 따라 오차항은 교육연수와 상관관계를 가지고 있을 가능성이 있다. 이제 높은 수준의 교육을 받고 높은 연봉을 받는 사람을 생각해보자. 이 모형은 높은 연봉을 교육연수와 관련시키고 있다. 실제로는 교육연수를 증가시키고 연봉을 높여주는 것은 관측되지 않는 높은 수준의 타고난 능력일 수 있다. 요약하면, 가정 5의 위반은 신뢰할 수 없는 추정치를 발생시킬 수 있다.

수정

회귀모형에 모든 관련된 설명변수들을 포함시키는 것이 중요하다. 회귀모형을 추정하기 전에 중요한 첫 번째 단계는 잠재적인 설명변수들을 포함하는 리스트를 만드는 것이다. 조정 R^2을 사용하면서, 더 적은 수의 설명변수를 추려낼 수 있다. 종종 데이터의 한계 때문에, 회귀모형에 모든 관련된 설명변수들을 포함시킬 수 없다. 예를 들면, 타고난 능력은 연봉을 설명하는 중요한 설명변수일 수 있지만, 관측될 수 없기 때문에 회귀모형에 포함시킬 수 없다.

가정 6. $x_1, x_2, \ldots, x_k$의 조건에서 오차항 ε은 정규분포를 따른다.

가정 1부터 가정 5까지 충족되면, OLS 추정량은 불편추정량이고 모든 선형 불편추정량 중에서 최소 분산을 가진다. 가정 6은 회귀계수에 대한 구간추정치를 구하고 유의성 검정을 수행할 수 있게 해준다. ε이 정규분포를 따르지 않으면, 구간추정치와 가설검정은 대표본의 경우에만 타당하다.

회귀분석에 대한 요약

회귀모형은 경영경제통계학의 필수적인 부분이다. 회귀분석을 효과적으로 사용하기 위해서는 실습이 필요하다. 회귀모형을 정형화하는 것은 반복적인 과정으로 생각해야 한다. 회귀모형을 사용하여 수행하고자 하는 것이 무엇인지 명확하게 이해하면서 분석을 시작해야 한다. 관심 있는 반응변수를 정의하고 잠재적인 설명변수의 포괄적인 목록을 작성한다. 이론적으로나 직관적으로 의미가 있는 모형을 선택하고, 다중공선성을 유발하는 설명변수들을 제외시켜야 한다. 이어서 정형화된 회귀모형에 데이터를 적용하고 적합도를 개선시킨다. 특히, 설명변수들의 목록에서 유의성 검정, 추정치의 표준 오차, 조정 R^2의 적합도 척도를 사용하면서 더 적은 수의 설명변수를 추려낸다. 횡단면연구와 시계열연구에서 변동성의 변화와 관측치들 간 상관관계의 징후를 탐지하기 위해 잔차도를 사용하는 것이 중요하다. 이러한 두 가정 중 어느 것의 위반이 식별되더라도 계수의 추정치는 신뢰할 수 있다. 그러나 계수 추정치의 표준오차에 대한 필요한 교정이 이루어지지 않으면, 유의성에 대한 표준적인 t 검정과 F 검정은 신뢰할 수 없다.

Excel과 R을 이용하여 잔차도 그리기와 R을 이용하여 로버스트 표준오차 구하기

Excel을 이용하여 그림 15.4를 다시 그리기

A. ***Stores*** 데이터 파일을 연다.

B. 메뉴에서, **데이터(Data)** > **데이터 분석(Data Analysis)** > **회귀분석(Regression)**을 선택한다.

C. *Y축 입력 범위(Input Y Range)*에 Sales 관측치를 선택하고 *X축 입력 범위(Input X Range)*에 Sqft 관측치를 선택하라.

*잔차도(Residual Plots)*를 선택하고 **확인(OK)**을 클릭하라. 그림 15.4와 매우 유사한 그림이 그려진다. (색깔, 축 등에 관한) 서식 작성은 메뉴에서 **수식(Format)**을 선택하여 수행할 수 있다.

R을 이용하여 그림 15.4를 다시 그리고 화이트 로버스트 표준오차 구하기

A. ***Stores*** 데이터를 데이터프레임(테이블)으로 가져와서 myData라는 이름으로 지정한다.

B. *lmtest*와 *sandwich* 패키지를 설치하고 업로드한다. 이러한 패키지를 사용하여 로버스트 표준오차를 계산할 수 있다. 다음과 같이 입력하라.

```
> install.packages("lmtest"); library(lmtest)
> install.packages("sandwich"); library(sandwich)
```

C. **lm** 함수를 사용하여 선형회귀모형을 추정한다. 다음과 같이 입력하라.

```
> Model <- lm(Sales ~ Sqft, data=myData)
```

D. **resid** 함수를 사용하여 잔차를 구한다. 다음과 같이 입력하라.

```
> Residuals <- resid(Model)
```

E. **plot** 함수를 사용하여 설명변수 Sqft에 대한 잔차도를 그린다. *xlab*과 *ylab* 옵션을 사용하여 *x*-축과 *y*-축의 이름을 붙인다. 다음과 같이 입력하라.

```
> plot(Residuals ~ myData$Sqft, xlab="Sqft", ylab="e")
```

R이 산출한 산점도는 그림 15.4와 매우 유사해야 한다.

F. 그림 15.4와 같은 잔차도가 주어지면, Sales를 Sqft의 함수로 설정한 회귀모형에서 변화하는 변동성이 문제로 대두된다. **coeftest** 함수를 사용하여 OLS 추정량을 위한 로버스트 표준오차를 계산한다. 옵션 *type* = "HC1"을 사용하면서 R에게 로버스트 표준오차를 계산하기 위해 널리 사용되는 공식을 적용하도록 요청한다. (R에서 옵션 *type* 안에서 다른 지시사항도 사용할 수 있다.) 다음과 같이 입력하라.

```
> coeftest(Model, vcov = vcovHC(Model, type = "HC1"))
```

R은 다음과 같은 결과를 산출한다.

	Estimate	Std. Error	t value	Pr(>|t|)
(Intercept)	22.0795111	9.5630163	2.3088	0.02649*
Sqft	0.0591479	0.0064415	9.1823	3.46e-11***

절편과 Sqft를 위한 교정된 표준오차는 각각 0.9530과 0.0064이다. 예제 15.11로부터 OLS가 생성한 절편과 Sqft를 위한 표준오차는 각각 10.4764와 0.0057이라는 것을 기억하라. 교정된 표준오차를 가지고 이제 타당한 유의성 *t* 검정을 수행할 수 있다.

Excel을 이용하여 그림 15.5를 다시 그리기

A. ***Sushi*** 데이터 파일을 연다.

B. 메뉴에서, **데이터(Data)** > **데이터 분석(Data Analysis)** > **회귀분석(Regression)**을 선택하라. *Y축 입력 범위(Input Y Range)*에 Sales 관측치를 선택하고 *X축 입력 범위(Input X Range)*에 AdCost와 Unemp 관측치를 동시에 선택하라. *잔차(Residuals)*를 선택하고 **확인(OK)**을 클릭하라.

C. 회귀분석결과에서, 잔차 데이터를 선택하고 **삽입(Insert)** > **분산형(Scatter)**을 선택한다. 왼쪽 상단에 있는 옵션을 선택한다. [**삽입(Insert)**을 선택한 후 이 옵션을 찾는 데 어려움이 있으면, **차트(Charts)**에 있는 데이터 점들이 그려져 있는 그래프를 찾아라.] 그림 15.5와 매우 유사한 그림이 그려진다. (색깔, 축 등에 관한) 서식 작성은 메뉴에서 **수식(Format)**을 선택하여 수행할 수 있다.

R을 이용하여 그림 15.5를 다시 그리고 뉴이-웨스트 로버스트 표준오차 구하기

A. ***Sushi*** 데이터를 데이터프레임(테이블)으로 가져와서 myData라는 이름으로 지정하고, 그림 15.4를 다시 그리기 위해 단계 A에서 단계 D까지의 지시사항을 따른다. 다음과 같이 입력하라.

```
> install.packages("lmtest"); library(lmtest)
> install.packages("sandwich"); library(sandwich)
> Model <- lm(Sales ~ AdCost + Unemp, data=myData)
> Residuals <- resid(Model)
```

B. **plot** 함수를 사용하여 시간변수에 대하여 Residuals를 그리고 **abline** 함수를 사용하여 x-축에 선을 삽입한다. 다음과 같이 입력하라.

```
> plot(Residuals ~ myData$Month, xlab="t", ylab="e"); abline(h=0)
```

R이 산출한 산점도는 그림 15.5와 매우 유사해야 한다.

C. 산점도를 보면, Sales를 AdCost와 Unemp의 함수로 설정된 다중선형회귀모형에서 관측치들이 상관관계를 가지는 것이 문제이다. **coeftest** 함수를 사용하여 뉴이-웨스트 로버스트 표준오차를 계산한다. (R에서 다른 옵션도 사용할 수 있다.) 다음과 같이 입력하라.

```
> coeftest(Model, vcov = NeweyWest(Model))
```

R은 다음과 같은 결과를 산출한다.

```
              Estimate    Std. Error    t value  Pr(>|t|)
(Intercept)  17.5059699   4.7733757     3.6674   0.002536**
AdCost        0.0265511   0.0069616     3.8140   0.001898**
Unemp        -0.6878632   0.3546461    -1.9396   0.072852
```

절편, AdCost, Unemp를 위한 교정된 표준오차는 각각 4.7734. 0.0070. 0.3546이다. 예제 15.12로부터 OLS가 생성한 절편, AdCost, Unemp를 위한 표준오차는 각각 3.9817, 0.0068, 0.2997이라는 것을 기억하라. 교정된 표준오차 모두 OLS 추정치의 표준오차보다 크고 이것은 관측치들이 상관관계를 가지고 있을 때 전형적으로 예상되는 결과이다. 교정된 표준오차를 가지고 이제 타당한 유의성 t 검정을 수행할 수 있다.

연습문제 15.4

45. 20개 관측치를 사용하면서, 다중선형회귀모형 $y = \beta_0 + \beta_1 x_1 + \beta_2 x_2 + \varepsilon$이 추정되었다. 다음의 표는 회귀분석결과의 일부이다.

	df	*SS*	*MS*	*F*	*Significance F*	
Regression	2	2.12E+12	1.06E+12	56.556	3.07E-08	
Residual	17	3.19E+11	1.88E+10			
Total	19	2.44E+12				
	Coefficients	**Standard Error**	**t Stat**	**p-value**	**Lower 95%**	**Upper 95%**
Intercept	−987557	131583	−7.505	0.000	−1265173	−709941
x_1	29233	32653	0.895	0.383	−39660	98125
x_2	30283	32645	0.928	0.367	−38592	99158

a. 5%의 유의수준에서, 설명변수들은 결합하여 유의한가?

b. 5%의 유의수준에서, 설명변수들은 개별적으로 유의한가?

c. 이 모형의 문제점은 무엇인가?

46. 횡단면 데이터를 사용하면서, 단순선형회귀모형 $y = \beta_0 + \beta_1 x + \varepsilon$이 추정되었다. 다음의 표는 설명변수 x의 값과 잔차를 보여준다.

x	1	2	5	7	10	14	15	20	24	30
e	−2	1	−3	2	4	−5	−6	8	11	−10

a. 설명변수 x의 값에 대하여 잔차 e를 그림으로 그리고 확연한 패턴이 있는지 확인하라.

b. 어느 가정이 위반되고 있는가? 그 결과를 논의하고 가능한 수정방법을 제시하라.

47. 시계열 데이터를 사용하면서, 단순선형회귀모형 $y = \beta_0 + \beta_1 x + \varepsilon$이 추정되었다. 다음의 표는 잔차 e와 시간변수 t를 보여준다.

t	1	2	3	4	5	6	7	8	9	10
e	−5	−4	−2	3	6	8	4	−5	−3	−2

a. 시간에 대하여 잔차를 그림으로 그리고 확연한 패턴이 있는지 확인하라.

b. 어느 가정이 위반되고 있는가? 그 결과를 논의하고 가능한 수정방법을 제시하라.

48. **FILE** ***Television.*** 많은 연구들은 텔레비전을 너무 많이 시청하는 것이 학교성적을 해친다는 것을 발견하였다. 다른 연구들은 텔레비전은 아이들에게 반드시 나쁜 것이 아니라고 주장하였다. 책과 스토리처럼, 텔레비전은 아이들에게 오락을 제공할 뿐만 아니라 세계에 대한 새로운 정보에 접할 수 있게 해준다. 텔레비전을 너무 많이 시청하는 것은 나쁘지만, 조금 시청하는 것은 실제로 도움이 될 수 있다. 연구원인 매트 캣슬은 중학생 28명의 평균학점(GPA)과 주당 텔레비전 시청시간(Hours)에 대한 정보를 수집하였다. 회귀모형 GPA $= \beta_0 + \beta_1$Hours $+ \varepsilon$을 추정하고 설명변수에 대하여 잔차를 그림으로 그려라. 이 모형은 정확하게 정형화된 것으로 보이는가? 설명하라.

49. **FILE** ***Delivery.*** 배달회사인 퀵투유사는 고객들이 배달비용을 더 잘 이해할 수 있도록 물품의 배달비용(Charge, 달러)을 표준화하기 원한다. 3개의 설명변수로 (1) 거리(Distance, 마일), (2) 물품중량(Weight, 파운드), (3) 박스 수(Box)가 사용되었다. 30개 배달로 구성된 표본이 추출되었다.

a. 회귀모형 Charge $= \beta_0 + \beta_1$Distance $+ \beta_2$Weight $+ \beta_3$Boxes $+ \varepsilon$을 추정하고 1%의 유의수준에서 설명변수들의 결합유의성과 개별유의성을 검토하라.

b. 다중공선성의 증거가 존재하는가?

c. 반응변수의 예측값에 대하여 잔차를 그림으로 그리고 변화하는 변동성의 증거가 존재하는지 결정하라.

50. 학생들에게 하루 24시간을 학습, (일을 포함한) 여가, 수면으로 구분하도록 요청한 조사 결과를 고려하라. 회귀모형 GPA $= \beta_0 + \beta_1$Study $+ \beta_2$Leisure $+ \beta_3$Sleep $+ \varepsilon$을 고려하라.

a. 이 모형에서 무엇이 문제인가?

b. 이 모형을 다시 정형화하는 간단한 방법을 제안하라.

51. **FILE** ***Rental.*** 아파트의 월간 임대료(Rent, 달러)를 침실 수(Beds), 욕실 수(Baths), 주택크기(Sqft)의 함수로 나타내는 것을 고려하라.

a. 회귀모형 Rent $= \beta_0 + \beta_1$Beds $+ \beta_2$Baths $+ \beta_3$Sqft $+ \varepsilon$을 추정하라.

b. 설명변수들 중 어느 변수가 변화하는 변동성을 발생시킬 수 있는가? 설명하라.

c. 잔차도를 사용하여 당신의 경제학적 직관을 증명하라.

52. **FILE** ***Work_Experience.*** 한 마케팅 회사에서 근무하는 100명 종업원의 연봉(달러)과 근무연수(년)에 대한 데이터를 고려하라. 회귀모형 Salary $= \beta_0 + \beta_1$Experience $+ \varepsilon$을 추정하라.

a. 당신이 변화하는 변동성에 대해 우려하는 이유를 설명하라.

b. 당신의 경제적 직관을 확인하기 위해 잔차도를 사용하라.

53. **FILE** ***Healthy_Living.*** 건강한 삶은 항상 사회의 중요한 목표이다. 과일과 야채와 규칙적인 운동은 건강에 좋은 영향을 주고 흡연은 건강에 나쁜 영향을 준다고 생각하는 회귀모형을 고려하라. 표본은 미국의 주 들에서 관측되는 이런 변수들의 %로 구성되어 있다.

a. 회귀모형 Healthy $= \beta_0 + \beta_1$FV $+ \beta_2$Exercise $+ \beta_3$Smoke $+ \varepsilon$을 추정하라.

b. 데이터를 분석하여 다중공선성과 변화하는 변동성이 존재하는지 결정하라.

54. **FILE** ***J&J.*** 위험조정 주식수익률(JJ_Adj)이 반응변수이고 위험조정 시장수익률(Market_Adj)이 설명변수인 존슨앤존슨을 위한 자본자산가격모형(CAPM)을 추정하라. 시계열 데이터에서 계열상관이 발생할 수 있기 때문에, 잔차들의 움직임을 점검하는 것이 중요하다. 시간에 대해 잔차의 산점도를 그리고 관측치들이 상관관계를 가지는지에 대해 설명하라.

55. **FILE** ***Consumption.*** 소비함수는 경제학에서 중요한 관계를 나타내는 식 중 하나이다. 여기서 소비 y는 처분가능소득 x의 함수이다. 첨부된 데이터 파일은 10억 달러 단위로 측정된 소비와 처분가능소득 변수에 대한 계절 조정 분기 데이터를 보여준다.

a. 회귀모형 $y = \beta_0 + \beta_1 x + \varepsilon$을 추정하라. 시간에 대하여 잔차를 그리고 관측치들이 상관관계를 가지고 있는지 결정하라.

b. 관측치들이 상관관계를 가지는 경우 발생되는 결과를 논의하고, 가능한 수정 방법을 제안하라.

56. **FILE** ***Mowers.*** 잔디 제초기 제조회사인 터프코사의 마케팅 담당자는 모든 아울렛(점포, 온라인 등)의 월간 매출액은 3개의 중요한 변수, 즉 (1) 외부 온도(화씨), (2) 광고비 지출(1,000달러), (3) 판촉할인율(%)에 의해 영향을 받는다고 믿는다. 첨부된 데이터 파일은 지난 2년 동안 월간 매출액 데이터를 보여준다.

a. 회귀모형 Sales $= \beta_0 + \beta_1$Temperature $+ \beta_2$Advertising $+ \beta_3$Discount $+ \varepsilon$, 을 추정하고 5%의 유의수준에서 설명변수들의 결합유의성과 개별유의성을 검정하라.

b. 다중공선성이 존재하는지 결정하기 위해 데이터를 검토하라. 이 문제에서 다중공선성에 대해 아무 일도 하지 않는 것이 최선일 수 있는 두 가지 이유를 제시하라.

c. 잔차도를 사용하여 변화하는 변동성의 증거가 존재하는지 검토하라.

15.5 데이터 분석

사례연구

FILE ***House_Price.*** 아이오와주 에임스(Ames)의 대학타운에 있는 주택가격에 대한 예측모형을 개발하라. 다양한 모형을 평가하기 전에, 먼저 선정된 변수들을 위한 적정한 관측치를 확보하기 House_Price 데이터를 정리해야 한다. 선호되는 모형을 선택한 후에, 분석결과를 요약할 뿐만 아니라 설명변수들의 값이 주어진 경우 아이오와주 에임스에 있는 주택가격을 예측하라.

샘플보고서—대학타운 부동산에 투자하기

Dmytro Zinkevych/Shutterstock

대학타운 부동산에 투자하는 것은 현명한 일일 수 있다. 첫째, 재정적으로 어려움을 겪고 있는 많은 공립대학교들은 신입생 이외의 학생들에게 주택을 제공할 수 없기 때문에 학생들이 지속적으로 안정적인 임대수요를 제공한다. 둘째, 이러한 임대수요가 증가할 것으로 예상된다. 국립교육통계센터(National Center for Education Statistics)는 미국에서 대학의 등록학생은 2025년까지 2014년의 1,730만 명으로부터 14% 증가한 1,980만 명에 이를 것으로 예측한다.

아이오와 주립대학이 위치하고 있는 아이오와주 에임스에 있는 한 가족 주택의 가격에 영향을 미치는 요인들을 결정하기 위한 회귀분석이 수행되었다. 2016년에 209개 한 가족 주택으로 구성된 표본으로부터 주택가격(Price, 달러), 침실 수(Beds), 욕실 수(Baths), 주택크기(Sqft, ft^2), 주택부지크기(Lsize, ft^2)에 대한 데이터가 수집되었다. 표 15.9는 표본에 포함되어 있는 새로운 주택(2000년 이후에 지은 주택), 오래된 주택(2000년 이전에 지은 주택), 모든 주택별 관련변수들의 평균값을 보여준다. 괄호 안에 있는 수치는 관련변수의 중앙값이다.

표 15.19 새로운 주택, 오래된 주택, 모든 주택 별 변수들의 평균(중앙값)

변수	새로운 주택	오래된 주택	모든 주택
Price	326,134 (292,000)	209,552 (190,500)	230,191 (215,000)
Beds	3.68 (4.00)	3.22 (3.00)	3.30 (3.00)
Baths	3.06 (3.00)	2.20 (2.00)	2.36 (2.00)
Sqft	1,867 (1,691)	1,596 (1,444)	1,644 (1,515)
LSize	18,137 (10,361)	19,464 (10,123)	19,229 (10,171)
관측치 수	37	172	209

새로운 주택의 평균 판매가격은 오래된 주택의 평균 판매가격보다 상당히 더 높다. 모든 주택의 경우, 평균이 중앙값보다 높은 것을 보면, 주택가격의 분포는 오른쪽 꼬리 분포이며, 이것은 소수의 비싼 주택들이 중앙값보다 높게 평균을 밀어 올렸다는 것을 시사한다. 주택크기 외 주택부지크기도 오른쪽 꼬리 분포를 가진다. 마지막으로 새로운 주택은 더 많은 침실 수와 욕실 수, 더 큰 주택크기를 가지지만 더 작은 주택부지를 가지고 있다. 이것은 새로운 주택의 경우 과거 15년 동안 주택부지크기는 16% 줄어든 반면, 주택크기는 24% 커졌다는 것을 발견한 *Building*지에 게재된 2017년 논문의 분석결과와 일치한다.

주택가격에 영향를 미칠 수 있는 요인들을 분석하기 위해, 다음과 같은 선형회귀모형이 고려되었다.

$$\text{Price} = \beta_0 + \beta_1\,\text{Beds} + \beta_2\,\text{Baths} + \beta_3\,\text{Sqft} + \beta_4\,\text{Lsize} + \varepsilon$$

Beds, Bath, Sqft, Lsize는 Price와 양의 관계를 가질 것으로 예상된다. 즉, 침실 수와 욕실 수가 많은 주택은 더 적은 침실 수와 욕실 수를 가진 주택보다 가격이 더 높을 것으로 예상된다. 이와 유사하게 더 큰 주택이나 더 큰 부지를 가진 주택은 가격이 더 높을 것으로 예상된다. 표 15.20의 두 번째 열은 이 모형에 대한 회귀분석결과를 보여준다.

표 15.20 주택가격을 예측하기 위한 대안적인 회귀모형들의 추정치, $n = 209$

변수	완전 모형	제약 모형
Intercept	−14,209.45 (0.455)	−6,873.47 (0.634)
Beds	4,029.47 (0.552)	NA
Baths	43,792.52* (0.000)	45,141.73* (0.000)
Sqft	73.26* (0.000)	75.04* (0.000)
Lsize	0.40* (0.001)	0.39* (0.001)
s_e	68,867.60	68,759.21
R^2	0.6220	0.6214
Adjusted R^2	0.6146	0.6158
F-stat (p-value)	83.93* (0.000)	112.14* (0.000)

주: 모수 추정치는 표의 위쪽 부분에 있고 괄호 안의 수치는 p-값이다. *는 5%의 유의수준에서 유의하다는 것을 표시한다. NA는 해당 사항이 없음을 나타낸다. 표의 아래 부분에는 적합도 척도들이 제시되어 있다.

Beds를 제외하고, 모든 설명변수들은 기대되는 부호를 가지고 있고 통계적으로 유의하다. 아마도 Beds가 유의하지 않은 것은 침실 수는 주택크기뿐만 아니라 욕실 수와 상관관계를 가지고 있을 가능성이 있기 때문이다. 이에 대한 다른 설명은 추가적인 침실 수는 더 큰 주택크기와 함께 주택가격을 상승시킬 수 있다는 것이다. 비교를 위해, 설명변수 중에서 Beds를 제외시킨 제약모형이 추정되었다. 이 모형의 회귀분석결과는 표 15.20의 세 번째 열에 제시되어 있다.

다음과 같은 회귀분석결과가 제시된다.

- 제약모형은 더 낮은 추정치의 표준오차 s_e와 더 높은 조정 R^2를 가지고 있기 때문에 선호된다.
- 다른 요인들이 일정한 경우, 추가적인 욕실 수 증가는 주택가격을 약 45,142달러 상승시킨다. 이와 유사하게, 다른 요인들이 일정한 경우, 주택크기의 추가적인 100 ft^2 증가는 주택가격을 7,504달러 상승시키고 주택부지의 추가적인 1,000 ft^2 증가는 주택가격을 390달러 상승시킨다.
- 결정계수는 주택가격의 변동 중 62.14%가 설명변수들에 의해 설명되고, 약 37.86%는 설명되지

않는다는 것을 보여준다. 주택 상태나 부대시설 근접성이 주택가격에 영향을 줄 수 있기 때문에 이러한 사실은 놀라운 일이 아니다.

- 주택부지가 15,000 ft^2이고 욕실수가 2개인 1,600 ft^2 주택의 가격은 209,320달러로 예측된다.

사례연구 제안

보고서 15.1 **FILE** ***House_Price.*** 다른 대학타운을 선택하고, 이 절에서 수행된 것과 유사한 분석을 수행하라.

보고서 15.2 **FILE** ***College_Admissions.*** 관심 있는 대학을 선택하고, 학생의 대학 GPA를 가장 잘 예측하기 위해 등록학생으로 구성된 표본을 사용하라. 가장 예측력이 좋은 모형을 찾기 위해 유의성 검정과 적합도 척도를 사용하라. 선호되는 모형을 사용하여 주어진 설명변수들의 값에서 반응변수에 대한 신뢰구간과 예측구간을 구하고 해석하라. 이러한 모형들을 추정하기 위해, 먼저 등록학생들만 포함되도록 데이터 파일을 정리해야 한다.

보고서 15.3 **FILE** ***TechSales_Reps.*** 소프트웨어 그룹에 속하는 영업사원의 연봉을 예측하기 위한 회귀모형을 개발하라. 다른 설명변수들과 함께 성격유형변수들을 포함한 모형들을 검토하라. 선호되는 모형을 사용하여 성격유형변수들이 결합하여 유의한지 검정하라. 예측 가능성을 높이기 위해 감시병 유형과 분석가 유형을 합하고 탐험가 유형과 외교관 유형을 합하는 것을 고려하라.

핵심 개념

LO 15.1 **유의성 검정을 수행할 수 있어야 한다.**

결합유의성 검정은 다중선형회귀모형에서 사용되는 설명변수들 $x_1, x_2, \ldots, x_k$가 결합하여 y에 유의한 영향을 미치는지 결정한다. 검정통계량의 값은 $F_{(df_1, df_2)} = \frac{MSR}{MSE}$과 같이 계산된다. 여기서 $df_1 = k$, $df_2 = n - k - 1$, MSR은 평균회귀제곱, MSE는 평균오차제곱이다. 귀무가설이 기각되면, 설명변수들은 결합하여 유의하다.

개별유의성 검정은 설명변수 x_j가 y에 통계적으로 유의한 영향을 미치는지 결정한다. 검정통계량의 값은 $t_{df} = \frac{b_j - \beta_{j0}}{se(b_j)}$와 같이 계산된다. 여기서 $df = n - k - 1$, $se(b_j)$는 OLS 추정량 b_j의 표준오차, β_{j0}은 가설로 설정된 β_j의 값이다. $\beta_{j0} = 0$이면, 검정통계량의 값은 $t_{df} = \frac{b_j}{se(b_j)}$가 된다. 귀무가설이 기각되면, 설명변수 x_j는 유의하다.

회귀계수 β_j 에 대한 $100(1 - \alpha)\%$ 신뢰구간은 $b_j \pm t_{\alpha/2,df}\, se(b_j)$이다. 여기서 $df = n - k - 1$이다.

LO 15.2 **선형제한에 대한 일반적인 검정을 수행할 수 있어야 한다.**

선형제약을 검정할 때, 검정통계량의 값은 $F_{(df_1, df_2)} = \frac{(SSE_R - SSE_U)/df_1}{SSE_U/df_2}$과 같이 계산된다. 여기서 df_1은 선형제약의 수, $df_2 = n - k - 1$ (k는 무제약모형에 있는 설명변수의 수), SSE_R와 SSE_U는 각각 제약모형의 오차제곱합과 무제약모형의 오차제곱합이다. 귀무가설이 기각되면, 선형제약은 타당하지 않다.

LO 15.3 **반응변수에 대한 신뢰구간과 예측구간을 계산하고 해석할 수 있어야 한다.**

$x_1, x_2, \ldots, x_k$의 주어진 값인 $x_1^0, x_2^0, \ldots, x_k^0$에서, 반응변수 y의 기대값에 대한 $100(1-\alpha)\%$ 신뢰구간은 $\hat{y} \pm t_{\alpha/2,df}\, se(\hat{y}^0)$와 같이 계산된다. 여기서 $df = n - k - 1$이고 $se(\hat{y}^0)$는 $\hat{y}^0$의 표준오차이다. $\hat{y}^0$과 $se(\hat{y}^0)$를 구하기 위해, 먼저 y가 반응변수이고 설명변수들이 $x_1^* = x_1 - x_1^0, x_2^* = x_2 - x_2^0, \cdots, x_k^* = x_k - x_k^0$으로 정의되는 수정된 회귀모형을 추정한다. 이러한 회귀분석결과에서 절편의 추정치와 절편 추정치의 표준오차가 각각 $\hat{y}^0$과 $se(\hat{y}^0)$이다.

$x_1, x_2, \ldots, x_k$의 주어진 값인 $x_1^0, x_2^0, \ldots, x_k^0$에서 y의 개별값에 대한 $100(1-\alpha)\%$ 예측구간은 $\hat{y} \pm t_{\alpha/2,df}\sqrt{(se(\hat{y}^0))^2 + s_e^2}$와 같이 계산된다. 여기서 $df = n - k - 1$, $se(\hat{y}^0)$은 $\hat{y}^0$의 표준오차, s_e는 신뢰구간을 위해 사용되었던 수정된 회귀모형의 추정치의 표준오차이다.

LO 15.4 **OLS 가정의 일반적인 위반을 다룰 수 있어야 한다.**

고전적인 선형회귀모형에 대한 가정들하에서, OLS는 최량의 추정치를 제공한다.

고전적인 선형회귀모형에 대한 가정들은 다음과 같다.

가정 1. 회귀모형 $y = \beta_0 + \beta_1 x_1 + \beta_2 x_2 + \ldots + \beta_k x_k + \varepsilon$은 모수들에 대해 선형이고 정확하게 정형화되어 있다.

가정 2. 설명변수들 간 정확한 선형관계가 존재하지 않는다. 통계학의 용어를 사용하면, 완전한 다중공선성은 존재하지 않는다.

가정 3. $x_1, x_2, \ldots, x_k$의 조건에서, 오차항 ε의 분산은 모든 관측치에 대해 같다(일정한 변동성). 통계학 용어를 사용하면, 이분산이 존재하지 않는다.

가정 4. $x_1, x_2, \ldots, x_k$의 조건에서 오차항 ε은 관측치들 간에 상관관계를 가지지 않는다. 통계학 용어를 사용하면, 계열상관이 존재하지 않는다.

가정 5. 오차항 ε은 설명변수들 $x_1, x_2, \ldots, x_k$ 중 어느 설명변수와도 상관관계를 가지지 않는다. 통계학 용어를 사용하면, 내생성이 존재하지 않는다.

가정 6. $x_1, x_2, \ldots, x_k$의 조건에서 오차항 ε은 정규분포를 따른다.

그러나 1개 이상 모형의 가정이 위반될 때, OLS 추정량의 바람직한 특성은 손상된다. 이에 더하여 특정한 가정의 위반이 있는 경우, OLS 추정량의 추정된 표준오차는 적정하지 않고, 이러한 경우 t 검정과 F 검정의 결과로부터 의미 있는 추론을 할 수 없다.

추가 연습문제

57. FILE ***Apple.*** 첨부된 데이터 파일은 5년 동안 애플의 월간 주식수익률(%)을 포함하고 있다. 반응변수가 위험조정 주식수익률(Apple_Ad)이고, 설명변수가 위험조정 시장수익률(Market_Ad)인 애플을 위한 자본자산가격모형(CAPM)을 추정하라.

a. 5%의 유의수준에서, 애플의 주식수익률은 시장수익률보다 더 위험한가?

b. 5%의 유의수준에서, 초과수익률이 존재하는가?

c. 잔차도를 사용하여 관측치들의 상관관계 문제를 분석하라.

58. **FILE** ***Quotations.*** 인쇄회로기판 제조업체인 스터디 일렉트로닉스사의 인력추정그룹은 잠재 고객에게 생산 비용의 견적서를 작성하는 데 사용하는 과정을 간소화하려고 한다. 그들은 생산시간(따라서 생산비용)을 결정하는 주요 요인은 기계 설치가 가능한 전자 부품의 수와 수동으로 설치해야 하는 부품의 수로 파악하였다. 이에 따라 그들은 25개의 최근 견적서로 구성된 임의표본을 사용하면서 인쇄회로기판 1개를 생산하는 데 걸리는 시간을 예측하기 위한 다중선형회귀모형을 개발하였다.

a. 475개 기계설치 부품과 16개 수동설치 부품을 가지고 있는 인쇄회로기판의 생산시간을 예측하라.

b. 생산시간의 표본변동 중에서 몇 %가 두 개의 설명변수에 의해 설명되는가?

c. 5%의 유의수준에서 설명변수들은 결합하여 유의한가? 설명변수들은 개별적으로 유의한가?

59. **FILE** ***Happiness_Age.*** 한 사회학자는 연령과 행복 간 관계를 연구하기 원한다. 그는 24명의 개인을 인터뷰하고 각 개인의 연령과 행복에 대한 데이터를 수집하였다. 여기서 행복은 0부터 100까지의 척도로 측정된다. 회귀모형 Happiness = $\beta_0 + \beta_1$Age + ε을 추정하라. 1%의 유의수준에서, Age가 Happiness를 설명하는 데 유의한가?

60. **FILE** ***Home_Ownership.*** 주택소유율(Ownership, %)이 소득(Income, 달러)과 관련되어 있는지 결정하기 위해, 한 애널리스트는 주 수준의 데이터를 사용하여 회귀모형 Ownership = $\beta_0 + \beta_1$Income + ε을 추정하였다.

a. 5%의 유의수준에서, Income은 Ownership과 선형관계인가?

b. Income이 50,000달러일 때, Ownership의 기대값에 대한 95% 신뢰구간을 구하라.

c. 이러한 신뢰구간을 Income이 50,000달러일 때, Ownership에 대한 95% 예측구간과 비교하라.

61. **FILE** ***SAT.*** 한 연구원은 SAT 점수, 응시자의 가구소득(Income), 응시자의 평균학점(GPA) 간 관계를 연구한다. 학생 24명에 대한 데이터가 수집되었다. 그녀는 회귀모형 SAT = $\beta_0 + \beta_1$Income + β_2GPA + ε을 추정하였다.

a. 5%의 유의수준에서, Income과 GPA는 결합하여 유의한가?

b. 5%의 유의수준에서, Income과 GPA는 개별적으로 유의한가?

c. Income이 80,000달러이고 GPA가 3.5일 때, 개인의 SAT 점수에 대한 95% 예측구간을 구하라.

62. **FILE** ***Turnover_Expense.*** 조지는 뮤추얼 펀드의 수익률이 연간 회전율과 연간 지출 비율에 의해 영향을 받는다고 믿는다. 그의 주장을 확인하기 위해, 그는 20개의 뮤추얼 펀드에 대한 자료를 수집하고 회귀모형 Return = $\beta_0 + \beta_1$Turnover + β_2Expense + ε을 추정하였다.

a. 5%의 유의수준에서, 조지의 믿음을 확인하기 위한 적정한 검정을 수행하라.

b. 잠재적인 다중공선성과 변화하는 변동성의 문제를 논의하라.

63. **FILE** ***Crime.*** 한 정부연구원은 도시의 범죄율에 영향을 미치는 요인들을 검토하고 있다. 그녀는 41개 도시를 대상으로 범죄율(10만 명당 범죄 수), 빈곤율(%), 중앙소득(1,000달러), 18세 이하 인구의 비율, 65세 이상 인구의 비율에 대한 데이터를 수집하였다.

a. 회귀모형 Crime = $\beta_0 + \beta_1$Poverty + β_2Income + β_3Under 18 + β_4Over 65 + ε을 추정하라. 5%의 유의수준에서, 설명변수들의 개별유의성과 결합유의성을 논의하라.

b. 5%의 유의수준에서, Under 18의 영향이 Over 65의 영향과 다른지 결정하기 위한 부분 F 검정을 수행하라.

c. 어느 설명변수들이 선형관계를 가질 가능성이 있는가? 표본상관계수를 사용하여 이를 확인하라.

64. **FILE** ***Quarterbacks.*** 미국식 풋볼은 게임당 가장 높은 급여가 지불되는 스포츠이다. 팀에서 가장 중요한 선수로 여겨지는 쿼터백에 대한 보상이 적정하게 이루어진다. 한 스포츠 통계전문가는 쿼터백의 연봉(백만 달러)을 그의 패싱성공률(PC), 총 터치다운 수

(TD), 연령과 관련시키는 다중선형회귀모형을 추정하기 원한다. 그는 최근 시즌 동안 쿼터백 32명에 대한 데이터를 수집하였다.

a. 회귀모형 Salary = $\beta_0 + \beta_1$PC + β_2TD + β_3Age + ε을 추정하라. 회귀분석결과를 표 형식으로 잘 정리해 보여라.

b. 5%의 유의수준에서, 설명변수들이 결합하여 유의한지 결정하라.

c. 5%의 유의수준에서, 설명변수들이 개별적으로 유의한지 결정하라.

d. 5%의 유의수준에서, PC와 Age가 결합하여 유의한지 결정하라.

e. PC, TD, Age의 평균값을 사용하면서 쿼터백의 기대 연봉에 대한 95% 신뢰구간을 구하라.

65. FILE ***Smoking.*** 한 영양학자는 소득과 건강한 식품이 흡연에 미치는 영향을 이해하기 원한다. 그는 미국 각 주의 흡연자 비율, 중앙소득(달러), 정기적으로 과일과 야채를 먹는 인구의 비율에 대한 데이터를 수집하였다.

a. 회귀모형 Smoke = $\beta_0 + \beta_1$FV + β_2Income + ε을 추정하라.

b. 5%의 유의수준에서, 설명변수들은 결합하여 유의한가? 설명변수들은 개별적으로 유의한가?

c. 표본상관계수를 사용하여 잠재적인 다중공선성 문제를 평가하라.

66. FILE ***PerCapita.*** 일인당 소득 y에 대한 회귀모형을 고려하라. 설명변수들은 (a) 고등학교 졸업장이 없는 미국인 비율 x_1, (b) 외국에서 태어난 미국인 비율 x_2, (c) 영어를 말하지 못하는 미국인 비율 x_3이다.

a. 회귀모형 $y = \beta_0 + \beta_1 x_1 + \beta_2 x_2 + \beta_3 x_3 + \varepsilon$을 추정하고 5%의 유의수준에서 설명변수들의 결합유의성과 개별유의성을 검정하라.

b. 일인당 소득의 표본 변동 중에서 몇 %가 설명변수들에 의해 설명되는가?

c. 모형에서 다중공선성이 의심되는가? 이를 확인하기 위해 표본데이터를 사용하라.

67. FILE ***MCAS.*** 한 연구원은 학생의 학업성취에 영향을 미치는 요인들을 검토하고 있다. 그녀는 매사추세츠주의 224개 학구 데이터를 수집하였다. 반응변수는 학생들의 표준시험 점수(Score)이다. 그녀는 4개의 설명변수, 즉 학생 대 교사 비율(STR, %), 교사의 평균 연봉(TSAL, 1,000달러), 중앙가구소득(INC, 1,000달러), 한부모 가계의 비율(SGL, %)을 사용하였다.

a. 회귀모형 Score = $\beta_0 + \beta_1$STR + β_2TSAL + β_3INC + β_4SGL + ε을 추정하라. 회귀분석결과를 표 형식으로 잘 정리해 보여라.

b. 학교의 투입요인인 STR과 TSAL이 SCORE를 설명하는 데 결합하여 유의한지 검정하기 원한다고 하자. 경쟁가설을 설정하라. 제약모형을 추정하라. 5%의 유의수준에서 STR과 TSAL은 결합하여 유의하다고 결론 내릴 수 있는가?

c. 사회경제적 요인인 INC와 SGL이 Score를 설명하는 데 결합하여 유의한지 검정하기 원한다고 하자. 경쟁가설을 설정하라. 제약모형을 추정하라. 5%의 유의수준에서 INC와 SGL이 결합하여 유의하다고 결론 내릴 수 있는가?

68. FILE ***Starts.*** 한 모기지 회사의 분석가는 신규주택 착공건수(1,000주택), 모기지 이자율(%), 실업률(%) 간 계량적 관계를 더 잘 이해하기 원한다. 그녀는 5년 동안 이러한 변수들에 대한 계절 조정 월간 데이터를 수집하고, 모기지 이자율과 실업률의 함수로 나타낸 신규주택 착공건수에 대한 다중선형회귀모형을 추정하였다.

a. 5%의 유의수준에서, 설명변수들은 결합하여 유의한가? 5%의 유의수준에서, 설명변수들은 개별적으로 유의한가?

b. 이러한 시계열 데이터 사용에서 잠재적인 다중공선성과 관측치들 간 상관관계 문제를 검토하라.

16 비선형관계를 위한 회귀모형
Regression Models for Nonlinear Relationships

학습목차_*Chapter Contents*

학습목표_*Learning Objectives*

이 장을 학습한 후에,

LO **16.1** 다항식 회귀모형을 사용하고 평가할 수 있어야 한다.

LO **16.2** 로그변환모형을 사용하고 평가할 수 있어야 한다. 선형모형과 로그변환모형을 비교하기 위해 사용되는 방법을 설명할 수 있어야 한다.

이전 장(14, 15장)에서는 한 설명변수가 반응변수에 미치는 부분효과가 일정한 선형회귀모형을 논의하였다. 예를 들면, 연봉이 연령의 함수로 설정되는 선형회귀모형은 연령과 관계없이 매년 연봉이 동일한 금액만큼 변화한다고 가정한다.

설명변수들과 반응변수 간 관계를 선형으로 나타낼 수 없고, 이에 따라 적정한 비선형으로 포착해야 하는 많은 응용들이 존재한다. 일반적으로 연봉과 연령 간 관계는 역U자 모습을 가진다. 이런 경우, 연령이 높아지면서 연봉이 증가하다가 그 이후에 감소한다. 매년 연봉은 직전 연도에 증가한 것보다 더 많이 증가하는 경우도 있다.

이 장에서는 변수들을 간단히 변환하여 정형화되는 비선형 모형을 논의한다. 이러한 변수의 변환을 위해 변수를 제곱하거나 자연로그변수로 변환하는 방법이 사용된다. 이런 경우, 흥미로운 비선형관계가 포착되지만 비선형관계를 반영한 회귀모형의 추정은 여전히 선형회귀모형의 구조 안에서 쉽게 이루어질 수 있다.

마지막으로, 선형모형과 비선형모형 간 선택을 위해 사용될 수 있는 R^2과 조정 R^2을 포함한 적합도 척도들을 논의한다.

도입사례_*Introductory Case*

대학타운의 주택임대시장

대학타운의 부동산투자는 종종 좋은 수익률을 약속해준다(*The College Investor, August 22, 2017*). 첫째, 재정적으로 어려움을 겪는 공립대학교들은 신입생 이외의 학생들에게 주택을 제공할 수 없기 때문에 학생들이 지속적인 임대수요를 제공한다. 둘째, 베이비붐 세대의 많은 자녀들이 대학에 진학하게 됨에 따라 주택에 대한 임대수요는 증가할 것으로 예측된다. 마르셀라 트레이스만은 미시간주에 있는 투자회사에서 일한다. 그녀의 업무는 전국의 대학타운에 있는 주택임대시장을 분석하는 것이다.

마르셀라는 좋은 임대수익을 약속해주는 캠퍼스 밖에 있는 주택의 유형을 알기 원한다. 그녀는 한 중서부지역 대학타운에 있는 주택의 3가지 특성을 나타내는 침실 수(Beds), 욕실 수(Baths), 주택크기(Sqft)와 월간 임대료(Rent, 달러)에 대한 데이터를 수집하였다. 표 16.1은 이러한 데이터의 일부를 보여준다.

표 16.1 한 중서부지역 대학타운의 주택에 대한 데이터

Rent	Beds	Baths	Sqft
645	1	1	500
675	1	1	648
⋮	⋮	⋮	⋮
2400	3	2.5	2700

마르셀라는 표 16.1의 표본정보를 사용하여 다음과 같은 일을 수행하기 원한다.

1. 임대료와 주택특성 간 관계를 계량화하는 다양한 회귀모형들을 평가한다.
2. 모형선택기준을 사용하여 가장 적정한 모형을 선택한다.
3. 주택특성이 특정한 값을 가질 때, 임대수익을 예측한다.

이 도입사례에 대한 분석결과는 16.2절의 마지막 부분에 제시되어 있다.

16.1 다항식 회귀모형

선형회귀모형은 종종 계산의 단순성에 의해 정당화된다. 단순선형회귀모형 $y = \beta_0 + \beta_1 x + \varepsilon$은 x가 1단위 증가하면, x의 값에 관계없이 y의 기대값은 β_1만큼 증가한다는 것을 시사한다. 그러나 많은 응용에서 변수들 간 관계는 직선으로 나타낼 수 없고 이에 따라 곡선으로 나타내야 한다. 15장에서 논의한 모형의 선형성 가정은 변수에 대한 것이 아니라 모수에 대한 선형성 제약이다. 결론적으로 말하면, 선형회귀모형의 구조 안에서 반응변수와/또는 설명변수들의 간단한 변환을 통해 많은 흥미로운 비선형 관계를 포착할 수 있다.

이차식 회귀모형

미시경제학을 공부한 적이 있다면, 기업(또는 산업)의 평균비용곡선은 'U자 모습'을 가지는 경향이 있다는 것을 배웠을 것이다. 규모의 경제 때문에 기업의 평균비용 y는 처음에 생산량 x가 증가함에 따라 감소한다. 그러나 x가 어떤 수준을 넘어서 증가함에 따라 x가 y에 미치는 영향은 양으로 변화한다. 다른 응용은 설명변수의 영향이 처음에는 양이나 이어서 음으로 변화하여 '역U자 모습'이 나타나는 것을 보여준다. x가 y에 미치는 영향이 기울기의 부호뿐만 아니라 크기를 변화시키는 경우에는 이러한 모습을 포착하는 **이차식 회귀모형(quadratic regression model)**이 적정하다.

1개의 설명변수를 가진 이차식 회귀모형은 $y = \beta_0 + \beta_1 x + \beta_2 x^2 + \varepsilon$과 같이 정형화된다. 이 모형은 다수의 설명변수들을 포함하기 위해 쉽게 확장될 수 있다. $\beta_0 + \beta_1 x + \beta_2 x^2$은 이차식 회귀모형의 확정적 부분이다. 달리 말하면, x의 조건부로 $E(y) = \beta_0 + \beta_1 x + \beta_2 x^2$이다.

그림 16.1은 이차식 회귀모형을 추정하여 생성되는 추세선과 함께 그린 2개의 표본데이터 산점도를 보여준다. 선형추세선이 각 그림에 포함되어 있지 않지만, 명백하게 이차식 회귀모형이 2개 산점도 모두의 경우에 더 양호한 적합도를 제공한다.

그림 16.1 이차식 추세선과 함께 그린 x와 y의 산점도

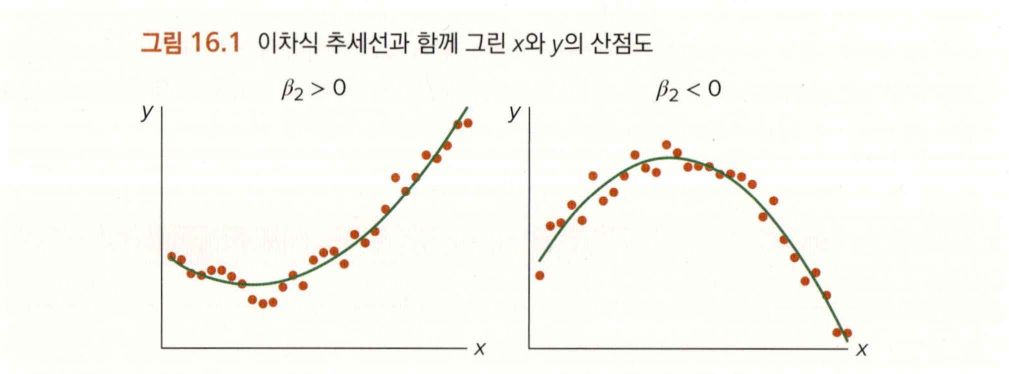

이차식 회귀모형이 선형회귀모형보다 더 양호한 적합도를 제공하는지 결정하는 것이 중요하다. 14장과 15장으로부터 이차식 회귀모형은 선형회귀모형보다 1개 이상 더 많은 모수를 사용하기 때문에 R^2의 값에 기초하여 두 모형을 비교할 수 없다는 것을 기억하라. 두 모형을 비교하기 위해서 추가적인 모수에 대해 페널티를 부과하는 조정 R^2을 사용한다.

이차식 회귀모형 $y = \beta_0 + \beta_1 x + \beta_2 x^2 + \varepsilon$을 추정하기 위해, 먼저 x의 제곱값을 가지는 x^2 변수를 생성해야 한다. 이차식 회귀모형은 통상적인 방식으로 $\hat{y} = b_0 + b_1 x + b_2 x^2$와 같이 추정된다. 여기서 b_1과 b_2는 각각 β_1과 β_2의 추정치이다. 예측할 때 반올림하지 않은 추정치 사용을 권장한다.

이차식 회귀모형의 계수 추정치 해석: 이차식 회귀식에 있는 b_1을 x^2이 일정할 때 x의 1단위 변화가 $\hat{y}$에 미치는 효과라고 생각하는 것은 타당하지 않다. 비선형모형에서 표본회귀식은 표본에 있는 설명변수의 값 범위에서 반응변수에 미치는 효과를 계산하고 그래프를 그려 봄으로써 가장 양호하게 해석된다. 예제 16.2와 예제 16.3에서 이 점에 대해 자세하게 설명할 것이다.

이차식 회귀모형에서 y에 대한 x의 한계효과 평가: 설명변수 x가 반응변수의 예측값에 미치는 한계(부분)효과를 평가하는 것이 중요하다. 즉 x의 한 단위 증가에 의해 발생되는 $\hat{y}$의 변화를 평가한다. 추정된 선형회귀식 $\hat{y} = b_0 + b_1 x$에서 $\hat{y}$에 대한 x의 부분(한계)효과는 일정하다. 이차식 회귀모형에서 $\hat{y}$에 대한 x의 부분(한계)효과는 $b_1 + 2b_2 x$에 의해 근사될 수 있다. 선형회귀모형의 경우와는 달리 이차식 회귀모형에서 이러한 부분효과는 x가 평가되는 값에 의존한다. 이에 더하여 이러한 부분효과가 0일 때 $\hat{y}$은 최대값($b_2 > 0$) 또는 최소값($b_2 > 0$)에 도달한다. 이런 경우, x의 값은 $b_1 + 2b_2 x = 0$의 해가 되는 $x = \frac{-b_1}{2b_2}$로 구해진다. (최적값은 1차 도함수 $b_1 + 2b_2 x$가 0인 곳에서 구해지고 2차 도함수 $2b_2$는 최대값인 경우 음이고 최소값인 경우 양이라는 것에 주목하라.)

이차식 회귀모형

이차식 회귀모형 $y = \beta_0 + \beta_1 x + \beta_2 x^2 + \varepsilon$에서 회귀계수 β_2는 x와 y 간 관계가 U자 모습($\beta_2 > 0$)인지, 역U자 모습($\beta_2 < 0$)인지 결정한다.

- 이차식 회귀모형에서 예측은 $\hat{y} = b_0 + b_1 x + b_2 x^2$을 사용하여 이루어진다. 여기서 b_0, b_1, b_2는 계수 추정치이다.
- 일반적으로 선형회귀모형과 이차식 회귀모형 중에서 선호되는 모형을 선택하기 위해 조정 R^2이 사용된다.
- $\hat{y}$은 $x = \frac{-b_1}{2b_2}$에서 최대값 또는 최소값에 도달한다.
- 예측할 때 반올림하지 않은 추정치 사용을 권장한다.

예제 16.1

FILE ***Average_Cost.*** 표 16.2는 20개 제조기업의 평균비용(AC, 달러)과 연간 생산량(Output, 백만 개)에 대한 데이터의 일부를 보여준다. 이차식 회귀모형을 추정하기 위해 생성된 Output^2도 포함되어 있다.

표 16.2 20개 제조기업의 평균비용과 생산량

AC	Output	Output^2
9.61	4	16
9.55	5	25
⋮	⋮	⋮
9.62	11	121

a. 생산량에 대한 평균비용의 산점도를 사용하여 적정한 회귀모형을 제안하라.

b. 선형회귀모형과 이차식 회귀모형을 추정하라. 어느 모형이 데이터를 더 양호하게 적합시키는지 결정하라.

c. 데이터를 더 양호하게 적합시키는 모형을 사용하여 7백만 개를 생산하는 기업의 평균비용을 예측하라.

해답:

a. 설명변수에 대한 반응변수의 산점도를 사용하면서 분석을 시작하는 것이 항상 유용하다. 반응변수는 수직축에 나타내어야 한다. 그림 16.2는 생산량에 대한 평균비용의 산점도를 보여준다. 산점도위에 선형추세선과 이차식 추세선이 그려져 있다. (Excel에서, 산점도상에 있는 마우스의 오른쪽을 클릭하고, 추세선 추가에서 선형과 다항식 차수 2를 선택하라.) 생산량이 낮은 수준과 높은 수준에서 평균비용이 가장 높은데 이것은 이 산업의 평균비용과 생산량 간 관계가 U자 모습이라는 것을 제시한다. 평균비용은 이차식 회귀모형을 사용하여 가장 양호하게 추정될 수 있는 것으로 보인다.

그림 16.2 평균비용과 생산량의 산점도

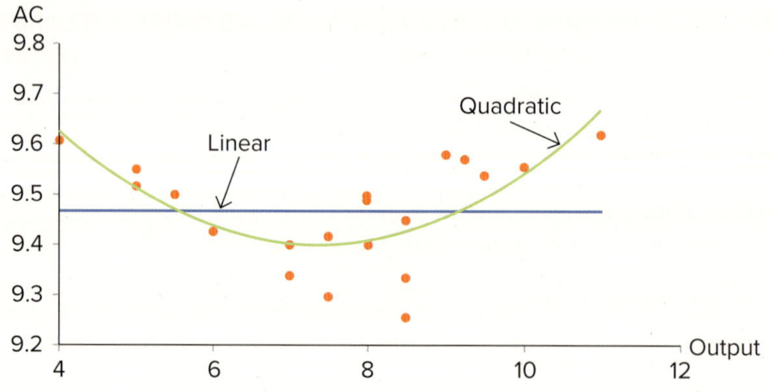

b. 표 16.3의 두 번째 열은 선형회귀모형 $\text{AC} = \beta_0 + \beta_1\text{Output} + \varepsilon$의 회귀분석결과를 보여준다. 선형회귀모형은 불량한 적합도를 보여주는데, 그림 16.2의 산점도를 보면 이것은 놀라운 일이 아니다. Output은 통계적으로 유의하지 않을 뿐만 아니라 조정 R^2이 음이다. 이차식 회귀모형을 추정하기 위해, 먼저 Output^2변수를 생성해야 한다. Output를 제곱하여 계산되는 이 변수의 관측치 일부가 표 16.2에 제시되어 있다. 표

16.3의 세 번째 열은 이차식 회귀모형 AC = $\beta_0 + \beta_1$Output + β_2Output$^2 + \varepsilon$의 회귀분석결과를 보여준다. 이차식 회귀모형에서, Output는 이제 유의하다. 이에 더하여, Output^{2}의 기울기 계수는 양이고 유의한데 이것은 평균비용과 생산량 간 U자 모습의 관계를 제시한다.

표 16.3 예제 16.1을 위한 선형회귀모형과 이차식 회귀모형의 추정치

Variable	Linear Regression Model	Quadratic Regression Model
Intercept	9.4461* (0.000)	10.5225* (0.000)
Output	0.0029 (0.841)	−0.3073* (0.001)
Output^2	NA	0.0210* (0.001)
Adjusted R^2	−0.0531	0.4540

주: 모수 추정치 옆에 있는 괄호 안의 수치는 p-값이다. NA는 해당사항 없음을 나타낸다.
*는 5% 수준에서 유의하다는 것을 나타낸다. 마지막 행은 모형 비교를 위한 조정 R^2을 보여준다.

조정 R^2이 0.4540인 것을 보면, 평균비용을 설명하는 데 이차식 회귀모형이 선형회귀모형보다 분명히 더 양호하다.

c. 이차식 회귀모형의 계수추정치를 사용하면, 7백만 개를 생산하는 기업의 평균비용 예측값은 다음의 식에 보는 것처럼 9.40달러이다.

$$\widehat{AC} = 10.5225 - 0.3073 \times 7 + 0.0210 \times 72 = \$9.40$$

예제 16.2

FILE ***Average_Cost.*** 다음의 질문에 답하기 위해 예제 16.1에서 이차식 회귀모형의 추정결과를 사용하라.

a. 생산량 수준이 400만 개로부터 500만 개로 증가할 때 평균비용의 변화는 얼마인가?

b. 생산량 수준이 800만 개로부터 900만 개로 증가할 때 평균비용의 변화는 얼마인가? (b)에서 구한 결과를 (a)에서 구한 결과와 비교하라.

c. 평균비용을 최소화하는 생산량 수준은 얼마인가?

해답:

a. 400만 개를 생산할 때, 예측되는 기업의 평균비용은 $\widehat{AC} = 10.5225 - 0.3073 \times 4 + 0.0210 \times 42 = 9.63$달러이다. 500만 개를 생산할 때, 예측되는 기업의 평균비용은 $\widehat{AC} = 10.5225 - 0.3073 \times 5 + 0.0210 \times 52 = 9.51$달러이다. 생산량이 400만 개에서 500만 개로 증가할 때 예측되는 평균비용은 0.12달러 감소한다.

b. 800만 개를 생산할 때, 예측되는 기업의 평균비용은 $\widehat{AC} = 10.5225 - 0.3073 \times 8 + 0.0210 \times 82 = 9.41$달러이고 900만 개를 생산할 때 예측되는 기업의 평균비용은 $\widehat{AC} = 10.5225 - 0.3073 \times 9 + 0.0210 \times 92 = 9.46$달러이다. 생산량이 800만 개에서 900만 개로 증가할 때 예측되는 평균비용은 0.05달러 증가한다. 이러한 결과를 (a)에

서 구한 결과와 비교하면, x의 한 단위 증가가 $\hat{y}$에 미치는 부분효과는 x가 평가되는 값에 의존한다는 것에 주목하라. 생산량이 400만 개에서 500만 개로 x가 한 단위 증가할 때, 평균비용의 예측값은 0.12달러 감소하는 반면, 생산량이 800만 개에서 900만 개로 x가 한 단위 증가할 때, 평균비용의 예측값은 0.05달러 증가한다. x가 평가되는 값에 따라 x의 한 단위 변화는 y에 양의 영향을 주거나, 음의 영향을 줄 수 있고 이러한 효과의 크기는 일정하지 않다.

c. $b_1 = -0.3073$과 $b_2 = 0.0210$이므로 평균비용을 최소화하는 생산량 수준은 $x = \frac{-b_1}{2b_2} = \frac{-(-0.3073)}{2 \times 0.0210} = 7.3143$, 즉 732만 개이다. 이 결과는 그림 16.2에 그려진 이차식 추세선의 가장 낮은 점과 일치한다.

이제 역U자 모습 관계를 보여주는 예제를 살펴보도록 하자.

예제 16.3

FILE ***Wages.*** 근로자의 임금은 연령이 증가함에 따라 감소한다고 널리 믿어지고 있다. 젊은 근로자는 어떤 연령에 이를 때까지만 임금이 증가하고 그 이후에는 감소하기 시작할 것이라고 예상할 수 있다. 아이안느 파파도폴로스는 한 대형 제조기업의 인력자원관리부에서 일하고 임금(Wage, 달러), 교육연수(Education), 연령(Age) 간 관계를 검토하고 있다. 특히 그는 임금에 미치는 연령의 이차식 효과를 확인하기 원한다. 그는 그의 기업에서 근무하는 근로자 80명을 대상으로 시간당 임금, 교육연수, 연령에 대한 데이터를 수집하였다. 표 16.4는 이러한 데이터의 일부를 보여준다.

표 16.4 시간당 임금, 교육연수와 연령, $n = 80$

Wage	Education	Age
17.54	12	76
20.93	10	61
⋮	⋮	⋮
23.66	12	49

a. Education과 Age를 설명변수로 사용하면서 Wage에 대한 선형회귀모형을 추정하라. 이어서 Age의 가능한 이차식 효과를 허용할 수있도록 선형회귀모형을 이차식 회귀모형으로 확장하라. 적정한 산점도와 적합도 척도를 사용하면서 두 모형 중 한 모형을 선택하라.

b. 선호되는 모형을 사용하여 교육연수가 16년이고 연령이 30, 50, 70일 때 근로자의 시간당 임금을 예측하라.

c. 선호되는 모형에 의하면, 시간당 임금은 몇 세에 최대가 되는가?

해답:

a. 그림 16.3은 연령에 대한 임금의 산점도를 보여준다. 산점도 위에 선형 추세선과 이차식 추세선이 그려져 있다. 이차식 회귀모형이 선형회귀모형보다 데이터에 대해 더 양호한 적합도를 제공하는 것으로 보인다.

그림 16.3 임금과 연령의 산점도

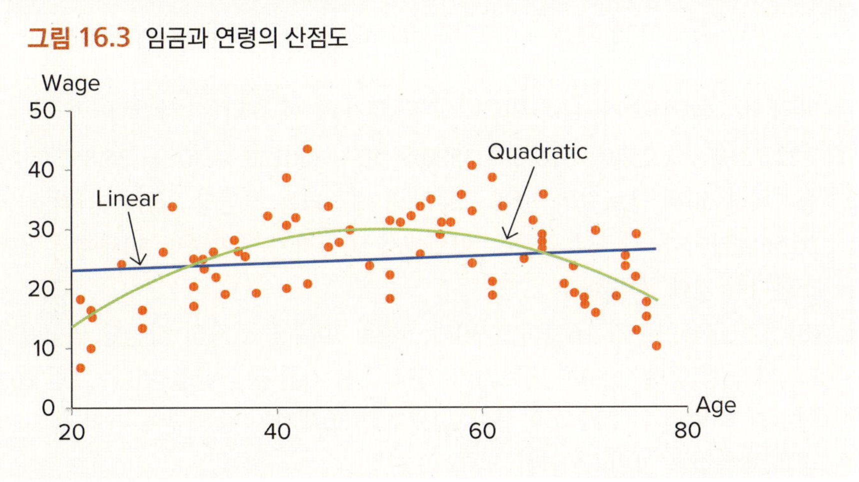

다음과 같은 2개 모형을 추정한다.

선형회귀모형: $\text{Wage} = \beta_0 + \beta_1\text{Education} + \beta_2\text{Age} + \varepsilon$
이차식 회귀모형: $\text{Wage} = \beta_0 + \beta_1\text{Education} + \beta_2\text{Age} + \beta_3\text{Age}^2 + \varepsilon$

설명의 편의를 위해, 회귀계수들은 모형에 따라 서로 다른 의미를 가짐에도 불구하고 선형회귀모형과 이차식 회귀모형의 회귀계수들에 대해 동일한 표기를 사용한다. 이차식 회귀모형을 추정하기 위해, 먼저 Age^2 변수의 관측치를 생성한다. 표 16.5는 선형회귀모형과 이차식 회귀모형의 회귀분석결과를 보여준다.

표 16.5 예제 16.3을 위한 선형회귀모형과 이차식 회귀모형의 회귀분석결과

Variable	Linear Model	Quadratic Model
Intercept	2.6381 (0.268)	−22.7219* (0.000)
Education	1.4410* (0.000)	1.2540* (0.000)
Age	0.0472 (0.127)	1.3500* (0.000)
Age^2	NA	−0.0133* (0.000)
Adjusted R^2	0.6088	0.8257

주: 모수 추정치 옆에 있는 괄호 안의 수치는 p-값이다. NA는 해당사항 없음을 나타낸다.
*는 5% 수준에서 유의하다는 것을 나타낸다. 마지막 행은 모형 비교를 위한 조정 R^2을 보여준다.

선형회귀모형에서 Age의 계수 추정치는 0.0472에 불과하고 10%의 유의수준에서도 통계적으로 유의하지 않다(p-값 = 0.127). 그러나 Age와 함께 Age^2가 포함될 때 결과는 극적으로 변화한다. 이차식 회귀모형에서 두 변수 모두는 근사적으로 0인 p-값을

가지며 이에 따라 적정한 유의수준에서 통계적으로 유의하다. 또한 선형회귀모형에 비해 이차식 회귀모형의 조정 R^2이 더 크고(0.8257 > 0.6088) 이에 따라 이차식 회귀모형이 예측을 위해 더 양호하다. 이러한 결론은 연령과 시간당 임금 간 약한 선형관계보다는 강한 이차식 관계를 제시하는 그림 16.3의 산점도에서 본 것과 일치한다.

b. 표 16.5에서 보는 것처럼, 이차식 회귀모형의 표본회귀식은 다음과 같다.

$$\widehat{\text{Wage}} = -22.7219 + 1.2540\text{Education} + 1.3500\text{Age} - 0.0133\text{Age}^2$$

따라서 교육연수가 16년인 30세 근로자의 예측되는 시간당 임금은 $\widehat{\text{Wage}} = -22.7219 + 1.2540 \times 16 + 1.3500 \times 30 - 0.0133 \times 30^2 = 25.85$달러이다. 이와 유사하게 50세 근로자와 70세 근로자의 예측되는 시간당 임금은 각각 31.54달러와 26.56달러이다. 시간당 임금은 30세에서 50세까지 증가하나 50세에서 70세까지 감소한다는 것에 주목하라.

c. (b)에서 교육연수가 16년이고 30세, 50세, 70세 근로자의 시간당 임금을 예측하였다. 세 연령 중에서 50세 근로자가 가장 높은 시간당 임금을 번다. 그림 16.4는 교육연수가 16년인 근로자의 연령이 20세부터 80세까지 증가함에 따라 버는 시간당 임금의 예측값을 그린 것이다.

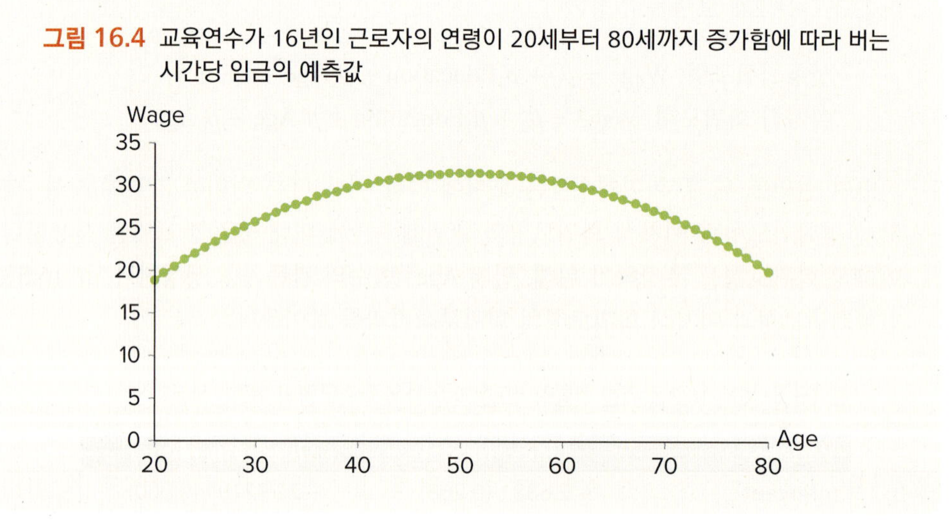

그림 16.4 교육연수가 16년인 근로자의 연령이 20세부터 80세까지 증가함에 따라 버는 시간당 임금의 예측값

임금이 최대가 되는 최적 연령은 $x = \frac{-b_2}{2b_3} = \frac{-(1.3500)}{2(-0.0133)} = 50.75$세이다. 즉 임금이 최대화되는 최적 연령은 약 51세이고 시간당 임금은 31.54달러이다. 교육연수가 다른 경우, 예측되는 임금은 같지 않으나 가장 높은 임금은 같은 50.75세에서 달성된다. 당신 스스로 교육연수가 12년인 근로자의 연령이 변화함에 따라 예측되는 임금을 나타내는 그림을 그려 보기를 권한다.

R을 이용한 이차식 회귀모형의 추정

R을 이용하여 예제 16.3의 결과를 다시 구해보자.

A. ***Wages*** 데이터를 데이터프레임(테이블)으로 가져와서 myData라는 이름으로 지정한다.

B. **lm** 함수를 사용하여 선형회귀모형과 이차식 회귀모형을 추정하고 회귀분석결과를 구하기 위해 **summary** 함수를 사용한다. 이차식 회귀모형에서 사용되는 Age^2 변수를 생성할 때, **I** 함수의 괄호 안에 Age^2을 표기한다. 다음과 같이 입력하라.

```
> Linear_Model <- lm(Wage ~ Education + Age, data = myData);
  summary(Linear_Model)
> Quadratic_Model <- lm(Wage ~ Education + Age + I(Age^2), data = myData);
  summary(Quadratic_Model)
```

C. 교육연수가 16년이고 연령이 30세인 근로자의 임금을 예측하기 위해 **data.frame** 함수와 함께 **predict** 함수를 사용한다. 다음과 같이 입력하라.

```
> predict(Quadratic_Model, data.frame(Education=16, Age=30))
```

R은 25.85187을 산출한다. 교육연수가 16년인 50세와 70세 근로자 임금의 예측값은 이와 유사하게 구한다.

D. **coef** 함수를 사용하여 이차식 회귀모형의 계수 추정치를 추출한다. Age와 Age^2의 계수 추정치로 각각 세 번째와 네 번째 계수 값을 사용하면서, 임금이 최대가 되는 연령을 구한다. 다음과 같이 입력하라.

```
> Coeff <- coef(Quadratic_Model)
> -Coeff[3]/(2*Coeff[4])
```

R은 50.75188을 산출한다.

3차식 회귀모형

이차식 회귀모형은 x가 y에 미치는 영향을 포착하는 기울기의 부호가 한 번 바뀌는 것을 허용한다. 이차식 회귀모형은 다항식 회귀모형의 특별한 경우이다. 다항식 회귀모형은 기울기의 부호가 여러 번 바뀌는 것을 허용한다. 종종 기울기의 부호가 한 번 바뀌는 이차식 회귀모형은 차수가 2인 다항식 회귀모형이라고 부른다. 실제로 선형회귀모형은 기울기의 부호가 바뀌지 않는 차수가 1인 다항식 회귀모형이다.

선형회귀모형과 이차식 회귀모형은 가장 일반적인 다항식 회귀모형이다. 종종 연구원들은 **3차식 회귀모형(cubic regression model)**이라고 부르는 차수가 3인 다항식 회귀모형을 사용한다. 3차식 회귀모형은 기울기의 부호가 두 번 바뀌는 것을 허용한다.

3차식 회귀모형

3차식 회귀모형 $y = \beta_0 + \beta_1 x + \beta_2 x^2 + \beta_3 x^3 + \varepsilon$은 x가 y에 미치는 영향을 포착하는 기울기의 부호가 두 번 바뀌는 것을 허용한다.

- 3차식 회귀모형을 사용한 예측은 $\hat{y} = b_0 + b_1 x + b_2 x^2 + b_3 x^3$과 같이 이루어진다. 여기서 b_0, b_1, b_2, b_3는 계수 추정치이다.
- 일반적으로 선형회귀모형, 이차식 회귀모형, 3차식 회귀모형 중에서 선호되는 모형을 선택하기 위해 조정 R^2이 사용된다.
- 예측할 때 반올림하지 않은 추정치 사용을 권장한다.

$\beta_0 + \beta_1 x + \beta_2 x^2 + \beta_3 x^3$은 3차식 회귀모형의 확정적 부분이다. x의 조건부로 $E(y) = \beta_0 + \beta_1 x + \beta_2 x^2 + \beta_3 x^3$이다. 3차식 회귀모형의 모습은 계수들에 의존한다. 그림 16.5는 표본데이터의 산점도 위에 $\beta_1 > 0, \beta_2 < 0, \beta_3 > 0$일 때, 3차식 회귀모형을 위한 추세선을 함께 그린 것이다. 선형추세선과 이차식 추세선은 그려져 있지 않지만, 명백하게 3차식 회귀모형이 가장 양호한 적합도를 제공한다.

그림 16.5 3차식 추세선과 함께 그린 x와 y의 산점도

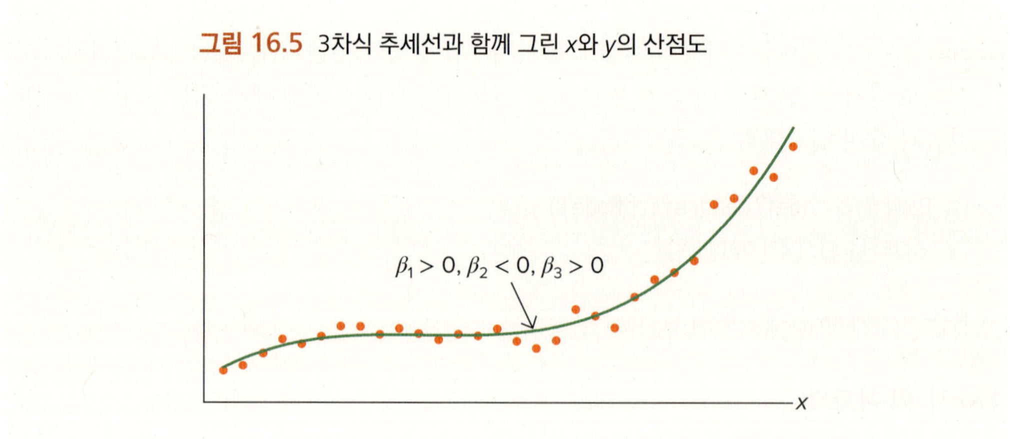

기업의 총비용곡선을 추정할 때, 종종 3차식 회귀모형을 사용한다. 총비용곡선은 단기에서 기업의 총비용과 생산량 간 관계를 보여준다. 공장에서 자동차를 조립하는 예를 고려해보자. 처음에 더 많은 근로자들이 고용됨에 따라, 총비용곡선은 평평해진다. 그러나 어느 고용수준에서, 더 많은 근로자를 고용하는 것이 비효율을 발생시킨다. 근로자들은 서로의 통로를 막고 기계에 접근하기 위해 기다리게 된다. 그 결과로, 추가적인 한 단위의 생산에 점점 더 비효율적으로 사용되는 투입요소 때문에 더 많은 비용이 들게 된다. 그림 16.5에 그려져 있는 3차식 추세선은 x와 y가 각각 기업의 생산량과 총비용인 기업의 전형적인 총비용 곡선이라고 생각할 수 있다.

3차식 회귀모형은 y를 반응변수로, x, x^2, x^3을 설명변수로 사용하는 선형회귀모형의 구조로 쉽게 추정될 수 있다. 조정 R^2에 기초하여 다양한 차수를 가진 다항식 회귀모형들을 비교할 수 있다.

예제 16.4

FILE ***Total_Cost.*** 표 16.6은 특정한 제품을 생산하기 위한 총비용(TC, 1,000달러)과 생산량(Output)에 대한 데이터의 일부를 보여준다. 표 16.6은 추정과정에서 사용되는 Output^2과 Output^3의 관측치 일부도 보여준다.

a. 총비용을 추정하기 위해 3차식 회귀모형을 사용하라.

b. 기업이 11단위의 제품을 생산할 때, 총비용을 예측하라.

표 16.6 총비용과 생산량, $n = 40$

TC	Output	Output^2	Output^3
37.49	9	81	729
37.06	7	49	343
⋮	⋮	⋮	⋮
33.92	4	16	64

해답:

a. 3차식 회귀모형을 추정하기 위해, 먼저 사용되는 Output^2과 Output^3변수의 관측치를 생성한다. 이어서 회귀모형 $\text{TC} = \beta_0 + \beta_1\text{Output} + \beta_2\text{Output}^2 + \beta_3\text{Output}^3 + \varepsilon$을 추정한다. 표 16.7은 회귀분석결과를 보여준다. 모든 변수는 5%에서 유의하다. 이에 더하여, 조정 R^2(보고되어 있지 않음)은 0.8551이고 선형회귀모형과 이차식 회귀모형 각각의 조정 R^2인 0.6452와 0.8289보다 크다.

표 16.7 예제 16.4를 위한 3차식 회귀모형의 계수 추정치

Variable	Cubic Regression Model
Intercept	17.1836* (0.000)
Output	6.4570* (0.000)
Output^2	−0.7321* (0.000)
Output^3	0.0291* (0.009)

주: 괄호 안의 수치는 p-값이다. *는 5%에서 유의하다는 것을 나타낸다.

b. 11단위의 제품을 생산하는 기업의 총비용은 다음과 같이 38,340달러로 예측된다.

$$\widehat{\text{TC}} = 17.1836 + 6.4570 \times 11 - 0.7321 \times 11^2 + 0.0291 \times 11^3 = 38.34 \text{ (38,340달러)}$$

3차식 회귀모형을 추정하기 위한 R의 지시사항은 앞에서 논의한 이차식 회귀모형을 추정하기 위한 지시사항과 유사하다.

연습문제 16.1

1. 다음과 같은 두 개의 표본회귀식을 고려하라.

$$\hat{y} = 25 + 1.2x$$
$$\hat{y} = 30 + 1.4x - 0.12x^2$$

각 표본회귀식을 사용하여, x가 5와 10일 때 y를 예측하라.

2. 다음과 같은 세 개의 표본회귀식을 고려하라.

$$\hat{y} = 80 + 1.2x$$
$$\hat{y} = 200 + 2.1x - 0.6x^2$$
$$\hat{y} = 100 + 16x - 2.2x^2 + 0.08x^3$$

각 표본회귀식을 사용하여, x가 10과 15일 때 y를 예측하라.

3. 다음과 같은 추정된 이차식 회귀모형을 고려하라.

$$\hat{y} = 20 + 1.9x - 0.05x^2$$

a. x가 10, 20, 30일 때, y를 예측하라.

b. y의 예측값이 최적이 되는 x의 값을 구하라. 이러한 x값에서, y의 예측값은 최대인가, 최소인가?

4. 다음과 같은 선형회귀모형과 이차식 회귀모형의 회귀분석결과를 고려하라.

	Linear	Quadratic
Intercept	13.3087	1.7656
x	0.3392	4.0966
x^2	NA	−0.2528
R^2	0.1317	0.5844
Adjusted R^2	0.0232	0.4657

a. 적정한 적합도 척도를 사용하여 어느 모형이 데이터를 더 양호하게 적합시키는가? 그 이유를 설명하라.

b. 데이터를 더 양호하게 적합시키는 모형을 사용하여, x = 4, 8, 12일 때, y를 예측하라.

5. 다음과 같은 선형회귀모형, 이차식 회귀모형, 3차식 회귀모형의 회귀분석결과를 고려하라.

	Linear	Quadratic	Cubic
Intercept	9.66	10.00	10.06
x	2.66	2.75	1.83
x^2	NA	−0.31	−0.33
x^3	NA	NA	0.26
R^2	0.810	0.836	0.896
Adjusted R^2	0.809	0.833	0.895

a. 각 추정된 모형을 사용하여, x = 1과 2일 때, y를 예측하라.

b. 가장 적정한 모형을 선정하라. 그 이유를 설명하라.

6. 다음과 같은 선형회귀모형, 이차식 회귀모형, 3차식 회귀모형의 회귀분석결과를 고려하라.

	Linear	Quadratic	Cubic
Intercept	19.80	20.08	20.07
x	1.35	1.50	1.58
x^2	NA	− 0.31	− 0.27
x^3	NA	NA	− 0.03
R^2	0.640	0.697	0.698
Adjusted R^2	0.636	0.691	0.689

a. 각 추정된 모형을 사용하여, x = 2와 3일 때, y를 예측하라.

b. 가장 적정한 모형을 선정하라. 그 이유를 설명하라.

7. **FILE** ***Television.*** 일부 연구들은 텔레비전을 너무 많이 시청하는 것이 학업성적을 해친다는 것을 발견하였다. 다른 연구들은 책과 마찬가지로, 텔레비전은 오락을 제공할 뿐만 아니라 아이들이 세계에 대한 새로운 정보를 접하게 한다고 주장한다. 텔레비전을 너무 많이 시청하는 것은 해롭지만, 조금 시청하는 것은 실제로 도움이 될 수 있다. 연구원인 매트 캣슬은 중학생 28명의 평균학점(GPA)과 주당 텔레비전 시청시간에 대한 데이터를 수집하였다. 다음의 표는 이러한 데이터의 일부를 보여준다.

GPA	Hours
3.24	19
3.10	21
⋮	⋮
3.31	4

a. 중학생의 GPA를 Hours와 Hours^2에 대해 회귀시키는 이차식 회귀모형을 추정하라.

b. 모형에서 이차식 항의 사용이 정당화되는가? 설명하라.

c. 중학생의 주당 최적 텔레비전 시청시간을 구하라.

8. **FILE** ***Crew_Size.*** 한 건설회사의 프로젝트 매니저는 작업자 규모가 프레임 작업의 생산성에 어떤 영향을 미치는지 검토하고 있다. 그는 지난 27주 동안 다양한 작업자 규모(Crew, 근로자 수)를 가지고 실험을 하고 생산성(Jobs, 주당 작업 수)을 기록하였다. 다음의 표는 이러한 데이터의 일부를 보여준다.

Crew	Jobs
2	10
3	12
⋮	⋮
10	12

a. 데이터의 산점도를 그려라. 산점도만 가지고 어느 작업자 규모가 최적으로 보이는가?

b. 선형회귀모형과 이차식 회귀모형을 추정하라. 변수의 유의성과 조정 R^2에 기초하여 두 모형을 평가하라. 어느 모형이 더 양호한 적합도를 제공하는가?

c. 더 양호한 적합도를 가진 모형을 사용하여 5명의 근로자로 구성된 작업조가 일주일에 몇 개의 작업을 완수할 것으로 예상되는지 예측하라.

d. 3차식 회귀모형을 추정하라. 3차식 회귀모형은 이차식 회귀모형에 비해 적합도를 개선시키는가?

9. **FILE** ***Bids.*** 입찰제안의 대상이었던 기업들로 구성된 표본을 고려하라. 반응변수는 기업인수 전에 받는 입찰 수(Bids)이고, 설명변수는 입찰 프리미엄(Premium)과 기업규모(Size, 10억 달러)이다. 입찰 프리미엄은 기업의 주가를 초과하는 비율로 측정된다. 일반적으로 최초의 높은 입찰 프리미엄은 후속 입찰을 억제할 것이라고 믿어진다. 더욱이 대기업에 대한 입찰제안은 언론보도를 더 많이 받아 기회주의적 입찰자들의 관심을 끌 가능성이 높지만, 잠재적 입찰자들에게 더 많은 금액을 제시해야 하는 요인이 되기도 한다.

Bids	Premium	Size
3	1.1905	0.7668
1	1.0360	0.1625
⋮	⋮	⋮
2	1.0329	3.4751

a. 회귀모형 Bids $= \beta_0 + \beta_1$Premium $+ \beta_2$Size $+ \beta_2$Size^2 $+ \varepsilon$을 추정하라.

b. 모형에 이차식 항이 포함된 것을 정당화하라.

c. 어느 기업규모가 가장 많은 입찰 수를 모을 가능성이 있는가?

10. **FILE** ***Inspection.*** 전자부품 조립공장인 일렉트로테크사의 한 선임검사원은 어떤 부품을 이미 검사했는지 추적하기가 어렵기 때문에 작은 장치를 검사하는 것보다 많은 부품을 가지고 있는 큰 장치를 검사하는 데 시간이 더 오래 걸린다는 것을 경영진에게 납득시키기 원한다. 그녀는 자신의 주장을 입증하기 위해 마지막 25개 장치를 대상으로 각 장치의 검사시간(Time, 초)과 부품의 수(Components)에 대한 데이터를 수집하였다. 다음의 표는 이러한 데이터의 일부를 보여준다.

Time	Components
84	32
49	13
⋮	⋮
70	23

a. 선형회귀모형, 이차식 회귀모형, 3차식 회귀모형을 추정하라. 적정한 적합도 척도를 사용하여 가장 양호한 적합도를 가진 모형을 식별하라.

b. 가장 양호한 적합도를 가진 모형을 사용하여 35개 부품을 가지고 있는 장치를 검사하기 위해 필요한 시간을 예측하라.

11. **FILE** ***Debt_Payments.*** 소득(Inc, 1,000달러)과 실업률(Unemp, %)의 함수로 월간 평균 부채상환액(Debt, 달러)을 분석하기 위해 26개 대도시 지역에 대한 데이터가 수집되었다. 다음의 표는 이러한 데이터의 일부를 보여준다.

Metropolitan Area	Debt	Inc	Unemp
Washington, D.C.	1285	103.50	6.3
Seattle	1135	81.70	8.5
⋮	⋮	⋮	⋮
Pittsburgh	763	63.00	8.3

a. 회귀모형 Debt $= \beta_0 + \beta_1$Inc $+ \beta_2$Unemp $+ \varepsilon$을 추정하라. 5%의 유의수준에서, 실업률은 유의한가?

b. 당신은 실업률이 월간 부채상환액에 이차식 효과를 가질 수 있다고 들었다. 회귀모형 Debt $= \beta_0 + \beta_1$Inc $+ \beta_2$Unemp $+ \beta_3$Unemp^2 $+ \varepsilon$을 추정하고, 5%의 유의수준에서 Unemp와 Unemp^{2}이 결합하여 유의한지 결정하라.

16.2 로그변수를 가진 회귀모형

앞 절에서 반응변수와 설명변수 간 비선형성을 포착하기 위해 설명변수를 제곱한 변수를 사용하거나 일부 경우에는 세제곱한 변수가 사용되었다. 일반적으로 사용되는 다른 변수 변환 방법은 자연로그를 사용하는 것이다. 자연로그함수는 지수함수의 역함수이다. 자연로그로 변환한 변수를 회귀모형에 사용하기 전에 지수함수와 로그함수를 간략하게 복습하도록 하자.

지수함수는 $y = \exp(x) = e^x$와 같이 정의된다. 여기서 $e \approx 2.718$은 상수이고 x는 함수의 인수이다. 예를 들면, $e^2 = 7.3891$이고 $e^5 = 148.4132$이다. 지수함수의 역함수가 자연로그함수[간단히 로그(log)함수], 즉, 밑수가 $e \approx 2.718$인 로그함수이다. 달리 말하면, $y = e^x$이면, $\ln(y) = x$이다. 여기서 $\ln(y)$는 y의 자연로그이다. 예를 들면, $y = e^2 = 7.3891$이면, $\ln(7.3891) = 2$이다. 이와 유사하게, $y = e^5 = 148.4132$이면, $\ln(y) = \ln(148.4132) = 5$이다. $\exp(\ln(x)) = x$이기 때문에, 지수함수는 종종 역대수 함수(anti-log function)라고 부른다. 마지막으로, 음이나 0 값의 로그는 정의되지 않는다. 따라서 양의 값을 가지는 변수들만 로그 변환시킬 수 있다.

앞에서 언급한 것처럼, 많은 응용에서 선형성은 정당화될 수 없다. 예를 들면, 연간 소득 x의 함수로 설정된 연간 식품비 y에 대한 추정된 선형회귀식 $\hat{y} = 9{,}000 + 0.20x$를 생각해보자. 기울기 계수 추정치 $b_1 = 0.20$은 연간 소득이 1,000달러 증가하는 경우, 연간 소득이 20,000달러에서 21,000달러로 증가하거나 520,000달러에서 521,000달러로 증가하거나 관계없이, 연간 식품비는 200달러 증가시킬 것이라는 것을 의미한다. 그러나 이 경우는 선형성 가정이 정당화되지 못하는 예이다. 소득의 증가가 식품비에 미치는 영향은 높은 소득수준에서 더 작을 것으로 예상되기 때문에, 소득이 증가함에 따라 식품비가 어떻게 변화하는가를 금액 크기가 아니라 퍼센트 변화로 분석하는 것이 더 의미 있을 수 있다.

많은 관계는 자연스럽게 퍼센트에 의해 표현되기 때문에 로그 변환은 유용하다. 예를 들면, 소득, 주택가격, 매출과 같은 변수들을 로그 변환하는 것이 일반적이다. 다른 한편, 연령, 근무연수, 점수와 같은 변수들은 일반적으로 원래의 형태로 사용된다. 변수의 적정한 형태를 찾기 위해 통계 척도뿐만 아니라 경제학적 직관 모두에 의존한다.

로그 변환

자연 로그는 변수의 변화를 퍼센트 변화로 전환시킨다.

나중에 다중선형회귀모형으로 확장하겠지만, 먼저 한 개의 설명변수만을 가지는 로그모형을 살펴보도록 하자.

로그-로그 모형

로그-로그 모형(log-log model)에서는 반응변수와 설명변수 모두 자연로그로 변환된다. 이 모형은 다음과 같이 나타낼 수 있다.

$$\ln(y) = \beta_0 + \beta_1 \ln(x) + \varepsilon$$

여기서 $\ln(y)$는 로그 변환된 반응변수이고 $\ln(x)$는 로그 변환된 설명변수이다. 이러한 변수 변환에 따라, y와 x의 관계는 기울기 계수 β_1의 부호와 크기에 의존하는 곡선으로 포착된다. 그림 16.6은 추세선과 함께 그린 표본데이터의 두 산점도를 보여준다. 각 추세선은 로그-로그 모형을 추정하여 생성된 것이다. 추정된 선형추세선은 각 산점도에 포함되어 있지 않지만, 명백하게 로그-로그 모형이 두 산점도 모두에서 더 양호한 적합도를 제공한다.

$0 < \beta_1 < 1$인 경우, 로그-로그 모형은 x와 $E(y)$ 간 양의 관계를 시사한다. x가 증가함에 따라, $E(y)$는 더 완만하게 증가한다. 식품비는 소득의 변화에 대해 양으로 반응하지만 그 영향은 더 높은 소득수준에서 감소되기 때문에, 이것은 식품비의 예에서 적정할 수 있다. $\beta_1 < 0$이면, 로그-로그 모형은 x와 $E(y)$ 간 음의 관계를 제시한다. x가 증가함에 따라, $E(y)$는 더 완만하게 감소한다. 마지막으로 $\beta_1 > 1$은 x와 $E(y)$ 간 양의 관계를 시사한다. 이 경우는 그림 16.6에 제시되어 있지 않다. 실제 응용에서 β_1의 추정값은 데이터에 의해 결정된다.

그림 16.6 로그-로그 모형의 추정에 의해 생성된 추세선과 함께 그린 x에 대한 y의 산점도

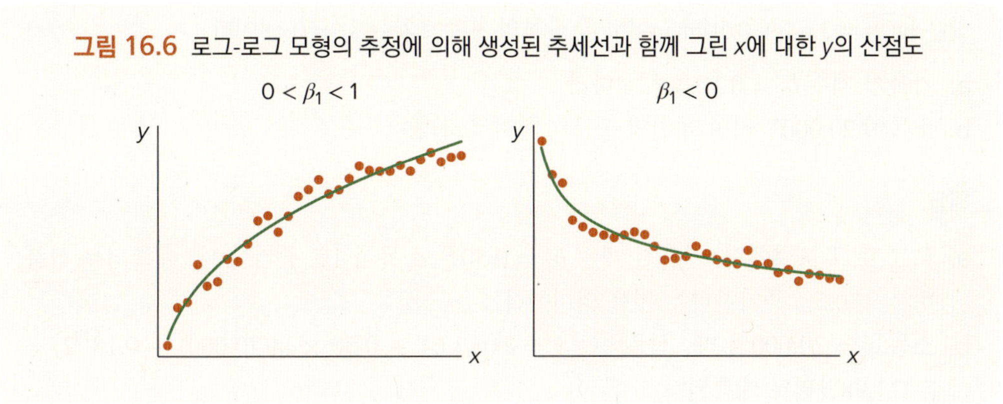

로그-로그 모형은 변수들에 대해 비선형이지만 여전히 회귀계수들에 대해 선형이고 선형모형의 필요조건을 충족시킨다는 것에 주목하라. 회귀분석을 수행하기 전에 먼저 두 변수 모두 로그로 변환시켜야 한다. 또한 로그-로그 모형에서 기울기 계수 β_1은 x의 작은 퍼센트 변화에 대한 y의 근사적 퍼센트 변화를 측정한다. 달리 말하면, β_1은 탄력성(elasticity)의 척도이다. 로그-로그 모형에서 y는 특정한 재화의 수요량이고 x가 이 재화의 단위 가격이면, β_1은 상당한 경제학적 관심 대상이 되는 모수인 수요의 가격탄력성을 측정한다. $\beta_1 = -1.2$라고 하자. 그러면 이 재화의 가격이 1% 증가하는 경우 이 재화의 수요량은 약 1.2% 감소할 것으로 예상된다.

마지막으로 반응변수가 로그 변환되더라도 여전히 정상적인 단위로 예측한다. $\widehat{\ln(y)} = b_0 + b_1\ln(x)$이면, 당신은 정상적인 단위로 반응변수를 예측하기 위해 $\hat{y} = \exp(b_0 + b_1\ln(x))$와 같이 역대수 함수(anti-log function)를 사용하려는 유혹을 받을 수 있다. 그러나 이러한 로그 변환은 y의 기대값을 체계적으로 과소 추정하는 것으로 알려져 있다. 상대적으로 간단한 한 가지 교정 방법은 $\hat{y} = \exp(b_0 + b_1\ln(x) + s_e^2/2)$와 같이 예측하는 것이다. 여기서 s_e는 로그-로그 모형으로부터 구해지는 추정치의 표준오차이다. 실제로 모든 통계소프트웨어 패키지들이 s_e를 보고하기 때문에, 이러한 교정은 쉽게 실행될 수 있다.

로그-로그 모형

로그-로그 모형은 $\ln(y) = \beta_0 + \beta_1 \ln(x) + \varepsilon$와 같이 정형화되고 β_1은 x가 1% 증가할 때 y의 근사적 퍼센트 변화를 측정한다.

- 로그-로그 모형에서 예측은 $\hat{y} = \exp(b_0 + b_1 \ln(x) + s_e^2/2)$와 같이 이루어진다. 여기서 b_0와 b_1은 계수 추정치들이고 s_e는 추정치의 표준오차이다.
- 예측하기 위해 반올림 없는 계수 추정치 사용을 권장한다.

예제 16.5

식품비의 예를 다시 생각해보자. y는 식품비를 나타내고 x는 소득을 나타낸다. 표본회귀식은 $\widehat{\ln(y)} = 3.64 + 0.50\ln(x)$이고 추정치의 표준오차는 $s_e = 0.18$이다.

a. 기울기 계수 $b_1 = 0.50$을 해석하라.
b. 소득이 20,000달러인 개인의 식품비를 예측하라.

해답:

a. 로그-로그 모형에서, 기울기 계수 $b_1 = 0.50$은 소득이 1% 증가할 때, 예측되는 식품비는 약 0.5% 증가한다는 것을 의미한다.
b. 소득 $x = 20{,}000$일 때, 식품비는 $\hat{y} = \exp(3.64 + 0.50 \times \ln(20{,}000) + 0.18^2/2) = 5{,}474.98$달러로 예측된다.

세미-로그 모형

로그-로그 모형은 반응변수와 설명변수 모두를 로그로 변환한다. 반응변수나 설명변수 하나만 로그로 변환되는 **세미-로그 모형(semi-log model)**도 일반적으로 사용된다. 단순선형회귀모형의 구조에서 두 가지 유형의 세미-로그 모형을 논의하도록 하자. 설명변수만 로그로 변환되는 세미-로그모형은 **로그모형(logarithmic model)**이라고 부르고 반응변수만 로그로 변환되는 세미-로그 모형은 **지수모형(exponential model)**이라고 부른다. 다수의 예측변수들이 분석에 포함될 때 다양한 형태의 세미-로그 모형이 정형화될 수 있다.

로그모형은 다음과 같이 정의된다.

$$y = \beta_0 + \beta_1 \ln(x) + \varepsilon$$

로그-로그 모형과 마찬가지로, 로그모형은 x가 증가함에 따라 $E(y)$는 완만하게 증가하거나($\beta_1 > 0$) 감소한다($\beta_1 < 0$)는 것을 시사한다. 특히 설명변수만 퍼센트로 더 양호하게 포착될 때, 로그모형은 매력적이다. 그림 16.7은 추세선과 함께 그린 표본데이터의 두 산점도를 보여준다. 각 추세선은 로그모형을 추정하여 생성된다. 단순선형회귀모형의 표본회귀식은 각 산점도에 포함되어 있지 않지만, 명백하게 로그모형이 두 산점도에서 더 양호한 적합도를 보여준다. 로그-로그 모형과 로그모형의 모습은 유사하기 때문에 두 모형 간의 선택이 어려울 수

있다. 이 절에서 나중에 두 모형을 비교할 것이다.

그림 16.7 로그모형의 추정에 의해 생성된 추세선과 함께 그린 x에 대한 y의 산점도

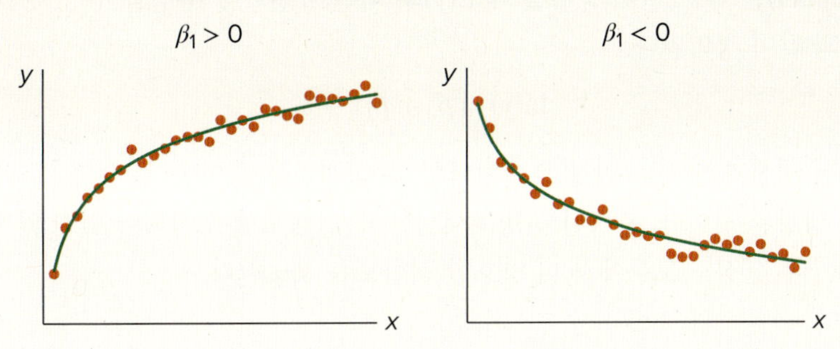

로그모형에서 반응변수는 정상적인 단위로 표시되나 설명변수는 로그로 변환된다. 따라서 x가 1% 증가할 때 $\beta_1 \times 0.01$은 $E(y)$의 근사적 단위 변화를 측정한다. 예를 들어, $\beta_1 = 5{,}000$이면, x가 1% 증가할 때 $E(y)$는 50단위(= 5,000 × 0.01) 증가한다. 반응변수는 정상적인 단위로 표시되기 때문에, 예측을 할 때 추가적인 변환이 필요하지 않다.

로그모형

로그모형은 $y = \beta_0 + \beta_1 \ln(x) + \varepsilon$와 같이 정형화되고 x가 1% 증가할 때 $\beta_1 \times 0.01$은 $E(y)$의 근사적 단위 변화를 측정한다.

- 로그모형에서 예측은 $\hat{y} = b_0 + b_1 \ln(x)$와 같이 이루어진다. 여기서 b_0와 b_1은 계수 추정치들이다.
- 예측하기 위해 반올림 없는 계수 추정치 사용을 권장한다.

예제 16.6

계속해서 식품비의 예를 생각해보자. 표본회귀식은 $\hat{y} = 12 + 566\ln(x)$이다.

a. 기울기 계수 $b_1 = 566$을 해석하라.

b. 소득이 20,000달러인 개인의 식품비를 예측하라.

해답:

a. 로그모형에서 기울기 계수 $b_1 = 566$은 소득이 1% 증가할 때, 예측되는 식품비는 약 5.66(= 566 × 0.01)달러 증가한다는 것을 의미한다.

b. 소득 $x = 20{,}000$일 때, 식품비는 $\hat{y} = 12 + 566 \times \ln(20{,}000) = 5{,}617.37$달러로 예측된다.

지수모형

x가 1% 증가할 때 $E(y)$의 단위 변화를 구하는 데 관심이 있는 로그모형과 달리, **지수모형(exponential model)**은 x가 1단위 증가할 때 $E(y)$의 퍼센트 변화를 추정할 수 있게 해준다. 지수모형은 다음과 같이 정의된다.

$$\ln(y) = \beta_0 + \beta_1 x + \varepsilon$$

그림 16.8은 추세선과 함께 그린 표본데이터의 두 산점도를 보여준다. 각 추세선은 지수모형을 추정하여 생성된 것이다. 추정된 선형추세선은 각 산점도에 포함되어 있지 않지만, 명백하게 지수모형이 두 산점도 모두에서 더 양호한 적합도를 제공한다.

그림 16.8 지수모형의 추정에 의해 생성된 추세선과 함께 그린 x에 대한 y의 산점도

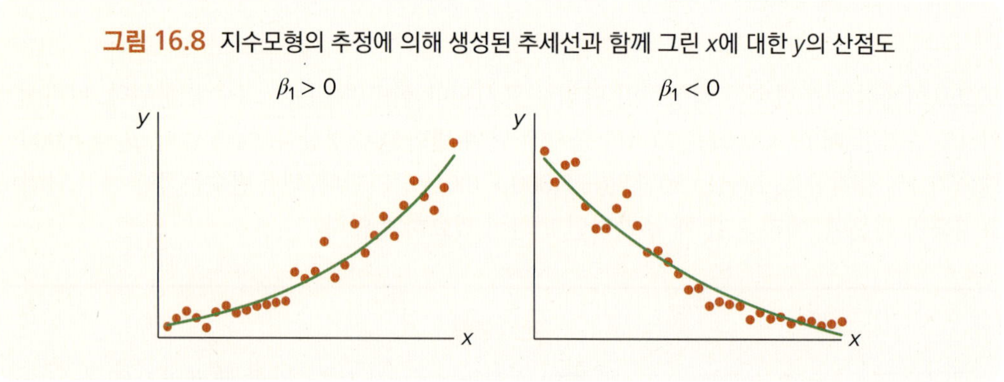

지수모형에서 $\beta_1 \times 100$은 x가 한 단위 증가할 때 $E(y)$의 근사적 퍼센트 변화를 측정한다. $E(y)$의 정확한 퍼센트 변화는 $(\exp(\beta_1) - 1) \times 100$과 같이 계산된다. 예를 들면, $\beta_1 = 0.05$는 x가 한 단위 증가할 때 $E(y)$는 근사적으로 5%(= 0.05×100), 더 정확하게는 5.1271%(= $(\exp(0.05) - 1) \times 100$) 증가한다는 것을 시사한다. 로그-로그 모형의 경우와 마찬가지로, 반응변수가 로그로 측정되기 때문에, 예측할 때 교정이 이루어진다.

지수모형

지수모형은 $\ln(y) = \beta_0 + \beta_1 x + \varepsilon$와 같이 정형화되고 $\beta_1 \times 100$은 x가 한 단위 증가할 때 $E(y)$의 근사적 퍼센트 변화를 측정한다.

- 지수모형에서 예측은 $\hat{y} = \exp(b_0 + b_1 x + s_e^2/2)$와 같이 이루어진다. 여기서 b_0와 b_1은 계수 추정치들이고 s_e는 추정치의 표준오차이다.
- 예측하기 위해 반올림 없는 계수 추정치 사용을 권장한다.

예제 16.7

계속해서 식품비의 예를 고려해보자. 표본회귀식은 $\widehat{\ln(y)} = 7.60 + 0.00005x$이고 추정치의 표준오차는 $s_e = 0.20$이다.

a. 기울기 계수 $b_1 = 0.00005$를 해석하라.

b. 소득이 20,000달러인 개인의 식품비를 예측하라.

해답:

a. 지수모형에서, 기울기 계수 $b_1 = 0.00005$는 소득이 1,000달러 증가할 때, 예측되는 식품비는 약 5%(= 1,000 × 0.00005 × 100) 증가한다는 것을 의미한다.

b. 소득 $x = 20{,}000$일 때, 식품비는 $\hat{y} = \exp(7.60 + 0.00005 \times 20{,}000 + 0.20^2/2) =$ 5,541.39달러로 예측된다.

앞에서 언급한 것처럼, 로그 변환 모형(log-transformed models)들은 선형회귀모형의 구조로 쉽게 추정되지만, 예측하는 경우와 기울기 계수 추정치를 해석할 때, 주의를 기울여야 한다. 이에 더하여, 기울기 계수 추정치를 해석할 때, 로그는 변수의 변화를 변수의 퍼센트 변화로 전환시킨다는 것을 명심해야 한다. 표 16.8은 이러한 결과들을 요약한 것이다

표 16.8 선형모형, 로그-로그 모형, 로그모형, 지수모형의 요약

모형	예측값	기울기 계수 추정치의 해석
$y = \beta_0 + \beta_1 x + \varepsilon$	$\hat{y} = b_0 + b_1 x$	b_1은 x가 한 단위 증가할 때 $\hat{y}$의 변화를 측정한다.
$\ln(y) = \beta_0 + \beta_1 \ln(x) + \varepsilon$	$\hat{y} = \exp(b_0 + b_1 \ln(x) + s_e^2/2)$	b_1은 x가 1% 증가할 때 $\hat{y}$의 근사적 퍼센트 변화를 측정한다.
$y = \beta_0 + \beta_1 \ln(x) + \varepsilon$	$\hat{y} = b_0 + b_1 \ln(x)$	$b_1 \times 0.01$은 x가 1% 증가할 때 $\hat{y}$의 근사적 변화를 측정한다.
$\ln(y) = \beta_0 + \beta_1 x + \varepsilon$	$\hat{y} = \exp(b_0 + b_1 x + s_e^2/2)$	$b_1 \times 100$은 x가 한 단위 증가할 때 $\hat{y}$의 근사적 퍼센트 변화를 측정한다.

주: 예측할 때 반올림하지 않은 계수 추정치 사용을 권장한다.

예제 16.8

FILE ***College_Town.*** 도입사례에서 분석의 목적은 대학타운에서 침실 수(Beds), 욕실 수(Baths), 주택크기(Sqft)가 월간 임대료(Rent, 달러)에 미치는 영향을 평가하는 것이다. ***College_Town*** 데이터 파일을 사용하여 다음의 질문에 답하라.

a. 3개 설명변수 각각에 대한 임대료의 산점도를 그리고 각 예측변수와 임대료 간 관계가 직선 또는 곡선 중 어느 것에 의해 가장 양호하게 포착되는지 평가하라. 로그 변환이 필요한 변수들을 식별하라.

b. 침실 수가 3개이고 욕실 수가 2개인 1,600 ft^2인 주택의 임대료를 예측하기 위한 선형모형과 로그변수를 가진 모형을 추정하라.

해답:

Beds와 Baths의 특성을 고려하여 이들 변수들은 정상적인 단위로 사용할 것이다. 그러나 Rent와 Sqft의 변화는 종종 퍼센트로 표현되기 때문에 이들 변수들의 로그 변환을 고려할 것이다.

a. 그림 16.9는 선형 추세선과 지수 추세선을 함께 그린 (a) Beds에 대한 Rent의 산점도와 (b) Baths에 대한 Rent의 산점도를 보여준다. (지수모형은 반응변수만 로그 변환한다는 것을 기억하라.)

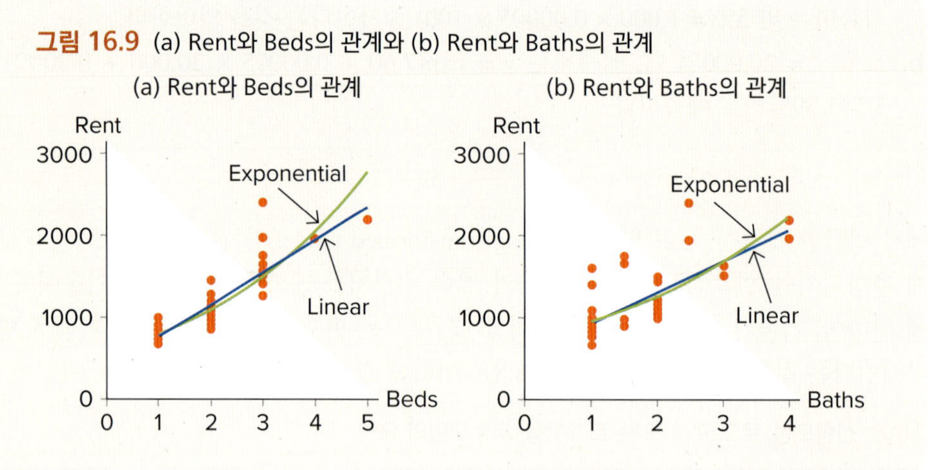

그림 16.9 (a) Rent와 Beds의 관계와 (b) Rent와 Baths의 관계

그림 16.9로부터 Rent와 Beds 간 관계 또는 Rent와 Baths 간 관계가 직선 또는 곡선에 의해 더 양호하게 포착되는지 식별하는 것은 어렵다. 적정한 모형의 선택을 위해 적합도 척도들이 사용될 것이다.

그림 16.10은 선형 추세선과 지수 추세선을 함께 그린 Sqft에 대한 Rent의 산점도를 보여준다.

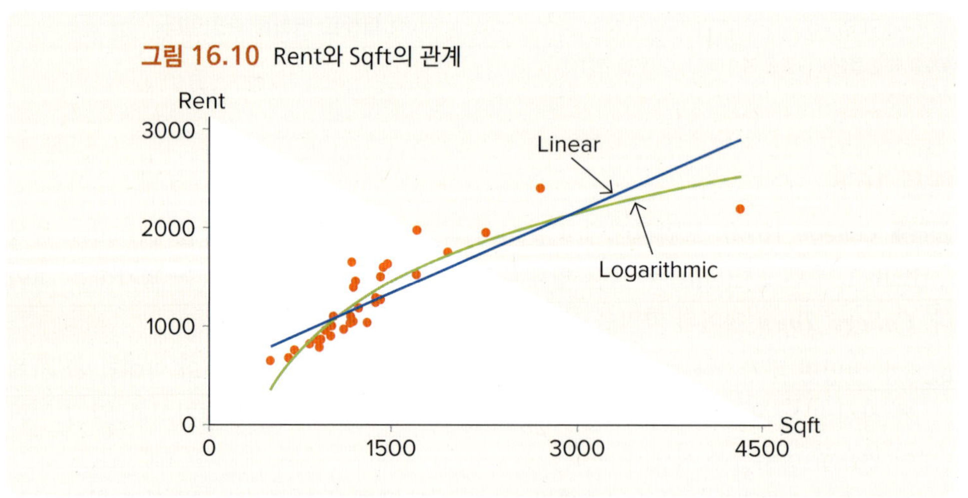

그림 16.10 Rent와 Sqft의 관계

여기서 Rent와 Sqft 간의 관계는 직선보다 곡선에 의해 더 양호하게 포착되는 것으로 보인다. 그림 16.10은 Sqft를 로그 변환하는 로그모형이 선형모형보다 데이터를 더 양호하게 적합시킨다는 것을 보여준다. 이것은 주택크기가 증가함에 따라, 임대료가 감소하는 크기로 증가한다는 것을 제시한다. 달리 말하면, Sqft가 2,000에서 3,000으로 증가할 때보다 1,000에서 2,000으로 증가할 때 임대료는 더 크게 증가한다.

2개의 다른 모형, 즉 Rent만 로그 변환되는 지수모형과 Rent와 Sqft 모두 로그 변환되는 로그-로그 모형을 고려해볼 만하다. '어수선한' 그림을 피하기 위해, 이러한 추세선들이 산점도 위에 그려져 있지 않다. 그러나 공식적으로 모든 모형들을 평가할 것이다.

b. 앞에서 사용한 시각적 수단들이 유익하지만, 예측을 위해 가장 적정한 모형을 선택하기 위해 적합도 척도들을 사용하면서 4개 모형을 평가한다.

모형 1: $\text{Rent} = \beta_0 + \beta_1 \text{Beds} + \beta_2 \text{Baths} + \beta_3 \text{Sqft} + \varepsilon$
모형 2: $\text{Rent} = \beta_0 + \beta_1 \text{Beds} + \beta_2 \text{Baths} + \beta_3 \ln(\text{Sqft}) + \varepsilon$
모형 3: $\ln(\text{Rent}) = \beta_0 + \beta_1 \text{Beds} + \beta_2 \text{Baths} + \beta_3 \text{Sqft} + \varepsilon$
모형 4: $\ln(\text{Rent}) = \beta_0 + \beta_1 \text{Beds} + \beta_2 \text{Baths} + \beta_3 \ln(\text{Sqft}) + \varepsilon$

이러한 모형들을 추정하기 위해, 먼저 Rent와 Sqft를 로그 변환한다. 표 16.9의 마지막 두 열을 참조하라.

표 16.9 Rent와 Sqft의 로그 변환

Rent	Beds	Baths	Sqft	ln(Rent)	ln(Sqft)
645	1	1	500	6.4693	6.2146
675	1	1	648	6.5147	6.4739
⋮	⋮	⋮	⋮	⋮	⋮
2400	3	2.5	2700	7.7832	7.9010

모형 1과 모형 2에서, Rent는 반응변수로 사용되고 설명변수들로 모형 1에서는 Baths, Baths, Sqft가 사용되며, 모형 2에서는 Baths, Baths, ln(Sqft)가 사용된다. 모형 3과 모형 4에서 ln(Rent)는 반응변수로 사용되고, 설명변수들로 모형 1에서는 Baths, Baths, Sqft가 사용되며, 모형 2에서는 Baths, Baths, ln(Sqft)가 사용된다. 모형 추정치들이 표 16.10에 요약되어 있다.

표 16.10 예제 16.8을 위한 회귀분석결과

	반응변수: Rent		반응변수: ln(Rent)	
	모형 1	모형 2	모형 3	모형 4
Intercept	300.4116* (0.001)	−3,909.7415* (0.001)	6.3294* (0.000)	3.3808* (0.000)
Beds	225.8100* (0.001)	131.7781* (0.040)	0.2262* (0.000)	0.1246* (0.009)
Baths	89.2661 (0.119)	36.4255 (0.494)	0.0831 (0.060)	0.0254 (0.514)
Sqft	0.2096* (0.028)	NA	0.0001 (0.362)	NA
ln(Sqft)	NA	675.2648* (0.000)	NA	0.4742* (0.001)
s_e	193.1591	172.2711	0.1479	0.1262
R^2	0.8092	0.8482	0.8095	0.8613

주: 계수 추정치 아래에 있는 괄호 안의 수치는 p-값이다. NA는 해당사항 없음을 나타낸다. *는 5%의 유의수준에서 유의하다는 것을 나타낸다.

대부분의 경우, Beds, Sqft, ln(Sqft)는 5%의 수준에서 통계적으로 유의한 반면, Baths는 유의하지 않다. 침실 수가 3개이고 욕실 수가 3개인 1,600 ft^2 주택의 임대료를 예측하기 위해 회귀분석결과를 사용한다. ln(Rent)를 반응변수로 사용하는 모형 3과 모형 4를 가지고 예측하기 위해, 교정항 $s_e^2/2$를 추가한다.

모형 1: $\widehat{\text{Rent}} = 300.4116 + 225.8100 \times 3 + 89.2661 \times 2 + 0.2096 \times 1{,}600$
$= 1{,}492$달러

모형 2: $\widehat{\text{Rent}} = -3{,}909.7415 + 131.7781 \times 3 + 36.4255 \times 2 + 675.2648$
$\times \ln(1{,}600) = 1{,}540$달러

모형 3: $\widehat{\text{Rent}} = \exp(6.3294 + 0.2262 \times 3 + 0.0831 \times 2 + 0.0001 \times 1{,}600$
$+ (0.1479)^2/2) = 1{,}463$달러

모형 4: $\widehat{\text{Rent}} = \exp(3.3808 + 0.1246 \times 3 + 0.0254 \times 2 + 0.4742 \times \ln(1{,}600)$
$+ 0.1262\,^2/2) = 1{,}498$달러

예측되는 임대료는 모형 3의 1,463달러부터 모형 2의 1,540달러까지의 범위를 가진다. 예제 16.9에서 어느 모형이 가장 양호한 예측을 제공하는지 논의할 것이다.

R을 이용한 로그변환모형의 추정

R을 이용하여 예제 16.8의 결과를 다시 구해보자.

A. ***College_Town*** 데이터를 데이터프레임(테이블)으로 가져와서 myData라는 이름으로 지정한다.

B. **lm** 함수를 사용하여 선형모형과 로그변환모형을 추정하고 **summary** 함수를 사용하여 회귀분석결과를 얻는다. **log** 함수를 사용하여 Rent와 Sqft를 로그 변환한다. 다음과 같이 입력하라.

```
> Model1 <- lm(Rent ~ Beds + Baths + Sqft, data = myData); summary(Model1)
> Model2 <- lm(Rent ~ Beds + Baths + log(Sqft), data = myData);
  summary(Model2)
> Model3 <- lm(log(Rent) ~ Beds + Baths + Sqft, data = myData);
  summary(Model3)
> Model4 <- lm(log(Rent) ~Beds + Baths + log(Sqft), data = myData);
  summary(Model4)
```

C. 모형 1과 모형 2의 경우, **data.frame** 함수를 포함한 **predict** 함수를 사용하여 침실 수가 3개이고 욕실 수가 2인 1,600 ft^2 주택의 임대료를 예측한다. 다음과 같이 입력하라.

```
> predict(Model1, data.frame(Beds=3, Baths=2, Sqft=1600))
> predict(Model2, data.frame(Beds=3, Baths=2, Sqft=1600))
```

R은 모형 1의 경우 1,492와 모형 2의 경우 1,540을 산출한다.

D. 모형 3과 모형 4의 경우, $\widehat{Rent} = \exp(\ln(\widehat{Rent}) + s_e^2/2)$를 계산한다. **predict** 함수를 사용하여 $\widehat{Rent}$를 계산하고 추정된 모형으로부터 R에서 sigma라고 부르는 s_e를 추출한다. 모형 3과 모형 4를 위해 $\widehat{Rent}$를 각각 pred3과 pred4라고 이름 붙이고 s_e를 각각 se3과 se4라고 이름 붙인다. 다음과 같이 입력하라.

```
> pred3 <- predict(Model3, data.frame(Beds=3, Baths=2, Sqft=1600))
> se3 <- sigma(Model3)
> exp(pred3+se3^2/2)
> pred4 <- predict(Model4, data.frame(Beds=3, Baths=2, Sqft=1600))
> se4 <- sigma(Model4)
> exp(pred4 + se4^2/2)
```

R은 모형 3의 경우 1,463과 모형 4의 경우 1,498을 산출한다.

선형모형과 로그변환모형의 비교

예제 16.8에서 살펴본 것처럼, 종종 응용을 위해 어떤 회귀모형이 가장 적합한지 명백하지 않다. 모형 비교를 위해 경제학적 직관과 산점도를 사용할 수 있지만, 적합도 척도들에 기초하여 모형 선택이 정당화될 수 있다. 14장에서 설명변수의 수가 같은 모형들을 비교하기 위해 사용되는 R^2을 소개하였다. 설명변수의 수가 다른 경우에는 조정 R^2을 비교하였다. 이러한 비교는 경쟁 모형들의 반응변수가 같을 때에만 타당하다. R^2은 반응변수의 표본변동 중에서 모형에 의해 설명되는 비율을 측정하기 때문에, y의 설명되는 변동의 비율은 $\ln(y)$의 설명되는 변동의 비율과 비교할 수 없다. y와 $\ln(y)$를 구별하지 않는 컴퓨터에 의해 생성되는 R^2에 기초하여 모형들을 비교하는 것은 마치 사과와 오렌지를 비교하는 것과 같다.

타당한 비교를 위해, 추정되는 모형이 반응변수로 $\ln(y)$를 사용하더라도 y의 설명되는 변동의 비율을 계산할 필요가 있다. 이러한 계산을 하기 위해, 반응변수로 $\ln(y)$를 사용하는 모형을 위해 직접 R^2을 계산할 필요가 있다. 14장에서 결정계수를 $R^2 = SSR/SST = 1 - SSE/SST$와 같이 계산하였다. 여기서는 R^2를 계산하기 위해 y와 $\hat{y}$ 간 표본상관계수를 제곱하는 방법을 사용한다.

결정계수 R^2를 계산하는 대안적인 방법

결정계수 R^2는 $R^2 = (r_{y\hat{y}})^2$와 같이 계산될 수 있다. $r_{y\hat{y}}$은 y와 $\hat{y}$ 간 표본상관계수이다.

예제 16.9에서 Excel과 R을 이용하면서 이 방법을 자세하게 설명한다.

Excel과 R을 이용하여 선형모형과 로그변환모형 비교하기

예제 16.9

FILE ***College_Town.*** 예제 16.8의 4개 회귀모형 중 어느 모형이 예측을 위해 가장 적정한지 결정하라.

해답:

표 16.10에서 보면, 모형 4는 컴퓨터에 의해 생성된 가장 높은 $R^2 = 0.8613$을 가지고 있다. 그러나 R^2이 모형 1과 모형 2의 경우는 반응변수 Rent에 기초하고 있고, 모형 3과 모형 4의 경우는 반응변수 ln(Rent)에 기초하고 있기 때문에, 이것이 모형 4가 반드시 가장 양호한 모형이라는 것을 의미하지 않는다. 따라서 모형 2는 모형 1보다 양호하고 (0.8482 > 0.8092) 모형 4는 모형 3보다 양호하다(0.8613 > 0.8095)고 추론할 수 있지만, 컴퓨터에 의해 생성된 R^2에 기초하여 모형 2와 모형 4를 직접 비교할 수 없다. 타당한 비교를 하기 위해, 모형 4를 위한 R^2을 다시 계산한다. 즉 추정을 위해 ln(Rent)를 사용하더라도 다시 계산되는 R^2은 Rent에 기초하여 계산된다.

모형 4를 위해, 먼저 설명변수들의 표본 값을 사용하여 $\widehat{\text{Rent}} = \exp(b_0 + b_1\text{Beds} + b_2\text{Baths} + b_3\ln(\text{Sqft}) + s_e^2/2)$를 계산한다. 다음 단계는 Rent와 $\widehat{\text{Rent}}$ 간 표본상관계수를 구하고 그것을 제곱한다.

Excel과 R은 ln(Rent)가 아닌 Rent에 기초하여 모형 4를 위한 R^2의 값을 계산하는 데 매우 유용하다.

Excel의 이용

a. ***College_Town*** 데이터 파일을 연다. Excel의 **ln** 함수를 사용하여 Rent와 Sqft를 각각 로그 변환하라.

b. 메뉴에서 **데이터(Data)** > **데이터 분석(Data Analysis)** > **회귀분석(Regression)**을 선택하여 모형 4를 추정하라. *Y축 입력 범위(Input Y Range)*에 ln(Rent) 관측치를 선택하고 *X축 입력 범위(Input X Range)*에 Beds, Baths, ln(Sqft) 관측치를 동시에 선택하라. *잔차(Residuals)* 박스를 체크하면 Excel은 ln(Rent)의 예측값, 즉 $\widehat{\ln(\text{Rent})}$를 제공해준다. **확인(OK)**을 클릭하라.

c. 스프레드시트상에서 $\widehat{\ln(\text{Rent})}$를 Rent의 관측값 옆에 붙여 넣어라. 표 16.11의 처음 두 열은 이러한 작업 결과의 일부를 보여준다. 다음으로 $\widehat{\text{Rent}} = \exp(b_0 + b_1\text{Beds} + b_2\text{Baths} + b_3\ln(\text{Sqft}) + s_e^2/2)$를 계산한다. Excel에 의해 생성된 ln(Rent)의 예측값이 주어져 있으면, 이 식은 $\widehat{\text{Rent}} = \exp(\widehat{\ln(\text{Rent})} + s_e^2/2)$와 같이 단순화된다. 모형 4에서 계산된 추정치의 표준오차 s_e를 대입하면, $\widehat{\text{Rent}} = \exp(\widehat{\ln(\text{Rent})} + 0.1262^2/2)$이 구해진다. (더 정확한 추정치를 구하기 위해 당신은 회귀분석 출력결과로부터 반올림하지 않은 s_e의 값을 사용할 수 있다.) 표 16.11의 세 번째 열이 이러한 결과의 일부를 보여준다.

표 16.11 모형 4를 위한 Excel에 의해 생성된 예측값

Rent	$\widehat{\ln(\text{Rent})}$	$\widehat{\text{Rent}} = \exp(\widehat{\ln(\text{Rent})} + 0.1262^2/2)$
645	6.4778	655.7334
675	6.6007	742.5210
⋮	⋮	⋮
2400	7.5648	1944.5760

d. 마지막으로 Excel의 **CORREL** 함수를 사용하여 Rent와 $\widehat{\text{Rent}}$ (표 16.11의 열 1과 열 3) 간 표본상관계수를 계산하면, $r_{y\hat{y}} = 0.8691$이다. 표본상관계수를 제곱하여 $R^2 = (0.8691)^2 = 0.7554$를 구한다. 이제 이 값을 모형 2를 위해 Rent에 기초하여 컴퓨터에 의해 생성된 R^2의 값과 비교할 수 있다. $0.8482 > 0.7554$이므로 모형 2가 예측을 위해 더 적합하다고 결론 내린다.

R의 이용

a. ***College_Town*** 데이터를 데이터프레임(테이블)으로 가져와서 myData라는 이름으로 지정한다.

b. 앞에서 살펴본 것처럼, 모형 4를 쉽게 추정할 수 있다. 다음과 같이 입력하라.

```
> Model4 <- lm(log(Rent) ~ Beds + Baths + log(Sqft), data = myData)
```

c. 이어서 추정된 모형 4를 사용하여 plogRent4라고 이름 붙인 $\widehat{\ln(\text{Rent})}$를 생성하고 se4라고 이름 붙인 s_e를 추출한다. 다음과 같이 입력하라.

```
> plogRent4 <- predict(Model4)
> se4 <- sigma(Model4)
```

d. 다음으로 Rent의 예측값, $\widehat{\text{Rent}} = \exp(\widehat{\ln(\text{Rent})} + s_e^2/2)$를 계산한다. 다음과 같이 입력하라.

```
> pRent4 <- exp(plogRent4 + se4^2/2)
```

e. 마지막으로 R의 cor 함수를 사용하여 Rent와 $\widehat{\text{Rent}}$ 간 표본상관계수를 계산한다. 이 값을 제곱하여 결정계수 R^2을 구한다. 다음과 같이 입력하라.

```
> cor(myData$Rent, pRent4)^2
```

R은 Excel을 이용하여 구한 값과 같은 0.7554188을 산출한다.

요약:

ln(Rent)가 아닌 Rent에 기초하여 계산된 $R^2 = 0.7554$를 컴퓨터가 생성한 모형 2의 $R^2 = 0.8482$와 비교할 수 있다. 모형 2가 예측을 위해 모형 4보다 더 적정하다고 결론 내린다.

적합도 척도에 대한 참고 사항

14장에서 언급한 것처럼, 이 장에서 설명한 적합도 척도들은 추정된 모형이 새로운 표본에서 얼마나 잘 예측하는지 평가하는 데 도움이 되지 않는다. 추정된 모형이 추정을 위해 사용된 데이터셋에서 잘 예측할 수 있으나 새로운 데이터셋이 사용되면 형편없이 예측할 수 있다. 교차검증법은 원래의 표본을 모형을 구축하기(훈련시키기) 위한 훈련셋과 평가하기(검증하기) 위한 검증셋으로 나누어서 모형의 예측력을 평가하는 유용한 기법이다. 교차검증법은 이 교재의 범위를 넘어서는 내용이다.

도입사례 분석결과

Cultura Creative/Alamy Stock Photo

대학타운은 불황에 대한 저항력이 있기 때문에 많은 분석가들은 학생들을 위해 캠퍼스 밖에 있는 주택에 대한 투자가 현명한 선택이 될 수 있다고 주장하였다. 첫째, 재정적으로 어려움을 겪는 공립대학이 모든 학생을 수용할 수 있는 주택을 제공할 수 없기 때문에 대학타운은 안정적인 수요처가 된다. 둘째, 이러한 수요는 대학등록학생의 증가가 예상되기 때문에 실제로 개선될 수 있다. 이 보고서는 한 중서부 대학타운의 임대수익 기회에 초점을 맞추고 있다.

4개 회귀모형을 사용하여 캠퍼스 밖에 있는 주택의 침실 수(Beds), 욕실 수(Baths), 주택크기(Sqft)에 기초하여 월간 임대료(Rent)를 분석하였다. 변수들 간 비선형성은 Rent와 Sqft를 로그변환하여 포착하였다. 반응변수의 원래 단위로 계산된 결정계수 R^2가 가장 좋은 모형을 선정하기 위해 사용되었다. 선정된 모형은 $\widehat{Rent} = -3909.74 + 131.78Bed + 36.43\ Baths + 675.26\ ln(Sqft)$와 같이 추정되었다. Beds의 계수는 다른 요인들이 일정한 경우, 침실 수가 추가적으로 1개 증가하면 월간 임대료는 약 132달러 올라갈 것으로 예측된다는 것을 제시한다. 이와 유사하게, 다른 요인들이 일정한 경우, 주택크기가 추가적으로 1% 증가하면 월간 임대료는 약 6.75(=6.75 x 0.01)달러 올라갈 것으로 예측된다.

또한 추정된 회귀모형은 임대료를 예측하기 위해 사용될 수 있다. 예를 들면, 침실 수가 2개이고 욕실 수가 1개인 1,000 ft^2 주택의 임대료는 1,055달러로 예측된다. 이와 유사하게, 침실 수가 3개이고 욕실 수가 2개인 1,600 ft^2 주택의 임대료는 1,540달러로 예측된다. 이러한 결과는 이 중서부 대학타운의 캠퍼스 밖에 있는 주택에 관심을 가지고 있는 투자자에게 유용하다.

연습문제 16.2

12. 다음과 같은 추정된 4개 모형을 고려하라.

$\hat{y} = 500 - 4.2x$

$\hat{y} = 1370 - 280\ln(x)$

$\widehat{\ln(y)} = 8.4 - 0.04x;\ s_e = 0.13$

$\widehat{\ln(y)} = 8 - 0.8\ln(x);\ s_e = 0.11$

a. 각 추정된 모형에서 기울기 계수를 해석하라.

b. 각 모형의 경우, x가 100에서 101로 증가할 때, y의 예측되는 변화는 얼마인가?

13. 다음과 같은 추정된 4개 모형을 고려하라.

$\hat{y} = 10 + 4.4x$

$\hat{y} = 2 + 23\ln(x)$

$\widehat{\ln(y)} = 3.0 + 0.1x;\ s_e = 0.07$

$\widehat{\ln(y)} = 2.6 + 0.6\ln(x);\ s_e = 0.05$

a. 각 추정된 모형에서 기울기 계수를 해석하라.

b. 각 모형의 경우, x가 10에서 10.5로 증가할 때, y의 예측되는 변화는 얼마인가?

14. 다음과 같은 선형모형, 로그모형, 지수모형, 로그-로그모형의 표본회귀식을 고려하라. 각 추정된 모형의 경우, x가 100일 때, y를 예측하라.

	반응변수: y		반응변수: $\ln(y)$	
	모형 1	모형 2	모형 3	모형 4
Intercept	240.42	−69.75	1.58	0.77
x	4.68	NA	0.05	NA
$\ln(x)$	NA	162.51	NA	1.25
s_e	83.19	90.71	0.12	0.09

15. 다음과 같은 선형모형, 로그모형, 지수모형, 로그-로그모형의 표본회귀식을 고려하라. 각 추정된 모형의 경우, x가 50일 때, y를 예측하라.

	반응변수: y		반응변수: $\ln(y)$	
	모형 1	모형 2	모형 3	모형 4
Intercept	18.52	−6.74	1.48	1.02
x	1.68	NA	0.06	NA
$\ln(x)$	NA	29.96	NA	0.96
s_e	23.92	19.71	0.12	0.10

16. 다음과 같은 선형모형과 로그모형의 표본회귀식을 고려하라.

	Linear	Logarithmic
Intercept	6.7904	−5.6712
x	1.0607	NA
$\ln(x)$	NA	10.5447*
s_e	2.4935	1.5231
R^2	0.8233	0.9341
Adjusted R^2	0.8013	0.9259

a. 어느 모형이 데이터를 더 양호하게 적합시키는가? 그 이유를 설명하라.

b. 선택된 모형을 사용하여 $x = 10$일 때, y를 예측하라.

17. 다음과 같은 로그-로그모형과 지수모형의 표본회귀식을 고려하라.

	Log-Log	Exponential
Intercept	1.8826	2.0219
x	NA	0.0513
$\ln(x)$	0.3663	NA
s_e	0.3508	0.2922
R^2	0.5187	0.6660
Adjusted R^2	0.4585	0.6242

a. 어느 모형이 데이터를 더 양호하게 적합시키는가? 그 이유를 설명하라.

b. 선택된 모형을 사용하여 $x = 20$일 때, y를 예측하라.

18. 한 경제학자는 개인의 담배소비(C)가 담배 한 갑의 가격(P)과 개인의 연간소득(I)에 의해 어떻게 영향을 받는지 검토하는 데 관심을 가지고 있다. 50명 개인의 데이터를 사용하면서, 그녀는 로그-로그모형을 추정하고 다음과 같은 회귀분석결과를 얻었다.

$$\widehat{\ln(y)} = 3.90 - 1.25\ln(P) + 0.18\ln(I)$$
$$p\text{-values} = (0.000) \quad (0.005) \quad (0.400)$$

a. 담배 수요의 가격 탄력성 값을 해석하라.

b. 5%의 유의수준에서, 담배 수요의 가격탄력성이 통계적으로 유의한가?

c. 담배 수요의 소득탄력성 값을 해석하라.

d. 5%의 유의수준에서, 담배 수요의 소득탄력성은 통계적으로 유의한가? 이 결과는 놀라운가? 설명하라.

19. **FILE** ***BMI.*** 세계보건기구(World Health Organization)에 의하면, 비만은 전 세계적으로 전염병 수준에 이르렀다. 비만은 일반적으로 만성질병 또는 장애와 관련되어 있지만, 연구원들은 비만이 연봉에 영향을 미칠 수 있다고 주장한다. 체질량지수(BMI)는 널리 사용되고 있는 키에 대해 조정된 체중척도이다. BMI가 18.5와 20 사이이면 정상 체중, 25와 30 사이이면 과체중, 30을 초과하면 비만으로 간주된다. 다음의 표는 대학을 졸업한 30명 남성의 연봉(Salary, 1,000달러)과 BMI에 대한 데이터의 일부를 보여준다.

Salary	BMI
34	33
43	26
⋮	⋮
45	21

a. 연봉을 반응변수로, BMI를 설명변수로 사용하는 선형모형을 추정하라. BMI가 25인 대학을 졸업한 남성의 연봉은 얼마로 예측되는가? BMI가 30인 경우는 얼마로 예측되는가?

b. 로그 연봉을 반응변수로, BMI를 설명변수로 사용하는 지수모형을 추정하라. BMI가 25인 대학을 졸업한 남성의 연봉은 얼마로 예측되는가? BMI가 30인 경우는 얼마로

예측되는가?

c. 두 모형 중에서 어느 모형이 더 적정한가? R^2을 사용하여 두 모형을 비교하라.

20. FILE ***Dexterity.*** 한 제조담당 관리자는 손재주능력시험 완료시간(Time, 초)에 기초하여 시계생산량(Watches)을 예측하기 위해 종업원 20명의 손재주능력시험 완료시간을 사용한다. 다음의 표는 이러한 데이터의 일부를 보여준다.

Watches	Time
23	513
19	608
⋮	⋮
20	437

a. 선형모형 Watches $= \beta_0 + \beta_1$Time $+ \varepsilon$을 추정하라. 기울기 계수를 해석하라. 손재주능력시험을 완료하는 데 걸리는 시간이 550초일 때, 예측되는 시계생산량은 얼마인가?

b. 로그모형 Watches $= \beta_0 + \beta_1$ ln(Time) $+ \varepsilon$을 추정하라. 기울기 계수를 해석하라. 손재주능력시험을 완료하는 데 걸리는 시간이 550초일 때, 예측되는 시계생산량은 얼마인가?

c. 어느 모형이 더 양호한 적합도를 제공하는가? 설명하라.

21. FILE ***Wine_Pricing.*** 프린스턴 대학의 오를리 아센펠터(Orley Ashenfelter) 교수는 와인 경제학 분야의 개척자이다. 그는 오랜 정설과 다르게 와인의 품질은 대부분 날씨 상황에 의해 설명될 수 있다고 주장한다. 와인 낭만파들은 그가 와인 시음 문화를 무시한다고 비난한다. 1995년에 *Chance* 지에 게재된 흥미로운 공저 논문에서 그는 반응변수로 1961년과 비교한 평균 빈티지 와인의 상대가격으로 측정한 품질을 사용한 다중회귀모형을 분석하였다. 설명변수들은 평균 온도 x_1(섭씨), 겨울 강수량 x_2(밀리미터), 수확기 강수량 x_3(밀리미터), 수확 이후 경과한 연수 x_4이었다. 다음의 표는 이러한 데이터의 일부를 보여준다.

y	x_1	x_2	x_3	x_4
0.3684	17.1167	600	160	31
0.6348	16.7333	690	80	30
⋮	⋮	⋮	⋮	⋮
0.1359	16.0000	578	74	3

a. 선형모형 $y = \beta_0 + \beta_1 x_1 + \beta_2 x_2 + \beta_3 x_3 + \beta_4 x_4 + \varepsilon$을 추정하라. $x_1 = 16$, $x_2 = 600$, $x_3 = 120$, $x_4 = 20$일 때, 예측되는 가격은 얼마인가?

b. 지수모형 $\ln(y) = \beta_0 + \beta_1 x_1 + \beta_2 x_2 + \beta_3 x_3 + \beta_4 x_4 + \varepsilon$을 추정하라. $x_1 = 16$, $x_2 = 600$, $x_3 = 120$, $x_4 = 20$일 때, 예측되는 가격은 얼마인가?

c. R^2을 사용하여 예측을 위해 적정한 모형을 선택하라.

22. FILE ***Electricity_Cost.*** 한 제약회사의 시설관리자는 월간 전기비용(Cost, 달러)을 예측하기 위한 회귀모형을 만들기 원한다. 3개의 주요 변수들이 전기비용에 영향을 미치는 것으로 여겨진다. 3개 주요변수는 (1) 평균 외부 온도(Temp, 화씨), (2) 월간 작업일수(Days), (3) 생산량(Tons)이다. 다음의 표는 이러한 데이터의 일부를 보여준다.

Cost	Temp	Days	Tons
24100	26	24	80
23700	32	21	73
⋮	⋮	⋮	⋮
26000	39	22	69

a. 선형모형 Cost $= \beta_0 + \beta_1$Temp $+ \beta_2$Days $+ \beta_3$Tons $+ \varepsilon$을 추정하라. 월간 작업일이 23일이고 생산량이 76톤일 때, 평균 외부 온도가 화씨 65도인 월의 예측되는 전기비용은 얼마인가?

b. 지수모형 ln(Cost) $= \beta_0 + \beta_1$Temp $+ \beta_2$Days $+ \beta_3$Tons $+ \varepsilon$을 추정하라. 월간 작업일이 23일이고 생산량이 76톤일 때, 평균 외부 온도가 화씨 65도인 월의 예측되는 전기비용은 얼마인가?

c. R^2에 기초하면, 어느 모형이 더 양호한 적합도를 제공하는가?

23. FILE ***Rental.*** 챠드 돕슨은 대학타운의 부동산 투자에 대한 전망이 좋다고 들었다. 그는 27개 주택에 대한 월간 임대료(Rent, 달러), 침실 수(Beds), 욕실 수(Baths), 주택크기(Sqft)에 대한 데이터를 수집하였다. 다음의 표는 이러한 데이터의 일부를 보여준다.

Rent	Beds	Baths	Sqft
2950	4	4	1453
2400	4	2	1476
⋮	⋮	⋮	⋮
744	2	1	930

a. Rent를 반응변수로 사용하는 선형모형을 추정하라. ln(Rent)를 반응변수로 사용하는 지수모형을 추정하라.

b. 선형모형과 지수모형을 사용하여 각각 침실 수가 3개이고 욕실 수가 2개일 때 주택크기가 1,500 ft^2인 주택의 예측되는 임대료를 계산하라.

c. R^2을 사용하여 예측을 위해 적정한 모형을 선택하라.

24. FILE ***Life_Expectancy.*** 출생 시 기대 수명은 한 사람이

살 것으로 기대되는 평균 연수이다. 기대수명은 국가 간에 큰 차이가 있는데, 일본에서 가장 높고 일부 아프리카 국가에서는 가장 낮다. 이러한 변동성의 중요한 요소는 적절한 의료서비스의 이용 가능성이다. 사람의 건강 관리에 대한 접근성의 척도 중 하나는 인구 대 의사 비율이다. 이 비율이 높은 나라일수록 기대수명이 낮을 것으로 예상된다. 다음의 표는 40개국 남성과 여성의 기대수명과 인구 대 의사 비율의 일부를 보여준다.

Country	Male	Female	Ratio
Argentina	67	74	370
Bangladesh	54	53	6166
⋮	⋮	⋮	⋮
Zaire	52	56	23193

a. 인구 대 의사 비율에 대한 여성 기대수명의 산점도를 그려라. 적정한 모형을 찾기 위해, 그 위에 선형추세선과 로그추세선을 그려라.

b. 여성 기대수명을 반응변수, 인구 대 의사 비율을 설명변수로 사용하는 단순선형회귀모형을 추정하라. 인구 대 의사 비율이 1,000에서 500으로 감소하면 여성 기대수명에 어떤 일이 발생하는가?

c. 여성 기대수명을 반응변수, 로그(인구 대 의사 비율)을 설명변수로 사용하는 로그회귀모형을 추정하라. 인구 대 의사 비율이 1,000에서 500으로 감소하면 여성 기대수명에 어떤 일이 발생하는가?

d. R^2를 사용하여 두 모형 중 어느 모형이 더 적정한지 결정하라.

25. **FILE** ***Life_Expectancy.*** 연습문제 24의 데이터를 사용하여 남성 기대수명에 관한 동일한 4개 질문에 답하라. 누가 인구 대 의사 비율이 증가하는 것으로부터 더 혜택을 받을 가능성이 있는가? 설명하라.

26. **FILE** ***Production_Function.*** 경제학자들은 종종 생산함수의 투입요소들과 생산량 간 관계를 검토한다. 이러한 관계를 모형화하는 한 가지 일반적인 방법은 콥-더글라스(Cobb-Douglass) 생산함수를 사용하는 것이다. 이 함수는 $\ln(Q) = \beta_0 + \beta_1 \ln(L) + \beta_2 \ln(K) + \varepsilon$와 같이 나타낼 수 있다. 여기서 Q는 생산량, L은 노동, K는 자본을 나타낸다. 다음의 표는 이러한 데이터의 일부를 보여준다.

State	Output	Labor	Capital
AL	3.1973	2.7682	3.1315
AR	7.7006	4.9278	4.7961
⋮	⋮	⋮	⋮
WY	1.2993	1.6525	1.5206

로그-로그 모형 $\ln(Q) = \beta_0 + \beta_1 \ln(L) + \beta_2 \ln(K) + \varepsilon$을 추정하라.

a. 자본이 일정한 경우, 노동이 1% 증가할 때, 생산량의 예측되는 변화는 얼마인가?

b. 자본이 일정한 경우, 5%의 유의수준에서 노동이 1% 증가할 때, 생산량은 0.5% 이상 증가할 것이라고 결론 내릴 수 있는가?

16.3 데이터 분석

사례연구

FILE ***Happiness.*** 행복을 이해하기 위해 많은 시도들이 이루어졌다. 행복을 계량화하는 유일한 방법이 존재하지 않기 때문에, 연구원들은 종종 행복에 대한 주관적인 평가를 파악하기 위해 설문조사에 의존한다. 한 연구는 다른 모든 것들이 일정한 경우, 사람들은 40대일 때 가장 행복하지 않은 것으로 보인다는 것을 발견하였다(*Psychology Today*, April 27, 2018). 다른 연구는 돈으로 행복을 살 수 있지만, 소득이 연간 75,000달러를 초과하여 증가함에 따라 그 효과는 감소한다고 제시한다(*Money Magazine*, February 14, 2018).

닉 피셔(Nick Fisher)는 이러한 보고서들에 매료된 젊은 경영대학원 졸업생이다. 그는 이러한 분석결과를 더 잘 이해하고 입증하기 위해 자신의 데이터를 수집하기로 결정하였다. 그는 100명의 일하는 성인을 대상으로 0점

Photodisc/Getty Images

에서 100점까지의 척도에 의해 스스로 평가한 행복도, 연령, 가구소득에 대한 설문조사를 수행하였다. 표 16.12는 이러한 데이터의 일부를 보여준다.

표 16.12 행복, 연령, 소득 데이터, $n = 100$.

Respondent	Happiness	Age	Income
1	69	49	52000
2	83	47	123000
⋮	⋮	⋮	⋮
100	79	31	105000

닉은 표본정보를 사용하여 행복에 대한 선형 및 비선형 모형의 정형화를 검토하고, 가장 양호한 적합도를 제공하는 모형의 회귀분석결과를 해석하기 원한다.

샘플보고서—행복에 대한 이해

100명의 일하는 성인을 대상으로 이루어진 설문조사에서, 응답자에게 0점에서 100점까지의 척도로 평가한 행복도, 연령, 가구소득을 보고하도록 요청하였다. 이 보고서는 연령과 소득이 응답자가 인지하는 행복에 미치는 영향을 검토하는 몇 개의 회귀모형을 분석한 결과를 요약한다. 이 모형들은 최근의 연구 보고서가 제시하는 흥미로운 비선형성을 포착하기 위해 다양한 변수변환을 사용하였다. 예를 들면, 한 최근 보고서는 나이가 들어가면서 청력, 시력, 근육 상실이 있음에도 불구하고 더 행복해진다는 사실을 발견하였다. 이에 더하여, 사람들은 20대에 자신에 대해 꽤 좋게 느끼기 시작하지만, 자신이 스스로 평가한 행복은 50세 전후까지 악화되고 그 이후에 꾸준히 개선된다. 이러한 이차식 효과를 계량화하기 위해, 연령과 연령을 제곱한 변수가 회귀분석에서 사용되었다. 또한 소득이 75,000달러가 넘어가면서 행복이 감소할 수 있다는 사실을 포착하기 위해, 소득의 로그 변환도 고려되었다. 표 16.13은 다양한 회귀모형들의 회귀분석결과를 요약한 것이다.

표 16.13 회귀분석결과

	Model 1	Model 2	Model 3	Model 4
Intercept	49.1938* (0.00)	118.5285* (0.00)	−81.0939* (0.00)	−13.3021 (0.39)
Age	0.2212* (0.00)	−2.4859* (0.00)	0.2309* (0.00)	−2.4296* (0.00)
Age-squared	NA	0.0245* (0.00)	NA	0.0241* (0.00)
Income	0.0001* (0.00)	0.0001* (0.00)	NA	NA
ln(Income)	NA	NA	12.6761* (0.00)	12.7210* (0.00)
Adjusted R^2	0.4863	0.6638	0.5191	0.6907

주: 모수 추정치 옆에 있는 괄호 안의 수치는 p-값이다. NA는 해당사항 없음을 나타낸다. *는 5%의 유의수준에서 유의하다는 것을 나타낸다. 마지막 행은 모형 비교를 위한 조정 R^2 값을 보여준다.

모형 4가 가장 높은 조정 R^2 값 0.6907을 가지고 있기 때문에 선택되었다. 이 모형의 모수추정치들이 예측을 위해 사용되었다. 예를 들면, 가구소득이 80,000달러일 때, 30세, 50세, 70세의 행복도는 각각 79.09, 69.00, 78.17로 예측되었다. 이 결과는 행복은 나이가 들면서 처음에 감소하다가 그 이후에 증가한다고 제시하는 보고서 결론과 일치한다는 것에 주목하라. 특히, Age 계수의 추정치를 사용하면, 사람은 50.48세에 가장 행복하지 않다. 그림 16.11의 패널 a에 그려져 있는 Income이 80,000달러로 일정할 때 Age가 증가하면서 Happiness가 변화하는 모습이 이 결과를 보여준다.

또한 회귀분석결과는 소득효과를 분석하기 위해 사용되었다. 예를 들면, 가구소득이 50,000달러, 75,000달러, 100,000달러일 때, 60세의 행복도는 각각 65.20, 70.36, 74.02로 예측되었다. 가구소득이 50,000달러에서 75,000달러까지 증가할 때 행복이 크게 증가한다는 것에 주목한다. 그림 16.11의 패널 b에 그려져 있는 Age를 60세에 고정시키고 Income이 증가하면서 Happiness가 변화하는 모습이 이 결과를 보여준다. 전반적으로 이러한 분석결과는 최근의 연구결과를 지지한다.

그림 16.11 모형 4의 회귀분석결과를 사용한 Happiness 예측

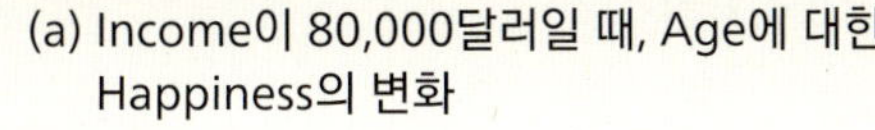

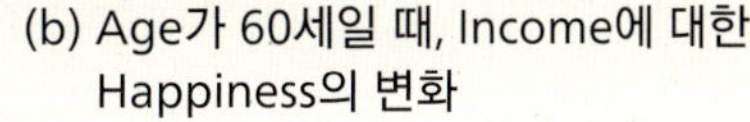

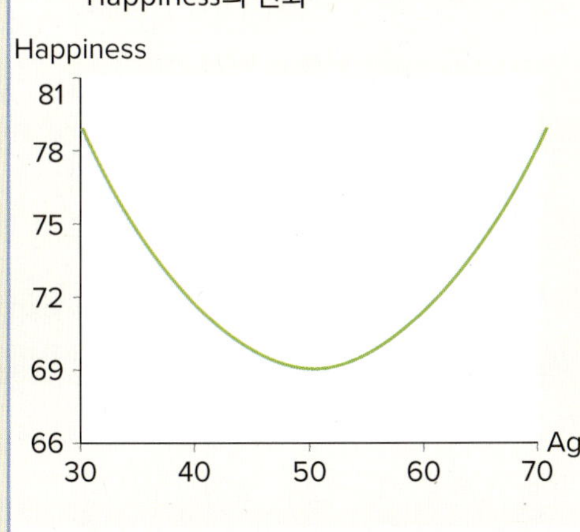

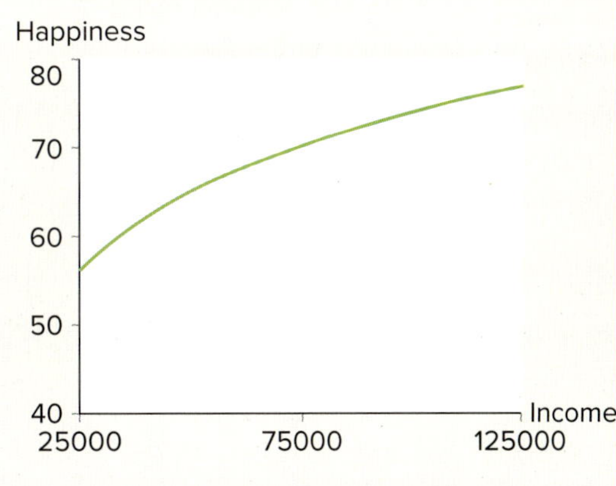

사례연구 제안

보고서 16.1 FILE ***TechSales_Reps.*** 적정한 설명변수들을 사용하면서, 소프트웨어제품 그룹에 속하는 영업사원의 연봉을 예측하기 위한 회귀모형을 개발하라. 선형모형과 비선형모형을 정형화하고 가장 양호한 적합도를 제공하는 모형을 찾기 위해 적합도 척도들을 사용하라. 그래프와 표를 사용하여 회귀분석결과를 해석하라.

보고서 16.2 FILE ***House_Price.*** 비교대상이 될 수 있는 두 대학타운을 선택하라. 적정한 설명변수들을 사용하면서, 각 대학타운의 주택가격을 예측하기 위한 회귀모형을 개발하라. 선형모형과 비선형모형을 정형화하고 가장 양호한 모형을 찾기 위해 적합도 척도들을 사용하라. 그래프와 표를 사용하여 회귀분석결과를 해석하라.

보고서 16.3 FILE ***College_Admissions.*** 관심 있는 대학을 선택하고 학생의 평균학점(GPA)을 예측하기 위해 등록학생들로 구성된 표본을 사용하라. 선형모형과 비선형모형을 정형화하고 가장 양호한 모형을 찾기 위해 적합도 척도들을 사용하라. 그래프와 표를 사용하여 회귀분석결과를 해석하라.

핵심 개념

LO 16.1 다항식 회귀모형을 사용하고 평가할 수 있어야 한다.

이차식 회귀모형은 $y = \beta_0 + \beta_1 x + \beta_2 x^2 + \varepsilon$과 같이 정형화된다. 이 모형을 사용한 예측은 $\hat{y} = b_0 + b_1 x + b_2 x^2$을 사용하여 이루어진다. 여기서 b_0과 b_1은 계수 추정치이다. 예측할 때 반올림을 하지 않은 추정치 사용을 권장한다. 이차식 회귀모형에서, $\hat{y}$은 $x = \frac{-b_1}{2b_2}$에서 $b_2 < 0$이면

최대가 되고 $b_2 > 0$이면 최소가 된다.

3차식 회귀모형은 $y = \beta_0 + \beta_1 x + \beta_2 x^2 + \beta_3 x^3 + \varepsilon$과 같이 정형화된다. 이 모형을 사용한 예측은 $\hat{y} = b_0 + b_1 x + b_2 x^2 + b_3 x^3$을 사용하여 이루어진다. 여기서 b_0, b_1, b_2, b_3는 계수 추정치이다. 예측할 때 반올림을 하지 않은 추정치 사용을 권장한다. 선형회귀모형, 이차식 회귀모형, 3차식 회귀모형을 비교하기 위해 일반적으로 조정 R^2을 사용한다.

LO 16.2 **로그변환모형을 사용하고 평가할 수 있어야 한다. 선형모형과 로그변환모형을 비교하기 위해 사용되는 방법을 설명할 수 있어야 한다.**

로그-로그 모형은 $\ln(y) = \beta_0 + \beta_1 \ln(x) + \varepsilon$과 같이 정형화된다. 이 모형을 사용한 예측은 $\hat{y} = \exp(b_0 + b_1 \ln(x) + s_e^2/2)$을 사용하여 이루어진다. 여기서 b_0와 b_1은 계수 추정치이고 s_e는 추정치의 표준오차이다. 예측할 때 반올림을 하지 않은 추정치 사용을 권장한다.

지수모형은 $\ln(y) = \beta_0 + \beta_1 x + \varepsilon$과 같이 정형화된다. 이 모형을 사용한 예측은 $\hat{y} = \exp(b_0 + b_1 x + s_e^2/2)$을 사용하여 이루어진다. 여기서 b_0와 b_1은 계수 추정치이고 s_e는 추정치의 표준오차이다. 예측할 때 반올림을 하지 않은 추정치 사용을 권장한다.

설명변수의 수가 같은 모형들을 비교하기 위해 결정계수 R^2을 사용한다. 경쟁모형들의 반응변수가 같을 때에만 이러한 비교는 타당하다. 달리 말하면, y의 설명되는 변동의 비율과 $\ln(y)$의 설명되는 변동의 비율은 비교할 수 없다. 타당한 모형비교을 위해, 반응변수로 $\ln(y)$를 사용하는 모형의 경우, 결정계수 R^2을 $R^2 = (r_{y\hat{y}})^2$와 같이 계산한다. 여기서 $r_{y\hat{y}}$은 y와 $\hat{y}$ 간 표본 상관계수이다.

추가 연습문제

27. FILE ***Fertilizer2.*** 한 원예학자는 토마토 식물의 키와 비료의 양 간 관계를 연구하고 있다. 유사한 조건에서 경작되는 30개 토마토 식물에 4개월 동안 다양한 비료의 양(Fertilizer, 온스)을 투입하고, 토마토 식물의 키(Height, 인치)를 측정하였다. 다음의 표는 그 결과의 일부를 보여준다.

Height	Fertilizer
20.4	1.9
29.1	5.0
⋮	⋮
36.4	3.1

a. 선형회귀모형 $\text{Height} = \beta_0 + \beta_1\text{Fertilizer} + \varepsilon$을 추정하라.

b. 이차식 회귀모형 $\text{Height} = \beta_0 + \beta_1\text{Fertilizer} + \beta_2\text{Fertilizer}^2 + \varepsilon$을 추정하라. 토마토 식물의 키가 최소나 최대가 되는 비료의 양을 구하라.

c. 가장 양호한 적합도를 제공하는 모형을 사용하여 3온스의 비료가 투입된 지 4개월이 지난 토마토 식물의 키를 예측하라.

28. FILE ***Sales_Reps.*** 브렌단 코놀리는 한 하이테크 회사의 인사관리부서를 관리하고 있다. 그는 영업사원 300명의 연봉, 연령, 고객만족도를 평가하는 순추천의향지수(NPS)에 대한 데이터를 수집하였다. 다음의 표는 이러한 데이터의 일부를 보여준다.

Salary	Age	NPS
97000	44	9
50000	34	4
⋮	⋮	⋮
88000	36	10

a. 반응변수로 ln(Salary)를 사용하고 설명변수들로 Age, Age^2, NPS를 사용하는 이차식 회귀모형을 추정하고 해석하라.

b. ln(Salary)를 최대화하는 최적 연령을 결정하라.

c. 최적 연령에서 NPS = 8인 영업사원의 연봉을 예측하라.

29. **FILE** ***Homes.*** 한 부동산 중개업자는 주택가격에 영향을 미치는 요인들을 검토하고 있다. 그는 시카고 교외에 있는 36개 주택의 가격(Price, 달러)에 대한 데이터를 수집하였다. 그는 설명변수로 주택크기(Sqft), 침실 수(Beds), 욕실 수(Baths)를 사용하였다. 다음의 표는 이러한 데이터의 일부를 보여준다.

Price	Sqft	Beds	Baths
840000	2768	4	3.5
822000	2500	4	2.5
⋮	⋮	⋮	⋮
307500	850	1	1

a. 선형회귀모형 $\text{Price} = \beta_0 + \beta_1\text{Sqft} + \beta_2\text{Beds} + \beta_3\text{Baths} + \varepsilon$을 추정하라. 지수모형 $\ln(\text{Price}) = \beta_0 + \beta_1\text{Sqft} + \beta_2\text{Beds} + \beta_3\text{Baths} + \varepsilon$을 추정하라.

b. 추정된 모형의 계수 추정치를 해석하라.

c. 결정계수를 사용하여 선호되는 모형을 선택하라.

30. **FILE** ***Circuit_Boards.*** 한 전자회사에서 일하는 생산운영관리자는 근로자들이 1개의 회로기판을 만드는 데 걸리는 시간은 반드시 회로기판에 있는 부품의 수에 비례하지 않는다고 믿는다. 그는 부품의 수에 기초하여 1개의 회로기판을 만드는 데 걸리는 시간을 예측하기 위한 회귀모형을 개발하기 원한다. 그는 완성된 25개 회로기판에 대한 데이터를 수집하였다. 다음의 표는 데이터의 일부를 보여준다.

Time	Parts
30.8	62
9.8	32
⋮	⋮
29.8	60

a. 부품 수(Parts)의 함수로 1개의 회로기판을 만드는 데 걸리는 시간(Time)을 예측하기 위한 선형회귀모형을 추정하라. 이어서 Parts와 Parts^2의 함수로 1개의 회로기판을 만드는 데 걸리는 시간(Time)을 예측하기 위한 이차식 회귀모형을 추정하라.

b. 유의성 검정($\alpha = 0.05$)과 조정 R^2에 기초하여 두 모형을 평가하라.

c. 가장 양호하게 데이터를 적합 시키는 모형을 사용하여 48개 부품으로 구성되는 1개 회로기판을 만드는 데 걸리는 시간을 예측하라.

31. **FILE** ***Smoking.*** 한 영양학자는 소득과 건강한 식품이 흡연에 미치는 영향을 이해하기 원한다. 그는 미국 각 주의 흡연자 비율, 정기적으로 과일과 야채를 먹는 각 주의 인구비율, 각 주의 중앙소득(달러)에 관한 데이터를 수집하였다. 다음의 표는 이러한 데이터의 일부를 보여준다.

State	Smoke	Fruits_ Vegetables	Income
AK	14.6	23.3	61604
AL	16.4	20.3	39980
⋮	⋮	⋮	⋮
WY	15.2	23.3	52470

a. 회귀모형 $\text{Smoke} = \beta_0 + \beta_1\text{Fruits_Vegetables} + \beta_2\text{Income} + \varepsilon$을 추정하라.

b. 이 모형을 Income 변수를 로그변환시킨 모형과 비교하라.

32. **FILE** ***Savings_Rate.*** 다음의 표는 미국의 개인저축률(Savings, %)과 개인처분가능소득(Income, 10억 달러)에 대한 월간 데이터의 일부를 보여준다.

Savings	Income
2.2	10198.2
2.3	10252.9
⋮	⋮
5.5	11511.9

a. 선형회귀모형 $\text{Savings} = \beta_0 + \beta_1\text{Income} + \varepsilon$과 로그-로그 모형 $\ln(\text{Savings}) = \beta_0 + \beta_1\ln(\text{Income}) + \varepsilon$을 추정하라.

b. 어느 모형이 더 선호되는가? 설명하라.

33. **FILE** ***Inventory_Cost.*** 한 창고배송회사에서 일하는

재고관리자는 주문량(Quantity, 단위)에 기초하여 재고비용(Cost, 달러)을 예측하기 원한다. 그녀는 재고비용의 2가지 중요한 요소가 서로 반대방향으로 움직이기 때문에 반응변수와 예측변수 간 관계는 비선형일 수 있다고 생각한다. (1) 주문처리비용(조달인력, 출하, 수송 비용)은 주문량이 증가함에 따라 주문의 수가 적어지기 때문에 감소한다. (2) 보유비용(자본, 설비, 창고인력, 장비 비용)은 더 많은 재고를 보유해야 하기 때문에 주문량이 증가함에 따라 증가한다 그녀는 지난 36개월 동안의 월간 재고비용과 주문량에 대한 데이터를 수집하였다. 다음의 표는 이러한 데이터의 일부를 보여준다.

Cost	Quantity
54.4	844
52.1	503
⋮	⋮
55.5	870

a. 주문량에 대한 재고비용의 산점도를 그려라. 그 위에 선형추세선과 이차식 추세선을 그려라.

b. 주문량의 함수로 재고비용을 예측하기 위한 선형회귀모형을 추정하라. 이어서 Quantity와 Quantity^2의 함수로 재고비용을 예측하기 위한 이차식 회귀모형을 추정하라.

c. 유의성 검정($\alpha = 0.05$)과 조정 R^2에 기초하여 두 모형을 평가하라.

d. 가장 양호하게 데이터를 적합시키는 모형을 사용하여 주문량이 800단위일 때 월간 재고비용을 예측하라.

34. FILE ***Learning_Curve.*** 학습곡선은 생산운영관리분야에서 생산자가 경험을 쌓아감에 따라 반복적인 작업을 완료하는 데 걸리는 시간을 추정하기 위해 사용된다. 생산관리자는 한 생산자가 처음 100단위를 생산하는 동안 학습곡선을 따라 내려가면서 30개 단위당 생산 시간(Time, 분)을 기록하였다. 다음의 표는 데이터의 일부를 보여준다.

Time	Unit
18.30	3
17.50	5
⋮	⋮
5.60	100

a. 생산 단위 수에 대한 단위당 생산 시간(Time, 분)의 산점도를 그려라. 시각적으로 가장 양호한 모형을 결정하기 위해 그 위에 선형추세선과 로그변환추세선을 그려라.

b. 설명변수로 생산 단위 수를 사용하면서 단위당 생산 시간을 예측하기 위한 단순선형회귀모형과 로그변환 회귀모형을 추정하라.

c. R^2에 기초하여 가장 양호하게 데이터를 적합시키는 모형을 사용하여 생산자가 50단위를 생산하기 위해 걸리는 단위당 생산 시간을 예측하라.

17 더미변수가 포함된 회귀모형

Regression Models with Dummy Variables

학습목차_Chapter Contents

학습목표_Learning Objectives

이 장을 학습한 후에,

LO **17.1** 더미변수를 사용하여 범주형 설명변수를 나타낼 수 있어야 한다.
LO **17.2** 더미변수와 수치형 변수 간 상호작용을 사용하고 해석할 수 있어야 한다.
LO **17.3** 선형확률모형과 로지스틱 회귀모형을 추정하고 해석할 수 있어야 한다.

지금까지 반응변수와 설명변수가 수치형 변수인 응용에서 회귀모형을 사용하였다. 반응변수와 (또는) 설명변수로 범주형 변수를 사용하는 중요한 응용이 존재한다. 예를 들면, 여성이 같은 일에 대해 남성만큼 돈을 받는지 조사하려면 범주형 변수가 사용될 수 있다. 또는 가족이 집을 살 확률을 추정하려면 범주형 반응변수가 사용될 수 있다.

회귀모형은 수치형 변수만을 사용하여 추정되기 때문에, 회귀분석에서 범주형 변수를 사용할 때 각별한 주의가 필요하다. 이 장에서는 먼저 범주형 변수를 1 또는 0을 갖는 더미변수로 변환하여 변수의 두 범주를 나타낸다. 이어서 회귀모형에서 더미변수가 설명변수로 어떻게 사용될 수 있는지 살펴본다. 이러한 분석은 더미형 설명변수와 수치형 설명변수 간 상호작용을 검토하기 위해 확장된다.

마지막으로, 회귀모형에서 더미변수가 반응변수로 어떻게 사용되는지 논의한다. 이러한 측면에서 선형확률모형과 로지스틱 회귀모형을 추정하고 해석한다.

Asia Images Group/Getty Images

도입사례_Introductory Case

임금차별의 증거가 존재하는가?

FILE ***Professor***. 몇 년 전에 세튼홀 대학(Seton Hall University)의 여성 교수 3명은 대학이 젊은 강사들과 남성 교수들에게 더 나은 연봉을 지급했다고 주장하면서 소송을 제기했다. 이 소송은 기각되었음에도 불구하고 다른 대학들이 주목했다. 한 커뮤니티 칼리지의 인사담당자인 한나 벤슨은 대학총장으로부터 교수의 성별이나 나이에 따른 연봉 차이가 존재하는지 검정해 달라는 요청을 받았다. 한나는 42명 교수를 대상으로 연봉(Salary, 1,000달러), 근무연수(Experience, 년), 성별(Sex, 남성 또는 여성), 연령(Age, 60세 미만 또는 60세 이상)에 대한 정보를 수집하였다. 표 17.1은 이러한 데이터의 일부를 보여준다.

표 17.1 42명 대학교수의 연봉과 기타 정보

Salary	Experience	Sex	Age
67.50	14	Male	Younger
53.51	6	Male	Younger
⋮	⋮	⋮	⋮
73.06	35	Female	Older

한나는 표 17.1의 표본정보를 사용하여 다음과 같은 일을 수행하기 원한다.

1. 남성 교수와 여성 교수 간 연봉이 일정한 크기만큼 다른지 결정한다.
2. 연봉에서 연령차별의 증거가 존재하는지 결정한다.
3. 근무연수가 증가함에 따라 남성 교수와 여성 교수 간 연봉 차이가 증가하는지 결정한다.

이 도입사례에 대한 분석결과는 17.2절의 마지막 부분에 제시되어 있다.

17.1 더미변수

14장부터 16장까지, 회귀분석의 응용에서 사용된 설명변수들과 반응변수는 대부분 수치형 변수였다. 예를 들면, 14장에서 소비자 부채상환액의 변동을 설명하기 위해 소득과 실업률이 사용되었다. 그러나 실증연구에서 일반적으로 범주형 변수가 포함된다. 이러한 변수는 다수의 범주를 나타낼 수 있지만, 일반적으로 두 가지 범주를 나타낸다. 이러한 예들로는 성별(남성 또는 여성), 주택소유 여부(소유함 또는 소유하지 않음), 대출 채무불이행 여부(예 또는 아니오) 등이 있다.

이 장의 처음 두 절에서는 범주형 설명변수에 초점을 맞추어 논의한다. 마지막 절에서는 범주형 반응변수를 사용하는 회귀모형을 추정하고 해석하는 방법을 논의한다.

도입사례의 교수연봉 데이터가 주어지면, 회귀모형을 $\hat{y} = 48.83 + 1.15x$와 같이 추정할 수 있다. 여기서 y는 연봉(1,000달러)을 나타내고 x는 일반적인 수치형 변수인 근무연수(년)를 나타낸다. 표본회귀식은 근무연수가 1년 증가할 때마다 연봉은 약 1,150달러(= 1.15 × 1,000) 증가할 것으로 예측된다고 제시한다. 논란의 여지는 있지만, 근무연수 외에도 연봉의 변동은 성별(남성 또는 여성)과 연령(60세 미만 또는 60세 이상)과 관련되어 있다.

두 범주를 가진 범주형 설명변수

회귀분석에서 범주형 변수는 수치형 변수와 달리 원래의 형태, 즉 비수치 형태로 사용될 수 없기 때문에 각별한 주의가 필요하다. 범주형 변수는 **지시변수(indicator variable)**라고도 부르는 **더미변수(dummy variable)**로 전환된다. 더미변수 d는 한 범주에 속하면 1의 값을 가지고 그렇지 않으면 0의 값을 가지는 변수로 정의된다. 예를 들면, 성별을 분류할 때, d를 여성이면 1이고 남성이면 0으로 정의할 수 있다. 이와는 달리, 추론에 아무런 변화를 발생시키지 않고, d를 남성이면 1이고 여성이면 0으로 정의할 수도 있다

종종 수치형 변수를 범주들로 전환시켜 더미변수를 정의한다. 도입사례에서, 연령변수(60세 미만 또는 60세 이상)는 수치형 변수로부터 정의된 더미변수이다. 이와 유사하게, 10대의 행동을 연구할 때 연령에 대한 정보를 수집하지만, 13세와 19세 사이의 연령은 1이고, 그렇지 않으면 0으로 정의되는 더미변수를 생성하여 사용할 수 있다.

더미변수

더미변수 d는 1 또는 0의 값을 가지는 변수로 정의된다. 일반적으로 더미변수는 두 범주를 가진 범주변수를 나타내기 위해 사용된다.

논의를 간단하게 하기 위해, 먼저 한 개의 설명변수와 한 개의 더미변수를 포함하는 모형을 고려해보자. 곧 알게 되겠지만, 이 모형은 추가적인 변수들을 포함시키기 위해 쉽게 확장될 수 있다. 다음과 같은 모형을 고려해보자.

$$y = \beta_0 + \beta_1 x + \beta_2 d + \varepsilon$$

여기서 x는 수치형 변수이고 d는 1 또는 0의 값을 가지는 더미변수이다. 표본데이터를 사용하

여 이 모형은 다음과 같이 추정할 수 있다.

$$\hat{y} = b_0 + b_1x + b_2d$$

주어진 x값과 $d = 1$에서, y의 예측값은 다음과 같이 계산할 수 있다.

$$\hat{y} = b_0 + b_1x + b_2 = (b_0 + b_2) + b_1x$$

이와 유사하게 $d = 0$이면,

$$\hat{y} = b_0 + b_1x$$

이다.

두 회귀선, 즉 $\hat{y} = (b_0 + b_2) + b_1x$와 $\hat{y} = b_0 + b_1x$는 동일한 기울기 b_1를 가진다. 따라서 표본 회귀식 $\hat{y} = b_0 + b_1x + b_2d$는 두 개의 평행선을 포함한다. 즉 더미변수 d는 절편에 영향을 주나 기울기에 영향을 주지 않는다. d가 0에서 1로 변할 때, 절편의 차이는 b_2이다. 그림 17.1은 $b_2 > 0$일 때 각 범주를 나타내는 두 회귀선을 보여준다.

그림 17.1 *d* 사용에 의한 절편의 변화

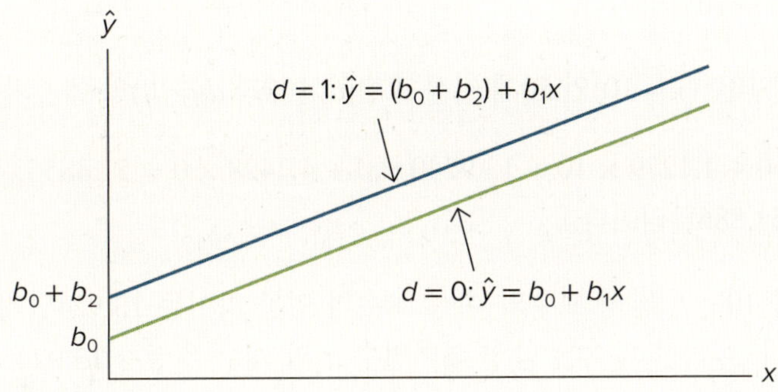

예제 17.1

FILE ***Professor.*** 도입사례에서 제기된 분석의 목적은 한 커뮤니티 칼리지에서 교수의 성별이나 연령에 따른 연봉 차이가 존재하는지 결정하는 것이다. ***Professor*** 데이터 파일을 사용하여 다음의 질문에 답하라.

a. 회귀모형 $y = \beta_0 + \beta_1x + \beta_2d_1 + \beta_3d_2 + \varepsilon$을 추정하라. 여기서 y는 교수의 연봉(1,000달러)이고 x는 근무연수이다. 회귀분석을 위해, 먼저 남성 더미변수 d_1 (남성 = 1, 그렇지 않으면 0)과 연령 더미변수 d_2 (60세 이상 = 1, 그렇지 않으면 0)를 생성해야 한다.

b. 근무연수가 10년인 50세 남성 교수의 연봉을 예측하라. 근무연수가 10년인 50세 여성 교수의 연봉을 예측하라. 성별이 예측되는 연봉에 미치는 영향을 논의하라.

c. 근무연수가 10년인 65세 여성 교수의 연봉을 예측하라. 연령이 예측되는 연봉에 미치는 영향을 논의하라.

해답:

a. 표 17.2는 회귀분석결과의 일부를 보여준다. 곧 범주형 변수를 더미변수로 변환하기 위해 Excel과 R을 사용할 것이다.

표 17.2 예제 17.1을 위한 회귀분석결과

	Coefficients	Standard Error	*t* Stat	*p*-Value
Intercept	40.6060	3.6919	10.999	0.000
Experience (x)	1.1279	0.1790	6.300	0.000
Male (d_1)	13.9240	2.8667	4.857	0.000
Older (d_2)	4.3428	4.6436	0.935	0.356

추정된 표본회귀식은 $\hat{y} = 40.6060 + 1.1279x + 13.9240d_1 + 4.3428d_2$이다.

b. 근무연수가 10년($x = 10$)인 50세 남성 교수($d_1 = 1$과 $d_2 = 0$)의 예측되는 연봉은

$\hat{y} = 40.6060 + 1.1279 \times 10 + 13.9240 \times 1 + 4.3428 \times 0 = 65.8095$,
즉 약 65,810달러이다.

근무연수가 10년($x = 10$)인 50세 여성 교수($d_1 = 0$과 $d_2 = 0$)의 예측되는 연봉은

$\hat{y} = 40.6060 + 1.1279 \times 10 + 13.9240 \times 0 + 4.3428 \times 0 = 51.8855$,
즉 약 51,886달러이다.

근무연수가 10년인 남성 교수와 여성 교수의 연봉 차이는 13,924달러(= 65,810 − 51,886)이다. 이러한 차이는 남성 더미변수 d_1의 계수 추정치 13.924로부터 추론될 수 있다. 연봉 차이는 근무연수에 따라 변화하지 않는다는 것에 주목하라. 예를 들면, 근무연수가 20년인 50세 남성 교수의 예측되는 연봉은 77,089달러이고 근무연수가 20년인 50세 여성 교수의 예측되는 연봉은 63,165달러이며 그 차이는 13,924달러로 같다.

c. 근무연수가 10년($x = 10$)인 65세 여성 교수($d_1 = 0$과 $d_2 = 1$)의 예측되는 연봉은

$\hat{y} = 40.6060 + 1.1279 \times 10 + 13.9240 \times 0 + 4.3428 \times 1 = 56.2283$,
즉, 약 56,228달러이다.

통계적 검정을 수행하기 전에, 근무연수가 같을 때, 더 나이 든 여성 교수는 젊은 여성 교수보다 평균적으로 약 4,343달러 더 번다. 이러한 차이는 연령 더미변수 d_2의 계수 추정치 4.343으로부터 추론될 수 있다.

Excel과 R을 이용하여 더미변수 생성하기

다음의 Excel과 R의 지시사항은 범주형 변수를 더미변수로 변환시키기 위해 사용될 수 있다.

Excel의 이용

A. *Professor* 데이터 파일을 연다.

B. **IF** 함수를 사용하여 Sex 변수와 Age 변수를 위한 더미변수를 생성한다. 셀 E1에 Male이라고 이름 붙이고 셀 E2에 공식 =IF(C2="Male", 1, 0)을 입력하라. 셀 E2에 있는 공식을 사용하여 셀 E3:E43을 채워라. 이와 유사하게, 셀 F1에 Older라고 이름 붙이고 셀 F2에 =IF(D2="Older", 1, 0)을 입력하라. 셀 F2에 있는 공식을 사용하여 셀 F3:F43을 채워라.

R의 이용

A. *Professor* 데이터를 데이터프레임(테이블)으로 가져와서 myData라는 이름으로 지정한다.

B. **ifelse** 함수를 사용하여 Sex 변수와 Age 변수를 위한 더미변수를 생성한다. 다음과 같이 입력하라.

```
> myData$Male <- ifelse(myData$Sex == "Male", 1, 0)
> myData$Older <- ifelse(myData$Age == "Older", 1, 0)
```

요약

처음 두 관측치는 각각 더미변수가 1과 0이고 0과 0이다. 남성 더미변수와 연령 더미변수를 사용하는 회귀모형이 쉽게 추정될 수 있다.

더미변수 모형의 평가

더미변수는 다른 설명변수와 같이 취급된다. 즉, 앞에서 논의한 모든 통계적 검정과 적합도 척도는 여전히 타당하다. 특히, 표준적인 t-검정을 사용하여 특정 더미변수가 통계적으로 유의한지 검토할 수 있다.

더미변수의 유의성 검정

회귀모형 $y = \beta_0 + \beta_1 x + \beta_2 d_1 + \beta_3 d_2 + \varepsilon$에서 각 더미변수의 유의성을 결정하기 위한 t-검정을 수행할 수 있다.

예제 17.2

표 17.2의 회귀분석결과를 참조하라.

a. 5%의 유의수준에서, 남성 교수의 연봉이 여성 교수의 연봉과 다른지 결정하라.

b. 5%의 유의수준에서, 나이 든 교수의 연봉이 젊은 교수의 연봉과 다른지 결정하라.

해답:

a. 남성 교수와 여성 교수 간 연봉 차이에 대한 검정을 수행하기 위해, 경쟁가설을 H_0: $\beta_2 = 0$ vs H_A: $\beta_2 \neq 0$과 같이 설정한다. t_{df} 검정통계량의 값이 4.857이고 p-값 ≈ 0이므로, 귀무가설을 기각하고 5%의 유의수준에서, 남성 더미변수가 통계적으로 유의하다고 결론 내린다. 다른 변수들이 일정한 경우, 남성 교수와 여성 교수는 같은 연봉

을 받지 않는다.

b. 경쟁가설은 H_0: $\beta_3 = 0$ vs H_A: $\beta_3 \neq 0$와 같이 설정된다. t_{df} 검정통계량의 값은 0.935이고 p-값 = 0.356이므로 귀무가설은 기각되지 않는다. 5%의 유의수준에서, 나이 든 교수의 연봉은 젊은 교수의 연봉과 다르다고 결론 내릴 수 없다.

이제 분석을 위해 선호되는 모형을 선택하는 문제를 다루어보자. 회귀분석결과는 표 17.3에 요약되어 있다.

표 17.3 모형 추정치의 요약

Variable	Model 1	Model 2	Model 3
Intercept	48.8274* (0.000)	39.4333* (0.000)	40.6060* (0.000)
Experience (x)	1.1455* (0.000)	1.2396* (0.000)	1.1279* (0.000)
Male (d_1)	NA	13.8857* (0.000)	13.9240* (0.000)
Older (d_2)	NA	NA	4.3428 (0.356)
Adjusted R^2	0.5358	0.7031	0.7022

주: 모수 추정치 옆에 있는 괄호 안의 수치는 p-값이다. NA는 해당사항 없음을 나타낸다.
*는 5%의 유의수준에서 유의하다는 것을 나타낸다. 마지막 행은 모형 비교를 위한 조정 R^2 값을 보여준다.

모형 1은 수치형 변수인 Experience 변수만 사용한다. Model 2는 Experience에 더하여 남성 더미변수를 사용하고 모형 3은 Experience에 더하여 남성 더미변수와 연령 더미변수를 사용한다. 세 모형 중에서 어느 모형이 예측을 위해 사용되어야 하는가? 14장에서 논의한 것처럼, 서로 다른 수의 설명변수를 가진 모형들을 비교하기 위해 통상 조정 R^2이 사용된다. 표 17.3의 가장 아래 행에 보고되어 있는 조정 R^2의 값에 기초하면, 모형 2가 가장 높은 0.7031의 조정 R^2값을 가지고 있기 때문에 선호되는 모형으로 선택된다. 이것은 5%의 유의수준에서 남성 더미변수는 유의하지만 연령 더미변수는 유의하지 않은 검정결과와 일치한다.

다수 범주를 가진 범주형 설명변수

지금까지, 더미변수가 두 범주를 가진 범주형 설명변수를 나타내기 위해 사용되었다. 종종 범주형 설명변수가 두 개 이상의 범주로 정의될 수 있다. 이 경우, 모든 범주를 포착하기 위해 다수의 더미변수를 사용한다. 예를 들면, 통근을 위해 사용되는 교통수단은 3개 범주, 즉 대중교통수단, 자가운전, 카풀로 나타낼 수 있다. 3개 범주를 나타내기 위해 두 개의 더미변수 d_1과 d_2가 정의될 수 있다. 여기서 d_1은 대중교통수단이면 1, 그렇지 않으면 0이고 d_2는 자가운전이면 1이고, 그렇지 않으면 0이다. 3개 범주의 경우, 두 개의 더미변수만 정의할 필요가 있다. $d_1 = d_2 = 0$이면, 카풀을 의미한다.

다음과 같은 회귀모형을 고려해보자.

$$y = \beta_0 + \beta_1 x + \beta_2 d_1 + \beta_3 d_2 + \varepsilon$$

여기서 y는 통근을 위한 교통비를 나타내고, x는 근무처까지의 거리를 나타내며 d_1과 d_2는 각각 대중교통수단 더미변수와 자가운전 더미변수를 나타낸다. 표본데이터를 사용하여 이 모형을 추정한 결과는 다음과 같다.

$$\hat{y} = b_0 + b_1x + b_2d_1 + b_3d_2$$

$d_1 = 1, d_2 = 0$ (대중교통수단)의 경우, $\hat{y} = b_0 + b_1x + b_2 = (b_0 + b_2) + b_1x$

$d_1 = 0, d_2 = 1$ (자가운전)의 경우, $\hat{y} = b_0 + b_1x + b_3 = (b_0 + b_3) + b_1x$

$d_1 = d_2 = 0$ (카풀)의 경우, $\hat{y} = b_0 + b_1x$

여기서 카풀은 절편 b_0을 가진 **기준범주(reference category)**이다. 절편은 대중교통수단의 경우 $(b_0 + b_2)$로 변하고 자가운전의 경우 $(b_0 + b_3)$로 변한다. 따라서 두 개 더미변수만 가지고 3개 범주를 모두 고려할 수 있다.

회귀모형이 절편항을 포함하고 있으면, 회귀분석에서 한 개 더미변수가 제외된다. 여기서 제외된 범주가 다른 범주들이 평가되는 기준범주가 된다. 범주 수와 같은 더미변수들이 사용되는 경우, 더미변수들의 합은 1이 된다. 예를 들면, 카풀이면 1이고, 그렇지 않으면 0인 세 번째 더미변수 d_3를 추가하면, 모든 관측치에서 $d_1 + d_2 + d_3 = 1$이다. 이것은 15장에서 논의한 완전한 다중공선성의 문제를 발생시킨다. 이러한 모형은 추정될 수 없다는 것을 기억하라. 이러한 상황은 종종 **더미변수 함정(dummy variable trap)**이라고 부른다.

더미변수 함정 피하기

선형회귀모형이 절편항을 포함하고 있으면, 범주변수를 나타내는 더미변수의 수는 범주형 변수의 범주 수에서 1개를 뺀 것과 같아야 한다.

예제 17.3

FILE ***NPS.*** 한 소프트웨어 개발회사의 인적자원관리자는 영업사원의 순추천의향지수(NPS)를 분석하기 원한다. 순추천의향지수는 0(가능성이 없음)부터 10(매우 높은 가능성)까지의 척도로 고객이 제품이나 회사를 다른 사람에게 얼마나 추천할 가능성이 있는지를 측정하는 고객만족과 충성도의 핵심 지표이다. 이 관리자는 NPS는 영업사원의 성격유형(분석가형, 외교관형, 탐험가형, 척후병형)과 취득한 전문자격증 수(Certificates)와 관련되어 있다고 믿는다. 그는 영업사원 120명을 대상으로 NPS, 성격유형, 전문자격증 수에 대한 데이터를 수집하였다. 표 17.4는 이러한 데이터의 일부를 보여준다.

표 17.4 NPS, 전문자격증 수, 성격유형 데이터, $n = 120$

NPS	Certificates	Analyst	Diplomat	Explorer	Sentinel
8	1	0	0	1	0
7	5	0	1	0	0
⋮	⋮	⋮	⋮	⋮	⋮
5	0	0	1	0	0

a. NPS를 반응변수로 사용하고 Analyst, Diplomat, Explorer를 나타내는 세 개 더미변수를 설명변수로 사용하는 선형회귀모형을 추정하라.
b. 3개 전문자격증을 가지고 있고 성격이 외교관형과 척후병형인 영업사원의 NPS를 예측하라.
c. 5%의 유의수준에서 성격이 외교관형과 척후병형인 영업사원의 NPS는 다른지 검정하라.

해답:

a. 표 17.5는 추정된 모형의 회귀분석결과를 보여준다.

표 17.5 예제 17.3을 위한 회귀분석결과

	Coefficients	Standard Error	t Stat	p-Value
Intercept	3.0998	0.461	6.721	0.000
Certificates	0.6123	0.103	5.971	0.000
Analyst	−0.1485	0.582	−0.255	0.799
Diplomat	2.5029	0.488	5.124	0.000
Explorer	1.9483	0.459	4.245	0.000

전문자격증 수에 더하여 성격유형이 NPS와 관련되어 있는 것으로 분석되었다. 4가지 성격유형 중에서, 외교관형과 탐험가형이 가장 높은 NPS 값을 가진다.

b. 3개 전문자격증을 가지고 있고 성격이 외교관형인 영업사원의 NPS를 예측하기 위해, Certificates = 3, Analyst = 0, Diplomat = 1, Explorer = 0이라고 설정하고 $\widehat{NPS} = 3.0998 + 0.6123 \times 3 + 2.5029 \times 1 = 7.44$를 계산한다. 3개 전문자격증을 가지고 있고 성격이 척후병형인 영업사원의 NPS는 $\widehat{NPS} = 3.0998 + 0.6123 \times 3 = 4.94$와 같이 예측된다. 두 성격유형의 NPS 차이인 2.50(= 7.44 − 4.94)는 Diplomat의 계수 추정치 2.5029로부터 추론될 수 있다.

c. Sentinel을 기준범주로 사용하는 경우, Diplomat 변수의 *p*-값은 근사적으로 0이다. 따라서 5%의 유의수준에서 외교관형과 척후병형 간 NPS는 다르다고 결론 내린다.

예제 17.4

FILE ***NPS.*** *NPS* 데이터 파일을 사용하여 NPS가 외교관형과 탐험가형 간에 다른지 결정하라. 5%의 유의수준에서 검정을 수행하라.

해답:

표 17.5에 보고되어 있는 회귀분석결과는 NPS가 외교관형과 탐험가형 간에 다른지 결정하기 위해 사용될 수 없다. 관련된 검정을 수행하기 위해, 다른 범주들이 평가되는 기준범주로 Diplomat이나 Explorer를 사용해야 한다. 표 17.6은 Explorer를 기준범주로 사용한 회귀분석결과를 보여준다.

표 17.6 예제 17.4를 위한 회귀분석결과

	Coefficients	Standard Error	*t* Stat	*p*-Value
Intercept	5.0481	0.348	14.511	0.000
Certificates	0.6123	0.103	5.971	0.000
Analyst	−2.0968	0.501	−4.183	0.000
Diplomat	0.5546	0.388	11.428	0.156
Sentinel	−1.9483	0.459	−4.245	0.000

3개 전문자격증을 가지고 있고 성격이 외교관형인 영업사원인 경우, Certificates = 3, Analyst = 0, Diplomat = 1, Sentinel = 0이라고 설정하고 $\widehat{\text{NPS}} = 5.0481 + 0.6123 \times 3 + 0.5546 \times 1 = 7.44$를 계산한다. 이 값은 예제 17.3에서 구한 값과 같다. 실제로, 모든 예측되는 NPS 값은 예제 17.3에서 구한 값과 같다. 이것은 기준범주의 선택이 예측하는 데 문제가 되지 않는다는 것을 보여준다.

Explorer를 기준범주로 사용하는 경우, Diplomat 변수의 p-값은 0.156이고 $\alpha = 0.05$보다 크다. 따라서 5%의 유의수준에서 NPS가 외교관형과 탐험가형 간에 다르다고 결론 내릴 수 없다.

연습문제 17.1

1. y가 반응변수, x가 수치형 설명변수, d가 더미변수인 선형회귀모형을 고려하라. 이 모형은 $\hat{y} = 14.8 + 4.4x - 3.8d$와 같이 추정되었다.

a. 더미변수의 계수를 해석하라.

b. $x = 3$이고 $d = 1$일 때, $\hat{y}$을 계산하라.

c. $x = 3$이고 $d = 0$일 때, $\hat{y}$을 계산하라.

2. y가 반응변수, d_1와 d_2가 더미변수인 선형회귀모형을 고려하라. 이 모형은 $\hat{y} = 160 + 15d_1 + 32d_2$와 같이 추정되었다.

a. $d_1 = 1$이고 $d_2 = 1$일 때, $\hat{y}$을 계산하라.

b. $d_1 = 0$이고 $d_2 = 0$일 때, $\hat{y}$을 계산하라.

3. 50개 관측치를 사용하면서 회귀모형 $y = \beta_0 + \beta_1 x + \beta_2 d_1 + \beta_3 d_2 + \varepsilon$을 추정하여 다음과 같은 회귀분석결과를 얻었다.

	Coefficients	Standard Error	*t* Stat	*p*-Value
Intercept	−0.61	0.23	−2.75	0.007
x	3.12	1.04	3.01	0.003
d_1	−13.22	15.65	−0.85	0.401
d_2	5.35	1.25	4.27	0.000

a. $x = 250$, $d_1 = 1$, $d_2 = 0$일 때, $\hat{y}$을 계산하라. $x = 250$, $d_1 = 0$, $d_2 = 1$일 때, $\hat{y}$을 계산하라.

b. d_1과 d_2를 해석하라. 5%의 유의수준에서 두 더미변수 모두 개별적으로 유의한가? 설명하라.

4. 한 선임연구원은 마케팅 전공의 연봉 차이를 설명하는 요인들을 더 잘 이해하기 원한다. 그는 두 모형, 즉 $y = \beta_0 + \beta_1 d_1 + \varepsilon$ (모형 1)과 $y = \beta_0 + \beta_1 d_1 + \beta_2 d_2 + \varepsilon$ (모형 2)을 추정하기로 결정하였다. 여기서 y는 연봉을 나타내고, d_1은 남성 종업원이면 1인 더미변수이며 d_2는 MBA 학위를 가지고 있는 종업원이면 1인 더미변수이다.

a. 모형 1의 기준범주는 무엇인가?

b. 모형 2의 기준범주는 무엇인가?

c. 두 모형에서, d_1이 여성 종업원이면 1이 되는 것이 문제가 되는가?

5. 주택가격 y(1,000달러)가 주택크기 x (ft^2)와 주택이 바다전망을 가지고 있으면 1인 더미변수 d의 함수로 추정되었다. 추정된 주택가격은 $\hat{y} = 118.90 + 0.12x + 52.60d$와 같다.

a. 주택크기가 각각 2,000 ft^2와 3000 ft^2이고 바다전망을 가지고 있는 주택의 가격을 예측하라.

b. 주택크기가 각각 2,000 ft^2와 3000 ft^2이고 바다전망을 가지고 있지 않은 주택의 가격을 예측하라.

c. 바다전망이 주택가격에 미치는 영향을 논의하라.

6. **FILE** ***Urban.*** 한 사회학자는 미국에 사는 가계의 소비지출

(Consumption, 달러)과 가구소득(Income, 달러), 가족이 도시 또는 농촌 지역에 사느냐 여부(Urban: 도시에 살면 1이고, 그렇지 않으면 0)의 관계를 검토하고 있다. 그녀는 미국 전역에 사는 50개 가계에 대한 데이터를 수집하였다. 다음의 표는 이러한 데이터의 일부를 보여준다.

Consumption	Income	Urban
62336	87534	0
60076	94796	1
⋮	⋮	⋮
59055	100908	1

a. 회귀모형 Consumption = β_0 + β_1Income + β_2Urban + ε을 추정하라. 추정된 모형을 사용하여 소득이 80,000달러인 도시 가계의 소비지출을 예측하라. 소득이 80,000달러인 농촌 가계의 소비지출을 예측하라.

b. 회귀모형 Consumption = β_0 + β_1Income + β_2Rural + ε을 추정하라. 여기서 Rural은 농촌에 살면 1이고, 그렇지 않으면 0인 더미변수이다. 추정된 모형을 사용하여 소득이 80,000달러인 도시 가계의 소비지출을 예측하라. 소득이 80,000달러인 농촌 가계의 소비지출을 예측하라.

c. 두 모형의 결과를 해석하라.

7. **FILE** ***IPO.*** 신규상장(IPO)가격에 관한 이론들 중 하나는 신규상장시 최초수익률(공모가격으로부터 상장 시초가격의 퍼센트 변화)은 가격수정률(공모전 가격으로부터 공모가격의 퍼센트 변화)에 의존한다는 것이다. 최초수익률에 영향을 줄 수 있는 다른 요인은 하이테크 기업 여부이다. 다음의 표는 264개 신규상장기업에 대한 데이터의 일부를 보여준다.

Initial	Revision	HighTech
33.93	7.14	No
18.68	−26.39	No
⋮	⋮	⋮
0.08	−29.41	Yes

a. 회귀모형 $y = \beta_0 + \beta_1 x + \beta_2 d + \varepsilon$을 추정하라. 여기서 더미변수 d는 하이테크 기업이면 1이고, 그렇지 않으면 0이다. 추정된 모형을 사용하여 가격수정률이 10%인 하이테크 기업의 최초수익률을 예측하라. 추정된 모형을 사용하여 가격수정률이 10%인 하이테크 기업이 아닌 기업의 최초수익률을 예측하라.

b. 회귀모형 $y = \beta_0 + \beta_1 x + \beta_2 d + \varepsilon$을 추정하라. 여기서 더미변수 d는 하이테크 기업이 아니면 1이고, 그렇지 않으면 0이다. 추정된 모형을 사용하여 가격수정률이 10%인 하이테크 기업의 최초수익률을 예측하라. 추정된 모형을 사용하여 가격수정률이 10%인 하이테크 기업이 아닌 기업의 최초수익률을 예측하라.

8. **FILE** ***BMI.*** 세계보건기구(World Health Organization)에 의하면, 비만은 전 세계적으로 전염병 수준에 이르렀다. 비만은 일반적으로 만성질병 또는 장애와 관련되어 있지만 연구원들은 비만이 연봉에 영향을 미칠 수 있다고 주장한다. 달리 말하면, 종업원의 체질량지수(BMI)는 연봉에 대한 예측변수이다. 다음의 표는 대학을 졸업한 30명 남성의 연봉(1,000달러), BMI, 백인이면 1이고, 그렇지 않으면 0인 더미변수(White)에 대한 데이터 일부를 보여준다.

Salary	BMI	White
34	33	1
43	26	1
⋮	⋮	⋮
45	21	1

a. BMI와 White를 설명변수로 사용하면서 Salary를 예측하기 위한 회귀모형을 추정하라. 5%의 유의수준에서 BMI가 연봉에 영향을 미치는지 결정하라.

b. BMI가 30인 대학을 졸업한 백인 남성의 추정되는 연봉은 얼마인가? BMI가 30인 대학을 졸업한 백인이 아닌 남성의 추정되는 연봉은 얼마인가?

9. **FILE** ***Wage.*** 한 연구원은 한 대기업에서 남성이 여성보다 평균적으로 시간당 임금을 더 받는지 궁금해하고 있다. 그녀는 종업원 50명을 대상으로 설문조사하고 각 종업원의 시간당 임금(Wage, 달러), 고등교육연수(EDUC, 년), 근무연수(EXPER, 년), 연령(Age), Male 더미변수(Male: 남성이면 1이고, 그렇지 않으면 0)에 대한 데이터를 수집하였다. 다음의 표는 이러한 데이터의 일부를 보여준다.

Wage	EDUC	EXPER	Age	Male
37.85	11	2	40	1
21.72	4	1	39	0
⋮	⋮	⋮	⋮	⋮
24.18	8	11	64	0

a. 회귀모형 Wage = β_0 + β_1EDUC + β_2EXPER + β_3Age + β_4Male + ε을 추정하라.

b. 고등교육연수가 10년, 근무연수가 5년인 40세 남성 종업원의 시간당 임금을 예측하라. 고등교육연수가 10년, 근무연수가 5년인 40세 여성 종업원의 시간당 임금을 예측하라.

c. Male의 계수 추정치를 해석하라. 5%의 유의수준에서 Male 변수는 유의한가? 데이터는 이 기업에서 성별 간에

임금차별이 있다고 제시하는가?

10. **FILE** ***Nicknames.*** 미국에서 야구는 항상 인기 있는 스포츠이고 통계와 이론으로 가득 차 있다. 연구원들은 닉네임이 있는 메이저리그 선수들이 그렇지 않은 선수들보다 더 오래 산다는 것을 보여주었다. 다음의 표는 선수의 수명(Years, 년)과 닉네임 더미변수(Nickname: 닉네임이 있었으면 1이고, 그렇지 않으면 0)에 대한 데이터의 일부를 보여준다.

Years	Nickname
74	Yes
62	Yes
⋮	⋮
64	No

a. 닉네임이 있었던 선수들로 구성된 표본과 닉네임을 가지고 있지 않았던 선수들로 구성된 표본을 만들어라. 각 표본에서 평균 수명을 계산하라.

b. 더미변수 d (닉네임이 있었으면 1, 그렇지 않으면 0)을 설명변수로 사용하면서, Years를 위한 선형회귀모형을 추정하라. 닉네임이 있는 선수의 수명과 닉네임이 없는 선수의 수명을 예측하라.

11. **FILE** ***SAT.*** 대학수학능력시험(SAT)은 수년에 걸쳐 많은 수정이 이루어졌다. 사람들은 일반적으로 여학생들이 수학시험에서는 낮은 성적을 받으나 작문시험에서는 좋은 성적을 받는다고 주장한다. 작년에 SAT를 치른 20명의 학생들에 대한 데이터의 일부가 다음의 표에 제시되어 있다. 데이터에는 각 학생의 작문점수(Writing), 수학점수(Math), GPA, 학생이 여학생이면 1이고, 그렇지 않으면 0인 더미변수(Female)에 관한 정보가 포함되어 있다.

Writing	Math	GPA	Female
620	600	3.44	0
570	550	3.04	0
⋮	⋮	⋮	⋮
540	520	2.84	0

a. 반응변수가 Writing이고 설명변수가 GPA와 Female인 선형회귀모형을 추정하라.

b. GPA가 3.5인 남학생의 작문점수를 예측하라. GPA가 3.5인 여학생의 작문점수를 예측하라.

c. 5%의 유의수준에서, 작문점수가 남성과 여성 간 다른지 결정하라.

12. **FILE** ***SAT.*** 연습문제 11을 참조하라. 반응변수가 Math이고 설명변수가 GPA와 Female인 선형회귀모형을 추정하라.

a. GPA가 3.5인 남학생의 수학점수를 예측하라. GPA가 3.5인 여학생의 수학점수를 예측하라.

b. 5%의 유의수준에서, 수학점수가 남성과 여성 간 다른지 결정하라.

13. **FILE** ***Ice_Cream.*** 한 아이스크림 가게의 경영자는 하루에 예상되는 고객 수를 결정하고자 한다. 전반적인 사업은 과거 수년 동안 상대적으로 안정적이었으나 고객 수는 증가하기도 하고 감소하기도 했던 것으로 보인다. 그는 30일 동안의 데이터를 수집하고 고객 수(Customers), 최고 온도(Temperature, 화씨), 영업일이 주말이면 1이고, 그렇지 않으면 0인 더미변수(Weekend)를 기록하였다. 다음의 표는 이러한 데이터의 일부를 보여준다.

Customers	Temperature	Weekend
376	75	0
433	78	0
⋮	⋮	⋮
401	68	0

a. 회귀모형 Customers = $\beta_0 + \beta_1$Temperature + β_2Weekend + ε을 추정하라.

b. 이 경영자는 예보된 최고 온도가 화씨 80도인 일요일에 얼마나 많은 고객을 예상할 수 있는가?

c. Weekend의 회귀계수 추정치를 해석하라. 5%의 유의수준에서, Weekend의 회귀계수는 유의한가? 이러한 결과는 이 가게의 점원 충원 수요에 어떻게 영향을 미칠 수 있는가?

14. '마켓 타이밍(주식시장의 상승과 하락을 예측하여 높은 수익률을 얻으려는 투자 행위)'을 위해, 한 재무분석가는 주식의 분기 수익률을 연구하고 있다. 그는 회귀모형 $y = \beta_0 + \beta_1 d_1 + \beta_2 d_2 + \beta_3 d_3 + \varepsilon$을 사용하였다. 여기서 y는 주식의 분기 수익률, d_1은 1분기이면 1, 그렇지 않으면 0인 더미변수, d_2는 2분기이면 1, 그렇지 않으면 0인 더미변수, d_3은 3분기이면 1, 그렇지 않으면 0인 더미변수이다. 다음의 표는 회귀분석결과의 일부를 보여준다.

	Coefficients	Standard Error	*t* Stat	*p*-Value
Intercept	10.62	5.81	1.83	0.08
d_1	−7.26	8.21	−0.88	0.38
d_2	−1.87	8.21	−0.23	0.82
d_3	−9.31	8.21	−1.13	0.27

a. 1년에 4개 분기가 있는데, 이 재무분석가는 왜 회귀모형에 네 번째 더미변수를 포함시키지 않았는가?

b. 5%의 유의수준에서, 더미변수들은 개별적으로 유의한가? 설명하라.

c. 모든 분기를 고려하면서, 2분기의 분기 수익률이 3분기의 분기 수익률보다 더 높은지 결정하기 위해 회귀모형을 어떻게 수정하여야 하는지 설명하라.

15. **FILE** ***Industry.*** CEO의 보상에 관한 쟁점이 광범위한 언론의 관심을 끌었다. CEO의 보상(100만 달러)을 기업의 총자산(100만 달러)과 기업이 속한 산업과 관련시키는 회귀모형을 고려해보라. 더미변수는 4개 산업, 즉 d_1은 기술제조업, d_2는 기타 기술제조업, d_3는 금융서비스산업 d_4는 비금융서비스산업을 나타내기 위해 사용된다. 다음의 표는 455명의 CEO에 대한 데이터의 일부를 보여준다.

Compensation	Assets	d_1	d_2	d_3	d_4
16.58	20.92	1	0	0	0
26.92	32.66	1	0	0	0
⋮	⋮	⋮	⋮	⋮	⋮
2.30	44.88	0	0	1	0

a. 회귀모형 $y = \beta_0 + \beta_1 x + \beta_2 d_1 + \beta_3 d_2 + \beta_4 d_3 + \varepsilon$을 추정하라. 여기서 y와 x는 각각 CEO 보상과 기업의 총자산을 나타낸다. 기준범주는 비금융서비스산업이다.

b. 5%의 유의수준에서 비금융서비스산업에 비해 어떤 산업들이 다른 CEO 보상을 가지고 있는지 결정하라.

d. 5%의 유의수준에서 CEO 보상이 기술제조업이 아닌 기타제조업에서 더 높은지를 결정하기 위해 회귀모형을 수정하라. 당신의 모형은 총자산과 4개 산업유형을 고려해야 한다.

16. **FILE** ***QuickFix.*** 퀵서비스, 즉 사전약속 없는 자동차 정비서비스를 제공하는 체인인 퀵픽스사의 관리담당 경영자는 4개 요인, 즉 자동차수리 차고 수(Garage), 5마일 반경내의 인구(Population, 천 명), 고속도로 접근성(Access, 편리하면 1이고 그렇지 않으면 0), 계절(Winter, 겨울이면 1이고 그렇지 않으면 0)에 기초하여 한 자동차 정비업체에서 수리되는 월간 자동차 수(Vehicles)를 예측하기 위한 모형을 개발하기 원한다. 그는 모든 다른 것들이 일정한 경우, 고속도로에 가까이 있는 자동차 정비업체는 더 많은 자동차를 수리하고, 배터리와 타이어 문제 때문에 겨울에 더 많은 자동차가 수리된다고 믿는다. 19개 자동차 정비업체로 구성된 표본이 추출되었다. 다음의 표는 이러한 데이터의 일부를 보여준다.

Vehicles	Garage	Population	Access	Winter
200	3	15	0	0
351	3	22	0	1
⋮	⋮	⋮	⋮	⋮
464	6	74	1	1

a. 수리되는 자동차 대수를 4개 설명변수와 관련시키는 표본회귀식을 추정하라.

b. 각 기울기 계수 추정치를 해석하라.

c. 5%의 유의수준에서 설명변수들은 결합하여 유의한가? 5%의 유의수준에서 설명변수들은 각각 개별적으로 유의한가? 10%의 유의수준에서는 어떤가?

d. 수리되는 자동차 대수의 변동 중 몇 %가 4개 설명변수에 의해서 설명되는가?

e. 자동차수리 차고 수가 5개, 5마일 반경 내의 인구가 4만 명이고 고속도로 접근성이 편리한 한 특정한 자동차 정비업체에서 겨울이 아닌 달에 수리되는 자동차 대수를 예측하라.

17. **FILE** ***Retail.*** 한 정부 연구원은 소매매출액(100만 달러)과 국민총생산(GNP, 10억 달러) 간 관계를 분석하고 있다. 또한 그는 소매매출액이 분기별로 유의한 차이가 존재하는지를 궁금해하고 있다. 그는 10년간의 분기 데이터를 수집하였다. 다음의 표는 이러한 데이터의 일부를 보여준다.

Year	Quarter	Sales	GNP
1	1	696048	9740.5
1	2	753211	9983.5
⋮	⋮	⋮	⋮
10	4	985649	14442.8

a. 회귀모형 $y = \beta_0 + \beta_1 x + \beta_2 d_1 + \beta_3 d_2 + \beta_4 d_3 + \varepsilon$을 추정하라. 여기서 y와 x는 각각 소매매출액과 GNP를 나타낸다. d_1은 1분기이면 1이고, 그렇지 않으면 0이다. d_2는 2분기이면 1이고, 그렇지 않으면 0이다. d_3은 3분기이면 1이고, 그렇지 않으면 0이다. 여기서 기준범주는 4분기이다.

b. GNP가 13조 달러일 때, 2분기와 4분기의 소매매출액을 예측하라.

c. 5%의 유의수준에서 어떤 분기의 소매매출액이 4분기의 소매매출액과 유의하게 다른가?

d. 5%의 유의수준에서 소매매출액이 2분기와 3분기 간에 다른지를 결정하기 위해 회귀모형을 수정하라. 당신의 모형은 모든 분기를 고려해야 한다.

17.2 더미변수와 수치형 변수의 상호작용

지금까지 절편의 이동을 허용하기 위해 더미변수를 사용하였다. 즉, 이 경우, 더미변수 d는 y의 예측값이 x의 값에서 두 범주 간에 고정된 크기만큼 차이가 나게 해준다. 이에 더하여 y의 예측값이 x의 값에서 두 범주 간에 다른 크기만큼 차이가 나게 하기 위해 상호작용변수를 사용할 수 있다. 이 경우 상호작용변수는 수치형 변수 x와 더미변수 d 간 상호작용을 포착하는 두 변수를 곱한 xd이다. d 변수와 xd 변수를 함께 사용하면, 범주형 변수의 두 범주 간에 추정된 선형회귀선의 기울기뿐만 아니라 절편이 달라진다.

다음과 같은 회귀모형을 생각해보자.

$$y = \beta_0 + \beta_1 x + \beta_2 d + \beta_3 xd + \varepsilon$$

표본데이터를 사용하여 이 모형을 다음과 같이 추정할 수 있다.

$$\hat{y} = b_0 + b_1 x + b_2 d + b_3 xd$$

주어진 x값과 $d = 1$에서, 예측값은 다음과 같이 계산된다.

$$\hat{y} = b_0 + b_1 x + b_2 + b_3 x = (b_0 + b_2) + (b_1 + b_3)x$$

이와 유사하게, 주어진 x값과 $d = 0$에서, 예측값은 다음과 같이 계산된다.

$$\hat{y} = b_0 + b_1 x$$

상호작용변수 xd와 함께 사용되는 더미변수 d는 추정된 회귀선의 기울기뿐만 아니라 절편에 영향을 미친다. $d = 0$일 때 절편 추정치 b_0와 기울기 추정치 b_1은 $d = 1$일 때 각각 $(b_0 + b_2)$와 $(b_1 + b_3)$으로 바뀐다. 그림 17.2는 $b_2 > 0$와 $b_3 > 0$인 경우, $d = 0$이 $d = 1$으로 바뀔 때 추정된 회귀선의 절편과 기울기의 변화를 보여준다.

그림 17.2 d와 xd의 사용에 의한 절편과 기울기의 변화

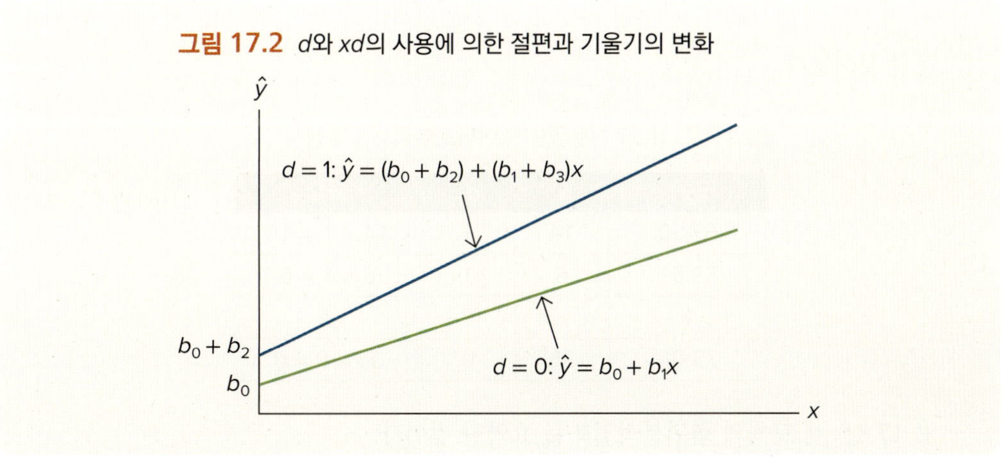

회귀모형을 추정하기 전에, 표본데이터를 사용하여 다른 설명변수들과 함께 사용되는 두 변수 d와 xd를 생성한다. 이어서 회귀모형을 추정하고 유의성 검정을 수행한다.

더미변수와 상호작용변수에 대한 유의성 검정

회귀모형 $y = \beta_0 + \beta_1 x + \beta_2 d + \beta_3 xd + \varepsilon$에서 더미변수 d와 상호작용변수 xd에 대한 개별유의성을 검정하기 위해 t 검정을 수행할 수 있다. 이와 유사하게, d와 xd에 대한 결합유의성을 검정하기 위해 부분 F 검정을 수행할 수 있다.

예제 17.5

FILE ***Professor.*** 17.1절에서 교수의 연봉이 성별과 연령에 따라 차이가 나는지 검정하기 위한 회귀모형을 추정하였다. 회귀분석결과에 의하면, 연봉을 설명하는 데 근무연수 x와 Male 더미변수 d_1은 유의하였으나 Older 더미변수 d_2는 유의하지 않았다. 연봉을 설명하는 모형을 개선하기 위해 d_2를 삭제하고 다음과 같은 세 모형을 ***Professor*** 데이터 파일을 사용하여 추정한다. 여기서 y는 연봉(1,000달러)을 나타낸다.

모형 1: $y = \beta_0 + \beta_1 x + \beta_2 d_1 + \varepsilon$

모형 2: $y = \beta_0 + \beta_1 x + \beta_2 xd_1 + \varepsilon$

모형 3: $y = \beta_0 + \beta_1 x + \beta_2 d_1 + \beta_3 xd_1 + \varepsilon$

a. 세 모형 각각을 추정하고 해석하라.
b. 가장 적정한 모형을 선택하라.
c. 선택된 모형을 사용하여 근무연수에 따른 남성 교수와 여성 교수의 연봉을 예측하라.

해답:

a. 세 모형을 추정하기 위해, 먼저 d_1과 xd_1의 데이터를 생성한다. 곧 R을 사용하여 관련된 변수들을 생성하고 세 모형 각각을 추정할 것이다. 표 17.7은 이러한 데이터의 일부를 보여준다.

표 17.7 표 17.1에 있는 데이터로부터 xd_1의 생성

y	x	d_1	xd_1
67.50	14	1	$14 \times 1 = 14$
53.51	6	1	$6 \times 1 = 6$
⋮	⋮	⋮	⋮
73.06	35	0	$35 \times 0 = 0$

표 17.8은 세 모형의 회귀분석결과를 요약한 것이다.

표 17.8 모형 추정치의 요약

	모형 1	모형 2	모형 3
Intercept	39.4333* (0.000)	47.0725* (0.000)	49.4188* (0.000)
Experience (x)	1.2396* (0.000)	0.8466* (0.000)	0.7581* (0.000)
Male (d_1)	13.8857* (0.000)	NA	−4.0013 (0.422)
Experience × Male (xd_1)	NA	0.7716* (0.000)	0.9303* (0.000)
Adjusted R^2	0.7031	0.7923	0.7905

주: 모수 추정치 아래에 있는 괄호 안의 수치는 p-값이다. NA는 해당사항 없음을 나타낸다.
*는 5%의 유의수준에서 유의하다는 것을 나타낸다. 마지막 행은 모형 비교를 위한 조정 R^2 값을 보여준다.

모형 1은 근무연수에 관계없이, 남성 교수와 여성 교수 간 연봉이 고정된 크기만큼 다르다는 것을 허용하기 위해 더미변수 d_1을 사용한다. 이 모형은 $\hat{y} = 39.4333 + 1.2396x + 13.8857d_1$과 같이 추정되었다. d_1과 관련된 p-값 ≈ 0이기 때문에, 5%의 유의수준에서 d_1은 연봉에 통계적으로 유의한 영향을 미친다고 결론 내린다. 추정된 모형에 의하면, 모든 근무연수에서 남성 교수는 여성 교수보다 평균적으로 약 13,886 달러(= 13.8857 × 1,000) 더 번다.

모형 2는 남성 교수와 여성 교수 간 연봉 차이가 근무연수에 따라 달라지는 것을 허용하기 위해 상호작용변수 xd_1을 사용한다. 이 모형은 $\hat{y} = 47.0725 + 0.8466x + 0.7716xd_1$과 같이 추정되었다. xd_1과 관련된 p-값 ≈ 0이기 때문에, 5%의 유의수준에서 xd_1은 연봉에 통계적으로 유의한 영향을 미친다고 결론 내린다. 근무연수가 1년 증가할 때마다 남성 교수와 여성 교수 간 추정되는 연봉 차이는 약 772달러(= 0.7716 × 1,000)만큼 증가한다.

모형 3은 근무연수에 따라 남성 교수와 여성 교수 간 연봉 차이가 고정되어 있는 부분과 달라지는 부분을 동시에 허용하기 위해 d_1과 xd_1을 사용한다. 추정된 회귀식은 $\hat{y} = 49.4188 + 0.7581x - 4.0013d_1 + 0.9303xd_1$이다. 흥미롭게도 d_1변수는 p-값이 0.422이기 때문에 5%의 유의수준에 더 이상 통계적으로 유의하지 않다. 그러나 xd_1 변수는 p-값이 근사적으로 0이기 때문에 유의하고, 근무연수가 1년 증가할 때마다 남성 교수와 여성 교수 간 추정된 연봉 차이가 약 930달러(= 0.9303 × 1,000)만큼 증가한다고 제시한다.

b. 모형 1에서 더미변수 d_1이 유의하고 모형 2에서 상호작용변수 xd_1이 유의한 반면, 모형 3은 다소 상충되는 결과를 제시한다. 이것은 어느 모형을 신뢰해야 하는가에 대한 중요한 질문을 제기한다. 경영분야의 적용에서 이러한 일은 흔하게 나타난다. 앞에

서 논의한 것처럼, 서로 다른 설명변수 수를 가진 모형들을 비교하기 위해 일반적으로 조정 R^2이 사용된다. 표 17.8의 마지막 행에 보고되어 있는 조정 R^2의 값에 기초하여, 가장 높은 0.7923의 조정 R^2의 값을 가지고 있는 모형 2가 선호되는 모형으로 선택된다.

c. 회귀분석결과를 추가적으로 해석하기 위해, 모형 2를 사용하여 근무연수에 따른 남성 교수와 여성 교수의 연봉을 예측한다. 예를 들면, 근무연수가 10년인 경우, 남성 교수($d_1 = 1$)의 예측되는 연봉은 다음과 같이 63,255달러로 계산된다.

$$\hat{y} = 47.0725 + 0.8466 \times 10 + 0.7716 \times 10 \times 1 = 63.255$$

근무연수가 10년인 경우, 여성 교수($d_1 = 0$)의 예측되는 연봉은 다음과 같이 55,539달러로 계산된다.

$$\hat{y} = 47.0725 + 0.8466 \times 10 + 0.7716 \times 10 \times 0 = 55.539$$

따라서 근무연수가 10년인 경우, 남성 교수와 여성 교수 간 연봉차이는 약 7,716달러로 예측된다. 표 17.9는 다른 근무연수에서 남성 교수와 여성 교수의 예측되는 연봉(달러)과 연봉 차이를 보여준다.

표 17.9 근무연수별 예측되는 연봉

근무연수	남성 교수	여성 교수	연봉 차이
1	\$48,691	\$47,919	\$772
2	\$50,309	\$48,766	\$1,543
3	\$51,927	\$49,612	\$2,315
4	\$53,546	\$50,459	\$3,087
5	\$55,164	\$51,306	\$3,858
10	\$63,255	\$55,539	\$7,716
15	\$71,346	\$59,772	\$11,574
20	\$79,438	\$64,005	\$15,433
25	\$87,529	\$68,239	\$19,290
30	\$95,620	\$72,472	\$23,148

근무연수가 증가함에 따라, 남성 교수와 여성 교수 간 연봉 차이는 더 커진다는 것에 주목하라. 예를 들면, 근무연수가 5년인 경우, 연봉 차이는 3,858달러이다. 그러나 근무연수가 25년인 경우, 연봉 차이는 19,290달러로 증가한다. 이것은 모형 2에 상호작용변수가 포함된 것에 의해 포착된다. 그림 17.3은 표 17.9에 제시되어 있는 예측되는 연봉이 제시하는 기울기의 변화를 보여준다.

그림 17.3 남성 교수와 여성 교수의 예측되는 연봉

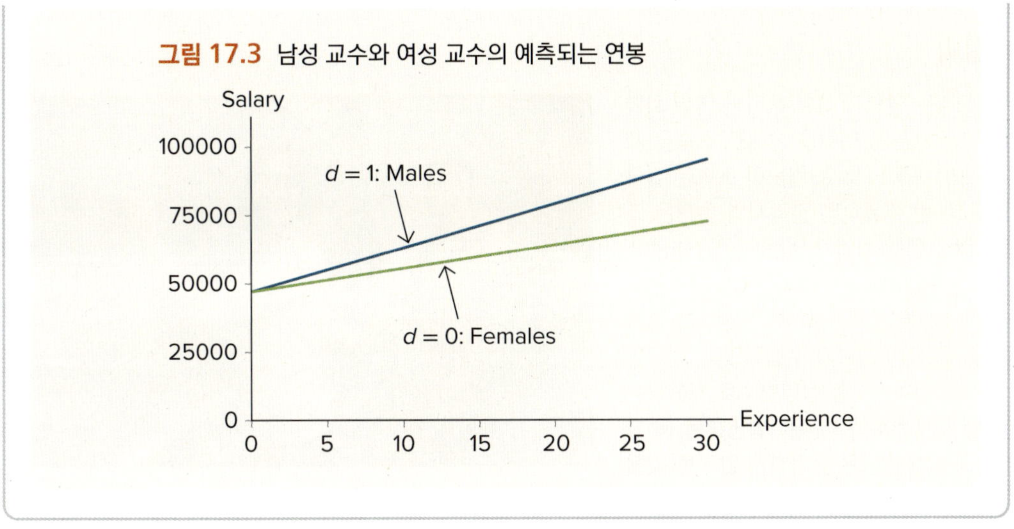

R을 이용한 더미변수와 상호작용변수를 포함하고 있는 회귀모형의 추정

다음의 지시사항을 사용하여 예제 17.5의 결과를 다시 구해보자.

A. ***Professor*** 데이터를 데이터프레임(테이블)으로 가져와서 myData라는 이름으로 지정한다.

B. **ifelse** 함수를 사용하여 성별 변수를 나타내는 Male 더미변수를 생성한다. 다음과 같이 입력하라.

```
> myData$Male <- ifelse(myData$Sex == "Male", 1, 0)
```

C. **lm** 함수와 **summary** 함수를 사용하여 세 모형을 추정하고 회귀분석결과를 구한다. 모형 2와 모형 3은 Experience와 Male을 곱하여 생성된 상호작용변수를 사용한다. 다음과 같이 입력하라.

```
> Model1 <- lm(Salary ~ Experience + Male, data = myData);
  summary(Model1)
> Model2 <- lm(Salary ~ Experience + I(Experience*Male),
  data = myData); summary(Model2)
> Model3 <- lm(Salary ~ Experience + Male + I(Experience*Male),
  data = myData); summary(Model3)
```

D. 모형 2를 위해 **predict** 함수를 사용하여 근무연수가 10년인 남성 교수와 여성 교수의 연봉을 예측한다. 다음과 같이 입력하라.

```
> predict(Model2, data.frame(Experience=c(10, 10), Male=c(1, 0)))
```

R은 63.25517과 55.53896을 산출한다.

이와 유사하게, 다른 Experience의 값을 사용하여 남성 교수와 여성 교수의 연봉을 예측할 수 있다.

도입사례 분석결과

Hero Images/Getty Images

세튼홀 대학의 세 여성교수는 연령과 성별에 따른 연봉 차별이 존재한다고 주장하면서 세튼홀 대학을 상대로 소송을 제기했다(www.nj.com, 2010년 11월 23일). 이 소송은 결국 기각되었음에도 불구하고, 한 커뮤니티 칼리지의 총장은 교수의 성별이나 연령에 따른 연봉 차이가 있는지 궁금해한다. 교수 42명을 대상으로 연봉(Salary, 1,000달러), 근무연수(Experience, 년), 성별(Sex, 남성 또는 여성), 연령(Age, 60세 미만 또는 60세 이상)에 대한 정보가 수집되었다. 근무연수, Male 더미변수, Older 더미변수를 설명변수로 사용하는 연봉에 대한 회귀분석결과는 연봉의 변동을 설명하는 데 교수의 성별은 유의하나 교수의 연령은 유의하지 않다는 것을 보여준다.

연봉을 설명하는 모형을 개선하기 위해, Older 더미변수를 제외시키고 연봉에 미치는 고정 효과와 변동효과 모두를 포착하기 위해 Male 더미변수를 사용하는 다양한 모형들이 추정되었다. 데이터를 가장 양호하게 적합시키는 표본회귀식은 고정효과를 포착하기 위해 사용되는 Male 더미변수를 포함하고 있지 않다. 그러나 Male 더미변수와 Experience 변수의 곱으로 정의되는 상호작용변수는 적정한 유의수준에서 유의하다. 이것은 근무연수가 1년 증가할 때마다 남성 교수가 여성 교수보다 약 772달러 이상 더 번다고 제시한다. 남성 교수와 여성 교수간 추정된 연봉 차이는 근무연수가 1년인 경우 772달러에 불과한 반면, 근무연수가 25년인 경우 19,290달러로 증가한다. 요약하면, 이러한 분석결과는 연봉이 성별에 따라 다르고, 남성 교수와 여성 교수 간 연봉 차이는 근무연수가 1년 증가할 때마다 증가한다고 제시한다.

연습문제 17.2

18. y가 반응변수이고 x와 d가 설명변수인 선형회귀모형을 고려하라. d는 1 또는 0의 값을 가지는 더미변수이다. 더미변수 d와 상호작용변수 xd를 포함한 선형회귀모형이 $\hat{y} = 5.2 + 0.9x + 1.4d + 0.2xd$와 같이 추정되었다.

a. $x = 10$과 $d = 1$일 때, $\hat{y}$을 계산하라.

b. $x = 10$과 $d = 0$일 때, $\hat{y}$을 계산하라.

19. 20개 관측치를 사용하면서, 회귀모형 $y = \beta_0 + \beta_1 x + \beta_2 d + \beta_3 xd + \varepsilon$을 추정하여 다음과 같은 회귀분석결과를 얻었다.

	Coefficients	Standard Error	*t* Stat	*p*-Value
Intercept	13.56	3.31	4.09	0.001
x	4.62	0.56	8.31	0.000
d	−5.15	4.97	−1.04	0.316
xd	2.09	0.79	2.64	0.018

a. $x = 10$과 $d = 1$일 때, $\hat{y}$을 계산하라. $x = 10$과 $d = 0$일 때, $\hat{y}$을 계산하라.

b. 5%의 유의수준에서 더미변수 d와 상호작용변수 xd는 개별적으로 유의한가? 설명하라.

20. 종업원의 연봉 y (1,000달러)가 근무연수 x, 대학 졸업생이면 1이고 그렇지 않으면 0인 더미변수 d, 상호작용변수 xd의 함수로 추정되었다. 추정된 표본회귀식은 $\hat{y} = 30.3 + 1.2x + 15.5d + 2.0xd$이다.

a. 대학을 졸업하고 근무연수가 5년인 종업원의 연봉을 예측하라. 대학을 졸업하고 근무연수가 15년인 종업원의 연봉을 예측하라.

b. 근무연수가 5년인 대학을 졸업하지 않은 종업원의 연봉을 예측하라. 근무연수가 15년인 대학을 졸업하지 않은 종업원의 연봉을 예측하라.

c. 학사학위가 연봉에 미치는 영향을 논의하라.

21. 주택가격 y (1,000달러)가 주택크기 x (ft^2), 주택이 바다전망을 가지고 있으면 1이고 그렇지 않으면 0인 더미변수 d, 상호작용변수 xd의 함수로 추정되었다. 추정된 표본회귀식은 $\hat{y} = 80 + 0.12x + 40d + 0.01xd$이다.

a. 바다전망을 가지고 있는 크기가 각각 2,000 ft^2와 3,000 ft^2인 주택의 가격을 예측하라.

b. 바다전망을 가지고 있지 않은 크기가 각각 2,000 ft^2와 3,000 ft^2인 주택의 가격을 예측하라.

c. 바다전망이 주택가격에 미치는 영향을 논의하라.

22. FILE ***Urban.*** 첨부된 데이터 파일은 미국에 사는 가계의 소비지출(Consumption, 달러), 가구소득(Income, 달러), 가족이 도시 또는 농촌 지역에 사느냐 여부(Urban: 도시에 살면 1이고, 그렇지 않으면 0)를 보여준다.

a. 회귀모형 Consumption $= \beta_0 + \beta_1$Income $+ \varepsilon$을 추정하라. 소득이 75,000달러인 가계의 소비지출을 예측하라.

b. 더미변수 Urban을 회귀모형에 포함시키고, 소득이 75,000달러인 도시지역과 농촌지역에 사는 가계의 소비지출을 예측하라.

c. 더미변수 Urban과 상호작용변수 Income × Urban을 회귀모형에 포함시키고, 소득이 75,000달러인 도시지역과 농촌지역에 사는 가계의 소비지출을 예측하라.

d. 어느 모형이 가장 양호하게 데이터를 적합시키는가? 설명하라.

23. FILE ***BMI.*** 첨부된 데이터 파일은 대학을 졸업한 30명 남성의 연봉(Salary, 1,000달러), 체질량지수(BMI), 백인이면 1이고, 그렇지 않으면 0인 더미변수(White)를 보여준다.

a. 설명변수로 BMI와 White를 사용하는 Salary를 위한 회귀모형을 추정하라.

b. 설명변수로 BMI, White, BMI × White를 사용하는 Salary를 위한 회귀모형을 추정하라.

c. 어느 모형이 더 적정한가? 설명하라. 이 모형을 사용하여 BMI가 30인 대학을 졸업한 백인 남성의 연봉을 추정하라. 이 모형을 사용하여 BMI가 30인 대학을 졸업한 백인이 아닌 남성의 연봉을 추정하라.

24. FILE ***Pick_Errors.*** 첨부된 데이터 파일은 종업원의 연간 선택 실수 건수(Errors), 근무연수(Exper, 년), 종업원이 훈련프로그램에 참석했는지 여부(Train: 참석했으면 1이고, 그렇지 않으면 0)를 보여준다.

a. 다음과 같은 두 회귀모형을 추정하라.

$\text{Errors} = \beta_0 + \beta_1 \text{ Exper} + \beta_2 \text{ Train} + \varepsilon$

$\text{Errors} = \beta_0 + \beta_1 \text{ Exper} + \beta_2 \text{ Train} + \beta_3 \text{ Exper} \times \text{Train} + \varepsilon$

b. 조정 R^2과 10%의 유의수준에서 설명변수들의 유의성 기준에 의하면, 어느 모형이 더 양호한 적합도를 제공하는가?

c. 선택된 모형을 사용하여, 훈련프로그램에 참석했고 근무연수가 10년인 종업원의 선택 실수 건수를 예측하고 훈련프로그램에 참석하지 않았고 근무연수가 20년인 종업원의 선택 실수 건수를 예측하라.

d. 양의 상호작용계수를 실용적으로 해석하라.

25. FILE ***IPO.*** 첨부된 데이터 파일은 264개 신규상장(IPO)기업에 대한 정보를 보여준다. 이 데이터에는 최초수익률(공모가격으로부터 상장 시초가격의 퍼센트 변화)(Initial), 가격수정률(공모전 가격으로부터 공모가격의 퍼센트 변화)(Revision), 하이테크 기업 여부(하이테크 기업이면 $d = 1$, 그렇지 않으면 0)가 포함되어 있다.

a. 반응변수로 최초수익률을 사용하고 설명변수로 가격수정률과 하이테크 더미변수를 사용하는 회귀모형을 추정하라.

b. 반응변수로 최초수익률을 사용하고 설명변수로 가격수정률, 하이테크 더미변수, 가격수정률 × 하이테크 더미변수를 사용하는 회귀모형을 추정하라.

c. 어느 모형이 선호되는가? 설명하라. 이 모형을 사용하여, 가격수정률이 15%인 하이테크 기업의 최초수익률을 추정하라. 가격수정률이 15%인 하이테크 기업이 아닌 기업의 최초수익률을 추정하라.

26. FILE ***Savings.*** 첨부된 데이터 파일은 2007년 1월부터 2010년 11월까지 미국의 개인저축률(Savings, %)과 개인처분가능소득(Income, 10억 달러)에 대한 월간 데이터를 보여준다.

a. 로그-로그 모형 $\ln(\text{Savings}) = \beta_0 + \beta_1 \ln(\text{Income}) + \varepsilon$을 추정하고 해석하라. 개인처분가능소득이 1% 증가할 때, 개인저축률은 몇 % 변화할 것으로 예측되는가?

b. 2008년 가을에 발생한 금융위기 때문에 구조적 변화가 있었는지 검정하기 원한다고 하자. 2008년 8월 이전의 경우 0의 값과 2008년 8월 이후의 경우 1의 값을 가지는 더미변수 d를 고려하라. 회귀모형 $\ln(\text{Savings}) = \beta_0 + \beta_1 \ln(\text{Income}) + \beta_2 d + \beta_3 \ln(\text{Income}) \times d + \varepsilon$을 추정하라. 2008년 이전에 개인처분가능소득이 1% 증가할 때, 개인저축률은 몇 % 변화할 것으로 예측되는가? 2008년 이후에 개인처분가능소득이 1% 증가할 때, 개인저축률은 몇 % 변화할 것으로 예측되는가?

c. 5%의 유의수준에서 β_2와 β_3가 결합하여 유의한지 결정하기 위해 부분 F 검정을 수행하라. 구조적 변화가 있었는가?

27. FILE ***BP_Race.*** 미국국립보건원(National Institute of Health)이 보고한 고혈압의 중요한 위험 요인은 체중과 인종이다. 고혈압은 과체중인 아프리카계 미국 성인에게 흔하다. 미국심장학회(American Heart Association)에 따르면, 수축기 혈압은 120 미만이어야 한다. 한 최근 연구에서, 애틀랜타시의 한 공공정책 연구원은 키가 5피트 10인치이고 55~60세 사이의 성인 남성 150명을 대상으로 설문조사를 하였다. 수축기 혈압, 체중(파운드), 인종(아프리카계 미국 성인 또는 아프리카계가 아닌 미국 성인)에 대한 데이터가 수집

되었다. 다음의 표는 이러한 데이터의 일부를 보여준다.

Systolic	Weight	Race
196	254	African
151	148	Non-African
⋮	⋮	⋮
170	228	Non-African

a. Race를 사용하여 아프리카계 미국 성인이면 1이고, 그렇지 않으면 0인 더미변수 African을 생성하라. 설명변수로 Weight와 African을 사용하면서 Systolic을 위한 회귀모형(모형 1)을 추정하라. 모형 1을 사용하여 체중이 180파운드인 아프리카계 미국 남성의 수축기 혈압과 아프리카계가 아닌 미국 남성의 수축기 혈압을 예측하라.

b. Weight와 African 간 상호작용을 포함하도록 모형 1을 확장하라. 이와 같이 확장된 모형(모형 2)을 사용하여 체중이 180파운드인 아프리카계 미국 남성의 수축기 혈압과 아프리카계가 아닌 미국 남성의 수축기 혈압을 예측하라.

c. 예측을 위해 두 모형 중 어느 모형이 선호되는가? 설명하라.

17.3 선형확률모형과 로지스틱 회귀모형

지금까지 더미변수(이항변수)가 설명변수로 사용되는 회귀모형을 살펴보았다. 이 절에서는 반응변수가 이항변수인 **이항선택(분류)모형[binary choice (classification) model]**을 분석한다. 소비자 선택에 관한 문헌은 주택을 살 것인지 아닌지, 헬스 클럽에 가입할 것인지 아닌지, 또는 대학원에 갈 것인지 아닌지와 같은 응용으로 가득 차 있다. 기업 수준에서 경영자는 홍보를 할 것인지 아닌지, 부채조정을 할 것인지 아닌지, 대출을 승인할 것인지 아닌지와 같은 결정을 한다. 이러한 모든 응용에서, 반응변수는 선택 중 하나는 1로 지정되고 그렇지 않으면 0으로 지정되는 이항변수이다. 통상 이러한 선택은 일단의 요인들, 즉 설명변수들과 관련되어 있다. 예를 들면, 한 가족이 주택을 살 것인지 아닌지는 가구소득, 모기지이자율 등등과 같은 설명변수들에 의존한다.

선형확률모형

선형회귀모형 $y = \beta_0 + \beta_1 x_1 + \beta_2 x_2 + \cdots + \beta_k x_k + \varepsilon$을 생각해보자. 여기서 y는 이항변수이다. 설명변수들 값의 조건에서 y의 기대값은 $\beta_1 x_1 + \beta_2 x_2 + \cdots + \beta_k x_k$와 같다. y는 두 가지 가능한 결과만 가지는 이산확률변수이기 때문에, y의 조건부 기대값은 $0 \times P(y = 0) + 1 \times P(y = 1) = P(y = 1)$, 즉 간단히 p와 같다. 달리 말하면, 성공의 확률 p는 설명변수들의 선형함수, 즉 $p = \beta_1 x_1 + \beta_2 x_2 + \cdots + \beta_k x_k$이다. 이항반응변수에 적용되는 선형회귀모형을 **선형확률모형(linear probability model, LPM)**이라고 부른다.

선형확률모형

선형확률모형은 $y = \beta_0 + \beta_1 x_1 + \beta_2 x_2 + \cdots + \beta_k x_k + \varepsilon$과 같이 정형화된다. 여기서 y는 1 또는 0의 값을 가진다.

- 이 모형을 사용한 예측은 $\hat{p} = \hat{y} = b_0 + b_1 x_1 + b_2 x_2 + \cdots + b_k x_k$에 의해 이루어진다. 여기서 $\hat{p}$은 예측되는 성공의 확률이고 $b_0, b_1, b_2, \cdots, b_k$는 계수 추정치이다.
- 예측을 위해, 반올림하지 않은 계수 추정치 사용을 권장한다.

예제 17.6

FILE ***Mortgage.*** 대침체(Great Recession)는 금융기관들이 모기지 대출을 제공하는 데 더 엄격하게 만들었다. 모기지 승인율을 분석하기 위해 30개의 최근 모기지 대출 신청건이 수집되었다. 반응변수 y는 모기지 대출이 승인되면 1이고, 그렇지 않으면 0이다. 모기지 대출 승인은 착수금 비율 x_1과 소득대출비율 x_2에 의존한다고 하자. 표 17.10은 이러한 데이터의 일부를 보여준다.

표 17.10 모기지 대출 신청 데이터

y	x_1	x_2
1	16.35	49.94
1	34.43	56.16
⋮	⋮	⋮
0	17.85	26.86

a. 선형확률모형 $y = \beta_0 + \beta_1 x_1 + \beta_2 x_2 + \varepsilon$을 추정하고 해석하라.

b. 착수금 비율이 20%이고 소득대출비율이 30%인 신청자의 대출승인확률을 예측하라. 착수금 비율이 30%일 때 신청자의 대출승인확률은 얼마인가?

해답:

a. 표 7.11은 회귀분석결과의 일부를 보여준다. 추정된 회귀식은 $\hat{p} = \hat{y} = -0.8682 + 0.0188x_1 + 0.0258x_2$이다. 두 설명변수는 각각 양의 값을 가지고 있고 p-값이 0.012와 0.000이기 때문에, 5%의 유의수준에서 대출 승인에 통계적으로 유의한 영향을 미친다. 또한 소득대출비율이 일정한 경우, $b_1 = 0.0188$은 착수금 비율이 1% 포인트 증가할 때 대출승인확률은 0.0188, 즉 1.88% 증가한다는 것을 의미한다. 이와 유사하게 착수금 비율이 일정한 경우, 소득대출비율의 1% 포인트 증가는 대출승인확률을 0.0258, 즉 2.58% 증가시킨다.

표 17.11 예제 17.6을 위한 선형확률모형의 회귀분석결과

	Coefficients	Standard Error	t Stat	p-Value
Intercept	−0.8682	0.2811	−3.089	0.005
Down Payment (x_1)	0.0188	0.0070	2.695	0.012
Income-to-loan Ratio (x_2)	0.0258	0.0063	4.107	0.000

b. 착수금 비율이 20%이고 소득대출비율이 30%인 신청자의 예측되는 대출승인확률은 $\hat{p} = -0.8682 + 0.0188 \times 20 + 0.0258 \times 30 = 0.2836$이다. 이와 유사하게 착수금 비율이 30%이고 소득대출비율이 30%인 신청자의 예측되는 대출승인확률은 $\hat{p} = -0.8682 + 0.0188 \times 30 + 0.0258 \times 30 = 0.4720$이다. 달리 말하면, 착수금 비율이 10% 포인트 증가하면, 예측되는 대출승인확률은 0.1880(= 0.4698 − 0.2836)만큼 증가한다. 0.1880은 기울기 계수 추정치 0.0188에 10을 곱한 것이다. 소득대출비율 변수의 기울기 계수 추정치도 이와 유사하게 해석될 수 있다.

선형확률모형을 추정하고 해석하는 것은 쉽지만, 이 모형은 몇 가지 단점을 가지고 있다. 가장 중요한 단점은 이 모형은 1보다 크거나 0보다 작은 예측된 확률을 생성할 수 있다는 것이다. 예를 들면, 착수금 비율이 60%이고 소득대출비율이 30%일 때, 예측된 대출승인확률은 1보다 큰 $\hat{p} = -0.8682 + 0.0188 \times 60 + 0.0258 \times 30 = 1.04$이 구해진다. 이와 유사하게, 착수금 비율이 5%이고 소득대출비율이 30%일 때, 예측된 대출승인확률은 0보다 작은 $\hat{p} = -0.8682 + 0.0188 \times 4 + 0.0258 \times 30 = -0.02$이 구해진다. 이에 더하여, 선형성 관계가 의심스러울 수 있다. 예를 들면, 대출신청자가 착수금을 20% 대신 30% 납부하면 대출승인확률은 크게 증가되는 것이 예상된다. 착수금 비율이 60%에서 70%로 같은 10%가 증가하는 경우, 대출승인확률의 증가는 훨씬 더 작아질 것이다. 선형확률모형은 이러한 두 가지 경우를 구분할 수 없다. 이러한 이유로 이항반응변수를 위한 더 적정한 확률모형인 로지스틱 회귀모형을 소개한다.

로지스틱 회귀모형

앞에서 언급한 것처럼, LPM의 중요한 단점은 어떤 설명변수들의 값에서 예측되는 확률이 [0, 1]의 구간 밖으로 벗어날 수 있다는 것이다. 의미 있는 분석을 위해 예측되는 확률을 0과 1 사이 값으로 제한하는 비선형 정형화가 필요하다.

로지스틱 회귀모형(logistic regression model)에서 성공의 확률 p는 다음과 같이 정형화된다.

$$p = \frac{\exp(\beta_0 + \beta_1 x_1 + \beta_2 x_2 + \ldots + \beta_k x_k)}{1 + \exp(\beta_0 + \beta_1 x_1 + \beta_2 x_2 + \ldots + \beta_k x_k)} + \varepsilon$$

여기서 $\exp(\beta_0 + \beta_1 x_1 + \beta_2 x_2 + \cdots + \beta_k x_k) = e^{\beta_0 + \beta_1 x_1 + \beta_2 x_2 + \ldots + \beta_k x_k}$이고 $e \approx 2.718$이다. 로지스틱 곡선은 예측되는 확률이 모든 설명변수들의 값에서 0과 1 사이의 값을 가지는 것을 보장한다.

로지스틱 회귀모형은 표준적인 최소제곱법(OLS)에 의해 추정될 수 없다. 그 대신 로지스틱 회귀모형을 추정하기 위해 **최대우도추정법(maximum likelihood estimation, MLE)**이 사용된다. 로지스틱 회귀모형의 MLE는 Excel에 의해 지원되지 않지만, R을 포함한 대부분의 통계 패키지를 가지고 쉽게 추정될 수 있다. 경영경제 분야 응용에서 로지스틱 회귀모형 사용이 적정하면, 추정된 모형을 가지고 해석하고 예측하는 것이 중요하다.

로지스틱 회귀모형의 표본회귀식은 다음과 같다.

$$\hat{p} = \hat{y} = \frac{\exp(b_0 + b_1 x_1 + b_2 x_2 + \cdots + b_k x_k)}{1 + \exp(b_0 + b_1 x_1 + b_2 x_2 + \cdots + b_k x_k)}$$

여기서 $\exp(b_0 + b_1 x_1 + b_2 x_2 + \cdots + b_k x_k) = e^{b_0 + b_1 x_1 + b_2 x_2 + \ldots + b_k x_k}$이고 $e \approx 2.718$이다. 로지스틱 회귀모형의 표본회귀식을 사용하여 구해지는 예측되는 확률은 모든 x의 값에서 0과 1 사이의 값을 가진다.

로지스틱 회귀모형

로지스틱 회귀모형에서 성공의 확률 p는 다음과 같이 정형화된다.

$$p = \frac{\exp(\beta_0 + \beta_1 x_1 + \beta_2 x_2 + \ldots + \beta_k x_k)}{1 + \exp(\beta_0 + \beta_1 x_1 + \beta_2 x_2 + \ldots + \beta_k x_k)} + \varepsilon$$

- 이 모형을 사용한 예측은 $\hat{p} = \hat{y} = \frac{\exp(b_0 + b_1 x_1 + b_2 x_2 + \ldots + b_k x_k)}{1 + \exp(b_0 + b_1 x_1 + b_2 x_2 + \ldots + b_k x_k)}$에 의해 이루어진다. 여기서 $\hat{p}$은 예측되는 성공확률이고 $b_0, b_1, b_2, \cdots, b_k$는 계수 추정치이다.
- 예측을 위해 반올림하지 않은 계수 추정치 사용을 권장한다.

예시를 위해, 이항반응변수 y가 하나의 설명변수 x에 의해 영향을 받는다고 하자. 그림 17.4는 $b_1 > 0$인 경우에 선형확률모형과 로지스틱 회귀모형에 의해 예측되는 확률 $\hat{p}$과 예측변수 x 간 관계를 강조하기 위해 그린 것이다. 선형확률모형에서 예측되는 확률은 x의 작은 값들에서 0보다 작고 x의 큰 값들에서 1보다 크다는 것에 주목하라. 그러나 로지스틱 회귀모형에 의해 제시되는 예측되는 확률은 항상 [0,1]의 구간 안으로 제한된다. (설명의 편의를 위해, 선형확률모형과 로지스틱 회귀모형의 회귀계수 추정치들을 나타내기 위해 같은 표기를 사용하였다. 그러나 어느 모형을 참조하느냐에 따라 회귀계수들과 그 추정치들은 서로 다른 의미를 가진다.)

그림 17.4 선형확률모형과 로지스틱 회귀모형에 의해 예측되는 확률($b_1 > 0$)

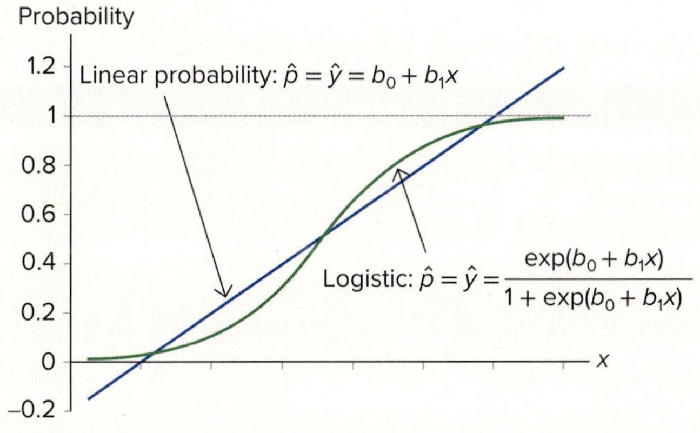

로지스틱 회귀모형의 회귀계수를 해석하는 것이 중요하다. 선형확률모형에서 회귀계수의 해석은 간단하다. 예를 들면, 추정된 선형확률모형이 $\hat{p} = -0.20 + 0.03x$이면, x가 1단위 증가할 때마다 예측되는 확률 $\hat{p}$은 0.03만큼 증가한다. x가 10에서 11로 증가하거나 20에서 21로 증가하든지 $\hat{p}$은 0.03만큼 증가한다

이제 추정된 로지스틱 회귀모형 $\hat{p} = \frac{\exp(-2.10 + 0.18x)}{1 + \exp(-2.10 + 0.18x)}$를 생각해보자. 회귀계수 추정치 $b_1 = 0.18$은 양이기 때문에 x는 $\hat{p}$에 양의 영향을 미친다고 추론할 수 있다. 그러나 로지스틱 회귀모형의 계수 추정치를 해석하는 한 가지 유용한 방법은 x가 $\hat{p}$에 미치는 영향이 변화한다는 것을 강조하는 것이다. 예를 들면, $x = 10$일 때, 예측되는 확률은

$\hat{p} = \frac{\exp(-2.10 + 0.18 \times 10)}{1 + \exp(-2.10 + 0.18 \times 10)} = 0.4256$와 같이 계산된다. 이와 유사하게, $x = 11$일 때 예측되는 확률은 $\hat{p} = 0.4700$이다. 따라서 x가 10에서 11로 1단위 증가할 때 예측되는 확률은 0.0444만큼 증가한다. 그러나 x가 20에서 21로 1단위 증가할 때 예측되는 확률은 같은 크기만큼 증가하지 않는다. $\hat{p}$은 $x = 20$일 때 0.8176에서 $x = 21$일 때 0.8429로 0.0253만큼 증가한다. x가 상대적으로 클 때, 예측되는 확률에 더 작게 영향을 미친다는 것은 그림 17.4에서 로지스틱 확률을 나타낸 그래프와 일치한다.

예제 17.7

FILE ***Mortgage.*** 예제 17.6을 다시 고려해보자.

a. 모기지 신청자의 착수금 비율 x_1과 소득대출비율 x_2에 기초하여 로지스틱 회귀모형을 추정하고 해석하라.

b. 착수금 비율이 20%와 30%일 때, 소득대출비율이 30%인 신청자의 대출승인확률을 예측하라.

c. 추정된 로지스틱 회귀모형에 기초하여 구한 예측된 확률과 예제 17.6에서 추정된 선형확률 모형에 기초하여 구한 예측된 확률을 비교하라.

해답:

a. 표 17.12는 R을 이용하여 구한 로지스틱 회귀모형의 회귀분석결과를 보여준다. (R을 이용하여 로지스틱 회귀모형을 추정하기 위한 지시사항은 곧 제공된다.)

표 17.12 예제 17.7을 위한 로지스틱 회귀모형의 회귀분석결과

	Estimate	Std. Error	*z* value	*P* (>|z|)
(Intercept)	−9.3671	3.1958	−2.931	0.003
Down Payment (x_1)	0.1349	0.0640	2.107	0.035
Income-to-loan Ratio (x_2)	0.1782	0.0646	2.758	0.006

선형확률모형의 경우와 마찬가지로, 두 설명변수의 계수 추정치는 각각 양의 값을 가지고 p-값이 0.035와 0.006이므로 두 설명변수는 5%의 수준에서 대출승인확률에 통계적으로 유의한 양의 영향을 미친다. (최대우도추정법에서, 유의성 검정은 대표본에서만 타당하다. 따라서 회귀계수의 통계적 유의성을 평가하기 위해, 통상적인 t 검정 대신에 z 검정을 수행한다. 표 17.12의 마지막 열에 양측 검정을 위한 p-값이 포함되어 있다.)

b. 추정된 확률은 다음과 같이 계산된다.

$$\hat{p} = \frac{\exp(-9.3671 + 0.1349x_1 + 0.1782x_2)}{1 + \exp(-9.3671 + 0.1349x_1 + 0.1782x_2)}$$

$x_1 = 20$이고 $x_2 = 30$일 때 예측되는 대출승인확률은 다음과 같이 계산된다.

$$\hat{p} = \frac{\exp(-9.3671 + 0.1349 \times 20 + 0.1782 \times 30)}{1 + \exp(-9.3671 + 0.1349 \times 20 + 0.1782 \times 30)} = 0.2103$$

이와 유사하게, $x_1 = 30$이고 $x_2 = 30$일 때 예측되는 대출승인확률은 0.5065이다. 소득대출비율이 30%일 때, 착수금 비율이 20%에서 30%로 증가하면, 예측되는 대출승인확률은 0.2962(= 0.5065 − 0.2103)만큼 증가한다. 소득대출비율이 30%로 같을 때, 착수금 비율이 50%에서 60%로 증가하면, 예측되는 대출승인확률은 0.0449(= 0.9833 − 0.9384)만큼 증가한다.

c. 표 17.13은 $x_2 = 30$일 때, 선정된 x_1의 값에서 선형확률모형과 로지스틱 회귀모형에 의해 예측되는 대출승인확률을 정리한 것이다.

표 17.13 선형확률모형과 로지스틱 회귀모형에 의해 예측되는 대출승인확률

x_1	x_2	Linear Probability	Logistic
5	30	−0.02	0.03
20	30	0.28	0.21
30	30	0.47	0.51
50	30	0.85	0.94
60	30	1.04	0.98

앞에서 논의한 것처럼, 선형확률모형에 의해 예측되는 대출승인확률은 음이 되거나 1보다 클 수 있다. 로지스틱 회귀모형에 의해 예측되는 대출승인확률은 설명변수들의 모든 가능한 값에서 0과 1 사이의 값을 가진다. 따라서, 이항선택모형으로 선형확률모형보다 로지스틱 회귀모형을 사용하는 것이 선호된다.

종종 분석가들은 **승산비(odds ratio)**를 사용하여 추정된 로지스틱 회귀모형을 해석하는 것을 선호한다. 승산비는 실패확률 $P(y = 0)$에 대한 성공확률 $P(y = 1)$의 비율, 즉 간단하게 $\hat{p}/(1 - \hat{p})$으로 정의된다. 승산비 척도는 특히 스포츠와 도박에서 인기가 있다. 이 교재에서는 승산비보다는 성공확률에 초점을 맞춘다.

R을 이용한 로지스틱 회귀모형의 추정

R을 이용하여 예제 17.7의 결과를 다시 구해보자.

A. ***Mortgage*** 데이터를 데이터프레임(테이블)으로 가져와서 myData라는 이름으로 지정한다.

B. **glm** 함수를 사용하여 로지스틱 회귀모형 객체를 구축한다. **glm** 함수는 **lm** 함수의 일반화 버전이다. 이 객체를 Logistic_Model이라고 이름 붙인다. 이 함수에서 반응변수와 설명변수들을 지정하고 이어서 *family* = binomial 옵션을 사용하여 로지스틱 모형을 지정한다. 사용되는 데이터 프레임을 지정한다. 선형회귀모형과 마찬가지로, 결과를 얻기 위해 **summary** 함수를 사용한다. 다음과 같이 입력하라.

```
> Logistic_Model <- glm(y ~ x1 + x2, family = binomial, data = myData);
summary(Logistic_Model)
```

표 17.12에 보고되어 있는 것과 같은 결과가 구해진다는 것에 주목하라.

C. **predict** 함수를 사용하여, $x_1 = 20$과 $x_2 = 30$일 때와 $x_1 = 30$과 $x_2 = 30$일 때, 예측되는 대출승인확률을 구한다. 예측되는 확률을 계산하기 위해, 이 함수에서 type =“response”라고 설정한다. 다음과 같이 입력하라.

```
> predict(Logistic_Model, data.frame(x1=c(20, 30), x2=c(30, 30)),
type = "response")
```

R은 0.2104205와 0.5066462를 산출한다.

예제 17.7에서 예측되는 확률은 각각 0.2103과 0.5065로 계산되었다. 반올림 문제 때문에 이러한 차이가 발생한다. 다른 확률도 이와 유사하게 구할 수 있다.

이항선택모형의 정확도

이항선택모형을 위한 일반적인 적합도 척도는 존재하지 않는다. 선형회귀모형의 경우와 달리, 추정치의 표준오차 s_e, 결정계수 R^2 또는 조정 R^2에 기초하여 이항선택모형의 성능을 평가할 수 없다. 반응변수는 0과 1의 값만 가지고 이에 따라 잔차는 두 값, 즉 $y = 0$인 경우 $-\hat{y}$과 $y = 1$인 경우 $1 - \hat{y}$을 가지기 때문에 잔차 분석도 의미가 없다.

정확하게 분류되는 관측치의 비율로 정의되는 정확도에 기초하여 선형확률모형과 로지스틱 회귀모형을 평가하는 것이 일반적이다. 0.5의 절단값을 사용하면서, 먼저 $\hat{y}$의 예측값을 $\hat{y} \geq 0.5$이면 1이고 $\hat{y} < 0.5$이면 0으로 전환시킨다 이어서 반응변수의 이항값(y의 값)을 이항 예측값과 비교한다. 정확도(accuracy)는 정확한 예측 수를 총 관측치 수로 나누어서 계산된다.

이항선택모형의 정확도

0.5의 절단값을 사용하면서, 이항 예측값은 $\hat{y} \geq 0.5$이면 1이고 $\hat{y} < 0.5$이면 0으로 계산된다. 이 값을 y의 값과 비교하면서 다음과 같이 정확도를 계산한다.

$$\text{정확도} = \frac{\text{정확한 예측 수}}{\text{총 관측치 수}}$$

정확도는 유용한 성능척도이지만, 종종 잘못된 정보를 제공할 수 있다. 많은 1과 소수의 0을 가지거나 많은 0과 소수의 1을 가진 응용에서, 모형이 발생 가능성이 거의 없는 결과를 불량하게 예측하더라도 정확하게 분류되는 관측치의 비율이 높을 수 있다. 예를 들면, 사기 탐지의 경우, 주로 사기 경우를 식별하는 데 관심이 있다. 사기 경우의 수는 종종 사건의 총 수에서 매우 적은 비율(1% 미만)을 가질 수 있다. 모든 사기가 아닌 경우를 정확하게 분류하나 사기 경우의 대부분을 발견하지 못하는 사기탐지모형은 극단적으로 높은 정확도(> 99%)를 가짐에도 불구하고 매우 유용하지 못하다. 절단값과 기타 성능척도에 대한 상세한 논의는 이 교재의 범위를 벗어난다.

예제 17.8

FILE ***Mortgage.*** 모기지 대출 승인 예제에서 추정된 선형확률모형(LPM)과 추정된 로지스틱 회귀모형의 정확도를 비교하라.

해답:

정확도를 계산하기 위해, 먼저 설명변수들의 표본값이 주어져 있을 때 예측되는 대출승인확률을 구한다. 첫 번째 표본관측치의 경우 예측되는 대출승인확률은 다음과 같이 구한다.

$$\hat{y} = -0.8682 + 0.0188 \times 6.35 + 0.0258 \times 49.94 = 0.7276\text{(선형확률모형)}$$

$$\hat{y} = \frac{\exp(-9.3671 + 0.1349 \times 16.35 + 0.1782 \times 49.94)}{1 + \exp(-9.3671 + 0.1349 \times 16.35 + 0.1782 \times 49.94)} = 0.8504\text{(로지스틱 회귀모형)}$$

두 모형 모두의 경우, 예측되는 값이 0.5보다 크기 때문에, 이에 해당되는 이항 예측값은 1이다. 다른 표본관측치들에 대한 이항 예측값도 이와 유사하게 계산된다. 표 17.14는 이러한 예측의 일부를 보여준다.

표 17.14 이항선택모형의 정확도 계산

y	x_1	x_2	예측확률		이항예측	
			LPM	Logistic	LPM	Logistic
1	16.35	49.94	0.7276	0.8504	1	1
1	34.43	56.16	1.2280	0.9950	1	1
⋮	⋮	⋮	⋮	⋮	⋮	⋮
0	17.85	26.86	0.1604	0.1022	0	0

30개 관측치 중 선형확률모형과 로지스틱 회귀모형의 경우 각각 25개와 26개에서 이항 예측값이 y의 값과 일치한다. 따라서 정확도는 선형확률모형의 경우 83.33%이고 로지스틱 회귀모형의 경우 86.67%이다. 이에 따라 로지스틱 회귀모형이 선형확률모형보다 더 양호한 예측을 제공한다고 추론한다.

R을 이용한 정확도 계산

R을 이용하여 예제 17.8의 결과를 다시 구해보자.

A. ***Mortgage*** 데이터를 데이터프레임(테이블)으로 가져와서 myData라는 이름으로 지정한다.

B. **lm** 함수와 **glm** 함수를 사용하여 각각 선형확률모형과 로지스틱 회귀모형을 추정한다. 다음과 같이 입력하라.

```
> Linear_Model <- lm(y~x1+x2, data = myData)
> Logistic_Model <- glm(y ~ x1 + x2, family = binomial, data = myData)
```

C. **predict** 함수를 사용하여 표본데이터를 위한 예측되는 확률을 계산한다. 다음과 같이 입력하라.

```
> PredLin <- predict(Linear_Model)
> PredLg <- predict(Logistic_Model, type = "response")
```

D. **round** 함수를 사용하여 이항 예측값을 생성한다. 예측되는 확률이 0.50 이상이면, 이항 예측값은 1이고, 그렇지 않으면 0이다. 다음과 같이 입력하라.

```
> BinaryLin <- round(PredLin)
> BinaryLg <- round(PredLg)
```

E. 실제값과 예측값이 같은 표본관측치의 비율을 계산하기 원한다. 이중 등호(==)를 사용하여 두 값을 비교한다. 두 값이 같으면, 연산자는 1을 산출하고, 그렇지 않으면 0을 산출한다. **mean** 함수를 사용하여 정확하게 분류되는 관측치의 비율을 계산한다. 이 비율에 100을 곱하여 %값을 얻는다. 다음과 같이 입력하라.

```
> 100*mean(myData$y == BinaryLin)
> 100*mean(myData$y == BinaryLg)
```

R은 선형확률모형의 경우 83.33333을 산출하고, 로지스틱 회귀모형의 경우 86.66667을 산출한다.

연습문제 17.3

28. 이항반응변수 y와 0과 4 사이의 값을 가지는 설명변수 x를 고려하라. 선형확률모형이 $\hat{y} = -1.11 + 0.54x$와 같이 추정되었다.

a. $x = 2$와 $x = 3$일 때, 추정되는 확률을 계산하라.

b. x의 어느 값에서 추정되는 확률이 음이거나 1보다 큰가?

29. 이항반응변수 y와 설명변수 x를 고려하라. 다음의 표는 선형확률모형(LPM)과 로지스틱 회귀모형의 모수 추정치와 괄호 안에 p-값을 보여준다.

Variable	LPM	Logistic
Constant	−0.72 (0.04)	−6.20 (0.04)
x	0.05 (0.06)	0.26 (0.02)

a. 각 모형의 경우, 5%의 유의수준에서 절편과 기울기 계수의 유의성을 검정하라.

b. $x = 20$과 $x = 30$일 때, 선형확률모형이 제시하는 예측되는 확률은 얼마인가?

c. $x = 20$과 $x = 30$일 때, 로지스틱 회귀모형이 제시하는 예측되는 확률은 얼마인가?

30. 이항반응변수 y와 설명변수 x_1과 x_2를 고려하라. 다음의 표는 선형확률모형(LPM)과 로지스틱 회귀모형의 모수 추정치와 괄호 안에 p-값을 보여준다.

Variable	LPM	Logistic
Constant	−0.40 (0.03)	−2.20 (0.01)
x_1	0.32 (0.04)	0.98 (0.06)
x_2	−0.04 (0.01)	−0.20 (0.01)

a. 5%의 유의수준에서 설명변수들의 유의성에 대해 논의하라.

b. $x_1 = 4$와 x_2가 10과 20일 때, 선형확률모형이 제시하는 예측되는 확률은 얼마인가?

c. $x_1 = 4$와 x_2가 10과 20일 때, 로지스틱 회귀모형이 제시하는 예측되는 확률은 얼마인가?

31. 30개 관측치를 사용하면서, 다음과 같은 로지스틱 회귀모형의 회귀분석결과를 얻었다.

Predictor	Coef	SE	Z	P
Constant	−0.188	0.083	2.27	0.024
x	3.852	1.771	2.18	0.030

a. $x = 0.40$일 때, 예측되는 확률은 얼마인가?

b. 5%의 유의수준에서 x는 유의한가?

32. 30개 관측치를 사용하면서, 다음과 같은 로지스틱 회귀모형의 회귀분석결과를 얻었다.

Predictor	Coef	SE	Z	P
Constant	1.609	1.405	1.145	0.252
x_1	−0.194	0.143	−1.357	0.177
x_2	0.202	0.215	0.940	0.348
x_3	0.223	0.086	2.593	0.010

a. $x_1 = 15$, $x_2 = 10$, $x_3 = -2$일 때, 예측되는 확률은 얼마인가?

b. 5%의 유의수준에서, 설명변수 중 어느 변수가 유의한가?

33. **FILE** ***Exercise_17.33.*** 첨부된 데이터 파일은 이항반응변수 y와 설명변수 x_1과 x_2에 대한 20개 관측치를 포함하고 있다.

a. 선형확률모형을 추정하고 $x_1 = 12$와 $x_2 = 8$일 때, $\hat{y}$을 계산하라.

b. 로지스틱 회귀모형을 추정하고 $x_1 = 12$와 $x_2 = 8$일 때, $\hat{y}$을 계산하라.

34. **FILE** ***Exercise_17.34.*** 첨부된 데이터 파일은 이항반응변수 y와 설명변수 x_1과 x_2에 대한 20개 관측치를 포함하고 있다.

a. 선형확률모형과 로지스틱 회귀모형을 추정하고 해석하라.

b. 두 모형의 정확도를 계산하라.

c. 선호되는 모형을 사용하여 $x_1 = 60$과 $x_2 = 18$일 때, $\hat{y}$을 계산하라.

35. **FILE** ***Purchase.*** 소매업 분석가인 애나벨은 압착의류시장의 개척자인 언더아머(Under Armour)를 검토하고 있다. 압착의류는 덥고 추운 날씨에서 운동하는 동안 착용자의 신체로부터 습기를 제거해준다. 애나벨은 다른 브랜들에 비해 언더아머 브랜드가 젊은 고객들을 끌어들인다고 믿는다. 그녀의 믿음을 검정하기 위해, 그녀는 고객의 연령과 언더아머를 구매했는지 여부(Purchase: 구매했으면 1이고, 그렇지 않으면 0)에 대한 데이터를 수집하였다. 다음의 표는 이러한 데이터의 일부를 보여준다.

Purchase	Age
1	30
0	19
⋮	⋮
1	24

a. 반응변수로 Purchase를 사용하고 예측변수로 Age를 사용하면서 선형확률모형을 추정하라.

b. 20세 고객과 30세 고객의 예측되는 언더아머 구매 확률을 계산하라.

c. 5%의 유의수준에서, 언더아머 브랜드는 젊은 고객을 끌어들인다는 애나벨의 믿음을 검정하라.

36. **FILE** ***Purchase.*** 연습문제 35를 참조하라. 언더아머 구매가 연령에 의존하는 로지스틱 회귀모형을 추정하라.

a. 20세 고객과 30세 고객의 예측되는 언더아머 구매 확률을 계산하라.

b. 5%의 유의수준에서, 언더아머 브랜드는 젊은 고객을 끌어들인다는 애나벨의 믿음을 검정하라.

37. **FILE** ***Insurance.*** 2017년 센서스에 의하면, 미국인의 90% 이상이 의료보험에 가입되어 있다. 그러나 저소득층의 미국인들 중 더 높은 비율이 여전히 의료보험이 없는 상태이다. 다음의 표는 조지아주에서 일하는 성인 30명에 대한 의료보험 가입 여부(Insurance: 가입되어 있으면 1, 그렇지 않으면 0), 고용주가 납부하는 보험료 비율(Premium, %), 개인의 소득(Income, 1,000달러)에 대한 데이터의 일부를 보여준다.

Insurance	Premium	Income
1	0	88
0	0	60
⋮	⋮	⋮
0	60	60

a. 설명변수로 Premium과 Income을 사용하면서 Insurance를 위한 선형확률모형을 분석하라.

b. 소득이 60,000달러인 개인을 고려하라. 그녀의 고용주가 보험료의 50%를 납부하는 경우, 그녀가 의료보험을 가지고 있을 확률은 얼마인가? 그녀의 고용주가 보험료의 75%를 납부하는 경우, 그녀가 의료보험을 가지고 있을 확률은 얼마인가?

38. **FILE** ***Insurance.*** 연습문제 37을 참조하라. Insurance가 Premium과 Income에 의존하는 로지스틱 회귀모형을 추정하라. 소득이 60,000달러인 개인을 고려하라. 그녀의 고용주가 보험료의 50%를 납부하는 경우, 그녀가 의료보험을 가지

고 있을 확률은 얼마인가? 그녀의 고용주가 보험료의 75%를 납부하는 경우, 그녀가 의료보험을 가지고 있을 확률은 얼마인가?

39. **FILE** ***Admit.*** 개인의 진술이나 교사 추천 등에 세심한 주의를 기울이는 소형 대학들과는 달리 대형 공립대학 시스템은 대입입학허가를 결정하기 위해 학생의 평균 학점(GPA)과 SAT 또는 ACT 점수에 주로 의존한다. 대학입학지원자 120명을 대상으로 입학허가 여부(Admit: 허가이면 1, 그렇지 않으면 0), 학생의 GPA와 SAT 점수에 대한 데이터가 수집되었다. 다음의 표는 이러한 데이터의 일부를 보여준다.

Admit	GPA	SAT
1	3.10	1550
0	2.70	1360
⋮	⋮	⋮
1	4.40	1320

a. 선형확률모형과 로지스틱 회귀모형을 추정하라.

b. 두 모형의 정확도를 계산하라.

c. 선호되는 모형을 사용하여, GPA = 3.0과 SAT = 1400을 가진 학생의 대학입학허가 확률을 예측하라. GPA = 4.0과 SAT = 1400을 가진 학생의 대학입학허가 확률을 예측하라.

40. **FILE** ***Divorce.*** 미국 사회에서 이혼이 점점 더 많아지고 있다. 2019년 갤럽 여론조사에 따르면 미국 성인의 77%가 이혼이 도덕적으로 용인된다고 답했는데, 이것은 2001년 이후 17% 포인트가 증가한 수치이다(*Gallup*, May 29, 2019). 일반적으로 신앙심이 깊지 않은 젊은 층일수록 이혼을 더 용인한다. 한 사회학자가 중서부의 작은 마을에서 200명의 미국 성인을 대상으로 설문조사를 하면서 이혼에 대한 용인여부(Acceptable: 도덕적으로 용인하는 경우 1, 그렇지 않으면 0), 종교성(Religious: 매우 종교적이면 1, 그렇지 않으면 0), 연령(Age)을 물었다. 다음의 표는 이러한 데이터의 일부를 보여준다.

Acceptable	Religious	Age
1	0	78
1	0	20
⋮	⋮	⋮
1	0	22

a. 선형확률모형과 로지스틱 회귀모형을 추정하라.

b. 두 모형의 정확도를 계산하라.

c. 선호되는 모형을 사용하여, 매우 종교적인 40세 성인이 이혼을 도덕적으로 용인할 확률을 예측하라. 종교적이지 않은 40세 성인이 이혼을 도덕적으로 용인할 확률을 예측하라.

17.4 데이터 분석

사례연구

FILE ***College_Admission.*** 북미의 한 4년제 대학에 있는 인문대학의 입학허가와 등록을 분석하는 보고서를 작성하라. 설명변수에는 지원자의 성별, 인종, GPA, SAT 점수가 포함된다. 특정한 설명변수들의 값을 사용하면서 입학허가확률과 등록확률을 예측하라. 회귀분석을 수행하기 전에, 먼저 선정된 변수들을 위한 적정한 관측치를 얻기 위해 ***College_Admission*** 데이터를 정리해야 한다.

샘플보고서—대학입학허가와 등록

대학입학허가에 관한 의사결정에는 비법이 존재하지 않기 때문에, 대학입학허가는 학생과 부모 모두에게 스트레스를 많이 주는 일일 수 있다. 입학허가를 위해 고려되는 두 가지 중요한 요소는 학생의 고등학교 기록과 표준화된 시험 성적이다.

예비 학생들이 입학허가편지 받기를 간절히 바라는 것처럼, 대부분의 대학들은 등록 목표를 달성하는 것에 대해 우려한다. 대학이 내보내는 입학허가 수는 등록 목표와 입학허가를 받은 후 등록하는

Rawpixel.com/Shutterstock

학생의 비율로 정의되는 입학허가수율(admissions yield)에 의존한다. 입학허가수율은 학생이 지원하는 대학의 수뿐만 아니라 대학의 입학허가율에 의존하기 때문에 예측하기 어렵다. 대학입학 지원자 수와 입학허가 수가 증가함에 따라, 입학허가수율은 감소한다.

이 보고서에서 북미의 한 4년제 대학에 있는 인문대학의 입학허가확률과 등록확률에 영향을 미치는 요인들을 분석한다. 설명변수들은 지원자의 고등학교 GPA, SAT 점수, 성별과 인종을 나타내는 Male, White, Asian 더미변수들이다. 표 17.15에 대표적인 지원자들에 대한 개요가 제시되어 있다.

표 17.15 인문대학의 지원자 개요

변수	지원	허가	등록
남성 지원자 (%)	30.76	27.37	26.68
백인 지원자 (%)	55.59	61.13	69.83
아시아계 지원자 (%)	12.42	11.73	8.73
기타 지원자 (%)	31.99	27.14	21.45
고등학교 GPA (평균)	3.50	3.86	3.74
SAT 점수 (평균)	1,146	1,269	1,229
지원자 수	6,964	1,739	401

인문대학에 지원한 6,964명 학생 중에서 30.76%는 남성이었다. 이에 더하여 백인 지원자와 아시아계 지원자의 비율은 각각 55.59%와 12.42%이었고 기타 인종 지원자의 비율은 약 31.99%였다. 평균적인 지원자의 고등학교 GPA는 3.50이었고 SAT 점수는 1146점이었다. 또한 표 17.15는 1,739명(24.97%)의 지원자가 입학허가를 받았고 그중에서 401명(23.06%)이 등록하였다는 것을 보여준다. 예상한 대로, 입학허가를 받은 지원자들의 평균 GPA와 SAT 점수는 그 정도가 크지 않지만 등록한 학생들의 평균 점수보다 더 높다.

동일한 설명변수들을 사용하면서 두 로지스틱 회귀모형이 추정되었다. 한 모형은 입학허가확률을 예측하기 위한 것이고 다른 모형은 등록확률을 예측하기 위한 것이다. 6,964명 지원자 전체는 첫 번째 회귀분석을 위해 사용된 반면, 입학허가를 받은 1,739명의 지원자는 두 번째 회귀분석을 위해 사용되었다. 회귀분석결과가 표 17.16에 제시되어 있다

두 모형 모두는 각각 81%와 77%의 정확도를 가지고 확률 예측을 잘 해내고 있다. 지원자의 성별은 입학허가와 등록에 관한 의사결정에서 어떤 역할도 하지 않는 것으로 보인다. 흥미롭게도 백인과 아시아계 지원자는 다른 인종보다 더 낮은 입학허가확률을 가진다. 아마도 이것은 대학이 대표성이 충분하지 않은 지원자의 비율을 비례적으로 더 높게 입학을 허가하는 사회적 약자 우대정책 때문일 수 있다. 예상한 대로, GPA와 SAT 점수가 우수한 지원자들이 입학허가를 받는다.

표 17.16 대학입학허가와 등록을 위한 로지스틱 회귀모형의 회귀분석결과

Variable	Admission	Enrollment
Constant	−17.5732* (−37.41)	7.2965* (8.48)
Male Dummy Variable	0.0459 (0.61)	−0.1433 (−1.05)
White Dummy Variable	−0.3498* (−4.43)	0.7653* (5.15)
Asian Dummy Variable	−0.4140* (−3.57)	−0.0074 (−0.03)
High School GPA	2.7629* (25.74)	−1.4265* (−7.17)
SAT Score	0.0056* (20.93)	−0.0028* (−5.99)
Accuracy (%)	81	77
Number of Observations	6,974	1,739

주: 모수 추정치 아래 괄호 안의 수치는 z-통계량이다. *는 5% 수준에서 유의하다는 것을 나타낸다. 정확도(%)는 정확하게 분류된 관측치의 비율을 측정한다.

등록 측면에서 보면, 입학허가를 받은 백인 지원자는 입학허가를 받은 모든 다른 인종 지원자보다 등록할 가능성이 더 높다. GPA가 3.8이고 SAT 점수가 1,300인 대표적인 남성의 경우를 생각해보자. 백인 남성의 경우, 예측되는 입학허가확률과 등록확률은 각각 47%와 24%이다. 아시아계의 경우, 예측되는 입학허가확률과 등록확률은 각각 45%와 13%이고 모든 다른 인종의 경우, 예측되는 입학허가확률과 등록확률은 각각 55%와 13%이다.

대표성이 충분하지 않은 지원자의 입학허가수율이 더 낮다는 사실은 주목할 만하다. 이 대학은 낮은 입학허가수율의 이유를 검토하고 입학허가수율을 높이기 위한 방법을 찾아야 한다. 마지막으로, 입학허가를 받은 GPA와 SAT 점수가 높은 지원자가 이 대학에 등록할 가능성이 더 낮다. 학문적으로 강한 지원자는 더 많은 입학허가제안을 받을 것이고 이에 따라 특정한 대학의 입학허가제안을 수용할 확률이 낮기 때문에 이것은 놀라운 일이 아니다.

사례연구 제안

이 교재에 첨부된 데이터를 가지고 많은 다른 회귀모형들이 추정되고 평가될 수 있다. 다음과 같은 사례연구들이 제안된다.

보고서 17.1 FILE ***College_Admissions.*** 관심 있는 대학을 선택하고 등록학생의 대학 GPA를 가장 양호하게 예측하기 위해 등록학생들로 구성된 표본을 사용하라. 적정한 더미변수들과 상호작용을 검토하라. 모형들을 추정하기 위해, 먼저 등록학생들만 포함하도록 데이터를 정리해야 한다.

보고서 17.2 FILE ***House_Price.*** 두 개의 비교할 만한 대학타운을 선택하라. 각 대학타운의 주택가격을 예측하기 위한 모형을 개발하라. 적정한 더미변수들을 사용하는 선형모형과 비선형모형을 정형화하고 가장 양호한 적합도를 제공하는 모형을 찾아라. 그래프와 표를 가지고 분석결과를 해석하라.

보고서 17.3 FILE ***College_Admissions.*** 보고서 17.1에서 선택한 대학과 다른 대학을 선택하고 보고서 17.1에서 수행한 것과 동일한 분석을 수행하라.

보고서 17.4 FILE ***TechSales_Reps.*** 순추천의향지수(net promoter score, NPS)는 고객만족과 충성도의 핵심 지표이다. 영업사원이 9 이상의 NPS를 획득할 것인지를 예측하기 위한 로지스틱 회귀모형을 개발하기 위해 학사학위를 가지고 소프트웨어제품 그룹에서 일하는 영업사원들에 대한 데이터를 사용하라. 이 모형을 추정하기 위해, 먼저 NPS ≥ 9을 나타내는 (더미) 반응변수를 구축하고 학사학위를 가지고 소프트웨어제품 그룹에서 일하는 영업사원들만 포함하도록 데이터를 정리해야 한다.

핵심 개념

LO 17.1 더미변수를 사용하여 범주형 설명변수를 나타낼 수 있어야 한다.

더미변수 d는 1 또는 0의 값을 가지는 변수로 정의된다. 더미변수는 범주형 변수의 범주를 나타내기 위해 사용된다. 절편을 포함하고 있는 회귀모형에서, 더미변수의 수는 범주형 설명변수의 범주 수에서 1을 뺀 것과 같아야 한다.

수치형 변수 x와 더미변수 d를 가지고 있는 회귀모형은 $y = \beta_0 + \beta_1 x + \beta_2 d + \varepsilon$와 같이 정형화된다. 더미변수 d는 모든 x의 값에서 예측되는 y가 범주형 변수의 두 범주 간에 고정된 크기만큼 다르게 만든다. 이 모형을 추정한 다음, 예측은 $d = 1$인 경우, $\hat{y} = (b_0 + b_2) + b_1 x$와 $d = 0$인 경우, $\hat{y} = b_0 + b_1 x$에 의해 이루어진다.

LO 17.2 더미변수와 수치형 변수 간 상호작용을 사용하고 해석할 수 있어야 한다.

더미변수 d, 수치형 변수 x, 상호작용변수 xd를 가지고 있는 회귀모형은 $y = \beta_0 + \beta_1 x + \beta_2 d + \beta_3 xd + \varepsilon$와 같이 정형화된다. 이 모형을 추정한 다음, 예측은 $d = 1$인 경우, $\hat{y} = (b_0 + b_2) + (b_1 + b_3)x$와 $d = 0$인 경우, $\hat{y} = b_0 + b_1 x$에 의해 이루어진다. 상호작용변수 xd는 예측되는 y가 모든 x의 값에서 범주형 변수의 두 범주 간에 다른 크기만큼 다르게 만든다. 이에 더하여, d 또는 xd의 개별 유의성을 결정하기 위한 t 검정뿐만 아니라 d와 xd의 결합유의성을 결정하기 위한 부분 F 검정을 수행할 수 있다.

LO 17.3 선형확률모형과 로지스틱 회귀모형을 추정하고 해석할 수 있어야 한다.

이항더미변수를 반응변수로 사용하는 모형은 이항선택(분류)모형이라고 부른다.

선형확률모형(LPM)은 $y = \beta_0 + \beta_1 x_1 + \beta_2 x_2 + \cdots + \beta_k x_k + \varepsilon$와 같이 정형화된다. 이 모형을 사용한 예측은 $\hat{p} = \hat{y} = b_0 + b_1 x + b_2 x_2 + \cdots + b_k x_k$에 의해 이루어진다. 여기서 $\hat{p}$은 예측되는 성공의 확률이고 $b_0, b_1, b_2 \ldots, b_k$는 계수 추정치이다. 예측을 위해 반올림하지 않은 계수 추정치 사용을 권장한다. LPM의 주요 단점은 1보다 크거나 0보다 작은 예측되는 확률을 생성한다는 것이다.

로지스틱 회귀모형은 예측되는 확률을 [0, 1] 구간 안으로 제약하는 비선형모형이다. 이 모형을 사용한 예측은 $\hat{p} = \frac{\exp(b_0 + b_1 x_1 + b_2 x_2 + \ldots + b_k x_k)}{1 + \exp(b_0 + b_1 x_1 + b_2 x_2 + \ldots + b_k x_k)}$에 의해 이루어진다. 여기서 $\hat{p}$은 예측되는 성공확률이고 $b_0, b_1, b_2, \ldots, b_k$는 계수 추정치이다. 예측을 위해 반올림하지 않은 계수 추정치 사용을 권장한다.

추가 연습문제

41. FILE ***Return.*** 한 금융 애널리스트는 한 뮤추얼펀드의 수익률이 분기에 따라 변하는지, 즉 수익률을 설명하는 계절 성분이 있는지 결정하기 원한다. 그는 10년 동안 분기 수익률 데이터를 수집하였다. 다음의 표는 이러한 데이터의 일부를 보여준다.

Observation	Quarter	Return
1	1	4.85
2	2	−3.96
⋮	⋮	⋮
40	4	4.06

a. 회귀모형 $y = \beta_0 + \beta_1 d_1 + \beta_2 d_2 + \beta_3 d_3 + \varepsilon$을 추정하라. 여기서 y는 이 뮤추얼펀드의 분기 수익률, d_1은 1분기이면 1이고, 그렇지 않으면 0인 더미변수, d_2는 2분기이면 1이고, 그렇지 않으면 0인 더미변수, d_3는 3분기이면 1, 그렇지 않으면 0인 더미변수이다.

b. 더미변수들의 기울기 계수를 해석하라.

c. 2분기와 4분기의 이 뮤추얼펀드 수익률을 예측하라.

42. FILE ***Hiring.*** 연구원들은 보스턴시와 시카고시의 노동시장에서 인종을 기반으로 고용이 이루어진다는 것을 발견하였다. 그들은 똑같은 이력서를 절반은 흑인 이름을 사용하고 나머지 절반은 백인 이름을 사용하여 고용주들에게 보냈다. 두 그룹 사이의 답신전화 비율은 53%의 차이가 있었다. 한 연구원이 로스앤젤레스시의 노동시장에서 같은 실험을 하기로 결정하였다. 그녀는 지원자의 이름과 연령만 다를 뿐 영업직을 지원하는 똑같은 이력서를 반복해서 보냈다. 그녀는 또한 각 지원자에 대한 답신전화 비율을 기록하였다. 다음의 표는 답신전화 비율(CallBack, %), 연령(Age), 백인 이름 여부(Caucasian: 백인 이름이면 1이고, 그렇지 않으면 0)에 대한 데이터의 일부를 보여준다.

CallBack	Age	Caucasian
12	60	1
9	56	0
⋮	⋮	⋮
15	38	0

a. CallBack을 반응변수로 사용하고 Age와 Caucasian 더미변수를 설명변수로 사용하는 선형회귀모형을 추정하라.

b. 백인 이름을 가진 30세 지원자의 답신전화 비율을 예측하라. 비백인 이름을 가진 30세 지원자의 답신전화 비율을 예측하라.

c. 5%의 유의수준에서 인종 차별이 있는지 검정하라.

43. 한 연구원은 소매 매출액(y, 백만 달러), 국민총생산(x, 10억 달러), 분기더미 d (4분기이면 1, 그렇지 않으면 0) 간 관계를 분기 데이터를 사용하여 연구하고 있다. 그는 회귀모형 $y = \beta_0 + \beta_1 x + \beta_2 d + \beta_3 xd + \varepsilon$을 추정하였다. 다음의 표는 회귀분석결과를 보여준다.

	Coefficients	Standard Error	*t* Stat	*p*-Value
Intercept	186553.3	56421.1	3.31	0.002
x	55.0	4.6	12.08	0.000
d	112605.8	117053.0	0.96	0.342
xd	−4.7	9.3	−0.50	0.618

a. 더미변수 d를 해석하라. 5%의 유의수준에서 더미변수 d는 유의한가?

b. 상호작용변수 xd를 해석하라. 5%의 유의수준에서 xd는 유의한가?

44. FILE ***Study.*** 교육부서에서 근무하는 한 연구원은 한 주립대학의 경영대 학생들이 주당 공부하는 시간이 학기별로 다른지 결정하기 원한다. 그는 설문조사를 하면서 경영대 학생들에게 3개 학기 각각에서 주당 몇 시간을 공부하는지 물었다. 그는 Fall을 가을 학기이면 1이고, 그렇지 않으면 0을 가지는 더미변수로 정의한다. Winter 더미변수와 Spring 더미변수도 이와 유사하게 정의된다. 다음의 표는 학생 120명에 대한 데이터의 일부를 보여준다.

Hours	Fall	Winter	Spring
15	0	0	1
16	0	1	0
⋮	⋮	⋮	⋮
14	0	0	1

a. 적정한 모형을 추정하고 5%의 유의수준에서 학생들이 봄 학기에 비해 가을 학기와 겨울 학기에 더 많이 공부하는지 결정하라.

b. 가을 학기, 겨울 학기, 봄 학기에 각각 학생들이 주당 공부하는 시간을 예측하라.

45. FILE ***Longevity.*** 질병통제예방센터(CDCP)에 의하면, 미국의 경우 65세에서 기대수명은 약 18.7년이다. 의학연구원들은 과도한 음주는 건강에 해로운 반면 매일 알코올, 특히 와인을 조금 마시는 것은 기대수명을 증가시킬 수 있다고 주장한다. 또한 다른 사람들은 장수를 소득과 성별과 연결시킨다. 다음의 표는 65세 이후 수명과 관련된 데이터, 즉 65세 은퇴연령에서의 평균 소득(Income, 1000달러), 여성 더미변수(Female, 여성 1이고, 그렇지 않으면 0), 하루에 소비하는 평균 알코올 음주 수(Drinks)의 일부를 보여준다.

Life	Income	Female	Drinks
19.00	64	0	1
19.30	43	1	3
⋮	⋮	⋮	⋮
20.24	36	1	0

a. Income, Female, Drinks에 기초하여 65세에서 기대수명을 위한 모형을 정형화하라.

b. 여성이 남성보다 더 오래 사는지 결정하기 위해 $\alpha = 0.01$에서 단측 검정을 수행하라.

c. 소득이 4만 달러이고 하루에 소비하는 음주 수가 2인 65세 남성의 기대수명을 예측하라. 소득이 4만 달러이고 하루에 소비하는 음주 수가 2인 65세 여성의 기대수명을 예측하라.

46. FILE ***Shifts.*** 한 식당의 매니저는 하루 동안 고객 수의 변동에 따라 필요한 직원 수를 다시 평가하기 원한다. 그는 아침, 오후, 저녁, 야간 근무시간을 나타내는 변수(Shift)와 근무시간별 고객 수에 대한 데이터를 수집하였다. 다음의 표는 이러한 데이터의 일부를 보여준다.

Customers	Shift
99	Night
148	Afternoon
⋮	⋮
111	Afternoon

a. 고객 수를 반응변수로 사용하고 설명변수로 근무시간 더미변수들을 사용하는 회귀모형을 추정하라. 야간시간(Night)을 기준범주로 사용하라.

b. 아침시간, 오후시간, 저녁시간, 야간시간 각각의 고객 수를 예측하라.

47. FILE ***Overweight.*** 미국 보건복지부(U.S. Department of Health and Human Services)에 의하면, 미국에서 흑인 여성들은 다른 그룹과 비교하여 과체중 비율이 가장 높다. 개인은 체질량지수(BMI)가 25 이상이면 과체중으로 여겨진다. 120명 개인으로부터 데이터가 수집되었다. 다음의 표는 개인의 BMI, Female 더미변수(Female, 여성이면 1이고, 그렇지 않으면 0), Black 더미변수(Black, 흑인이면 1이고, 그렇지 않으면 0)에 대한 데이터의 일부를 보여준다.

BMI	Female	Black
28.70	0	1
28.31	0	0
⋮	⋮	⋮
24.90	0	1

a. 백인 남성, 백인 여성, 흑인 남성, 흑인 여성의 BMI를 예측하기 위해 회귀모형 BMI $= \beta_0 + \beta_1$Female $+ \beta_2$Black $+ \beta_3$(Female $\times$ Black) $+ \varepsilon$을 추정하라.

b. 5%의 수준에서 여성과 백인 남성 간 BMI 차이가 통계적으로 유의한가?

c. 5%의 수준에서 백인 남성과 흑인 남성 간 BMI 차이가 통계적으로 유의한가?

48. FILE ***Compensation.*** 한 대기업의 인력관리부서는 성과, 충성도, 평생교육을 촉진시키기 위해 3개 변수, 즉 (1) 사업단위 수익성(Profit: 연간 1,000달러), (2) 근무연수(Years), (3) 중간경영자가 대학원학위를 가지고 있는지 여부(Grad: 대학원학위를 가지고 있으면 1이고, 그렇지 않으면 0)에 기초하여 회귀분석에 기초한 중간 경영자를 위한 보상(Comp, 연간 달러)모형을 개발하기 원한다. 다음의 표는 36명의 중간 경영자들에 대하여 수집된 데이터의 일부를 보여준다.

Comp	Profit	Years	Grad
118100	4500	37	1
90800	5400	5	1
⋮	⋮	⋮	⋮
85000	4200	29	0

a. 보상을 위한 다음의 회귀모형을 추정하라.
$\text{Comp} = \beta_0 + \beta_1\text{Profit} + \beta_2\text{Years} + \beta_3\text{Grad} + \beta_4\text{Profit} \times \text{Grad} + \beta_5\text{Years} \times \text{Grad} + \varepsilon$

b. 5%의 유의수준에서 회귀모형은 유의한가?

c. 5%의 유의수준에서 어떤 설명변수와 상호작용변수가 유의한가?

d. 추정된 회귀모형을 사용하여 대학원학위를 가지고 있고, 작년에 사업단위 수익이 4,800,000달러였으며 근무연수가 15년인 경영자를 위한 보상을 결정하라.

49. **FILE** ***Parole.*** 가석방위원회는 개인의 재범 가능성을 결정하고자 할 때 위험평가모형을 사용하고 있다. 대부분의 위험평가모형은 일련의 개인의 성격 특성과 신상 관련 사실에 기초한다. 많은 연구들은 나이든 사람들이 젊은 사람들보다 재범을 범할 가능성이 낮다는 것을 발견하였다. 한 사회학자는 2년 전에 가석방으로 출소되었던 20명에 대한 데이터를 수집하였다. 그녀는 가석방자가 과거 2년 동안 범죄를 다시 저질렀는지 여부(Crime, 범죄를 다시 저질렀으면 1이고, 그렇지 않으면 0), 가석방 시점의 가석방자 연령(Age), 가석방자의 성별(Male. 남성이면 1이고, 그렇지 않으면 0)에 주목한다. 다음의 표는 이러한 데이터의 일부를 보여준다.

Crime	Age	Sex
1	25	Male
0	42	Male
⋮	⋮	⋮
0	30	Male

a. Crime이 가석방자의 연령과 성별에 의존하는 선형확률모형을 추정하라.

b. 분석결과는 가석방자의 연령과 성별에 관한 연구들의 주장과 일치하는가?

c. 25세의 남성 가석방자가 범죄를 다시 저지를 확률을 예측하라. 25세의 여성 가석방자가 범죄를 다시 저지를 확률을 예측하라.

50. **FILE** ***Parole.*** 연습문제 49를 참조하라.

a. Crime이 가석방자의 연령과 성별에 의존하는 로지스틱 회귀모형을 추정하라.

b. 분석결과는 가석방자의 연령과 성별에 관한 연구들의 주장과 일치하는가?

c. 25세의 남성 가석방자가 범죄를 다시 저지를 확률을 예측하라. 25세의 여성 가석방자가 범죄를 다시 저지를 확률을 예측하라.

51. **FILE** ***Assembly.*** 조립라인 작업은 지루하고 반복적일 수 있기 때문에 모든 사람에게 적합한 것은 아니다. 이에 따라 생산담당관리자는 새로 고용된 근로자가 적어도 1년 동안 일자리를 지키는지 여부(Stay: 새로 고용된 근로자가 적어도 1년 동안 일자리를 지키면 1이고, 그렇지 않으면 0)를 예측하기 위한 이항선택 회귀모형을 개발하고 있다. 3개의 설명변수, 즉 (1) Age, (2) Female 더미변수(Female, 여성이면 1이고, 그렇지 않으면 0), (3) Assembly 더미변수 (Assembly, 새로 고용된 근로자가 이전에 조립라인에서 일을 했으면 1이고, 그렇지 않으면 0)가 사용된다. 다음의 표는 32명의 조립라인 근로자들에 대한 데이터의 일부를 보여준다.

Stay	Age	Female	Assembly
0	35	1	0
0	26	1	0
⋮	⋮	⋮	⋮
1	38	0	1

a. 1년 후에 일자리를 지키는지 여부(Stay)가 Age, Female, Assembly에 의존하는 선형확률모형과 로지스틱 회귀모형을 추정하고 해석하라.

b. 두 모형의 정확도를 계산하라.

c. 선호되는 모형을 사용하여 이전에 조립라인에서 일한 적이 없는 45세의 여성이 1년 후에 여전히 일자리를 지킬 확률을 예측하라. 그녀가 이전에 조립라인에서 일한 적이 있는 경우 1년 후에 여전히 일자리를 지킬 확률을 예측하라.

52. **FILE** ***CFA.*** 재무분석사(CFA)는 금융산업의 실질적인 전문자격증이다. 고용주들은 예비 직원들이 CFA

시험을 마무리하기를 권장한다. 솔리드록 인베스트먼트사의 인력관리담당자인 대니엘라 캄포스는 10명의 취업 지원자들을 검토하고 있다. CFA Level I 시험의 합격률이 낮은 것을 고려하면서, 대니엘라는 10명의 예비 직원들이 CFA Level I 시험에 합격할 수 있을지 알기 원한다. 역사적으로 보면, 근무경험과 훌륭한 대학 GPA를 가지고 있는 사람들의 합격률이 더 높다. 이러한 통찰력을 가지고 그녀는 작년에 CFA Level I 시험을 보았던 263명의 현재 직원들에 대한 정보를 기록하였다. 이러한 데이터에는 직원이 시험에 합격하였는지 여부(Pass: 합격이면 1이고 그렇지 않으면 0), 직원의 대학 성적(GPA), 근무연수(Experience)가 포함되어 있다. 다음의 표는 이러한 데이터의 일부를 보여준다.

Pass	GPA	Experience
1	3.75	18
0	2.62	17
⋮	⋮	⋮
0	2.54	4

a. 선형확률모형을 추정하고 대학 GPA가 3.80이고 근무연수가 5년인 예비직원이 CFA Level I 시험에 합격할 확률을 예측하라.

b. 로지스틱 회귀모형을 추정하고 대학 GPA가 3.80이고 근무연수가 5년인 예비직원이 CFA Level I 시험에 합격할 확률을 예측하라.

53. **FILE** ***STEM.*** 몇몇 연구들은 여성과 소수인종 학생이 과학, 기술, 공학, 수학(STEM) 경력에 더 적게 참여한다고 보고하였다. 한 고등학교 카운슬러는 240명의 대학에 입학하는 학생들을 설문조사하고 STEM 분야에 지원했는지 여부(STEM: 지원했으면 1, 그렇지 않으면 0), Female 더미변수(Female: 여성이면 1이고, 그렇지 않으면 0), 백인 여부(White: 백인이면 1, 그렇지 않으면 0), 아시아계 여부(Asian: 아시아계이면 1이고, 그렇지 않으면 0)에 대한 정보를 수집하였다. 또한 데이터에는 고등학교 GPA와 SAT 점수도 포함되어 있다. 다음의 표는 이러한 데이터의 일부를 보여준다.

STEM	GPA	SAT	White	Female	Asian
0	3.70	1420	0	0	1
0	4.40	1240	0	1	1
⋮	⋮	⋮	⋮	⋮	⋮
0	3.80	1390	0	1	0

a. 반응변수로 STEM을 사용하고 설명변수들로 GPA, SAT, White, Female, Asian을 사용하면서 로지스틱 회귀모형을 추정하고 해석하라.

b. GPA = 3.4와 SAT = 1400인 백인 남학생이 STEM 분야에 지원할 확률을 예측하라. GPA = 3.4와 SAT = 1400인 아시아계 남학생과 백인이나 아시아계가 아닌 남학생이 STEM 분야에 지원할 확률을 예측하라.

c. GPA = 3.4와 SAT = 1400인 백인 여학생이 STEM 분야에 지원할 확률을 예측하라. GPA = 3.4와 SAT = 1400인 아시아계 여학생과 백인이나 아시아계가 아닌 여학생이 STEM 분야에 지원할 확률을 예측하라.

54. **FILE** ***Spam.*** 피터 더비는 사모출자회사에서 사이버 보안 분석가로 일하고 있다. 그는 이 회사의 이메일 서버에 스팸 탐지 시스템을 구축해달라는 요청을 받았다. 그는 스팸(Spam, 스팸이면 1, 그렇지 않으면 0), 수신인 수(Recipients), 하이퍼링크 수(Hyperlinks), 메시지의 문자 수(Characters) 변수들을 사용하여, 500개의 스팸 및 합법적인 이메일로 구성된 표본을 분석하였다. 다음의 표는 이러한 데이터의 일부를 보여준다.

Spam	Recipients	Hyperlinks	Characters
0	19	1	47
0	15	1	58
⋮	⋮	⋮	⋮
1	13	2	32

a. 설명변수로 Recipients, Hyperlinks, Characters를 사용하면서 Spam을 위한 로지스틱 회귀모형을 추정하라. 추정된 모형을 사용하여 수신인 수, 하이퍼링크 수, 문자 수가 각각 20, 5, 60인 경우, 이 이메일이 스팸일 확률을 예측하라.

b. 추정된 모형의 정확도를 계산하라.

18 시계열 데이터를 이용한 예측
Forecasting with Time Series Data

학습목차_*Chapter Contents*

학습목표_*Learning Objectives*

이 장을 학습한 후에,

LO **18.1** 시계열 예측과정을 설명할 수 있어야 한다.
LO **18.2** 평활법을 사용하여 예측할 수 있어야 한다.
LO **18.3** 선형회귀모형을 사용하여 예측할 수 있어야 한다.
LO **18.4** 비선형회귀모형을 사용하여 예측할 수 있어야 한다.
LO **18.5** 시차변수모형을 사용하여 예측할 수 있어야 한다.

시계열은 시간이 흐름에 따라 순차적으로 기록된 변수의 관측치들이다. 시계열을 이용한 예측은 데이터 분석의 중요한 부분이고 모든 비즈니스 영역의 의사결정을 지원한다. 실제로 모든 비즈니스의 성공은 핵심 변수들을 예측하는 능력에 달려 있다. 둘째로 예측은 비즈니스 계획의 품질을 개선시킬 뿐만 아니라 잠재적 위험을 식별하고 평가하는데 도움을 준다. 이러한 예로는 매출액, 제품결함, 인플레이션율, 사이버 공격, 현금흐름의 예측 등이 있다.

이 장에서는 시계열의 추세, 계절, 임의 성분에 초점을 맞춘다. 이러한 성분 중 하나 이상을 포착하는 여러 가지 모형을 소개한다. 특히 시계열 데이터가 분명한 추세나 계절변동 없이 전반적인 데이터 패턴으로부터의 임의적 이탈을 나타내는 단기적 변동이 있을 때, 예측을 위해 단순평활법이 사용된다. 시계열에 추세와 계절변동이 있을 때, 선형과 비선형 회귀모형이 사용된다. 마지막으로 시계열의 예측을 위해 시차변수를 사용하는 회귀모형을 소개한다.

icon Stocker/Shutterstock

도입사례_Introductory Case

애플의 매출 예측

FILE ***Revenue_Apple.*** 2018년 8월 2일에 애플은 4분기 연속적으로 기록적인 매출을 보고하였고 시가총액이 1조 달러를 돌파한 최초의 미국기업이 되었다. 애플의 폭발적인 성장은 기술산업이 글로벌 시장경제의 전면에 부상하는 데 중요한 역할을 하였다(*The Wall Street Journal*, Aug. 2, 2018). 애플은 소비자 전자제품, 컴퓨터 소프트웨어, 온라인 서비스를 설계하고 개발하며 판매하지만, 애플의 지속적인 핵심 수익원은 아이폰이다.

소규모 투자회사의 애널리스트인 카덴스 존슨은 매출 분석을 통해 애플의 성과를 평가하고 있다. 그녀는 애플이 새로 만든 고가의 아이폰이 약간의 저항에 직면해 있고, 투자자들 사이에서 아이폰에 대한 수요가 감소할 것이라는 우려가 있음을 알고 있다. 그녀는 2010년부터 2018년까지 9월 말에 종료되는 회계연도의 분기별 애플 매출액을 수집하였다. 이러한 데이터의 일부가 표 18.1에 제시되어 있다.

표 18.1 애플의 분기별 매출액(백만 달러)

Year	Quarter	Revenue
2010	1	15,683
2010	2	13,499
⋮	⋮	⋮
2018	4	62,900

카덴스는 표 18.1의 정보를 사용하여 다음과 같은 일을 수행하기 원한다.

1. 애플 매출액의 추세와 계절 성분을 포착하는 모형을 탐색한다.

2. 2019년 회계연도의 애플 매출액을 예측한다.

이 도입사례에 대한 분석결과는 18.4절의 마지막 부분에 제시되어 있다.

18.1 시계열의 예측과정

이 장에서는 시계열 데이터에 초점을 맞춘다. 시계열은 시간이 흐름에 따라 순차적으로 기록된 변수의 관측치들이다. 시간 간격은 연도, 분기, 월, 주, 일, 시간, 초가 될 수 있다. 시계열의 예로는 뉴욕증권거래소(NYSE)에서 5 거래일에 연속적으로 거래되는 시간당 주식 수, 6월과 7월의 일일 대출신청건수, 5년 동안 한 소매업체의 월간 매출액, 과거 30년 동안 한 국가의 연간 성장률 등이 있다.

$y_1, y_2, \ldots, y_T$가 변수 y의 T개 관측치로 구성된 표본이라고 하자. 여기서 y_t는 시간 t에서 y의 값을 나타낸다. 시계열 데이터에서 표본 관측치 수를 나타내기 위해 n 대신에 T를 사용하고 시간을 나타내기 위해 하첨자 t를 사용하는 것이 일반적이다. 예를 들면, 5일 동안 일일 대출신청건수가 100, 94, 98, 110, 102이면, $y_1 = 100$, $y_2 = 94, \ldots, y_5 = 102$이다.

시계열은 추세, 계절, 주기, 임의 성분으로 구성된다. **추세(trend)** 성분은 시계열의 장기적인 상향이나 하향 추이를 나타낸다. 예를 들면, 제품 매출액이나 기업의 주가는 일정한 기간 동안 상승하거나 하락할 수 있다. **계절(seasonal)** 성분은 일반적으로 일년 기간 동안에 반복되는 양상을 나타낸다. 예를 들면, 매년 소비재의 매출액은 연휴기간 동안 증가하고, 판매되는 여행상품 수는 여름 동안에 증가한다. **주기(cyclical)** 성분은 종종 경제의 확장과 수축에 의해 발생되는 파동적 변동이나 경기변동을 나타낸다. 계절변동과 주기변동의 중요한 차이점은 계절변동은 1년 이내의 기간에 반복되는 경향을 나타내는 반면 주기변동은 1년에서 수년 동안 지속되고 주기의 기간은 각기 다르다는 것이다. 이에 더하여 시계열의 상승과 하락 크기는 주기변동과는 달리 계절변동의 경우에 더 예측 가능하다. **임의(random)** 성분은 시계열의 설명되지 않는 움직임을 나타내기 때문에 식별하기 어렵다. 예를 들면, 한 소매점의 고객 수가 뚜렷한 이유 없이 증가하거나 감소할 수 있다. 이 장에서는 예측을 위해 시계열의 추세, 계절, 임의 성분에 초점을 맞춘다.

도입사례에서 2010년부터 2018년까지 9월 말에 종료되는 회계연도의 분기별 애플 매출액을 사용하였다. 그림 18.1은 이러한 시계열의 산점도이고 점들이 선으로 연결되어 있으며 9년간의 분기는 1부터 36으로 표시되었다.

이 그림은 애플 매출액의 중요한 특성 일부를 확연하게 보여준다. 첫째, 시계열은 지속적으로 상승하지만 관측기간의 말에 평평해진다. 둘째, 계절패턴이 매년 반복된다. 예를 들면, 첫

그림 18.1 애플의 분기별 매출액(백만 달러) 산점도

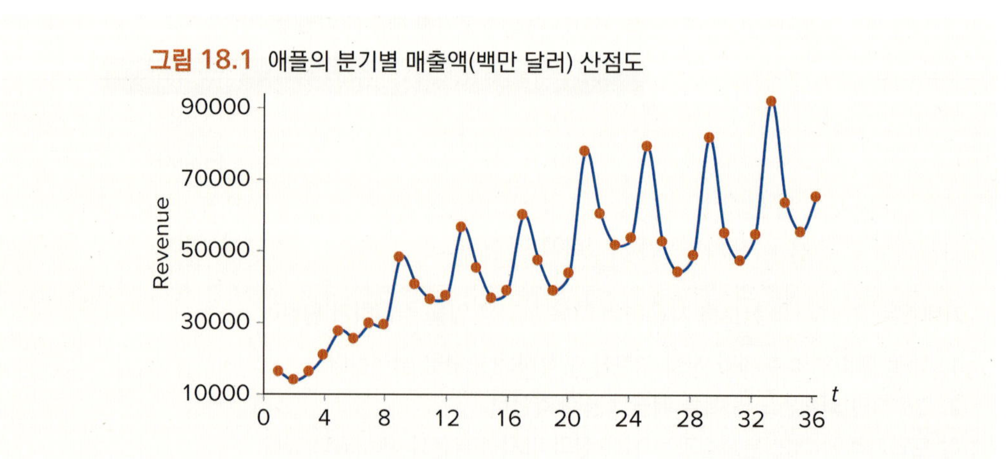

분기의 매출액이 일관되게 다른 분기에 비해 더 크다. 애플의 회계연도에서 12월에 종료되는 첫 분기는 통상적으로 강한 매출이 이루어지는 연휴기간을 포함하고 있다는 것에 주목하라.

예측방법

예측방법은 크게 질적 방법과 양적 방법으로 구분된다. **질적 예측(qualitative forecasting)** 방법은 사전적 경험과 전문성을 사용하는 예측자의 판단에 기초한다. 다른 한편, **양적 예측(quantitative forecasting)** 방법은 관심 변수의 과거 데이터와 공식적인 모형을 사용한다.

질적 예측은 과거 데이터가 없을 때 특히 매력적이다. 예를 들면, 경영자는 새로운 제품의 매출액을 예측하기 위해 질적 예측을 사용할 수 있다. 이와 유사하게, 미래 결과가 과거 기간의 결과로부터 현저하게 벗어날 것으로 예상되어 과거 데이터에 기초하여 예측할 수 없을 때 질적 예측이 사용된다. 예를 들면, 시장 상황이나 정부 정책의 중요한 변화가 과거 데이터를 사용한 분석을 쓸모없게 만들 수 있다.

질적 예측은 어떤 경우에는 매력적이지만 종종 낙관이나 과신과 같은 편견에 치우치는 경향이 있다는 이유로 비판을 받는다. 지나치게 낙관적인 경영자의 판단에 기초하여 이루어지는 의사결정은 비즈니스에 많은 비용을 지불하게 만들 수 있다. 이에 더하여, 질적 예측은 문서화하기 어렵고 예측의 품질이 전적으로 예측자의 판단과 기술에 의존한다. 유사한 정보를 가진 두 사람이 서로 다른 질적 예측을 할 수 있다.

공식적인 양적 모형이 제품매출액, 제품결함, 주택가격, 인플레이션율, 주가, 현금흐름과 같은 변수를 예측하기 위해 널리 사용되고 있다.

이 장에서는 과거 데이터를 사용하는 양적 모형에 초점을 맞추고 각 모형은 특히 시계열의 한 개 이상 성분을 포착하기 위해 고안된다.

모형선택의 기준

많은 모형이 예측하기 위해 사용될 수 있고, 각 모형은 시계열의 특정한 특성을 포착하기에 적합하다. 어떤 특성이 주어진 시계열을 설명하는지를 확실하게 안다면 올바른 모형을 선택하는 것이 쉬울 것이다. 불행하게도 그러한 확실성은 비즈니스 세계에서 존재하지 않는다. 경쟁 모형 중 어느 것이 가장 좋은 예측을 할 수 있는지를 알지 못하기 때문에, 다수의 모형을 고려하는 것이 일반적이다. 모형 선택은 예측에서 가장 중요한 단계 중 하나이다. 따라서 공식적인 모형을 소개하기 전에 모형 선택의 기준을 이해하는 것이 중요하다.

2가지 유형의 모형 선택 기준이 경쟁 모형의 성과를 비교하기 위해 사용된다. 이러한 모형 선택 기준은 광의로 표본내 기준과 표본외 기준으로 정의된다. 표본내 기준은 모형이 주어진 표본 데이터를 얼마나 잘 설명하는지를 평가하는 것이고, 표본외 기준은 모형이 표본외 예측을 얼마나 잘 하는지를 평가하는 것이다. 이상적으로는 선택된 모형은 표본내 예측 성과와 표본외 예측능력 기준으로 가장 좋아야 한다. 이 장에서는 표본내 기준에 초점을 맞춘다.

표본내 기준을 사용하면 모형 선택은 잔차 $e_t = y_t - \hat{y}_t$에 기초하여 이루어진다. 여기서 y_t는 시간 t에서 시계열의 값이고 $\hat{y}_t$는 y_t의 예측치이다. '가장 중요한' 모형 선택 기준은 없기 때문에, 모형 선택을 위해 다수의 성과척도가 사용된다. 경쟁예측모형을 비교하기 위해 일반적으로 사용되는 성과척도는 **평균오차제곱(mean square error, *MSE*)**, **평균절대편차(mean absolute deviation, *MAD*)**, **평균절대백분율오차(mean absolute percentage error, *MAPE*)**

이다. 이상적으로는 선호되는 모형의 *MSE*, *MAD*, *MAPE*는 가장 작아야 한다. *MSE*, *MAD*, *MAPE*를 계산하기 위한 공식은 아래의 박스에 제시되어 있다.

성과척도

성과척도는 잔차 $e_t = y_t - \hat{y}_t$에 기초하여 계산된다. 여기서 y_t는 시간 t에서 시계열의 값이고 $\hat{y}_t$는 y_t의 예측치이다. '가장 중요한' 모형 선택 기준은 없기 때문에, 모형 선택을 위해 다수의 성과척도가 사용된다. 평균오차제곱(*MSE*), 평균절대편차(*MAD*), 평균절대백분율오차(*MAPE*)는 다음과 같이 계산된다.

$$MSE = \frac{1}{n}\sum e_t^2$$

$$MAD = \frac{1}{n}\sum |e_t|$$

$$MAPE = \frac{1}{n}\left(\sum \left|\frac{e_t}{y_t}\right|\right) \times 100$$

여기서 n은 계산에 사용되는 관측치 수이다. 이상적으로는 선호되는 모형의 *MSE*, *MAD*, *MAPE*는 가장 작아야 한다.

주어진 모형의 경우, 위의 성과척도를 위한 보편적으로 '양호한' 값은 존재하지 않는다. 따라서 모형 선택의 기준을 사용하는 것이 최선이다. *MSE*는 잔차가 큰 모형에 대해 크게 불이익을 부여하기 때문에 상대적으로 큰 잔차가 특히 바람직하지 않은 경우에 선호된다. 다른 하나의 널리 사용되는 척도는 *MSE*의 제곱근인 평균오차제곱제곱근(root mean square error, *RMSE*)이다. *MAD*에 비해 상대적으로 *RMSE*가 크다는 것은 예측치의 오차가 상대적으로 크다는 것을 의미한다. *MAPE*의 매력은 오차를 실제값의 백분율로 측정하기 때문에 오차 크기의 정도를 파악할 수 있다는 것이다.

같은 수의 설명변수를 사용하지 않는 회귀모형에 기초한 예측모형을 비교하기 위해 *MSE*, *MAD*, *MAPE*를 사용할 수 없다. 서로 다른 수의 설명변수를 가진 회귀모형에 기초한 예측모형을 비교하기 위해, 과도한 모수를 사용하는 것에 대해 불이익을 부과하는 조정 R^2이 사용된다.

18.2 단순평활법

앞에서 언급했듯이, 시계열은 시간 순서대로 연속적으로 배열된 관측치들이다. 본질적으로 시간이 흐름에 따라 수집되는 모든 데이터는 어떤 형태의 임의 변동을 나타낼 수 있다. 예를 들면, 대학서점의 구매시간이나 편의점의 주간 매출액은 뚜렷한 이유 없이 임의로 변동할 수 있다. 이 절에서는 주로 알려져 있지 않은 수준 주위에서 임의 변동하는 시계열의 경우에 초점을 맞춘다. 달리 말하면, 시계열은 추세나 계절성 때문에 변동하지 않는다. 시계열의 단순한 그림은 시계열의 성분에 대한 통찰력을 제공한다. 시계열의 갑작스러운 변동에 의한 들쭉날쭉한 모습은 임의 변동을 보여준다. 평활법(smoothing technique)은 이러한 임의 변동의 효과를 감소시키기 위해 사용된다. 또한 평활법은 단기적인 변동이 뚜렷한 패턴 없이 전반적인 구조적 패턴으로부터의 임의적인 이탈을 나타내는 경우에 시계열의 예측을 위해 사용될 수 있다. 평활법은 다수 변수의 예측치가 자주 새롭게 수정되어야 할 필요가 있는 경우에 특히 매력적이다. 예를 들면, 주간 단위로 수많은 품목의 재고를 새롭게 조정해야 하는 편의점의 경영자를 생각해보라. 이러한 상황에서 각 품목의 복잡한 예측모형을 개발하는 것은 실용적이지 못하다. 여기서는 두 가지의 평활법, 즉 이동평균법과 단순지수평활법을 논의한다.

이동평균법

이동평균법(moving average technique)은 단순하기 때문에 시계열을 매끄럽게 움직이도록 처리하기 위한 가장 인기 있는 기법 중 하나이다. 이 방법은 가장 최근 관측치 m개의 평균을 계산하는 것에 기초한다. 예를 들면, 3기 이동평균은 가장 최근 관측치 3개의 평균을 계산하여 구축된다. '이동(moving)'이라는 용어는 새로운 관측치가 사용될 수 있을 때 가장 새로운 관측치를 포함시키고 가장 오래된 관측치를 제외시키면서 평균이 새롭게 계산된다.

이동평균의 계산

m기 이동평균은 다음과 같이 계산된다.

$$\text{이동평균} = \frac{\text{가장 최근 관측치 } m\text{개의 합계}}{m}$$

예제 18.1

FILE *Service_Calls.* 한 온라인 소매업체는 다가오는 여름 동안 직원을 보충하기 위한 준비를 하면서 지난 3주 동안(21일) 받은 고객서비스 전화 수를 검토하였다. 표 18.2는 이러한 시계열의 일부를 보여준다.

a. 3기 이동평균계열을 구하라.
b. 시계열과 3기 이동평균계열을 일별로 그림에 나타내고 두 데이터의 차이를 설명하라.
c. 3기 이동평균을 사용하여 22번째 일의 고객서비스 전화 수를 예측하라.
d. *MSE*, *MAD*, *MAPE*를 계산하라.

표 18.2 일별 고객서비스 전화 수

Day	Calls
1	309
2	292
3	284
4	294
5	292
⋮	⋮

Day	Calls
19	326
20	327
21	309

해답:

a. 교재에는 반올림된 값이 표시되어 있지만 실제 계산은 반올림되지 않은 값을 사용한다. 고객서비스 전화 수(Calls)는 y_t로, 3기 이동평균은 $\bar{y}_t$라고 표시하자. 3기 이동평균계열은 원래 시계열의 연속적인 3개 값을 평균하여 구축된다. 3기 이동평균의 첫 번째 값은 다음과 같이 계산된다.

$$\bar{y}_2 = \frac{y_1 + y_2 + y_3}{3} = \frac{309 + 292 + 284}{3} = 295$$

$\bar{y}_2$는 첫 번째 일부터 세 번째 일까지의 평균이다. 두 번째 일부터 네 번째 일까지의 평균을 나타내는 두 번째 이동평균은 다음과 같이 계산된다.

$$\bar{y}_3 = \frac{y_2 + y_3 + y_4}{3} = \frac{292 + 284 + 294}{3} = 290$$

$\bar{y}_t$의 다른 값도 이와 유사하게 계산되고 표 18.3의 열 3에 제시되어 있다. 3기 이동평균계열 $\bar{y}_t$의 첫 번째 관측치와 마지막 관측치가 없다는 것에 주목하라. (5기 이동평균계열의 경우에는 처음 두 개 관측치와 마지막 두 개 관측치가 없다.)

표 18.2 3기 이동평균, 예측치와 잔차

Day (1)	y (2)	$\bar{y}$ (3)	$\hat{y}$ (4)	$e = y - \hat{y}$ (5)
1	309	—	—	—
2	292	295	—	—
3	284	290	—	—
4	294	290	295	−1
5	292	290.33	290	2
⋮	⋮	⋮	⋮	⋮
19	326	320.67	304	22
20	327	320.67	309	18
21	309	—	320.67	−11.67

b. 그림 18.2는 일별로 시계열과 3기 이동평균을 그린 것이다. 원래 시계열은 시계열의 중요한 임의 성분이 존재한다는 것을 제시하는 들쭉날쭉한 모습을 보여준다는 것에 주목하라. 다른 한편, 이동평균계열은 훨씬 더 매끄러운 모습을 보여준다.

그림 18.2 고객서비스 전화 수와 3기 이동평균

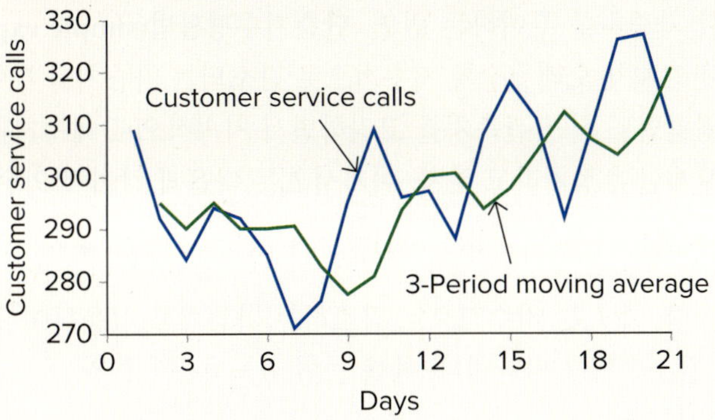

c. 앞에서 언급했듯이, 시계열이 주로 임의 변동을 보여주면, 예측하기 위해 이동평균을 사용할 수 있다. $\bar{y}_2$는 첫 번째 일부터 세 번째 일까지의 평균이기 때문에 네 번째 일 이전 계열의 가장 새로운 추정치이다. 따라서 $\hat{y}_4 = \bar{y}_2$가 사용된다. 여기서 $\hat{y}_4$는 네 번째 일의 표본내 예측치이다. 이와 유사하게 $\hat{y}_5 = \bar{y}_3$이 다섯 번째 일의 표본내 예측치이다. 여기서 $\bar{y}_3$은 두 번째 일부터 네 번째 일까지의 평균이다. $\hat{y}_t = \frac{y_{t-3} + y_{t-2} + y_{t-1}}{3}$과 같이 구해지는 예측치가 표 18.3의 열 4에 제시되어 있다. 이러한 단순한 과정을 적용해서, 22번째 일의 표본외 예측치를 다음과 같이 구할 수 있다.

$$\hat{y}_{22} = \bar{y}_{20} = \frac{y_{19} + y_{20} + y_{21}}{3} = \frac{326 + 327 + 309}{3} = 320.67$$

따라서 22번째 일의 고객서비스 전화 수에 대한 예측치는 321이다. 이동평균법을 사용할 때 발생되는 한 가지 잠재적 단점은 모든 미래의 예측치가 첫 번째 표본외 예측치와 같다는 것이다. 즉 23번째 일의 예측치도 321이다.

d. *MSE*, *MAD*, *MAPE*를 계산하기 위해 먼저 잔차 $e_t = y_t - \hat{y}_t$를 계산한다. 이러한 잔차가 표 18.3의 열 5에 제시되어 있다.

$$MSE = \frac{1}{n}\sum e_t^2 = \frac{(-1)^2 + (2)^2 + \cdots + (-11.67)^2}{18} = 208.90$$

$$MAD = \frac{1}{n}\sum |e_t| = \frac{|-1| + |2| + \cdots + |-11.67|}{18} = 11.85$$

$$MAPE = \frac{1}{n}\left(\sum\left|\frac{e_t}{y_t}\right|\right) \times 100 = \frac{1}{18}\left(\left|\frac{-1}{294}\right| + \left|\frac{2}{292}\right| + \cdots + \left|\frac{-11.67}{309}\right|\right) \times 100 = 3.92$$

이러한 성과척도들은 대안적인 모형들을 비교할 때 유용하다.

단순지수평활법

이동평균법이 널리 사용되지만 몇 가지 단점이 있다. 첫째, 시행착오를 통해 *MSE*, *MAD*,

*MAPE*를 최소화하는 *m*의 값을 찾을 수 있지만, *m*의 값은 임의로 선택된다. 둘째, 모든 *m*개의 최근 관측치에 동일한 가중치를 부여하는 것이 적정하지 않을 수 있다. 이동평균법은 모든 최근 관측치에 동일한 가중치를 부여하는 반면, **단순지수평활법(simple exponential smoothing technique)**은 관측치가 오래될수록 지수적으로 감소되는 가중치를 부여한다. 이동평균법의 경우처럼, 지수평활법도 최근 관측치를 고려하면서 지속적으로 예측치를 수정한다.

L_t를 시간 t의 시계열 추정치라고 하자. 여기서 L_t는 다음과 같이 정의된다.

$$L_t = \alpha y_t + \alpha(1-\alpha)y_{t-1} + \alpha(1-\alpha)^2 y_{t-2} + \alpha(1-\alpha)^3 y_{t-3} + \cdots,\ 0 < \alpha < 1$$

여기서 $0 < \alpha < 1$이다. 즉 L_t는 지수적으로 감소하는 가중치를 사용하여 구해지는 가중 평균이고 α는 가중치의 감소속도를 나타낸다. 예를 들면, $\alpha = 0.8$인 경우,

$$L_t = 0.8y_t + 0.16y_{t-1} + 0.032y_{t-2} + 0.0064y_{t-3} + \cdots$$

마찬가지로 $\alpha = 0.2$의 경우,

$$L_t = 0.2y_t + 0.16y_{t-1} + 0.128y_{t-2} + 0.1024y_{t-3} + \cdots$$

가중치의 감소속도는 $\alpha = 0.8$일 때 $\alpha = 0.2$일 때보다 더 크다.

수식을 사용하면, 처음의 식은 다음과 같이 단순하게 나타낼 수 있다.

$$L_t = \alpha y_t + (1-\alpha)L_{t-1}$$

이 식을 사용하여 지수평활공식을 정의한다. L_t는 시간 t의 가장 최신 값을 나타내기 때문에, 이 값이 1기간 미래의 예측치로 $\hat{y}_{t+1} = L_t$로 사용된다 이 식은 예측치 $\hat{y}_{t+1} = L_t$가 현재 값 y_t와 직전 예측치 $\hat{y}_t = L_{t-1}$에 의해 결정된다는 것을 보여준다. 달리 말하면, 최근 관측치를 사용하여 예측치가 계속해서 수정된다.

단순지수평활계열의 계산

단순지수평활법은 계열값을 다음과 같은 식을 사용하여 계속해서 수정한다.

$$L_t = \alpha y_t + (1-\alpha)L_{t-1}$$

여기서 α는 가중치의 감소속도를 나타낸다. 예측치는 $\hat{y}_{t+1} = L_t$와 같이 계산된다.

이러한 방법을 사용하기 위해서는 α의 값과 계열의 초기값 L_1을 결정해야 한다. 일반적으로 초기값은 시계열의 첫 번째 관측치와 같게, 즉 $L_1 = y_1$으로 설정된다. 관측치 수가 많으면, 초기값의 선택은 문제가 되지 않는다. α의 최적값은 시행착오를 통해 결정된다. α의 최적값은 다수의 α값을 평가하여 *MSE*, *MAD*, *MAPE*를 최소화하거나 다른 선택기준을 사용하여 결정된다.

예제 18.2

FILE ***Service_Calls.*** 예제 18.1의 ***Service_Calls*** 데이터를 다시 사용하라.

a. $\alpha = 0.20$과 $L_1 = y_1$을 사용하여 단순지수평활계열을 구하라.

b. 시계열과 단순지수평활계열을 일별로 그림에 나타내고 두 데이터의 차이를 설명하라.

c. 단순지수평활계열을 사용하여, 22번째 일의 고객서비스 전화 수를 예측하라.

d. *MSE*, *MAD*, *MAPE*를 계산하고 예제 18.1에서 3기 이동평균을 사용하여 구한 값과 비교하라.

해답:

교재에는 반올림된 값이 표시되어 있지만 실제 계산은 반올림되지 않은 값을 사용한다.

a. 표 18.4의 열 3에 초기값 $L_1 = y_1 = 309$를 사용하여 구한 L_t의 순차적 추정치가 제시되어 있다. $\alpha = 0.2$로 설정하고 $L_t = \alpha y_t + (1 - \alpha)L_{t-1}$를 사용하여 계속해서 L_t의 값을 수정한다. 예를 들면, L_2와 L_3은 다음과 같이 구한다.

$$L_2 = 0.20 \times 292 + 0.80 \times 309 = 305.60$$
$$L_3 = 0.20 \times 284 + 0.80 \times 305.60 = 301.28$$

L_t의 모든 다른 추정치는 이와 같은 방식으로 구해진다.

표 18.4 $\alpha = 0.2$를 사용하여 구한 지수평활계열, 예측치와 잔차

Day (1)	y (2)	L_t (3)	$\hat{y}$ (4)	$e = y - \hat{y}$ (5)
1	309	309.00	—	—
2	292	305.60	309.00	−17.00
3	284	301.28	305.60	−21.60
⋮	⋮	⋮	⋮	⋮
20	327	310.95	306.93	20.07
21	309	310.56	310.95	−1.95

b. 그림 18.3은 원래 시계열과 지수평활계열을 일별로 그린 것이다. 앞에서 언급했듯이 원래 시계열은 들쭉날쭉하지만 지수평활계열은 이동평균계열과 마찬가지로 대부분의 뾰족한 점들을 제거하고 훨씬 매끄러운 모습을 보여준다.

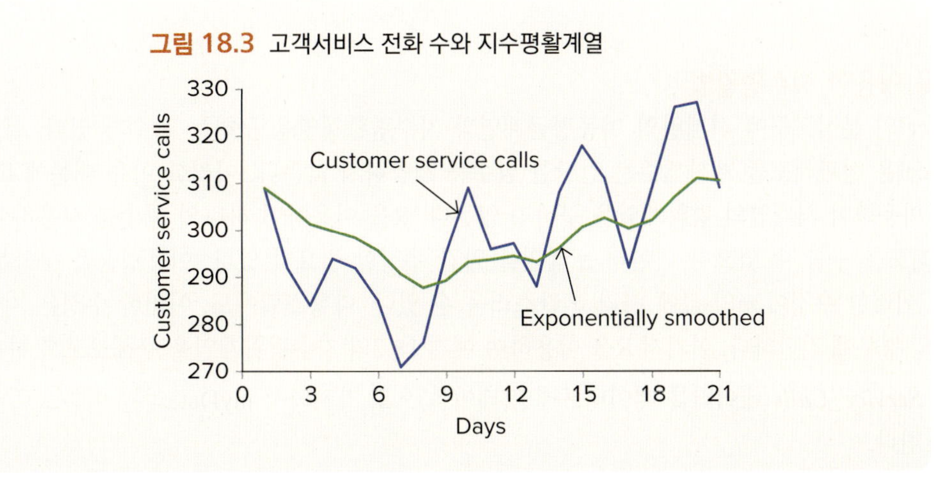

그림 18.3 고객서비스 전화 수와 지수평활계열

c. $\hat{y}_{t+1} = L_t$를 사용하여 구한 예측치가 표 18.4의 열 4에 제시되어 있다. 예를 들면, 기간 2의 경우, $\hat{y}_2 = L_1 = 309$이다. 마찬가지로, $L_2 = 305.60$은 $\hat{y}_3$의 예측치이다. 따라서 22번째 일의 고객서비스 전화 수 예측치는 $\hat{y}_{22} = L_{21} = 0.20 \times 309 + 0.80 \times 310.95 = 310.56$, 즉 311과 같이 계산된다. 이동평균법과 마찬가지로 표본외 예측치는 이와 같은 값을 가진다. 즉 23번째 일의 고객서비스 전화 수도 311이다.

d. *MSE*, *MAD*, *MAPE*를 계산하기 위해 먼저 잔차 $e_t = y_t - \hat{y}_t$를 계산한다. 이러한 잔차가 표 18.4의 열 5에 제시되어 있다.

$$MSE = \frac{1}{n}\sum e_t^2 = \frac{(-17.00)^2 + (-21.60)^2 + \cdots + (-1.95)^2}{20} = 217.16$$

$$MAD = \frac{1}{n}\sum |e_t| = \frac{|-17.00| + |-21.60| + \cdots + |-1.95|}{20} = 12.91$$

$$MAPE = \frac{1}{n}\left(\sum\left|\frac{e_t}{y_t}\right|\right) \times 100 = \frac{1}{20}\left(\left|\frac{-17.00}{292}\right| + \left|\frac{-21.60}{284}\right| + \cdots + \left|\frac{-1.95}{309}\right|\right) \times 100 = 4.32$$

여기서 $\alpha = 0.2$는 특별한 의미가 없다. 이 값은 지수평활법을 설명하기 위해 사용되었다. 앞에서 지적했듯이, 다수의 α값을 사용하여 계산된 *MSE*, *MAD*, *MAPE*를 최소화하는 α값을 선택한다. α값이 어떻게 선택되는지 예시하기 위해, α값을 0.1에서 0.9 사이에서 0.1씩 증가시키면서 계산된 *MSE*, *MAD*, *MAPE*의 값이 표 18.5에 정리되어 있다.

여기서 α값의 선택은 모형비교를 위해 *MSE*, *MAD*, *MAPE* 중 어느 것을 사용하느냐에 달렸다. 이 예제에서 $\alpha = 0.5$일 때 3가지 성과척도 중 두 가지 척도(*MAD*와 *MAPE*)가 가장 작기 때문에 $\alpha = 0.5$를 선택하는 것이 적정할 수 있다.

표 12.5 다수의 α값별로 계산된 *MSE*, *MAD*, *MAPE*

α	0.1	0.2	0.3	0.4	0.5	0.6	0.7	0.8	0.9
MSE	257.20	217.16	192.44	180.42	175.40	173.61	172.82	171.79	169.97
MAD	13.60	12.91	12.18	11.42	11.10	11.11	11.25	11.41	11.43
MAPE	4.57	4.32	4.07	3.81	3.70	3.70	3.75	3.81	3.82

R을 이용한 지수평활법

Excel의 분석도구에 시계열의 이동평균계열과 지수평활계열을 구하는 함수가 있다. 그러나 Excel은 성과척도를 계산해주는 간단한 함수를 제공하지 않는다. 이러한 이유 때문에 Excel을 이용하여 시계열의 평활계열을 구하지 않는다. R을 이용하면 하나의 함수를 사용하여 성과척도를 구할 수 있으나 데이터 프레임을 약간 수정할 필요가 있다. 이동평균을 구하는 경우, 이러한 수정이 m의 값에 따라 혼란스러울 수 있다. 다행스럽게도, 이러한 수정은 지수평활의 경우에 간단하다. 여기서 R을 이용하여 예제 18.2의 지수평활계열을 구해보도록 하자.

A. ***Service_Calls*** 데이터를 데이터프레임(테이블)으로 가져와서 myData라는 이름으로 지정한다.

B. *forecast* 패키지를 설치하고 업로드하라. 다음과 같이 입력하라.

```
> install.packages("forecast"); library(forecast)
```

C. 지수평활계열을 생성하기 위해 *forecast* 패키지에 있는 **ses** 함수를 사용한다. 이렇게 생성된 지수평활계열을 ExpSm이라고 이름 붙인다. **ses** 함수에서 *initial*은 "simple"로, *alpha*는 0.2로 설정한다. ExpSm을 다시 입력하면, R은 22번째 기간과 그 이후 기간의 예측치를 보고한다. (예상한 대로 이러한 값 모두는 310.5577이다.) 다음과 같이 입력하라.

```
> ExpSm <-ses(myData$Calls, initial="simple", alpha=0.2); ExpSm
```

D. 표본에서 예측되는 고객전화 서비스 수를 구하기 위해 **fitted** 함수를 사용하고 성과척도를 구하기 위해 **accuracy** 함수를 사용한다. 예제 18.2에서 했던 것처럼, 두 번째 관측치부터 21번째 관측치를 사용하여 성과척도를 계산하기 원하면 각 변수에 이러한 수정을 적용해야 한다. 다음과 같이 입력하라.

```
> accuracy(fitted(ExpSm)[(2:21)], myData$Calls[(2:21)])
```

R은 *MAD*를 *MAE*로 표시하고 *MSE*는 *RMSE*를 제곱하여 계산한다는 것에 주목하라. 이 값들은 표 18.5에 제시되어 있는 $\alpha = 0.2$를 사용하여 계산된 값들과 같다.

연습문제 18.2

1. **FILE** ***Exercise_18.1.*** 첨부된 데이터 파일에는 t와 y_t에 대한 10개 관측치가 포함되어 있다.
   a. 3기 이동평균을 구하고 실제 시계열과 함께 그림으로 그려라. 시계열의 평활화에 대해 설명하라.
   b. 3기 이동평균법을 사용하여 표본내 예측치를 구하고 *MSE*와 *MAD*를 계산하라.
   c. 11기의 예측치를 구하라.
2. **FILE** ***Exercise_18.2.*** 첨부된 데이터 파일에는 t와 y_t에 대한 20개 관측치가 포함되어 있다.
   a. 시계열을 그리고 임의 변동의 존재에 대해 설명하라.
   b. $\alpha = 0.2$일 때 지수평활법을 사용하여 표본내 예측치를 구하고 *MSE*와 *MAD*를 계산하라.
   c. $\alpha = 0.4$일 때 (b)와 같은 과정을 반복하라.
   d. 선호되는 α의 값을 사용하여 21기의 예측치를 구하라.
3. **FILE** ***Convenience_Store.*** 유타주의 솔트레이크시티시 인근에 있는 한 편의점 소유주는 휘발유를 제외하고 주간 매출액을 기록하였다. 다음의 표는 30개 주간 매출액의 일부를 보여준다.

Week	Sales
1	5387
2	5522
⋮	⋮
30	5206

   a. 3기 이동평균법을 사용하여 31번째 주의 매출액을 예측하라.
   b. $\alpha = 0.3$일 때 단순지수평활법을 사용하여 31번째 주의 매출액을 예측하라.
   c. *MSE*, *MAD*, *MAPE*에 의하면 예측을 위해 어느 기법이 선호되는가?
4. **FILE** ***Spotify.*** 스포티파이(Spotify)는 전 세계 아티스트들의 노래를 들을 수 있게 해주는 음악 스트리밍 플랫폼이다. 2018년 2월 28일에 스포티파이는 뉴욕증권거래소(NYSE)에 기업공개(IPO)를 하였다. 다음의 표는 2018년 4월부터 2019년 2월까지 스포티파이의 조정된 월간 주가 일부를 보여준다.

Date	Stock Price
Apr-18	161.67
May-18	157.71
⋮	⋮
Feb-19	134.71

a. 3기 이동평균법을 사용하여 2019년 3월의 스포티파이 주가를 예측하라.

b. $\alpha = 0.2$일 때 단순지수평활법을 사용하여 2019년 3월의 스포티파이 주가를 예측하라.

c. *MSE*, *MAD*, *MAPE*에 의하면 예측을 위해 어느 기법이 선호되는가?

5. **FILE** ***FoodTruck.*** 미국의 대학 캠퍼스에서는 푸드트럭을 흔히 볼 수 있다. 푸드트럭은 캠퍼스를 돌아다니면서 최근에 인기 있는 음식을 찾는 학생들에게 신속하게 음식을 제공한다. 한 푸드트럭의 소유주는 캘리포니아주에 있는 한 작은 대학에서 주중에 음식을 제공하는 학생 수에 대한 데이터를 수집하였다. 다음의 표는 이러한 데이터의 일부를 보여준다.

Weekday	Students
1	84
2	66
⋮	⋮
40	166

a. 3기 이동평균법을 사용하여 41번째 주에 음식을 제공하는 학생 수를 예측하라.

b. 5기 이동평균법을 사용하여 41번째 주에 음식을 제공하는 학생 수를 예측하라.

c. *MSE*, *MAD*, *MAPE*에 의하면 예측을 위해 어느 기법이 선호되는가?

6. **FILE** ***Exchange_Rate.*** €(유로)에 대한 $(미국달러)의 환율과 £(파운드)에 대한 $(미국달러)의 환율을 고려해보라. 다음의 표는 2017년 1월부터 2019년 1월까지 환율의 일부를 보여준다.

Date	Euro	Pound
Jan-17	1.0635	1.2367
Feb-17	1.0650	1.2495
⋮	⋮	⋮
Jan-19	1.1414	1.2845

a. 유로에 대한 미국달러 환율의 3기 이동평균과 5기 이동평균을 구하라. *MSE*, *MAD*, *MAPE*에 기초하여 선호되는 모형을 사용하여 2019년 2월의 유로에 대한 미국달러 환율을 예측하라.

b. $\alpha = 0.2, 0.4, 0.6$일 때, 파운드에 대한 미국달러 환율의 단순지수평활계열을 구하라. *MSE*, *MAD*, *MAPE*에 기초하여 선호되는 모형을 사용하여 2019년 2월의 파운드에 대한 미국달러 환율을 예측하라.

7. **FILE** ***Downtown_Cafe.*** 오하이오주의 콜럼버스시에 있는 한 인기 있는 카페의 경영자는 고객 수에 대한 주간 데이터를 수집하였다. 다음의 표는 이러한 데이터의 일부를 보여준다.

Week	Customers
1	944
2	997
⋮	⋮
52	1365

a. $\alpha = 0.2$일 때 단순지수평활법을 사용하여 53번째 주의 고객 수를 예측하라.

b. $\alpha = 0.4$일 때 단순지수평활법을 사용하여 53번째 주의 고객 수를 예측하라.

c. *MSE*, *MAD*, *MAPE*에 의하면 예측을 위해 어느 기법이 선호되는가?

8. **FILE** ***Gas_Prices.*** 많은 요인이 영향을 미치는 휘발유 가격을 예측하는 것은 어렵다. 22주 동안 뉴잉글랜드와 웨스트코스트의 평균 보통휘발유 가격을 고려해보라.

Date	New England	West Coast
9/3/2018	2.855	3.329
9/10/2018	2.864	3.336
⋮	⋮	⋮
1/28/2019	2.346	2.928

a. 뉴잉글랜드의 휘발유 가격에 대한 3기 이동평균과 5기 이동평균을 구하라. *MSE*, *MAD*, *MAPE*에 기초하여 선호되는 모형을 사용하여 2019년 2월 첫 주의 휘발유 가격을 예측하라.

b. $\alpha = 0.2, 0.4, 0.6$일 때 웨스트코스트의 휘발유 가격에 대한 단순지수평활계열을 구하라. *MSE*, *MAD*, *MAPE*에 기초하여 선호되는 모형을 사용하여 2019년 2월 첫 주의 휘발유 가격을 예측하라.

18.3 추세와 계절성을 위한 선형회귀모형

시계열이 식별할 수 있는 추세나 계절 변동 없이 임의 변동을 나타낼 때 18.2절에서 논의한 평활법이 사용된다. 시계열의 추세와 계절 변동을 분석하기 위해서는 특별한 모형이 필요하다. 이 절에서는 먼저 시계열의 장기적 증가나 감소 움직임을 포착하는 추세 분석에 초점을 맞춘다. 이어서 일년의 기간 내에서 시계열의 반복적인 움직임을 포착하는 계절더미변수에 대해 논의한다.

선형추세모형

앞에서 설명한 회귀분석기법을 사용하면서 **선형추세모형(linear trend model)**을 추정한다. y_t를 시간 t의 반응변수 값이라고 하자. 여기서 1, 2, 3 등등과 같은 연속적인 시간에 해당되는 설명변수를 나타내기 위해 t가 사용된다.

선형추세모형

선형추세모형은 각 기간에 일정한 크기만큼 증가할 것으로 예상되는 시계열을 위해 사용된다. 선형추세모형은 다음과 같이 정형화된다.

$$y_t = \beta_0 + \beta_1 t + \varepsilon_t$$

여기서 y_t는 시간 t의 시계열 값이다.

- 선형추세모형에 의한 예측은 $\hat{y}_t = b_0 + b_1 t$에 의해 이루어진다. 여기서 b_0와 b_1는 계수 추정치이다.
- 예측을 할 때 반올림하지 않은 계수 추정치 사용을 권장한다.

예제 18.3은 예측을 위한 선형추세모형의 적용을 보여준다.

예제 18.3

FILE ***Organic.*** 한 지역 유기농 식품점은 건강을 생각하는 소비자를 위한 여러 가지 식품을 취급한다. 이 식품점에서는 대학교육을 받은 밀레니얼 세대에 특히 인기가 있는 셰프특선식품의 매출액이 지속적으로 증가하고 있다. 이 식품점의 경영자는 사업계획을 세우기 위해 지난 1년 동안 셰프특선식품의 주간 매출액으로부터 유용한 정보를 추출하기 원한다. 이러한 데이터의 일부가 표 18.6에 제시되어 있다.

표 18.6 셰프특선식품의 주간 매출액(달러)

Week	Sales
1	1925
2	2978
⋮	⋮
52	6281

a. 추세가 존재하는지 확인하기 위해 시계열을 시각적으로 검토하라.
b. 셰프특선식품 매출액을 위한 선형추세모형을 추정하고 해석하라.
c. 앞으로 4주 동안 셰프특선식품의 매출액을 예측하라.

해석:

a. 첫 번째 단계로 시계열을 시각적으로 검토한다. 그림 18.4는 지난 1년 동안 셰프특선식품의 주간 매출액을 선형추세선과 함께 그린 산점도이다. 이 기간 동안 시계열이 증가하는 움직임을 보여준다.

그림 18.4 셰프특선식품의 주간 매출액 산점도

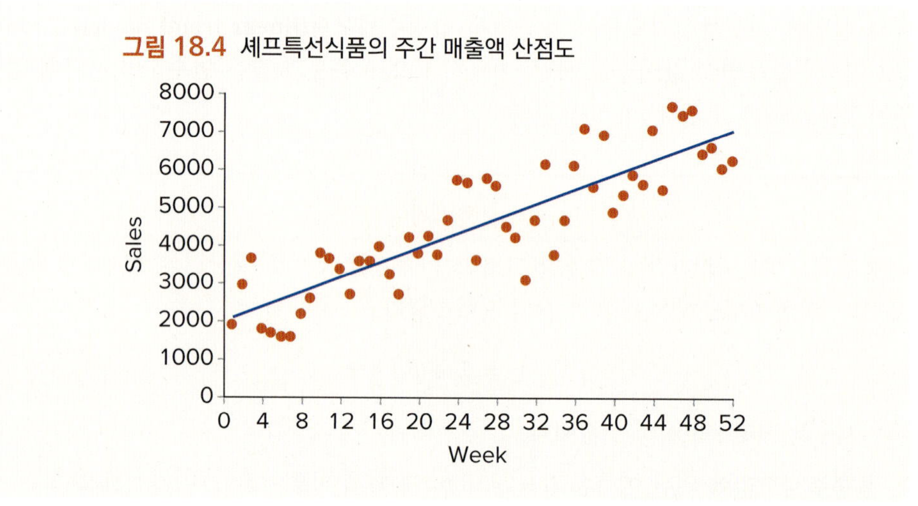

b. 선형추세모형은 Sales = $\beta_0 + \beta_1$Week + ε와 같이 정형화된다. 선형추세모형의 추정식은 $\widehat{\text{Sales}}$ = 1998.2285 + 96.8383 Week이며 매주 매출액이 약 96.84달러만큼 증가한다는 것을 제시한다. 추정된 $R^2 = 0.7538$은 매출액의 표본변동 중 약 75.38%는 표본추세선에 의해 설명된다는 것을 제시한다.

c. 다음 주의 매출액을 예측하기 위해 Week = 53을 사용하면, $\widehat{\text{Sales}}$ = 1998.2285 + 96.8383 × 53 = 7,130.66달러이다. 이와 마찬가지로 Week = 54, 55, 56을 사용하면, 연속적인 3주의 주간 매출액은 각각 7,227.49달러, 7,324.33달러, 7,421.17달러로 예측된다.

예제 18.3에서 사용된 모형과 같은 추세예측모형은 시계열의 장기적 증가나 감소 움직임을 포착한다. 이 모형은 계절 변동이 없거나 계절 변동이 제거된 경우에 적합하다. 이제 추세와 계절 변동 모두를 반영하는 예측에 대해 살펴보도록 하자.

계절성을 포함한 선형추세모형

계절 데이터를 사용하여, 계절 변동을 포착하기 위한 더미변수를 포함한 선형추세모형을 추정하도록 하자. 더미변수는 일반적으로 두 가지 범주를 가지는 범주형 변수를 나타내기 위해 사용된다는 것을 기억하라. 여기서 계절을 나타내는 더미변수를 사용한다. 분기 데이터의 경

우 일반적으로 4분기를 기준분기로 사용하면서 3개의 더미변수만 정의한다.

계절더미변수를 포함한 선형추세모형

분기 데이터를 사용하는 경우, 계절 더미변수를 포함한 선형추세모형은 다음과 같이 정형화될 수 있다.

$$y = \beta_0 + \beta_1 d_1 + \beta_2 d_2 + \beta_3 d_3 + \beta_4 t + \varepsilon$$

여기서 d_1, d_2, d_3는 처음 3분기를 나타내는 더미변수이다.

- 분기별 예측은 다음과 같이 이루어진다.

$$1분기(d_1 = 1, d_2 = 0, d_3 = 0): \hat{y} = (b_0 + b_1) + b_4 t$$
$$2분기(d_1 = 0, d_2 = 1, d_3 = 0): \hat{y} = (b_0 + b_2) + b_4 t$$
$$3분기(d_1 = 0, d_2 = 0, d_3 = 1): \hat{y} = (b_0 + b_3) + b_4 t$$
$$4분기(d_1 = 0, d_2 = 0, d_3 = 0): \hat{y} = b_0 + b_4 t$$

여기서 $b_0, b_1, \ldots b_4$는 계수 추정치이다.

- 예측을 할 때 반올림하지 않은 계수 추정치 사용을 권장한다.

다른 분기를 기준분기로 사용하는 경우 위의 예측식은 쉽게 수정될 수 있다는 것에 주목하라. 또한 분기 데이터를 위한 모형은 월간 데이터나 다른 형태의 계절 데이터를 사용하여 예측하기 위해 쉽게 수정될 수 있다. 예제 18.4는 분기 데이터를 사용하는 적용이다.

예제 18.4

FILE ***Ecommerce.*** 아마존닷컴을 선두로 전자상거래 매출액은 지난 10년 동안 크게 증가하였다. 2010년 1분기부터 2019년 1분기까지 미국의 분기별 전자상거래 매출액을 고려해보라. 이러한 데이터의 일부가 표 12.7에 제시되어 있다.

표 18.7 분기별 전자상거래 매출액

Year	Quarter	Sales
2010	1	37059
2010	2	38467
⋮	⋮	⋮
2019	1	127265

a. 추세와 계절성이 존재하는지 확인하기 위해 시계열을 시각적으로 검토하라.
b. 전자상거래 매출액을 위한 계절더미변수를 포함한 선형추세모형을 추정하고 해석하라.
c. 2019년 2분기, 3분기, 4분기의 전자상거래 매출액을 예측하라.

해답:

분기 데이터가 사용되므로 먼저 계절더미변수를 포함한 선형추세모형을 추정하기 위해 사용할 관련 변수들을 정리해야 한다. 표 18.8은 전자상거래 매출액, 4분기를 기준분기로 사용하면서 처음 3분기를 나타내는 계절더미변수 d_1, d_2, d_3와 37분기 데이터를 나타내는 추세변수 t의 일부를 보여준다. (곧 분석결과를 다시 구하기 위한 R 프로그램의 지시사항이 제공된다.)

표 18.8 예제 18.4를 위한 변수의 정리

Year	Quarter	Sales	d_1	d_2	d_3	t
2010	1	37059	1	0	0	1
2010	2	38467	0	1	0	2
2010	3	40075	0	0	1	3
2010	4	54320	0	0	0	4
⋮	⋮	⋮	⋮	⋮	⋮	⋮
2018	4	158548	0	0	0	36
2019	1	127265	1	0	0	37

a. 그림 18.5는 분기 매출액의 산점도이다. 분기 매출액을 나타내는 점이 선으로 연결되어 있고 분기 데이터가 1부터 37로 표시되어 있다. 이 그림은 몇 가지 전자상거래 매출액의 특성을 확연하게 보여준다. 첫째, 매출액의 지속적인 증가 움직임을 보여준다. 둘째, 매년 계절 패턴이 반복된다. 예를 들면, 매출액은 일관되게 다른 분기에 비해 4분기에 더 크다. 이 그림은 추세와 계절성을 포착하는 모형이 사용되어야 한다는 것을 강력하게 보여준다.

그림 18.5 전자상거래 매출액의 산점도(백만 달러)

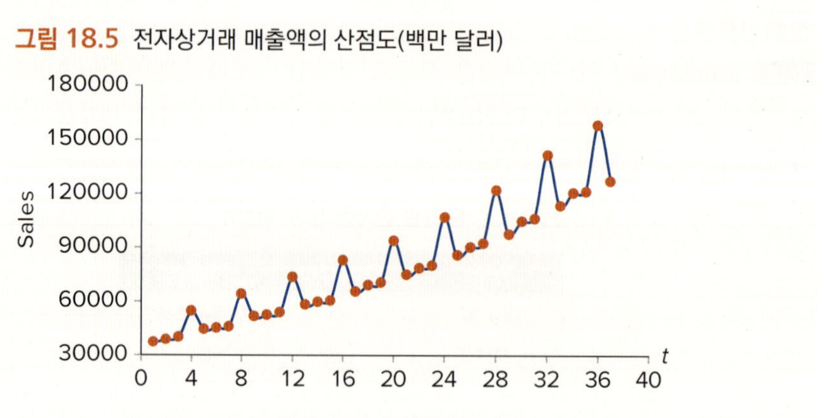

b. 계절더미변수를 포함한 선형추세모형의 추정식은 $\widehat{\text{Sales}} = 46{,}682.6508 - 21{,}611.6437d_1 - 21{,}295.7984d_2 - 22{,}594.1214d_3 + 2{,}649.8786t$이다. 계절더미변수의 계수 추정치들은 4분기 매출액에 비해 다른 세 분기의 매출액이 약 22,000달러 더 적다는 것을 제시한다. 추세변수의 계수 추정치는 분기 매출액은 계절변동에 더하여 매 분기마다 약 2,650달러만큼 증가하는 것으로 예측된다는 것을 제시한다.

c. 2019년 2분기의 매출액은 $d_1 = 0$, $d_2 = 1$, $d_3 = 0$, $t = 38$을 사용하면서 $\widehat{\text{Sales}} = 46{,}682.6508 - 21{,}295.7984 + 2{,}649.8786 \times 38 = \$126{,}082$백만 달러로 예측된다. 이와 마찬가지로 2019년 3분기의 매출액과 2019년 4분기의 매출액은 각각 $d_1 = 0$, $d_2 = 0$, $d_3 = 1$, $t = 39$와 $d_1 = 0$, $d_2 = 0$, $d_3 = 0$, $t = 40$을 사용하면서 127,434백만 달러와 152,678백만 달러로 예측된다.

R을 이용한 계절더미변수를 포함한 선형추세모형의 추정

예제 18.4의 분석결과를 다시 구하기 위해, 다음과 같은 단계를 수행한다.

A. ***Ecommerce*** 데이터를 데이터프레임(테이블)으로 가져와서 myData라는 이름으로 지정한다.

B. *forecast* 패키지를 설치하고 업로드하라. 다음과 같이 입력하라.

```
> install.packages("forecast")
> library(forecast)
```

C. 시계열 객체를 생성하기 위해 **ts** 함수를 사용하고 그것을 newData라고 이름 붙인다. **ts** 함수에서 *start*와 *end* 기간과 *frequency*를 표시하고 1년의 계절 수를 나타낸다. 다음과 같이 입력하라.

```
> newData <- ts(myData$Sales, start = c(2010,1), end = c(2019,1),
frequency=4)
```

D. 모형을 추정하기 위해 **tslm** 함수, 회귀분석결과를 보기 위해 **summary** 함수를 사용한다. 다음과 같이 입력하라.

```
> TSReg <- tslm(newData ~ trend + season)
> summary(TSReg)
```

참고: 기본적으로 R은 기준분기로 1분기를 사용한다. 이것이 절편 추정치와 더미변수의 계수 추정치들이 예제 18.4와 다른 이유이다. 그러나 예측치는 기준분기의 선택에 의해 영향을 받지 않는다.

E. **forecast** 함수를 사용한다. 여기서 *h*는 예측치의 수를 나타낸다. 다음과 같이 입력하라.

```
> forecast(TSReg, h=3)
```

예측치의 값들은 예제 18.4에서 보고된 예측치의 값들과 같다.

예측을 위한 인과형 모형에 대한 참고 사항

지금까지 예측을 위해 추세와 계절성을 포착하는 비인과형 모형, 즉 순수한 시계열 모형을 논의하였다. 이러한 모형은 목표변수를 생성하는 메커니즘에 대한 아무런 설명을 제공하지 않고 단순히 과거 데이터를 미래에 투사하는 방법을 제공한다. 다른 한편, 인과형 모형은 예측을 위해 반응변수와 설명변수들간의 관계를 이용하는 표준적인 회귀모형이다. 예를 들면, 기업의 광고예산과 가격전략 같은 설명변수들을 사용하면서 제품매출액을 예측하기 위해 인과형 모형을 사용할 수 있다. 회귀모형구조는 인과관계를 시계열 효과와 결합할 수 있게 해준다. 달리 말하면, 추세변수 t와 p개 계절을 나타내는 계절더미변수 $d_1, d_2, \ldots, d_{p-1}$과 함께 k개 인과변수 $x_1, x_2, \ldots, x_k$를 설명변수에 포함시킬 수 있다.

예를 들면, 제품매출액 y를 예측하기 위한 모형을 개발하기 위해 분기 데이터를 사용한다고 하자. 설명변수로 기업의 광고예산 x, 추세변수 t, 처음 3분기를 나타내는 계절더미변수 d_1, d_2, d_3가 포함된다고 하자. 예측하기 위한 회귀모형을 다음과 같이 쉽게 추정할 수 있다.

$$\hat{y} = b_0 + b_1d_1 + b_2d_2 + b_3d_3 + b_4t + b_5x$$

이러한 방법은 t, d_1, d_2, d_3의 미래 값을 알아야 할 뿐만 아니라 변수 x의 미래 값을 알거나 예측할 수 있는 경우에만 작동한다는 것에 주목하라. 달리 말하면, 미래의 광고예산을 모르면 제품매출액을 예측할 수 없다.

연습문제 18.3

9. 30일의 데이터를 사용하여 추정된 선형추세모형은 $\hat{y}_t = 80.20 + 0.62t$이다. 추정된 모형을 사용하여 다음 2일의 y를 예측하라.

10. 10년의 분기 데이터와 함께 계절더미변수 d_1, d_2, d_3를 사용하지 않거나 사용하면서 추정된 다음과 같은 선형추세모형을 고려하라. 여기서 1분기이면, $d_1 = 1$이고 그렇지 않으면 0이다. 다른 더미변수도 이와 유사하게 정의된다.

모형 1: $\hat{y}_t = 48.00 + 0.44t$
모형 2: $\hat{y}_t = 48.00 + 0.46t - 0.38d_1 - 0.42d_2 - 0.12d_3$

a. 각 모형을 사용하여 11년차 연도 1분기와 4분기의 y를 예측하라.

b. 모형 1에 비해, 모형 2의 R^2이 더 높으나 조정 R^2이 더 낮으면 어느 모형이 선호되는가?

11. FILE ***Inquiries.*** 모건은행은 고객에게 새로운 모바일 뱅킹 앱 사용을 권장하고 있다. 이것이 영업을 위해 좋을 수 있지만, 모건은행은 새로운 뱅킹 앱에 대한 수많은 문의를 처리해야만 한다. 다음의 표는 지난 30주 동안 모건은행이 받은 주간 문의 수 일부를 보여준다.

Week	Inquiries
1	286
2	331
⋮	⋮
30	219

선형추세모형을 추정하고 다음 2주 동안의 새로운 뱅킹 앱에 대한 문의 수를 예측하라.

12. FILE ***Apple_Price.*** 애플은 지난 10년 동안 매우 좋은 실적을 올렸다. 애플 주가는 2016년 5월에 90달러로 하락한 후에 놀랍게 상승하여 2017년 5월에 약 146달러에 도달하였다(SeekingAlpha.com, May 1, 2017). 애플 주가의 상승 모멘텀으로부터 이득을 얻고자 하는 한 투자자는 2016년 5월 30일부터 2017년 5월 26일까지 53주간의 애플 주가 데이터를 분석하였다. 이러한 데이터의 일부가 다음의 표에 제시되어 있다.

Date	Price
5/30/2016	97.92
6/6/2016	98.83
⋮	⋮
5/26/2017	153.57

a. 계절성이 없는 선형추세모형을 추정하고 해석하라.

b. 54번째 주의 애플 주가를 예측하라.

13. FILE ***Tax_Revenue.*** 콜로라도주에서 의료용 마리화나의 판매가 2012년 11월에 시작되었다. 그러나 세금수입부서는 2014년 2월 이전까지 이에 대한 세금수입액을 보고하지 않았다. 다음의 표는 콜로라도주의 회계시스템에 공표된 의료 및 소매용 마리화나의 월간 세금수입액 일부를 보여준다.

Date	Revenue
Feb-14	3,519,756
Mar-14	4,092,575
⋮	⋮
Oct-18	22,589,679

계절성이 없는 선형추세모형을 사용하여 2018년 11월과 12월의 세금수입을 예측하라.

14. **FILE** ***Revenue_Lowes.*** 로우즈(Lowe's)는 다양한 유지, 보수, 리모델링, 장식을 위한 제품을 판매하는 홈개량제품판매회사이다. 다음의 표는 매년 1월에 종료되는 회계연도별 로우즈의 분기 매출액(백만 달러) 데이터 일부를 보여준다

Year	Quarter	Revenue
2010	1	12,388
2010	2	14,361
⋮	⋮	⋮
2018	3	17,415

a. 계절더미변수를 포함한 선형추세모형을 추정하고 해석하라.

b. 추정된 모형을 사용하여 로우즈의 2018년 4분기 매출액을 예측하라.

15. **FILE** ***Vacation.*** 여행목적지는 여행지에서 주로 하는 활동에 따라 계절마다 달라진다. 아만다 왕은 오하이오주 신시내티시에 있는 여행사의 소유주이다. 그녀는 지난 12년 동안 판매한 여행패키지 수(Vacation)에 대한 데이터베이스를 구축하였다. 다음의 표는 그녀가 판매한 여행패키지 수에 대한 분기 데이터의 일부를 보여준다.

Year	Quarter	Vacation
2008	1	500
2008	2	147
⋮	⋮	⋮
2019	4	923

a. 추세변수를 사용하거나 사용하지 않으면서 계절더미변수를 포함한 선형회귀모형을 추정하라. 어느 모형이 선호되는가?

b. 선호되는 모형을 사용하여 2020년의 처음 2분기에 판매되는 여행패키지 수를 예측하라.

18.4 추세와 계절성을 위한 비선형회귀모형

18.3절에서 가정한 선형관계가 적정할 수 있지만, 비선형함수형태가 더 적정할 수 있는 많은 경우가 있다. 이 절에서는 계절더미변수가 포함되지 않거나 포함되는 지수추세모형, 이차식 추세모형, 3차식 추세모형을 논의한다.

지수추세모형

선형추세모형은 추세를 포착하기 위해 직선을 사용하는데 이것은 각 기에 시계열의 예측값이 계수추정치 b_1에 의해 파악되는 일정한 크기만큼 변화한다는 것을 의미한다. **지수추세모형 (exponential trend model)**은 시계열의 증가가 시간이 흐름에 따라 점점 더 증가할 때 유용하다. 일부 변수들이 시간이 흐름에 따라 지수적으로 증가하는 것은 흔히 있는 일이다. 예를 들면, 최근에 아마존, 넷플릭스, 스포티파이, 에어비앤비, 페이팔 같은 기술기업은 명확하게 선형추세모형의 사용이 적절하지 않은 지수적 성장을 보여주었다.

그림 18.6은 선형추세선 및 지수추세선과 함께 그린 시계열의 산점도를 보여준다. 두 추세선 모두 양의 성장을 포착하고 있지만, 지수추세선(녹색)이 시계열이 시간이 흐름에 따라 점점 더 증가하는 모습을 더 정확하게 나타낼 수 있다. 여기서 선형추세선(청색)은 미래의 값을 과소하게 예측한다.

그림 18.6 선형추세선 및 지수추세선과 함께 그린 시계열의 산점도

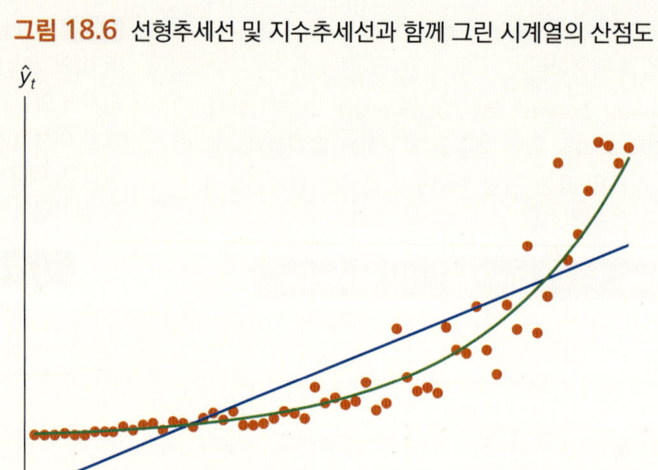

16장에서 지수회귀모형을 $\ln(y_t) = \beta_0 + \beta_1 t + \varepsilon_t$와 같이 정형화한 것을 기억하라. 이 모형을 추정하기 위해, 먼저 자연로그 $\ln(y_t)$를 생성하고 이어서 t에 대한 $\ln(y_t)$의 회귀분석을 수행한다. 반응변수가 로그값으로 측정되기 때문에, $\hat{y}_t = \exp(b_0 + b_1 t + s_e^2/2)$를 사용하여 y_t와 같은 단위로 예측한다. 여기서 s_e는 추정치의 표준오차이다. 예측치가 체계적으로 과소하게 추정되지 않도록 하기 위해, 교정항 $s_e^2/2$이 포함된다는 것을 기억하라. 거의 모든 통계 패키지는 s_e를 보고하기 때문에 이러한 교정을 실행하는 것은 쉽다.

지수추세모형

지수추세모형은 다음과 같이 정형화된다.

$$\ln(y_t) = \beta_0 + \beta_1 t + \varepsilon_t$$

여기서 $\ln(y_t)$는 y_t의 자연로그값이다.

- 예측치는 $\hat{y}_t = \exp(b_0 + b_1 t + s_e^2/2)$을 사용하여 구해진다. 여기서 b_0와 b_1는 계수추정치이고 s_e는 추정치의 표준오차이다.
- 예측을 할 때 반올림하지 않은 계수 추정치 사용을 권장한다.

예제 18.5는 예측을 위한 선형추세모형과 지수추세모형의 적용을 보여준다.

예제 18.5

FILE ***Population_LowInc.*** 세계은행(World Bank)의 데이터에 의하면, 세계 인구는 1960년에 30억 3천만 명에서 2017년에 75억 3천만 명으로 증가했다. 이러한 급격한 인구 증가는 천연자원이 지속적으로 증가하는 인구를 지원할 수 없을 것이라고 믿는 환경보호주의자의 우려를 자아내고 있다. 이에 더하여 이러한 급격한 인구 증가의 대부분이 주로 아프리카의 34개 저소득국가에서 이루어졌다. 표 18.9는 1960년부터 2017년까지

저소득국가의 인구데이터(백만 명) 일부를 보여준다.

표 18.9 저소득국가의 인구(백만 명)

Year	Population
1960	166.5028
1961	170.2108
⋮	⋮
2017	732.4486

a. 선형추세모형과 지수추세모형을 추정하고 해석하라.
b. *MSE*, *MAD*, *MAPE*를 사용하여 적정한 모형을 선택하라.
c. 2018년 저소득국가의 인구를 예측하라.

해답:

첫 번째 단계로 데이터를 시각적으로 검토하는 것을 권장한다. 그림 18.7은 1960년부터 2017년까지 저소득국가 인구의 산점도이다. 58년간의 연간 인구데이터에 1부터 58까지의 번호를 붙이고 이러한 데이터의 산점도에 선형추세선과 지수추세선을 함께 그린다.

그림 18.7 선형추세선 및 지수추세선과 함께 그린 저소득국가 인구의 산점도

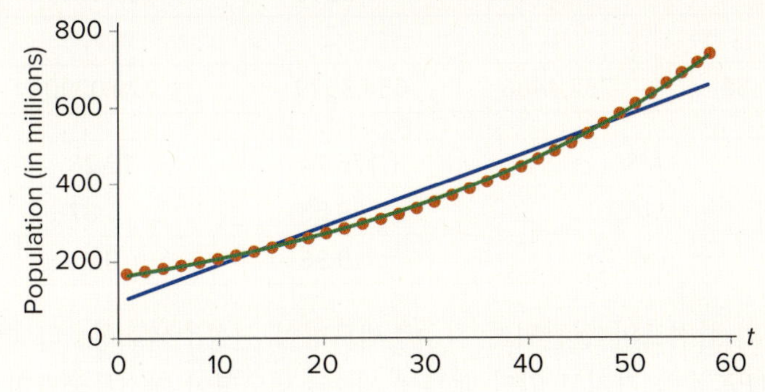

산점도는 저소득국가의 인구가 기하급수적으로 증가하는 것을 확연하게 보여준다.

a. 선형추세모형과 지수추세모형을 추정한다. 선형추세모형은 시각적으로 선호되는 지수추세모형과 비교하기 위해 사용된다. 지수추세모형을 추정하기 위해, 먼저 인구시계열의 자연로그값을 구한다. 표 18.10은 설명변수 t와 인구의 자연로그값 일부를 보여준다.

표 18.10 예제 18.5를 위한 변수

Year	Population	*t*	ln(Population)
1960	166.5028	1	5.1150
1961	170.2108	2	5.1370
⋮	⋮	⋮	⋮
2017	732.4486	58	6.5964

선형추세모형과 지수추세모형의 추정식은 다음과 같다. 여기서 y는 인구를 나타낸다.

선형추세모형: $\hat{y}_t = 92.9213 + 9.6799t$

지수추세모형: $\hat{y}_t = \exp(5.0614 + 0.0264t + \frac{0.0104^2}{2})$

(곧 분석결과를 다시 구하기 위한 R 프로그램의 지시사항이 제공된다.)

선형추세모형의 기울기 계수는 인구가 매년 약 967만 9,900명씩 증가한다는 것을 제시한다. 지수추세모형의 기울기 계수는 인구가 매년 2.64%(= 0.0264 × 100)씩 증가한다는 것을 제시한다. 지수추세모형의 추정식을 사용한 정확한 인구증가율은 2.68% (= (exp(0.0264) − 1) × 100)로 계산된다.

b. 표 18.11은 반올림하지 않은 계수추정치를 사용하여 구한 두 모형의 y_t와 $\hat{y}_t$ 일부를 보여준다. 18.2절에서 논의한 것처럼, 잔차 $e_t = y_t - \hat{y}_t$를 사용하여 *MSE*, *MAD*, *MAPE*를 계산한다. 선형추세모형과 지수추세모형의 *MSE*, *MAD*, *MAPE* 값이 표 18.11의 마지막 3행에 제시되어 있다.

표 18.11 예제 18.5를 위한 선형추세모형과 지수추세모형의 분석

t	*y*	$\hat{y}$ (Linear)	$\hat{y}$ (Exponential)
1	166.5028	102.6011	162.0398
2	170.2108	112.2810	166.3719
⋮	⋮	⋮	⋮
58	732.4486	654.3529	729.0290
MSE		1,176.74	12.28
MAD		29.58	2.87
MAPE		9.36	0.82

그림 18.7의 산점도와 일관되게 지수추세모형이 선형추세모형보다 더 적은 *MSE*, *MAD*, *MAPE* 값을 가지고 있기 때문에 지수추세모형이 저소득국가의 인구를 설명하는 데 더 적합하다.

c. 2018년($t = 59$)의 저소득국가 인구 예측치는 지수추세모형의 반올림하지 않은 계수추정치를 사용하여 다음과 같이 구해진다.

$\hat{y}_{59} = \exp(5.0614 + 0.0264 \times 59 + \frac{0.0104^2}{2}) = 748.52$(백만 명)

R을 이용한 지수추세모형의 예측

예제 18.5의 분석결과를 다시 구하기 위해, 다음과 같은 단계를 수행한다.

A. ***Population_LowInc*** 데이터를 데이터프레임(테이블)으로 가져와서 myData라는 이름으로 지정한다.

B. *forecast* 패키지를 설치하고 업로드하라. 다음과 같이 입력하라.

```
> library(forecast)
```

C. 시계열 객체를 생성하기 위해 **ts** 함수를 사용하고 그것을 newData라고 이름 붙인다. 이어서 선형추세모형과 지수추세모형을 추정하고 추정결과를 구한다. 다음과 같이 입력하라.

```
> newData <- ts(myData$Population, start = c(1960), end = c(2017),
  frequency=1)
> Linear_Model <- tslm(newData ~ trend); summary(Linear_Model)
> Exponential_Model <- tslm(log(newData) ~ trend); summary(Exponential_Model)
```

D. **fitted** 함수를 사용하여 표본에서 인구 예측값을 구하고 **accuracy** 함수를 사용하여 성과척도를 구한다. 지수추세모형을 사용하여 인구 예측치를 구하기 위해 R에서 sigma라고 부르는 s_e를 구한다. 다음과 같이 입력하라.

```
> accuracy(fitted(Linear_Model), myData$Population)
> se <- sigma(Exponential_Model)
> accuracy(exp(fitted(Exponential_Model) + se^2/2), myData$Population)
```

R은 *MAD*를 *MAE*로 표시하고 *MSE*는 *RMSE*를 제곱하여 계산한다는 것에 주목하라. 이 값들은 표 18.11에 제시되어 있는 값들과 같다.

E. **forecast** 함수를 사용한다. 여기서 h는 예측치의 수를 나타낸다. $\ln(\widehat{\text{Population}})$을 flg로 나타내고 객체 flg에서는 조정되지 않은 예측치를 사용한다. R에서는 이것을 mean이라고 부르고 다음 연도의 저소득국가 인구를 예측하기 위해 s_e와 함께 사용된다. 다음과 같이 입력하라.

```
> flg <- forecast(Exponential_Model, h=1)
> exp(flg$mean + se^2/2)
```

R은 748.5195를 산출한다.

다항식 추세모형

16장에서 이차식 회귀모형, $y_t = \beta_0 + \beta_1 x + \beta_2 x^2 + \varepsilon_t$를 소개하였다. 이러한 특별한 다항식 모형은 반응변수와 설명변수 간 관계가 U자 모습이나 역U자 모습에 의해 가장 양호하게 포착되는 경우에 적합하다. 종종 시계열은 여러 차례 방향을 바꾸기도 한다 **이차식 추세모형(quadratic trend model)**은 곡률(curvature)과 시계열 방향의 한차례 변화를 허용하고 다음과 같이 정형화된다.

$$y_t = \beta_0 + \beta_1 t + \beta_2 t^2 + \varepsilon_t$$

β_2 계수는 추세가 U자 모습인지 역U자 모습인지를 결정한다. 그림 18.8은 선형추세선(청색) 및 이차식 추세선(녹색)과 함께 그린 시계열의 산점도를 보여준다. 여기서 선형추세선은 미래값을 $\beta_2 > 0$일 때 과소예측하고 $\beta_2 < 0$일 때 과대예측한다.

그림 18.8 선형추세선 및 이차식 추세선과 함께 그린 시계열의 산점도

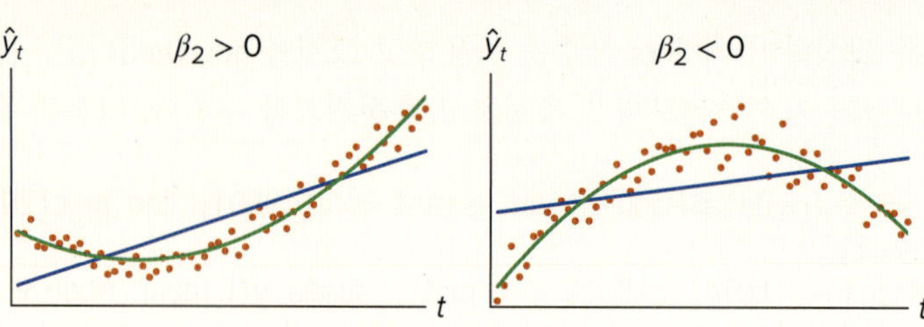

이차식 추세모형을 추정하기 위해 t의 제곱인 t^2를 생성하고 이어서 y를 반응변수, t와 t^2를 설명변수로 사용하면서 다중회귀분석을 수행한다. 예측하기 위해 다음과 같은 추정식이 사용된다.

$$\hat{y}_t = b_0 + b_1 t + b_2 t^2$$

차수가 높은 다항식 모형은 이와 유사하게 추정될 수 있다. 예를 들면, **3차식 추세모형(cubic trend model)**은 다음과 같이 정형화된다.

$$y_t = \beta_0 + \beta_1 t + \beta_2 t^2 + \beta_3 t^3 + \varepsilon_t$$

3차식 추세모형은 시계열 방향의 두 차례 변화를 허용한다. 3차식 추세모형에서는 회귀분석을 위해 두 개의 추가적인 변수, t^2와 t^3를 생성한다. y를 반응변수, t, t^2, t^3를 설명변수로 사용하면서 다중회귀분석이 수행된다. 예측하기 위해 추정식 $\hat{y}_t = b_0 + b_1 t + b_2 t^2 + b_3 t^3$이 사용된다.

참고: *MSE*, *MAD*, *MAPE*의 값은 다항식의 차수가 증가함에 따라 감소하기 때문에 다항식 추세모형을 비교하기 위해 이 값들이 사용될 수 없다. 이러한 문제는 앞의 장에서 논의한 것처럼 설명변수의 수가 증가함에 따라 R^2이 증가한다는 문제와 유사하다. 다항식 추세모형을 비교할 때는 과도한 추가변수 사용에 대해 페널티를 부과하는 조정 R^2이 사용된다.

다항식 추세모형

q차수의 다항식 추세모형은 다음과 같이 정형화된다.

$$y_t = \beta_0 + \beta_1 t + \beta_2 t^2 + \beta_3 t^3 + \cdots + \beta_q t^q + \varepsilon_t$$

$q = 1, 2, 3$인 경우, 이 모형은 각각 선형추세모형, 이차식 추세모형, 3차식 추세모형이 된다.

- 예측치는 추정식 $\hat{y}_t = b_0 + b_1 t + b_2 t^2 + b_3 t^3 + \cdots + b_q t^q$을 사용하여 구한다. 여기서 $b_0, b_1, \ldots, b_q$는 계수 추정치이다.
- 조정 R^2은 서로 다른 차수를 가진 다항식 추세모형을 비교하기 위해 사용된다.
- 예측을 할 때 반올림하지 않은 계수 추정치 사용을 권장한다.

계절성을 포함한 비선형추세모형

18.3절에서는 선형추세모형에 계절성을 포함시켰다. 여기서는 비선형모형에 계절성을 포함시킨다. 아래의 두 박스에서 분기 계절더미변수를 포함한 지수추세모형과 이차식 추세모형을 요약한다. 이러한 모형들은 월간 계절성 데이터나 다른 형태의 계절성 데이터를 위해 쉽게 수정될 수 있다.

계절더미변수를 포함한 지수추세모형

분기 데이터를 사용하는 경우, 계절더미변수를 포함한 지수추세모형은 다음과 같이 정형화된다.

$$\ln(y) = \beta_0 + \beta_1 d_1 + \beta_2 d_2 + \beta_3 d_3 + \beta_4 t + \varepsilon$$

- 예측은 다음과 같이 이루어진다.

  1분기$(d_1 = 1, d_2 = 0, d_3 = 0)$: $\hat{y} = \exp((b_0 + b_1) + b_4 t + s_e^2/2)$
  2분기$(d_1 = 1, d_2 = 0, d_3 = 0)$: $\hat{y} = \exp((b_0 + b_2) + b_4 t + s_e^2/2)$
  3분기$(d_1 = 1, d_2 = 0, d_3 = 1)$: $\hat{y} = \exp((b_0 + b_3) + b_4 t + s_e^2/2)$
  4분기$(d_1 = 1, d_2 = 0, d_3 = 0)$: $\hat{y} = \exp(b_0 + b_4 t + s_e^2/2)$

  여기서 $b_0, b_1, \ldots b_4$는 계수 추정치이고 s_e는 추정치의 표준오차이다.
- 예측을 할 때 반올림하지 않은 계수 추정치 사용을 권장한다.

지수추세모형을 위해, $\hat{y}_t$는 자연로그가 아니라 $\hat{y}_t$와 같은 단위로 계산된다. $\hat{y}_t$를 사용하여 계산된 *MSE*, *MAD*, *MAPE*에 의해 선형추세모형과 지수추세모형을 비교할 수 있다.

계절더미변수를 포함한 이차식 추세모형

분기 데이터를 사용하는 경우, 계절더미변수를 포함한 이차식 추세모형은 다음과 같이 정형화된다.

$$\mathrm{y} = \beta_0 + \beta_1 d_1 + \beta_2 d_2 + \beta_3 d_3 + \beta_4 t + \beta_5 t^2 + \varepsilon$$

- 예측은 다음과 같이 이루어진다.

  1분기$(d_1 = 1, d_2 = 0, d_3 = 0)$: $\hat{y} = (b_0 + b_1) + b_4 t + b_5 t^2$
  2분기$(d_1 = 1, d_2 = 0, d_3 = 0)$: $\hat{y} = (b_0 + b_2) + b_4 t + b_5 t^2$
  3분기$(d_1 = 1, d_2 = 0, d_3 = 1)$: $\hat{y} = (b_0 + b_3) + b_4 t + b_5 t^2$
  4분기$(d_1 = 1, d_2 = 0, d_3 = 0)$: $\hat{y} = b_0 + b_4 t + b_5 t^2$

  여기서 $b_0, b_1, \ldots b_4$는 계수 추정치이다.
- 예측을 할 때 반올림하지 않은 계수 추정치 사용을 권장한다.

이차식 추세모형에 t^2변수가 추가되기 때문에 선형추세모형과 이차식 추세모형을 비교하기 위해 조정 R^2이 사용된다. 예제 18.6은 계절더미변수를 포함한 이차식 추세모형의 적용이다.

예제 18.6

FILE ***Revenue_Apple.*** 도입사례의 목적은 2010년부터 2018년까지 분기 데이터를 사용하여 애플의 2019년 분기 매출액(백만 달러)을 예측하는 것이다. ***Revenue_Apple*** 데이터 파일을 사용하여,

a. 애플의 매출액을 위한 계절더미변수를 포함한 선형추세모형과 이차식 추세모형을 추정하라.

b. 선호되는 모형을 사용하여 애플의 2019년 분기 매출액을 예측하라.

해답:

18.1절에서 그림 18.1을 사용하여 애플 매출액의 중요한 특성을 강조하였다. 첫째, 관측기간 말 가까이에서 평탄해지면서 지속적으로 증가하는 움직임이 있다. 이것은 이차식 추세모형의 사용을 제시한다. 둘째, 매년 계절성 패턴이 반복된다. 예를 들면, 애플의 매출액은 다른 분기에 비해 첫 분기(9~12월)에 일관되게 더 높다.

a. 분기 데이터를 사용하면서, 먼저 계절더미변수를 포함한 선형추세모형과 이차식 추세모형을 위한 관련 변수들을 구축한다. (곧 분석결과를 다시 구하기 위한 R 프로그램의 지시사항이 제공된다.) 표 18.12는 매출액 변수 y, 4분기를 기준범주로 사용하면서 첫 3분기를 나타내는 3개의 계절더미변수 d_1, d_2, d_3와 추세변수 t, t^2에 대한 데이터 일부를 보여준다.

표 18.12 예제 18.6을 위한 변수

Year	Quarter	y	d_1	d_2	d_3	t	t^2
2010	1	15,683	1	0	0	1	1
2010	2	13,499	0	1	0	2	4
2010	3	15,700	0	0	1	3	9
2010	4	20,343	0	0	0	4	16
⋮	⋮	⋮	⋮	⋮	⋮	⋮	⋮
2018	3	53,265	0	0	1	35	1225
2018	4	62,900	0	0	0	36	1296

회귀모형 추정식은 다음과 같다.

선형추세모형: $\hat{y}_t = 13{,}969.3750 + 19{,}757.1382d_1 + 4{,}047.0181d_2 - 2{,}522.9910d_3 + 1{,}401.5646t$; 조정 $R^2 = 0.8324$

이차식 추세모형: $\hat{y}_t = 4{,}668.5985 + 19{,}757.1382d_1 + 3{,}967.2971d_2 - 2{,}602.7119d_3 + 2{,}876.4020t - 39.8605t^2$; 조정 $R^2 = 0.8824$

1분기 계절더미변수의 계수 추정치는 1분기 매출액이 4분기에 비해 약 19,757(백만

달러) 더 크다는 것을 제시한다. 분석결과를 보면 4분기에 비해, 2분기의 매출액은 더 크고 3분기의 매출액은 더 적은 것으로 추정된다. 선형추세모형에서 추세변수 t의 계수 추정치가 양인 것은 매출액이 증가하는 움직임을 보인다는 것을 의미한다. 이차식 추세모형에서 t의 계수 추정치가 양이고 t^2의 계수 추정치가 음인 것은 매출액 시계열이 역U자 모습을 가지고 있다는 것을 제시한다. 16장에서 배운 것처럼, 애플의 매출액은 $t = 36.08\left(= \frac{2,876.4020}{2 \times 39.8605}\right)$에서 최대가 된다는 것을 알 수 있고 이것은 애플의 매출액이 2018년 4분기에 최대에 도달했다는 것을 의미한다.

b. 조정 R^2 값이 더 높기 때문에(0.8824 > 0.8324), 예측을 위해 계절더미변수를 포함한 이차식 추세모형이 선호된다. 따라서 2019 회계연도의 예측치는 다음과 같이 구해진다.

$$\hat{y}_{2019:01}\ (d_1 = 1, d_2 = 0, d_3 = 0, t = 37, t^2 = 1,369) = 76,283.63(\text{백만 달러})$$
$$\hat{y}_{2019:02}\ (d_1 = 0, d_2 = 1, d_3 = 0, t = 38, t^2 = 1,444) = 60,380.65(\text{백만 달러})$$
$$\hat{y}_{2019:03}\ (d_1 = 0, d_2 = 0, d_3 = 1, t = 39, t^2 = 1,521) = 53,617.79(\text{백만 달러})$$
$$\hat{y}_{2019:04}\ (d_1 = 0, d_2 = 0, d_3 = 0, t = 40, t^2 = 1,600) = 55,947.93(\text{백만 달러})$$

이러한 분기별 예측치를 합하면, 2019 회계연도의 매출액은 2,462억 3,000만 달러로 예측된다.

R을 이용한 계절더미변수를 포함한 이차식 추세모형의 예측

예제 18.6의 분석결과를 다시 구하기 위해, 다음과 같은 단계를 수행한다.

A. ***Revenue_Apple*** 데이터를 데이터프레임(테이블)으로 가져와서 myData라는 이름으로 지정한다.

B. *forecast* 패키지를 설치하고 업로드하라. 다음과 같이 입력하라.

```
> library(forecast)
```

C. 시계열 객체를 생성하기 위해 **ts** 함수를 사용하고 그것을 newData라고 이름 붙인다. 이어서 계절더미변수를 포함한 선형추세모형과 지수추세모형을 추정하고 추정결과를 구한다. 다음과 같이 입력하라.

```
> newData <- ts(myData$Revenue, start = c(2010,1), end = c(2018,4),
  frequency=4)
> Linear_Model <- tslm(newData ~ trend + season); summary(Linear_Model)
> Quadratic_Model <- tslm(newData ~ trend + I(trend^2) + season);
  summary(Quadratic_Model)
```

R에서는 기본적으로 기준범주로 1분기가 사용된다는 것을 기억하라. 이 때문에 더미변수들의 계수 추정치 값이 예제 18.6에서 제시되어 있는 더미변수들의 계수 추정치 값과 다르다. 그러나 예측치는 기준범주의 선택에 의해 영향을 받지 않는다.

D. 마지막으로 선호되는 모형인 계절더미변수를 포함한 이차식 추세모형에 대해 **forecast** 함수를 사용한다. 여기서 h는 예측치의 수를 나타낸다. 다음과 같이 입력하라.

```
> forecast(Quadratic_Model, h=4)
```

예측치는 예제 18.6에 제시된 값과 같다.

도입사례 분석결과

Pavel L Photo and Video/Shutterstock

애플은 캘리포니아주 쿠퍼티노(Cupertino)에 본사를 둔 미국의 다국적 기술기업이다. 애플은 이동통신과 미디어 기기, 개인용 컴퓨터, 휴대용 음악 플레이어를 설계, 제조, 판매한다. 또한 애플은 관련된 소프트웨어, 스트리밍 서비스, 액세서리, 네트워킹 솔루션, 제3자 디지털 콘텐츠와 애플리케이션을 판매한다.

지난 몇 년 동안 애플의 스마트폰 부문은 핵심적인 수입원이었고 기록적인 매출을 기록하였다. 2010년 회계연도부터 2018년 회계연도까지 애플의 분기 매출액 산점도는 몇 가지 중요한 특성을 확연하게 보여준다. 첫째, 관측기간의 말 가까이에서 가장 높아지면서 지속적인 증가 움직임을 보여준다. 둘째, 계절 패턴이 반복된다. 매년, 매출액은 1분기(10~12월)에 가장 높고 2분기(1~3월), 4분기(7~9월), 3분기(4~6월) 순서로 낮아진다.

계절더미변수를 포함한 이차식 추세모형의 계수 추정치는 1분기의 매출액은 4분기에 비해 약 200억 달러 더 높다고 제시한다. 애플의 회계연도를 고려하면 1분기는 일반적으로 매출이 크게 증가하는 연휴기간을 포함하기 때문에 이것은 놀라운 일이 아니다. 추세변수 t의 계수 추정치가 양이고 t^2의 계수 추정치가 음인 것은 시계열이 가장 높아지는 것을 포착한다. 실제로, 계절성 계수 추정치가 일정한 경우, 매출액은 2018년 4분기에 최대에 도달한다. 이러한 분석결과는 애플이 분명히 현재 잘하고 있지만, 스마트폰 시장의 관점에서 보면 어느 정도 포화된 중고가 시장에서만 스마트폰을 판매하고 있기 때문에 미래의 성장이 불투명할 수 있다는 우려와 일치된다. 2019년 회계연도의 분기별 예측치는 각각 76.28(십억 달러), 60.38(십억 달러), 53.62(십억 달러)이며 2019년 회계연도의 매출액은 246.23(십억 달러)로 예측된다.

연습문제 18.4

16. 다음과 같은 추세모형의 추정식을 고려하라. 이러한 추정식을 사용하여 $t = 21$의 y를 예측하라.

a. 선형추세모형: $\hat{y} = 13.54 + 1.08t$

b. 이차식 추세모형: $\hat{y} = 18.28 + 0.92t - 0.01t^2$

c. 지수추세모형: $\widehat{\ln(y)} = 1.8 + 0.09t$; $s_e = 0.01$

17. 30개 관측치를 사용하여 추정된 다음과 같은 추세모형을 고려하라.

선형추세모형: $\hat{y} = 24 + 0.12t$
이차식 추세모형: $\hat{y} = 30 + 0.20t - 0.01t^2$

a. 각 추정식을 사용하여 $t = 31$와 $t = 32$의 y를 예측하라.

b. 선형추세모형에 비해 이차식 추세모형이 더 높은 R^2을 가지고 있으나 더 낮은 조정 R^2을 가지고 있으면, 어느 모형이 선호되는가?

18. FILE *Whites.* 2016년에 인구학자들은 미국의 절반 이상의 주에서 백인의 사망자 수가 출생자 수보다 더 많다고 보고했다(*New York Times*, June 20, 2018). 2005년부터 2017년까지 미국의 백인 인구(백만 명)을 고려하라. 다음의 표는 이러한 데이터의 일부를 보여준다.

Year	Whites
2005	215.33
2006	221.33
⋮	⋮
2017	235.51

a. 산점도를 사용하여 선형추세와 이차식 추세를 탐색하라. 3차식 추세는 고려하지 않는다. 어느 추세모형이 시계열을 더 잘 설명한다고 생각하는가?

b. 두 모형의 적정한 적합도 척도를 비교하면서 당신의 결정을 확인하라. 선호되는 모형을 사용하여 2018년과 2019년의 백인 인구를 예측하라.

19. **FILE** ***TrueCar.*** 투자자는 항상 과거 주가를 검토하여 미래 투자에 관한 의사결정을 하는 데 이용한다. 2014년 5월 16일에 온라인 자동차 매매 시스템 트루카사는 기업공개(IPO)를 하고 700억 달러를 조달하였다. 한 투자자는 높은 수익률을 기대하면서 2014년 6월부터 2017년 5월까지 트루카사의 월간 주가를 분석하였다. 다음의 표는 이러한 데이터의 일부를 보여준다.

Date	Price
Jun-14	14.78
Jul-14	13.57
⋮	⋮
May-17	17.51

a. 선형추세모형, 이차식 추세모형, 3차식 추세모형을 추정하라.

b. 선호되는 모형을 사용하여 2017년 6월의 주가를 예측하라.

20. **FILE** ***Miles_Traveled.*** 2016년에 미국에서 판매된 자동차 수는 7년 연속하여 최고를 기록하였다(CNNMoney, January 4, 2017). 2010년 1월부터 2016년 12월까지 미국의 월별 주행거리(10억 마일)를 고려하라. 다음의 표는 이러한 데이터의 일부를 보여준다.

Date	Miles
Jan-10	2953.305
Feb-10	2946.689
⋮	⋮
Dec-16	3169.501

a. 이차식 추세모형과 3차식 추세모형을 추정하라.

b. 선호되는 모형을 결정하고 그 모형을 사용하여 2017년 1월의 주행거리를 예측하라.

21. **FILE** ***Café_Sales.*** 새로운 셰프와 창의적인 메뉴를 통해 카페 베네치안의 매출액이 크게 증가하였다. 다음의 표는 이러한 변화 이후 처음 100일 동안 카페 베네치안의 일일 매출액(달러) 데이터 일부를 보여준다.

Day	Sales
1	263
2	215
⋮	⋮
100	2020

지수추세모형을 추정하고 101번째 일의 매출액을 예측하라.

22. **FILE** ***Expenses.*** 소형 건설회사의 경영자는 내년의 지출액을 예측하려고 한다. 그는 지난 5년 동안 분기 지출액(1,000달러) 데이터를 수집하였다. 다음의 표는 이러한 데이터의 일부를 보여준다.

Year	Quarter	Expenses
2008	1	96.50
2008	2	54.00
⋮	⋮	⋮
2017	4	22335.30

계절더미변수를 포함한 지수추세모형을 추정하고 2018년 처음 2분기의 지출액을 예측하라.

23. **FILE** ***Treasury_Securities.*** 미국 재무부 채권은 미국 정부가 발행하는 채권이다. 다음의 표는 미국 재무부 채권 발행액(100만 달러)에 대한 데이터의 일부를 보여준다.

Year	Quarter	Securities
2010	1	927527
2010	2	1038881
⋮	⋮	⋮
2018	3	2284572

계절더미변수를 포함한 지수추세모형을 추정하고 2018년 4분기의 미국재무부채권 발행액을 예측하라.

24. **FILE** ***Housing_Starts.*** 주택신축건수(Housing Starts)는 주어진 월에 시작된 신규주택건설프로젝트의 수이다. 이 변수는 경제의 견고한 정도에 대한 선행지표이다. 다음의 표는 1월 11일부터 11월 18일까지 미국의 월간 주택신축건수(1,000개) 데이터 일부를 보여준다.

Date	HStarts
Jan-11	40.2
Feb-11	35.4
⋮	⋮
Nov-18	95.9

계절더미변수를 포함한 지수추세모형을 추정하고 2018년 12월의 주택신축건수를 예측하라.

25. **FILE** ***Weekly_Earnings.*** 주당 소득에 대한 데이터가 인구조사(Current Population Survey)의 일부로 수집된다. 인구조사는 전국적인 가계표본조사이고 응답자에게 각 근로자가 주당 얼마나 버는지를 묻는다. 다음의 표는 2010년부터 2017년까지 미국의 주당 소득(Earnings, 인플레이션에 대해 조정된 소득)에 대한 분기 데이터 일부를 보여준다.

Year	Quarter	Earnings
2010	1	347
2010	2	340
⋮	⋮	⋮
2017	4	347

a. 계절더미변수를 포함한 선형추세모형과 이차식 추세모형을 추정하라. 어느 모형이 선호되는가?

b. 선호되는 모형을 사용하여 2018년 처음 2분기의 주당 소득을 예측하라.

18.5 인과형 예측모형

지금까지 논의한 모형은 종종 비인과형 또는 순수 시계열 모형이라고 부른다. 이러한 모형은 관심 있는 변수를 생성하는 메커니즘에 대해 아무런 설명을 하지 않고 단순히 과거 데이터를 미래에 투사하는 방법을 제공한다. 이러한 방법도 유용하지만 정책(설명)변수의 변화에 따른 효과에 대해 아무런 정보도 제공하지 못한다

인과형 예측모형은 설명변수가 반응변수의 결과와 관련되어 있는 회귀분석의 구조를 가지고 있다. 예를 들면, 다음과 같은 단순선형회귀모형을 고려해보라.

$$y_t = \beta_0 + \beta_1 x_t + \varepsilon_t$$

여기서 y는 반응변수이고 x는 설명변수이다. 표본관측치는 각각 $y_1, y_2, \ldots, y_T$와 $x_1, x_2, \ldots, x_T$라고 나타내자. 이 모형은 쉽게 추정할 수 있고 다음과 같이 1기 미래 예측치(one-step-ahead forecast)를 구한다.

$$\hat{y}_{T+1} = b_0 + b_1 x_{T+1}$$

이와 유사하게 다기 미래 예측치도 구할 수 있다. 이 방법은 설명변수 x_{T+1}의 미래값을 알거나 예측할 수 있는 경우에만 작동한다는 것에 주목하라. 예를 들면, 매출액 y는 광고비 x와 관련되어 있다고 하자. 다음 기의 광고비 매출액 x_{T+1}를 아는 경우에만 $\hat{y}_{T+1}$을 예측할 수 있다.

시차회귀모형

예측을 위해 종종 설명변수로 x와 y의 시차변수를 가지는 인과형 모형을 사용할 수 있다. 예를 들면, 다음과 같은 모형을 고려해보라.

$$y_t = \beta_0 + \beta_1 x_{t-1} + \varepsilon_t$$

여기서 모수 β_1은 시차설명변수 x의 기울기를 나타낸다. 표본관측치 수가 T이면, 추정을 위해 사용되는 표본관측치 수는 $T - 1$이다. $y_2, y_3, \ldots, y_T$는 $x_1, x_2, \ldots, x_{T-1}$와 서로 짝지어져 있다. 여기서 1기 미래 예측치는 다음과 같이 구해진다.

$$\hat{y}_{T+1} = b_0 + b_1 x_T$$

x_T는 알려져 있는 마지막 표본 값이므로 이러한 예측치는 설명변수의 미래 값을 사용하지 않는다. 이 모형은 더 많은 시차변수를 포함하기 위해 일반화될 수 있다. 예를 들면, 2시차 회귀모형은 $y_t = \beta_0 + \beta_1 x_{t-1} + \beta_2 x_{t-2} + \varepsilon_t$와 같이 정형화될 수 있다. 1기 미래 예측치는 $\hat{y}_{T+1} = b_0 + b_1 x_T + b_2 x_{T-1}$와 같이 구해진다.

널리 사용되는 다른 형태의 인과형 모형은 반응변수의 시차 값을 설명변수로 사용한다. 예를 들면, 다음과 같은 모형을 고려해보라.

$$y_t = \beta_0 + \beta_1 y_{t-1} + \varepsilon_t$$

여기서 모수 β_1은 시차반응변수 y의 기울기를 나타낸다. 이러한 회귀모형은 1차수 **자기회귀모형(autoregressive model)**, 즉 간략하게 AR(1)이라고도 부른다. 이와 유사하게 고차수 자기회귀모형이 구축될 수 있다.

자기회귀모형은 시계열에 존재하는 **시간 의존성(time dependence)**을 이용하고 미래 행동이 과거 행동에 기초하여 예측될 수 있다. 1기 미래 예측치는 다음과 같이 구해진다.

$$\hat{y}_{T+1} = b_0 + b_1 y_T$$

마지막으로 설명변수로 x와 y의 시차변수가 사용될 수 있다. 예를 들면, 다음과 같은 시차회귀모형을 고려해보라.

$$\hat{y}_t = \beta_0 + \beta_1 x_{t-1} + \beta_2 y_{t-1} + \varepsilon_t$$

여기서 1기 미래 예측치는 다음과 같이 구해진다.

$$\hat{y}_{T+1} = b_0 + b_1 x_T + b_2 y_T$$

예제 18.7에서 시차변수를 사용하는 예측모형을 논의한다.

예제 18.7

FILE ***Buildings.*** 표 18.13은 미국의 주택신축건수(Bulidings, 1,000건)와 실질국내총생산(GDP, 10억 달러)에 대한 데이터의 일부를 보여준다. 다음과 같은 3개 모형을 추정하고 가장 적정한 모형을 사용하여 2020년 주택신축건수를 예측하라.

모형 1: $\text{Buildings}_t = \beta_0 + \beta_1 \text{GDP}_{t-1} + \varepsilon_t$

모형 2: $\text{Buildings}_t = \beta_0 + \beta_1 \text{Buildings}_{t-1} + \varepsilon_t$

모형 3: $\text{Buildings}_t = \beta_0 + \beta_1 \text{GDP}_{t-1} + \beta_2 \text{Buildings}_{t-1} + \varepsilon_t$

표 18.13 주택신축건수와 GDP 데이터

Year	Buildings	GDP
1990	99.38	9365.49
1991	84.50	9355.36
1992	99.97	9684.89
⋮	⋮	⋮
2019	107.49	19073.06

해답:

이러한 모형을 추정하기 위해 먼저 시차변수들을 생성해야 한다. 이러한 작업은 Excel에서 쉽게 할 수 있다. 곧 R을 이용하기 위한 지시사항이 제공될 것이다.

1990년부터 2018년까지 GDP 관측치를 복사하여 1991년부터 2019년까지 새로운 시차변수 LagGDP 관측치를 생성한다. 1990년의 LagGDP 정보는 이용할 수 없다는 것에 주목하라. 이러한 과정을 반복하여 새로운 시차변수 LagBldg를 생성한다. 표 18.14는 이러한 데이터의 일부를 보여준다.

표 18.14 시차변수의 생성

Year	Buildings	GDP	LagGDP	LagBldg
1990	99.38	9365.49	-	-
1991	84.50	9355.36	9365.49	99.38
1992	99.97	9684.89	9355.36	84.50
⋮	⋮	⋮	⋮	⋮
2019	107.49	19073.06	18638.16	104.17

Excel을 이용하여 3개 모형을 추정할 때, 반응변수와 설명변수들의 셀이 1991년부터 2019년에 해당하는지 확인해야 한다. 표 18.15는 3개 모형의 회귀분석결과를 요약한 것이다.

표 18.15 시차변수를 가진 회귀모형의 추정결과

Parameters	Model 1	Model 2	Model 3
Constant	160.2109* (0.000)	10.9114 (0.254)	27.6681 (0.157)
LagGDP	−0.0037 (0.101)	NA	−0.0010 (0.320)
LagBldg	NA	0.9019* (0.000)	0.8799* (0.000)
Adjusted R^2	0.0630	0.8087	0.8089

주: 모수추정치 아래에 있는 괄호 안의 수치는 p-값이다. NA는 해당사항 없음을 나타낸다. *는 5%의 유의수준에서 유의하다는 것을 나타낸다.

앞에서 논의한 것처럼, 과대적합에 대해 페널티를 적정히 부과하는 조정 R^2 기준으로 경쟁회귀모형들을 비교한다. 조정 R^2이 0.8089로 가장 높기 때문에 모형 3을 선택한다. 2020년의 Buildings를 예측하기 위해 시차변수인 GDP와 Buildings의 2019년 값을 사용한다.

$$\widehat{\text{Building}_{2020}} = 27.6681 - 0.0010 \times 19073.06 + 0.8799 \times 107.49 = 102.59$$

따라서 2020년 미국의 주택신축건수는 약 102,590건으로 예측된다.

R을 이용한 계절더미변수를 포함한 이차식 추세모형의 예측

예제 18.7의 분석결과를 다시 구하기 위해, 다음과 같은 단계를 수행한다.

A. ***Buildings*** 데이터를 데이터프레임(테이블)으로 가져와서 myData라는 이름으로 지정한다.

B. y로 표시되어 있는 Buildings를 위한 새로운 변수를 생성하기 위해 1991년부터 2019년까지에 해당되는 두 번째 관측치부터 30번째 관측치를 사용한다. 또한 첫 번째 관측치와 29번째 관측치를 사용하면서, GDP와 Buildings의 시차변수를 생성하고 각각 lagx와 lagy라고 표시한다. 다음과 같이 입력하라.

```
> y <- myData$Buildings[c(2:30)]
> lagx <- myData$GDP[c(1:29)]
> lagy <- myData$Buildings[c(1:29)]
```

C. 모형 1, 모형 2, 모형 3을 **lm** 함수를 사용하여 추정하고 **summary** 함수를 사용하여 회귀분석결과를 구한다. 다음과 같이 입력하라.

```
> Model1 <- lm(y ~ lagx); summary(Model1)
> Model2 <- lm(y ~ lagy); summary(Model2)
> Model3 <- lm(y ~ lagx + lagy); summary(Model3)
```

D. 마지막으로 선호되는 모형 3을 이용하여 2020년의 Buildings를 예측하기 위해 2019년의 GDP와 Buildings를 시차변수로 사용하면서 **forecast** 함수를 사용한다. 다음과 같이 입력하라.

```
> predict(Model3, data.frame(lagx=19073.06, lagy=107.49))
And R returns: 102.5867.
```

R은 102.5867을 산출한다.

연습문제 18.5

26. **FILE** ***Exercise_18.26.*** 첨부된 데이터 파일에는 y와 x에 대한 데이터가 포함되어 있다. $y_t = \beta_0 + \beta_1 x_{t-1} + \beta_2 x_{t-2} + \varepsilon_t$를 추정하고 1기 미래($t = 13$)의 y를 예측하라.

27. **FILE** ***Exercise_18.27.*** 첨부된 데이터 파일에는 y에 대한 데이터가 포함되어 있다.
    a. 1차수 자기회귀모형 $y_t = \beta_0 + \beta_1 y_{t-1} + \varepsilon_t$를 추정하고 1기 미래($t = 25$)의 y를 예측하라. .
    b. 2차수 자기회귀모형 $y_t = \beta_0 + \beta_1 y_{t-1} + \beta_2 y_{t-2} + \varepsilon_t$를 추정하고 1기 미래($t = 25$)의 y를 예측하라.

28. **FILE** ***Exercise_18.28.*** 첨부된 데이터 파일에는 y와 x에 대한 데이터가 포함되어 있다.
    a. $y_t = \beta_0 + \beta_1 x_{t-1} + \varepsilon_t$를 추정하고 1기 미래(기간 13)의 y를 예측하라.
    b. $y_t = \beta_0 + \beta_1 y_{t-1} + \varepsilon_t$를 추정하고 1기 미래(기간 13)의 y를 예측하라.

29. **FILE** ***Exercise_18.29.*** 첨부된 데이터 파일에는 y와 x에 대한 데이터가 포함되어 있다.
    a. $y_t = \beta_0 + \beta_1 x_{t-1} + \varepsilon_t$를 추정하라.
    b. $y_t = \beta_0 + \beta_1 y_{t-1} + \varepsilon_t$를 추정하라.
    c. $y_t = \beta_0 + \beta_1 x_{t-1} + \beta_2 y_{t-1} + \varepsilon_t$를 추정하라.
    d. 가장 적합한 모형을 사용하여 1기 미래($t = 13$)의 y를 예측하라.

30. 샌프란시스코에 있는 스시 레스토랑의 소유주인 히로시 사토는 실업률 증가가 사업에 미치는 효과를 감소시키기 위해 공격적인 마케팅 광고를 하고 있다. 그는 2018년 1월부터 2019년 5월까지 매출액(1,000달러), 광고비(달러), 실업률(%)에 대한 월간 데이터를 사용하여 다음과 같은 표본 회귀식을 추정하였다.

$$\widehat{Sales_t} = 17.51 + 0.03AdCost_{t-1} - 0.69\ Unemp_{t-1}$$

a. 히로시는 2019년 5월에 광고비 예산으로 620달러를 책정하였다. 2019년 5월의 실업률이 9.1%인 경우 2019년 6월의 매출액을 예측하라.

b. 히로시가 광고비 예산을 700달러로 증가시켰다면, 2019년 6월의 매출액은 얼마로 예측되는가?

c. 2019년 5월의 실업률이 9.5%인 경우 (a)와 (b)의 예측치를 다시 구하라.

31. FILE ***Profits.*** 한 인기 있는 레스토랑의 소유주는 여행시즌 동안 주간 이윤을 예측하기 원한다. 다음의 표는 이 레스토랑의 12주 동안 이윤 y (1,000달러)와 광고비 x (달러)에 대한 데이터 일부를 보여준다.

Week	y	x
1	26.92	9321.40
2	25.89	9135.34
⋮	⋮	⋮
12	27.07	9496.28

3개 모형, (a) $y_t = \beta_0 + \beta_1 x_{t-1} + \varepsilon_t$, (b) $y_t = \beta_0 + \beta_1 y_{t-1} + \varepsilon_t$, (c) $y_t = \beta_0 + \beta_1 x_{t-1} + \beta_2 y_{t-1} + \varepsilon_t$를 추정하라. 가장 적합한 모형을 사용하여 13주차(Week 13)의 이윤을 예측하라.

32. FILE ***Phillips_Curve.*** 필립스곡선은 실업률와 인플레이션율 간 음의 관계를 보여준다. 실업률이 낮을수록 인플레이션율은 더 높다. 2018년 1월부터 2019년 12월까지 미국의 계절조정 소비자물가지수(CPI)와 실업률에 대한 월간 데이터를 고려해보라. 다음의 표는 이러한 데이터의 일부를 보여준다.

Date	Unemployment	CPI
Jan-18	4.1	248.816
Feb-18	4.1	249.475
⋮	⋮	⋮
Dec-19	3.5	258.444

a. 두 모형을 추정하라. 모형 1은 CPI를 반응변수, 시차 실업률을 설명변수로 사용한다. 모형 2는 CPI를 반응변수, 시차 실업률과 시차 CPI를 설명변수로 사용한다.

b. 선호되는 모형을 사용하여 2020년 1월의 CPI를 예측하라.

18.6 데이터 분석

사례연구

FILE ***Starts.*** 주식시장이나 주택시장 같은 경기선행지수는 종종 대규모 경기변동에 앞서 변화한다. 예를 들면, 주가 상승은 종종 투자자들이 경제의 미래 성장을 더 확신하고 있다는 것을 제시한다. 건물신축 허가건수의 감소는 주택시장이 약해지고 있다는 신호일 수 있고 이것은 종종 경제의 다른 부문 경기가 하강하고 있다는 신호이다.

2008년 경기후퇴가 시작되기 전에 발생했던 일을 고려해보라. 2006년 초에 건물신축 허가건수는 2005년 10월로부터 28% 감소하였다. 애널리스트들은 경기선행지수를 사용하여 경제의 미래 추세를 예측하고 경제의 미래 경로를 평가한다. 경기선행지수가 제공하는 정보는 기업이 사업전략을 실행하고 수정하는 데 도움을 준다.

푸자 난다는 시카고에 있는 한 대규모 투자회사의 애널리스트이다. 그녀는 건설산업을 담당하고 있고 2019년 6월의 주택신축건수를 예측하는 어려운 과제를 맡게 되었다. 그녀는 2016년 1월부터 2019년 5월까지 미국의 월간 계절조정 주택신축건수 데이터를 수집하였다. 표 18.16은 이러한 데이터의 일부를 보여준다.

표 18.16 월간 주택신축건수(1,000건)

Date	Housing Starts
Jan-16	1114
Feb-16	1208
⋮	⋮
May-19	1269

푸자는 표본정보를 사용하여 가장 적합한 모형을 결정하고 2019년 6월의 주택신축건수를 예측하려고 한다.

샘플보고서—월간 주택신축 건수 예측

경기선행지수는 종종 경제의 미래 경로를 평가하기 위해 사용된다. 주택시장은 경제의 중요한 구성요소이기 때문에 가장 중요한 지표 중 하나이다. 이 부문이 약해지면, 주택소유자와 건설근로자부터 재산세에 의존하는 정부기관에 이르기까지 거의 모든 사람과 모든 것이 영향을 받는다. 주택시장의 중요성을 고려하면서 이 보고서는 주택신축건수에 대한 과거 데이터를 사용하여 미래를 예측하기 위한 간단한 시계열 모형을 이용한다.

그림 18.9는 2016년 1월부터 2019년 5월까지 주택신축건수의 산점도이다. 이 그림을 보면 주택신축건수는 상당히 임의로 변동하면서 약간 증가하는 추세를 보여준다. 주택신축건수는 계절조정 연간데이터이므로 계절성은 문제가 되지 않는다.

그림 18.9 주택신축건수의 산점도(1,000건)

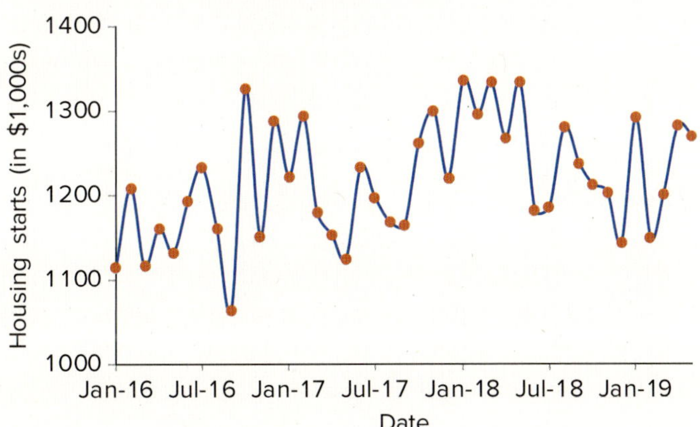

그림 18.9에서 관찰한 것을 고려하면서, 3개 모형이 추정된다.

1. 3기간 이동평균모형
2. 다양한 감소속도 α의 값을 고려한 단순지수평활모형
3. 단순선형추세모형 $y_t = \beta_0 + \beta_1 t + \varepsilon_t$, 여기서 y_t는 주택신축건수이다.

모형선택을 위해 3개의 성과척도인 평균오차제곱(*MSE*), 평균절대편차(*MAD*), 평균절대백분율오차(*MAPE*)가 사용된다. 이상적으로는 선호되는 모형은 *MSE*, *MAD*, *MAPE* 모두 가장 작은 값을 가질 것이다. 표 18.17은 이러한 3개 성과척도의 값을 모형별로 보여준다.

표 18.17 경쟁모형의 성과척도

	3기 이동평균모형	지수평활모형(α = 0.2)*	선형추세모형
MSE	5,069.50	4,798.44	4,091.72
MAD	60.55	57.13	54.24
MAPE	4.96	4.65	4.46

*지수평활모형의 경우, α = 0.20이 가장 작은 *MSE, MAD, MAPE* 값을 제공한다.

선형추세모형이 가장 양호한 표본 적합도를 보여준다. 선형추세모형은 가장 작은 *MSE*, *MAD*, *MAPE*의 값을 가진다. 따라서 추정된 선형추세모형을 사용하여 2019년 6월의 주택신축건수를 다음과 같이 예측한다.

$$\hat{y}_{42} = 1{,}170.2524 + 2.1413 \times 42 = 1{,}260.19$$

주택신축건수는 경제의 건강도를 결정하는 데 핵심적인 역할을 하고 이에 따라 항상 감시의 대상이다 2018년 초에 정점으로부터 하강하고 있지만 미국의 주택시장은 견고한 것으로 보인다.

사례연구 제안

보고서 18.1 **FILE** ***Fried_Dough.*** 도넛은 북미에서 축제, 놀이공원, 박람회, 페스티벌 등에서 길거리에서 파는 인기 있는 식품이다. 보통 기름에 튀기고 설탕을 입히기 때문에 도넛은 건강식품은 아니지만 확실히 맛이 있다. 호세 산체스는 매사추세츠주 보스턴에 있는 시장에서 작은 노점을 소유하고 도넛과 소프트 드링크를 판매한다. 장사가 잘 되고 있지만, 불확실한 매출변동을 우려하고 있다. 첨부된 데이터 파일에는 지난 30일 동안 그가 판매한 도넛과 소프트 드링크 수가 포함되어 있다. 표본정보를 사용하여 도넛과 소프트 드링크 수에 대한 시계열을 평활화하기 위해 이동평균모형과 단순지수모형을 포함한 예측모형을 검토하라. 선호되는 모형을 사용하여 다음 며칠 동안 판매할 도넛과 소프트 드링크 수를 예측하라.

보고서 18.2 **FILE** ***India_China.*** 유엔의 추정치에 의하면, 세계인구의 절반 이상은 7개국에서 살고 있다. 중국에서 사는 인구가 가장 많고 근소하게 다음으로 인도에서 많이 살고 있다. 나머지 5개국은 미국, 인도네시아, 브라질, 파키스탄, 나이지리아이다. 인도는 이전에 생각했던 것보다 훨씬 빠르게 중국을 추월하여 세계에서 가장 인구가 많은 국가가 될 것이다(CNN, June 2019). 첨부된 데이터 파일에는 세계은행이 집계한 1960년부터 2017년까지 인도와 중국의 인구(백만 명)가 포함되어 있다. 표본정보를 사용하여 중국과 인도의 인구추이를 포착하는 선형추세회귀모형과 비선형추세회귀모형을 검토하라. 선호되는 모형을 사용하여 2018년부터 2020년까지 중국과 인도의 인구를 예측하라.

보고서 18.3 **FILE** ***Revenue_Amazon.*** 아마존은 1997년 5월 17일에 기업공개를 하였을 때 기업가치가 4억 3,800만 달러에 불과하였고 이익을 내지 못하는 회사였다. 아마존은 그 이후 20년 동안 놀랍게 성장하였고 2017년에 기업가치가 약 4,600억 달러가 되었다. 많은 애널리스트들은 아마존의 성공은 블룸버그 억만장자 지수(Bloomberg Billionaires Index)에 의하면 현대의 최고 부자인 제프 베조스의 역동적 리더십에 기인한 것이라고 생각한다(CNBC, July 2018). 투자자들과 주주들이 제기하는 중요한 질문은 아마존의 성장이 지속가능한가이다. 첨부된 데이터 파일에는 2010년 회계연도부터 2018년 회계연도 동안 아마존의 분기 매출액 데이터가 포함되어 있다. 회계연도는 12월 말에 종료된다. 표본정보를 사용하여 아마존의 매출액 추이를 포착하는 추세와 계절더미변수를 포함한 선형회귀모형과 비선형회귀모형을 검토하라. 선호되는 모형을 사용하여 2019년 회계연도의 아마존 매출액을 예측하라.

핵심 개념

LO 18.1 시계열 예측과정을 설명할 수 있어야 한다.

시간이 흐름에 따라 순서대로 기록된 변수의 관측치들을 시계열이라고 한다. 예측모형의 목적은 시간 t의 시계열 값 $\hat{y}_t$를 예측하는 것이다. 예측방법은 크게 질적 예측과 양적 예측으로 구분된다. 질적 예측은 예측자의 과거 경험과 전문성에 기초하여 이루어지는 반면 양적 예측은 예측하기 위해 과거 데이터를 사용하여 추정되는 공식적인 모형을 이용한다.

경쟁모형들을 비교하기 위해 성과척도를 사용한다. 가장 우월한 성과척도가 없기 때문에 모형선택을 위해 다수의 성과척도가 사용된다. 잔차 $e_t = y_t - \hat{y}_t$에 기초하여 계산되는 성과척도에는 $MSE = \frac{1}{n}\sum e_t^2$, $MAD = \frac{1}{n}\sum|e_t|$, $MAPE = \frac{1}{n}\left(\sum\left|\frac{e_t}{y_t}\right|\right) \times 100$이 있다. 여기서 n은 계산에 사용되는 관측치 수이다. MSE, MAD, $MAPE$의 값이 가장 적은 모형이 선택된다. 설명변수 수가 서로 다른 예측모형들을 비교하기 위해서는 과도한 모수를 사용하는 것에 대해 페널티를 부과하는 조정 R^2이 사용된다.

LO 18.2 평활법을 사용하여 예측할 수 있어야 한다.

시계열의 단기 변동이 확연한 체계적 패턴 없이 시계열 구조로부터의 임의적인 이탈을 나타내는 경우 평활법이 예측을 위해 사용된다.

이동평균은 m개 최근 관측치에 의해 구해지는 평균이다. 이동평균을 사용하여 $\hat{y}_t = \frac{y_{t-m} + y_{t-m+1} + \cdots + y_{t-1}}{m}$과 같이 예측한다.

지수평활은 관측치가 현재로부터 멀어질수록 가중치를 지수적으로 감소시키면서 가중평균을 구하는 방법이다. 지수평활법은 $L_t = \alpha y_t + (1-\alpha)L_{t-1}$과 같이 계열의 값을 지속적으로 수정한다. 여기서 α는 감소속도를 나타낸다. 예측치는 $\hat{y}_{t+1} = L_t$와 같이 구해진다.

LO 18.3 선형회귀모형을 사용하여 예측할 수 있어야 한다.

선형추세모형은 $y_t = \beta_0 + \beta_1 t + \varepsilon_t$와 같이 정형화된다. 예측을 위해 이 모형은 $\hat{y}_t = b_0 + b_1 t$와 같이 추정된다. 여기서 b_0와 b_1는 계수 추정치이다.

계절 데이터를 사용하는 경우 선형추세모형은 계절더미변수가 포함되도록 확장된다. 예를 들면, 분기 데이터를 사용하는 경우 이 모형은 $\hat{y} = b_0 + b_1 d_1 + b_2 d_2 + b_3 d_3 + b_4 t$와 같이 추정된다. 여기서 더미변수 d_1, d_2, d_3는 처음 3분기를 나타내고 b_1, b_2, b_3, b_4는 계수 추정치이다. 예측치는 $\hat{y} = (b_0 + b_1) + b_4 t$ (1분기), $\hat{y} = (b_0 + b_2) + b_4 t$ (2분기), $\hat{y} = (b_0 + b_3) + b_4 t$ (3분기), $\hat{y} = b_0 + b_4 t$ (4분기)와 같이 구해진다.

LO 18.4 비선형회귀모형을 사용하여 예측할 수 있어야 한다.

지수추세모형은 $\ln(y_t) = \beta_0 + \beta_1 t + \varepsilon_t$와 같이 정형화된다. 여기서 $\ln(y_t)$는 y_t의 자연로그값이다. 예측치는 $\hat{y} = \exp(b_0 + b_1 t + s_e^2/2)$와 같이 구해진다. 여기서 b_0와 b_1는 계수 추정치이고 s_e는 추정치의 표준오차이다. 선형추세모형과 지수추세모형을 비교하기 위해, MSE, MAD, $MAPE$가 사용된다.

q차수 다항식 추세모형은 $y_t = \beta_0 + \beta_1 t + \beta_2 t^2 + \beta_3 t^3 + \cdots + \beta_q t^q + \varepsilon_t$와 같이 정형화된다. $q = 1$, 2, 3이면 이 모형은 각각 선형추세모형, 이차식 추세모형, 3차식 추세모형이 된다. 예측치는 $\hat{y}_t = b_0 + b_1 t + b_2 t^2 + b_3 t^3 + \cdots + b_q t^q$와 같이 구해진다. 여기서 $b_0, b_1, \cdots, b_q$는 계수 추정치이다. 서로 다른 차수를 가진 다항식 추세모형을 비교하기 위해 조정 R^2이 사용된다.

계절 데이터를 사용하는 경우 지수추세모형과 다항식 추세모형은 계절더미변수가 포함되도록 확장된다. 예측치는 유사한 방법으로 구해진다.

LO 18.5 **시차변수모형을 사용하여 예측할 수 있어야 한다.**

예측하기 위해 x와 y의 시차값이 사용된다. 시차 설명변수를 사용하는 모형은 $y_t = \beta_0 + \beta_1 x_{t-1} + \varepsilon_t$와 같이 정형화되고 예측치는 $\hat{y}_{T+1} = b_0 + b_1 x_T$와 같이 구해진다. 일반적으로 사용되는 다른 시차변수모형은 시차 반응변수를 설명변수로 사용하고 $y_t = \beta_0 + \beta_1 y_{t-1} + \varepsilon_t$와 같이 정형화되고 예측치는 $\hat{y}_{T+1} = b_0 + b_1 y_T$와 같이 구해진다. 마지막으로 x와 y의 시차값을 설명변수로 포함하는 모형은 $y_t = \beta_0 + \beta_1 x_{t-1} + \beta_2 y_{t-1} + \varepsilon_t$와 같이 정형화되고 예측치는 $\hat{y}_{T+1} = b_0 + b_1 x_T + b_2 y_T$와 같이 구해진다.

추가 연습문제

33. FILE ***Yields.*** 역사적으로 모기지 이자율이 낮은 수준임에도 불구하고 미국의 주택시장은 취약하다. 30년 만기 모기지 이자율은 10년 만기 재무부 채권 이자율과 연계되어 있기 때문에 10년 만기 재무부 채권 이자율을 정확하게 예측하는 것이 중요하다. 다음의 표는 21거래일 동안 10년 만기 재무부 채권 이자율(%)의 일부를 보여준다.

Day	Yield
1	2.63
2	2.59
⋮	⋮
21	2.80

a. 3기 이동평균을 사용하여 22번째 거래일의 10년 만기 재무부 채권 이자율을 예측하라.

b. 지수평활법을 사용하여 22번째 거래일의 10년 만기 재무부 채권 이자율을 예측하라. $\alpha = 0.5$를 사용하라.

34. FILE ***Fried_Dough.*** 호세 산체스는 도넛과 소프트 드링크를 판매하는 노점을 가지고 있다. 그는 한 친구에게 도넛과 소프트 드링크 수를 예측하는 것을 도와달라고 요청하였다. 다음의 표는 지난 20일 동안 그가 판매한 도넛과 소프트 드링트 수에 대한 데이터 일부를 보여준다. $\alpha = 0.30$을 사용하면서 도넛과 소프트 드링크 수에 대한 지수평활계열을 구축하고 21번째 일의 도넛과 소프트 드링크 수를 예측하라.

Day	Fried Dough	Soft Drinks
1	70	150
2	69	145
⋮	⋮	⋮
20	61	153

35. FILE ***UsedCars*** 일반적으로 중고차 딜러는 매월, 매분기, 매년 달성해야 하는 할당된 판매량을 가지고 있다. 따라서 각 기말 가까이에서 중고차를 사는 것이 좋은 가격에 중고차를 매입하는 기회를 제공한다. 한 지역 중고차 딜러는 2014년부터 2019년까지 월간 중고차 판매량(Cars)을 기록하였다. 다음의 표는 이러한 데이터의 일부를 보여준다.

Date	Cars
Jan-2014	138
Feb-2014	179

Date	Cars
⋮	⋮
Dec-2019	195

a. 추세항을 포함하는 경우와 포함하지 않는 경우 계절 더미변수를 포함한 선형회귀모형을 추정하라. 어느 모형이 선호되는가?

b. 선호되는 모형을 사용하여 2020년 처음 두 달 동안 중고차 판매량을 예측하라

36. **FILE** ***Consumer_Sentiment.*** 다음의 표는 미시간대학의 소비자 심리지수(Consumer Sentiment Index) 일부를 보여준다. 이 지수는 1966년의 값이 100이 되도록 표준화되어 있고 소비자 심리의 변화를 추적하기 위해 사용된다.

Date	Sentiment
Jan-10	74.4
Feb-10	73.6
⋮	⋮
Nov-18	97.5

a. 계절더미변수를 포함한 선형추세모형을 추정하고 해석하라.

b. 추정된 모형을 사용하여 2018년 12월의 소비자 심리지수를 예측하라.

37. **FILE** ***Case_Shiller.*** S&P의 케이스-실러 주택가격지수(Case-Shiller home price index)는 자주 판매되는 주택의 가격지수를 측정한다. 이 지수는 2000년 1월의 값이 100이 되도록 표준화되어 있고 2000년 1월 가격과 비교한 동일한 주택의 가격 변화를 추적한다. 다음의 표는 2016년 1월부터 2018년 11월까지 계절조정 월간 케이스-실러 주택가격지수계열 일부를 보여준다.

Date	Price
Jan-16	177.412
Feb-16	177.828
⋮	⋮
Nov-18	206.263

a. 선형추세모형과 지수추세모형을 추정하고 각 모형의 *MSE*, *MAD*, *MAPE*를 계산하라.

b. 선호되는 모형을 사용하여 2018년 12월의 케이스-실러 주택가격지수를 예측하라.

38. **FILE** ***Population_Japan.*** 최근 몇 년 동안 전문가들과 의회의원들은 일본 인구의 감소가 미치는 경제사회적 파급효과를 검토하였다(*NPR*, December 21, 2018). 다음의 표는 1960년부터 2017년까지 일본 인구데이터(백만 명)의 일부를 보여준다.

Year	Population
1960	92.50
1961	94.94
⋮	⋮
2017	126.79

a. 선형추세모형과 이차식 추세모형을 추정하라. 어느 모형이 예측을 위해 선호되는가?

b. 선호되는 모형을 사용하여 2018년과 2019년의 일본 인구를 예측하라.

39. **FILE** ***House_Price.*** 미국의 서부 센서스 지역에는 몬타나주, 와이오밍주, 콜로라도주, 뉴멕시코주, 아이다오주, 아리조나주, 네바다주, 캘리포니아주, 오레곤주, 워싱턴주가 포함된다. 다음의 표는 2010년 1분기부터 2018년 3분기까지 서부 센서스 지역의 주택가격 중앙값 일부를 보여준다.

Year	Quarter	Price
2010	1	263600
2010	2	264100
⋮	⋮	⋮
2018	3	404300

a. 계절더미변수를 포함한 선형추세모형과 이차식 추세모형을 추정하라. 어느 모형이 선호되는가?

b. 선호되는 모형을 사용하여 서부 센서스 지역의 2018년 4분기 주택가격 중앙값을 예측하라.

40. **FILE** ***Vehicle_Miles.*** 기업의 재고가 크게 증가하고 소비자가 지출을 증가시킴에 따라 미국 경제는 2012년에 더욱 크게 회복되었다. 이에 따라 국내 여행도 증가하였다. 다음의 표는 2012년 1월부터 2018년 9월까지 미국의 자동차 여행거리(백만 마일) 데이터 일부를 보여준다.

Date	Miles
Jan-12	227527
Feb-12	218196
⋮	⋮
Sep-18	260555

a. 계절더미변수를 포함한 선형추세모형과 지수추세 모형을 추정하고 각 모형의 *MSE*, *MAD*, *MAPE*를 계산하라.

b. 선호되는 모형을 사용하여 2018년 마지막 3개월의 자동차 여행거리를 예측하라.

41. FILE ***Consumption.*** 소비함수는 경제학에서 핵심적인 관계식 중 하나이다. 소비(y)는 처분가능소득(x)에 의해 결정된다. 다음의 표는 5년 동안 개인소비지출과 처분가능소득에 대한 분기 데이터 일부를 보여준다. 두 변수는 10억 달러 기준으로 측정되었고 계절조정 되었다.

Year	Quarter	y	x
1	1	9148.2	9705.2
1	2	9266.6	9863.8
⋮	⋮	⋮	⋮
5	4	10525.2	11514.7

a. 개인소비지출계열을 그림으로 그려라. 적정한 다항식 추세모형을 추정하고 6년차 1분기의 개인소비지출을 예측하라.

b. $y_t = \beta_0 + \beta_1 x_{t-1} + \varepsilon_t$을 추정하고 6년차 1분기의 개인소비지출을 예측하라.

c. 두 모형중 어느 것이 예측하기 위해 더 적정한가? 간략히 그 이유를 설명하라.

19 비모수검정

Nonparametric Tests

학습목차_Chapter Contents

학습목표_Learning Objectives

이 장을 학습한 후에,

LO 19.1 모중앙값에 대해 추론할 수 있어야 한다.
LO 19.2 짝진표본과 독립표본을 사용하여 두 모중앙값 차이에 대해 추론할 수 있어야 한다.
LO 19.3 세 개 이상 모중앙값 차이에 대해 추론할 수 있어야 한다.
LO 19.4 모스피어만 순위상관계수에 대한 가설검정을 수행할 수 있어야 한다.
LO 19.5 짝진표본을 사용하여 두 서열데이터 모집단의 차이에 대해 추론할 수 있어야 한다.
LO 19.6 데이터의 순서 값이 임의로 나타나는지를 결정할 수 있어야 한다.

앞장에서 제시된 가설검정은 대상 모집단의 분포에 대한 가정하에서 수행된다. 이러한 검정을 모수검정(parametric tests)이라고 부른다. 예를 들면, t-검정이나 F-검정은 관측치들이 정규분포로부터 생성되어야 한다는 것을 요구한다. 이러한 검정은 표본크기가 큰 경우 이러한 가정이 정확하게 충족되지 않는다 하더라도 여전히 유용하다는 점에서 매우 '강건한(robust)' 검정이다.

대상 모집단이 현저하게 비정규분포이고 표본크기가 크지 않은 상황에서는 대상 모집단의 분포를 가정하지 않고 검정을 수행하는 대안적인 기법이 사용되며 이러한 검정을 비모수검정이라고 부른다. 또한 비모수검정은 서열척도와 같이 더 느슨한 척도에 기초하여 측정되는 변수들을 검토하는 데도 유용하다. 이 장에서는 다양한 비모수검정에 대해 학습한다.

도입사례_Introductory Case

뮤추얼펀드의 수익률 분석

FILE ***Mutual_Funds.*** 도로시 브레난은 한 대형 투자회사의 금융전문가이다. 그녀의 고객 중 한 사람은 성장지수 뮤추얼펀드와 가치지수 뮤추얼펀드 중 하나에 투자하려고 한다. 그는 도로시에게 각 펀드의 과거 수익률에 대해 몇 가지 질문을 하였다. 도로시는 대상 모집단의 분포에 대해 엄격한 가정에 의존하지 않는 기법을 사용하여 분석할 것이라고 설명한다. 도로시가 이러한 분석방법을 사용하려고 하는 것은 수익률 분포는 종종 정규분포로부터 이탈되어 있고 주어진 경우에 표본크기가 작기 때문이다. 표 19.1은 지난 10년 동안 각 펀드의 연간 수익률과 몇 가지 관련된 요약통계 데이터 일부를 보여준다.

표 19.1 성장펀드와 가치펀드의 연간 수익률과 요약통계(%)

Year	Growth	Value
1	12.56	0.09
2	−38.32	−35.97
⋮	⋮	⋮
10	5.99	16.75
	$\bar{x}$ = 10.088 median = 13.015 s = 20.448	$\bar{x}$ = 7.560 median = 13.655 s = 18.459

도로시는 표본정보를 사용하여 다음을 수행하려고 한다.

1. 각 펀드의 수익률 중앙값이 5%보다 큰지 검정한다.

2. 두 펀드의 수익률 중앙값 차이가 0과 다른지 검정한다.

3. 두 펀드의 수익률이 상관관계를 가지는지 검정한다.

이 도입사례에 대한 분석결과는 19.4절의 마지막 부분에 제시되어 있다.

19.1 모중앙값에 대한 검정

앞 장에서 제시된 모수검정은 대상 모집단의 분포에 대한 가정하에서 수행된다. 대상 모집단 분포의 가정이 충족되지 않으면 이러한 전통적인 검정은 잘못된 결과를 발생시킬 수 있다. 모집단 분포에 영향을 받지 않는 검정이라고도 부르는 비모수검정은 모수검정과 관련된 가정보다 더 약한 가정을 사용하고 특히 표본크기가 작을 때 유용하다. 예를 들면, 비모수검정은 표본관측치가 정규분포로부터 추출되거나 표본크기가 중심극한정리를 적용하기에 충분할 정도로 크다고 가정하지 않는다.

비모수검정도 단점을 가지고 있다. 모수검정의 가정이 타당함에도 불구하고 비모수검정을 사용하면, 비모수검정은 모수검정보다 덜 강력하다(2종오류를 범할 확률이 더 커진다). 이와 같이 검정력이 더 작아지는 이유는 비모수검정이 데이터를 더 비효율적으로 사용하기 때문이다. 곧 알게 되겠지만, 비모수검정은 종종 관측치의 크기보다 관측치의 순위에 초점을 맞추기 때문에 유용한 정보를 무시할 가능성이 있다.

표 19.2는 앞 장에서 살펴본 주요 모수검정을 요약한 것이다. 첫 번째 열은 관심 있는 모수검정을 나타내고, 두 번째 열은 검정의 기본 가정을 기술한 것이며, 세 번째 열은 검정을 살펴본 교재의 절을 보여준다. 각 모수검정에 대응되는 비모수검정이 있다. 19.4절의 마지막 부분에 각 모수검정에 대응되는 비모수검정을 정리한 표가 제공될 것이다.

표 19.2 주요 모수 검정의 요약

모수검정	모집단 특성과 기타 설명	참고 절
모평균에 대한 t-검정	정규분포 모집단으로부터의 표본추출 또는 대표본; σ가 알려져 있지 않음	9.3
짝진표본을 사용하는 두 모평균 차이에 대한 t-검정	정규분포 모집단으로부터의 표본추출 또는 대표본	10.2
독립표본을 사용하는 두 모평균 차이에 대한 t-검정	정규분포 모집단으로부터의 표본추출 또는 대표본; σ_1과 σ_2가 알려져 있지 않음	10.1
3개 이상 모평균이 다른지에 대한 F-검정	정규분포 모집단으로부터의 표본추출 또는 대표본; $\sigma_1, \sigma_2, \sigma_3, \ldots$이 알려져 있지 않으나 같다고 가정	13.1
두 변수가 상관관계를 가지는지에 대한 t-검정	정규분포 모집단으로부터의 표본추출 또는 대표본	14.1

모중앙값에 대한 윌콕슨 부호순위 검정

9장에서는 모표준편차 σ가 알려져 있지 않을 때 모평균 μ가 가정된 값과 다른지 결정하기 위해 t-검정을 사용하였다. 그러나 표 19.2에서 보는 것처럼, t-검정은 표본이 정규분포 모집단으로부터 추출되어야 하거나 대표본을 사용해야 한다는 것을 요구한다. 소표본에서 변수가 정규분포를 따른다고 가정할 수 없고 모중앙값(population median)이 가정된 값과 다른지 검정하기 원하면, **윌콕슨 부호순위 검정(Wilcoxon signed-rank test)**을 사용할 수 있다. 윌콕슨 부호순위 검정은 모집단 분포가 연속분포이고 대칭이라는 것을 제외하고 모집단의 분포에 대해 아무런 가정을 하지 않는다.

도입사례를 생각해보자. 뮤추얼펀드의 수익률을 분석하기 위해 도로시는 수익률의 분포가 종종 정규분포에 비해 '두꺼운 꼬리'를 가지기 때문에 비모수 방법을 선택한다. 분포의 꼬리부분 면적으로 계산되는 극단적 수익률이 발생할 확률은 정규분포의 경우보다 두꺼운 꼬리를 가진 분포의 경우에 더 크다. 그림 191.은 두꺼운 꼬리를 가진 분포와 정규분포를 함께 그린 것이다. 두 분포 모두 연속분포이고 대칭이라는 것에 주목하라. 도로시가 수익률이 정규분포를 따른다고 잘못 가정하는 검정을 사용한다면, 잘못된 추론을 할 가능성이 있다. 그녀는 모중앙값에 대한 윌콕슨 부호순위 검정을 사용하기로 선택한다.

그림 19.1 정규분포와 두꺼운 꼬리를 가진 분포

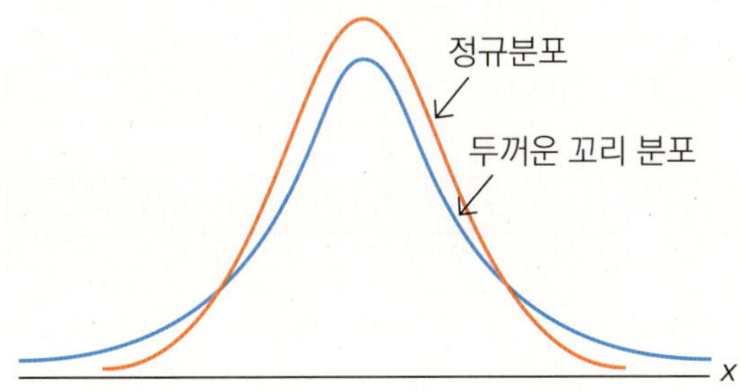

모중앙값 m에 대한 가설검정을 수행할 때, m이 m_0와 다른지, m_0보다 큰지, m_0보다 작은지를 검정한다. 여기서 m_0은 귀무가설에서 설정된 모중앙값이다. 귀무가설과 대립가설은 다음과 같이 설정된다.

양측 검정	오른쪽 꼬리 검정	왼쪽 꼬리 검정
$H_0: m = m_0$ $H_A: m \neq m_0$	$H_0: m \leq m_0$ $H_A: m > m_0$	$H_0: m \geq m_0$ $H_A: m < m_0$

도입사례의 ***Mutual_Funds*** 데이터 파일을 사용하면서 각 펀드의 수익률 중앙값이 5%보다 큰지를 결정해보자. 먼저 성장펀드에 대해 단측검정을 위한 경쟁가설을 다음과 같이 설정한다.

$$H_0: m \leq 5$$
$$H_A: m > 5$$

표본으로부터 윌콕슨 부호순위 검정통계량 T를 구하기 위해 몇 차례의 계산이 필요하다. 이러한 검정통계량 T는 앞장에서 논의한 t_{df}분포와 관련되어 있지 않다.

A. 표 19.3의 첫 번째 열은 성장펀드 수익률의 관측치를 보여준다. 먼저 각 관측치 x_i와 가정되어 있는 중앙값 $m_0 = 5$간 차이 d_i, 즉 $d_i = x_i - 5$를 계산한다. 표 19.3의 두 번째 열은 이러한 계산 결과를 보여준다.

B. 이어서 각 차이의 절대값 $|d_i|$를 구한다. 표 19.3의 세 번째 열을 보라. 그 값이 0과 같으면 표본으로부터 제외시킨다. 이 표본에서 차이가 0인 경우는 없다. 중앙값이 5와 같다면(귀무가설이 옳다면), 주어진 크기의 양의 차이와 음의 차이가 발생할 확률이 같기 때문에 $|d_i|$를 계산한다.

C. 다음으로 각 차이의 절대값에 가장 작은 $|d|$에 1, 가장 큰 $|d|$에 n을 부여하면서 순위를 정한다. 분석에서 제외되는 일부의 0 차이를 가진 관측치가 있으면 n은 원래 표본크기보다 작

표 19.3 윌콕슨 부호순위 검정통계량을 위한 계산

Return, x (1)	$d = x - m_0$ (2)	$\lvert d \rvert$ (3)	Rank (4)	Ranks of Negative Differences (5)	Ranks of Positive Differences (6)
12.56	12.56 − 5 = 7.56	7.56	4		4
−38.32	−43.32	43.32	10	10	
36.29	31.29	31.29	9		9
16.96	11.96	11.96	7		7
1.71	−3.29	3.29	3	3	
16.89	11.89	11.89	6		6
32.16	27.16	27.16	8		8
13.47	8.47	8.47	5		5
3.17	−1.83	1.83	2	2	
5.99	0.99	0.99	1		1
				$T^- = 15$	$T^+ = 40$

을 것이다. 여기서 n은 원래의 표본크기인 10과 같다. 차이의 순위가 같으면 순위의 평균을 부여한다. 예를 들면, 두 관측치의 순위가 5로 같으면, 각 관측치에 $(5 + 6)/2 = 5.5$의 순위가 부여된다. 3개 관측치의 순위가 1이면, 각 관측치에 $(1 + 2 + 3)/3 = 2$의 순위가 부여된다. 성장펀드 수익률 관측치의 경우, 같은 순위가 없다. 차이 절대값의 순위가 표 19.3의 네 번째 열에 제시되어 있다.

D. 이어서 음의 차이를 가지는 순위합(T^-)과 양의 차이를 가지는 순위합(T^+)을 구한다. 주어진 예에서 3개의 음의 차이에 해당되는 순위합은 $T^- = 15$이고 7개의 양의 차이에 해당되는 순위합은 $T^+ = 40$이다. 표 19.3의 다섯 번째 열과 여섯 번째 열은 이러한 계산을 보여준다.

T^-와 T^+의 합은 1부터 n까지 연속적인 정수의 합을 구하는 공식인 $n(n + 1)/2$와 같아야 한다. 주어진 예에서 $T^- + T^+ = 15 + 40 = 55$이다. 즉 이 값은 1부터 10까지 정수의 합과 같은 $n(n + 1)/2 = 10(10 + 1)/2 = 55$이다. 귀무가설이 옳다면, T^-와 T^+ 모두는 순위 총합의 반, $55/2 = 27.5$와 같을 것이다. 검정을 위해 T^- 또는 T^+을 분석할 수 있다. T^+에 기초하여 검정을 수행하도록 하자. 검정을 위해 T^-의 값을 사용하지 않지만, T^-에 기초한 계산은 오류를 피하는데 도움을 줄 수 있다.

윌콕슨 부호순위 검정을 위한 검정통계량 T

윌콕슨 부호순위 검정을 위한 검정통계량 T는 $T = T^+$와 같이 정의된다. 여기서 T^+는 가정된 중앙값 m_0으로부터 양의 차이를 가진 관측치들의 순위합을 나타낸다.

윌콕슨 부호순위 검정을 수행할 때, 2가지 경우가 있다.

1. $n \leq 10$이면, p-값을 구하기 위해 특별히 정리된 표를 사용한다. 다른 방법으로는 검정통계량 T의 값과 이에 해당되는 p-값을 계산하기 위해 R을 비롯한 통계 패키지를 사용한다.

2. $n \geq 10$이면, T의 표본분포는 평균이 $\mu_T = \frac{n(n+1)}{4}$이고 표준편차가 $\sigma_T = \sqrt{\frac{n(n+1)(2n+1)}{24}}$인 정규분포에 의해 근사될 수 있다. 검정통계량의 값은 $z = \frac{T - \mu_T}{\sigma_T}$와 같이 계산된다.

설명을 간단하게 하기 위해, 확률변수와 확률변수의 특정한 값을 구별하지 않는다. 예를 들면, 확률변수와 확률변수의 표본 값을 나타내기 위해 검정통계량 T를 사용한다. 이후의 절에서 소개하는 검정통계량 W, H, r_S, R에 대해서도 이러한 방식을 사용한다.

예제 19.1

FILE ***Mutual Funds.*** 도입사례에서 제시된 *Mutual_Funds* 데이터 파일을 사용하여 $\alpha = 0.05$에서 성장펀드 수익률의 중앙값이 5%보다 큰지 검정하라.

해답:

검정을 위한 경쟁가설은 다음과 같이 설정된다.

$$H_0: m \leq 5$$
$$H_A: m > 5$$

이 예제에서 표본크기는 정확하게 10이기 때문에, 정규분포근사를 사용하거나 사용하지 않으면서 윌콕슨 부호순위 검정을 수행할 수 있다. 여기서는 R을 이용하면서 정규분포근사를 사용하지 않고 검정을 수행한다. (R을 위한 지시사항은 이 절의 마지막 부분에 제공된다.) 표 19.4는 오른쪽 꼬리 검정을 위한 R의 분석결과 일부를 보여준다. 검정통계량의 값과 p-값이 볼드체로 표시되어 있다. R에서 검정통계량의 값이 V로 표시되어 있지만, 이 값은 직접 계산하여 구한 값과 같다. 즉 $V = T = 40$이다. 또한 표 19.4에서 보면, p-값= 0.1162이다. p-값이 $\alpha = 0.05$보다 크기 때문에, H_0은 기각되지 않는다. 5%의 유의수준에서 성장펀드 수익률의 중앙값이 5%보다 크다고 결론 내릴 수 없다.

표 19.4 예제 19.1을 위한 R의 분석결과

```
        Wilcoxon signed rank test
V = 40, p-value = 0.1162
alternative hypothesis: true location is greater
than 5
```

정규분포근사를 사용한 T의 검정

이미 언급한 것처럼, n이 10 이상이면 T의 표본분포는 정규분포에 의해 근사될 수 있다.[1] 이어

[1] 모수검정을 위한 모집단의 정규분포가정은 대표본에서 덜 엄격한 조건이 되기 때문에, 순위에 기초한 검정의 주요 장점은 정규분포근사를 이용하기 위해 상대적으로 크기가 작은 표본이 사용될 수 있다는 것이다. 표본크기는 모수 t-검정을 위해 30 이상이 요구되나 윌콕슨 부호순위 검정을 위해 10 이상이 요구된다.

서 이러한 근사를 사용하면서 z 검정을 쉽게 수행할 수 있다.

예제 19.2

FILE ***Mutual_Funds.*** 정규분포근사를 사용하면서 예제 19.1에서 논의한 검정을 다시 수행하도록 하라.

해답:

경쟁가설 H_0: $m \leq 5$ vs H_A: $m > 5$와 검정통계량의 값 $T = 40$을 사용한다. 표본크기가 10이기 때문에, T의 표본분포를 위한 평균과 표준편차를 다음과 같이 계산한다.

$$\mu_T = \frac{n(n+1)}{4} = \frac{10(10+1)}{4} = 27.50$$

$$\sigma_T = \sqrt{\frac{n(n+1)(2n+1)}{24}} = \sqrt{\frac{10(10+1)(2 \times 10 + 1)}{24}} = 9.8107$$

이에 따라 검정통계량 Z의 값은 다음과 같다.

$$z = \frac{T - \mu_T}{\sigma_T} = \frac{40 - 27.50}{9.8107} = 1.2741$$

따라서 정규분포근사를 사용하는 경우 Excel의 NORM.DIST 함수나 R의 pnorm 함수를 이용하여 검정의 p-값 $= P(Z \geq 1.2741) = 0.1013$을 구할 수 있다. p-값이 $\alpha = 0.05$보다 크기 때문에, H_0은 기각되지 않는다. 이러한 결론은 예제 19.1의 결론과 일치한다. 즉 5%의 유의수준에서 성장펀드 수익률의 중앙값이 5%보다 크다고 결론 내릴 수 없다.

R을 이용한 모중앙값에 대한 검정

R의 **wilcox.test** 함수를 사용하여 윌콕슨 부호순위 검정을 매우 쉽게 수행할 수 있다.

예제 19.3

FILE ***Mutual_Funds.*** 도입사례에서 제시된 *Mutual_Funds* 데이터 파일을 사용하여 $\alpha = 0.05$에서 성장펀드 수익률의 중앙값이 5%보다 큰지 검정하라.

해답:

검정을 위한 경쟁가설은 다음과 같이 설정된다.

$$H_0: m \leq 5$$
$$H_A: m > 5$$

a. ***Mutual_Funds*** 데이터를 데이터프레임(테이블)으로 가져와서 myData라는 이름으로 지정한다.

b. R의 **wilcox.test** 함수를 사용하여 검정통계량의 값과 p-값을 구한다. **wilcox.test** 함

수의 옵션에서 귀무가설에 설정된 중앙값을 설정하기 위해 *mu*를 사용하고 대립가설을 설정하기 위해 *alternative*를 사용한다. *alternative*에서 양측 검정의 경우는 “two.sided”, 왼쪽 꼬리 검정의 경우는 “less”, 오른쪽 꼬리 검정의 경우는 “greater”로 표시한다. 다음과 같이 입력하라.

```
> wilcox.test(myData$Value, mu=5, alternative="greater")
```

표 19.5는 R의 분석결과 일부를 보여준다.

표 19.5 예제 19.3을 위한 R의 분석결과

```
            Wilcoxon signed rank test
data: myData$Value
V = 39, p-value = 0.1377
alternative hypothesis: true location is greater
than 5
```

검정통계량의 값은 $V = T = 39$이고 p-값은 0.1377이다. (볼드체로 나타낸 값을 보라.) p-값 > 0.05이므로, 귀무가설은 기각되지 않는다. 5%의 유의수준에서 성장펀드 수익률의 중앙값이 5%보다 크다고 결론 내릴 수 없다.

표본크기가 50 미만이고 동일순위가 없으면 R은 기본적으로 정확한 p-값을 계산한다는 것에 주목하라. 그렇지 않으면 정규분포근사가 사용된다.

연습문제 19.1

*표시가 있는 연습문제를 풀기 위해 윌콕슨 부호순위 검정을 수행할 수 있는 통계패키지의 사용을 권장한다.

1. 다음의 표본데이터를 고려하라.

25	18	21	27	30

a. 중앙값이 20과 다른지 결정하기 위한 경쟁가설을 설정하라.

b. 검정통계량 T의 값을 계산하라.

c. (b)의 검정통계량에 해당되는 p-값은 0.188이다. 5%의 유의수준에서 중앙값은 20과 다른가? 설명하라.

2. 다음의 표본데이터를 고려하라.

150	145	138	155	141	152

a. 중앙값이 140보다 큰지 결정하기 위한 경쟁가설을 설정하라.

b. 검정통계량 T의 값을 계산하라.

c. (b)의 검정통계량에 해당되는 p-값은 0.047이다. 5%의 유의수준에서 중앙값은 140보다 큰가? 설명하라.

3. 다음의 표본데이터를 고려하라.

8	5	11	7	6	5

a. 중앙값이 10보다 작은지 결정하기 위한 경쟁가설을 설정하라.

b. 검정통계량 T의 값을 계산하라.

c. (b)의 검정통계량에 해당되는 p-값은 근사적으로 0.029이다. 5%의 유의수준에서 가설검정의 결론은 무엇인가? 설명하라.

4. 다음의 경쟁가설과 표본데이터를 고려하라.

H_0: $m \leq 150$
H_A: $m > 150$
$n = 30$ $T^- = 200$ $T^+ = 265$

a. T의 표본분포가 근사적으로 정규분포라고 가정하면서, 검정통계량의 값을 계산하라.

b. p-값을 계산하라.

c. 5%의 유의수준에서 중앙값은 150보다 큰가? 설명하라.

5. 다음의 표본데이터를 고려하라.

105	90	110	80	85	85	103	70	115	75

T에 대해 정규분포근사를 가정하라.

a. 중앙값이 100과 다른지 결정하기 위한 경쟁가설을 설정하라.

b. 검정통계량 T와 p-값을 계산하라.

c. 10%의 유의수준에서 중앙값은 100과 다른가? 설명하라.

6. 8개 약국으로 임의표본이 구성되었고 다음의 표는 각 약국의 한 인기 있는 진통제의 가격을 보여준다.

5.00	4.25	3.75	5.50	5.75	6.25	5.25	4.25

a. 진통제 가격의 중앙값이 6달러보다 작은지 결정하기 위한 경쟁가설을 설정하라.

b. 검정통계량 T의 값을 계산하라.

c. (b)의 검정통계량에 해당되는 p-값은 근사적으로 0.012이다. 5%의 유의수준에서 가설검정의 결론은 무엇인가? 설명하라.

7. **FILE** ***Balanced.*** 첨부된 데이터 파일은 10년 동안 한 뮤추얼펀드의 연간 수익률(%)을 보여준다.

a. 수익률의 중앙값이 5%보다 큰지 결정하기 위한 경쟁가설을 설정하라.

b. T에 대해 정규분포근사를 사용하면서 검정통계량의 값을 계산하라.

c. 10%의 유의수준에서 가설검정의 결론은 무엇인가?

8. **FILE** ***City_Rent.*** 첨부된 데이터 파일은 10개 도시의 ft^2당 평균 임대료(달러)를 정리한 것이다.

a. ft^2당 임대료의 중앙값이 25달러보다 큰지 결정하기 위한 경쟁가설을 설정하라.

b. T에 대해 정규분포근사를 사용하면서 검정통계량의 값을 계산하라.

c. 1%의 유의수준에서 ft^2당 임대료의 중앙값이 25달러보다 크다고 결론 내릴 수 있는가?

9. ***FILE** ***Wage.*** 한 경제학자는 시간당 임금의 중앙값이 22달러보다 작은지 검정하기 원한다.

a. 검정을 위한 경쟁가설을 설정하라.

b. 5%의 유의수준에서 시간당 임금의 중앙값이 22달러보다 작다고 결론 내릴 수 있는가? 설명하라.

10. ***FILE** ***Houses.*** 한 부동산중개인은 주택가격의 중앙값이 50만 달러보다 크다고 믿고 있다. 첨부된 데이터는 주택가격(1,000달러) 표본데이터이다.

a. 검정을 위한 경쟁가설을 설정하라.

b. 5%의 유의수준에서 이 부동산중개인의 주장이 데이터에 의해 지지되는가? 설명하라.

11. ***FILE** ***Convenience.*** 한 기업가는 로드 아일랜드주에 있는 40개 편의점의 월간 매출액(1,000달러)을 검토하고 있다.

a. 월간 매출액의 중앙값이 13만 달러와 다른지 결정하기 위한 경쟁가설을 설정하라.

b. 5%의 유의수준에서 월간 매출액의 중앙값이 13만 달러와 다른가? 설명하라.

19.2 두 모중앙값 차이에 대한 검정

10장에서 짝진표본과 독립표본을 사용하여 두 모평균 차이가 존재하는지 추론하기 위한 t-검정을 살펴보았다. t-검정을 사용할 때, 정규분포를 따르는 모집단으로부터 표본추출이 이루어진다고 가정한다. **윌콕슨 부호순위 검정(Wilcoxon signed-rank test)**은 짝진표본 t-검정에 대응하는 비모수검정이다. **윌콕슨 순위합 검정(Wilcoxon rank-sum test)**은 **만-휘트니 검정(Mann-Whitney test)**이라고도 부르며 독립표본을 위해 사용된다. 정규분포가정이 적정하면, 이러한 검정들은 모수검정인 t-검정보다 덜 강력하다. 이 절에서는 먼저 짝진표본을 사용하는 윌콕슨 부호순위 검정을 다루고 이어서 독립표본을 사용하는 윌콕슨 순위합 검정을 학습한다.

짝진표본을 사용하는 윌콕슨 부호순위 검정

이 절에서 짝진표본을 사용하는 경우 관심 있는 모수는 두 중앙값 차이 m_D이다. 여기서

$D = X - Y$이고 확률변수 X와 Y는 쌍으로 짝지어져 있다. 짝진표본에 대한 상세한 내용은 10장을 참조하라. m_D가 0과 다른지, 0보다 큰지, 0보다 작은지를 검정하기 원할 때, 경쟁가설은 다음과 같이 설정된다.

양측 검정	오른쪽 꼬리 검정	왼쪽 꼬리 검정
H_0: $m_D = 0$	H_0: $m_D \leq 0$	H_0: $m_D \geq 0$
H_A: $m_D \neq 0$	H_A: $m_D > 0$	H_A: $m_D < 0$

짝진표본을 위한 윌콕슨 부호순위 검정은 한 표본을 사용하는 경우와 거의 같다. 유일하게 추가되는 단계는 먼저 각 쌍의 차이를 구하는 것이다. 도입사례에 제시된 성장펀드 수익률과 가치펀드 수익률 관측치를 사용하면서 짝진표본을 위한 윌콕슨 부호순위 검정을 예시해보자.

각 수익률이 연도별로 정리되어 있다는 점에서 주어진 표본은 짝진표본이라는 것에 주목하라. 두 수익률 중앙값 차이가 유의한지 검정하기 위해 윌콕슨 부호순위 검정을 적용하고 양측 검정을 위한 경쟁가설은 다음과 같이 설정된다.

$$H_0: m_D = 0$$
$$H_A: m_D \neq 0$$

표 19.6은 검정통계량 T의 값을 계산하는 방법을 요약한 것이다. 먼저 수익률 간 차이(열 4)를 계산하고 이러한 차이의 절대값(열 5)을 구하며 이러한 절대값의 순위(열 6)를 결정한다. 이어서 음의 차이 관측치의 순위합(열 7, $T^- = 15$)과 양의 차이 관측치의 순위합(열 8, $T^+ = 40$)을 계산한다. 검정통계량 T의 값은 $T = T^+ = 40$이다.

표 19.6 윌콕슨 부호순위 검정을 위한 계산

Year (1)	Growth x (2)	Value y (3)	$d = x - y$ (4)	$\|d\|$ (5)	Rank (6)	Ranks of Negative Differences (7)	Ranks of Positive Differences (8)
1	12.56	0.09	12.47	12.47	9		9
2	−38.32	−35.97	−2.35	2.35	5	5	
3	36.29	19.58	16.71	16.71	10		10
4	16.96	14.28	2.68	2.68	6		6
5	1.71	1.00	0.71	0.71	3		3
6	16.89	15.00	1.89	1.89	4		4
7	32.16	32.85	−0.69	0.69	2	2	
8	13.47	13.05	0.42	0.42	1		1
9	3.17	−1.03	4.20	4.2	7		7
10	5.99	16.75	−10.76	10.76	8	8	
						$T^- = 15$	$T^+ = 40$

앞에서 언급한 것처럼, 일반적으로 통계패키지를 사용하여 검정통계량의 값 T와 p-값을 계산한다. 예제 19.4에서 짝진표본을 위한 윌콕슨 부호순위 검정을 수행하기 위해 R을 이용하는 방법이 제시된다.

R을 이용한 짝진표본의 중앙값 차이에 대한 검정

예제 19.4

FILE ***Mutual_Funds.*** 도입사례에서 제시된 ***Mutual_Funds*** 데이터 파일을 사용하여 $\alpha = 0.05$에서 성장펀드와 가치펀드 간 수익률 중앙값 차이가 0과 다른지를 검정하라.

해답:

검정을 위한 경쟁가설은 H_0: $m_D = 0$ vs H_A: $m_D \neq 0$이다.

a. ***Mutual_Funds*** 데이터를 데이터프레임(테이블)으로 가져와서 myData라는 이름으로 지정한다.

b. m_D를 검정하기 위해 R의 **wilcox.test** 함수를 사용한다. **wilcox.test** 함수의 옵션에서 *alternative*와 *paired*를 사용한다. 다음과 같이 입력하라.

```
> wilcox.test(myData$Growth, myData$Value,
alternative="two.sided", paired=TRUE)
```

표 19.7은 성장펀드와 가치펀드 간 수익률 중앙값 차이가 0과 다른지 검정한 R의 분석결과를 보여준다. 검정통계량의 값과 *p*-값은 볼드체로 표시되어 있다.

표 19.7 예제 19.4를 위한 R의 분석결과

```
        Wilcoxon signed rank test
V = 40, p-value = 0.2324
alternative hypothesis: true location shift is
not equal to 0
```

검정통계량의 값은 직접 계산한 값과 같다. 즉, $V = T = 40$이다. p-값 $= 0.2324$가 $\alpha = 0.050$보다 크기 때문에 H_0은 기각되지 않는다. 5%의 유의수준에서, 두 펀드 간 수익률 중앙값 차이는 0과 다르다고 결론 내릴 수 없다.

독립표본을 사용하는 윌콕슨 순위합 검정

다음으로 모집단의 분포가 비정규분포이고 독립표본이 사용될 때 두 모중앙값 차이가 유의한지를 검정하는 방법을 논의한다. 이러한 상황에서 윌콕슨 순위합 검정이 사용된다. 관심 있는 모수는 두 모중앙값 차이 $m_1 - m_2$이다. $m_1 - m_2$가 0과 다른지, 0보다 큰지, 0보다 작은지 검정할 때, 경쟁가설은 다음과 같이 설정된다.

양측 검정	오른쪽 꼬리 검정	왼쪽 꼬리 검정
H_0: $m_1 - m_2 = 0$	H_0: $m_1 - m_2 \leq 0$	H_0: $m_1 - m_2 \geq 0$
H_A: $m_1 - m_2 \neq 0$	H_A: $m_1 - m_2 > 0$	H_A: $m_1 - m_2 < 0$

다음의 예제를 사용하여 윌콕슨 순위합 검정을 예시해보자.

한 지방대학 학생이 경영을 전공해야 하는지 언론을 전공해야 하는지 결정하는 데 어려움을 겪고 있다. 그녀는 자신의 선택이 졸업 후 연봉에 영향을 미치는지를 궁금해하고 있다. 그녀는 최근에 경영을 전공한 졸업생 10명과 언론을 전공한 졸업생 10명의 연봉 데이터(1,000달러)를 수집하였다. 이러한 데이터의 일부가 표 19.8에 제시되어있다

표 19.8 경영전공 졸업생과 언론전공 졸업생의 연봉(1,000달러)

Business	Journalism
66	61
60	52
⋮	⋮
69	46

두 전공 간 연봉이 다른지 결정하기 위해 윌콕슨 순위합 검정을 적용한다. m_1과 m_2를 각각 경영전공과 언론전공 연봉의 모중앙값이라고 하자. 양측 검정을 위한 경쟁가설이 다음과 같이 설정된다.

$$H_0: m_1 - m_2 = 0$$
$$H_A: m_1 - m_2 \neq 0$$

윌콕슨 순위합 검정을 위한 검정통계량의 값을 구하기 위해, 몇 단계의 계산이 필요하다.

A. 먼저 표본 1 (Business의 n_1개 관측치)과 표본 2 (Journalism의 n_2개 관측치)를 합하고 모든 관측치를 크기 순서로 정리한다. 즉, 두 독립표본을 표본크기가 $n_1 + n_2 = n$인 하나의 표본으로 간주한다. 표 19.9의 열 1을 보라.

B. 가장 작은 값부터 가장 큰 값까지 1부터 n까지의 순위를 부여한다. 4, 5, 6관측치에서 순위가 같기 때문에 순위가 같은 관측치 각각에 순위의 평균, 즉 $(4 + 5 + 6)/3 = 5$ 순위를 부여한다. 표 19.9의 열 1과 열 3을 보라. 언론전공 연봉의 순위가 더 낮은 반면 경영전공 연봉의 순위가 더 높다.

C. 경영전공 연봉의 순위합(W_1)과 언론전공 연봉의 순위합(W_2)을 구한다. $W_1 = 149$이고 $W_2 = 61$이다. 표 19.9의 열 4와 열 5를 보라. 제대로 계산하였는지 확인하기 위해, 순위합의 합 $W_1 + W_2$이 1부터 $n_1 + n_2$까지의 정수합인 $W_1 + W_2 = \frac{(n_1 + n_2)(n_1 + n_2 + 1)}{2}$과 같은지 확인한다. $W_1 + W_2 = 149 + 61 = 210$이다. $n_1 = 10$이고 $n_2 = 10$이기 때문에, $\frac{(n_1 + n_2)(n_1 + n_2 + 1)}{2} = \frac{(10 + 10)(10 + 10 + 1)}{2} = 210$이다.

경영전공 연봉의 중앙값이 언론전공 연봉의 중앙값과 같다면, 각 전공 연봉은 높은 순위 수만큼 많은 낮은 순위 수를 가질 것이기 때문에 W_1와 W_2은 순위 총합의 절반, 105와 같을 것이다. 그러나 연봉의 중앙값이 크게 다르면, 한 전공의 연봉이 대부분의 높은 순위를 가지고 다른 전공의 연봉이 대부분의 낮은 순위를 가질 것이다. 검정을 위해 W_1 또는 W_2를 분석할 수 있다. 여기서는 W_1에 기초한 윌콕슨 순위합 검정을 수행한다.

표 19.9 윌콕슨 순위합 검정을 위한 계산

Salary (1)	Sample of Origin (2)	Rank (3)	Business Ranks (4)	Journalism Ranks (5)
46	Journalism	1		1
47	Journalism	2		2
50	Journalism	3		3
52	Journalism	5		5
52	Journalism	5		5
52	Journalism	5		5
54	Journalism	7		7
55	Journalism	8		8
58	Business	9	9	
59	Business	10	10	
60	Business	11	11	
61	Journalism	12		12
62	Journalism	13		13
64	Business	14	14	
65	Business	15	15	
66	Business	16	16	
67	Business	17	17	
68	Business	18	18	
69	Business	19	19	
70	Business	20	20	
			$W_1 = 149$	$W_2 = 6$

윌콕슨 순위합 검정의 검정통계량

윌콕슨 순위합 검정을 위한 검정통계량 W는 $W = W_1$와 같이 정의된다. 여기서 W_1은 표본 1의 관측치 값들의 순위합을 나타낸다.

윌콕슨 순위합 검정을 수행할 때 2가지 경우가 있다.

1. $n_1 \le 10$이고 $n_2 \le 10$이면, p-값을 구하기 위해 특별히 정리된 표를 사용한다. 다른 방법으로는 검정통계량 W의 값과 이에 해당되는 p-값을 계산하기 위해 R을 비롯한 통계 패키지를 사용한다.
2. $n_1 \ge 10$이고 $n_2 \ge 10$이면, W의 표본분포는 평균이 $\mu_W = \frac{n_1(n_1 + n_2 + 1)}{2}$이고 표준편차가 $\sigma_W = \sqrt{\frac{n_1 n_2(n_1 + n_2 + 1)}{12}}$인 정규분포에 의해 근사될 수 있다. 검정통계량의 값은 $z = \frac{W - \mu_W}{\sigma_W}$와 같이 계산된다.

R을 이용한 독립표본을 사용하는 두 모중앙값 차이에 대한 검정

예제 19.5에서 R을 이용하여 독립표본을 사용하는 윌콕슨 순위합 검정을 수행한다.

예제 19.5

FILE ***Salaries.*** ***Salaries*** 데이터 파일을 사용하여 $\alpha = 0.05$에서 경영전공 연봉의 중앙값이 언론전공 연봉의 중앙값과 다른지 검정하라.

해답:

검정을 위한 경쟁가설은 H_0: $m_1 - m_2 = 0$ vs H_A: $m_1 - m_2 \neq 0$이다.

a. ***Salaries*** 데이터를 데이터프레임(테이블)으로 가져와서 myData라는 이름으로 지정한다.

b. R의 **wilcox.test** 함수를 *alternative*와 *paired* 옵션과 함께 사용한다. 다음과 같이 입력하라.

```
> wilcox.test(myData$Business, myData$Journalism,
  alternative="two.sided", paired=FALSE)
```

표 19.10은 두 전공 간 연봉의 중앙값이 다른지에 대한 검정을 위한 R의 분석결과이다. 검정통계량의 값과 p-값이 볼드체로 표시되어 있다.

표 19.10 예제 19.5를 위한 R의 분석결과

```
Wilcoxon rank-sum test with continuity correction
W = 94, p-value = 0.0009904
alternative hypothesis: true location shift is not equal to 0
```

R이 보고하는 검정통계량의 값 $W = 94$는 표 19.9에서 직접 계산한 값인 $W = W_1 = 149$와 같지 않다는 것에 주목하라. 표 19.9에 있는 W의 값은 종종 W가 계산되는 표본크기를 조정하지 않기 때문에 미조정 순위합이라고 부른다. 조정 순위합을 계산하기 위해 먼저 $n_1(n_1 + 1)/2$을 계산한다. 여기서 n_1은 첫 번째 표본의 관측치 수이다. 이어서 W에서 이 값을 뺀다. 이 예제에서 $n_1 = 10$이므로 $10(10 + 1)/2 = 55$이다. 따라서 조정 순위합은 $149 - 55=94$이다. 혼돈하지 않게 하기 위해, R이 보고하는 조정 순위합을 W^*라고 부른다. W 또는 W^*에 기초하여 구한 p-값은 같다. R이 보고하는 양측 검정의 p-값은 근사적으로 0이다. 따라서 $\alpha = 0.05$에서 H_0은 기각된다. 5%의 유의수준에서 경영전공 연봉의 중앙값은 언론전공 연봉의 중앙값과 다르다고 결론 내린다.

정규분포근사를 이용한 *W*의 검정

n_1과 n_2 모두 10 이상일 때, 정규분포근사를 이용하여 z 검정을 수행할 수 있다.

예제 19.6

W의 분포가 근사적으로 정규분포라고 가정하면서, $\alpha = 0.05$에서 경영전공 연봉의 중앙값이 언론전공 연봉의 중앙값과 다른지 검정하라.

해답:

검정을 위한 경쟁가설은 H_0: $m_1 - m_2 = 0$ vs H_A: $m_1 - m_2 \neq 0$이고 검정통계량의 값은 $W = W_1 = 149$이다. R이 보고하는 값이 아니라 직접 계산한 W의 값이 사용된다는 것에 주목하라. 이제 W의 평균과 표준편차를 다음과 같이 계산한다.

$$\mu_W = \frac{n_1(n_1 + n_2 + 1)}{2} = \frac{10(10 + 10 + 1)}{2} = 105$$

$$\sigma_W = \sqrt{\frac{n_1 n_2(n_1 + n_2 + 1)}{12}} = \sqrt{\frac{(10 \times 10)(10 + 10 + 1)}{12}} = 13.2288$$

검정통계량 Z의 값은 다음과 같이 계산된다.

$$z = \frac{W - \mu_W}{\sigma_W} = \frac{149 - 105}{13.2288} = 3.3261$$

Excel의 NORM.DIST 함수나 R의 pnorm 함수를 사용하여 검정의 p-값 $= 2 \times P(Z \geq 3.3261) = 0.0004$를 구할 수 있다. p-값이 $\alpha = 0.05$보다 작기 때문에, H_0은 기각되고 5%의 유의수준에서 경영전공 연봉의 중앙값은 언론전공 연봉의 중앙값과 다르다고 결론 내린다.

연습문제 19.2

*표시가 있는 연습문제를 풀기 위해 윌콕슨 부호순위 검정과 윌콕슨 순위합 검정을 수행할 수 있는 통계패키지의 사용을 권장한다.

12. 20개 관측치를 가진 짝진표본의 검정통계량은 $T = 165$이다.

- **a.** 두 중앙값 차이가 0보다 큰지 결정하기 위한 경쟁가설을 설정하라.
- **b.** T에 대한 정규분포근사를 사용하면서 검정통계량 Z의 값을 계산하라.
- **c.** p-값을 계산하라.
- **d.** 5%의 유의수준에서, 가설검정의 결론은 무엇인가? 설명하라.

13. 다음과 같은 경쟁가설과 짝진표본으로부터 계산된 통계량을 고려하라.

H_0: $m_D = 0$
H_A: $m_D \neq 0$ $n = 50$ $T^- = 400$ $T^+ = 875$

- **a.** T에 대한 정규분포근사를 사용하면서 검정통계량 Z의 값을 계산하라.
- **b.** p-값을 계산하라.
- **c.** 5%의 유의수준에서, 가설검정의 결론은 무엇인가? 설명하라.

14.* **FILE** ***Exercise_19.14.*** 첨부된 데이터 파일은 짝진표본에 관한 정보를 포함하고 있다.

- **a.** Population 1의 중앙값과 Population 2의 중앙값간 차이가 0보다 작은지 결정하기 위한 경쟁가설을 설정하라.
- **b.** 5%의 유의수준에서, 가설검정의 결론은 무엇인가? 설명하라.

15. **FILE** ***Exercise_19.15.*** 첨부된 데이터 파일에는 짝진표본에 관한 정보가 포함되어 있다.

- **a.** 두 중앙값 차이가 0과 다른지 결정하기 위한 경쟁가설을 설정하라.
- **b.** T에 대한 정규분포근사를 가정하면서 검정통계량 Z의 값

을 계산하라.

c. p-값을 계산하라.

d. 1%의 유의수준에서, 가설검정의 결론은 무엇인가?

16. FILE ***Exercise_19.16.*** 임의표본이 두 독립적인 모집단으로부터 추출되었다. 첨부된 데이터 파일은 그 결과를 보여준다.

a. Population 1의 중앙값이 Population 2의 중앙값보다 작은지 결정하기 위한 경쟁가설을 설정하라.

b. 미조정 순위합 W를 구하라.

c. 검정의 p-값은 0.034이다. 5%의 유의수준에서 가설검정의 결론은 무엇인가? 설명하라.

17. FILE ***Exercise_19.17.*** 임의표본이 두 독립적인 모집단으로부터 추출되었다. 첨부된 데이터 파일은 그 결과를 보여준다.

a. Population 1의 중앙값이 Population 2의 중앙값보다 큰지 결정하기 위한 경쟁가설을 설정하라.

b. 미조정 순위합 W를 구하라.

c. 검정의 p-값은 0.180이다. 5%의 유의수준에서 가설검정의 결론은 무엇인가? 설명하라.

18. 독립적인 두 모집단으로부터 추출된 두 임의표본으로부터 다음과 같은 정보가 제공되었다. $W = 700$, $n_1 = 25$, $n_2 = 20$. W의 분포는 근사적으로 정규분포라고 가정하라.

a. W분포의 평균과 표준편차를 계산하라.

b. Population 1의 중앙값이 Population 2의 중앙값보다 큰지 결정하기 위한 경쟁가설을 설정하라.

c. 검정통계량 Z의 값을 계산하라.

d. 5%의 유의수준에서 가설검정의 결론은 무엇인가?

19. 독립적인 두 모집단으로부터 추출된 두 임의표본으로부터 다음과 같은 정보가 제공되었다. $W = 545$, $n_1 = 25$, $n_2 = 20$. W의 분포는 근사적으로 정규분포라고 가정하라.

a. W분포의 평균과 표준편차를 계산하라.

b. Population 1의 중앙값이 Population 2의 중앙값과 다른지 결정하기 위한 경쟁가설을 설정하라.

c. 검정통계량 Z의 값을 계산하라.

d. 10%의 유의수준에서 가설검정의 결론은 무엇인가?

20.* FILE ***Mock_SAT.*** 대학입학을 원하는 학생 8명이 모의 SAT 시험을 보고, 3개월의 시험준비과정을 이수한 후 실제 SAT 시험을 치렀다고 하자

a. 실제 SAT 점수의 중앙값이 모의 SAT 점수의 중앙값보다 높은지 결정하기 위한 경쟁가설을 설정하라.

b. 5%의 유의수준에서 실제 SAT 점수의 중앙값이 모의 SAT 점수의 중앙값보다 높다고 결론 내릴 수 있는 충분한 증거가 있는가? 설명하라.

21. FILE ***Diet.*** 한 다이어트 센터는 가장 효과적인 체중 감소 프로그램을 가지고 있다고 주장한다. 이 센터는 "우리 프로그램 참여자는 실제로 체중이 감소한다"고 광고한다. 이 프로그램에 참여한 고객 5명이 다이어트의 첫날과 3개월 후의 체중을 측정하였다.

a. 체중 감소의 중앙값 차이가 이 다이어트 센터의 주장을 지지하는지 검정하기 위한 귀무가설과 대립가설을 설정하라.

b. 검정통계량 T의 값을 계산하라.

c. 검정의 p-값은 0.139이다. 5%의 유의수준에서 데이터가 이 다이어트 센터의 주장을 지지하는가? 설명하라.

22. FILE ***Appraisals.*** 한 은행은 2명의 부동산 감정평가사를 고용하고 있다. 모기지 신청을 승인할 때, 두 부동산 감정평가사는 같은 유형의 부동산에 대해 일관된 감정가를 제시해야 한다. 이런 지를 확인하기 위해 이 은행은 두 부동산 감정평가사에게 10개의 다른 부동산의 가치를 평가하도록 요청하였다. .

a. 두 부동산 감정평가사의 감정가 중앙값 차이가 0과 다른지 결정하기 위한 경쟁가설을 설정하라.

b. 검정통계량 T의 값을 계산하라. T에 대해 정규분포근사를 가정하라.

c. p-값을 계산하라.

d. 5%의 유의수준에서 두 부동산 감정평가사의 감정가는 서로 다르다고 결론내릴 수 있는 충분한 증거가 있는가? 설명하라.

23.* FILE ***Statistics.*** 한 교수는 통계학개론 과목의 두 클래스를 가르친다. 그는 각 클래스에 같은 기말시험을 부과하고 두 클래스의 점수 중앙값 간 상당한 차이가 있는지 궁금해한다. 첨부된 데이터 파일은 클래스 A의 7개 점수와 클래스 B의 6개 점수를 보여준다.

a. 클래스 A의 점수 중앙값이 클래스 B의 점수 중앙값과 다르다는 주장을 검정하기 위한 경쟁가설을 설정하라.

b. 5%의 유의수준에서 두 점수 중앙값은 다른가? 설명하라.

24.* FILE ***Income.*** 한 연구는 결혼한 남성의 소득 중앙값은 결혼하지 않은 남성의 소득 중앙값보다 높다고 제시한다. 첨부된 데이터 파일은 6명의 결혼한 남성과 7명의 결혼하지 않은 남성의 소득(1,000달러)을 보여준다.

a. 결혼한 남성의 소득 중앙값은 결혼하지 않은 남성의 소득 중앙값보다 높다는 주장을 검정하기 위한 경쟁가설을 설정하라.

b. 5%의 유의수준에서 이러한 주장은 데이터에 의해 지지되는가? 설명하라.

25.* FILE ***Spending.*** 와튼 경영대학원의 연구원들은 남성과 여성은 다른 이유로 쇼핑을 한다는 것을 발견하였다. 여성

은 쇼핑 경험을 즐기는 반면 남성은 임무를 수행하듯이 쇼핑한다. 남성은 자주 쇼핑하지 않으나 쇼핑할 때 비싼 전자제품 같은 고가의 구매를 한다. 첨부된 데이터 파일은 남성 40명과 여성 60명이 한 지역 쇼핑몰에서 주말 동안 지출한 금액(달러)을 보여준다.

a. 남성의 지출액 중앙값이 여성의 지출액 중앙값보다 큰지 결정하기 위한 경쟁가설을 설정하라.

b. 5%의 유의수준에서, 남성의 지출액 중앙값이 여성의 지출액 중앙값보다 크다는 충분한 증거가 있는가? 설명하라.

26. **FILE** ***South_Koreans.*** 한 연구에 의하면, 한국인은 다른 선진국 사람들보다 연간 더 많은 시간 일한다. 첨부된 데이터 파일은 한국인 근로자 10명과 미국인 근로자 10명이 지난해 일한 시간을 보여준다.

a. 한국인 근로자가 연간 일한 시간의 중앙값이 미국인 근로자가 연간 일한 시간의 중앙값보다 크다는 주장을 검정하기 위한 경쟁가설을 설정하라.

b. 미조정 순위합 W를 계산하라.

c. W에 대해 정규분포근사를 가정하라. $\alpha = 0.05$에서 한국인 근로자가 연간 일한 시간의 중앙값이 미국인 근로자가 연간 일한 시간의 중앙값보다 크다는 주장이 데이터에 의해 지지되는가? 설명하라.

19.3 세 개 이상 모중앙값 차이에 대한 검정

13장에서 세 개 이상 모평균을 비교하기 위해 일원분산분석 F-검정을 적용하였다. 이 검정을 수행하기 위해 각 모집단에서 관심 있는 변수는 동일한 분산을 가지고 정규분포를 따른다고 가정하였다. **크러스칼-월리스 검정(Kruskal-Wallis test)**은 정규분포와 동일한 분산의 가정이 타당하지 않을 때 사용될 수 있는 일원분산분석 F-검정에 대응되는 비모수검정이다. 이 검정은 순위에 기초하고 세 개 이상 모중앙값이 같은지를 검정하기 위해 사용된다. 크러스칼-월리스 검정은 본질적으로 윌콕슨 순위합 검정의 확장이기 때문에 예제를 사용하면서 이 검정을 적용하도록 하자.

모중앙값에 대한 크러스칼-월리스 검정

한 대형 식품점 체인의 마케팅 매니저는 매출액이 점포의 레이아웃에 따라 달라지는지 알기 원한다. 그녀는 4가지 레이아웃 각각을 사용하는 대표적인 점포표본의 월간 매출액(1,000달러) 데이터를 수집하였다. 표 19.11은 레이아웃 유형별로 추출된 점포표본의 월간 매출액을 보여준다. 그녀는 표본크기가 작고 모분산이 동일하지 않을 수 있기 때문에 일원분산분석을 사용하지 않기로 하였다. 그 대신 그녀는 크러스칼-월리스 검정을 적용하기로 하였다.

표 19.11 점포의 레이아웃별 월간 매출액(1,000달러)

Layout_1	Layout_2	Layout_3	Layout_4
1246	1267	1581	1623
1148	1228	1649	1550
1300	1450	981	1936
1404	1351	1877	1800
1396	1280	1629	1750
1450		1800	
		1423	

m_1, m_2, m_3, m_4은 각각 Layout 1, Layout 2, Layout 3, Layout 4의 월간 매출액 모중앙값을 나타낸다고 하자. 경쟁가설은 다음과 같이 설정된다.

H_0: $m_1 = m_2 = m_3 = m_4$

H_A: 모든 모중앙값이 같은 것은 아니다.

윌콕슨 순위합 검정과 마찬가지로, 크러스칼-월리스 검정통계량 H의 값을 계산하기 위해 다음과 같은 몇 단계의 과정을 사용한다.

A. 첫째, 먼저 k개의 독립표본을 합하고(여기서, $k = 4$) 관측치에 1부터 n까지 순위를 부여한다. 총 관측치 수가 23이기 때문에, 각 관측치에 1부터 23까지 순위를 부여한다. 앞에서 했던 것처럼, 순위가 같으면, 순위가 같은 관측치의 각각에 공통으로 순위 평균을 부여한다. 주어진 표본에서 두 점포가 1450의 매출액을 가지고 있고 두 관측치가 12번째 순위와 13번째 순위를 가지고 있으므로 각 관측치에 12.5의 순위가 부여된다. 또한 두 점포가 1800의 매출액을 가지고 있고 각 관측치에 20.5의 순위가 부여된다. 표 19.12는 각 매출액의 순위를 보여준다.

B. 이어서 k개 표본의 각각에 순위합 R_i를 계산한다. 예를 들면, Layout 1의 순위합은 $R_i = 44 + 2 + 7 + 10 + 9 + 12.5 = 44.5$이다. 이러한 순위합이 표 19.12의 마지막에서 두 번째 행에 제시되어 있다.

표 19.12 크러스칼-월리스 검정을 위한 계산

Layout_1	Rank	Layout_2	Rank	Layout_3	Rank	Layout_4	Rank
1246	4	1267	5	1581	15	1623	16
1148	2	1228	3	1649	18	1550	14
1300	7	1450	12.5	981	1	1936	23
1404	10	1351	8	1877	22	1800	20.5
1396	9	1280	6	1629	17	1750	19
1450	12.5			1800	20.5		
				1423	11		
$R_1 = 44.5$		$R_2 = 34.5$		$R_3 = 104.5$		$R_4 = 92.5$	
$\frac{R_1^2}{n_1} = 330.0417$		$\frac{R_2^2}{n_2} = 238.05$		$\frac{R_3^2}{n_3} = 1560.0357$		$\frac{R_4^2}{n_4} = 1711.25$	

서로 다른 레이아웃의 매출액 중앙값이 같다면, 순위합들은 서로 상대적으로 가까울 것으로 기대된다. 그러나 일부 순위합이 다른 순위합과 크게 다르다는 것은 모든 모중앙값이 같은 것은 아니라는 증거가 된다. 일부 순위합의 변동성이 다른 순위합의 변동성과 크게 다른지 검정하기 위해 먼저 검정통계량 H의 값을 계산한다.

크러스칼-월리스 검정을 위한 검정통계량 H의 계산

크러스칼-월리스 검정을 위한 검정통계량 H는 다음과 같이 정의된다.

$$H = \left(\frac{12}{n(n+1)} \times \sum_{i=1}^{k} \frac{R_i^2}{n_i} \right) - 3(n+1)$$

여기서 R_i와 n_i는 각각 i번째 표본의 순위합과 표본크기이다. $n = \sum_{i=1}^{k} n_i$이고 k는 모집단(독

립표본)의 수이다. $n_i \geq 5$, $i = 1, 2, \ldots, k$이면, H의 분포는 자유도가 $k - 1$인 χ^2 분포에 의해 근사될 수 있다.

표본크기가 작으면($n_i < 5$), 검정은 특별히 정리된 표에 기초하여 수행될 수 있다. 그러나 이러한 경우는 여기서 다루지 않는다. 크러스칼-월리스 검정은 항상 오른쪽 꼬리 검정이다.

예제 19.7

표 19.12에 제시된 데이터를 사용하여 5%의 유의수준에서 일부 매출액 중앙값이 레이아웃별로 다른지 검정해보라.

해답:

앞에서 논의한 것처럼, 검정을 위한 경쟁가설은 다음과 같이 설정된다.

H_0: $m_1 = m_2 = m_3 = m_4$

H_A: 모든 모중앙값이 같은 것은 아니다.

검정통계량 H의 값을 다음과 같이 계산한다.

$$H = \left(\frac{12}{n(n+1)} \times \sum_{i=1}^{k} \frac{R_i^2}{n_i}\right) - 3(n+1)$$

$$= \left(\frac{12}{23(23+1)} \times (330.0417 + 238.05 + 1560.0357 + 1711.25)\right) - 3(23+1)$$

$$= 11.465$$

여기서 $k = 4$이고 자유도 $df = k - 1 = 3$이다. p-값은 $P(\chi_3^2 \geq 11.465)$와 같이 계산된다. χ^2분포 표를 참조하면, $df = 3$의 경우 11.465는 11.345와 12.838 사이에 있고 이것은 p-값이 0.005과 0.01 사이에 있다는 것을 제시한다. Excel의 CHISQ.DIST.RT 함수나 R의 pchisq 함수를 사용하면, 정확한 p-값= 0.009를 구할 수 있다. p-값은 0.05보다 작기 때문에 H_0은 기각된다. 5%의 유의수준에서 레이아웃별 모든 매출액 중앙값이 같은 것은 아니다.

귀무가설이 기각되면, 모든 모중앙값이 같은 것은 아니라고 결론 내릴 수 있다는 것에 주목하는 것이 중요하다. 크러스칼-월리스 검정은 어느 모중앙값이 다른지 추론할 수 없다.

R을 이용한 크러스칼-월리스 검정

FILE ***Layout.*** 일반적으로 크러스칼-월리스 검정을 위한 계산을 하기 위해 통계패키지가 사용된다. R을 이용하여 예제 19.7을 다시 풀어보자.

A. ***Layout*** 데이터를 데이터프레임(테이블)으로 가져와서 myData라는 이름으로 지정한다.

B. **stack** 함수를 사용하면서 데이터 프레임을 재구성하고 그것을 Stacked라고 이름 붙인다. 재구성된 데이터 프레임은 두 변수, 즉 Sales와 Layout으로 구성된다. 이것을 분명하게 하

기 위해, **colnames** 함수를 사용하여 Stacked의 열에 각각 Sales와 Layout라고 이름 붙인다. 다음과 같이 입력하라.

```
> Stacked <- stack(myData)
> colnames(Stacked) <- c("Sales", "Layout")
```

c. 이어서 Stacked 데이터 프레임의 Sales와 Layout 변수들을 사용하면서 **kruskal.test** 함수를 적용한다. 먼저 수치형 변수(Sales)를 투입하고 이어서 범주형 변수(Layout)를 투입한다. 다음과 같이 입력하라.

```
> kruskal.test(Stacked$Sales, Stacked$Layout)
```

표 19.13은 4개의 레이아웃 간에 매출액 중앙값이 다른지 검정하기 위한 R의 분석결과를 보여준다. 검정통계량의 값과 *p*-값이 볼드체로 표시되어 있다.

표 19.13 크러스칼-월리스 검정을 위한 R의 분석결과

```
Kruskal-Wallis rank sum test
data: Stacked$Sales and Stacked$Layout
Kruskal-Wallis chi-squared = 11.476, df = 3, p-value = 0.009411
```

R에 의해 계산된 검정통계값은 $H = 11.476$이다. 이 값은 예제 19.7에서 계산된 값과 약간 다르다는 것에 주목하라. R은 순위가 같은 관측치들을 다르게 조정하기 때문에 이러한 차이가 발생한다. 순위가 같은 관측치들이 없으면 직접 계산한 H의 값은 R에 의해 계산된 값과 같다.

연습문제 19.3

*표시가 있는 연습문제를 풀기 위해 크러스칼-월리스 검정을 수행할 수 있는 통계패키지의 사용을 권장한다.

27. 다음과 같은 표본정보를 고려하라: $k = 3$과 $H = 4.5$이다.
    a. 중앙값들 간 차이가 있는지 검정하기 위한 경쟁가설을 설정하라.
    b. 10%의 유의수준에서 중앙값들 간 차이가 있는가? 설명하라.

28. 다음과 같은 표본정보를 고려하라: $k = 5$와 $H = 12.4$이다.
    a. 중앙값들 간 차이가 있는지 검정하기 위한 경쟁가설을 설정하라.
    b. 5%의 유의수준에서 중앙값들 간 차이가 있는가? 설명하라.

29. FILE *Exercise_19.29.* 임의표본들이 3개의 독립적인 모집단으로부터 추출되었다. 첨부된 데이터 파일은 그 결과를 보여준다.
    a. 중앙값들 간 차이가 있는지 검정하기 위한 경쟁가설을 설정하라.
    b. 검정통계량 H의 값을 계산하라.
    c. 10%의 유의수준에서 중앙값들 간 차이가 있는가? 설명하라.

30. * FILE *Exercise_19.30.* 임의표본들이 4개의 독립적인 모집단으로부터 추출되었다. 첨부된 데이터 파일은 그 결과를 보여준다.
    a. 중앙값들 간 차이가 있는지 검정하기 위한 경쟁가설을 설정하라.
    b. 5%의 유의수준에서 중앙값들 간 차이가 있는가? 설명하라.

31. FILE *Unemployment.* 한 연구원은 실업률의 중앙값이 미국의 지역별로 다른지 검정하기 원한다. 그녀는 미국의 세 지역에 있는 유사한 크기를 가진 도시들의 실업률(%)을 수집하였다. 첨부된 데이터 파일은 그 결과를 보여준다.

a. 세 지역 간 실업률의 중앙값 차이가 있는지 검정하기 위한 경쟁가설을 설정하라.

b. 검정통계량 H의 값을 계산하라.

c. 10%의 유의수준에서 실업률의 중앙값이 지역별로 다른가? 설명하라.

32. **FILE** ***Bulb.*** 한 품질관리 매니저는 3개 브랜드 간 전구수명의 중앙값이 다른지 검정하기 원한다. 각 브랜드로부터 임의 표본이 추출되었고 각 전구의 수명(시간)이 측정되었다. 첨부된 데이터 파일은 그 결과를 보여준다.

a. 3개 브랜드 간 전구수명의 중앙값 차이가 있는지 검정하기 위한 경쟁가설을 설정하라.

b. 검정통계량 H의 값을 계산하라.

c. 10%의 유의수준에서 3개 브랜드 간 전구수명의 중앙값이 다른가? 설명하라.

33. **FILE** ***Industry_Returns.*** 한 연구원은 Industry A, Industry B, Industry C의 연간 수익률(%)을 검토하고 있다. 첨부된 데이터 파일은 그 결과를 보여준다.

a. 3개 산업 간 연간 수익률의 중앙값이 다른지 검정하기 위한 경쟁가설을 설정하라.

b. 검정통계량 H의 값을 계산하라.

c. 10%의 유의수준에서 3개 산업 간 연간 수익률의 중앙값이 다른가? 설명하라.

34. **FILE** ***Detergents.*** 상위 3개 세제의 세척 정도를 비교하기 위해, 15장의 흰색 천에 적색 포도주와 잔디 얼룩으로 더럽게 만들고 각 세제를 사용하면서 세탁기에서 세탁하였다. 첨부된 데이터 파일은 각 세제별로 세척정도를 측정한 것을 보여준다.

a. 3개 세제 간 세척정도의 중앙값 차이가 있는지 검정하기 위한 경쟁가설을 설정하라.

b. 검정통계량 H의 값을 계산하라.

c. 1%의 유의수준에서 3개 세제 간 세척 정도의 중앙값이 다른가? 설명하라.

35.* **FILE** ***Exam_Scores.*** 한 통계학 교수는 3개 클래스 간 시험점수의 중앙값에 상당한 차이가 있는지 궁금해한다. 그녀는 임의로 각 클래스별로 학생 10명의 점수를 선택하였다. 첨부된 데이터 파일은 그 결과를 보여준다. 5%의 유의수준에서 이 데이터는 3개 클래스 간 시험점수의 중앙값이 차이가 있다는 충분한 증거를 제공하는가?

36.* **FILE** ***Job_Satisfaction.*** 한 인적자원관리 전문가는 고용분야 간 직업만족도(0점부터 100점까지 척도로 측정)가 다른지 검정하기 원한다. 그녀는 3개의 다른 고용분야에서 종업원 30명의 직업만족도 점수를 수집하였다. 첨부된 데이터 파일은 그 결과를 보여준다. 10%의 유의수준에서 그녀는 고용분야 간 직업만족도의 차이가 있다고 결론 내릴 수 있는가?

19.4 스피어만 순위상관 검정

상관계수는 **피어슨 상관계수(Pearson correlation coefficient)**라고도 부르며 두 확률변수 간 선형관계의 방향과 강도를 측정한다. 상관계수는 −1과 +1 사이의 값을 가진다. 상관계수의 절대값이 1에 접근함에 따라 선형관계는 더 강해진다. **스피어만 순위상관계수(Spearman rank correlation coefficient)**도 피어슨 상관계수와 마찬가지로 두 확률변수간 상관관계를 측정하고 그 값은 −1과 +1 사이의 값을 가지며 유사하게 해석된다. 곧 알게 되겠지만, 스피어만 순위상관계수는 원래의 데이터가 아니라 각 변수의 관측치 순위에 기초하여 계산된다.

도입사례에서 제시된 ***Mutual_Funds*** 데이터 파일을 사용하면서 그린 그림 19.2는 가치펀드 수익률과 성장펀드 수익률의 산점도이다. 산점도의 각 점은 주어진 연도의 두 펀드 수익률 쌍을 나타낸다. 두 펀드의 수익률들은 양의 관계를 가지고 있는 것으로 보인다.

가치펀드 수익률(Value)과 성장펀드 수익률(Growth) 간 표본 스피어만 순위상관계수 r_S를 계산하기 위해 다음과 같은 단계를 따른다.

A. Growth의 가장 작은 값부터 가장 큰 값까지 순위를 부여한다. 관측치의 값이 같은 경우는 각 관측치에 순위 평균을 부여한다. Value에 대해서도 같은 방식으로 순위를 부여한다. 표 19.14의 열 2와 열 3은 두 변수의 원래 관측치, 열 4와 열 5는 순위값을 보여준다.

그림 19.2 가치펀드 수익률(Value)과 성장펀드 수익률(Growth)의 산점도

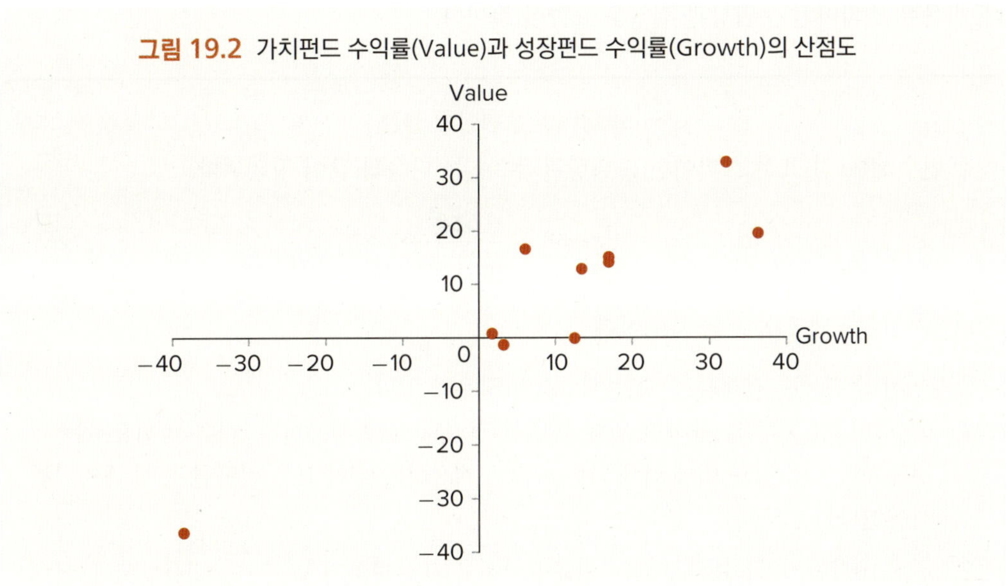

표 19.14 스피어만 순위상관계수의 계산

Year (1)	Growth x (2)	Value y (3)	Rank for Growth (4)	Rank for Value (5)	Difference d (6)	Difference Squared d^2 (7)
1	12.56	0.09	5	3	2	4
2	−38.32	−35.97	1	1	0	0
3	36.29	19.58	10	9	1	1
4	16.96	14.28	8	6	2	4
5	1.71	1.00	2	4	−2	4
6	16.89	15.00	7	7	0	0
7	32.16	32.85	9	10	−1	1
8	13.47	13.05	6	5	1	1
9	3.17	−1.03	3	2	1	1
10	5.99	16.75	4	8	−4	16
					$\Sigma d_i = 0$	$\Sigma d_i^2 = 32$

B. 각 관측치 쌍의 순위 간 차이 d_i를 계산한다. 표 19.14의 열 6을 보라. 올바르게 계산되었는지 확인하기 위해 순위 차이의 합 Σd_i은 0이어야 한다.

C. 순위차이제곱을 계산한다. 이 값은 표 19.14에서 열 7의 마지막 셀에 있고 $\Sigma d_i^2 = 32$이다.

두 변수 x와 y 간 표본 스피어만 순위상관계수는 다음과 같이 계산된다.

$$r_S = 1 - \frac{6\,\Sigma d_i^2}{n(n^2-1)} = 1 - \frac{6 \times 32}{10 \times (10^2-1)} = 0.8061$$

$r_S = 0.8061$는 Growth와 Value는 강한 양의 관계를 가지고 있다는 것을 제시한다.

관측되는 두 변수 간 관계가 실제로 그런 것인지 우연의 결과인지를 결정하기 원한다고 하자. 정규분포가정이 적정하지 않은 경우 스피어만 순위상관 검정은 대안적인 비모수검정이

다. 다음은 스피어만 순위상관 검정을 요약한 것이다.

스피어만 순위상관 검정

두 변수 x와 y간 표본 스피어만 순위상관계수 r_S는 다음과 같이 정의된다.

$$r_S = 1 - \frac{6\Sigma d_i^2}{n(n^2 - 1)}$$

여기서 d_i는 x_i와 y_i의 순위 차이이다.

스피어만 순위상관 검정을 수행할 때 2가지 경우가 있다.

1. $n \leq 10$이면, p-값을 구하기 위해 특별히 정리된 표를 사용한다. 다른 방법으로는 검정통계량 r_S의 값과 이에 해당되는 p-값을 계산하기 위해 R을 비롯한 통계 패키지를 사용한다.
2. $n \geq 10$이면, r_S의 표본분포는 평균이 0이고 표준편차가 $\sqrt{\frac{1}{n-1}}$인 정규분포에 의해 근사될 수 있다. 검정통계량의 값은 $z = r_S \times \sqrt{n-1}$과 같이 계산된다.

예제 19.8

5%의 유의수준에서 Growth와 Value 간 스피어만 순위상관계수가 0과 다른지 검정하라. r_S의 표본분포는 정규분포라고 가정하라.

해답:

ρ_s를 모스피어만 순위상관계수라고 하고 경쟁가설을 다음과 같이 설정한다.

$$H_0: \rho_s = 0$$
$$H_A: \rho_s \neq 0$$

표본 스피어만 순위상관계수의 값은 $r_s = 0.8061$이다. 정규분포의 가정하에서 검정통계량 Z의 값은 $z = 0.8061 \times \sqrt{10-1} = 2.4183$이다. Excel의 NORM.DIST 함수나 R의 pnorm 함수를 사용하여 p-값 $= 2 \times (Z \geq 2.4183) = 0.0156$을 구할 수 있다. p-값은 $\alpha = 0.05$보다 작기 때문에 H_0은 기각된다. Growth와 Value 간 스피어만 순위상관계수는 0과 다르다고 결론 내린다.

R을 이용한 스피어만 순위상관 검정

R을 이용하여 예제 19.8을 다시 풀어보자.

A. ***Mutual_Funds*** 데이터를 데이터프레임(테이블)으로 가져와서 myData라는 이름으로 지정한다.

B. 14장에서 논의한 것처럼, **cor.test** 함수를 사용한다. 유일한 차이는 상관계수의 유형을 지정하기 위해 옵션 *method*를 "spearman"으로 설정해야 한다는 것이다. 다음과 같이 입력하라.

```
> cor.test(myData$Growth, myData$Value,
  alternative = "two.sided", method = "spearman")
```

표 19.15는 스피어만 순위상관 검정을 위한 R의 분석결과를 보여준다. 순위 차이 제곱합 (S = 32)과 스피어만 순위상관계수(0.8060606)는 직접 계산한 값과 같다. R에서 수행되는 검정은 정규분포를 가정하지 않기 때문에 R이 보고하는 *p*-값은 예제 19.8의 값과 다르다는 것에 주목하라.

표 19.15 R예제 19.8을 위한 R의 분석결과

```
            Spearman's rank correlation rho
S = 32, p-value = 0.008236
alternative hypothesis: true rho is not equal to 0
sample estimates:
      rho
0.8060606
```

모수검정과 비모수검정의 요약

표 19.16은 19.1절에서 정리한 주요 모수검정과 이에 대응되는 비모수검정을 요약한 것이다. 비모수검정은 모수검정의 경우보다 더 약한 가정을 사용하고 특히 모집단이 현저하게 비정규분포일 때 매력적이다. 그러나 비모수검정은 표본관측치의 크기보다 순위에 초점을 맞추기 때문에 유용한 정보를 무시한다. 이에 따라 모수검정의 '가정이' 타당한 상황에서 비모수검정은 이에 대응되는 모수검정보다 덜 강력하다. 일반적으로 모수검정의 가정이 충족될 때, 비모수검정보다는 모수검정을 사용하는 것이 바람직하다. 모수검정의 정규분포가정은 대표본에서 덜 엄격하기 때문에 비모수검정의 매력은 상대적으로 작은 표본에 적용하는 데 있다.

표 19.16 모수검정과 비모수검정

모수검정	비모수검정
모평균에 대한 *t*-검정	모중앙값에 대한 윌콕슨 부호순위 검정
짝진표본에서 두 모평균 차이가 0과 다른지 결정하기 위한 *t*-검정	짝진표본에서 두 모중앙값 차이가 0과 다른지 결정하기 위한 윌콕슨 부호순위 검정
독립표본에서 두 모평균이 다른지 결정하기 위한 *t*-검정	독립표본에서 두 모중앙값이 다른지 결정하기 위한 윌콕슨 순위합 검정
3개 이상 모평균이 다른지 결정하기 위한 *F*-검정	3개 이상 모중앙값이 다른지 결정하기 위한 크러스칼-월리스 검정
두 변수가 상관관계를 가지는지 결정하기 위한 *t*-검정	두 변수가 상관관계를 가지는지 결정하기 위한 스피어만 순위상관 검정

도입사례 분석결과

지난 10년 동안의 데이터를 사용한 성장펀드와 가치펀드의 연간 수익률 분석은 앞으로 투자방식을 결정하려는 투자자에게 유용한 정보를 제공한다. 수익률 데이터는 종종 정규분포보다 '더 두꺼운 꼬리'를 가지기 때문에 이러한 분석을 위해 비모수 기법에 초점을 맞춘다. 이러한 기법은 모집단의 정규분포가정에 의존하지 않는다.

5%의 유의수준에서 윌콕슨 부호순위 검정을 적용하면서, 성장펀드 수익률의 중앙값은 5%보다 크지 않은 것으로 분석되었다. 가치펀드 수익률에 대해서도 동일한 결론이 얻어졌다. 또한 두 펀드 수익률의 중앙값 차이가 0과 다른지 검정하기 위해 윌콕슨 부호순위 검정이 적용되었다. 5%의 유의수준에서 두 펀드 수익률의 중앙값 차이는 0과 다르지 않다고 분석되었다. 마지막으로 표본 스피어만 상관계수는 0.8061로 계산되었다. 이것은 두 펀드의 수익률들은 강한 양의 관계를 가지고 있음을 제시한다. 5%의 유의수준에서 수행된 검정에 의하면 모스피어만 순위상관계수는 0과 다르다고 추론되었다. 흥미롭게도 성장펀드 수익률과 가치펀드 수익률은 서로 다른 펀더멘탈에 기초하여 결정되지만, 두 펀드의 수익률들은 분석대상의 10년 동안 높은 상관관계를 가지는 것으로 나타났다.

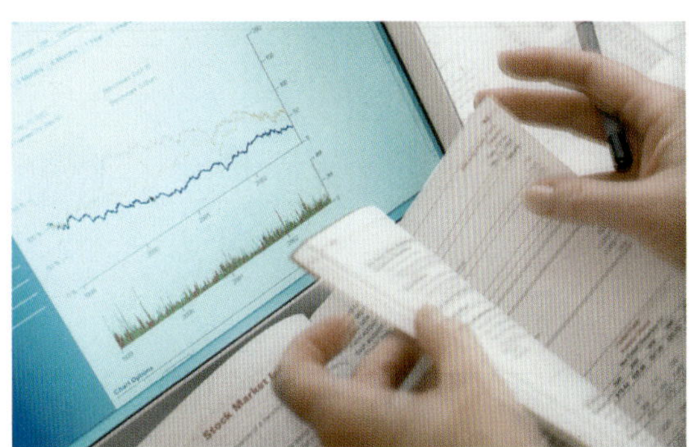

Ken Reid/Photographer's Choice/Getty Images

연습문제 19.4

*표시가 있는 연습문제를 풀기 위해 스피어만 순위상관 검정을 수행할 수 있는 통계패키지의 사용을 권장한다.

37. FILE ***Exercise_19.37.*** 첨부된 데이터 파일에는 두 변수 x와 y의 6개 관측치가 포함되어 있다.

a. 스피어만 순위상관계수가 0과 다른지 결정하기 위한 경쟁가설을 설정하라.

b. r_s를 계산하고 해석하라.

c. 검정의 p-값은 0.017이다. 5%의 유의수준에서 가설검정의 결론은 무엇인가?

38. FILE ***Exercise_19.38.*** 첨부된 데이터 파일에는 두 변수 x와 y의 6개 관측치가 포함되어 있다.

a. 스피어만 순위상관계수가 0보다 작은지 결정하기 위한 경쟁가설을 설정하라.

b. r_s를 계산하고 해석하라.

c. 검정의 p-값은 0.029이다. 5%의 유의수준에서 가설검정의 결론은 무엇인가?

39. 다음의 경쟁가설과 표본데이터를 고려하라.

$$H_0: \rho_s = 0 \qquad r_s = 0.85, n = 65$$
$$H_A: \rho_s \neq 0$$

a. 검정통계량의 값과 검정의 p-값은 얼마인가? r_s의 정규분포근사를 가정하라.

b. 10%의 유의수준에서 결론은 무엇인가?

40. 다음의 경쟁가설과 표본데이터를 고려하라.

$$H_0: \rho_s \leq 0 \qquad r_s = 0.64, n = 50$$
$$H_A: \rho_s > 0$$

a. 검정통계량의 값과 검정의 p-값은 얼마인가? r_s의 정규분포근사를 가정하라.

b. 1%의 유의수준에서 결론은 무엇인가?

41. FILE ***Judge_Ranking.*** 첨부된 데이터 파일은 두 명의 심판이 남성 피겨스케이팅 경기에 진출한 6명의 연기에 부여한 순위를 보여준다.

a. 스피어만 순위상관계수가 0과 다른지 결정하기 위한 경쟁가설을 설정하라.

b. 스피어만 순위상관계수 r_s를 계산하고 해석하라.

c. 검정의 p-값은 0.033이다. 5%의 유의수준에서, 스피어만 순위상관계수는 0과 다른가? 설명하라.

42. FILE ***WB_Ranking.*** 첨부된 데이터 파일은 가장 부유한 국가들의 일인당 GNP 순위를 보여준다. 이에 더하여 각 국의 유아사망률 순위도 보여준다.

a. 스피어만 순위상관계수가 0과 다른지 결정하기 위한 경쟁가설을 설정하라.

b. 스피어만 순위상관계수 r_s를 계산하고 해석하라.

c. 5%의 유의수준에서, 일인당 GNP와 유아사망률은 상관관계를 가지는가? 정규분포근사를 가정하라.

43. **FILE** ***Assets.*** 당신은 Asset A의 수익률(%)과 Asset B의 수익률(%)은 음의 상관관계를 가지는지를 궁금해하고 있다. 당신은 두 자산의 6년 동안 연간 수익률 데이터를 수집하였다.
   a. 스피어만 순위상관계수가 0보다 작은지 결정하기 위한 경쟁가설을 설정하라.
   b. 스피어만 순위상관계수 r_S를 계산하고 해석하라.
   c. 검정의 p-값은 0.051이다. 1%의 유의수준에서, 두 수익률은 음의 상관관계를 가지는가? 설명하라.

44.* **FILE** ***Price_Days.*** 첨부된 데이터 파일은 최근에 거래된 8건의 주택가격(Price, 1,000달러)과 주택을 매각하는 데 걸린 일수(Days)를 보여준다.
   a. 스피어만 순위상관계수가 0과 다른지 결정하기 위한 경쟁가설을 설정하라.
   b. 5%의 유의수준에서, 주택가격과 주택을 매각하는 데 걸린 일수는 상관관계를 가지는가? 설명하라.

45.* **FILE** ***GRE_GPA.*** 한 대학의 대학원 입학허가 담당관은 GRE 점수와 대학원 학업성취도(GPA) 간 관계를 분석하고 있다. 그녀는 지난 5년 동안 졸업한 7명 학생으로 구성된 표본을 사용한다.
   a. 스피어만 순위상관계수가 0보다 큰지 결정하기 위한 경쟁가설을 설정하라.
   b. 5%의 유의수준에서, GRE와 GPA는 양의 상관관계를 가지는가?

46. 한 사회과학자는 교육연수와 연봉 간 관계를 분석하고 있다. 그는 65명의 개인을 대상으로 각 개인의 교육연수(년)와 연봉(1,000달러) 데이터를 수집하였다. 그는 표본 스피어만 순위상관계수가 0.85라고 계산하였다.
   a. 스피어만 순위상관계수가 0과 다른지 결정하기 위한 경쟁가설을 설정하라.
   b. r_S의 분포는 근사적으로 정규분포라고 가정하라. 검정통계량의 값과 검정의 p-값을 계산하라.
   c. 5%의 유의수준에서 교육연수와 연봉은 상관관계를 가지는가?

47. 한 엔지니어는 자동차의 중량과 갤론당 평균 주행거리(MPG) 간 관계를 검토하고 있다. 그는 100대 자동차로 구성된 표본으로부터 표본 스피어만 순위상관계수가 −0.60이라고 계산하였다.
   a. 스피어만 순위상관계수가 0보다 작은지 결정하기 위한 경쟁가설을 설정하라.
   b. r_S의 분포는 근사적으로 정규분포라고 가정하라. 검정통계량의 값과 검정의 p-값을 계산하라.
   c. 5%의 유의수준에서 자동차의 중량과 평균 MPG는 음의 상관관계를 가지는가?

48.* **FILE** ***Happiness.*** 행복을 다양한 요인과 연결시키는 많은 시도가 있었다. 한 연구는 행복을 연령과 연결시켜 검토하고 다른 모든 것들이 같다면 사람들이 40대 중반일 때 가장 행복하지 않다는 것을 발견하였다. 첨부된 데이터 파일은 응답자의 연령과 0부터 100까지 척도로 부여한 행복의 정도를 보여준다. 표본 스피어만 순위상관계수를 사용하면서, 5%의 유의수준에서 연령과 행복이 양의 관계를 가지는지 검정하라.

49.* **FILE** ***Gambling.*** 첨부된 데이터 파일은 미국 50주의 도박과 관련된 범죄 건수와 가족학대 건수를 보여준다. 표본 스피어만 순위상관계수를 사용하면서, 5%의 유의수준에서 도박과 가족학대가 상관관계를 가지는지 검정하라.

19.5 부호검정

일부 응용에서는 짝진표본이 수치형 변수(구간이나 비율 관측치)가 아닌 범주형 변수의 서열척도 관측치로부터 만들어진다. 먼저 1장에서 소개한 서열척도변수의 정의를 복습해보자. 서열척도 관측치가 주어지면, 어떤 특성을 가진 관측치를 특정한 범주에 포함시키고 순위를 부여할 수 있다. 서열척도변수의 단점은 실제로 사용된 수치가 임의로 선택된 것이기 때문에, 관측치 순위 차이를 해석할 수 없다는 것이다. 예를 들면, 한 특정한 호텔을 매우 좋음, 좋음, 보통, 나쁨으로 분류한다고 하자. 순위를 정하는 표준적인 방법은 다음과 같다.

범주	순위
매우 좋음	4
좋음	3
보통	2
나쁨	1

여기서 매우 좋음의 범주에 부여된 값(4)은 좋음의 범주에 부여된 값(3)보다 크다. 이것은 매우 좋음이 좋음보다 선호된다는 것을 의미한다. 그러나 다음과 같이 다른 방식으로 순위를 나타낼 수 있다.

범주	순위
매우 좋음	100
좋음	80
보통	70
나쁨	40

매우 좋음의 범주는 여전히 좋음의 범주보다 더 큰 값을 가지나 이제 두 범주의 순위 차이는 20 (= 100 − 80)이다. 이러한 차이는 처음의 분류를 사용할 때 두 범주의 순위 차이인 1 (= 4 − 3)과 다르다. 달리 말하면, 범주 간 순위 차이는 서열척도 관측치의 경우에 의미가 없다.

서열척도 관측치로 구성된 짝진표본을 사용하여 모집단들간 상당한 차이가 있는지 결정하기 위해 **부호검정(sign test)**을 사용할 수 있다. 부호검정을 적용할 때, 관심사항은 관측치 쌍의 차이가 0과 다른지, 0보다 큰지, 0보다 작은지를 결정하는 것이다. 각 관측치 쌍의 차이가 양이면(첫 번째 관측치 순위가 두 번째 관측치 순위보다 크면), 플러스 부호(+)가 부여되고 각 관측치 쌍의 순위 차이가 음이면, 마이너스 부호(−)가 부여된다. 각 관측치 쌍의 순위 차이가 0이면, 표본에서 이러한 관측치 쌍을 제외시킨다.

두 모집단 간 상당한 차이가 없다면, 플러스 부호의 수가 마이너스 부호의 수만큼 나타날 것으로 기대된다. 달리 말하면, 플러스 부호가 50%, 마이너스 부호가 50%로 나타날 것으로 기대된다. p가 플러스 부호의 모비율을 나타낸다고 하자. (p가 마이너스 부호의 모비율을 나타낸다고 할 수도 있다.) 부호검정의 경쟁가설은 다음과 같이 설정된다.

양측 검정	오른쪽 꼬리 검정	왼쪽 꼬리 검정
H_0: $p = 0.50$	H_0: $p \leq 0.50$	H_0: $p \geq 0.50$
H_A: $p \neq 0.50$	H_A: $p > 0.50$	H_A: $p < 0.50$

양측 검정을 사용하면, 플러스 부호의 비율이 마이너스 부호의 비율과 다른지 결정할 수 있다. 오른쪽 꼬리 검정을 사용하면, 플러스 부호의 비율이 마이너스 부호의 비율보다 큰지 결정할 수 있다. 왼쪽 꼬리 검정을 사용하면 플러스 부호의 비율이 마이너스 부호의 비율보다 작은지 결정할 수 있다.

$\overline{P} = X/n$를 플러스 부호의 모비율 추정량이라고 하자. (7.3절에서 논의한 것처럼) $\overline{P}$의 평균과 표준오차는 각각 $E(\overline{P}) = p$이고 $se(\overline{P}) = \sqrt{p(1-p)/n}$이다. 짝진 쌍의 수가 10 이상 ($n \geq 10$)이면, 정규분포근사를 사용하여 부호검정을 수행할 수 있다. $n < 10$이면, 이항분포를 사용하여 부호검정을 수행한다. 여기서 이러한 경우는 고려하지 않는다.

부호검정의 검정통계량

성공확률 $p = 0.50$과 $se(\overline{P}) = 0.5/\sqrt{n}$를 가정하면, 부호검정의 검정통계량 값은 $z = \frac{\overline{p} - 0.5}{0.5/\sqrt{n}}$과 같이 계산된다 여기서 $\overline{P} = x/n$는 플러스 부호의 표본비율이다. $n \geq 10$이면, 이러한 부호검정은 타당하다.

부호검정은 9장에서 논의한 모비율에 대한 검정의 특별한 경우라는 것에 주목하라.

예제 19.9

한 대규모 피자체인은 새로운 피자 레시피는 기존 레시피를 크게 개선시킨 것이라고 주장한다. 20명의 고객에게 기존 레시피 피자와 새로운 레시피 피자를 각자 5점 척도로 피자의 순위를 정하도록 요청하였다. 여기서 1 = '매우 맛없다'이고 5 = '매우 맛있다'이다. 이러한 평가 순위가 표 19.17에 제시되어 있다. 이러한 데이터는 새로운 레시피가 기존 레시피보다 선호된다고 결론 내릴 수 있는 충분한 증거를 제시하는가? $\alpha = 0.05$를 사용하라.

표 19.17 예제 19.9를 위한 부호검정의 계산

Customer	Old Recipe	New Recipe	Sign	Customer	Old Recipe	New Recipe	Sign
1	3	4	−	11	3	4	−
2	3	2	+	12	4	5	−
3	2	5	−	13	1	2	−
4	4	4	0	14	3	3	0
5	2	5	−	15	5	3	+
6	1	3	−	16	3	4	−
7	3	2	+	17	1	5	−
8	1	2	−	18	4	2	+
9	2	4	−	19	3	4	−
10	4	5	−	20	2	5	−

해답:

고객들이 기존 레시피와 새로운 레시피 간 차이를 느끼지 못하면, 고객의 50%는 기존 레시피를 선호하고 나머지 50%는 새로운 레시피를 선호할 것으로 기대된다. p가 기존 레시피를 선호하는 고객의 모비율이라고 하자. 귀무가설을 기각하는 것이 고객이 새로운 레시피를 선호한다는 증거를 제시한다는 경쟁가설은 다음과 같이 설정된다.

$$H_0: p \geq 0.50$$
$$H_A: p < 0.50$$

표 19.17은 표본에 포함된 각 고객에 해당되는 부호를 보여준다. 예를 들면, 고객 1은 기존 레시피에 3을 부여하고 새로운 레시피에 4를 부여하여 그 차이가 3 − 4 = −1이기 때문에 마이너스 부호를 가지게 된다. 이러한 마이너스 부호는 고객 1은 새로운 레시피를 선호한다는 것을 의미한다. 표 19.17에서 보면 4개의 플러스 부호, 14개의 마이너스 부호, 2개의 0 부호가 있다. n이 부호가 0이 아닌 짝진 관측치의 수라고 하면 $n = 18$이다. 이제 $\bar{P}$가 플러스 부호의 표본비율, 즉 기존 레시피를 선호하는 고객의 표본비율이라고 하자. 플러스 부호가 4개이므로 이러한 표본비율은 $\bar{P} = 4/18 = 0.2222$이다. 검정통계

량의 값은 다음과 같이 계산된다.

$$z = \frac{\overline{P} - 0.5}{0.5/\sqrt{n}} = \frac{0.2222 - 0.5}{0.5/\sqrt{18}} = -2.3570$$

Excel의 NORM.DIST 함수나 R의 pnorm 함수를 사용하여 구한 검정의 p-값은 $P(Z \leq -2.3570) = 0.0092$이다. p-값이 유의수준 $\alpha = 0.05$보다 작기 때문에, H_0은 기각되고 5%의 유의수준에서 고객들은 기존 레시피보다는 새로운 레시피를 선호한다고 결론 내린다.

p를 새로운 레시피를 선호하는 고객의 모비율로 정의하고 오른쪽 꼬리 검정을 수행할 수도 있다는 것에 주목하라.

R의 prop.test 함수를 사용하여 부호검정을 수행할 수도 있다. 이러한 경우 Z 검정통계량이 아니라 χ^2 검정통계량이 구해진다. 그러나 두 확률분포의 기본 특성 때문에 각 검정통계량으로부터 구해지는 p-값은 같다. 따라서 가설검정의 결론도 같다. 여기서는 R의 prop.test 함수 사용에 대해서는 설명하지 않는다.

마지막으로 부호검정은 수치형 변수(구간이나 비율 관측치)에 대해서도 사용될 수 있다. 그러나 부호검정은 두 관측치 차이의 크기를 무시하기 때문에 구간이나 비율 관측치의 경우에 윌콕슨 부호순위 검정의 사용을 권장한다.

연습문제 19.5

50. 다음의 경쟁가설과 표본데이터를 고려하라.

$H_0: p = 0.50$
$H_A: p \neq 0.50$ $\quad n = 40 \quad \overline{p} = 0.30$

a. 부호검정을 위한 검정통계량의 값을 계산하라.

b. p-값을 계산하라.

c. 5%의 유의수준에서 결론은 무엇인가? 설명하라.

51. 다음의 경쟁가설과 표본데이터를 고려하라.

$H_0: p \leq 0.50$
$H_A: p \leq 0.50$ $\quad n = 25 \quad \overline{p} = 0.64$

a. 부호검정을 위한 검정통계량의 값을 계산하라.

b. p-값을 계산하라.

c. 1%의 유의수준에서 결론은 무엇인가? 설명하라.

52. 서열척도 관측치로 구성된 짝진표본으로부터 구한 다음의 부호 데이터를 고려하라.

+	+	+	−	+	+	−	+	+	+	+	−	+	+	−	−	+	+	+	+

a. 마이너스 부호의 비율이 플러스 부호의 비율과 다른지 결정하기 위한 경쟁가설을 설정하라.

b. 검정통계량의 값을 계산하라.

c. p-값을 계산하라.

d. 5%의 유의수준에서 결론은 무엇인가? 설명하라.

53. 서열척도 관측치로 구성된 짝진표본으로부터 구한 다음의 부호 데이터를 고려하라.

+	−	−	+	−	−	+	−	+	−	+	−	−	−	+	−

a. 마이너스 부호의 비율이 플러스 부호의 비율보다 큰지 결정하기 위한 경쟁가설을 설정하라.

b. 검정통계량의 값을 계산하라.

c. p-값을 계산하라.

d. 1%의 유의수준에서 결론은 무엇인가? 설명하라.

54. 작년에 100명의 유권자에게 미국 대통령이 직무를 잘 수행하고 있는지 평가하도록 요청하였다. 금년에 동일한 100명의 유권자에게 다시 동일한 평가를 하도록 요청하였다. 두 번째 평가 순위의 70%가 첫 번째 평가 순위보다 낮았고 두 번째 평가 순위의 30%가 첫 번째 평가 순위보다 높았다.

a. 부호검정을 이용하면서, 대통령에 대한 평가가 유의하게

하락했는지 결정하기 위한 경쟁가설을 설정하라.

b. 검정통계량의 값을 계산하라.

c. *p*-값을 계산하라.

d. 5%의 유의수준에서 데이터가 대통령에 대한 평가가 유의하게 하락했다고 제시하는가?

55. **FILE** ***Water.*** 한 환경보호주의자는 쓰레기 매립지에 플라스틱 물병이 증가하는 것에 대해 우려하면서 수돗물과 병에 담긴 생수의 맛에 차이가 있는지 검정하기 원한다. 그녀는 임으로 14명의 소비자를 선정하고 블라인드 테스트를 수행하였다. 그녀는 소비자들에게 1점부터 5점까지의 척도(5점은 가장 좋은 맛을 의미함)로 물맛을 평가하도록 요청하였다. 첨부된 데이터 파일은 그 결과를 보여준다.

a. 부호검정을 이용하면서, 수돗물과 병에 담긴 생수간 유의한 선호차이가 있는지 결정하기 위한 경쟁가설을 설정하라.

b. 검정통계량의 값을 계산하라.

c. *p*-값을 계산하라.

d. 5%의 유의수준에서 결론은 무엇인가? 분석결과는 유의한 차이가 있다고 제시하는가?

56. 새로운 다이어트와 운동 프로그램이 참가자의 콜레스테롤 수준을 크게 낮춘다고 주장한다. 이러한 주장을 검토하기 위해, 60명의 참여자로 구성된 표본이 추출되었다. 그들의 콜레스테롤 수준이 3개월 프로그램의 전후에 측정되었다. 이 프로그램의 종료 후 40명은 더 낮은 콜레스테롤 수준, 18명의 참여자는 더 높은 콜레스테롤 수준, 2명의 참여자는 콜레스테롤 수준의 변화가 없다고 기록하였다.

a. 부호검정을 사용하면서, 이 프로그램의 주장을 검정하기 위한 경쟁가설을 설정하라.

b. 검정통계량의 값을 계산하라.

c. *p*-값을 계산하라.

d. 5%의 유의수준에서 데이터는 이 프로그램의 주장을 지지하는가? 설명하라.

57. **FILE** ***PhD_Rating.*** 장학금 대상을 결정하기 위해, 2명의 대학원 교수가 12명의 박사과정 지원자를 1점부터 10점까지의 척도(10점은 가장 우수한 지원자를 의미함)로 평가하였다. 이러한 평가결과가 첨부된 데이터 파일에 제시되어 있다.

a. 부호검정을 사용하면서, 두 교수의 평가결과 간 차이가 있는지 결정하기 위한 경쟁가설을 설정하라.

b. 검정통계량의 값을 계산하라.

c. *p*-값을 계산하라.

d. 10%의 유의수준에서 데이터는 두 교수의 평가결과가 다르다고 제시하는가? 설명하라.

19.6 런 검정

많은 응용에서 일부 관측치가 임의로 발생하는지, 관측치에 임의적이지 않은 패턴 유형이 존재하는지 결정하기 원한다. 달리 말하면, 일련의 연속적인 관측치가 상호 독립인지 검정하기 원한다. 일련의 연속적인 관측치가 임의의 순서로 나타나는지 검정하기 위해 **왈드-월포비츠 런 검정(Wald-Wolfowitz runs test)**, 즉 간단하게 **런 검정(runs test)**을 사용한다. 이러한 검정은 표본관측치가 두 범주로 분리될 수 있는 한, 범주형 변수나 수치형 변수에 적용될 수 있다.

16온스 시리얼 박스를 채우는 기계를 관측한다고 하자. 이 기계는 각 박스에 정확하게 16온스 시리얼을 채울 수 없기 때문에, 각 박스의 중량은 16온스와는 다를 것이라고 예상된다. 16온스로부터 이탈된 정도가 임의로 발생한다면 이 기계는 적정하게 작동된다고 추측할 수 있다. 30개 시리얼 박스의 표본을 추출하고 과도하게 시리얼이 채워져 있는 박스는 문자 O, 과소하게 시리얼이 채워져 있는 박스는 문자 U로 나타내도록 하자. 다음과 같이 연속적으로 발생하는 O와 U의 관측치가 나타난다고 하자.

연속적으로 발생하는 관측치: OOOOUUUOOOOUOOOUUUUOOOOUUOOOOO

이 기계가 적정하게 작동되는지 검정하기 위한 한 가지 방법은 연속적으로 발생하는 O와 U의 계열에서 나타나는 원소들이 임의로 발생하는지 결정하는 것이다. O나 U가 연속적으로

길게 나타나는 것이 관측되면, 이 기계는 시리얼 박스에 시리얼을 과도하게 (또는 과소하게) 채울 가능성이 있다. 이러한 일이 발생하면, 이 기계를 조정할 필요가 있다. 이렇게 일련의 연속적인 관측치가 나타나면, O와 U의 원소들이 임의로 발생하지 않기 때문에 이 기계를 조정할 필요가 있다고 결론 내릴 수 있는가?

일반적으로 런 검정을 수행할 때, 경쟁가설은 다음과 같이 설정된다.

H_0: 원소들이 임의로 발생한다.
H_A: 원소들이 임의로 발생하지 않는다.

주어진 예에서, 귀무가설은 이 기계가 박스에 시리얼을 적정하게 채운다는 것을 의미하고 대립가설은 이 기계가 박스에 시리얼을 적정하게 채우지 못한다는 것을 의미한다. 검정통계량을 도출하기 전에 먼저 몇 가지 용어를 소개할 필요가 있다. **런(run)**은 O나 U와 같은 문자, 심볼, 특성이 연속적으로 이어져 나타나는 것으로 정의된다. 일련의 연속적으로 발생하는 관측치에서 O자 밑에 한 선의 밑줄을 긋고 U자 밑에 두 선의 밑줄을 그어보자. 한 선 밑줄이 그어진 것이 5개라는 것은 O의 런이 5개라는 것을 의미하고 이것을 $R_O = 5$라고 표시한다. 이와 유사하게 두 선 밑줄이 그어진 것이 4개라는 것은 U의 런이 4개라는 것을 의미하고 이것을 $R_U = 4$라고 표시한다. 따라서 런 R의 총수는 9이다. 즉 $R = R_O + R_U = 5 + 4 = 9$이다. 또한 총 30개의 관측치가 있고 그중에서 20개가 O이고 10개가 U이다. 즉 $n = n_O + n_U = 20 + 10 = 30$이다.

연속적으로 발생하는 관측치: OOOO UUU OOOO U OOO UUUU OOOO UU OOOOO

이어서 다음과 같은 질문을 해보자. 30개 관측치로 구성되는 9개의 런은 30개의 관측치가 임의로 발생되는 경우에 기대되는 런의 수와 비교해서 너무 적은가, 너무 많은가?

일반적으로 런 검정은 양측 검정이다. 즉 런의 수가 너무 많은 경우는 런의 수가 너무 적은 경우만큼 발생되지 않을 것으로 보인다. 예를 들면, 다음과 같은 두 개의 연속적으로 발생하는 관측치를 고려해보자.

연속적으로 발생하는 관측치 A: OOOOOOOOOOOO UUUUUU OOOOOOOOOOOO
연속적으로 발생하는 관측치 B: O U O U O U O U O U O U O U O U O U O U O U O U
O U O U O U

연속적으로 발생하는 관측치가 임의로 발생한다는 귀무가설이 옳으면, 30개 관측치로 구성된 표본에서 연속적으로 발생하는 관측치 A는 런의 수가 너무 적다는 점에서 발생할 가능성이 없는 것으로 보인다. 연속적으로 발생하는 관측치 B도 런의 수가 너무 많다는 점에서 발생할 가능성이 없는 것으로 보인다. 분명히 시리얼 박스를 채우는 기계에 대한 적용에서 연속적으로 발생하는 관측치에서 런의 수가 너무 적다는 것은 이 기계가 적정하게 작동되고 있지 않다는 것을 제시한다. 즉 이 기계는 시리얼 박스에 시리얼을 일관되게 과도하거나 과소하게 채우는 패턴을 가지고 있다. 그러나 시리얼을 과도하게 채운 다음 과소하게 채우고, 과도하게 채운 다음 과소하게 채우는 등의 완벽한 규칙성을 보이는 기계도 문제가 될 수 있다. 런의 수가 너무 많으면, 이것은 일종의 반복되는 교차 패턴을 제시하는 것일 수 있다.

n_1과 n_2가 각각 n개 원소로 구성된 연속적으로 발생하는 관측치에서 O의 수와 U의 수를 나타낸다고 하자. 일반적으로 R의 표본분포(런 검정을 위한 분포)는 매우 복잡하다. 그러나 $n_1 \geq 10$이고 $n_2 \geq 10$이면, R의 표본분포는 근사적으로 정규분포이다.

왈드-월포비츠 런 검정의 검정통계량 R

왈드-월포비츠 런 검정을 위한 검정통계량의 값은 $z = \frac{R - \mu_R}{\sigma_R}$과 같이 계산된다. 여기서 R은 평균이 $\mu_R = \frac{2n_1n_2}{n} + 1$이고 표준편차가 $\sigma_R = \sqrt{\frac{2n_1n_2(2n_1n_2 - n)}{n^2(n-1)}}$인 런의 수이다. n_1과 n_2는 각각 연속적으로 발생하는 관측치에서 특정한 특성을 가지고 있는 원소 수와 특정한 특성을 가지고 있지 않은 원소 수이고 $n = n_1 + n_2$이다. 이 검정은 $n_1 \geq 10$ 과 $n_2 \geq 10$일 때 타당하다.

주어진 예에서, $R = 9$, $n_1 = n_O = 20$, $n_2 = n_U = 10$이다. R분포의 평균과 표준편차는 다음과 같이 계산된다.

$$\mu_R = \frac{2n_1n_2}{n} + 1 = \frac{2(20)(10)}{30} + 1 = 14.3333$$

$$\sigma_R = \sqrt{\frac{2n_1n_2(2n_1n_2 - n)}{n^2(n-1)}} = \sqrt{\frac{(2 \times 20 \times 10)(2 \times 20 \times 10 - 30)}{30^2(30-1)}} = \sqrt{\frac{148{,}000}{26{,}100}} = 2.3813$$

따라서 30개 관측치의 표본에서 런의 기대값은 14.3333이고 표준편차는 2.3813이다. 검정통계량의 값은 $z = \frac{R - \mu_R}{\sigma_R} = \frac{9 - 14.3333}{2.3813} = -2.2397$이다. Excel의 NORM.DIST 함수나 R의 pnorm 함수를 사용하여 구한 양측검정의 p-값은 $2 \times P(Z \leq -2.2397) = 0.0251$이다. p-값이 $\alpha = 0.05$보다 작기 때문에, H_0은 기각된다. 5%의 유의수준에서 이 기계는 시리얼 박스에 시리얼을 적정하게 채우지 못한다고 결론 내린다. 이 기계를 조정할 필요가 있다.

중앙값 위에 있는 런 수와 중앙값 아래에 있는 런 수를 사용하는 방법

앞에서 언급한 것처럼, 런 검정은 수치형 변수에 적용될 수 있다. 예를 들면, 의미 있는 수치 관측치로 구성된 표본에서 중앙값보다 위에 있는 관측치를 문자 A로 나타내고 중앙값보다 아래에 있는 관측치를 문자 B로 나타낼 수 있다. 이렇게 연속적으로 A와 B로 나타낸 관측치에 대해 **중앙값 위에 있는 런 수와 중앙값 아래에 있는 런 수를 사용하는 방법(method of runs above and below the median)**을 사용하여 연속적으로 발생하는 수치가 독립적으로 나타나는지 검정할 수 있다. 이러한 검정은 특히 경제데이터에서 추세나 주기적 변동을 탐지하는 데 유용하다. 런의 수가 너무 적은 것은 추세를 제시한다. 이런 경우 먼저 A의 대부분이 관측되고 이어서 B의 대부분이 관측된다(또는 이와 반대의 모습이 관측된다). 검정통계량의 값을 계산할 때, 중앙값과 같은 관측치들을 제외시킨다. 체계적으로 A의 관측치들과 B의 관측치들이 교차로 나타나는 것, 즉 런의 수가 너무 많은 것은 주기적 패턴을 제시한다. 다음의 예제를 고려해보자.

예제 19.10

FILE ***US_GDP.*** 표 19.18은 1990년부터 2018년까지 미국의 국내총생산(GDP) 성장률 일부를 보여준다. 중앙값 위에 있는 런 수와 중앙값 아래에 있는 런 수를 사용하는 방법을 이용하여 10%의 유의수준에서 추세나 주기적 패턴이 존재한다는 대립가설에 대응하여 설정되는 국내총생산(GDP) 성장률이 임의로 발생한다는 귀무가설을 검정하라.

표 19.18 GDP 성장률(%)

Year	GDP
1990	1.89
1991	−0.11
⋮	⋮
2018	2.93

해답:

추세나 주기적 패턴이 존재한다는 대립가설에 대응하여 설정되는 국내총생산(GDP) 성장률이 임의로 발생한다는 귀무가설을 검정하기 때문에 경쟁가설은 다음과 같이 설정된다.

H_0: GDP 성장률은 임의로 발생한다.
H_A: GDP 성장률은 임의로 발생하지 않는다.

GDP 성장률의 중앙값은 2.68%이다. 중앙값 위에 있는 관측치는 A로 표시하고 중앙값 아래에 있는 관측치는 B로 표시하면서 관측치들을 다음과 같이 다시 나타낸다

연속적으로 발생하는 관측치: BB AAAAAAAA BB AAAA BBBBBBBB A BB A

중앙값 아래에 있는 런의 수 R_B는 4이고 중앙값 위에 있는 런의 수 R_A는 4이다. 따라서 R의 총수는 8이다. 한 관측치가 중앙값과 같기 때문에 표본에서 제외되었으므로, 총 관측치 수는 $n = 28$이다. 여기서 중앙값 위에 있는 관측치 수와 중앙값 아래에 있는 관측치 수는 각각 $n_A = 14$와 $n_B = 14$이다. 이러한 정보를 사용하면서, R의 평균과 표준편차를 다음과 같이 계산한다.

$$\mu_R = \frac{2n_A n_B}{n} + 1 = \frac{2(14)(14)}{28} + 1 = 15$$

$$\sigma_R = \sqrt{\frac{2n_A n_B(2n_A n_B - n)}{n^2(n-1)}} = \sqrt{\frac{(2 \times 14 \times 14)(2 \times 14 \times 14 - 28)}{28^2(28-1)}} = 2.5963$$

따라서 검정통계량의 값은 $z = \frac{R-\mu_R}{\sigma_R} = \frac{8-15}{2.5963} = -2.6962$이다. Excel의 NORM.DIST 함수나 R의 pnorm 함수를 사용하여 구한 양측 검정의 p-값은 $2 \times P(Z \leq -2.6962) = 0.0070$이다. p-값이 $\alpha = 0.10$보다 작기 때문에, H_0은 기각된다. GDP 성장률은 임의로 발생하지 않는다고 결론 내린다. 관측되는 런의 수($R = 8$)는 런의 기대값($\mu_R = 15$)보다 크게 작기 때문에, 추세의 증거가 존재한다. 그러나 검정결과로부터 데이터에 상향 추세나 하향 추세가 존재하는지 결정할 수 없다.

R를 이용한 런 검정

A. ***US_GDP*** 데이터를 데이터프레임(테이블)으로 가져와서 myData라는 이름으로 지정한다. 런 검정을 수행하기 위해 *randtests* 패키지를 설치하고 업로드한다. 다음과 같이 입력하라.

```
> install.packages("randtests")
> library(randtests)
```

B. R의 **runs.test** 함수를 사용하여 검정통계량의 값과 p-값을 구한다. 다음과 같이 입력하라.

```
> runs.test(myData$GDP)
```

표 19.19는 R의 분석결과를 보여준다. 검정통계량의 값과 p-값이 볼드체로 표시되어 있다. 이 값들은 예제 19.10에서 직접 계산한 값과 일치한다.

표 19.19 런 검정을 위한 R의 분석결과

```
                Runs Test
data:  myData$GDP
statistic = -2.6962, runs = 8, n1 = 14, n2 = 14, n = 28,
p-value = 0.007015
alternative hypothesis: nonrandomness
```

연습문제 19.6

*표시가 있는 연습문제를 풀기 위해 런 검정을 수행할 수 있는 통계패키지의 사용을 권장한다

58. 다음의 정보를 고려하라. $n_1 = 24$, $n_2 = 28$, $R = 18$이다. 여기서 R은 런의 수, 연속적으로 발생하는 관측치에서 n_1과 n_2는 각각 특정한 특성을 소유하는 원소의 수와 특정한 특성을 소유하지 않는 원소의 수이고, $n_1 + n_2 = n$이다.

a. 연속적으로 발생하는 관측치가 임의로 발생하지 않는지를 검정하기 위한 경쟁가설을 설정하라.

b. 검정통계량의 값을 계산하라.

c. p-값을 계산하라.

d. 5%의 유의수준에서 관측치들은 임의로 발생하지 않는가?

59. 다음의 정보를 고려하라. $n_1 = 10$, $n_2 = 13$, $R = 8$이다. 여기서 R은 런의 수, 연속적으로 발생하는 관측치에서 n_1과 n_2는 각각 특정한 특성을 소유하는 원소의 수와 특정한 특성을 소유하지 않는 원소의 수이고, $n_1 + n_2 = n$이다.

a. 연속적으로 발생하는 관측치가 임의로 발생하지 않는지를 검정하기 위한 경쟁가설을 설정하라.

b. 검정통계량의 값을 계산하라.

c. p-값을 계산하라.

d. 5%의 유의수준에서 관측치들은 임의로 발생하지 않는가?

60. A와 B는 한 실험에서 발생 가능한 두 가지 결과라고 하자. 연속적으로 발생하는 결과는 다음과 같다.

BBAABAABBABABBBABBAAABABBABBABA

5%의 유의수준에서, 결과들이 임의로 발생하지 않는지 결정하기 위한 가설검정을 수행하라.

61. D는 바람직한 결과, U는 바람직하지 않은 결과를 나타낸다고 하자. 연속적으로 발생하는 결과는 다음과 같다.

DDDUUDUUUUUDDDUUDUUUDDDUUUUDDD

1%의 유의수준에서, 결과들이 임의로 발생하지 않는지 검정하기 위한 가설검정을 수행하라.

62. 0부터 9까지의 숫자를 사용하면서, 한 컴퓨터 프로그램이 임의로 짝수와 홀수를 생성한다고 하자. 이 컴퓨터 프로그램이 다음과 같이 연속적으로 발생하는 수치를 생성하였다:

5 3 4 6 8 0 2 9 7 7 1 6 8 3 1 5 2 4 3 3 9 2

a. 연속적으로 발생하는 수치가 임의로 발생하지 않는지 결정하기 위한 경쟁가설을 설정하라.

b. 검정통계량의 값은 얼마인가?

c. 1%의 유의수준에서 이 프로그램은 적정하지 않게 작동하는가? 설명하라.

63. 한 도박사는 한 동전이 앞면(H)보다 뒷면(T)의 결과가 더 많이 나오도록 만들어져 있을 수 있다고 의심한다. 그는 이 동전을 25번 던지고 다음과 같이 연속적으로 발생하는 결과가 나타난 것을 관찰하였다.

T T H T T T H H T H T T H T T T H H T H T H TT H

a. 동전 던지기의 결과가 임의로 발생하지 않는다는 이 도박사의 믿음을 검정하기 위한 경쟁가설을 설정하라.

b. 검정통계량의 값은 얼마인가?

c. p-값을 계산하라.

d. 5%의 유의수준에서 이 도박사의 믿음이 데이터에 의해 지지되는가?

64.* **FILE** ***India_GDP.*** 첨부된 데이터 파일은 1990년부터 2018년까지 인도의 GDP 성장률을 보여준다. 중앙값 위에 있는 런 수와 중앙값 아래에 있는 런 수를 사용하는 방법을 이용하여 5%의 유의수준에서 인도의 GDP 성장률이 추세나 주기적 패턴을 보인다는 대립가설에 대응하여 임의로 발생한다는 귀무가설을 검정하라.

65.* **FILE** ***Absenteeism.*** 교외에 있는 한 대형 고등학교의 교장은 유행성 감기의 확산 때문에 적어도 이틀 동안 학교를 닫아야 하는지 결정해야 한다. 그녀는 결석하는 학생 수에 추세가 확인되면, 학교를 닫을 것이다. 첨부된 데이터 파일은 연속적인 25일 동안 결석한 학생 수를 보여준다. 중앙값 위에 있는 런 수와 중앙값 아래에 있는 런 수를 사용하는 방법을 이용하여 5%의 유의수준에서 결석한 학생 수가 임의로 발생하지 않는다는 대립가설에 대응하여 임의로 발생한다는 귀무가설을 검정하라.

66.* **FILE** ***BioTech.*** 한 금융 애널리스트는 지난해 동안 한 바이오테크놀로지 기업의 일일 주가를 분석하고 있다. 그녀는 주가가 시간이 흐름에 따라 확연한 패턴 없이 임의로 움직인다는 것을 제시하는 랜덤워크가설을 검정하기 원한다.

a. 중앙값 위에 있는 런 수와 중앙값 아래에 있는 런 수를 사용하는 방법을 이용하여 주가가 임의로 발생하지 않는다는 대립가설에 대응하여 임의로 발생한다는 귀무가설을 검정하라.

b. 이 애널리스트는 주가의 움직임은 랜덤워크가설을 따르지 않는다고 결론 내릴 수 있는가?

19.7 데이터 분석

사례연구

FILE ***Residuals.*** 멕 스즈키는 일리노이주 시카고에서 스시 레스토랑을 경영하고 있다. 그녀는 다른 레스토랑들과의 경쟁 때문에 발생되는 손실을 상쇄시키기 위해 적극적인 광고활동을 계획하고 있다. 그녀는 광고비가 전반적인 비용을 증가시킨다는 것을 알고 있으나 이러한 노력이 그녀가 일하는 동안 발생했던 것처럼 매출액에 긍정적인 영향을 줄 것이라고 기대하고 있다. 그녀는 지난 2년 동안 매출액(1,000달러)과 광고비(달러)에 대한 월간 데이터를 수집하였고 다음과 같이 회귀식을 추정하였다.

Lisovskaya Natalia/Shutterstock

$$\widehat{\text{Sale}} = 17.77 + 0.03\ \text{Advertising Costs}$$
$$t\text{-statistics} = (17.77)\ (21.07)$$

멕은 처음에 5%의 유의수준에서 광고비는 매출액을 설명하는 데 유의하다고 결론 내렸다. 그러나 이 회귀모형을 추정하기 위해, 그녀는 타당하지 않을 수 있는 몇 가지 가정을 해야 했다. 특히 시계열 분석의 경우, 오차항의 독립성 가정은 종종 충족되지 않는다. 달리 말하면, 회귀모형은 종종 상관관계를 가지는 관측치들 때문에 어려운 문제에 직면한다. 표 19.20은 회귀분석결과로부터 얻은 잔차 일부를 보여준다. 멕은 런 검정을 사용하여 5%의 유의수준에서 양의 잔차와 음의 잔차가 임의로 발생하는지 결정하기 원한다.

표 19.20 잔차

Observation	Residual
1	−0.31
2	−0.80
⋮	⋮
24	0.12

샘플보고서—잔차의 독립성 검정

선형회귀모형의 기본적인 가정 중 하나는 오차항이 관측치 간에 독립이라는 것이다. 매출액을 광고비와 관련시키는 회귀모형에서 데이터가 시계열이기 때문에 상관관계를 가지는 관측치들이 문제가 될 수 있다. 그림 19.3은 시간에 대한 잔차의 산점도이다. 잔차들이 수평축 주위에서 아무런 패턴을 보여주지 않으면, 관측치들은 상관관계를 가지지 않을 가능성이 있다. 잔차들이 시간이 흐름에 따라 파동 같은 움직임을 보이는 것을 보면, 관측치들은 상관관계를 가지고 있을 가능성이 있다.

그림 19.3 시간에 대한 잔차의 산점도

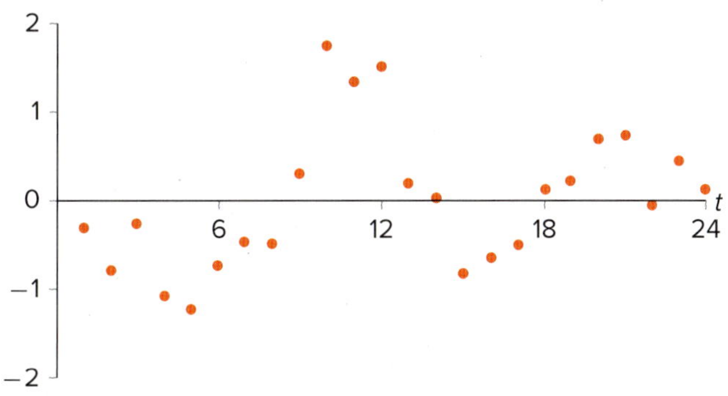

이러한 산점도에 의한 분석은 잔차들이 임의의 패턴을 따르지 않는지 결정하기 위한 런 검정에 의해 보완될 수 있다. 잔차가 양이면 + 부호, 잔차가 음이면 − 부호가 부여된다. 양의 잔차가 12개이고 음의 잔차가 12개이다. 즉 $n_+ = 12$이고 $n_- = 12$이다. 런은 +부호나 −부호가 연속적으로 나타나는 관측치들로 정의된다. 표본데이터는 +부호의 런 수가 3개($R_+ = 3$)이고 −부호의 런 수가 3개($R_- = 3$)라는 것을 보여준다. 총 런의 수는 6개($R = 6$)이다.

24개 관측치를 구성하는 런의 수 6개는 24개 관측치가 임의로 발생하는 경우에 기대되는 런의 수와 비교하여 너무 적은가 너무 많은가? 이 질문에 답하기 위해 R 표본분포의 평균과 표준편차가 계산된다. 24개 관측치로 구성된 표본에서 런 수의 평균은 13이고 표준편차는 2.3956이다. 표 19.21은 런 검정 결과를 요약한 것이다.

표 19.21 런 검정, $n = 24$

- 런 수의 기대값 $\mu_R = 13$과 실제 런 수 $R = 6$
- R 표본분포의 표준편차 $\sigma_R = 2.3956$
- z-통계량 $= -2.92$; p-값(양측 검정) $= 0.0035$

검정통계량의 값은 $z = -2.92$이고 검정의 p-값은 0.0035이다. 5%의 유의수준에서 잔차들이 임의로 발생한다는 귀무가설은 기각된다. 잔차들은 임의적으로 발생하지 않는다. 회귀모형에 대한 통계적 추론이 수행되기 전에 교정조치가 이루어져야 한다.

사례연구 제안

보고서 19.1 **FILE** ***California.*** 첨부된 데이터 파일은 서던 캘리포니아(Southern California)에 있는 20개 주택과 인랜드 엠파이어(Inland Empire)에 있는 20개 주택의 매매가격(1,000달러)을 보여준다, 표본 정보를 사용하여 캘리포니아주 두 지역의 주택가격에 대한 요약통계를 계산하고 해석하라. 적정한 검정을 사용하여 서던 캘리포니아 주택가격의 중앙값이 인랜드 엠파이어 주택가격의 중앙값보다 높은지 결정하라. 이러한 분석을 위해 사용되는 검정을 선택한 이유를 설명하라.

보고서 19.2 **FILE** ***Compensation.*** 최근에 임원보상의 수준과 구조에 대한 많은 논의가 이루어지고 있다. 일반적으로 고위 임원이 받는 보상이 최근에 급격하게 증가했다는 것은 잘 알려진 사실이다. 첨부된 데이터 파일은 4개 산업, 즉 기술 제조업, 기타 제조업, 금융 서비스, 기타 서비스에서 상위 10명의 대표이사를 위한 총보상(백만 달러)을 보여준다. 표본 정보를 사용하여 4개 산업에서 임원보상에 대한 요약통계를 계산하고 해석하라. 적정한 검정을 사용하여 4개 산업 간 임원 보상의 중앙값이 산업 간에 다른지 결정하라. 이러한 분석을 위해 사용되는 검정을 선택한 이유를 설명하라.

보고서 19.3 https://finance.yahoo.com/에 들어가서 두 뮤추얼펀드의 2년간 월간 조정 종가 데이터를 수집하라. 각 뮤추얼펀드에 대해 전월대비 조정 종가의 퍼센트 변화로 월간 수익률을 계산하여 23개월의 수익률 데이터를 구하라. 표본 정보를 사용하여 두 뮤추얼펀드의 수익률에 대한 요약통계를 계산하고 해석하라. 적정한 검정을 사용하여 두 뮤추얼펀드 간 수익률 중앙값이 다른지 결정하라. 이러한 분석을 위해 사용되는 검정을 선택한 이유를 설명하라.

보고서 19.4 **FILE** ***Consumption.*** 존 메이너드 케인스에 의해 개발된 소비함수는 경제학에서 핵심적인 관계식 중 하나이다. 소비함수에서 소비는 처분가능소득의 함수로 표현된다. 여기서 처분가능소득은 소득에서 세금을 뺀 것으로 정의된다. 첨부된 데이터 파일은 2000년부터 2016년까지 미국의 일인당 소비(달러)와 미국의 일인당 처분가능소득(달러)에 대한 분기 데이터를 보여준다. 소비함수를 추정하고 잔차를 계산하라. 회귀모형이 상관관계를 가지는 관측치의 문제에 직면하고 있는지 데이터 분석의 사례연구에서 수행된 것과 유사한 분석을 하라.

핵심 개념

LO 19.1 **모중앙값에 대해 추론할 수 있어야 한다.**

모중앙값을 검정하기 위해 윌콕슨 부호순위 검정을 사용한다. 윌콕슨 부호순위 검정을 위한 검정통계량 T의 값은 $T = T^+$이다. 여기서 T^+는 가정된 중앙값 m_0로부터의 차이가 양인 순위합을 나타낸다.

- 표본크기가 $n \leq 10$이면, 특별히 정리된 표를 사용하여 p-값을 구한다. 다른 방법으로는 R을 포함한 통계패키지를 사용하여 검정통계량의 값 T와 p-값을 계산한다.
- 표본크기가 $n \geq 10$이면, T의 표본분포는 정규분포에 의해 근사될 수 있다. 정규분포근

사를 사용하면서 검정통계량의 값은 $z = \frac{T - \mu_T}{\sigma_T}$와 같이 계산된다. 여기서 $\mu_T = \frac{n(n+1)}{4}$이고 $\sigma_T = \sqrt{\frac{n(n+1)(2n+1)}{24}}$이다.

LO 19.2 짝진표본과 독립표본을 사용하여 두 모중앙값 차이에 대해 추론할 수 있어야 한다.

짝진표본에서 두 모중앙값 차이가 0과 다른지 결정하기 위해 윌콕슨 부호순위 검정을 사용한다. 관심 있는 척도는 짝진 관측치 간 차이, 즉 $d_i = x_i - y_i$이다. 한 표본에서 윌콕슨 부호순위 검정을 위해 적용했던 것과 유사한 단계를 따르면서 윌콕슨 부호순위 검정을 수행한다.

독립표본에서 두 모중앙값이 다른지 결정하기 위해 윌콕슨 순위합 검정을 사용한다. 두 표본데이터를 합하고 표본 1의 순위합 W_1과 표본 2의 순위합 W_2을 계산한다. 윌콕슨 순위합 검정을 위한 검정통계량 W는 $W = W_1$과 같이 정의된다.

- 각 표본크기가 10 이하이면, 특별히 정리된 표를 사용하여 p-값을 구한다. 다른 방법으로는 R을 포함한 통계패키지를 사용하여 검정통계량의 값 W와 p-값을 계산한다.
- 두 표본크기 모두가 10 이상이면, W의 표본분포는 정규분포에 의해 근사될 수 있다. 정규분포근사를 사용하면서 검정통계량의 값은 $z = \frac{W - \mu_W}{\sigma_W}$와 같이 계산된다. 여기서 $\mu_W = \frac{n_1(n_1 + n_2 + 1)}{2}$이고 $\sigma_W = \sqrt{\frac{n_1 n_2(n_1 + n_2 + 1)}{12}}$이다.

LO 19.3 세 개 이상 모중앙값 차이에 대해 추론할 수 있어야 한다.

k개 모중앙값 간 차이가 있는지 검정하기 위해 크러스칼-월리스 검정을 사용한다. 검정통계량의 값은 $H = \left(\frac{12}{n(n+1)} \times \sum_{i=1}^{k} \frac{R_i^2}{n_i}\right) - 3(n+1)$이다. 여기서 R_i와 n_i는 각각 i번째 표본의 순위합과 표본크기이고, $n = \sum_{i=1}^{k} n_i$, k는 모집단의 수(독립표본의 수)이다. $n_i \geq 5$이면, 검정통계량 H는 자유도가 $k - 1$인 χ^2 분포를 따른다.

LO 19.4 모스피어만 순위상관계수에 대한 가설검정을 수행할 수 있어야 한다.

표본 스피어만 순위상관계수 r_S는 두 확률변수 간 표본상관계수를 측정한다. 표본 스피어만 순위상관계수는 $r_S = 1 - \frac{6\Sigma d_i^2}{n(n^2-1)}$와 같이 계산된다. 여기서 d_i는 표본에서 두 확률변수에 부여된 순위 차이이다.

- $n \leq 10$이면, 특별히 정리된 표를 사용하여 p-값을 구한다. 다른 방법으로는 R을 포함한 통계패키지를 사용하여 검정통계량의 값 r_S와 p-값을 계산한다.
- $n \geq 10$이면, r_S의 표본분포는 정규분포에 의해 근사될 수 있다. 정규분포근사를 사용하면서 검정통계량의 값은 $z = r_S\sqrt{n-1}$와 같이 계산된다.

LO 19.5 짝진표본을 사용하여 두 서열데이터 모집단의 차이에 대해 추론할 수 있어야 한다.

서열척도 관측치로 구성된 두 짝진 모집단 간 유의한 차이가 있는지 결정하기 위해 부호검정을 사용한다. 검정통계량의 값은 $z = \frac{\bar{p} - 0.5}{0.5/\sqrt{n}}$과 같이 계산된다. 여기서 $\bar{P}$는 플러스 부호의 표본비율이다. $n \geq 10$이면, 이 검정은 타당하다.

LO 19.6 **데이터의 순서 값이 임의로 나타나는지를 결정할 수 있어야 한다.**

연속적으로 발생하는 관측치의 원소들이 임의로 나타나는지 결정하기 위해 왈드-월포비츠 런 검정을 사용한다. 런의 수 R의 표본분포는 $n_1 \geq 10$과 $n_2 \geq 10$이면 정규분포에 의해 근사될 수 있다. 검정통계량의 값은 $z = \frac{R - \mu_R}{\sigma_R}$와 같이 계산된다. 여기서 $\mu_R = \frac{2n_1n_2}{n} + 1$이고 $\sigma_R = \sqrt{\frac{2n_1n_2(2n_1n_2 - n)}{n^2(n-1)}}$이다. 관측치들이 표본중앙값 위와 아래에 임의로 발생하는지 검토하기 위해 수치형 변수를 위한 런 검정을 사용할 수 있다. 이 검정은 경제데이터에서 추세나 주기적 패턴을 탐지하기 위해 사용된다.

추가 연습문제

*표시가 있는 연습문제를 풀기 위해 관련된 비모수 검정을 수행할 수 있는 통계패키지의 사용을 권장한다

67. FILE ***PharmFirm.*** 첨부된 데이터 파일은 지난 5일간 한 제약회사 주식의 종가(달러)를 보여준다.

a. 주가의 중앙값이 61.25달러보다 큰지 결정하기 위한 경쟁가설을 설정하라.

b. 윌콕슨 부호순위 검정의 검정통계량 T의 값을 계산하라.

c. 검정의 p-값은 0.156이다. 5%의 유의수준에서 주가의 중앙값은 61.25달러보다 큰가? 설명하라.

68. FILE ***Comparison.*** 첨부된 데이터 파일은 지난 11년 동안 Stock 1의 수익률과 Stock 2의 수익률을 보여준다.

a. 두 수익률 간 중앙값 차이가 0과 다른지 결정하기 위한 경쟁가설을 설정하라.

b. 윌콕슨 부호순위 검정의 검정통계량 T의 값을 계산하라. T는 정규분포를 따른다고 가정하라.

c. 5%의 유의수준에서 두 수익률 간 중앙값 차이가 0과 다른가? 설명하라.

69. FILE ***Fertilizer.*** 한 농부는 비료의 변화가 곡물 수확량을 변화시킬 수 있다는 것을 우려하고 있다. 그는 땅을 6개 농지로 나누고 각 농지의 반에는 기존 비료, 나머지 반에는 새로운 비료를 사용하였다. 첨부된 데이터 파일은 그 결과를 보여준다.

a. 곡물 수확량 간 중앙값 차이가 0과 다른지 결정하기 위한 경쟁가설을 설정하라.

b. 윌콕슨 부호순위 검정의 검정통계량 T의 값을 계산하라.

c. 검정의 p-값은 0.915이다. 5%의 유의수준에서 곡물 수확량 간 중앙값 차이가 0과 다르다고 결론 내릴 수 있는 충분한 증거가 있는가? 설명하라.

70. * FILE ***Refrigerator.*** 한 소비자는 Brand A 냉장고와 Brand B 냉장고의 수명 차이를 연구하고 있다. 그는 Brand A 냉장고 40대의 수명과 Brand B 냉장고 40대의 수명에 대한 데이터를 수집하였다. 첨부된 데이터 파일은 그 결과를 보여준다.

a. 두 브랜드 냉장고 수명의 중앙값이 다른지 검정하기 위한 경쟁가설을 설정하라.

b. 5%의 유의수준에서 두 브랜드 냉장고 수명의 중앙값이 다른가? 설명하라.

71. * FILE ***Test_Centers.*** 한 정신과의사는 시험장소의 위치가 시험결과에 영향을 미칠 수 있다고 믿는다. 그의 주장을 검정하기 위해, 4개의 다른 장소에서 시행된 SAT 점수를 수집하였다. 첨부된 데이터 파일은 그 결과를 보여준다.

a. 시험장소 간 시험점수의 중앙값이 다른지 검정하기 위한 경쟁가설을 설정하라.

b. 5%의 유의수준에서 데이터는 이 정신과의사의 믿음을 지지하는가? 설명하라.

72. FILE ***PE_Ratio.*** 한 경제학자는 주가수익비율(P/E ratio)이 3개 산업에 속하는 기업들간 같은지 결정하기 원한다. 각 산업에서 5개 기업이 임의로 선정되었다. 첨부된 데이터 파일은 그 결과를 보여준다.

a. 산업 간 주가수익비율의 중앙값이 다른지 검정하기 위한 경쟁가설을 설정하라.

b. 크러스칼-윌리스 검정의 검정통계량 H의 값을 계산하라.

c. 5%의 유의수준에서 산업 간 주가수익비율의 중앙값이 다른가? 설명하라.

73. 한 연구원은 기업의 광고비와 매출액 간 양의 관계가 있다고 믿는다. 그녀는 65개 기업을 대상으로 각 기업의 연간 광고비와 매출액에 대한 데이터를 수집하였다. 그녀가 계산한 표본 스피어만 순위상관계수는 $r_S = 0.45$이다.

a. 모스피어만 순위상관계수가 0보다 큰지 결정하기 위한 경쟁가설을 설정하라.

b. r_S의 표본분포가 근사적으로 정규분포라고 가정하라. 검정통계량의 값과 p-값을 계산하라.

c. 5%의 유의수준에서 광고비와 매출액은 양의 상관관계를 가지는가? 설명하라.

74. **FILE** ***Mutual_Funds2.*** 첨부된 데이터 파일은 지난 10년 동안 두 뮤추얼펀드의 연간 수익률을 보여준다.

a. 모스피어만 순위상관계수가 0과 다른지 결정하기 위한 경쟁가설을 설정하라.

b. 표본 스피어만 순위상관계수를 계산하고 해석하라.

c. 5%의 유의수준에서 두 뮤추얼펀드의 수익률은 상관관계를 가지는가? 설명하라. r_S의 표본분포는 근사적으로 정규분포라고 가정하라.

75. **FILE** ***Inspectors.*** 공공의 건강과 안정을 확보하기 위해, 건강감시원들은 주에 있는 모든 레스토랑의 청결 상태와 품질을 평가한다. 일관되게 특정한 수준 아래의 점수를 받는 레스토랑은 종종 사업면허를 잃는다. 10개 레스토랑의 표본을 대상으로 두 건강감시원은 10점이 매우 우수를 나타내도록 평가한다. 첨부된 데이터 파일은 그 결과를 보여준다.

a. 부호검정을 사용하면서 두 건강감시원의 평가가 다른지 결정하기 위한 경쟁가설을 설정하라.

b. 검정통계량의 값을 계산하라.

c. p-값을 계산하라.

d. 5%의 유의수준에서 데이터는 두 건강감시원의 평가가 다르다고 제시하는가?

76. * **FILE** ***China_GDP.*** 첨부된 데이터 파일은 1990년부터 2018년까지 중국의 국내총생산(GDP)을 보여준다. 중앙값 위에 있는 런 수와 중앙값 아래에 있는 런 수를 사용하는 방법을 사용하여 5%의 유의수준에서 추세나 주기적 패턴이 있다는 대립가설에 대응하여 GDP가 임의로 발생한다는 귀무가설을 검정하라.

77. * **FILE** ***DJIA.*** 첨부된 데이터 파일은 2019년 251 거래일의 일일 다우존스산업평균(DJIA)을 보여준다. 중앙값 위에 있는 런 수와 중앙값 아래에 있는 런 수를 사용하는 방법을 사용하여 5%의 유의수준에서 일일 다우존스산업평균이 시간이 흐름에 따라 확연한 패턴 없이 임의로 움직인다고 제시하는 랜덤워크가설을 검정하라.

78. * **FILE** ***US_CPI.*** 첨부된 데이터 파일은 1990년부터 2019년까지 소비자물가지수(CPI)에 의해 측정된 미국의 인플레이션율을 보여준다. 중앙값 위에 있는 런 수와 중앙값 아래에 있는 런 수를 사용하는 방법을 사용하여 5%의 유의수준에서 인플레이션율이 임의로 변화하지 않는다는 대립가설에 대응하여 임의로 움직인다는 귀무가설을 검정하라.

R 시작하기

Getting Started with R

R은 무엇인가?

R은 통계패키지의 편리성과 코딩 능력을 결합한 강력한 컴퓨터 언어이다. R은 종종 플랫폼 간 호환될 뿐만 아니라 오픈소스이다. 이것은 R을 다운로드하는 데 비용이 없고 Windows, macOS, Linux에서 실행될 수 있다는 것을 의미한다. 이 부록에서는 R의 기본적인 특성 일부를 소개하고, 교재에서 제시된 많은 연습문제에 대한 해답을 얻고자 할 때 따라야 하는 지시사항을 제공한다.

RStudio는 무엇인가?

RStudio는 R을 편리하게 사용할 수 있게 해주는 프로그램이다. R은 독립적인 프로그램 언어와 같이 작동하고 이에 따라 최소의 사용자 인터페이스를 가지고 있다. 독립적인 소프트웨어로서 R은 명령어를 입력하기 위한 싱글 프롬프트를 보여준다. 이것을 콘솔(Console)창이라고 부른다. R에서 필요한 모든 것은 콘솔 명령어를 다른 프로그램과 결합하여 수행될 수 있지만, 상황은 빠르게 복잡해질 수 있다. R에서 코딩을 더 쉽게 하기 위해, 통합개발환경(integrated development environment, IDE)을 사용한다. IDE는 한 곳에서 프로그래밍하는 데 필요한 많은 일반적인 특성을 결합하고 그래픽 사용자 인터페이스를 제공하는 프로그램이다.[1] 이 교재에서는 R을 사용하는 학생, 전문가, 연구자에게 매우 인기 있는 RStudio라고 부르는 통합개발환경의 오픈소스 버전을 사용한다.

설치하기

R과 RStudio의 설치는 간단하고 컴퓨터 시스템에 특별한 수정을 요구하지 않는다. 그러나 RStudio는 R과 함께 설치되지 않는다는 것에 주목해야 한다. 따라서 두 개의 소프트웨어를 따로 설치할 필요가 있다. 두 소프트웨어의 설치를 위한 지시사항은 2020년 여름에 작성되었다. 지속적인 기술 혁신을 고려할 때, 다음에 제시된 단계 중 일부가 작동하지 않을 경우 인터넷을 참조해야 할 수도 있다.

R 설치하기

A. 웹사이트 https://cran.r-project.org/를 접속하라.

B. Download and Install R 박스에서, 당신이 사용하는 OS(Linux, Mac, Windows)에 맞는 링크를 선택하라. 설치 후, 교재에서 제공된 지시사항이 OS에 관계없이 작동될 것이다.

[1] 더 공식적으로 말하면, 이것은 '그래픽 사용자 인터페이스', 즉 GUI라고 부른다. 실제 적용에서 이것은 차트, 그래프, 버튼을 사용할 수 있다는 것을 의미한다.

C. *install R for the first time* 링크를 선택하라.

D. R의 가장 최신 버전을 다운로드하라. 이어서 *Open and Run*을 선택하라.

E. 소프트웨어 퍼블리셔를 증명하는 것에 대해 요청 받을 때, *Yes*를 선택하라. 이어서 선호하는 언어로 *English*를 선택하라.

F. R Setup 창에서 지시사항을 따르라.

RStudio 설치하기

A. 웹사이트 https://www.rstudio.com/products/rstudio/를 접속하라.

B. *RStudio Desktop*을 선택하고 이어서 *Download RStudio Desktop*을 선택하라.

C. *Installers for Supported Platforms* 섹션으로 스크롤 다운하라. 당신이 사용하는 OS에 맞는 링크를 선택하라. 이어서 *Open* or *Run*을 선택하라.

D. 소프트웨어 퍼블리셔를 증명하는 것에 대해 요청 받을 때, *Yes*를 선택하라.

E. RStudio Setup 창에서 지시사항을 따르라.

인터페이스

모든 창을 닫고 RStudio 아이콘을 더블 클릭한다.

RStudio 인터페이스는 몇 개의 창으로 구성되어 있다. 자동적으로 3개의 창을 볼 수 있다. 이러한 3개의 창은 각각 콘솔(Console)창, 환경(Environment)창, 도움(Help)창이라고 부른다. 또한 열 때까지 숨겨져 있는 소스(Source)창에 대해 간략히 논의할 것이다. 그림 A.1은 처음 RStudio를 열 때 나타나는 화면을 보여준다.

그림 A.1 콘솔창, 환경창, 도움창

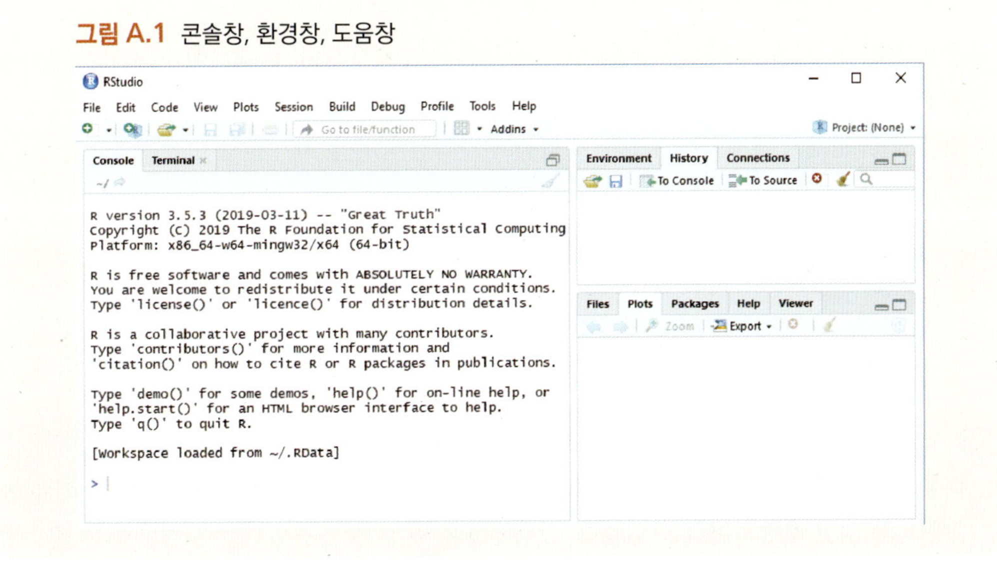

- **콘솔창:** 콘솔창은 R과 소통하는 중요한 도구이다. 여기서 > 프롬프트에서 명령어를 입력하고 출력결과의 대부분을 보게 된다.
- **환경창:** 환경창에 있는 두 개의 관련된 탭은 Environment탭과 History탭이다. 두 탭의 공통적인 특성은 각 탭의 내용을 지우는 빗자루 아이콘이다. Environment탭은 현재 R 세션

에서 이용할 수 있는 데이터, 객체, 변수를 보여준다. History탭은 현재 R세션에서 실행된 모든 콘솔창 명령어의 리스트를 제공한다.

- **도움창(또는 파일(Files)창):** 도움창은 5개 탭을 가지고 있다. 이 중 두 탭, 즉 Help와 Plots을 여기서 논의한다.
  - Help탭은 R문서(help 파일)를 볼 수 있는 곳이다. 예를 들면, **print** 함수에 대해 알기 위해, Help탭을 선택하고 이어서 확대경 아이콘 옆에 print를 입력한다. (또한 콘솔창에서 질문 부호에 바로 이어서 관심 있는 주제를 입력하여 R문서를 볼 수 있다. 주어진 예의 경우, 프롬프트 다음에 ?print를 입력한다.)
  - Plots탭은 모든 그래프와 차트를 볼 수 있는 곳이다. 그래프 또는 차트는 빗자루 아이콘을 가지고 지울 수 있다.
- **소스창:** R에서 소스창은 자동적으로 숨겨져 있다. 이곳은 당신 자신의 스크립트를 쓸 수 있는 곳이다. 곧 알게 되겠지만, 이 교재에서 우리가 하는 대부분의 일은 데이터셋을 불러들이고 이어서 콘솔창에 명령어를 입력하여 수행될 수 있다. 다음은 간단한 스크립트를 어떻게 쓰는지 보여주는 예이다.

A. 메뉴에서, **File** > **New File** > **R Script**를 선택하라.

B. 새로운 창에서, 다음과 같이 입력하라.

```
print("This is my first script.")
print("This is easy!")
```

File > **Save As**를 사용하여 스크립트를 저장하라. 입력한 스크립트를 Script1이라고 이름 붙여라. 그림 A.2는 소스창에 나타나는 것을 보여준다.

중요사항: 서로 다른 폰트와 조판 세팅 때문에, 이 교재로부터 공식과 함수를 직접 복사하여 R에 붙이는 것이 오류를 발생시킬 수 있다. 이러한 오류가 발생할 때, 인용 부호와 괄호 같은 특수 문자를 대체하거나 함수에 있는 추가적인 공간을 제거할 필요가 있다.

그림 A.2 첫 번째 스크립트를 쓴 후의 소스창

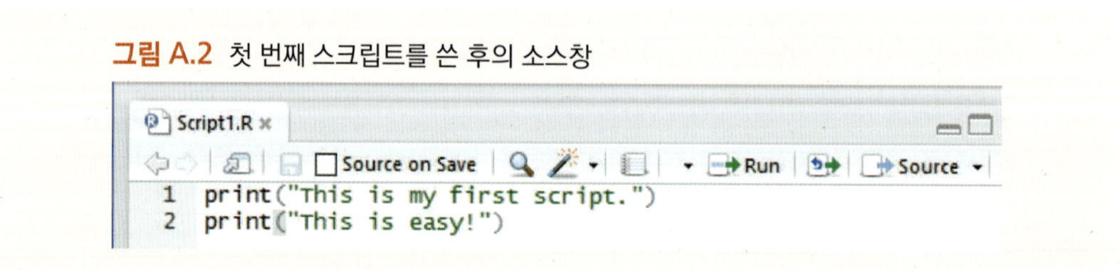

C. 다시 그림 A.2를 참조하라. 소스창의 메뉴에서 Source버튼을 클릭하라. 이것은 R에게 스크립트를 읽고 실행하라고 말해준다. 그림 A.3은 첫 번째 스크립트를 실행한 후에 콘솔창에 나타나는 것을 보여준다.

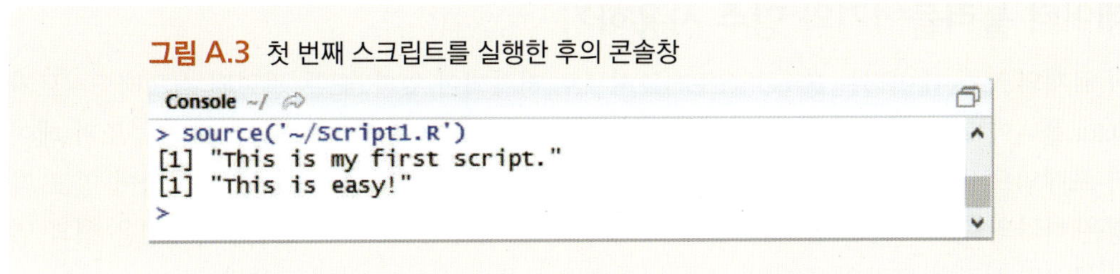

그림 A.3 첫 번째 스크립트를 실행한 후의 콘솔창

R은 순서에 따라 완성된 진술문을 실행한다. RStudio의 고유한 특징은 스크립트의 특정한 부분을 실행하는 방법이 존재한다는 것이다. 이것은 스크립트의 원하는 부분을 하이라이트하고 소스창의 메뉴에서 Run버튼을 선택함으로써 이루어진다.

데이터 입력하기와 함수 사용하기

이 교재의 도처에서 우리의 목표는 관련된 결과를 얻기 위한 가장 간단한 방법을 제공하는 것이다. R을 사용한 경험이 많은 사용자들은 우리가 제안하는 것보다 '더 좋은' 방법이 존재한다고 주장하나 중요한 개념을 배우는 것을 산만하게 만들 수 있다.

Excel과 기타 통계패키지들과 마찬가지로, R은 내장된 많은 공식 또는 함수를 가지고 있다. 이 교재에서 모든 함수이름은 **볼드체(boldface)**로 표시되어 있다. 또한 R은 각 함수에서 그래프의 축에 이름 붙이기, 차트에 색깔 넣기 등등과 같은 다양한 옵션을 제공한다. 함수 안에 있는 모든 옵션을 사용하지 않고 가장 유용하고 다루기 힘들지 않은 옵션들을 사용한다. 이 교재에서 모든 옵션이름은 *이탤릭체(italic)*로 표시되어 있다.

다음 절에서 설명하는 것처럼 대부분의 경우 데이터 파일을 불러들인다. 그러나 간단한 계산을 수행하기 위해 R을 사용하기 원한다고 하자. −4, 0, 6, 1, −3, −4와 같은 데이터의 평균을 계산하기 원한다고 하자. 이러한 수치들을 R에 입력하기 위해, 수치들을 결합하여 리스트를 만들기 위해 **c**함수를 사용한다. 수학적으로 정확하게 말하면, **c**함수는 하나의 벡터를 만들기 위해 수치들을 결합한다. 이 데이터를 Example_1이라고 이름 붙이고 등호 부호에 해당되는 '<-' 표현을 사용한다. 다음과 같이 입력하라.

```
Example_1 <- c(-4, 0, 6, 1, -3, -4)
```

Example_1이 환경창에 열거된다. 프롬프트 다음에 Example_1을 입력하여 콘솔창에서 데이터를 볼 수 있다. 이에 더하여, **View** 함수를 사용하면 데이터는 소스창에 나타난다. (R은 대소문자를 구별한다는 것에 주목하라.) 다음과 같이 입력하라.

```
View(Example_1)
```

다른 일반 함수는 3장에서 더 상세하게 논의하는 **mean** 함수이다. 데이터의 평균을 계산하기 위해 다음과 같이 입력하라.

```
> mean(Example_1)
```

그러면 R은 −0.6666667을 산출한다.

데이터 불러들이기와 함수 사용하기

이 교재의 모든 데이터는 Excel 스프레드시트로 저장되어 있다. 모든 관련된 스프레드시트가 Data 폴더에 저장되어 있다고 가정한다. 스프레드시트를 R로 불러올 때, 데이터 구조가 데이터 프레임으로 간주된다. 데이터 프레임은 각 열은 한 변수의 관측치들이 포함되어 있고 각 행은 하나의 관측치를 포함하는 테이블, 즉 이차원 배열 구조이다. 데이터 프레임은 행과 열로 구성된 사각형 모양의 데이터, 즉 데이터 테이블을 저장하기 위해 사용된다

2장의 ***Admission*** 데이터를 사용하면서 Excel 파일을 불러오는 방법을 예시해보자. 이 데이터셋은 학생식별번호(Student), 대학의 입학허가결정(Decision = Admit 또는 Deny), 학생의 SAT 점수(SAT), 학생이 여성인지 남성인지(Female = Yes 또는 No), 학생의 고등학교 GPA(HSGPA)를 포함하고 있다. 표 A.1은 ***Admission*** 데이터의 일부를 보여준다.

표 A.1 Admission 데이터의 일부

Student	Decision	SAT	Female	HSGPA
1	Deny	873	No	2.57
2	Deny	861	Yes	2.65
⋮	⋮	⋮	⋮	⋮
1230	Admit	1410	No	4.28

Admission 데이터를 R로 불러오기 위해, 그림 A.4에서 보는 것처럼 **File > Import**

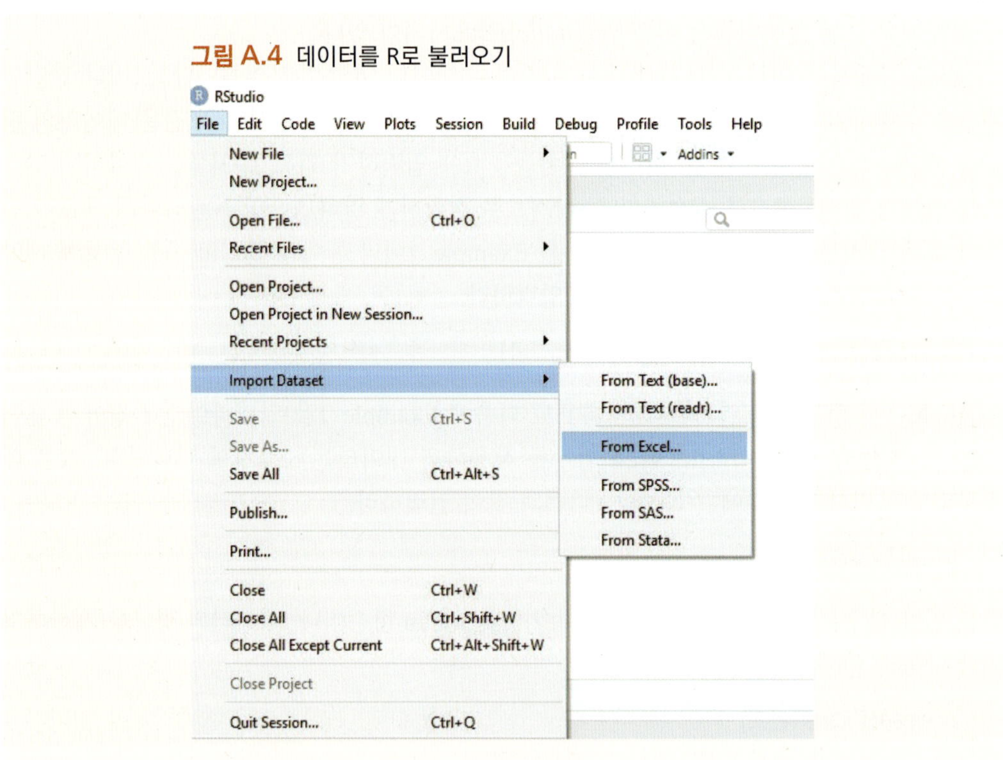

그림 A.4 데이터를 R로 불러오기

Dataset > From Excel을 선택한다.[2] (데이터를 처음 불러올 때, R이 업데이트를 추가할 것을 요구할 수 있다. 간단하게 관련된 업데이트를 추가하기 위한 단계를 따라하라.)

그림 A.5를 보라. Browse버튼을 선택하고 Data폴더에 있는 ***Admission*** 데이터로 가라. ***Admission*** 데이터를 선택하면, *Data Preview* 대화상자에서 ***Admission*** 데이터를 볼 수 있다. 이 교재에 있는 R 지시사항에서 단순함과 일관성을 위해 모든 데이터 파일을 myData라고 지정한다. 이에 따라 *Import Options* 대화상자에서 Admission을 myData로 대체하라. Import 버튼(그림 A.5의 아래 부분을 보라)을 선택하면, 데이터를 성공적으로 불러오게 된다. 이것을 여러 가지 방법으로 확인할 수 있다. 예를 들면, 환경창의 *Data* 아래에서 myData를 보거나 콘솔창에 `View(myData)`를 입력하면 데이터의 일부가 소스창에 나타난다.

그림 A.5 불러오기 전에 Admission 데이터 보기

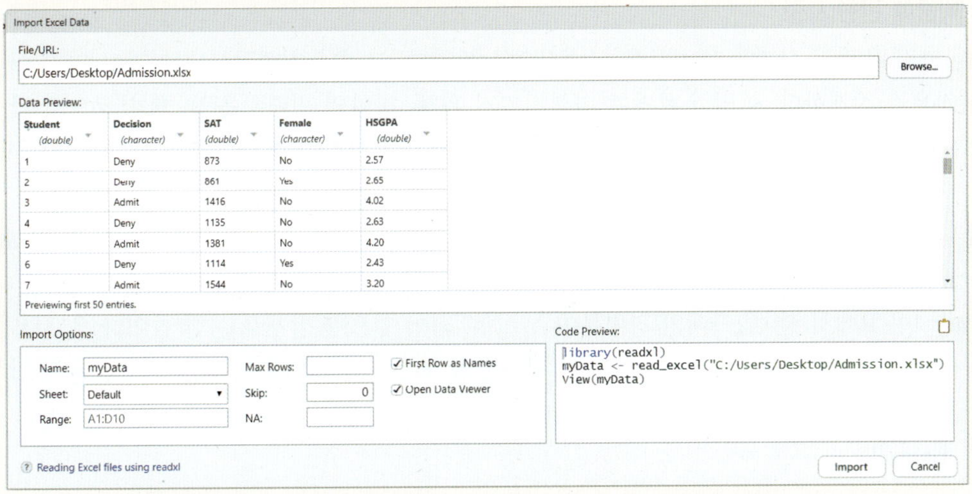

Import Excel Data

File/URL:

C:/Users/Desktop/Admission.xlsx Browse...

Data Preview:

Student (double)	Decision (character)	SAT (double)	Female (character)	HSGPA (double)
1	Deny	873	No	2.57
2	Deny	861	Yes	2.65
3	Admit	1416	No	4.02
4	Deny	1135	No	2.63
5	Admit	1381	No	4.20
6	Deny	1114	Yes	2.43
7	Admit	1544	No	3.20

Previewing first 50 entries.

Import Options:

Name: myData Max Rows: ☑ First Row as Names

Sheet: Default Skip: 0 ☑ Open Data Viewer

Range: A1:D10 NA:

Code Preview:

```
library(readxl)
myData <- read_excel("C:/Users/Desktop/Admission.xlsx")
View(myData)
```

Reading Excel files using readxl Import Cancel

주: 다수의 워크시트를 가지고 있는 Excel의 경우, *Sheet* drop-down 옵션에서 적정한 워크시트를 선택하라.

myData에 있는 평균 SAT 점수를 계산하기 원한다고 하자. 데이터 프레임으로부터 한 변수를 선택하기 위해, 데이터 프레임의 이름에 $VariableName을 첨부한다. 다음과 같이 입력하라.

```
> mean(myData$SAT)
```

그러면 R은 1197.348을 산출한다.

만일 데이터 프레임에 있는 변수 이름이 한 단어 이상이거나 (연도와 같은) 수치이면, 싱글 인용부호로 변수이름을 둘러싸야 할 필요가 있다. 예를 들면, 변수이름이 SAT 대신에 SAT score이면, mean(myData$'SAT score')와 같이 입력해야 한다.

3장에서 논의한 다른 함수는 **summary** 함수이다. 이 함수는 데이터 프레임에 있는 모든 변수들의 다양한 요약통계를 제공해준다. `summary(myData)`를 입력하면, R은 범주형 변수들을 포함하여 myData 데이터 프레임에 있는 모든 변수들의 요약통계를 산출한다. SAT와 HSGPA의 요약통계만을 구하기 원한다고 하자. 이 경우에 데이터 프레임의 이름 다음에 대괄호를 붙이고 대괄호안에 **c**함수를 사용하면서 계산에 포함되는 열을 나타낸다. SAT(세 번

[2] **File > Import Dataset > From Text(base)** 또는 **File > Import Dataset > From(readr)**을 선택하면 콤마 또는 탭으로 분리되어 있는 텍스트 파일을 불러올 수 있다는 것에 주목하라.

째 변수)와 HSGPA(다섯 번째 변수)의 요약통계를 구하기 위해 다음과 같이 입력하라.

```
> summary(myData[,c(3,5)])
```

위의 명령문에서 왼쪽 대괄호 다음에 콤마를 입력한 것에 주목하라. 이것은 계산에서 모든 1,230개 관측치(모든 1,230개 행)를 포함한다는 것을 의미한다. 만일 어떤 이유로 계산에서 처음 100개 관측치만을 포함하기 원하면, `summary(myData[1:100,c(3,5)])`와 같이 입력해야 한다.

마지막으로 myData 데이터 프레임을 삭제하기 원한다고 하자. **rm** 함수를 사용하여 다음과 같이 입력하라.

```
> rm(myData)
```

myData가 더 이상 환경창의 Data 아래에 나타나지 않는 것을 발견하게 된다.

줄 바꿈에 관한 사항

지금까지 우리가 살펴본 명령문은 상대적으로 짧았다. 그러나 명령문이 길어지고 읽기 어려운 경우가 존재한다. 이러한 문제를 완화시키기 위해, 하나의 명령문을 몇 개 부분으로 나눌 수 있다. R은 첫 번째 줄 다음 줄들에서 + 부호를 가지고 이전 명령문을 종료한다. 예를 들면, R의 **plot** 함수를 사용하면서 처음 20개 관측치를 가지고 HSGPA에 대한 SAT의 산점도를 그리기 원한다고 하자. 산점도를 그리는 것에 더하여, *y*-축과 *x*-축에 이름을 추가하기 위해 *ylab*과 *xlab* 옵션을 사용한다. 산점도를 그리기 위한 두 가지 입력방법이 아래에 제시되어 있다. Entry 1은 R에서 한 줄(아래의 명령문이 두 줄로 되어 있으나 실제로는 한 줄이다)을 사용한다. Entry 2는 세 줄을 사용한다. 두 가지 입력방법 모두 그림 A.6에서 보는 것과 같은 동일한 산점도를 제공한다.

Entry 1:

```
> plot(myData$SAT[1:20] ~ myData$HSGPA[1:20],
  ylab="SAT Score", xlab="High School GPA")
```

Entry 2:

```
> plot(myData$SAT[1:20] ~ myData$HSGPA[1:20],
  + ylab="SAT Score",
  + xlab="High School GPA")
```

그림 A.6 HSGPA에 대한 SAT의 산점도

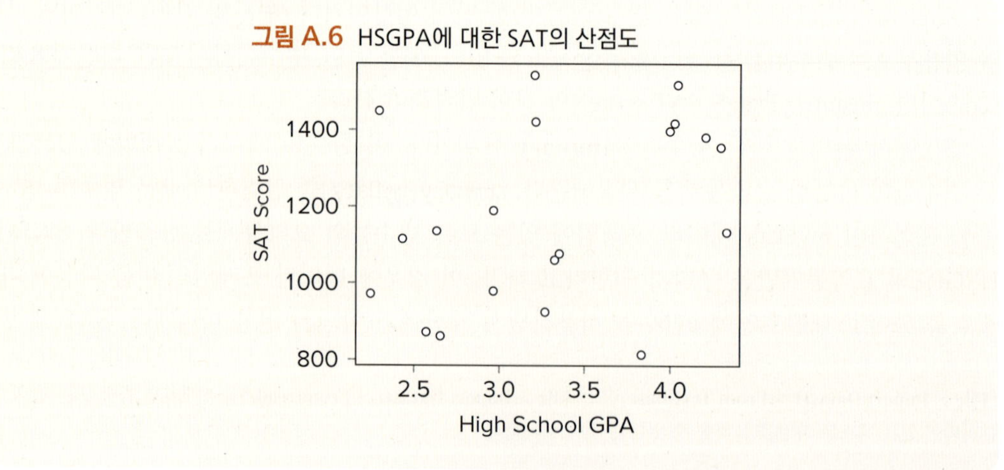

패키지

R을 강력하게 만드는 요소는 기본 버전에 포함되어 있지 않은 많은 패키지, 즉 많은 객체이다. 패키지는 주문형 함수와 데이터 구조를 가지고 R이 수행할 수 있는 작업을 크게 확장시킨다.

패키지를 사용하기 위해 패키지를 설치하고 업로드해야 한다. 이것이 어떻게 수행되는지 예시하기 위해 *forecast* 패키지를 사용하자. 다음과 같이 입력하라.

```
> install.packages("forecast")
> library(forecast)
```

install.packages 함수는 공식적인 R 서버(CRAN)와 연결하여 특정한 패키지들과 이러한 패키지들이 의존하고 있는 패키지들을 다운로드하고 설치한다. 이러한 작업은 사용되는 각 세션에서 각 패키지에 대해 한 번만 이루어져야 한다. **library** 함수는 설치된 패키지를 업로드해준다.

종종 R은 추가적인 패키지를 설치할 것을 요구할 수 있다. 이런 경우에 추가적인 패키지를 다운로드하여 설치하기 위해 여기서 설명한 단계를 따르도록 하라.

각 패키지는 R 세션당 한 번만 업로드할 필요가 있다. 패키지를 다운로드하여 업로드하면, 이 패키지가 포함하고 있는 명령어에 관한 문서를 앞에서 논의한 help를 사용하면서 R에서 볼 수 있다. 모든 패키지의 문서 파일은 온라인에서 볼 수 있다. 사용할 수 있는 패키지에 대한 모든 정보는 https://cran.r-project.org/web/packages/에서 찾을 수 있다.

통계표

Tables

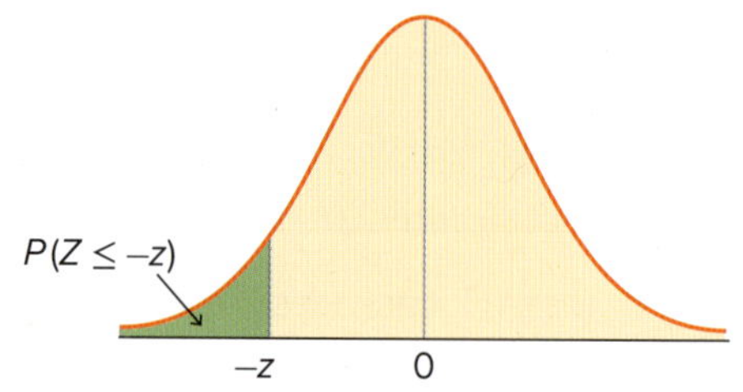

표 1 표준정규분포곡선의 면적

표의 값은 누적확률, 즉 $-z$의 왼쪽에 있는 표준정규분포곡선 아래의 면적을 나타낸다. 예를 들면, $P(Z \le -1.52) = 0.0643$.

z	0.00	0.01	0.02	0.03	0.04	0.05	0.06	0.07	0.08	0.09
−3.9	0.0000	0.0000	0.0000	0.0000	0.0000	0.0000	0.0000	0.0000	0.0000	0.0000
−3.8	0.0001	0.0001	0.0001	0.0001	0.0001	0.0001	0.0001	0.0001	0.0001	0.0001
−3.7	0.0001	0.0001	0.0001	0.0001	0.0001	0.0001	0.0001	0.0001	0.0001	0.0001
−3.6	0.0002	0.0002	0.0001	0.0001	0.0001	0.0001	0.0001	0.0001	0.0001	0.0001
−3.5	0.0002	0.0002	0.0002	0.0002	0.0002	0.0002	0.0002	0.0002	0.0002	0.0002
−3.4	0.0003	0.0003	0.0003	0.0003	0.0003	0.0003	0.0003	0.0003	0.0003	0.0002
−3.3	0.0005	0.0005	0.0005	0.0004	0.0004	0.0004	0.0004	0.0004	0.0004	0.0003
−3.2	0.0007	0.0007	0.0006	0.0006	0.0006	0.0006	0.0006	0.0005	0.0005	0.0005
−3.1	0.0010	0.0009	0.0009	0.0009	0.0008	0.0008	0.0008	0.0008	0.0007	0.0007
−3.0	0.0013	0.0013	0.0013	0.0012	0.0012	0.0011	0.0011	0.0011	0.0010	0.0010
−2.9	0.0019	0.0018	0.0018	0.0017	0.0016	0.0016	0.0015	0.0015	0.0014	0.0014
−2.8	0.0026	0.0025	0.0024	0.0023	0.0023	0.0022	0.0021	0.0021	0.0020	0.0019
−2.7	0.0035	0.0034	0.0033	0.0032	0.0031	0.0030	0.0029	0.0028	0.0027	0.0026
−2.6	0.0047	0.0045	0.0044	0.0043	0.0041	0.0040	0.0039	0.0038	0.0037	0.0036
−2.5	0.0062	0.0060	0.0059	0.0057	0.0055	0.0054	0.0052	0.0051	0.0049	0.0048
−2.4	0.0082	0.0080	0.0078	0.0075	0.0073	0.0071	0.0069	0.0068	0.0066	0.0064
−2.3	0.0107	0.0104	0.0102	0.0099	0.0096	0.0094	0.0091	0.0089	0.0087	0.0084
−2.2	0.0139	0.0136	0.0132	0.0129	0.0125	0.0122	0.0119	0.0116	0.0113	0.0110
−2.1	0.0179	0.0174	0.0170	0.0166	0.0162	0.0158	0.0154	0.0150	0.0146	0.0143
−2.0	0.0228	0.0222	0.0217	0.0212	0.0207	0.0202	0.0197	0.0192	0.0188	0.0183
−1.9	0.0287	0.0281	0.0274	0.0268	0.0262	0.0256	0.0250	0.0244	0.0239	0.0233
−1.8	0.0359	0.0351	0.0344	0.0336	0.0329	0.0322	0.0314	0.0307	0.0301	0.0294
−1.7	0.0446	0.0436	0.0427	0.0418	0.0409	0.0401	0.0392	0.0384	0.0375	0.0367
−1.6	0.0548	0.0537	0.0526	0.0516	0.0505	0.0495	0.0485	0.0475	0.0465	0.0455
−1.5	0.0668	0.0655	0.0643	0.0630	0.0618	0.0606	0.0594	0.0582	0.0571	0.0559
−1.4	0.0808	0.0793	0.0778	0.0764	0.0749	0.0735	0.0721	0.0708	0.0694	0.0681
−1.3	0.0968	0.0951	0.0934	0.0918	0.0901	0.0885	0.0869	0.0853	0.0838	0.0823
−1.2	0.1151	0.1131	0.1112	0.1093	0.1075	0.1056	0.1038	0.1020	0.1003	0.0985
−1.1	0.1357	0.1335	0.1314	0.1292	0.1271	0.1251	0.1230	0.1210	0.1190	0.1170
−1.0	0.1587	0.1562	0.1539	0.1515	0.1492	0.1469	0.1446	0.1423	0.1401	0.1379
−0.9	0.1841	0.1814	0.1788	0.1762	0.1736	0.1711	0.1685	0.1660	0.1635	0.1611
−0.8	0.2119	0.2090	0.2061	0.2033	0.2005	0.1977	0.1949	0.1922	0.1894	0.1867
−0.7	0.2420	0.2389	0.2358	0.2327	0.2296	0.2266	0.2236	0.2206	0.2177	0.2148
−0.6	0.2743	0.2709	0.2676	0.2643	0.2611	0.2578	0.2546	0.2514	0.2483	0.2451
−0.5	0.3085	0.3050	0.3015	0.2981	0.2946	0.2912	0.2877	0.2843	0.2810	0.2776
−0.4	0.3446	0.3409	0.3372	0.3336	0.3300	0.3264	0.3228	0.3192	0.3156	0.3121
−0.3	0.3821	0.3783	0.3745	0.3707	0.3669	0.3632	0.3594	0.3557	0.3520	0.3483
−0.2	0.4207	0.4168	0.4129	0.4090	0.4052	0.4013	0.3974	0.3936	0.3897	0.3859
−0.1	0.4602	0.4562	0.4522	0.4483	0.4443	0.4404	0.4364	0.4325	0.4286	0.4247
−0.0	0.5000	0.4960	0.4920	0.4880	0.4840	0.4801	0.4761	0.4721	0.4681	0.4641

자료: Excel로 계산된 확률.

표 1 (계속)

표의 값은 누적확률, 즉 z의 왼쪽에 있는 표준정규분포곡선 아래의 면적을 나타낸다.
예를 들면, $P(Z \le 1.52) = 0.9357$.

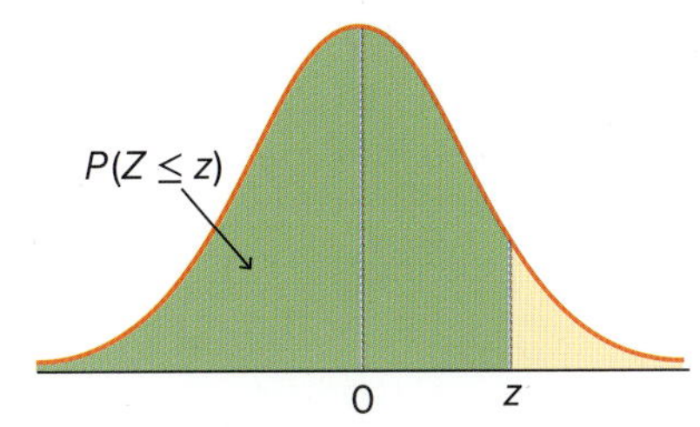

z	0.00	0.01	0.02	0.03	0.04	0.05	0.06	0.07	0.08	0.09
0.0	0.5000	0.5040	0.5080	0.5120	0.5160	0.5199	0.5239	0.5279	0.5319	0.5359
0.1	0.5398	0.5438	0.5478	0.5517	0.5557	0.5596	0.5636	0.5675	0.5714	0.5753
0.2	0.5793	0.5832	0.5871	0.5910	0.5948	0.5987	0.6026	0.6064	0.6103	0.6141
0.3	0.6179	0.6217	0.6255	0.6293	0.6331	0.6368	0.6406	0.6443	0.6480	0.6517
0.4	0.6554	0.6591	0.6628	0.6664	0.6700	0.6736	0.6772	0.6808	0.6844	0.6879
0.5	0.6915	0.6950	0.6985	0.7019	0.7054	0.7088	0.7123	0.7157	0.7190	0.7224
0.6	0.7257	0.7291	0.7324	0.7357	0.7389	0.7422	0.7454	0.7486	0.7517	0.7549
0.7	0.7580	0.7611	0.7642	0.7673	0.7704	0.7734	0.7764	0.7794	0.7823	0.7852
0.8	0.7881	0.7910	0.7939	0.7967	0.7995	0.8023	0.8051	0.8078	0.8106	0.8133
0.9	0.8159	0.8186	0.8212	0.8238	0.8264	0.8289	0.8315	0.8340	0.8365	0.8389
1.0	0.8413	0.8438	0.8461	0.8485	0.8508	0.8531	0.8554	0.8577	0.8599	0.8621
1.1	0.8643	0.8665	0.8686	0.8708	0.8729	0.8749	0.8770	0.8790	0.8810	0.8830
1.2	0.8849	0.8869	0.8888	0.8907	0.8925	0.8944	0.8962	0.8980	0.8997	0.9015
1.3	0.9032	0.9049	0.9066	0.9082	0.9099	0.9115	0.9131	0.9147	0.9162	0.9177
1.4	0.9192	0.9207	0.9222	0.9236	0.9251	0.9265	0.9279	0.9292	0.9306	0.9319
1.5	0.9332	0.9345	0.9357	0.9370	0.9382	0.9394	0.9406	0.9418	0.9429	0.9441
1.6	0.9452	0.9463	0.9474	0.9484	0.9495	0.9505	0.9515	0.9525	0.9535	0.9545
1.7	0.9554	0.9564	0.9573	0.9582	0.9591	0.9599	0.9608	0.9616	0.9625	0.9633
1.8	0.9641	0.9649	0.9656	0.9664	0.9671	0.9678	0.9686	0.9693	0.9699	0.9706
1.9	0.9713	0.9719	0.9726	0.9732	0.9738	0.9744	0.9750	0.9756	0.9761	0.9767
2.0	0.9772	0.9778	0.9783	0.9788	0.9793	0.9798	0.9803	0.9808	0.9812	0.9817
2.1	0.9821	0.9826	0.9830	0.9834	0.9838	0.9842	0.9846	0.9850	0.9854	0.9857
2.2	0.9861	0.9864	0.9868	0.9871	0.9875	0.9878	0.9881	0.9884	0.9887	0.9890
2.3	0.9893	0.9896	0.9898	0.9901	0.9904	0.9906	0.9909	0.9911	0.9913	0.9916
2.4	0.9918	0.9920	0.9922	0.9925	0.9927	0.9929	0.9931	0.9932	0.9934	0.9936
2.5	0.9938	0.9940	0.9941	0.9943	0.9945	0.9946	0.9948	0.9949	0.9951	0.9952
2.6	0.9953	0.9955	0.9956	0.9957	0.9959	0.9960	0.9961	0.9962	0.9963	0.9964
2.7	0.9965	0.9966	0.9967	0.9968	0.9969	0.9970	0.9971	0.9972	0.9973	0.9974
2.8	0.9974	0.9975	0.9976	0.9977	0.9977	0.9978	0.9979	0.9979	0.9980	0.9981
2.9	0.9981	0.9982	0.9982	0.9983	0.9984	0.9984	0.9985	0.9985	0.9986	0.9986
3.0	0.9987	0.9987	0.9987	0.9988	0.9988	0.9989	0.9989	0.9989	0.9990	0.9990
3.1	0.9990	0.9991	0.9991	0.9991	0.9992	0.9992	0.9992	0.9992	0.9993	0.9993
3.2	0.9993	0.9993	0.9994	0.9994	0.9994	0.9994	0.9994	0.9995	0.9995	0.9995
3.3	0.9995	0.9995	0.9995	0.9996	0.9996	0.9996	0.9996	0.9996	0.9996	0.9997
3.4	0.9997	0.9997	0.9997	0.9997	0.9997	0.9997	0.9997	0.9997	0.9997	0.9998
3.5	0.9998	0.9998	0.9998	0.9998	0.9998	0.9998	0.9998	0.9998	0.9998	0.9998
3.6	0.9998	0.9998	0.9999	0.9999	0.9999	0.9999	0.9999	0.9999	0.9999	0.9999
3.7	0.9999	0.9999	0.9999	0.9999	0.9999	0.9999	0.9999	0.9999	0.9999	0.9999
3.8	0.9999	0.9999	0.9999	0.9999	0.9999	0.9999	0.9999	0.9999	0.9999	0.9999
3.9	1.0000	1.0000	1.0000	1.0000	1.0000	1.0000	1.0000	1.0000	1.0000	1.0000

자료: Excel로 계산된 확률.

표 2 스튜던트 t 분포

표의 값은 오른쪽 꼬리 면적이 α이고 특정한 자유도 df에 해당되는 $t_{\alpha,df}$의 값이다.
예를 들면, $\alpha = 0.05$이고 $df = 10$인 경우, $P(T_{10} \geq 1.812) = 0.05$.

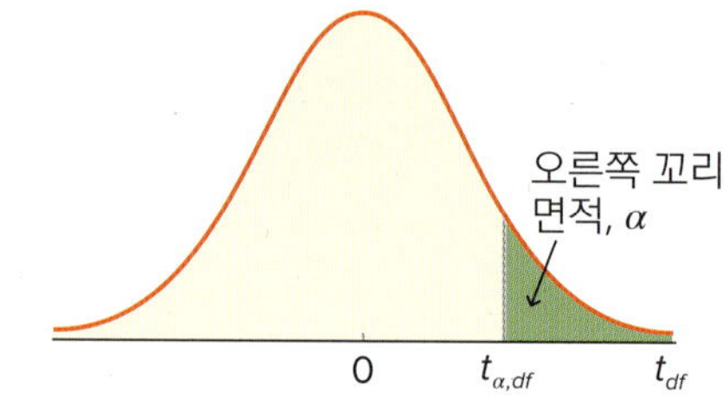

	α					
df	0.20	0.10	0.05	0.025	0.01	0.005
1	1.376	3.078	6.314	12.706	31.821	63.657
2	1.061	1.886	2.920	4.303	6.965	9.925
3	0.978	1.638	2.353	3.182	4.541	5.841
4	0.941	1.533	2.132	2.776	3.747	4.604
5	0.920	1.476	2.015	2.571	3.365	4.032
6	0.906	1.440	1.943	2.447	3.143	3.707
7	0.896	1.415	1.895	2.365	2.998	3.499
8	0.889	1.397	1.860	2.306	2.896	3.355
9	0.883	1.383	1.833	2.262	2.821	3.250
10	0.879	1.372	1.812	2.228	2.764	3.169
11	0.876	1.363	1.796	2.201	2.718	3.106
12	0.873	1.356	1.782	2.179	2.681	3.055
13	0.870	1.350	1.771	2.160	2.650	3.012
14	0.868	1.345	1.761	2.145	2.624	2.977
15	0.866	1.341	1.753	2.131	2.602	2.947
16	0.865	1.337	1.746	2.120	2.583	2.921
17	0.863	1.333	1.740	2.110	2.567	2.898
18	0.862	1.330	1.734	2.101	2.552	2.878
19	0.861	1.328	1.729	2.093	2.539	2.861
20	0.860	1.325	1.725	2.086	2.528	2.845
21	0.859	1.323	1.721	2.080	2.518	2.831
22	0.858	1.321	1.717	2.074	2.508	2.819
23	0.858	1.319	1.714	2.069	2.500	2.807
24	0.857	1.318	1.711	2.064	2.492	2.797
25	0.856	1.316	1.708	2.060	2.485	2.787
26	0.856	1.315	1.706	2.056	2.479	2.779
27	0.855	1.314	1.703	2.052	2.473	2.771
28	0.855	1.313	1.701	2.048	2.467	2.763
29	0.854	1.311	1.699	2.045	2.462	2.756
30	0.854	1.310	1.697	2.042	2.457	2.750

표 2 (계속)

	α					
df	**0.20**	**0.10**	**0.05**	**0.025**	**0.01**	**0.005**
31	0.853	1.309	1.696	2.040	2.453	2.744
32	0.853	1.309	1.694	2.037	2.449	2.738
33	0.853	1.308	1.692	2.035	2.445	2.733
34	0.852	1.307	1.691	2.032	2.441	2.728
35	0.852	1.306	1.690	2.030	2.438	2.724
36	0.852	1.306	1.688	2.028	2.434	2.719
37	0.851	1.305	1.687	2.026	2.431	2.715
38	0.851	1.304	1.686	2.024	2.429	2.712
39	0.851	1.304	1.685	2.023	2.426	2.708
40	0.851	1.303	1.684	2.021	2.423	2.704
41	0.850	1.303	1.683	2.020	2.421	2.701
42	0.850	1.302	1.682	2.018	2.418	2.698
43	0.850	1.302	1.681	2.017	2.416	2.695
44	0.850	1.301	1.680	2.015	2.414	2.692
45	0.850	1.301	1.679	2.014	2.412	2.690
46	0.850	1.300	1.679	2.013	2.410	2.687
47	0.849	1.300	1.678	2.012	2.408	2.685
48	0.849	1.299	1.677	2.011	2.407	2.682
49	0.849	1.299	1.677	2.010	2.405	2.680
50	0.849	1.299	1.676	2.009	2.403	2.678
51	0.849	1.298	1.675	2.008	2.402	2.676
52	0.849	1.298	1.675	2.007	2.400	2.674
53	0.848	1.298	1.674	2.006	2.399	2.672
54	0.848	1.297	1.674	2.005	2.397	2.670
55	0.848	1.297	1.673	2.004	2.396	2.668
56	0.848	1.297	1.673	2.003	2.395	2.667
57	0.848	1.297	1.672	2.002	2.394	2.665
58	0.848	1.296	1.672	2.002	2.392	2.663
59	0.848	1.296	1.671	2.001	2.391	2.662
60	0.848	1.296	1.671	2.000	2.390	2.660
80	0.846	1.292	1.664	1.990	2.374	2.639
100	0.845	1.290	1.660	1.984	2.364	2.626
150	0.844	1.287	1.655	1.976	2.351	2.609
200	0.843	1.286	1.653	1.972	2.345	2.601
500	0.842	1.283	1.648	1.965	2.334	2.586
1000	0.842	1.282	1.646	1.962	2.330	2.581
∞	0.842	1.282	1.645	1.960	2.326	2.576

자료: Excel로 계산된 t 값.

표 3 χ^2 (카이제곱) 분포

표의 값은 오른쪽 꼬리 면적이 α이고 특정한 자유도 df에 해당되는 $\chi^2_{\alpha,df}$의 값이다.
예를 들면, $\alpha = 0.05$이고 $df = 10$인 경우, $P(\chi^2_{10} \geq 18.307) = 0.05$.

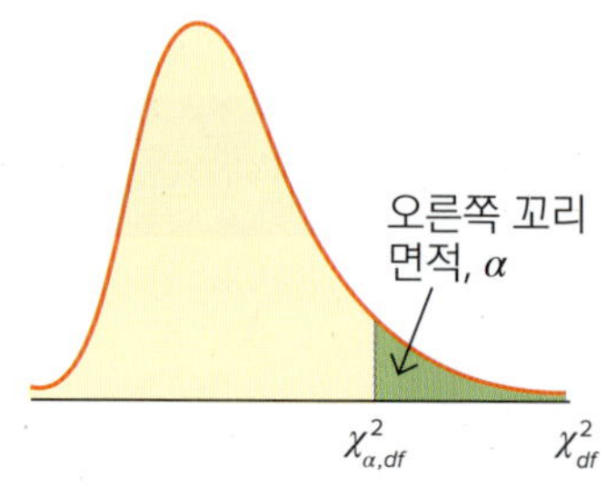

	α									
df	**0.995**	**0.990**	**0.975**	**0.950**	**0.900**	**0.100**	**0.050**	**0.025**	**0.010**	**0.005**
1	0.000	0.000	0.001	0.004	0.016	2.706	3.841	5.024	6.635	7.879
2	0.010	0.020	0.051	0.103	0.211	4.605	5.991	7.378	9.210	10.597
3	0.072	0.115	0.216	0.352	0.584	6.251	7.815	9.348	11.345	12.838
4	0.207	0.297	0.484	0.711	1.064	7.779	9.488	11.143	13.277	14.860
5	0.412	0.554	0.831	1.145	1.610	9.236	11.070	12.833	15.086	16.750
6	0.676	0.872	1.237	1.635	2.204	10.645	12.592	14.449	16.812	18.548
7	0.989	1.239	1.690	2.167	2.833	12.017	14.067	16.013	18.475	20.278
8	1.344	1.646	2.180	2.733	3.490	13.362	15.507	17.535	20.090	21.955
9	1.735	2.088	2.700	3.325	4.168	14.684	16.919	19.023	21.666	23.589
10	2.156	2.558	3.247	3.940	4.865	15.987	18.307	20.483	23.209	25.188
11	2.603	3.053	3.816	4.575	5.578	17.275	19.675	21.920	24.725	26.757
12	3.074	3.571	4.404	5.226	6.304	18.549	21.026	23.337	26.217	28.300
13	3.565	4.107	5.009	5.892	7.042	19.812	22.362	24.736	27.688	29.819
14	4.075	4.660	5.629	6.571	7.790	21.064	23.685	26.119	29.141	31.319
15	4.601	5.229	6.262	7.261	8.547	22.307	24.996	27.488	30.578	32.801
16	5.142	5.812	6.908	7.962	9.312	23.542	26.296	28.845	32.000	34.267
17	5.697	6.408	7.564	8.672	10.085	24.769	27.587	30.191	33.409	35.718
18	6.265	7.015	8.231	9.390	10.865	25.989	28.869	31.526	34.805	37.156
19	6.844	7.633	8.907	10.117	11.651	27.204	30.144	32.852	36.191	38.582
20	7.434	8.260	9.591	10.851	12.443	28.412	31.410	34.170	37.566	39.997
21	8.034	8.897	10.283	11.591	13.240	29.615	32.671	35.479	38.932	41.401
22	8.643	9.542	10.982	12.338	14.041	30.813	33.924	36.781	40.289	42.796
23	9.260	10.196	11.689	13.091	14.848	32.007	35.172	38.076	41.638	44.181
24	9.886	10.856	12.401	13.848	15.659	33.196	36.415	39.364	42.980	45.559
25	10.520	11.524	13.120	14.611	16.473	34.382	37.652	40.646	44.314	46.928
26	11.160	12.198	13.844	15.379	17.292	35.563	38.885	41.923	45.642	48.290
27	11.808	12.879	14.573	16.151	18.114	36.741	40.113	43.195	46.963	49.645
28	12.461	13.565	15.308	16.928	18.939	37.916	41.337	44.461	48.278	50.993
29	13.121	14.256	16.047	17.708	19.768	39.087	42.557	45.722	49.588	52.336
30	13.787	14.953	16.791	18.493	20.599	40.256	43.773	46.979	50.892	53.672

표 3 (계속)

	α									
df	**0.995**	**0.990**	**0.975**	**0.950**	**0.900**	**0.100**	**0.050**	**0.025**	**0.010**	**0.005**
31	14.458	15.655	17.539	19.281	21.434	41.422	44.985	48.232	52.191	55.003
32	15.134	16.362	18.291	20.072	22.271	42.585	46.194	49.480	53.486	56.328
33	15.815	17.074	19.047	20.867	23.110	43.745	47.400	50.725	54.776	57.648
34	16.501	17.789	19.806	21.664	23.952	44.903	48.602	51.966	56.061	58.964
35	17.192	18.509	20.569	22.465	24.797	46.059	49.802	53.203	57.342	60.275
36	17.887	19.233	21.336	23.269	25.643	47.212	50.998	54.437	58.619	61.581
37	18.586	19.960	22.106	24.075	26.492	48.363	52.192	55.668	59.893	62.883
38	19.289	20.691	22.878	24.884	27.343	49.513	53.384	56.896	61.162	64.181
39	19.996	21.426	23.654	25.695	28.196	50.660	54.572	58.120	62.428	65.476
40	20.707	22.164	24.433	26.509	29.051	51.805	55.758	59.342	63.691	66.766
41	21.421	22.906	25.215	27.326	29.907	52.949	56.942	60.561	64.950	68.053
42	22.138	23.650	25.999	28.144	30.765	54.090	58.124	61.777	66.206	69.336
43	22.859	24.398	26.785	28.965	31.625	55.230	59.304	62.990	67.459	70.616
44	23.584	25.148	27.575	29.787	32.487	56.369	60.481	64.201	68.710	71.893
45	24.311	25.901	28.366	30.612	33.350	57.505	61.656	65.410	69.957	73.166
46	25.041	26.657	29.160	31.439	34.215	58.641	62.830	66.617	71.201	74.437
47	25.775	27.416	29.956	32.268	35.081	59.774	64.001	67.821	72.443	75.704
48	26.511	28.177	30.755	33.098	35.949	60.907	65.171	69.023	73.683	76.969
49	27.249	28.941	31.555	33.930	36.818	62.038	66.339	70.222	74.919	78.231
50	27.991	29.707	32.357	34.764	37.689	63.167	67.505	71.420	76.154	79.490
55	31.735	33.570	36.398	38.958	42.060	68.796	73.311	77.380	82.292	85.749
60	35.534	37.485	40.482	43.188	46.459	74.397	79.082	83.298	88.379	91.952
65	39.383	41.444	44.603	47.450	50.883	79.973	84.821	89.177	94.422	98.105
70	43.275	45.442	48.758	51.739	55.329	85.527	90.531	95.023	100.425	104.215
75	47.206	49.475	52.942	56.054	59.795	91.061	96.217	100.839	106.393	110.286
80	51.172	53.540	57.153	60.391	64.278	96.578	101.879	106.629	112.329	116.321
85	55.170	57.634	61.389	64.749	68.777	102.079	107.522	112.393	118.236	122.325
90	59.196	61.754	65.647	69.126	73.291	107.565	113.145	118.136	124.116	128.299
95	63.250	65.898	69.925	73.520	77.818	113.038	118.752	123.858	129.973	134.247
100	67.328	70.065	74.222	77.929	82.358	118.498	124.342	129.561	135.807	140.169

자료: Excel로 계산된 χ^2 값.

표 4 *F* 분포

표의 값은 오른쪽 꼬리 면적이 α이고 특정한 분자의 자유도 df_1과 분모의 자유도 df_2에 해당되는 $F_{\alpha,(df_1,df_2)}$의 값이다.
예를 들면, $\alpha = 0.05$, $df_1 = 8$, $df_2 = 6$인 경우, $P(F_{(8,6)} \geq 4.15) = 0.05$.

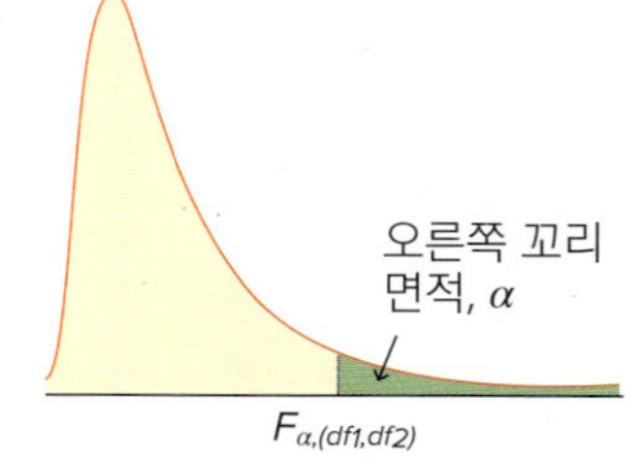

		df_1														
df_2	α	1	2	3	4	5	6	7	8	9	10	15	25	50	100	500
1	0.10	39.86	49.50	53.59	55.83	57.24	58.2	58.91	59.44	59.86	60.19	61.22	62.05	62.69	63.01	63.26
	0.05	161.45	199.50	215.71	224.58	230.16	233.99	236.77	238.88	240.54	241.88	245.95	249.26	251.77	253.04	254.06
	0.025	647.79	799.50	864.16	899.58	921.85	937.11	948.22	956.66	963.28	968.63	984.87	998.08	1008.12	1013.17	1017.24
	0.01	4052.18	4999.50	5403.35	5624.58	5763.65	5858.99	5928.36	5981.07	6022.47	6055.85	6157.28	6239.83	6302.52	6334.11	6359.50
2	0.10	8.53	9.00	9.16	9.24	9.29	9.33	9.35	9.37	9.38	9.39	9.42	9.45	9.47	9.48	9.49
	0.05	18.51	19.00	19.16	19.25	19.30	19.33	19.35	19.37	19.38	19.40	19.43	19.46	19.48	19.49	19.49
	0.025	38.51	39.00	39.17	39.25	39.30	39.33	39.36	39.37	39.39	39.40	39.43	39.46	39.48	39.49	39.50
	0.01	98.50	99.00	99.17	99.25	99.30	99.33	99.36	99.37	99.39	99.40	99.43	99.46	99.48	99.49	99.50
3	0.10	5.54	5.46	5.39	5.34	5.31	5.28	5.27	5.25	5.24	5.23	5.20	5.17	5.15	5.14	5.14
	0.05	10.13	9.55	9.28	9.12	9.01	8.94	8.89	8.85	8.81	8.79	8.70	8.63	8.58	8.55	8.53
	0.025	17.44	16.04	15.44	15.10	14.88	14.73	14.62	14.54	14.47	14.42	14.25	14.12	14.01	13.96	13.91
	0.01	34.12	30.82	29.46	28.71	28.24	27.91	27.67	27.49	27.35	27.23	26.87	26.58	26.35	26.24	26.15
4	0.10	4.54	4.32	4.19	4.11	4.05	4.01	3.98	3.95	3.94	3.92	3.87	3.83	3.80	3.78	3.76
	0.05	7.71	6.94	6.59	6.39	6.26	6.16	6.09	6.04	6.00	5.96	5.86	5.77	5.70	5.66	5.64
	0.025	12.22	10.65	9.98	9.60	9.36	9.20	9.07	8.98	8.90	8.84	8.66	8.50	8.38	8.32	8.27
	0.01	21.20	18.00	16.69	15.98	15.52	15.21	14.98	14.80	14.66	14.55	14.20	13.91	13.69	13.58	13.49
5	0.10	4.06	3.78	3.62	3.52	3.45	3.40	3.37	3.34	3.32	3.30	3.24	3.19	3.15	3.13	3.11
	0.05	6.61	5.79	5.41	5.19	5.05	4.95	4.88	4.82	4.77	4.74	4.62	4.52	4.44	4.41	4.37
	0.025	10.01	8.43	7.76	7.39	7.15	6.98	6.85	6.76	6.68	6.62	6.43	6.27	6.14	6.08	6.03
	0.01	16.26	13.27	12.06	11.39	10.97	10.67	10.46	10.29	10.16	10.05	9.72	9.45	9.24	9.13	9.04
6	0.10	3.78	3.46	3.29	3.18	3.11	3.05	3.01	2.98	2.96	2.94	2.87	2.81	2.77	2.75	2.73
	0.05	5.99	5.14	4.76	4.53	4.39	4.28	4.21	4.15	4.10	4.06	3.94	3.83	3.75	3.71	3.68
	0.025	8.81	7.26	6.60	6.23	5.99	5.82	5.70	5.60	5.52	5.46	5.27	5.11	4.98	4.92	4.86
	0.01	13.75	10.92	9.78	9.15	8.75	8.47	8.26	8.10	7.98	7.87	7.56	7.30	7.09	6.99	6.90
7	0.10	3.59	3.26	3.07	2.96	2.88	2.83	2.78	2.75	2.72	2.70	2.63	2.57	2.52	2.50	2.48
	0.05	5.59	4.74	4.35	4.12	3.97	3.87	3.79	3.73	3.68	3.64	3.51	3.40	3.32	3.27	3.24
	0.025	8.07	6.54	5.89	5.52	5.29	5.12	4.99	4.90	4.82	4.76	4.57	4.40	4.28	4.21	4.16
	0.01	12.25	9.55	8.45	7.85	7.46	7.19	6.99	6.84	6.72	6.62	6.31	6.06	5.86	5.75	5.67

표 4 (계속)

df_2	α	df_1 = 1	2	3	4	5	6	7	8	9	10	15	25	50	100	500
8	0.10	3.46	3.11	2.92	2.81	2.73	2.67	2.62	2.59	2.56	2.54	2.46	2.40	2.35	2.32	2.30
	0.05	5.32	4.46	4.07	3.84	3.69	3.58	3.50	3.44	3.39	3.35	3.22	3.11	3.02	2.97	2.94
	0.025	7.57	6.06	5.42	5.05	4.82	4.65	4.53	4.43	4.36	4.30	4.10	3.94	3.81	3.74	3.68
	0.01	11.26	8.65	7.59	7.01	6.63	6.37	6.18	6.03	5.91	5.81	5.52	5.26	5.07	4.96	4.88
9	0.10	3.36	3.01	2.81	2.69	2.61	2.55	2.51	2.47	2.44	2.42	2.34	2.27	2.22	2.19	2.17
	0.05	5.12	4.26	3.86	3.63	3.48	3.37	3.29	3.23	3.18	3.14	3.01	2.89	2.80	2.76	2.72
	0.025	7.21	5.71	5.08	4.72	4.48	4.32	4.20	4.10	4.03	3.96	3.77	3.60	3.47	3.40	3.35
	0.01	10.56	8.02	6.99	6.42	6.06	5.80	5.61	5.47	5.35	5.26	4.96	4.71	4.52	4.41	4.33
10	0.10	3.29	2.92	2.73	2.61	2.52	2.46	2.41	2.38	2.35	2.32	2.24	2.17	2.12	2.09	2.06
	0.05	4.96	4.10	3.71	3.48	3.33	3.22	3.14	3.07	3.02	2.98	2.85	2.73	2.64	2.59	2.55
	0.025	6.94	5.46	4.83	4.47	4.24	4.07	3.95	3.85	3.78	3.72	3.52	3.35	3.22	3.15	3.09
	0.01	10.04	7.56	6.55	5.99	5.64	5.39	5.20	5.06	4.94	4.85	4.56	4.31	4.12	4.01	3.93
11	0.10	3.23	2.86	2.66	2.54	2.45	2.39	2.34	2.30	2.27	2.25	2.17	2.10	2.04	2.01	1.98
	0.05	4.84	3.98	3.59	3.36	3.20	3.09	3.01	2.95	2.90	2.85	2.72	2.60	2.51	2.46	2.42
	0.025	6.72	5.26	4.63	4.28	4.04	3.88	3.76	3.66	3.59	3.53	3.33	3.16	3.03	2.96	2.90
	0.01	9.65	7.21	6.22	5.67	5.32	5.07	4.89	4.74	4.63	4.54	4.25	4.01	3.81	3.71	3.62
12	0.10	3.18	2.81	2.61	2.48	2.39	2.33	2.28	2.24	2.21	2.19	2.10	2.03	1.97	1.94	1.91
	0.05	4.75	3.89	3.49	3.26	3.11	3.00	2.91	2.85	2.80	2.75	2.62	2.50	2.40	2.35	2.31
	0.025	6.55	5.10	4.47	4.12	3.89	3.73	3.61	3.51	3.44	3.37	3.18	3.01	2.87	2.80	2.74
	0.01	9.33	6.93	5.95	5.41	5.06	4.82	4.64	4.50	4.39	4.30	4.01	3.76	3.57	3.47	3.38
13	0.10	3.14	2.76	2.56	2.43	2.35	2.28	2.23	2.20	2.16	2.14	2.05	1.98	1.92	1.88	1.85
	0.05	4.67	3.81	3.41	3.18	3.03	2.92	2.83	2.77	2.71	2.67	2.53	2.41	2.31	2.26	2.22
	0.025	6.41	4.97	4.35	4.00	3.77	3.60	3.48	3.39	3.31	3.25	3.05	2.88	2.74	2.67	2.61
	0.01	9.07	6.70	5.74	5.21	4.86	4.62	4.44	4.30	4.19	4.10	3.82	3.57	3.38	3.27	3.19
14	0.10	3.10	2.73	2.52	2.39	2.31	2.24	2.19	2.15	2.12	2.10	2.01	1.93	1.87	1.83	1.80
	0.05	4.60	3.74	3.34	3.11	2.96	2.85	2.76	2.70	2.65	2.60	2.46	2.34	2.24	2.19	2.14
	0.025	6.30	4.86	4.24	3.89	3.66	3.50	3.38	3.29	3.21	3.15	2.95	2.78	2.64	2.56	2.50
	0.01	8.86	6.51	5.56	5.04	4.69	4.46	4.28	4.14	4.03	3.94	3.66	3.41	3.22	3.11	3.03
15	0.10	3.07	2.70	2.49	2.36	2.27	2.21	2.16	2.12	2.09	2.06	1.97	1.89	1.83	1.79	1.76
	0.05	4.54	3.68	3.29	3.06	2.90	2.79	2.71	2.64	2.59	2.54	2.40	2.28	2.18	2.12	2.08
	0.025	6.20	4.77	4.15	3.80	3.58	3.41	3.29	3.20	3.12	3.06	2.86	2.69	2.55	2.47	2.41
	0.01	8.68	6.36	5.42	4.89	4.56	4.32	4.14	4.00	3.89	3.80	3.52	3.28	3.08	2.98	2.89
16	0.10	3.05	2.67	2.46	2.33	2.24	2.18	2.13	2.09	2.06	2.03	1.94	1.86	1.79	1.76	1.73
	0.05	4.49	3.63	3.24	3.01	2.85	2.74	2.66	2.59	2.54	2.49	2.35	2.23	2.12	2.07	2.02
	0.025	6.12	4.69	4.08	3.73	3.50	3.34	3.22	3.12	3.05	2.99	2.79	2.61	2.47	2.40	2.33
	0.01	8.53	6.23	5.29	4.77	4.44	4.20	4.03	3.89	3.78	3.69	3.41	3.16	2.97	2.86	2.78

df_2	α	df_1 1	2	3	4	5	6	7	8	9	10	15	25	50	100	500
17	0.10	3.03	2.64	2.44	2.31	2.22	2.15	2.10	2.06	2.03	2.00	1.91	1.83	1.76	1.73	1.69
	0.05	4.45	3.59	3.20	2.96	2.81	2.70	2.61	2.55	2.49	2.45	2.31	2.18	2.08	2.02	1.97
	0.025	6.04	4.62	4.01	3.66	3.44	3.28	3.16	3.06	2.98	2.92	2.72	2.55	2.41	2.33	2.26
	0.01	8.40	6.11	5.18	4.67	4.34	4.10	3.93	3.79	3.68	3.59	3.31	3.07	2.87	2.76	2.68
18	0.10	3.01	2.62	2.42	2.29	2.20	2.13	2.08	2.04	2.00	1.98	1.89	1.80	1.74	1.70	1.67
	0.05	4.41	3.55	3.16	2.93	2.77	2.66	2.58	2.51	2.46	2.41	2.27	2.14	2.04	1.98	1.93
	0.025	5.98	4.56	3.95	3.61	3.38	3.22	3.10	3.01	2.93	2.87	2.67	2.49	2.35	2.27	2.20
	0.01	8.29	6.01	5.09	4.58	4.25	4.01	3.84	3.71	3.60	3.51	3.23	2.98	2.78	2.68	2.59
19	0.10	2.99	2.61	2.40	2.27	2.18	2.11	2.06	2.02	1.98	1.96	1.86	1.78	1.71	1.67	1.64
	0.05	4.38	3.52	3.13	2.90	2.74	2.63	2.54	2.48	2.42	2.38	2.23	2.11	2.00	1.94	1.89
	0.025	5.92	4.51	3.90	3.56	3.33	3.17	3.05	2.96	2.88	2.82	2.62	2.44	2.30	2.22	2.15
	0.01	8.18	5.93	5.01	4.50	4.17	3.94	3.77	3.63	3.52	3.43	3.15	2.91	2.71	2.60	2.51
20	0.10	2.97	2.59	2.38	2.25	2.16	2.09	2.04	2.00	1.96	1.94	1.84	1.76	1.69	1.65	1.62
	0.05	4.35	3.49	3.10	2.87	2.71	2.60	2.51	2.45	2.39	2.35	2.20	2.07	1.97	1.91	1.86
	0.025	5.87	4.46	3.86	3.51	3.29	3.13	3.01	2.91	2.84	2.77	2.57	2.40	2.25	2.17	2.10
	0.01	8.10	5.85	4.94	4.43	4.10	3.87	3.70	3.56	3.46	3.37	3.09	2.84	2.64	2.54	2.44
21	0.10	2.96	2.57	2.36	2.23	2.14	2.08	2.02	1.98	1.95	1.92	1.83	1.74	1.67	1.63	1.60
	0.05	4.32	3.47	3.07	2.84	2.68	2.57	2.49	2.42	2.37	2.32	2.18	2.05	1.94	1.88	1.83
	0.025	5.83	4.42	3.82	3.48	3.25	3.09	2.97	2.87	2.80	2.73	2.53	2.36	2.21	2.13	2.06
	0.01	8.02	5.78	4.87	4.37	4.04	3.81	3.64	3.51	3.40	3.31	3.03	2.79	2.58	2.48	2.38
22	0.10	2.95	2.56	2.35	2.22	2.13	2.06	2.01	1.97	1.93	1.90	1.81	1.73	1.65	1.61	1.58
	0.05	4.30	3.44	3.05	2.82	2.66	2.55	2.46	2.40	2.34	2.30	2.15	2.02	1.91	1.85	1.80
	0.025	5.79	4.38	3.78	3.44	3.22	3.05	2.93	2.84	2.76	2.70	2.50	2.32	2.17	2.09	2.02
	0.01	7.95	5.72	4.82	4.31	3.99	3.76	3.59	3.45	3.35	3.26	2.98	2.73	2.53	2.42	2.33
23	0.10	2.94	2.55	2.34	2.21	2.11	2.05	1.99	1.95	1.92	1.89	1.80	1.71	1.64	1.59	1.56
	0.05	4.28	3.42	3.03	2.80	2.64	2.53	2.44	2.37	2.32	2.27	2.13	2.00	1.88	1.82	1.77
	0.025	5.75	4.35	3.75	3.41	3.18	3.02	2.90	2.81	2.73	2.67	2.47	2.29	2.14	2.06	1.99
	0.01	7.88	5.66	4.76	4.26	3.94	3.71	3.54	3.41	3.30	3.21	2.93	2.69	2.48	2.37	2.28
24	0.10	2.93	2.54	2.33	2.19	2.10	2.04	1.98	1.94	1.91	1.88	1.78	1.70	1.62	1.58	1.54
	0.05	4.26	3.40	3.01	2.78	2.62	2.51	2.42	2.36	2.30	2.25	2.11	1.97	1.86	1.80	1.75
	0.025	5.72	4.32	3.72	3.38	3.15	2.99	2.87	2.78	2.70	2.64	2.44	2.26	2.11	2.02	1.95
	0.01	7.82	5.61	4.72	4.22	3.90	3.67	3.50	3.36	3.26	3.17	2.89	2.64	2.44	2.33	2.24

표 4 (계속)

		df_1														
df_2	α	1	2	3	4	5	6	7	8	9	10	15	25	50	100	500
25	0.10	2.92	2.53	2.32	2.18	2.09	2.02	1.97	1.93	1.89	1.87	1.77	1.68	1.61	1.56	1.53
	0.05	4.24	3.39	2.99	2.76	2.60	2.49	2.40	2.34	2.28	2.24	2.09	1.96	1.84	1.78	1.73
	0.025	5.69	4.29	3.69	3.35	3.13	2.97	2.85	2.75	2.68	2.61	2.41	2.23	2.08	2.00	1.92
	0.01	7.77	5.57	4.68	4.18	3.85	3.63	3.46	3.32	3.22	3.13	2.85	2.60	2.40	2.29	2.19
26	0.10	2.91	2.52	2.31	2.17	2.08	2.01	1.96	1.92	1.88	1.86	1.76	1.67	1.59	1.55	1.51
	0.05	4.23	3.37	2.98	2.74	2.59	2.47	2.39	2.32	2.27	2.22	2.07	1.94	1.82	1.76	1.71
	0.025	5.66	4.27	3.67	3.33	3.10	2.94	2.82	2.73	2.65	2.59	2.39	2.21	2.05	1.97	1.90
	0.01	7.72	5.53	4.64	4.14	3.82	3.59	3.42	3.29	3.18	3.09	2.81	2.57	2.36	2.25	2.16
27	0.10	2.90	2.51	2.30	2.17	2.07	2.00	1.95	1.91	1.87	1.85	1.75	1.66	1.58	1.54	1.50
	0.05	4.21	3.35	2.96	2.73	2.57	2.46	2.37	2.31	2.25	2.20	2.06	1.92	1.81	1.74	1.69
	0.025	5.63	4.24	3.65	3.31	3.08	2.92	2.80	2.71	2.63	2.57	2.36	2.18	2.03	1.94	1.87
	0.01	7.68	5.49	4.60	4.11	3.78	3.56	3.39	3.26	3.15	3.06	2.78	2.54	2.33	2.22	2.12
28	0.10	2.89	2.50	2.29	2.16	2.06	2.00	1.94	1.90	1.87	1.84	1.74	1.65	1.57	1.53	1.49
	0.05	4.20	3.34	2.95	2.71	2.56	2.45	2.36	2.29	2.24	2.19	2.04	1.91	1.79	1.73	1.67
	0.025	5.61	4.22	3.63	3.29	3.06	2.90	2.78	2.69	2.61	2.55	2.34	2.16	2.01	1.92	1.85
	0.01	7.64	5.45	4.57	4.07	3.75	3.53	3.36	3.23	3.12	3.03	2.75	2.51	2.30	2.19	2.09
29	0.10	2.89	2.50	2.28	2.15	2.06	1.99	1.93	1.89	1.86	1.83	1.73	1.64	1.56	1.52	1.48
	0.05	4.18	3.33	2.93	2.70	2.55	2.43	2.35	2.28	2.22	2.18	2.03	1.89	1.77	1.71	1.65
	0.025	5.59	4.20	3.61	3.27	3.04	2.88	2.76	2.67	2.59	2.53	2.32	2.14	1.99	1.90	1.83
	0.01	7.60	5.42	4.54	4.04	3.73	3.50	3.33	3.20	3.09	3.00	2.73	2.48	2.27	2.16	2.06
30	0.10	2.88	2.49	2.28	2.14	2.05	1.98	1.93	1.88	1.85	1.82	1.72	1.63	1.55	1.51	1.47
	0.05	4.17	3.32	2.92	2.69	2.53	2.42	2.33	2.27	2.21	2.16	2.01	1.88	1.76	1.70	1.64
	0.025	5.57	4.18	3.59	3.25	3.03	2.87	2.75	2.65	2.57	2.51	2.31	2.12	1.97	1.88	1.81
	0.01	7.56	5.39	4.51	4.02	3.70	3.47	3.30	3.17	3.07	2.98	2.70	2.45	2.25	2.13	2.03
50	0.10	2.81	2.41	2.20	2.06	1.97	1.90	1.84	1.80	1.76	1.73	1.63	1.53	1.44	1.39	1.34
	0.05	4.03	3.18	2.79	2.56	2.40	2.29	2.20	2.13	2.07	2.03	1.87	1.73	1.60	1.52	1.46
	0.025	5.34	3.97	3.39	3.05	2.83	2.67	2.55	2.46	2.38	2.32	2.11	1.92	1.75	1.66	1.57
	0.01	7.17	5.06	4.20	3.72	3.41	3.19	3.02	2.89	2.78	2.70	2.42	2.17	1.95	1.82	1.71
100	0.10	2.76	2.36	2.14	2.00	1.91	1.83	1.78	1.73	1.69	1.66	1.56	1.45	1.35	1.29	1.23
	0.05	3.94	3.09	2.70	2.46	2.31	2.19	2.10	2.03	1.97	1.93	1.77	1.62	1.48	1.39	1.31
	0.025	5.18	3.83	3.25	2.92	2.70	2.54	2.42	2.32	2.24	2.18	1.97	1.77	1.59	1.48	1.38
	0.01	6.90	4.82	3.98	3.51	3.21	2.99	2.82	2.69	2.59	2.50	2.22	1.97	1.74	1.60	1.47
500	0.10	2.72	2.31	2.09	1.96	1.86	1.79	1.73	1.68	1.64	1.61	1.50	1.39	1.28	1.21	1.12
	0.05	3.86	3.01	2.62	2.39	2.23	2.12	2.03	1.96	1.90	1.85	1.69	1.53	1.38	1.28	1.16
	0.025	5.05	3.72	3.14	2.81	2.59	2.43	2.31	2.22	2.14	2.07	1.86	1.65	1.46	1.34	1.19
	0.01	6.69	4.65	3.82	3.36	3.05	2.84	2.68	2.55	2.44	2.36	2.07	1.81	1.57	1.41	1.23

자료: Excel로 계산된 *F* 값.

표 5 튜키의 HSD 방법을 위한 스튜던트화 범위 값 $q_{\alpha,(c,n_T-c)}$

		The number of means, *c*										
$n_T - c$	α	2	3	4	5	6	7	8	9	10	11	12
4	0.05	3.93	5.04	5.76	6.29	6.71	7.05	7.35	7.60	7.83	8.03	8.21
	0.01	6.51	8.12	9.17	9.96	10.58	11.10	11.54	11.92	12.26	12.57	12.84
5	0.05	3.64	4.60	5.22	5.67	6.03	6.33	6.58	6.80	6.99	7.17	7.32
	0.01	5.70	6.98	7.80	8.42	8.91	9.32	9.67	9.97	10.24	10.48	10.70
6	0.05	3.46	4.34	4.90	5.30	5.63	5.90	6.12	6.32	6.49	6.65	6.79
	0.01	5.24	6.33	7.03	7.56	7.97	8.32	8.61	8.87	9.10	9.30	9.48
7	0.05	3.34	4.16	4.68	5.06	5.36	5.61	5.82	6.00	6.16	6.30	6.43
	0.01	4.95	5.92	6.54	7.01	7.37	7.68	7.94	8.17	8.37	8.55	8.71
8	0.05	3.26	4.04	4.53	4.89	5.17	5.40	5.60	5.77	5.92	6.05	6.18
	0.01	4.75	5.64	6.20	6.62	6.96	7.24	7.47	7.68	7.86	8.03	8.18
9	0.05	3.20	3.95	4.41	4.76	5.02	5.24	5.43	5.59	5.74	5.87	5.98
	0.01	4.60	5.43	5.96	6.35	6.66	6.91	7.13	7.33	7.49	7.65	7.78
10	0.05	3.15	3.88	4.33	4.65	4.91	5.12	5.30	5.46	5.60	5.72	5.83
	0.01	4.48	5.27	5.77	6.14	6.43	6.67	6.87	7.05	7.21	7.36	7.49
11	0.05	3.11	3.82	4.26	4.57	4.82	5.03	5.20	5.35	5.49	5.61	5.71
	0.01	4.39	5.15	5.62	5.97	6.25	6.48	6.67	6.84	6.99	7.13	7.25
12	0.05	3.08	3.77	4.20	4.51	4.75	4.95	5.12	5.27	5.39	5.51	5.61
	0.01	4.32	5.05	5.50	5.84	6.10	6.32	6.51	6.67	6.81	6.94	7.06
13	0.05	3.06	3.73	4.15	4.45	4.69	4.88	5.05	5.19	5.32	5.43	5.53
	0.01	4.26	4.96	5.40	5.73	5.98	6.19	6.37	6.53	6.67	6.79	6.90
14	0.05	3.03	3.70	4.11	4.41	4.64	4.83	4.99	5.13	5.25	5.36	5.46
	0.01	4.21	4.89	5.32	5.63	5.88	6.08	6.26	6.41	6.54	6.66	6.77
15	0.05	3.01	3.67	4.08	4.37	4.59	4.78	4.94	5.08	5.20	5.31	5.40
	0.01	4.17	4.84	5.25	5.56	5.80	5.99	6.16	6.31	6.44	6.55	6.66
16	0.05	3.00	3.65	4.05	4.33	4.56	4.74	4.90	5.03	5.15	5.26	5.35
	0.01	4.13	4.79	5.19	5.49	5.72	5.92	6.08	6.22	6.35	6.46	6.56
17	0.05	2.98	3.63	4.02	4.30	4.52	4.70	4.86	4.99	5.11	5.21	5.31
	0.01	4.10	4.74	5.14	5.43	5.66	5.85	6.01	6.15	6.27	6.38	6.48
18	0.05	2.97	3.61	4.00	4.28	4.49	4.67	4.82	4.96	5.07	5.17	5.27
	0.01	4.07	4.70	5.09	5.38	5.60	5.79	5.94	6.08	6.20	6.31	6.41
19	0.05	2.96	3.59	3.98	4.25	4.47	4.65	4.79	4.92	5.04	5.14	5.23
	0.01	4.05	4.67	5.05	5.33	5.55	5.73	5.89	6.02	6.14	6.25	6.34

표 5 (계속)

$n_T - c$	α	The number of means, c										
		2	3	4	5	6	7	8	9	10	11	12
20	0.05	2.95	3.58	3.96	4.23	4.45	4.62	4.77	4.90	5.01	5.11	5.20
	0.01	4.02	4.64	5.02	5.29	5.51	5.69	5.84	5.97	6.09	6.19	6.28
24	0.05	2.92	3.53	3.90	4.17	4.37	4.54	4.68	4.81	4.92	5.01	5.10
	0.01	3.96	4.55	4.91	5.17	5.37	5.54	5.69	5.81	5.92	6.02	6.11
30	0.05	2.89	3.49	3.85	4.10	4.30	4.46	4.60	4.72	4.82	4.92	5.00
	0.01	3.89	4.45	4.80	5.05	5.24	5.40	5.54	5.65	5.76	5.85	5.93
40	0.05	2.86	3.44	3.79	4.04	4.23	4.39	4.52	4.63	4.73	4.82	4.90
	0.01	3.82	4.37	4.70	4.93	5.11	5.26	5.39	5.50	5.60	5.69	5.76
60	0.05	2.83	3.40	3.74	3.98	4.16	4.31	4.44	4.55	4.65	4.73	4.81
	0.01	3.76	4.28	4.59	4.82	4.99	5.13	5.25	5.36	5.45	5.53	5.60
120	0.05	2.80	3.36	3.68	3.92	4.10	4.24	4.36	4.47	4.56	4.64	4.71
	0.01	3.70	4.20	4.50	4.71	4.87	5.01	5.12	5.21	5.30	5.37	5.44
∞	0.05	2.77	3.31	3.63	3.86	4.03	4.17	4.29	4.39	4.47	4.55	4.62
	0.01	3.64	4.12	4.40	4.60	4.76	4.88	4.99	5.08	5.16	5.23	5.29

자료: E. S. Pearson and H. O. Hartley, *Biometrika Tables for Statisticians*, vol. 1 (Cambridge: Cambridge University Press, 1966).

부록 C

주요 연습문제 해답

Answers to Selected Exercises

Chapter 1

1.2 35는 추정된 모평균이다. 모든 비디오 게임 플레이어를 만나는 것은 불가능하다.

1.4 **a.** 모집단은 공학학위를 가진 모든 최근 대학 졸업생이다.
b. 아니다. 평균 급여는 표본으로부터 계산된다.

1.6 표본추출에 따라 변할 수 있는 횡단면 데이터

1.8 비정형; 잘 정의된 행-열 서식을 따르지 않는다.

1.10 정형; 시계열; 표본추출에 따라 변한다

1.18 **a.** 명목
b. 등간
c. 비율

1.26 **a.** 1
b. 9
c. Exercise 5개, Marriage 2개, Income 3개
d. 결혼한 사람 281명, 미혼 134명
e. 항상 운동하는 결혼한 사람 69명, 전혀 운동 안 하는 미혼 74명

1.28 **a.** 고객이 내년 안에 여행할 계획이 있는지(TravelPlan)
b. 300개 관측치가 제거된다.
c. 부분집합에 2개 관측치

1.30 **a.** 결측값이 있는 관측치는 Yards 25개, Attempts 28개, Interceptions 29개
b. 3개 관측치가 제거된다.
c. 5개 관측치가 제거된다.

1.32 **a.** 모집단: 2019년에 태어난 모든 미국 시민
b. 평균이 표본으로부터 계산된다.

1.36 **a.** Year는 등간척도
b. Quarter는 명목척도
c. Vacation은 비율척도

1.38 **a.** 남학생 616명, 여학생 614명
b. 남학생 49.35%, 여학생 57.33%
c. 2
d. 6
e. 남학생: 최고 1600, 최저 1055;
여학생: 최고 1599, 최저 1062

1.40 **a.** Name을 제외한 모든 변수에 결측값이 있다; 데이터셋에는 9개의 결측값이 있다.
b. 결측값으로 6개의 관측치가 제거된다(즉, 367개의 완전한 관측치).
c. 61개의 관측치가 남아 있다.

Chapter 2

2.2 **a.** 0.302
b. Large 사이즈 셔츠가 가장 높은 빈도이고, Small 사이즈 셔츠가 가장 낮은 빈도이다.

2.4 **a.** 19.3%
b. South가 가장 높은 상대빈도를 보인다.

2.6 **a.** 평점 5가 가장 높은 빈도이다.
b. 평점이 높을수록 높은 빈도를 보인다.

2.8 **a.** 비종교적(Not Religious)이 가장 많은 응답이다.
b. 35%가 "비종교적(Not Religious)"이라고 응답했으며, 이는 이전의 연구결과와 일관성이 있다.

2.10 아니오, 수직축의 상한으로 상대적으로 높은 값(500달러)을 사용함으로써 주가의 상승이 약화되어 보인다.

2.12 **a.** 378
b. 46
c. 80
d. 14

2.14 **a.** 202; 60
b. 0.7030; 0.5588
c. 이 바에서는 맥주(beer)가 인기 있는 음료이다. 남성과 여성 모두 다른 두 대안보다 맥주를 선택하는 경향이 있다.

2.18 **a.** 120; 68
b. 0.1667; 0.3200
c. 경영 및 비경영 전공 모두 대다수의 학생들이 열심히 공부하지 않는다. 그러나 비경영 전공 학생들이 더 열심히 공부하는 경향이 있다.

2.20 **a.** 0.317
b. 104
c. 0.867; 0.133

2.26 **a.** 0.40
b. 200

2.28 **a.** 47

b. 0.31; 0.13

c. 관측치의 거의 0.70이 15보다 작다.

2.30 **a.** 125; 0.71

b. 분포가 대칭이다.

c. 0.80

2.34 **a.** $2.30 < x \leq 2.60$; 6

b. 아니오, 분포가 대칭이 아니다. 양적 비대칭이다.

2.36 **a.** $800 < x \leq 900$ (171 학생); 157 학생; 0.114

b. 분포는 비교적 대칭이다.

c. 0.50

2.38 음의 상관

2.40 무상관; 따라서 두 자산에 대한 투자는 위험을 분산시킬 것이다.

2.42 **a.** 음의 상관

b. 음의 상관

c. 7

d. 두 마일리지 범주에서 자동차에 대한 연령과 가격 사이의 음의 상관은 일관성이 있다.

2.44 두 국가 모두 명백하고 일관성 있는 증가 추세를 보인다. 그러나 중국은 2000년경부터 약간 정체되기 시작한다. 인도는 지난 40년간 약간 더 높은 인구 증가율을 보인다.

2.46 **a.** 관측치는 최저 −87에서 최고 −50의 범위를 갖는다.

b. 분포는 대칭이 아니며, 양의 비대칭이다. 대부분의 숫자들은 −8과 −7의 낮은 줄기에 있다.

2.48 **a.** 기온은 최저 73에서 최고 107의 범위를 보인다.

b. 분포는 대칭이 아니며, 음의 비대칭이다. 90대의 기온이 가장 빈번하다.

2.52 **a.** 220; 0.10

b. 응답자의 대다수인 55%가 부모가 자녀들에게 너무 많이 해준다고 느꼈다. 단지 10%의 응답자들만이 부모가 자녀들에게 너무 적게 해준다고 느꼈다.

2.54 **a.** 사이즈 M인 빨간색 티셔츠는 109장 판매되었고, 사이즈 XL인 화이트 티셔츠는 183장 판매되었다.

b. 화이트 S와 화이트 XS이 가장 있기 있는 두 색상/사이즈 조합이고, 블랙 S와 그레이 XS이 가장 인기 없는 두 색상/사이즈 조합이다.

2.56 **a.** 0.851; 0.075

b. 근사적으로 대칭이다.

c. 0.50

2.58 **a.** 건강과 운동 사이에 양의 상관

b. 음의 상관

2.60 **a.** 음의 상관

b. 출생률과 기대수명 사이에 음의 상관; 일반적으로 선진국은 개발도상국에 비해 낮은 출생률과 높은 기대수명을 보인다.

2.62 스타벅스는 매년 양의 매출 성장률을 보인다. 맥도날드는 5년간 양의 성장률과 5년간 음의 성장률을 경험하였다.

2.64 **a.** PEG 비율은 0.8에서 3.7의 범위를 보인다. 1.0~1.9 범주가 가장 높은 빈도를 갖는다.

b. 분포가 양의 비대칭이다. 매우 적은 수의 기업만이 상대적으로 높은 PEG 비율을 갖는다.

Chapter 3

3.2 평균 = −2.67: 중앙값 = −3.5; 최빈값 = −4

3.4 평균 = 18.33; 중앙값 = 20; 분포는 이봉(bimodal)이다: 두 최빈값은 15와 20이다.

3.6 평균 = 2.31; 중앙값 = 2.18

3.8 평균 = 1,306.94; 중앙값 = 1,287.50

3.10 **a.** 평균 식비(Food) = 4,416.44;
평균 여행비용(Travel) = 2,405.27.

b. 주택소유자의 평균 식비 = 4,048.90;
무주택자의 평균 식비 = 4,566.70;
무주택자 그룹이 식비를 더 많이 지출했다.

c. 주택소유자의 평균 여행비용 = 1,960.35;
무주택자의 평균 여행비용 = 2,569.05;
무주택자 그룹이 여행에 더 많이 지출했다.

3.14 평균 체중 = 7.72

3.16 25번째 백분위수: 64; 50번째 백분위수: 112;
75번째 백분위수: 149.25

3.20 **a.** Q1: 200; Q3: 550.

b. IQR = 350; 상한: 1.5 × IQR = 1.5 × 350 = 525; 분포의 우측에 적어도 한 개의 이상치가 있다.

c. 분포가 대칭이 아니다; 양의 비대칭이다.

3.22 **a.** Q1: 40; Q2: 46; Q3: 51

b. IQR = 11; 1.5 × IQR = 16.5; 이상치가 없다.

3.24 **a.** 이상치가 없다; 양의 비대칭이다.

b. 2개의 이상치가 있다; 양의 비대칭이다.

3.26 $G_g = 0.0313$ 또는 3.13%

3.28 $G_R = -0.006$ 또는 −0.6%

3.30 $G_R = 0.0647$ 또는 6.47%

3.32 **a.** 연도 1 – 연도 2: 0.0667; 연도 2 – 연도 3: 0.0781;
연도 3 – 연도 4: 0.1014

b. $G_g = 0.082$ 또는 8.2%

3.34 **a.** 12.98%

b. 12.84%

c. 1,621,26달러

3.36 **a.** 3.56%

b. 3.00%

c. 23,185.48달러

3.40 a. 18

b. 4.8

c. 36.80

d. 6.07

3.42 a. 22

b. 7.33

c. 81.2; 9.01

3.44 a. 회사 A: $s^2 = 162.65$, $s = 12.75$;
회사 B: $s^2 = 173.51$, $s = 13.17$

b. 회사 B (13.17 > 12.75)

c. 회사 B (0.24 > 0.22)

3.46 a. $CV_A = 0.13$

b. $CV_B = 0.14$

c. 기업 B (0.14 > 0.13)

3.48 a. 투자 B가 더 높은 수익을 제공한다. 투자 A가 더 낮은 위험을 제공한다.

b. $Sharpe_A = 1.72$; $Sharpe_B = 1.36$. 투자 A가 위험단위당 더 높은 보상을 제공한다.

3.50 a. 투자 2

b. 투자 1

c. $Sharpe_1 = 0.34$; $Sharpe_2 = 0.42$; 투자 2

3.54 a. 적어도 75%

b. 적어도 89%

3.56 a. 적어도 75%

b. 적어도 89%

3.58 a. 16%

b. 80

3.60 a. 97.5%

b. 2.5%

3.64 a. 적어도 75%

b. 적어도 89%

3.66 a. 68%

b. 95%; 2.5%

c. 16%

3.68 a. 적어도 75%

b. 95%

3.70 a. 이상치가 없다.

b. 이상치가 없다.

3.72 a. −12.3

b. −0.96; 강한 음의 선형관계

3.74 a. 631.39

b. 0.45; 중간 정도의 양의 선형관계

3.76 a. 66.79

b. 0.90; 강한 양의 선형관계

3.78 a. 0.82; 강한 양의 선형관계

b. 0.61; 중간 정도의 양의 선형관계

c. −0.46; 중간 정도의 음의 선형관계

3.80 a. 회사 A: $\bar{x} = 75.39$; $s^2 = 52.02$; $s = 7.21$;
회사 B: $\bar{x} = 106.07$; $s^2 = 319.21$; $s = 17.87$

b. 회사 B

c. 회사 B

3.82 1,820

3.84 a. G_g(회사 1) = −0.050 또는 −5%;
G_g(회사 2) = −0.012 또는 −1.2%

b. 회사 2

3.86 0.5518; 중간 정도의 양의 선형관계

3.90 a. 2.3122; 2.18

b. Q1 = 2.01; Q3 = 2.55

c. $s^2 = 0.1482$; $s = 0.3849$

d. 상자그림은 분포의 상단 부분에 이상치가 있음을 보여준다.

e. z-점수를 이용하면 이상치가 없다. 분포가 양의 비대칭이기 때문에, 이상치를 확인하기 위해 상자그림을 사용하라.

3.92 a. 3.15; 1282.72

b. 백인 학생의 평균 대학 학점 = 3.26;
백인이 아닌 학생의 평균 대학 학점 = 2.99

c. 백인 학생의 평균 SAT = 1280.09;
백인이 아닌 학생의 평균 SAT = 1286.67

Chapter 4

4.6 a. 합사건

b. 교사건

4.8 a. 전체포괄적이지 않다; 어떤 제안도 받지 않을 수 있다.

b. 상호배반적이지 않다; 두 제안 모두 받을 수 있다.

4.16 $P(A) = 0.40$, $P(B) = 0.50$, $P(A^c \cap B^c) = 0.24$

a. $P(A^c|B^c) = 0.48$

b. $P(A^c \cup B^c) = 0.86$

c. $P((A \cup B)^c) = 0.76$

4.18 사건 O가 "학생이 오피스 아워에 교수를 방문", 사건 MI와 MA가 각각 "사소한 설명"과 "주요한 설명"에 대응한다고 하면, $P(O) = 0.2$, $P(MI|O) = 0.3$, $P(MA|O) = 0.7$이다.

a. $P(MI \cap O) = 0.06$

b. $P(MA \cap O) = 0.14$

4.20 사건 A가 "회사가 경보를 울린다", 사건 F가 "사기 거래"에 대응한다고 하면, $P(A) = 0.05$, $P(A|F) = 0.80$, $P(F) = 0.01$이다.

$$P(F|A^c) = \frac{0.002}{1 - 0.05} = 0.0021$$

4.24 **a.** $P(A) = 0.70$, $P(A^c) = 0.30$, $P(B) = 0.50$

b. $(A \cap B) \neq 0$; 상호배반적이 아니다.

c. 마이크의 선호도는 $A \cap B$에 의해 설명된다.

4.28 $i = 1,2$에 대하여, 사건 A_i를 "i번째 선택된 구성원이 성과급에 찬성한다"로 정의하자.

a. $P(A_1 \cap A_2) = 0.4286$

b. $P(A_1^c \cap A_2^c) = 0.0952$

4.32 사건 H가 "여성이 성희롱을 당한다", 그리고 사건 T가 "여성이 대중교통을 이용한다"에 대응한다고 하면,

$P(H) = 0.6667$, $P(H|T) = 0.82$, $P(T) = 0.28$.

a. $P(H \cap T) = 0.2296$

b. $P(T|H) = 0.3444$

4.36 **b.** $P(N|B) = 0.8333$

c. $P(Y) = 0.2519$

d. $P(B|Y) = 0.2941$, $P(B^c|Y) = 0.7059$

4.38 사건 L이 "저(Low)", M이 "중간(Medium)", H가 "고(High)", N이 "아니오(No)", Y가 "예(Yes)"라고 하자.

b. $P(Y) = 0.5828$

c. $P(Y|L) = 0.50$; $P(Y|M) = 0.60$; $P(Y|H) = 0.63$

d. 예, $P(Y|L)$, $P(Y|M)$, $P(Y|H)$가 같지 않기 때문에.

4.46 사건 D는 "감소를 경험", 사건 N은 "비율이 음수"라고 하면, $P(D) = 0.20$, $P(N|D) = 0.70$, $P(N|D^c) = 0.15$이다.

$P(D|N) = 0.54$

4.48 사건 O는 "비만(obese)" 여성, W는 "백인(white)", B는 "흑인(black)", H는 "히스패닉(Hispanic)", A는 "아시아인(Asian)"이라고 하면, $P(O|W) = 0.33$, $P(O|B) = 0.496$, $P(O|H) = 0.43$, $P(O|A) = 0.089$, $P(W) = 0.48$, $P(B) = 0.19$, $P(H) = 0.26$, $P(A) = 0.07$이다.

a. $P(O) = 0.3707$

b. $P(W|O) = 0.4273$

c. $P(B|O) = 0.2542$

d. $P(A|O) = 0.0168$

4.50 사건 F가 "완전한 체력(Player is fully fit to play)", S가 "어느 정도 체력(Player is somewhat fit to play)", N이 "전혀 경기할 수 없는 체력(Player is not able to play)", W가 "레이커스가 승리(The Lakers win the game)"라고 하자.

a. $P(W) = 0.62$

b. $P(F|W) = 0.52$

4.56 **a.** 336

b. 0.0030

c. 56

d. 0.0179

4.60 사건 C가 "해지(Churn)", F가 "여성(Female)", M이 "남성(Male)"이라고 하면, $P(C|F) = 0.12$, $P(C|M) = 0.09$, $P(F) = 0.62$; $P(M) = 1 - 0.62 = 0.3$가 주어진다. $P(M \cap C) = 0.0342$를 구한다.

4.62 **a.** 0.209

b. 0.0245

c. 0.498

d. 0.1388

e. 0.3791

f. 아니오, 교집합의 확률이 0이 아니다.

g. 아니오, $0.0290 \neq 0.209 \times 0.0765$

4.64 사건 S가 "가장 많이 웃는 사람(Biggest smilers)", F가 "가장 많이 찌푸린 사람(Biggest frowners)", D가 "이혼(Divorced)"이라고 하면, $P(D|S) = 0.11$, $P(D|F) = 0.31$이다.

a. $P(S) = 0.1818$

b. $P(F \cap D) = 0.0775$

4.66 $i = 1,2$에 대해, 사건 D_i를 "i번째 선택한 망고가 손상되었다"고 하자.

a. $P(D_1^c) = 0.85$

b. $P(D_1^c \cap D_2^c) = 0.7158$

c. $P(D_1 \cap D_2) = 0.0158$

4.68 사건 O가 "세계 경제에 대해 낙관(Optimism about the global economy)", U가 "미국인 응답자(Respondents from the U.S.)", A가 "아시아인 응답자(Respondents from Asia)"라고 하면, $P(O) = 0.18$, $P(O|U) = 0.22$, $P(O|A) = 0.09$이다.

a. $P(O^c|A) = 0.91$

b. $P(O \cap U) = 0.0616$

c. $P(A|O) = 0.11$

4.72 **a.** $P(G) = 0.3245$

b. $P(S) = 0.1815$

c. $P(S|G) = 0.1470$

d. $P(G|S) = 0.2628$

e. 독립이 아니다; 자원은 항상 가용해야 한다.

4.74 A를 "미국 경제가 좋은 실적(US economy performs well)," B를 "아시아 국가가 좋은 실적(Asian countries perform well)"이라고 하면, $P(A) = 0.40$, $P(B|A) = 0.80$, $P(B|A^c) = 0.30$이다.

a. $P(A \cap B) = 0.32$

b. $P(B) = 0.50$

c. $P(A|B) = 0.64$

4.76 사건 M이 "남성(Men)", W가 "여성(Women)", H가 "건강한 체중(Healthy weight)"이라고 하면, $P(H|W) = 0.365$, $P(H|M) = 0.266$, $P(W) = 0.5052$이다.

a. $P(H) = 0.3160$

b. $P(W|H) = 0.5835$

c. $P(M|H) = 0.4165$

4.80 사건 A가 "아시아인(Asians)", B가 "흑인(black)", W가 "백인(white)", H가 "히스패닉(Hispanic)", T가 "부모가 모두 있는 가정(Both parents at home)"이라고 하자. $P(T|A) = 0.85$, $P(T|W) = 0.78$, $P(T|H) = 0.70$, $P(T|B) = 0.38$가 알려져 있다. 또한, $P(A) = 0.10$, $P(W) = 0.56$, $P(H) = 0.20$, $P(B) = 0.14$이다.

a. $P(T) = 0.7150$

b. $P(A|T) = 0.1189$

c. $P(B|T) = 0.0744$

4.82 a. 35

b. 840

c. 20

Chapter 5

5.4 a. $P(X \le 0) = 0.50$

b. $P(X = 50) = 0.25$

c. 예

5.10 a. $P(X = 2) = 0.20$

b. $P(2 \le X \le 3) = 0.25$

5.14 $\mu = 10.75$; $\sigma^2 = 28.19$; $\sigma = 5.31$

5.22 X를 보증을 구매한 액수라고 하자; $E(X) = \$30$

Y를 매장에서 보증으로 얻는 수익이라고 하자;

$E(Y) = \$3{,}600$

5.30 a. $w_X = 0.40$; $w_Y = 0.60$

b. $E(R_p) = 10.40$

c. $SD(R_P) = 14.60$

5.34 a. $P(X = 0) = 0.1160$

b. $P(X = 1) = 0.3124$

c. $P(X \le 1) = 0.4284$

5.36 a. $P(3 < X < 5) = 0.1569$

b. $P(3 < X \le 5) = 0.2160$

c. $P(3 \le X \le 5) = 0.4828$

5.40 a. $P(X = 5) = 0.4437$

b. $P(X \le 2) = 0.0270$

c. $P(X \ge 4) = 0.835$

d. $E(X) = 4.25$

e. $\sigma^2 = 0.6375$; $\sigma = 0.7984$

5.42 a. $P(X < 2) = 0.7213$

b. $P(X < 2) = 0.4580$

5.46 a. $P(X > 2) = 0.3125$

b. $P(X > 2) = 0.5276$

c. $P(X > 2) = 0.1362$

5.50 a. $P(X = 10) = 0.1171$

b. $P(X \le 10) = 0.8725$

c. $P(X \ge 15) = 0.0016$

5.52 a. $P(X = 1) = 0.3347$

b. $P(X = 2) = 0.2510$

c. $P(X \ge 2) = 0.4422$

5.56 a. $P(X < 14) = 0.0661$

b. $P(X \ge 20) = 0.5297$

c. $P(X = 25) = 0.0446$

d. $P(18 \le X \le 23) = 0.4905$

5.60 a. $\mu = 360/60 = 6$; $P(X = 2) = 0.0446$

b. $P(X \ge 2) = 0.9826$

c. $\mu = 60$; $P(X = 40) = 0.001$

5.64 a. $P(X \le 4) = 0.8153$

b. $P(X \ge 3) = 0.5768$

5.66 a. $\mu = 12$; $P(8 < X < 12) = 0.3066$

b. $\mu = 60$; $P(X > 60) = 0.5172$

5.68 a. $P(X = 0) = 0.5783$

b. $P(X = 1) = 0.3652$

c. $P(X \le 1) = 0.9435$

5.72 $P(X \ge 8) = 0.0777$

$E(X) = 5$; $SD(X) = 1.7408$

5.74 a. $P(X = 0) = 0.5020$

b. $P(X \ge 1) = 0.4980$

5.78 $P(X = 2) = 0.0316$

5.80 a. $P(X = 2) = 0.0495$

b. $P(X = 5) = 0.0000002$

c. $P(X = 1) = 0.0256$

d. 0.00000000512

5.84 a. $P(X = 3) = 0.45$

b. $P(X \ge 2) = 0.90$

c. $E(X) = 2.6$; $\sigma^2 = 0.94$; $\sigma = 0.97$

5.86 a. $P(X = 1) = 0.13$; $P(X = 3) = 0.02$; $E(X) = 2.79$; $\sigma = 1.3137$

b. $E(P) = 41.85$; $E(120P) = 5022$

5.90 a. $P(X = 2) = 0.3747$

b. $P(X = 4) = 0.0677$

c. $E(X) = 51$; $\sigma^2 = 24.99$; $\sigma = 4.999$

5.92 a. $P(X = 10) = 0.0272$

b. $P(10 \le X \le 20) = 0.0451$

c. $P(X \le 8) = 0.8996$

5.96 a. $P(X = 3) = 0.0129$

b. $P(X \le 2) = 0.9871$

c. 0.0258

5.98 a. $P(X = 5) = 0.2748$

b. $P(X > 5) = 0.3626$

Chapter 6

6.2 a. $P(X < 0) = 0.30$

b. $P(2.5 \leq X \leq 4) = 0.16$

c. $P(0 \leq X \leq 4) = 0.70$

6.4 a. $f(x) = 0.0333$

b. $\mu = 20$; $\sigma = 8.66$

c. $P(X > 10) = 0.8325$

6.8 X가 전기 가격을 나타낸다고 하자.

a. $E(X) = 16$

b. $f(x) = 0.125$; $P(X < 15.5) = 0.4375$

c. $f(x) = 0.125$; $P(X > 14) = 0.75$

6.12 X가 복숭아 나무에 꽃이 필 날짜를 나타낸다고 하자; $f(x) = 0.0833$

a. $P(X > 25) = 0.4167$

b. $P(X \leq 20) = 0.1667$

6.14 a. $P(Z > 1.32) = 0.0934$

b. $P(Z \leq -1.32) = 0.0934$

c. $P(1.32 \leq Z \leq 2.37) = 0.0845$

d. $P(-1.32 \leq Z \leq 2.37) = 0.8977$

6.20 a. $P(X \leq 0) = 0.0062$

b. $P(X > 2) = 0.9772$

c. $P(4 \leq X \leq 10) = 0.4332$

d. $P(6 \leq X \leq 14) = 0.6827$

6.26 a. $P(X > -12) = 0.3694$

b. $P(0 \leq X \leq 5) = 0.0347$

c. $P(Z \leq z) = 0.25$; $x = -21.07$

d. $P(Z > z) = 0.25$; $x = -8.93$

6.30 X가 경기당 점수라고 하자.

a. $P(60 < X < 100) = 0.9545$

b. $P(X > 100) = 0.0228$; 1.87 games

6.34 a. $P(X \geq 40) = 0.0382$

b. $P(30 \leq X \leq 35) = 0.4953$

c. $P(X \leq x) = 0.99$; $x = 41.94$

6.44 a. $P(50 \leq X \leq 80) = 0.5328$

b. $P(20 \leq X \leq 40) = 0.1359$

c. $P(X \geq x) = 0.15$; $x = 80.73$

d. $P(X < x) = 0.10$; $x = 34.37$

6.54 a. $\mu(\text{Poisson}) = 4$; $\mu(\text{Exponential}) = 2.5$

b. $P(X \leq 2.5) = 0.6321$

c. $P(1 \leq X \leq 2) = 0.2210$

6.58 a. $P(X \leq 1) = 0.3935$

b. $P(2 < X < 4) = 0.2325$

c. $P(X > 10) = 0.0067$

6.60 a. $\mu_Y = 54.60$; $\sigma_Y^2 = 19{,}045.51$

b. $\mu_Y = 403.42$; $\sigma_Y^2 = 1{,}039{,}849.49$

c. $\mu_Y = 665.14$; $\sigma_Y^2 = 8{,}443{,}697.13$

6.62 a. $\mu_X = 2.5859$; $\sigma_X^2 = 0.1064$

b. $\mu_X = 2.9690$; $\sigma_X^2 = 0.0535$

c. $\mu_X = 2.8646$; $\sigma_X^2 = 0.2624$

6.64 a. $\mu(\text{Poisson}) = 10$; $\mu(\text{Exponential}) = 6$

b. $P(X > 15) = 0.0821$

c. $P(15 \leq X \leq 20) = 0.0464$

6.72 a. $P(X < 1) = 1 - e^{-2(1)} = 0.8647$

b. $P(X > 5) = 0.0001$

6.74 X가 배송시간을 나타낸다고 하자.

a. $\mu = 3$; $\sigma^2 = 1.3333$

b. $f(x) = 0.25$; $P(X > 4) = 0.25$

c. $P(X < 2.5) = 0.375$

6.76 X가 확장기(a)와 수축기(b) 수치라고 하자.

a. $P(80 \leq X \leq 90) = 0.3245$

b. $P(120 \leq X \leq 139) = 0.4106$

6.84 a. $P(X \leq 10) = 0.1151$

b. 1,000(271.225) = 271,225

6.86 a. $P(50{,}000 \leq X \leq 65{,}000) = 0.8536$

b. $P(X > 70{,}000) = 0.0004$

c. 62401.84

d. 53859.94

6.90 a. $\mu = 0.365$

b. $\lambda = 2.7397$

c. $P(X \leq 1) = 0.9354$

6.96 Y는 소득을 나타낸다; $\mu_X = 11.1$, $\sigma_X = 0.4$

a. $P(Y < 50000) = 0.2418$

b. $P(Y > 60000) = 0.5967$

c. $P(Y > y) = 0.99$; $y = 167{,}801.86$ (unrounded)

d. $P(Y < y) = 0.10$; $y = 39{,}631.49$ (unrounded)

Chapter 7

7.2 어떤 사람들이 부스에 덜 방문한다면 무응답 편향, 부스가 주말에만 열린다면 선택 편향

7.4 a. 응답하는 사람들이 응답하지 않는 사람들과 체계적으로 다르다면 무응답 편향

b. 오전에 매장을 방문하는 사람들이 더 이른 영업시간을 선

호하는 경향이 있다면 선택 편향

c. 모든 사람이 지역신문을 읽는 것이 아니라면 선택 편향, 응답하는 사람들이 응답하지 않는 사람들과 체계적으로 다르다면 무응답 편향

7.8 **a.** $E(\bar{X}) = E(X) = 80; \text{se}(\bar{X}) = \frac{14}{\sqrt{100}} = 1.4$

b. $P(77 \leq \bar{X} \leq 85) = 0.9838$

c. $P(\bar{X} > 84) = 0.0021$

7.12 **a.** $P(\bar{X} \geq 18) = 0.0142$

b. $P(\bar{X} \geq 17.5) = 0.0022$

c. 자니스가 더 대표성 있는 표본을 사용했을 것 같다.

7.14 **a.** $E(\bar{X}) = 22$, $\text{se}(\bar{X}) = 1.25$. 모집단이 정규분포를 따르기 때문에, 표본평균은 정규분포를 한다.

b. $P(\bar{X} > 25) = 0.0082$

c. $P(18 \leq \bar{X} \leq 24) = 0.9445$

7.20 **a.** $P(X < 90) = 0.2660$

b. $P(\bar{X} < 90) = 0.1056$

c. $(P(X < 90))4 = (0.2660)4 = 0.0050$

7.24 **a.** $P(\bar{P} < 0.30) = 0.9014$

b. $P(\bar{P} > 0.75) = 0.3736$

7.26 **a.** $E(\bar{P}) = p = 0.20, \text{se}(\bar{P}) = 0.0283; np = 200(0.20) = 40 > 5$이고 $n(1 - p) = 200(1 - 0.20) = 160 > 5$이므로 정규근사 기준에 충족된다.

b. $P(\bar{P} > 0.25) = 0.0385$

7.34 $n = 120$, $N = 1{,}000$; 유한모집단수정항 적용; $E(\bar{P}) = 0.6667, se(\bar{P}) = 0.0404; P(\bar{P} > 0.625) = 0.8491$

7.36 **a.** 아니오, n이 N의 5%보다 작으므로 필요하지 않다.

b. $E(\bar{X}) = 10.32, se(\bar{X}) = 2.8232$

c. 모집단이 정규분포를 따르는지 알지 못하고 $n < 30$이므로, 정규근사가 정당화되지 않는다.

7.40 **a.** 중심선: $\mu = 20$; UCL = 26; LCL = 14

c. 마지막 두 점이 관리상한 밖에 있다. 또한 상향추세이므로, 이는 프로세스가 점점 통제범위를 벗어나고 있다는 의미이다.

7.42 **a.** 중심선: $p = 0.34$; UCL = 0.404; LCL = 0.276

c. 관리한계를 벗어나는 점은 없지만, 양적인 추세이므로 상향추세가 계속된다면 프로세스가 통제범위를 벗어날 수 있음을 의미한다.

7.44 **a.** 중심선: $\mu = 5.125$; UCL = 5.25; LCL = 5

b. 관리한계를 벗어나는 점은 없지만, 양적인 추세이므로 상향추세가 계속된다면 프로세스가 통제범위를 벗어날 수 있음을 의미한다.

7.46 **a.** 중심선: $\mu = 94$; UCL = 97.43; LCL = 90.57

b. 칸완트의 평균 속도는 통제범위를 벗어난다; 코치의 우려가 정당화된다.

7.48 **a.** 중심선: $p = 0.04$; UCL = 0.066; LCL = 0.014

b. 예, 모드 표본비율이 관리한계 안에 있고 명백한 추세가 없다.

7.50 **a.** 중심선: $p = 0.15$; UCL = 0.27; LCL = 0.03

b. 6개월 중 3개월이 관리한계 밖에 있다. 이는 기업이 Country X 이외의 콜센터로 고객들을 안내하는 이유에 대해 정당화될 수 있다.

7.54 **a.** $E(\bar{X}) = 68, se(\bar{X}) = 0.8333$

b. $n = 36$이므로 중심극한정리에 의해 $\bar{X}$는 근사적으로 정규분포를 따른다.

c. $P(\bar{X} \leq 66) = 0.0082$

7.56 **a.** $P(X < 79) = 0.3085$

b. $P(\bar{X} < 79) = 0.0569$

c. $P(\bar{X} < 79) = 0.0031$

7.58 **a.** $P(X > 500) = 0.2791$

b. $P(\bar{X} > 500) = 0.1208$

c. $(P(X > 500))^4 = (0.2791)^4 = 0.0061$

7.60 **a.** $P(\bar{P} > 0.80) = 0.1913$

b. $P(\bar{P} < 0.70) = 0.0208$

7.62 **a.** 중심선: $\mu = 5$; UCL = 5.32; LCL = 4.68

b. 마지막 두 점이 관리상한 밖에 있고 양적인 추세이다. 이는 프로세스가 점점 통제범위를 벗어난다는 의미이다.

Chapter 8

8.2 **a.** 89%에 대해, $z_{0.055} = 1.598$

b. 92%에 대해, $z_{0.04} = 1.751$

c. 96%에 대해, $z_{0.02} = 2.054$

8.6 **a.** $\bar{x} = 78.1$

b. $1.645\frac{4.5}{\sqrt{50}} = 1.05$

c. 78.1 ± 1.05 또는 $[77.05, 79.15]$

8.10 **a.** $2.576\frac{500}{\sqrt{100}} = 128.79$

b. $7{,}790 \pm 128.79$ 또는 $[7{,}661.21, 7{,}918.79]$

8.14 90% 신뢰구간: [18.81, 21.61]; 99% 신뢰구간: [18.02, 22.40]. 99% 신뢰구간이 더 넓다.

8.22 **a.** $2.11\frac{9.2}{\sqrt{18}} = 4.58$

b. 12.5 ± 4.58 또는 $[7.92, 17.08]$

8.24 **a.** $2.724\frac{10}{\sqrt{36}} = 4.54.$

b. 100 ± 4.54 또는 $[95.46, 104.54]$

8.26 **a.** $17.25 \pm 3.499\frac{5.95}{\sqrt{8}}$ 또는 $[9.89, 24.61]$

b. 모집단이 정규분포를 따른다.

8.28 **a.** $2.447\frac{2.33}{\sqrt{7}} = 2.15$

b. 표본크기를 증가시킨다.

c. 6.6 ± 2.15 또는 [4.45, 8.75]

8.30 **a.** 기업 A: $18 \pm 4.604\frac{20.70}{\sqrt{5}}$ 또는 [−24.62, 60.62];

기업 B: $14.8 \pm 4.604\frac{6.50}{\sqrt{5}}$ 또는 [1.42, 28.18]

b. 표본크기가 30보다 작기 때문에 각 기업에 대한 연간수익률이 정규분포를 따른다고 가정해야 한다.

c. 기업 A; 더 큰 표본표준편차를 갖기 때문.

8.34 $1{,}080 \pm 2.032\frac{260}{\sqrt{35}}$ 또는 [990.69, 1169.31]; 1200이 95% 신뢰구간에 포함되지 않으므로 매니저가 틀렸다.

8.36 **a.** 미시경제학: [68.74, 74.91];

거시경제학: [66.16, 74.64]

b. 표본표준편차가 다르기 때문에 폭이 다르다.

8.40 **a.** $0.6 \pm 1.960\sqrt{\frac{0.6(1-0.6)}{200}}$ 또는 [0.464, 0.736]

b. $0.6 \pm 1.960\sqrt{\frac{0.6(1-0.6)}{200}}$ 또는 [0.532, 0.668];

더 큰 n에 기초하면, 구간은 좁아진다.

8.42 **a.** $\bar{p} = \frac{40}{100} = 0.40$

b. $0.40 \pm 1.645\sqrt{\frac{0.40(1-0.40)}{100}}$ 또는 [0.319, 0.481]

c. 예, 0.5가 구간 안에 포함되지 않기 때문.

d. 아니오, 0.5가 구간 안에 포함되기 때문.

8.44 $0.05 \pm 1.960\sqrt{\frac{0.05(1-0.05)}{400}}$ 또는 [0.029, 0.071]

8.46 **a.** $0.37 \pm 1.645\sqrt{\frac{0.37(1-0.37)}{5{,}324}}$ 또는 [0.359, 0.381]

b. $0.37 \pm 2.576\sqrt{\frac{0.37(1-0.37)}{5{,}324}}$ 또는 [0.353, 0.387]

c. (b)의 오차한계가 더 크다. 더 높은 신뢰수준을 사용하기 때문이다.

8.48 **a.** $0.44 \pm 1.645\sqrt{\frac{0.44(1-0.44)}{1000}}$ 또는 [0.414, 0.466]

b. $1.645\sqrt{\frac{0.44(1-0.44)}{1000}} = 0.026$

c. $2.576\sqrt{\frac{0.44(1-0.44)}{1000}} = 0.040$

8.50 **a.** $0.275 \pm 1.645\sqrt{\frac{0.275(1-0.275)}{400}}$

또는 [0.238, 0.312]

b. 아니오, 0.30이 구간 안에 포함되기 때문.

8.52 **a.** $1.960\sqrt{\frac{0.55(1-0.55)}{600}} = 0.040$

b. 0.55 ± 0.040 또는 [0.510, 0.590]

c. 표본크기를 증가시킨다.

8.56 $n = 62$

8.58 $n = 24$; $n = 68$

8.60 $E = 0.08$로, $n = 139$; $E = 0.12$로, $n = 62$

8.62 $n = 182$

8.64 **a.** $n = 102$

b. $n = 40$

c. 동일한 오차한계를 달성하기 위해 주식 A는 더 큰 표준편차로 더 많은 표본크기가 필요하다.

8.66 **a.** $E = 5$로, $n = 50$

b. $E = 3$으로, $n = 139$

8.68 $n = 1{,}680$

8.72 10 ± 10.73 또는 [−0.73, 20.73]

8.74 **a.** $16 \pm 1.971\frac{12}{\sqrt{225}}$ 또는 [14.42, 17.58]

b. 예, 구간이 14를 포함하지 않기 때문.

8.76 $27{,}500 \pm 2{,}429.77$ 또는 [25,070.41, 29,929.59]

8.82 **a.** [77.14, 79.72]

b. 81.3이 구간에 포함되지 않기 때문에 다르다.

8.84 **a.** 월요일: 7.89; 화요일: 4.41

b. 월요일: [214.48, 230.25]; 화요일: [185.65, 194.48]

c. 월요일, 화요일 둘 다 모평균은 200과 다르다. 두 신뢰구간 모두에 200이 포함되지 않기 때문이다.

8.86 **a.** 0.032

b. 0.20 ± 0.032 또는 [0.168, 0.232]

8.90 **a.** 0.2 ± 0.111 또는 [0.089, 0.311]

b. 0.4 ± 0.136 또는 [0.264, 0.536]

8.92 $n = 260$

Chapter 9

9.4 **a.** 옳지 않다; 결코 귀무가설을 수용하지 않는다.

b. 옳다.

c. 옳지 않다; 단지 귀무가설이 기각되는지에 대한 주장을 설정한다.

d. 옳다.

9.10 **a.** 1종 오류; 새 소프트웨어가 조립비용을 절감시키지 않음에도 불구하고 구입한다.

b. 2종 오류; 새 소프트웨어가 조립비용을 절감시킴에도 불구하고 구입하지 않는다.

9.12 **a.** 1종 오류; 음식점이 더 높은 지방 함량을 사용한다고 잘못 판단하는 오류

b. 2종 오류; 음식점이 더 높은 지방 함량을 사용함에도 하지 않는다고 판단하는 오류

9.14 a. $z = -2$

b. p-값 = 0.0456

c. H_0을 기각한다; 10% 유의수준에서, 모평균이 100과 다르다고 결론 내린다.

9.16 a. $H_0: \mu \leq 45$; $H_A: \mu > 45$

b. $z = 1.50$

c. p-값 = 0.0668

d. H_0을 기각하지 않는다; 5% 유의수준에서, 모평균이 45보다 크다고 결론 내릴 수 없다.

9.18 $z = 1.4142$; p-값 = 0.0787. H_0을 기각하지 않는다; 5% 유의수준에서, 모평균이 −5보다 크다고 결론 내릴 수 없다.

9.20 $z = -3.57$; p-값 = 0.0004. H_0을 기각한다. 1% 유의수준에서, 모평균이 −100과 다르다고 결론 내린다.

9.24 a. $H_0: \mu \leq 90$; $H_A: \mu > 90$

b. $z = 1.5811$; p-값 = 0.0569

c. H_0을 기각하지 않는다; 매니저의 주장이 1% 유의수준에서 지지되지 않는다.

9.28 a. $H_0: \mu = 30$; $H_A: \mu \neq 30$

b. $z = 2.40$; p-값 = 0.0164

c. H_0을 기각한다. 5% 유의수준에서, 평균 주가가 30달러와 다르다고 결론 내린다.

9.36 $H_0: \mu = 16$; $H_A: \mu \neq 16$; $t_{31} = -7.54$; p-값 = 0 (근사적으로). H_0을 기각한다. 1% 유의수준에서, 모평균이 16과 다르다고 결론 내린다.

9.42 a. $H_0: \mu \leq 5$; $H_A: \mu > 5$

b. $t_{19} = 3.049$; p-값 = 0.003; 모집단이 정규분포를 한다.

c. H_0을 기각한다. 10% 유의수준에서, 평균 대기시간이 5분을 넘는다고 결론 내린다.

9.44 a. $H_0: \mu = 12$; $H_A: \mu \neq 12$

b. 아니오, $n > 30$이므로

c. $t_{47} = -1.732$; p-값 = 0.09

d. H_0을 기각하지 않는다. 5% 유의수준에서, 보틀링 공정의 정확성이 떨어진다고 결론 내릴 수 없다.

9.46 $H_0: \mu \leq 6.6$; $H_A: \mu > 6.6$; $t_{35} = 2.7$; p-값 = 0.005; H_0을 기각한다. 5% 유의수준에서, 서부의 평균 집값 상승폭이 중서부의 상승폭보다 크다고 결론 내린다.

9.50 a. $H_0: \mu = 95$; $H_A: \mu \neq 95$

b. $t_{24} = 0.71$; p-값 = 0.484

c. H_0을 기각하지 않는다. 5% 유의수준에서, 평균 MPG가 95와 다르다고 결론 내릴 수 없다.

9.56 a. $z = -0.2955$; p-값 = 0.7676

b. $z = 2.0477$; p-값 = 0.0406

c. $z = 1.0847$; p-값 = 0.2781

d. $z = 1.7257$; p-값 = 0.0844

9.64 a. $H_0: p \leq 0.20$; $H_A: p > 0.20$

b. $z = 2.1764$; p-값 = 0.0148

c. H_0을 기각한다. 5% 유의수준에서, 경제학자의 우려가 지지된다.

9.66 $H_0: p \leq 0.75$; $H_A: p > 0.75$; $z = 1.0135$; p-값 = 0.1554. H_0을 기각하지 않는다. 5% 유의수준에서, 75%를 넘는 웹사이트가 사기 가능성이 있다고 결론 내릴 수 없다.

9.78 $H_0: p \geq 0.35$; $H_A: p < 0.35$

$n = 1{,}000$: $z = -1.3260$; p-값 = 0.0924. H_0을 기각하지 않는다. 5% 유의수준에서, 미국이 올바른 방향으로 가고 있다고 느끼는 미국인의 비율이 35% 아래라고 결론 내릴 수 없다.

$n = 2{,}000$: $z = -1.8752$; p-값 = 0.0304. H_0을 기각한다. 5% 유의수준에서, 미국이 올바른 방향으로 가고 있다고 느끼는 미국인의 비율이 35% 아래라고 결론 내린다.

9.82 a. $H_0: p = 0.17$; $H_A: p \neq 0.17$

b. $z = 2.07$; p-값 = 0.0384

c. H_0을 기각한다. 5% 유의수준에서, 남부 농촌지역에서의 유선전화 보유 가구 비율이 전국 비율을 대표하지 않는다고 결론 내린다.

9.84 a. $H_0: \mu = 13{,}500$; $H_A: \mu \neq 13{,}500$

b. $t_{49} = 2.593$; p-값 = 0.012

c. H_0을 기각한다. 10% 유의수준에서, 중서부 거주자의 평균 마일 수는 미국 평균과 다르다고 결론 내린다.

Chapter 10

10.4 a. $t_{20} = 1.719$; p-값 = 0.051. H_0을 기각하지 않는다. 5% 유의수준에서, μ_1이 μ_2보다 크다고 결론 내릴 수 없다.

b. 10% 유의수준에서, μ_1이 μ_2보다 크다고 결론 내린다.

10.8 a. $H_0: \mu_1 - \mu_2 = 0$; $H_A: \mu_1 - \mu_2 \neq 0$

b. $t_8 = -1.667$; p-값 = 0.134

c. H_0을 기각하지 않는다. 10% 유의수준에서, 모평균이 다르다고 결론 내릴 수 없다.

10.10 a. $H_0: \mu_1 - \mu_2 \geq 0$; $H_A: \mu_1 - \mu_2 < 0$

b. $z = -5.81$; p-값 = 0 (근사적으로)

c. H_0을 기각한다. 5% 유의수준에서, 루실의 대학에서 "커뮤니티 칼리지 벌칙"이 있다고 결론 내린다.

10.14 a. $H_0: \mu_1 - \mu_2 \leq 0$; $H_A: \mu_1 - \mu_2 > 0$ (모집단 1 = 새로운 공정, 모집단 2 = 이전 공정)

b. $t_{16} = 2.145$; p-값 = 0.024

c. H_0을 기각한다. 5% 유의수준에서, 새로운 공정의 평균 생산량이 이전 공정의 생산량을 초과한다고 결론 내린다.

d. H_0을 기각하지 않는다. 1% 유의수준에서, 새로운 공정의 평균 생산량이 이전 공정의 생산량을 초과한다고 결론 내

릴 수 없다.

10.20 **a.** $H_0: \mu_1 - \mu_2 \geq 0$; $H_A: \mu_1 - \mu_2 < 0$ (모집단 1 = 새로운 방법, 모집단 2 = 이전 방법)

b. $t_{66} = -1.436$; p-값 = 0.078

c. 5% 유의수준에서 새로운 방법의 평균 조립시간이 이전 방법보다 짧다고 결론 내릴 수 없다. 그러나 10% 유의수준에서는 새로운 방법의 평균 조립시간이 이전 방법보다 짧다고 결론 내린다.

10.28 **a.** $H_0: \mu_D \leq 0$; $H_A: \mu_D > 0$

b. $t_{34} = 1.868$; p-값 = 0.035

c. H_0을 기각한다. 5% 유의수준에서, 0보다 큰 평균 차이가 있다고 결론 내린다.

10.30 **a.** $H_0: \mu_D = 0$; $H_A: \mu_D \neq 0$ (방법 A와 방법 B 사이의 평균 차이)

b. $t_6 = -2.10$

c. p-값 = 0.08

d. H_0을 기각한다. 10% 유의수준에서, 매니저의 주장이 데이터에 의해 지지된다.

10.34 **a.** $H_0: \mu_D \geq 0$; $H_A: \mu_D < 0$ (새로운 프로세서와 기존 프로세서 사이의 평균 시간 차이)

b. $t_6 = -3.682$; p-값 = 0.005

c. H_0을 기각한다. 5% 유의수준에서, 새로운 프로세서와 기존 프로세서 사이의 평균 시간 차이는 0보다 작다고 결론 내린다. 예, 새로운 프로세서가 기존 프로세서보다 빠르다는 증거가 있다.

10.42 $(0.25 - 0.28) \pm 1.96$

$$\sqrt{\frac{0.25(1-0.25)}{200} + \frac{0.28(1-0.28)}{250}}$$

또는 $[-0.112, 0.052]$

5% 유의수준에서, 모비율이 다르다고 결론 내릴 수 없다.

10.44 **a.** $z = -0.7543$

b. p-값 = 0.451

c. H_0을 기각하지 않는다. 5% 유의수준에서, 모비율이 다르다고 결론 내릴 수 없다.

10.50 **a.** $H_0: p_1 - p_2 \leq 0$; $H_A: p_1 - p_2 > 0$ (모집단 1 = 남아, 모집단 2 = 여아)

b. $z = 5.09$; p-값 = 0 (근사적으로)

H_0을 기각한다. 5% 유의수준에서, 천식에서 벗어난 남아의 비율이 여아보다 높다고 결론 내린다.

c. $H_0: p_1 - p_2 \leq 0.10$; $H_A: p_1 - p_2 > 0.10$; $z = 1.19$; p-값 = 0.117

H_0을 기각하지 않는다. 5% 유의수준에서, 천식에서 벗어난 남아의 비율이 여아보다 0.10보다 높다고 결론 내릴 수 없다.

10.54 **a.** $H_0: p_1 - p_2 \geq 0$; $H_A: p_1 - p_2 < 0$ (모집단 1 = 아프리카계 미국인 남성, 모집단 2 = 백인 남성)

$z = -1.2613$; p-값 = 0.1036; H_0을 기각하지 않는다. 5% 유의수준에서, 아프리카계 미국인 남성의 비만율이 백인 남성보다 낮다고 결론 내릴 수 없다.

b. $H_0: p_1 - p_2 \leq 0$; $H_A: p_1 - p_2 > 0$ (모집단 1 = 아프리카계 미국인 여성, 모집단2 = 백인 여성)

$z = 2.0175$; p-값 = 0.0218; H_0을 기각한다. 5% 유의수준에서, 아프리카계 미국인 여성의 비만율이 백인 여성보다 높다고 결론 내린다.

c. $H_0: p_1 - p_2 = 0$; $H_A: p_1 - p_2 \neq 0$ (모집단 1 = 아프리카계 미국인 성인, 모집단 2 = 백인 성인)

$z = 0.3079$; p-값 = 0.7581; H_0을 기각하지 않는다. 5% 유의수준에서, 아프리카계 미국인 성인의 비만율이 백인 성인과 다르다고 결론 내릴 수 없다.

10.58 $H_0: p_1 - p_2 \leq 0.10$; $H_A: p_1 - p_2 > 0.10$ (모집단 1 = 남학생, 모집단 2 = 여학생)

$z = 2.2052$; p-값 = 0.0137; H_0을 기각한다.

5% 유의수준에서, 여자와 남자가 단지 친구로 지내는 것이 가능하지 않다고 생각하는 남학생과 여학생의 비율 차이가 10%p보다 더 크다고 결론 내린다.

10.60 **a.** $H_0: \mu_1 - \mu_2 \leq 0$; $H_A: \mu_1 - \mu_2 > 0$ (모집단 1 = 남성, 모집단 2 = 여성)

b. $z = 3.53$

c. p-값 = 0.0002

d. H_0을 기각한다. 1% 유의수준에서, 성패트릭데이에 남성들이 여성들보다 더 많이 지출한다고 결론 내린다.

10.62 $H_0: \mu_1 - \mu_2 = 0$; $H_A: \mu_1 - \mu_2 \neq 0$ (모집단 1 = 남성, 모집단 2 = 여성)

$t_{28} = 3.285$; p-값 = 0.002

1% 유의수준에서, 남성과 여성의 평균 콜레스테롤 수준에 차이가 있다고 결론 내린다.

10.64 **a.** $H_0: \mu_D \leq 30$; $H_A: \mu_D > 30$ (임신 전과 후 체중의 평균 차이)

$t_{39} = 3.932$; p-값 = 0 (근사적으로); H_0을 기각한다. 5% 유의수준에서, 임신으로 인한 평균 체중 증가가 30파운드보다 크다고 결론 내린다.

b. $H_0: \mu_D \leq 35$; $H_A: \mu_D > 35$ (임신 전과 후 체중의 평균 차이)

$t_{39} = 0.655$; p-값 = 0.258; H_0을 기각하지 않는다. 5% 유의수준에서, 임신으로 인한 평균 체중 증가가 35파운드보다 크다고 결론 내릴 수 없다.

10.68 **a.** $H_0: p_1 - p_2 \leq 0.05$; $H_A: p_1 - p_2 > 0.05$ (모집단 1 = JFK, 모집단 2 = O'Hare)

b. $z = 0.4249$; p-값 = 0.3355

c. H_0을 기각하지 않는다. 5% 유의수준에서, JFK의 정시 운항 비율이 O'Hare보다 5%p보다 더 높다고 결론 내릴 수 없다.

Chapter 11

11.8 H_0: $\sigma^2 \le 2$; H_A: $\sigma^2 > 2$; $X_9^2 = 13$; p-값 = 0.163; H_0을 기각하지 않는다. 10%의 유의수준에서 분산이 2보다 크다고 결론 내릴 수 없다.

11.10 **a.** [0.02, 0.06]

b. 95%의 신뢰수준에서, 생산규격이 위반되고 있다고 결론 내릴 수 없다.

11.12 **a.** H_0: $\sigma^2 = 0.0022$; H_A: $\sigma^2 \neq 0.002^2$

b. $\chi_{24}^2 = 37.50$; 베어링의 지름이 정규분포를 따른다고 가정.

c. p-값 = 0.078; H_0을 기각하지 않는다. 5%의 유의수준에서, 표준편차가 0.002인치와 다르다고 결론 내릴 수 없다.

d. H_0을 기각한다; 10%의 유의수준에서, 표준편차가 0.002인치와 다르다고 결론 내린다.

11.20 **a.** H_0: $\sigma^2 \ge 4$; H_A: $\sigma^2 < 4$

b. $\chi_{51}^2 = 36.096$; p-값 = 0.057

c. H_0을 기각한다. 투자자는 이 펀드에 투자해야 한다.

11.22 **a.** H_0: $\sigma^2 \ge 48400$; H_A: $\sigma^2 < 48400$; $\chi_{49}^2 = 32.902$; p-값 = 0.038; H_0을 기각한다. 5%의 유의수준에서, Town 1의 임대료 표준편차는 220보다 작다고 결론 내린다. 투자해야 한다.

b. H_0: $\sigma^2 \ge 48400$; H_A: $\sigma^2 < 48400$; $\chi_{49}^2 = 36.347$; p-값 = 0.090; H_0을 기각하지 않는다. 5%의 유의수준에서, Town 2의 임대료 표준편차는 220보다 작다고 결론 내릴 수 없다. 투자해서는 안 된다.

11.30 **a.** H_0: $\sigma_2^2/\sigma_1^2 = 1$; H_A: $\sigma_2^2/\sigma_1^2 \neq 1$

b. $F_{(25,25)} = 1.714$; p-값 = 0.185

c. H_0을 기각하지 않는다. 이 회사는 생산비용을 감소시키는 새로운 기술을 채택해야 한다.

11.32 **a.** H_0: $\sigma_2^2/\sigma_1^2 \le 1$; H_A: $\sigma_2^2/\sigma_1^2 > 1$ (리튬-이온 배터리가 모집단 1)

b. $F_{(25,15)} = 2.023$; 정규분포 모집단 가정.

c. p-값 = 0.058

d. H_0을 기각하지 않는다. 5%의 유의수준에서, 리튬-이온 배터리의 방전시간 분산이 니켈-카드뮴 배터리의 방전시간 분산보다 작다고 결론 내릴 수 없다.

e. 달라진다; 10%의 유의수준에서, 리튬-이온 배터리의 방전시간 분산이 니켈-카드뮴 배터리의 방전시간 분산보다 작다고 결론 내린다.

11.34 H_0: $\sigma_2^2/\sigma_1^2 = 1$; H_A: $\sigma_2^2/\sigma_1^2 \neq 1$ (Index가 모집단 1이다.); $F_{(51,51)} = 1.563$; p-값 = 0.1138. H_0을 기각하지 않는다. 5%의 유의수준에서, 두 모분산이 다르다고 결론 내릴 수 없다. 정규분포 모집단 가정.

11.38 H_0: $\sigma_2^2/\sigma_1^2 \le 1$; H_A: $\sigma_2^2/\sigma_1^2 > 1$; $F_{(49,49)} = 1.1047$; p-값 = 0.3644; H_0을 기각하지 않는다. 5%의 유의수준에서, Town 1의 임대료 분산이 Town 2의 임대료 분산보다 작다고 결론 내릴 수 없다.

11.40 **a.** H_0: $\sigma^2 \le 5$; H_A: $\sigma^2 > 5$; $\chi_{47}^2 = 70.60$; p-값 = 0.015; H_0을 기각하지 않는다. 1%의 유의수준에서, 가격 분산이 5보다 크다고 결론 내릴 수 없다. 우려의 이유가 없다.

b. 복제약 가격이 정규분포를 따른다고 가정.

11.42 **a.** [4.89, 7.86]

b. 95%의 신뢰수준에서, 음료량의 표준편차가 요구되는 5밀리미터와 다르다고 결론 내릴 수 없다.

11.46 **a.** H_0: $\sigma_2^2/\sigma_1^2 = 1$; H_A: $\sigma_2^2/\sigma_1^2 \neq 1$ (Part A가 모집단 1이다.)

b. $F_{(29,29)} = 1.105$; p-값 = 0.789

c. H_0을 기각하지 않는다. 5%의 유의수준에서, 두 모분산이 다르다고 결론 내릴 수 없다. 두 부품 모두 같은 안정적인 재고수준을 유지하는 것이 적정하다.

Chapter 12

12.8 **a.** H_0: $p_1 = p_2 = p_3 = 1/3$; H_A: 모든 모비율이 1/3인 것은 아니다.

b. $\chi_2^2 = 6.968$; p-값 = 0.031; H_0을 기각한다. 5%의 유의수준에서, 이 관광객의 믿음이 지지된다.

12.10 H_0: $p_1 = 0.38$, $p_2 = 0.33$, $p_3 = 0.29$; H_A: 적어도 하나의 모비율이 가설로 설정된 값과 다르다. $\chi_2^2 = 2.179$; p-값= 0.336. H_0을 기각하지 않는다. 5%의 유의수준에서, 이 연구원은 자동차 선호가 변했다고 결론 내릴 수 없다.

12.12 **a.** H_0: $p_1 = p_2 = p_3 = p_4 = 0.25$; H_A: 모든 모비율이 0.25와 같은 것은 아니다.

b. $\chi_3^2 = 7.720$; p-값 = 0.052

c. 10%의 유의수준에서, 적어도 하나의 슈트에 의해 채워지는 자루의 비율은 0.25와 다르다고 결론 내린다. 5%의 유의수준에서, 적어도 하나의 슈트에 의해 채워지는 자루의 비율이 0.25와 다르다고 결론 내릴 수 없다.

12.14 H_0: 두 변수는 독립이다; H_A: 두 변수는 종속이다; $\chi_6^2 = 1.249$; p-값 =0.974; H_0을 기각하지 않는다; 1%의 유의수준에서, 두 변수는 종속이라고 결론 내릴 수 없다.

12.16 **a.** H_0: 컬러 선호가 성별과 독립이다;
H_A: 컬러 선호가 성별과 종속이다.

b. $\chi_2^2 = 7.996$; p-값 = 0.018

c. H_0을 기각하지 않는다; 1%의 유의수준에서, 컬러 선호가 성별에 따라 다르다고 결론 내릴 수 없다. 남성과 여성을 타겟으로 하는 광고를 다르게 할 필요가 없다.

12.20 **a.** H_0: 만족수준과 연령은 독립이다;
H_A: 만족수준과 연령은 종속이다.

b. $\chi_{df}^2 = \chi_4^2 = 18.358$

c. p-값 = 0.001

d. H_0을 기각한다. 1%의 유의수준에서, 만족수준은 연령에 따라 다르다고 결론 내린다.

12.26 H_0: 변수 X는 평균이 −3.5이고 표준편차가 9.7인 정규분포를 따른다; H_A: 변수 X는 평균이 −3.5이고 표준편차가 9.7인 정규분포를 따르지 않는다; $X_1^2 = 39.568$; p-값= 0(근사적으로); H_0을 기각한다; 1%의 유의수준에서, 변수 X는 정규분포를 따르지 않는다고 결론 내린다.

12.28 **a.** H_0: 최종 학점은 평균이 72이고 표준편차가 10인 정규분포를 따른다; H_A: 최종 학점은 평균이 72이고 표준편차가 10인 정규분포를 따르지 않는다.

b. $X_2^2 = 2.988$. p-값 = 0.224

c. H_0을 기각하지 않는다. 5%의 유의수준에서, 최종 학점을 부여하는 데 정규분포는 적정하지 않다고 결론 내릴 수 없다.

12.30 **a.** H_0: 저항값이 평균이 4,790과 표준편차가 40인 정규분포를 따른다; H_A: 저항값이 평균이 4,790과 표준편차가 40인 정규분포를 따르지 않는다.

b. $X_2^2 = 5.593$; p-값= 0.061; H_0을 기각하지 않는다; 5%의 유의수준에서, 저항값이 정규분포를 따르지 않는다고 결론 내릴 수 없다.

c. 10%의 유의수준에서, 저항값은 정규분포를 따르지 않는다고 결론 내린다.

12.32 **a.** H_0: CEO 보상은 평균이 19.03(백만 달러)과 표준편차가 27.61(백만 달러)인 정규분포를 따른다; H_A: CEO 보상은 평균이 19.03(백만 달러)과 표준편차가 27.61(백만 달러)인 정규분포를 따르지 않는다; $\chi_2^2 = 232.493$; p-값 = 0(근사적으로); H_0을 기각한다; 1%의 유의수준에서, CEO 보상은 정규분포를 따르지 않는다고 결론 내린다.

b. H_0: S = 0과 K = 0; H_A: S ≠ 0 또는 K ≠ 0; χ_2^2 = 13616.092, p-값 = 0 (근사적으로); 1%의 유의수준에서, CEO 보상은 정규분포를 따르지 않는다고 결론 내린다.

c. 5%의 유의수준에서, CEO 보상은 정규분포를 따르지 않는다고 결론 내린다.

12.34 **a.** H_0: $S = 0$과 $K = 0$; H_A: $S \neq 0$ 또는 $K \neq 0$

b. χ_2^2 =1.040; p-값 = 0.595

c. H_0을 기각하지 않는다; 5%의 유의수준에서, 주가가 정규분포를 따르지 않는다고 결론 내릴 수 없다.

12.36 **a.** H_0: $p_1 = 0.40$, $p_2 = 0.30$, $p_3 = 0.20$, $p_4 = 0.10$; H_A: 적어도 하나의 모비율은 가설로 설정된 값과 다르다.

b. $\chi_3^2 = 8.182$

c. p-값 = 0.042; H_0을 기각하지 않는다; 1%의 유의수준에서, 시장점유율이 변했다고 결론 내릴 수 없다.

12.40 H_0: 지불연체는 난방유형과 독립이다; H_A: 지불연체는 난방유형과 종속이다; $\chi_3^2 = 23.82$; p-값 = 0(근사적으로); H_0을 기각한다; 5%의 유의수준에서, 지불연체는 난방유형에 따라 달라진다고 결론 내린다.

12.46 **a.** H_0: $p_1 = 0.54$, $p_2 = 0.30$, $p_3 = 0.16$; H_A: 적어도 하나의 모비율은 가설로 설정된 값과 다르다.

b. $\chi_2^2 = 155.867$; p-값 = 0 (근사적으로); H_0을 기각한다; 1%의 유의수준에서, 모비율이 변했다고 결론 내린다.

12.50 **a.** H_0: $S = 0$과 $K = 0$; H_A: $S \neq 0$ 또는 $K \neq 0$

b. $\chi_2^2 = 1.861$; p-값 = 0.394

c. H_0을 기각하지 않는다; 5%의 유의수준에서, 주간 수요량이 정규분포를 따르지 않는다고 결론 내릴 수 없다. 이러한 결론은 유의수준의 선택에 민감하지 않다.

Chapter 13

13.6 **a.** H_0: $\mu_1 = \mu_2 = \mu_3 = \mu_4 = \mu_5 = \mu_6$
H_A: 모든 모평균이 같은 것은 아니다.

c. $F_{(5,54)} = 1.371$; p-값 = 0.250; H_0을 기각하지 않는다; 5%의 유의수준에서, 모든 모평균이 같은 것은 아니라고 결론 내릴 수 없다.

13.8 **a.** H_0: $\mu_1 = \mu_2 = \mu_3$
H_A: 모든 모평균이 같은 것은 아니다.

b. $F_{(2,21)} = 2.804$; p-값 = 0.083; H_0을 기각하지 않는다; 5%의 유의수준에서, 3개 합성세제 브랜드의 효과에 차이가 있다고 결론 내릴 수 없다.

13.14 **a.** H_0: $\mu_{Low} = \mu_{Medium} = \mu_{High}$
H_A: 모든 모평균이 같은 것은 아니다.

b. $F_{(2,117)} = 10.591$; p-값 = 0(근사적으로). 1%와 5%의 유의수준에서, 평균 주입량이 같지 않다고 결론 내린다.

13.18 H_0: $\mu_1 = \mu_2 = \mu_3$
H_A: 모든 모평균이 같은 것은 아니다.
$F_{(2,87)} = 11.4794$; p-값 = 0(근사적으로); H_0을 기각한다; 10%의 유의수준에서, 평균 직업만족도는 고용분야에 따라 다르다고 결론 내린다.

13.24 **b.** $\mu_1 - \mu_2$: [−12.10, −7.90]*
$\mu_1 - \mu_3$: [−9.01, −4.99]*
$\mu_2 - \mu_3$: [0.78, 5.22]*

c. $\mu_1 - \mu_2$: [−12.53, −7.47]*
$\mu_1 - \mu_3$: [−9.42, −4.58]*
$\mu_2 - \mu_3$: [0.33, 5.67]*

d. 투키의 HSD 방법이 더 신뢰할 만하다. 투키의 HSD 방법은 1종 오류가 증가하는 것을 막아준다.

13.26 **a.** H_0: $\mu_{Day1} = \mu_{Day2} = \mu_{Day3} = \mu_{Day4}$
H_A: 모든 모평균이 같은 것은 아니다.
H_0을 기각한다; 1%의 유의수준에서, 모든 평균 경도가 같지 않다고 결론 내린다.

b. $\mu_1 - \mu_2$: [1.76, 13.74]*
$\mu_1 - \mu_3$: [−11.44, 0.16]
$\mu_1 - \mu_4$: [−9.67, 2.11]

$\mu_2 - \mu_3$: [−19.53, −7.25]*

$\mu_2 - \mu_4$: [−17.75, −5.31]*

$\mu_3 - \mu_4$: [−4.18, 7.90]

1%의 유의수준에서, Day 2 배치의 평균 경도가 Day 1, 3, 4 배치의 평균 경도와 다르다고 결론 내린다.

13.28 a. H_0: $\mu_{\text{First}} = \mu_{\text{Second}} = \mu_{\text{Third}}$

H_A: 모든 모평균이 같은 것은 아니다.

$F_{(2,72)} = 2.759$; p-값 = 0.07; H_0을 기각하지 않는다; 5%의 유의수준에서, 평균 결근일수는 세 개 근무조 간에 다르다고 결론 내릴 수 없다. 10%의 유의수준에서, 평균 결근일수는 세 개 근무조 간에 다르다고 결론 내린다.

b. $\mu_1 - \mu_2$: [−5.81, 0.13]

$\mu_1 - \mu_3$: [−7.05, −1.11]*

$\mu_2 - \mu_3$: [−4.21, 1.73]

10%의 유의수준에서, 첫 번째 근무조와 세 번째 근무조 간에 평균 결근일수가 다르다고 결론 내린다.

13.30 a. $SST = 176.25$; $SSA = 51.5$; $SSB = 74.25$; $SSE = 50.5$

b. $MSA = 25.75$; $MSB = 24.75$; $MSE = 8.4167$

d. p-값 = 0.1214; H_0을 기각하지 않는다; 5%의 유의수준에서, 인자 A의 평균들이 다르다고 결론 내릴 수 없다.

e. p-값 = 0.1209; H_0을 기각하지 않는다; 5%의 유의수준에서, 인자 B의 평균들이 다르다고 결론 내릴 수 없다.

13.34 b. p-값 = 0.900; H_0을 기각하지 않는다; 5%의 유의수준에서, 열 평균들이 다르다고 결론 내릴 수 없다.

c. p-값 = 0.006; H_0을 기각한다; 5%의 유의수준에서, 행 평균들이 다르다고 결론 내린다.

13.36 b. p-값 = 0.233; H_0을 기각하지 않는다; 5%의 유의수준에서, 평균 점수가 라운드 간에 다르다고 결론 내릴 수 없다.

c. p-값 = 0.132; H_0을 기각하지 않는다; 5%의 유의수준에서, 평균 점수가 선수 간에 다르다고 결론 내릴 수 없다.

13.42 b. p-값 = 0.751; H_0을 기각하지 않는다; 5%의 유의수준에서, 인자 A와 인자 B 간 상호작용이 존재한다고 결론 내릴 수 없다.

c. p-값 = 0(근사적으로); H_0을 기각한다; 5%의 유의수준에서, 인자 A의 평균들이 다르다고 결론 내린다.

d. p-값 = 0(근사적으로); H_0을 기각한다; 5%의 유의수준에서, 인자 B의 평균들이 다르다고 결론 내린다.

13.44 a. p-값 = 0.463; H_0을 기각하지 않는다; 1%의 유의수준에서, 두 인자 간에 상호작용이 존재한다고 결론 내릴 수 없다.

b. 수행할 수 있다; 1%의 유의수준에서, 행 평균들이 다를 뿐만 아니라 열 평균들이 다르다고 결론 내린다.

13.48 a. p-값 = 0.296; H_0을 기각하지 않는다; 5%의 유의수준에서, 두 인자 간에 상호작용이 존재한다고 결론 내릴 수 없다.

b. 수행할 수 있다; 5%의 유의수준에서, 주간 평균 매출액 차이가 광고의 시간대에 따라 다르다고 결론 내린다. 5%의 유의수준에서, 주간 평균 매출액 차이가 광고에 사용되는 지역 TV 채널에 따라 다르다고 결론 내릴 수 없다.

13.52 a. H_0: $\mu_1 = \mu_2 = \mu_3 = \mu_4$

H_A: 모든 모평균이 같은 것은 아니다.

b. p-값 = 0(근사적으로); H_0을 기각한다; 5%의 유의수준에서, 4종류 운송사업체의 평균 급여가 다르다고 결론 내린다.

13.56 H_0: $\mu_1 = \mu_2 = \mu_3$

H_A: 모든 모평균이 같은 것은 아니다.

p-값 = 0.020; H_0을 기각한다; 5%의 유의수준에서, 합판의 평균 강도가 사용되는 접착제 유형에 따라 다르다고 결론 내린다.

13.58 a. H_0: $\mu_A = \mu_B = \mu_C$

H_A: 모든 모평균이 같은 것은 아니다.

p-값 = 0.003; H_0을 기각한다; 5%의 유의수준에서, 3개 산업의 평균 P/E 비율이 다르다고 결론 내린다.

b. $\mu_A - \mu_B$: [−8.93, 3.58]

$\mu_A - \mu_C$: [−16.10, −3.58]*

$\mu_B - \mu_C$: [−13.42, −0.91]*

5%의 유의수준에서, 평균 P/E 비율이 산업 A와 산업 C 간과 산업 B와 산업 C 간 다르다고 결론 내린다.

13.60 a. H_0: $\mu_{\text{Internet}} = \mu_{\text{Phone}} = \mu_{\text{Mail-in}}$

H_A: 모든 모평균이 같은 것은 아니다.

p-값 = 0.651; H_0을 기각하지 않는다; 5%의 유의수준에서, 평균 구매액이 3개 구매처 간에 다르다고 결론 내릴 수 없다.

b. 구매처 간에 평균 구매액 차이가 없기 때문에, 피셔의 LSD 방법은 필요 없다.

13.62 H_0: $\mu_1 = \mu_2 = \mu_3 = \mu_4 = \mu_5 = \mu_6 = \mu_7$

H_A: 모든 모평균이 같은 것은 아니다.

p-값 = 0(근사적으로); H_0을 기각한다; 5%의 유의수준에서, 평균 고객 방문 수가 요일에 따라 다르다고 결론 내린다.

13.68 a. p-값 = 0.221; H_0을 기각하지 않는다; 5%의 유의수준에서, 연료 유형과 하이브리드 유형 간 상호작용이 존재한다고 결론 내릴 수 없다.

b. p-값 = 0.010; H_0을 기각한다; 5%의 유의수준에서, 평균 연료 소비량이 연료 유형 간에 다르다고 결론 내린다.

c. p-값 = 0.160; H_0을 기각하지 않는다; 5%의 유의수준에서, 평균 연료 소비량이 하이브리드 유형 간에 다르다고 결론 내릴 수 없다.

13.70 a. p-값 = 0.001; H_0을 기각한다; 5%의 유의수준에서, 운

영자 훈련방법과 운영자 경험수준 간에 상호작용이 존재한다고 결론 내린다.

b. 유의한 상호작용이 존재한다는 점을 고려하면, 주효과에 대한 검정을 수행하기 위해 분석결과를 사용할 수 없다.

Chapter 14

14.6 **a.** $r_{xy} = -0.175$; 음의 선형관계

b. H_0: $r_{xy} = 0$; H_A: $r_{xy} \neq 0$

c. $t_{23} = -0.852$; p-값 = 0.403; H_0을 기각하지 않는다. 5%의 유의수준에서, 모상관계수가 0과 다르다고 결론 내릴 수 없다.

14.8 **a.** $r_{1,2} = 0.5662$; $r_{1,3} = 0.6264$; $r_{1,4} = 0.8231$; $r_{2,3} = 0.0445$; $r_{2,4} = 0.6278$; $r_{3,4} = 0.4594$

b. Firm 2

c. Firm 2와 Firm 3

14.12 **a.** $\hat{y} = 40$

b. $\hat{y}$은 25만큼 증가한다.

14.14 **a.** $\hat{y} = 568$

b. x_1이 일정한 경우, x_2가 1단위 증가하면, $\hat{y}$은 47.2단위 감소한다.

14.18 **a.** $b_1 = 30$; x_2가 일정한 경우, x_1이 1단위 증가하면, $\hat{y}$은 30단위 증가한다.

b. $\hat{y} = 21.97 + 30x_1 - 1.88x_2$

c. $\hat{y} = 884.37$

14.24 **a.** Poverty 계수의 부호는 예상한 대로이고, Income 계수의 부호는 예상한 대로가 아니다.

b. Income이 일정한 경우, Poverty가 1% 증가하면, Crime은 53.16으로 증가할 것으로 예측된다.

c. $\widehat{\text{Crime}} = 1009.08$

14.26 **a.** $\widehat{\text{GPA}} = 0.4256 + 0.0041\text{GRE}$

b. $\widehat{\text{GPA}} = 3.35$

14.28 **a.** $\widehat{\text{Consumption}} = 2{,}365.67 + 0.8465\text{Income}$

b. 처분가능소득이 1달러만큼 증가하면, 소비는 0.85달러만큼 증가할 것으로 예측된다.

c. $\widehat{\text{Consumption}} = 31.992.75$

14.32 **a.** $\widehat{\text{Final}} = 27.5818 + 0.6774\text{Midterm}$

b. $\widehat{\text{Final}} = 81.77$

14.40 **a.** $\widehat{\text{Rent}} = 300.4116 + 225.81\text{Bed} + 89.2661\text{Bath} + 0.2096\text{Sqft}$

b. 침실 수와 주택크기가 일정한 경우, 추가적으로 욕실이 증가할 때마다, 임대료는 89.27달러만큼씩 증가할 것으로 예측된다.

c. $\widehat{\text{Rent}} = 1{,}155.70$

14.42 **a.** $s_e^2 = 54.3478$; $s_e = 7.3721$

b. $R^2 = 0.1667$

14.44 **a.** $s_e = 0.8629$

b. $R^2 = 0.6111$

14.46 더 작은 s_e와 더 높은 R^2를 가지기 때문에, 모형 2가 더 좋은 적합도를 제공한다. 두 모형이 같은 수의 설명변수를 사용하기 때문에 모형의 적합도를 비교하기 위해 조정 R^2을 이용할 필요가 없다.

14.48 더 작은 s_e와 더 높은 조정 R^2를 가지기 때문에, 모형 2가 더 좋은 적합도를 제공한다.

14.50 **a.** 매출액의 표본변동 중 82.99%가 설명된다.

b. 매출액의 표본변동 중 17.01%가 설명되지 않는다.

14.54 더 작은 s_e (1,475 vs 1,509)와 더 높은 조정 R^2 (0.8283 vs 0.8204)를 가지기 때문에, 모형 2가 더 좋은 적합도를 제공한다.

14.56 **a.** $s_e = 12.7697$

b. $R^2 = 0.1726$

c. 조정 $R^2 = 0.1113$

14.64 **a.** $\widehat{\text{Startups}} = 0.4190 + 0.0087\text{Research} + 0.0517\text{Patents} - 0.0194\text{Duration}$

b. $\widehat{\text{Startups}} = 1.48$

c. 114.94(백만 달러)

Chapter 15

15.8 **a.** H_0: $\beta_1 \leq 0$; H_A: $\beta_1 > 0$

b. $t_{18} = 2.80$; p-값 = 0.0118/2 = 0.0059

c. H_0을 기각한다. 1%의 유의수준에서, 광고비와 매출액은 양의 선형관계를 가진다고 결론 내린다.

15.10 **a.** $\widehat{\text{Time}} = 13.8359 - 0.05463\text{Height}$

b. H_0: $\beta_1 = 0$; H_A: $\beta_1 < 0$

c. p-값 = 0.022/2=0.011; H_0을 기각한다. 5%의 유의수준에서, Height와 Time은 음의 선형관계를 가진다고 결론 내린다.

15.14 **a.** $\widehat{\text{Return}} = -33.9966 + 3.9674\text{P/E} - 3.36809\text{P/S}$

b. H_0: $\beta_1 = \beta_2 = 0$; H_A: 적어도 하나의 $\beta_j \neq 0$

$F_{(2,27)} = 9.104$; p-값 = 0.001; H_0을 기각한다. 10%의 유의수준에서, 두 설명변수는 결합하여 유의하다고 결론 내린다.

c. 10%의 유의수준에서, P/E는 유의하지 않으나 P/S는 유의하다고 결론 내린다.

15.16 $\widehat{\text{Taxes}} = 6{,}499.4126 + 6.8063\text{Size}$

H_0: $\beta_1 = 0$; H_A: $\beta_1 \neq 0$

p-값 = 0(근사적으로); H_0을 기각한다. 5%의 유의수준에서, 주택크기는 유의하다고 결론 내린다.

15.20 **a.** $\widehat{\text{Cost}} = 14{,}039.1873 + 92.7827\text{Temp} + 446.1406\text{Days} - 27.0033\text{Tons}$

b. H_0: $\beta_1 = \beta_2 = \beta_3 = 0$; H_A: 적어도 하나의 $\beta_j \neq 0$; p-값 = 0.026; H_0을 기각한다. 10%의 유의수준에서, 설명변수들은 결합하여 유의하다고 결론 내린다.

c. 10%의 유의수준에서, 평균 온도는 유의하고, 작업일수는 유의하지 않으며, 생산량은 유의하지 않다고 결론 내린다.

15.24 제약모형: $y = \beta_0 + \beta_2 x_2 + \varepsilon$

무제약모형: $y = \beta_0 + \beta_1 x_1 + \beta_2 x_2 + \beta_3 x_3 + \varepsilon$

15.26 제약모형: $(y - x_2) = \beta_0 + \beta_1(x_1 - x_2) + \varepsilon$

무제약모형: $y = \beta_0 + \beta_1 x_1 + \beta_2 x_2 + \varepsilon$

15.30 H_0: $\beta_2 = \beta_3 = 0$; H_A: 적어도 하나의 계수는 0이 아니다. $F_{(2,139)} = 3.385$; p-값 = 0.037; H_0을 기각한다. 5%의 유의수준에서, Patents와 Duration은 결합하여 유의하다고 결론 내린다. 리사는 Startups를 예측하기 위해 두 변수 모두 포함시켜야 한다.

15.32 **a.** $\widehat{Sale} = 23.3045 + 0.5184\text{Hours\_Male} + 0.6779\text{Hours\_Female}$

b. 5%의 유의수준에서, 두 설명변수는 결합하여 유의하다고 결론 내린다.

5%의 유의수준에서, 두 설명변수는 개별적으로 유의하다고 결론 내린다.

c. H_0: $\beta_1 = \beta_2$; H_A: $\beta_1 \neq \beta_2$

$F_{(1,49)} = 2.260$; p-값 = 0.139; H_0을 기각하지 않는다. 5%의 유의수준에서, 남성 직원과 여성 직원 간에 생산성 차이가 있다고 결론 내릴 수 없다.

15.36 **a.** $28.46 \leq E(y^0) \leq 33.64$

b. $24.02 \leq y^0 \leq 38.08$

c. 예측구간이 0이 아닌 오차항을 포함하고 있기 때문에, 예측구간이 더 넓다.

15.38 **a.** $45.51 \leq E(y^0) \leq 56.71$

b. $37.81 \leq y^0 \leq 64.41$

c. 신뢰구간이 더 좁다. 예측구간은 0이 아닌 오차항을 포함하고 있기 때문에, 신뢰구간이 더 좁다.

15.40 **a.** $31.60 \leq E(y^0) \leq 36.93$

b. $19.49 \leq y^0 \leq 49.03$

15.44 **a.** $\hat{y}^0 = 6.1871$

b. $5.83 \leq E(y^0) \leq 6.55$

c. $4.75 \leq y^0 \leq 7.63$

15.46 **b.** 잔차를 x에 대해 산점도를 그려보면 잔차들이 부채처럼 펼쳐져 있는데 이것은 변화하는 변동성(이분산)의 문제를 제시한다. 이것은 추정량이 효율적이지 않고 유의성 검정이 타당하지 않다는 것을 의미한다. 일반적인 수정방법은 유의성 검정을 수행하기 위해 로버스트 표준오차를 사용하는 것이다.

15.48 산점도에서 GPA가 Hour가 낮은 수준에서는 Hour와 양의 관계를 가지고 있으나 Hour가 높은 수준에서는 Hour와 음의 관계를 가지고 있는데 이것은 단순선형회귀모형이 적정하지 않다는 것을 보여준다.

15.50 **a.** Study + Sleep + Leisure = 24이기 때문에 완전한 다중공선성 문제가 제기된다. 제안된 모형은 추정될 수 없다.

b. Sleep 변수를 제외시킨다.

15.52 **a.** 모든 종업원들이 시간이 경과함에 따라 같은 수준의 성공에 이르지 못하기 때문에, 근무연수가 많은 종업원들의 경우 연봉의 변동성이 더 클 수 있다.

b. 잔차를 근무연수에 대해 그려보면 잔차 모습이 부채처럼 펼쳐져 있고 이것은 변화하는 변동성(이분산) 문제를 제시한다.

15.54 잔차들이 수평축 주위에서 어떤 패턴을 보여주지 않기 때문에 관측치들 간 상관관계 문제를 제시하지 않는다.

15.58 **a.** $\widehat{Time} = 14.13$분

b. 85.30%

c. 5%의 유의수준에서, 설명변수들은 결합하여 유의하다고 결론 내린다.

이에 더하여, 5%의 유의수준에서, 설명변수들은 개별적으로 유의하다고 결론 내린다.

15.60 **a.** 5%의 유의수준에서, Ownership이 Income과 선형관계를 가진다고 결론 내릴 수 없다.

b. $67.58 \leq E(y^0) \leq 70.82$

c. $57.49 \leq y^0 \leq 80.91$; 예측구간이 0이 아닌 임의오차항을 고려하기 때문에 더 넓다.

15.62 **a.** 5%의 유의수준에서, 설명변수들은 결합하여 유의하지 않으나 개별적으로 유의하다고 결론 내린다. 조지의 믿음은 타당하지 않다.

b. Turnover와 Expense 간 표본상관계수가 −0.247이기 때문에 다중공선성은 문제가 되지 않는다. 잔차들을 Turnover와 Expense에 대해 그려보면, 잔차들이 0 주위에서 임의로 흩어져 있기 때문에 변화하는 변동의 문제가 없는 것으로 보인다.

Chapter 16

16.4 **a.** 더 높은 조정 R^2를 가진 이차식 회귀모형이 데이터를 더 양호하게 적합시킨다.

b. $x = 4$일 때, $\hat{y} = 14.11$; $x = 8$일 때, $\hat{y} = 18.36$; $x = 12$일 때, $\hat{y} = 14.52$

16.6 **a.** 선형회귀모형: $x = 2$일 때, $\hat{y} = 22.50$; $x = 3$일 때, $\hat{y} = 23.85$

이차식 회귀모형: $x = 2$일 때, $\hat{y} = 21.84$; $x = 3$일 때, $\hat{y} = 21.79$

3차식 회귀모형: $x = 2$일 때, $\hat{y} = 21.91$; $x = 3$일 때, $\hat{y} = 21.57$

16.8 **a.** 산점도에 의하면, 작업자 규모가 6명이거나 7명이 최적인 것같이 보인다.

b. 선형회귀모형: $\widehat{Jobs}$ = 13.0741 + 0.1111 Crew

이차식 회귀모형: $\widehat{Jobs}$ = 2.1111 + 4.5960 Crew −0.3737 $Crew^2$

더 높은 조정 R^2를 가진 이차식 회귀모형이 선호된다.

c. $\widehat{Jobs}$ = 15.75

d. $\widehat{Jobs}$ = 0.6852 + 5.5407 Crew Size −0.5505 Crew $Size^2$ + 0.0098 Crew $Size^3$; 이차식 회귀모형이 여전히 선호된다.

16.12 **a.** 모형 1: x가 1단위 증가할 때, $\hat{y}$은 4.2단위 감소한다.

모형 2: x가 1% 증가할 때, $\hat{y}$은 약 2.8단위 감소한다.

모형 3: x가 1단위 증가할 때, $\hat{y}$은 약 4% 감소한다.

모형 4: x가 1% 증가할 때, $\hat{y}$은 약 0.8% 감소한다.

b. 모형 1: $\hat{y}$은 4.2(=75.8 − 80)단위 감소한다.

모형 2: $\hat{y}$은 2.78(=77.77 − 80.55)단위 감소한다.

모형 3: $\hat{y}$은 3.22(=78.9 − 82.14)단위 감소한다.

모형 4: $\hat{y}$은 0.59(=74.74 − 75.33)단위 감소한다.

16.14 모형 1: $\hat{y}$ = 708.42

모형 2: $\hat{y}$ = 678.64

모형 3: $\hat{y}$ = 725.75

모형 4: $\hat{y}$ = 685.75

16.16 **a.** 더 낮은 추정치의 표준오차와 더 높은 R^2를 가지고 있기 때문에, 로그 모형이 선호된다.

b. $\hat{y}$ = 18.61

16.20 **a.** $\widehat{Watches}$ = 35.909 − 0.0261 Time; 시간이 1초 증가할 때, 생산되는 시계 수는 0.0261개 감소할 것으로 예측된다. $\widehat{Watches}$ = 21.57

b. $\widehat{Watches}$ = 123.1125 − 16.2124 ln(Time); 시간이 1% 증가할 때, 생산되는 시계 수는 0.1621개 감소할 것으로 예측된다. $\widehat{Watches}$ = 20.81

c. 더 높은 R^2를 가진 로그 모형이 선호된다.

16.22 **a.** $\widehat{Cost}$ = $28,279

b. $\widehat{Cost}$ = $28,238

c. 더 높은 R^2을 가진 선형모형이 선호된다. 0.6659 > 0.6544

16.28 **a.** $\widehat{Salary} = \exp(9.8895 + 0.0780NPS + 0.0360Age - 0.0004Age^2 + \frac{0.2245^2}{2}$

b. 최적 연령 = 47.82

c. ^Salary = $89,243

16.30 **a.** 선형회귀모형: $\widehat{Time}$ = −14.4886 + 0.7502 Parts;

이차식 회귀모형: $\widehat{Time}$ = −6.7165 + 0.4476 Parts + 0.0025 $Parts^2$

b. 더 높은 조정 R^2을 가진 이차식 회귀모형이 선호된다.

c. $\widehat{Time}$ = 20.59분

16.32 **a.** 선형회귀모형: $\widehat{Savings}$ = −40.8632 + 0.0041 Income

로그-로그 회귀모형: ln($\widehat{Savings}$) = −112.0910 + 12.2033ln(Income)

b. 더 높은 R^2을 가진 선형회귀모형이 선호된다. 0.7001 > 0.6497

Chapter 17

17.2 **a.** $\hat{y}$ = 207

b. $\hat{y}$ = 160

17.6 **a.** 도시 가계의 경우, $\widehat{Consumption}$ = 55,103.68;

농촌 가계의 경우, $\widehat{Consumption}$ = 48,559.26

b. 도시 가계의 경우, $\widehat{Consumption}$ = 55,103.68;

농촌 가계의 경우, $\widehat{Consumption}$ = 48,559.26

c. 동일한 결과

17.8 **a.** 5%의 유의수준에서, BMI는 유의하다.

b. $\widehat{Salary}$ = 38.01 (백인 남성);

$\widehat{Salary}$ = 33.52 (백인이 아닌 남성)

17.16 **a.** $\widehat{Vehicles}$ = 135.3913 + 23.5056 Garage + 0.5955 Population + 84.5998 Access + 77.4646 Winter

c. 5%의 유의수준과 10%의 유의수준에서, 설명변수들은 결합하여 유의하다. 10%의 유의수준에서만, Garage는 유의하다. 5%의 유의수준 또는 10%의 유의수준에서 Population은 유의하지 않다. 5%의 유의수준과 10%의 유의수준에서, Access는 유의하다. 5%의 유의수준과 10%의 유의수준에서, Winter는 유의하다.

d. 87.39%

e. 361.34

17.20 **a.** 근무연수가 5년인 경우, $\widehat{Salary}$ = $61,800;

근무연수가 15년인 경우, $\widehat{Salary}$ = $93,800

b. 근무연수가 5년인 경우, $\widehat{Salary}$ = $36,300;

근무연수가 15년인 경우, $\widehat{Salary}$ = $48,300

c. 양의 영향을 미친다.

17.24 **a.** $\widehat{Errors}$ = 37.9305 − 1.2814Exper −7.4241Train;

$\widehat{Errors}$ = 42.7765 − 1.6991Exper −23.1111Train + 0.9785(Exper × Train)

b. 두 번째 모형

c. 근무연수가 10년인 경우, $\widehat{Errors}$ = 12.46;

근무연수가 20년인 경우, $\widehat{Errors}$ = 8.79

d. 근무연수가 짧은 종업원이 훈련프로그램으로부터 더 많이 이익을 얻는다. (선택 실수 건수의 감소)

17.32 a. $\hat{y} = 0.57$

b. 5%의 유의수준에서, x_3만 유의하다.

17.40 a. 선형확률모형: $\widehat{\text{Acceptable}} = 0.9900 - 0.0037\text{Age} - 0.2019\text{Religious}$

로지스틱 회귀모형: $\widehat{\text{Acceptable}}$

$= \dfrac{\exp(2.5028 - 0.0209\text{Age} - 1.0396\text{Religious})}{1 + \exp(2.5028 - 0.0209\text{Age} - 1.0396\text{Religious})}$

b. 선형확률모형: 74%; 로지스틱 회귀모형: 74.5%

c. 종교적인 경우, $\widehat{\text{Acceptable}} = 0.6516$;

종교적이지 않은 경우, $\widehat{\text{Acceptable}} = 0.8410$

17.44 a. $\widehat{\text{Hours}} = 13.7647 + 4.5144\text{Fall} + 1.6074\text{Winter}$

5%의 유의수준에서, 학생들은 봄 학기보다 가을 학기와 겨울 학기에 더 많이 공부한다고 결론 내린다.

b. 가을 학기: $\widehat{\text{Hours}} = 18.28$; 겨울 학기: $\widehat{\text{Hours}} = 15.37$;

봄 학기: $\widehat{\text{Hours}} = 13.76$

17.46 a. $\widehat{\text{Customers}} = 103.9643 - 1.9208\text{Morning} + 18.2710\text{Afternoon} - 39.6830\text{Evening}$

b. 아침시간: $\widehat{\text{Customers}} = 102.04$;

오후시간: $\widehat{\text{Customers}} = 122.24$;

저녁시간: $\widehat{\text{Customers}} = 64.28$;

야간시간: $\widehat{\text{Customers}} = 103.96$

17.48 a. $\widehat{\text{Comp}} = 2677.1892 + 10.3154\text{Profit} + 1227.6866\text{Years} + 36655.1363\text{Grad} - 0.5227\,(\text{Profit} \times \text{Grad}) - 193.1612(\text{Years} \times \text{Grad})$

b. 5%의 유의수준에서, 설명변수들은 결합하여 유의하다.

c. 5%의 유의수준에서, Profit, Years, Grad는 유의하나, 두 상호작용변수는 유의하지 않다.

d. $\widehat{\text{Comp}} = \$101{,}855$

17.50 a. $\text{Crime} = \dfrac{\exp(9.0293 - 0.3454x_1 + 1.2729x_2}{1 + \exp(9.0293 - 0.3454x_1 + 1.2729x_2)}$

b. 10%의 유의수준에서, Age는 유의하나, 적정한 유의수준에서 Gender는 유의하지 않다.

c. 남성의 경우, $\widehat{\text{Crime}} = 0.84$; 여성의 경우, $\widehat{\text{Crime}} = 0.60$

17.52 a. $\widehat{\text{Pass}} = 0.4343$

b. $\widehat{\text{Pass}} = 0.4282$

17.54 a. $\widehat{\text{STEM}} = 0.51$

b. 79.4%

Chapter 18

18.4 a. $MSE = 649.9512$; $MAD = 20.3975$; $MAPE = 14.4617\%$; $\hat{y}_{12} = 127.8867$

b. $MSE = 551.5359$; $MAD = 19.9401$; $MAPE = 14.0331\%$; $\hat{y}_{12} = 146.0634$

c. 지수평활법

18.6 a. 3기 이동평균법: $MSE = 0.0009$; $MAD = 0.0244$; $MAPE = 2.0832$

5기 이동평균법: $MSE = 0.0016$; $MAD = 0.0344$; $MAPE = 2.9274$

3기 이동평균법 사용; $\hat{y}_{26} = 1.1386$

b. $\alpha = 0.2$: $MSE = 0.0018$; $MAD = 0.0384$; $MAPE = 2.8923$

$\alpha = 0.4$: $MSE = 0.0010$; $MAD = 0.0276$; $MAPE = 2.0791$

$\alpha = 0.6$: $MSE = 0.0007$; $MAD = 0.0213$; $MAPE = 1.6115$

$\alpha = 0.6$ 사용; $\hat{y}_{26} = 1.2819$

18.12 a. $\hat{y}_t = 90.4938 + 1.1124t$; 양의 추세

b. $\hat{y}_{54} = 150.56$

18.14 a. $\hat{y}_t = 9324.1892 + 1655.6701d_1 + 4094.4722d_2 + 1124.83d_3 + 189.4201t$; 양의 추세; 4분기에 최소 매출액

b. $\hat{y}_{2018:04} = 16143.31$

18.18 a. 이차식 추세모형이 적정해 보인다.

b. 선형추세모형: $\hat{y}_t = 219.31 + 1.437802t$;
조정 $R^2 = 0.8349$
이차식 추세모형: $\hat{y}_t = 213.7527 + 3.6607t - 0.1588t^2$;
조정 $R^2 = 0.9550$
더 높은 조정 R^2을 가진 이차식 추세모형을 선택한다.
$\hat{y}_{2018} = 233.88$; $\hat{y}_{2019} = 232.94$

18.20 a. 이차식 추세모형: $\hat{y}_t = 2975.811 - 2.3423t + 0.0552t^2$; 조정 $R^2 = 0.9741$

3차식 추세모형: $\hat{y}_t = 2953.7899 + 0.6775t - 0.0331t^2 + 0.0007t^3$; 조정 $R^2 = 0.9886$

b. 더 높은 조정 R^2을 가진 3차식 추세모형을 선택한다.
$\hat{y}_{\text{Jan-17}} = 3197.89$

18.22 $\hat{y}_t = \exp(4.0278 + 0.4087d_1 + 0.2025d_2 - 0.3273d_3 + 0.1552t + \dfrac{(0.4481)^2}{2})$

$\hat{y}_{2018:1} = 54080.47$; $\hat{y}_{2018:2} = 51387.09$

18.24 $\hat{y}_t = \exp(3.8397 - 0.0350d_1 - 0.0287d_2 + 10.1563d_3 + 0.2533d_4 + 0.2679d_5 + 0.2909d_6 + 0.2839d_{11} + 0.0082t + (\dfrac{(0.1041)^2}{2})$; $\hat{y}_{2018:12} = 102.59$

18.32 **a.** 모형 1: $\hat{y}_t = 303.161 - 13.079x_{t-1}$; 조정 $R^2 = 0.7347$
모형 2: $\hat{y}_t = -4.389 + 0.120x_{t-1} + 1.017y_{t-1}$;
조정 $R^2 = 0.9867$
b. 더 높은 조정 R^2을 가진 모형 2가 선호된다.
$\hat{y}_{25} = 258.92$

18.34 **a.** 도넛: $\hat{y}_{21} = 63.03$; 소프트 드링크: $\hat{y}_{21} = 151.73$

18.38 **a.** 선형추세모형: $\hat{y}_t = 99.9518 + 0.6071t$;
조정 $R^2 = 0.8536$
이차식 추세모형: $\hat{y}_t = 90.2568 + 1.5766t - 0.01643t^2$; 조정 $R^2 = 0.9966$
더 높은 조정 R^2을 가진 이차식 추세모형이 선호된다.
b. $\hat{y}_{2018} = 126.07$; $\hat{y}_{2019} = 125.69$

18.40 **a.** 선형추세모형: $MSE = 8889968$; $MAD = 2383$; $MAPE = 0.9461$
지수추세모형: $MSE = 7909245$; $MAD = 2288$; $MAPE = 0.9037$
b. 지수추세모형을 선택한다. $\hat{y}_{2018:10} = 281708$; $\hat{y}_{2018:11} = 261166$; $\hat{y}_{2018:12} = 267964$

Chapter 19

19.2 **a.** H_0: $m \leq 140$; H_A: $m > 140$
b. $T = T^+ = 19$
c. 5%의 유의수준에서, 중앙값이 140보다 크다고 결론 내린다.

19.6 **a.** H_0: $m \geq 6$; H_A: $m < 6$
b. $T = T^+ = 1.5$
c. 5%의 유의수준에서, 진통제 가격의 중앙값이 6달러보다 작다고 결론 내린다.

19.8 **a.** H_0: $m \leq 25$; H_A: $m > 25$
b. $z = \frac{35 - 27.50}{9.8107} = 0.76$
c. p-값 $= 0.2236$
d. 1%의 유의수준에서, ft^2당 임대료의 중앙값이 25달러보다 크다고 결론 내릴 수 없다.

19.10 **a.** H_0: $m \leq 500$; H_A: $m > 500$
b. R을 이용하면, p-값 $= 0.3131$; 5%의 유의수준에서, 부동산 중개인의 주장은 데이터에 의해 지지되지 않는다.

19.12 **a.** H_0: $m_D \leq 0$; H_A: $m_D > 0$
b. $z = \frac{165 - 105}{26.7862} = 2.24$
c. p-값 $= 0.0125$
d. 5%의 유의수준에서, 모중앙값 차이는 0보다 크다.

19.14 **a.** H_0: $m_D \geq 0$; H_A: $m_D < 0$
b. R을 이용하면, p-값 $= 0.045$. 5%의 유의수준에서, 모중앙값 차이는 0보다 작다.

19.18 **a.** $\mu_W = 575$; $\sigma_W = 43.7798$
b. H_0: $m_1 - m_2 \leq 0$; H_A: $m_1 - m_2 > 0$
c. $z = \frac{700 - 575}{43.7798} = 2.86$
d. 5%의 유의수준에서, Population 1의 중앙값이 Population 2의 중앙값보다 크다.

19.20 **a.** H_0: $m_D \leq 0$; H_A: $m_D > 0$
b. R을 이용하면, p-값$= 0.069 > \alpha = 0.05$. 5%의 유의수준에서, 실제 SAT 점수의 중앙값이 모의 SAT 점수의 중앙값보다 크다고 결론 내릴 수 없다.

19.22 **a.** H_0: $m_D = 0$; H_A: $m_D \neq 0$
b. $z = \frac{14 - 27.50}{9.8107} = -1.38$
c. p-값 $= 0.1676$
d. 5%의 유의수준에서, 두 부동산 감정평가사의 감정가 중앙값 차이가 0과 다르다고 결론 내릴 수 없다.

19.24 **a.** H_0: $m_1 - m_2 \leq 0$; H_A: $m_1 - m_2 > 0$
b. R을 이용하면, p-값 $= 0.008 < \alpha = 0.05$; 5%의 유의수준에서, 결혼한 남성의 소득 중앙값이 결혼하지 않는 남성의 소득 중앙값보다 크다.

19.26 **a.** H_0: $m_1 - m_2 \leq 0$; H_A: $m_1 - m_2 > 0$
b. $W = W_1 = 138$
c. $z = \frac{138 - 105}{13.2288} = 2.49$; p-값$= 0.0064$
데이터는 5%의 유의수준에서, 한국인 근로자가 미국인 근로자보다 연간 더 많이 일한다는 주장을 지지한다.

19.30 **a.** H_0: $m_1 = m_2 = m_3 = m_4$;
H_A: 모든 모중앙값이 같은 것은 아니다.
b. R을 이용하면, p-값 $= 0.015$; 5%의 유의수준에서, 일부 중앙값들이 다르다고 결론 내린다.

19.32 **a.** H_0: $m_1 = m_2 = m_3$; H_A: 모든 모중앙값이 같은 것은 아니다.
b. $H = 9.105$
c. 10%의 유의수준에서, 일부 전구수명의 중앙값이 세 브랜드 간에 다르다고 결론 내린다.

19.34 **a.** H_0: $m_1 = m_2 = m_3$;
H_A: 모든 모중앙값이 같은 것은 아니다.
b. $H = 1.505$
c. 1%의 유의수준에서, 일부 중앙값들이 다르다고 결론 내릴 수 없다.

19.36 H_0: $m_1 = m_2 = m_3$; H_A: 모든 모중앙값이 같은 것은 아니다.
R을 이용하면, p-값 $= 6.649\text{e-}05$; 10%의 유의수준에서, 일부 고용 분야 간에 직업만족도의 중앙값 차이가 존재한다고 결론 내린다.

19.38 **a.** H_0: $\rho_S \geq 0$; H_A: $\rho_S < 0$

b. $r_S = -0.829$; 상대적으로 강한 음의 선형관계

c. 5%의 유의수준에서, 스피어만 상관계수는 0보다 작다고 결론 내린다.

19.42 a. H_0: $\rho_S = 0$; H_A: $\rho_S \neq 0$

b. $r_S = 0.212$; 약한 음의 선형관계

c. 5%의 유의수준에서, 일인당 GNP와 유아사망률은 상관관계를 가지고 있다고 결론 내릴 수 없다.

19.44 a. H_0: $\rho_S = 0$; H_A: $\rho_S \neq 0$

b. R을 이용하면, p-값= 0.2166; 5%의 유의수준에서, 주택가격과 주택을 매각하는 데 걸리는 시간이 상관관계를 가지고 있다고 결론 내릴 수 없다.

19.48 H_0: $\rho_S \leq 0$; H_A: $\rho_S > 0$; R을 이용하면, p-값 = 0.0029; 5%의 유의수준에서, 연령과 행복은 양의 상관관계를 가진다고 결론 내린다.

19.50 a. $z = -2.53$

b. p-값 = 0.0114

c. 5%의 유의수준에서, 모비율들이 다르다고 결론 내린다.

19.52 a. H_0: $p = 0.50$; H_A: $p \neq 0.50$ (p는 플러스 부호의 비율을 나타낸다.)

b. $z = 2.24$

c. p-값 = 0.0250

d. 5%의 유의수준에서, 플러스 부호의 비율이 마이너스 부호의 비율과 다르다고 결론 내린다.

19.54 a. H_0: $p \geq 0.50$; H_A: $p < 0.50$ (p는 대통령의 직무수행이 더 잘 수행한다고 평가한 비율을 나타낸다.)

b. $z = -4.00$

c. p-값 ≈ 0

d. 5%의 유의수준에서, 금년도 대통령의 직무수행 평가가 작년의 평가에 비해 유의하게 낮아졌다고 결론 내린다.

19.62 a. H_0: 짝수와 홀수가 임의로 발생한다;
H_A: 짝수와 홀수가 임의로 발생하지 않는다.

b. $z = -1.72$

c. 1%의 유의수준에서, 컴퓨터 프로그램은 적정하지 않게 작동한다고 결론 내릴 수 없다.

19.64 H_0: 인도의 GDP 성장률이 임의로 발생한다.
H_A: 인도의 GDP 성장률이 임의로 발생하지 않는다.
R을 이용하면, p-값= 0.05413; 5%의 유의수준에서, 인도의 GDP 성장률은 임의로 발생하지 않는다고 결론 내릴 수 없다.

19.68 a. H_0: $m_D = 0$; H_A: $m_D \neq 0$

b. $z = -0.89$

c. 5%의 유의수준에서, 두 주식수익률 간 중앙값 차이가 0과 다르다고 결론 내릴 수 없다.

19.72 a. H_0: $m_1 = m_2 = m_1$;
H_A: 모든 모중앙값이 같은 것은 아니다.

b. $H = 7.98$

c. 5%의 유의수준에서, 일부 P/E 비율 중앙값이 산업별로 다르다고 결론 내린다.

찾아보기

ㄱ

ㄴ

ㄷ

ㄹ

ㅁ

ㅂ

ㅅ

ㅇ

ㅈ

ㅊ

ㅋ

ㅌ

ㅍ

ㅎ

기타